welt-geschichte im aufriß

Band 3, Teil 1

welt-geschichte im aufriß

Neubearbeitung für den historisch-gesellschaftlichen Lernbereich der Sekundarstufe II

Band 3, Teil 1

Vom Ersten Weltkrieg bis 1945

Von Werner Ripper
in Verbindung mit Eugen Kaier

Verlag Moritz Diesterweg
Frankfurt am Main · Berlin · München

Weltgeschichte im Aufriß
Begründet von Hermann Meyer und Eugen Kaier

Neubearbeitung für den historisch-gesellschaftlichen Lernbereich der Sekundarstufe II

Band 1 **Vom Altertum bis zum Ende des Absolutismus** (7378)

Band 2 **Von den bürgerlichen Revolutionen bis zum Imperialismus** (7379)
Von Werner Ripper in Verbindung mit Eugen Kaier und Wilhelm Langenbeck

Band 3, Teil 1 **Vom Ersten Weltkrieg bis 1945** (7380)
Von Werner Ripper in Verbindung mit Eugen Kaier

Band 3, Teil 2 **Von 1945 bis zur Gegenwart** (7390)
Von Werner Ripper und Joachim Hoffmann

Genehmigt für den Gebrauch in Schulen. Genehmigungsdaten teilt der Verlag auf Anfrage mit.

ISBN 3-425-07380-X

Umschlagentwurf: Hetty Krist-Schulz, Frankfurt am Main
Satz: acomp, Wemding
Druck: aprinta, Wemding
Bindearbeiten: Großbuchbinderei Monheim

Vorbemerkung

Die Neubearbeitung der „Weltgeschichte im Aufriß“ ist ein speziell für den Kursunterricht entwickeltes Unterrichtswerk und entspricht somit der Vereinbarung der Ständigen Konferenz der Kultusminister über die Neugestaltung der gymnasialen Oberstufe in der Sekundarstufe II. Die neuen Arbeits- und Quellenbücher berücksichtigen dabei sowohl die einschneidenden organisatorischen Veränderungen, die mit der Einführung des „KMK-Modells“ verknüpft sind, als auch die didaktischen Implikationen, die sich mit den Stichwörtern „Konzentration“ und „Vertiefung“ bezeichnen lassen.

Die in dem Unterrichtswerk aufgegriffenen Schwerpunktthemen entspringen nicht der souveränen Setzung des Verfassers und erschöpfen sich auch keineswegs in solchen, denen bisher – gleichsam gewohnheitsrechtlich – ein „Platz in der Lehrplansonne“ (Lepsius) eingeräumt wurde. Sie orientieren sich vielmehr an ersten ansatzweise entwickelten Curricula im historisch-gesellschaftlichen Lernbereich, die ihren Niederschlag in entsprechenden Konzepten der Bundesländer und in den von der Kultusministerkonferenz gemeinsam verabschiedeten „Normenbüchern“ für die reformierte Oberstufe gefunden haben.

Der hier gewählte Weg der Konkretisierung, der bereits im vorhergehenden Band unter ausgesprochen positiver Resonanz beschritten wurde, bedeutet im einzelnen:

1. Generelles Ausgehen von einem problem- und lernzielorientierten Ansatz,
2. Weitgehenden Verzicht auf ereignisgeschichtliche Repetition zugunsten problemgeschichtlicher Erörterung,
3. Kombination der genetischen mit der strukturellen Betrachtungsweise.

Die aus den praktischen Erfordernissen des semesterbezogenen Kurssystems resultierende thematische Begrenzung bot nicht nur die Möglichkeit der differenzierten Materialpräsentation, sondern legte zugleich eine entschiedene Öffnung gegenüber sozialwissenschaftlichen Fragestellungen nahe. Wo irgend angängig, wurde die – unterrichtlich instruktive und belebende – Koppelung von Primärmaterial und zugeordneter Interpretation angestrebt. Ein besonderes Augenmerk galt dabei dem Dokumentieren kontroverser Auslegungen.

Das Arbeits- und Quellenbuch gliedert die Einzelthemen generell in die Abschnitte Übersicht, Einführung, Arbeitsthemen und Materialien. Sie sind, wenngleich die Anordnung keineswegs die Abfolge in der Unterrichtspraxis präjudizieren will, als integrale Einheit konzipiert und funktional aufeinander bezogen.

Die Einführungen formulieren explizit die anvisierten Aspekte des jeweiligen Gegenstandes, die in den folgenden Materialien entfaltet werden, und deuten in globaler Weise die Lernziele an, die sich damit verknüpfen. Denn: „In der Tat ist die strikte Festlegung der jeweils im Unterricht anzusteuernden Ziele geeignet, die freie Entfaltung des Lernens zu behindern, die Spontaneität der Einfälle zu ersticken und divergentes Denken zu desavouieren“ (Rohlfes). Doch nicht nur das von der Lernpsychologie zweifelsfrei eruierte Faktum, daß produktives Lernen an eigene Aktivität gebunden sei und sich nicht im Nachvollzug erschöpfen könne, gebot in diesem Punkt dosierte Zurückhaltung, sondern gleichermaßen die bei aller „Reduktion von Komplexität“ (N. Luhmann) verbleibende Unauslotbarkeit der Gegenstände.

Daher besitzen auch die Arbeitsthemen lediglich Empfehlungscharakter und wissen sich frei von dem Ehrgeiz, Erkenntnisinteresse von Lehrer und Schüler im einzelnen vorprogrammieren zu wollen. Die Möglichkeit, daß im Unterricht andere und weitere Aufschließungsfragen formuliert und verfolgt werden, ist im Gegenteil bewußt als die methodisch höher zu veranschlagende Strategie angestrebt und berücksichtigt worden.

Für den Einsatz in den mit zwei bzw. drei Wochenstunden ausgestatteten Grundkursen sind die Materialien, die eine Erarbeitung der jeweils fundamentalen Daten, Verknüpfungen und Entwicklungen ermöglichen, besonders gekennzeichnet. Es versteht sich von selbst, daß es sich bei der hier vorgeschlagenen Differenzierung um ein praktikables, jedoch keineswegs um ein alternativlos-zwingendes Konzept handelt. Die mit einem * herausgehobenen Materialien markieren in ihrer Summe einen angesichts reduzierter Möglichkeiten ertragreich-gangbaren Weg, der – auf konkreter Erprobung basierend – gewiß als unmittelbare Hilfe bewertet und akzeptiert werden wird.

Inhaltsverzeichnis

Erstes Kapitel: Deutschland und der Erste Weltkrieg

Zweites Kapitel: Das bolschewistische Rußland

I. Vorgeschichte und Verlauf der Revolution

Drittes Kapitel: Das demokratische System und seine Widersacher

I. Die Weimarer Republik

I/1 Rätestaat oder parlamentarische Demokratie

I/2 Gesellschaftliche und wirtschaftliche Entwicklung

I/3 Die Außenpolitik

I/4 Die Auflösung der Weimarer Republik

II. Der europäische Faschismus: Italien und Deutschland

II/1 Voraussetzungen und Selbstverständnis des Faschismus

I/4 Die nationalsozialistische Außenpolitik 1933–1939

II. Deutschland und der Zweite Weltkrieg

II/1 Hitlers Kriegsziele in West- und Osteuropa

II/2 Totaler Krieg und „Endlösung"

II/3 Motive und Pläne des deutschen Widerstandes

II/4 Die bedingungslose Kapitulation

Erstes Kapitel: Deutschland und der Erste Weltkrieg

Übersicht

1914 28. Juni: Ermordung des österreichischen Thronfolgers Franz Ferdinand bei einem Besuch in Sarajewo, der Hauptstadt Bosniens.

6. Juli: Österreich, das sein Prestige als Großmacht herausgefordert sieht, erwägt einen Gegenschlag gegen Serbien; jedoch versichert es sich zuvor der deutschen Haltung. Wilhelm II. sagt „volle Unterstützung" und „gewohnte Bundestreue" zu (sog. Blankovollmacht).

14. Juli: Deutsch-österreichische Vereinbarung eines „sehr scharfen, ganz kurz befristeten Ultimatums an Serbien".

23. Juli: Übergabe des auf 48 Stunden befristeten österreichischen Ultimatums an Serbien mit Forderung nach Bekämpfung der gegen Österreich-Ungarn gerichteten Umtriebe und Bestrafung der Schuldigen unter österreichischer Mitwirkung.

24. Juli: Englischer Vermittlungsversuch an die Adresse der deutschen Regierung zur Beilegung des österreichisch-serbischen Konflikts scheitert – trotz der Befürwortung durch den deutschen London-Botschafter – an ablehnender deutscher Haltung.

25. Juli: Serbien akzeptiert weitgehend die Forderungen des österreichischen Ultimatums und macht lediglich Vorbehalte hinsichtlich seiner Souveränitätsrechte geltend. Zugleich ordnet es die Teilmobilmachung an, die Österreich mit der gleichen Maßnahme beantwortet (26. 7.).

28. Juli: Österreichische Kriegserklärung an Serbien.

29. Juli: Beschießung Belgrads durch österreichische Truppen.

30. Juli: Russische Generalmobilmachung als Antwort auf das österreichische Vorgehen gegen Serbien.

31. Juli: Generalmobilmachung Österreich-Ungarns. Die deutsche Regierung verkündet den „Zustand drohender Kriegsgefahr" und fordert in einem auf 12 Stunden befristeten Ultimatum an Rußland die Einstellung der Mobilmachung. In einem Ultimatum an Frankreich (Frist: 18 Stunden) werden die Neutralitätserklärung im Fall eines deutsch-russischen Konflikts und als Pfand die Herausgabe der Festungen Toul und Verdun verlangt.
Das deutsche Ultimatum an Rußland bleibt unbeantwortet. Diese Tatsache ist auch für die öffentliche Meinung in Deutschland von großer Bedeutung. Sie ermöglicht die angestrebte innenpolitische Geschlossenheit der Nation, den sog. Burgfrieden.

1. August: Deutsche Mobilmachung und Kriegserklärung an Rußland. Frankreich gibt zu erkennen, daß es „gemäß seinem Interesse" handeln werde.

2. August: Belgien lehnt das von Deutschland ultimativ geforderte Durchmarschrecht ab.

3. August: Deutsche Kriegserklärung an Frankreich und Einmarsch deutscher Truppen in Belgien gemäß dem 1905 konzipierten Plan des Generalstabschefs Schlieffen, im Falle eines drohenden Zweifrontenkrieges mit geballter Macht zunächst im Westen eine Entscheidung herbeizuführen und sich erst dann dem Gegner im Osten zuzuwenden. Die

1914	deutsche Kalkulation beruht vor allem auf der Annahme eines verhältnismäßig langsamen Tempos der russischen Mobilmachung; damit setzt sich die deutsche Politik selbst unter erheblichen Zeitdruck. Die Verletzung der belgischen Neutralität beseitigt die letzten Unklarheiten hinsichtlich der Haltung Englands, das sich vertraglich für die Erhaltung der territorialen Integrität Belgiens verbürgt hat. 4. August: Geschlossene Abstimmung des Reichstags über den Regierungsantrag auf Bewilligung der notwendigen Kriegskredite. Einheitsfront aller Parteien unter Einschluß der SPD. Das englische Ultimatum an Deutschland, das die Rücknahme des Vorstoßes nach Belgien und die Einstellung aller militärischen Aktionen fordert, läuft ab. September: Marneschlacht. Rücknahme der deutschen Front bis zur Aisne. Beginn des Stellungskrieges. August/September: Abwehr der russischen Angriffsarmeen bei Tannenberg und an den Masurischen Seen.
1915	Anschluß Italiens an die Alliierten. Kämpfe in Flandern und in der Champagne. Vordringen der Mittelmächte im Osten.
1916	Materialschlacht bei Verdun. Seeschlacht am Skagerrak. Seeblockade gegen Deutschland bleibt weiter wirksam.
1917	6. April: Kriegseintritt der USA nach Ankündigung des uneingeschränkten U-Boot-Krieges durch die deutsche Regierung. 7. April: Ankündigung direkter und geheimer Wahlen zum preußischen Landtag in einer kaiserlichen Osterbotschaft. 19. Juli: Friedensresolution des deutschen Reichstags. 24. Oktober: Oktoberrevolution in Rußland.
1918	März: Friede von Brest-Litowsk. 8. August: Durchbruch der Alliierten an der Westfront. Oktober-November: Zusammenbruch der bulgarischen, türkischen und österreichischen Front. 4. Oktober: Deutsche Bitte um Waffenstillstand. 24. Oktober: Zustimmung des preußischen Herrenhauses (unter dem Druck der militärischen Niederlage) zur Einführung des gleichen Wahlrechts. 24.–28. Oktober: Wichtige Änderungen der Reichsverfassung (sog. Oktober-Reformen): Bindung von Kriegserklärung und Friedensschluß an die Zustimmung von Reichstag und Bundesrat, die Einführung der parlamentarischen Verantwortlichkeit des Reichskanzlers und des Kriegsministers, das Gegenzeichnungsrecht des Reichskanzlers für die Ernennung militärischer Höchstkommandierender, Beförderung und Verabschiedung der Offiziere und Militärbeamten. 3. November: Beginn der deutschen Novemberrevolution. 9. November: Abdankung Wilhelms II., Ausrufung der Republik.

Einführung in die Arbeitsthemen

Aus dem komplexen Geschehen, das der Erste Weltkrieg darstellt, sollen zwei Aspekte herausgegriffen werden: die Frage des Kriegsausbruchs, d.h. der Kriegsverursachung und der Kriegsziele, und das Problem der Parlamentarisierung in Deutschland. Sie beide sind aus mehreren Gründen didaktisch aufschlußreich.

Die Frage des Kriegsausbruchs, in der – wie es Wolfgang Schieder formuliert hat – „das deutsche Schlußwort zur Diskussion zu Beginn des Zweiten Weltkriegs gesprochen war", ist durch das 1961 publizierte und inzwischen mehrfach neu aufgelegte Buch des Hamburger Historikers Fritz Fischer „Griff nach der Weltmacht – Die Kriegszielpolitik des kaiserlichen Deutschland 1914–1918" erneut zum Gegenstand einer leidenschaftlichen Diskussion geworden, die – in der zeitgeschichtlichen Erörterung im Grunde ohne Parallele – sogleich über den Kreis der akademischen Zunft hinausgetragen und in einer oft „beklagenswerten Atmosphäre hektischer Polemik" (I. Geiss) geführt wurde. Es waren nicht nur die beiden von Fischer durch überreichliche, erstmals von ihm bekannt gemachten Zitate aus amtlichen Akten erhärteten Thesen von einer deutschen Präventivabsicht und einer Kriegszielprogrammatik von bemerkenswerter Konsistenz, die – in dem provokanten Titel des umfangreichen Werkes zusammengefaßt – die Wogen der publizistischen Empörung so hoch schlagen ließen, sondern vor allem die aus ihnen resultierenden Konsequenzen für das Verständnis der deutschen Geschichte seit 1914 überhaupt. Sie erst machen die brisante Reaktion begreiflich.

Denn: Nicht nur war eine Behauptung in Frage gestellt worden, die Behauptung der – zumindest relativen – Unschuld Deutschlands, die längst den Rang einer Selbstverständlichkeit gewonnen und von Anfang an den unterschiedlichsten politischen Funktionen und Systemen gedient hatte, sondern es war ein Frontalangriff auf ein nationales Tabu unternommen, eine exakte Antithese zur bisherigen Sicht formuliert und einer der „wunden Punkte des deutschen historischen Selbstverständnisses" (W. J. Mommsen) berührt worden.

Mit der Argumentation Fischers, „vorgetragen in der Form eines unerbittlichen Beweisantrags und in plakatartigem Plädoyerstil" (W. J. Mommsen), war pointiert eine Kontinuität „bestimmter Denkformen und Zielsetzungen" (Fischer) in der deutschen Geschichte vom Ersten zum Zweiten Weltkrieg ins Bewußtsein gehoben, gegen die sich – als sie unmittelbar nach 1945 vom Ausland in polemischer Anklage vorgebracht wurde – Geschichtswissenschaft und politische Öffentlichkeit in der Bundesrepublik nahezu geschlossen gesperrt und zur Wehr gesetzt hatten. Die von Fischer ans Licht gezogenen Dokumente belegten Kriegsziele des kaiserlichen Deutschland, die auf den ersten Blick denen ähnelten, die später Hitler propagiert hat, und offenbarten „einen kollektiven Größenwahn des zumindest größten Teils der einflußreichen Schichten in Deutschland" (Klaus Epstein), wie ihn in späteren Jahren die NS-Agitation zu erzeugen versucht hat. Wenngleich Fischer diese Linie nicht durchzog, war doch – nicht zuletzt im Zusammenhang mit der von ihm behaupteten Präventivkriegsabsicht – die Parallelität zu offenkundig, um nicht bei der zunächst fast durchweg kritisch ablehnenden Aufnahme seines Werkes eine zentrale Rolle zu spielen.

Der „Ausbruch" des Ersten Weltkrieges schien in unmittelbare Nähe zur Entfesselung des Zweiten Weltkrieges gerückt, für die die deutsche Verantwortlichkeit, zumal sie weithin „auf das Privatkonto Hitlers umgebucht wurde", nie strittig gewesen war. Vor allem Versailles, „ohnehin Inbegriff alles Bösen und zur nationalen Ausrede für Hitler und den Zweiten Weltkrieg avanciert", wie es der Bremer Historiker und Fischer-Schüler Imanuel Geiss umschrieb, geriet in eine völlig veränderte Optik. Das hergebrachte Geschichtsbild war in einem als geradezu existentiell empfundenen Element erschüttert worden, und es dauerte demgemäß eine erhebliche Weile, bis die Fischer-Kontroverse – der publizistischen „offenen Feldschlacht" (W. Schieder) entrückt – von ihrem vehementen, streckenweise irrationalen Charakter befreit wurde und in eine distanziert-abwägende Auseinandersetzung überging. Sie wurde auf diese Weise zu einem – auch didaktisch fruchtbaren – Lehrstück.

Das Problem der Parlamentarisierung in Deutschland ist mit dem Komplex der Kriegszielprogrammatik – entgegen aller äußerlichen Heterogenität – eng verknüpft. Denn die Suche nach den verursachenden Faktoren einer ambitiösen und fatalen Weltmachtpolitik einerseits und den blockierenden Barrieren andererseits zwingt zur Auseinandersetzung mit den verfassungsrechtlichen und den gesellschaftlich-politischen Herrschaftsstrukturen im wilhelminischen Deutschland. Sie rückt die Frage nach dem „cui bono", die Frage nach den sozio-ökonomischen Interessen und ihren jeweiligen Trägern in den Mittelpunkt der Erörterung. Zugleich gelangen von diesem Ansatz aus die politischen Kräfteverhältnisse in den Blick, die erklären, weshalb Tendenzen zur Demokratisierung und Parlamentarisierung, die bereits vor dem Krieg – nicht zuletzt nach dem Wahlsieg der SPD im Januar 1912 – einsetzten, abgewehrt werden konnten und sich erst angesichts der für Deutschland ausweglos gewordenen militärischen Situation eine konkrete Chance der Revision bot.

I. Militarismus und Juli-Krise

I/1 Die Ausgangssituation

Arbeitsthemen

1. *Inwiefern versuchte der Schlieffen-Plan, die strategischen Konsequenzen aus der außenpolitischen Isolierung des Reiches zu ziehen? Welche politischen Implikationen barg er? (Nr. 1)*
2. *Inwiefern schuf die sozialdarwinistische Interpretation der internationalen Politik einen Zustand erhöhter Reizbarkeit und Aggressivität? (Nr. 2)*
3. *Welchen Prestigewert maß man in Deutschland dem Flottenprogramm bei und welche Spannungen gingen von der deutsch-englischen Rivalität aus? (Nr. 3)*
4. *Welche aufschlußreiche Situationsanalyse entwickelte Wilhelm II. im Dezember 1912? Welche Optionen kalkulierte der deutsche Kaiser für den Konfliktfall ein? (Nr. 4 und 5)*
5. *Von welchen Prämissen geht Moltke bei seinen Präventivkriegsüberlegungen aus? (Nr. 6)*
6. *Was bedeutete die Tatsache, daß der deutsche Generalstab im April 1913 entschied, „den bisher alljährlich den neuen Gegebenheiten angepaßten Großen Ostaufmarsch-Plan nicht weiter zu bearbeiten und jeden kommenden Krieg gemäß dem Schlieffenplan mit gesammelter Stoßkraft gegen den Westen zu beginnen" (A. Gasser), in strategischer und politischer Hinsicht? (Nr. 7)*

Materialien

1. Die Elemente des Schlieffenplans

Schlieffens Grundgedanke war Gemeingut des deutschen Generalstabes und hat die Kriegführung im Ersten Weltkrieg beherrscht: Er ging davon aus, daß Deutschland unabhängig von den Ursachen und den Zielen des Krieges den Gegner durch Angriff militärisch entscheidend schlagen müsse. Ihn innerhalb sehr kurzer Zeit entscheidend zu schlagen, erschien Schlieffen als eine verzweifelte Notwendigkeit, da Deutschland mit dem komplizierten Mechanismus seiner Wirtschaft, mit seiner Abhängigkeit vom internationalen Handel einen langen Krieg unter keinen Umständen würde durchhalten können. Diese Aufgabe war nur durch den unter Konzentration aller Kräfte zunächst an einer Front geführten Angriff zu lösen. In der grenzenlosen Weite des russischen Raumes war auf eine rasche Entscheidung nicht zu hoffen. Zudem erschien Frankreich als der eigentliche, der stärkere und gefährlichere Gegner. So entschloß sich Schlieffen, in Umkehrung der Pläne Moltkes, zu der großen, mit nahezu allen Kräften geführten Westoffensive, mit der er einen Gegner auszuschalten hoffte, bevor der andere in voller Stärke angetreten war; im Grunde also Auflösung des Zweifrontenkrieges in zwei Einfrontenkriege, unter Ausnutzung der Schwerfälligkeit der russischen Mobilmachung. Bei der Stärke des Gegners, angesichts der dichten Kette seiner bedeutenden Grenzbefestigungen und der Ungunst der Aufmarschbedingungen im deutsch-französischen Grenzraum war kaum Aussicht, durch einen Angriff auf die französische Front den Gegner vernichtend zu schlagen. Überhaupt bot ein frontaler Angriff die geringsten Chancen für einen Vernichtungssieg. Schlieffen ergriff daher die strategische Aushilfe, die er für alle großen Siege der Weltgeschichte verantwortlich machte: den Flankenangriff. Der rechte Flügel der deutschen Front sollte, Belgien durchstoßend, in einer ungeheuren Linksschwenkung die gegen Deutschland aufmarschierten Armeen in der Flanke und vom Rücken her fassen und vernichten. Für diese Bewegung mußte der rechte Flügel so stark wie nur möglich gemacht werden. Schlieffen sah ein Stärkeverhältnis von 7:1 zwischen dem rechten und dem linken Flügel, der lediglich die Aufgabe erfüllen sollte, möglichst starke feindliche Kräfte zu binden, vor. Selbst ein französisches Vordringen nach Süddeutschland hinein glaubte Schlieffen verantworten zu können, weil es den Gegner am entscheidenden Punkt schwächen würde. Demgegenüber mußte die Ostgrenze weitgehend schutzlos gelassen werden, ja – Schlieffen dachte sogar daran, alle Truppen aus dem Osten abzuziehen, bis die Entscheidung im Westen gefallen war.

Die Erfahrungen des Weltkrieges machen es wahrscheinlich, daß in einer solchen gewaltigen und doch einheitlichen Operation gegen die Flanke des feindlichen Aufmarsches wirklich die einzige Chance lag, Frankreich rasch und entscheidend zu schlagen. Die ungeheure Feuerkraft von Maschinengewehr und Artillerie, die schon die Kavallerie als Angriffswaffe ausgeschaltet hatte, schwächte die Stoßkraft des frontalen Infanterieangriffs sehr empfindlich, und die geringe Beweglichkeit der Truppen minderte die strategische Bedeutung des Durchbruchs. Gleichwohl bleibt es schwer begreiflich, wie ein Plan, der bei all seiner Kühnheit und inneren Logik beklemmend große Risiken enthielt, als sicheres Rezept des Sieges angesehen werden konnte. War es angesichts des Kräfteverhältnisses zwischen dem deutschen und dem französischen Heer, angesichts der Enge des Aufmarschraumes, der zu erwartenden Transport- und Nachschubschwierigkeiten überhaupt möglich, den rechten Flügel so stark zu machen, daß er Paris zu umfassen, die gewaltige Festung zu belagern und zugleich den Todesstoß gegen die südostwärts stehenden französischen Armeen zu führen vermochte? Wenn man aber vor Paris einschwenkte – wie es tatsächlich geschah –, entstand dann nicht eine überaus gefährliche Flankenbedrohung? Schlieffen hat die dunkle Drohung dieses Dilemmas deutlich gespürt und immer mehr Korps für seinen Angriffsflügel gefordert. Würde es gelingen, das Ausweichen des Gegners in den süd- und westfranzösischen Raum zu verhindern, das ein rasches Kriegsende illusorisch machte? Würde der Vormarsch durch Belgien, der ja ein Infanterievormarsch war, sich so schnell vollziehen, daß es gelang, die Vereinigung der Franzosen mit den Belgiern und dem englischen Expeditionskorps auf der Linie Namur - Brüssel - Antwerpen, die eine Umfassung der gegnerischen Front unmöglich machte, zu verhindern? Wie lange konnte man die Gefahr im Osten unberücksichtigt lassen? Die beiden letzten Fragen machen den unerhörten Zeitdruck deutlich, mit dem diese Planung die deutsche Führung belastete. Schließlich: Konzipierte der Operationsplan den Krieg nicht viel zu sehr als eine einzige gigantische Schlacht, von einem einzigen kühnen Willen lenkbar, obgleich es doch an jeder praktischen Erfahrung über die Möglichkeiten der zentralen Führung der modernen Millionenheere im Bewegungskrieg fehlte?

Aber viel größeres Gewicht als diese angedeuteten militärischen Risiken hatten die politischen Implikationen. Die Verletzung der belgischen Neutralität belastete Deutschland vor der ganzen Welt auf das schwerste und machte Belgien zum Gegner. Jede Möglichkeit wurde zerstört, England aus dem Konflikt herauszuhalten. Zudem ließ der Aufmarschplan unberücksichtigt, was seit 1908/09 offenkundig war: daß der wahrscheinlichste Kriegsfall für Deutschland die Verwicklung in einen österreichisch-russischen Balkankonflikt war. Mit der einseitigen Festlegung auf eine große Westoffensive mußte Deutschland unvermeidlich in einer solchen Situation den allgemeinen europäischen Krieg auslösen.

Aus: Peter Graf Kielmansegg, Deutschland und der Erste Weltkrieg, Frankfurt/M. 1968, S. 23 ff.

2. Sozialdarwinismus und Krieg

Im Jahre 1914 stand hinter jeder Regierung in West- und Mitteleuropa die solide, wenn auch klassenmäßig geteilte Phalanx der nationalen Gesellschaft. Die Kriterien der Macht waren nicht mehr das Maß politischer Stabilität und Reife sowie geographische Vorteile, sondern sie waren industrieller, wirtschaftlicher und organisatorischer Natur.

Jeder Staat (ganz gleich, ob er sich nach dem rationalen oder romantischen Konzept der Nation orientierte) hatte eine spezifische Identität angenommen, war zum Organismus geworden, unterworfen den Naturgesetzen von Leben und Tod, Wachstum oder Zersetzung. Und aus dem Sozialdarwinismus ergab sich eine plausible Theorie, die all diese Annahmen wissenschaftlich scheinbar bestätigte. Plötzlich gab es ein Bewußtsein und eine Differenzierung zwischen saturierten und noch nicht saturierten, zwischen alten und jungen Völkern – und das alles scheinbar ummauert mit den naturwissenschaftlichen Beweisen Darwins.

Die erneuerte Polemik um die „Verantwortung“ für den Ausbruch des ersten Weltkriegs hat die deutschen Vertreter des Sozialdarwinismus ausführlich hervorgehoben. Weniger bekannt sind seine westlichen Vertreter. Englischerseits war es kein anderer als der bedeutende politische Theoretiker Walter Bagehot, der sich diese Theorien zu eigen machte. „Eroberungen“, so schrieb er, „sind die Prämien, die von der Natur jenen nationalen Charakteren verliehen werden, deren nationale Gebräuche sie für die Kriegführung am leistungsfähigsten machen. Die Eroberer sind in Wirklichkeit von überlegenem Charakter, denen der Sieg und der Gewinn von Rechts wegen zukommt.“ Man soll hier nicht vergessen, daß Bagehots Werke immerhin zu einer sehr anspruchsvollen politischen Theorie gehören. Man stelle sich vor, in welcher Form Äußerungen dieser Art in der populären Tagespresse erschienen:

Das Leitmotiv des Liberalismus des 19. Jahrhunderts, der Glaube an den immerwährenden menschlichen Fortschritt, gebar letzten Endes das Konzept des Existenzkampfes, die Auswahl des Fähigsten, ein Konzept, das, wenn man es auf eine soziale und politische

Umwelt anwendet, wenn man es von Individuen auf Nationen überträgt, natürlich die Trennungslinien zwischen den Völkern vertiefen mußte, besonders in einer Epoche des wirtschaftlichen Wettbewerbs, der sozialen Unzufriedenheit, die man in „harmlose" Kanäle leiten wollte, in einem Zeitalter, in dem neue und junge Nationen von einem Missionsdrang erfüllt waren, dessen genaue Natur noch nicht definiert und daher nicht voll artikuliert war. Die Suche nach dem Zweck und Sinn nationaler Existenz führte in viele Richtungen. Nietzsche verdammte die christliche Religion, er zog den letzten logischen Schluß aus dem Prinzip der Auswahl des Fähigsten, nämlich den, daß die existierenden moralischen Kategorien und Werte einer solchen Auswahl im Wege standen. Als Alternative propagierte er die Rasse des Übermenschen, produziert und ausgewählt durch das Recht des Stärkeren.

Auf einer breiteren, populären Ebene verursachte dies selbstverständlich ein allgemeines Interesse an den Evolutionstheorien, die aber auf dieser Ebene zur vulgären Propagierung brutaler Stärke, zur Anbetung von kriegerischen Qualitäten verwässert waren. Charles Pearson schrieb in seinem Buch *„National Life from the Standpoint of Science":* „Der Pfad des menschlichen Fortschritts ist übersät mit verfaulenden Gebeinen alter Nationen, überall können wir die hinterlassenen Spuren minderwertiger Rassen sehen, die Opfer jener, die nicht den engen Pfad zur Perfektion gefunden haben. Doch diese toten Nationen und Rassen sind in Wahrheit die Stufen, auf denen die Menschheit zu der höheren intellektuellen Stufe des heutigen Lebens emporgestiegen ist."

Der ältere Moltke zog seinen eigenen logischen Schluß, wenn er das darwinische Portrait der Natur mit dem Schlachtfelde gleichsetzte und dem Geist seiner Zeit Ausdruck gab mit den Worten: „Der Krieg ist ein Element der Weltordnung, beabsichtigt von Gott, ohne den die Welt stagnieren, sich im Materialismus verlieren würde" . . .

Beweise für Anschauungen dieser Art finden sich in der gesamten mittel- und westeuropäischen Publizistik. Man hat oft – zu oft – die bekannten Artikel der *Saturday-Review* um 1895 zitiert. Sie war bei weitem nicht die einzige britische Zeitschrift, die mit ihrem Sozialdarwinismus das internationale Klima verpestete. Noch einige Jahre, kurz vor dem Ausbruch des Ersten Weltkrieges, publizierte die namhafte Wochenschrift *Nineteenth Century* einen Beitrag unter dem Titel „Der Krieg als Prüfung Gottes". Ihm sind folgende Auszüge entnommen: „Inmitten des Chaos der Innenpolitik und der sozialen Forderungen regiert immer noch das biologische Gesetz des Wettbewerbs, es regiert das Geschick der Nationen wie das des Individuums. Und wie die ethische Essenz des Wettbewerbs die Opferbereitschaft ist, wie jede Generation von Pflanzen und Tieren in dem einen Fall untergeht oder in dem anderen Fall arbeitet und Risiken auf sich nimmt, so daß die Nachkommen überleben, so ist die Zukunft jeder Generation von der Selbstaufopferung ihrer Vorgänger bestimmt." „Diese Opferbereitschaft", so schreibt der Autor, Harold F. Wyatt, „ist die Wurzel aller menschlichen Moralität und findet ihre Krone im Patriotismus." Und er geht weiter mit der Frage: „Wie steht es mit England? Ist sein Herz noch stark genug, zu wagen und auszuhalten? Wie werden wir es wissen? Durch die Prüfung – jene von Gott eingerichtete Prüfung zur Beurteilung der Völker: die Prüfung durch den Krieg." Natürlich, schreibt der Autor, muß man zu diesem Zwecke gerüstet sein, denn „der Sieg ist das Resultat größerer Leistungsfähigkeit, und diese wiederum ist das Resultat überlegener geistiger Qualität. Leistungsfähigkeit im Krieg oder für den Krieg ist die Prüfung der Seele der Nation durch Gott. Mit dieser Prüfung steht oder fällt sie . . .

Der Sieg im Krieg ist jene Methode in der Wirtschaftlichkeit göttlicher Voraussicht, durch die die gesunde Nation den Platz der kranken einnimmt, denn in unserer Zeit ist der Sieg das Produkt höherer Leistungsfähigkeit und diese das logische Produkt überlegenerer Moral. Wenn man nun den Traum kurzsichtiger und oberflächlicher Sentimentalisten erfüllen könnte – wenn Krieg auf Erden unmöglich gemacht werden könnte –, dann würde man damit den gesamten Mechanismus zerstören, der nationale Korruption bestraft und nationale Tugend belohnt. Die Höherstehenden würden nicht mehr die Minderwertigen ersetzen, und der gesamte Prozeß menschlicher Evolution würde zum Stillstand kommen ... Der Sieg ist die Krone moralischer Qualität, und daher ist, solange die Nationen einander bekämpfen, das Überleben des Stärkeren auch das Überleben des physisch Besten ...

Das wirkliche Gericht, das einzige Gericht, das über die Fragen der Nationen entscheidet, ist das Gericht Gottes, und dieses Gericht ist der Krieg. Dieses 20. Jahrhundert wird eine Probe der Stärke sein, deren Resultat vielleicht lange unentschieden sein wird. Jedoch wer immer auch Sieger sein wird, er hat in sich die größere Seele."

Aus: H. W. Koch, Die Rolle des Sozialdarwinismus, in: Zeitschrift für Politik 17 (1970), S. 59ff.

3. Gespräch des Kaisers mit dem englischen Unterstaatssekretär Hardinge vom 12. 8. 1908

Sir Charles Hardinge: „Der Dreadnoughtbau nimmt bei Ihnen so rasche Fortschritte, daß Sie in wenigen Jahren, sagen wir 1912, uns an Stärke gleich oder sogar überlegen sein werden. Darüber ist das englische Volk voll Aufregung und schwerer Besorgnis." *Ich:* „Das ist ja absoluter Blödsinn. Wer hat Ihnen denn den Unsinn aufgebunden?" *Er:* „Das ist gar kein Unsinn, das ist authentisches Material von der englischen Admiralität." *Ich:* „Es bleibt Unsinn und zugleich ein Beweis, wie wenig englische Staatsmänner und das englische Volk von maritimen Dingen verstehen." *Er:* „Sie können kein authentischeres Material haben, als was mir die Admiralität gegeben hat." *Ich:* „Ihr Material ist falsch, ich bin Admiral der englischen Flotte, welche ich genau kenne, und verstehe das besser als Sie, der ein Zivilist ist und nichts davon versteht." *Er:* „Dieser Konkurrenzbauerei muß ein Ende gemacht werden, es muß ein Arrangement getroffen werden, wonach das Bautempo verlangsamt wird. Denn unsere Regierung muß sonst im nächsten Jahr ein großes Programm für Neubauten einbringen, für die bei dem Mangel an Mitteln neue Steuern ausgeschrieben werden müssen. Das wird sehr unpopulär sein, das Volk wird murren und kann vielleicht der Regierung den Hals kosten." *Ich:* „Sie treiben Konkurrenzbau, und zwar eine Konkurrenz, die nur einseitig englisch ist und von Ihrer Admiralität erfunden ist." *Er:* „Können Sie nicht Ihrem Bau Einhalt tun? Oder weniger Schiffe bauen?" *Ich:* „Das Maß der maritimen Rüstung Deutschlands richtet sich nach seinen Interessen und Bedürfnissen, ist ein defensives und bestimmt nicht gegen eine Nation, am wenigsten gegen England, gerichtet. Sie sind keine Drohung für Sie, da Sie augenblicklich alle miteinander an Gespensterfurcht leiden." *Er:* „Aber ein Arrangement müßte doch getroffen werden, um den Bau einzuschränken. Sie müssen einhalten oder langsamer bauen." *Ich:* „Dann werden wir kämpfen, denn es ist eine Frage der nationalen Ehre und Würde." Und dabei sah ich ihm fest und scharf in die Augen. Sir Charles bekam einen feuerroten Kopf, machte mir einen Diener und bat mich um Entschuldigung für seine Worte und ersuchte mich ausdrücklich, dieselben als versehentlich im Privatgespräch gemachte Bemerkungen zu betrachten, welche ich vergeben und vergessen möchte ... Abends nahm ich das Gespräch mit ihm wieder auf, wobei er ein ganz anderer Mann war, liebenswürdig vergnügt seine Erzählungen mit Anekdoten würzend. Die offene Aussprache mit mir, in der ich ihm scharf die Zähne gezeigt hatte, hat ihre Wirkung nicht verfehlt. Mit Engländern muß man immer so verkehren.

Zit. nach Walter Tormin, Die Weimarer Republik, Neuauflage Hannover 1970, S. 11f.

4. Erörterung der außenpolitischen Situation Deutschlands im Dezember 1912

(Aus dem Bericht des Admirals G. A. von Müller)

8. Dezember – 11 Uhr zum Kaiser ins Schloß befohlen, mit Tirpitz und den Chefs des Generalstabes und Admiralstabes zusammen. Der Kaiser erzählt aus einem telegraphischen Bericht des neuen Botschafters in London, Fürsten Lichnowsky, über die politische Lage. Haldane habe als Sprachrohr Greys dem Fürsten erklärt, daß England, wenn wir Frankreich angriffen, unbedingt Frankreich beispringen würde, denn England könne nicht dulden, daß die balance of power in Europa gestört würde. Se. Majestät begrüßte diese Mitteilung als erwünschte Klärung der Lage denjenigen gegenüber, die sich durch englische Pressefreundlichkeiten der letzten Zeit Englands sicher glaubten.
Se. Majestät habe sich folgendes Bild gemacht:
Österreich müsse den auswärtigen Slaven (Serben) gegenüber kraftvoll auftreten, sonst verliere es die Macht über die Serben der österreichisch-ungarischen Monarchie. Wenn Rußland die Serben stütze (Sassonoffs Erklärung, Rußland würde sofort in Galizien einrücken, wenn Österreich in Serbien einrücke), wäre der Krieg für uns unvermeidlich. Wir können aber hoffen, Bulgarien und Rumänien, auch Albanien und vielleicht auch die Türkei auf unserer Seite zu haben. Ein Bündnisangebot Bulgariens an die Türkei sei schon ergangen. Wir hätten den Türken sehr zugeredet.
Se. Majestät habe auch kürzlich dem Kronprinzen von Rumänien, der auf der Durchreise von Brüssel aus durch Berlin gekommen sei, sehr zur Verständigung mit Bulgarien zugeredet. Treten diese Mächte auf Österreichs Seite, dann seien wir soweit frei, daß wir den Krieg mit ganzer Macht gegen Frankreich führen könnten. Die Flotte müßte natürlich sich auf den Krieg gegen England einrichten ...
General von Moltke: „Ich halte einen Krieg für unvermeidlich und: je eher, desto besser."
Wir sollten aber durch die Presse die Volkstümlichkeit eines Krieges gegen Rußland im Sinne der Kaiserlichen Ausführungen besser vorbereiten. Seine Majestät bestätigt dies und fordert Staatssekretär von Tirpitz auf, auch mit seinen Pressemitteln nach dieser Richtung zu wirken.
Tirpitz macht darauf aufmerksam, daß die Marine gern das Hinausschieben des großen Kampfes um 1 1/2 Jahre sehen würde. Moltke erwiderte: „Die Marine würde auch dann nicht fertig sein, und die Armee käme in immer ungünstigere Lage, denn die Gegner rüsteten stärker als wir, die wir mit dem Gelde sehr gebunden seien."
Der Kaiser sagte: „Wir leben in einer merkwürdigen Zeit." Ich antwortete: „Und in einer Zeit, die für Eure Majestät außerordentlich schwer sein muß."

Se. Majestät: „Ach, das ist mein Beruf, ich bin ganz zufrieden, denn ich liebe solche Aufgaben." Dann bemerkte er noch, wie interessant es sei, daß selbst der Reichskanzler sich jetzt doch an den Gedanken eines Krieges gewöhnt habe, er, der doch noch vor einem Jahre ausgesprochen habe, er werde nie imstande sein, zu einem Krieg zu raten.

Aus: Der Kaiser – Aufzeichnungen des Chefs des Marinekabinetts Admiral Georg Alexander v. Müller über die Ära Wilhelms II., hrsg. von Walter Görlitz, Göttingen 1965, S. 124ff.

5. Fritz Fischer: Der vertagte Krieg

Die Entscheidungen am Jahresende 1912

Noch am 3. Dezember hatte der Kaiser, beeindruckt von den Berichten aus London, von einer „überraschenden englischen Annäherung" gesprochen und dabei seine Erwartungen so hoch gespannt, daß er, wie er sagte, sich diesmal nicht „mit Worten" abspeisen lassen wolle, sondern „Taten" erwarte. Das konnte nur heißen, daß Wilhelm II. damit rechnete, England sei diesmal zu einem Abkommen oder wenigstens zu einer Neutralitätszusage bereit, werde also seine noch im Frühjahr 1912 während der Haldane-Mission bezogene Stellung revidieren. Damit schien die Politik Bethmann Hollwegs und Kiderlen-Wächters einen ersten großen Erfolg errungen zu haben.

Die Nachricht, die der Kaiser von dem Gespräch Haldanes mit Lichnowsky vom 3. Dezember erhielt, zerstörte seinen Optimismus mit einem Schlage. Haldane hatte Lichnowsky erklärt, daß Großbritannien bei einem Einmarsch Österreich-Ungarns in Serbien wohl kaum der „stille Zuschauer" bleiben könne. Denn die Wurzeln der englischen Politik, so hatte sich Haldane nach Lichnowsky ausgedrückt, „lägen in der hier allgemein verbreiteten Empfindung, daß das Gleichgewicht der Gruppen einigermaßen aufrechtzuerhalten sei. England würde daher unter keinen Umständen eine Niederwerfung der Franzosen dulden können". Man sei in England nicht bereit, eine Entwicklung zuzulassen, die dazu führen könnte, daß England sich „nachher einer einheitlichen kontinentalen Gruppe unter Führung einer einzigen Macht gegenübersehe". Die ganze Enttäuschung des Kaisers über diese scheinbare Schwenkung der britischen Politik brach in seiner Schlußbemerkung zu Lichnowskys Bericht durch:

„Weil England zu feige ist, Frankreich und Rußland offen in diesem Falle sitzen zu lassen, und zu sehr neidisch ist auf uns und uns haßt, deswegen sollen andere Mächte ihre Interessen nicht mit dem Schwert verteidigen dürfen, da es dann trotz aller Versicherungen, trotz Marschall und Lichnowsky doch gegen uns gehen will. Das richtige Krämervolk! Das nennt es Friedenspolitik! Balance of Power! Der Endkampf der Slaven und Germanen findet die Angelsachsen auf seiten der Slaven und Gallier."

Der Kaiser wiederholte noch am gleichen Tag diese Gedanken in einem Telegramm an Kiderlen-Wächter:

„England wird aus Neid und Haß gegen Deutschland unbedingt Frankreich u(nd) Rußland gegen uns beistehen. Der eventuelle Existenzkampf, den die Germanen in Europa (Österreich, Deutschland) gegen die von Romanen (Galliern) unterstützten Slaven (Rußland) zu fechten haben werden, findet die Angelsachsen auf der Seite der Slaven. Grund: Neidhammelei, Angst unseres zu Großwerdens!"

Wilhelm II. forderte Militärabkommen mit der Türkei, Bulgarien und Rumänien, möglichst auch mit Japan, denn: „Jede Macht, die zu haben ist, ist gut genug uns zu helfen. Es geht um Sein oder Nichtsein Deutschlands."

Der „Kriegsrat" vom 8. Dezember 1912

Lichnowskys Bericht über seine Unterredung mit Haldane erregte den Kaiser derartig, daß er am gleichen 8. Dezember um 11 Uhr eine Besprechung anberaumte, zu der der Generalstabschef v. Moltke, der Staatssekretär des Reichsmarineamts v. Tirpitz, der Chef des Admiralstabes v. Heeringen und der Chef des Marinekabinetts v. Müller befohlen wurden. Ihnen gegenüber machte der Kaiser seiner Enttäuschung über das Verhalten Greys und der englischen Regierung Luft. Für Wilhelm II. war durch den Bericht Lichnowskys das Kalkül der Bethmann Hollwegschen Politik – England würde sich zu einem für Deutschland akzeptablen Agreement bereitfinden – zusammengebrochen. Mit deutlicher Spitze gegen Bethmann Hollweg betonte der Kaiser, die Erklärung Haldanes sei eine „erwünschte Klärung der Lage denjenigen gegenüber, die sich durch englische Pressefreundlichkeiten der letzten Zeit Englands sicher glaubten". Dabei hatte der Kaiser offensichtlich völlig vergessen, daß er bis zu diesem Augenblick selbst zu denjenigen gehört hatte, die ihre Hoffnungen auf die englische Neutralität gesetzt hatten. Die Mitteilungen Lichnowskys riefen nun einen vollständigen Stimmungsumschwung hervor. Der Kaiser war nunmehr nicht länger bereit, die Politik des geduldigen Werbens um England fortzusetzen; er plädierte für den sofortigen Krieg gegen Rußland und Frankreich. Österreich müsse den „auswärtigen Slaven (Serben) gegenüber kraftvoll auftreten", wenn es nicht seine Machtstellung gegenüber den Serben verlieren wollte. Wenn Rußland dann die Serben stützte und etwa in Galizien einrücken würde, „wäre der Krieg für uns unvermeidlich". In diesem großen Krieg könnte Deutschland hoffen, Bulgarien, Rumänien, auch Albanien und vielleicht sogar die Türkei als Bündnispartner zu gewinnen. Schritte in dieser Richtung seien bereits eingeleitet und müßten planmäßig fortgeführt werden:

„Treten diese Mächte auf Österreichs Seite, dann seien wir soweit frei, daß wir den Krieg mit ganzer Macht gegen Frankreich führen könnten. Die Flotte müßte sich natürlich auf den Krieg gegen England einrichten... Also gleich Unterseebootskrieg gegen englische Truppentransporte bzw. nach Dünkirchen, Minenkrieg in der Themse."

Tirpitz erhielt den Auftrag: „schleunige Mehrbauten von U-Booten etc. ... Konferenz aller Marinestellen." Der Generalstabschef v. Moltke, der über die Haltung der deutschen Regierung in der Balkankrise ohnehin nicht glücklich war, begrüßte die Kriegsentschlossenheit des Kaisers und bestärkte ihn darin. Er sagte: „Ich halte einen Krieg für unvermeidlich und: je eher, desto besser." Moltke sprach sich dafür aus, „durch die Presse die Volkstümlichkeit eines Krieges gegen Rußland im Sinne der kaiserlichen Ausführungen besser vor(zu)bereiten". Der Kaiser stimmte diesem Vorschlag Moltkes zu und forderte sogleich Tirpitz auf, seine bekanntermaßen guten Beziehungen zur Presse für diese Propaganda einzusetzen. Tirpitz war jedoch mit den auf einen sofortigen Krieg drängenden Vorschlägen des Kaisers und des Generalstabschefs nicht einverstanden. Da er die Flotte für einen Krieg mit England noch nicht für stark genug hielt, empfahl er das „Hinausschieben des großen Kampfes um 1 1/2 Jahre". Dieser Argumentation widersprach Moltke sofort mit scharfen Worten:

„Die Marine würde auch dann nicht fertig sein, und die Armee käme in immer ungünstigere Lage; denn die Gegner rüsteten stärker als wir, die wir mit dem Gelde sehr gebunden seien."

Admiral v. Müller stimmte Moltke grundsätzlich zu, bemängelte aber, daß Moltke seinen eigenen Gedanken nicht zu Ende gedacht habe. So jedenfalls resümierte Müller das Ergebnis der Besprechungen in seinem Tagebuch:

„der Chef des gr. Generalstabes sagt: Krieg je eher je besser, aber er zieht nicht die Konsequenz daraus, welche wäre: Rußland oder Frankreich oder beide vor ein Ultimatum zu stellen, das den Krieg mit dem Recht auf unsere(r) Seite entfesselte."

Im Hinblick auf diese Inkonsequenz, die Müller in der Haltung des Generalstabschefs festzustellen glaubte, ist auch die abschließende Bemerkung der Aufzeichnung, „Das Ergebnis war so ziemlich Null", zu verstehen. Dem Kriegsentschluß entsprachen keine konkreten Überlegungen über die Voraussetzungen einer erfolgversprechenden Eröffnung des Krieges.

Über den Verlauf dieses „Kriegsrates" wurden die Bundesstaaten mit eigener Heeresverwaltung unterrichtet. Die Berichte der Militärbevollmächtigten Bayerns und Sachsens liegen vor. Am 12. Dezember berichtete der sächsische Militärbevollmächtigte Leuckart über die Informationen, die er im preußischen Kriegsministerium über diese Konferenz erhalten hatte:

„Exz(ellenz) v. Moltke will den Krieg; denn er ist der Meinung, daß er Frankreich jetzt nicht gelegen kommen würde, was sich aus dessen Eintreten für eine friedliche Lösung der Verhältnisse entnehmen lasse. Admiral v. Tirpitz dagegen würde es lieber sehen, wenn es erst in einem Jahr dazu käme, nachdem der Kanal und der Hafen für Unterseeboote auf Helgoland fertig gestellt sein würde. Bei dieser Gelegenheit soll S.M. ausgesprochen haben, daß nach zuverlässigen geheimen Nachrichten England, wenn es in Europa zum Kriege käme, unbedingt an der Entente festhalten und auf seiten Frankreichs und Rußlands stehen würde. Und dies trotz der fortgesetzten freundschaftlichen Versicherungen Englands und der Erklärung von intimen Beziehungen zwischen Deutschland und England seitens des Herrn Reichskanzlers!"

Aus: Fritz Fischer, Krieg der Illusionen – Die deutsche Politik von 1911 bis 1914, Düsseldorf 1969, S. 231 ff.

6. Moltkes Präventivkriegsüberlegungen

Moltke bestätigte in einer Denkschrift „Verhalten Deutschlands in einem Dreibundkriege" Anfang 1913 die Befürchtung der politischen Führung, daß ein Durchmarsch durch Belgien mit Sicherheit sofort zum Kriege mit England führen würde, sah sich aber außerstande, zur Operationsplanung seines Onkels zurückzukehren, der im Falle eines Zweifrontenkrieges eine Schwerpunktbildung im Osten und eine Offensive gegen Rußland bei zunächst defensivem Verhalten im Westen vorgesehen hatte. Die Stichhaltigkeit selbst der rein militärtechnischen Aspekte seiner ohne jede Berücksichtigung der außenpolitischen Konsequenzen vorgetragenen strategischen Argumente für eine schnelle Entscheidung im Westen trotz allen mit dem Durchzug durch Belgien verbundenen Gefahren erscheint, vom Verlauf des Krieges 1914/18 her betrachtet, nicht unbedingt zwingend. Sie konzentrierten sich auf die durch den Ausbau des russischen Eisenbahnnetzes möglich gewordene Beschleunigung des russischen Aufmarsches und auf die Anlage neuer Befestigungslinien, die eine Kriegseröffnung mit einer gemeinsamen Offensive des deutschen und österreichisch-ungarischen Heeres gegen den russischen Aufmarsch in Polen, wie sie die Operationsplanung des älteren Moltke vorgesehen hatte, nicht mehr erfolgversprechend erscheinen ließ: „jedenfalls würde sich dieser russische Feldzug endlos hinziehen.“ Eine reine Defensive mit Teilkräften an der Westgrenze gegen Frankreich sei zudem bei der gegenüber den siebziger und achtziger Jahren wesentlich verbesserten Organisation und Aufmarschplanung des französischen Generalstabes nur sehr kurze Zeit möglich. Ein Einbruch französischer Heere nach Westdeutschland aber würde, da sogleich die lebenswichtigen Industriereviere Lothringens, des Saarlandes und des Ruhrgebietes in die Gefahrenzone gerieten, schnell zur völligen Niederlage des Reiches führen. Zur Frage der voraussichtlichen Haltung Englands im Falle eines deutschen Durchzuges durch Belgien, die bei der bestehenden deutschen Planung mit dem Schwerpunkt im Westen zentral war, gestand Moltke offen ein: „Auch England wird, ja muß gegen uns Partei ergreifen; denn es ist für die Briten eine Lebensfrage zu verhindern, daß sich die Deutschen an der Kanalküste festsetzen. Sie werden uns niemals glauben, daß wir das nicht beabsichtigen. Eine deutsche Festsetzung am Kanal würde dauernd englische Flottenkräfte dort fesseln, was England unfähig macht zur Behauptung seiner Weltstellung.“

Moltke war von der Unvermeidbarkeit eines kommenden großen Krieges zwischen den beiden Mächtegruppen in Europa überzeugt, wobei er schon Ende 1912 befürchtete, daß die deutsche Armee infolge der weitgespannten Rüstungsprogramme der anderen Mächte in eine „immer ungünstigere Lage“ käme; „denn die Gegner rüsteten stärker als wir“. Seine Äußerung in einer Besprechung mit dem Kaiser am 8. Dezember 1912: „Ich halte einen Krieg für unvermeidlich und: je eher, desto besser“, zeigte ihn als einen Verfechter jener spezifischen Art des Präventivkriegsdenkens, das nicht mehr (wie in den gleichsam traditionellen Präventivkriegsüberlegungen) an konkrete Kriegsvorbereitungen und Angriffsabsichten eines Gegners anknüpfte und mit der eigenen Aktion dem zum Sprung ansetzenden Feind zuvorzukommen strebte, sondern von Kalkulationen darüber bestimmt war, wie durch die militärische Niederwerfung bloß potentieller Gegner allgemeine (tatsächlich oder vermeintlich gegen die Position des eigenen Staates laufende) Entwicklungstendenzen in eine für die Bewahrung oder Erweiterung der eigenen Macht günstige Richtung gelenkt werden konnten.

Im Mai 1914 hatten sich Moltkes Präventivkriegserwägungen gegenüber der Zeit der Balkankrise Ende 1912 wesentlich verdichtet. In einem Gespräch mit dem Staatssekretär des Auswärtigen, v. Jagow, äußerte er nun: „Die Aussichten in die Zukunft bedrückten ihn schwer. In 2–3 Jahren würde Rußland seine Rüstungen beendet haben. Die militärische Übermacht unserer Feinde wäre dann so groß, daß er nicht wüßte, wie wir ihrer Herr werden könnten. Jetzt wären wir ihnen noch einigermaßen gewachsen. Es bliebe seiner Ansicht nach nichts übrig, als einen Präventivkrieg zu führen, um den Gegner zu schlagen, solange wir den Kampf noch einigermaßen bestehen könnten.“

Aus: Andreas Hillgruber, Deutschlands Rolle in der Vorgeschichte der beiden Weltkriege, Göttingen 1967, S. 42ff.

7. Die Kassierung des Großen-Ost-Aufmarsch-Planes

In diesem Zusammenhang gesehen, kann man kaum anders, als die im April 1913 vom Generalstab beschlossene Kassierung des Großen-Ost-Aufmarsch-Planes als einen Schritt von umwälzender Tragweite zu bezeichnen. Der Schlieffenplan erhielt dadurch eine wesentlich andere Zielsetzung als bisher, ja geradezu eine neuartige Bedeutung. Fortab war er vor allem Ausdruck eines unbedingten Offensiv- und Siegeswillens, ja eines Angriffswillens um jeden Preis.

In der Tat: Blieb für den kommenden Krieg der Schlieffenplan als einziger Operationsplan übrig, so konnte das nichts anderes bedeuten, als daß die deutsche Heeresleitung jede defensive Grundeinstellung preisgegeben hatte. Statt den gefährlichen Zweifrontenkrieg wie bisher so weit wie möglich zu vermeiden, war sie jetzt umgekehrt entschlossen, ihn mit allen seinen Risiken bewußt auszulösen, ja ihn im Konfliktfall unter allen Umständen zu führen. Damit war in Berlin eine Entscheidung gefallen, die den weiteren Gang der Entwicklung zwangsläufig und unwiderruflich festlegte.

Läßt sich diese Kehrtwendung vielleicht doch aus defensiver Grundhaltung erklären? Irgendwie spielte sicher die Sorge mit, von Frankreich später doch noch im Rücken angefallen zu werden, wenn man sich einmal in der Abwehr eines russischen Gewaltstreichs in den östlichen Gegner verbissen habe. Könnte es in einem solchen Ostkrieg das französische Volk je zulassen, daß seine im Zarenreich investierten Riesenkapitalien als Siegesbeute in deutsche Hand fielen? Würde es sich alsdann nicht durch die Macht der Tatsachen gezwungen fühlen, auch einem östlichen Angreifer beizuspringen, über seine defensiven Bundespflichten hinaus? War es da nicht auch für ein friedliches Deutschland ein Gebot der Vorsicht, ja der nationalen Pflicht, im konkreten Konfliktfall den rascher zu erledigenden Westgegner unter allen Umständen sofort auszuschalten.

Entschuldigungsgründe dieser Art ließen sich geltend machen, stände ihnen nicht ein durchschlagendes Gegenargument im Wege. Die Kassierung des Großen-Ostaufmarsch-Planes erfolgte nämlich ausgerechnet im Zeitpunkt, da ihn Deutschland – defensive Grundeinstellung vorausgesetzt – für die unmittelbare Zukunft nötiger hatte denn je! …

Just in der belgischen Frage wird offenkundig, wie fatal die Wende vom April 1913 war. Bisher war ein gewaltsamer Einfall in den völkerrechtlich geschützten Kleinstaat doch nur so etwas wie eine unverbindliche Variante gewesen, wobei man sogar hoffen durfte, die Franzosen würden das Odium einer Neutralitätsverletzung vielleicht als erste auf sich nehmen. Jetzt aber entschied sich der Generalstab und legte die Staatsführung unwiderruflich darauf fest, dieses Odium auf jeden Fall der eigenen Nation aufzuladen – in der Überzeugung, nach gewonnenem Endsieg würde sich niemand mehr um diesen Völkerrechtsbruch kümmern.

Darum, was eine solche krasse Völkerrechtsverletzung für psychologische und weltpolitische Auswirkungen haben müsse, zumal erst noch dann, falls der Krieg länger andauere oder gar verlorengehe, kümmerten sich die deutschen Militärs überhaupt nicht, ebensowenig wie um die Frage, ob es klug sei, den Kriegsgegnern einen Rechtsvorwand in die Hand zu spielen, um es ihrerseits mit dem Völkerrecht nicht so genau zu nehmen, vorab auf dem für Deutschland so lebensgefährlichen Gebiet der Blockademaßnahmen. Die Ausrede „Not kennt kein Gebot“ ist ihrem Wesen nach immer ein höchst zweischneidiges Schwert. Die politische Reichsleitung hat dies nicht ganz übersehen. Staatssekretär Jagow suchte noch anfangs 1913 Moltke zu einer Abänderung des Operationsplans zu bewegen; als dies mißlang, fügten sich Reichskanzler und Auswärtiges Amt ins Unabänderliche.

Als schließlich Ende Juli 1914 die von Berlin planmäßig inszenierte und künstlich verschärfte internationale Krise in militärische Mobilmachungen ausmündete, da nahm der Generalstab der Reichsleitung auch noch den Rest von politischer Mitbestimmung aus der Hand. Urplötzlich sah sie sich zur sofortigen Eröffnung der Feindseligkeiten gezwungen, doch ja nicht direkt wegen der russischen Generalmobilmachung – deretwegen hätte man damit noch 8–10 Tage lang bis zum Abschluß des eigenen Aufmarsches zuwarten können –, sondern wegen der unausweichlich nachfolgenden Mobilmachung des neutralen Belgiens.

Trefflich wurde die daraus entstandene paradoxe Lage von Gerhard Ritter gekennzeichnet: „Der Plan des Lütticher Handstreichs steigerte die Eile der Kriegsvorbereitungen gewissermaßen vom Tages- zum Stundentempo. Wir mußten dem Gegner – in diesem Falle einem Neutralen! – sozusagen mit der Kriegseröffnung ins Gesicht springen, ehe er auch nur Zeit gefunden hatte, sich in Abwehrstellung zu begeben ... Die Tatsache, daß der verantwortliche Leiter der deutschen Politik sich genötigt gesehen (oder doch geglaubt) hat, einen solchen Kriegsplan ohne erkennbaren Widerstand als ‹militärische Notwendigkeit› hinzunehmen, stellt ein Extrem von hilfloser Abhängigkeit der Politik von der Kriegführung dar."

Aus: Adolf Gasser, Deutschlands Entschluß zum Präventivkrieg, in: Discordia Concors, Festgabe für Edgar Bonjour, Basel 1968, S. 177 ff.

I/2 Politisch-militärisches Kalkül in der Juli-Krise

Arbeitsthemen

1. *Mit welchen Argumenten begründete der deutsche Generalstabschef von Moltke die Notwendigkeit eines Präventivkrieges? Inwiefern wurden seine aus einer Lageanalyse vor Kriegsbeginn gewonnenen Einsichten zu einer Art Regieanweisung für die Reichsleitung in der Juli-Krise? (Nr. 1)*
2. *Welche Bedeutung kam dem sog. Blankoscheck im Zusammenhang der politischen Eskalation in der Juli-Krise zu? (Nr. 4)*
3. *Welche wichtigen Elemente des deutschen Kriegsentschlusses in der Juli-Krise werden in Riezlers Tagebuch-Eintragungen vom 6.–23. 7. deutlich? (Nr. 6 a und b)*
4. *Inwiefern kennzeichnet die Marginalie Wilhelms II. „Jetzt oder nie" die deutsche diplomatische Strategie in der Juli-Krise? (Nr. 2; 5; 8; 9)*
5. *Wie sind nach Ausweis der offiziellen Dokumente die Aktivitäten in der Juli-Krise verteilt? Inwiefern rechtfertigen die detaillierten Aussagen der Dokumente die Bezeichnung der Juli-Krise als „einer der bestbezeugten Episoden der Weltgeschichte" (Herzfeld)? (Nr. 3; 7; 10; 11; 13; 15; 16; 17; 18; 19; 22; 23; 24; 25; 26)*
6. *Wie ist die von Jagow angedeutete Bereitschaft zu einer Vermittlung zwischen Österreich und Rußland zu beurteilen? (Nr. 12 und 21)*
7. *Welche Anstrengungen unternahm die deutsche Reichsleitung, um Rußland mit dem Odium des Angreifers zu belasten? (Nr. 14 und 20)*

Materialien

1. Gespräch des Staatssekretärs Jagow mit Generalstabschef Moltke

„Am 20. Mai und 3. Juni 1914, den kurz aufeinanderfolgenden Geburtstagen des Kaisers von Rußland und Königs von England fanden zu Ehren derselben Déjeuners bei unseren Majestäten im Neuen Palais zu Potsdam statt, in denen die respectiven Botschafter – und deshalb auch ich als Staatssekretär d. A. A. – geladen waren. Bei einem derselben – ich weiß nicht mehr, ob am 20. 5. oder am 3. 6. – an dem auch der Generalstabschef v. Moltke teilnahm, sagte mir dieser, er würde gern mit mir Einiges besprechen, ob ich nicht in seinem Automobil mit ihm nach Berlin zurückfahren wollte. Ich nahm die Einladung an.

Unterwegs entwickelte mir Moltke seine Auffassung unserer militärischen Lage. Die Aussichten in die Zukunft bedrückten ihn schwer. In 2–3 Jahren würde Rußland seine Rüstungen beendet haben. Die militärische Übermacht unserer Feinde wäre dann so groß, daß er nicht wüßte, wie wir ihrer Herr werden könnten. Jetzt wären wir ihnen noch einigermaßen gewachsen. Es bliebe seiner Ansicht nach nichts übrig, als einen Präventivkrieg zu führen, um den Gegner zu schlagen, so lange wir den Kampf noch einigermaßen bestehen könnten. Der Generalstabschef stellte mir demgemäß anheim, unsere Politik auf die baldige Herbeiführung eines Krieges einzustellen.

Moltke war nicht der Mann, den nach Kriegslorbeeren gelüstet hätte. Bei unserem ersten Gespräch, zu Beginn des Jahres 1913, hatte ich wahrnehmen können, daß er der Eventualität eines Krieges mit großem Ernst, aber abwehrend entgegen sah. Seine jetzige Auffassung mußte mir um so mehr Anlaß zum Denken geben. Moltke war ein Mann, der es mit seiner Verantwortung sehr ernst nahm, der aber wohl etwas unter dem Gefühl litt, seiner Stellung nicht ganz gewachsen zu sein – es fehlt ihm an strategischer Genialität. Wenn er jetzt für den Krieg plädierte, so mußte das ein Ausfluß allzu großer Sorge um die wachsende Übermacht sein.

Ich entgegnete ihm, daß ich mich nicht dazu verstehen könnte, einen Präventivkrieg heraufzuschwören und erinnerte an das Bismarcksche Wort, man könne der Vorsehung nicht in die Karten sehen. Den Ernst unserer Lage verhehlte ich mir zwar nicht. Ich habe auch nie den Gedanken eines Präventivkrieges prinzipiell und a limine verurteilt. Ein solcher kann unter Umständen als Defensivkrieg – so wie es Moltke auch jetzt ansah – zur unvermeidlichen Aufgabe einer vorausschauenden Politik werden. Erscheint ein Krieg unvermeidlich, so soll man sich den Moment nicht von dem Feind diktieren lassen, sondern ihn selbst bestimmen. Auch der fanatischste Friedensfreund wird, wenn er nicht ein ganz hirnverbrannter Doktrinär ist, diese Regel anerkennen. Selbst Bismarcks Kriege gegen Österreich und Frankreich waren im Grunde Präventivkriege gewesen. Aber abgesehen davon, daß der geeignete Moment vielleicht schon verpaßt war (bei dem Zusammenschluß der Triple-Entente und 1908/09, wo Rußland notorisch noch nicht wieder kampffähig war), hoffte ich noch, unser Verhältnis zu England würde sich so weit bessern lassen, daß ein allgemeiner Krieg ziemlich ausgeschlossen oder doch weniger gefährlich sein würde. Denn wenn mit Englands Teilnahme nicht mehr zu rechnen war, würden die Russen und Franzosen ohne diese Rücklehnung kaum versucht sein, einen Waffengang mit uns zu provozieren. Deutschland aber würde bei friedlicher Weiterentwicklung seiner wirtschaftlichen Stellung automatisch immer stärker und schwerer besiegbar.

Zit. nach Egmont Zechlin, Motive und Taktik der Reichsleitung 1914, in: Der Monat 209, 1966, S. 92f.

2. Der deutsche Botschafter Tschirschky an Bethmann Hollweg am 30. 6. 1914

(mit Marginalien des Kaisers)

Wien, den 30. Juni 1914

Graf Berchtold [k. u. k. Außenminister] sagte mir heute, *alles* deute darauf hin, daß die Fäden der Verschwörung, der der Erzherzog zum Opfer gefallen sei, *in Belgrad zusammenliefen.* Die Sache sei so wohl durchdacht worden, daß man absichtlich ganz jugendliche Leute zur Ausführung des Verbrechens ausgesucht habe, gegen die *nur mildere Strafe verhängt werden könne.* Der Minister sprach sich sehr bitter über die serbischen Anzettelungen aus.

hoffentlich nicht

Hier höre ich, auch bei ernsten Leuten, vielfach den Wunsch, *es müsse einmal gründlich mit den Serben abgerechnet werden.*

jetzt oder nie

Man müsse den Serben zunächst eine Reihe von Forderungen stellen und falls sie diese nicht akzeptierten, energisch vorgehen. *Ich benutze jeden solchen Anlaß, um ruhig, aber sehr nachdrücklich und ernst vor übereilten Schritten zu warnen.* Vor allem müsse man sich erst klar darüber werden, was man wolle, denn ich hörte bisher nur ganz unklare Gefühlsäußerungen. Dann solle man die Chancen irgendeiner Aktion sorgfältig erwägen und sich vor Augen halten, daß Österreich-Ungarn nicht allein in der Welt stehe, daß es Pflicht sei, neben der Rücksicht auf seine Bundesgenossen die europäische Gesamtlage in Rechnung zu ziehen und speziell sich die Haltung Italiens und Rumäniens in allen Serbien betreffenden Fragen vor Augen zu halten.

wer hat ihn dazu ermächtigt? das ist sehr dumm! geht ihn gar nichts an, da es lediglich Österreichs Sache ist, was es hierauf zu thun gedenkt.
Nachher heisst es dann, wenn es schief geht, Deutschland hat nicht gewollt! Tschirschky soll den Unsinn gefälligst lassen! Mit den Serben muss aufgeräumt werden, *und* zwar *bald.*
versteht sich alles von selbst, und sind Binsenwahrheiten.

Zit. nach Imanuel Geiss, Juli 1914, dtv-Dokumente, München 1965, S. 39f.

3. Kaiser Franz Joseph über das Attentat von Sarajewo

(Aus dem Handschreiben an Kaiser Wilhelm II. vom 2. 7. 1914)

Das gegen meinen armen Neffen verübte Attentat ist die direkte Folge der von den russischen und serbischen Panslawisten betriebenen Agitation, deren einziges Ziel die Schwächung des Dreibundes und die Zertrümmerung meines Reiches ist.

Nach allen bisherigen Erhebungen hat es sich in Sarajewo nicht um die Bluttat eines einzelnen, sondern um ein wohlorganisiertes Komplott gehandelt, dessen Fäden nach Belgrad reichen, und wenn es auch vermutlich unmöglich sein wird, die Komplizität der serbischen Regierung nachzuweisen, so kann man wohl nicht im Zweifel darüber sein, daß ihre auf die Vereinigung aller Südslawen unter serbischer Flagge gerichtete Politik solche Verbrechen fördert, und daß die Andauer dieses Zustandes eine dauernde Gefahr für mein Haus und für meine Länder bildet . . .
Das Bestreben meiner Regierung muß in Hinkunft auf die Isolierung und Verkleinerung Serbiens gerichtet sein . . . [Es könnte sich] unter der Patronanz des Dreibundes ein neuer Balkanbund bilden, dessen Ziel darin bestehen würde, dem Vordringen der panslawistischen Hochflut ein Ziel zu setzen und unseren Ländern den Frieden zu sichern.
Dies wird aber nur dann möglich sein, wenn Serbien, welches gegenwärtig den Angelpunkt der panslawischen Politik bildet, als politischer Machtfaktor am Balkan ausgeschaltet wird.
Auch Du wirst nach dem jüngsten furchtbaren Geschehnisse in Bosnien die Überzeugung haben, daß an eine Versöhnung des Gegensatzes, welcher Serbien von uns trennt, nicht mehr zu denken ist, und daß die erhaltende Friedenspolitik aller europäischen Monarchen bedroht sein wird, solange dieser Herd von verbrecherischer Agitation in Belgrad ungestraft fortlebt.

Zit. nach Günter Schönbrunn, Weltkriege und Revolutionen 1914–1945, Geschichte in Quellen, Bd. V, München 1961, S. 13

4. Bethmann Hollweg an Tschirschky am 6. 7. 1914

Was endlich Serbien anlangt, so könne Seine Majestät zu den zwischen Österreich-Ungarn und diesem Lande schwebenden Fragen naturgemäß keine Stellung nehmen, da sie sich Seiner Kompetenz entzögen. Kaiser Franz Joseph könne sich aber darauf verlassen, daß Seine Majestät im Einklang mit seinen Bündnispflichten und seiner alten Freundschaft treu an Seite Österreich-Ungarns stehen werde.

Zit. nach Schönbrunn, a. a. O., S. 14

5. Krupp von Bohlen und Halbach über ein Gespräch mit Wilhelm II. am 6. 7. 1914

Wilhelm erklärte, „er werde sofort den Krieg erklären, wenn Rußland mobil mache. Diesmal würde man sehen, daß er nicht umfalle. Die wiederholte kaiserliche Betonung, in diesem Falle werde ihm kein Mensch wieder Unschlüssigkeit vorwerfen können, wirkte sogar fast komisch".

Zit. nach Fritz Fischer, Griff nach der Weltmacht, Sonderausgabe Düsseldorf 1967, S. 51; verkürzte Wiedergabe der 3. überarbeiteten Ausgabe 1964 des Werkes (1. Aufl. 1961), das allein alle Nachweisungen der Quellen etc. enthält.

6. Bethmann Hollweg und die Juli-Krise

a) Gespräch mit Kurt Riezler am 6. 7. 1914

Abends auf der Veranda unter dem Nachthimmel langes Gespräch über die Lage. Die geheimen Nachrichten, die er mir mitteilt, geben ein erschütterndes Bild. Er sieht die englisch-russischen Verhandlungen über eine Marinekonvention, Landung in Pommern sehr ernst an, letztes Glied in der Kette. Lichnowsky viel zu vertrauensselig. Der ließe sich von den Engländern hereinlegen. Rußlands militärische Macht schnell wachsend; bei strategischem Ausbau Polens die Lage unhaltbar. Österreich immer schwächer und unbeweglicher; die Unterwühlung von Norden und Südosten her sehr weit fortgeschritten. Jedenfalls unfähig, für eine deutsche Sache als unser Verbündeter in den Krieg zu ziehen. Die Entente weiß das, wir infolgedessen völlig lahmgelegt. Ich ganz erschrocken, so schlimm sah ich die Lage nicht an. Die geheimen Nachrichten bekommt man ja nicht, wenn man nicht ganz richtig zur Zunft gehört – und alles hochpolitische und noch dazu militärische ist „ganz geheim".

Der Kanzler spricht von schweren Entscheidungen. Ermordung Franz Ferdinands. Das amtliche Serbien beteiligt. Österreich will sich aufraffen. Sendung Franz Josefs an den Kaiser mit Anfrage wegen casus foederis. Unser altes Dilemma bei jeder österreichischen Balkanaktion. Reden wir ihnen zu, so sagen sie, wir hätten sie hineingestoßen; reden wir ab, so heißt es, wir hätten sie im Stich gelassen. Dann nähern sie sich den Westmächten, deren Arme offen stehen, und wir verlieren den letzten mäßigen Bundesgenossen. Diesmal ist es schlimmer wie 1912; denn diesmal ist Österreich gegen die serbisch-russischen Umtriebe in der Verteidigung. Eine Aktion gegen Serbien kann zum Weltkrieg führen. Der Kanzler erwartet von einem Krieg, wie er auch ausgeht, eine Umwälzung alles Bestehenden. Das Bestehende sehr überlebt, ideenlos, „alles so sehr alt geworden". Heydebrand habe gesagt, ein Krieg würde zu einer Stärkung der patriarchalischen Ordnung und Gesinnung führen. Der Kanzler empört über solchen Unsinn. Überhaupt ringsherum Verblendung, dicker Nebel über dem Volke. In ganz Europa das gleiche. Die Zukunft gehört Rußland, das wächst und wächst und sich als immer schwererer Alb auf uns legt.

Zit. nach Kurt Riezler, Tagebücher, Aufsätze, Dokumente, hrsg. von K. D. Erdmann, Göttingen 1972, S. 182f.

b) Über die Tagebucheintragungen Riezlers vom 7. bis 23. 7. 1914

Der größte Teil des Riezler-Tagebuches bezieht sich auf den Krieg selbst, aber die Eintragungen vom 7. bis 23. Juli 1914 ermöglichen einmalige Einblicke in Bethmanns Denken und Handeln während der Krisenwochen. Sie zeigen außerdem auf, wie Riezler nach und nach Bethmanns gewagte und komplizerte Politik durchschaute, die auf eine Beendigung der vermeintlichen Zwangslage Deutschlands abzielte . . .

Am 6. Juli sprach Bethmann von „schweren Entscheidungen". Das offizielle Serbien sei in die Ermordung verwickelt, Österreich versuche sich aufzuraffen, und Kaiser Franz Joseph habe den deutschen Kaiser gefragt, ob Deutschland die Krise als „*casus foederis*" betrachte. Bethmann fügte hinzu: „Unser altes Dilemma bei jeder österreichischen Balkanaktion. Reden wir ihnen zu, so sagen sie, wir hätten sie hineingestoßen; reden wir ab, so heißt es, wir hätten sie im Stich gelassen. Dann nähern sie sich den Westmächten, deren Arme offen stehen, und wir verlieren den letzten mäßigen Bundesgenossen." Diese Bemerkungen scheinen in einem seltsamen, aber keineswegs untypischen, Widerspruch mit der Befürchtung zu stehen, daß Österreich sowieso für Deutschland ein praktisch wertloser Bundesgenosse sei.

„Eine Aktion gegen Serbien", so führte Bethmann warnend aus, „kann zum Weltkrieg führen. Der Kanzler erwartet von einem Krieg, wie er auch ausgeht, eine Umwälzung alles Bestehenden. Das Bestehende sehr überlebt, ideenlos."

Was für ein seltsames Gemisch von Motiven und Vorstellungen, von Realismus und Pessimismus! Doch dieses Gemisch bildet den Hintergrund für Bethmanns Entscheidung vom Juli 1914, das Risiko eines Krieges in Kauf zu nehmen.

Am 8. Juli fügte Bethmann noch hinzu, daß, wenn der Krieg „aus dem Osten" komme und Deutschland Österreich zu Hilfe eile und nicht umgekehrt, „so haben wir Aussicht ihn zu gewinnen. Kommt der Krieg nicht, will der Zar nicht oder rät das bestürzte Frankreich zum Frieden, so haben wir doch noch Aussicht, die Entente über dieser Aktion auseinanderzumanövrieren". Das Riezler-Tagebuch stützt die Auffassung, daß Bethmann sich Anfang Juli für die Flucht von vorn entschieden habe; er wollte durch eine kraftvolle Diplomatie und einen begrenzten Krieg Österreichs gegen Serbien England oder Rußland von der Entente loslösen oder – wenn das mißlingen sollte – einen allgemeinen Krieg aus günstigem Anlaß zu einem noch günstigen Zeitpunkt riskieren.

Am 23. Juli erklärte der Kanzler, daß der Krieg, wenn er überhaupt käme, durch eine überstürzte, vor allen Verhandlungen eingeleitete Mobilmachung Rußlands ausgelöst werden würde. Nach einer Mobilmachung wäre es für Gespräche zu spät, weil die Deutschen sofort angreifen müßten, um überhaupt eine Siegeschance zu haben. „Dann aber fühlt das ganze Volk die Gefahr und steht auf." Bethmann faßte diejenige Ereigniskette ins Auge, die zu einem von Rußland provozierten „Verteidigungskrieg" führen würde; das allein würde die Nation einigen und vielleicht sogar andere Völker täuschen können. Darum war Bethmann wütend auf den Kronprinzen, der kriegerische Botschaften an alldeutsche Gruppen geschickt hatte. Derartiges königliches Säbelgerassel war offensichtlich dazu geeignet, die Glaubwürdigkeit dieses Defensivkrieges zu untergraben! In demselben Gespräch befaßte er sich mit der Behandlung der Sozialdemokraten: um ihre Unterstützung sicherzustellen, wollte er sofort mit ihnen verhandeln und im Kriegsfall einer gegen sie gerichteten Aktion der Armee zuvorkommen. Drei Tage später war er entsetzt über die verschiedentlich von einigen Generalen geäußerte Auffassung, man müsse alle Sozialistenführer am ersten Kriegstage verhaften. Als Hauptkomponenten der Bethmannschen Taktik für Ausbruch und Führung des Krieges zeichnen sich hier zum erstenmal mit bemerkenswerter Klarheit die folgenden Punkte ab: der Krieg sollte defensiv sein, die Äußerungen der alldeutschen Chauvinisten sollten gedämpft und die Sozialisten umworben werden. Während des Krieges entdeckte er, daß diese Taktik auch langfristig die einzig mögliche war.

In einem gewissen Sinn besteht der für Bethmann nachteiligste Aufschluß, den das Riezler-Tagebuch gibt, in dem, was es *nicht* sagt: es enthält keinerlei Hinweis auf einen Versuch Bethmanns, die Krise zu stoppen, den Frieden zu retten. Warum, so muß man dann fragen, entschied sich Bethmann für diese Flucht nach vorn und warum beharrte er auf diesem Kurs, wo er doch von Anfang an dessen Gefährlichkeit erkannt hatte? Riezler bestätigt die naheliegende Vermutung: er entschied sich nicht ohne langes Nachdenken, ja mit Bedauern für diesen Kurs. Am 14. Juli sagte er, ein Krieg würde die altvertraute Welt zerstören und wäre für ihn „ein Sprung ins Dunkle und dieser schwerste Pflicht".

Aus: Fritz Stern, Bethmann Hollweg und der Krieg: Die Grenzen der Verantwortung, Tübingen 1968, S. 18ff.

7. Tschirschky an das Auswärtige Amt in Berlin am 10. 7. 1914

Die Formulierung geeigneter Forderungen gegenüber Serbien bildet gegenwärtig hier die Hauptsorge,[1] und Graf Berchtold sagte, er würde gern wissen, wie man in Berlin darüber denke. Er meinte, man könne u. a. verlangen, daß in Belgrad ein Organ der österreichisch-ungarischen Regierung eingesetzt werde, um von dort aus die großserbischen Umtriebe zu überwachen, eventuell auch die Auflösung von Vereinen und Entlassung einiger kompromittierter Offiziere. Die Frist zur Beantwortung müsse möglichst kurz bemessen werden, wohl 48 Stunden. Freilich würde auch diese kurze Frist genügen, um sich von Belgrad aus in Petersburg Weisungen zu holen. Sollten die Serben alle gestellten Forderungen annehmen, so wäre das eine Lösung, die ihm „sehr unsympathisch“ wäre, und er sinne noch darüber nach, welche Forderungen man stellen könne, die Serbien eine Annahme unmöglich machen würden.[2]
Der Minister klagte schließlich wieder über die Haltung des Grafen Tisza, die ihm ein energisches Vorgehen gegen Serbien erschwere. Graf Tisza behaupte, man müsse „gentlemanlike“ vorgehen,[3] das sei aber, wenn es sich um so wichtige Staatsinteressen handele und besonders einem Gegner wie Serbien gegenüber schwerlich angebracht . . .

Anmerkungen des Kaisers:
[1] dazu haben sie Zeit genug gehabt!
[2] den Sandschak räumen! dann ist der Krakehl sofort da! den muß Österreich unbedingt sofort wiederhaben, um die Einigung Serbiens und Montenegros und das Erreichen des Meeres seitens der Serben zu hindern!
[3] Mördern gegenüber nach dem, was vorgefallen ist! Blödsinn!
Am Schlusse des Aktenstückes: ungefähr wie zur Zeit der Schlesischen Kriege!
„Ich bin gegen die Kriegsräthe und Berathungen, sintemalen die timidere Parthey allemal die Oberhand hat.“

Frd. d. Gr.

Zit. nach Schönbrunn, a. a. O., S. 15

8. Tschirschky an Bethmann Hollweg am 14. 7. 1914

Graf Tisza suchte mich heute nach seiner Besprechung mit Graf Berchtold auf. Der Graf sagte, er sei bisher stets derjenige gewesen, der zur Vorsicht ermahnt habe, aber jeder Tag habe ihn nach der Richtung hin mehr bestärkt, daß die Monarchie zu einem energischen Entschlusse kommen müsse,[1] um ihre Lebenskraft zu beweisen und den unhaltbaren Zuständen im Südosten ein Ende zu machen. Die Sprache der serbischen Presse und der serbischen Diplomaten sei in ihrer Anmaßung geradezu unerträglich. „Ich habe mich schwer entschlossen“, meinte der Minister, „ zum Kriege zu raten, bin aber jetzt fast von dessen Notwendigkeit überzeugt, und ich werde mit aller Kraft für die Größe der Monarchie einstehen.“
Glücklicherweise herrsche jetzt unter den hier maßgebenden Persönlichkeiten volles Einvernehmen und Entschlossenheit. S.M. Kaiser Franz Joseph beurteile, wie auch Baron Burian [österreichischer Diplomat, später Außenminister], der S. M. noch dieser Tage in Ischl gesprochen habe, berichte, die Lage sehr ruhig und werde sicher bis zum letzten Ende durchhalten. Graf Tisza fügte hinzu, die bedingungslose Stellungnahme Deutschlands an der Seite der Monarchie sei entschieden für die feste Haltung des Kaisers von großem Einfluß gewesen.
Die an Serbien zu richtende Note sei heute noch nicht in ihrem letzten Wortlaut festge-

Randbemerkungen des Kaisers:
[1] unbedingt!

stellt worden. Dies werde erst Sonntag (19. Juli) geschehen. In betreff des Zeitpunktes der Übergabe an Serbien sei heute beschlossen worden, lieber bis nach der Abreise Poincarés aus Petersburg zu warten[2], also bis zum 25. Dann würde aber, sofort nach Ablauf der Serbien gestellten Frist, falls dieses nicht unbedingt alle Forderungen annehmen sollte, die Mobilmachung erfolgen. Die Note werde so abgefaßt sein, daß deren Annahme so gut wie ausgeschlossen sei. Es komme besonders darauf an, nicht nur Versicherungen und Versprechungen zu fordern, sondern Taten. Bei der Abfassung der Note müsse, seiner Ansicht nach, auch darauf Rücksicht genommen werden, daß sie für das große Publikum – besonders in England – verständlich sei und das Unrecht klar und deutlich Serbien zuschiebe . . .

[2] wie schade.
Schlußbemerkung des Kaisers:
„Na, doch mal ein Mann!"

Zit. nach Schönbrunn, a. a. O., S. 16f.

9. Hic Rhodus, hic salta!

(Aus einem Privatbrief des Staatssekretärs des Auswärtigen, v. Jagow, an den deutschen Botschafter in London, Fürst Lichnowsky)

Berlin, den 18. Juli 1914
Wir haben nun einmal ein Bündnis mit Österreich: hic Rhodus, hic salta. Auch darüber, ob wir bei dem Bündnis mit dem sich immer mehr zersetzenden Staatengebilde an der Donau ganz auf unsere Rechnung kommen, läßt sich diskutieren, aber ich sage da mit dem Dichter - ich glaube, es war Busch -: „Wenn Dir die Gesellschaft nicht mehr paßt, such Dir eine andere, wenn Du eine hast." Und zu einem vollen Erfolg bietenden Verhältnis zu England sind wir leider noch immer nicht gekommen. . .
Wir haben auch jetzt Austria nicht zu seinem Entschluß getrieben. Wir können und dürfen ihm aber nicht in den Arm fallen. Wenn wir das täten, könnte Österreich (und wir selbst) uns mit Recht vorwerfen, daß wir ihm seine letzte Möglichkeit politischer Rehabilitierung verwehrt haben. Dann würde der Prozeß seines Dahinsiechens und inneren Zerfalls noch beschleunigt . . . Österreichs Erhaltung, und zwar eines möglichst starken Österreichs, ist für uns aus inneren und äußeren Gründen eine Notwendigkeit . . . Wir müssen sehen, den Konflikt zwischen Österreich und Serbien zu lokalisieren. Ob dies gelingen kann, wird zunächst von Rußland und in zweiter Linie von dem mäßigenden Einfluß seiner Ententebrüder abhängen. Je entschlossener sich Österreich zeigt, je energischer wir es stützen, um so eher wird Rußland still bleiben. Einiges Gepolter in Petersburg wird zwar nicht ausbleiben, aber im Grunde ist Rußland jetzt nicht schlagfertig. Frankreich und England werden jetzt auch den Krieg nicht wünschen. In einigen Jahren wird Rußland nach aller kompetenten Annahme schlagfertig sein. Dann erdrückt es uns durch die Zahl seiner Soldaten, dann hat es seine Ostseeflotte und seine strategischen Bahnen gebaut. . . In Rußland weiß man es wohl und will deshalb für einige Jahre absolut noch Ruhe. Ich glaube gern Ihrem Vetter Benckendorff, daß Rußland jetzt keinen Krieg mit uns will. Dasselbe versichert auch Sasanow, aber die Regierung in Rußland, die heute noch friedliebend und halbwegs deutschfreundlich ist, wird immer schwächer, die Stimmung des Slawentums immer deutschfeindlicher . . . Läßt sich die Lokalisierung nicht erreichen und greift

Rußland Österreich an, so tritt der casus foederis ein, so können wir Österreich nicht opfern. Wir stünden dann in einer nicht gerade proud zu nennenden Isolation. Ich will keinen Präventivkrieg, aber wenn der Kampf sich bietet, dürfen wir nicht kneifen .

Zit. nach Schönbrunn, a. a. O., S. 17f.

10. Der deutsche Botschafter Lichnowsky an das Auswärtige Amt in Berlin am 24. 7. 1914

London, den 24. Juli 1914

Sir E. Grey ließ mich soeben zu sich bitten. Der Minister war sichtlich stark unter Eindruck der österreichischen Note, die seiner Ansicht nach alles überträfe, was er bisher in dieser Art jemals gesehen habe. Er sagte, er habe bisher keine Nachricht aus Petersburg und wisse daher nicht, wie man dort die Sache auffasse. Er bezweifelt aber sehr, daß es der russischen Regierung möglich sein werde, der serbischen Regierung die bedingungslose Annahme der österreichischen Forderungen anzuempfehlen. Ein Staat, der so etwas annehme, höre doch eigentlich auf, als selbständiger Staat zu zählen[1] . . .
Die Gefahr eines europäischen Krieges sei, falls Österreich serbischen Boden betrete[2], in nächste Nähe gerückt. Die Folgen eines solchen Kriegs zu vier, er betonte ausdrücklich die Zahl vier, und meinte damit Rußland, Österreich-Ungarn, Deutschland und Frankreich[3], seien vollkommen unabsehbar. Wie auch immer die Sache verlaufe, eines sei sicher, daß nämlich eine gänzliche Erschöpfung und Verarmung Platz greife, Industrie und Handel vernichtet und die Kapitalkraft zerstört würde. Revolutionäre Bewegungen wie im Jahre 1848 infolge der darniederliegenden Erwerbstätigkeit würden die Folge sein[4]. Was Sir E. Grey am meisten beklagt, neben dem Ton der Note, ist die kurze Befristung, die den Krieg beinahe unvermeidlich mache. Er sagte mir, er würde bereit sein, mit uns zusammen im Sinne einer Fristverlängerung[5] in Wien vorstellig zu werden, da sich dann vielleicht ein Ausweg[6] finden lasse. Er bat mich, diesen Vorschlag Ew. Exz. zu übermitteln. Ferner regte er an, daß für den Fall einer gefährlichen Spannung zwischen Rußland und Österreich, die vier nicht unmittelbar beteiligten Staaten England, Deutschland, Frankreich und Italien zwischen Rußland und Österreich-Ungarn die Vermittlung übernehmen sollen.[7] Auch diesen Vorschlag bat er mich, Ew. Exz. zu unterbreiten . . .

Randbemerkungen des Kaisers:
1 das wäre sehr erwünscht. Es ist kein Staat im Europ. Sinne, sondern eine Räuberbande!
2 das wird sicher kommen.
3 er vergißt Italien.
4 Am Rand Ausrufungszeichen.
5 nutzlos.
6 Am Rand Fragezeichen und zwei Ausrufungszeichen.
7 ist überflüssig! Da Österreich Rußland schon orientiert hat, und Grey ja nichts anderes vorschlagen kann. Ich tue nicht mit, nur wenn Österreich mich ausdrücklich darum bittet, was nicht wahrscheinlich. In Ehren- und vitalen Fragen konsultiert man andere nicht.

Zit. nach Schönbrunn, a. a. O., S. 21

11. Lichnowsky an das Auswärtige Amt am 25. 7. 1914

Sir E. Grey ist vorläufig noch ohne Nachricht über die in Petersburg gefaßten Beschlüsse, rechnet aber mit Bestimmtheit darauf, daß der österreichischen Mobilisierung die russische folgen werde. Alsdann sei seiner Ansicht nach der Augenblick gekommen, um im Verein mit uns, Frankreich und Italien eine Vermittlung zwischen Österreich und Rußland eintreten zu lassen. Ohne unsere Mitwirkung, meinte er, sei jede Vermittlung aussichtslos, und könne er allein nicht an Russen und Österreicher herantreten. Ob Frankreich mitmachen wolle, wisse er noch nicht. Er habe mit Herrn Cambon gesprochen, aber noch keine Antwort erhalten, und ihm dabei gesagt, daß er mir den gleichen Vorschlag gemacht habe. Er rechnet bestimmt auf die Zusage Frankreichs, obwohl er nicht weiß, wie weit dieses schon mit Petersburg verpflichtet ist.

Der Minister unterscheidet scharf, wie er mir wiederholte, zwischen dem österreichisch-serbischen und österreichisch-russischen Streit. In ersteren wolle er sich nicht mischen, da er ihn nichts angehe. Der österreichisch-russische Streit aber bedeute unter Umständen den Weltkrieg, den wir im vorigen Jahre durch die Botschafterkonferenzen gemeinsam hätten verhindern wollen. Europäische Verwickelungen aber seien auch für Großbritannien nicht gleichgültig, obwohl es *durch keinerlei bindende Abmachungen verpflichtet* wäre.

Er wolle daher mit uns zusammen wie bisher, so auch jetzt, im Sinne der Erhaltung des europäischen Friedens Hand in Hand vorgehen, und er hoffe von unserer beiderseitigen Vermittelung, der sich wohl auch Frankreich und Italien anschließen würden, die Verhütung eines österreichisch-russischen Krieges.

Was die österreichische Note betreffe, so erkenne er das berechtigte Verlangen Österreichs nach Genugtuung vollkommen an, ebenso das Begehren nach Bestrafung aller mit dem Morde in Verbindung stehenden Personen, auf Einzelheiten der Note ließ er sich nicht ein, schien aber zu hoffen, daß es unserer Vermittelung gelingen werde eine Einigung auch hierüber zu erzielen.

Ich erachte es als meine Pflicht, Ew. Exz. darauf hinzuweisen, daß die hiesige Regierung meiner Überzeugung nach so lange bestrebt sein wird, eine uns freundschaftliche und möglichst unparteiische Haltung einzunehmen, als sie an unsere aufrichtige Friedensliebe glaubt und an unser Bestreben, Hand in Hand mit England an der Abwendung des aufsteigenden europäischen Gewitters mitzuwirken. Die Zurückweisung seines Vorschlags aber, zwischen Österreich und Rußland zu vermitteln, oder eine schroffe Haltung, die zu der Annahme berechtigen könnte, daß wir den Krieg mit Rußland herbeiwünschen, würde wahrscheinlich zur Folge haben, England bedingungslos auf die Seite Frankreichs und Rußlands zu treiben.

Zit. nach Imanuel Geiss, Juli 1914, a. a. O., S. 195 f.

12. Jagow an Lichnowsky am 25. 7. 1914

Berlin, den 25. Juli 1914

Unterscheidung Sir E. Greys zwischen österreichisch-serbischem und österreichisch-russischem Konflikt vollständig zutreffend. In ersteren wollen wir uns ebensowenig wie England mischen und vertreten nach wie vor Standpunkt, daß Frage durch Enthaltung *aller* Mächte lokalisiert bleiben muß. Wir hoffen deswegen dringend, daß Rußland, bewußt des Ernstes der Situation und seiner Verantwortung, sich jeden aktiven Eingriffs enthält. Sollte österreichisch-russischer Streit entstehen, so sind wir, vorbehaltlich unserer bekannten Bündnispflichten, bereit, mit den anderen Großmächten Vermittlung zwischen Österreich und Rußland eintreten zu lassen.

Zit. nach Imanuel Geiss, a. a. O., S. 197

13. Tschirschky an das Auswärtige Amt am 26. 7. 1914

Wien, den 26. Juli 1914

Graf Berchtold las mir Telegramm des Grafen Szögyény [K. u. K. Botschafter in Berlin] vor, in welchem dieser meldet, daß man in Berlin, um der Gefahr der Einmischung dritter tunlichst vorzubeugen, größte Schnelligkeit in militärischen Operationen und baldigste Kriegserklärung für nützlich hielte. Der Minister hatte zur Besprechung über diesen Punkt bereits Freiherrn von Hötzendorf zu sich gebeten, der während meiner Anwesenheit beim Minister erschien. Ich unterstützte warm unseren Standpunkt, der von Graf Berchtold durchaus geteilt wurde, beim Generalstabschef. Freiherr von Hötzendorf führte aus, es müsse vor allem vermieden werden, mit unzulänglichen Kräften den Feldzug zu beginnen. Die ungarischen Korps an serbischer Nordgrenze würden ja binnen kurzer Zeit marschbereit sein. Die österreichische Aufstellung an serbischer Westgrenze werde aber mangels genügender Kommunikationsmittel längere Zeit in Anspruch nehmen, solange müsse unbedingt gewartet werden. Er rechne darauf, ungefähr am 12. August den allgemeinen Vormarsch beginnen zu können. Übrigens würde sich wohl eine formelle Kriegserklärung erübrigen, da, wie er sicher annehme, schon in den nächsten Tagen feindliche Einbrüche Serbiens an der bosnischen Grenze erfolgen würden.

Zit. nach Imanuel Geiss, a. a. O., S. 221

14. Bethmann Hollweg an Wilhelm II. am 26. 7. 1914

Berlin, den 26. Juli 1914

Nachdem gestriger Abend vergangen, hat Eingang der Nachricht, daß Österreich die serbische Antwort als ungenügend erachtet, hier lebhafte patriotische Kundgebungen veranlaßt, die bedauerlicherweise zu einer antiserbischen Demonstration vor russischer Botschaft geführt haben.

Es ist zu gewärtigen, daß falls Ew. Majestät von Nordlandreise direkt nach Berlin kommen die mit Sicherheit zu erwartende sehr stürmische Begrüßung Ew. Majestät zur Wiederholung dieser Demonstrationen führen wird. Rußland würde dies dahin ausbeuten, daß wir den Krieg mit ihm wollen. Der Zeitpunkt hierzu wäre aber verfrüht, solange Rußland gar keine aggressiven Schritte ergreift, Rußland aber muß rücksichtslos unter allen Umständen ins Unrecht gesetzt werden. Ew. Majestät wage ich daher alleruntertänigst zu bitten, zunächst nach Potsdam zurückkehren zu wollen.

Zit. nach Egmont Zechlin, Bethmann Hollweg, Kriegsrisiko und SPD, in: Der Monat 208 (1966), S. 32

15. Lichnowsky an das Auswärtige Amt am 27. 7. 1914

London, den 27. Juli 1914

Im Anschluß an mein heutiges Telegramm Nr. 164 möchte ich hervorheben, daß von dem Erfolge dieses Schrittes Sir Edward Greys unsere gesamten zukünftigen Beziehungen zu

England abhängen. Gelingt es dem Minister in diesem bedeutsamen Augenblick, in dem zweifellos trotz aller inneren Spaltungen die gesamte britische Nation hinter ihm steht, durch unser Eingehen auf sein Bitten eine weitere Zuspitzung der Lage zu verhindern, so stehe ich dafür ein, daß unsere Beziehungen zu Großbritannien auf unabsehbare Zeit den vertrauensvollen und intimen Charakter tragen werden, der sie seit anderthalb Jahren kennzeichnet. Die britische Regierung, ob liberal oder konservativ, sieht in der Erhaltung des europäischen Friedens auf Grundlage des Gleichgewichts der Gruppen ihr vornehmstes Interesse, und die Überzeugung, daß es lediglich von uns abhängt, ob Österreich durch eine hartnäckige Prestigepolitik den europäischen Frieden gefährdet, bringt es mit sich, daß jede entgegenkommende Haltung Österreichs als ein Beweis unseres aufrichtigen Wunsches, mit Großbritannien vereint einen europäischen Krieg zu verhindern, zugunsten unserer Freundschaft mit England und unserer Friedensliebe gedeutet werden wird.
Sollten wir hingegen unseren Sympathien für Österreich und der Korrektheit unserer Bundesverpflichtungen eine so weitgehende Auffassung zugrunde legen, daß alle übrigen Gesichtspunkte dagegen zurücktreten, und sogar den wichtigsten Punkt unserer Auslandspolitik – unser Verhältnis zu England – den Sonderinteressen unseres Bundesgenossen unterordnen, so glaube ich, daß es niemals mehr möglich sein wird, diejenigen Fäden wieder anzuknüpfen, welche in der letzten Zeit uns verbunden haben.
Der Eindruck greift hier immer mehr Platz, und das habe ich aus meiner Unterredung mit Sir Edward Grey deutlich entnommen, daß die ganze serbische Frage sich auf eine Kraftprobe zwischen Dreibund und Dreiverband zuspitzt. Sollte daher die Absicht Österreichs, den gegenwärtigen Anlaß zu benutzen, um Serbien niederzuwerfen (to crush Servia, wie Sir. E. Grey sich ausdrückte), immer offenkundiger in Erscheinung treten, so wird England, dessen bin ich gewiß, sich unbedingt auf Seite Frankreichs und Rußlands stellen, um zu zeigen, daß es nicht gewillt ist, eine moralische oder gar militärische Niederlage seiner Gruppe zu dulden. Kommt es unter diesen Umständen zum Krieg, so werden wir England gegen uns haben. Denn die Empfindung, daß der Krieg angesichts des weitgehenden Entgegenkommens der serbischen Regierung sich hätte vermeiden lassen, wird für die Haltung der britischen Regierung von ausschlaggebender Bedeutung sein.

Zit. nach Imanuel Geiss, Juli 1914, a. a. O., S. 234 f.

16. Bethmann Hollweg an Tschirschky am 27. 7. 1914

Nachdem wir bereits einen englischen Konferenzvorschlag abgelehnt haben, ist es uns unmöglich, auch diese englische Anregung a limine[1] abzuweisen. Durch eine Ablehnung jeder Vermittlungsaktion würden wir von der ganzen Welt für die Konflagration[2] verantwortlich gemacht und als die eigentlichen Treiber zum Kriege hingestellt werden. Das würde auch unsere eigene Stellung im Lande unmöglich machen, wo wir als die zum Krieg Gezwungenen dastehen müssen. Unsere Situation ist um so schwieriger, als Serbien scheinbar sehr weit nachgegeben hat. Wir können daher die Rolle des Vermittlers nicht abweisen und müssen den englischen Vorschlag dem Wiener Kabinett zur Erwägung unterbreiten, zumal London und Paris fortgesetzt auf Petersburg einwirken.

Zit. nach Fritz Fischer, Griff nach der Weltmacht, a. a. O., S. 68

[1] (= von der Schwelle; von vornherein). [2] (= das Auflodern)

17. Der k. und k. Botschafter Szögyény an Graf Berchtold am 27. 7. 1914

Berlin, den 27. Juli 1914

Staatssekretär von Jagow erklärte mir in streng vertraulicher Form sehr entschieden, daß in der nächsten Zeit eventuell Vermittlungsvorschläge Englands durch die deutsche Regierung zur Kenntnis Euer Exzellenz gebracht würden. Die deutsche Regierung versichere auf das Bündigste, daß sie sich in keiner Weise mit den Vorschlägen identifiziere, sogar entschieden gegen deren Berücksichtigung sei und dieselben, nur um der englischen Bitte Rechnung zu tragen, weitergebe. Sie gehe dabei von dem Gesichtspunkt aus, daß es von der größten Bedeutung sei, daß England im jetzigen Momente nicht gemeinsame Sache mit Rußland und Frankreich mache. Daher müsse alles vermieden werden, daß der bisher gut funktionierende Draht zwischen Deutschland und England abgebrochen werde . . .
So sei bereits gestern die englische Regierung durch den deutschen Botschafter in London und direkt durch ihren hiesigen Vertreter an ihn, Staatssekretär, herangetreten, um ihn zu veranlassen, den Wunsch Englands betreffs unserseitiger Milderung der Note an Serbien zu unterstützen. Er, Jagow, habe darauf geantwortet, er wolle wohl Sir E. Greys Wunsch erfüllen, Englands Begehren an Euer Exzellenz weiterzuleiten, er selbst könne dasselbe aber nicht unterstützen, da der serbische Konflikt eine Prestigefrage der österreichisch-ungarischen Monarchie sei, an der auch Deutschland partizipiere. Er, Staatssekretär, habe daher die Note Sir E. Greys an Herrn von Tschirschky weitergegeben, ohne ihm aber Auftrag zu erteilen, dieselbe Euer Exzellenz vorzulegen; darauf hätte er dann dem englischen Kabinett Mitteilung machen können, daß er den englischen Wunsch nicht direkt ablehne, sondern sogar nach Wien weitergegeben habe. Zum Schluß wiederholte mir Staatssekretär seine Stellungnahme und bat mich, um jedwedem Mißverständnisse vorzubeugen, Euer Exzellenz zu versichern, daß er auch in diesem eben angeführten Fall, dadurch, daß er als Vermittler aufgetreten sei, absolut nicht für eine Berücksichtigung des englischen Wunsches sei.

Zit. nach Imanuel Geiss, Juli 1914, a. a. O., S. 229 f.

18. Aufzeichnung des englischen Unterstaatssekretärs Arthur Nicolson vom 27. 7. 1914

Wir sind Zeugen eines höchst zynischen und verwegenen Vorgehens, und Deutschland sollte um seines eigenen Ansehens willen durch Taten beweisen, daß es nicht gewillt ist, sich daran zu beteiligen, oder daß es auf jeden Fall helfen will, seine Folgen abzuschwächen und seine Auswirkungen zu begrenzen.
Soweit uns bekannt ist, hat die deutsche Regierung bislang in Wien kein einziges Wort im Sinne der Zurückhaltung oder Mäßigung geäußert. Falls dem so gewesen wäre, dürfen wir sicher sein, daß sie das Verdienst dafür in Anspruch genommen hätte. Daraus kann man keinen beruhigenden Schluß auf den guten Willen Deutschlands ziehen.

Zit. nach Fritz Fischer, Krieg der Illusionen, a. a. O., S. 704

19. Der englische Botschafter Goschen an Außenminister Grey am 29. 7. 1914

Berlin, den 29. Juli 1914

Reichskanzler ließ mich gleich nach seiner Rückkehr aus Potsdam heute abend wieder kommen und machte folgendes starke Angebot für britische Neutralität im Kriegsfall. Er sagte, er setze seine Bemühungen um Erhaltung des Friedens fort, aber im Falle eines russischen Angriffs auf Österreich könnten Deutschlands Pflichten als Bundesgenosse Österreichs zu seinem großen Bedauern einen europäischen Brand unvermeidlich machen, und er hoffe, daß Großbritannien in diesem Falle neutral bleiben werde. Soweit er Grundzug britischer Politik beurteilen könne, sei es klar, daß Großbritannien die Zerschmetterung Frankreichs niemals zulassen werde. Deutschland beabsichtige das aber keineswegs. Die kaiserliche Regierung sei bereit, der britischen Regierung – ihre Neutralität vorausgesetzt – jede Zusicherung zu geben, daß Deutschland im Falle eines siegreichen Krieges keinen Gebietserwerb auf Kosten Frankreichs anstrebe.

Auf meine Frage erwiderte Seine Exzellenz, er vermöge gleiche Zusicherung bezüglich Kolonien nicht zu geben.

Fortfahrend sagte Seine Exzellenz, er sei ferner bereit, der britischen Regierung zu versichern, daß Deutschland Neutralität und Integrität Hollands solange achten werde, als dies seitens der Gegner Deutschlands geschähe.

Bezüglich Belgiens wußte Seine Exzellenz nicht, zu welchen Gegenoperationen Deutschland durch die Aktion Frankreichs etwa genötigt würde, aber er könne erklären, daß die belgische Integrität, vorausgesetzt, daß Belgien nicht gegen Deutschland Partei nehme, nach Beendigung des Krieges geachtet werden würde.

Schließlich drückte Seine Exzellenz Zuversicht aus, diese Versicherungen möchten Grundlage für eine weitere Verständigung mit England bilden, die, wie Ihnen ja bekannt, stets das Ziel seiner Politik als Reichskanzler gewesen sei.

Eine Zusicherung britischer Neutralität im Konflikt, den gegenwärtige Krise vielleicht hervorrufen könnte, würde ihm die Möglichkeit schaffen, ein allgemeines Neutralitätsabkommen zwischen den beiden Ländern in Aussicht zu nehmen, obwohl es natürlich im jetzigen Augenblick verfrüht sei, über die Einzelheiten zu sprechen.

Seine Exzellenz fragte mich, wie Sie sein Ansuchen meiner Ansicht nach wohl aufnehmen würden. Ich entgegnete, Sie wünschten meines Erachtens volle Handlungsfreiheit zu wahren, und ich persönlich hielte es nicht für wahrscheinlich, daß Sie beim gegenwärtigen Stand der Dinge geneigt wären, sich auf ein bestimmtes Verhalten festzulegen.

Vermerk

Diese erstaunlichen Vorschläge bedürfen nur eines einzigen Kommentars, daß sie ein schlechtes Licht auf den Staatsmann werfen, der sie macht.

Nebenbei ist es von Interesse, festzuhalten, daß Deutschland eigentlich die Absicht zugibt, belgische Neutralität zu verletzen, aber bestrebt sein wird, diejenige Hollands zu achten (um deutsche Einfuhr via Rhein und Rotterdam zu sichern).

Es ist klar, daß Deutschland zum Krieg so gut wie entschlossen ist und daß der einzig hemmende Einfluß bislang die Furcht vor der Teilnahme Englands an der Verteidigung Frankreichs und Belgiens war. – E. A. Crowe 30. Juli

Zit. nach Imanuel Geiss, Juli 1914, a. a. O., S. 302ff.

20. Besprechung Bethmann Hollwegs mit dem preußischen Kriegsminister Falkenhayn und Generalstabschef Moltke am 29. 7. 1914

Bethmann Hollweg vertrat die Ansicht, daß mit der russischen Teilmobilmachung der Bündnisfall für Deutschland noch nicht gegeben sei. Wir müßten aber das Eintreten dieses Falles (d.h. des Bündnisfalles) abwarten, weil wir sonst die öffentliche Meinung weder bei uns noch in England für uns haben würden. Letzteres sei erwünscht, denn nach Ansicht des Reichskanzlers würde England nicht auf seiten Rußlands stehen können, wenn dieses durch einen Angriff auf Österreich die allgemeine Kriegsfurie entfessele und damit die Schuld für den großen Kladderadatsch auf sich nehmen würde.

Zit. nach Fritz Fischer, Krieg der Illusionen, a.a.O., S. 711

21. Bethmann Hollweg an Tschirschky am 30. 7. 1914

Berlin, den 30. Juli 1914

Graf Pourtalès telegraphiert:
„Sasonow (der mich eben zu sich bitten ließ) mitteilte mir, daß das Wiener Kabinett auf den ihm von hier aus geäußerten Wunsch, in direkte Besprechungen einzutreten, mit kategorischer Ablehnung geantwortet habe. Es bleibe somit jetzt nichts anders übrig, als auf Sir E. Greyschen Vorschlag von Konversation zu vieren zurückzukommen. Minister betont von sich aus, daß ihm dabei der Gedanke, Österreich-Ungarn zuzumuten, sich einer Art von europäischem Schiedsgericht zu unterwerfen, fernliegt, er suche nur nach Mitteln, um aus gegenwärtiger Schwierigkeit herauszukommen (‚und klammere sich dabei an jeden Strohhalm). Ich habe erneut erwidert, (daß mir Stellungnahme meiner Regierung zu Sir E. Greyschen Vorschlag nicht bekannt sei), daß ich aber nicht umhin könne, russischen Mobilmachungsbefehl (‚falls derselbe wirklich unmittelbar bevorstehe‘) für schweren Fehler zu halten, solange hier erklärt werde, daß man wirklich den ernstlichen Wunsch habe, friedliche Lösung zu finden. Sasonow stellte unmittelbar bevorstehende Mobilmachung nicht in Abrede, meinte daraufhin, daß Rußland zu diesem Schritt von Österreich gezwungen sei, daß aber Mobilmachung noch lange keinen Krieg bedeute."
Diese Meldung steht nicht im Einklang mit der Darstellung, die Ew. pp. von dem Verlauf der Unterredung des Grafen Berchtold mit Herrn Schebeko[1] gegeben haben. Anscheinend liegt Mißverständnis vor, das ich aufzuklären bitte. Wir können Österreich-Ungarn nicht zumuten, mit Serbien zu verhandeln, mit dem es im Kriegszustand begriffen ist. Die Verweigerung jeden Meinungsaustausches mit Petersburg aber würde schwerer Fehler sein, da er kriegerisches Eingreifen Rußlands geradezu provoziert, das zu vermeiden Österreich-Ungarn in erster Linie interessiert ist.
Wir sind zwar bereit, unsere Bündnispflicht zu erfüllen, müssen es aber ablehnen, uns von Wien leichtfertig und ohne Beachtung unserer Ratschläge in einen Weltbrand hineinziehen zu lassen. Auch in italienischer Frage scheint Wien unsere Ratschläge zu mißachten. Bitte sich gegen Graf Berchtold sofort und mit allem Nachdruck und großem Ernst aussprechen.

Zit. nach Imanuel Geiss, Juli 1914, a.a.O., S. 293

[1] Russischer Botschafter in Wien (1913–14).

22. Bethmann Hollweg an Tschirschky am 30. 7. 1914

Berlin, den 30. Juli 1914

Wenn Wien, wie nach dem telephonischen Gespräch Ew. Exz. mit Herrn von Stumm anzunehmen, jedes Einlenken, insonderheit den letzten Greyschen Vorschlag ablehnt, ist es kaum mehr möglich, Rußland die Schuld an der ausbrechenden europäischen Konflagration zuzuschieben. S. M. hat auf Bitten des Zaren die Intervention in Wien übernommen, weil er sie nicht ablehnen konnte, ohne den unwiderleglichen Verdacht zu erzeugen, daß wir den Krieg wollten. Das Gelingen dieser Intervention ist allerdings erschwert, dadurch daß Rußland gegen Österreich mobilisiert hat. Dies haben wir heute England mit dem Hinzufügen mitgeteilt, daß wir eine Aufhaltung der russischen und französischen Kriegsmaßnahmen in Petersburg und Paris bereits in freundlicher Form angeregt hätten, einen neuen Schritt in dieser Richtung also nur durch ein Ultimatum tun könnten, das den Krieg bedeuten würde. Wir haben deshalb Sir Edward Grey nahegelegt, seinerseits nachdrücklich in diesem Sinne in Paris und Petersburg zu wirken, und erhalten soeben seine entsprechende Zusicherung durch Lichnowsky. Glücken England diese Bestrebungen, während Wien alles ablehnt, so dokumentiert Wien, daß es unbedingt einen Krieg will, in den wir hineingezogen sind, während Rußland schuldfrei bleibt. Das ergibt für uns der eigenen Nation gegenüber eine ganz unhaltbare Situation. Wir können deshalb nur dringend empfehlen, daß Österreich den Greyschen Vorschlag annimmt, der seine Position in jeder Beziehung wahrt.

Ew. Exz. wollen sich sofort nachdrücklichst in diesem Sinne Graf Berchtold, eventuell auch Graf Tisza gegenüber äußern.

S. M. hat heute abend nachstehendes Telegramm an den Kaiser Franz Joseph gerichtet:

„Die persönliche Bitte des Zaren, einen Vermittlungsversuch zur Abwendung eines Weltenbrandes und Erhaltung des Weltfriedens zu unternehmen, habe ich nicht ablehnen zu können geglaubt und Deiner Regierung durch meinen Botschafter gestern und heute Vorschläge unterbreiten lassen. Sie gehen unter anderem dahin, daß Österreich nach Besetzung von Belgrad oder anderer Plätze seine Bedingungen kundgäbe. Ich wäre Dir zu aufrichtigem Dank verpflichtet, wenn Du mir Deine Entscheidung möglichst bald zugehen lassen wolltest.“

Zit. nach Imanuel Geiss, Juli 1914, a.a.O., S. 308f.

23. Der französische Botschafter Cambon an Ministerpräsident Viviani am 30. 7. 1914

Berlin, den 30. Juli 1914

Einer der Botschafter, mit dem ich die engsten Beziehungen habe, hat um zwei Uhr Herrn Zimmermann gesehen. Nach Aussage des Unterstaatssekretärs dringen die militärischen Behörden sehr darauf, daß die Mobilmachung angeordnet werde, da jede Verspätung Deutschland um einige seiner Vorteile bringe. Doch bis jetzt sei es gelungen, dem Drängen des Generalstabs, der in der Mobilmachung den Krieg erblickt, zu widerstehen. Wie dem auch sei, die Mobilmachung kann von einem Augenblick zum andern beschlossen werden.

Ich weiß nicht, wer in den „Lokal-Anzeiger", ein im allgemeinen halbamtliches Blatt, eine verfrühte Nachricht gebracht hat, die geeignet ist, die Gemüter in Frankreich zu erregen.
Es kommt darauf an, die Mobilmachungsmaßnahmen in Frankreich erst dann zu veröffentlichen, wenn sie in Deutschland mit Sicherheit beschlossen sind, damit die englische öffentliche Meinung, die in den Ereignissen eine so große Rolle spielt, uns nicht irgendeine Initiative zuschreiben kann, die zum Krieg führte.
Ich habe Anlaß zur Annahme, daß alle Mobilmachungsmaßnahmen, die vor der Veröffentlichung des allgemeinen Mobilmachungsbefehls durchgeführt werden können, hier getroffen worden sind. Offensichtlich möchte man erreichen, daß wir unsere Mobilmachung zuerst bekannt geben. Wir dürfen dieses Kalkül aber nicht aufgehen lassen und dürfen der Ungeduld nicht nachgeben, die sicherlich in der Presse und der öffentlichen Meinung in Paris entstehen wird.

Zit. nach Imanuel Geiss, Juli 1914, a. a. O., S. 318 f.

24. Grey an Goschen am 30. 7. 1914

London, den 30. Juli 1914

Teilen Sie Reichskanzler mit, daß sein Vorschlag, wir sollten uns unter solchen Bedingungen[1] zur Neutralität verpflichten, keinen Augenblick lang in Betracht gezogen werden kann.
Er verlangt tatsächlich eine Verpflichtung von uns, wir sollten, solange sich Deutschland kein französisches Gebiet – zum Unterschied von den Kolonien – aneignet, untätig zuschauen, während französische Kolonien weggenommen werden und Frankreich geschlagen wird.
Vom materiellen Standpunkt aus ist solch ein Vorschlag unannehmbar, denn Frankreich könnte, ohne daß ihm weiteres Gebiet in Europa weggenommen würde, so erdrückt werden, daß es seine Stellung als Großmacht verlöre und in die Abhängigkeit der deutschen Politik geriete.
Doch abgesehen davon bedeutete dieser Handel mit Deutschland auf Kosten Frankreichs eine Schande für uns, von der sich der gute Name Englands niemals erholen würde.
Der Kanzler verlangt ferner in der Tat von uns, wir sollten uns alle Verpflichtung oder Interessen, die wir hinsichtlich der Neutralität Belgiens haben, abhandeln lassen. Wir könnten auf solch ein Geschäft ebensowenig eingehen.
Nach dem hier Ausgeführten braucht nicht geprüft zu werden, ob die Aussicht auf ein künftiges allgemeines Neutralitätsabkommen zwischen Deutschland und England genügend positive Vorteile bieten würde, um uns dafür zu entschädigen, daß wir jetzt unsere Hände binden. Meine Antwort kann nur lauten, daß wir unsere volle Freiheit wahren müssen, bei einer solch ungünstigen und bedauerlichen Entwicklung der gegenwärtigen Krise, wie sie der Kanzler ins Auge faßt, so zu handeln, wie es die Umstände von uns zu verlangen scheinen.

Zit. nach Imanuel Geiss, Juli 1914, a. a. O., S. 320 f.

[1] vgl. S. 28 (Nr. 19)

25. Brief des bayrischen Gesandten in Berlin Lerchenfeld an den bayrischen Ministerpräsidenten Hertling vom 31. 7. 1914

In hiesigen militärischen Kreisen ist man des besten Mutes. Schon vor Monaten hat der Generalstabschef Herr von Moltke sich dahin ausgesprochen, daß der Zeitpunkt militärisch so günstig sei, wie er in absehbarer Zeit nicht wiederkehren kann. Die Gründe, die er anführt, sind: 1. Überlegenheit der deutschen Artillerie. Frankreich und Rußland besitzen keine Haubitzen und können daher keine Truppe in gedeckter Stellung mit Steilfeuer bekämpfen. 2. Überlegenheit des deutschen Infanterie-Gewehrs 3. Ganz ungenügende Ausbildung der französischen Truppe infolge zweijähriger Dienstzeit bei der Kavallerie und der gleichzeitigen Einberufung zweier Jahrgänge bei allen Waffengattungen infolge der Wiedereinführung der dreijährigen Dienstzeit, darunter muß die Ausbildung gelitten haben.

Zit. nach Fritz Fischer, Krieg der Illusionen, a. a. O., S. 585

26. Bethmann Hollweg an Lichnowsky am 3. 8. 1914

Berlin, den 3. August 1914

Bitte Sir Edward Grey sagen, daß, wenn wir zur Neutralitätsverletzung von Belgien schritten, wir dazu durch die Pflicht der Selbsterhaltung gezwungen würden. Wir befänden uns in militärischer Zwangslage. Die unselige russische Mobilmachung hätte uns, die wir bis dahin militärisch uns auf die dringendsten militärischen Defensivmaßregeln beschränkt hätten, plötzlich in die Gefahr gesetzt, nachdem auch Frankreich schon vorher stark militärisch gerüstet hätte, von den Fluten von Ost und West verschlungen zu werden. Die Vorgänge der französischen Mobilmachung hätten gezeigt, daß Mobilmachung eben fatalistisch den Krieg nach sich zieht. Jetzt müßten wir, eingekeilt zwischen Ost und West, zu jedem Mittel greifen, um uns unserer Haut zu wehren. Es liege keinerlei absichtliche Verletzung des Völkerrechts vor, sondern die Tat eines Menschen, der um sein Leben kämpft. Ich hätte meine ganze Arbeit als Reichskanzler daran gesetzt, in Gemeinschaft mit England allmählich einen Zustand herbeizuführen, der den Wahnsinn einer Selbstzerfleischung der europäischen Kulturnationen unmöglich machte. Rußland habe durch verbrecherisches Spielen mit dem Feuer diese Absichten durchkreuzt. Ich hoffte bestimmt, daß England durch seine Haltung in dieser Weltkrisis einen Grund legen werde, auf dem nach ihrem Abschluß wir gemeinsam verwirklichen könnten, was jetzt durch die russische Politik zerstört worden sei.

Zit. nach Imanuel Geiss, Juli 1914, a. a. O., S. 364 f.

I/3 Die Juli-Krise als Forschungskontroverse

Arbeitsthemen

1. *Durch welche Aktivitäten sieht Fritz Fischer die europäische Politik am Vorabend des Ersten Weltkriegs gekennzeichnet? (Nr. 1)*

2. *Inwiefern kam Deutschland im Blick auf die österreichischen Unternehmungen nach dem Mord von Sarajewo eine Schlüsselstellung zu? (Nr. 2)*
3. *Welche Bedeutung kam dem sog. Blankoscheck im Zusammenhang der politischen Eskalation in der Juli-Krise zu? (Nr. 3)*
4. *Welche Haltung nahm die offizielle deutsche Politik gegenüber den englischen Vermittlungsvorschlägen ein? Worin ist Bethmanns Hoffnung auf eine Lokalisierung des Konflikts begründet? (Nr. 4)*
5. *Von welchen Beweggründen ist die deutsche Politik unmittelbar vor Kriegsausbruch geleitet? (Nr. 5 und 6)*
6. *Woraus leitete sich – nach Egmont Zechlin – die politisch-psychologische Notwendigkeit für die deutsche Reichsregierung ab, den Krieg „als dem deutschen Volke aufgezwungen" darzustellen? Wieweit nähert sich Zechlins Analyse in diesem Betracht den Schlußfolgerungen Fischers? (Nr. 7)*
7. *Aus welcher subjektiven Einschätzung der eigenen Situation resultierte nach Auffassung des Historikers Imanuel Geiss die „deutsche Vorstellung vom Präventivkrieg"? (Nr. 8)*
8. *Wo liegen die Divergenzen der Deutungen Fischers und seiner schärfsten wissenschaftlichen Kontrahenten? (Nr. 9 a–d)*

Materialien

1. Das „Rüstungsfieber"

Außer Deutschland mit dem Heeresgesetz von 1912 und der Heeresnovelle vom Frühjahr 1913, der Frankreich mit der Einführung der dreijährigen Dienstzeit folgte, war es vor allem Rußland, das die schon seit 1906 und 1908 im Gang befindliche militärische Reorganisation so steigerte, daß es 1917 das Maximum seiner Friedensstärke mit 2,2 Millionen erreicht haben würde. Dieses „Rüstungsfieber" und die damit verbundenen politischen Auseinandersetzungen, gestützt von „Pressehetzen" haben das Mißtrauen der Nationen untereinander über alle Maßen gesteigert.
Das Gefühl, daß eine allgemeine europäische Konflagration in absehbarer Zeit unvermeidlich sein würde, war trotz aller äußerlichen Ruhe immer mehr zum allgemeinen Bewußtsein geworden. Deutschland befand sich – nach Moltkes eigenen Worten – in „einer hoffnungslosen und immer hoffnungsloser werdenden Isolierung". Das Vertrauen Deutschlands zu seiner unangreifbaren militärischen Stärke wurde durch die einsetzenden Heeresvermehrungen in Frankreich und Rußland stark erschüttert, und der Gedanke des „praevenire" – vom Kaiser 1905 „abgelehnt" – gewann nun doch immer mehr Überzeugungskraft, zumal es Bethmann Hollweg nicht gelang, „die Grundrichtung der englischen und russischen Politik uns (Deutschland) gegenüber ... zu ändern". Das zeigte mit eindringlicher Deutlichkeit die Haltung der deutschen Politik bei der Haldane-Mission wie in der Liman-von-Sanders-Affäre. In beiden Fällen war Deutschland nicht bereit, einer ungewissen Sprengung der Entente wegen Zugeständnisse zu machen, in beiden Fällen hatte jedoch die Entente Deutschland seine politische Stellung entschieden zugewiesen. Mit politischen Mitteln schienen England, Rußland und auch

Frankreich Deutschland den „ihm gebührenden" Platz nur zögernd – wenn überhaupt – einräumen zu wollen.

Aus: Fritz Fischer, Griff nach der Weltmacht, a. a. O., S. 46f.

2. Deutschlands Drängen zu Beginn der Juli-Krise

Obwohl Baron Conrad von Hötzendorf, der österreich-ungarische Generalstabschef, es seit 1912 als „Vabanque-Spiel" bezeichnet hatte, mit Serbien – ohne Beistand Rumäniens, auf das er 1908 fest vertraut hatte, und gegen den verstärkten Widerstand Rußlands – militärisch abzurechnen, glaubte er, wenige Tage nach Sarajewo, dem „aussichtslosen" Kampf mit Serbien „nicht mehr ausweichen zu können" und schlug Berchtold sofort nach dem Attentat die Mobilmachung vor: den „Knoten gewaltsam durchhauen", war seine Maxime, denn ohne ein derartiges Auftreten würde das Prestige der alten Monarchie erlöschen, Österreich-Ungarns Ausscheiden aus der Rolle einer Großmacht besiegelt sein. Aber auch dieser Dränger, der die nach dem Attentat zögernden Politiker Berchtold und Forgach[1] zum militärischen Vorgehen zu bestimmen versuchte, wollte ohne feste Hilfszusage Deutschlands den Krieg nicht wagen. Der Kaiser war für das Wagnis. Tisza, der ungarische Ministerpräsident, unterstützte entschieden die Berchtoldsche Skepsis: die politische Situation sei nicht günstig, Rußland zu stark und die öffentliche Meinung noch unpräpariert. Die letzte Entscheidung hing daher von der Haltung Deutschlands ab. Der deutsche Botschafter in Wien, von Tschirschky, ebenso wie Unterstaatssekretär Zimmermann im Auswärtigen Amt – der den Staatssekretär von Jagow (er befand sich auf Hochzeitsreise) vertrat – waren zunächst noch zurückhaltend und rieten zur Mäßigung.
In diese Politik des Zögerns brachte jedoch Wilhelm II., indigniert über die Eigenmächtigkeit des Botschafters, eine vollkommene Wendung. Am 4. Juli trat er mit scharfen Worten für die „Abrechnung mit Serbien" ein: „Tschirschky soll den Unsinn gefälligst lassen! Mit den Serben muß aufgeräumt werden, *und zwar bald.*" Mit seinen berühmten Worten „Jetzt oder nie!" setzte der Kaiser die allgemeine Richtung der deutschen Politik der kommenden Wochen fest. Zimmermann und Tschirschky gehörten von Stund ab zu den entschiedensten Vertretern eines harten Kurses gegenüber Serbien ...
Für Wien war es zunächst aber entscheidend, die definitive Haltung Deutschlands, die nach Conrads Plänen Voraussetzung für eine kriegerische Aktion gegen Serbien war, offiziell zu erfahren. Diesem Zweck diente die Mission des Grafen Hoyos. Er überbrachte Szögyény, dem österreich-ungarischen Botschafter in Berlin, am 5. Juli zwei Dokumente: ein Memorandum – von Tisza verfaßt – über die Lage der Donaumonarchie mit dem Vorschlag, Bulgarien der serbischen Frage wegen an den Dreibund heranzuziehen, und ein Handschreiben Franz Josephs, in dem dieser mitteilte, daß die Doppelmonarchie gegen das Vordringen der „panslawistischen Hochflut" nur dann zu sichern sei, „wenn Serbien, welches gegenwärtig den Angelpunkt der panslawistischen Politik bildet, als politischer Machtfaktor am Balkan ausgeschaltet wird". Noch am selben Tag überbrachte Szögyény Wilhelm II. die Dokumente. Der Kaiser wich einer Stellungnahme im ersten Augenblick aus, jedoch schon nach dem Frühstück – der Botschafter war zum Lunch ins Neue Palais in Potsdam gebeten worden – ermächtigte er Szögyény, seinem Monarchen mitzuteilen, daß Österreich-Ungarn selbst im Falle einer

[1] Erster Sektionschef des k. und k. Außenministeriums (1913–14).

„ernste(n) europäische(n) Komplikation" auf die „volle Unterstützung Deutschlands rechnen" könne; „in gewohnter Bundestreue" würde Deutschland, auch wenn es über den serbischen Konflikt zum Krieg zwischen Österreich-Ungarn und Rußland kommen sollte, an der Seite Wiens stehen. Ja, Wilhelm II. drängte dem Botschafter gegenüber auf einen sofortigen Einmarsch in Serbien, wenn sich Wien zur kriegerischen Aktion entschließen sollte. Die Sorge Wiens hinsichtlich der Haltung Rumäniens glaubte der Kaiser persönlich über König Carol beseitigen zu können. Zugleich gab er dem österreich-ungarischen Diplomaten seine wichtigste Überlegung bekannt, die ihm seinen Entschluß, Österreich-Ungarn zu stützen, so leicht gemacht hatte:

„Rußland sei übrigens, wie die Dinge heute stünden, noch keineswegs kriegsbereit und werde es sich gewiß noch sehr überlegen, an die Waffen zu appellieren."

Damit war, wie sich zeigen wird, eine Grundüberzeugung der deutschen Politik in den Julitagen angesprochen: die militärische Schwäche, in der sich Rußland und auch Frankreich noch befanden, würde es Deutschland erlauben, die Krise – wie sie auch enden würde – durchzustehen.

Nach Beendigung der Audienz konnte Szögyény noch am gleichen Abend diese „Blancovollmacht" des deutschen Kaisers nach Wien übermitteln und mitteilen, daß Wilhelm II. es „bedauern" würde, „wenn wir (Österreich-Ungarn) den jetzigen, für uns so günstigen Moment, unbenützt ließen". Der Kaiser hatte zwar noch den verfassungsrechtlich korrekten Vorbehalt gemacht, daß er der Zustimmung des Kanzlers bedürfe, doch hatte er nicht gezweifelt – wie er ausdrücklich hervorhob –, daß Bethmann Hollweg „vollkommen seiner Meinung zustimmen werde". Genau das traf ein. War die erste, allein vom Kaiser gefällte Entscheidung über dem Frühstück ausgesprochen worden, so wurde nun auf einem nachmittäglichen Spaziergang im Schloßpark zu Potsdam der zweite, noch wichtigere Entschluß von Kaiser, Reichskanzler und Unterstaatssekretär gemeinsam gefaßt.

Aus: Fritz Fischer, Griff nach der Weltmacht, a. a. O., S. 47 ff.

3. Die Bedeutung des deutschen „Blankoschecks"

Der vornehmste kritische Punkt für die Beurteilung des deutschen Verhaltens in der Krise ist zweifellos ganz in ihrem Beginn der Entschluß des 5. Juli, Österreich „freie Hand" für sein Vorgehen gegen Serbien zu gewähren. Zwar ist die Legende eines Potsdamer „Kriegsrates" und eines leichtherzig in ihm gefaßten Kriegsentschlusses von der kritischen Forschung gründlich und abschließend zerstört worden. Auch die These, daß das gelegentlich angedeutete Gefühl eines Rüstungsvorsprunges gegen Frankreich und Rußland eine entscheidende Rolle gespielt hätte, ist in dieser Ausdehnung doch auch heute noch unhaltbar, sowenig verkannt werden kann, daß die Sorge vor der in wenigen Jahren zu erwartenden, militärisch nicht mehr ausgleichbaren Überlegenheit der Stärke des Zarenreiches in den zwischen Zuversicht und Pessimismus stets schwankenden Erwägungen Berlins eine mindestens ebenso große Rolle gespielt hat wie die Hoffnung, daß Rußland durch die Unfertigkeit seiner Heeresverstärkung und Frankreich vor allem durch das Fehlen einer schweren Artillerie schließlich zum Einlenken gezwungen werden könnten. Entscheidend war zunächst, und zwar gerade für Bethmann, daß er an dem illusionären Gedanken eines „lokalisierten Krieges" weit über den im besten Falle zulässigen Zeitpunkt festgehalten hat. Nichts weniger als ein Mann des Präventivkriegsgedankens hat er weniger das kontinentale Duell eines Krieges mit Rußland und Frankreich, wohl aber die von ihm anfangs noch immer mit gewissen Hoffnungen gehegte Erwartung einer Neutralität Englands – ohne sich dessen freilich sicher zu fühlen – bis in die entscheidende Endphase der Krise niemals ganz aufzugeben vermocht. Im innersten Grunde hat er aber die Erweiterung des kontinentaleuropäischen Konfliktes zum Weltkrieg durch die Intervention Englands doch stets als ein Verhängnis gefürchtet. Nicht die positive Bereitschaft, das Risiko des Krieges auch mit der größten Seemacht der Stunde auf sich zu nehmen, gehört zum Kern seines politischen Denkens in der Julikrise, das im Grunde viel mehr durch eine fatalistische Haltung gezeichnet ist, die sich anschickte, auch in diesem Punkte das Opfer eines übermächtigen Zwanges zur Behauptung der Stellung des Reiches als Großmacht auf einem allen Rivalen ebenbürtigen Range unter den Großmächten nach der Klassifizierung dieses Zeitpunktes werden zu müssen. Bei Wilhelm II. wie Bethmann Hollweg war entscheidend für das Versprechen der deutschen Rückendeckung, daß sie überzeugt waren, die befreundete Doppelmonarchie angesichts der erneuten serbischen Herausforderung nicht ohne Gefährdung ihrer Existenz im Stich lassen zu dürfen, weil es sich das Reich nicht leisten könne, seinen letzten, bei allen Schwächen doch als zuverlässig angesehenen Bundesgenossen zu verlieren. Die deutsche Politik hat sich daher mit unleugbarer Zähigkeit an den Traum der Möglichkeit eines „lokalisierten Krieges“ zwischen Österreich und Serbien geklammert. Sie hat daher bis zu dem Ultimatum Wiens an Belgrad vom 23. Juli, von dessen Inhalt sie trotz beginnender Klagen über mangelhafte Unterrichtung durch den Ballhausplatz doch immerhin genügend weitgehende Informationen erhalten hatte, den Bundesgenossen immer wieder ermutigt, ja sogar vorangetrieben und gestärkt. Wilhelm II. hat die Wiener Politik mit seinem ewig ungezügelten Temperament in den Anfängen der Krise mehr als einmal unzulässig anzutreiben versucht. Erst als ihm nach der Rückkehr von seiner Norwegenfahrt der ganze Ernst der Lage klar wurde, ist er der schärfste Kritiker an der sofortigen Verwerfung der serbischen Antwortnote durch Wien geworden. Es ist einer der schwächsten Punkte der Bethmannschen Politik in der Julikrise, daß sie angesichts der ersten Vermittlungsangebote Edward Greys zweideutig zwischen empfehlender Weitergabe nach Wien und ermutigender Bestärkung einer Ablehnung durch Österreich lavierend geschwankt hat. Ebensowenig zweifelhaft ist aber auch, daß er schließlich, wenn auch zu spät, mit vollem Ernst eine friedliche Lösung gewünscht hat, ohne nun dem Verhängnis noch Einhalt gebieten zu können. Der Chef des deutschen Generalstabes aber hat überhaupt erst eine Rolle zu spielen begonnen, als durch die russischen Maßnahmen das Gespenst einer tödlichen Bedrohung für das Reich sichtbar wurde. Es bleibt freilich der sehr schwere Vorwurf gegen diese deutsche Politik, daß sie den Ernst der Gesamtlage zunächst nicht entfernt erkannt hat. Sie gab in einer allen besseren Traditionen, nicht nur Bismarcks, sondern selbst Kiderlens, widersprechenden Weise dem Wiener Verbündeten ein „Leitseil“ in die Hand, dem sie sich durch verspätete Bremsversuche nach der Kriegserklärung Österreichs an Serbien nicht mehr entziehen konnte; und sie hat in unbegreiflicher Kurzsichtigkeit viel zu lange geglaubt, daß die Österreich gewährte Bewegungsfreiheit nur zu einem „lokalisierten“ Kriege auf dem Balkan zu führen brauche.

Aus: Hans Herzfeld, Die moderne Welt 1789–1945, II. Teil: Weltmächte und Weltkriege, 4. Aufl. Braunschweig 1970, S. 106ff.

4. Die Frage der „Lokalisierungspolitik"

Aus der Doppelzüngigkeit des Kanzlers angesichts der ernsten Warnungen von England wird klar, daß es Bethmann Hollweg in der Nacht vom 27. auf den 28. Juli nicht mehr darum ging, einen Kontinentalkrieg zu vermeiden, sondern Deutschland in eine möglichst günstige Position hineinzumanövrieren. Hatte schon die Beurteilung des englisch-deutschen Gesprächs durch Bethmann Hollweg in seinem Kommentar zum Lichnowsky-Telegramm an Tschirschky diesen Aspekt mit aller Schärfe deutlich werden lassen, so zeigt er sich noch eindringlicher darin, daß der Reichskanzler zur selben Stunde die englischen Angebote zusammen mit einer im Wortlaut gleichen Begründung der deutschen Haltung dem Kaiser übersandte. Obwohl Bethmann Hollweg in diesem Schreiben behauptete, bei der Übermittlung des englischen Angebots „entsprechend den Befehlen" des Kaisers gehandelt zu haben, hat er tatsächlich doch dessen Absichten durch die Art und Weise, wie er die Greysche Empfehlung verwertete, verfälscht. War doch von Wilhelm II. bei seiner Rückkehr von der Nordlandreise am 27. nachmittags auf Bethmann Hollwegs Bericht von der deutschen Ablehnung der Botschafterkonferenz die Anweisung gegeben worden, den neuen Vorschlag Greys – nämlich direkt auf Wien einzuwirken – zu akzeptieren.

Am 28. Juli erst erhielt der Kaiser die weit entgegenkommende Antwortnote der Serben, obwohl der serbische Geschäftsträger sie bereits am 27. Juli, mittags 12 Uhr, im Auswärtigen Amt hinterlegt hatte. Der kaiserliche Kommentar bestätigte noch einmal die deutsche Politik: „*Aber* damit fällt jeder Kriegsgrund fort." Unabhängig vom gleichartigen Vorschlag Greys formulierte der Kaiser sein „Halt in Belgrad". Da er, im Gegensatz zum Kanzler, aber nicht wußte, daß die österreichische Kriegserklärung an Serbien unmittelbar bevorstand, gab er seinen Vorschlag an Jagow ohne große Dringlichkeit weiter. Er war der Meinung: „Die paar Reserven, welche Serbien zu einzelnen Punkten macht, können meines Erachtens nach durch Verhandlungen wohl geklärt werden." In den Augen des Auswärtigen Amtes und der Militärs war dies der gefürchtete Moment, in dem der nervenschwache Monarch – wie 1906 und 1911 – im letzten Augenblick vor dem Krieg zurückschrecken würde, und eben deshalb wurde er jetzt überspielt. Nicht anders ist es zu erklären, daß der Kanzler auch diese neuerliche Anregung verspätet, ohne Nachdruck und wieder verfälscht weitergab. Die einzige Bedingung, die Wilhelm II. mit seinem „Halt in Belgrad" aussprach, war, daß Österreich eine „Garantie nöthig (hätte), daß die Versprechungen ausgeführt würden". Diese sah er in der „*vorübergehenden* Besetzung eines Theils von Serbien". Im Gegensatz dazu betonte Bethmann Hollweg jedoch gegenüber Tschirschky, daß die Okkupation das Mittel sein müsse, „um die serbische Regierung zu *völliger Erfüllung*" der österreichischen Forderungen zu zwingen. Die eigentliche Verfälschung des kaiserlichen Vorschlags aber liegt darin, daß Bethmann Hollweg ausdrücklich gegenüber Tschirschky betonte:

> „Sie werden es dabei sorgfältig zu vermeiden haben, daß der Eindruck entsteht, als wünschten wir Österreich *zurückzuhalten.* Es handelt sich lediglich darum, einen Modus zu finden, der die Verwirklichung des von Österreich-Ungarn erstrebten Ziels . . . ermöglicht, *ohne gleichzeitig einen Weltkrieg zu entfesseln,* und wenn dieser *schließlich nicht zu vermeiden* ist, die *Bedingungen, unter denen er zu führen ist,* für uns nach *Tunlichkeit zu verbessern.*"

Dieser Zusatz vom 28. Juli verdeutlicht einmal die Motive des deutschen Handelns und zeigt zum anderen erneut, wie bewußt das Risiko eines Weltkrieges von dem

Kanzler übernommen wurde. Denn was dieser unter günstigen Bedingungen verstand, sprach er selbst aus: einmal müßte Rußland als der am Kriegsausbruch schuldige Teil erscheinen und zum anderen England neutral gehalten werden. Den politischen Schlüssel, der dieses Problem lösen könnte, glaubte Bethmann Hollweg in der „Lokalisierungspolitik" gefunden zu haben. Bereits am 26. Juli stellte er die deutsche Konzeption mit großer Klarheit sowohl gegenüber dem Kaiser als auch gegenüber Pourtalès, Lichnowsky und Schoen heraus: „Nachdem Graf Berchtold Rußland erklärt hat, daß Österreich keinen territorialen Gewinn in Serbien beabsichtige . . . hängt Erhaltung europäischen Friedens allein von Rußland ab." Deutschlands Haltung hätte eine „ruhige" zu sein, denn nur ein angegriffenes Deutschland könnte mit einer Neutralität Englands rechnen und die innerpolitische Stimmung halten, das heißt vor allem, die Sozialdemokratie für den Kriegsfall gewinnen. Dieser Gedanke – „nur bei Rußland" liegt die „Verantwortung für eventuelle Ausdehnung des Konflikts und Störung des europäischen Friedens" – taucht von nun an immer häufiger in den deutschen Akten auf. Jagow suchte die Haltung Italiens, Bulgariens und Rumäniens in einer möglichen Konflagration mit dem Hinweis zu beeinflussen, daß sowohl Deutschland wie England fortgesetzt um „Lokalisierung des Konflikts" bemüht seien und allein Rußland den Krieg beginnen könnte.

Aus: Fritz Fischer, Griff nach der Weltmacht, a. a. O., S. 58 ff.

5. Die deutsche Politik und das Kriegsrisiko

Im Gegensatz zu seiner konservativen Umwelt, die auch im Juli 1914 vom Krieg eine „Stärkung der patriarchalischen Ordnung und Gesinnung" erhoffte, erwartete der Kanzler im Innern „von einem Krieg, wie er auch ausgeht, eine Umwälzung alles Bestehenden". So faßte er in jenem Brief an den Kronprinzen seine Ansichten zusammen:

„In einem zukünftigen Krieg, der ohne zwingenden Anlaß unternommen wird, steht nicht nur die Hohenzollernkrone, sondern auch die Zukunft Deutschlands auf dem Spiel. Gewiß muß unsere Politik kühn geführt werden. Aber in jeder diplomatischen Verwicklung mit Schwertern rasseln, ohne daß die Ehre, die Sicherheit und die Zukunft Deutschlands bedroht sind, ist nicht nur tollkühn, sondern verbrecherisch."

Um „die Sicherheit und Zukunft Deutschlands" ging es dem Kanzler in der Julikrise von 1914. Aber nicht in dem Sinne, daß er Ziele deutscher Außenpolitik, wie sie im imperialistischen Wettbewerb auch in Deutschland angestrebt wurden, den Rang zugemessen hätte, um ihretwillen einen Krieg vorzubereiten und durchzusetzten. Und nirgends findet sich ein Beweis für die Behauptung, daß hier mit kriegerischer Gewalt Projekte der politischen, wirtschaftlichen und territorialen Expansion verwirklicht werden sollten und an Stelle eines Gleichgewichtes im Staatensystem die Idee einer deutschen Hegemonie in Europa Motiv und Ziel der deutschen Politik in der Julikrise gewesen seien. Viel elementarere Überlegungen waren im Spiel; die strategische Gesamtlage in Europa schien den Status als Großmacht selbst zu berühren: Deutschland befürchtete den Zustand endgültiger militärischer Unterlegenheit und damit eine Entwicklung des Staatensystems, in dem es – ohnehin in seiner Mittellage bedrängt – den Interessen der Nachbarmächte ausgeliefert sein würde, das heißt, bei der nächsten Krise – mehr noch als in den vorhergehenden – genötigt sein würde, dem Druck der Gegner nachzugeben. Wie Bethmann

Hollweg am 20. Juli 1914 seinem Vertrauten Riezler sagte, fürchtete er insbesondere „Rußlands wachsende Ansprüche und ungeheure Sprengkraft. In wenigen Jahren nicht mehr abzuwehren, zumal wenn die jetzige europäische Konstellation bleibt".

Diese Vorstellung von einer Zukunftsentwicklung, die infolge der immer stärker werdenden feindlichen Übermacht kein erfolgreiches Bestehen eines kriegerischen Konflikts mehr erwarten ließ, lastete als schwere Sorge auf den leitenden Militärs. Im Mai dieses Jahres war der deutsche Generalstabschef Moltke zu der Überzeugung gekommen, „daß jedes Zuwarten eine Verminderung unserer Chancen bedeute". Durch die forcierten strategischen Bahnbauten und die gewaltigen Heeresverstärkungen werde Rußland ab 1916 eine Stärke und Kriegsbereitschaft erlangt haben, der das deutsche Heer selbst bei einer vollen Ausschöpfung der eigenen Wehrkraft nicht mehr gewachsen sein werde; denn eine „Konkurrenz in bezug auf Massen" schien Moltke mit Rußland zu Recht undurchführbar. Im Gegensatz zu dem unaufhaltsamen Erstarken Rußlands verlor der einzige sichere Bundesgenosse Österreich-Ungarn durch die „Wühlarbeit der divergierenden Nationalitäten" im Innern und durch die Verschiebung der Machtverhältnisse auf dem Balkan, dem Abschwenken Rumäniens vom Dreibund, militärisch immer mehr an Wert. So erschien es dem Generalstab bereits 1914 höchst zweifelhaft, ob die Donaumonarchie noch eine kräftige Offensive gegen Rußland durchzuführen imstande war. Ohne eine solche Fesselung der russischen Streitkräfte durch Österreich brach der deutsche Kriegsplan zusammen. Mit einer ungesicherten Ostfront im Rücken ließ sich kein Feldzug in Frankreich führen. Die Offensive im Westen aber war nach dem Ergebnis aller militärischen Planspiele die einzige Möglichkeit zur Lösung eines Zweifrontenkrieges, in dem die deutsche Armee auch bei stärkster Konzentration an einer Front jedem Gegner allein bereits zahlenmäßig unterlegen war . . .

Dennoch lehnte es Bethmann Hollweg noch im Juni 1914 ab, einen Krieg zu provozieren. Für einen Präventivkrieg sei vom Standpunkt der militärischen Erfolgsaussichten aus 1905 der günstige Moment verpaßt worden. Wohl aber war der Kanzler bereit, als mit dem Mord von Sarajewo unvorhergesehen am 28. Juni 1914 eine neue Krise ausbrach, den angesichts der künftigen Machtverschiebungen noch „am wenigsten ungünstigen Zeitpunkt" zu benutzen, um selbst auf das Risiko eines Weltkrieges hin die innere Zersetzung der Donaumonarchie durch einen glänzenden Erfolg über Serbien „wenigstens für einige Zeit aufzuhalten", damit selbst der drohenden Isolierung in Europa zu entgehen und eventuell über eine erneute eklatante diplomatische Niederlage Rußlands auf dem Balkan die Entente „auseinanderzumanövieren". Sei es, daß Rußland mit Rücksicht auf seine noch unfertige Rüstung von selbst zurückwich oder daß der Zar sich durch den Druck Frankreichs und Englands zum „Stillehalten" gezwungen sah.

So hat Bethmann Hollweg später selbst den Ersten Weltkrieg „in gewissem Sinn" einen Präventivkrieg genannt und sich für sein Handeln in der Julikrise auf die Prognose der Militärs berufen, die keinen anderen Ausweg zugelassen hätten als die bewußte Übernahme des Kriegsrisikos. Mehr als dies aber scheint der Kanzler mit dieser Bezeichnung nicht gemeint zu haben, denn ebensowenig wie in der Marokkokrise hatte es Bethmann Hollweg 1914 auf den Krieg „abgelegt", und es gibt keinerlei Beweise, daß die Reichsleitung den Ersten Weltkrieg bewußt vorbereitet und langfristig geplant hätte, um ihn bei sich bietender Gelegenheit herbeizuführen und daß ihr Drängen auf Durchführung der militärischen

Aktion in Serbien allein den Zweck gehabt habe, den allgemeinen Krieg – das heißt den Kontinentalkrieg mit dem Ziel der deutschen Hegemonie – zu entfesseln.

Aus: Egmont Zechlin, Bethmann Hollweg, Kriegsrisiko und SPD 1914, in: Der Monat 208, 1966, S. 18ff.

6. Die Phase der Mobilmachungen

Die Mittagsstunden des 30. Juli sind noch von weiterer Bedeutung. In ihnen erhielt der Kaiser Mitteilung sowohl vom Umfang der russischen Teilmobilmachung als auch von der englischen Stellungnahme, die noch durch einen Bericht des Marineattachés in London – der mitteilte, daß „England uns *umgehend, sofort zur See* mit einer Flotte angreifen werde", „falls wir gegen Frankreich" zum Kriege kämen – unterstützt wurde. Diese Meldung bestürzte und desillusionierte den Kaiser in übergroßem Maße, hatte er doch gerade zusammen mit Prinz Heinrich eine Antwort zu Georgs Stellungnahme – „we shall try all we can to keep out of this and shall remain neutral" – aufgesetzt. Während er noch ganz in der Hoffnung lebte, daß England neutral bleibe, veränderten nun die – mit sehr, sehr großer Verzögerung – beim Kaiser eintreffenden Depeschen die Lage. Im Gegensatz zu Bethmann Hollweg, der zeitweilig zurückwich und unsicher wurde, reagierte der Kaiser umgekehrt. Mit elementarer Gewalt brach der blanke Haß gegen das „perfide Albion", gegen den „gemeinen Hundsfott" Grey, gegen das „gemeine Krämergesindel" der Engländer bei ihm durch: „England dekouvriert sich im Moment wo es der Ansicht ist, daß wir im Lappjagen eingestellt sind und so zu sagen erledigt." Zugleich war für ihn auch der wahrhaft Schuldige am Krieg gefunden, denn Rußland würde ohne Unterstützung Englands nie den Krieg haben beginnen können: „England allein trägt die Verantwortung für Krieg und Frieden, nicht wir mehr!" Die Kommentare des Kaisers werden immer breiter: Deutschland ist eingekreist, der Vernichtungskrieg ist verabredet; Deutschland soll untergehen; alles ist zielbewußte „antideutsche Weltpolitik"; „und da hat es Leute gegeben", polemisierte er zynisch gegen den Kanzler, „die geglaubt haben, man könnte England gewinnen oder beruhigen, durch diese oder jene kleinen Maßregeln!!!... Und wir sind ins Garn gelaufen und haben sogar das Einertempo im Schiffbau eingeführt in rührender Hoffnung, England damit zu beruhigen!!!" Wilhelm II. sah sich betrogen, seine Pläne durchkreuzt: „Eduard VII. ist nach seinem Tode noch stärker als ich, der ich lebe!"

Als nun um 11.50 Uhr durch ein Telegramm von Pourtalès der *Umfang* der russischen Teilmobilmachung bekannt wurde, waren die Militärs alarmiert. Auf der Mittagsbesprechung des 30. Juli zwischen Bethmann Hollweg, Falkenhayn und Tirpitz – an der auch ungebeten Moltke teilnahm – gelang es dem Kanzler aber nochmals, die Verkündung des Zustandes „drohender Kriegsgefahr" aus innenpolitischen Gründen aufzuschieben. Nun ging Moltke eigenmächtig vor: Er ließ Conrad dringend mahnen, sofort gegen Rußland zu mobilisieren (unter Zurückstellung des Krieges gegen Serbien) und diesen Schritt öffentlich mit der Erklärung der Russen über ihre Mobilmachung zu begründen („also diese als Angreifer erscheinen zu lassen", so Ritter). (Nur) „Dadurch wäre der Bündnisfall für Deutschland gegeben." Englands erneuter Schritt zur Erhaltung des Friedens müsse abgelehnt werden. „Durchhalten des europäischen Krieges" sei „letztes Mittel" für die Erhaltung Österreich-Ungarns. „Deutschland geht unbedingt mit." Abends wiederholte Moltke seine

Forderungen und versicherte: „Deutschland wird mobilisieren." Die Motive für die seit dem 30. Juli spürbare Nervosität in Berlin sieht Szögyény, der „bis vor kurzem noch bei allen maßgebenden hiesigen Kreisen größte Ruhe bezüglich der Eventualität eines europäischen Konfliktes konstatieren konnte„, nicht etwa in der Sorge um den Ausbruch eines europäischen Krieges, sondern in der „Angst, daß Italien seine Bündnisverpflichtungen im allgemeinen Konflikt dem Dreibund gegenüber nicht einhalten werde". Nur weil Berlin und Wien „unbedingt Italien brauchen", um in den „allgemeinen Konflikt mit Sicherheit eintreten zu können", drängte Deutschland Österreich immer wieder auf „größtmöglichstes Entgegenkommen" in der Kompensationsfrage gegenüber Italien, wie Moltke es zweimal am 30. tat.

Um 9 Uhr abends am 30. Juli gaben dann Bethmann Hollweg und Jagow dem Drängen Moltkes und Falkenhayns nach, spätestens am nächsten Mittag den „Zustand drohender Kriegsgefahr" zu verkünden. Die Einleitung der damit beschlossenen Mobilmachungsmaßnahmen wurde am 31. Juli morgens 9 Uhr dahingehend präzisiert, daß diese Anordung ergehen solle, wenn die russische Gesamtmobilmachung bestätigt sein würde. Bereits drei Stunden nach der Abendbesprechung um Mitternacht, ließ Moltke durch seinen Adjutanten von Haeften den Aufruf des Kaisers an sein Volk, seine Armee und Marine entwerfen.

Die Gesamtmobilmachungen Rußlands und Österreich-Ungarns am 30. Juli lösten den erwarteten „automatischen" Wettlauf der Mobilmachungen in den übrigen Staaten aus. Das deutsche Taktieren hatte nur noch eine Absicht: Rußland auf alle Fälle die Kriegsschuld zuzuschreiben, um so wenigstens die mögliche Opposition der Sozialdemokraten auszuschalten. Dies gelang. Lerchenfeld berichtete am 31. zynisch, aber erleichtert nach München, daß die Sozialdemokraten „für den Frieden pflichtmäßig demonstriert" hätten, „sich aber jetzt ganz still" hielten. Dem diente auch das auf zwölf Stunden befristete Ultimatum an Rußland und die im Vertrauen auf die militärische Perfektion bis zum 1. August zurückgehaltene Gesamtmobilmachung.

Zudem schien noch in letzter Stunde die Bethmann Hollwegsche Politik Früchte zu tragen und England neutral zu bleiben. Am 1. August, nach der Unterzeichnung der Mobilmachungsordre, traf aus London das englische Angebot ein, die Neutralität Frankreichs zu garantieren. Damit schien die Aussicht auf einen Einfrontenkampf gegeben. Der Kaiser nahm das Angebot an und befahl Moltke, vorläufig „den Vormarsch nach Westen (zu) inhibieren". Es spielte sich jetzt jene berühmte Szene ab, die die ganze Hilflosigkeit der deutschen militärischen Eingleisigkeit bloßlegte. Moltke protestierte gegen den kaiserlichen Befehl mit dem Hinweis, daß der einzig gültige Feldzugsplan den Aufmarsch nur gegen Frankreich vorsehe (der berühmte, von ihm 1913 umgearbeitete Schlieffen-Plan). Trotzdem gab der Kaiser Befehl, den begonnenen Vormarsch – Patrouillen seien schon in Luxemburg eingerückt – zu stoppen. Moltke war außer sich über die Möglichkeit eines neutralen Frankreichs und wollte, wenn der Vormarsch gegen Frankreich nicht stattfände, keine „Verantwortung für den Krieg übernehmen". „Jetzt fehlt nur noch", bemerkte er bitter, wie wir aus den Erinnerungen des Chefs des Marinekabinetts wissen, „daß auch Rußland abschnappt" (!). Die scharfe Auseinandersetzung zwischen Kanzler und Generalstabschef wurde dahingehend beigelegt, daß „aus technischen Gründen" der Aufmarsch fortgesetzt werden müsse. Die englische Mitteilung sei zu spät gekommen. Jedoch die Illusion blieb, ja, steigerte sich noch. Ein zweites Telegramm Lichnowskys vom gleichen

Tage stellte die englische Neutralität auch bei einem Krieg Deutschlands gegen Rußland und Frankreich in Aussicht. „Welch fabelhafter Umschwung", berichtete Müller, „der Kaiser war sehr glücklich und ließ Sekt kommen" – genauso wie später während des Krieges bei wirklichen oder angeblichen Siegen. Die Bethmann Hollwegsche Politik schien sich zu erfüllen. Deutschland konnte sich ungestört mit Frankreich und Rußland auseinandersetzen. Diese Hoffnung währte freilich nur kurze Zeit.
Die ihr folgende Enttäuschung war ganz dazu angetan, den deutschen Haß auf England, der von nun an sich nachgerade ins Grenzenlose weiten sollte, noch zu steigern. Sie machte aber auch dem deutschen Westaufmarsch, wie er im Schlieffen-Plan vorgesehen war, den Weg frei. Die Deutschen begannen den Weltkrieg, nachdem auch noch Italien seine Neutralität erklärt hatte, in der für sie „ungünstigsten Mächtegruppierung". Ihre Kriegserklärungen an Rußland vom 1. August sowie an Frankreich vom 3. August, die so bürokratisch-perfektionistisch anmuten und für die Beurteilung ihrer Politik in der übrigen Welt von so verheerender Rückwirkung waren, bilden nur noch den formalen Abschluß des komplexen Entwicklungsprozesses zum Kriegsausbruch. Auch hier ist es bezeichnend, daß Österreich-Ungarn erst eine Woche später, auf deutsches Drängen hin, an Rußland und die Westmächte den Krieg erklärte, und daß die deutsche Kriegserklärung schon längst unterwegs war, als Nikolaus noch telegraphisch seiner Zuversicht Ausdruck gab, trotz der Mobilmachungen den Frieden erhalten zu können. Der Bruch der belgischen Neutralität durch Deutschland machte es der englischen Regierung möglich, Parlament und Nation für den sofortigen Eintritt in den Krieg zu gewinnen, ein Entschluß, dessen politisches Motiv der oft ausgesprochene Wille war, nicht zuzulassen, daß Deutschland Frankreich niederwarf und England sich dann einem den Kontinent beherrschenden Deutschland allein gegenübersah.

Aus: Fritz Fischer, Griff nach der Weltmacht, a. a. O., S. 79 ff.

7. Die Funktion der „Überfallthese"

Jeder Krieg im 20. Jahrhundert würde ein Volkskrieg sein, ein „blutiger Zusammenstoß der Völker", in dem der Volksstimmung eine bisher unbekannte Bedeutung zukam. Dies war auch vor 1914 dem Generalstab voll bewußt. So hatte Moltke in seiner Denkschrift vom 21. 12. 1912 die Reichsleitung warnend darauf hingewiesen, daß „in unserer Zeit, die keine Kabinettskriege mehr will", die „Opferwilligkeit" des Volkes ein entscheidender Kriegsfaktor geworden sei und Deutschland nur, „wenn es gelingt, den *Casus belli* so zu formulieren, daß die Nation einmütig und begeistert zu den Waffen greift, unter den augenblicklichen Verhältnissen auch den schwersten Aufgaben noch mit Zuversicht entgegen sehen" könne. Damit war die Einsicht formuliert, daß die eigenen Vorstellungen vom Krieg als einem legitimen Mittel der Politik nicht mehr mit den Überzeugungen großer Teile des deutschen Volkes, vor allem der sozialdemokratischen Arbeitermassen, übereinstimmten. Bethmann Hollweg erfaßte das Problem mit der Konsequenz, Deutschlands Position bei Kriegsausbruch so zu gestalten, daß der Krieg vor der eigenen Nation als Überfall legitimiert werden konnte.
Auf diese Aufgabe hat sich die deutsche Regierung seit dem 26. Juli 1914 mit zunehmender Intensität konzentriert. Damals hatte Österreich-Ungarn bereits die serbische Antwort auf sein Ultimatum abgelehnt und die diplomatischen Beziehungen zu Belgrad abgebro-

chen. Die deutsche Reichsleitung erwartete den Beginn der kriegerischen Operationen gegen Serbien und riet selbst „dringendst, sofort vorzugehen und die Welt vor ein Fait accompli zu stellen". Zwei Wochen zuvor hatte er noch an die Möglichkeit gedacht, daß das nicht „schlagfertige" Rußland zurückschrecken und sich die Krise mit diplomatischen Mitteln lösen lassen würde: „. . . und dann freundlich gegen die Entente, dann kann der Choc ausgehalten werden." Nun aber zeigten die aus Rußland einlaufenden Nachrichten an, daß man in Petersburg vielmehr nicht gesonnen war, sich auf die deutsche Lokalisierungstheorie einzulassen.

Und so schickte sich die deutsche Regierung an, die psychologische Ausgangsposition der Kriegführung zu schaffen, das heißt, sowohl vor der Welt wie vor dem eigenen Volke als zum Kriege gezwungen dazustehen. Hatte der Reichskanzler schon in den vorhergehenden Tagen sich darum bemüht, unter allen Umständen zu vermeiden, „daß das Ausland den Eindruck einer fortgesetzten Kriegshetze gewinnen muß", so bat er jetzt den Monarchen, von der Nordlandreise nicht nach Berlin, sondern nach Potsdam zurückzukehren, da die „mit Sicherheit zu erwartende sehr stürmische Begrüßung" zu erneuten antiserbischen Demonstrationen führen würde. „Rußland würde das dahin ausdeuten, daß wir den Krieg mit ihm wollen. Der Zeitpunkt hierzu wäre aber verfrüht, solange Rußland gar keine aggressiven Schritte ergreift. Rußland aber muß rücksichtslos unter allen Umständen ins Unrecht gesetzt werden", so erklärte Bethmann Hollweg dem Kaiser in diesem bisher unbekannten Telegramm vom 26. Juli.

Dieses taktische Ziel verlangte, daß Deutschland selbst keinerlei militärische Vorbereitungen unternahm, sondern abwartete, bis sich Rußland, das durch das österreichische Vorgehen in Serbien zum Reagieren gezwungen war, ins „Unrecht" setzte. Dann nämlich bestand einmal die vage Chance, daß England sich an einem von Rußland „entfesselten" Krieg nicht beteiligte, und zum anderen bot sich die begründete Hoffnung, daß das deutsche Volk geschlossen hinter die eigene Regierung trat.

Diese Aufgabe, Rußland für die Verschärfung der Lage verantwortlich zu machen, stellte sich um so mehr, als die Krise in eine neue psychologische Phase führte. Unter dem Eindruck des Mordes von Sarajewo hatte die europäische Öffentlichkeit Verständnis für die Situation des Habsburgerreiches gezeigt. Die am 27. Juli veröffentlichte weit entgegenkommende serbische Antwortnote offenbarte aber, daß es die Regierung in Wien darauf abgesehen hatte, den Krieg gegen Serbien zu führen. Um so mehr kam es darauf an, ihn politisch abzuschirmen. Dazu gehörte die Behandlung von Vermittlungsaktionen. Sie waren auch der deutschen Regierung unwillkommen, sofern sie dem Zweck dienten, den Krieg gegen Serbien zu verhindern. So drängte Bethmann Hollweg am 28. Juli in Wien, mit der militärischen Aktion gegen Serbien nicht erst bis zum 12. August zu warten. Aber er begründete dies damit, daß sonst in der Zwischenzeit die Zurückhaltung der Reichsleitung gegen die englischen Vermittlungs- und Konferenzvorschläge dazu führen würde, daß „das Odium, einen Weltkrieg verschuldet zu haben, schließlich auch in den Augen des deutschen Volkes auf sie zurückfällt. Auf einer solchen Basis aber läßt sich ein erfolgreicher Krieg nach drei Fronten nicht einleiten und führen. Es ist eine gebieterische Notwendigkeit, daß die Verantwortung für das eventuelle Übergreifen des Konflikts auf die unmittelbar Beteiligten unter allen Umständen Rußland trifft".

Dieses Ziel der Belastung Rußlands mit der Kriegsschuld stand in dieser letzten Phase der Krise im Mittelpunkt der deutschen diplomatischen Aktivität, nicht aber mehr das Bemühen, Österreich von dem Krieg gegen Serbien zurückzuhalten, der sich mit höchster Wahrscheinlichkeit zum Weltkrieg ausweiten mußte. Deshalb empfahl der Kanzler in den nächsten Tagen der österreichischen Regierung dringend, Verhandlungen mit Rußland aufzunehmen, und wandte sich in schärfster Form gegen die Nichtbefolgung seiner Ratschläge. Deshalb hielt er an der Lokalisierungsfiktion fest und gab im diplomatischen Verkehr und in der Presse die Parole aus, daß Rußland allein die Verantwortung dafür trage, „wenn aus dem österreichisch-serbischen Handel, den alle übrigen Großmächte zu lokalisieren wünschen, ein europäischer Krieg entsteht“. Und so gelang es ihm noch am 30. Juli – trotz des ständig wachsenden Drucks der Militärs – deutsche Mobilmachungsmaßnahmen zu verhindern mit der Begründung, daß die russischen Aktionen abzuwarten seien, „weil wir sonst die öffentliche Meinung weder bei uns noch in England für uns haben würden“. Doch er täuschte die Entente nicht, insbesondere nicht das britische Kabinett, das der deutschen Regierung die angebliche Unkenntnis des Ultimatums an Serbien nicht abgenommen hatte und spätestens nach Ablehnung der serbischen Antwort und der Zurückhaltung des Auswärtigen Amtes gegenüber Vermittlungsvorschlägen die deutsche Politik als kriegsbereit interpretierte.

Aus: Egmont Zechlin, Bethmann Hollweg, Kriegsrisiko und SPD 1914, a. a. O., S. 21 ff.

8. Die Einkreisungslegende

Eine weitere Legende ist auch dabei, ihre Macht über die Gemüter zu verlieren: Es gab keine „Einkreisung“ Deutschlands durch böse Feinde, die nur darauf lauerten, das Reich anzugreifen und zu vernichten. Die Teilung Europas und der Welt in zwei Machtblöcke – Dreibund und Triple Entente – war weitgehend das Ergebnis deutscher Politik, das Reich vom Status einer europäischen Kontinentalmacht zu dem einer gleichberechtigten Weltmacht (was immer darunter zu verstehen war) zu erheben. Der Dreibund, ursprünglich ein rein kontinentales Arrangement zur Isolierung Frankreichs nach 1871, provozierte, nach der Logik traditioneller Machtpolitik, die russisch-französische Allianz. Sie durchbrach für Frankreich die ihm von Bismarck aufgezwungene Isolierung, gab zugleich später den Kern für die Triple Entente ab, als Deutschland zu seiner ambitiösen und fatalen Weltmachtpolitik aufbrach und – im vollen Bewußtsein der möglichen Konsequenzen – auf Kollisionskurs mit der übrigen Welt ging.

Die deutsche Weltpolitik veränderte die Weltsituation grundlegend und führte schnurstracks zum Weltkrieg: England, das sich vom deutschen Schlachtflottenprogramm mehr herausgefordert fühlte als von deutschen Territorialforderungen, namentlich in Afrika, verließ seine *splendid isolation* und hielt Ausschau nach Verbündeten. Die Abmachungen mit Japan (1902), Frankreich (1904) und Rußland (1907) waren die fast automatische Folge. Was in Deutschland als „Einkreisung“ galt (teils auch noch gilt), war nicht viel mehr als ein Arrangement zur Eindämmung deutscher Ambitionen, die den Interessen der übrigen imperialistischen Mächte, aber auch der kleineren europäischen Völker, zuwiderliefen.

Die Zwangsvorstellung von der „Einkreisung“ spielte jedoch bereits vor 1914 eine große Rolle im wilhelminischen Deutschland, wo sich die fixe Idee festgesetzt hatte, das Reich habe nur noch die Wahl zwischen Aufstieg zur gleichberechtigten Weltmacht und eigenem Niedergang . . .

Die logische Konsequenz aus Weltpolitik und Glauben und die daraus entspringende Unvermeidlichkeit eines großen Konflikts war die Vorstellung vom Präventivkrieg gegen die Feinde, die sich dem weiteren Aufstieg Deutschlands entgegenstellten, wobei man aus propagandistischen Gründen die „eindämmenden" Intentionen der „Feinde" in böse Aggression gegen das friedliebende Reich umbiegen mußte. Die traditionelle Schule in Deutschland hat die Existenz solcher Präventivkriegsideen, sogar beim Großen Generalstab, stets entrüstet bestritten. Die Struktur des wilhelminischen Kaiserreichs als konstitutionell getarnte Militärmonarchie mit einer Vorliebe für militaristische und sozialdarwinistische Vorstellungen legte eigentlich immer die Vermutung nahe, daß Präventivkriegsideen nicht nur existierten, sondern auch einen Einfluß ausübten. Eine neue Quelle, der Nachlaß des früheren Staatssekretärs im Auswärtigen Amt, von Jagow, liefert neuerdings das *missing link* zwischen Deutschlands Weltpolitik und dem Kriegsausbruch: Am 30. Mai oder 6. Juni 1914 beantragte Generalstabschef von Moltke bei Staatssekretär von Jagow auf der Fahrt im Auto zwischen Potsdam und Berlin die baldige Herbeiführung eines Präventivkriegs. Jagow lehnte zwar ab, unter Verweis auf die Verbesserung der wirtschaftlichen Position des Reiches. Nach dem Krieg räumte er aber in einer privaten Aufzeichnung ein, daß er nie *a limine* gegen einen Präventivkrieg gewesen sei – schließlich waren nach Jagows Ansicht auch Bismarcks Kriege Präventivkriege – und daß Moltkes Worte ihn in der Julikrise an einen militärischen Erfolg in der Auseinandersetzung glauben ließen. Ein weiterer Fund bestätigt jüngstens Jagows Feststellung. Im Februar 1918 rief Bethmann Hollweg, als er von dem liberalen Reichstagsabgeordneten Conrad Haussmann privatim befragt wurde, nach Haussmanns Aufzeichnung aus: „Ja Gott, in gewissem Sinn war es ein Präventivkrieg. Aber wenn der Krieg über uns hing, wenn er in zwei Jahren noch viel gefährlicher und unentrinnbarer gekommen wäre und wenn die Militärs sagen, jetzt ist es noch möglich, ohne zu unterliegen, in zwei Jahren nicht mehr! Ja, die Militärs!"

Ein halbes Jahrhundert nach dem Ereignis, in der Distanz, die zwei Weltkriege und fast zwei Jahrzehnte in der zweiten deutschen Republik geschaffen haben, ist es für eine neue Generation von Historikern, die weder mit der „Erhebung vom August 1914" (Erdmann) noch dem „Kriegserlebnis" von 1914–1918 aufgewachsen ist, für die das in einer hysterischen Atmosphäre geschaffene Nationaltabu von einst keine Schrecken mehr birgt, eher möglich, eine rationale Analyse des Kriegsausbruchs 1914 zu formulieren und zu akzeptieren.

Aus: Imanuel Geiss, Die Kriegsschuldfrage – Das Ende eines Tabus, in: Kriegsausbruch 1914, Deutsche Buchausgabe des Journal of Contempory History 3 (1966), München 1967, S. 110ff.

9. Stimmen aus der Kontroverse um Fritz Fischers Buch „Griff nach der Weltmacht" (1961)

a) Michael Freund (Kiel)

Kurz ehe ein halbes Jahrhundert seit dem Beginn des schrecklichen Jahres 1914 vergangen war, erschien das Buch eines deutschen Historikers, der die ganze Auseinandersetzung um die Kriegsschuld wieder aufgreift und diese Frage zu dem vergiftenden Leben zu erwecken droht, das ihr nach 1918 innewohnte. Fritz Fischers Buch läßt den Kriegsschuldartikel des Versailler Vertrages in seiner krassesten Deutung erneut erstehen.

Fischer stützt sich vor allem auf das, was Geheimräte des Auswärtigen Amtes im Kriege zusammenschrieben und was sie über den künftigen Frieden zusammenphantasierten. Diese Beschäftigung, die auf den Quadratzentimeter genau das Fell des noch nicht erlegten Bären verteilte und Folgerungen aus einem noch nicht gewonnenen Sieg zog, war für die seelische Existenz solcher Geheimräte ein elementares Bedürfnis.
Das Buch ist ein erschreckendes Symptom vor allem deswegen, weil es tut, als wären all die Illusionen des rauschenden Jahres 1914 und all die Torheiten der deutschen Kriegsschuldpropaganda noch zu widerlegen. Wir siegen immer umsonst und werden immer umsonst besiegt. Wir machen alle unsere Torheiten immer ein zweites Mal, nur auf umgekehrte Weise. Fischer meint uns belehren zu müssen, daß wir 1914 nicht mitten im Frieden überfallen wurden, daß wir nicht durch das frivole österreichische Serbien-Abenteuer mitten im Schlaf gleichsam in den großen Krieg hineingerieten. So kommt es zu etwas, was ebenso schlimm ist wie die Unschuldslüge der Jahre nach 1918, zu einer bloßen Umstülpung dieser Unschuldslüge, nämlich zu einer aufgewärmten Kriegsschuldlüge der Alliierten in ihrer krassesten Form. Das Buch ist im Jahre 1919 steckengeblieben. Es macht aus der Widerlegung veralteter Lügen eine neue Wahrheit. Es pfropft die Kriegsschuldfrage des Zweiten Weltkriegs dem Ersten Weltkrieg auf.
Da wären wir also wieder bei dem unglückseligen Schuldartikel des Versailler Vertrages; jetzt kann auch wieder die unselige Kriegsschulddebatte losgehen. Fischer wollte die Unschuldlüge überwinden, aber das Negativ einer Lüge ist nie die Wahrheit. An der Kriegsschuldbehauptung der Alliierten gegen Deutschland, einer törichten und bösartigen Behauptung, und an der ebenso bösartigen und törichten Gegenbehauptung, daß der Kriegsschuldartikel einen teuflischen Vernichtungswillen zum Ausdruck bringe, ist schon einmal eine deutsche Republik zugrunde gegangen. Eine ist genug.

Aus: „Frankfurter Allgemeine Zeitung“ vom 28. 3. 1964

b) Rudolf Neck (Wien)

Noch wichtiger als die Beurteilung einer Einzelperson ist der Zusammenhang mit der Frage der Kontinuität in der deutschen Geschichte, die letzten Endes das Kernproblem der sog. „unbewältigten Vergangenheit“ darstellt. Die Kontinuität steht für die ausländische Geschichtswissenschaft außer Zweifel. Hier hätte für die deutschen Historiker die Revision des Geschichtsbildes einzusetzen. Gerade an Hand des vorliegenden Werkes drängt sich von selbst der Eindruck eines vielfältigen Zusammenhangs nicht nur mit der Weimarer Republik in Persönlichkeiten wie Rathenau, Stresemann und Erzberger auf, sondern viel frappanter noch sind die Parallelen zur Zeit Adolf Hitlers. Daß sich auch gewisse Vergleiche zu gegenwärtig sich vollziehenden ökonomischen Strukturwandlungen aufdrängen, ist bisher in der Diskussion unbeachtet geblieben, soll aber hier hervorgehoben werden, vor allem auch im Hinblick auf die starken wirtschaftlichen Akzente im Werke Fischers.
Es ist klar, daß der Widerhall, den das Buch bisher gefunden hat, kein einhellig zustimmender war. Im westlichen Ausland wurde das Werk freilich eher mit Sympathie aufgenommen trotz gewisser Ausstellungen. In der deutschen Ostzone wurde die Arbeit – wie zu erwarten war – gut beurteilt, wenngleich ihr natürlich der Mangel an marxistischen Kategorien zum Vorwurf gemacht wird.

In der Bundesrepublik selbst war die Aufnahme des Werkes geteilt. Im allgemeinen ablehnend blieb die Haltung der Kollegen Fischers und auch in der Publizistik wurden – zwar vereinzelt – so massive Vorwürfe wie der des Nationalmasochismus laut.
Erwin Hölzle hatte im Zweiten Weltkrieg Zugang zu den französischen Akten gehabt und konnte damals und in der Folge die Ergebnisse dieser Aktenstudien vorlegen. Was er dabei bisher über die Kriegsziele der westlichen Alliierten vorlegen konnte, bleibt weit hinter der Verstiegenheit und Maßlosigkeit der deutschen Pläne zurück. Die Kriegsziele der Alliierten konnten auf keinen Fall so gigantische Ausmaße annehmen wie die der Deutschen, weil im Lager der Westmächte die Bündnispartner ziemlich gleich stark waren, während auf Seiten der Mittelmächte das Deutsche Reich dominierte und im Siegesfall auch gegenüber den eigenen Verbündeten alles erzwingen konnte.
Wie immer auch die künftige Forschung sich entwickeln wird, das Buch von Fischer bildet einen Markstein und vielleicht auch einen Wendepunkt für die deutsche Geschichtswissenschaft. An den gravierenden Fakten wird sich auf jeden Fall nicht mehr viel ändern lassen. Eine Generation, die mit so vielen Legenden aufräumen mußte, sollte auch in den historischen Hand- und Lehrbüchern von unhaltbaren Standpunkten abrücken und die Zeit des Ersten Weltkriegs ohne jede Beschönigung darstellen: eine Zeit, in der nach Meinecke gerade im Zusammenhang mit der Frage der Kriegsziele der Weg in Regionen führte, in denen auch Hitler später sein Lager aufschlug. Das vorliegende Buch Fischers gehört zu jenen Erzeugnissen deutschen Geistes, die die Freunde der Deutschen trotz allem wieder ermutigen.

Aus: Mitteilungen des Österreichischen Staatsarchivs 15 (1962), S. 565 ff.

c) Fritz T. Epstein (Bloomington, USA)

Das Interesse des Publikums, die anfänglich zumeist positive Reaktion der Presse und die überaus kritische, oft ablehnende, mitunter geradezu feindselige Einstellung der Fachkritik, die so weit ging, das Buch für schädlich und im Grunde überflüssig zu erklären, zwangen zu der vorstehenden eingehenden Stellungnahme in einem Fachorgan, das sich in erster Linie an die wendet, die durch den Hauptinhalt von Fischers Buch, nämlich Deutschlands Kriegsziele im Osten, angesprochen werden. Zu der an dem Buch geübten Fachkritik muß noch das folgende bemerkt werden:
Der Verfasser wird sich schwerlich einer Täuschung darüber hingegeben haben, daß sich sein Sichhinwegsetzen über nationale Befangenheit – um nicht zu sagen Tabus – insbesondere in der Beurteilung des Nationalismus im Wilhelminischen Deutschland, zu Mißdeutungen und scharfer Ablehnung Anlaß geben könne; aber die Schärfe der Reaktion auf sein Buch, in Ablehnung und Zustimmung, die Vehemenz, mit der das Mißfallen zum Ausdruck gebracht wurde, muß dennoch überraschen und beweist, daß Fischer an den überempfindlichen Nerv des Urteils über Lebensfragen der Nation gegriffen hat. Im Einzelnen und im Ganzen sind erhebliche Beanstandungen vorgebracht worden, aber daß das Buch unsere Kenntnis der Kriegszielpolitik 1914 bis 1918 auf eine neue Grundlage stellt, sollte nicht verkannt, verdunkelt und gering geschätzt werden. Denn keine Periode der neuesten deutschen Geschichte bedurfte mehr der Erhellung; für sie fehlt es bisher – im Unterschied von der vorangegangenen Zeit und einer Strecke der nachfolgenden, an der zur Zeit gearbeitet wird - an einer ausreichenden Dokumentation. Fischer läßt auf die Periode

1914–1918 ein unbarmherziges Licht fallen, so daß sich manche Kritiker am liebsten von ihm abwenden und am liebsten das bisher herrschende Halbdunkel mit seinen Illusionen einer unbequemen nationalen Selbstkritik vorzuziehen scheinen.

Aus: Jahrbücher für die Geschichte Osteuropas 10 (1962), S. 381 ff.

d) Gerhard Ritter (Freiburg i. Br.)

Das Werk Fischers stellt eine Grundthese auf, von der schon im Vorwort (allerdings in etwas verschleierter Form) gesprochen wird: es will „bestimmte Denkformen und Zielsetzungen für die deutsche Politik im ersten Weltkrieg aufzeigen, die weiterhin wirksam geblieben sind", und damit einen Beitrag liefern „zu dem Problem der Kontinuität der deutschen Geschichte vom ersten bis zum zweiten Weltkrieg." Das soll doch wohl heißen, daß gewisse „Denkformen und Zielsetzungen" des zweiten Weltkriegs schon während des ersten aufgetreten sind. Diese „Denkformen und Zielsetzungen" werden gleich darauf näher bezeichnet: Der deutsche Imperialismus der Vorkriegszeit, in „seiner drängenden Dynamik von den übrigen Mächten als besonders störend empfunden", erfuhr „seine erste Aufgipfelung in der ungeheuren Kraftanstrengung der deutschen Nation, die es unternahm, sich den etablierten wie den potentiellen Weltmächten, dem britischen Imperium, Rußland und den USA in einer Zusammenfassung des kontinentalen Europas (gemeint ist: eines unter deutscher Führung stehenden, durch große Annektionen in seinem deutschen Kern verstärkten Mitteleuropas) gleichzusetzen". Das „imperialistische Zeitalter" sei 1914 nicht abgebrochen, wie man es gewöhnlich darstelle, sondern habe sich erst im Weltkrieg vollendet. Demnach will das erste Kapitel zeigen, daß der deutsche Imperialismus vor 1914 schon wesensgleich war mit dem „Griff nach der Weltmacht", zu dem er im ersten Weltkrieg „aufgipfelte".

Zu diesem Zweck wird alles vorgeführt, was seit den Spätjahren Bismarcks an Erscheinungen eines übersteigerten, neudeutschen, d.h. illiberal, konservativ und militärisch gewordenen Nationalismus hervorgetreten ist. Zuerst der Antisemitismus der achtziger Jahre. Die nationalistisch-konservative „Gründergeneration" des antisemitischen „Vereins deutscher Studenten" (von 1881), heißt es, sei 1912/14 in die „Leitstellen des deutschen Reiches" eingerückt und habe „die neue Politik Deutschlands sowohl vor dem Krieg als auch – und das in voller Kontinuität – während des Krieges geprägt" (ein Urteil, das sich in seiner Allgemeinheit weder beweisen noch widerlegen läßt, solange man nicht erfährt, welche „Leitstellen des deutschen Reiches" gemeint sind und welchen Studentenverbindungen die betreffenden Persönlichkeiten etwa angehörten). Weiter ist von den „Weltmachtansprüchen" Wilhelms II., seiner vom ganzen Volk begeistert getragenen Flottenpolitik und von dem reichen Chorus deutscher Professoren die Rede, die sich an der Propaganda imperialistischer Ideen beteiligten. Nun ist bekanntlich nichts schwieriger, als genau festzustellen, was sich die höhere deutsche Bildungswelt vor dem Kriege unter deutscher „Weltpolitik" und „Weltmacht" konkret vorgestellt hat; sogar die Pläne der Alldeutschen waren in sich weder klar noch eindeutig. Letztlich war das Streben nach „deutscher Weltpolitik" doch nichts weiter als der Ausdruck eines starken politischen Geltungsdranges: Wunschtraum einer Nation von rasch gewachsenem Selbstbewußtsein und enormer Vitalität, die vor allem nach „Gleichberechtigung", d.h. nach politischer Ebenbürtigkeit mit dem ebenso bewunderten wie beneideten britischen Empire strebte, während Rußland und Amerika als künftige „Weltmächte" im Bewußtsein des Durchschnittsdeutschen noch kaum eine Rolle spielten. Darf man das „Expansionismus" nennen? Sicherlich spielte der Wunsch eine große Rolle, in Übersee möglichst viele Rohstoffgebiete und Absatzmärkte zur Sicherung der deutschen Wirtschaft zu erwerben und bei der großen „Aufteilung der Erde" im Zeitalter des Imperialismus nicht zu kurz zu kommen. Denn der Druck einer rasch wachsenden Bevölkerung (zuletzt jährlich 900000 Menschen Zuwachs) wurde allgemein gespürt; er ließ sich nur mit Hilfe einer sehr lebhaft prosperierenden Industrie bewältigen. Und es war einleuchtend, daß deren Erfolge letztlich vom freien Zugang zu den Weltmärkten abhingen. Die Einsicht, daß unsere Kriegsflotte niemals imstande sein würde, diesen freien Zugang im Fall eines Konflikts mit England zu sichern, ist der deutschen Öffentlichkeit dank der Flottenpropaganda des Reichsmarineamts vor dem Kriege niemals gekommen.

Für unseren Autor steht ein für allemal fest, daß Bethmann den Frieden überhaupt nicht wollte, weil er glaubte, den Krieg nicht scheuen zu müssen, und er sich nun einmal einen „diplomatischen Großerfolg" Deutschlands in den Kopf gesetzt hatte. Die Beteuerungen seiner Friedensliebe waren pure Heuchelei und ebenso wie die Mahnungen in Wien ausschließlich dazu bestimmt, die Verantwortung für den Krieg den Russen zuzuschieben, deren Prestigebedürfnis Fischer offenbar ebenso berechtigt findet wie das der Mittelmächte unberechtigt. Schon die Tatsache, daß der Reichskanzler immer wieder in Wien betont hat, Deutschland und Österreich dürften nicht vor der Welt und vor den eigenen Völkern als die Angreifer und die Kriegsschuldigen dastehen, ist ihm höchst verdächtig: es sei Bethmann also nur auf den Schein angekommen, nicht auf den Frieden als solchen. Bis zur Nacht des 29./30. Juli hätte er durch diesen Schein England zu betrügen und zur Neutralität zu bewegen versucht – obwohl Grey schon am 27. „das deutsche Spiel durchschaut" hatte. Noch in der Unterhaltung mit dem britischen Botschafter Goschen am späten Abend des 29. sei er „fast siegessicher, ja selbstherrlich aufgetreten", ja er habe dem Engländer jetzt „seine Ziele enthüllt": „Vorstufe der deutschen Kriegsziele, die bald nach Kriegsausbruch deutlich in Erscheinung traten:" Niederwerfung Frankreichs und Belgiens, Erwerb französischer Kolonien in Fortsetzung der Marokkopolitik von 1911 u.a.m. Welch unbegreifliche Torheit! wird der Leser sagen müssen, vollends wenn er hört, daß Bethmann Hollweg versucht habe, Englands Zustimmung zu solchen Plänen zu gewinnen. Um so dramatischer wirkt dann der jähe Niederbruch aller Hoffnungen auf die britische Neutralität noch in derselben Nacht, als Lichnowskys Meldung eintrifft, Grey habe ihm gesagt, England könne im Fall eines deutsch-französischen Krieges nicht neutral bleiben. Aber zähe wie immer hält der Kanzler an seinen Fiktionen fest: nicht mehr um Englands willen jagt er jetzt seine letzten dringenden Mahnungen und Warnungen nach Wien (2.55 und 3 Uhr morgens!), sondern - um der deutschen Sozialdemokratie willen, der Deutschlands und Österreichs Unschuld demonstriert werden muß! Einzig deswegen sträubt er sich auch so hartnäckig und lange gegen die Forderung des Generalstabschefs und des Kriegsministers, rechtzeitig auf die schon begonnene russische Mobilmachung mit einer deutschen Gegenmobilmachung zu antworten: erst soll – um des Scheins willen! – die Totalmobilmachung der Russen abgewartet werden. Beweis für dieses innerpolitische Motiv: Bethmanns Bemerkung in einer Sitzung des preußischen Staatsministeriums am 30. Juli, er glaube im Fall eines Kriegsausbruchs auf loyale Haltung der Sozialdemokraten rechnen zu dürfen.

So wird der Eindruck der (gewiß verspäteten) Bemühungen des Kanzlers, die Wiener Kriegspolitik noch im letzten Augenblick abzubremsen, auf Null reduziert. Dazu dient aber noch ein weiterer, beinahe grotesker, aber von unserem Autor nachdrücklich unterstrichener Beweis: Bethmann habe seine weitere, am Abend des 30. Juli um 9 Uhr abgesandte Depesche nach Wien, die neue, ganz unzweideutige Mahnungen zur Verständigung mit Rußland enthielt, nachts um 11.20 Uhr deshalb durch ein neues Telegramm angehalten, weil 11.08 (!) auf dem Berliner Haupttelegraphenamt eine ziemlich belanglose Depesche des Königs von England an Prinz Heinrich eingetroffen war, die einen neuen „Hoffnungsschimmer" auf englische Neutralität zu bieten schien – also das Abstoppen des Krieges unnötig machte (!). Weiß Fischer nichts von dem wahren Motiv: von jener folgenreichen Unterredung des Kanzlers mit Moltke und Falkenhayn am späten Abend des 30. Juli, die den eigentlich tragischen Wendepunkt der ganzen Julikrise bildet: in der die Generäle den widerstrebenden Kanzler überzeugten, zu Vermittlungsversuchen und Unterhandlungen mit den Russen sei es jetzt schon zu spät, da nach den Nachrichten des Generalstabs die russische Totalmobilmachung offenbar schon in Gang wäre? Ihre Befürchtung hat sich dann auch im Lauf der Nacht bestätigt. Gleichwohl scheint Fischer ihnen die Echtheit dieses Motivs nicht zu glauben. Vielmehr behauptet er kurzerhand, ein aufgeregtes Marginale des Kaisers auf eine Depesche aus Petersburg, welche die russische Teilmobilmachung gegen Österreich meldete, hätte alle bisherigen „Hemmungen" (gemeint ist: ihres Kriegseifers) beseitigt – als ob Kriegseifer und nicht brennende Sorge um die rechtzeitige Durchführung des nun einmal festliegenden Schlieffenplans im Generalstab geherrscht hätte! Wer die Quellen nüchtern-sachlich liest, kann für so künstliche Deutungen nur ein Kopfschütteln aufbringen. Natürlich bleibt auch der wahre Grund für das nervöse Drängen Moltkes auf Gesamtmobilmachung der Österreicher am 30./31. Juli völlig unverstanden – ebenso unverstanden wie in der älteren Kriegsschuldliteratur bis zu Albertini; von meinen Bemühungen, die militärtechnischen Zusammenhänge aufzuklären, hat Fischer keine Notiz genommen. Statt dessen häuft er die Scheinargumente, um imperialistische Macht- und Eroberungsziele aus der deutschen Politik der Julitage herauszulesen: wenn Bethmann schon seit dem 28. Juli sich um ein Bündnis mit der Türkei bemüht, so weitet er nach Fischer zielbewußt den Kabinettskrieg zum Weltkrieg aus. Moltkes Denkschrift vom 2. August, ein politisch ziemlich naives Machwerk, in dem er dem Auswärtigen Amt die Revolutionierung der halben Welt gegen England empfiehlt, wird ausführlich zitiert. Offenbar soll auch sie als Beweis dafür dienen, daß der Krieg in Berlin von Anfang an nicht defensiv, sondern als Aggression, ja als revolutionärer Akt, als „Griff nach der Weltmacht" verstanden wurde.

Die Haltung Moltkes unmittelbar vor Kriegsausbruch wird überhaupt in einer Weise geschildert, für die der Ausdruck „parteiisch" mir noch zu milde erscheint. Man weiß, daß er geradezu in Verzweiflung geriet, als der Kaiser ihm am Abend des 1. August plötzlich befahl den Vormarsch nach Westen, der schon begonnen hatte, abzustoppen, weil ein sehr merkwürdiges (und rasch als Irrtum erkanntes) Telegramm Lichnowskys für einen Moment die Hoffnung aufblitzen ließ, England würde die Neutralität Frankreichs garantieren, wenn wir auf einen Angriff im Westen verzichteten. Moltkes fassungslose Aufregung über diese unerwartete Störung seiner Planung und über die Zumutung des Kaisers, jählings den ganzen Aufmarsch nach Osten umzudrehen, habe ich selbst als Versagen der Persönlichkeit (im Vergleich mit Falkenhayn umd Tirpitz) charakterisiert. Indessen darüber, was diese Aufregung verursachte, kann doch gar kein Zweifel sein: der Generalstabschef glaubte ebensowenig wie der Kriegsminister daran, daß Frankreich wirklich stillhalten würde, und hielt die Meldung Lichnowskys (mit Recht) für eine Seifenblase. Wäre er dem Befehl des Kaisers gefolgt, so hätte das nur zu einem heillosen Chaos geführt; überdies empfand er die höchst ungnädige Aufnahme seiner Gegenvorstellungen durch Wilhelm II. und dessen ebenso unbekümmertes wie dilettantisches Hineinkommandieren in die strategischen Entscheidungen als einen Mißtrauensbeweis, der ihn tief erschütterte. Sein Ausruf in diesem Moment: „Jetzt fehlt nur noch, daß auch Rußland abschnappt!", von dem Admiral Müller berichtet (in einer stark abkürzenden Notiz), wird niemand, der Quellen unbefangen lesen kann, anders verstehen denn als bittere Ironie. Fischer, der behauptet, der Generalstabschef sei „außer sich gewesen über die Möglichkeit eines neutralen Frankreichs", suggeriert dem Leser die Deutung, er sei ebenso entsetzt gewesen über ein „Abschnappen Rußlands" – also entsetzt (was soll man anders daraus folgern?) über die Erhaltung des Friedens.

Nach alledem lohnt es kaum noch, sich mit der Schlußbetrachtung Fischers über die „Schuld am Weltkrieg" auseinanderzusetzen, in der er seine These durch spätere Rückblicke Tiszas, Czernuns, Admiral von Müllers, Ballins und Bethmann Hollwegs zu stützen sucht, die er entweder als eine Art von Schuldbekenntnis oder als Anklagen gut informierter Beteiligter auffaßt. Er spricht nicht geradezu von deutscher Alleinschuld, sondern meint – ebenso vorsichtig wie unverbindlich –, daß „die Regierungen der beteiligten europäischen Mächte in der einen wie der anderen Weise und in sehr abgestufter Form an der Verantwortung für den Ausbruch des Weltkriegs teilhaben" (S.97). Aber da in seiner Darstellung mit keiner Silbe von irgendwelcher Mitverantwortung der außerdeutschen Mächte die Rede ist, scheint es mir so gut wie ausgeschlossen, daß irgendein Leser aus dieser Vorgeschichte des Krieges etwas anderes herausliest als eine Erneuerung der Schuldanklage von Versailles. Ein völlig neues Bild des Reichskanzlers Bethmann Hollweg wird uns vor Augen gestellt: An Stelle des streng gewissenhaften, ehrlichen, aber in seinen Entschlüssen schwer beweglichen, durch immer neue Bedenken gequälten Beamten ohne ganz sicheren politischen Instinkt ein zäher und verschlagener Machtpolitiker, der mit gewissenloser Leichtfertigkeit (anders kann man es kaum nennen) mit dem Schicksal Deutschlands spielt. Und dieser Eindruck wird durch die im Hauptteil des Buches in Massen zusammengehäuften, immer in demselben Sinn gedeuteten Dokumente aus der Zeit des Weltkriegs noch verstärkt.

Zusammenfassend läßt sich sagen, daß in diesem Werk sich zum erstenmal die ebenso glänzende wie gefährliche (weil zuletzt doch nur halbwahre) These Ludwig Dehios von dem „Hegemonialkampf" als Wesen beider Weltkriege in einer großen, aus den Quellen schöpfenden Darstellung ausgewirkt hat. Zugleich wird in ihm ein erster Gipfel erreicht in der politisch-historischen Modeströmung unserer Tage: in der Selbstverdunkelung deutschen Geschichtsbewußtseins, das seit der Katastrophe von 1945 die frühere Selbstvergötterung verdrängt hat und nun immer einseitiger sich durchzusetzen scheint. Nach meiner Überzeugung wird sich das nicht weniger verhängnisvoll auswirken als der Überpatriotismus von ehedem. So vermag ich das Buch nicht ohne tiefe Traurigkeit aus der Hand zu legen: Traurigkeit und Sorge im Blick auf die kommende Generation.

Zit. nach Ernst W. Graf Lynar, Deutsche Kriegsziele 1914–1918, Berlin 1964, S. 122ff.

II. Krieg und Innenpolitik

II/1 Die deutschen Kriegsziele

Arbeitsthemen

1. *Von welchen Zielsetzungen sieht Gerhard Ritter den deutschen Entschluß zum Krieg bestimmt? (Nr. 1)*
2. *Auf welche territorialen und wirtschaftlich-politischen Sicherungen zielte das September-Programm Bethmann Hollwegs ab? (Nr. 3)*
3. *Welche kontroverse Interpretation hat das September-Programm in der neueren durch Fischer ausgelösten Diskussion gefunden? (Nr. 4a–d)*
4. *Wodurch sieht Fritz Fischer die exponierte Rolle Bethmann Hollwegs relativiert? Mit welchen Argumenten bekämpft Fritz Fischer „die merkwürdige Konzentration auf das Seelenleben Bethmann Hollwegs" in der wissenschaftlichen Diskussion? (Nr. 5)*
5. *Welche aggressiven Ressentiments sprechen aus der streng vertraulichen Denkschrift des „geistigen Deutschland" an den Reichskanzler Bethmann Hollweg? (Nr. 6)*
6. *Inwiefern korrespondierten Erzbergers Denkschrift und Bethmann Hollwegs September-Programm mit den weithin von der deutschen Öffentlichkeit geforderten Kriegszielen? (Nr. 2, 3 und 6)*
7. *Welche Umwertung der deutschen Kriegsziele nimmt Gerhard Ritter mit ihrer Apostrophierung als „Annexionsträume deutscher Patrioten" vor? Inwiefern sind die Attribute „defensiv" bzw. offensiv" verwirrende Etikettierungen? (Nr. 7)*
8. *Welche unterschiedlichen politischen Funktionen erfüllte die These von der relativen Unschuld des Deutschen Reiches am Ausbruch des Ersten Weltkriegs? Welche publizistischen Anstrengungen wurden unternommen, um dieser These den notwendigen meinungsbildenden Effekt zu verschaffen? (Nr. 8)*

Materialien

1. Gerhard Ritter: Der Kanzler und die Machtträume deutscher Patrioten 1914

Der große Krieg von 1914 ist nicht, wie das deutsche Volk damals glaubte, durch einen „Überfall" seiner Gegner auf die friedliche Mitte Europas entstanden. Er ist aber auch nicht als deutsche Offensive oder als deutscher „Hegemonialkrieg" in dem Sinne zu verstehen, daß unsere Nation, überschäumend von Kraftbewußtsein und politischem Ehrgeiz, ihre Nachbarn zum Zweikampf herausgefordert hätte, um sich mit Waffengewalt den schon lange ersehnten Aufstieg zur „Weltmacht" zu erkämpfen. An Ehrgeiz und Kraftbewußtsein hat es ihr im Zeitalter des Imperialismus gewiß nicht gefehlt - so wenig wie anderen großen Nationen; auch nicht an Machtträumen und kriegerischen Stimmungen extremer Chauvinisten und „Militaristen". Aber es wäre verfehlt, zu behaupten, die öffentliche Meinung auch nur des bürgerlichen Deutschland (von der sozialdemokratischen Arbeiterschaft ganz zu schweigen) sei von solchen extremen Strömungen schon vor 1914 beherrscht gewesen, so daß die Entwicklung nationalistischer Leidenschaften und Eroberungsgelüste, wie sie der Krieg dann rasch hervorbrachte (bei uns ebenso wie bei allen kämpfenden Nationen), einfach als „kontinuierliche“ und „konsequente“ Fortsetzung des deutschen Vorkriegsimperialismus gedeutet werden dürfte.

Nichts ist schwieriger, als exakt zu bestimmen, was sich der Durchschnitt deutscher Patrioten, die vor 1914 so viel von der Notwendigkeit eines deutschen „Aufstiegs zur Weltmacht“ redeten, dabei gedacht hat. Aber soviel läßt sich doch mit ausreichender Sicherheit sagen, daß die Idee der deutschen „Hegemonie“ – sei es auf dem europäischen Kontinent, sei es auf den Weltmeeren oder in Übersee – in der Publizistik der Vorkriegszeit eine ganz unbedeutende Rolle gespielt hat im Vergleich mit dem sehr lebhaft und sehr häufig geäußerten Verlangen nach „Gleichberechtigung“ unter den Weltmächten. Der stärkste Ausdruck dieses Verlangens war bekanntlich die Flottenpolitik der Ära Tirpitz, deren politische Gefährlichkeit und militärische Aussichtslosigkeit wir früher ausführlich und schonungslos klargelegt haben. Sie als „kalten Krieg“ zu bezeichnen, der im „heißen“ nur seine „natürliche Fortsetzung“ gefunden habe, ist trotzdem ungerecht und irreführend; denn es erweckt die Vorstellung von einer bewußt „militärischen“ Politik der deutschen Reichsregierung, die unter allen Umständen die britische Seeherrschaft zu zerstören trachtete und dafür selbst das aussichtslose Abenteuer eines großen Flottenkampfes zu wagen bereit war. So blind ist man aber in Berlin nun doch nicht gewesen, hat vielmehr den Krieg mit England bis zuletzt bis aufs äußerste gescheut: man hat die Schlachtflotte überhaupt nicht als Kampfmittel für eine militärische Offensive gebaut, sondern als Defensivflotte - freilich in der Erwartung, sie dank ihrer Stärke auch als Druckmittel beim diplomatischen Kampf um die „Gleichberechtigung“ verwenden zu können. Das hat sich bald als verfehlt erwiesen, weil die Briten unsere Schlachtflotte gar nicht zu fürchten brauchten, wie wir glaubten. Aber Rüstungen großen, selbst größten Stils zu unternehmen, nicht um damit Krieg zu machen, sondern um politisches „Gleichgewicht“ und politische Bewegungsfreiheit zu erzielen, ist in aller Politik der Brauch (heute noch mehr als je zuvor).

Deutschland im Zeitalter des Imperialismus wollte „Gleichberechtigung“ unter den Weltmächten, es wollte selbst „Weltmacht“ werden. Das war kein klar durchdachtes Ziel, sondern einfach Ausdruck seines Selbstgefühls, des natürlichen Geltungsdrangs einer Nation von höchst gesteigerter Vitalität.

Für Bethmann Hollweg, der alles andere als eine Abenteurernatur gewesen ist, liegen bis heute überhaupt keine Zeugnisse vor, die uns in seine letzten Gedanken während der Julikrise eindringen ließen. Daß auch er schwer bedrückt war durch die Aussicht auf die beständig anschwellende Macht Rußlands bei fortdauernd sich steigernder Feindschaft zwischen diesem Nachbarn und dem österreichisch-ungarischen Bundesgenossen, mit der Aussicht auf immer gefährlicher werdende Balkankonflikte, ist indessen aus dem Kreis seiner nächsten Mitarbeiter eindeutig bezeugt. Ohne einen gewissen Fatalismus, der den kriegerischen Zusammenstoß mit Rußland über kurz oder lang nun einmal für unvermeidlich hielt, wäre seine bedingungslose Zusage deutscher Waffenhilfe an die Österreicher für den Konfliktfall wohl kaum zu erklären. Und wir haben nicht gezögert, diesen Fatalismus und die damit verbundene „Blindheit“ für den wahren Charakter und die engbegrenzten Möglichkeiten der Wiener Politik für schuldhaft vor dem Urteil der Geschichte zu erklären. Aber das alles ändert doch nichts daran, daß die Politik der deutschen Regierung im Juli 1914 grundsätzlich defensiver, nicht aggressiver Natur gewesen ist – trotz ihres wiederholten Drängens auf rasches, kriegerisches Vorgehen der Österreicher gegen Serbien;

denn auch diesen serbischen Krieg verstand sie als reine Abwehr, als Verteidigung gegen lebenbedrohende Gefahren, nicht als Offensivhandlung zur Eroberung slawischen Landes.

Man kann natürlich hinterher fragen, ob die Erhaltung der Donaumonarchie als Großmacht noch den Einsatz eines so ungeheuren Risikos lohnte, ja ob sie überhaupt auf die Dauer möglich war und ob uns unser Bundesgenosse im Grunde nicht mehr Gefahren auf den Hals zog, als er uns nützte. Aber der Historiker, der so fragt, wird sich dabei bewußt sein, daß er damit aus dem historischen Verständnis jener Epoche vollständig herausfällt, das heißt, daß ein deutscher Staatsmann von 1914 so gar nicht fragen konnte: schon deshalb nicht, weil er sich damit sowohl in den Augen der Deutschen wie des deutsch-österreichischen Volkes einfach unmöglich gemacht hätte. Er wäre nicht nur als vertragsbrüchig, als feiger Schwächling, sondern geradezu als Verräter an der deutschen Sache schlechthin erschienen.

Im übrigen unterschied sich die Politik Deutschlands nur dadurch von der seiner Rivalen, daß sie so weitgehend von rein militärtechnischen Erwägungen bestimmt wurde - zwar ähnlich wie die russische, aber doch noch weitergehend und noch einseitiger. Wir haben das schon bis ins einzelne verfolgt und gesehen, daß letztlich nur die Angst der Militärs, mit ihren einmal festgelegten Offensivplänen zu spät zu kommen, das Bemühen der europäischen Diplomatie zum Scheitern brachte, auf dem Wege friedlichen Verhandelns und politischer Kompromisse die serbische Krise zu beschwören und einen Ausgleich zwischen Petersburg und Wien zu vermitteln. Die hilflose Abhängigkeit der deutschen politischen Führung von den Plänen der Militärs war der wesentliche Grund für ihr Versagen im entscheidenden Augenblick: am Abend des 30. Juli. Das war nicht einfach Schwäche, sondern Not: nur Deutschland hatte mit einem Zweifrontenkrieg zu rechnen, war also in jedem Fall darauf angewiesen, den Angriffsplänen seiner Gegner zuvorzukommen, wenn es siegen wollte. Und wie hätte Bethmann, der „Zivilist", im kaiserlichen Deutschland die Verantwortung für das Scheitern eines überaus heiklen Feldzugsplanes auf sich zu nehmen können, wenn die Militärs ihm erklärten, alles hinge von der blitzartig schnellen, überraschenden Durchführung ab? Aber hätte Bismarck sich einen Feldzugsplan, der ihm politisch so eng die Hände band und dessen Durchführung ohne Zweifel England gegen uns ins Feld rufen, also einen Dreifrontenkrieg bewirken mußte, überhaupt gefallen lassen? Es ist schwer vorzustellen. Der von uns schon früher betrachtete Strukturfehler des Bismarckreiches, die unzugängliche Sicherung des Übergewichtes der politischen über die militärische Autorität hat sich in der Julikrise von 1914 zum ersten Male als schweres Verhängnis ausgewirkt.

Aus: Gerhard Ritter, Staatskunst und Kriegshandwerk. Das Problem des „Militarismus" in Deutschland, Band III, München 1964, S. 15 ff.

2. Denkschrift des Zentrumsabgeordneten Erzberger an den Reichskanzler vom 2. 9. 1914

Das blutige Ringen erheischt die dringende Pflicht, die Folgen des Sieges so auszunutzen, daß Deutschlands militärische Oberhoheit auf dem Kontinent für alle Zeiten gesichert ist, daß das deutsche Volk sich mindestens 100 Jahre ungestörter friedlicher Entwicklung erfreuen kann. Das zweite Ziel ist die Beseitigung der für Deutschland unerträglichen Bevormundung Englands in allen Fragen der Weltpolitik, das dritte die Zersplitterung des russischen Kolosses. Um diesen Preis ist das deutsche Volk in den beispiellosen Kampf gezogen.

Zit. bei Fritz Fischer, Krieg der Illusionen, a. a. O., S. 742

3. Bethmann Hollwegs September-Programm (9. 9. 1914)

Der Kanzler bezeichnete in Erwartung baldiger Friedensverhandlungen sein Programm als eine „vorläufige Aufzeichnung über die Richtlinien unserer Politik beim Friedensschluß". Das „allgemeine Ziel des Krieges" war für ihn:

„Sicherung des Deutschen Reiches nach West und Ost auf erdenkliche Zeit. Zu diesem Zweck muß Frankreich so geschwächt werden, daß es als Großmacht nicht neu erstehen kann, Rußland von der deutschen Grenze nach Möglichkeit abgedrängt und seine Herrschaft über die nichtrussischen Vasallenvölker gebrochen werden."

Die Detaillierung der „Ziele des Krieges im einzelnen" beschränkt sich in Bethmann Hollwegs Aufzeichnung auf den kontinentalen Westen; da allein hier der Friedensschluß bereits aktuell zu sein schien. Das bedeutet jedoch nicht, daß die in dem lapidaren Eingangssatz umrissenen Ostziele noch nicht konkretere Gestalt angenommen hätten.

Die Sicherung des Deutschen Reiches nach Westen wie die übrigen nur angedeuteten Kriegsziele dachte sich der Reichskanzler Anfang September 1914 wie folgt:

„*1. Frankreich.* Von den militärischen Stellen zu beurteilen, ob die Abtretung von Belfort, des Westabhangs der Vogesen, die Schleifung der Festungen und die Abtretung des Küstenstrichs von Dünkirchen bis Boulogne zu fordern ist.

In jedem Falle abzutreten, weil für die Erzgewinnung unserer Industrie nötig, das Erzbecken von Briey.

Ferner eine in Raten zahlbare Kriegsentschädigung; sie muß so hoch sein, daß Frankreich nicht imstande ist, in den nächsten achtzehn bis zwanzig Jahren erhebliche Mittel für Rüstung anzuwenden.

Des weiteren: ein Handelsvertrag, der Frankreich in wirtschaftliche Abhängigkeit von Deutschland bringt, es zu unserem Exportland macht, und es ermöglicht, den englischen Handel in Frankreich auszuschalten. Dieser Handelsvertrag muß uns finanzielle und industrielle Bewegungsfreiheit in Frankreich schaffen - so, daß deutsche Unternehmungen nicht mehr anders als französische behandelt werden können.

2. *Belgien.* Angliederung von Lüttich und Verviers an Preußen, eines Grenzstriches der Provinz Luxemburg an Luxemburg.

Zweifelhaft bleibt, ob Antwerpen mit einer Verbindung nach Lüttich gleichfalls zu annektieren ist. Gleichviel, jedenfalls muß Belgien, wenn es auch als Staat äußerlich bestehen bleibt, zu einem Vasallenstaat herabsinken, in etwa militärisch wichtigen Hafenplätzen ein Besatzungsrecht zugestehen, seine Küste militärisch zur Verfügung stellen, wirtschaftlich zu einer deutschen Provinz werden. Bei einer solchen Lösung, die die Vorteile der Annexion, nicht aber ihre innerpolitisch nicht zu beseitigenden Nachteile hat, kann französisch Flandern mit Dünkirchen, Calais und Boulogne, mit großenteils flämischer Bevölkerung diesem unveränderten Belgien ohne Gefahr angegliedert werden. Den militärischen Wert dieser Position England gegenüber werden die zuständigen Stellen zu beurteilen haben.

3. *Luxemburg.* Wird deutscher Bundesstaat und erhält einen Streifen aus der jetzt belgischen Provinz Luxemburg und eventuell die Ecke von Longwy.

4. Es ist zu erreichen die Gründung eines *mitteleuropäischen Wirtschaftsverbandes* durch gemeinsame Zollabmachung, unter Einschluß von Frankreich, Belgien, Holland, Dänemark, Österreich-Ungarn, Polen (!) und eventuell Italien, Schweden und Norwegen. Dieser Verband, wohl ohne ge-

meinsame konstitutionelle Spitze, unter äußerlicher Gleichberechtigung seiner Mitglieder, aber tatsächlich unter deutscher Führung, muß die wirtschaftliche Vorherrschaft Deutschlands über Mitteleuropa stabilisieren.
5. *Die Frage der kolonialen Erwerbungen,* unter denen in erster Linie die Schaffung eines zusammenhängenden mittelafrikanischen Kolonialreichs anzustreben ist, desgleichen die Rußland gegenüber zu erreichenden Ziele werden später geprüft.
Als Grundlage der mit Frankreich und Belgien zu treffenden wirtschaftlichen Abmachungen ist eine kurze provisorische für einen eventuellen Präliminarfrieden geeignete Formel zu finden.
6. *Holland.* Es wird zu erwägen sein, durch welche Mittel und Maßnahmen Holland in ein engeres Verhältnis zu dem Deutschen Reich gebracht werden kann.
Dies engere Verhältnis müßte bei der Eigenart der Holländer von jedem Gefühl des Zwanges für sie frei sein, an dem Gang des holländischen Lebens nichts ändern, ihnen auch keine veränderten militärischen Pflichten bringen, Holland also äußerlich unabhängig belassen, innerlich aber in Abhängigkeit von uns bringen. Vielleicht ein die Kolonien einschließendes Schutz- und Trutzbündnis, jedenfalls enger Zollanschluß, eventuell die Abtretung von Antwerpen an Holland gegen das Zugeständnis eines deutschen Besatzungsrechts für die Befestigung Antwerpens wie für die Scheldemündung wäre zu erwägen."
Zit. nach Fritz Fischer, Griff nach der Weltmacht, a. a. O., S. 93 f.

4. Interpretationen zum September-Programm

a) Gerhard Ritter

Der verantwortliche Staatsmann konnte sich für sein Handeln nur dann entlastet fühlen, wenn der Erfolg für ihn sprach, also nur dann, wenn am Ende des großens Ringens wenigstens eines erreicht war: eine bessere Gesamtsituation Deutschlands, das heißt seine Sicherung vor einer Wiederkehr jener schrecklichen Zwangslage, wie sie Bethmann soeben in der Juli-Krise durchlebt hatte. Er mußte vor allem darauf sehen, daß ein Ende gemacht wurde mit dem Doppeldruck von West und Ost, mit der ewigen Bedrohung durch die unversöhnliche Feindschaft Frankreichs in jedem europäischen Konfliktsfall. Mit Erwägungen dieser Art, die man fast in jeder Äußerung deutscher Politiker in den ersten Kriegsmonaten über Kriegsziele wiederfindet, wurde natürlich auch der Kanzler im Koblenzer und Luxemburger Hauptquartier von vielen Seiten bestürmt. Nicht so freilich, als ob seine amtlichen Mitarbeiter allesamt von Annexionsplänen erfüllt gewesen wären! Am 28. August, also auf dem Höhepunkt deutscher Waffenerfolge, schrieb der Staatssekretär des Kolonialamtes Solf dem Auswärtigen Amt, er sei entsetzt, zu sehen, wie der Annexionshunger auch bei sonst gemäßigten Leuten plötzlich erwache. Man glaube mit einem Mal, wir hätten den Krieg verloren, wenn wir nicht Häfen an der flandrischen Küste bekämen. Schwerlich würde aber der Krieg Deutschland zum arbiter mundi[1] machen. Er, Solf, könne überhaupt nicht glauben, daß Landerwerb in Europa uns nützen würde; sicher sei nur, daß dadurch Englands Einverständnis mit dem Erwerb neuer Kolonien (von Frankreich und Belgien) wesentlich erschwert würde. Und was sollten wir mit Belgien und Teilen Frankreichs anfangen? Elsaß-Lothringens Einverleibung habe doch Mühe genug gemacht, und die Erfahrung mit Dänen und Polen im Reichsverband könne nur abschrecken.
Die ausführliche Betrachtung des September-Programms ist vor allem darum wichtig, weil wir es hier mit einer ganz intimen, vor der Öffentlichkeit verborgenen Meinungsäußerung

[1] (= Schiedsrichter über die Welt)

des Kanzlers in einer dienstlichen Weisung (zur Vorbereitung von Friedensverhandlungen) zu tun haben. Ihr defensiver Charakter wird schon im ersten Satz ausgesprochen. Das allgemeine Ziel des Krieges soll sein: „Sicherung des deutschen Reichs nach West und Ost auf erdenkliche Zeit. Zu diesem Zweck muß Frankreich so geschwächt werden, daß es als Großmacht nicht neu erstehen kann, Rußland von der deutschen Grenze nach Möglichkeit abgetrennt und seine Herrschaft über die nichtrussischen Vasallenvölker gebrochen werden." Die zweite dieser Forderungen wird hier noch nicht näher ausgeführt; die erste, die Schwächung Frankreichs, soll hauptsächlich durch eine hohe, „in Raten zahlbare" Kriegsentschädigung erfüllt werden, die den besiegten Gegner verhindert, „in den nächsten 15 bis 20 Jahren erhebliche Mittel für Rüstungen aufzuwenden". Von Rüstungsverbot oder -begrenzung (wie sie dann in Versailles Deutschland gegenüber durchgesetzt wurden) ist indessen keine Rede. Gleichzeitig wird ein „Handelsvertrag" gefordert, „der Frankreich in wirtschafliche Abhängigkeit von Deutschland bringt, es zu unserem Exportland macht und uns ermöglicht, den englischen Handel in Frankreich auszuschalten". Er soll uns auch „finanzielle und industrielle Bewegungsfreiheit schaffen, so daß deutsche Unternehmungen nicht mehr anders als französische behandelt werden können". Das ist die Vorstufe (wie wir schon wissen) zu dem großen Gesamtziel des europäischen Wirtschaftsbundes (gemeinsamen Marktes); es schließt aber im Grunde (wie schon Delbrück bemerkte), eine sehr weit gehende Schwächung und finanzielle Belastung der französischen Wirtschaft aus. Die territorialen Forderungen bleiben begrenzt; das Erzbecken von Briey, wird erklärt, sei „in jedem Fall abzutreten, weil für die Erzgewinnung unserer Industrie nötig" (wie es die rheinische Schwerindustrie dem Kanzler vorgestellt hatte). An dieser Annexionsforderung hat Bethmann fast bis zu seinem Sturz festgehalten. Er hielt sie für keine schwere Zumutung, da Frankreich in der Normandie genügende Erzlager besitze und die Gruben von Briey schon vor dem Krieg großenteils in deutscher Hand waren. Die militärischen Stellen, heißt es weiter, sollten beurteilen, „ob die Abtretung von Belfort, des Westabhanges der Vogesen und die Abtretung des Küstenstrichs von Dünkirchen bis Boulogne zu fordern ist".

Dieser Küstenstrich, nämlich Französisch-Flandern mit Dünkirchen, Calais und Boulogne, die großenteils flämische Bevölkerung besitzen, könnte zu Belgien geschlagen werden, falls dieses unter deutsche Oberhoheit kommt. Bethmann will von einer Annexion Belgiens nichts wissen, aber auch nichts von Wiederherstellung des Status quo ante bellum. Er will nur (wie damals alle Welt, auch der grundsätzlich antiannektionistische Minister von Loebell) die Pforte nach Frankreich durch Belgien offenhalten. Zu diesem Zweck soll die Sperrfestung Lüttich nebst Verviers an Preußen (also zur Provinz Rheinland) kommen, ein Grenzstrich der Provinz Luxemburg an das Großherzogtum Luxemburg, das deutscher Bundesstaat wird, eventuell noch vermehrt um „die Ecke von Longwy". Ob auch Antwerpen (mit Verbindungsstreifen nach Lüttich) annektiert werden soll, bleibt offen, von einer Annexion der flandrischen Küste ist nicht die Rede. Wohl aber von einem deutschen Besatzungsrecht in „militärisch wichtigen Hafenplätzen", und vor allem von einer Unterstellung ganz Belgiens unter deutsche Oberhoheit. Es soll „als Staat äußerlich bestehen bleiben, aber zu einem Vasallenstaat herabsinken", „seine Küste militärisch zur Verfügung stellen, wirtschaftlich zu einer deutschen Provinz werden". So hofft der Kanzler, die „Vorteile der Annexion, nicht aber ihre innenpolitisch nicht zu beseitigenden Nachteile" für Deutschland heimzubringen; „den militärischen Wert dieser Position England gegenüber werden die zuständigen Stellen zu beurteilen haben". Natürlich wird Belgien in den „mitteleuropäischen Wirtschaftsverband" aufgenommen, den aber Bethmann auch auf Holland ausdehnen möchte – jedoch ohne militärischen Zwang und ohne Veränderung des Lebens und der militärischen Pflichten der Holländer. Ihm schwebt ein Schutz- und Trutzbündnis vor, das die Niederlande „äußerlich unabhängig läßt, innerlich aber in Abhängigkeit von uns bringt" und auch ihre Kolonien mit umfaßt. Unter Umständen könnte man ihnen Antwerpen gegen das Zugeständnis eines deutschen Besatzungsrechts in der befestigten Stadt an der Scheldemündung überlassen. Schließlich ist auch kurz von kolonialen Erwerbungen Deutschlands die Rede, und zwar (wie in allen damaligen Denkschriften) im Anschluß an die Bestrebungen der letzten Vorkriegsjahre in der Form eines zusammenhängenden mittelafrikanischen Kolonialreiches.

Der Inhalt dieses Kriegszielprogramms, das weitere Forderungen zum „Abdrängen Rußlands von der deutschen Grenze" schon ankündigt, beweist eindeutig, daß auch Bethmann Hollweg auf dem Höhepunkt deutscher Waffenerfolge den Gedanken der reinen Abwehr aufgegeben und nach „Sicherungen" für die Zukunft gestrebt hat, und dies nicht nur in der Form gewisser lokaler „Grenzverbesserungen", sondern durch gründliche Umgestaltung der Machtverhältnisse in Mittel- und Westeuropa. Wie weit er dabei seinen eigenen Intentionen folgte, wie weit dem Druck äußerer Einflüsse, läßt sich nicht eindeutig beantworten. Sicherlich wäre es unzulässig, auf Grund seiner späteren Haltung zu den Kriegszielfragen zu behaupten, seine Weisung an Delbrück habe seiner innersten Überzeugung nicht entsprochen; dafür fehlt jeder Beweis, und die allgemeine Lage hat sich ja gleich nach dem 9. September grundlegend gewandelt. Anderseits: konnte er als leitender Politiker auf dem Höhepunkt deutscher Siege überhaupt ein Kriegszielprogramm entwickeln, das nicht die geringste Aussicht hatte, gegen den Willen der Nation, das heißt des Kaisers, der militärischen Befehlsstellen und der überwältigenden Mehrheit der Reichstagsparteien durchgesetzt zu werden? Ist es zum Beispiel nicht mit Händen zu greifen, daß er auf den Erwerb von Longwy und Briey schon deshalb großen Wert legen mußte, weil er den politischen Anhang der Schwerindustrie, das heißt vor allem die Nationalliberalen, im Reichstag gar nicht entbehren konnte, auch nicht zur Durchführung seiner innerpolitischen Reformpläne, insbesondere bei der Revision des preußischen Wahlrechts? Aus seinem Briefwechsel mit dem Staatssekretär Clemens Delbrück geht hervor, daß er mit mancherlei absurden Forderungen des Kaisers zu kämpfen hatte, der „immer von neuem auf den Gedanken zurückkam, daß die eventuell von Belgien und Frankreich zu annektierenden Gebietsteile evakuiert und wie Militärkolonien in der Form von Landzuwendungen an verdiente Unteroffiziere und Mannschaften besiedelt werden müßten." Solche massiv militaristischen Gedankengänge konnte er abzuwehren hoffen. Aber dem aufgeregten Macht- und Eroberungswillen der Nation mit dem Programm einer einfachen Wiederherstellung des Status quo entgegenzutreten, wäre doch damals völlig undenkbar gewesen. Man wird nach alledem vermuten dürfen, daß Bethmann Hollweg sein Programm vom 9. September selbst als ein Höchstmaß dessen empfunden hat, was sich an Mäßigung erreichen ließ, falls wir Frankreich rasch und völlig niederwarfen und sofort die Friedensverhandlungen begannen, daß er aber auch an seine Durchführbarkeit glaubte und es ernsthaft durchzusetzen wünschte...

Die Lage in Belgien, sagte er, habe sich seit dem August 1914 völlig verändert. Der deutsche Durchmarsch habe eine Erbitterung wie nie in der Weltgeschichte geschaffen. „Wir müssen – vorausgesetzt, daß die militärische Lage es gestattet – Belgien unschädlich machen, verhindern, daß es militärisch, wirtschaftlich, politisch zu einer Dependance Englands und Frankreichs wird, in welcher Weise, ist die zweite Frage. Also nicht Vasallenstaat von England, sondern von uns." In der Tat: der Durchmarsch durch Belgien war nun einmal geschehen und hatte Ströme von Blut gekostet, auch durch mancherlei übereilte und brutale „Vergeltungsmaßnahmen" der deutschen Truppen schwere Erbitterung geschaffen. War nicht ernstlich zu befürchten, daß die Belgier, um sich nicht ein zweites Mal so ungeheuren Gefahren auszusetzen, ihre Neutralität aufgeben und für immer ins Lager der Westmächte übergehen würden – was dann praktisch bedeutet hätte, daß in einem neuen Konfliktsfall der Vormarsch „feindlicher Heere" unmittelbar an unserer Grenze bei Aachen einsetzte und das niederrheinische Industriegebiet, die Hauptquelle unserer wirtschaftlichen Kraft, aufs schwerste bedrohte? Nimmt man hinzu, daß damals von vielen, vielleicht den meisten Deutschen der erst 1830 gegründete belgische Staat (mitsamt seiner Neutralität) als ein ziemlich künstliches Gebilde ohne große geschichtliche Würde empfunden wurde, so erscheint das Bemühen Bethmann Hollwegs nicht unverständlich, in irgendeiner Form „Belgien unschädlich zu machen". Fast die gesamte deutsche Intelligenz, darunter so ausgesprochene Liberale wie Max Weber und Friedrich Meinecke, hat zunächst dieser Haltung zugestimmt.

Dennoch war es ein Unglück, daß er sich von vorneherein darauf festlegte, weil so der Charakter des Krieges als reiner Verteidigungskampf, den schon der Einfall in Belgien so fragwürdig hatte erscheinen lassen, nun vollends verfälscht wurde – nicht nur in den Augen des Auslands, sondern auch breiter Volksmassen in Deutschland. Wichtiger noch: es war vom ersten Tage an klar, daß wir niemals England zum Frieden würden bringen können, solange wir Belgien in der Hand behielten – einerlei ob als „Vasallenstaat" oder als deutsches „Reichsland". Da wir aber gar nicht hoffen konnten (und bis zum Beginn des unbeschränkten U-Boot-Krieges 1917 auch gar nicht ernstlich hofften), das Inselreich mit Waffengewalt zu einem Diktatfrieden zu zwingen, war das belgische Kriegsziel nicht viel mehr als eine Utopie – es sei denn, wir wären bereit und in der Lage gewesen, den Krieg gegen England unbegrenzt fortzusetzen.

So ist die ungelöste „belgische Frage" (letztlich ein böses Erbe des unglücklichen „Schlieffenplans") zum Fluch der ganzen deutschen Kriegspolitik geworden. Bethmann Hollweg selber war auch gar nicht wohl dabei...

Das Streben nach dem „totalen Sieg" (und damit nach „Weltmacht") und das unnachgiebige Festhalten am Ziel der militärischen Vernichtung des Gegners war in allen Völkern gleich lebendig, die 1914 miteinander das große Ringen begannen. Die hoffnungslose Verstrickung in tödliche Feindschaften, die dadurch entstand, das Opfer von Millionen und Abermillionen um höchst fragwürdiger Kriegsziele willen kann uns Nachlebenden nur als schauerliche Tragödie erscheinen.

Aus: Gerhard Ritter, Staatskunst und Kriegshandwerk, Bd. III (1964), a. a. O., S. 45 ff.

b) Fritz Fischer

In diesem Programm hat Bethmann Hollweg die Grundsätze für die „deutsche Friedensordnung" nach einem deutschen Sieg festgelegt. Damit beantwortete der deutsche Reichskanzler die wichtige Frage, die für mich entscheidend gewesen ist, nämlich: Wie sollte

Europa nach einem deutschen Sieg aussehen, einem Sieg, den jeder in Deutschland erwartete und über den, als er tatsächlich nicht errungen wurde, dann Hunderte von Abhandlungen geschrieben wurden, mit Rezepten, wie man ihn hätte gewinnen können. Aber gerade die Bereitschaft zum Sieg, ja die Besessenheit vom Sieg – die ja ganz unabhängig von der Frage ist, ob Deutschland den Krieg entfesselt hatte oder ob er ihm „aufgezwungen" wurde – leugnen im Jahre 1964 deutsche Historiker. Nach ihrem Urteil sei der deutsche Reichskanzler Bethmann Hollweg der Überzeugung gewesen, nicht siegen zu können, weil er – der „Erste Defaitist" seiner Nation – im Sieg der deutschen Waffen eine Niederlage deutschen Geistes gefürchet habe. Deswegen habe er auch gar nicht siegen wollen. Wie immer man diese Seufzer Bethmanns im Januar 1918 in seinem Schreiben an Prinz Max von Baden interpretieren mag, für die Beurteilung Bethmann Hollwegs sind die zahlreichen öffentlichen und aktenmäßig festgehaltenen Äußerungen von entscheidender Bedeutung. Und in diesen Dokumenten wird deutlich, daß sich Bethmann Hollweg bewußt als Sprecher der „Nation" empfand wie auch als Sprecher des deutschen Siegeswillens. Dieser Bethmann Hollweg, von Egmont Zechlin zum halben Sozialisten gemacht, sah „das Deutsche Reich und den preußischen Staat im besonderen" gegründet auf „den festen Boden, auf dem sie gewachsen sind, die feste Staatsgesinnung und das System, das die Sozialdemokratie bisher als Militarismus gebrandmarkt" hatte, und Bethmann sollte, wie er es am 19. September 1914 aussprach, eine „Umorientierung" der deutschen Politik nur dann ins Auge fassen, wenn „die deutsche Linke dieses System der Wehrhaftigkeit und den ihm entsprechenden Volksgeist zu tragen imstande ist". Und dieser Mann soll nicht bereit zum Siegen gewesen sein?! Als Kanzler des deutschen Volkes, war er des Volkes Kanzler nur so lange, solange er als Repräsentant des deutschen Machtwillens und des Machtstrebens empfunden wurde. . .

Bei Ritter erscheint das Programm als vorübergehende Konzession des plötzlich ganz anders gesinnten Reichskanzlers Bethmann Hollweg an die „Sehnsüchte und patriotischen Wunschträume des kämpfenden Volkes" (oder doch der Publizisten und Politiker, die seine ‚öffentliche Meinung' machten). Eine verzeihliche Schwäche also. Eine vorübergehende – gewiß. Eine nationale Leidenschaft. Denn wenn gleiche oder ähnliche Forderungen unter den deutschen Politikern als Realität festgestellt werden müßten, dann disqualifiziert Ritter deren Bedeutung als „Opportunisten", wie etwa Erzberger, der als Sprecher industrieller Gruppen auftrat, oder gar als „Alldeutsche", wie etwa Bassermann und Stresemann. Deutsche Kriegsziele sind für Ritter „Annexionsträume deutscher Patrioten". Sonst nichts!? Soweit aber Ritter die realen Forderungen des Programms nicht zu leugnen vermag, wie etwa die geforderte Annexion von Longwy-Briey, so verniedlicht er die Bedeutung dieser Ziele, ohne Rücksicht auf die historische Entwicklung. An dieser Annexionsforderung (Longwy-Briey) hat Bethmann fast bis zu seinem Sturz festgehalten. „Er hielt sie für keine schwere Zumutung, da Frankreich in der Normandie genügend Erzlager besitze und die Gruben von Briey schon vor dem Krieg großenteils in deutscher Hand waren." Das Urteil ist Hohn – oder wenn man will: einfältig. Denn Ritter verschweigt, daß diese Forderung bereits 1913 von den Vertretern der Schwerindustrie gegenüber dem italienischen Handelsminister Nitti als ihr Ziel für einen Krieg bezeichnet worden war. Weiter ignoriert er, in welchem Maße die Existenz der französischen Industrie, die Stellung Frankreichs als Industriestaat von Besitz oder Verlust des Erzbeckens von Briey abhing; davon zeugen die zahllosen Denkschriften und Eingaben, Gutachten und Statistiken, die vor allem im

Reichsamt des Innern entstanden. In einer grundlegenden Denkschrift zu diesem Problem urteilte der Referent im Reichsamt des Innern: „Die Abtretung von Französisch-Lothringen wäre mit dem Ende der französischen Groß-Eisenindustrie nahezu gleichbedeutend. Für Deutschland andererseits wäre der Erwerb dieses Gebietes von einer Bedeutung, die nicht überschätzt werden kann . . .Von seiner gesamten derzeitigen Erzförderung würden Frankreich mindestens $^{9}/_{10}$ genommen werden, und wenn auch in der Normandie und Bretagne noch Erzvorräte . . . vorhanden sein mögen, so sind sie doch . . . sehr unvollständig bekannt und erschlossen." Für Ritter aber sind natürlich die Referentenentwürfe Fleißarbeiten von Bürokraten, ohne Bedeutung für die Entscheidung des leitenden Staatsmannes.

Ähnlich verharmlosend, „einfühlsam" nachempfindend ist bei Ritter die Darstellung der für das „Problem Belgien" vorgesehenen Behandlung, Belgien, das im Septemberprogramm oder in zeitlich benachbarten Äußerungen Bethmann Hollwegs immer als zukünftiger Tributär- oder Vasallenstaat des Deutschen Reiches angesprochen wird:

„Bethmann will von einer Annexion Belgiens nichts wissen, aber auch nichts von einer Wiederherstellung des status quo ante bellum. Er will nur (!) (wie damals alle Welt [!], auch der grundsätzlich antiannexionistische Minister von Loebell) die Pforte nach Frankreich durch Belgien offenhalten." Was bedeutet aber dieses „nur"? Dies hieße einmal, Belgien zu zwingen, seine Festungen zu schleifen, den deutschen Truppen Besatzungs- und Durchmarschrecht zuzugestehen, seine Häfen – insbesondere Antwerpen – Deutschland zur Verfügung zu stellen, Lüttich an Deutschland abzutreten. Zum anderen hieße es, über das so entmachtete Belgien durch die Kontrolle über die französischen Kanalhäfen Dünkirchen, Calais und Boulogne die Pforte nach Frankreich von Norden offenzuhalten. Nicht mehr und nicht weniger heißt dieses „nur".

Für Ritter ist Bethmann Hollwegs Äußerung, „Belgien ist ein schauderhaftes Problem" (an den württembergischen Ministerpräsidenten Weizsäcker am 10. 11. 1914), genug der Erklärung, „die ungelöste ‚belgische Frage' (letztlich eine böses Erbe des unglücklichen [!] ‚Schlieffenplans')" sei „zum Fluch der ganzen deutschen Kriegspolitik geworden" – damit ist für Ritter das Problem gelöst. Nicht der deutsche Wille zur Macht und zur Durchsetzung des Machtanspruchs ist für ihn ein Problem, sondern das „Erbe des unglücklichen Schlieffenplans". Nicht planvolle Kontinuität, bewußtes, kalkuliertes, zielstrebiges Handeln, sondern „Fluch" ist für ihn der erklärte Wille der deutschen Reichsleitung und auch der Wirtschaftsführer, Belgien niemals als voll souveränen, integren Staat wieder entstehen zu lassen.

Ebenso will Gerhard Ritter die Härte des Durchsetzungswillens und die unbeirrbare Konsequenz bei der Verfolgung des – zwar nach der jeweiligen militärischen Situation modifizierten, in seinen Grundzügen als Herrschaftsinstrument Deutschlands aber niemals geänderten – Mitteleuropaprogramms nicht sehen, wenn es auch für Ritter „das eigentlich Originelle und Überraschende an dem Kriegszielprogramm Bethmanns" war. Aber war dieses Programm nicht mehr als Bethmanns Kriegsziel?

Aus: Fritz Fischer, Weltmacht oder Niedergang, in: Wolfgang Schieder: Der Erste Weltkrieg, Köln 1969, S. 96ff. „Weltmacht oder Niedergang", ist als selbständiges Buch erschienen 1964 (Hamburger Studien zur neueren Geschichte, Bd. 1) in der Europäischen Verlagsanstalt Frankfurt a. M.

c) Golo Mann

Als der eigentliche Teufel unter den Teufeln erscheint bei Fritz Fischer einer, dem man diese Rolle bisher nicht zugetraut hätte, der Reichskanzler von Bethmann Hollweg. Der „Philosoph auf dem Kanzlerstuhl" war, wenn wir Fischer glauben müssen, ein so unverbesserlicher Annexionist wie die anderen; er kritisierte die Herren von der „Kriegszielbewegung" nicht so sehr, weil er ihre Ziele, sondern weil er ihren usurpierten Einfluß auf die Dinge des Staates mißbilligte und sich nicht von Unberufenen binden lassen wollte. Seine eigenen Absichten gehen aus einer hier zum erstenmal analysierten Denkschrift vom September 1914 nur zu deutlich hervor; sie werden durch zahlreiche spätere Äußerungen bekräftigt; zwischen ihnen und den Ausschweifungen der Alldeutschen waltet der Wesensunterschied nicht, zu dem der scheinheilige Staatsmann nochmals in seinen Erinnerungen das Publikum überreden wollte ... Die Frage wäre hier, wie ein Politiker eigentlich zu beurteilen sei. Nach den allgemeinen Vorstellungen, die er im Lauf der Jahre mit seiner Person verband, nach dem Typus, den er prägte, den Assoziationen rings um seinen Namen, oder aber nach diesem oder jenem geheimen Schriftsatz, unter den er, ein ehrenhafter, von der Geschichte jammervoll überforderter Bürokrat, in einem Moment der Schwäche seinen Namen setzte. Wir kannten Bethmann längst; ich glaube nicht, daß wir ihn nach Fischers Veröffentlichung wesentlich besser kennen und anders kennen. Er war konziliant und schwach, zu schwach, um ganz wahrhaftig zu sein, gutmütig und beifallsüchtig, er wollte sich oben halten und es allen recht machen. Gemäß der politischen Struktur des Deutschen Reiches war er nicht Parteiführer, sondern Vertreter des Monarchen und Wortführer der Nation; im Zeichen des „inneren Burgfriedens", den er sich ausgedacht hatte, glaubte er zwischen den verrücktesten Forderungen der Alldeutschen und den vernünftigsten der Sozialdemokraten eine „Diagonale" ziehen zu müssen. Daß diese Diagonale ein Unding war, daß er Unversöhnliches versöhnen wollte, daß er schwankte und überklug gerade jene bindenden Erklärungen scheute, welche wahre Staatskunst hätte machen müssen, all das wußten wir längst; und natürlich dachte Bethmann streng monarchisch und traditionell preußisch und war, wie die meisten Politiker in den meisten Ländern seiner Zeit, kriegerisch vollzogenen Grenzänderungen nicht jederzeit abgeneigt. Eine „Eroberungsbestie" aber war der Mann nicht; wir würden uns weigern, es zu glauben, käme selbst ein Brief zum Vorschein, in dem Bethmann Hollweg die Germanisierung des Planeten dann und dann angeraten hätte.

Aus: Golo Mann, Der Griff nach der Weltmacht, in: Neue Zürcher Zeitung vom 28. 4. 1962, zit. bei Ernst W. Graf Lynar, a. a. O., S. 190 f.

d) Karl-Dietrich Erdmann

Dieses Programm ist keineswegs Ausdruck eines Siegesbewußtseins. Nichts von Triumphgefühl und Eroberungsgeste bei Bethmann Hollweg in jenen ganzen Augustwochen des deutschen Voranstürmens. Der Bethmann Hollweg dieses Tagebuches ist ein Mann, der zerquält ist in sittlicher Verantwortung, der es „wortlos trägt, daß er das deutsche Volk in diesen Krieg führen mußte", der sich grämt (15. und 18. August 1914). Denn wenn Frankreich wider Erwarten zusammenbrechen sollte, war der Krieg noch nicht zu Ende. Im Gegenteil. Nun begann er erst recht. Nun stand der eigentliche

Kampf mit dem durch Heeres- und Flottenmacht nicht zu fassenden England erst noch bevor. Der Krieg gegen England würde ein lang andauernder Wirtschaftskrieg sein. Der Gedanke einer europäischen Zoll- und Wirtschaftsunion, der in dem Anschreiben Bethmann Hollwegs an Delbrück ganz im Vordergrund steht und die nachfolgende Korrespondenz beherrscht, erscheint daher in dem Tagebuch primär als Kampfmaßnahme. Der Begriff der „Kontinentalsperre" taucht hier auf und darüber hinaus die Vorstellung einer auf den Frieden geplanten „Wirtschaftsunion", sei es mit Frankreich, sei es im mitteleuropäischen Rahmen. Bethmann Hollweg führt mit seinen Mitarbeitern lange Gespräche über die Möglichkeit einer losen Angliederung anderer Staaten an das Reich.

Solche Gedanken, die auf einen Ausbau der Machtstellung Deutschlands zielen, tauchen beim Bethmann Hollweg dieses Tagebuches aber bezeichnenderweise erst im Kriege auf, nicht vorher und auch nicht während der Julikrise 1914. Sie sind ein Produkt des Krieges, aber sie gehören nicht zu seiner Verursachung. Der defensive Akzent ist der ursprüngliche: als Garantie dagegen, daß sich in Zukunft nicht noch einmal Ost und West mit Aussicht auf Erfolg verbünden, ist es wünschenswert, daß das Reich mit seinen politischen, wirtschaftlichen und militärischen Sicherungen über die eigenen Grenzen hinausgreift. Ein solcher Ausbau der deutschen Machtstellung in Europa, sei es auch weniger durch die Eingliederung fremder Gebiete als durch die Angliederung von Nachbarstaaten, kam – gebrauchen wir ruhig das Wort – auf das Ziel einer deutschen Hegemoniestellung in Mitteleuropa hinaus. Daß dies eine Basis sei, um Weltmacht zu werden wie die Briten, um Teilhabe an der Weltherrschaft zu gewinnen, ist ein Gedanke gewesen, der auch in der Umgebung Bethmann Hollwegs vertreten wurde. Aber dieser selber war für die Faszination der Weltmachtidee unempfindlich. Riezler betont, und zwar zunächst durchaus mit einem spürbaren Unterton von Ungeduld, daß dem Kanzler, der erst mit den Erlebnissen allmählich umlerne, „Weltherrschaft traditionell unsympathisch" sei; oder: daß für dieses „Geschöpf der alten Humanitätskultur" „ein deutsches Weltreich" als „ein widersinniger, undenkbarer Gedanke" gelte (16. Mai 1915).

Aus: Karl-Dietrich Erdmann, Zur Beurteilung Bethmann Hollwegs, in: Wolfgang Schieder: Der Erste Weltkrieg, a. a. O., S. 218 f.

5. Zu Bethmann Hollwegs Verantwortlichkeit

So, wie die Vorkriegspolitik von den Kräften, den Forderungen der Wirtschaft und von den Ideen und Hoffnungen der geistigen Elite bestimmt war, so ist auch die Kriegszielpolitik von diesen Kräften her zu beurteilen, und es ist unzulässig, die deutsche Kriegspolitik allein auf das politische Kalkül und das politische Bewußtsein einer einzelnen Person – und sei es des Reichskanzlers – zu reduzieren. Es heißt, die Struktur eines Staates, auch des konservativen, bürokratischen Deutschen Reiches verkennen, wertet man die zahlreichen Denkschriften und Eingaben formulierter Kriegsziele als Hirngespinste unverantwortlicher Machtträumer (so Ritter) ab, oder beschreibt sie als unverbindliche Vorschläge lästiger „Petenten" (so Zechlin). Angesichts der überwältigenden Flut der Zeugnisse, die den Machtwillen und das Sendungsbewußtsein der deutschen Nation bekunden,

ist es unhaltbar, die Darstellung der deutschen Kriegspolitik auf den Teilbereich biographischer Analysen zu beschränken.
Sicherlich, die psychologische Seelenanalyse großer Einzelpersönlichkeiten war und ist immer noch das bestbestellte Feld der deutschen Geschichtswissenschaft, und gemäß dieser Tradition hat Karl Dietrich Erdmann versucht, die Politik der deutschen Reichsleitung ganz aus dem Blickwinkel der Einzelpersönlichkeit Bethmann Hollwegs und seiner Auseinandersetzung mit sich selbst darzustellen und zu beurteilen. Ganz abgesehen von der Eigentümlichkeit des historischen Werdeganges des Riezler-Tagebuches und der historischen Aussagekraft dieses Dokumentes ist doch festzuhalten, daß die Würdigung der individualisierten Persönlichkeit nur *ein* Moment historischer Betrachtungsweise ist. Die bloße Nachzeichnung seelischer Reaktionen lenkt von der faßbaren Seite pragmatischer Entschlüsse und Entscheidungen ab. So wichtig für den Historiker das Ergebnis einer „Psychoanalyse" sein kann, so ungenügend ist doch die Beschränkung auf diesen einen Ansatzpunkt, der immer wieder als die „eigentliche" Aufgabe der deutschen Historiographie verstanden wird. Die sozialen, wirtschaftlichen, politischen und geistigen Kräfte bleiben dabei unberücksichtigt.
Nicht nur Bethmann Hollweg, wenn er auch formal der allein verantwortliche Leiter der deutschen Politik gegenüber dem Kaiser (nicht dem Volk) war, repräsentierte Deutschland, sondern vor allem die politischen Parteien von den Konservativen bis zum Zentrum, die sich vom August 1914 bis zum Juli 1917 und dann wieder ab November 1917 als sogenannte Kriegszielmehrheit zusammenfanden, die Exponenten der wirtschaftlichen Macht, die zahlreichen Verbände des politischen und wirtschaftlichen Lebens und nicht zuletzt die einflußreichsten Gruppen des geistigen Lebens der Nation. Die Feststellung Ritters: „Der Kanzler war als kaiserlicher Vertrauensmann nur scheinbar unabhängig vom Treiben der Parteien und der öffentlichen Meinung; in Wahrheit wurde er von ihnen in Aufregung und Sorge gehalten und von einer Notlösung, einem Kompromiß zum anderen gehetzt", ist eine durchaus zutreffende Charakteristik der Position des Reichskanzlers, wenn man einmal absieht von den stark emotional gefärbten Formulierungen des Nachsatzes. Das zeigte sich vor allem, als nach dem Kriegsausbruch diese Gruppen die Regierung veranlaßten, von Zeit zu Zeit Erklärungen abzugeben, die besagten, daß bei günstigem Kriegsausgang die Sicherungen und Garantien durchgesetzt werden müßten, die die Stellung des Reiches gegenüber den anderen Mächten unangreifbar machten.

Aus: Fritz Fischer, Weltmacht oder Niedergang, in: Wolfgang Schieder: Der Erste Weltkrieg, a.a.O., S. 99f.

6. Denkschrift des „geistigen Deutschland" vom 20. 6. 1915

Ganz gewiß, nicht Weltherrschaft, aber volle, der Größe unserer kulturellen, wirtschaftlichen und kriegerischen Kraft entsprechende Weltgeltung wollen wir. Alle Ziele nationaler Sicherung auf einen Schlag zu erreichen, das mag der Überzahl unserer Feinde gegenüber nicht ausführbar sein. Aber bis an die äußerste Grenze des Erreichbaren sollen die mit so großen Opfern erzielten militärischen Erfolge ausgenutzt werden . . .
Mit der französischen Gefahr wollen wir, nach Jahrhunderten französischer Bedrohung und nach einem von 1815 bis 1870 und von 1871 bis 1915 währenden Revanchege-

schrei, ein für allemal aufräumen. Nicht durch unangebrachte Versöhnungsbemühungen, denen Frankreich noch stets äußersten Fanatismus entgegengesetzt hat. Wir warnen in diesem Punkte auf das allerdringlichste vor deutscher Selbsttäuschung. Wir müssen dieses Land um unseres eigenen Daseins willen politisch und wirtschaftlich rücksichtslos schwächen.
An unserer Ostgrenze, Grenzwall und Grundlage zur Wahrung unseres Volkswachstums, bietet es Land, das Rußland uns abtreten muß. Es muß landwirtschaftliches Siedlungsland sein, das uns gesunde Bauern, diesen Jungbrunnen aller Volks- und Staatskraft, bringt.
Kämen wir in die Lage, England, dem mit eigenen Blutopfern immer sparsamen, eine Kriegsentschädigung aufzuerlegen, kein Geldbetrag könnte hoch genug sein. Vorzugsweise mit seinem Geld hat England die Welt gegen uns aufgestachelt. Der Geldbeutel ist der empfindlichste Teil dieser Krämernation, am Geldbeutel vor allem muß sie, haben wir die Macht dazu, rücksichtslos getroffen werden.

Sog. Intellektuellen-Eingabe an den Reichskanzler, u. a. unterschrieben von 352 Hochschullehrern, zit. bei Walter Tormin, a. a. O., S. 19 f.

7. Deutsche Kriegspolitik: Offensiv oder defensiv?

Einige Beispiele mögen die Tatsache demonstrieren, daß Gerhard Ritter „zwei Seelen in seiner Brust" hat. Die noch vorhandenen Sympathien für einen altmodischen Nationalismus zeigen sich am deutlichsten im ersten Kapitel „Der Kanzler und die Machtträume deutscher Patrioten". Gewiß verurteilt Ritter die den ersten militärischen Siegen folgende Wandlung der deutschen öffentlichen Meinung von einer rein defensiven Einstellung zu einer auf Eroberung gerichteten (34); er anerkennt auch, daß Grenzveränderungen in einem Zeitalter der Panzer und Flugzeuge militärisch nutzlos und in einem Zeitalter des Massennationalismus unmoralisch sein müssen (35). Jedoch hebt er nachdrücklich hervor, daß einer Nation mildernde Umstände zugebilligt werden sollten, die sich tatsächlich als das unschuldige Opfer einer Einkreisung durch fremde Mächte gefühlt habe (welcher Provinzialismus!) und die sich ein für allemal aus einer Situation befreien wollte, in der sie ständig von mächtigen Nachbarn bedroht worden sei (als ob ein in Mitteleuropa gelegenes Land seinen Gefährdungen je dauernd entkommen könnte!). Ritter hat allzuviel Verständnis für die zahllosen deutschen Professoren, die über die politische, historische und sogar metaphysische Bedeutung der Kriegsanstrengung Deutschlands tiefschürfende Theorien ausklügelten, wenn er dieses „Bemühen um geistige Selbstverteidigung und Selbstrechtfertigung" mit dem alliierten „Kreuzzug für Demokratie und Freiheit gegen Gewaltherrschaft" vergleicht (39). Er vergißt, daß zwischen den beschränkt-nationalistischen Idealen deutscher Professoren und den universalen demokratischen Idealen der alliierten Mächte Welten liegen (die Tatsache, daß diese universalen Ideen gelegentlich zur Bemäntelung rein nationalistischer Zwecke gedient haben mögen, ist in unserem Zusammenhang irrelevant). Auch mit seiner bemerkenswert engen Vorstellung von dem, was einen deutschen „Patrioten" ausmacht, verrät Ritter noch gewisse Reste wilhelminischen Empfindens. Mit Zustimmung stellt er die vergleichsweise bescheidenen frühen Kriegsziele Loebells (des preußischen Innenministers) und Solfs (des Staatssekretärs für die Kolonien) dar, die beide betonten, daß größere Annexionen in Europa unmöglich (wenn auch da und dort wünschenswert) seien, dafür aber die Erweiterung des deutschen Kolonialreichs anstrebten. Ritter sagt dazu, die Forderungen der beiden Minister seien deshalb besonders interessant, weil „sie wohl ziemlich genau das Minimum dessen darstellten, was ein patriotischer deutscher Politiker zu Kriegsanfang vom künftigen Frieden erhoffte" (41). Ritters Feststellung scheint die Ergänzung zu implizieren, daß Gegner jeglicher Annexionen, also etwa die gesamte Sozialdemokratische Partei, eben keine Patrioten waren.

Ritter gibt sich sehr viel Mühe, den defensiven Charakter der deutschen Kriegsanstrengungen und der deutschen Kriegsziele zu unterstreichen. Das ist ohne Zweifel ein wertvolles Gegengewicht zu Fischers These von einem Deutschland, das bewußt und planmäßig darauf ausging, das offensive Ziel der Stellung einer „Weltmacht" zu erreichen; aber beide Historiker neigen aus verschiedenen Gründen dazu, zu vergessen, daß in der deutschen Kriegszielbewegung offensive und defensive Elemente im Innern der meisten Akteure unentwirrbar verquickt waren. Der Begriff „offensiv" umfaßt Motive wie Gier und das Streben nach Macht, zum Begriff „defensiv" gehören Angst und die Sorge um die eigene Fähigkeit, mit zukünftigen Belastungen fertig zu werden. Wer die dauernde Beherrschung Belgiens verlangte, strebte gewöhnlich nach der Kontrolle über die belgische Industrie (ein offensives Ziel) und nach einer besseren strategischen Position in einem künftigen Krieg (ein defensives Ziel); wer „Mitteleuropa" wollte, wollte ein Satellitenreich (offensiv) und Schutz gegen eine erwartete wirtschaftliche Diskriminierung durch die Alliierten in der Nachkriegszeit (defensiv); wer große Annexionen im Osten wünschte – wie immer sie mit der Parole von der „nationalen Autonomie" bemäntelt werden mochten –, trachtete nach Märkten (offensiv), war aber zugleich besorgt über die vielberedete „russisch-asiatisch-mongolische Gefahr" (defensiv). Was für die spezifischen Kriegsziele gilt, gilt auch für den allgemeinen Tenor der Diplomatie und Militärpolitik Deutschlands, angefangen mit Berlins Verhalten während der Julikrise 1914. Ritter – wieder in scharfer und erklärter Opposition zu Fischer – hält daran fest, daß Bethmanns Politik in jenen Wochen im Grunde devensiv und friedlich gewesen sei (15–20); er räumt jedoch ein, daß die Haltung des Kanzlers von der fatalistischen Überzeugung beeinflußt wurde, ein Zusammenstoß mit Rußland sei früher oder später unvermeidlich. War es defensiv oder offensiv, diesen Zusammenstoß im Jahre 1914 zu forcieren, und zwar in dem Glauben, Rußland werde vielleicht jetzt noch – aber nicht mehr 1917 – ohne Krieg klein beigeben und so gedemütigt werden, daß es nicht darauf hoffen könne, in der absehbaren Zukunft neue Schwierigkeiten zu machen? Sind echte „Präventivkriege" – und der deutsche Entschluß, Österreich bis zum Äußersten zu unterstützen, enthielt einige der Bestandteile eines Präventivkrieges – offensiv oder defensiv? Sie wirken im allgemeinen recht offensiv, doch kann ihr letztes Motiv sehr wohl in dem Sinne defensiv sein, daß es aus einem Gefühl der Unsicherheit resultiert. Die Frage ist gewiß interessant, wenn die subjektiven Motive von Staatsmännern beurteilt werden sollen, sie hat aber nur eine geringe objektive Bedeutung; hier ist sie lediglich aufgeworfen worden, um die Illegitimität von Ritters ausschließlicher Betonung der defensiven Motive Deutschlands und den damit verfolgten offenkundig apologetischen Zweck darzutun.

Aus: Klaus Epstein, Gerhard Ritter und der Erste Weltkrieg, in: Kriegsausbruch 1914, a.a.O., S. 258ff.

8. Imanuel Geiss: Die Kriegsschuldfrage – Das Ende eines Tabus

Die – zumindest relative – Unschuld des Deutschen Reichs am Ausbruch des Ersten Weltkrieges war jahrzehntelang für die meisten Deutschen eine Selbstverständlichkeit, an der nicht zu rütteln war. Je nach der historischen Situation hatte das Tabu unterschiedliche Funktionen zu erfüllen: Anfang August 1914 sollte es die SPD in den Krieg bringen, England nach Möglichkeit aus dem Krieg halten. Im Krieg sollte es Neutrale wie Deutsche von der Gerechtigkeit der deutschen Sache überzeugen. Nach dem Krieg klammerten sich sogar die ersten Linksregierungen an das Dogma der deutschen (relativen) Unschuld, in der Hoffnung, so für das geschlagene Reich einen glimpflicheren Frieden herausschlagen zu können. Nach ihrem Scheitern in Versailles wandten sich die späteren Regierungen der Weimarer Republik (vom Dritten Reich ganz zu schweigen) und die deutsche Öffentlichkeit wieder von der immerhin partiell aufgeschlossenen Linie der Revolutionsregierungen ab, die schließlich den Untersuchungsausschuß ermöglicht hatte.
Nach Versailles eröffnete die Weimarer Republik eine systematische und verbissene Propagandakampagne gegen Artikel 231 des Versailler Vertrags, mit der Absicht, durch die „Widerlegung“ der alleinigen deutschen Verantwortung für den Kriegsausbruch dem Versailler Vertrag den Boden zu entziehen. Die Ausgangsstellung wurde noch vor Abschluß des Vertrags vorbereitet, als Bernhard W. von Bülow, von 1930 bis 1936 Staatssekretär des Auswärtigen Amts, in seiner Eigenschaft als Experte des Auswärtigen Amts für Kriegsschuldfragen bei der deutschen Friedensdelegation in Versailles die zu verfolgende Strategie entwarf, als die Grundzüge der deutschen Entlastungsoffensive in Sachen „Kriegsschuld“ mit der berühmten „Professorendenkschrift“ der nach Versailles gerufenen Gelehrten Hans Delbrück, Max Weber, Mendelssohn-Bartholdy, General a. D. Max Montgelas anschließend im Kommentarband Bülows zur Ausgabe der „Deutschen Dokumente“ deutlich festgelegt wurden. Danach steuerte ein ursprünglich noch von Bülow selbst geleitetes kleines Referat im Auswärtigen Amt, das „Kriegsschuldreferat“, die deutsche Unschuldspropaganda im In- und Ausland – finanziell, organisatorisch, personell, politisch. Die beiden wichtigsten Instrumente waren zwei vom Kriegsschuldreferat für seine Zwecke diskret gegründete, finanzierte und dirigierte, wie wir heute sagen würden, Front-Organisationen – der Arbeitsausschuß Deutscher Verbände und die *Zentralstelle zur Erforschung der Kriegsschuldfrage.* Der Arbeitsausschuß, eine Vereinigung praktisch aller in der Weimarer Republik einigermaßen gesellschaftsfähiger quasipolitischer Gruppierungen – von Rechtsgruppen bis zu den Gewerkschaften – besorgte die allgemeine Propaganda im Inland, während die Zentralstelle die „wissenschaftliche“ Fundierung der Unschuldskampagne und die Propaganda im Ausland betrieb.
Beide Organisationen arbeiteten eng zusammen, allen gelegentlichen persönlichen Reibungen zum Trotz, während das Kriegsschuldreferat für die notwendige Koordination sorgte. Jede hatte eine eigene Zeitschrift, der Arbeitsausschuß als Organ *Der Weg zur Freiheit,* die Zentralstelle die *Kriegsschuldfrage,* die später den weniger engagierten Titel *Berliner Monatshefte* annahm und bis Ende des Zweiten Weltkrieges erschien; zum Start der *Kriegsschuldfrage* war es möglich, sogar im Sommer 1923, auf dem Höhepunkt der Inflation, Geld bereitzustellen. Der Herausgeber der *Kriegsschuldfrage* und – nach Überwindung anfänglicher Schwierigkeiten – auch Leiter der Zentralstelle war Alfred von Wegerer, ein früherer Armeeoffizier. Da er selbst kein Fachhistoriker war, wurden ihm

stets professionelle Historiker beigegeben. Aus taktischen Gründen posierte Wegerer nach außen als unabhängig. In Wirklichkeit war er Angestellter des Auswärtigen Amts, wie sein Dienstvertrag und die damit zusammenhängenden Vorgänge beweisen, in Gehalts- und Urlaubsansprüchen einem Ministerialrat gleichgestellt. Das Kriegsschuldreferat überwachte Budget und Tätigkeit der Zentralstelle, überließ dafür Wegerer wertvolle Informationen und gab den offiziellen Segen zur Entfaltung einer enormen literarischen Aktivität, die von kaum abzuschätzender Wirkung auf die politische Bewußtseinsbildung in Deutschland gewesen ist.

Ein drittes, noch elastischeres Instrument schuf sich das Kriegsschuldreferat mit einem Heer von Autoren, die es sich als nebenberufliche Propagandisten zur Fortführung des Krieges mit anderen Mitteln engagierte. Für ein mäßiges, aber regelmäßiges Honorar von ein paar hundert Mark im Monat schrieben diese Amateur-Historiker in deutschen Presseorganen ihre drei oder vier Beiträge monatlich. Die prominentesten unter den vom Auswärtigen Amt angeheuerten Schreibern waren Bernhard Schwertfeger, Oberst a. D. und Experte für Fragen der angeblichen Neutralitätsverletzung durch Belgien vor dem Ersten Weltkrieg, und der Schriftsteller Hermann Lutz. Das Auftauchen von Lutz auf der Honorarliste des Auswärtigen Amts muß um so mehr überraschen, als Lutz, aus seiner wichtigsten Arbeit zur Kriegsschuldfrage zu beurteilen, durchaus eine unabhängige und wenigstens nicht völlig konformistische Linie vertrat, so daß er als unabhängiger Kritiker der offiziellen Thesen gegolten haben muß.

Ein viertes Mittel getarnter Einflußnahme bestand in der Subventionierung von Publikationen, die den deutschen Standpunkt vertraten, wenn auch gelegentlich Bücher mit einigen Abweichungen von der deutschen Linie finanziert wurden, um im Ausland keinen Verdacht aufkommen zu lassen. Diese Publikationen reichten von Aktenveröffentlichungen wie *Die Große Politik* bis zu unbedeutenden Broschüren. In der Regel kaufte das Kriegsschuldreferat im voraus einen größeren Posten der betreffenden Publikation auf, oft mehrere hundert Exemplare, um sie anschließend zur kostenlosen und gezielten Verteilung an die deutschen Auslandsvertretungen zu versenden. Diese Art der Subvention vom Auswärtigen Amt war bei deutschen Verlegern sehr gefragt, und man darf annehmen, daß ohne sie ein Teil der „Kriegsschuld"-Literatur überhaupt nicht erschienen wäre. Manche der subventionierten Bücher waren Übersetzungen ins Deutsche. Wahrscheinlich erhielten nur wenige ausländische Autoren mehr als diese indirekte Art der finanziellen Unterstützung. Einer, Boghitschewitsch, erhielt 1919 durch Vermittlung des deutschen Gesandten in Bern sogar größere Summen in Schweizer Goldfranken. Die meisten ausländischen Parteigänger Deutschlands dürften kaum von der zumindest teilweisen Finanzierung durch das Auswärtige Amt gewußt haben, aber es ist schwer festzustellen, wie viele Bedenken gehabt hätten, wenn sie es gewußt hätten.

Das Kriegsschuldreferat des Auswärtigen Amts legte auch fest, welche deutsche oder österreichische Publikationen, die die deutschen offiziellen Thesen zu kritisieren wagten, wie, von wem, wann und in welcher Form zu verreißen waren oder ob sie, wie es Walter Fabian, heute Chefredakteur der *Gewerkschaftlichen Monatshefte,* mit einem 1925 erschienenen Büchlein passierte, einfach totzuschweigen waren. In ähnlicher Weise fungierte das Kriegsschuldreferat als eine Art interner Zensurstelle für offizielle oder halboffizielle Veröffentlichungen, vor allem des Untersuchungsausschusses. Darin wurde es zumindest partiell vom Generalsekretär des Untersuchungsausschusses, dem in deutschen Zeitläufen recht anpassungsfähigen und schillernden Eugen Fischer-Baling, unterstützt. Kriegsschuldreferat und Fischer-Baling gelang es, die Veröffentlichung des Gutachtens, das Hermann Kantorowicz 1923 für den Untersuchungsausschuß über die Kriegsschuldfrage angefertigt hatte, bis ins Dritte Reich hineinzuziehen und damit zu hintertreiben – vorläufig endgültig. Als der Untersuchungsausschuß 1932 noch fünf Bände mit Dokumenten über die deutsche Kriegszielpolitik im Weltkrieg veröffentlichen wollte, legte das Kriegsschuldreferat auf Grund eines ausführlichen Gutachtens (das sich im ersten, zwei Drittel umfassenden Teil wie eine enthusiastische Besprechung des noch nicht geschriebenen Buchs von Fritz Fischer liest) sein Veto ein, mit der Begründung, die Dokumente über deutsche Eroberungspläne im Krieg müßten die deutsche Unschuldskampagne ad absurdum führen. Die Veröffentlichung der Dokumente unterblieb. Schließlich bereitete das Kriegsschuldreferat die offiziellen Erklärungen deutscher Kanzler und des Präsidenten Hindenburg zur Kriegsschuldfrage vor, die dem inzwischen festgefügten nationalen Tabu in der deutschen Gesellschaft die letzte Weihe gaben.

In: Kriegsausbruch 1914, a. a. O., S. 101 ff.

II/2 Die Problematik des „Burgfriedens"

Arbeitsthemen

1. *Wie reagierte die SPD auf die sich abzeichnende Kriegsgefahr? Welche propagandistischen Mittel setzte die Reichsregierung dagegen ein? (Nr. 1)*
2. *Mit welcher Darstellung der militärischen Situation suchte der Kanzler den erstrebten „Burgfrieden" zu erreichen? Inwiefern dokumentiert die Erklärung Bethmann Hollwegs eine bedenkliche Nachgebigkeit der Politik gegenüber der militärischen Planung? (Nr. 2)*
3. *Aus welchen Motiven läßt sich die Haltung der SPD in der Reichstagssitzung vom 4. 8. erklären? (Nr. 3)*

Materialien

1. „Defaitisten" oder „Patrioten"

Zunächst sah es keineswegs so aus, als ob die Nation „einmütig und begeistert zu den Waffen greifen" würde. Wohl gab es eine Volksstimmung, die teils aus Kraftgefühl und Selbstbewußtsein, teils in Besorgnis über die Verschlechterung der Lage und Verengung der deutschen Großmachtstellung in der Krisenkette der letzten Jahre bereit war, die Ehre des Reiches auch mit dem Schwerte zu wahren und dem Bundesgenossen die „Nibelungentreue" zu halten. Hierfür war symptomatisch, daß es am Abend des 25. Juli auf die Nachricht von dem Abbruch der diplomatischen Beziehungen Österreich-Ungarns mit Serbien in Berlin zu patriotischen Kundgebungen kam. Aber eine Politik, die den Krieg als Mittel für eine präventive Machtbehauptung riskierte, vertrug nicht das Licht der Öffentlichkeit, nicht das der europäischen Welt und nicht das eines internationalen Pazifismus, wie er zu der Lehre der deutschen Sozialdemokratie gehörte. Am 25. Juli verurteilte der Parteivorstand in einem sofort veröffentlichten Aufruf schärfstens die „frivole Kriegsprovokation der österreichisch-ungarischen Regierung“ und forderte die Parteigenossen auf, „in Massenversammlungen den unerschütterlichen Friedenswillen des klassenbewußten Proletariats zum Ausdruck zu bringen“. „Das klassenbewußte Proletariat Deutschlands erhebt im Namen der Menschlichkeit und der Kultur flammenden Protest gegen dies verbrecherische Treiben der Kriegshetzer.“ Von der deutschen Regierung verlangte der Aufruf, sich „jeder kriegerischen Einmischung“ zu enthalten und dadurch einen Druck auf Österreich-Ungarn auszuüben. Gleichzeitig drohten einzelne Parteiblätter bereits unverhüllt mit der sozialen Revolution im Gefolge eines großen europäischen Krieges. Die Dinge schienen unaufhaltsam dem Bruch zuzutreiben. Zwar hatte die offiziöse Kölnische Zeitung noch am 25. Juli in einem – offensichtlich amtlich inspirierten – Leitartikel beruhigend festgestellt:

„Wenn unsere Sozialdemokraten in den nächsten Tagen Kundgebungen gegen den Krieg veranstalten, so werden sie darin bis zu einem gewissen Grade die Zustimmung des deutschen Bürgertums finden. Denn bei uns will niemand den Krieg und flucht demjenigen, der das schreckliche Übel heraufbeschwört.“

Dennoch kam es am 28. Juli in Berlin zu schweren Zusammenstößen zwischen der Polizei und sozialdemokratischen Demonstranten. An diesem Tage fanden nach einem Aufruf des *Vorwärts* vom 27. Juli Massendemonstrationen gegen den Krieg – die Politik des „übelberatenen Österreich“ – in allen deutschen Großstädten statt, und auch die Berliner Sozialdemokratie protestierte in 27 stark besuchten Versammlungen gegen das „verbrecherische Treiben der Kriegshetzer“. Trotz des Verbotes von Straßendemonstrationen waren dabei einzelne Gruppen bis zum Stadtzentrum Unter den Linden vorgedrungen und hier auf die Polizei gestoßen. „Die Polizei ist durchweg mit Energie vorgegangen und hat, wo es erforderlich war, von der Hiebwaffe Gebrauch gemacht. Die patriotischen Kundgebungen, insbesondere Gesänge vaterländischer Lieder haben die sozialdemokratischen Gesänge weit überwogen“. Dies berichtete Bethmann Hollweg am 29. Juli 1914 dem Kaiser, und Wilhelm II. wußte – impulsiv wie immer – nur noch einen Ausweg: „Die Sozen machen antimilitärische Umtriebe in den Straßen, das darf nicht geduldet werden, jetzt auf keinen Fall, im Wiederholungsfalle werde ich Belagerungszustand proklamieren und die Führer samt und sonders tutti quanti einsperren lassen.“ Ähnlich hatte bereits am Vortage der Zentrumsabgeordnete Matthias Erzberger in einem Zeitungsartikel vorgeschlagen, die „vaterlandslosen Gesellen, die defaitistischen sozialdemokratischen Journalisten“ einzusperren.

Die Sorge der Regierung vor einer sozialen Revolution, vor Aufständen, Wehrdienstverweigerungen, Massenstreiks war im Juli 1914 nicht sehr groß. Denn die SPD hatte sich für den Fall eines Kriegsausbruchs nie in dieser Richtung festgelegt: die Revisionisten nicht, weil sie sich mit dem kapitalistischen System so weit verbunden fühlten, daß sie es auf jeden Fall verteidigen wollten; das Zentrum nicht, weil es die proletarischen Interessen bei einem Angriff auf das Deutsche Reich verteidigen wollte, und die linken Sozialisten nicht, weil es nach marxistischer Sicht den gegebenen objektiven Bedingungen vorbehalten sein muß, welche Maßnahmen zu ergreifen sind. Das Gefühl der hoffnungslosen Unterlegenheit gegenüber der Staatsmacht war ein zusätzliches Motiv für diese Haltung. Diese bekräftigte der auf der äußersten Linken der Partei stehende Franz Mehring noch am 30. Juli.

Am selben Tage konnte denn auch der Reichskanzler in der Sitzung des Preußischen

Staatsministeriums berichten, daß in dieser Beziehung von der SPD „nichts Besonderes zu befürchten" sei....

Selbst die Antikriegsdemonstrationen des 28. Juli machten trotz ihrer dramatischen Nebenumstände auf unbefangene Beobachter keineswegs einen besorgniserregenden Eindruck. „Man verlangt nicht den Krieg, aber man hat sich mit dem Gedanken abgefunden", war etwa der Eindruck des bayerischen Gesandten in Berlin. Doch der Reichskanzler brauchte mehr, nämlich eine solche „Einheitlichkeit, Tiefe und Stärke des patriotischen Empfindens", daß der Reichstag den Gesetzentwürfen der verbündeten Regierungen, also vor allem den Kriegskrediten, ohne jede Diskussion „rasch und in patriotischer Begeisterung" zustimmte. Das war aber nur möglich, wenn Deutschland eindeutig als der schuldlos Angegriffene, als der zum Krieg Gezwungene dastand, der bis zum letzten Augenblick sich um den Frieden bemüht hatte ...

Bethmann Hollwegs Taktik bestand ihre Bewährungsprobe, um so mehr als der Haß gegen das reaktionäre Regime des Zarismus sich als die stärkste Kraft in dem damals „vorwiegend sentimentsgeprägten politisch-humanistischen Weltbild" (Erich Matthias) der Sozialdemokratie erwies. Die Nachrichten über die russische Generalmobilmachung am 31. Juli und nun die über russische Grenzverletzungen am 2. August brachten den großen Umschwung in der Haltung der sozialdemokratischen Presse, die hier offenkundig die Stimmung des überwiegenden Teils der Parteimitglieder widerspiegelte und zugleich beeinflußte. Hatte man bisher vor allem die Politik Österreich-Ungarns als Kriegshetze scharf verurteilt und keine deutschen Bündnisverpflichtungen anerkannt, so klangen jetzt Töne an, die neben aller ideologischen Gegnerschaft deutlich das Gefühl elementarer Bedrohung und eines ungebrochenen, fast rassistischen Hasses gegen den unheimlichen Feind im Osten verrieten, wie er sich gleichzeitig auch vielfach in der bürgerlichen Presse findet. Rußland erschien dabei nicht nur als „blutiger Hort der europäischen Reaktion", als „Feind allen Fortschritts und aller Kultur", als „Todfeind aller Demokratie und aller Freiheit", sondern vor allem als der „schonungslose und barbarische Feind." „Deutschlands Frauen und Kinder sollen nicht das Opfer russischer Bestialitäten werden, das deutsche Land nicht die Beute der Kosaken." Dies war ein immer wiederkehrendes Motiv. „Kaum jemals in der Geschichte", so schrieb später im Rückblick Konrad Haenisch,

> „hat die zermalmende Wucht einer welthistorischen Tatsache in so kurzer Zeit das ganze Denken und Fühlen von Millionen von Menschen so von Grund aus revolutioniert wie in diesem Falle. Es geht gegen Rußland! Nieder mit dem Zarismus! Diese Parole war es, die damals den Krieg mit einem Schlage in unserem ganzen Lande so ungeheuer volkstümlich machte. Sie war es, die auch Millionen sozialdemokratischer Volksgenossen mit heller Begeisterung zu den Fahnen trieb, die in der Zeit von wenigen Stunden alles das bei uns tief ins Unterbewußtsein hinabdrängte, was uns eben noch von den anderen Klassen und Parteien des Reiches getrennt hatte."

Am 3. August, in einer Zeit, als bei der SPD „alles Hals über Kopf" ging und die Linke zu ihrem „Schrecken plötzlich vor einer völligen Zersprengung des radikalen Flügels" stand, veröffentlichte die Regierung für den Reichstag ein Weißbuch, das später unter dem Titel „Wie Rußland Deutschland hinterging und den europäischen Krieg entfesselte" in Zehntausenden von Exemplaren verbreitet worden ist. Als ein Beweis, daß „Rußland den Krieg gegen Deutschland begonnen" habe, wurden darin auch Telegramme abgedruckt, die Wilhelm II. mit dem Zaren in den letzten Tagen vor Kriegsausbruch gewechselt hatte. Aber die Telegramme des deutschen Kaisers waren zum Teil bereits formuliert worden, um –

wie Bethmann Hollweg das Telegramm vom 28. Juli begründete – „wenn es dann doch zum Kriege kommen sollte, die Schuld Rußlands in das hellste Licht zu setzen". Und am 30. Juli sandte Wilhelm II. auf Wunsch des Reichskanzlers ein Telegramm an den Zaren, das, indem es die Fiktion einer Bereitschaft zur Vermittlung aufrechterhielt, nach Bethmann Hollwegs Begründung ein „besonders wichtiges Dokument für die Geschichte" bilden sollte. Dagegen fehlte in dem Weißbuch für den Reichstag ein Telegramm, in dem der Zar am 29. Juli die Einschaltung des Haager Schiedsgerichts empfohlen hatte. Für die Sozialdemokratie aber war es gerade der Prüfstein für Schuld und Unschuld einer Regierung, ob sie bereit war, ihre Konflikte vor das Haager Schiedsgericht zu bringen. Um so mehr kamen nun in diesem Weißbuch die geradezu verzweifelten Hilferufe des Zaren zum Ausdruck, in denen er von dem Druck des Militärs berichtete, dem er kaum noch widerstehen könne.

Dieses Weißbuch hat denn auch manchem der sozialdemokratischen Reichstagsabgeordneten wie Eduard Bernstein die beruhigende Gewißheit verschafft, ihre Entscheidung vor dem eigenen Gewissen verantworten zu können. In der im Reichstag verlesenen Erklärung aber klang noch einmal voll das Motiv der Vaterlandsverteidigung gegen die Gefahr des Zarismus auf.

„Für unser Volk und seine freiheitliche Zukunft steht bei einem Sieg des russischen Despotismus, der sich mit dem Blute der Besten des eigenen Volkes befleckt hat, viel, wenn nicht alles auf dem Spiel. Es gilt diese Gefahr abzuwehren, die Kultur und Unabhängigkeit unseres eigenen Landes sicherzustellen. Da machen wir wahr, was wir immer betont haben: Wir lassen in der Stunde der Gefahr das eigene Vaterland nicht im Stich."

Die Frage war, ob diese Geschlossenheit wirklich in dem Maße eine neue Einheit der Nation stiften konnte, wie es nicht nur der Reichskanzler in den Augusttagen für möglich hielt, wenn er in einem Interview erklärte: „Es sind tiefe sittliche Kräfte, die alles vorwärts treiben." In diesen Augusttagen herrschte wohl zum erstenmal in Deutschland das Gefühl, „eine Nation" zu sein. „Es fängt nach dem Krieg eine neue Zeit an. Die Standesunterschiede sind so stark zurückgetreten wie noch nie."

Die deutsche Geschichte hat darauf eine zwiespältige Antwort gegeben. Ohne Zweifel hat der Entschluß der sozialdemokratischen Reichstagsfraktion wesentlich die SPD in den Staat hineingeführt, so fest, daß sie sogar vier Jahre später in der dunklen Stunde der Niederlage zur Übernahme der Verantwortung bereit war. Aber die Einheit des Augustes war durch die „Kriegszielbewegung" und konservative Widerstände gegen die innenpolitische Neuorientierung im Kriege zerbrochen. So übernahm die SPD die Verantwortung für Deutschland gegen jene, die den Krieg riskiert und ihn verloren hatten.

Aus: Egmont Zechlin, Bethmann Hollweg, Kriegsrisiko und SPD 1914, a. a. O., S. 24ff.

2. Erklärung Bethmann Hollwegs am 4. 8. 1914 im Reichstag

Wir sind jetzt in der Notwehr; und Not kennt kein Gebot! Unsere Truppen haben Luxemburg besetzt, und vielleicht schon belgisches Gebiet betreten. Meine Herren, das widerspricht den Geboten des Völkerrechts. Das Unrecht – ich spreche offen –, das Unrecht, das wir damit tun, werden wir wiedergutzumachen suchen, sobald unser militärisches Ziel erreicht ist. Wer so bedroht ist wie wir und um sein Höchstes kämpft, der darf nur daran denken, wie er sich durchhaut!

Zit. bei Walter Tormin, a. a. O., S. 16f.

3. Die deutsche Sozialdemokratie und der Krieg

Die Sozialdemokratie hatte zuerst auf die Krise (und in den letzten Julitagen glaubten noch viele, daß sie sich nicht zu einem Weltkrieg ausweiten würde) ebenso reagiert wie auf vorhergehende internationale Krisen. Der Parteivorstand erließ am 25. Juli einen Aufruf, der mit den Sätzen endete: „[. . .] Wir wollen keinen Krieg! Nieder mit dem Krieg! Hoch die internationale Völkerverbrüderung". Vom 26. bis 30. Juli wurden in den Städten, vor allem aber in Berlin, Massendemonstrationen gegen den Krieg gehalten. Aber jetzt gingen nicht nur Sozialdemokraten auf die Straße, sondern gleichzeitig demonstrierten nationale Verbände. Die einen demonstrierten gegen, die anderen für den Krieg, auch kam es noch zu Zusammenstößen mit der Polizei. Obwohl diese Dinge noch nicht näher untersucht sind, kann man doch vermuten, daß mit der Erklärung des Kriegszustandes und der Mobilmachung die Stimmung der Arbeiterschaft spontan – und nicht etwa auf Weisung der Parteiinstanzen – umschlug. Nicht nur, daß die Arbeiter wegen der Mobilmachung sich Sorgen um Arbeitsplatz und Familie zu machen begannen; auch sie wurden z. T. von jenem heiligen patriotischen Zorn erfaßt, der durch alle Schichten des Volkes ging. Jedoch die Funktionäre begannen sich um die Zukunft ihrer Partei zu sorgen. Der Krieg mußte den Belagerungszustand zur Folge haben, wie würden er und die Einberufungen sich auf die sozialdemokratische Partei und die Gewerkschaften auswirken?

Wenn auch Wilhelm II. am 29. oder 30. Juli an den Rand einer Akte die Worte schrieb: „Die Sozen machen antimilit[ärische] Umtriebe auf den Straßen, das darf nicht geduldet werden, jetzt auf keinen Fall; im Wiederholungsfalle werde ich Belagerungszustand proklamieren und die Führer samt und sonders tutti quanti einsperren lassen", so besagte das, wie viele Randbemerkungen des Kaisers, fast gar nichts. Schon am 23. Juli hatte man mit dem Reichskanzler über die Behandlung der Sozialdemokratie im Kriegsfalle gesprochen. Ergebnis der Besprechung war einmal, daß geplant wurde, im Fall des Falles direkt und „menschlich" mit den Sozialdemokraten zu verhandeln, gegen Dummheiten der Militärs Vorsorge zu treffen und zum anderen die alldeutsche Agitation zu bremsen . . .

Bestanden schon gewisse Schwierigkeiten für die SPD, mit der Lage rational so fertig zu werden, wie sie es gewohnt war, so kam noch hinzu, daß ihre Parteiverfassung auf schnelle Entscheidungen, wie sie nun notwendig wurden, gar nicht eingestellt war. Nach Bebels Tod hatte der Parteivorstand jene Autorität, auch jenes sichere Selbstbewußtsein verloren, das ihn zuvor ausgezeichnet hatte. Praktisch war die SPD führerlos, oder schwächer umschrieben, sie verfügte nicht mehr über ein homogenes auf der Basis gegenseitigen Vertrauens arbeitendes Präsidium. Hinzu kam, daß bislang die Parteiführung der Reaktionen ihres Parteivolkes allzu sicher geworden war. Hier erfolgte nun eine rasche, aber auch rasch vorübergehende Änderung. Noch in den letzten Julitagen demonstrierten Sozialdemokraten an vielen Orten gegen den Krieg. Als aber Mobilmachung und Kriegserklärungen erfolgten, begann, wie angedeutet, der Krieg populär zu werden, und als zwischen dem 1. und 3. August die sozialdemokratischen Abgeordneten nach Berlin reisten, konnten sie aus den Fenstern ihrer Abteile nicht nur die an die Fronten ausrückenden Truppen sehen, sondern Parteigenossen unter den Soldaten erkannten sie und riefen ihnen zu, sie sollten mit der Bewilligung von Geldern (Kriegskrediten) nicht kleinlich sein. Hinzuzufügen ist, daß dies Soldaten waren, die nicht gegen Rußland, sondern gegen Frankreich ausrückten. Eine einmalige, gefühlsbetonte, die Pazifisten und Internationalisten im Parteivorstand in die Minderheit setzende Stimmung begann sich schlagartig auszubreiten...

Vom 31. Juli an wirkten sich dann Umstände wie Entwicklungen zugunsten der Kreditbewilligung durch die SPD aus. Am 31. mittags wurde der „Zustand drohender Kriegsgefahr" proklamiert. Nachmittags folgte die Kriegserklärung an Rußland, dann die allgemeine Mobilmachung, die am 1. August bekannt wurde. Diese Dinge brauchen im einzelnen nicht aufgezählt zu werden, nur seien jene Hauptgründe angedeutet, die zur Kreditbewilligung durch die SPD führten.

Zuerst verstand in einer Lage, in der die „Schuldfrage" allgemein recht unklar war, die Reichsleitung in ihrer Informationspolitik, Rußland geschickt ins Unrecht zu setzen. Daß man damit bei den Sozialdemokraten auf Zustimmung stieß, wurde schon angedeutet. *Stampfer*, der Leiter einer sozialdemokratischen Presseagentur, schrieb noch am 31. Juli einen Artikel, der die Stimmung in der SPD gut traf, dessen Verbreitung jedoch durch ein teilweise zu spät kommendes Verbot des Parteivorstandes weitgehend eingeschränkt wurde. Darin hieß es, daß es „in ganz Deutschland keine Partei, keine Gruppe und [...] keinen Menschen" gäbe, „der in diesem Kriege eine Niederlage Deutschlands will". Auch die Sozialdemokraten, die „vaterlandslosen Gesellen", „würden im Krieg ihre Pflicht erfüllen". Der Krieg war für Stampfer ein gerechter Krieg, denn es ging gegen den verhaßten Zaren, und „wir wollen nicht, daß unsere Frauen und Kinder Opfer kosakischer Bestialitäten werden". „Die Verantwortung" für den Krieg lehnte er ab, betonte aber die Pflicht zur „Verteidigung".

Aus: Eberhard Pikart, Der deutsche Reichstag und der Ausbruch des Ersten Weltkriegs, in: Der Staat 5 (1966), S. 58ff.

II/3 Ansätze der Parlamentarisierung in Deutschland

Arbeitsthemen

1. *Wodurch sieht der Historiker Fritz Stern die politische und gesellschaftliche Struktur des deutschen Kaiserreiches charakterisiert? (Nr. 1)*
2. *In welcher verfassungspolitisch labilen Lage befand sich das Deutsche Reich während des Ersten Weltkrieges? (Nr. 2)*
3. *Inwiefern veränderte die Tatsache des Krieges Stellung und Möglichkeiten der Sozialdemokratie in Deutschland? (Nr. 3)*
4. *Inwiefern erweisen die Osterbotschaft des Kaisers vom 7. 4. 1917 und der Kanzler-Brief vom 5. 7. 1917 (sog. Juli-Erlaß) greifbar den Zusammenhang zwischen Kriegsgeschehen und innenpolitischen Aktivitäten? (Nr. 4 und 5a)*
5. *Auf welches unterschiedliche Echo stieß der Juli-Erlaß bei den Parteien? (Nr. 5b–5d)*
6. *Welche für die verfassungsrechtliche und politische Situation im Wilhelminischen Deutschland typischen Attribute lassen sich an der Entstehungsgeschichte des Parlamentarisierungserlasses ablesen (Nr. 6 und 7)*

1. Politik und Gesellschaft im kaiserlichen Deutschland

Die Verhältnisse waren tatsächlich so, daß das kaiserliche Deutschland kaum regiert werden konnte. Bismarcks Politik und die nachfolgende Entwicklung hatten ein System von *checks and imbalances* entstehen lassen, das darauf angelegt war, nicht zu funktionieren. Die politische Struktur war bestenfalls schwerfällig zu nennen: ein föderalistisches System, in dem Preußen eine zentrale, aber nicht unangefochtene Position innehatte. Der pseudokonstitutionelle Staat verbarg den Sitz der Souveränität. Wilhelm besaß, trotz seiner gelegentlichen verheerenden autokratischen Ausbrüche, weder die verfassungsmäßige Kompetenz noch die persönliche Fähigkeit, Deutschland zu regieren. Parlamente, die nach unterschiedlichen Verfahren gewählt wurden und daher einen unterschiedlichen Grad von Repräsentativität aufwiesen, kontrollierten die Exekutive nicht wirklich, obwohl zum Erlaß von Gesetzen und des Budgets die parlamentarische Zustimmung erforderlich war. Der Kanzler blieb nur so lange im Amt, wie es dem Kaiser gefiel; er war dem Monarchen direkt verantwortlich und gleichzeitig indirekt vom Reichstag abhängig, der die sozialen Gruppierungen – und Trennungslinien – eines industrialisierten Deutschland widerspiegelte. Theoretisch hatte der Kanzler den Willen – und manchmal die Launen – des Kaisers in praktische Politik umzusetzen und, wo nötig, für die parlamentarische Zustimmung zu sorgen. In der Praxis wurde der Kanzler aufgerieben zwischen den konservativen Klassen, die sich angesichts ihrer sinkenden wirtschaftlichen Bedeutung verzweifelt an ihre herkömmlichen Machtpositionen klammerten, und den liberalen und radikalen Gruppen, die eine neue Gesellschaft repräsentierten und größere Anerkennung ihres stetig steigenden Gewichts im Volke erstrebten. Das politische System, das sich schon unter Bismarck häufig als kompliziert und schwerfällig erwiesen hatte, war mit den gesellschaftlichen Realitäten des neuen Zeitalters unvereinbar geworden.
Die politische Macht hatte sich nach Bismarcks Entlassung auf viel zahlreichere Träger verteilt. Der Kanzler hatte sich mit der Heeres- und Marineführung des Reiches auseinanderzusetzen, die, durch ihren direkten Zugang zum Kaiser gestärkt, nicht nur volle Autonomie in ihren eigenen Ressorts beanspruchten, sondern auch ein gewichtiges Wort in der Außenpolitik mitreden wollten. Überkommene Hofcliquen und moderne *pressure groups* versuchten ebenfalls Macht auszuüben und die Politik zu beeinflussen. In den Jahren vor dem Weltkrieg sah sich Deutschland auf dem inneren wie auf dem auswärtigen Sektor gewaltigen Problemen gegenüber. Innenpolitisch beschwor seine wirtschaftliche Entwicklung einen sich stetig verschärfenden Gegensatz zwischen dem in Niedergang begriffenen Autoritarismus und einem wachsenden Demokratisierungsdruck herauf. Außenpolitisch weckte die Macht Deutschlands Befürchtungen bei seinen Nachbarn; und eine unbeständige und rüpelhafte Politik, die teilweise durch die inneren Auseinandersetzungen bedingt war, trug nur zur Verstärkung dieser Befürchtungen bei. Das Schlimmste von allem war, daß das politische System Deutschlands praktisch paralysiert und mithin nicht in der Lage war, diese Probleme zu meistern.

Aus: Fritz Stern, Bethmann Hollweg und der Krieg, a. a. O., S. 9f.

2. Der Autoritätsschwund der Monarchie

Aber eine Entwicklung setzte doch sehr früh ein: der Verfall der Monarchie. Verfassungsrechtlich gab gerade der Krieg dem Kaiser eine überragende Machtstellung. Er war der Oberbefehlshaber, er wählte sich den Chef des Generalstabes als ersten Berater, der in seinem Namen als de-facto-Oberbefehlshaber handelte, ebenso frei wie den Reichskanzler. Nur in der Person des Kaisers verband sich Politik und Kriegführung und damit fiel ihm die schwierige, höchst bedeutungsvolle Aufgabe zu, der Kriegführung im Feld der Politik ihren Platz zuzuweisen, das verfassungsrechtlich vorgesehene unverbundene Nebeneinander von politischer und militärischer Gewalt kontinuierlich zu überbrücken. Wilhelm II. hat während des Krieges nie den Versuch gemacht, die Last dieser Verantwortung zu übernehmen und die Stellung, die ihm von der deutschen Verfassung zugewiesen wurde, auszufüllen. Er hat aber auch dem Reichskanzler nicht jenen stetigen, unbedingten Rückhalt gewährt, der es diesem vielleicht ermöglicht hätte, eine Art von politischer Gesamtleitung auszuüben. Da der Reichskanzler aber ohne diesen Rückhalt jedenfalls bis 1917 machtlos war, bedeutete die Schwäche des Kaisers zugleich Schwäche des Reichskanzlers und Stärke der OHL, die im Krieg ohnehin ein natürliches Übergewicht besaß. In dieser Konstellation war der Aufstieg Ludendorffs nur folgerichtig. Der Schein und die Formen der konstitutionellen Monarchie wurden gewahrt. Aber im Grunde lebte Deutschland im Krieg mit einer Fiktion als Staatsform. Die Monarchie, die Bismarck in Deutschland geschaffen hatte, zerfiel hinter einer Fassade, ohne daß eine neue Verfassung an ihre Stelle trat.

Der Kaiser entzog sich nicht nur seiner Aufgabe, die ihn überforderte, er entzog sich auch der Realität des Krieges. Er lebte im Hauptquartier wie auf einer Insel in einer eigenartig künstlich-höfischen Atmosphäre, in die das Echo des Krieges von der Front her wie aus der Heimat nur sehr abgeschwächt und gefiltert drang.

Aus: Peter Graf Kielmansegg, a. a. O., S. 151

3. Die Sozialdemokratie als politische Potenz

Während der Kaiser für die deutsche Öffentlichkeit zu einer immer blasseren und bedeutungsloseren Figur wurde, trat eine neue politische Kraft von großem Gewicht in das politische Leben Deutschlands ein: die Sozialdemokratie. Sie war natürlich auch schon vor 1914 für das Kaiserreich eine höchst gewichtige politische Realität gewesen; aber doch nur als eine Drohung von außen, durch einen Abgrund prinzipieller Feindschaft vom Wilhelminischen Staat getrennt. Erst der Krieg brachte den Prozeß des Hineinwachsens der Sozialdemokratie in die sich wandelnde politische Ordnung Deutschlands wirklich in Gang, gab der Partei Einfluß auf das Geschick der Nation. Die Entwicklung der Arbeiterbewegung in den Kriegsjahren ist einer der wichtigsten Aspekte der Geschichte Deutschlands im Weltkrieg. Denn sie setzte entscheidende Bedingungen für die Möglichkeiten der Entwicklung Deutschlands nach dem Kriege. Die Konservativen und die ihnen nahestehenden Gruppen des Bürgertums hatten nicht mehr die Klugkeit und nicht die Kraft, ihre politische Vorherrschaft über den Krieg hinaus zu behaupten; und das liberale Bürgertum allein war zu schwach, um ihr Erbe antreten zu können. Damit fiel der Arbeiterbewegung eine Schlüsselstellung zu.

Was das Bekenntnis der Sozialdemokraten zur Verteidigung des Vaterlandes im August 1914 für viele Menschen in Deutschland so bedeutsam machte, war die Hoffnung, daß es nun endlich gelingen werde, die Zerrissenheit des deutschen Volkes zu überwinden. Es erschien geradezu als das eigentliche Vermächtnis der Augusttage, die scheinbar gewonnene Einheit der Nation dadurch zu behaupten und zu festigen, daß der Arbeiterschaft endlich ein angemessener Platz in Staat und Gesellschaft eingeräumt wurde. Freilich gab es auch andere Kräfte, vor allem im konservativen Lager und in den Kreisen der Unternehmerschaft, die in dem sozialdemokratischen Votum für die Kriegskredite eine bare Selbstverständlichkeit sahen und jedes Entgegenkommen der Regierung für gefährlich hielten. Es erschien ihnen nicht einmal erwünscht, daß die Sozialdemokratie sich in einer Weise wandelte, die Möglichkeiten der Kooperation eröffnete. Denn Kooperation mußte zwangsläufig zu Konzessionen führen. Man empfand sehr genau, daß der Krieg die bestehende Sozialstruktur gefährdete, bis hin zur Möglichkeit der Revolution. Nicht nur, weil er den Führungsanspruch der alten Führungsschichten fragwürdig machte, sondern auch weil er der Arbeiterschaft und ihren Organisationen Macht verlieh. Daß der Krieg selbst mit seinen vielfältigen Wirkungen die alte Gesellschaftsordnung in Frage stellte und damit eine Entscheidung über die zukünftige Gestalt Deutschlands herausforderte, machte den inneren Konflikt unausweichlich.

Aus: Peter Graf Kielmansegg, a. a. O., S. 152f.

4. Ansätze zur Demokratisierung Preußens

(Kaiserliche Osterbotschaft vom 7. 4. 1917)

Für die Änderung des Wahlrechts zum Abgeordnetenhaus sind auf meine Weisung schon zu Beginn des Krieges Vorarbeiten gemacht worden. Ich beauftrage Sie nunmehr, mir bestimmte Vorschläge des Staatsministeriums vorzulegen, damit bei der Rückkehr unserer Krieger diese für die innere Gestaltung Preußens grundlegende Arbeit schnell im Wege der Gesetzgebung durchgeführt werde. Nach den gewaltigen Leistungen des ganzen Volkes in diesem furchtbaren Kriege ist nach meiner Überzeugung für das Klassenwahlrecht in Preußen kein Raum mehr. Der Gesetzentwurf wird ferner die unmittelbare und geheime Wahl der Abgeordneten vorzusehen haben.
Das Verdienst des Herrenhauses und seine bleibende Bedeutung für den Staat wird kein König von Preußen verkennen. Das Herrenhaus wird aber den gewaltigen Anforderungen der kommenden Zeit besser gerecht werden können, wenn es in weiterem und gleichmäßigerem Umfange als bisher aus den verschiedenen Kreisen und Berufen des Volkes führende, durch die Achtung ihrer Mitbürger ausgezeichnete Männer in seiner Mitte vereinigt.

An den Reichskanzler
und Präsidenten des Staatsministeriums

Wilhelm I. R.[1]
v. Bethmann Hollweg

[1] (I. R. = Imperator et Rex = Kaiser und König)

Zit. nach Schönbrunn, a. a. O., S. 92

5. Die Reform des Wahlrechts in Preußen

a) Die Juli-Botschaft des Kaisers vom 11. 7. 1917

Auf den Mir in Befolgung Meines Erlasses vom 7. April d. J. gehaltenen Vortrag Meines Staatsministeriums bestimme ich hierdurch in Ergänzung desselben, daß der dem Landtage der Monarchie zur Beschlußfassung vorzulegende Gesetzentwurf wegen Abänderung des Wahlrechts zum Abgeordnetenhaus auf der Grundlage des gleichen Wahlrechts aufzustellen ist. Die Vorlage ist jedenfalls so frühzeitig einzubringen, daß die nächsten Wahlen nach dem neuen Wahlrecht stattfinden können.
Ich beauftrage Sie, das hiernach Erforderliche zu veranlassen.
Großes Hauptquartier, den 11. Juli 1917

(gez.) *Wilhelm R.*
(gez.) *Bethmann Hollweg*

An den Präsidenten des Staatsministeriums.

Zit. nach Schönbrunn, a. a. O., S. 93

b) Die sozialdemokratische Zeitung „Vorwärts" zur Juli-Botschaft (12. 7. 1917)

Eine Forderung, um die seit Jahren im preußischen und im deutschen Volke leidenschaftlich gekämpft worden ist, nähert sich damit der Erfüllung. Die Einführung des gleichen Wahlrechts in Preußen bedeutet für ganz Deutschland den entscheidenden Schritt zur Demokratie. Die Regierung eines freien Preußens wird nicht mehr im Bundesrat und in der Verwaltung den Hemmschuh für den Fortschritt spielen, auch dem Schaffen des Reichstags wird damit freie Bahn geöffnet sein.
Um so wünschenswerter ist, daß jetzt schon in der verfassungsrechtlichen Gestaltung des Reichs die an sich unvermeidlich gewordene Entwicklung vorweggenommen wird durch die gleichzeitige Schaffung des parlamentarischen Regierungssystems!

Zit. nach Schönbrunn, a. a. O., S. 93

c) Erklärung der Konservativen vom 12. 7. 1917

... Das gleiche Wahlrecht entspricht nicht der Eigenart und der historischen Vergangenheit des preußischen Staates und nicht den der preußischen Gesetzgebung vorbehaltenen gesetzgeberischen und sonstigen Aufgaben. Es ist vielmehr geeignet, das feste Gefüge Preußens zu erschüttern und auch diesen Staat der völligen Demokratisierung auszuliefern. Das durch ihn dargestellte unentbehrliche Gegengewicht gegen die Gefahren der Unruhe und der Überstürzung, die nach den Erfahrungen der letzten Jahrzehnte für das Reich bestehen, wird durch die Einführung des gleichen Wahlrechtes hinweggeräumt.
Die konservative Partei vermag weder anzuerkennen, daß die in Aussicht gestellte Maßnahme durch die Erfahrungen des Krieges geboten war, noch daß sie auch nur als geeignet erscheinen könnte, um über die Schwierigkeiten der heutigen Lage hinwegzuhelfen und den Siegeswillen des Volkes zu stärken ...

Zit. nach Schönbrunn, a. a. O., S. 93

d) Rede des USPD-Abgeordneten Haase am 19. 7. 1917

In Preußen sind die Minister, die gegen das gleiche Wahlrecht gestimmt haben, noch im Amte. Auch das ist symptomatisch für den Wert, der in gewissen Kreisen dem Wahl-

rechtsversprechen beigelegt wird. Das gleiche Wahlrecht muß kommen, aber es muß kommen, weil die Massen vor keinem Opfer zurückschrecken werden, um es zu erringen.
(Sehr richtig! bei den Unabhängigen Sozialdemokraten.)
Das allein verbürgt aber auch den Sieg des gleichen Wahlrechts. Wir haben kein Vertrauen, daß das preußische Abgeordnetenhaus, wir haben kein Vertrauen, daß das Herrenhaus diese Vorlage, wenn sie kommt, günstig aufnehmen wird. In einer Zeit, in der in der ganzen Welt die größten Umwälzungen vor sich gehen, haben sie hier die größte Scheu vor dem Eingriff in einen Verfassungsparagraphen. Es ist wahrlich nicht zuviel verlangt, wenn gegenüber den partikularistischen Bedenken gefordert wird, daß durch einen Akt der Reichsgesetzgebung in allen Bundesstaaten das Reichstagswahlrecht mit der Ausdehnung auf die Frauen eingeführt werde.
(Sehr wahr! bei den Unabhängigen Sozialdemokraten.)
[. . .]
Das gleiche Wahlrecht ist für uns eine Selbstverständlichkeit; aber es ist auch nur der allerbescheidenste Anfang derjenigen Reformen, die notwendig durchgesetzt werden müssen. Erforderlich ist die volle Demokratisierung der Verfassung und Verwaltung des Reiches und der Einzelstaaten, die, wie wir es in unserem Antrag erklärt haben, ausmünden muß in die soziale Republik.
(Sehr richtig! bei den Unabhängigen Sozialdemokraten.)
Meine Herren, während die Regierungssozialisten ihren Frieden mit der Monarchie schließen wollen, vernehmen wir aus anderen Kreisen immer häufiger, es sei in den letzten Jahren deutlicher als je geworden, daß die monarchischen Einrichtungen sich nicht bewährt haben, daß sie in unsere Zeit nicht hineinpassen,
(sehr wahr! bei den Unabhängigen Sozialdemokraten.)
daß die Republik dasjenige staatsrechtliche Gebilde ist, welches kommen muß und kommen wird.
(Sehr gut! bei den Unabhängigen Sozialdemokraten.)
Die demokratische Umgestaltung des Reiches und der Einzelstaaten ist aber auch die beste Vorbedingung für einen raschen und günstigen Friedensschluß. Nicht weil im Ausland erklärt wird, mit einem demokratischen Deutschland lasse sich viel eher Frieden schließen, stellen wir diese Forderung auf; sie entspricht vielmehr den Grundsätzen, die wir stets vertreten haben und vertreten werden, unbekümmert um das, was das Ausland sagt. Was aber heute der Herr Reichskanzler versprochen hat, kann nur noch so bescheidene Politiker befriedigen, wie es die Regierungssozialisten geworden sind. Es wäre zuviel gesagt, scheint mir, wenn man auch nur erklären wollte: Es kreißen die Berge, und es kommt ein Mäuslein heraus.
(Heiterkeit bei den Unabhängigen Sozialdemokraten.)
Es soll eine innere Verbindung zwischen dem Parlament und der Regierung dadurch herbeigeführt werden, daß auch einige bewährte Parlamentarier in Amtsstellen berufen werden.
(Hört! hört! bei den Unabhängigen Sozialdemokraten.)
Glaubt denn wirklich jemand, daß dadurch in den Zuständen des Deutschen Reiches etwas Wesentliches gebessert wird? Es wird der Wunsch dieses oder jenes Herrn erfüllt werden, sich zu sonnen im Glanze einer Regierungsstelle.
(Sehr gut! bei den Unabhängigen Sozialdemokraten.)

Daß aber das Volk dadurch irgendeinen wesentlichen Vorteil haben wird, das, meine Herren, kann niemand ernstlich glauben.
(Sehr gut! bei den Unabhängigen Sozialdemokraten.)
Es muß um die Demokratisierung gekämpft werden. Nur durch Kampf kann sie erreicht werden, nicht durch listiges Diplomatisieren,
(Sehr gut! bei den Unabhängigen Sozialdemokraten.)
nicht durch Anschmiegen an die herrschende Regierungsgewalt.

Zit. nach Axel Kuhn (Hrsg.): Deutsche Parlamentsdebatten, Bd. 1: 1871–1918, Ffm. 1970, S. 252ff.

6. Die Machtkonstellation und der Parlamentarisierungserlaß

Das komplizierte Geflecht der innenpolitischen Machtverteilung im kaiserlichen Deutschland war im Laufe des Weltkrieges allmählich einem einfacheren Raster gewichen. Im fünften Kriegsjahr hatte die Oberste Heeresleitung eine fast diktatorische Stellung bis weit in den politischen Bereich hinein gewonnen, während Kaiser und Reichsleitung in ihrem politischen Eigengewicht stark beeinträchtigt wurden. Autorität und Machtpotential der militärischen Führungsspitze standen in einer engen Wechselbeziehung,weniger zur tatsächlichen, als vielmehr zur Beurteilung der militärischen Lage in Volk, Heer und politischen Gremien und Institutionen. Das Begreifen der militärischen Niederlagen seit dem Juli 1918 konnte deshalb nicht ohne Folgen für die innerpolitische Machtverteilung bleiben. Sie mußten sich um so mehr bemerkbar machen, als das überforderte Volk und Heer fast nur durch die Hoffnung auf ein baldiges, siegreiches Kriegsende so lange durchgehalten hatten.

Der politische Substanzverlust der Obersten Heeresleitung ließ, da die traditionellen Balancekräfte weitgehend ausgeschaltet und durch ihre enge Bindung an die OHL von deren Autoritätsschwund mitbetroffen wurden, ein gewisses Machtvakuum entstehen. Inwieweit diese Lücke zu einer wirklichen Umverteilung und Neuordnung der inneren Kräfteverhältnisse genutzt wurde, hing von verschiedenen Faktoren ab. Es kam zunächst darauf an, daß dieses Vakuum überhaupt registriert wurde und nicht, sei es durch eine Verschleierungstaktik der bisherigen Führungsschicht, sei es durch allzu große Zaghaftigkeit und Autoritätshörigkeit der potentiellen Alternativkräfte, bzw. einer Kombination aus beidem, überdeckt und übersehen wurde. In dieser Situation fiel es entscheidend ins Gewicht, ob sich Gruppierungen fanden, die bereit und in der Lage waren, in letzter Sekunde die Weichen der inneren und äußeren Politik umzustellen. Die größten Chancen mußten dabei die Kräfte haben, die bisher in einer gewissen Oppositionshaltung gestanden hatten oder zumindest eine partielle Alternative verkörperten. Die USPD und die äußerste Linke innerhalb und außerhalb dieser Partei kamen dafür noch nicht in Frage. Einerseits war ihr Potential quantitativ wie qualitativ viel zu schwach, andererseits die Lage für einen solchen radikalen Umschlag nicht reif. Dagegen boten sich den Mehrheitsparteien des Reichstags (MSPD, Zentrum und Fortschrittlicher Volkspartei), die mit ihrer im Interfraktionellen Ausschuß institutionalisierten Zusammenarbeit den Grundstock für ein parlamentarisches Zusammenwirken gelegt hatten, günstige Voraussetzungen für den Griff zur Macht. Das heißt nun freilich nicht, daß die Machtverschiebung von der OHL zu den Mehrheitsparteien nach einem beinahe zwangsläufigen Automatismus verlief, sondern nur, daß der Machtverfall der Obersten Heeresleitung am ehesten ihnen zugute kommen mußte. Ob das zu einer wirklichen Umstrukturierung führte, hing freilich auch davon ab, wieweit es anderen Kräften aus den bisherigen Führungskadern gelang, den Machtschwund der Spitzen zu kompensieren und durch ein elastisches Entgegenkommen die potentiellen Gegenkräfte zu neutralisieren und in den Dienst ihrer eigenen Sache zu stellen. Nur durch eine zielstrebige, auf eine Parlamentarisierung im Innern und eine Verständigung nach außen gerichtete Politik, die entschlossen nach den sich bietenden Chancen griff, konnten die Mehrheitsparteien das Gesetz des Handelns in ihre Hand bekommen.

Sowohl die Politik der Mehrheitsparteien als Ganzes wie die Gewichtsverteilung innerhalb dieser Parteigruppierung und der verschiedenen Flügel in den Parteien wurde nicht unerheblich von der militärischen und außenpolitischen Gesamtlage bestimmt. Erst, als sich der Fehlschlag der Westoffensive und die drohende Niederlage endgültig abzeichneten, begannen die drei Parteien energischer auf eine Regierungsumbildung zu drängen und die Berufung weiterer Mehrheitsvertreter in die Regierungsverantwortung zu fordern. Doch trotz der großen Stoßkraft, die der Initiative der Mehrheitsparteien vom 28. September 1918 innewohnte, mit der sie Reichskanzler Hertling „direkt den Stuhl vor die Tür" setzte, um in letzter Minute Deutschland durch eine „vom Vertrauen des Reichstags getragene Regierung" vor dem drohenden Zusammenbruch zu retten, waren die Parteien an der Entstehung des Parlamentarisierungserlasses, mit dem die Neuordnung des Reiches eingeleitet wurde, nicht direkt beteiligt. Ihr Vorgehen kreuzte sich mit der von Ludendorff angesichts der drohenden militärischen Niederlage erhobenen Forderung, die Parteien an der Regierung zu beteiligen, und der Initiative des Staatssekretärs von Hintze, der zum gleichen Zeitpunkt zu der Überzeugung gekommen war, daß bei einer weiteren Verschlechterung der politischen und militärischen Lage „die Revolution von unten nur noch durch eine solche von oben vermieden werden" könne. Nach den Beratungen am 29. September im Großen Hauptquartier, in dem am 28. und 29. 9. die führenden Repräsentanten des kaiserlichen Deutschland, Kaiser, Oberste Heeresleitung, Reichskanzler und zwei Staatssekretäre, wie „nach einem Fahrplan" zusammentrafen, wurde mit der Bekanntgabe des Parlamentarisierungserlasses die Neuordnung von höchster Stelle offiziell in Gang gesetzt. „Dem Kanzler war dabei der Vorschlag gemacht worden, daß die Umbildung vor Beginn der Besprechung mit dem Parlament als auf freier Initiative des Kaisers beruhend klargestellt werde und demgemäß durch einen kaiserlichen Erlaß angekündigt werden möge."

Aus: Heinrich Potthoff, Der Parlamentarisierungserlaß vom 30. September 1918, in: Vierteljahrshefte für Zeitgeschichte 20 (1972), S. 320ff.

7. Der Parlamentarisierungserlaß vom 20. 9. 1918

Ich will, daß in dieser Schicksalstunde Deutschlands das deutsche Volk mehr als bisher an der Bestimmung der Geschicke des Vaterlandes mitwirkt. Es ist daher Mein Wille, daß in weiterem Umfange Männer, die von dem Vertrauen des Volkes getragen sind, an den Pflichten und der Verantwortung der Regierung teilnehmen. Euer Exzellenz haben mir vorgetragen, daß Sie unter den obwaltenden Umständen Sich nicht in der Lage glauben, an der Spitze der Regierung verbleiben zu können. Ich will Mich Ihren Gründen nicht verschließen und mit schwerem Herzen Ihrer weiteren Mitarbeit entsagen. Der Dank des Vaterlandes für das von Ihnen durch Übernahme des Reichskanzleramtes in schwerer Zeit gebrachte Opfer und die von Ihnen geleisteten Dienste bleibt Ihnen sicher. Ich bitte Sie aber Ihr Werk damit abzuschließen, daß Sie die Geschäfte weiterführen und die von Mir gewollten Maßnahmen in die Wege leiten, bis Ich den Nachfolger für Sie gefunden habe. Ihren Vorschlägen hierfür sehe Ich entgegen.

gez. *Wilhelm I. R.*

An den Reichskanzler

gegez. *Dr. Graf von Hertling, Reichskanzler*

Zit. nach Heinrich Potthoff, a. a. O., S. 331

Zweites Kapitel: Das bolschewistische Rußland

I. Vorgeschichte und Verlauf der Revolution

Übersicht

1861	Gesetz über die Aufhebung der Leibeigenschaft: 22 Millionen leibeigene Bauern (sog. „Revisionsseelen") werden rechtlich frei, die Güter der Bauern bleiben jedoch Eigentum der Grundherren. Der den Bauern zur Nutzung überlassene Landanteil kann käuflich erworben werden. Dazu gibt es staatliche Kredite. In einer Frist von 49 Jahren sind jährlich 6% des Bodenwerts abzuzahlen; die Bauern sind dazu jedoch durchweg außerstande. Die Fronarbeit ist vorläufig von den auf „Zeit Verpflichteten" weiter zu leisten. Alle bleiben an ihre Steuergemeinde gebunden und haften mit ihren Familienangehörigen kollektiv für das Steueraufkommen des Mir. Enttäuschung der Bauern, die auf unentgeltliche Ackerlose und Freizügigkeit gehofft hatten. Die Zersplitterung des Bodens und die Landnot versetzen die Dorfgemeinde in eine Dauerkrise, gekennzeichnet durch Bevölkerungsvermehrung, fortschreitende Verschuldung und Proletarisierung.
1873	Errichtung der Putilow-Werke in Petersburg (Herstellung von Munition und Waffen; 1900: 10000 Beschäftigte).
1874	Einführung der allgemeinen Wehrpflicht mit sechsjähriger Dienstzeit.
1883	Gründung der ersten marxistischen Gruppe in Rußland unter der Bezeichnung „Befreiung der Arbeit". Sie unterliegt wie Schulen, Universitäten, Presse und Justiz der Überwachung durch die Ochrana, einer politischen Polizei, die mit Hilfe eines Agenten- und Spitzelsystems oppositionelle Regungen im Keim zu ersticken sucht.
1898	Gründungskongreß der Sozialdemokratischen Arbeiterpartei Rußlands (SDAPR) in Minsk. Vorläufer der KPdSU.
1901	Gründung der Partei der Sozialrevolutionäre (SR). Forderungen: Lösung der Agrarfrage; entschädigungslose Sozialisierung des gesamten Grundbesitzes. Individuelle Nutzung (nicht aber Kaufs- und Verkaufsmöglichkeit) des Bodens durch die Bauern unter Kontrolle lokal gewählter Gremien. Ablehnung des Marxismus. Drei Millionen Arbeitern (zumeist proletarisierten Bauern) stehen 100 Millionen Bauern gegenüber. Die Bourgeoisie ist zahlenmäßig noch unbedeutend (etwa 4% der Gesamtbevölkerung). Das Bevölkerungswachstum in den Städten vollzieht sich nur langsam. Gleiches gilt auch von der Industrialisierung, die unter der fehlenden Kapitalakkumulation, dem wenig aufnahmefähigen inneren Markt und der geringen privaten Initiative leidet.
1902	Lenin bringt seine Schrift „Was tun?" heraus. Bezeichnenderweise entlehnt er den Titel dem Roman Tschernyschewskys von 1867, in dem ein Berufsrevolutionär im Mittelpunkt steht. Lenins Absicht ist die detaillierte Darstellung der Organisationsprinzipien der bolschewistischen Partei.

1903	Im „Bund der Befreiung" (seit 1905: Konstitutionelle Demokraten = KD = „Kadetten") organisiert sich das Bürgertum. Spaltung der russischen Sozialdemokratie über der von Lenin (führendes Mitglied der SDAPR, seit 1900 in der Emigration) entwickelten Konzeption „einer durch und durch undemokratischen Elitepartei, die als Avantgarde des Proletariats und bewußte Trägerin seines wahren Wollens Rußland im revolutionären Vorgriff unmittelbar in den Sozialismus hineinführen und dabei selbst die alleinige Macht ergreifen sollte" (K. H. Ruffmann). Die Anhänger Lenins nennen sich aufgrund einer zufälligen Abstimmungsmehrheit am Ende des zweiten Kongresses der Gesamtpartei in London „Bolschewisten" (= Mehrheitsgruppe), während mit der an sich zahlenmäßig weit stärkeren Gruppierung, die für die Strategie der westeuropäischen Sozialdemokratie eintritt, künftig die Bezeichnung „Menschewisten" (= Minderheitsgruppe) verbunden bleibt.
1904/05	Niederlage Rußlands im Krieg gegen Japan.
1905	Januar: Drei Wochen nach der Kapitulation im russisch-japanischen Krieg bildet ein sinnloses Gemetzel der Schloßwache von Petersburg unter den Teilnehmern an einer Massendemonstration, die vom Zaren Reformzugeständnisse erbitten wollte, den Auftakt zu einer Revolution. Die Vorgänge des „Blutigen Sonntag" (9. Januar) erschüttern das Vertrauen in das zaristische Regime und lösen Arbeiterstreiks und Bauernunruhen in ganz Rußland aus. Die Armee schließt sich teilweise an. Bildung von „Räten von Arbeiterdeputierten" (Sowjets), als „Organe der revolutionären Selbstverwaltung", von denen der 250000 Arbeiter repräsentierende Sowjet in Petersburg (562 Mitglieder) der wichtigste ist. Nach der rückblickenden Feststellung Trotzkis enthielt der Revolutionsversuch von 1905 als „Prolog alle Elemente des Dramas, nur nicht bis ans Ende geführt". Oktober: Sog. Oktober-Manifest des Zaren: Zugeständnis einer Volksvertretung, der Duma, die nach einem abgestuften Klassenwahlrecht gewählt wird. Kein Gesetz sollte in Zukunft „ohne Genehmigung der Reichsduma Geltung haben" und „den vom Volke Erwählten die Möglichkeit wirklicher Teilnahme an der Aufsicht über die Gesetzmäßigkeit der Akte der von Uns eingesetzten Behörden gesichert sein". Dezember: Verhaftung des Exekutivkomitees des Petersburger Arbeiterdeputiertenrats (Vorsitzender: L. D. Trotzki).
1906	April: Reichsgrundgesetz: Verfassung des Zaren. Der Reichsduma wird in Gestalt des Reichsrats – mit zum Teil vom Zaren ernannten Mitgliedern – ein Herrenhaus mit praktisch den gleichen Befugnissen gegenübergestellt. Alle von der Reichsduma beschlossenen Gesetze müssen vom Reichsrat und vom Zaren genehmigt werden. Weitgehende Ausschaltung der effektiven Macht der Duma. Die Autokratie dauert – parlamentarisch verbrämt – fort, besonders in der Bestimmung, daß der Zar während der Zeit, da die Duma nicht tagt, Gesetze erlassen kann, die zwar später in der Duma eingebracht werden müssen, jedoch in der Zwischenzeit voll wirksam sind. Juli: Auflösung der Duma und verzögerte Anberaumung von Neuwahlen, ein Verfahren, dessen sich der Zar künftig laufend bedienen wird.
1906/11	Großangelegtes Reformwerk des Ministers Stolypin. Befreiung der Bauern von Lasten, die 1861 nicht beseitigt wurden, durch partielle Überleitung des bisher kollektiv bearbeiteten und genutzten Gemeindelandes in bäuerliches Einzeleigentum; Errichtung von Agrarbanken zur Beschaffung langfristiger Kredite für die Bauern; Ansiedlungsaktionen vor allem in Sibirien. Herausbildung einer Schicht selbständiger Mittelbauern, der sog.

	Kulaken. Ihnen steht ein umfangreiches bäuerliches Proletariat gegenüber, Lohnarbeiter bei den Gutsherren oder den Kulaken, in ständigem zahlenmäßigem Wachstum begriffen. Höchstens 30% der Bauern werden bis 1917 Grundeigentümer.
1912	Januar: Die bolschewistischen Delegierten einer gesamtrussischen sozialdemokratischen Konferenz in Prag schließen sich unter Lenins Führung zu einer selbständigen Partei zusammen. Damit wird die Spaltung endgültig. April: Die Bolschewisten erringen bei den Wahlen zur Duma sechs Mandate. Sie schaffen sich in der – mit deutschem Kapital finanzierten – Parteizeitung „Prawda" (= Wahrheit) ein radikales Agitationsblatt. Auflage: 40000 Exemplare. Sie wird von Krakau aus, dem Sitz des bolschewistischen Zentralkomitees, geleitet. J. W. Stalin, einer ihrer Redakteure, wird Mitglied des Zentralkomitees.
1914	August: Kriegseintritt Rußlands. Bolschewisten und Menschewisten stimmen gegen die Bewilligung der Kriegskredite. Sie werden verhaftet und verbannt. „Nationale Purifizierung" (Stökl) des historischen Namens St. Petersburg in Petrograd.
1916	Juni-August: Scheitern der Brussilow-Offensive, benannt nach dem Oberbefehlshaber der russischen Armee. Beginnende Demoralisierung des russischen Heeres. Zunahme der Streikbewegung und Verschlechterung der wirtschaftlichen Lage, die sich vor allem in Ernährungsschwierigkeiten ankündigt.
1917	Januar: Eine alliierte Delegation, die zur Überprüfung des militärischen Potentials Rußlands nach Petrograd gereist ist, versucht vergeblich, Zar Nikolaus II. liberale Konzessionen nahezulegen. 23. Februar: Von den Putilow-Werken in Petrograd geht ein das ganze Land erfassender Generalstreik aus. Die zur Vertreibung der Demonstranten eingesetzten Truppen laufen über. 26. Februar: Die Duma ignoriert den Auflösungsbefehl des Zaren und konstituiert ein Exekutivkomitee als Provisorische Regierung unter dem Fürsten G. E. Lwow. Ihr gehören ausschließlich Vertreter des wohlhabenden Bürgertums an. Bemühungen um die Herbeiführung rechtsstaatlicher Verhältnisse. Trotz der Absage an annexionistische Kriegsziele erweist sich bald die Unmöglichkeit, den Krieg zu beenden: Die Alliierten würden sofort in Rußland intervenieren und die USA ihre Hilfslieferungen einstellen. 27. Februar: Konstituierung des Provisorischen Exekutivkomitees des Petrograder Sowjets der Arbeiter- und Soldatendeputierten. Ausdrückliche Bezugnahme auf die Räteinstitution von 1905. Der Petrograder Sowjet besteht aus rd. 2500 Vertretern; ein Arbeiter auf 1000, ein Soldat pro Kompanie. Ähnliche Sowjets – auf keine bestimmte Zeit gewählt – bilden sich auch in anderen Städten. 1. März: Der von dem Exekutivkomitee der Sowjets herausgegebene Befehl, wonach in jeder militärischen Einheit Soldatenräte zu bilden und alle Offiziere von den Truppenteilen zu wählen seien, erhöht die Verwirrung in der Armee. 2. März: Abdankung des Zaren Nikolaus II. unter dem Druck der sog. Februarrevolution, getragen von der sich als Repräsentant des Volkes fühlenden Duma-Opposition und ausgelöst durch den rapiden inneren Kräfteverfall der Monarchie. Die Provisorische Regierung proklamiert die bürgerlichen Freiheiten und stellt die Einberufung einer Konstituierenden Versammlung in Aussicht. Den politischen Häftlingen wird Amnestie gewährt. Rückkehr der nach Sibirien Verbannten. An die Stelle der Polizei tritt eine Volksmiliz.

1917

10. März: Installierung einer Kontaktkommission zwischen Regierung und Sowjets. Rollenverteilung zur Verhinderung eines machtpolitischen Dualismus.

14. März: Manifest des Petrograder Arbeiter- und Soldatenrats „An die Völker der ganzen Welt". Unmißverständliche Forderung nach einem „Frieden ohne Annexionen und Kontributionen".

22. März: Anerkennung der Provisorischen Regierung durch die USA; England, Frankreich und Italien folgen. Bestimmend ist die Absicht, ein Ausscheiden Rußlands aus dem Krieg zu verhindern.

3. April: Rückkehr Lenins aus dem Schweizer Exil nach Rußland. Die deutsche Reichsregierung leistet Transporthilfe, um „in Rußland ein größtmögliches Chaos zu schaffen" (Botschafter Brockdorff-Rantzau).

4. April: Verkündung der „Aprilthesen" durch Lenin, seines Aktionsprogramms über die „Aufgaben des revolutionären Proletariats". Sie führen zum sofortigen kompromislosen Bruch mit der Provisorischen Regierung und den anderen sozialistischen Parteien, mit denen die Bolschewisten seit Kriegsbeginn in lockerer Kooperation gestanden haben. Propagierung des revolutionären Bündnisses zwischen Bauern und Industrieproletariat.

5. Mai: Umbildung der Provisorischen Regierung. Eintritt von sechs Ministern aus dem Kreis der Menschewisten und Sozialrevolutionäre. Regierungschef wird der seitherige menschewistische Kriegsminister Kerenski, der die Fortführung des Kriegs an der Seite der Alliierten propagiert.

17. Mai: Rückkehr Trotzkis aus dem amerikanischen Exil. Während er sich 1903 noch von Lenins Parteitheorie distanziert (mit der prophetischen Warnung, daß sie „zur Diktatur über das Proletariat führen müsse") und 1905 als menschewistischer Agitator im Petersburger Sowjet eine hervorragende Rolle gespielt hat, schließt er sich jetzt vorbehaltlos Lenin an.

3. Juni: Erster Allrussischer Sowjetkongreß in Petrograd: 105 Delegierten der Bolschewisten (darunter Lenin) stehen 285 der Sozialrevolutionäre und 248 der Menschewisten gegenüber. Die Mehrheit billigt die Kriegspolitik der Provisorischen Regierung.

2. Juli: Protest kriegsmüder Soldaten und Arbeiter gegen die von der Provisorischen Regierung eingeleitete militärische Offensive. Unterstützung der Demonstration durch die Bolschewisten, die nach der Niederwerfung des Aufstands durch regierungstreue Truppen gezwungen sind, in den Untergrund zu gehen. Parteibüro und Redaktion der „Prawda" werden geschlossen, führende Funktionäre (darunter Trotzki) verhaftet. Lenin flieht nach Finnland, wo er die wichtige Grundsatzschrift bolschewistischer Machtergreifung und Herrschaftspraxis „Staat und Revolution" verfaßt.

September: Bei einem Putschversuch unter dem Oberbefehlshaber General Kornilow unterstützen die Bolschewisten die Provisorische Regierung. Doch deren Autorität schwindet, da ihre militärischen Anstrengungen erfolglos bleiben, sie die versprochenen Wahlen zu einer Verfassunggebenden Versammlung ständig vertagt und die dringende Agrarfrage (Versorgung der landhungrigen bäuerlichen Bevölkerung) nicht lösen kann. Die faktische Bedeutung der Landfrage unterstreicht Trotzki noch im Rückblick: „Wäre das Agrarproblem von der Bourgeoisie gelöst worden, hätte sie es zu lösen vermocht, das russische Proletariat hätte im Jahr 1917 keinesfalls an die Macht gelangen können".

10. Oktober: Lenin erzwingt in der Sitzung des Zentralkomitees den Beschluß zum Losschlagen. Nach seiner Rückkehr in den finnischen Unterschlupf organisiert Trotzki,

1917 Vorsitzender des zur Abwehr einer Konterrevolution oder eines deutschen Angriffs gegründeten Militärrevolutionären Exekutivkomitees des Petrograder Sowjet, die Aufstandsaktion.

25. Oktober: Eine kaum 24 Stunden währende, von Lenin inszenierte Aufstandsaktion, „generalstabsmäßig geplant und kunstvoll in Gang gebracht" (Geyer), in deren Verlauf bolschewistische Truppeneinheiten und Arbeitermilizen (sog. Rote Garde) alle strategisch wichtigen Punkte in Petrograd besetzen. Erstürmung des Winterpalais und Verhaftung der dort anwesenden Mitglieder der Provisorischen Regierung; Kerenski gelingt die Flucht.
Der Machtwechsel, von den Menschewisten als „Mißachtung des Kalenders" angeprangert, verläuft reibungslos. Die Bolschewisten rühmen sich mit Recht, daß weder der Straßenbahnverkehr noch der Theaterbetrieb eine Unterbrechung erfahren haben.
Der am Abend des 25. 10. eröffnete zweite Sowjetkongreß, in dem die Bolschewisten und linken Sozialrevolutionäre über die Mehrheit verfügen, nachdem die Menschewisten und gemäßigten Sozialrevolutionäre aus Protest über die bolschewistische Gewaltaktion und die daran geknüpften Forderungen ausgezogen sind, bringt Lenin begeisterte Ovationen dar.

26. Oktober (8. November): Der Rumpfkongreß der Sowjets bestätigt die Bildung eines Exekutivausschusses, des „Rates der Volkskommissare" (die Bezeichnung „Minister" empfindet Lenin als „widerlich und abgenutzt"), in dem Lenin den Vorsitz übernimmt. Lenin propagiert die bolschewistischen Forderungen: Friedenschluß („Friede ohne Kontributionen") und Landverteilung („Nationalisierung des gesamten Bodens").
Noch am gleichen Tag: Dekret „über den Grund und Boden": Alles Land wird zum Staatseigentum erklärt. Entschädigungslose Enteignung gutsherrlichen Landes (in wenigen Wochen etwa 150 Millionen Hektar) und Überführung in die Verfügungsgewalt von Bezirks- und Kreissowjets der Bauerndeputierten. Lenin gibt damit – trotz politischen Widerstrebens – den radikal-demokratischen Erwartungen der Bevölkerungsmehrheit nach.

Einführung in die Arbeitsthemen

Wenngleich sich Rußland seit dem 17. Jh. europäischer Zivilisation und westlichem Gedankengut geöffnet hatte, blieben das autokratische Regiment des Zaren und die gesellschaftlichen Abhängigkeiten davon unbetroffen. Selbst die bürgerlichen Revolutionen konnten nur geringfügige Gärungen unter der Oberfläche auslösen, die leicht unterdrückt wurden und keine bemerkenswerten Konsequenzen politischer und sozialer Natur nach sich zogen. Erst das außenpolitische Debakel des Krimkrieges brachte unter Alexander II. Reformen in Gang, die in der Aufhebung der bäuerlichen Leibeigenschaft gipfelten, sich jedoch als unzulänglich erwiesen, weil sie – ohnehin nur säumig durchgeführt – die antiquierte Organisation des Mir, d. h. der Dorf- und Bodengemeinde, nicht antasteten.
Die ungeheure Bevölkerungsvermehrung in der zweiten Hälfte des 19. Jh. konnte durch das Mir-System trotz fortgeführter Parzellierung nicht aufgefangen werden, so daß „die Landarmut ganze Heere von bäuerlichen Proletariern als freie Lohnarbeiter dem Großgrundbesitz und der Industrie in die Arme trieb" (Zernack). Dazu kam im Gefolge wirtschaftlicher Krisen, denen die russische Wirtschaft bei der mangelnden Kaufkraft der Landbevölkerung und der starken Abhängigkeit vom Export besonders ausgesetzt war, und einer beschleunigten Industrialisierung mit Hilfe ausländischen Kapitals die intensive Not des in den großen Städten schnell wachsenden, politisch aufrührerischen Industrieproletariats.

Was den Narodniki, den idealistischen Volksaufklärern, mit ihren Bemühungen um eine Politisierung des hart bedrängten, völlig ungebildeten Bauernstandes nicht gelungen war, glückt sozialrevolutionären Agitatoren in den Reihen der Arbeiterschaft, die eigene Räte (Sowjets) als Vertreter ihrer Interessen wählt und ihren reformerischen Forderungen durch Streiks Nachdruck verleiht. Aber erst ein erneuter außenpolitischer Mißerfolg, die Niederlage im russisch-japanischen Krieg (1904–1905), bewegt den wankelmütigen und politisch hilflosen Zaren, der Berufung einer von allen Klassen der Bevölkerung gewählten Volksvertretung (Duma) zuzustimmen und „damit einen entscheidenden Verzicht auf den bisherigen Absolutismus" (Herzfeld) zu leisten. Die Realisierung dieses Zugeständnisses wird jedoch durch weitgehende Eingriffe des Zaren (zum Selbstverständnis Nikolaus' II. vgl. seinen Ausspruch: „Der Gewalt des Zaren zu gehorchen, nicht aus Furcht, sondern aus Gewissensgründen, hat Gott selbst verordnet") derart behindert, daß der erreichte „Scheinkonstitutionalismus" (Max Weber) nur als Verbrämung einer unverändert autokratischen Regierungsform, „einer starr und blicklos gewordenen Gewalt" (Wittram) dient.
Die Fortdauer der politisch-sozialen Misere legt zwar die Vermutung nahe, „daß eine Wiederholung des Kriegsexperiments von 1904 auch eine Wiederholung des revolutionären Ausbruchs von 1905 in unabsehbar gesteigerten Ausmaßen heraufbeschwören würde" (Herzfeld), doch führt der Schritt in den Krieg im August 1914 – unzweifelhaft eine Art Flucht nach vorn – zunächst zu einer Stärkung des zaristischen Regimes, das sich als Garant der nationalen Existenz darzustellen versteht. Die Rückschläge an der Front, die bereits 1914 sichtbar werden, die lange Dauer des verlustreichen Krieges, dessen Ende 1917 noch keineswegs absehbar erscheint, und die starre unnachgiebig-reaktionäre Haltung des von bedenkenlosen Günstlingen dirigierten Zaren, der sich den gezügelten Demokratisierungsforderungen der Duma (Umbildung der Regierung, Gleichberechtigung der nationalen Minderheiten, Zugeständnis der Glaubens- und Pressefreiheit) gänzlich entzieht, radikalisieren die Opposition und verschärfen die Spannungen krisenhaft. Sie entladen sich in Massenaufständen, die Ende Februar 1917 von Petersburg ihren Ausgang nehmen und lawinenartig das ganze Land erfassen. Der Thron des Zaren ist, zumal die Armee der zusammenbrechenden Monarchie die aktive Hilfe versagt, nicht mehr zu retten.
Der revolutionäre Elan wird jedoch rasch kanalisiert, da sich die nach dem Muster von 1905 gebildeten Arbeiter- und Soldatenräte – obwohl faktisch im Besitz der Macht und vom Vertrauen der Bevölkerung getragen – zu einem Arrangement mit der mehrheitlich bürgerlichen Regierung unter dem Fürsten Lwow herbeilassen und sich mit einer Art Doppelherrschaft, einem mehr lähmenden Nebeneinander und „Paradoxon" (Trotzki), begnügen. Damit ist die Fortführung des Krieges gegen die Mittelmächte – trotz des Protests der sozialistischen Linken – sichergestellt, die soziale Kluft zwischen dem Bürgertum und der Mehrheit des Volkes bleibt jedoch bestehen.
Die innenpolitische Koexistenz und die Hoffnungen auf ein evolutionäres Hineinwachsen Rußlands in einen Parlamentarismus westlicher Prägung werden jäh gestört durch die Rückkehr eines fast vergessenen Emigranten: Lenin. Aus dem Schweizer Exil mit Zustimmung der deutschen Regierung und der Obersten Heeresleitung, die „nicht die kriegsfähige Ordnung, sondern die friedensbereite Unordnung" (Stökl) erstrebten, im „plombierten" Eisenbahnwagen nach Petersburg verfrachtet, macht er sogleich bei seiner Ankunft deutlich, daß nicht die „unblutige, strahlende Revolution" und die Etablierung demokratischer Verhältnisse seine Sache seien, sondern die aggressiv-zupackende Aktion mit Hilfe der revolutionären Massen und der „macchiavellistische Gebrauch der Macht" (Kogon).
Obwohl eigentlich nur der Exponent einer radikalen Minderheit wird Lenin aufgrund seines agitatorischen Talents und der unfreiwilligen Schrittmacherdienste der Provisorischen Regierung, in der der Menschewiki-Führer Kerenski Ministerpräsident geworden ist, zur beherrschenden Gestalt im revolutionär-sozialistischen Lager. Das Scheitern des nach dem Fehlschlag einer großangelegten militärischen Offensive gegen die Mittelmächte inszenierten Linksputsches der Bolschewisten, einer Kaderpartei mit begrenzter Mitgliedschaft, bedeutet nicht allzu viel. Lenin – in ein finnisches Versteck geflohen und überzeugt von der hingebungsvollen Bereitschaft seiner Anhänger, „der Revolution nicht nur ihre freien

Abende, sondern ihr Leben zu widmen", – steuert den Gang der Dinge konspirativ aus der Ferne. So ist der Sturm auf das Winterpalais in Petersburg, der dem Sturm auf die Bastille vergleichbare Auftakt zur Oktoberrevolution, mehr organisierter Staatsstreich als spontane Erhebung.

Wenngleich diese Aktion den bolschewistischen Berufsrevolutionären die Macht in die Hände spielt, ist für deren Befestigung jedoch entscheidend, daß es den Bolschewisten in der Regierung (dem sog. Rat der Volkskommissare) gelingt, die Hypotheken abzutragen, die zaristisches Regime und Provisorische Regierung hinterlassen haben. Dazu rechnen die Beendigung des Krieges und die Regelung der Agrarfrage, beides Probleme, deren revolutionäre Brisanz Lenin erkannt und zu denen er in seinen noch im Schweizer Exil konzipierten „Aprilthesen" klar Stellung bezogen hat. Mit ihrem Aufgreifen entspricht er taktisch klug den radikal-demokratischen Erwartungen der Bevölkerungsmehrheit, denen er mit seiner Prognose, daß „der Staat bald in das Museum der Altertümer neben das Spinnrad und die bronzene Axt gehören werde", bildkräftigen Ausdruck verleiht.

I/1 Das vorrevolutionäre Rußland

Arbeitsthemen

1. *Welche Veränderungen vollzogen sich in der Gesellschaft des zaristischen Rußland im 19. Jahrhundert? Inwiefern bargen sie revolutionären Zündstoff? (Nr. 1)*
2. *Welche Rolle kam dem Gesetz zur Bauernbefreiung im Prozeß der gesellschaftlichen Veränderung zu? (Nr. 2)*
3. *Welche Merkmale kennzeichneten die spezifische Struktur der russischen Intelligenz? (Nr. 3)*
4. *In welcher Weise beeinflußte der Ausbruch des Weltkrieges die Zusammensetzung der Industriearbeiterschaft? (Nr. 4)*
5. *Durch welche Tendenzen ist die wirtschaftliche Entwicklung im vorrevolutionären Rußland geprägt? (Nr. 5)*
6. *Welche Merkmale lassen die Charakterisierung des spätzaristischen Rußland als eines „unechten Verfassungsstaates" zu? (Nr. 6)*
7. *Inwieweit haben Krimkrieg, russisch-japanischer Krieg und Erster Weltkrieg zu einer Umgestaltung der wirtschaftlich-sozialen Verhältnisse in Rußland geführt? (Nr. 7)*
8. *Welche Handlungen und Versäumnisse verschärften die Arbeiterfrage im vorrevolutionären Rußland? (Nr. 8)*
9. *Worauf beruhte das Beharrungsvermögen des autokratischen Systems in Rußland? (Nr. 9)*
10. *Inwiefern wirkte der Krieg als Beschleuniger im Auflösungsprozeß der alten Ordnung? (Nr. 10)*
11. *Durch welche negativen Kennzeichen ist die wirtschaftliche Situation am Vorabend der Februarrevolution bestimmt? (Nr. 11)*

Materialien

1. Gesellschaftliche Veränderungen im 19. Jahrhundert

Welche Veränderungen erfuhr nun die durch und durch agrarische Grundstruktur der russischen Gesellschaft im Laufe des 19. und zu Beginn des 20. Jahrhunderts bis zum Ende des Zarenreiches? Betrachten wir zunächst kurz die Bevölkerung in ihrer Gesamtheit. Sie wuchs – bei einem fast gleichbleibenden territorialen Besitzstand des russischen Imperiums in Europa – von 45 Millionen im Jahre 1815 auf nicht weniger als 174,1 Millionen im Jahre 1913 an. Die durchschnittliche Jahreszunahme betrug 11,3 pro Tausend gegenüber 8,9 in Deutschland, etwas mehr in England, aber nur 3,4 in Frankreich. Im gleichen Zeitraum stieg der Anteil der städtischen Bevölkerung im europäischen Rußland von etwa 6 v. H. im Jahre 1815 über 8 v. H. im Jahre 1870 auf 12,8 v. H. im Jahre 1897 und auf 17,6 v. H. im Jahre 1913, während in Mittel- und Westeuropa bereits um 1800 im Durchschnitt etwa 25 v. H. der gesamten Bevölkerung in Städten lebten (in Großbritannien sogar 50 v. H.) und 1897 33 v. H. in den USA, 54 v. H. in Deutschland und 77 v. H. in England. Die soziale Struktur Rußlands war also – jedenfalls im Vergleich zu Westeuropa – eigentümlich genug, der Agrarcharakter offensichtlich als konstante Dominante erhalten geblieben. Daß ein solcher Eindruck, so zutreffend er gewiß ist, im Grunde dennoch zu undifferenziert, zu sehr an der Oberfläche haften bleibt, zeigt sich, wenn man folgende fünf wechselseitig auf das engste ineinander verflochtene Prozesse in die Betrachtung einbezieht, die die sozialstrukturelle Entwicklung in Rußland während des in Frage stehenden Zeitraums nachhaltig beeinflußt haben.Gemeint sind:

1. das vollständige Versagen des Leibeigenensystems angesichts starker Bevölkerungsvermehrung und beginnender Industrialisierung im zweiten Viertel des 19. Jahrhunderts;
2. die einschneidenden Veränderungen im rechtlichen Status sowie vor allem in der wirtschaftlichen und sozialen Lage der russischen Bauern als Folge der Aufhebung der Leibeigenschaft einerseits und der Stolypin'schen Agrarreform andererseits;
3. die Formierung der *intelligenzija* seit der Mitte des 19. Jahrhunderts;
4. das Entstehen eines Industrieproletariats seit dem Ende des 19. Jahrhunderts;
5. die Anfänge einer Bourgeoisie am Ausgang des 19. und zu Beginn des 20. Jahrhunderts.

Die bäuerliche Leibeigenschaft, ursprünglich und in erster Linie als Mittel zur wirtschaftlichen Sicherung des adligen Staatsdienstes entstanden und im Laufe der Zeit immer weiter verschärft, hatte mit der formellen Aufhebung der Dienstpflicht des Adels (1762) ihre innere, d. h. sachliche Rechtfertigung weitgehend eingebüßt. Spätestens seit den zwanziger und dreißiger Jahren des 19. Jahrhunderts hemmte, ja lähmte sie den so dringend erforderlichen wirtschaftlichen und sozialen Fortschritt; als „das Übel der Übel, das Unglück all unseres Unglücks" – wie der Jurist und Geschichtsphilosoph Konstantin Kavelin es 1855 formulierte – bewirkte sie die immer stärkere Verelendung der bäuerlichen Masse des Volkes, zugleich aber auch eine zunehmende Verschuldung und Verarmung der kleineren und mittleren Gutsbesitzer.

Im einzelnen ist festzuhalten, daß allein zwischen 1815 und 1835 die bäuerliche Bevölkerung um nicht weniger als 1,5 Millionen Arbeitskräfte anwuchs, deren sinnvolle Einordnung in den Wirtschaftsprozeß das Leibeigenensystem unmöglich machte. Die aus dem 16. Jahrhundert stammende *mir*-Verfassung, keineswegs Ausdruck rechtlicher Eigenständigkeit der Bauern, sondern eine reine Administrativmaßnahme der Regierung, beinhaltete die kollektive Haftung der Gemeinden bei der Steuer- und Rekrutenaufbringung und verbot deshalb den Bauern, aus ihren Gemeinden fortzuziehen. Der so zwangsweise in der Landwirtschaft verbleibende Menschenüberschuß aber wurde zu einer Belastung der vorwiegend, jedoch nicht mehr ausschließlich adligen Landbesitzer – die Aufhebung des Grundbesitzmonopols des Adels erfolgte bereits 1801 –, der diese aufs Ganze gesehen weder kapitalmäßig noch moralisch gewachsen waren. Wiederholt vorgenommene Erhöhungen

der bäuerlichen Dienstleistungen in Gestalt schwerer Fronarbeit (barščina) und hoher Geld- oder Naturalabgaben (obrok) boten selbst dort, wo der Gutsherr seine gesetzliche Versorgungspflicht ernst nahm, keinen auf die Dauer gangbaren Ausweg, sondern führten, verstärkt durch häufige Trockenjahre mit Mißernten durch die allgemeine (gleich noch etwas näher zu kennzeichnende) Rückständigkeit des Landes in technisch-industrieller Hinsicht sowie – last not least – durch verantwortungslosen Müßiggang und verschwenderische Lebensweise eines nicht geringen Teils des Adels, zu einer derartigen Verschärfung der Lage, daß nach 1840 auf über 50 v. H. aller Güter hohe Schuldenlasten ruhten und daß – trotz offiziellem Verbot – Leibeigene wie Handelsware feilgeboten wurden.
Kaum minder besorgniserregend waren die Zustände im außeragrarischen Bereich. Da die Masse der Gutsbesitzer, von der unfreien Bauernschaft ganz zu schweigen, aus den angegebenen Gründen praktisch keine Kaufkraft besaß, fehlte ein Binnenmarkt für Industrieprodukte. Es gab neben der bäuerlichen Hausindustrie *(kustar')* zur Deckung der für den täglichen Bedarf notwendigen Dinge nur einzelne Gutsfabriken wie Ziegeleien, Brennereien usw. und die vornehmlich auf den Militärbedarf beschränkte Produktion der staatlichen Fabriken und Manufakturen. Sie wurden seit dem Aufbau der Manufakturen in Rußland während des 18. Jahrhunderts, insbesondere unter Katharina II., überwiegend mit unfreien, d. h. leibeigenen Arbeitskräften betrieben, die in der ersten Hälfte des 19. Jahrhunderts einschließlich der im herkömmlichen *kustar'*-Gewerbe tätigen, ebenfalls hörigen bzw. halbhörigen Handwerker weniger als 1 v. H. der Gesamtbevölkerung ausmachten. 1830 betrug ihre Zahl ungefähr 250000 bei 50 Millionen Einwohnern, 1860 ungefähr 860000 bei 70 Millionen Einwohnern. Diese offenkundige Stagnation hatte vor allem folgende Ursache: Während in Westeuropa im Zuge einer ersten großen Industrialisierungswelle der Umwandlungsprozeß von der Manufaktur zum maschinellen Fabrikbetrieb anlief, stand im Zarenreich einer solchen Entwicklung neben der schon erwähnten und kurz begründeten Kapitalarmut im Lande selbst vor allem der Umstand entgegen, daß die mit leibeigenen Kräften betriebenen Fabriken einfach zu unrentabel waren, um die in der Regel nichtadligen, oft ausländischen Unternehmer zu den erforderlichen Kapitalinvestitionen zu veranlassen.

Aus: Karl-Heinz Ruffmann, Der soziale Strukturwandel in Rußland bis zur Oktoberrevolution, in: Sowjetgesellschaft im Wandel, hrsg. von Boris Meissner, Stuttgart 1966, S. 12ff.

2. Das Gesetz zur Bauernbefreiung

Inwieweit hat das Gesetz zur Bauernbefreiung von 1861 dazu beigetragen, einen sozialen Strukturwandel in Rußland einzuleiten oder gar zu beschleunigen? Jeder Antwortversuch wird davon ausgehen müssen, daß die Bauern (darunter 22,5 Millionen private Leibeigene) wohl die gesetzliche Garantie der persönlichen Freiheit im Sinne voller individueller Rechtsfähigkeit erlangten, ihr wirtschaftlicher und sozialer Status hingegen unverändert blieb, jedenfalls keine ins Gewicht fallende Verbesserung erfuhr. Eigentümer ihres, d. h. des von ihnen bearbeiteten Landes, blieb der Gutsherr; sie erhielten lediglich ein befristetes Nutzungsrecht auf Hofland und auf das bisher von ihnen innegehabte Ackerland mit dem Recht, beides zu erwerben. Diese Erwerbsmöglichkeit konnten sie indessen (wie gleich noch etwas näher zu erläutern sein wird) kaum oder gar nicht wahrnehmen, weil sie weder sofort noch später die dafür erforderlichen finanziellen Mittel aufzubringen vermochten. Hinzu trat eine höchst effektive, im Vergleich zur Zeit vor 1861 noch verstärkte Bindung an die nunmehr gesetzlich verankerte Einrichtung der Dorfgemeinde (obščina oder mir). Dafür sorgten vor allem zwei Bestimmungen. Die eine verfügte, daß das Land einer jeden Gemeinde als Gemeinbesitz der zu ihr gehörenden Bauern zur regelmäßigen oder fallweisen Umteilung (peredel) unter sie gelangte. Die andere beinhaltete die steuerliche Gesamthaftung des *mir* für alle seine einzelnen Mitglieder und verlieh ihm zur Ausübung seiner Funktion als Vollzugsorgan des Fiskus weitreichende Machtbefugnisse über sie. Für den Bauern hatten diese gesetzlichen Regelungen zur Folge, daß er trotz der ihm zugestandenen persönlichen Freiheit praktisch nicht aus dem Gemeindekollektiv ausscheiden konnte. Um sich loszukaufen – diese Möglichkeit war an sich gegeben –, fehlte ihm einmal mehr das Geld. Seine Familie aber durfte ihn eigentlich nicht fortlassen, weil nach der Zahl ihrer Steuerseelen, d. h. ihrer männlichen Mitglieder, die Größe ihres Landanteils bemessen wurde; und die Gemeinde wollte natürlich keinen Steuerzahler verlieren.

Insgesamt gesehen wurde durch das ebenso umfangreiche wie komplizierte agrarische Gesetzgebungswerk im Zusammenhang mit bzw. nach dem offiziellen Befreiungsmanifest vom Frühjahr 1861 ein neues System wirtschaftlicher und sozialer Abhängigkeiten geschaffen, das der Masse der russischen Bevölkerung keine reale Freizügigkeit gewährte und damit auch jeder Mobilität innerhalb der Gesamtgesellschaft nach wie vor äußerst enge Grenzen setzte, zumal die Nachfrage nach industriellen Arbeitskräften angesichts der Kapitalarmut der Gesamtwirtschaft nicht stark genug war bzw. nicht rasch genug anwuchs; ein System überdies, das, ohne wirklich einschneidende Änderungen zu erfahren, über vier Jahrzehnte in Kraft blieb.

In der Zwischenzeit kämpfte „das russische Bauerntum einen verzweifelten Kampf mit einer verzweifelten Situation" (G. T. Robinson). Auch das war insofern eine unmittelbare Folge des agrarischen Reformwerks von und nach 1861, als es den bisher leibeigenen Bauern viel zu wenig Land als Eigenbesitz zuerkannte und ihnen außerdem zur Auflage machte, es nachträglich durch Loskauf (vykup), d. h. durch Rückerstattung der zunächst vom Staat vorgeschossenen Kaufsummen, zu bezahlen. Damit fehlten von Anfang an die Voraussetzungen für das Entstehen eines gesunden, selbständigen Bauernstandes. Selbst in den großen Getreideexportzentren der fruchtbaren Schwarzerdegebiete war der Bauer oft nicht in der Lage, das zur Ernährung seiner Familie notwendige Existenzminimun zu erwirtschaften. Erst recht konnte er nicht die ihm aufgebürdeten finanziellen Lasten abtragen, die sehr ungleich auf sein Land im Verhältnis zu dem der Gutsbesitzer verteilt waren; er verschuldete vielmehr immer stärker . . .

Während die bäuerliche Bevölkerung zwischen 1861 und 1905 auf mehr als das Doppelte anwuchs, nahm im gleichen Zeitraum die ihr gehörende landwirtschaftliche Nutzfläche nur um ein Zehntel zu. Sie betrug 1905 mit knapp 163 Millionen ha etwas über 38 v. H. des Gesamtgrundbesitzes im eigentlichen russischen Kerngebiet (ohne Polen, die Ostseeprovinzen und Finnland), der rund 423 Millionen ha ausmachte. Durch ständige Parzellierung und Zersplitterung des bäuerlichen Bodens sank gleichzeitig die durchschnittliche Größe der russischen Bauernwirtschaft von 14,43 ha im Jahre 1877 auf 11,47 ha im Jahre 1905. Die Flächen des Gemeindelandes reichten, wie aus einer offiziellen Statistik von 1897 hervorgeht, bei 71 v. H. der Bauern nicht zur Deckung des eigenen Bedarfs, bei 20 v. H. nicht einmal zum Unterhalt des Arbeitsviehs aus. Insgesamt erzeugten Landnot und Landhunger in Verbindung mit unerträglichen Steuerlasten, Fesselung an den *mir* und wiederholten entsetzlichen Hungerkatstrophen als Folgen von Mißernten (insbesondere zwischen 1891

und 1901) einen sozialen Überdruck, der sich in ständig zunehmenden lokalen und regionalen Bauernunruhen Luft machte, um sich schließlich in der revolutionären Explosion von 1905 zu entladen.
Bis 1905 hielten Gutsadel und Bürokratie übereinstimmend die *mir*-Verfassung für eine sichere Gewähr und für das beste Instrument zur Aufrechterhaltung der alten, d. h. der 1861 geschaffenen Agrarordnung. Unter dem Eindruck der ersten Revolution kam es jedoch zu einer Revision dieser Auffassung; jetzt erblickten gerade sozialkonservative Kreise vielerorts in der Auflösung des *mir* ein probates Mittel, um den Landhunger der Bauern möglichst von ihrem gutsherrlichen Besitz abzulenken. Damit zusammen traf der Versuch einer neuen staatlichen Agrarpolitik, die ab November 1906 der Innenminister und spätere Ministerpräsident P. A. Stolypin einleitete mit dem eindeutigen Ziel, „der russischen Gesellschaft in Gestalt eines Standes wirtschaftlich konsolidierter Einzelbauern eine neue gesunde Basis zu schaffen" (G. Stökl). Stolypins erstes Agrargesetz vom November 1906 räumte den Bauern (endlich) die Freiheit ein, unter Beibehaltung ihres Nutzungsrechts an dem gemeindeeigenen Wiesen-, Weiden- und Waldbestand mit ihren bisherigen Landanteilen aus dem *mir* auszutreten und diese als ihr persönliches Eigentum zu bewirtschaften. Unwirtschaftlichen Streubesitz konnten sie über eine von ihnen zu beantragende Flurbereinigung beseitigen lassen. Auf diese Weise wurden – ein bisher einmaliger Vorgang in der neueren russischen Sozialgeschichte – mit Hilfe, ja auf Initiative des Staates wirklich lebensfähige und rentable bäuerliche Eigentumswirtschaften begründet. Freilich machten sie mit insgesamt 13 Millionen ha im Jahre 1913 erst 10 v. H. des bäuerlichen Gesamtbesitzes an Land aus; außerdem reichten sie nur zur Versorgung von 2 Millionen Bauernhöfen.

Aus: Karl-Heinz Ruffmann, Der soziale Strukturwandel in Rußland bis zur Oktoberrevolution, a. a. O., S. 15ff.

3. Die vorrevolutionäre Intelligentsia

Die aus der Intelligentsia kommenden Revolutionäre, die bald die gesamte Intelligentsia ausmachten – Revolutionär sein und zur Intelligentsia gehören, war schließlich identisch –, versuchten, eine Verbindung zu den Massen zu finden, was ihnen nur selten gelang. Sie standen lange allein, oft in streitenden Gruppen zerrissen. Erst gegen Ende des 19. und zu Beginn des 20. Jahrhunderts gelang es ihnen, Verbindung zu den Massen aufzunehmen, indem sie sich an die Spitze von Massenstreiks setzten, die ursprünglich die Verbesserung materieller Lebensbedingungen erstrebten, und sie durch Agitation in politische Bewegungen ummünzten. Das Vorhandensein einer Intelligentsia als nur durch mentale Charakteristika und durch gemeinsame Bildung verbundenen Schicht läßt – damals wie heute – auf den unterentwickelten Status einer Gesellschaft schließen; sie ist nicht fähig, neue, aufsteigende Schichten zu integrieren. Es ist für den Entwicklungsstand einer Gesellschaft bezeichnend, inwieweit es ihr gelungen ist, einer solchen entwurzelten und in einem Zustand der Entfremdung gegenüber der gegebenen gesellschaftlichen Wirklichkeit lebenden Gruppe von Menschen einen Platz zuzuweisen und sie damit als eigene Schicht aufzuheben und zu beseitigen.
Die im 19. Jahrhundert in Rußland sich bildende Schicht der Intelligentsia-Revolutionäre stellte nicht die etablierte russische Elite dar. Zur Elite gehörten die in das System integrierten Aristokraten, die als zaristische Beamte oder Offiziere Dienst taten oder ihr Leben

genossen. Diese Elite war vom Volk anerkannt; ihr wurde Respekt gezollt und Gehorsam entgegengebracht. Selbst der Teil, den man als „geistige Elite“ bezeichnen könnte, gehörte zum zaristischen „establishment“. Es waren zarentreue Universitätsprofessoren, gemäßigtliberale, aber an der Institution des Zarentums nicht rüttelnde Publizisten, Schriftsteller und Künstler (sofern sie es nicht vorzogen, im westeuropäischen Ausland zu leben). Es handelte sich bei der Intelligentsia um eine aufsteigende Elite, die den Anspruch erhob, die alten Eliten abzulösen. Auch hierin bot die Gesellschaft des zaristischen Rußland das Bild einer „unterentwickelten“ Gesellschaft.

Die dichotome Spaltung der russischen Gesellschaft in eine kleine, fast allmächtige Oberschicht und in eine große, fast ohnmächtige Unterschicht ist typisch für eine „unterentwickelte“ oder in der Entwicklung befindliche Gesellschaft. Auch, daß das „schwerfällige, furchtsame und rückständig handeltreibende Bürgertum“ (B. D. Wolfe) als Mittelschicht für die russische gesellschaftliche Wirklichkeit irrelevant war, bestätigt den Befund. „Das alte Rußland war gewissermaßen eine einzige, riesige patriarchalische Familie mit einem autokratischen Oberhaupt“ (B. D. Wolfe). Das erhielt sich bis zur Revolution.

Aus: Heinrich Rudolf Sonntag, Marx und Lenin – Zur Soziologie der modernen Revolution, Bochum 1968, S. 116ff.

4. Zur Herkunft der Fabrikarbeiterschaft

Gleichzeitig, d. h. seit 1870 und noch stärker seit 1890, setzte ein mächtiger Aufschwung der russischen Schwerindustrie ein, gefolgt von der Entfaltung zahlreicher anderer Industriezweige. Nach einer gewissen Anlaufzeit schnellte die jährliche industrielle Zuwachsrate in den 1890er Jahren auf 8 v. H. und damit auf eine Höhe empor, die damals in keinem der westlichen Industriestaaten erreicht wurde.

Eine derartige, hier nur in ganz groben Umrissen andeutbare Entwicklung im russischen Wirtschaftsleben brachte zwangsläufig das rasche Entstehen und Wachstum eines Industrieproletariats mit sich. Von 1830–1860 hatte ... der Anteil der Fabrikarbeiter, die meist Leibeigene (z. B. in der Montanindustrie), teilweise aber auch schon Lohnarbeiter (wie etwa in den Moskauer Textilfabriken) waren, unter 1 v. H. der Gesamtbevölkerung gelegen. Zwischen 1860 und 1900 verdoppelte er sich. 1897 gab es in einer Bevölkerung von 129 Millionen mindestens 2,5 Millionen Fabrikarbeiter, möglicherweise noch mehr; nach 1900 wuchsen sie sehr schnell auf über 3 Millionen an, was 2,3 v. H. der Gesamtbevölkerung entsprach, im Vergleich zu westeuropäischen Verhältnissen also immer noch eine außerordentlich niedrige Zahl darstellte. Um so bemerkenswerter und erstaunlicher, daß von dieser so schmalen und jungen sozialen Schicht, deren den westlich-frühkapitalistischen Zuständen entsprechende Arbeits- und Lebensbedingungen durch eine völlig ungenügende Sozial- und Arbeiterschutzgesetzgebung eine nur sehr langsame Besserung erfuhren, einwandfrei die stärkste dynamische Kraft während der ersten russischen Revolution im Jahre 1905 ausging. Das wiederum war nicht zuletzt deshalb möglich, weil zu den damals noch recht wenigen industriellen Schwerpunktgebieten mit hoher Bevölkerungsverdichtung, wo die Umschichtung der sozialen Struktur im modernen Sinne zunächst allein erfolgen konnte und auch tatsächlich erfolgte, die beiden besonders menschenreichen Hauptstädte Petersburg und Moskau gehörten, die bereits 1897 1,26 bzw. 1,03 Millionen Einwohner zählten. Wichtig ist ferner, daß – im Unterschied zur immerhin teilweisen handwerklichen und kleinbürgerlichen Herkunft der Arbeiterschaft in den meisten westlichen Industrieländern – die erste russische Fabrikarbeitergeneration ausschließlich aus proletarisierten Bauern bestand, die, sofern sie nicht bereits zuvor in Gutsfabriken oder im *kustar'*-Gewerbe in Lohnarbeit gestanden hatten, durch Steuer- und Paßpflicht sowie durch Anspruch auf ihren Anteil am Familienland weiterhin an ihre alte Dorfgemeinde gefesselt blieben. Nicht von ungefähr vertraten dann auch die Narodniki (und später die Sozialrevolutionäre als ihre Nachfahren) den Standpunkt, daß der russische Arbeiter in Wirklichkeit ein vorübergehend in der Fabrik beschäftigter Bauer sei, der immer wieder aufs Land zurückkehre, mithin nicht als Proletarier im üblichen Sinne des Wortes angesehen werden dürfe. Faktisch war diese traditionsbestimmte Anschauung bereits in den 1890er Jahren überholt, rechtlich wurde die Bindung des Arbeiters an die Dorfgemeinschaft durch die Reformen Stolypins von 1906–1910 aufgelöst. Dennoch wird man gerade für das Ende des hier zu behandelnden Zeitraumes, insbesondere hinsichtlich der Situation im Revolutionsjahr 1917, die Wirksamkeit einer bäuerlich-sozialrevolutionären Denk- und Verhaltensweise innerhalb der russischen Arbeiterschaft recht hoch veranschlagen müssen, weil deren Zusammensetzung sich während des Weltkrieges kurzfristig erheblich verändert hatte. Ein nicht geringer Teil ihres bisherigen Bestandes war zum Militärdienst eingezogen worden; ihren Platz nahmen Arbeitskräfte ein, die man zu diesem Zweck aus den Dörfern holte und die in jeder Beziehung ungeschult waren; aus der gleichen Quelle rekrutierten sich auch die ungefähr 400000 Industriearbeiter, die im Zuge des Ausbaus der Kriegsindustrie zusätzlich benötigt wurden.

Aus: Karl-Heinz Ruffmann, Der soziale Strukturwandel in Rußland bis zur Oktoberrevolution, a. a. O., S. 22ff.

5. Zur wirtschaftlichen Situation im vorrevolutionären Rußland

a) Lebensmittelpreise (in Rubel und Kopeken)

	August 1914	August 1917	proz. Erhöhung
Schwarzbrot (Pfund)	0,02	0,12	330
Weißbrot (Pfund)	0,05	0,20	300
Rindfleisch (Pfund)	0,22	1,10	400
Kalbfleisch (Pfund)	0,26	2,15	727
Schweinefleisch (Pfund)	0,23	2,00	770
Hering (Pfund)	0,06	0,52	767
Käse (Pfund)	0,40	3,50	754
Butter (Pfund)	0,48	3,20	557
Eier (Dutzend)	0,30	1,60	443
Milch (Krug)	0,07	0,40	471

b) Preise für andere Gebrauchsgüter (in Rubel und Kopeken)

	August 1914	August 1917	proz. Erhöhung
Kattun (Arschin)	0,11	1,40	1173
Baumwollstoff (Arschin)	0,15	2,00	1233
Kleiderstoff (Arschin)	2,00	40,00	1900
Wolltuch (Arschin)	6,00	80,00	1233
Herrenschuhe (Paar)	12,00	144,00	1097
Sohlenleder (Arschin)	20,00	400,00	1900
Überschuhe (Paar)	2,50	15,00	500
Herrenanzug	40,00	400–455,00	900–1109
Tee (Pfund)	4,50	18,00	300
Zündhölzer (Karton)	0,10	50,00	400
Seife (Pud)	4,50	40,00	730
Benzin (Wedro)	1,70	11,00	547
Kerzen (Pud)	8,50	100,00	1076
Karamellen (Pfund)	0,30	4,50	1400
Brennholz (Fuhre)	10,00	120,00	1100
Holzkohle	0,80	13,00	1525
Verschiedene Metallwaren	1,00	20,00	1900

c) Tageslöhne (in Rubel)

Berufe	Juli 1914	Juli 1916	August 1917
Tischler und Zimmerleute	1,60–2,00	4,00–6,00	8,50
Erdarbeiter	1,30–1,50	3,00–3,50	–
Maurer und Stukkateure	1,70–2,35	4,00–6,00	8,00
Maler, Polsterer	1,80–2,20	3,00–5,50	8,00
Schmiede	1,00–2,25	4,00–5,00	8,50
Ofensetzer und Schornsteinfeger	1,50–2,00	4,00–5,50	7,50
Schlosser	0,90–2,00	3,50–6,00	9,00
Hilfsarbeiter	1,00–1,50	2,50–4,50	8,00

Zit. nach Richard Lorenz, Anfänge der bolschewistischen Industriepolitik, Köln 1965, S. 28f.

6. Der russische Scheinkonstitutionalismus

Schickte sich das späte Zarenreich nach 1905, trotz Nichterfüllung der Versprechen des Oktobermanifests, tatsächlich an, allmählich den Weg westlicher Verfassungsstaaten zu beschreiten und sich einem Parlamentarisierungsprozeß wenn nicht zu unterwerfen, so immerhin zu öffnen? Oder trifft das schon 1906 gefällte, aber auch in unserer Zeit durchaus noch gängige Verdikt Max Webers vom „russischen Scheinkonstitutionalismus" zu?
Uns scheint es geboten, folgende Fakten festzuhalten:
1. In der sogenannten formellen Rechtsverfassung, d. h. in den 1906 erlassenen und bis 1917 gültigen Staatsgrundgesetzen (in denen das Wort „Konstitution" nicht vorkommt), blieb der Begriff der Selbstherrschaft erhalten und wurde – im Artikel 4 – so definiert: „Dem

Kaiser von Allrußland gehört die Oberste Selbstherrschende Gewalt. Seiner Gewalt nicht nur aus Furcht, sondern auch aus Gewissenspflicht zu gehorchen, befiehlt Gott selbst". Im Unterschied zur bisherigen Definition fehlte demnach wegen der in zwei anderen Artikeln festgelegten Mitwirkung der Duma an der Gesetzgebung das Wort „unbeschränkt".
2. Während die Staatsgrundgesetze der Duma außer dieser Mitwirkung, von der überdies sämtliche Hof- und Militärangelegenheiten ausgenommen waren, lediglich ein rigoros reglementiertes Interpellations- und Budgetkontrollrecht zugestanden, gaben sie dem Zaren die ganze Fülle der Macht und sicherten weiterhin seine absolute Verfügungsgewalt über den Staat. Nur ihm waren auch nach 1906 die Minister verantwortlich, ihm unterstand die gesamte Verwaltung, er besaß die absolute Verfügungsgewalt im militärischen Bereich und ein unbeschränktes Vetorecht. Alle diese Befugnisse gipfelten schließlich in einem umfangreichen Notverordnungsrecht, das es ihm erlaubte, durch die allein ihm anheimgestellte Verhängung des Ausnahmezustandes (in drei Formen bis hin zum Kriegszustand) jederzeit die noch vorhandenen verfassungsrechtlichen Garantien – mit Ausnahme der Gesetze über die Reichsduma, den Reichsrat und die Wahlordnung! – aufzuheben und Rußland auf dem Verwaltungswege und durch Polizeiverordnungen zu regieren.
3. Die verfassungspolitische Wirklichkeit Rußlands nach 1906 war dadurch gekennzeichnet, daß die rege, vor allem auf dem Gebiet der Gesetzgebung nicht unbedeutende Tätigkeit der Duma überlagert wurde von fortgesetzten Maßnahmen und Tendenzen der Autokratie, die darauf hinausliefen, die für das Einsetzen einer konstitutionellen Entwicklung ohnehin kaum zureichende Basis auszuhöhlen und womöglich ganz zu beseitigen. Der spektakulärste und auch höchst effektive Schritt in dieser Richtung, der zugleich ein bezeichnendes Schlaglicht auf die damaligen tatsächlichen Machtverhältnisse wirft, war die 1907 vom Zaren verfügte Änderung des Dumawahlrechts. Das war ein eklatanter Verfassungsbruch und reiner Willkürakt, aber die Duma war außerstande, sich dagegen erfolgreich zur Wehr zu setzen.
Aus alledem ist zu folgern: Das spätzaristische Rußland war im letzten Jahrzehnt seiner Existenz eine „parlamentarische Autokratie" *(G. Stökl)*, d. h. es war ein unechter Verfassungsstaat, ein in konstitutionelle Formen gekleideter Verwaltungsstaat, der nicht mehr als einige Vorformen, erste bescheidene Ansätze auf dem Weg zu einem echten Verfassungsstaat im liberal-demokratischen Sinne aufwies.

Aus: Karl-Heinz Ruffmann, Sowjetunion – Bilder, Texte, Dokumente –, München 1972, S. 55

7. Zur Wechselwirkung von Krieg und Revolution

In der Mitte des 19. Jahrhunderts hatte ein Krieg, der Krimkrieg, genauer: die Niederlage in diesem Krieg, den Anstoß für eine *Reform von oben* gegeben, die in ihren Dimensionen und Implikationen ohne Beispiel war: Die Leibeigenschaft wurde aufgehoben und mit der sogenannten Bauernbefreiung manches liberale Institut ins Leben gerufen: das unabhängige Gericht, Organe lokaler Selbstverwaltung, eine gemilderte Zensur. Die „öffentliche Meinung" begann sich kräftig zu regen und auf politische Entscheidungen Einfluß zu gewinnen. Es ging um den Versuch, dem autokratischen Staat statt der ständisch gebundenen Untertanengesellschaft nun eine bürgerliche Gesellschaft, Staatsbürgergesellschaft, die moderne Nation verfügbar zu machen; die allgemeine Wehrpflicht, der Abschied von einer Armee zwangsrekrutierter Steuerseelen, ergab sich daraus. Zugleich wurden Voraussetzungen für

die Übernahme neuer Wirtschaftsweisen geschaffen, für Kapitalimport und Kapitalakkumulation, für den raschen Industrieaufbau, der zur Staatsmaxime geworden war. Nicht nur dort, wo diese Reformen mißlangen und bald zurückgenommen wurden, sondern auch und gerade dort, wo der Fortschritt sichtbar war, mögen Ursachen der Revolution aufzufinden sein.
Ein halbes Jahrhundert später, 1905, begann ein zweiter großer Anlauf zur inneren Erneuerung, der letzte, den es gab. Damals war die Niederlage im russisch-japanischen Krieg mit einer revolutionären Erschütterung zusammengeschlagen, die ein gefährliches Produkt nicht nur des Krieges war. Das Regime, wenn es überleben wollte, konnte sich nicht darauf beschränken, die Revolutionsbewegung zu strangulieren, sondern es mußte der Doppelbedrohung von innen und außen dadurch begegnen, daß es sich selbst zu regenerieren strebte. Diese Zwangslage hat die russische Monarchie schließlich zu jenem „Scheinkonstitutionalismus" gelangen lassen, den Max Weber 1906 am russischen Beispiel beschrieb – wohl wissend, daß er mit seiner Kritik zugleich die Verhältnisse im damaligen Preußen traf. Ein Grundgesetz wurde gegeben, ein Parlament eingerichtet mit Klassenwahlrecht und einem schwach befestigten Platz in der legislativen Prozedur; politische Parteien, Berufsverbände, neue Presseorgane wurden auf überwachtem Gelände zugelassen. Ansätze zu einer Landreform erstrebten die schrittweise Auflösung der noch gebundenen Agrarverfassung, der alten Umteilungsgemeinde zumal. Hoffnung und Ziel des ganzen war: die Schaffung einer marktproduzierenden bäuerlichen Landwirtschaft, die fähig wäre, die permanente Agrarkrise abzubauen und den Kapitalbedarf der rasch wachsenden Industrie zu decken.
Im Ersten Weltkrieg, der manches unterbrach, was gut zu werden schien, in dieser dritten und schwersten Katastrophe, wurden Reformansätze nicht mehr gewagt, auch im politischen Bereich nicht; im Widerstand des Zaren gegen eine Parlamentarisierung der Staatsverfassung zeigte sich abermals eine merkwürdige Parallele zur Entwicklung in Preußen. Was dann kam, war die Revolution, und was zerbrach, war nicht nur die Monarchie – Monarchien zerbrachen in diesem Krieg auch anderwärts. Nicht nur der Zusammenhalt des Vielvölkerreichs Rußland ging verloren, so daß ein Auflösungsprozeß einsetzte, der wenig später auch das Habsburger und das Osmanische Reich ergriff: Was binnen weniger Monate zerfiel, war jene provisorische Demokratie, die zu „improvisieren" der Beruf der Erben des gestürzten Zaren war, weil die Maximen dieser Männer, ihre Stärken wie ihre Schwächen, andere Wege nicht gangbar erscheinen ließen. Auch die deutsche Republik von Weimar war eine „improvisierte Demokratie" *(Th. Eschenburg)*. Daß es in Rußland und Deutschland für ein solches Experiment höchst unterschiedliche Voraussetzungen gab, liegt auf der Hand. Die Differenz zwischen dem Roten Oktober in Petrograd und dem November 1918 in Berlin erklärt sich daraus.

Aus: Dietrich Geyer, Die Russische Revolution, Stuttgart 1968, S. 14f.

8. Arbeiterschaft und zaristisches Regime

Was Wilhelm II. gelegentlich zu annoncieren pflegte, nämlich die Gewehrläufe gegen die Roten zu richten, das ließ Nikolaj wieder und wieder geschehen: so im April 1912, als die Gendarmerie unter den Teilnehmern einer Arbeiterdemonstration auf den Lena Goldfields ein schauerliches Blutbad anrichtete, so noch im Juli 1914 in den Petersburger Putilov-Werken. In der Nervosität und Brutalität der Machthaber spiegelte sich die Tatsache, daß das

Fabrikproletariat ein Herd der Unruhe und des Aufbegehrens geblieben war. In den beiden Jahren, die dem Ausbruch des Ersten Weltkriegs vorausgingen, weckte die industrielle Konjunktur erneut eine Welle großer Massenstreiks, die namentlich in den Hauptstädten immer wieder in politische Demonstrationen unter sozialistischen Losungen übergingen. Als Poincaré im Juli 1914 zu einem Staatsbesuch nach Petersburg kam, befanden sich dort etwa 200000 Arbeiter im Ausstand. Nicht nur die sowjetische Forschung, sondern auch die Untersuchungen amerikanischer Rußlandhistoriker sprechen mit guten Gründen vom Faktum einer revolutionären Situation, die erst durch den Kriegsbeginn entschärft worden sei.

Seit 1905 war klar, und die Jahre bis zum Weltkrieg hatten dieses Faktum immer wieder dargetan: Wann immer der Zusammenbruch der herrschenden Ordnung drohen mochte, würde die russische Arbeiterschaft ganz wesentlich daran beteiligt sein, den Ausgang einer solchen Krise zu entscheiden. Im Unterschied zu den bäuerlichen Massen repräsentierte sie eine organisierte oder doch zur Organisation und Koordination befähigte Kraft, die in den wichtigsten Zentren des Reiches, an Plätzen, die zugleich die Zentren der Macht und des politischen Lebens waren, ihre Schwerpunkte hatte. Niemand kam daran vorbei, daß die Mentalität und die Orientierung der proletarischen Bevölkerung den etablierten Gewalten keine Ruhe versprachen. Wem es gelang, die Arbeiterschaft auf dem Höhepunkt einer revolutionären Krise zur Aktion zu bringen, der durfte damit rechnen, daß das alte Regime rasch an den Rand der Katastrophe geriet. Nimmt man beides zusammen: 1. die desolaten Zustände, die in der zerstörten Agrargesellschaft wirksam waren – mit bäuerlichem Massenelend und mit der fortbestehenden Neigung großer Schichten, die eigene Not und Verzweiflung in elementaren Rebellionen und Aufständen aufzuheben, und 2. die Widerstandsbereitschaft in der Arbeiterschaft, die bereits gezeigt hatte, daß ihre Bewegung in politische Massenaktionen großen Ausmaßes umschlagen konnte –, dann wird man fragen müssen, wie es geschehen konnte, daß das alte Regime, dem die breite soziale Basis offenbar doch längst entglitten war, dennoch weiterlebte und über Jahrzehnte hinweg bis in den Krieg hinein die revolutionäre Gefährdung immer wieder zu zähmen verstand; dann wird zu fragen sein, worauf denn bei aller Schwäche und Anfälligkeit diese merkwürdige Widerstandsfähigkeit beruhte, die das politische System in all diesen Jahren bewies. Was hier berührt wird, führt von den *sozialen* Voraussetzungen der Revolution zu den *politischen* Problemen hin, die mit der Vorgeschichte der Russischen Revolution verwoben waren.

Aus: Dietrich Geyer, Die Russische Revolution, a. a. O., S. 31 f.

9. Zarentum und bäuerlicher Patriotismus

Es wäre falsch, sich das Beharrungsvermögen des alten Staates so zurechtzulegen, als sei dieser Machtkörper nur durch brachiale Gewalt, durch kaisertreue Kosaken oder durch virtuose Polizeiagenten vor der Gefahr des Zusammenbruchs behütet worden. Das Gleichgewicht, das die herrschende Ordnung solange lebensfähig hielt, beruhte nicht nur auf den Bajonetten privilegierter Prätorianergarden, nicht bloß auf der Möglichkeit, politische Verschwörungen aufzudecken und Staatsverbrecher wenn nicht an den Galgen, so doch nach Sibirien zu bringen. Ungleich stärker wirkte es sich aus, daß die bindende Kraft des alten Regimes im Hinblick auf die Masse der Bevölkerung bis zum Ende hin beträchtlich blieb. Sieht man ab von erheblichen Teilen der industriellen Arbeiterschaft, so durfte die

Regierung der Loyalität des bäuerlichen Volkes weithin doch noch sicher sein. Die Institution der Autokratie war im bäuerlichen Milieu noch jeder irdischen Zudringlichkeit entrückt, und wann immer Bauernunruhen um sich griffen, wütete die Menge nicht gegen das Bild des Zaren, sondern gegen die, von denen man meinte, daß Not und Ungerechtigkeit von ihnen kämen: gegen Gutsbesitzer und Verwalter, gegen kleine Beamte und Steuereintreiber, gegen Blutsauger und Wucherer, oder auch gegen die Juden, die, wie es hieß, den Gottessohn ans Kreuz geschlagen hätten. Ein ursprünglicher Patriotismus, dem die orthodoxe Frömmigkeit entgegenkam, hat die anarchischen Regungen des Bauernvolkes immer wieder aufgehoben. Die patriotische Emotion vermochte das fehlende Staatsbewußtsein sehr wohl zu ersetzen, und sie hat der Figur des Zaren einen Platz im bäuerlichen Weltbild verbürgt. Gewiß kündigte sich in der konvulsiven Auflösung der überlieferten Agrarordnung vielerorts schon an, daß das spirituelle Fundament der Autokratie im Fortgang der Jahre problematisch und brüchig werden konnte. Doch daß die Belastungsfähigkeit des einfachen und ungebildeten Volkes selbst im Ersten Wektkrieg noch recht kräftig war, läßt sich nicht leugnen. Die russische Armee, in der die Bauern überwogen, hat bis zum Frühjahr 1917 gegen revolutionäre Agitationsversuche eine höchst geringe Anfälligkeit gezeigt.
Es ist wichtig zu sehen, daß diese Tatsachen die Bewegungsmöglichkeit jeder oppositionellen und revolutionären Politik in Rußland eng begrenzten. Weder den liberalen noch den sozialistischen Gruppen ist die Masse der bäuerlichen Bevölkerung je zugänglich geworden. Auch wenn in Zeiten allgemeiner Unruhe handlich gemachte politische Parolen auf das Dorf überspringen mochten, so hat doch keine der politischen Parteien hier eine dauerhafte Basis begründen können. Das flache Land, und das hieß: rund 80 Prozent der Nation, schloß sich der Politik noch nicht auf.

Aus: Dietrich Geyer, Die Russische Revolution, a. a. O., S. 37

10. Die Krise des Alten Regimes

Wer sich die Begebenheiten vergegenwärtigt, die zur „Februarrevolution“ im März 1917 führten, wird das rasche Ende der Zarenmonarchie vielleicht noch immer erstaunlich, im ganzen aber doch plausibel und erklärlich finden. In einer Phänomenologie der Krise lassen sich viele Faktoren aufzeigen, die am Zerfall des autokratischen Systems verantwortlich beteiligt waren: allen voran natürlich der unglückliche Verlauf des Krieges selbst, der im einzelnen hier nicht zu schildern ist. Der Krieg wirkte als Beschleuniger im Dekompositionsprozeß; den Belastungen, die er brachte, war der alte Staat nicht mehr gewachsen. Schon im Sommer 1915, als die russische Front unter den Stößen der deutschen Offensive weit nach Osten zurückwich, kam heraus, daß der Krieg für Rußland militärisch nicht mehr zu gewinnen war, – es sei denn, die Verbündeten Rußlands würden diesen Krieg für Rußland mitgewinnen.
Die Menschenverluste waren gewaltig: Bis Februar 1917 zählte man um die acht Millionen Tote, Verwundete, Vermißte und Gefangene. Das wieder wettzumachen, konnte kaum gelingen. Ein hoher Prozentsatz des aktiven Offizierskorps war schon im ersten Kriegsjahr verlorengegangen; ein qualifizierter Reserveoffiziersstand, der die Lücken hätte füllen können, war nicht vorhanden; und die neu eingezogenen Mannschaften, von denen das Heer Monat für Monat etwa 350000 Leute verschlang, rückten immer schlechter ausgerüstet und oft kaum ausgebildet in die Frontabschnitte ein. Überdies konnten die schweren

Verluste an Material nicht ausreichend ersetzt werden. Die russische Industrie wurde erst 1916 unter großen Anstrengungen dazu gebracht, mit den wachsenden Bedürfnissen des Millionenheeres leidlich Schritt zu halten; Rohstoffmangel, Transport- und Versorgungsschwierigkeiten nahmen schlimme Formen an. Die Finanzsituation des Staats war hoffnungslos; für 1916 hat man die Kriegskosten auf 40 Millionen Rubel täglich geschätzt. Es blieb ohnehin erstaunlich, daß die russische Militärmaschine trotz aller Rückschläge und Einbußen bis zum Ende der Monarchie im ganzen ungebrochen weiterlief.
Hinter der Front war die Not, namentlich in den Städten und Industriezentren, schon frühzeitig spürbar geworden. Lebensmittelknappheit, vor allem aber rapide steigende Preise lasteten schwer auf der Bevölkerung, den niederen Schichten zumal. Kriegsmüdigkeit und Niedergeschlagenheit, Gleichgültigkeit und Verzweiflung breiteten sich aus, die in Unruhe und Aufruhrbereitschaft umschlagen konnten, sobald Gerüchte oder Losungen die Massen ergriffen. Ein besonderes Element der Anfälligkeit ergab sich aus der kriegsbedingten Fluktuation im proletarischen Milieu der Städte. Der Menschenbedarf der Armee hatte den alten Bestand der Arbeiterschaft dezimiert und große Scharen frisch rekrutierter Arbeitskräfte in die Fabriken gebracht. Der Anteil der Frauen und Minderjährigen in der Industrie ging sprunghaft nach oben. Die Orientierungslosigkeit dieser in den Arbeitsprozeß gezwungenen Menschen gab den Streikbewegungen, die nun wieder aufflammten, Exzessivität und elementare Kraft; sie verliehen ihnen einen eigentümlich vorindustriellen Charakter, der mit den disziplinierten und organisierten Ausständen der Vorkriegszeit nur wenig gemein hatte. Es versteht sich, daß der Krieg auch das flache Land nicht verschonte. Die Lasten, die er brachte, verdoppelten die Not, die hier seit eh und je herrschte. Die Masse der arbeitsfähigen Bauern wurde durch die Armee im Lauf der Zeit den Dörfern entzogen.

Aus: Dietrich Geyer; Die Russische Revolution, a. a. O., S. 55 f.

11. Bericht des Direktors der Polizeidepartements an den Innenminister über die Lage am Vorabend der Revolution (25. 2. 1917)

Die im Reich eingetretenen Schwierigkeiten der Lebensmittelversorgung, eine Folge der Zerrüttung des Transportwesens und anderer Kriegsfolgen, haben sich mehr und mehr erhöht und drohen eine recht ernste Situation im Lande zu schaffen.
In dieser Beziehung droht besondere Gefahr durch die infolge unzureichender Lebensmittelversorgung in Petrograd eingetretene Lage.
Verglichen damit waren noch unlängst, zu Ende des vergangenen Jahres, die Lebensbedingungen in der Hauptstadt ungeachtet der mehr oder weniger beträchtlichen Preiserhöhung bei Gütern des täglichen Bedarfs für die Mehrheit der Bevölkerung nicht außergewöhnlich beschwerlich. Vorwürfe wegen der Teuerung wurden vor allem von den weniger besitzenden Schichten erhoben.
In diesem Jahr sind allein im Monat Januar die Preise für Lebensmittel in Petrograd so stark erhöht worden, daß das Leben in der Hauptstadt sogar für die wohlhabenden Schichten der Bevölkerung schwierig geworden ist.
Der Hauptgrund für die Preissteigerung ist in der massenweisen Schließung kleiner Geschäfte wie Bäckereien, Fleischereien, Milchläden und ähnlicher Unternehmen zu suchen, die infolge der unzureichenden Zufuhr der für sie notwendigen Güter nach Petrograd ihre Tätigkeit einstellen mußten.

Zugleich stellte die Mehrheit der weiterbestehenden Geschäfte sich nicht auf eine Erweiterung ihres Betriebes, sondern im Gegenteil auf einen Abbau desselben ein; dies war die Folge von Manipulationen der Großhändler. Diese halten den Warenumsatz klein, teils aus Furcht vor Requisitionen, teils infolge geringer Unterstützung durch die Kapitalbesitzer.
In der Tat bemühen sich die Banken in Voraussicht der nahenden Krise, ihre Kapitalien aus den Handels- und Industriebetrieben herauszuziehen, und erhöhen damit die Zerrüttung im Wirtschaftsleben des Landes.
Es darf auch nicht vergessen werden, daß der nicht geringe Einfluß der ausländischen Händler und die allmähliche Verdrängung russischer Handelsfirmen vom inneren Markt die Preissteigerung bedingt haben. Indem die ausländischen Händler den Großhandel in ihre Hand brachten, wirkten sich die Schwankungen des Rubelkurses sehr ungünstig auf die Bewertung der Waren aus, von denen viele in letzter Zeit, vor allem aus den oben angeführten Gründen um 50 bis 100 Prozent mehr kosten. . . .

Zit. nach: Die russische Revolution 1917 – Dokumente; hrsg. von Manfred Hellmann, München 1964, S. 107

I/2 Februarrevolution und Doppelherrschaft

Arbeitsthemen

1. *Mit welchen Argumenten legt der Duma-Präsident dem Zaren die Abdankung nahe? (Nr. 1 und 2)*
2. *Welche Befürchtungen lassen sich den Aufrufen der Reichsduma vom Ende Februar 1917 entnehmen? (Nr. 3)*
3. *Welches Machtverhältnis zwischen Arbeiter- und Soldatenrat und Provisorischer Regierung belegt der Befehl Nr. 1 des Petrograder Sowjet? (Nr. 4)*
4. *Welche Zwangslage der Provisorischen Regierung spiegelt die Deklaration vom 3. März 1917? (Nr. 5)*
5. *Wodurch dokumentiert der Appell des Petrograder Sowjets in seiner „kämpferischen Emotion" eine gewisse Verachtung der realpolitischen Situation Rußlands? (Nr. 6)*
6. *Durch welche Momente sieht der Historiker Reinhard Wittram die Februarrevolution charakterisiert? Weshalb verweigert er ihr das Attribut „bürgerlich"? (Nr. 7)*
7. *Wie läßt sich die These Trotzkis erklären, daß „sich der Petersburger Sowjet im Augenblick des revolutionären Aufstiegs nicht berufen gefühlt" habe, „Führerin des Volkes zu sein, sondern nur linker Flügel der bürgerlichen Ordnung"? (Nr. 8)*

Materialien

1. Erstes Telegramm des Dumapräsidenten an den Zaren

Petrograd, 26. Februar (11. März) 1917

Die Lage ist ernst. In der Hauptstadt ist Anarchie. Die Regierung ist gelähmt. Verkehr, Versorgung und Heizung sind in voller Verwirrung. Die allgemeine Unzufriedenheit wächst. Auf den Straßen wird ordnungslos geschossen. Truppenteile beschießen sich gegenseitig. Es ist unumgänglich nötig, sofort einer Persönlichkeit, die das Vertrauen des Landes genießt, die Bildung einer neuen Regierung anzuvertrauen. Eine Verzögerung ist unmöglich. Jedes Zaudern wäre der Tod. Ich bete zu Gott, daß in dieser Stunde keine Verantwortlichkeit auf den Träger der Krone falle.

Rodsjanko

Zit. nach: Die russische Revolution 1917 – Dokumente, a. a. O., S. 119

2. Telegramm des Präsidenten der Reichsduma an den Zaren

Petrograd, 27. Februar (12. März) 1917

Die Sitzungen der Reichsduma sind auf Anordnung Ew. Majestät bis zum April unterbrochen worden. Das letzte Bollwerk der Ordnung ist beseitigt. Die Regierung ist völlig machtlos und kann der Unordnung nicht Herr werden. Die Truppen der Garnison sind unzuverlässig. Die Reservebataillone der Garderegimenter sind vom Geist der Revolte angesteckt. Sie töten ihre Offiziere. Sie schließen sich dem Pöbel und der Volksbewegung an und marschieren auf das Gebäude des Innenministeriums und der Reichsduma. Der Bürgerkrieg hat begonnen und flammt auf. Geben Sie sofort Anweisung, eine neue Regierung auf der Basis einzuberufen, wie ich sie gestern in meinem Telegramm an Ew. Majestät skizziert habe. Geben Sie den Befehl zum Widerruf Ihres Befehls und berufen Sie die gesetzgebenden Kammern wieder ein. Verkünden Sie diese Maßnahmen sogleich durch ein Allerhöchstes Manifest. Zögern Sie nicht, Majestät. Wenn die Bewegung auf die Armee übergreift, triumphiert der Deutsche und der Fall Rußlands und damit der Dynastie wird unvermeidlich. Ich beschöre Ew. Majestät im Namen ganz Rußlands, diese Vorschläge zu verwirklichen. Die Stunde, die Ihr Schicksal und das des Vaterlandes entscheiden wird, hat geschlagen. Morgen kann es bereits zu spät sein.

Der Präsident der Reichsduma: *Rodsjanko*

Aus: Die russische Revolution 1917 – Dokumente, a. a. O., S. 121 f.

3. Aufrufe der Reichsduma

a) An die Bevölkerung Petersburgs

Am 28. Februar (13. März) um 2 Uhr früh hat das Vollzugskomitee der Reichsduma folgende Aufrufe erlassen:

I

Das Provisorische Komitee der Reichsduma ruft die Bevölkerung von Petrograd auf, im Interesse der Allgemeinheit den Staat und die öffentlichen Institutionen und Einrichtungen wie den Telegraph, die Wasserwerke, die Elektrizitätswerke, die Straßenbahnen, die Regierungsgebäude und Ämter zu schützen. Ebenso bittet das Komitee der Reichsduma die Bürger, die Fabriken und die Mühlen zu schützen, welche für die Verteidigung oder für die allgemeine Versorgung arbeiten. Es muß darauf hingewiesen werden, daß die Beschädigung oder Zerstörung von Institutionen oder öffentlichem Eigentum niemand nützt und Staat und Volk insgesamt enormen Schaden bringen kann, da jedermann in gleicher Weise Wasser, Licht usw. benötigt. Ebenso können Angriffe auf Privateigentum, physische Gewalttaten und Mordversuche nicht geduldet werden. Blutvergießen und die Zerstörung von Eigentum fallen letzten Endes auf die Urheber zurück und können außerdem der gesamten Bevölkerung der Hauptstadt unabsehbares Unglück bringen.

Michail Rodsjanko
Präsident der Reichsduma

II
Unter den schwierigen Umständen des inneren Chaos, in die uns die Maßnahmen des alten Regimes gestürzt haben, hat sich das Provisorische Komitee der Reichsduma verpflichtet gefühlt, selbst die Verantwortung für die Wiederherstellung der nationalen und öffentlichen Ordnung zu übernehmen. Im Bewußtsein der schweren Verantwortung, die das Komitee damit übernommen hat, spricht es die Erwartung aus, daß die Bevölkerung und die Armee ihm bei der schwierigen Aufgabe helfen werden, eine neue Regierung zu schaffen, die den Hoffnungen der Bevölkerung entspricht und deren Vertrauen rechtfertigt.

Michail Rodsjanko
Präsident der Reichsduma

27. Februar (12. März) 1917 (Veröffentlicht am 28.2./13.3.)

b) An die Eisenbahner

Eisenbahner! Die bisherige Regierung, die einen Zusammenbruch aller Zweige der staatlichen Verwaltung herbeigeführt hat, ist entmachtet. Die Reichsduma hat die Aufgabe der Schaffung einer neuen Regierung in ihre Hand genommen. Im Namen des Vaterlandes wende ich mich an Euch: von Euch hängt jetzt die Rettung der Heimat ab; sie erwartet von Euch mehr als nur die Erfüllung Eurer Pflicht, sie erwartet Taten. Der Eisenbahnverkehr muß ohne Unterbrechung mit verdoppelter Energie durchgeführt werden. Die Schwäche und technische Unzulänglichkeit des russischen Eisenbahnnetzes müssen durch Eure unbeugsame Energie, Liebe zur Heimat und das Bewußtsein der Bedeutung des Transports für den Krieg und die Versorgung der Etappe überwunden werden.

Der Vorsitzende der Reichsduma,
Rodsjanko

Zit. nach: Die russische Revolution 1917 – Dokumente, a. a. O., S. 129f.

4. Befehl Nr. 1 des Petrograder Sowjets der Arbeiter- und Soldatendeputierten an die Garnison des Petrograder Militärbezirks (1./14. 3. 1917)

An die Garnison des Petrograder Militärbezirks, allen Soldaten der Garde, des Heeres, der Artillerie und der Flotte zur unverzüglichen und genauen Ausführung, und an die Arbeiter von Petrograd zur Kenntnisnahme.
Der Sowjet der Arbeiter- und Soldatendeputierten hat beschlossen:
1. In allen Kompanien, Bataillonen, Regimentern, Depots, Batterien, Eskadronen und allen selbständigen Dienststellen der verschiedenen militärischen Verwaltungen und auf den Schiffen der Kriegsflotte sind unverzüglich Komitees aus gewählten Vertretern der Mannschafts-Dienstgrade der oben genannten Truppenteile zu wählen.

2. In allen militärischen Einheiten, die ihre Vertreter in den Sowjet der Arbeiterdeputierten noch nicht gewählt haben, sind je ein Vertreter von jeder Kompanie zu wählen, die mit einer schriftlichen Bescheinigung in dem Gebäude der Staats-Duma am 2. März um 10 Uhr vormittags zu erscheinen haben.
3. In allen politischen Angelegenheiten untersteht jede militärische Einheit dem Sowjet der Arbeiter- und Soldatendeputierten und den eigenen Komitees.
4. Die Befehle der militärischen Kommission der Staats-Duma sind zu befolgen, mit Ausnahme solcher Fälle, wo sie den Befehlen und Beschlüssen des Sowjet der Arbeiter- und Soldatendeputierten widersprechen.
5. Die Waffen aller Art, als da sind: die Gewehre, die Maschinengewehre, die Panzerspähwagen und die übrigen sollen sich zur Verfügung und unter der Kontrolle der Komitees der Kompanien und Bataillone befinden und *dürfen unter keinen Umständen an die Offiziere ausgehändigt werden,* auch nicht auf deren Verlangen hin.
6. An der Front und bei der Ausübung der Dienstobliegenheiten sollen die Soldaten strengste militärische Disziplin wahren, doch außerhalb des Dienstes und der Formation dürfen die Soldaten in ihrem politischen, bürgerlichen und privaten Leben in keiner Weise in den Rechten geschmälert werden, über die alle Bürger verfügen. Insbesondere wird die Achtstellung und die unbedingte Ehrenbezeugung außerhalb des Dienstes abgeschafft.
7. Ebenso wird die Titulierung der Offiziere: Exzellenz, Euer Wohlgeboren und d. g. m. abgeschafft und durch die Anrede: Herr General, Herr Oberst usw. ersetzt.
Die grobe Behandlung der Soldaten durch alle militärischen Dienstgrade sowie vor allem das Duzen der Soldaten wird verboten, und jede Zuwiderhandlung muß genauso wie alle Mißverständnisse zwischen Offizieren und Soldaten von den letzteren an die Kompanie-Komitees gemeldet werden.
Dieser Befehl ist in allen Kompanien, Bataillonen, Regimentern, Batterien, allen Schiffsbesatzungen und allen übrigen Kampf- und Einsatz-Einheiten vorzulesen.

Der Petrograder Sowjet
der Arbeiter- und Soldatendeputierten

Zit. nach: Der Sowjetkommunismus – Dokumente, Bd I: Die politisch-ideologischen Konzeptionen. Hrsg. von Hans-Joachim Lieber und Karl-Heinz Ruffmann, Köln 1963, S. 121f.

5. Deklaration der Provisorischen Regierung über ihre Zusammensetzung und ihre Aufgaben (3./16. 3. 1917)

Bürger!
Das Provisorische Komitee der Mitglieder der Reichsduma hat mit Unterstützung und Zustimmung der Truppen und der Bevölkerung der Hauptstadt jetzt ein solches Maß an Erfolg über die finsteren Mächte des alten Regimes errungen, daß es ihm möglich ist, an eine festere Organisation der Exekutivgewalt heranzugehen.
Zu diesem Zweck ernennt das Provisorische Komitee der Reichsduma als Minister des ersten öffentlichen Kabinetts folgende Personen, zu denen das Vertrauen des Landes durch ihre frühere öffentliche und politische Tätigkeit gewährleistet ist:
Vorsitzender des Ministerrates und Innenminister – *Fürst G. E. Lwow*
Außenminister – *P. N. Miljukow*
Kriegs- und Marineminister – *A. I. Gutschkow*

Minister für das Transportwesen – *N. W. Nekrassow*
Minister für Handel und Industrie – *A. I. Konowalow*
Finanzminister - *M. I. Tereschtschenko*
Erziehungsminister – *A. A. Manuilow*
(Ober-)Prokurator der Heiligen Synode – *W. N. Lwow*
Landwirtschaftsminister – *A. I. Schingarew*
Justizminister – *A. F. Kerenski*

In seiner gegenwärtigen Tätigkeit wird sich das Kabinett von folgenden Prinzipien leiten lassen:

1. Vollständige und sofortige Amnestie in allen politischen und religiösen Fällen, einschließlich: terroristische Attentate, militärische Aufstände, landwirtschaftliche Verbrechen usw.
2. Die Freiheit der Rede, der Presse, des Zusammenschlusses, der Versammlungen und der Streiks, unter Ausdehnung der politischen Freiheiten auf Personen, die im Militärdienst stehen, innerhalb der militärisch-technisch gebotenen Grenzen.
3. Abschaffung aller ständischen, konfessionellen und nationalen Beschränkungen.
4. Sofortige Vorbereitung zur Einberufung der Konstituierenden Versammlung auf der Grundlage der allgemeinen, gleichen, geheimen und direkten Wahlen, die die Regierungsform und die Verfassung des Landes festlegen wird.
5. Ersetzung der Polizei durch die Volksmiliz mit gewählter Führung, die den Organen der lokalen Selbstverwaltung unterstellt ist.
6. Wahlen zu den Organen der lokalen Selbstverwaltung auf der Grundlage der allgemeinen, direkten, gleichen und geheimen Wahlen.
7. Die militärischen Einheiten, die an der revolutionären Bewegung teilgenommen haben, werden nicht entwaffnet oder aus Petrograd verlegt.
8. Bei der Aufrechterhaltung der strengen militärischen Disziplin an der Front und bei der Erfüllung des militärischen Dienstes werden für die Soldaten alle Beschränkungen der allgemeinen Rechte, die auch anderen Bürgern zustehen, aufgehoben.

Die Provisorische Regierung erachtet es als ihre Pflicht, hinzuzufügen, daß sie keineswegs beabsichtigt, die Umstände der Kriegszeit zu einer Verzögerung bei der Verwirklichung der oben genannten Reformen und Maßnahmen auszunutzen.

Präsident der Reichsduma: *M. Rodsjanko*
Vorsitzender des Ministerrats: *Fürst Lwow*
Die Minister: *Miljukow, Nekrassow, Manuilow, Konowalow, Tereschtschenko, W. Lwow, Schingarew, Kerenski*

Zit. nach: Der Sowjetkommunismus, a. a. O., S. 122f.

6. Appell des Petrograder Sowjets der Arbeiter- und Soldatendeputierten an die Völker der ganzen Welt (14./27. 3. 1917)

An die Völker der ganzen Welt

Genossen, Proletarier und Werktätige aller Länder!
Wir, die im Petrograder Sowjet der Arbeiter- und Soldaten-Deputierten vereinigten Arbeiter und Soldaten, entbieten Euch unseren flammenden Gruß und künden Euch von dem großen

Ereignis: Die russische Demokratie hat den über Jahrhunderte andauernden Despotismus des Zaren gestürzt und tritt in Eure Familie als gleichberechtigtes Mitglied und eine gewaltige Macht im Kampf für unsere gemeinsame Befreiung. Unser Sieg ist der große Sieg der internationalen Freiheit und Demokratie. Die Hauptstütze der internationalen Reaktion und den „Gendarmen Europas" gibt es nicht mehr. Zu schwerem Granit soll die Erde über seinem Grab werden. Es lebe die Freiheit! Es lebe die internationale Solidarität des Proletariats und dessen Kampf für den endgültigen Sieg!

Unsere Sache ist noch nicht vollendet: Die Schatten der alten Ordnung sind noch nicht verzogen, und es gibt nicht wenige Feinde, die ihre Kräfte gegen die russische Revolution sammeln. Trotzdem sind unsere Eroberungen gewaltig. Die Völker Rußlands werden ihren Willen in der Konstituierenden Versammlung zum Ausdruck bringen, die in Bälde auf der Grundlage der allgemeinen, gleichen, direkten und geheimen Wahl einberufen werden wird. Und schon heute kann mit Zuverlässigkeit gesagt werden, daß in Rußland die demokratische Republik triumphieren wird. Das russische Volk verfügt über völlige politische Freiheit. Es kann jetzt sein gewichtiges Wort in der internen Selbstbestimmung und in der Außenpolitik des Landes führen. Und indem wir uns an alle Völker, die in dem ungeheuerlichen Krieg vernichtet und ruiniert werden, wenden, erklären wir, daß die Zeit gekommen ist, den entscheidenden Kampf mit den Eroberungsgelüsten der Regierungen aller Länder zu beginnen, daß die Zeit gekommen ist, in der die Völker selbst die Lösung der Frage über Krieg und Frieden in die Hände nehmen müssen.

Im Bewußtsein ihrer revolutionären Kraft erklärt die russische Demokratie, daß sie mit allen Mitteln der Eroberungspolitik ihrer herrschenden Klassen entgegenwirken wird, und sie ruft die Völker Europas auf zu gemeinsamen entschlossenen Aktionen zugunsten des Friedens.

Wir wenden uns an unsere Brüder, die Proletarier der österreichisch-deutschen Koalition, und in erster Linie an das deutsche Proletariat: Von den ersten Tagen des Krieges an versuchte man Euch zu überzeugen, daß Ihr, indem Ihr die Waffen gegen das autokratische Rußland erhebt, die Kultur Europas vor dem asiatischen Despotismus schützt. Viele von Euch haben darin die Rechtfertigung für die Unterstützung gesehen, die Ihr dem Krieg angedeihen ließt. Jetzt gibt es diese Rechtfertigung nicht mehr: das demokratische Rußland kann keine Bedrohung für die Freiheit und die Zivilisation sein.

Wir werden standhaft unsere eigene Freiheit vor allen rektionären Anschlägen – sollten sie im Inneren entstehen oder von außen kommen – verteidigen. Die russische Revolution wird vor den Bajonetten der Eroberer nicht zurückweichen und sich durch militärische Macht von außen nicht zerschmettern lassen. Euch aber rufen wir zu: Werft das Joch Eurer halb-autokratischen Ordnung genauso ab, wie das russische Volk die zaristische Autokratie abgeschüttelt hat; weigert Euch, das Werkzeug der Eroberung und Vergewaltigung in den Händen der Könige, Gutsbesitzer, Bankiers zu sein, und wir werden mit freundschaftlich-vereinigten Anstrengungen dem fürchterlichen Gemetzel, das eine Schande für die Menschheit ist und das die großen Tage der Geburt der russischen Freiheit verdüstert, ein Ende setzen.

Werktätige aller Länder! Wir strecken Euch die brüderliche Hand hin über die Berge der gefallenen Brüder, über die Ströme von Blut und Tränen der Unschuldigen, über die rauchenden Ruinen der Städte und Dörfer, über die vernichteten Schätze der Kultur und rufen Euch auf zur Wiederherstellung und Festigung der internationalen Einheit. In ihr liegt die Gewähr unserer zukünftigen Siege und der vollständigen Befreiung der Menschheit. Proletarier aller Länder, vereinigt Euch!

Petrograder Sowjet
der Arbeiter- und Soldatendeputierten

Zit. nach: Der Sowjetkommunismus, a. a. O., S. 126ff.

7. Zum Charakter der Februarrevolution

Wenn wir den Charakter der russischen Februar-(n. St. März-)Revolution bestimmen wollen, müssen wir uns von einer konventionell gewordenen Vorstellung trennen: es war keine bürgerliche Revolution.

Versuchen wir mit Stichworten den „Modus" dieser Revolution so genau wie möglich zu kennzeichnen. Ich ordne sie in ein paar Punkten:

1. Auf eine künftige Revolution arbeiteten in Rußland während des I. Weltkriegs nur ganz kleine Kreise hin mit eng beschränkter Wirkung, oft auf dem Umweg über die Verstärkung des ungezielten allgemeinen Mißmuts. Die große alte revolutionäre Bewegung war durch Eingriffe des Staates ihrer Spitzen beraubt, gelähmt und eingeschnürt. Die Februarrevolution war nicht das Werk der sozialistischen Revolutionäre. Während des Umschwungs traten dann einzelne Aktivisten aus der Verborgenheit hervor; die bedeutendsten waren noch in der Verbannung oder im Exil.

2. Der von einzelnen Dumaabgeordneten seit dem Herbst 1916 in Gesprächen erörterte Wunsch, Nikolaj II. sollte zur Abdankung gezwungen werden, war im Stadium des Unverbindlichen geblieben und hatte nicht zu einer zielgerichteten und tatorientierten Verschwörung geführt.

3. Hungersnot, Teuerung, Gefahr der Arbeitseinstellung führten in Petrograd vom 18. Februar (a. St.) an zu Streiks und Straßendemonstrationen, die anfangs keinen politischen Charakter hatten. Die Versorgungskrisis in der Hauptstadt, hervorgerufen durch den Zusammenbruch des überlasteten Transportsystems, war die wichtigste Voraussetzung für den Umschwung, doch nicht allein die Ursache der Revolution.

4. Die von der kaiserlichen Regierung aus innerer Unsicherheit verfügte Verhaftung der Arbeitervertreter im Zentralen Kriegsindustriekomitee Ende Januar wurde in der bald danach zusammengetretenen Duma auch von progressiven Unternehmerkreisen auf das schärfste mißbilligt. Die Linken im sog. Progressiven Dumablock sahen in den Demonstrationen der Massen anfangs ein willkommenes Druckmittel, in der Hoffung, der Regierung die geforderte Parlamentarisierung der Staatsgewalt abringen zu können.

5. Die unverhältnismäßig zahlreichen Petrograder Garnisonssoldaten, die bei weitem stärkste bewaffnete Macht in der Hauptstadt, schlossen sich nach kurzem Schwanken den Demonstranten an. Es war, wie Augenzeugen es immer wieder beschrieben haben, ein Soldatenaufstand, „eine Militärrebellion, die mit elementarischer Kraft ausbrach infolge der Verhältnisse, wie drei Jahre Krieg sie geschaffen hatten" *(V. Nabokov)*. Am 27. Februar meuterten auch die Garderegimenter. Soldaten und Arbeiter fraternisierten. Die Meuterei „war der Sieg der Revolution" *(Stökl)*. Der Arbeiter- und Soldatendeputiertenrat in der Hauptstadt bestand dann auch folgerichtig zu zwei Dritteln aus Soldaten.

Die ideologischen Vorstellungen der Soldatengruppen und -massen waren vollständig ungeklärt, widerspruchsvoll und sekundär. Man wird bei ihnen ein unartikuliertes Klasseninteresse voraussetzen dürfen, für dessen Definition die westeuropäisch differenzierende Begrifflichkeit m. E. nicht ausreicht. Der Abstand zwischen den privilegierten Schichten und dem sog. „einfachen Volk" war in Rußland in mancher Beziehung immer noch größer, er enthielt von unten her gesehen einen mindestens latenten Antagonismus mit klassenkampfähnlichen Elementen. Der Ort des Konflikts war nicht eines der klar abgegrenzten Felder sozialökonomischer Interessenkämpfe, sondern die soziale Grundordnung, die noch mehr von altständischen und altstaatlichen als von ökonomischen Faktoren bestimmt war, – und zwar obgleich diese Gesellschaft des Privilegienrechts schon vor der Revolution in rascher Demokratisierung begriffen war. Der Antagonismus wurde dadurch explosiv, daß der Krieg den Ausnahmefall – die militärische Subordination – durch das Millionenheer zum Dauer- und Regelfall gemacht hatte. Der Zwang wurde hingenommen, solange die Regierung stark war oder für stark gehalten wurde und der Krieg einen Schein von Raison an sich hatte (militärische Gehorsamspflichten wurden auch von den aufständischen Soldaten grundsätzlich nicht bestritten). Der Zwang wurde unerträglich, als die Niederlagen, der Hunger, die Kälte, der Zusammenbruch als ein schuldhaftes Versagen des ganzen Regimes, des Kaisers, der Regierung und aller Höhergestellten erschienen. Eines der auffallendsten Kennzeichen der ersten Revolutionstage war die erbitterte Wendung gegen die Offiziere, die gedemütigt oder getötet wurden. Der allgemeine soziale Charakter des Soldatenaufruhrs erklärt es aber auch, warum der Befreiungsakt selbst und der Demokratisierungsprozeß, der ihm folgte, soviel Befriedigung hervorrief und der neuen Regierung einen hohen moralischen Kredit eröffnete. An diesem Kredit ist nicht zu zweifeln. Wer sich glaubwürdig zur Parole der Freiheit bekannte, wurde akzeptiert, auch wenn er der bisher herrschenden Schicht angehörte.

6. Die Duma und das aus ihr hervorgegangene Dumakomitee wurden ebenso wie die zurückgetretene kaiserliche Regierung von der elementarischen Massenbewegung überrascht. Die Konservativeren im Dumakomitee forderten die Initiative, damit die Gewalt nicht der revolutionären Masse anheimfiel; die Wortführer der Systemkritik, des Freiheitsverlangens und der Demokratisierungspraxis stellten sich zur Verfügung, weil sie den Weg zur Neugestaltung Rußlands geöffnet fanden. So bildete das Dumakomitee am 1. März rasch und mühelos die Provisorische Regierung.
Fassen wir zusammen: Es war nicht die Revolution der Dumaparteien, so wenig es eine Revolution der Sozialisten war, nicht eine Revolution der Bauern, die erst später von ihr erreicht wurden, und nicht eine Revolution des Bürgertums, als die man sie zu interpretieren begann, auch nicht eine bürgerliche Revolution. Es war ein durch elementare Notstände bewirkter Massenaufstand, der leicht und rasch Erfolg hatte, weil der größte Teil der Masse bewaffnet war, weil die Soldaten und die Dumaparteien im Verlangen nach demokratischer Freiheit übereinstimmten und weil in der Auflehnung der Soldaten ein klassenkämpferisches Potential steckte. Was zunächst nur in Petrograd geschah, fand den stärksten Widerhall im ganzen Lande. Wohin diese noch unausgeformten Tendenzen sich wenden würden, war offen.

Aus: Reinhard Wittram, Die Freiheit als Problem der russischen Provisorischen Regierung, Göttingen 1973, S. 5 ff.

8. Das System der Doppelherrschaft

Das besondere Kennzeichen der Februarrevolution war neben der überraschend leichten Beseitigung des Zarismus der eigenartige Doppelcharakter der aus ihr hervorgegangenen staatlichen Macht: das Nebeneinander der Provisorischen Regierung und des Petersburger Arbeiter- und Soldatenrates. Diese „Doppelherrschaft" war das Ergebnis des plötzlichen Zusammenbruchs des jahrhundertealten zaristischen Regimes und seines Regierungs- und Verwaltungsapparates und spiegelte gleichzeitig das augenblickliche gesellschaftliche und politische Kräfteverhältnis in der Revolution wider. Hinter der Provisorischen Regierung standen das russische Bürgertum und der liberale Adel, zu denen sich nach dem Sturz der Dynastie auch alle weiter rechts stehenden Elemente gesellt hatten. Der Petersburger Sowjet und die Arbeiter- und Soldatenräte in der Provinz dagegen repräsentierten das städtische Proletariat und die Soldaten des Heeres, geführt von der radikalen kleinbürgerlichen Intelligenz. Die Masse des russischen Volkes, die Bauernschaft, war politisch noch nicht in Aktion getreten und nahm in gewisser Hinsicht eine Zwischenstellung ein.

Der Petersburger Sowjet war nach dem Sieg der Februarrevolution faktisch im Besitz der alleinigen Macht in der Hauptstadt. Durch den Befehl Nr. 1 besaß er die Verfügungsgewalt über die Garnison und damit über die bewaffnete Macht der Revolution. „Die Provisorische Regierung hat keine wirkliche Macht zu ihrer Verfügung", schrieb am 9. März der Kriegsminister Gučkov an den Oberbefehlshaber der Streitkräfte, General Alekseev. „Ihre Befehle werden nur in dem Maße ausgeführt, wie der Sowjet der Arbeiter- und Soldatendeputierten es erlaubt. Der Sowjet besitzt die bedeutendsten Elemente der realen Macht, wie Truppen, Eisenbahnen, Post- und Telegrafenverbindungen. Man kann direkt sagen, daß die Provisorische Regierung nur so lange existiert, wie es der Sowjet erlaubt. Besonders auf militärischem Gebiet ist es jetzt nur möglich, Befehle zu geben, die nicht entschieden den Befehlen des Sowjets widersprechen".

Nur der Sowjet konnte den Generalstreik beenden, indem er am 5. März die Arbeiter aufforderte, wieder an ihren Arbeitsplatz zurückzukehren, nur auf seinen Beschluß wurden wiederum Zeitungen gedruckt, seiner Forderung nach Einführung des Achtstundentages in den Betrieben kamen die Unternehmer am 10. März nach. Arbeiter und Soldaten sahen im Sowjet die einzige Autorität und kamen in hundert Einzelfragen zum Exekutivkomitee. Der Rat war „das eigentlich autoritative Organ der Revolution und dadurch auch die eigentliche Macht im Lande" (F. Stepun).

Dennoch nahm der Petersburger Sowjet in den ersten Märztagen 1917 die Regierung nicht in seine Hand, sondern überließ sie den Duma-Politikern. Darin bestand nach Trockij das „Paradoxon der Februarrevolution". Die gemäßigte sozialistische Führung des Petersburger Sowjets „fühlte sich im Augenblick des revolutionären Aufstiegs nicht berufen, Führerin des Volkes zu sein, sondern nur linker Flügel der bürgerlichen Ordnung" . . .

Die führenden Politiker der „revolutionären Demokratie" – so bezeichnete sich das gesamte sozialistische Lager im Unterschied zur „Bourgeoisie" – waren aber nicht gewillt, die in den Sowjets verkörperte reale Macht ungenutzt zu lassen. Vielmehr sollten die Räte als „Kontrollorgane der revolutionären Demokratie" die Tätigkeit der Provisorischen Regierung überwachen, im revolutionären Sinne beeinflussen und gegen „konterrevolutionäre" Anschläge schützen. In den entscheidenden Verhandlungen zwischen dem Sowjet-Exekutivkomitee und dem Duma-Komitee zwecks Bildung der Provisorischen Regierung verpflichteten sich die Duma-Politiker, die vom Sowjet aufgestellten Forderungen nach einer vollen Demokratisierung des Staates zu erfüllen. Die wichtigsten Punkte lauteten: politische Freiheitsrechte aller Art, auch für die Soldaten; Beseitigung aller Klassen-, nationalen und religiösen Beschränkungen; sofortige Vorbereitung der Einberufung der Konstituierenden Versammlung; Nichtentfernung der Petersburger Garnison aus der Stadt. Über den Status des Petersburger Sowjets war in dem Abkommen kein Wort zu finden. Der Arbeiter- und Soldatenrat fungierte als faktisch anerkannte revolutionäre Macht und war auch später nicht bestrebt, irgendeine formale Anerkennung seitens der Regierung oder eine juristische Festlegung seiner Befugnisse zu erreichen. Es wurde lediglich eine aus fünf Personen bestehende „Kontaktkommission" gebildet, welche die Verbindung mit der Provisorischen Regierung aufrechterhalten sollte, um „der Regierung die Forderungen des revolutionären Volkes zu übermitteln, auf die Regierung einzuwirken, damit diese Forderungen erfüllt werden, und eine ständige Kontrolle über die Handlungen der Regierung auszuüben."

Aus: Oskar Anweiler, Die Rätebewegung in Rußland 1905–1921, Leiden 1958, S. 158ff.

I/3 Lenin und die Oktoberrevolution

Arbeitsthemen

1. *Inwiefern hat Lenin, der den unterentwickelten russischen Kapitalismus für das fehlende politische Bewußtsein des Proletariats verantwortlich machte, doch zugleich vom „Privileg der historischen Verspätung" sprach, die Marxsche Theorie der wirtschaftlichen Entwicklung in entscheidenden Punkten modifiziert und ihr eine „pragmatische Kunstlehre der Machtgewinnung" (H. Klages) angefügt? (Nr. 1)*
2. *Weshalb hielt Lenin im Unterschied zu Marx „das einfache, auf der Einsicht in die Dieselbigkeit der Klassenlage beruhende Gefühl der Solidarität" nicht für eine ausreichende organisatorische Basis? (Nr. 2)*
3. *Rechtfertigen Lenins April-Thesen die Feststellung des Gründers der russischen Sozialdemokratie Georgi Plechanow, sie hätten „die Fahne des Bürgerkriegs ins Lager der revolutionären Demokratie gebracht"? (Nr. 3)*
4. *Wie sah Lenin das Verhältnis der bolschewistischen Partei zu den sich nach der Februarrevolution spontan bildenden Arbeiter- und Soldatenräten? (Nr. 4)*
5. *Warum hielten die Bolschewisten nach dem Scheitern des Juli-Aufstandes die bisher propagierte Parole „Alle Macht den Sowjets" für obsolet? (Nr. 5)*
6. *Von welchen Kriterien und Voraussetzungen sah Lenin im September einen erfolgreichen Aufstand abhängig? (Nr. 6)*
7. *Weshalb betrachtet Lenin das kapitalistische System als Schrittmacher zur kommunistischen Gesellschaft? Erscheint das von ihm vorgeschlagene Verfahren der Volkskontrolle realistisch und praktikabel? (Nr. 7)*
8. *Welche Interpretation gab Lenin dem Geschehen des 24. Oktober im unmittelbaren Rückblick? Wieweit traf er dabei die konkreten Ereignisse? (Nr. 8)*
9. *Mit welchen Argumenten kritisierten die menschewistischen und sozialrevolutionären Delegierten des Sowjetkongresses die Machtergreifung der Bolschewisten? (Nr. 9)*
10. *Welche Umstände verhinderten die Etablierung eines festgegründeten Systems der parlamentarischen Vertretung vor bzw. nach der Oktoberrevolution in Rußland? (Nr. 10)*

11. *Inwiefern beweist die Kritik Gorkis, daß bereits den Zeitgenossen die Fragwürdigkeit der bolschewistischen Legalitätstaktik evident geworden war? (Nr. 11)*
12. *Worin erkennt der Politologe Merle Fainsod die spezifische Leistung Lenins in Vorbereitung und Durchführung der Oktoberrevolution? (Nr. 12)*
13. *Welche Antwort findet der Politologe Eugen Kogon auf die Frage, ob die Entwicklung des Sowjetkommunismus mit Lenin an der Spitze anders verlaufen wäre? (Nr. 13)*
14. *In welcher Weise haben Träger der russischen Revolution die Ereignisse des Jahres 1917 interpretiert? (Nr. 14)*

Materialien

1. Proletariat, Partei und historische Aktion

Für Marx besteht die historische Aktion des zum Protagonisten der Revolution werdenden Proletariats (als Klasse „für sich") in der Bewußtwerdung der geschichtlichen Erfahrung des der soziohistorischen Entwicklung zugrundeliegenden dialektischen Prinzips. Daraus ergibt sich die Erkenntnis der Rolle des Proletariats beim Übergang vom Kapitalismus zum Sozialismus. Das Proletariat vollzieht seine revolutionäre Tat. Die Dialektik zwischen Theorie und Praxis wird in dem Augenblick zugunsten der Praxis aufgehoben, in dem sie durch das revolutionäre Bewußtsein (und damit die revolutionäre Tat) vermittelt worden sind. Bis dahin bleiben auch die Sozialisten und Kommunisten nur Utopisten, „die, um den Bedürfnissen der unterdrückten Klassen abzuhelfen, Systeme ausdenken und nach einer regenerierenden Wissenschaft suchen" (K. Marx).
Indem Lenin das Klassenbewußtsein zum Motor der direkten Aktion und zum Mobilisierungsfaktor der sozioökonomischen Entwicklung umdeutet und die Rolle des Proletariats anders faßt, indem er ihm die Partei als Führerin und Stellvertreterin vorsetzt, verändert sich in seiner Revolutionsvorstellung auch das Verhältnis des Proletariats zur historischen Aktion und diese selbst. Wenn man den Marxismus als Anleitung zum Handeln benutzen will, muß man die von Marx für die Revolution geforderten wirtschaftlichen und gesellschaftlichen Voraussetzungen, die die „revolutionäre Tat" des Proletariats ermöglichen, mit den tatsächlichen wirtschaftlichen und sozialen Zuständen des Systems konfrontieren, in dem man handeln will. Lenin hat das in Bezug auf Rußland getan und festgestellt, daß der moderne Kapitalismus in Rußland schon weit entwickelt sei, wenn er auch nicht die Reife des westeuropäischen Kapitalismus aufweise, der schon jetzt für die proletarische Revolution reif sei. Demzufolge konnte Lenin zwar daran festhalten, daß das Proletariat Rußland revolutionieren müsse. Aber er setzte vor die eigentliche soziale Revolution die politische Umstrukturierung, da die veralteten, unbeweglichen und dem Zustand der Gesellschaft nicht angepaßten politischen Strukturen den Übergang Rußlands zu einem entwickelten kapitalistischen System, das dann in den Sozialismus umschlagen könne, im Wege stünden. In der Zerschlagung dieser Strukturen liege die Voraussetzung der Revolution in Rußland; die Machtergreifung des Proletariats schaffe hernach die für den Übergang zum Sozialismus notwendigen wirtschaftlichen und sozialen Bedingungen. Die Durchführung der politischen Revolution durch das Proletariat (wie auch die nachfolgende sozialistische Umgestaltung)

sei nur unter der Federführung der Partei möglich, die als elitäre Organisation von Berufsrevolutionären (und später – nach der politischen Revolution – als Kader) die politische Revolution (und später die Umgestaltung von Wirtschaft und Gesellschaft) vollziehen müsse. . .

Spielt dann das Proletariat nicht die Rolle eines Zuschauers oder eines zuschauenden Claqueurs, vor dem das historische Geschehen abrollt, ohne daß es etwas anderes dazu tun könnte als eine rein akklamatorische Zustimmungsbekundung?

Crane Brinton hat zu Recht darauf hingewiesen, daß Revolutionen meistens weder durch den „Aufstand der Massen" allein noch durch die „skrupellosen Machenschaften einer Minderheit schlauer Bösewichte" zum Erfolg gelangten, was die Sieger resp. die Unterlegenen jeweils glauben machen möchten. Das gilt auch für Revolutionstheorien, die zugleich Anleitung zum Handeln sein wollen und nicht darauf beschränkt werden, wissenschaftlich deduzierte Prognosen eines zukünftigen Geschichtsverlaufes zu sein. Allerdings wird in den Revolutionstheorien meist entweder das eine oder das andere Element mehr betont. Bei der Leninschen Revolutionstheorie wird das elitäre Moment bei der Durchführung (wie auch bei der Vorbereitung) sowohl der politischen Revolution als auch der Umgestaltung von Wirtschaft und Gesellschaft mehr hervorgehoben. Damit wird aber das Proletariat nicht historisch überflüssig; es wird vielmehr zum Objekt der historischen Aktion. In seiner richtigen Organisation, die von der Partei „geschmiedet" wird, wird es zum „Klassenbewußtsein" erzogen und damit in die direkte Aktion hineingezwungen. Der Träger der historischen Aktion ist die Partei. Sie handelt geschichtsträchtig und produktiv. Ihre Intention geht darauf, „eine jahrhundertealte ganze Verfassung der Dinge durch eine neue zu ersetzen, die ihr nicht nur ebenbürtig ist, sondern die auch bis in die Einzelheiten der Verwaltungspraxis hinein vollkommener funktioniert" (Hugo Fischer). Sie treibt die Geschichte weiter. Das Proletariat ist als Objekt der Geschichte an der historischen Aktion insofern beteiligt, als es auch in die nach der Revolution entstehende gesellschaftliche und politische Ordnung hineingezwungen wird, soweit es sich ihr nicht freiwillig unterwirft. Indem die Partei die Massen erzieht, erhebt sie sie zur historischen Tat.

Die historische Aktion der Partei erweist sich als ein direkter Eingriff in die Geschichte. Lenin hat die Dialektik der geschichtlich-gesellschaftlichen Entwicklung, wie der Marxismus sie gelehrt hatte, übernommen und an ihr festgehalten. Für ihn als „Mann der Tat" folgte daraus jedoch, daß die, die dazu befähigt sind, in den Lauf der Geschichte eingreifen müssen, um sie zu „verwirklichen". Dabei ist unerheblich, ob die Zeit für den dialektischen Umschlag reif ist. Die menschliche Aktion kann und muß die Dialektik „verwirklichen" helfen. Die Partei und das von ihr geführte Proletariat stellen nicht mehr die verdinglichte Wahrheit der Dialektik dar; durch ihre historische Aktion, den Eingriff in die Geschichte, machen sie die Dialektik erst wirklich und wahr. Das geschieht dadurch, daß ihre Entfaltung nicht mehr primär ihr selbst überlassen bleibt, sondern an zwei wesentliche Prinzipien gebunden wird: an die Organisation und an die Aktion. Diese stehen ihrerseits in dialektischer Beziehung. Daß Lenin nicht mehr primär in sozialen Zuständen, sondern in pluralen gesellschaftlichen Wirklichkeiten und dynamischen sozialen Geschehen denkt, macht seine Modernität aus. Dadurch wird der Eingriff in sie notwendig und möglich; daraus ergibt sich die permanente Einschaltung des Politischen.

Aus: Heinrich Rudolf Sonntag, Marx und Lenin, a. a. O., S. 154ff.

2. Lenins Partei-Verständnis

Welche Rolle, welcher Auftrag wird nun von der leninistischen Ideologie bzw. Theorie der Partei zugewiesen? Wie soll diese Partei überhaupt aussehen und wie werden ihr Entstehen und ihr Handeln gerechtfertigt? Nach der marxistischen Geschichtsauffassung ergreift in der letzten, die Menschheit von der Ausbeutung befreienden Phase des gesellschaftlichen Geschehens das bisher ausgebeutete Proletariat in seiner Gesamtheit die Macht und übt als „Diktatur des Proletariats" so lange die Herrschaft aus, bis der Eintritt in den Endzustand des Vollkommunismus das „Absterben des Staates" gewährleistet. Von einer Partei des Proletariats als Herrschaftsträger in der Übergangsphase der Diktatur des Proletariats ist bei Karl Marx nur insoweit die Rede, als er die Vereinigung wiederum der gesamten Arbeiterschaft „zur politischen Partei" gutheißt, irgendeine straffere Organisationsform jedoch ausdrücklich und kategorisch ablehnt. In voller Übereinstimmung damit erklärte Engels noch 1885, die deutsche Arbeiterbewegung brauche „keine offizielle Organisation mehr". Der „sich von selbst verstehende Zusammenhang gleichgesinnter Klassengenossen" und „das einfache, auf der Einsicht in die Dieselbigkeit der Klassenlage beruhende Gefühl der Solidarität" reiche aus, um die „Partei des Proletariats zu schaffen und zusammenzuhalten".
Im Unterschied, ja im klaren Gegensatz zu dieser marxistischen Grundauffassung hat Lenin – nicht zuletzt angesichts der besonderen russischen Sozialverhältnisse – die spontanen Fähigkeiten des Proletariats in seiner Gesamtheit von vornherein ausgesprochen gering eingeschätzt und ihm nur eine reformistische und gewerkschaftliche Aktion, Organisation und Bewußtheit zugesprochen. „Die Geschichte aller Länder zeugt davon", heißt es in seinem für die bolschewistische Parteilehre grundlegenden Werk *Was tun?* von 1902, „daß die Arbeiterklasse aus eigenen Kräften nur ein trade-unionistisches Bewußtsein herauszuarbeiten vermag, die Überzeugung von der Notwendigkeit, sich in Verbänden zusammenzuschließen, einen Kampf gegen die Unternehmer zu führen, der Regierung diese oder jene für die Arbeiter notwendigen Gesetze abzutrotzen u. a. m. Die Lehre des Sozialismus ist hingegen aus den philosphischen, historischen und ökonomischen Theorien hervorgewachsen, die von den gebildeten Vertretern der besitzenden Klassen, der Intelligenz, ausgearbeitet wurden. Auch die Begründer des modernen wissenschaftlichen Sozialismus, Marx und Engels, gehörten ihrer sozialen Stellung nach der bürgerlichen Intelligenz an. Ebenso entstand auch in Rußland die theoretische Lehre der Sozialdemokratie ganz unabhängig von dem spontanen Anwachsen der Arbeiterbewegung, entstand als natürliches und unvermeidliches Ergebnis der Ideenentwicklung der revolutionär-sozialistischen Intelligenz . . ."
Bereits aus diesen Worten geht ganz klar hervor, worauf Lenin hinaus will: Höhere und tiefere Einsichten, so argumentiert er folgerichtig weiter, besitzt nur eine kleine Vorhut, eine Avantgarde des Proletariats; sie weiß um den durch die marxistische Doktrin ein für alle Mal erkannten und mit wissenschaftlicher Gesetzmäßigkeit ablaufenden Prozeß des Geschehens und muß deshalb für das Proletariat und in seinem Namen handeln und herrschen. „Nur das gröbste Nichtverstehen des Marxismus" – so lesen wir wieder in Lenins *Was tun?* von 1902 – „konnte die Meinung aufkommen lassen, daß die Entstehung einer spontanen proletarischen Massenbewegung uns der Pflicht enthebe, eine ebenso gute, ja noch unvergleichlich bessere Organisation von Revolutionären zu schaffen . . . Im Gegenteil, diese Pflicht wird uns gerade durch diese Bewegung auferlegt, denn der spontane Kampf des Proletariats wird nicht zu einem wirklichen ‚Klassenkampf' werden, solange

dieser Kampf nicht von einer starken Organisation der Revolutionäre geleitet wird". Am wichtigsten an dieser Änderung ist, daß sich für Lenin aus der Notwendigkeit und der grundsätzlichen Aufgabe der neuen revolutionären Partei sofort die Frage nach ihrer Organisation ergibt. Seine Antwort ist klar und präzise: Die Vorhut des Proletariats ist zu organisieren und zusammenzufassen in einer straff zentralisierten, auf Befehl und Unterordnung aufgebauten Partei von ausschließlich aktiven Mitgliedern unter der Führung von Berufsrevolutionären. Dazu wieder wörtlich Lenin in *Was tun?:* „Die Organisation der Revolutionäre muß . . . vor allem und hauptsächlich Leute erfassen, deren Beruf die revolutionäre Tätigkeit ist (darum spreche ich auch von der Organisation der Revolutionäre, wobei ich die revolutionären Sozialdemokraten im Auge habe). Vor diesem allgemeinen Merkmal der Mitglieder einer solchen Organisation muß jeder Unterschied zwischen Arbeitern und Intellektuellen, ganz zu schweigen von beruflichen Unterschieden der einen und der anderen, vollkommen verwischt werden. Diese Organisation muß notwendigerweise nicht sehr umfassend und möglichst konspirativ sein . . ." Lenin behauptete weiter, „daß 1. keine einzige revolutionäre Bewegung ohne eine stabile und die Kontinuität wahrende Führerorganisation Bestand haben kann; 2. je breiter die Masse ist, die spontan in den Kampf hineingezogen wird, die die Grundlage der Bewegung bildet und an ihr teilnimmt, um so dringender ist die Notwendigkeit einer solchen Organisation und um so fester muß diese Organisation sein (denn um so leichter wird es für allerhand Demagogen sein, die rückständigen Schichten der Masse mitzureißen); 3. eine solche Organisation muß hauptsächlich aus Leuten bestehen, die sich berufsmäßig mit revolutionärer Tätigkeit befassen . . ." Als das „Ideal" eines Berufsrevolutionärs hat der Schöpfer der Partei neuen Typs ausdrücklich den „Volkstribun" bezeichnet, „der es versteht, auf alle Äußerungen der Willkür und Unterdrückung zu reagieren, wo sie auch anzutreffen sind, welche Schicht oder Klasse sie auch betreffen mögen, der es versteht, alle diese Äußerungen zu einem Gesamtbild der Polizeiwillkür und der kapitalistischen Ausbeutung zu vereinen, der es versteht, jede Kleinigkeit zu benutzen, um vor aller Welt seine sozialistischen Überzeugungen und seine demokratischen Forderungen darzulegen, um allen und jedermann die welthistorsche Bedeutung des Befreiungskampfes des Proletariats klarzumachen".

Daß eine derart organisierte und strukturierte Elitepartei bzw. Parteielite im revolutionären Vorgriff den unumgänglich notwendigen Sprung Rußlands in den Sozialismus und Kommunismus vollziehen und für das Proletariat und in seinem Namen die Diktatur des Proletariats errichten kann, ja soll und muß, läßt sich im Rahmen der von Lenin entwickelten Theorie nur mit seiner grundsätzlichen Abwertung des Faktors „Spontaneität" im Ablauf des Geschichtsprozesses begründen und rechtfertigen: „Man redet über Spontaneität. Aber die spontane Entwicklung der Arbeiterbewegung führt eben zu ihrer Unterordnung unter die bürgerliche Ideologie, . . . denn spontane Arbeiterbewegung ist Trade-Unionismus, ist Nur-Gewerkschaftlerei. Trade-Unionismus aber bedeutet eben ideologische Versklavung der Arbeiter durch die Bourgeoisie. Darum besteht unsere Aufgabe, die Aufgabe der Sozialdemokratie, im Kampf gegen die Spontaneität, sie besteht darin, die Arbeiterbewegung von dem spontanen Streben des Trade-Unionismus, sich unter die Fittiche der Bourgeoisie zu begeben, abzubringen und sie unter die Fittiche der revolutionären Sozialdemokratie zu bringen . . ."

Der hier vorgenommenen Unterscheidung zwischen dem „spontanen" und dem „bewußten" Element in der Gestaltung der zum Kommunismus hinführenden Revolution, die sogleich verbunden wird mit der Unterscheidung zwischen dem Proletariat als Masse der Proletarier (= quantitativer Proletariatsbegriff) und dem Proletariat als klassenkampfbewußter revolutionärer Aktionseinheit (= qualitativer Proletariatsbegriff), kommt deshalb entscheidende Bedeutung zu, weil sie die theoretische Basis abgibt für die Konzeption einer avantgardistischen Partei, der es als Vollzugsinstrument des geschichtlichen Prozesses obliegt, den in der marxistischen Theorie zentral wichtigen Umschlag von Quantität in Qualität zuwege zu bringen. Darüber hinaus erfüllt Lenins Theorie der revolutionären Avantgarde eine weitere dialektische Funktion: das Marxsche Vertrauen in die revolutionäre Aufabe und Kraft des Proletariats wird zwar aufgegriffen; dies geschieht jedoch so, daß dem tatsächlich existierenden Proletariat sein Unvermögen zur Selbsterfüllung und Selbstbefreiung ausdrücklich bescheinigt wird. Dadurch aber kann es gerade unter Berufung auf seine Mission realpolitisch entmachtet werden zugunsten einer organisierten Elite, die den Anspruch erhebt, nu in der totalen Gleichsetzung mit ihr und ihrem Wollen vermöge sich das Proletariat zu erfüllen und in seiner geschichtlichen Aufgabe zu vollenden. Die Theorie der revolutionären Avantgarde wird so zur Basis für jenen realpolitischen Totalitätsanspruch der Partei, der das sowjetische Herrschaftssystem bis zum heutigen Tage kennzeichnet.

Aus: Karl-Heinz Ruffmann, Sowjetrußland, dtv – Weltgeschichte des 20. Jahrhunderts, Bd. 8, München 1967, S. 34ff.

3. Lenins „April-Thesen"

Erst am 3. April nachts in Petrograd eingetroffen, konnte ich in der Versammlung vom 4. April mein Referat über die Aufgaben des revolutionären Proletariats natürlich nur in meinem eigenen Namen und unter Hinweis auf meine ungenügende Vorbereitung halten.
Das einzige, was ich tun konnte, um mir und *gewissenhaften* Opponenten die Arbeit zu erleichtern, war die Ausarbeitung *schriftlich* formulierter Thesen. Ich habe sie vorgelesen und den Text dem Genossen Zereteli überreicht. Ich habe sie sehr langsam und *zweimal* vorgelesen: zuerst in der Versammlung der Bolschewiki, sodann in der Versammlung der Bolschewiki und Menschewiki.
Ich veröffentliche diese meine persönlichen, nur mit ganz kurzen erläuternden Anmerkungen versehenen Thesen, die in meinem Referat viel eingehender entwickelt wurden:

Thesen

1. In unserer Stellung zum Krieg, der seitens Rußlands auch unter der neuen Regierung Lwow und Konsorten, infolge des kapitalistischen Charakters dieser Regierung, unbedingt ein räuberischer, imperialistischer Krieg bleibt, sind auch die geringsten Zugeständnisse an die „revolutionäre Vaterlandsverteidigung" unzulässig.
Einem revolutionären Krieg, der die revolutionäre Vaterlandsverteidigung wirklich rechtfertigen würde, kann das klassenbewußte Proletariat seine Zustimmung nur unter folgenden Bedingungen geben: a) Übergang der Macht in die Hände des Proletariats und der sich ihm anschließenden ärmsten Teile der Bauernschaft; b) Verzicht auf alle Annexionen in der Tat und nicht nur in Worten; c) tatsächlicher und völliger Bruch mit allen Interessen des Kapitals.
In Anbetracht dessen, daß breite Schichten von Anhängern der revolutionären Vaterlands-

verteidigung aus der Masse es zweifellos ehrlich meinen und den Krieg nur anerkennen in dem Glauben, daß er aus Notwendigkeit und nicht um Eroberungen geführt wird, in Anbetracht dessen, daß sie von der Bourgeoisie betrogen sind, muß man sie besonders gründlich, beharrlich und geduldig über ihren Irrtum, über den untrennbaren Zusammenhang von Kapital und imperialistischem Krieg aufklären und davon überzeugen, daß es ohne den *Sturz des Kapitals unmöglich* ist, den Krieg durch einen wahrhaft demokratischen Frieden und nicht durch einen Gewaltfrieden zu beenden.
Organisierung der allerbreitesten Propaganda dieser Auffassung unter den Fronttruppen. Verbrüderung.

2. Die Eigenart der gegenwärtigen Lage in Rußland besteht im *Übergang* von der ersten Etappe der Revolution, die infolge des ungenügend entwickelten Klassenbewußtseins und der ungenügenden Organisiertheit des Proletariats der Bourgeoisie die Macht gab, *zur zweiten Etappe* der Revolution, die die Macht in die Hände des Proletariats und der ärmsten Schichten der Bauernschaft legen muß.
Diesen Übergang kennzeichnet einerseits ein Höchstmaß an Legalität (Rußland ist *zur Zeit* von allen kriegführenden Ländern das freieste Land der Welt), anderseits das Fehlen der Anwendung von Gewalt gegen die Massen, und schließlich die blinde Vertrauensseligkeit der Massen gegenüber der Regierung der Kapitalisten, der ärgsten Feinde des Friedens und des Sozialismus.
Diese Eigenart fordert von uns die Fähigkeit, uns den *besonderen* Bedingungen der Parteiarbeit unter den unerhört breiten, eben erst zum politischen Leben erwachten Massen des Proletariats anzupassen.

3. Keinerlei Unterstützung der Provisorischen Regierung, Aufdeckung der ganzen Verlogenheit aller ihrer Versprechungen, insbesondere hinsichtlich des Verzichts auf Annexionen. Entlarvung der Provisorischen Regierung statt der unzulässigen, Illusionen erweckenden „Forderung", *diese* Regierung, die Regierung der Kapitalisten, solle *aufhören,* imperialistisch zu sein.

4. Anerkennung der Tatsache, daß unsere Partei in der Mehrzahl der Sowjets der Arbeiterdeputierten in der Minderheit, vorläufig sogar in einer schwachen Minderheit ist gegenüber dem *Block aller* kleinbürgerlichen, opportunistischen Elemente, die dem Einfluß der Bourgeoisie erlegen sind und diesen Einfluß in das Proletariat hineintragen – von den Volkssozialisten und Sozialrevolutionären bis zum Organisationskomitee (Tschcheïdse, Zereteli usw.), Steklow usw. usf.
Aufklärung der Massen darüber, daß die Sowjets der Arbeiterdeputierten die *einzig mögliche* Form der revolutionären Regierung sind und daß daher unsere Aufgabe, solange sich *diese* Regierung von der Bourgeoisie beeinflussen läßt, nur in geduldiger, systematischer, beharrlicher, besonders den praktischen Bedürfnissen der Massen angepaßter *Aufklärung* über die Fehler ihrer Taktik bestehen kann.
Solange wir in der Minderheit sind, leisten wir die Arbeit der Kritik und Klarstellung der Fehler, wobei wir gleichzeitig die Notwendigkeit des Übergangs der gesamten Staatsmacht an die Sowjets der Arbeiterdeputierten propagieren, damit die Massen sich durch die Erfahrung von ihren Fehlern befreien.

5. Keine parlamentarische Republik – von den Sowjets der Arbeiterdeputierten zu dieser zurückzukehren wäre ein Schritt rückwärts –, sondern eine Republik der Sowjets der Arbeiter-, Landarbeiter- und Bauerndeputierten im ganzen Lande, von unten bis oben.

Abschaffung der Polizei, der Armee, der Beamtenschaft.[1]
Entlohnung aller Beamten, die durchweg wählbar und jederzeit absetzbar sein müssen, nicht über den Durchschnittslohn eines qualifizierten Arbeiters hinaus.
6. Im Agrarprogramm Verlegung des Schwergewichts auf die Sowjets der Landarbeiterdeputierten.
Beschlagnahme der gesamten Ländereien der Gutsbesitzer.
Nationalisierung des *gesamten* Bodens im Lande; die Verfügungsgewalt über den Boden steht den örtlichen Sowjets der Landarbeiter- und Bauerndeputierten zu. Schaffung besonderer Sowjets von Deputierten der armen Bauern. Errichtung von Musterwirtschaften aus allen großen Gütern (im Umfang von etwa 100 bis 300 Desjatinen, je nach den örtlichen und sonstigen Verhältnissen und nach dem Ermessen der örtlichen Institutionen) unter Kontrolle der Landarbeiterdeputierten und auf Rechnung der Gesellschaft.
7. Sofortige Verschmelzung aller Banken des Landes zu einer Nationalbank und Einführung der Kontrolle über die Nationalbank durch den Sowjet der Arbeiterdeputierten.
8. Nicht „Einführung" des Sozialismus als unsere *unmittelbare* Aufgabe, sondern augenblicklich nur Übergang zur *Kontrolle* über die gesellschaftliche Produktion auf Verteilung der Erzeugnisse durch den Sowjet der Arbeiterdeputierten.
9. Aufgaben der Partei:
a) sofortiger Parteitag;
b) Änderung des Parteiprogramms, in der Hauptsache:
1. Über den Imperialismus und den imperialistischen Krieg;
2. über die Stellung zum Staat und unsere Forderung eines „Kommunestaates"[2]
3. Berichtigung des veralteten Minimalprogramms;
c) Änderung des Namens der Partei.[3]
10. Erneuerung der Internationale . . .

[1] D. h. Ersetzung des stehenden Heeres durch die allgemeine Volksbewaffnung (Anmerkung von Lenin).
[2] D. h. eines Staates nach dem Vorbild der Pariser Kommune (Anmerkung von Lenin).
[3] Statt „Sozialdemokratie", deren offizielle Führer in der *ganzen* Welt den Sozialismus verraten haben, indem sie zur Bourgeoisie übergingen (die „Vaterlandsverteidiger" und die schwankenden „Kautskyaner"), müssen wir uns *Kommunistische Partei* nennen (Anmerkung von Lenin).

Zit. nach: Der Sowjetkommunismus, a. a. O., S. 130ff.

4. Zur Taktik der Bolschewiki gegenüber den Sowjets

Die Februarrevolution schuf zum erstenmal in Rußland die äußeren Bedingungen für die Entfaltung politischer Parteien und die Organisation der in Bewegung geratenen Massen. Lenin, der um die Jahrhundertwende den Typ einer Partei von Berufsrevolutionären entwickelt und noch in der Revolution von 1905 nur zögernd die größere Bewegungsfreiheit ausgenutzt hatte, „warf alle sektiererischen Hemmungen beiseite", als sich seiner Partei im März 1917 zum erstenmal die Gelegenheit bot, die notwendige breite Massenbasis zu gewinnen. Er gab dabei jedoch von seinen alten Grundsätzen nichts auf: den Kern der Partei, der alle Entscheidungen zu treffen hatte, sollte nach wie vor der kleine Kreis der bewährten alten Revolutionäre bilden, während die Massen, die zur Partei stießen, den Resonanzboden abgaben, durch den die bolschewistischen Losungen ihre Verbreitung fanden. Daß Lenin nach wie vor eine große taktische Wendigkeit nach außen, die sich der gegebenen Situation und den wandelnden Massenstimmungen anzupassen wußte, mit einer straff gelenkten

Politik seiner Partei zu vereinbaren suchte, beweisen seine ersten Äußerungen nach dem Umsturz in Rußland: „Auf der Tagesordnung steht jetzt die Ausdehnung des Arbeitsfeldes der Partei, die Organisierung der Massen, die Heranziehung neuer Schichten, der rückständigen, der ländlichen, der Dienstboten, der Bildung von Zellen in der Armee zur systematischen, umfassenden Entlarvung der neuen Regierung und zur Vorbereitung der Eroberung der Macht durch die Arbeiterdeputiertenräte", schrieb er am 4. März 1917. Am Tage zuvor aber äußerte er seine Befürchung, daß die neue Regierung die Arbeiterpartei legalisieren könne, wodurch die Gefahr einer Vereinigung der Bolschewiki mit den anderen Sozialdemokraten entstehe. Wenn die Provisorische Regierung die sozialistischen Parteien legalisieren werde (was ja der Fall war), „werden wir (d. h. die Bolschewiki)", schrieb Lenin, „wie bisher unsere eigene Partei bilden und unbedingt die legale Arbeit mit einer illegalen verbinden". Aus diesen Worten spricht nicht nur das alte Mißtrauen des Berufsrevolutionärs und der Hang zur Konspiration; vielmehr kennzeichnen sie einen Grundzug der Politik der Bolschewiki bis zum Oktober 1917, die unterhalb ihrer offenen politischen Tätigkeit ihre alte Taktik der Verschwörung beibehielten und beide Seiten miteinander kombinierten. Die bolschewistische Partei blieb trotz ihrer raschen zahlenmäßigen Ausdehnung und des Zustroms neuer Gruppen eine festgefügte und straff geleitete halbmilitärische Eliteorganisation, im Unterschied etwa zu der formlosen, breiten und in den Massen aufgehenden Sozialrevolutionären Partei.

Noch bevor die bolschewistische Partei aus ihrer Illegalität auftauchte, entstanden überall spontan die Arbeiter- und Soldatendeputiertenräte. Wenn Lenin daher Anfang März rief: „Organisation, das ist die Losung der Stunde", dann waren die elementar überall sich bildenden Räte die gegebenen Organisationsmittelpunkte. „Wir müssen jetzt die Freiheit der neuen Ordnung und die Räte der Arbeiter- und Soldatendeputierten ausnützen und uns vor allem und hauptsächlich bemühen, diese Masse aufzuklären und zu organisieren", schrieb Lenin in dem ersten *Brief aus der Ferne* an seine Genossen in Rußland. Die Parteiorganisationen in den einzelnen russischen Städten wurden von selbst auf diesen Weg gewiesen; sie mußten sich an der Gründung und Organisierung der Sowjets beteiligen, wollten sie nicht abseits der Massenbewegung stehen. Lenin erkannte sehr gut die enge, den Einfluß der Parteien weit übersteigende Verbindung der Arbeiter und Soldaten mit den Sowjets. Er beschloß daher, daß sich die bolschewistische Partei in ihrer revolutionären Politik in erster Linie auf die Sowjets stützen müsse. Er verband „die Klassenformel des bolschewistischen Programms ‚Alle Macht den Arbeitern und armen Bauern' mit der Organisationsformel ‚Alle Macht den Sowjets'". Die Sowjets waren die einzigen ernsthaften Gegenspieler der bürgerlichen Provisorischen Regierung, und sie allein waren imstande, die revolutionäre Energie der Massen zu mobilisieren. Dabei war diese gärende proletarische und soldatische Masse, die zum erstenmal aktiv in die Politik eingriff, von den ebenfalls sich eben erst offen formierenden politischen Parteien nur am Rande erfaßt, mit den Spielregeln einer demokratischen Staatsordnung nicht vertraut und der demagogischen Agitation leicht zugänglich. Damit rechnete Lenin. Obwohl in den Sowjets zunächst die beiden gegnerischen sozialistischen Parteien eine überwältigende Mehrheit besaßen, glaubte Lenin an die Chance des Bolschewismus, die Massen von ihren zunächst gewählten Führern – Ceretelli, Kerenskij, Černov – trennen zu können. Indem er die Bolschewiki aufforderte, innerhalb der Sowjets einen rücksichtslosen Kampf gegen die offizielle Sowjetpolitik zu führen, hoffte er, die um die Sowjets gescharten Arbeiter und Soldaten allmählich auf seine Seite ziehen zu können. Lenins strategischer Plan im April 1917 gründete sich auf das Bündnis der straff organisierten und einheitlich geführten bolschewistischen Partei mit den politisch unerfahrenen und daher leicht zu lenkenden Massen. Dabei spielten die Sowjets die Rolle der „sichersten Gradmesser der tatsächlichen Aktivität der Massen" (Trotzki), sie waren – nach einem späteren Wort Stalins – die „Transmissionen", mit deren Hilfe die Partei die Massen lenkte.

Aus: Oskar Anweiler, a. a. O., S. 202ff.

5. Der Taktikwechsel nach dem Juli-Aufstand

Für die Bolschewiki ergab sich aus dem Scheitern des Juli-Aufstandes die Notwendigkeit einer Revision ihrer bisherigen Taktik. Die Losung „Alle Macht den Räten" schien angesichts der erneuten Weigerung der gemäßigten Sowjetmehrheit, die Macht zu übernehmen, ihren Sinn verloren zu haben. Innerhalb weniger Tage vollzog daher Lenin einen entscheidenden taktischen Kurswechsel. Er erklärte, daß „alle Hoffnungen auf eine friedliche Entwicklung der russischen Revolution endgültig verschwunden" seien. „Die objektive Lage ist: entweder Sieg der Militärdiktatur mit allen seinen Folgen, oder der Sieg des entscheidenden Kampfes der Arbeiter, der nur möglich ist, wenn er mit einem machtvollen Massenaufschwung gegen die Regierung und gegen die Bourgeoisie auf Grund der wirtschaftlichen Zerrüttung und der Verlängerung des Krieges zusammenfällt". Damit formulierte Lenin das Prinzip der bolschewistischen Taktik bis zur Oktoberrevolution. Die Worte „entscheidender Kampf der Arbeiter" waren eine bewußte Verhüllung des bewaffneten Aufstandes, den Lenin öffentlich nicht proklamieren konnte und dessen Durchführung er erst einige Wochen später ausdrücklich verlangte. Die Vorbereitungen sollten jedoch sofort beginnen. „Die Partei . . . muß, ohne die Legalität preiszugeben, aber ohne diese auch nur einen Augenblick zu überschätzen, die legale Arbeit mit der illegalen vereinigen . . . Sofort und für alles illegale Organisationen oder Zellen gründen" (Lenin).

Die Losung „Alle Macht den Räten" wurde von Lenin als nicht mehr zeitgemäß abgelehnt. In wütenden Angriffen gegen die gemäßigten Sowjetführer bezichtigte er sie des Verrats an der Revolution und der Entmachtung der Räte, die sie in ein „Feigenblatt der Konterrevolution" verwandelt hätten. Die Sowjets seien jetzt „Nullen, Drahtpuppen, die reale Macht liegt nicht bei ihnen". „Die Losung des Übergangs der Macht an die Räte würde sich jetzt wie eine Donquichotterie oder wie Hohn ausnehmen. Diese Losung hieße, objektiv, das Volk irreführen, ihm die Illusion eingeben, als ob auch jetzt die Räte die Machtübernahme bloß zu wollen oder sie zu beschließen brauchten, um die Macht zu bekommen, als ob im Rat noch Parteien wären, die sich nicht durch Helfersdienste für die Henker besudelt hätten, als ob man das Geschehene ungeschehen machen könnte". An Stelle der schädlich gewordenen Sowjetlosung müsse die offene Parole der Machteroberung durch das Proletariat treten. „Das Ziel des Kampfes kann nur sein der Übergang der Macht in die Hände des von der armen Bauernschaft unterstützten Proletariats zur Durchführung des Programms unserer Partei". Damit war zum erstenmal in kaum verhüllter Form das Ziel der alleinigen Machteroberung durch die Bolschewiki proklamiert, das bisher immer hinter der Losung „Alle Macht den Räten" verborgen blieb. Lenin steuerte auf die Machteroberung seiner Partei zu, ohne Hilfe der Sowjets und sogar gegen sie. In dem Augenblick, in dem er glaubte, auf dem Wege über die Räte nicht zur Herrschaft gelangen zu können, ließ er sie fallen. Er offenbarte damit eindeutig, daß für ihn die Räte lediglich die Bedeutung taktischer Figuren im Spiel um die Macht und nicht grundsätzlichen Wert als eine höhere demokratische Staatsform besaßen, wie er nach außen stets betonte. Trockij, der im Juli der bolschewistischen Partei beitrat und Lenins treuester Gefolgsmann bei der Vorbereitung des Aufstandes wurde, sagte ausdrücklich: „So wichtig die Frage nach Rolle und Schicksal der Sowjets auch sein mag, sie bleibt für uns restlos untergeordnet der Frage des Kampfes des Proletariats und der halbproletarischen Massen der Stadt, der Armee und des Dorfes um die politische Macht, um die revolutionäre Diktatur".

Aus: Oskar Anweiler, a. a. O., S. 212ff.

6. Lenin: Zur revolutionären Strategie (September 1917)

Um erfolgreich zu sein, darf sich der Aufstand nicht auf eine Verschwörung, nicht auf eine Partei stützen, er muß sich auf die fortgeschrittenste Klasse stützen. Dies zum ersten. Der Aufstand muß sich auf den *revolutionären Aufschwung des Volkses* stützen. Dies zum zweiten. Der Aufstand muß sich auf einen solchen *Wendepunkt in der Geschichte der anwachsenden Revolution* stützen, wo die Aktivität der vordersten Reihen des Volkes am größten ist, wo die *Schwankungen* in den Reihen der Feinde und *in den Reihen der schwachen, halben, unentschlossenen Freunde der Revolution* am stärksten sind. Dies zum dritten. Durch eben diese drei Bedingungen unterscheidet sich der *Marxismus* in der Behandlung der Frage des Aufstands vom *Blanquismus.* Sind aber diese Bedingungen einmal gegeben, so ist die Weigerung, den Aufstand *als eine Kunst* zu betrachten, Verrat am Marxismus und an der Revolution.

Zit. nach Dietrich Geyer, Die Russische Revolution, a.a.O., S. 96

7. Lenin über die Wirtschaftsführung durch das Volk

Die Entwicklung des Kapitalismus schafft ihrerseits die Voraussetzungen dafür, daß wirklich „alle" an der Leitung des Staates teilnehmen können. Zu diesen Voraussetzungen gehört die allgemeine Schulbildung, die in den fortgeschrittensten kapitalistischen Ländern bereits eingeführt ist, ferner die „Schulung und Disziplinierung" von Millionen Arbeitern durch den umfassenden, komplizierten, vergesellschafteten Apparat der Post, der Eisenbahnen, der Großbetriebe, des Großhandels, des Bankwesens usw. usf.
Unter solchen ökonomischen Voraussetzungen ist es durchaus möglich, unverzüglich, von heute auf morgen, dazu überzugehen, die Kapitalisten und Beamten, nachdem sie gestürzt sind, bei der Kontrolle über Produktion und Verteilung, bei der Registrierung der Arbeit und der Produkte durch bewaffnete Arbeiter, durch das gesamte bewaffnete Volk zu ersetzen. (Man verwechsle nicht die Frage der Kontrolle und Rechnungsführung mit der Frage des wissenschaftlich ausgebildeten Personals, der Ingenieure, Agronomen u. a.: Diese Herrschaften arbeiten heute und fügen sich den Kapitalisten, sie werden morgen noch besser arbeiten und sich den bewaffneten Arbeitern fügen.)
Rechnungsführung und Kontrolle – das ist das Wichtigste, was zum „Ingangsetzen", zum richtigen Funktionieren der kommunistischen Gesellschaft in ihrer ersten Phase erforderlich ist. Alle Bürger verwandeln sich hier in entlohnte Angestellte des Staates, den die bewaffneten Arbeiter bilden. Alle Bürger werden Angestellte und Arbeiter eines das gesamte Volk umfassenden Staats-Syndikats. Es handelt sich nur darum, daß sie alle gleichermaßen

arbeiten, das Maß der Arbeit richtig einhalten und gleichermaßen Lohn bekommen. Die Rechnungsführung und Kontrolle darüber ist durch den Kapitalismus bis zum äußersten *vereinfacht,* in außergewöhnlich einfache Operationen verwandelt worden, die zu verrichten jeder des Lesens und Schreibens Kundige imstande ist, er braucht nur zu beaufsichtigen und zu notieren, es genügt, daß er die vier Grundrechnungsarten beherrscht und entsprechende Quittungen ausstellen kann.
Wenn die Mehrheit des Volkes anfangen wird, selbständig allerorts eine solche Rechnungsführung, eine solche Kontrolle über die Kapitalisten (die nunmehr Angestellte geworden sind) und über die Herren Intellektuellen, die kapitalistische Allüren beibehalten haben, auszuüben, dann wird diese Kontrolle eine wirklich universelle, allgemeine, eine wirkliche Volkskontrolle werden, dann wird man sich ihr auf keine Weise entziehen können, wird man sich vor ihr „nirgends retten" können.
Die gesamte Gesellschaft wird ein Büro und eine Fabrik mit gleicher Arbeit und gleichem Lohn sein.

Aus: Staat und Revolution, verfaßt August/September 1917; zit. bei Hans Raupach, Geschichte der Sowjetwirtschaft, Reinbeck 1964, S. 160f.

8. Lenins Appell vom 25. 10. 1917

Man schrieb den 7. November 1917. Nach der in Rußland noch bis zum Februar 1918 gültigen julianischen Zeitrechnung war es der 25. Oktober, etwa 3 Uhr nachmittags. Im Smolnyj-Institut, einem von der Zarin Katharina II. gegründeten ehemaligen Internat für adlige junge Mädchen, in Petrograd (wie Petersburg seit 1914 hieß) schleuderte ein „untersetzter, kahlköpfiger kleiner Mann" seinen begeisterten Zuhörern, den Arbeiter- und Soldatendeputierten des hauptstädtischen Sowjets, d. h. Rates, die triumphierenden Sätze entgegen: „Genossen! Die Arbeiter- und Bauernrevolution . . . ist vollbracht . . . Von nun an tritt Rußland in eine neue Epoche seiner Geschichte ein, und diese dritte russische Revolution muß in ihrem Endergebnis zum Sieg des Sozialismus führen . . . Wir haben jetzt gelernt, einmütig zusammenzuarbeiten. Davon zeugt die soeben vollbrachte Revolution. Wir haben jene Kraft der Massenorganisation, die alles besiegen und das Proletariat zur Weltrevolution führen wird. In Rußland müssen wir jetzt den Aufbau des proletarischen, sozialistischen Staates in Angriff nehmen. Es lebe die sozialistische Weltrevolution!"

Zit. nach Karl-Heinz Ruffmann, Sowjetrußland, a. a. O., S. 15

9. Protest der menschewistischen und sozialrevolutionären Delegierten

(Verlesen bei der Sitzung des II. Sowjetkongresses am 25. Oktober/7. November 1917)

Ausgehend davon,

1. daß die Bolschewistische Partei im Namen des Sowjets hinter dem Rücken aller anderen in den Räten repräsentierten Parteien und Fraktionen eine militärische Verschwörung einfädelte und ihr Ziel verwirklichte;
2. daß die Machtergreifung durch den Petrograder Sowjet am Vorabend des Kongresses der Sowjets auf die Desorganisation und Zerschlagung der ganzen Sowjetorganisation hinaus-

läuft und die Bedeutung des Kongresses als des legitimen Vertreters der revolutionären Demokratie untergräbt;
3. daß diese Verschwörung das Land in den Bürgerkrieg stürzt, den Plan einer Konstituierenden Versammlung vereitelt, die Gefahr einer militärischen Katastrophe heraufbeschwört und der Konterrevolution zum Sieg verhilft;
4. daß der einzig mögliche Ausweg aus der Situation darin besteht, mit der Provisorischen Regierung über die Bildung einer Regierung zu verhandeln, die auf allen Gruppen der Demokratie beruht;
5. daß die vereinigte Russische Sozialdemokratische Arbeiterpartei es der Arbeiterklasse gegenüber für ihre Pflicht erachtet, nicht nur selbst jegliche Verantwortlichkeit für die Tätigkeit der Bolschewiki, die sich hinter dem Sowjetbanner verstecken, abzulehnen, sondern auch die Arbeiter und Soldaten vor einer Abenteurerpolitik zu warnen, die für das Land und die Revolution verhängnisvoll ist, –
verläßt die Fraktion der vereinigten Russischen Sozialdemokratischen Arbeiterpartei den gegenwärtigen Kongreß und fordert alle anderen Fraktionen, die wie sie selbst die Verantwortung für die Tätigkeit der Bolschewiki ablehnen, zu einem sofortigen Treffen auf, um sich über die Situation klarzuwerden.

Zit. nach: Der Sowjetkommunismus, a.a.O., S. 147f.

10. Parlamentarische Demokratie und Oktoberrevolution

Zur politischen Bilanz der Oktoberrevolution in Rußland gehört das Scheitern der parlamentarischen Demokratie, noch ehe diese Staatsform ihre Institutionen hatte ausbilden können. Was in der Februarrevolution angelegt schien, kam nun nicht mehr auf. Das demokratische Experiment, das in einer Allrussischen Verfassunggebenden Versammlung hätte Halt finden sollen, wurde von der bolschewistischen Parteiherrschaft abgelöst, und die Sieger versprachen, in der neubegründeten Sozialistischen Sowjetrepublik die Diktatur des Proletariats zu exekutieren. Es ist oft gefragt worden, ob dieser Fehlschlag der Demokratie für folgerichtig oder gar für unvermeidlich gelten müsse, ob, anders gesagt, der Erfolg der Bolschewiki dafür spreche, daß Rußland aufgrund seiner sozialen und politischen Unterentwicklung den demokratischen Verfassungsmodellen Westeuropas, die 1917 hatten eingerichtet werden sollen, nicht gewachsen gewesen sei.
Zu einer sicheren Antwort kommt man nicht leicht. Was sich sagen läßt, leidet darunter, daß die Probe aufs Exempel unter den extremen Bedingungen einer Ausnahmesituation angestellt werden mußte, in einer Zeit des Krieges, in der nicht nur die politische Ordnung, sondern die soziale Welt im ganzen in Revolution befindlich war. Nach allem, was wir von der Vorgeschichte wissen, können die Entwicklungschancen für eine Demokratie bürgerlichen Zuschnitts in Rußland nicht groß gewesen sein. Die „bürgerlichen" Kräfte in diesem Land versammelten nur einen kleinen Partikel der Nation. Auch unter normaleren Verhältnissen, als sie nach dem Zusammenbruch des alten Regimes gegeben waren, hätte sich eine demokratisch-parlamentarische Verfassung nicht automatisch funktionsfähig machen lassen. Seit den Februarereignissen aber dominierte die Revolution, das schlechthin Anormale. Die dünnen Schichten der Gesellschaft, deren politische Überzeugungen dem westeuropäischen Demokratiebegriff nahegekommen waren, hatten einen möglichst schmerzlosen, geräuscharmen Kabinettswechsel erhofft, der die Regierung in die Hand der Duma bringen

sollte. Statt dessen fanden sie sich nach dem Sturz der Monarchie dazu gedrängt, über ihre eigenen Voraussetzungen hinauszugehen. Was dieser Entwicklung zugrunde lag, war die massive Intervention breitester Bevölkerungsschichten in die Politik. Diese Einmischung hat viele Konzepte zunichte gemacht. Es hatte sich gezeigt, daß die Revolution als Massenerscheinung nicht nur die Selbstherrschaft des Zaren rasch überholte, sondern auch die Möglichkeiten einer konstitutionellen Monarchie zerschlug, jener Zwischenform, in der der russische Liberalismus die politische Freiheit hatte bergen wollen. Die politische Gesellschaft der Zarenzeit wurde unvermittelt gezwungen, demokratische Politik zu praktizieren, deren Maßstäbe und Begriffe nicht die eigenen waren. Ihre soziale Basis war zu schmal, um den gewaltigen Emanzipationsprozeß freigesetzter Bevölkerung politisch zu integrieren und ihn an Institutionen zu binden, die erst noch geschaffen werden mußten. Die Revolution, derer es bedurfte, um mit dem Aufbau demokratisch-parlamentarischer Einrichtungen beginnen zu können, besaß eine Dynamik, die sich jeglicher Konsolidierung entzog. In der Konfrontation zwischen der Provisorischen Regierung und den Räteorganen ist dieses Dilemma von Beginn an abgebildet gewesen.
Man könnte einer so pessimistischen Beurteilung widersprechen und darauf verweisen, daß doch auch beträchtliche Kräfte der Rätebewegung, Sozialrevolutionäre und menschewistische Sozialdemokraten, die Integration der Demokratie in einer parlamentarischen Republik bejahten. Die Mehrzahl der politisch organisierten Sozialisten wollte im Frühjahr und Sommer 1917 die Republik – das gleiche, was den Liberalen seit der Februarrevolution zu wünschen übrig geblieben war. Die Forderung, die großen Entscheidungen der Revolution nicht auf der Straße, sondern in der Allrussischen Konstituante zu suchen, wurde von der Regierung und von der Rätemehrheit, vom liberalen und vom sozialistischen Lager, wie es schien, in gleicher Weise geteilt. In der Tat hat der allgemeine Ruf nach der Verfassunggebenden Versammlung zur Hoffnung Anlaß gegeben, daß hier, über alle Gegensätze hinweg, eine Plattform gefunden sei, auf der die russische Demokratie dauerhaft gegründet werden könne. Man wird indessen nicht übersehen dürfen, daß die Motive derer, die da riefen, höchst unterschiedlich waren. Der demokratische Konsens, der hier angelegt sein mochte, war nicht belastungsfähig. Die Provisorische Regierung – in allen Phasen ihrer Existenz und wechselnden Zusammensetzung – sah sich, indem sie auf die kommende Konstituante verwies, in ihrer Vorläufigkeit einstweilen legitimiert. Sie hatte indessen von sich aus wenig Anlaß, diese Versammlung herbeizuwünschen. Solange das gewählte Parlament noch nicht verfügbar war, konnte die Regierung ihre begrenzte Handlungsfähigkeit immer wieder mit dem Argument verdecken, daß die Lebensfragen der Nation vertagt bleiben müßten, bis der künftige Souverän, die Konstituierende Versammlung, darüber befinde . . .
Wer der Meinung ist, daß die Verzögerung der Wahlen ein verhängnisvoller Fehler war, der am Scheitern des demokratischen Experiments in Rußland großen Anteil hat, darf die politische Zwangslage der Regierung nicht übersehen. Wie die Dinge lagen, hätte die Verfassunggebende Versammlung, wäre sie zustande gekommen, eine Fülle schwierigster Fragen nicht vor sich herschieben können, sondern sie unverzüglich beantworten müssen: Die verfassungsrechtliche Einordnung der Räteorgane in den neuen Staatszusammenhang gehörte dazu, vor allem aber die große Landreform und die föderative Umbildung des Russischen Reichs in einen multinationalen Bundesstaat. Namentlich von den beiden letztgenannten Entscheidungen waren weitergehende Folgen zu erwarten. Was Rußland ohnedies kaum noch vermochte, nämlich: in der Kriegsallianz gegen Deutschland festzustehen,

wäre dann vollends fragwürdig geworden. Es mußte damit gerechnet werden, daß der Preis für die Reform gleichbedeutend sein würde mit dem separaten Ausscheiden Rußlands aus dem Krieg, mit der Aussicht, weite Gebiete des Reiches einschließlich Polens dem Feind überlassen zu müssen. In dieser Perspektive lag eine Konsequenz, die niemand, außer den Bolschewiki, verantworten wollte. Als Kerenskij schließlich von der Bühne abtrat, war als vorläufig letzter Termin für die mehrfach angekündigten Wahlen der 12. (25.) November 1917 genannt. Bekanntlich hat die bolschewistische Machtergreifung in Petrograd dieses Datum eingeholt.

Aus: Dietrich Geyer, Die Russische Revolution, a. a. O., S. 107ff.

11. Das Vorgehen der Bolschewiki in der Kritik

Die Oktoberrevolution wurde von den Bolschewiki unter der Losung „Alle Macht den Räten" vorbereitet und durchgeführt. Eine Überprüfung des geschichtlichen Tatbestandes ergibt aber, daß die Machtübernahme nur von einem Teil der Arbeiter-, Soldaten- und Bauernräte selbst gewünscht und praktisch durchgeführt wurde. Die große Mehrheit der Sowjets und der in ihnen vertretenen Massen begrüßte zwar den Sturz der Provisorischen Regierung, lehnte aber eine bolschewistische Alleinherrschaft ab. Trotzdem gelang es Lenin und Trockij durch gewaltsame Aktionen und eine geschickte Demagogie, diese Widerstände auszuschalten und hinter der Sowjetfassade den Grund für ihre Parteidiktatur zu legen. Schon sechs Wochen nach dem bolschewistischen Oktoberaufstand schrieb Maxim Gorkijs Blatt *Novaja Žizn'* in einer herben Kritik der neuen Machthaber: „Die Macht ist auf die Räte nur auf dem Papier, in der Fiktion, und nicht in Wirklichkeit übergegangen. Der 2. Allrussische Sowjetkongreß wurde von den Bolschewiki vor die vollendete Tatsache der Machteroberung durch die Bolschewiki und nicht durch die Sowjets gestellt. Die Sitzungen des Kongresses gingen in einer Atmosphäre des Aufstandes vor sich, die Bolschewiki stützten sich auf die Gewalt der Bajonette und Gewehre ... In den Provinzorten, wo die Sowjets schwankten, wo keine bolschewistische Mehrheit gesichert war, suchten die Bolschewiki den Sowjets Angst einzujagen und sie vor die Alternative zu stellen, entweder sich zu unterwerfen oder den Bürgerkrieg in den Reihen der Demokratie hervorzurufen. So wurde die Losung ‚Alle Macht den Räten' verwirklicht, die sich in Wirklichkeit in die Losung ‚Die Macht einigen Bolschewiki' verwandelt hatte ... Die Räte verlieren schon ihre Bedeutung, die Rolle der Räte sinkt zu einem Nichts herab ... Eine Sowjetrepublik? Leere Worte! In Wahrheit ist es eine oligarchische Republik, eine Republik einiger Volkskommissare. Worin haben sich die lokalen Sowjets verwandelt? In unfreie, untätige Anhängsel der bolschewistischen ‚Kriegsrevolutionskomitees' oder von oben ernannter Kommissare. Und diejenigen Räte, die ihre Unabhängigkeit noch bewahren, die hartnäckig den ‚Rat der Volkskommissare' nicht anerkennen, kommen auf eine schwarze Liste der verdächtigen, opportunistischen, beinahe konterrevolutionären Einrichtungen ... Die Sowjets zerfallen, werden kraftlos und verlieren von Tag zu Tag mehr ihr Ansehen in den Reihen der Demokratie".

Zit. nach Oskar Anweiler, a. a. O., S. 258f.

12. Lenin und die bolschewistische Revolution

Bis zur Rückkehr Lenins aus dem Exil standen auch die Bolschewiki im Bann alter Formeln. Die Perspektive, auf die sie ihre Politik orientierten, unterschied sich kaum von der der Menschewiki. Lenin warf das Steuer herum und stieß die Partei auf den Weg zur Eroberung der Macht. Mit unerschütterlichem Glauben an sein Ziel und der Bereitschaft, alles nur Denkbare für dessen Verwirklichung zu tun, verwandelte er die Partei unter Überwindung oft erbitterten Widerstandes in ein gefügiges Werkzeug seines Willens. Sein bemerkenswertes Talent als revolutionärer Stratege gründete sich auf einen unbeirrbaren Spürsinn für die Unzufriedenheit der Massen und auf die geniale Fähigkeit, Losungen aufzustellen, die Mißstimmung in revolutionäre Energie verwandelten. Abgesehen von seinem Drängen, im rechten Augenblick loszuschlagen, hatte Lenin mit dem praktischen Mechanismus des Aufstands relativ wenig zu tun. Seine große Leistung bestand darin, daß er dem Aufstand den Boden bereitete, indem er den Bolschewismus mit jenen Kräften der russischen Gesellschaft identifizierte, die des Bestehenden überdrüssig waren. Lenin schuf nicht die Kriegsmüdigkeit, die Armee und Volk durchdrang; das Material war zur Hand, er brauchte es nur zu nutzen. Mit einem Wort – dem Wort „Frieden" – schmolzen er und die Bolschewiki dieses Material zu einem revolutionären Amalgam zusammen. Der Landhunger der Bauern war ein alter Mißstand, den alle Parteien kannten. Die Sozialrevolutionäre sicherten sich mit dem Versprechen, ihn zu befriedigen, ihre Vormachtstellung auf dem Dorfe; aber während sie mit der Einlösung dieses Versprechens zögerten, stahl ihnen Lenin ihr Programm unter der Nase weg. Als man ihn des Diebstahls bezichtigte, erwiderte er: „Ob in unserem Geiste oder im Geiste des Programms der Sozialrevolutionäre – das ist nicht das Wesentliche. Das Wesentliche ist, daß die Bauernschaft die feste Überzeugung gewinnt, daß es auf dem Lande keine Gutsbesitzer mehr gibt, daß es den Bauern selbst überlassen wird, alle Fragen zu entscheiden, selbst ihr Leben zu gestalten." Mit einem Wort – „Land" – sicherte sich Lenin die Neutralität des Dorfes.

Die stärkste Hilfstruppe der Bolschewiki waren die Fabrikarbeiter. Lenin gewann ihre Unterstützung, indem er ihnen eine Regierung versprach, die „den Schmarotzern die überschüssigen Lebensmittel wegnimmt und sie den Hungernden gibt, . . . die Obdachlosen in Wohnungen der Reichen einquartiert, . . . die Reichen zwingt, die Milch zu bezahlen, ihnen jedoch keinen Tropfen Milch gibt, solange nicht die Kinder *aller* armen Familien in genügendem Maße damit versorgt sind". Mit zwei Parolen – „Brot" und „Arbeiterkontrolle" – zog Lenin beträchtliche Teile der Industriearbeiterschaft von den Menschewiki weg auf die Seite der Bolschewiki.

Die bolschewistische Revolution war nicht von einer Mehrheit getragen. Die letzten freien Wahlen, die in Rußland stattfanden, die Wahlen zur Konstituierenden Versammlung Ende 1917, zeigten klar, daß die Bolschewiki im gesamten Land über nicht mehr als 25 Prozent der Stimmen verfügten. Aber die Bolschewiki besaßen, wie Lenin später bemerkte, „zum entscheidenden Zeitpunkt an der entscheidenden Stelle das ausschlaggebende Übergewicht an Kräften". In den Gebieten und Truppenteilen, die für den Erfolg des Aufstands strategisch wichtig waren – Petrograd, Moskau, die Baltische Flotte und die Garnisonen rund um Petrograd –, neigte sich die Waagschale tief zugunsten der Bolschewiki. Die Feinde des Bolschewismus waren zahlreich; aber sie waren schwach, schlecht organisiert, gespalten und apathisch. Lenins Strategie war darauf gerichtet, die Spaltungen unter seinen Gegnern zu vertiefen, ihren Widerstand zu neutralisieren und aus ihrer Apathie Kapital zu schlagen. 1902 hatte Lenin in *Was tun?* geschrieben: „Gebt uns eine Organisation von Revolutionären, und wir werden Rußland aus den Angeln heben!" Am 7. November 1917 war der Wunsch erfüllt und die Tat vollbracht.

Aus: Merle Fainsod, Wie Rußland regiert wird, Köln 1965, S. 102f.

13. Lenin und Stalin

Bleibt die Frage, die oft genug gestellt worden ist: Wäre die Fortentwicklung des Sowjetkommunismus anders verlaufen, wenn Lenin noch Jahre an der Spitze des Sowjetreichs gestanden hätte? Hätte er *wesentlich* anders als Stalin gehandelt, dessen Gefährlichkeit er zuletzt selbst einsah? Die Frage wird hier nicht wiederholt, um unnützen Spekulationen nachzuhängen, sondern um mit der Antwort zum Charakterbild Lenins, soweit möglich, beizutragen.

Der mächtige Mann, ohnmächtig geworden, hat am Ende mit längeren Zeiträumen der politischen Entwicklung in Sowjetrußland gerechnet, und da das Regime endlich Bestand hatte, sollte eine friedlichere Art der Einwirkung auf die Menschen im Sowjetbereich möglich geworden sein. „Im Kriege handeln wir nach Kriegsbrauch; wir versprechen keinerlei Freiheit und keinerlei Demokratie", sagte er beim Dritten Kongreß der Kommunistischen Internationale. An anderer Stelle: „Die Freiheiten werden so lange nicht gewährt, als wir nicht endgültig gegen die Angriffe der Bourgeoisie gesichert sind". Im Falle genügender Sicherung und Sicherheit wären „die Freiheiten" also „gewährt" worden. Kann man annehmen, daß dies in den zwanziger und dreißiger Jahren hätte geschehen können? Die internationale Wirklichkeit der beiden Jahrzehnte spricht dagegen.

Es kommt hinzu, daß nicht zu erkennen ist, wie es Lenin hätte gelingen sollen, die zwei objektiven Grunderfordernisse der sowjetischen Entwicklung, wenn die Union im politisch-ökonomischen Wettbewerb der globalen Entwicklung aufholen und bestehen sollte, ohne umfassende Gewaltanwendung zu erfüllen: die rasche und zureichende kollektive Akkumulation des notwendigen Investitionskapitals, die ja nur durch systematisch bewirkten Konsumverzicht zu erreichen war, und die industriewirtschaftliche Arbeitsdisziplinierung der Bauernschaft, die folglich radikal „umerzogen" werden mußte. Man darf annehmen, daß Lenin die beiden Erfordernisse nicht annähernd so barbarisch realisiert hätte, wie Stalin es getan hat; aber um die Härte, die er für alle „historischen Fälle" gewohnt war, wäre er seinen Prämissen gemäß nicht herumgegangen.

Ganz anders steht es ohne Zweifel mit Lenins Verhältnis zur Partei: niemals, unter keinen Umständen hätte er auch nur den Versuch unternommen, sie sich total gefügig zu machen, sie sich schrankenlos zu unterwerfen, sie zum mechanisiert-instrumentalisierten Exekutionsapparat zu degradieren. Kalte, heuchlerische Liquidierung verdienter Bolschewiki nach Schauprozessen mit erfolterten Selbstbezichtigungen – nein, das wäre Lenin nicht einmal in den Sinn gekommen. Der Personenkult außerdem war ihm verhaßt, wie hätte er ihn erzwingen können.

Aus: Eugen Kogon, Lenin – Ein biographischer Essay, München 1971, S. 58ff.

14. Die Russische Revolution – Zäsur oder Kontinuität?

„Die russische Revolution hat noch nicht ihren Tocqueville gefunden, der die Kontinuität der geschichtlichen Entwicklung Rußlands durch den gewaltsamen Bruch der Revolution hindurch in gültiger Form erfaßt hätte." Dieser Satz, mit dem Werner Markert vor sechzehn Jahren seinen Beitrag zu einer Festschrift für Hans Rothfels eröffnete, gilt heute noch, so wie er damals galt. Wer den Stand der historischen Forschung und die Lage der Geschichtswissenschaft in der Sowjetunion überblickt, wird das Erscheinen eines russischen Tocqueville in unseren Tagen schwerlich schon erwarten. Das wohl einzige Werk, das wir „klassisch" nennen dürfen, verdanken wir keinem Historiker, keinem Schriftsteller, der die *Geschichte der Russischen Revolution* aus sicherem Abstand hätte schreiben können, sondern einem, der Geschichte schrieb, weil er meinte, sie zu einem guten Teil noch immer mitzumachen: Leo Trotzkij. Der Rang seines Buches kommt aus der Parteilichkeit, aus der Wissenschaft derer, die als revolutionäre Täter vom „Ausschlag der Begebenheiten" Zeugnis geben.
Fünfzig Jahre danach sind aber auch viele von uns den Ereignissen noch zu nah, um die tiefe Zäsur zwischen dem, was war, und dem, was kam, vergessen zu können; die Differenz der Begriffe ist groß und noch nicht aufzulösen. Zwar sind die meisten derer, die von sich sagen konnten: Wir sind dabei gewesen! inzwischen abgetreten, und wer überlebte, ist heute nicht mehr jung. Zwar haben die Kontroversen um das Jahr 1917 mittlerweise ihre eigene Geschichte, zwar stehen mehr Denkmäler, als Augenzeugen leben, aber durch den Lauf der Zeit ist doch der Eindruck kaum geschwunden, daß die Russische Revolution eine Wende markiere, in die unser Jahrhundert, in die wir selbst verwickelt sind.

Es versteht sich, daß die Oktoberrevolutionäre ihren Sieg zugleich als „Abschied von der bisherigen Geschichte" *(A. Weber)* empfunden haben. Wie die Generation von 1789 die Geschichte ihres Landes, ja die der Welt, kraft der Revolution nun „sozusagen in zwei Hälften gespalten" sah, waren auch die russischen Bolschewiki von dem Gedanken tief ergriffen, daß das alte Rußland aufs gründlichste von dem geschieden sei, was das neue Rußland sein oder doch werden wollte. Mit der Revolution begann eine neue Zeit, ein neuer Kalender, eine neue Epoche der Menschheit; die gewesene Geschichte sollte fortan nur noch als „Vorgeschichte" aufzufassen sein. Von den Erben der Revolutionäre wird an diesem Anspruch noch heute festgehalten. Mit der Oktoberrevolution, so heißt es, sei die Welt in die Epoche des Sozialismus und Kommunismus eingetreten. Keine andere Revolution sei mit dieser weltgeschichtlichen Zeitenwende vergleichbar. In den Thesen der Kommunistischen Partei der Sowjetunion zum 50. Jahrestag der „Großen Sozialistischen Oktoberrevolution" ist diese Botschaft abermals erneuert worden.

In historischer Betrachtung wird sich indessen nicht behaupten lassen, Rußland habe im Jahre 1917 tatsächlich alle Fäden zu seiner Vergangenheit abgeschnitten. Das Bewußtsein des Fortwirkens, der Dauer im Wandel, die Einsicht, daß die vergangene Geschichte über den Umbruch hinweg der neuen Gegenwart noch zugehörig sei, mithin: die Erfahrung historischer Kontinuität ist nicht verlorengegangen, ja sie hat sich rascher wieder aufgedrängt, als dies von den Revolutionären je erwartet worden war. Lenin selbst hat die russische Vergangenheit nicht nur in der wirtschaftlichen und kulturellen Rückständigkeit des Landes weiterwirken sehen, sondern auch im bürokratischen Dienstleistungsbetrieb der sowjetischen Staatsanstalt, die bekanntlich keine Erfindung des Alten Regimes, sondern eine Schöpfung der Revolutionäre war. Die russische Opposition der zwanziger Jahre

meinte, in der Herrschaft des „Apparates“, im Machtanspruch und Meinungsterror der Parteimaschine einer historischen Erbschaft ausgesetzt zu sein, die auf dem neuen Rußland unvermindert laste und das Werk der Revolution zersetze. Es war Trotzkij, der diese Fatalität im Kampf gegen Stalin mit großer Schärfe zu thematisieren verstand. Seine „Theorie der permanenten Revolution“ hat hier ihr zeit- und situationsbezogenes Motiv. Die Befreiung Rußlands von seiner Vergangenheit schien ihm nur dann möglich zu werden, wenn sich die bolschewistische Revolution in der internationalen aufheben ließ.
Noch in einem anderen Sinn ist die russische Geschichte über den Umbruch von 1917 hinweg in die sowjetische Welt zurückgekehrt. Nach 1930 griff der Stalinsche Reichspatriotismus, der „Sowjetpatriotismus“, auf das alte Rußland zurück, und dies nicht bloß durch äußere Anstalten, die Kunstprodukte der Parteigewalt geblieben wären. Die neue, von der Außenwelt isolierte Sowjetgesellschaft, die unter dem Gesetz der Fünfjahrespläne entstand, sollte ihre Erwartungen an das Leben nicht nur im Fortschrittsglauben aufbewahren. Sie sollte Kraft schöpfen, Halt finden können im Stolz auf eine ruhmvolle Vergangenheit, auf eine Geschichte, die durch die Mobilisierung revolutionärer Traditionen allein nicht wieder herzustellen war: Fortan verbot es sich, wie Stalin lehrte, das alte Rußland „ein Gefäß der Greuel und der Unsauberkeit“ zu nennen oder den oft beklagten Drang, „auf dem Ofen zu hocken“, für einen nationalen Zug der Russen überhaupt zu halten. Das Volk ist ewig, seine Kultur überdauert die Zeit, in den besten Vertretern dieses Volkes, bei Adligen und Knechten, waren die Erfolge von heute von alters her schon angelegt. Heimat, Volk und Vaterland überwölbten die gewohnten Klassenbegriffe. Der Sowjetstaat, der in den dreißiger Jahren zur industriellen Großmacht aufwuchs, wurde auf die Fundamente einer glorreichen Reichsgeschichte aufgesetzt, und eine These wie jene, wonach der Moskauer Zar Ivan Groznyj, „der Schreckliche“, durch den Aufbau eines zentralisierten Staates die Macht des modernen Rußland vorbereitet habe, roch gar ein wenig nach Tocqueville.

Aus: Dietrich Geyer, Die Russische Revolution, a. a. O., S. 9ff.

II. Die Etablierung des Sowjetstaates

Übersicht

1917	26. Oktober (8. November): Dekret an alle Kriegführenden, in dem die neue Regierung „einen sofortigen Frieden ohne Annexionen und Kontributionen“ anbietet. Waffenstillstandsersuchen auf dieser Basis gehen an die Mittelmächte und die westlichen Alliierten.
	29. Oktober (11. November): Aufruf über die Volksbildung mit den Zielsetzungen: Beseitigung des Analphabetentums, Einführung der allgemeinen Grundschulpflicht und der Einheits-Arbeitsschule.
	2. November (15. November): Den einzelnen Völkern des bisherigen Zarenreiches wird das uneingeschränkte Recht auf freie Selbstbestimmung zugesichert.
	4. November (17. November): Gründung einer gesamtrussischen kommunistischen Jugendorganisation, der Komsomol. Erfaßt als Staatsjugend die 14- bis 26jährigen. Vorstufe sind die Jungen Pioniere (9- bis 14jährige).

1917	25. November (8. Dezember): Wahlen zur Konstituante, „die erste und einzige frei und demokratisch gewählte Volksvertretung Rußlands“ (Geyer), bringen folgendes Ergebnis: von 707 Mandaten erobern die Bolschewisten 175, die Sozialrevolutionäre 370. „Mehr als das halbe Land hatte für den Sozialismus, aber gegen den Bolschewismus gestimmt“ (Ruffmann). 2. Dezember (15. Dezember): Einrichtung des „Obersten Volkswirtschaftsrats“ zur Durchführung der Verstaatlichung von Industrie und Handel, zur Planung und Lenkung der zukünftigen Produktion. 14. Dezember (27. Dezember): Verstaatlichung der Banken unter Zwangsvereinigung mit der Staatsbank. 15. Dezember (28. Dezember): Waffenstillstand mit den Mittelmächten. Aufnahme von Friedensverhandlungen. Notwendig geworden angesichts des demoralisierten und durch eigenes Zutun (Parole: „Frieden um jeden Preis“) in völliger Auflösung begriffenen Heeres.
1918	Ab Januar: Die von der Pariser Kommune herstammende Vorstellung vom egalitären Volksheer bestimmt den Inhalt der ersten Dekrete über die Armee: Bildung einer sozialistischen Armee, die „von unten her auf den Grundsätzen der Offizierswahl und der gegenseitigen kameradschaftlichen Disziplin und Achtung aufgebaut werden soll“. Abschaffung aller militärischen Ränge und Titel. Eintritt freiwillig. Die Werbekampagne erweist sich jedoch als Fehlschlag. 5. Januar (18. Januar): Der bolschewistische Antrag auf „vorbehaltlose Anerkennung der Sowjetmacht“, wie sie der Rat der Volkskommissare praktiziert, wird von der Mehrheit der Verfassunggebenden Versammlung abgelehnt. Ihr Bekenntnis zu einer „Demokratischen Föderativen Republik“ beantwortet Lenin, der darin eine „im Dienst des Kapitals stehende Sabotage“ erblickt, mit der gewaltsamen Auflösung der Versammlung. Zugleich entfaltet der mit fast unbeschränkter Macht ausgestattete Staatssicherheitsdienst, die sog. Tscheka (gegr. am 7. 12. 1917), einen brutalen Terror gegenüber „allen Feinden der Arbeiterklasse“. Dazu zählen auch die Bolschewisten, die sich dem Zentralismus Lenins widersetzen. 23. Januar (5. Februar): Dekret über die Trennung der Kirche vom Staat und der Schule von der Kirche. Auftakt einer administrativen Verfolgungspolitik gegenüber der durch die enge Zusammenarbeit mit dem Zarentum diskreditierten orthodoxen Kirche: Konfiszierung kirchlichen Eigentums; Repressalien gegen alle kirchlichen Amtsträger und Verbot aller religiösen Kulthandlungen in der Öffentlichkeit. Massiv atheistische offizielle Propaganda. Ab Februar: Aufstellung der Roten Armee durch Trotzki als Volkskommissar für Verteidigung. Dem Mangel an eigenen Führungskräften wird durch die Übernahme zaristischer Offiziere abgeholfen. 1. Februar (14. Februar): Einführung des westlichen (gregorianischen) Kalenders. Er tritt an die Stelle des julianischen, dessen Daten 13 Tage hinter dem gregorianischen zurückliegen. 3. März: Unterzeichnung des Verzichtfriedens von Brest-Litowsk, ein Verdienst Lenins, der die Unausweichlichkeit der Entscheidung klar erkennt.

1918 6. März: Annahme des Friedensvertrages auf dem Parteitag der „Kommunistischen Partei Rußlands", wie sich die Bolschewisten auf Antrag Lenins nun nennen, und durch den Allrussischen Sowjetkongreß. Mit diesem hohen Preis (Rußland verliert durch und nach Brest-Litowsk mit Finnland, Polen, Litauen und der Ukraine 34% der Bevölkerung, 32% des anbaufähigen Landes, 26% des Eisenbahnnetzes, 54% der Textilindustrie und 89% der Eisenindustrie und der Kohlenbergwerke) verschaffen sich die Bolschewisten die notwendige Atempause für den bevorstehenden Kampf um die Sicherung der Macht. Verlegung des Regierungssitzes von Petersburg nach Moskau.

15. März: Die sozialrevolutionären Volkskommissare treten aus Protest gegen den Friedensvertrag von Brest-Litowsk aus der Regierung aus. Der Rat der Volkskommissare ist damit zu einem rein bolschewistischen Kabinett geworden.

April: Nationalisierung des Außenhandels durch Errichtung eines – noch heute existierenden – Außenhandelsmonopols des Sowjetstaates.

Mai: Einrichtung eines mit diktatorischen Vollmachten ausgestatteten Volkskommissariats für Verteidigung.

Ab Juni: Militärische Interventionen der westlichen Alliierten und Japaner in Rußland. Durch sie wird ein fast dreijähriger Bürgerkrieg zwischen Anhängern des Zarismus, bürgerlichen Demokraten, Sozialrevolutionären und Menschewisten auf der einen (den sog. Weißen) und den Bolschewisten (den sog. Roten) auf der anderen Seite ausgelöst.

28. Juni: Nationalisierungsdekret: Alle wichtigen Industriezweige werden nationalisiert, d. h. „der Arbeiterstaat wird zum Arbeitgeber" (Fainsod).

10. Juli: Sowjetkongreß beschließt die Gründung der „Russischen Sozialistischen Föderativen Sowjetrepublik" (RSFSR).

16. Juli: Ermordung der zaristischen Familie in Jekaterinburg, dem heutigen Swerdlowsk, durch die Tscheka (seit 1922 GPU genannt).

Ende Juli: Die zunächst (Januar 1918) als Freiwilligenheer gegründete „Rote Arbeiter- und Bauernarmee" (RKKA) wandelt sich unter Trotzki als Kriegskommissar in ein Massenheer mit allgemeiner Wehrpflicht für Arbeiter und Bauern (Offiziersernennungen von oben statt der bisherigen Wahl von unten. Schwere Strafen zur Wiederherstellung der Disziplin. Sippenhaft bei Desertion und Verrat. Zwangsweise Wiedereinberufung von fast 50000 ehemals zaristischen Offizieren. Einsatz der sog. Politischen Kommissare als Kontrolleure im Auftrag der Partei). Binnen eines Jahres umfaßt die Rote Armee 800000 Mann (1920: 5,5 Millionen).

August: Besetzung von Murmansk und Archangelsk durch Amerikaner, Engländer und Franzosen. Russische antibolschewistische Gruppen schließen sich an und erobern binnen weniger Wochen: Sibirien, Ural und das Gebiet der mittleren Wolga.

16. Oktober: Dekret über das Bildungswesen: Alle Jugendlichen zwischen 8 und 17 Jahren sollen in einer neunklassigen „Einheits-Arbeitsschule" erfaßt werden. Vom 6. Lebensjahr an soll ein obligatorischer zweijähriger Besuch eines Kindergartens stattfinden.
„Produktive Arbeit" wird zur Grundlage des schulischen Lebens erklärt, „nicht als Mittel zum materiellen Unterhalt und nicht nur als Unterrichtsmethode, sondern als produktive und gesellschaftlich notwendige Tätigkeit". Kombination von Wissensvermittlung, polytechnischer Ausbildung und praktischer Arbeit. Das ambitiöse Programm kann jedoch angesichts der widrigen Umstände (Revolution, Bürgerkrieg, Wirtschaftskrise) nicht realisiert werden.

1918	2. August: Dekret über das Hochschulwesen: Freier Zugang zur Hochschule ohne Rücksicht auf Geschlecht und Vorbildung. Die Hochschulen, ohnehin einer eindeutig politischen Auslese unterworfen, können jedoch den Ansturm nicht verkraften. 7. Dezember: Einsetzung einer „Allrussischen außerordentlichen Kommission zur Bekämpfung von Konterrevolution und Sabotage".
1919	18.–23. März: Auf dem VIII. Parteikongreß der Bolschewisten erfolgt eine Neuordnung des zentralen Parteiapparats. Neben das Zentralkomitee (19 Mitglieder) treten zur Steuerung der weitverzweigten Parteitätigkeit drei neue Organe: 1. Ein Politisches Büro (Politbüro), bestehend aus 5 Mitgliedern des ZK (bald auf 25 erweitert), zur Festlegung der Richtlinien der Politik, 2. ein Organisationsbüro (Orgbüro), ebenfalls bestehend aus 5 Mitgliedern des ZK (bald auf 40 erweitert), für die Ausführung der Richtlinien der Politik und 3. ein Sekretariat, bestehend aus einem verantwortlichen Sekretär, der gleichzeitig dem Orgbüro angehört, und 5 technischen Sekretären, die erfahrene Parteifunktionäre sein sollen. Mit dieser Neuorganisation realisiert Lenin ein wichtiges Stück seines Strebens nach Zentralisierung der Macht innerhalb der bolschewistischen Partei. Zugleich wird das Parteiprogramm der bolschewistischen Partei verkündet, in dem die Schule als „Werkzeug der kommunistischen Umgestaltung der Gesellschaft" begriffen und Bildung als „ernste Waffe des Klassenkampfes" verstanden wird. Ausschließliches Bildungsmonopol der Partei, um die bürgerliche Gesellschaftsordnung und an ihr orientierte Denkweisen zu überwinden oder – wie es Lenin formuliert hat – „der bürgerlichen Wahrheit unsere Wahrheit entgegenzustellen und ihre Anerkennung zu erzwingen".
1920	29. Januar: Einführung der allgemeinen Arbeitspflicht. Die Zwangseintreibung von Agrarprodukten führt zu massiven Zusammenstößen mit den Bauern. 19. April: Vereinbarung mit der Weimarer Republik über die Rückführung der beiderseitigen Kriegsgefangenen und Zivilinternierten. Auftakt einer außenpolitischen Kooperation der beiden Verlierer des Weltkrieges. Doch die Praxis zwischenstaatlicher Koexistenz hindert die bolschewistische Regierung nicht daran, subversive Aktionen zu lancieren, z. B. bei dem im Frühjahr 1920 inszenierten Generalstreik in Deutschland. November: Ende des Bürgerkriegs. Sieg der Bolschewisten.
1921	Februar/März: Streik der Arbeiter in Petrograd wegen Arbeitslosigkeit und wirtschaftlicher Not. Aufstand der Kronstädter Matrosen: Demonstration gegen Bevormundung des gesamten öffentlichen Lebens durch die bolschewistische Parteiführung, die – wie die Kronstädter Kommune sie nennt – „Polizeimaschine der kommunistischen Autokratie". Die Streikenden und Aufständischen („Das Proletariat erhob sich gegen die Diktatur des Proletariats", K. H. Ruffmann) werden zu „Konterrevolutionären" erklärt und liquidiert. 16. März: Verkündung der „Neuen Ökonomischen Politik" (NEP) durch Lenin auf dem über die Petrograder und Kronstädter Ereignisse erregten X. Parteikongreß der Bolschewisten. Rein taktisch motivierte Rückkehr zu einer „halbkapitalistischen Marktwirtschaft" (Kogon), um die in der Phase des sog. Kriegskommunismus (1917–1921) entstandene Wirtschaftsmisere mit Arbeitslosigkeit, Lebensmittelnot und Produktionsrückgang zu überwinden:

1921 Abstoppen der Zwangseintreibung von Agrarprodukten; maßvolle Festlegung von Naturalabgaben; Anreiz und Möglichkeit für die Bauern, Ertragsüberschüsse auf dem Markt frei zu verkaufen; Einführung eines fast uneingeschränkten Binnenhandels; Zulassung des freien Unternehmertums und ausländischer Kapitalinvestitionen. Reprivatisierung kleinerer Betriebe; Gewährung des Rechts, Land hinzuzupachten und Arbeitskräfte einzustellen (vorher verboten); Steigerung der Agrarerzeugung; Aufrechterhaltung der Sozialisierung in vollem Umfang nur im Bereich der Grundstoff- und Schwerindustrie, der Banken und Verkehrsmittel. Auf dem gleichen Parteitag Verbot der Fraktionsbildung innerhalb der bolschewistischen Partei und Aufhebung der Kontrollfunktion der Gewerkschaften gegenüber der Wirtschaft. Dadurch Stärkung des Politbüros als Machtzentrum innerhalb des Zentralkomitees und Degradierung der Gewerkschaften zu Vollzugsorganen der Partei, die sich von der „Revolutionspartei zur Ordnungspartei" (Fainsod) wandelt.

16. September: Abkehr von der im Kriegskommunismus praktizierten sozialen Gleichmacherei, bei der Mitglieder aller Berufsgruppen bis in die höchsten Regierungsämter das gleiche Entgelt erhielten. Dekret des Rates der Volkskommissare: Wiederzulassung des Stücklohns und Aufstellung abgestufter Tarifsätze für die einzelnen Eignungsgruppen der Arbeiter und Angestellten. Der – eben noch als Ausbeutung abgelehnte – Leistungslohn wird als Anreiz zur Arbeitssteigerung eingeführt.

1922 3. April: Stalin wird zum Ersten Sekretär des Sekretariats mit dem Titel „Generalsekretär" ernannt. Er bemüht sich – gemäß den Anweisungen des Politbüros – um die Säuberung der Parteiorgane von oppositionellen Elementen und die Durchsetzung des Prinzips des „demokratischen Zentralismus", d. h. Nominierung von oben und Wählbarkeit von unten bei absoluter Verbindlichkeit der Beschlüsse der oberen Parteiorgane für die unteren.

16. April: Vertrag von Rapallo mit der Weimarer Republik: Aufnahme diplomatischer Beziehungen und wechselseitiger Verzicht auf Kriegsentschädigungen. Rußland befürchtet die Bildung einer wirtschaftlichen und politischen Einheitsfront des Westens unter Einschluß Deutschlands. Die deutsche Reichsregierung hegt die gegenteilige Erwartung. Beides ist gleichermaßen unbegründet.

30. Dezember: Tendenz der Zentralisierung auch im staatlichen Bereich: In der aus dem Zusammenschluß der großrussischen RSFSR (Russische Sozialistische Föderative Sowjetrepublik) und neugeschaffenen Sowjetrepubliken Ukraine, Weißrußland und Transkaukasien hervorgehenden „Union der Sozialistischen Sowjetrepubliken" (UdSSR) besteht das föderative Prinzip nur formal. Die Unionsrepubliken haben zwar das Recht des freien Austritts aus der Union, jedoch keine eigenen Zuständigkeiten im Bereich von Außenpolitik, Außenhandel, Wirtschaftsplanung, Landesverteidigung, Recht und Justiz, Volkserziehung und Gesundheitsfürsorge. Der alljährlich tagende Allunions-Sowjetkongreß, der sich aus Delegierten von auf verschiedenen Ebenen gebildeten Sowjets zusammensetzt, wird das oberste Staatsorgan. Vom Wahlrecht sind die Angehörigen der Bourgeoisie ausgeschlossen.

1923 Februar: Aufhebung des freien Zugangs zur Hochschule: „Die Kommandierung an eine Hochschule erfolgt durch die Partei". Beseitigung der akademischen Selbstverwaltung und Installierung einer staatlichen Aufsicht. Empfindlicher Fehlbedarf an qualifizierten Hochschullehrern.

1924 21. Januar: Tod Lenins, der seit März 1923 – durch Schlaganfälle gelähmt – von einer aktiven Teilnahme am politischen Leben ausgeschaltet war und sich in schriftlichen

1924	Stellungnahmen – intensiv, aber vergeblich – gegen die zunehmende Machtfülle des Generalsekretärs Stalin wendete. 21. Juni: Dem neugewählten Politbüro, „der wichtigsten Machtinstanz von Partei und Staat" (K. H. Ruffmann), gehören u. a. auch die sich bekämpfenden Rivalen um die Lenin-Nachfolge Stalin und Trotzki an. Dezember: Stalin verkündet seine Doktrin vom „Aufbau des Sozialismus in einem Land", die er als „Verwandlung der Sowjetunion aus einem Agrarland in ein Industrieland" definiert. Außenpolitisch gewinnen die punktuellen Interessen den Vorrang gegenüber den langfristigen, am Ziel der Weltrevolution orientierten Ambitionen. Die kommunistischen Parteien in den europäischen Ländern werden an die Direktiven der Moskauer Befehlszentrale gebunden.
1925	17. Januar: Absetzung Trotzkis als Kriegskommissar, der im Dezember 1927 der Ausschluß aus Politbüro, ZK und Partei folgt.
1926	24. April: Berliner Vertrag mit Deutschland, in dem eine wechselseitige Neutralitätsverpflichtung bei einem Angriff von dritter Seite vereinbart wird.
1926/27	In seiner Auseinandersetzung mit Trotzki und seinen Verbündeten (sog. „linke Opposition"), deren Kritik sich vor allem auch gegen die „Diktatur der Parteibürokratie" richtet, kann sich Stalin auf einen gemäßigten Flügel in der Partei stützen, der unter Führung von Bucharin (Führender Theoretiker der Partei), Tomski (Führer der russischen Gewerkschaften) und Rykow (Nachfolger Lenins als Vorsitzender des Rates der Volkskommissare) eine organische Industrialisierung, d. h. den Aufbau eines den russischen Verhältnissen angepaßten Sozialismus, propagiert. Dazu rechnet vor allem das praktischen Erwägungen entspringende Eintreten für die auf privatwirtschaftlicher Basis arbeitenden Klein- und Mittelbauern, deren über 100 Millionen in Rußland leben.
Ab 1928	Der aufkommende innerparteiliche Widerspruch gegen die als „rechte Abweichler" diffamierte Bucharin-Gruppe veranlaßt Stalin zum Kurswechsel. Er übernimmt das großangelegte Zukunftsprogramm der eben noch bekämpften „linken Opposition" (forcierte Industrialisierung und radikale Kollektivierung) und versucht, mit Hilfe von Fünfjahresplänen die UdSSR in einen modernen Industriestaat zu verwandeln. Die Kollektivierung der Landwirtschaft führt zu einer Agrarrevolution großen Stils, von der 60% der Höfe und 11 Millionen Menschen betroffen sind. Vor allem der Stand der Kulaken wird beseitigt. An seine Stelle treten Kolchosen, dörfliche Kooperationswirtschaften, und Sowchosen, Staatsgüter. Ferner Aufbau einer leistungsfähigen Schwerindustrie durch Erschließung neuer Kohle- und Erzgruben im Ural, in Sibirien und Mittelasien, erkauft durch gesamtgesellschaftlichen Konsumverzicht und streng überwachtes Rationierungssystem. Die neue technische Intelligenz wird als privilegierte Klasse die Hauptstütze des Regimes. Entgegen offiziellen Beteuerungen ist die Industrialisierung mit dem Absinken des individuellen Lebensstandards verbunden. Die Industrialisierungspolitik Stalins intensiviert die deutsch-russischen Wirtschaftskontakte insofern, als die Sowjetunion einen nahezu unbegrenzten Bedarf an industrieller Ausrüstung hat. Der Import deutscher Werkzeugmaschinen steigt binnen kurzer Frist von 10 auf 75%. Doch bleibt das Rußlandgeschäft für die deutsche Industrie insgesamt enttäuschend.
1929	Februar: Auf Rußlands Initiative kommt es als Gegenstück zum Locarno-Vertrag zur Konstituierung eines sog. Ostpakt-Systems mit Estland, Lettland, Polen, Rumänien, der Türkei, Persien und Litauen.

1930 Anfang des Jahres entbrennt ein von der GPU mit Hilfe bewaffneter Arbeiterbrigaden inszenierter Bauernkrieg. Vernichtung der Kulaken, jener Schicht selbständiger Mittelbauern, die über eine gesicherte materielle Existenz verfügen, ohne nach westeuropäischen Begriffen wohlhabend zu sein. Die Liquidierung der sich gegen die Kollektivierung sperrenden Kulaken führt zu einer großen Hungerkatastrophe, der etwa 10 Millionen Menschen zum Opfer fallen.

1931 Juni: Generelle Einführung des sog. Stachanow-Systems, eines Akkordprinzips (benannt nach dem Grubenarbeiter A. Stachanow, der seine Arbeitsnorm um 1300 Prozent übertraf und in einer Schicht 102 t Kohlen abbaute): Scharfe Differenzierung der Lohnskala (bis zu einem Verhältnis 1 : 30), unterschiedliche Sozialleistungen, Verbot des Arbeitsplatzwechsels, harte Strafen zur Erhöhung der Arbeitsdisziplin (Lohnentzug; Straflager). Durch das Fehlen jeder eigenständigen gewerkschaftlichen Vertretung ist der Arbeiter dem totalitären Staatskapitalismus schutz- und wehrlos ausgeliefert.

1932 Januar bis Juli: Die Sowjetunion schließt zweiseitige Nichtangriffsverträge mit Polen, Estland, Lettland, Finnland und Frankreich ab.

10. Dezember: Offizieller Aufnahmestopp der Kommunistischen Partei, deren Mitgliederstand die Drei-Millionen-Grenze bereits überschritten hat. Wird Ende 1936 wieder aufgehoben, nachdem durch die Säuberungen Stalins ein starker zahlenmäßiger Rückgang eingetreten ist.

1933 5. Mai: Verlängerung des Berliner Vertrags wird – trotz Hitlers Machtergreifung – ohne Schwierigkeiten vollzogen. Sie macht deutlich, wie wenig ideologische Gegensätze die außenpolitische Kooperation blockieren müssen. Die militärische Zusammenarbeit der Reichswehr mit der Roten Armee findet allerdings ein Ende. Der deutsch-polnische Nichtangriffspakt (Januar 1934) entzieht ihr endgültig die Grundlage.

16. November: Mit der völkerrechtlichen Anerkennung durch die USA als der letzten Großmacht erhöht sich das außenpolitische Prestige der Sowjetunion beträchtlich.

1934 16. März: Verordnung über den obligatorischen Unterricht im Fach „Gesellschaftswissenschaften". Sie ist Konsequenz der von Stalin angeregten Proklamierung des Sowjetpatriotismus und des ideologischen Ausschließlichkeitsanspruchs der Partei.

16. Mai: Verordnung über das allgemeinbildende Schulwesen: Elementarschule mit vier, Mittelschule mit sieben, Oberschule mit zehn Klassen. Den Hochschulen wird die Aufgabe zugewiesen, „Kader heranzubilden, die fähig sind, wissenschaftliche und technische Vorrangstellungen einzunehmen, dazu ausgestattet mit den Kenntnissen des wissenschaftlichen Sozialismus; bereit, das sowjetische Vaterland zu verteidigen und der Sache des Aufbaus der kommunistischen Gesellschaft selbstlos zu dienen": Für jeden Hochschulabsolventen besteht die Pflicht, an vom Staat „festgesetzten Stellen mindestens drei Jahre lang unmittelbar in der Produktion zu arbeiten".

18. September: Eintritt der Sowjetunion in den von Deutschland verlassenen Völkerbund (Oktober 1933).

Welle der Säuberungen, organisiert in einer Serie von Schauprozessen, betrifft besonders das Offizierskorps und die leitenden Kader der Partei. Von den 1934 gewählten 140 Mitgliedern des ZK überstehen den Liquidationsprozeß nur 15. Aufstieg des Apparatschik-Typs, „des zähen und wortkargen Organisators und Bürokraten" (Ruffmann), in die Führungsämter der KPdSU.

1935	17. Februar: Das Stalinsche Musterstatut verlangt zwingend die Überführung der landwirtschaftlichen Nutzfläche in Kollektivwirtschaften der genossenschaftlichen Kolchosen und der staatlichen Sowchosen. Der einzelnen Bauernfamilie verbleibt höchstens ein halber Hektar Land zur privaten Nutzung und das Recht zu bescheidener Viehhaltung. Mai: Militärisches Beistandsabkommen der Sowjetunion mit Frankreich und der Tschechoslowakei. 25. Juli: Beschluß des VII. Komintern-Kongresses: Festlegung eines Volksfrontkurses als des besten Weges zur Eindämmung der faschistischen Bedrohung. Umwertung in der Einschätzung der Sozialdemokraten, die bisher als „Sozialfaschisten" diffamiert wurden. 3. September: Ein neues Schulgesetz stellt die Autorität des Lehrers wieder her. In der Bewertung der Leistungen kehrt man wieder zu Zeugnissen und Noten, bisher als bürgerliche Praktiken disqualifiziert, zurück. 22. September: Wiedereinführung fester Dienstränge in der Roten Armee mit einer genauen Stufenordnung, die streng an dem Grundsatz der Anciennität und vorgeschriebener Prüfungen orientiert ist. Höchster Rang ist der des Marschalls. Die hier sichtbare Entwicklung wird durch besondere Erlasse über Orden und Auszeichnungen (Höchster Titel: „Held der Sowjetunion") abgeschlossen.
1936	5. Dezember: Verabschiedung der noch heute gültigen sog. Stalin-Verfassung durch den Außerordentlichen Allunions-Sowjetkongreß. Die UdSSR stellt einen aus 11 Sowjetrepubliken gebildeten Bundesstaat dar. Jedem Mitglied wird die Möglichkeit des Ausscheidens eingeräumt. Bei der Zentralgewalt liegt die Entscheidung über Krieg und Frieden, Landesverteidigung, Bank-, Post- und Verkehrswesen, Außenpolitik und Wirtschaftsplanung. Höchstes Organ ist der Oberste Sowjet. Er wählt den Rat der Volkskommissare (Kabinett) und den Obersten Gerichtshof. Eine Gewaltenteilung findet in der Praxis nicht statt. Die Räte (Sowjets) werden auf allen Ebenen von der KP und deren Organisationen nominiert und von allen Bürgern ab dem 18. Lebensjahr in allgemeiner, gleicher und direkter Wahl auf vier Jahre gewählt. Die Gewährung der Grundrechte erfolgt in „Übereinstimmung mit den Interessen der Werktätigen". Führungsanspruch und Führungsrolle der KPdSU in allen Bereichen des staatlichen und gesellschaftlichen Lebens sind in Art. 126 festgelegt („Vortrupp der Werktätigen in ihrem Kampf für die Festigung und Entwicklung des sozialistischen Systems") und „machen jede politische Opposition von Kommunisten innerhalb der kommunistischen Partei zum Gegenstand einer Anschuldigung nach dem Strafrecht" (L. Schapiro).

Einführung in die Arbeitsthemen

Das bolschewistische Regime war nach der Oktoberrevolution weit davon entfernt, sich unwiderruflich durchgesetzt zu haben. Im Gegenteil: Die drei Belastungen, denen es sich ausgesetzt sah (der deutsche Diktatfriede von Brest-Litowsk, der Interventionskrieg der westlichen Alliierten und der innerrussische Bürgerkrieg), stellten seine Existenz wiederholt in Frage. „Die Revolution, aus Krieg und Niederlage hervorgegangen, vollendete sich erst endgültig im Krieg gegen die Gegenrevolutionäre und ihre militärischen Helfer aus fremden Interventionsheeren" (Schieder).
Zunächst besaß das Überleben den Vorrang, das Ausharren in „einer belagerten Festung" (Fainsod). Die mißliche Lage erzwang Konzessionen – vor allem in ideologischer Hinsicht. Dies darf jedoch nicht

dazu führen, die ideologische Fundierung des neuen Systems in ihrer fundamentalen Bedeutung zu verkennen – sei es nun, daß die Ideologie mehr als rechtfertigendes oder gestaltendes Element der sowjetischen Wirklichkeit in Anspruch genommen wurde.

Während Marx die Diktatur des Proletariats als „notwendigen Durchgangspunkt zur Abschaffung der Klassenunterschiede" ansah, rückt Lenin, dessen „Theorie der Revolution Theorie in praktischer Absicht war" (Geyer), diese Periode des Übergangs von der proletarischen Revolution bis zur Vollendung der klassenlosen Gesellschaft in den Mittelpunkt und „legitimiert mit ihr die Machtwirklichkeit des von ihm geschaffenen sowjetischen Staates, der die sich auf die bewaffnete Gewalt der Massen stützende Macht darstellt" (Schieder). An diesem Selbstverständnis ändert auch Stalins These vom „Sieg des Sozialismus in einem Land" nichts. Denn der weltrevolutionäre Anspruch wird nur scheinbar preisgegeben. Die Formel von der „Revolution in einem Land" steht dazu nicht im Widerspruch, und die Vorstellung von der „permanenten Revolution" (Trotzki) unterstreicht lediglich die lange Dauer des weltrevolutionären Prozesses.

Es hieße überhaupt die Auseinandersetzung zwischen Stalin und Trotzki in ihrem eigentlichen Kern mißverstehen, falls man sie auf den eindeutig sekundären ideologischen Aspekt reduzierte. Denn wenn Stalin selbst in dem „Sieg des Sozialismus in einem Land" die notwendige Voraussetzung der Weltrevolution erblickt und an Trotzki – zu Beginn des Streits (1924) – den mehr emotional gefärbten Vorwurf richtet: „Unglaube an die Kräfte und Fähigkeiten unserer Revolution, Unglaube an die Kräfte und Fähigkeiten des russischen Proletariats – das ist die Grundlage der Theorie der „permanenten Revolution", wird die Unerheblichkeit der prinzipiellen Divergenz offenkundig. Nicht daß Stalin die Doktrin vom „Sozialismus in einem Land" zum Parteigesetz erheben ließ, war der entscheidende Schachzug in seiner Kampagne gegen Trotzki. Viel mehr verdankte er den persönlichen Machtgewinn seinem taktisch-psychologischen Kalkül, das ihn erkennen ließ, wie sehr sein Konzept „der Eigenliebe der Russen schmeicheln" (H. Brahm) und dem Selbstwertgefühl der Parteimitglieder, in deren Händen der Aufbau des Sozialismus in der Sowjetunion lag, entgegenkommen mußte.

Daß zudem die Option für die proletarische Weltrevolution nicht als dogmatisch-strategische Einbahnstraße verstanden wurde, zeigt sich besonders in der – von Lenin an – zweigleisig angelegten Außenpolitik. Denn in ihr durchdringen sich die Bereitschaft zur Koexistenz und der Versuch revolutionärer Unterminierung mit fast regelhafter Konsequenz.

In anderer Hinsicht ist die ideologische Abweichung von Marx, die Lenin inspirierte und die noch heute verbindlich ist, gleichfalls bemerkenswert. Während Marx in dem – zunehmend die Mehrheit umgreifenden – Proletariat das Subjekt des Transformationsprozesses hin zur klassenlosen Gesellschaft erblickte, setzte Lenin an dessen Stelle die elitäre Partei. Sie übernimmt auch die Aufgabe, die sich bei Marx mit dem revolutionären Überwinden der Klassengesellschaft von selbst erledigt: „Die bewußte Umformung des menschlichen Bewußtseins mit dem Ziel der Schaffung eines neuen kollektivistischen Menschentyps" (Ruffmann), des „homo Sovieticus". Sie ist letztlich Voraussetzung der kommunistischen Endgesellschaft, doch zunächst eines ambitiösen Wirtschaftsprogramms, dem Lenin mit der Forderung, „die fortgeschrittenen kapitalistischen Länder ökonomisch einzuholen und zu überholen", die Zielmarke angab.

Die Realisierung dieses Wirtschaftsprogramms, die Stalin in einer konsequenten Abfolge von Fünf-Jahresplänen in Angriff nahm, war begleitet von einer sozialen Umwälzung, die die russische Gesellschaft von Grund auf umgestaltete. Diese „Revolution von oben" ließ neben die beiden „nichtantagonistischen Klassen" (wie Lenin sie bezeichnete), die Arbeiter und Bauern, deren sozialökonomisches Profil durch die forcierte planwirtschaftliche Industrialisierung und die Kollektivierung der Landwirtschaft eine wesentliche Änderung erfuhr, als neue Gruppe die sog. „werktätige Intelligenz" treten. Sie konnte sich zudem – was ihre künftige praktische Bedeutung wesentlich mitbestimmte – dem Sog der Verstädterung und der Proletarisierung entziehen, der verbunden war mit einer Verschlechterung der Wohnmöglichkeiten in den Ballungsräumen, zunehmender Nahrungsmittelknappheit und einer Erhöhung der indirekten Steuerlasten.

Mit der Formierung der „werktätigen Intelligenz“ als sozialer Großgruppe, zu der die hauptamtlichen Parteifunktionäre (die „Apparatschiki“), die leitenden Angestellten der Sowjetverwaltung, das Offizierskorps der Sowjetarmee, die Kolchos-Vorsitzenden und MTS-Leiter, die Betriebsdirektoren und sonstigen staatlichen Wirtschaftsführer rechneten, traten, wie K. H. Ruffmann formuliert hat, „die Nutznießer der Revolution an die Stelle der Träger der Revolution“. Die neue Klasse basierte – 1940 bereits 35% der Gesamtbevölkerung ausmachend – nicht auf Eigentum, sondern auf Ausbildung und Funktion. Ihrer Herausbildung und Etablierung hatte nicht zuletzt ein Erziehungswesen Vorschub geleistet, das – gekoppelt mit Stalins Abkehr von dem proletarischen Internationalismus – auf die Proklamierung von Sowjetpatriotismus, die Verfestigung der leninistischen Ideologie und damit eine konsequente Politisierung der Schule abzielte.
Diese Intentionen fanden ihre Legitimierung in der sog. Stalin-Verfassung von 1936, die die Sonderstellung der KPdSU verankerte und – ein spezifisches Merkmal des Sowjetsystems – die Verschränkung von Staats- und Parteiapparat sanktionierte. Sie unterwarf darüber hinaus das Land einem umfassenden Befehls- und Kontrollsystem und dem – schon in den Anfängen von Trotzki formulierten – Gebot von „Arbeit, Ordnung und Disziplin“.

II/1 Krise und Konsolidierung

Arbeitsthemen

1. *Inwiefern basieren die ersten radikal-demokratischen Dekrete der bolschewistischen Regierung auf ideologischer Intention und realistischer Notwendigkeit zugleich? (Nr. 1)*
2. *Welche Maßnahmen zur Herbeiführung einer sozialistischen Organisation der Gesellschaft sind in der Deklaration der Rechte des arbeitenden und ausgebeuteten Volkes vom 16. 1. 1918 formuliert? (Nr. 2)*
3. *Mit welchen Argumenten hat Lenin die Annahme des Friedensvertrages von Brest-Litowsk durchgesetzt? (Nr. 3)*
4. *Womit hat Lenin die Anwendung ideologie-konträrer Forderungen im März/April 1918 zu legitimieren versucht? (Nr. 4)*
5. *Welches waren die entscheidenden Elemente der Wirtschaftskonzeption Lenins? Wie gedachte er, sie durchzusetzen? (Nr. 5)*
6. *Welche Motive standen hinter der Ende 1917 einsetzenden Verlagerung der Politik aus der Rätedemokratie in die bolschewistische Partei? (Nr. 6)*
7. *Welche organisatorischen und inhaltlichen Forderungen leiten die Bolschewisten aus der Tatsache der neugegründeten Einheits- und Arbeitsschule als Regelschule ab? (Nr. 7)*
8. *Welche konkreten Veränderungen in Gesellschaft und Wirtschaft lassen sich in der Phase des Kriegskommunismus ausmachen? (Nr. 8)*
9. *Worin sieht Lenin die Bestätigung der bolschewistischen Politik, obwohl das Endziel der sozialistischen Weltrevolution noch nicht erreicht ist? (Nr. 9)*
10. *Von welchen Zielsetzungen aus entwickelte Lenin seine vielzitierte griffige Formel: „Kommunismus – das ist Sowjetmacht plus Elektrifizierung“? (Nr. 10)*
11. *Welche Maßnahmen der bolschewistischen Herrschaftspraxis werden in dem Aktionsprogramm der Kronstädter Matrosen immanent angeprangert? (Nr. 11)*
12. *Von welchen Positionen aus erfolgt in dem politischen Programm der Kronstädter Kommune eine grundsätzliche Ablehnung des leninistischen Zentralismus in der Partei? (Nr. 12)*

13. *Aus welchen Motiven speiste sich der Kronstädter Aufstand, die letzte spektakuläre innenpolitische Herausforderung der bolschewistischen Herrschaft? (Nr. 13)*
14. *Welche ideologische und politische Bedeutung kommt dem Kronstädter Aufstand des Jahres 1921 zu? Welche konkreten Konsequenzen löste er aus? (Nr. 14)*
15. *In welcher Weise interpretiert die bolschewistische Parteiführung den Kronstädter Aufstand und welche grundsätzlichen Konsequenzen zieht sie daraus? (Nr. 15)*
16. *Mit welchen ökonomischen Notwendigkeiten begründete Lenin die Einführung der sog. Neuen Ökonomischen Politik (russ. Abkürzung: NEP)? Mit welchen ideologischen Preisgaben war die Neue Ökonomische Politik verknüpft? Inwiefern führte sie überwundene soziale Verhältnisse wieder herbei? (Nr.16)*

Materialien

1. Die Anfänge der Sowjetmacht

Die Macht der bolschewistischen Partei im Spätherbst und Winter 1917 war nicht groß. Ihre Stärke beruhte darauf, daß es keine anderen organisierten Kräfte gab, die mit ihr hätten konkurrieren können. Niemand wußte indessen besser als Lenin und sein Kreis, daß mit dem Sturz der Provisorischen Regierung, mit der Auflösung der Konstituante, mit der Umfunktionierung der überkommenen Rätedemokratie noch nichts gewonnen war. Der den Bolschewiki zugefallene Sieg mußte auf politischem Feld gesichert werden. Das war leichter gesagt als getan. Es liegt auf der Hand, daß der Handlungsspielraum dieser Politik anfänglich überaus gering gewesen ist. Da alles darauf ankam, die errungene Macht zu stabilisieren, gab es für die Entscheidungen, die zu treffen waren, keine Alternativen von Gewicht. Die ersten Dekrete der neuen Sowjetregierung zeigten an, daß die Partei dem Lande nichts verordnen konnte und wollte, was den breiten Massen der Bevölkerung zuwider gewesen wäre. Im Gegenteil, hier wurde jener radikaldemokratischen Spontaneität nachgegeben, mit der die Arbeiterschaft, das Soldatenvolk und die bäuerlichen Unterschichten in die Revolution eingetreten waren, ohne ihre Erwartungen bisher erfüllt zu finden. Die bolschewistische Regierung ließ diesem weithin richtungslosen Drängen nach Veränderung freien Lauf. Es scheint, daß dies überhaupt die einzige Möglichkeit gewesen ist, um Resonanz zu finden und Gegnerschaft zu neutralisieren. So wurde die Landaufteilung legalisiert, in praxi eine wilde Agrarrevolution, die zu regulieren oder zu kontrollieren kein Volkskommissar in diesen Wochen fähig war. Das flache Land wurde einer Umwälzung überlassen, in deren Verlauf die letzten Reste der seit dem Februarumschwung noch verbliebenen Staatsautorität von selbst zum Einsturz kamen. Ob in diesem ungeordneten, weithin chaotischen Prozeß die Autorität des neuen Sowjetstaates in Geltung zu bringen war, mußte vorerst eine offene Frage bleiben. Man konnte bestenfalls darauf dringen, die Umgestaltung Schritt für Schritt in eine bestimmte Richtung zu lenken und die lokalen Räte als Instrumente der Disziplinierung verwendungsfähig zu machen.
Ein ganz ähnlicher Ansatz wie auf dem Lande ist im industriellen Bereich gegenüber der Arbeiterschaft erkennbar geworden. Auch hier ging die Freisetzung revolutionärer Spontaneität allem anderen voran. In der Industrie hat das Dekret über die Arbeiterkontrolle vom 14. (27.) November den seit Februar bestehenden Fabrikkomitees uneingeschränkte Selbstverwaltung zugestanden: die unmittelbare Kontrolle der Betriebsführung, die Festsetzung

der Produktion, die Aufsicht über Kauf und Verkauf, u. a., Rechte also, die vor dem Oktober von den Arbeitern immer wieder gegen die Unternehmer und gegen die Regierung vergeblich beansprucht worden waren. Hier stürzten zwar noch nicht – wie auf dem Land – die alten Eigentumsverhältnisse sofort ein, wohl aber die alten Obrigkeiten. Faktisch wurde durch Einführung der Arbeiterkontrolle die Kontrolle der Betriebe durch die Partei noch keineswegs installiert. Als erste Folge ergab sich, daß in weiten Teilen der Industrie die Produktion vollends zum Stillstand kam. Die sich selbstverwaltenden Arbeiter entwickelten in den von ihnen kontrollierten Fabriken bestenfalls eine Art Eigenbedarfswirtschaft, die den Warenaustausch über den Markt durch ein primitives System direkter Verteilung ersetzte. Ob dieser Umordnungsprozeß sich an die Räteorgane binden und den zentralen Staatsorganen verfügbar machen ließ, stand dahin. Selbst bescheidene Formen einer sozialistischen Wirtschaftspolitik konnten von hier aus nur sehr behutsam entwickelt werden. Dem Obersten Volkswirtschaftsrat, der das leisten sollte, wuchs die Macht, sich durchzusetzen, ja nicht von selber zu.

Der dritte große Bereich, der bedacht werden mußte, war der militärische. Auch hier zeigte das Verhalten der Bolschewiki jene Grundrichtung an, die für die Behandlung der Bauernfrage und für die Industriepolitik dieser Frühzeit kennzeichnend war. Die Anordnungen für die Armee und Flotte, die der Rat der Volkskommissare in den ersten Wochen nach der Oktoberrevolution erließ, waren nicht auf Stabilisierung aus, sondern auf ein Weitertreiben der Destruktion, die ohnedies im Gange war – nicht zuletzt angestoßen durch das Bodendekret, das die bäuerlichen Soldaten in die Dörfer zog. Der allgemeinen Zersetzung der Armee hat die Sowjetregierung nicht widerstanden, schon deshalb nicht, weil jeder Versuch der Eindämmung ein hoffnungsloses Unterfangen gewesen wäre. So wurde die radikale Demokratisierung aller militärischen Beziehungen durch offizielle Dekrete sanktioniert – in Fortführung dessen, was schon einmal, im Februar 1917, der Petrograder Sowjet mit seinem Befehl Nr. 1 initiiert hatte und was sodann von der Provisorischen Regierung Schritt für Schritt wieder zurückgenommen worden war. So verfügte ein Dekret am 16. (29.) Dezember:

„Die ganze Fülle der Gewalt steht in jedem Truppenteil dem entsprechenden Soldatenkomitee und Sowjet zu ... Es wird die Wahl des Kommandobestandes und aller Dienstgrade eingeführt. Die Kommandeure bis zum Regiment einschließlich werden durch allgemeine Abstimmung von ihren Einheiten gewählt."

Wie die Dinge lagen, bedeutete das die faktische Liquidation der Armeeorganisation in ihrer bisherigen Form. Die Demobilisierungsmaßnahmen, die den Dekreten folgten, bestätigten, daß den Bolschewiki an dem alten Heeresaufbau nichts gelegen war. Die Dringlichkeit, an der Front zu einer vertraglich gesicherten Waffenruhe und schließlich zum Frieden zu kommen, ergab sich daraus. In der traditionellen Formel von der allgemeinen Bewaffnung des Volkes, der werktätigen Massen, war die Armee jener Staatsmacht, die man zerschlug, fürs erste aufgehoben. Mit dem Schlagwort der Volksbewaffnung wurde ein Vorgang rationalisiert, den die Bolschewiki duldeten und förderten, ohne ihn zu machen. Ob sich aber dieses „bewaffnete Volk" zur Verteidigung der Sowjetrepublik würde mobilisieren und einsetzen lassen, wußte vermutlich noch niemand zu sagen. Die Rote Arbeiter- und Bauernarmee, die Trotzkij 1918 aufzubauen begann, trug ein durchaus anderes Gesicht; statt des revolutionären Milizsystems erhielt Rußland das klassische militärische Instrumentarium zurück.

Es ist offensichtlich, daß die Ende 1917 in allen Bereichen angesetzte Politik – auch wenn der Begriff Politik hier schlecht zu taugen scheint – ihre eigene Methode hatte. Die Leninsche These, wonach das Proletariat die alte Staatsmaschine zerschlagen müsse, wurde in den ersten Wochen nach dem Roten Oktober in die Praxis umgesetzt. Ja, man könnte sagen, daß diese Theorie sich gleichsam nun von selber realisierte. Die bolschewistische Partei war nur in beschränktem Maß die dirigierende und treibende Kraft. Einen ausgebauten Apparat besaß die Partei noch nicht. Man wird den Massenanhang der Bolschewiki mit einer straffen und funktionsfähigen Organisation nicht verwechseln dürfen. Bis ins Jahr 1919 hinein wurde die Partei von einem Büro aus gesteuert, dessen personelle Ausstattung nicht größer war als die einer mittleren Rechtsanwaltskanzlei. Was geschah und was die Bolschewiki geschehen ließen, beruhte nicht auf einer regulierten Lenkung und Leitung von oben her, sondern vorerst auf der Abwesenheit jeder zentralen Führung und Kontrolle. Es war der elementare Vollzug einer Dekomposition, die Aufhebung des alten Staats, die von der Februarrevolution nicht vollbracht und nicht gewollt worden war. Die Gegner Lenins haben diesen Prozeß als Entfesselung der Anarchie, der niedrigsten Masseninstinkte, als bewußte Herbeiführung des Chaos bezeichnet, auch als Ausdruck einer deutsch-bolschewistischen Verschwörung, bei der Lenin, der bestochene Agent des Kaisers, den Auftrag erfülle, Rußland zu zerstören. So absurd diese Unterstellungen auch gewesen sind, – damals war durchaus nicht ausgemacht, ob nicht auch die noch ganz unbefestigte Machtposition der Bolschewiki dabei verlorengehe. Die Gefahr der Selbstzerstörung der Revolution blieb ein schweres Risiko, und auch die Leninisten wußten nicht zu sagen, ob dieses Risiko hinreichend kalkulierbar war.

Aus: Dietrich Geyer, Die Russische Revolution, a.a.O., S. 118ff.

2. Deklaration der Rechte des arbeitenden und ausgebeuteten Volkes

(Angenommen am 16. Januar 1918 vom Gesamtrussischen Sowjetexekutivkomitee entsprechend dem Vorschlag der bolschewistischen Delegation auf der Sitzung der Konstituierenden Versammlung)

Das Vollzugskomitee verkündet folgende Grundthesen: Die Konstituante wolle beschließen:

I.

1. Rußland wird zu einer Republik der Arbeiter-, Soldaten- und Bauernsowjets erklärt. Alle zentrale und lokale Gewalt gehört diesen Sowjets.
2. Die Russische Sowjetrepublik wird auf Grund einer freien Vereinigung der freien Nationen als eine Föderation von nationalen Sowjetrepubliken gegründet.

II.

Indem sie es zu ihrer Grundaufgabe macht, jede Ausbeutung des Menschen durch seinen Mitmenschen abzuschaffen, jede Teilung der Gesellschaft in Klassen zu beseitigen, alle Ausbeuter schonungslos zu unterdrücken, die sozialistische Organisation der Gesellschaft und den Sieg des Sozialismus in allen Ländern durchzusetzen, beschließt die Konstituante ferner:

1. Zwecks Verwirklichung der Sozialisierung des Bodens wird jeder private Landbesitz

abgeschafft, der gesamte Fonds an Ländereien zum Eigentum des ganzen Volkes erklärt und an die Werktätigen ohne jede Entschädigung, auf der Grundlage der ausgleichenden Bodenbenutzung verteilt.
Alle Wälder, Bodenschätze und Gewässer, die von Bedeutung für den ganzen Staat sind, ebenso das ganze lebende und tote Inventar, alle Güter und landwirtschaftlichen Unternehmungen werden zum Nationaleigentum erklärt.
2. Das von den Sowjets veröffentlichte Dekret über die Arbeiterkontrolle und die Errichtung eines Obersten Volkswirtschaftsrates zwecks Festigung der Macht der Werktätigen über die Ausbeuter wird als der erste Schritt zum endgültigen Übergang der Fabriken, Werke, Bergwerke, Eisenbahnen und sonstiger Produktions- und Transportmittel in den Besitz der Republik der Arbeiter- und Bauernsowjets bestätigt.
3. Der Übergang aller Banken in den Besitz des Arbeiter- und Bauernsowjets wird als eine der Bedingungen zur Befreiung der arbeitenden Massen vom Joche des Kapitals bestätigt.
4. Zur Beseitigung der schmarotzenden Gesellschaftsschichten und zur Organisation der Volkswirtschaft wird die allgemeine Arbeitspflicht eingeführt.
5. Zur Festigung der Macht der arbeitenden Massen und zur Beseitigung jeder Möglichkeit einer Wiederherstellung der Gewalt der Ausbeuter wird die Bewaffnung der Werktätigen, die Bildung einer sozialistischen roten Arbeiter- und Bauernarmee und die gänzliche Entwaffnung der besitzenden Klassen dekretiert.

III.

1. Vom unbeugsamen Entschlusse beseelt, die Menschheit aus den Krallen des Kapitals und des Imperialismus, die die Erde in diesem verbrecherischsten aller Kriege mit Blut überschwemmt haben, zu befreien, unterstützt die Konstituante die von der Sowjetregierung befolgte Politik der Lösung aller Geheimverträge, der Organisierung der weitestgehenden Verbrüderung zwischen den Bauern und Arbeitern in den heute einander bekämpfenden Armeen und der Anwendung aller revolutionären Mittel zur Durchsetzung eines demokratischen Friedens ohne Annexionen und Kontributionen auf der Grundlage eines freien Selbstbestimmungsrechtes der Nationen.
2. Aus den gleichen Gründen verlangt die Konstituante den endgültigen Bruch mit der barbarischen Politik der bürgerlichen Zivilisation, die den Wohlstand der Ausbeuter in einigen wenigen auserwählten Ländern auf der Versklavung von Millionen von Werktätigen in Asien, in den Kolonien und in den kleineren Staaten gründete.
Die Konstituante begrüßt die Politik des Rates der Volkskommissare, der die gänzliche Unabhängigkeit Finnlands deklarierte, mit der Räumung Persiens begann und Armenien das Selbstbestimmungsrecht gewährte.
Als ersten Schlag für das internationale Bankkapital betrachtet die Konstituante das von den Räten erlassene Gesetz zur Annullierung der von den Regierungen des Zaren, der Gutsbesitzer und der Bourgeoisie aufgenommenen Anleihen und erwartet, daß die Sowjetregierung diesen Weg energisch weiterverfolgen wird bis zum völligen Siege der internationalen Arbeiterrevolution über das Joch des Kapitals.

IV.

Da sie auf Grund von Listen gewählt wurde, die noch vor der Oktoberrevolution aufgestellt worden waren, als das Volk in seiner großen Masse sich noch nicht gegen die Ausbeuter

erheben konnte, die ganze Widerstandskraft der ihre Klassenprivilegien verteidigenden Ausbeuter noch nicht kannte und die Schaffung einer sozialistischen Gesellschaft praktisch noch nicht in die Hand genommen hatte, würde es die Konstituante selbst vom formalen Standpunkte aus für unrichtig halten, sich der Sowjetregierung entgegenzustellen.
Die Konstituante vertritt den Standpunkt, daß jetzt, im Augenblicke des entscheidenden Kampfes des Volkes gegen seine Ausbeuter, diese letzteren an keinem der die Macht habenden Organe beteiligt sein dürfen. Die Macht muß gänzlich und ausschließlich den arbeitenden Massen und ihrer bevollmächtigten Vertretung – den Sowjets der Arbeiter-, Soldaten- und Bauerndelegierten – gehören.
Indem sie die Sowjetregierung und die Dekrete des Rates der Volkskommissare unterstützt, erkennt die Konstituante an, daß ihre Aufgabe sich auf die Ausarbeitung der Grundsätze des sozialistischen Umbaues der Gesellschaft beschränkt.
Im Bestreben, einen wahrhaft freien und freiwilligen und folglich vollständigen und dauerhaften Bund zwischen allen arbeitenden Klassen aller Nationen Rußlands zu errichten, beschränkt sich die Konstituante auf die Festsetzung der Grundprinzipien der Föderation der Sowjetrepublik Rußlands und überläßt es den Arbeitern und Bauern einer jeden Nation, auf selbständigen Sowjetkonferenzen selbständige Beschlüsse zu fassen, ob und unter welchen Bedingungen sie wünschen, an der föderativen Regierung und den anderen föderativen Sowjetinstitutionen teilzunehmen.
Die oben angeführten Grundsätze müssen unverzüglich veröffentlicht, vom offiziellen Vertreter der Sowjetrepublik, der die Konstituante eröffnet, von der Tribüne der Konstituante herab verlesen und der Tätigkeit der Konstituante zugrunde gelegt werden.

Zit. nach: Der Sowjetkommunismus, a.a.O., S. 149ff.

3. Brest-Litowsk und die bolschewistische Revolution

Die Sowjetregierung hatte sich in Brest-Litowsk für den Primat der Selbsterhaltung entschieden, dem die in ihren Konsequenzen unabschätzbare Perspektive eines Partisanenkrieges offensichtlich nicht Genüge tat. So hatte sich die Partei nicht allein damit abzufinden, daß durch den vertraglich sanktionierten Verzicht auf große Territorien des ehemaligen Zarenimperiums der alte Reichszusammenhang vorerst verlorenging. Sie verstand sich auch dazu, Gebiete dem deutschen Imperialismus zu überschreiben, die sich der Revolution bereits geöffnet hatten. Das galt insbesondere für Finnland und die Ukraine, wo inzwischen „Arbeiterregierungen“ nach bolschewistischem Muster entstanden waren; gegenüber der „Finnischen Sozialistischen Arbeiterrepublik“ hatte Sowjetrußland sogar förmliche Bündnisverpflichtungen übernommen. Überdies war nicht zu leugnen, daß der Separatfrieden das Potential der Mittelmächte beträchtlich stärkte, die Fortsetzung des Krieges im Westen erleichterte und mithin den revolutionären Kräften, zumal in Deutschland, nicht gelegen kam. Das Dilemma, das die Sachlage offenbarte, hat Lenin in schweren Konflikten mit seinen engsten Mitarbeitern ausgekämpft. Es mußte verhindert werden, daß die proletarische Diktatur nur noch deshalb existierte, weil sie sich „der Schirmvogtei des deutschen Imperialismus“ *(R. Luxemburg)* unterwarf.
Den Bolschewiki ist der Entschluß, auf die Forderungen der deutschen Generäle einzugehen, nicht leicht geworden. Aber ihre Entscheidung besagte doch, daß ihnen die Fortexistenz ihres Regimes wichtiger schien als alle Opfer, die sie dem Frieden mit Deutschland brachten,

und alle Nachteile, die dem Fortschritt der internationalen Revolution aus der bolschewistischen Kapitulation erwachsen mochten. Lenin hat die Rechtfertigung für diesen Schritt aus der Überzeugung gezogen, daß die Revolution außerhalb Rußlands ohnedies verbürgt sei, daß es also nur um einen befristeten Modus vivendi mit dem kaiserlichen Deutschland gehe, um eine jederzeit kündbare Zwischenlösung, die dem internationalen Proletariat letztlich dienlicher sei als der Untergang der ersten sozialistischen Republik. Solange die Weltrevolution sich verzögere, müsse man anerkennen, daß Kompromisse und Rückzüge nicht vermieden werden könnten: „Wenn man sich nicht anpassen kann, wenn man nicht fähig ist, auf dem Bauch durch den Schmutz zu kriechen, dann ist man kein Revolutionär, sondern ein Schwätzer, und ich schlage nicht etwa deswegen vor, sich auf diese Weise vorwärtszubewegen, weil mir das so gefällt, sondern weil es keinen anderen Weg gibt, weil die Geschichte es nicht so angenehm gefügt hat, daß die Revolution überall zu gleicher Zeit ausreift ...".
Die Fatalität aber, die in der Entstehungsphase der Sowjetrepublik zutage trat, ist von der bolschewistischen Führung nicht wieder gewichen. Der fortgeltende Tatbestand, daß sie als Regierungspartei eines Staates agierte, der auf sich selbst verwiesen blieb, hat der Entscheidungssituation von Brest-Litowsk Dauer gegeben. Auch künftig hatte man sich die Frage zu stellen, wie die eigene Machtsicherung und Machterweiterung mit dem in Einklang zu bringen sei, was unter dem internationalen Interesse der Revolution verstanden werden sollte. Die klassischen Lehren der Staatsräson und des Staatsinteresses schienen auch auf die Sowjetmacht zuzutreffen.
Das Revolutionsverständnis der Bolschewiki konnte von dieser Sachlage nicht unberührt bleiben. In den an Befürchtungen und Enttäuschungen reichen Monaten, die dem Friedensdiktat der Deutschen folgten, war man noch ganz von dem Gedanken ergriffen, daß die Sowjetrepublik ohne entschiedene Fortschritte der internationalen Revolution nicht bestehen werde. Dabei richteten sich die Hoffnungen verständlicherweise vor allem auf Deutschland. Die Zuversicht war weit verbreitet, „daß Liebknecht uns schon aus der Klemme helfen wird." „Wir werden auf jeden Fall untergehen, wenn die deutsche Revolution nicht eintritt", hatte Lenin im März 1918 gesagt, und trotz der Ernüchterung, die das Verhalten des deutschen Proletariats seit Kriegsausbruch den Bolschewiki bereitet hatte, wollte man das überlieferte Vertrauen in die Organisationserfahrung und die kämpferische Entschlossenheit der „besten Kräfte" der fortgeschrittenen Klassenbrüder nicht fahren lassen. Doch die deutsche Revolution, die mit dem Zusammenbruch der Mittelmächte kam, erfüllte die bolschewistischen Erwartungen nicht. Versicherungen, daß die Revolution allenthalben um sich greife, daß sie die Herrschenden treffen werde „wie die spanische Grippe", Behauptungen, wonach der Bolschewismus zur „weltumspannenden Theorie und Taktik des internationalen Proletariats" geworden sei, führten den revolutionären Umbruch im Westen nicht herbei. Spartakusaufstand, Räterepubliken in Bayern und Ungarn blieben Episoden.

Aus: Dietrich Geyer, Voraussetzungen sowjetischer Außenpolitik in der Zwischenkriegszeit; in: Sowjetunion – Außenpolitik 1917–1955, hrsg. von Dietrich Geyer, Köln 1972, S. 33f.

4. Lenin: Die nächsten Aufgaben der Sowjetmacht (Geschrieben März/April 1918)

Die klassenbewußteste Vorhut des russischen Proletariats hat sich bereits die Aufgabe gestellt, die Arbeitsdisziplin zu heben. So hat man zum Beispiel sowohl im Zentralkomitee des Metallarbeiterverbands als auch im Zentralrat der Gewerkschaften mit der Ausarbei-

tung entsprechender Maßnahmen und Dekretentwürfe begonnen. Diese Arbeit muß unterstützt und mit allen Kräften vorwärtsgebracht werden. Man muß den Stücklohn, die Anwendung von vielem, was an Wissenschaftlichem und Fortschrittlichem im Taylorsystem enthalten ist, die Abstimmung des Verdienstes mit dem Betriebsertrag der Eisenbahnen, der Schiffahrt usw. usf. auf die Tagesordnung setzen, praktisch anwenden und erproben.
Der russische Mensch ist ein schlechter Arbeiter im Vergleich mit den fortgeschrittenen Nationen. Und anders konnte das auch nicht sein unter dem Regime des Zarismus und angesichts so lebendiger Überreste der Leibeigenschaft. Arbeiten lernen – diese Aufgabe muß die Sowjetmacht dem Volk in ihrem ganzen Umfang stellen. Das letzte Wort des Kapitalismus in dieser Hinsicht, das Taylorsystem, vereinigt in sich – wie alle Fortschritte des Kapitalismus – die raffinierte Bestialität der bürgerlichen Ausbeutung und eine Reihe wertvollster wissenschaftlicher Errungenschaften in der Analyse der mechanischen Bewegungen bei der Arbeit, der Ausschaltung überflüssiger und ungeschickter Bewegungen, der Ausarbeitung der richtigsten Arbeitsmethoden, der Einführung der besten Systeme der Rechnungsführung und Kontrolle usw. Die Sowjetrepublik muß um jeden Preis alles Wertvolle übernehmen, was Wissenschaft und Technik auf diesem Gebiet errungen haben. Die Realisierbarkeit des Sozialismus hängt ab eben von unseren Erfolgen bei der Verbindung der Sowjetmacht und der sowjetischen Verwaltungsorganisation mit dem neuesten Fortschritt des Kapitalismus. Man muß in Rußland das Studium des Taylorsystems, die Unterweisung darin, seine systematische Erprobung und Auswertung in Angriff nehmen. Indem wir zur Steigerung der Arbeitsproduktivität schreiten, müssen wir gleichzeitig die Besonderheiten der Übergangszeit vom Kapitalismus zum Sozialismus berücksichtigen, die einerseits erfordern, daß die Grundlagen geschaffen werden für die sozialistische Organisierung des Wettbewerbs, anderseits aber die Anwendung von Zwang erheischen, damit die Losung der Diktatur des Proletariats nicht beschmutzt werde durch die Praxis eines breiartigen Zustands der proletarischen Macht . . .
Zur zweiten Frage, zur Bedeutung gerade der diktatorischen Macht einzelner Personen vom Standpunkt der spezifischen Aufgaben des gegebenen Moments, muß man sagen, daß jede maschinelle Großindustrie – d. h. gerade die materielle, die produktive Quelle und das Fundament des Sozialismus – unbedingte und strengste Einheit des Willens erfordert, der die gemeinsame Arbeit von Hunderten, Tausenden und Zehntausenden von Menschen leitet. Sowohl technisch als auch ökonomisch und historisch leuchtet diese Notwendigkeit ein und ist von allen, die über den Sozialismus nachgedacht haben, stets als seine Voraussetzung anerkannt worden. Wie aber kann die strengste Einheit des Willens gesichert werden? Durch die Unterordnung des Willens von Tausenden unter den Willen eines einzelnen.
Diese Unterordnung kann bei idealer Bewußtheit und Diszipliniertheit der an der gemeinsamen Arbeit Beteiligten mehr an die milde Leitung eines Dirigenten erinnern. Sie kann die scharfen Formen der Diktatur annehmen, wenn keine ideale Diszipliniertheit und Bewußtheit vorhanden ist. Aber wie dem auch sein mag, die widerspruchslose Unterordnung unter einen einheitlichen Willen ist für den Erfolg der Prozesse der Arbeit, die nach dem Typus der maschinellen Großindustrie organisiert wird, unbedingt notwendig.

Zit. nach Hans Raupach: Geschichte der Sowjetwirtschaft, a. a. O., S. 173 ff.

5. Zur Wirtschaftskonzeption Lenins

Staatskontrolle und Arbeiterkontrolle sind bei Lenin identisch, so daß – im Gegensatz zur syndikalistischen Konzeption – die Voraussetzungen für eine zentralisierte, geplante Wirtschaftsorganisation gegeben sind.

Während das Proletariat den überkommenen Staatsapparat – gemäß der Lehre von Marx – zerbrechen muß, bleibt, wie Lenin meint, ein anderer bürgerlicher Apparat: das kapitalistische Wirtschaftsgerüst, bestehen. Die Banken, Syndikate, Genossenschaften, Angestelltenverbände, die Post usw. sowie die kapitalistische Arbeitsorganisation sind das ökonomische Erbe der alten Gesellschaft, das der Sozialismus übernimmt. „Dieser Apparat darf und soll nicht zerschlagen werden." Man muß ihn den Kapitalisten entreißen, den Sowjets unterstellen und mit dem ganzen Volk verbinden; dann dient er einer sozialistischen Rechnungsführung über die Produktion und Verteilung. Nicht „die Expropriation der Expropriateure", die Konfiskation des kapitalistischen Privateigentums, ist nach Lenin für die proletarische Revolution entscheidend – sie kann „leicht durch die Erhebung einer gerechten Steuer" ersetzt werden –, sondern „die allumfassende, vom ganzen Volk getragene Arbeiterkontrolle über die Kapitalisten und ihre möglichen Anhänger". Sie muß dafür sorgen, daß sich niemand der Rechnungslegung entziehen kann.

Lenin glaubt, den kapitalistischen Wirtschaftsapparat „mit einem Schlag, durch einen einzigen Erlaß" für die Zwecke der neuen Gesellschaftsordnung in Gang setzen zu können, indem er die Angestellten einfach zu Staatsangestellten deklariert. Den zu erwartenden Widerstand seitens der wenigen höchsten Angestellten – „buchstäblich eines Häufleins von Menschen" – will er mit Gewalt, durch ihre Unterordnung unter die proletarischen Kontrolleure, brechen. Die Zwangsmittel, mit denen die Sowjets ihre Kontrolle durchzusetzen gedenken, übernehmen sie – ebenso wie den Wirtschaftsapparat – vom kriegführenden imperialistischen Staat: Getreidemonopol, Brotkarte und allgemeine Arbeitspflicht. Die erste Regel, die die sich zur Staatsmacht konstituierenden Sowjets verwirklichen werden, lautet: „Wer nicht arbeitet, soll auch nicht essen." Die Rätemacht würde zunächst das Arbeitsbuch für die Reichen, später für die gesamte Bevölkerung einführen. „Es wird ein Zeugnis dafür werden, daß es in der neuen Gesellschaft keine ‚Arbeiter' mehr gibt, dafür aber auch niemand, der nicht Arbeitender wäre." Auf diese Weise verwandelt die neue Gesellschaft alle ihre Mitglieder in entlohnte Angestellte eines riesigen Staatssyndikats. Die Fabrikdisziplin wird auf alle Klassen ausgedehnt, wobei alle in gleicher Weise arbeiten müsssen und dementsprechend gleichen Lohn erhalten. Mit Lenins Worten: „Die gesamte Gesellschaft wird ein Büro und eine Fabrik mit gleicher Arbeit und gleichem Lohn sein." Wahrscheinlich wird die „Gleichheit der Entlohnung in ihrem vollen Ausmaße" erst allmählich eingeführt, so daß während einer befristeten Übergangszeit Fachleute besser bezahlt werden. Allerdings werden sie in diesem Zeitraum einer allseitigen Arbeiterkontrolle unterstellt.

Lenin will hierdurch den passiven Widerstand der Kapitalisten und bürgerlichen Spezialisten, deren Mitarbeit der neue Staat dringend bedarf, brechen. Das Proletariat wird nach siegreicher Revolution folgendermaßen vorgehen:

„Es wird die Volkswirtschaftler, Ingenieure, Agronomen usw. unter der Kontrolle der Arbeiterorganisationen an die Ausarbeitung und Prüfung eines ‚Planes' setzen, wird die Mittel ausfindig machen lassen, um durch Zentralisation Arbeit zu sparen, und wird die Maßnahmen und Methoden zur einfachsten, billigsten, praktischsten und universellsten Kontrolle suchen lassen. Wir werden dafür die Volkswirtschaftler, Statistiker, Techniker gut bezahlen, aber ... wir werden ihnen nichts zu essen geben, wenn sie diese Arbeit nicht gewissenhaft und restlos im Interesse der Werktätigen ausführen."

Im Grunde genommen also stellt sich Lenin die Verwendung der bürgerlichen Spezialisten ganz unproblematisch vor: „Diese Herrschaften arbeiten heute und fügen sich den Kapitalisten, sie werden morgen noch besser arbeiten und sich den bewaffneten Arbeitern fügen."
Zugrunde lag diesen Ausführungen die bereits früher entwickelte Theorie Lenins, der Kapitalismus sei nicht nur in Westeuropa, sondern auch in Rußland aus dem Stadium der freien Konkurrenz in sein imperialistisches bzw. monopol-kapitalistisches Stadium übergegangen. Der monopolistische verwandele sich nunmehr in den staatsmonopolistischen Kapitalismus. Während jedoch im bürgerlichen Staat die Monopolisierung „ein Militärzuchthaus für die Arbeiter, ein militärischer Schutz für die Profite der Kapitalisten" bedeute, führe sie unter einer revolutionären Staatsmacht zum Sozialismus.
Der staatsmonopolistische Kapitalismus erscheint in dieser Sicht als „die vollständigste materielle Vorbereitung des Sozialismus, seine Vorstufe, jene Stufe der historischen Leiter ..., deren nächste Stufe – eine Zwischenstufe gibt es nicht – Sozialismus genannt wird". Denn – so heißt es weiter –

„der Sozialismus ist nichts anderes als der nächste Schritt vorwärts, über das staatskapitalistische Monopol hinaus. Oder mit anderen Worten: Der Sozialismus ist nichts anderes als staatskapitalistisches Monopol, das zum Nutzen des ganzen Volkes angewandt wird und dadurch aufgehört hat, kapitalistisches Monopol zu sein."

Der Übergang zum Sozialismus vollzieht sich, indem der „junkerlich-kapitalistische" durch einen „revolutionär-demokratischen" Staat ersetzt wird. Ein von Arbeitern und Bauern gelenktes Staatsmonopol – das ist nach Lenin die ökonomische Basis der sozialistischen Gesellschaft.
Der Spätkapitalismus selber hat die subjektiven und objektiven Voraussetzungen für die Übernahme des Wirtschaftsapparates durch die Bevölkerung geschaffen, indem er einmal die allgemeine Schulbildung einführte und die Menschen der industriellen Arbeitsdisziplin unterwarf und zum anderen alle Verwaltungsfunktionen außerordentlich vereinfachte. In Lenins Vorstellung hat der Kapitalismus die Rechnungsführung und Kontrolle auf „verhältnismäßig unkomplizierte Eintragungen reduziert, die jeder lese- und schreibkundige Mensch vornehmen kann". Daher können diese für den Aufbau der neuen Gesellschaft zentralen Funktionen unmittelbar nach dem Sturz der Bourgeoisie „durch bewaffnete Arbeiter, durch das gesamte bewaffnete Volk" ausgeführt werden. „Zur Verwaltung des Staates in diesem Geiste können wir sofort einen Staatsapparat von zehn wenn nicht zwanzig Millionen Menschen heranziehen, einen Apparat, wie es ihn in keinem einzigen kapitalistischen Staat jemals gegeben hat."
Wenn schließlich alle Mitglieder der Gesellschaft gelernt haben werden, den Wirtschaftsprozeß zu leiten und die Funktionen der Rechnungslegung und Kontrolle – auf die der Staat bereits im sozialistischen Stadium reduziert wurde – auszuführen, wird die von außen auferlegte Disziplin allmählich verinnerlicht. Aus der äußeren Unterwerfung unter die Anforderungen der Produktionsdisziplin wird – so glaubt Lenin – eine Gewohnheit. Die Gesellschaft tritt damit in ihre staats- und klassenlose kommunistische Endphase ein.

Aus: Richard Lorenz, Anfänge der bolschewistischen Industriepolitik, Köln 1965, S. 82ff.

6. Zur Entpolitisierung der Räte- und Parteiorganisation

Nicht nur die Sowjetorgane als demokratische Repräsentation des arbeitenden Volkes wurden von der Reduktion auf administrative Funktionen betroffen, sondern, wie sich zeigen sollte, nicht minder auch die politische Qualität der nach der Oktoberrevolution rasch wachsenden bolschewistischen Partei. Ohne Zweifel mußten sich aus der Aufgabe, die politische Macht von den Räten auf die Partei zu übertragen, für die Bolschewiki schwere Probleme ergeben. Solange die Partei keinen eigenen, mächtigen Apparat besaß, der die Tätigkeit der Staatsorgane von außen her hätte steuern können, mußten die Räte selbst in Steuerungsmechanismen der Parteigewalt verwandelt werden. Die Partei trat mithin den Sowjetorganen nicht gegenüber, sondern in diese hinein. Man kann für die Frühzeit geradezu von einer Verschmelzung der Partei mit den Räteorganen sprechen; nur so: durch die Konzentration aller verfügbaren Kräfte auf die Arbeit in den zentralen und lokalen Sowjets konnte es gelingen und gelang es denn auch, die neue Staatsorganisation leidlich funktionsfähig zu machen, den in Gang gesetzten Auflösungsprozeß aufzufangen und umzuleiten in die verwaltete Welt der jungen Sowjetrepublik.

Das Gros der Parteigenossen hat sich in der Hingabe an administrative Tätigkeiten verbraucht. Die Kehrseite dieser Erscheinung war, daß die Partei als Gesamtorganismus eine eigene politische Physiognomie nicht gewinnen konnte, ja daß die Partei selbst zu einem Teil der verwalteten Staatsmaschine wurde, ohne Möglichkeiten zu finden, die Diktatur ihrer Führungsgruppen in freier Auseinandersetzung, in der innerparteilichen Demokratie zu balancieren. Das vom administrativen System des Sowjetstaates aufgesogene Parteivolk war in der Verwaltung, in gesellschaftlichen Organisationen aller Art, schließlich auch in der Roten Arbeiter- und Bauernarmee voll in Anspruch genommen. Es erschöpfte seine Energien in subordinierten Bereichen und vermochte von hier aus keine Hebel anzusetzen, um dem Fatum zu entgehen, selber entpolitisiert, als eigenständige politische Kraft entmündigt und in ein Instrument der zentralen Leitung verwandelt zu werden.

Hier war einer der Gründe dafür, daß die bolschewistische Partei, die „Avantgarde der proletarischen Diktatur", faktisch unter der Diktatur ihrer Führungsgremien verblieb, daß der von Lenin für die Zeit der konspirativen Untergrundsarbeit gegen den Zarismus entworfene Organisationszentralismus über das Jahr 1917 hinweg in die nachrevolutionäre Periode überführt werden konnte, daß die Organisationsstruktur des berufsrevolutionären Geheimbundes nicht einem demokratisch verfaßten Parteileben wich, sondern dem administrativ-bürokratischen System oligarchischer Herrschaft, gebunden an Rechnungslegung und Kontrolle. Das Gros der Mitglieder fand sich aus der politischen Welt in ein Beamtenverhältnis versetzt. An der Formulierung der Politik ist diese verwaltete und verwaltende Partei nicht beteiligt worden. Die Entscheidungen diskutierte und fällte das Zentralkomitee, das den Willen der Volksmassen, den Willen des Proletariats, den Willen der Partei in den eigenen Entschlüssen abzubilden suchte.

Es war dieser Vorgang der Machttransmission, die Zurücknahme der Diktatur des Proletariats auf die von oben gesteuerte Parteiinitiative, was Rosa Luxemburg von der „Tragödie" der Russischen Revolution hat sprechen lassen, von einer Fehlentwicklung, die das, was das Demokratische war am marxistischen Diktaturbegriff, zu paralysieren schien:

„Lenin und Trotzkij haben an Stelle der aus allgemeinen Volkswahlen hervorgegangenen Vertretungskörperschaften die Sowjets als einzige wahre Vertretung der arbeitenden Massen hingestellt. Aber mit dem Erdrücken des politischen Lebens im ganzen Lande muß auch das Leben in den Sowjets immer mehr erlahmen. Ohne allgemeine Wahlen, ungehemmte Presse- und Versammlungsfreiheit, freien Meinungskampf erstirbt das Leben in jeder öffentlichen Institution, wird zum Scheinleben, in dem die Bürokratie allein das tätige Element bleibt. Das öffentliche Leben schläft allmählich ein, einige Dutzend Parteiführer von unerschöpflicher Energie und grenzenlosem Idealismus dirigieren und regieren, ... und eine Elite der Arbeiterschaft wird von Zeit zu Zeit aufgeboten, um den Reden der Führer Beifall zu klatschen, vorgelegten Resolutionen einstimmig zuzustimmen, im Grunde also eine Cliquenwirtschaft – eine Diktatur allerdings, aber nicht die Diktatur des Proletariats, sondern die Diktatur einer Handvoll Politiker ...“

Rosa Luxemburgs Phänomenologie der bolschewistischen Diktatur, die auf der Grundlage eines entpolitisierten Rätesystems errichtet worden war, wird nicht in Zweifel zu ziehen sein. Aber die bloße Beschreibung der oligarchischen Machtstruktur darf nicht vergessen lassen, daß solche Verhältnisse nicht allein auf die freie Entscheidung eines engen Führungszirkels zurückzuführen waren. Die junge Sowjetrepublik wurde nicht im freien Raum, nicht in einer Art Naturschutzpark errichtet, sondern in einer Ausnahme- und Krisensituation, für die die innere Umwälzung und Neugestaltung keineswegs das einzige, alles andere überschattende Faktum war. Das andere Faktum, das keine geringere Priorität besaß, hat sich aus der schlichten Tatsache ergeben, daß Rußland noch immer in den Krieg verwickelt war, daß intakte deutsche Armeen weit im Lande standen, daß die bolschewistische Revolution nicht nur im Chaos innerer Auflösung und an inneren Gegnern zugrunde gehen konnte, sondern daß sie dem Zugriff des äußeren Feindes offenlag.

Aus: Dietrich Geyer, Die Russische Revolution, a. a. O., S. 121 ff.

7. Aus der Deklaration über die Einheits- und Arbeitsschule vom 16. 10. 1918

Die neue Schule soll nicht nur auf allen Stufen kostenlos, allen zugänglich und für alle obligatorisch sein, sie soll ferner eine *Einheits- und Arbeitsschule* sein.
Was bedeutet es, daß die Schule eine Einheitsschule sein soll? Es bedeutet, daß das gesamte Schulsystem vom Kindergarten bis zur Universität eine einheitliche Schule, eine ununterbrochene Stufenleiter darstellt. Es bedeutet, daß alle Kinder verpflichtet sind, in ein und denselben Schultyp einzutreten und ihren Bildungsgang einheitlich zu beginnen, daß alle das Recht haben, auf dieser Stufenleiter bis zur höchsten Stufe emporzusteigen.
Es ist möglich, daß der Staat einfach materiell nicht in der Lage ist, schon jetzt allen russischen Kindern den künftigen Zutritt zur Universität zu garantieren. In jedem Fall muß jedoch gewährleistet sein, daß die Begabtesten von ihnen von einer Schulstufe auf die folgende übergehen können; wobei die Kinder der Proletarier und der armen Bauern den Vorzug haben.
Der Begriff „Einheitsschule“ bedeutet jedoch nicht unbedingt deren Einförmigkeit. Wenn das zentrale Kommissariat einige absolut verpflichtende Richtlinien aufgestellt hat, so gesteht es doch gleichzeitig den Abteilungen für Volksbildung bei den Deputiertensowjets große Selbständigkeit zu. Diese wiederum werden natürlich die schöpferische Erziehungsarbeit der Pädagogischen Räte nicht einengen, falls sie nicht gegen die Demokratisierung der Schule gerichtet ist. Der Privatinitiative soll ebenfalls genügend Spielraum gelassen werden. Das Volkskommissariat für das Bildungswesen legt die Mindestforderungen für den Lehr-

plan für alle Schulen und Gruppen fest. Auf diese Weise wird der russischen Schule die Möglichkeit, versuchsweise verschiedene Wege einzuschlagen, nicht verschlossen. Abgesehen davon kann sie horizontal differenziert sein, während sie in vertikaler Richtung einheitlich sein muß.

Der Staat braucht Spezialisten. Die Jugendlichen selbst haben offensichtlich verschiedene Neigungen und Begabungen. Die Pädagogik als solche vertritt eine stufenweise Konzentrierung des Wissensbereiches und eine Fixierung des Interesses auf besonders ausgewählte Gegenstände. Vom Ideal des gebildeten Menschen ist der Spezialist, dem alle menschliche Kultur außerhalb seiner Fachrichtung fremd ist, genau so weit entfernt wie der Oberflächliche, der von allem etwas und nichts vollständig weiß.

Aus diesem Grunde ist in der Schule von einem bestimmten Alter an, etwa ab 14 Jahre, die Trennung in mehrere Zweige oder Kurse zulässig. Dabei müssen jedoch mehrere grundlegende Unterrichtsgegenstände weiterhin alle Schüler vereinigen. Der Unterricht in jedem einzelnen Kurs stellt lediglich eine deutlichere Ausprägung in dieser oder jener Richtung dar. Diese Kurse sollen in keinem Falle einen geschlossen Charakter annehmen. Außerdem wird die neue Schule ... ihr Gesicht unter Anpassung an die örtlichen Bedingungen abwechselnd gestalten, ohne dabei jedoch ihren Grundcharakter zu verlieren.

Die neue Schule soll eine Arbeitsschule sein. Für den sowjetischen Staat, der sich im Übergang vom kapitalistischen zum sozialistischen System befindet, ist diese Forderung natürlich noch erheblich zwingender, als für die Schule der fortschrittlicheren kapitalistischen Länder. Nebenbei bemerkt, wird auch dort eine entsprechende Forderung anerkannt und teilweise verwirklicht. Die Forderung nach Einführung der Arbeit als Unterrichtsprinzip beruht auf zwei völlig verschiedenen Grundlagen, deren Auswirkungen jedoch leicht ineinander übergehen.

Die erste dieser Grundlagen ist durch die Psychologie gegeben, die uns lehrt, daß nur das aktiv Aufgenommene wirklich erfaßt wird. Das Kind drängt nach Bewegung. Aber man hat seine Motorik eingeengt. Es eignet sich Kenntnisse mit äußerster Leichtigkeit an, wenn sie ihm in der fröhlichen, aktiven Form von Spiel und Arbeit dargeboten werden, die bei verständiger Anwendung ineinander übergehen. Man hat das Kind jedoch mit Hilfe des Zuhörens und des Buches unterrichtet. Das Kind ist stolz auf alle erworbenen praktischen Kenntnisse; man hat sie ihm jedoch überhaupt nicht vermittelt. Unter diesem Gesichtspunkt wirkt sich das Arbeitsprinzip als aktives, bewegliches, schöpferisches Bekanntwerden mit der Welt aus. Der Fröbelsche Kindergarten stellte die erste systematische Anwendung des Arbeitsprinzips dar, und wir müssen auch für die folgenden Altersstufen eine Gestaltung des Unterrichts nach diesem Prinzip anstreben, natürlich unter Anpassung an das entsprechende Alter und den erweiterten Wissensbereich.

Die zweite Ursache für das Streben der modernen und fortschrittlichen Schule zur Arbeit liegt in dem direkten Wunsche, die Schüler mit dem Bereich vertraut zu machen, der für ihr Leben notwendiger sein wird als alles andere und der heutzutage eine dominierende Rolle spielt, nämlich mit der landwirtschaftlichen und industriellen Arbeit in all ihrer Vielfältigkeit. Es ist jedoch zu beachten, daß wir bei Anerkennung einer speziellen technischen Ausbildung bei höherem Alter energisch gegen jegliche spezialistische Einengung des Arbeitsunterrichts in den unteren Stufen der Einheitsschule (d. h. höchstens bis zum 14. Lebensjahr) protestieren. In der ersten Stufe beruht der Unterricht auf mehr oder weniger handwerklichen Arbeitsprozessen, wie es den schwachen Kräften der Kinder und ihren natürlichen Neigungen entspricht. In der zweiten Stufe tritt die industrielle und landwirtschaftliche Arbeit in ihren heutigen maschinellen Formen in den Vordergrund. Jedoch ist das Ziel der Arbeitsschule keineswegs die Abrichtung für das eine oder andere Handwerk, sondern die polytechnische Bildung, die die Kinder in der Praxis mit den Methoden der wichtigsten Arbeitsformen bekanntmacht, teils in der Lehrwerkstatt oder auf der Schulfarm, teils in den Fabriken, Betrieben u. ä.

So soll das Kind einerseits alle Gegenstände erlernen, indem es wandert, sammelt, zeichnet, fotografiert, modelliert, leimt, aus Pappe zusammenklebt, die Pflanzen und Tiere beobachtet, sie aufzieht und pflegt. Sprachen, Mathematik, Geschichte, Geographie, Physik und Chemie, Botanik und Zoologie – alle diese Unterrichtsgegenstände ermöglichen nicht nur die schöpferische, aktive Methode, sondern verlangen sie geradezu.

Andererseits ist als Ideallösung anzustreben, daß die Schule dem Schüler die hauptsächlichsten Arbeitsverfahren vermittelt, und zwar auf folgenden Gebieten: Tischlern und Zimmern, Drechseln und Schneiden von Holz, Formen, Schmieden, Gießen, Drehen, Schmelzen, Löten und Härten von Metall, Bohren, Lederverarbeitung, Druckerei usw. Auf dem Lande gruppiert sich natürlich die Unterrichtsarbeit um die verschiedenen landwirtschaftlichen Arbeiten.

Man sollte die Stunden nicht bedauern, die man freigebig für die Arbeit verwendet. Die Amerikaner widmeten ihr zehn Wochenstunden und überzeugten sich davon, daß die Kinder dabei in den übrigen Fächern nicht zurückblieben; im Gegenteil, sie hatten einen Gewinn davon, denn die Einführung der Arbeit verhilft nach den Angaben amerikanischer Pädagogen zur besseren Ausnutzung der Zeit. Sie wirkt sich außerdem positiv auf die psychische Entwicklung der Schüler aus, indem sie Aufmerksamkeit, Genauigkeit und Findigkeit fördert. Eine gut ausgebildete Handfertigkeit führt automatisch zur Entwicklung einiger wichtiger Hirnzentren.

Ein polytechnisch ausgebildeter 14jähriger Jugendlicher ist verständlicherweise imstande, sich schneller ein beliebiges Fach anzueignen.

Zit. nach: Die sowjetische Bildungspolitik seit 1917 – Dokumente und Texte – hrsg. von Oskar Anweiler und Klaus Meyer, Heidelberg 1961, S. 74ff.

8. Wirtschaft und Gesellschaft in der Phase des Kriegskommunismus

In dem Privateigentum an den Produktionsmitteln hatte Karl Marx die letzte Ursache der Entfremdung und Ausbeutung des werktätigen Menschen gesehen. Seine Aufhebung bildete für ihn die Grundvoraussetzung für die Schaffung einer herrschaftsfreien und damit klassenlosen Gesellschaft, die eine Selbstverwirklichung des Menschen in einem Zustand vollkommener Freiheit und Gleichheit ermöglichen sollte.

Von dieser ideologischen Grundkonzeption ließ sich Lenin leiten, als er die wichtigsten Wirtschaftszweige der unmittelbaren Befehlsgewalt des Staates unterstellte und zu einer „marktlosen Wirtschaft" überging. Er sah darin zugleich den besten Weg, um die von Marx im Falle einer ‚proletarischen Revolution' geforderte Reife zum „Sozialismus" nachzuholen und damit den Abstand Rußlands gegenüber den entwickelten Industrieländern des Westens zu verringern. Um das erste Ziel zu erreichen, sollten die sozialen Schichten, die bis zur Oktoberrevolution den oberen Teil der sozialen Pyramide gebildet hatten, vernichtet werden. Unter diesen sogenannten „Ausbeuterklassen" wurden große Teile der städtischen Bevölkerung (Industrielle, Kaufleute, Hausbesitzer, Beamte) sowie Großgrundbesitzer und Großbauern (Kulaken) auf dem Lande verstanden. Diese vielschichtige Klasse der „Kapitalisten" (1913 15,9 v. H. der Gesamtbevölkerung) wurde auf dem Wege der Nationalisierung enteignet und damit ihrer materiellen Existenzgrundlage beraubt. In den Jahren 1918 und 1919 wurden sämtliche Industrie-, Bank-, Handels- und Verkehrsunternehmen sowie der gesamte Haus- und Grundbesitz verstaatlicht und die Ländereien der Gutsbesitzer und der meisten Großbauern unter dem Bauernproletariat aufgeteilt. Das private Erbrecht wurde aufgehoben. Im Jahre 1920 wurden auch gewerbliche Klein- und Handwerksbetriebe in die Verstaatlichung einbezogen.

Am Ende des Kriegskommunismus waren im Ergebnis dieses ersten Nivellierungsversuchs von den sozial gehobenen Schichten der vorrevolutionären Zeit, soweit sie nicht die Emigration dem Los der Deklassierung vorgezogen hatten, nur Überreste nachgeblieben. Im Sommer 1918 setzte die systematische Nationalisierung der Industrie bei gleichzeitiger schrittweiser Beschränkung der Befugnisse der „Arbeiterkontrolle" ein. Bis zum 1. Januar 1921 ist mit 5834 Betrieben der größte Teil der Großindustrie verstaatlicht worden. Diese Entwicklung bot der seit dem Sommer 1918 allein herrschenden bolschewistischen Partei die Möglichkeit, für eine Politik der sozialen Gleichmacherei („Urawlinowka") in verstärktem Maße einzutreten. Lenin befürwortete, ein jegliches Einkommen, also auch dasjenige eines Regierungsmitglieds, nach der Lohnstaffel für gewöhnliche Arbeiter festzusetzen. Gefördert wurde die soziale Nivellierung durch die katastrophale Wirtschaftslage des Landes infolge des Bürgerkrieges und der westalliierten Blockade. Die angestrebte allgemeine Gleichheit wurde erreicht, jedoch auf der Grundlage des tiefsten Existenzminimums.

Im Kriegskommunismus machten sich aber auch entgegengesetzte Tendenzen bemerkbar, die für die spätere Entwicklung bedeutsam sein sollten. Während die Arbeiterzahl in der Industrie infolge der schwierigen Ernährungslage um die Hälfte sank (1,5 Mill. 1920/21 gegen 3 Mill. 1917), nahm die Zahl der Angestellten um mehr als 60 v. H. zu (2,4 Mill. 1920 gegen 1,5 Mill. 1913).

Die Angestelltenschaft setzte sich zu einem großen Teil aus den in ihren staatsbürgerlichen Rechten beschränkten Angehörigen der früheren sozial gehobenen Schichten („Lischenzy") zusammen. Neben Lenin ist vor allem Trotzkij für eine Verwendung der bürgerlichen „Spezialisten" eingetreten. Bereits am 28. März 1918 erklärte er in einer Rede:

„Wie in den toten Maschinen, so ist auch in diesen Technikern, Ingenieuren, Ärzten, Lehrern, ehemaligen Offizieren ein bestimmtes nationales Kapital unseres Volkes verkörpert, das wir verpflichtet sind, auszunutzen, wenn wir die grundlegenden Fragen, vor denen wir stehen, überhaupt meistern können . . ."

Diese Kaderpolitik führte z. B. in der Roten Armee, an deren Aufbau Trotzkij maßgeblichen Anteil hatte, dazu, daß 1921 33,7 v. H. des Kommandeurkorps aus ehemaligen zaristischen Offizieren und Militärbeamten bestand.

Auf dem Lande hatte sich die Agrarrevolution auf der Grundlage des Bündnisses zwischen dem Arbeiter- und Bauernproletariat („Smytschka") in zwei Etappen vollzogen. Zunächst wurde ein großer Teil der verstaatlichten landwirtschaftlichen Böden den Einzelbauern zur Nutzung übergeben.

Gewöhnlich ist davon die Rede, daß der Zuwachs über 150 Mill. ha betragen habe und daß damit die Bauern 97 v. H. des gesamten früher bebauten Bodens erhalten hätten. Diese Behauptung stimmt mit den eigenen sowjetischen Angaben nicht überein. Nach Angaben der Statistischen Zentralverwaltung der UdSSR machte die landwirtschaftliche Nutzfläche im zaristischen Rußland (in den Grenzen der UdSSR vom 17. Septemer 1939) insgesamt 367,2 Mill. ha aus. Von dieser Gesamtfläche wurden 214,7 Mill. ha (58 v. H.) bereits von den Bauern benutzt. Davon sollen sich mehr als 80 Mill. in den Händen von „Kulaken", d. h. von reichen und wohlhabenden Bauern befunden haben. Von den weiteren 152,5 Mill. ha (42 v. H.) entfielen auf die vorwiegend adligen nichtbäuerlichen Besitzer etwa 61 Mill. ha. Bei den restlichen 91 Mill. ha handelte es sich um Besitz des Staates, der Krone und der Kirche. Dieser Teil wurde größtenteils dem Staatsfonds einverleibt, während den Bauern zur lebenslänglichen Nutzung hauptsächlich das Gutsbesitzerland übertragen wurde. Da der Anteil der Bauern nach der Revolution 265 Mill. ha ausmachte, betrug ihr tatsächlicher Zuwachs an Land nur 50 Mill. ha (23,2 v. H.).
Diese Böden reichten nicht aus, um den Hunger nach Land zu stillen, der durch die Massenabwanderung von 8 Mill. Menschen aus der Stadt auf das Dorf noch vergrößert wurde. Die Landzunahme pro Kopf der bäuerlichen Bevölkerung betrug durchschnittlich weniger als eine halbe Desjatine (1 Desj. = 1,09 ha). Der zweite Schritt in der Agrarrevolution bestand im Sommer und Herbst 1918 in der Enteignung des größeren Teiles des Kulakenlandes im Umfange von 50 Mill. ha Land, das den anderen Bauern zugeteilt wurde. Zugleich wurde das Mir-Land neu verteilt. Diese Umverteilung führte dazu, daß die Zahl der bäuerlichen Kleinbetriebe mit einer Anbaufläche bis zu 4 Desjatinen und einem Pferd sich von 57,6 v. H. auf 72,1 v. H. vergrößerte, während die Großbauernbetriebe mit vier und mehr Pferden und einer Anbaufläche von über 16 Desjatinen fast ganz verschwanden.
Die bolschewistische „Versorgungsdiktatur", die auf eine Requisition des Brotgetreides hinauslief, und die ersten Kollektivierungsbestrebungen, die auf die Einführung von Produktivgenossenschaften (Kommunen, Kolchose) und Staatsgütern (Sowchose) gerichtet waren, stießen auf einen erbitterten Widerstand der Bauernschaft.
Sie führten zu einem weiteren Rückgang der landwirtschaftlichen Produktion, der sich in der Hungerkatastrophe im Jahre 1921 verhängnisvoll auswirkte. Von 1917 bis 1920 läßt sich allgemein ein Bevölkerungsrückgang von 143,5 auf 134,2 Mill. feststellen, wobei sich die Stadtbevölkerung von 25,8 auf 20,8 Mill. und die Landbevölkerung von 117,7 Mill. auf 113,4 Mill. verminderte. Im Verhältnis zur Stadtbevölkerung vergrößerte sich der prozentuale Anteil der Landbevölkerung von 82 v. H. auf 85 v. H. Der besondere Charakter Rußlands als eines vorwiegend agrarischen Entwicklungslandes trat damit noch stärker als vor der Revolution hervor. Die Sozialstruktur auf dem Lande hatte sich tiefgehend verändert, wies aber auf dem Dorf noch viele vertraute Züge auf. Nur im industriell-städtischen Bereich ist in dieser Zeitspanne von bolschewistischer Seite der ernsthafte Versuch unternommen worden, das alte soziale Gefüge durch ein völlig neues zu ersetzen. Die Grundlagen, die damals durch Lenin und seine Mitarbeiter gelegt wurden, sind später nur im begrenzten Umfange verändert worden.

Aus: Boris Meissner, Der soziale Strukturwandel im bolschewistischen Rußland, in: Sowjetgesellschaft im Wandel, a. a. O., S. 28ff.

9. Lenin über die außen- und innenpolitische Lage und die Aufgaben der Partei

(Rede auf der Moskauer Gouvernementskonferenz der KPR am 21. November 1920)

... Als wir vor drei Jahren die Frage nach den Aufgaben und Bedingungen des Sieges der proletarischen Revolution in Rußland stellten, haben wir stets ausdrücklich erklärt, daß dieser Sieg nicht als gesichert gelten kann, wenn Rußland nicht von der proletarischen Revolution im Westen unterstützt wird, daß eine richtige Einschätzung unserer Revolution nur vom internationalen Standpunkt aus möglich ist. Um zu erreichen, daß unser Sieg gesichert ist, müssen wir erreichen, daß die proletarische Revolution in allen oder zumindest in einigen wichtigen kapitalistischen Ländern siegt. Und nach drei Jahren eines erbitterten, hartnäckigen Krieges sehen wir, inwiefern sich unsere Voraussagen nicht bestätigt und inwiefern sie sich bestätigt haben. Sie haben sich insofern nicht bestätigt, als eine rasche und einfache Lösung dieser Frage nicht erfolgt ist. Natürlich hat niemand von uns erwartet, daß ein so ungleicher Kampf wie der Kampf Rußlands gegen alle kapitalistischen Weltmächte sich drei Jahre lang hinziehen könnte. Weder die eine noch die andere Seite, weder die Russische Sowjetrepublik noch die ganze übrige, die kapitalistische Welt hat einen Sieg errungen oder eine Niederlage erlitten, und zugleich hat sich gezeigt, daß unsere Voraussagen, wenn sie auch nicht einfach, schnell und direkt in Erfüllung gingen, doch insofern in Erfüllung gegangen sind, als das für uns *Wichtigste* erreicht wurde, denn das *Wichtigste* war die Behauptung der proletarischen Macht und der Sowjetrepublik, sogar im Falle einer Hinauszögerung der sozialistischen Weltrevolution. Und in dieser Hinsicht muß man sagen, daß die internationale Lage der Republik sich jetzt so gestaltet hat, daß alle unsere Berechnungen und unsere gesamte Politik die beste, die genaueste Bestätigung erhalten haben ...

Zit. nach: Der Sowjetkommunismus, a. a. O., S. 318

10. Planung und Elektrifizierung

Kommunismus – das ist Sowjetmacht plus Elektrifizierung des ganzen Landes. Sonst wird das Land ein kleinbäuerliches Land bleiben, und das müssen wir klar erkennen. Wir sind schwächer als der Kapitalismus, nicht nur im Weltmaßstab, sondern auch im Innern unseres Landes. Das ist allbekannt. Wir haben das erkannt, und wir werden es dahin bringen, daß die wirtschaftliche Grundlage aus einer kleinbäuerlichen zu einer großindustriellen wird. Erst dann, wenn das Land elektrifiziert ist, wenn die Industrie, die Landwirtschaft und das Verkehrswesen eine moderne großindustrielle technische Grundlage erhalten, erst dann werden wir endgültig gesiegt haben ...

Aber wir müssen es jetzt dahin bringen, daß jedes Kraftwerk, das wir bauen, wirklich zu einem Stützpunkt der Aufklärung wird, daß es sozusagen die elektrische Bildung der Massen fördert. Wir haben einen Elektrifizierungsplan ausgearbeitet, die Realisierung dieses Planes ist indes auf Jahre berechnet ...

Man muß jedoch wissen und darf nicht vergessen, daß die Elektrifizierung nicht mit Analphabeten durchzuführen ist ... Wir brauchen Menschen, die nicht nur des Lesens und Schreibens kundig sind, sondern kulturell hochstehende, politisch bewußte, gebildete Werktätige; es ist notwendig, daß die Mehrheit der Bauern eine bestimmte Vorstellung von den Aufgaben hat, vor denen wir stehen. Dieses Programm der Partei muß das wichtigste Lehrbuch werden, das in allen Schulen eingeführt werden sollte. In diesem Buch werden Sie neben dem allgemeinen Plan der Elektrifizierung ausgearbeitete Spezialpläne für jeden einzelnen Bezirk Rußlands finden. Und jeder Genosse, der ins Land hinausfährt, wird einen bestimmten Plan haben für die Durchführung der Elektrifizierung in seinem Bezirk, den Übergang aus der Finsternis zu normalen Lebensverhältnissen.

Lenin, Bericht über die Tätigkeit des Rats der Volkskommissare, gegeben auf dem 8. Gesamtrussischen Sowjetkongreß, 22. – 29. Dezember 1920; zit. nach Hans Raupach, Geschichte der Sowjetwirtschaft, a.a.O., S. 177f.

11. Das Aktionsprogramm der Kronstädter Matrosen (1. März 1921)

1. Sofortige Neuwahl der Sowjets in geheimer Wahl: Die Wahlkampagne unter den Arbeitern und Bauern muß in voller Rede- und Aktionsfreiheit vor sich gehen.
2. Herstellung der Rede- und Pressefreiheit für alle Arbeiter und Bauern, für die Anarchisten und für die linken sozialistischen Parteien.
3. Versammlungsfreiheit für die Gewerkschaften und Bauernorganisationen.
4. Einberufung einer Konferenz der Arbeiter, Roten Soldaten und Matrosen Petrograds, Kronstadts und der Petrograder Provinz bis spätestens 10. März 1921, unabhängig von den politischen Parteien.
5. Freilassung aller sozialistischen politischen Gefangenen sowie aller Arbeiter, Bauern, Roten Soldaten und Matrosen, die auf Grund von Arbeiter- und Bauernbewegungen eingekerkert wurden.
6. Wahl einer Kommission zur Prüfung der Fälle derjenigen, die sich in den Gefängnissen und Konzentrationslagern befinden.
7. Abschaffung der „politischen Stellen", denn keine politische Partei darf Vorrechte für die Propagierung ihrer Ideen haben und vom Staat zu diesem Zweck Geldmittel empfangen. Statt dessen Bildung von Schulungs- und Kulturkommissionen, die in jedem Ort gewählt und von der Regierung finanziert werden.
8. Sofortige Abschaffung aller Sperren.
9. Gleichheit der Rationen für alle Arbeiter außer für diejenigen, die gesundheitsschädliche oder gefährliche Berufe ausüben.
10. Abschaffung der kommunistischen Sturmabteilungen in allen Armeeeinheiten, Abschaffung der kommunistischen Garden in den Betrieben und Fabriken. Gegebenenfalls können diese Garden in der Armee von den Kompanien und in den Betrieben von den Arbeitern selbst bestimmt werden.
11. Volle Aktionsfreiheit für die Bauern zur Bearbeitung ihres Bodens, Recht auf Viehbesitz, sobald sie ihre Arbeit selbst ausführen, das heißt ohne Lohnarbeit.
12. Schaffung einer mobilen Kontrollkommission.
13. Zulassung des freien Handwerks ohne Lohnarbeit.
14. Wir fordern alle Einheiten der Armee und auch alle „Kursanty" auf, sich unserer Resolution anzuschließen.
15. Wir fordern weiteste Verbreitung unserer Entschließung.

Diese Resolution wurde von der Versammlung der Mannschaften einstimmig angenommen. Zwei Personen enthielten sich der Stimme.

Gezeichnet: *Petrischenko,* Vorsitzender, *Perepelkin,* Sekretär.

Zit. nach: Der Sowjetkommunismus, a.a.O., S. 159f.

12. Das politische Programm der Kronstädter Kommune (8. März 1921)

(Veröffentlicht in der Kronstädter Revolutionszeitung Izvestija)

Unsere Kampfziele

Als die Arbeiterklasse die Oktoberrevolution machte, hoffte sie, ihre Befreiung zu erlangen. Das Resultat war aber eine noch größere Versklavung der menschlichen Persönlichkeit.

Die Macht der Polizeimonarchie ging in die Hände der Usurpatoren über, der Kommunisten, die, statt dem werktätigen Volk die Freiheit zu lassen, ihm die Angst der Tscheka-Kerker brachten, deren Greuel die Methoden der zaristischen Gendarmerie vielfach übertreffen.

Nach langen Jahren des Kampfes und der Leiden erhielten die Arbeiter Sowjetrußlands nur freche Befehle, Bajonettstiche und Kugeln der Tscheka-Kosaken. Die kommunistische Macht hat das glorreiche Abzeichen der Werktätigen, Hammer und Sichel, durch Bajonett und Kerkergitter ersetzt, wodurch die neue Bürokratie, die kommunistischen Kommissare und Beamten, sich ein ruhiges und sorgloses Leben sichern.

Die geistige Versklavung, die von den Kommunisten errichtet wurde, ist aber am meisten verabscheuungswürdig und verbrecherisch: Sie legten Hand auch an den Gedanken, das moralische Leben der Werktätigen, und zwangen jeden, ausschließlich nach ihrer Vorschrift zu denken. Mit Hilfe der verstaatlichten Gewerkschaft fesselten sie die Arbeiter an die Maschinen und verwandelten die Arbeit, statt sie anziehend zu gestalten, in eine neue Sklaverei. Auf die Proteste der Bauern, die bis zu spontanen Revolten gingen, auf die Forderungen der Arbeiter, die durch die Lebensbedingungen zu Streiks gezwungen waren, antworteten sie mit Massenerschießungen und mit einer Brutalität, die die zaristischen Generäle beneidet hätten.

Das Arbeiterrußland, welches als erstes die rote Fahne der Befreiung der Arbeit erhoben hat, wird im Blut der Märtyrer, zum höheren Ruhm der kommunistischen Herrschaft, verleugnet. Die Kommunisten ersäufen in diesem Meer von Blut alle großen und schönen Versprechen und Möglichkeiten der proletarischen Revolution.

Es wurde immer klarer und wird jetzt offensichtlich, daß die Kommunistische Partei nicht, wie sie vorgab, die Werktätigen verteidigt. Die Interessen der Arbeiterklasse sind ihr fremd. Nachdem sie die Macht ergriffen hat, kennt sie nur eine Sorge: sie nicht wieder zu verlieren. Sie verwendet dazu alle Mittel: Verleumdung, Betrug, Gewalt, Mord, Rache an den Familienangehörigen der Aufständischen.

Die Geduld der gequälten Werktätigen ist aber am Ende. Der Brand der Aufstände im Kampf gegen Unterdrückung und Gewaltherrschaft flammt da und dort im Lande auf. Die Arbeiterstreiks nehmen überhand. Die bolschewistischen Polizeihunde wachen. Man ergreift alle Maßnahmen, um die unvermeidliche Dritte Revolution im Keime zu ersticken. Sie ist aber trotz alledem gekommen. Die werktätigen Massen selbst haben sie verwirklicht. Die Generäle des Kommunismus sehen selbst, daß das Volk aufgestanden ist, weil es überzeugt ist, daß diese Generäle die Idee der Revolution verraten haben. Die Kommunisten fürchten um ihre Haut und wissen, daß sie sich nirgends verstecken können, um dem Zorn der Werktätigen zu entrinnen, deshalb versuchen sie, die Aufständischen durch ihre Kosaken, durch Gefängnis, Hinrichtung und andere Greuel einzuschüchtern. Unter dem Joch der kommunistischen Diktatur wurde das Leben schlimmer als der Tod.

Das aufständische arbeitende Volk hat begriffen, daß man im Kampf gegen die Kommunisten und gegen die neue Leibeigenschaft nicht auf halbem Weg stehenbleiben kann. Man

muß bis zum Ende gehen. Die Kommunisten täuschen Konzessionen vor, sie beseitigen die Polizeisperren in der Petrograder Provinz, sie verwenden zehn Millionen Goldrubel für den Kauf von Waren im Ausland. Man täusche sich aber nicht: hinter diesem Köder ist die eiserne Faust des Herrn, des Diktators, der nach Wiederherstellung der Ruhe seine Zugeständnisse teuer bezahlen läßt.
Nein, es gibt kein Stehenbleiben auf halbem Wege! Das rote Kronstadt, der Schrecken der Konterrevolution von links und rechts, hat das Beispiel gegeben. Hier wurde der große Vorstoß der Revolution zur Tat. Hier wurde die Fahne der Revolte gegen die Tyrannei der letzten drei Jahre gehißt, gegen die Unterdrückung der kommunistischen Autokratie, die drei Jahrhunderte monarchistisches Joch verblassen ließ.
Hier in Kronstadt wurde der Grundstein zur Dritten Revolution gelegt, die die letzten Ketten des Arbeiters zerbrechen und ihm den neuen und breiten Weg des sozialistischen Aufbaues eröffnen wird.
Diese neue Revolution wird die arbeitenden Massen in Ost und West aufrütteln. Sie wird das Beispiel eines neuen sozialistischen Aufbaues im Gegensatz zum mechanischen und regierungsmäßigen kommunistischen „Aufbau" geben. Die arbeitenden Massen auf der anderen Seite unserer Grenzen werden durch die Tatsachen überzeugt werden, daß alles, was bei uns bis jetzt im Namen der Arbeiter und Bauern geschaffen wurde, kein Sozialismus war.
Der erste Schritt in diesem Sinn wurde ohne Schuß, ohne einen einzigen Tropfen Blut gemacht. Die Werktätigen brauchen kein Blut zu vergießen. Sie werden nur dann Blut vergießen, wenn sie sich verteidigen müssen. Trotz aller empörenden Akte der Kommunisten werden wir genügend Selbstbeherrschung haben, sie nur von unserem sozialen Leben zu isolieren, um sie zu hindern, daß sie durch ihre falsche und böswillige Agitation die revolutionäre Tätigkeit schädigen.
Die Arbeiter und Bauern gehen unaufhaltsam voran. Sie lassen hinter sich die Konstituante mit ihrem bürgerlichen Regime und die kommunistische Parteidiktatur mit ihrer Tscheka und ihrem Staatskapitalismus, der die Schlinge um den Hals der Arbeiter warf und sie zu erwürgen drohte.
Die nunmehr vollzogene Änderung gibt den arbeitenden Massen endlich die Möglichkeit, frei gewählte Räte zu verwirklichen, die ohne gewaltsamen Druck einer Partei funktionieren. Diese Änderung wird ihnen auch die Möglichkeit geben, die verstaatlichten Gewerkschaften in freie Organisationen der Arbeiter, Bauern und Intellektuellen zu verwandeln.
Die Polizeimaschine der kommunistischen Autokratie ist endlich zerbrochen.

Zit. nach: Der Sowjetkommunismus, a.a.O., S. 160ff.

13. Zu den Motiven der Kronstädter Erhebung

Freie Wahl der Sowjets: Diese Forderung zieht sich seit dem ersten Aufruf der „Petropavlovsk" wie ein roter Faden durch alle Proklamationen der Aufständischen. Sie wurde geradezu zum Symbol der Kronstädter Bewegung, die die ehemals bolschewistische Parole „Alle Macht den Räten" gegen die Bolschewiki selbst wandte. „Die Sowjetmacht muß der Ausdruck des Willens der ganzen werktätigen Massen sein, ohne die Herrschaft irgendeiner beliebigen politischen Partei", heißt es in einem Artikel der *Izvestija.*

„Kronstadt, die Avantgarde der Revolution, hat den Anfang gemacht ... Nicht hier gibt es schnöde Absichten gegen die Sowjetmacht. Die kommunistischen Gerüchte, der Aufstand sei antisowjetisch, sind unwahr ... Es darf nicht länger die Herrschaft irgendeiner Partei bestehen. Unsere Sowjets sollen nicht länger den Willen der Partei ausdrücken, sondern den Willen der Wähler".

Die Kronstädter waren absolute Anhänger des Rätesystems, aber eines unabhängigen, demokratischen, von der Monopolstellung einer einzigen Partei befreiten. Gerade deswegen, weil die Bolschewiki, die unter der Parole der Sowjetmacht im Oktober 1917 gesiegt hatten, die Rätedemokratie nicht verwirklichten, richtete sich der Haß der Aufständischen gegen sie.

„Nieder mit der Kommissarenherrschaft! Die Kommunistische Partei hat bei der Machtübernahme den werktätigen Massen alle Güter versprochen. Und was sehen wir? Man sagte uns drei Jahre zuvor: ‚Wenn ihr wollt, könnt ihr eure Delegierten abberufen, die Sowjets neu wählen'. Und als wir Kronstädter die Neuwahl des Sowjets forderten, ohne Parteidruck, gab der wiedererschienene Trepov-Trockij den Befehl: Patronen sind nicht zu sparen!"

Die Kronstädter standen auf dem Boden der Oktoberrevolution von 1917. Sie waren entschieden links. Die parlamentarische Republik mit der Konstituierenden Versammlung wurde ausdrücklich abgelehnt: „Die Sowjets und nicht die Konstituierende Versammlung sind das Bollwerk der Werktätigen". Sie verlangten durchaus nicht Freiheit für ehemalige Gutsbesitzer, Offiziere und Kapitalisten. Aber sie sahen sich um die Früchte der Revolution betrogen und deren Ideale von den Bolschewiki verraten. Der programmatische Artikel „Wofür wir kämpfen" in der *Izvestija* vom 8. März 1921 brachte diese Gefühle deutlich zum Ausdruck:

„Durch die Oktoberrevolution hatte die Arbeiterklasse gehofft, ihre Befreiung zu erreichen. Aber als Ergebnis entstand eine noch größere Versklavung der menschlichen Persönlichkeit. Die Macht der Polizei- und Gendarmeriemonarchie fiel in die Hände von Usurpatoren – der Kommunisten, die den Werktätigen, statt ihnen Freiheit zu geben, die ständige Furcht vor der Čeka brachten ... Am schlimmsten und verbrecherischsten ist aber die geistige Leibeigenschaft: die Kommunisten legten ihre Hand auch auf die Seele der Werktätigen und zwangen jeden, nach ihrer Vorschrift zu denken ... Selbst der Tod ist leichter als dieses Leben unter der kommunistischen Diktatur. Es gibt keinen Mittelweg! Siegen oder sterben! Dafür gibt das rote Kronstadt ein Beispiel ... Hier wurde das Banner des Aufstands aufgerichtet für die Befreiung von der dreijährigen Tyrannei und Bedrückung durch die kommunistische Autokratie, die das dreihundertjährige Joch der Monarchie in den Schatten stellte. Hier in Kronstadt wurde der Eckstein gelegt für die Dritte Revolution, die den Arbeiter von den letzten Ketten befreien und einen neuen, breiten Weg für das sozialistische Schaffen eröffnen wird".

Das erträumte Reich der Freiheit sollte durch die Sowjets verwirklicht werden. „Alle Macht den Sowjets und nicht den Parteien" war die häufigste Losung der revolutionären *Izvestija*. Daneben standen: „Es lebe die Macht der freigewählten Sowjets", „Die Macht der Sowjets wird die werktätige Bauernschaft vom Joch der Kommunisten befreien", „Nieder mit der Konterrevolution von links und rechts". Die Losung der freien Sowjets, die von dem revolutionären Kronstadt aufgestellt wurde, war ein Zeichen für die lebendige Kraft der Räteidee in den Massen. Ihre Wendung gegen den Bolschewismus war gleichzeitig der eindeutigste Beweis dafür, wie sehr sich die bolschewistische Diktatur von den ursprünglichen Idealen der Räteherrschaft entfernt hatte. Das Reich der sozialen Gleichheit, das Lenin in *Staat und Revolution* verkündet, die Beseitigung der Bürokratie, die die ersten Dekrete der Sowjetregierung angestrebt hatten, die Selbstherrschaft der Massen, die in der Sowjetlosung verkörpert schien – das alles war in den Jahren der bolschewistischen Diktatur vor der rauhen Wirklichkeit zerstoben. In den Augen der Kronstädter verkörperten die jetzigen

Sowjets die verratene Revolution, die freien Wahlen zu unabhängigen Sowjets bildeten den Auftakt für die „dritte Revolution". Aus allen schriftlichen Kundgebungen der Kronstädter Revolutionäre spricht ein irrationaler Glaube an die Kraft der Räteidee, aus der heraus Rußland erneuert werden sollte. Der Rätegedanke, der durch die Bolschewiki verkehrt, abgenutzt, zum Deckmantel ihrer Diktatur gemacht wurde, feierte seine Auferstehung in dem belagerten Kronstadt.
Er vermochte nicht, ganz Rußland in Brand zu setzen. Es fehlte den Aufständischen der Rückhalt an einer organisierten politischen Bewegung, die um diese Zeit in Rußland nicht mehr vorhanden war. Das Echo auf die Ereignisse in Kronstadt blieb daher verhältnismäßig schwach; nur einige anarchistische Klubs in Moskau und Petersburg riefen in Flugblättern zur Unterstützung der Kronstädter auf, während sich die offiziellen menschewistischen Stellungnahmen auf bloße Sympathiekundgebungen beschränkten und eine friedliche Beilegung des Konfliktes forderten. Die Bolschewiki ihrerseits erkannten sehr genau die Gefährlichkeit der Losung „Freie Sowjets", die ihnen den legitimen Boden ihrer Macht zu entziehen drohte. Der reine Rätegedanke stand in unversöhnlichem Gegensatz zu ihrer Parteidiktatur. Sie versuchten daher mit allen Mitteln, eine Ausbreitung des Brandes zu verhindern. Der am 8. März eröffnete X. Parteitag, der unter dem drohenden Schatten der Kronstädter Rebellion tagte, stellte die eiserne Disziplin innerhalb der herrschenden Gruppe wieder her. Gleichzeitig vollzog Lenin die große innenpolitische Wendung vom System des Kriegskommunismus zur Neuen Ökonomischen Politik. Er hatte sie schon vorher erwogen, aber der Kronstädter Aufstand beschleunigte seinen Entschluß. Durch die Lockerung des staatlichen Zwanges auf wirtschaftlichem Gebiet, vor allem in der Landwirtschaft, hofften die Bolschewiki die Unzufriedenheit der Massen zu dämpfen. Sogar eine „Belebungskampagne" für die Sowjets wurde eingeleitet. Aber sie machte sich keine einzige Forderung der Kronstädter zu eigen: weder gab es freie Wahlen noch wurde die Kontrolle der Partei über die Sowjets gelockert. Gleichzeitig wurden die Reste der nichtbolschewistischen Parteien endgültig beseitigt. Die oppositionellen Gruppen wurden ohne formellen Auflösungsbeschluß ausgelöscht: ihre Mitglieder wurden entweder verhaftet oder widerriefen öffentlich ihre Überzeugungen, einige Führer durften ins Ausland gehen, anderen wurde der politische Prozeß gemacht.
Eine organisierte politische Opposition gegen das bolschewistische Regime bestand seit 1921 in Rußland nicht mehr. Die machtmäßigen Auseinandersetzungen spielten sich seitdem innerhalb der Führung der kommunistischen Partei selbst ab. Die Grundlagen der Diktatur wurden bisher davon nicht berührt.

Aus: Oskar Anweiler, a.a.O., S. 316ff.

14. Zur Bürokratisierung der bolschewistischen Partei

Als die von außen und innen drohenden Gefahren Ende 1920 gebannt waren, ertönte jedoch immer lauter und dringlicher der Ruf nach Beendigung der Bevormundung des gesamten öffentlichen Lebens durch die bolschewistische Parteiführung und nach Aufhebung des leninistischen Zentralismus innerhalb der Partei zugunsten stärkerer politischer Bewegungs- und Entscheidungsfreiheit für den Parteikongreß und die mittleren und unteren Parteiorgane. Den Höhepunkt dieser Entwicklung, die einer Absage an das bolschewistische Regime gleichkam, bildeten Arbeiterstreiks in Petrograd und der spontane Volksaufstand der Kronstädter Matrosen im Februar und März 1921. Das Proletariat selbst erhob sich gegen die Diktatur des Proletariats. Diese, im politischen Programm der Kronstädter Kommune vom März 1921 wörtlich als „Polizeimaschine der kommunistischen Autokratie" gekennzeichnet, wußte keine andere Antwort als übelste Verleumdung und nackte Gewalt. Die Streikenden und Aufständischen wurden zu „Konterrevolutionären" erklärt – womit das historische Vorbild für die marxistisch-leninistische Interpretation des Volksaufstandes vom 17. Juni 1953 in der SBZ und für die ungarische Revolution im Oktober 1956 geliefert wurde – und danach brutal zusammengeschossen. Die militärischen Operationen gegen Kronstadt, das am 18. März regelrecht erstürmt werden mußte, leiteten Trotzkij und Tuchatschewskij. Selbstverständlich handelte es sich in Kronstadt um keine Konterrevolution, wie Lenin und der gerade tagende X. Parteikongreß wider besseres Wissen und sogar vorhandene Einsicht behaupteten. Eine solche These war nur dann aufrechtzuerhalten, wenn man die Kommunistische Partei mit dem Proletariat und der Revolution gleichsetzte. Das tat Lenin allen Tatsachen zum Trotz auch diesmal, wobei er zugleich das Dogma von der unbedingten Identität von bolschewistischer Parteiherrschaft und Sozialismus verkündete.

Welche Konsequenzen hatte das für das bolschewistische Führungssystem? Obwohl Lenin „in einem seiner Anfälle von Aufrichtigkeit, die ihn immer noch von vielen seiner Anhänger unterschied" *(L. Schapiro)*, die Tatsache des spontanen Volksaufstandes in Petrograd und Kronstadt durchaus klar erkannte und auch eingestand, als er nämlich erklärte, daß in Kronstadt „nicht nach den Weißen Garden und auch nicht nach unserer Macht" verlangt worden sei, war er dennoch keinen Augenblick lang bereit, daraus Folgerungen im Sinne einer Lockerung oder gar Liberalisierung des von ihm errichteten Parteiregimes zu ziehen. Im Gegenteil! Es wurden (1921/22) nicht nur die allein noch zugelassenen nichtkommunistischen Parteien der Menschewisten und Sozialrevolutionäre verboten, ihre führenden Mitglieder, soweit sie nicht emigrierten, verfolgt und einer ganzen Reihe von ihnen der (Schau-)Prozeß gemacht. Vielmehr ging Lenin, unter dem unmittelbaren Eindruck des Geschehens von Kronstadt und der in den eigenen Reihen erhobenen Vorwürfe wegen zu großer Bevormundung durch die Parteiführung, mit verstärkter Kraft daran, die Herrschaft seiner Partei und den Zentralismus in ihr noch mehr zu festigen, indem er nun erst recht die Doktrin von der Diktatur des Proletariats in dem Sinne ausbaute, daß eine solche Diktatur in Gestalt der unumschränkten Herrschaft der bolschewistischen Partei nach der Erringung der Macht durch das Proletariat, aber vor der Errichtung des Sozialismus für das Proletariat einzuschieben sei. Für Lenin war die bolschewistische Partei, wie er ganz offen bekannte, ein Herrschaftsinstrument zum Gebrauch „einer uneingeschränkt sich auf Gewalt und nicht auf das Recht stützenden Macht", die, falls notwendig, auch gegen das Proletariat selbst eingesetzt werden konnte und mußte. „Die Frage der Macht", so erklärte er ebenfalls 1921, „ist die Grundfrage einer jeden Revolution." Im Unterschied zu seinen Epigonen, insbesondere zu Stalin, wollte er die Macht dabei nicht um ihrer selbst willen, sondern zur Durchführung der revolutionären Aufgabe im eigenen Lande und im Weltmaßstab, an deren Richtigkeit und Notwendigkeit er zutiefst glaubte. Er förderte indessen durch die Maßnahmen, die er ergriff, gerade jene – seinem Herrschaftssystem von Natur aus innewohnende – Entwicklungstendenz, die er so scharf bekämpfte und unbedingt ausschalten wollte: die Bürokratisierung und „Apparatisierung" der Partei. Diese wiederum ermöglichten den Aufstieg eines Mannes wie Stalin.

Nachdem Lenin zunächst höchst geschickt taktiert hatte zwischen den extremen Strömungen und rivalisierenden Programmen der „Arbeiteropposition" und der „demokratischen Zentralisten" auf der einen Seite, die etwas mehr Unabhängigkeit für die Gewerkschaften von der Partei bzw. eine Lockerung des bürokratischen Zentralismus innerhalb der Partei wünschten, und einem radikalen Flügel unter Trotzkij auf der anderen Seite, der die Einverleibung der Gewerkschaftsorgane in den Staatsapparat und die Ausweitung des militärischen Zwanges auf das gesamte Wirtschaftsleben verlangte, überraschte er den bereits erwähnten X. Parteikongreß vom März 1921 kurz vor dessen Beendigung mit zwei Resolutionen, die auch mit großer Mehrheit angenommen wurden. Die eine untersagte bei Androhung des sofortigen Parteiausschlusses das Fortbestehen irgendwelcher bolschewistischer Gruppen mit eigener „Plattform". Das war das berühmt-berüchtigte Verbot der Fraktionsbildung. Die andere verwarf die Vorstellung von einem Eigenleben der Gewerkschaften mit ihrer Kontrollfunktion über die Wirtschaft als unvereinbar mit der Mitgliedschaft in der Partei, „weil unvereinbar mit der Lehre des Marxismus".
Die angeführten Maßnahmen und Beschlüsse dienten der Straffung der Parteidisziplin und der weiteren Konzentration der Macht in den Händen des Politbüros als des nunmehrigen Machtzentrums innerhalb des Zentralkomitees, das bis dahin die eigentliche Führungsspitze dargestellt hatte. Darüber hinaus fungierten die Gewerkschaften jetzt nur noch als Vollzugsorgane der Partei und des Staates, und vor allem konnten fortan – was sich in naher Zukunft für fast die gesamte damalige Elite innerhalb des Bolschewismus äußerst folgenschwer auswirken sollte – alle (angeblich oder tatsächlich) von der offiziellen Parteilinie abweichenden Meinungen unter ausdrücklicher Berufung auf Lenin und die von ihm eingebrachten Resolutionen unterdrückt und ihre Träger rücksichtslos verfolgt werden.
Seit 1921 vollzog sich im Parteiapparat rasch und unaufhaltsam ein Wandel: aus Revolutionären wurden Funktionäre. „Die Revolutionspartei wurde zur Ordnungspartei" *(M. Fainsod).*

Aus: Karl-Heinz Ruffmann, Sowjetrußland, a. a. O., S. 51 ff.

15. Resolution über die „Einheit der Partei" (März 1921)

Es ist notwendig, daß alle klassenbewußten Arbeiter die Schädlichkeit und Unzulässigkeit jeder wie immer gearteten Fraktionsbildung klar erkennen, die, selbst dann, wenn die Vertreter der einzelnen Gruppen den besten Willen haben, die Parteieinheit zu wahren, in der Praxis unweigerlich dazu führt, daß die einmütige Arbeit geschwächt wird und daß die Feinde, die sich an die Regierungspartei heranmachen, erneut verstärkte Versuche unternehmen, die Zerklüftung zu vertiefen und sie für die Zwecke der Konterrevolution auszunutzen.
Die Ausnutzung jeder Art Abweichung von der streng konsequenten kommunistischen Linie durch die Feinde des Proletariats hat sich mit größter Anschaulichkeit an dem Beispiel der Kronstädter Meuterei gezeigt, als die bürgerliche Konterrevolution und die Weißgardisten in allen Ländern der Welt sofort ihre Bereitschaft bekundeten, sogar die Losungen einer Sowjetordnung aufzugreifen, um nur ja die Diktatur des Proletariats in Rußland zu Fall zu bringen, als die Sozialrevolutionäre und überhaupt die bürgerliche Konterrevolution sich in Kronstadt der Losungen des Aufstandes angeblich im Namen der Sowjetmacht gegen die Sowjetregierung in Rußland bedienten . . .

Um innerhalb der Partei und in der gesamten Sowjetarbeit strenge Disziplin herbeizuführen und die größte Einheit, bei Ausmerzung jeglicher Fraktionsbildung, zu erzielen, ermächtigt der Parteitag das Zentralkomitee, in Fällen von Disziplinbruch oder von Wiederaufleben oder Duldung der Fraktionsbildung alle Parteistrafen bis zum Ausschluß aus der Partei . . . in Anwendung zu bringen.

Zit. nach Wanda Kampmann, Die Geschichte der Sowjetunion – Didaktischer Entwurf, Hannover 1964, S. 16f.

16. Lenins Neue Ökonomische Politik: Motive und Auswirkungen

Lenin selbst hat die neue Wirtschaftsordnung, die durch die NEP entstand, unumwunden als „Staatskapitalismus" gekennzeichnet. Insofern wird man durchaus davon sprechen dürfen, daß seine schon Anfang 1918 entwickelte, damals jedoch nicht zum Zuge gekommene Konzeption, „den Übergang zum Sozialismus mit Hilfe der in- und ausländischen Kapitalisten zu verwirklichen und mit dem Kapital auf dem Boden der Sowjetmacht zusammenzuarbeiten, . . . im März 1921 zur Grundlage der offiziellen Wirtschaftspolitik wurde" *(R. Lorenz)*.
Die zum mindesten teilweise Rückkehr zu marktwirtschaftlichen Gepflogenheiten äußerte sich auch in einer veränderten Einstellung zum Geld. Dessen in der Zeit des Kriegskommunismus geleugnete ökonomische Notwendigkeit wurde wieder anerkannt, die Inflation bekämpft, Ende 1922 der „Rote Rubel" (Tscherwonjez) als neue wertbeständige Rechnungseinheit eingeführt und Anfang 1924 neues Notengeld in Umlauf gesetzt. Alle diese – und spätere – Maßnahmen spiegelten das energische Streben der Sowjetregierung wider, zu einer stabilen Währung zu gelangen und sie zu erhalten.
Einer kaum minder tiefgreifenden Revision wurde die Lohnpolitik unterworfen. Im Kriegskommunismus war die bolschewistische Führung, an ihrer Spitze Lenin, nachdrücklich für die absolute soziale Gleichmacherei („Urawlinowka") eingetreten. Die Einkünfte aller Berufsgruppen sollten sich, bis herauf zu den Inhabern der höchsten Regierungsämter, nach der Lohnstaffel für gewöhnliche Arbeiter richten. Zur Förderung einer neuen, spezifisch „sozialistischen" Arbeitsgesinnung wurden außerdem sogenannte „kommunistische Samstage" eingeführt; das waren Werktage, an denen bei freiwilligem (!) Verzicht auf Entlohnung gearbeitet wurde, um die Leistungen zu erhöhen. In der Phase der NEP galt dagegen ein völlig anderes Arbeits- und Lohnsystem, dessen Grundsätze bis heute in der Sowjetunion (und seit dem Zweiten Weltkrieg im gesamten Ostblock) angewandt werden. Richtungweisend war ein Dekret des Rates der Volkskommissare vom 16. September 1921, das die Wiederzulassung des Stücklohnes sowie die Aufstellung abgestufter Tarifsätze für die einzelnen Eignungsgruppen der Arbeiter und Angestellten verkündete und dabei wörtlich hinzufügte, daß „jegliche Gedanken an Gleichmacherei fallengelassen werden müssen". Entscheidend aber war die Begründung. Sie lautete: „Die Erhöhung des Lohnes soll gerade und unmittelbar verbunden sein mit einer Vergrößerung der Produktivität, mit dem Grade der Teilnahme des Arbeiters an einer Erhöhung der Produktion." Mit anderen Worten: Der eben noch abgelehnte, ja als Zeichen der Ausbeutung verdammte Leistungslohn wurde wieder eingeführt und voll rehabilitiert, weil man in ihm ein ausgezeichnetes Mittel bzw. den wohl wirksamsten Anreiz zur Erhöhung der allgemeinen Arbeitsproduktion erblickte, die fortan ebenso wie die Forderung nach Rentabilität auch der verstaatlichten Betriebe zu den

Hauptaufgaben und -problemen der sowjetischen Wirtschaftspolitik zählte (und heute wieder zählt).

„Die Wirtschaftsordnung der Sowjetunion war ... in der NEP-Periode eine Mischung von Kollektivismus und Individualismus, von Marktwirtschaft und Zentralverwaltungswirtschaft ..." *(K. C. Thalheim)*. Wer sich ein ausgewogenes Urteil über diese Phase der sowjetischen Wirtschaftsgeschichte bilden will, wird nicht außer acht lassen dürfen, daß in ihr auch und gerade das zuletzt genannte Element, d. h. die zentrale Wirtschaftsplanung und ihr Apparat, weiter ausgebaut und verstärkt wurde. Aus der schon vor der eigentlichen NEP-Periode ins Leben gerufenen staatlichen Kommission zur Elektrifizierung (russische Abkürzung: GOELRO), die nach Lenins bekannter Devise „Kommunismus ist Sowjetmacht plus Elektrifizierung" durch rasche Verwirklichung dieses Vorhabens im Gesamtbereich der Wirtschaft das Ein- und Überholen der kapitalistischen Länder gewährleisten sollte, ging Ende Februar 1921 die erste „Staatliche Plankommission" (russische Abkürzung: GOSPLAN) hervor, die nach unzähligen organisatorischen Umbildungen und nach vielen Änderungen und Umbenennungen das bis heute wichtigste Organ der staatlichen Wirtschaftsplanung darstellt. GOSPLAN hatte (und hat) als Körperschaft ohne exekutive Kompetenzen die einzelnen Wirtschaftsbereiche zu koordinieren und die Planungsfunktionen zu bestimmen. Ganz unter staatlicher Kontrolle blieb auch der in einem Zentralkontor nach Branchen zusammengefaßte Außenhandel, dessen Umfang 1926 knapp ein Drittel des letzten Vorkriegsjahres betrug.

Die privatwirtschaftliche Initiative im Lande selbst erlitt dadurch zunächst keine Einbuße. Gerade sie bewirkte vielmehr trotz größter Hungersnot (der 1921/22 wegen des Ausfalls von zwei Ernten mindestens 5 Millionen Menschen zum Opfer fielen, während weitere Millionen durch ausländische, insbesondere nordamerikanische Hilfsaktionen gerettet werden konnten) in zahlreichen Wirtschaftszweigen ein sprunghaftes Ansteigen der Produktion. Sie erreichte z. B. in der Leichtindustrie binnen weniger Jahre den Vorkriegsstand, und selbst in der Landwirtschaft kamen Anbau- und Ertragsziffern bereits 1922 denen von 1913 fast gleich. Die Schwerindustrie konnte allerdings offensichtlich nicht wieder belebt werden, weil die notwendigen staatlichen Subventionen fehlten. So herrschte in den großen Städten nach wie vor Massenarbeitslosigkeit. Immerhin war das drohende Chaos beseitigt. Die wegen der Abkehr von der marxistischen Doktrin auftretenden Kritiker der Neuen Ökonomischen Politik in den Reihen der eigenen Partei, insbesondere die von dem Vorsitzenden der Metallarbeitergewerkschaft Schljapnikow und dem ZK-Mitglied Alexandra Kollontaj angeführte sogenannte Arbeiteropposition, belehrte deshalb Lenin im November 1921 in der „Prawda", daß nach dem Sieg des Proletariats „Reformen ... für das Land, in welchem der Sieg erfochten ist, ... zu einer notwendigen und berechtigten Atempause in solchen Fällen" werden, „wo nach maximaler Anstrengung der Kräfte diese zur Durchführung dieses oder jenes Überganges offensichtlich nicht ausreichen" ...

Für die allgemeine gesellschaftliche Entwicklung war das Jahr 1921 insofern von großer Bedeutung, als mit dem Beginn der NEP ein erstaunliches Wachstum der Bevölkerung einsetzte. Mit über 4 Millionen Geburten pro Jahr erlebte Rußland die größten Vermehrungsraten der Bevölkerung in seiner ganzen Geschichte. Allein von August 1922 bis Dezember 1926 stieg die Gesamtbevölkerung um beinahe 15 Millionen auf 147 Millionen Menschen an und erreichte um 1929 mit über 153 Millionen einen ersten Höchststand. Die rein zahlenmäßige Zunahme lag zwischen 1920 und 1929 auf dem Lande mit knapp 10

Millionen um 2 Millionen höher als in der Stadt; gemessen an der Gesamtbevölkerung sank jedoch der Anteil der Landbewohner von 85 auf 81 v. H., während der der Städter von 15 auf 19 v. H. stieg.

Fast noch bemerkenswerter ist, daß sich die soziale Gliederung der jungen sowjetischen Gesellschaft am Ende der NEP-Epoche nicht wesentlich von der des späten Zarenreiches unterschied. Gegenüber 1913 hatte sich 1928 der Anteil der Arbeiter und Angestellten an der erwerbstätigen Bevölkerung von 16,7 auf 17,3 v. H. und der der Einzelbauern und Heimarbeiter von 65,1 auf 72,9 v. H. erhöht, während der Anteil der „Kapitalisten" (d. h. im wesentlichen der alten Oberschicht) von 15,9 auf 4,5 v. H. gesunken war. Daß die soziale Verschiebung, soweit sie stattgefunden hatte, vornehmlich dem Bauerntum zugute gekommen war, äußerte sich auch in der beträchtlichen Zunahme an Bauernhöfen (von 16,5 Millionen 1918 auf 25,9 Millionen 1929), wobei ein Erstarken der groß- und mittelbäuerlichen Schicht, der sogenannten Kulaken, interessanterweise Hand in Hand ging mit einem ständigen Absinken der durchschnittlichen Betriebsgröße. 1928 waren nur 1,7 v. H. der landwirtschaftlichen Betriebe genossenschaftlich organisiert. Zum gleichen Zeitpunkt befanden sich 30 v. H. aller landwirtschaftlichen Maschinen in der Hand von etwa 6 v. H. der Dorfbevölkerung.

Das alles bedeutete, daß ein nicht geringer Teil der Bauernschaft, insbesondere Landproletarier und Kleinbauern, nicht in der Lage war, die eigenen Bodenanteile selbständig zu bearbeiten und mehr oder minder stark in die Abhängigkeit der Kulaken geriet. Die so im Zeichen der NEP erneut eingetretene wirtschaftliche und soziale Differenzierung auf dem Lande aber stellte in den Augen der Partei zunehmend eine Gefahr dar, die ihre eigene Machtstellung bedrohte.

In der Stadt bestand trotz aller sozialen Differenzierung, die im einzelnen auch hier eintrat, diese Gefahr nicht. Denn die Arbeiter und Angestellten einschließlich der noch vorhandenen sogenannten „Kapitalisten", die ihre einstige Stellung als sozial herrschende Schicht sowieso eingebüßt hatten, befanden sich nicht nur in den Verwaltungsbehörden und Wirtschaftsbetrieben des Staates, sondern auch in allen übrigen Unternehmen der Industrie, des Handels und des Verkehrs unter der festen Aufsicht der Partei, die völlig unangefochten über alle wichtigen „Kommandohöhen" im wirtschaftlichen und öffentlichen Leben verfügte. Erste Verbürgerlichungstendenzen in der organisierten Vorhut des Proletariats wurden zumindest vorläufig neutralisiert bzw. entschärft durch den bereits erwähnten Prozeß der rasch fortschreitenden Konzentration und Zentralisierung aller politischen Macht in einer schmalen Führungsspitze. Freilich reichte selbst diese Ballung der Macht trotz aller Durchschlagskraft, die ihr zweifellos bereits um die Mitte der zwanziger Jahre eigen war, doch (noch) nicht aus, um eine wirkliche Transformation der Gesellschaft Sowjetrußlands in dem von den Inhabern der Macht angestrebten Sinne herbeiführen zu können. Dazu bedurfte es Stalins sozialökonomischer „Revolution von oben".

Aus: Karl-Heinz Ruffmann, Sowjetrußland, a. a. O., S. 103 ff.

Arbeitsthemen

1. *Inwiefern verknüpfen sich bei Stalins Doktrin vom „Aufbau des Sozialismus in einem Land" ideologische und realpolitisch-wirtschaftliche Elemente? (Nr. 1)*
2. *Auf welche innerparteiliche Kritik – vor allem in den Reihen der Altbolschewisten – stieß Stalins Wirtschaftspolitik? Wie hat Stalin in seinem konkreten Handeln darauf reagiert? (Nr. 2)*
3. *Mit welchen Argumenten bekämpft Trotzki die Lehre Stalins vom Sozialismus in einem Land? (Nr. 3)*
4. *Wie ist – trotz offenkundiger ideologischer Kehrtwendung – die Resonanz der Theorie Stalins vom „Aufbau des Sozialismus in einem Land" zu erklären? (Nr. 4)*
5. *Wie hat Stalin die Doktrin vom „Aufbau des Sozialismus in einem Land" in seinem Kampf um die Nachfolge Lenins eingesetzt? In welcher Weise ist sie mit der außenpolitischen Maxime von der „friedlichen Koexistenz" verknüpft? (Nr. 5)*
6. *Welche Indizien sprechen dafür, daß der „Meinungsstreit zwischen Stalin und Trotzki künstlich hochgespielt" worden ist? (Nr. 6)*
7. *Welche Kräfte machte Trotzki für seine politische Entmachtung verantwortlich? Welche Rolle schrieb er Stalin zu? Welche kritischen Einwände erhob er gegen das stalinistische System? (Nr. 7)*
8. *Weshalb fordert die „rechte Opposition" einen Aufbau des Sozialismus in einer den bestehenden Verhältnissen Sowjetrußlands entsprechenden Form? Inwiefern erhebt sie „gleichsam die Rückständigkeit des sowjetischen Sozialismus zur Theorie" (H. J. Lieber)? (Nr. 8)*
9. *Welche Funktion kommt dem Terror in der Politik des stalinistischen Rußland zu? (Nr. 9)*

Materialien

1. Stalin: Über die Möglichkeit des Aufbaus des Sozialismus in einem Land

(Rede vom 9. Juni 1925)

... Also, ist die Errichtung der sozialistischen Wirtschaft in unserem Lande möglich ohne den vorherigen Sieg des Sozialismus in anderen Ländern, ohne daß das siegreiche Proletariat des Westens direkte Hilfe mit Technik und Ausrüstung leistet?

Ja, sie ist möglich. Und sie ist nicht nur möglich, sondern auch notwendig und unausbleiblich. Denn wir bauen bereits den Sozialismus auf, indem wir die nationalisierte Industrie entwickeln und sie mit der Landwirtschaft zusammenschließen, indem wir das Genossenschaftswesen auf dem Lande entfalten und die bäuerliche Wirtschaft in das allgemeine System der sowjetischen Entwicklung einbeziehen, indem wir die Sowjets beleben und den Staatsapparat mit den Millionenmassen der Bevölkerung verschmelzen, indem wir eine neue Kultur aufbauen und ein neues gesellschaftliches Leben entfalten ... Es besteht kein Zweifel, daß unsere Aufgabe von Grund aus erleichtert würde, wenn uns der Sieg des Sozialismus im Westen zu Hilfe käme. Aber erstens wird der Sieg des Sozialismus im Westen nicht so schnell „zustande gebracht", wie wir das wünschten, und zweitens lassen sich diese Schwierigkeiten überwinden, und wir überwinden sie bekanntlich schon.

Über alles das habe ich bereits ... gesprochen ... Ich sagte, daß die Verneinung der

Möglichkeiten des sozialistischen Aufbaus in unserem Lande Liquidatorentum bedeutet, das zur Entartung der Partei führt. Es ist wohl kaum erforderlich, jetzt noch einmal zu wiederholen, was früher schon mehrfach gesagt wurde ...

Ich möchte nur noch einige Worte über die Geschichte der Frage und über die Bedeutung sagen, die sie für die Partei gegenwärtig hat.

Wenn man von der Diskussion in den Jahren 1905 – 1906 absieht, so wurde die Frage des Aufbaus des Sozialismus in *einem* Lande erstmalig während des imperialistischen Krieges, im Jahre 1915, in der Partei gestellt. Bekanntlich hat Lenin damals erstmalig die These formuliert, daß „der Sieg des Sozialismus" ursprünglich „in einem einzeln genommenen kapitalistischen Lande möglich ist" ... Bekanntlich hat Trotzki schon damals diese These Lenins bestritten, indem er erklärte, „es wäre aussichtslos, zu glauben ..., daß zum Beispiel ein revolutionäres Rußland einem konservativen Europa gegenüber sich behaupten könnte".

Im Jahre 1921, nach der Oktoberrevolution und dem Bürgerkrieg, als die Fragen des Aufbaus auf die Tagesordnung treten, taucht die Frage des Aufbaus des Sozialismus in der Partei erneut auf. Das war die Periode, als die Wendung zur „Neuen Ökonomischen Politik" von einigen Genossen als Abkehr von den sozialistischen Aufgaben, als Abkehr vom sozialistischen Aufbau eingeschätzt wurde. Bekanntlich definierte Lenin ... die Wendung zur „Neuen Ökonomischen Politik" damals als die unerläßliche Bedingung für den Zusammenschluß der Industrie mit der bäuerlichen Wirtschaft, als die Vorbedingung für die Errichtung des Fundaments der sozialistischen Wirtschaft, als den Weg zum erfolgreichen Aufbau des Sozialismus. Das war im April 1921. Gleichsam als Antwort darauf stellt Trotzki im Januar 1922 im Vorwort zu seinem Buch *Das Jahr 1905* zur Frage des sozialistischen Aufbaus in unserem Lande eine völlig entgegengesetzte These auf, indem er erklärt, daß „die Widersprüche in der Stellung der Arbeiterregierung in einem rückständigen Lande mit einer erdrückenden Mehrheit bäuerlicher Bevölkerung nur im internationalen Maßstab, in der Arena der Weltrevolution des Proletariats ihre Lösung werden finden können ".

Ein Jahr später (1922) stehen sich wiederum zwei Erklärungen gegenüber, die Erklärung Lenins ... daß „aus dem Rußland der NÖP das sozialistische Rußland werden wird", und die Erklärung Trotzkis ..., daß „ein wirklicher Aufschwung der sozialistischen Wirtschaft in Rußland erst nach dem Siege des Proletariats in den wichtigsten Ländern Europas möglich sein wird".

Und schließlich, noch ein Jahr später, kurz vor seinem Hinscheiden, kommt Lenin ... (Mai 1923) erneut auf diese Frage zurück und erklärt, daß wir in der Sowjetunion „alles haben, was notwendig ist, um die vollendete sozialistische Gesellschaft zu errichten".

Das ist kurz die Geschichte der Frage.

Schon aus diesem geschichtlichen Überblick ist ersichtlich, daß das Problem des Aufbaus des Sozialismus in unserem Lande eines der wichtigsten Probleme unserer Parteipraxis ist ...

In der Folgezeit haben die Entwicklung unserer Wirtschaft, die Verschärfung des in ihr vor sich gehenden Kampfes zwischen den Elementen des Sozialismus und des Kapitalismus, besonders aber die zeitweilige Stabilisierung des Kapitalismus, die Bedeutung der Frage der Möglichkeit des sozialistischen Aufbaus in unserem Lande lediglich erhöht und schärfer unterstrichen.

Worin besteht die Wichtigkeit dieser Frage vom Standpunkt der Parteipraxis?

Darin, daß sie die Frage der Perspektive unseres Aufbaus, der Aufgaben und Ziele dieses Aufbaus berührt. Man kann nicht wirklich aufbauen, wenn man nicht weiß, mit welchem Ziel man baut . . . Bauen wir für den Sozialismus auf, den Sieg des sozialistischen Aufbaus voraussetzend, oder bauen wir aufs Geratewohl, ins Blinde hinein, um „in Erwartung der sozialistischen Revolution in der ganzen Welt" den Boden für die bürgerliche Demokratie zu düngen – das ist jetzt eine der Grundfragen. Man kann nicht wirklich arbeiten und aufbauen, wenn diese klare Frage nicht ebenso klar beantwortet ist . . .
Die große Bedeutung des Leninismus besteht unter anderem gerade darin, daß er einen Aufbau aufs Geratewohl, ins Blinde hinein nicht anerkennt, daß er sich einen Aufbau ohne Perspektive nicht denken kann, daß er auf die Frage nach der Perspektive unserer Arbeit eine klare und bestimmte Antwort gibt, indem er erklärt, daß wir alles haben, was notwendig ist, um die sozialistische Wirtschaft in unserem Lande zu errichten, daß wir die vollendete sozialistische Gesellschaft aufbauen können und müssen. So ist es um die Frage nach der Möglichkeit der Errichtung der sozialistischen Wirtschaft bestellt.
Eine andere Frage ist, ob es uns ganz bestimmt gelingen wird, die sozialistische Wirtschaft zu errichten. Das hängt nicht allein von uns ab. Das hängt auch von der Stärke beziehungsweise Schwäche unserer Feinde und unserer Freunde außerhalb unseres Landes ab. Wir werden sie errichten, wenn man uns bauen läßt, wenn es uns gelingt, die Periode der „Atempause" zu verlängern, wenn es nicht zu einer ernsten Intervention kommt, wenn die Intervention nicht siegreich sein wird, wenn die Stärke und Macht der internationalen revolutionären Bewegung einerseits und die Stärke und Macht unseres eigenen Landes anderseits groß genug sein werden, um einen ernsten Interventionsversuch unmöglich zu machen. Und umgekehrt, wir werden sie nicht errichten, wenn eine erfolgreiche Intervention uns zu Boden wirft . . .

Zit. nach: Der Sowjetkommunismus, a. a. O., S. 227 ff.

2. Die Erklärung der 500 Altbolschewisten (Mai 1927)

Die Wirtschaft der Sowjetrepublik hat im großen ganzen ihre Wiederherstellungsperiode abgeschlossen. Im Verlauf dieser Periode sind beim Wirtschaftsaufbau ernste Erfolge erzielt worden.
Aber gleichzeitig mit diesen ernsten Errungenschaften zeigten sich als Resultat der Wiederherstellungsperiode große Schwierigkeiten. Diese Schwierigkeiten, welche aus der ungenügenden Entwicklung der Produktivkräfte, aus unserer wirtschaftlichen Rückständigkeit stammen, werden vergrößert dadurch, daß man sie vor den weiten Parteimassen verbirgt. Anstelle einer marxistischen Analyse der wirklichen Lage der proletarischen Diktatur in Sowjetrußland wird der Partei die kleinbürgerliche „Theorie des Sozialismus in einem Lande" serviert, welche nichts mit dem Marxismus und Leninismus gemein hat. Dieses gröbliche Verlassen des Marxismus führt dazu, daß es für die Partei schwerer wird, den Klasseninhalt der vor sich gehenden ökonomischen Prozesse zu sehen. Aber gerade in den für das Proletariat ungünstigen Klassenverschiebungen und in der schwierigen Lage breiter Volksmassen bestehen die negativen Erscheinungen der von uns durchlebten Periode der Revolution.
Die falsche Politik beschleunigt das Wachstum der der proletarischen Diktatur feindlichen Kräfte, des Kulaken, des NEP-Mannes, des Bürokraten. Unsere gesamte Parteipolitik leidet am Rechtskurs. Die selbstzufriedenen Verwaltungsmenschen, die Beamten, die sich nach

der Obrigkeit richten, die Kleinbürger, die sich bis zu Kommandoposten durchgefressen haben und hochmütig auf die Masse herunterblicken, fühlen immer mehr Grund unter ihren Füßen und erheben immer höher ihr Haupt.

Zit. nach Arthur Rosenberg, Geschichte des Bolschewismus (1932), Neuauflage Ffm. 1966, S. 241

3. Trotzki: Kritik an der Lehre vom Aufbau des Sozialismus in einem Land

(Aus: Verratene Revolution, 1936)

In Lenins „Deklaration der Rechte des werktätigen und ausgebeuteten Volkes" . . ., wird die „Grundaufgabe" der neuen Ordnung folgendermaßen definiert: „Errichtung einer sozialistischen Organisation der Gesellschaft und Sieg des Sozialismus in allen Ländern". Der internationale Charakter der Revolution wurde somit in der Gründungsurkunde des neuen Regimes niedergelegt. Niemand hätte damals gewagt, das Problem anders zu stellen! Im April 1924, drei Monate nach Lenins Tod, schrieb Stalin in seiner zusammengestoppelten Broschüre *Die Grundlagen des Leninismus*: „Zur Niederwerfung der Bourgeoisie reichen die Anstrengungen eines Landes aus, das bezeugt die Geschichte unserer Revolution. Für den endgültigen Sieg des Sozialismus, für die Organisierung der sozialistischen Produktion, sind die Anstrengungen eines Landes, besonders eines solchen Bauernlandes wie das unsere, schon nicht mehr ausreichend, dazu bedarf es der Anstrengungen der Proletarier mehrerer forgeschrittener Länder". Diese Zeilen sind keiner Erläuterung bedürftig. Dafür wurde die Auflage, in der sie stehen, aus dem Verkehr gezogen.

Die schweren Niederlagen des europäischen Proletariats und die ersten, noch sehr bescheidenen Wirtschaftserfolge der Sowjetunion brachten Stalin im Herbst 1924 auf den Gedanken, die historische Sendung der Sowjetbürokratie sei der Aufbau des Sozialismus in einem Lande. Um diese Frage entbrannte eine Diskussion, die vielen oberflächlichen Geistern akademisch oder scholastisch erschien; in Wirklichkeit aber strahlte sie die beginnende Entartung der Dritten Internationale wieder und bereitete die Vierte vor . . .

Der „isolierte sozialistische Staat" ist aus einer historischen Hypothese längst Tatsache geworden, freilich nicht in Deutschland, sondern in Rußland. Aber die Tatsache der Isolierung ist ja gerade ein Ausdruck für die relative Stärke des Weltkapitalismus und die relative Schwäche des Sozialismus. Vom isolierten . . . „sozialistischen" Staat bis zur sozialistischen Gesellschaft, die für immer mit dem Staat Schluß gemacht haben wird, ist ein langer historischer Weg, der eben mit dem der internationalen Revolution zusammenfällt . . .

Die „Theorie" vom Sozialismus in einem Lande, die Stalin, nebenbei bemerkt, nirgends dargestellt oder begründet hat, ließe sich auf den recht sterilen und ungeschichtlichen Gedanken zurückführen, daß die sozialistische Gesellschaft dank der Naturreichtümer des Landes in den geographischen Grenzen der UdSSR errichtet werden könne. Mit demselben Recht dürfte man behaupten, der Sozialismus könne auch siegen, falls die Bevölkerung der Erde zwölfmal kleiner wäre, als sie ist. In Wirklichkeit jedoch beabsichtigte die neue Theorie, dem gesellschaftlichen Bewußtsein ein konkreteres System von Ansichten zu suggerieren, nämlich: die Revolution ist endgültig abgeschlossen, die sozialen Gegensätze werden sich unaufhörlich mildern, der Kulak unmerklich in den Sozialismus hineinwachsen, die Entwicklung im ganzen – unabhängig von den Ereignissen der äußeren Welt – friedlich und planmäßig verlaufen. Bucharin versuchte, die neue Theorie zu begründen, indem er als unerschütterlich bewiesen verkündete: „Wir werden trotz der Klassenunterschiede innerhalb unseres Landes und trotz unserer technischen Zurückgebliebenheit nicht untergehen, wir können den Sozialismus selbst auf dieser armseligen technischen Grundlage aufbauen, das Wachsen des Sozialismus wird viel, viel langsamer gehen, wir werden im Schneckentempo dahinkriechen, und doch werden wir an diesem Sozialismus bauen, ja ihn gänzlich errichten." Merken wir uns diese Formulierung: „den Sozialismus selbst auf dieser armseligen technischen Grundlage aufbauen", und erinnern wir nochmals an die geniale Vorahnung des jungen Marx, der sagte, auf niedriger technischer Grundlage werde „nur die Not verallgemeinert, und zugleich mit der Not muß der Kampf um die notwendigen Gegenstände beginnen und folglich die ganze alte Leier wiederauferstehen".

Im April 1926 brachte die linke Opposition auf der Plenarsitzung des Zentralkomitees folgenden Antrag zur Theorie des Schneckentempos ein: „Es wäre von Grund auf falsch zu glauben, man könne in willkürlichem Tempo auf den Sozialismus zumarschieren, wenn man sich in kapitalistischer Umklammerung befindet. Ein weiterer Vormarsch zum Sozialismus wird nur unter der Bedingung gewährleistet sein, wenn der Abstand zwischen unserer Industrie und der des fortgeschrittenen Kapitalismus eindeutig und fühlbar ab-, und nicht zunimmt". Stalin nannte ganz mit Recht diesen Antrag eine „verschleierte Attacke auf die Theorie des Sozialismus in einem Lande" und lehnte kategorisch selbst die Tendenz ab, das Tempo des inneren Aufbaus mit den Bedingungen der internationalen Entwicklung zu verknüpfen. Laut dem Stenogramm des Plenums sagte er wortwörtlich: „Wer hier den internationalen Faktor einflicht, der versteht überhaupt die eigentliche Fragestellung nicht, der verwirrt die Frage entweder aus Unverständnis für die Sache oder absichtlich." Der Antrag der Opposition wurde abgelehnt ...

Die administrative Zerschlagung des Kulakentums gab ... der Theorie vom Sozialismus in einem Lande neue Nahrung: sind die Klassen „im wesentlichen" vernichtet, dann ist der Sozialismus „im wesentlichen" verwirklicht (1931). Im Grunde genommen war damit die Konzeption von der sozialistischen Gesellschaft „auf armseliger Grundlage" wieder zur Geltung gelangt. Just in jenen Tagen erklärte, wie wir uns erinnern, ein halbamtlicher Journalist, daß sich das Fehlen von Milch für die Kinder aus dem Mangel an Kühen erkläre, beileibe nicht aus Mängeln des sozialistischen Systems ...

Wie die Bourgeoisie nicht friedlich in die sozialistische Demokratie hineinwachsen kann, so kann auch ein sozialistischer Staat nicht friedlich in das kapitalistische Weltsystem hineinwachsen. Auf der Tagesordnung der Geschichte steht nicht die friedliche sozialistische Entwicklung „eines Landes", sondern eine lange Kette welterschütternder Kriege und Revolutionen. Erschütterungen sind auch im inneren Leben der UdSSR unvermeidlich. Wie die Bürokratie im Kampf um die Planwirtschaft den Kulaken entkulakisieren mußte, so wird das Proletariat im Kampf um den Sozialismus die Bürokratie entbürokratisieren müssen. Auf ihren Grabstein wird es meißeln: „Hier ruht die Theorie vom Sozialismus in einem Lande" ...

Zit. nach: Der Sowjetkommunismus, a. a. O., S. 233 ff.

4. Zur Resonanz von Stalins „Sozialismus in einem Land"

Mit keiner politischen Lehre ist Stalins Name häufiger in Zusammenhang gebracht worden als mit derjenigen vom Aufbau des Sozialismus in einem Land. Um sie drehten sich die großen Trockij-Stalin-Debatten der Jahre 1924–27, aus denen der Georgier schließlich als

Sieger und unumstrittener Herrscher hervorging. Sie stand im Gegensatz zu der von fast allen sowjetischen Kommunisten in den ersten Jahren nach der Revolution vertretenen Auffassung, daß sich die bolschewistische Revolution nur als Teil eines weltweiten revolutionären Umschwungs halten könne, da Rußland allein zu rückständig und zuwenig industrialisiert sei. Je länger aber die Weltrevolution auf sich warten ließ, desto stärker wurde in Stalin die Überzeugung, daß sich in der Sowjetunion auch ohne äußere Hilfe eine sozialistische Gesellschaft aufbauen lasse. Diese Theorie erfreute sich bei den einfachen Parteimitgliedern großer Beliebtheit, da sie optimistische Perspektiven zu einem Zeitpunkt eröffnete, da die erhoffte Weltrevolution in unbestimmte Ferne zu rücken schien. Stalin machte sich mit dieser Lehre zum Sprecher der großen Masse von Revolutionären, die nie aus Rußland hinausgekommen waren, und zum Gegner der intellektuellen Revolutionäre, wie Zinov́ev, Kamenev und Trockij, deren politische Tätigkeit sich vor 1917 hauptsächlich in Westeuropa abgespielt hatte. Als Praktiker der russischen Revolution besiegte Stalin die Ideologen der Weltrevolution, die seine Entschlossenheit und Rücksichtslosigkeit stets unterschätzt und in dem irrigen Glauben gelebt hatten, der Generalsekretär der Partei besitze, da er kein Intellektueller sei, auch keine Intelligenz.
In einer Rede vom 4. Februar 1931 vor Funktionären der sozialistischen Industrie fand Stalins Glaube an die Möglichkeit nationaler Autarkie, an den russischen Patriotismus und an die Lehre vom Sozialismus in einem Land seinen berühmtesten Ausdruck. Die UdSSR, so sagte er, sei fünfzig bis hundert Jahre hinter den fortgeschrittenen Ländern der Welt zurück. Sie müsse diesen Vorsprung entweder innerhalb von 10 Jahren aufholen oder untergehen – eine klassische „Entweder-Oder"-Formulierung. Letzten Endes trat keine der beiden Alternativen ein, aber die Formel verfehlte ihre mobilisierende Wirkung nicht.

Aus: Ronald Hingley, Stalinismus, in: Sowjetsystem und demokratische Gesellschaft, hrsg. von C. D. Kernig, Bd. 6, Freiburg 1972, Sp. 200f.

5. Zu den Begriffen vom „Aufbau des Sozialismus in einem Land" und von der „friedlichen Koexistenz"

„... Also, ist die Errichtung der sozialistischen Wirtschaft in unserem Lande möglich ohne den vorherigen Sieg des Sozialismus in anderen Ländern, ohne daß das siegreiche Proletariat des Westens direkte Hilfe mit Technik und Ausrüstung leistet?" Es war Stalin, der am 9. Juni 1925 in einer Rede vor Parteifunktionären diese – erstmalig von ihm bereits im Dezember 1924 aufgeworfene – Frage stellte, um sie sofort klar und unmißverständlich so zu beantworten: „Ja, sie ist möglich. Und sie ist nicht nur möglich, sondern auch notwendig und unausbleiblich. Denn wir bauen bereits den Sozialismus auf, indem wir die nationalisierte Industrie entwickeln und sie mit der Landwirtschaft zusammenschließen, indem wir das Genossenschaftswesen auf dem Lande entfalten und die bäuerliche Wirtschaft in das allgemeine System der sowjetischen Entwicklung einbeziehen, indem wir die Sowjets beleben und den Staatsapparat mit den Millionenmassen der Bevölkerung verschmelzen, indem wir eine neue Kultur aufbauen und ein neues gesellschaftliches Leben entfalten ... Es besteht kein Zweifel, daß unsere Aufgabe von Grund aus erleichtert würde, wenn uns der Sieg des Sozialismus im Westen zu Hilfe käme. Aber erstens wird der Sieg des Sozialismus im Westen nicht so schnell zustande gebracht, wie wir das wünschten, und zweitens lassen sich diese Schwierigkeiten überwinden, und wir überwinden sie bekanntlich schon."

Die hier offiziell verkündete und interpretierte Lehre vom Aufbau des Sozialismus in einem Lande war ein wichtiger Bestandteil des seinem Höhepunkt zustrebenden Machtkampfes um die Nachfolge des im Januar 1924 verstorbenen Lenin. Sie war die offene politisch-ideologische Kampfansage Stalins an seinen damaligen Hauptrivalen Trotzkij und die von diesem seit langem vertretene Theorie der „permanenten Revolution", wonach die siegreiche Behauptung des sowjetrussischen Sozialismus nur bei gleichzeitiger kommunistischer Revolutionierung anderer und schließlich aller Länder der Welt möglich sei. Zwar stand Stalins neue Doktrin, trotz ständiger gegenteiliger Behauptungen ihres Erfinders bzw. dessen Auslegung des „reinen Leninismus", auch im Widerspruch zu Lenins theoretischen, ebenfalls voll und ganz der weltrevolutionären Zielsetzung verpflichteten Grundaussagen. Viel wichtiger war jedoch, daß und wie sehr sie den inzwischen entstandenen bzw. geschaffenen Realitäten Rechnung trug. Sie lieferte nämlich nicht nur die nachträgliche ideologische Rechtfertigung der praktischen Politik des Schöpfers des Sowjetstaates seit 1921 und verhieß deren konsequente Fortführung, sondern sie entsprach zugleich voll den politischen und materiellen Wünschen des höheren und mittleren Parteiapparates. Oder anders und noch allgemeiner formuliert: In der realen inneren und äußeren Lage Sowjetrußlands nach Lenins Tod, d. h. angesichts der gescheiterten Weltrevolution und der Vereinzelung der proletarischen Revolution, angesichts der weltpolitischen Isolierung Sowjetrußlands und des fundamentalen inneren Spannungsverhältnisses zwischen der marxistischen Lehre von der Zukunftsgesellschaft und den Bedingungen ihrer Verwirklichung, stellte Stalins Lehre vom Aufbau des Sozialismus in einem Lande – unter der ja fraglosen Prämisse des unbedingten Festhaltens an den Zielen des Marxismus-Leninismus – das folgerichtige und politisch allein tragfähige Programm für die absehbare Zunkunft dar. Nicht von ungefähr enthält deshalb seine Rede vom Juni 1925, in der er es am ausführlichsten zu erläutern und zu begründen suchte, auch diese Feststellungen und Überlegungen: „Eine andere Frage ist, ob es uns ganz bestimmt gelingen wird, die sozialistische Wirtschaft zu errichten. Das hängt nicht allein von uns ab. Das hängt auch von der Stärke bzw. Schwäche unserer Feinde und unserer Freunde außerhalb unseres Landes ab. Wir werden sie errichten, wenn man uns bauen läßt, wenn es uns gelingt, die Periode der Atempause zu verlängern, wenn es nicht zu einer ernsten Intervention kommt, wenn die Intervention nicht siegreich wird, wenn die Stärke und Macht der internationalen revolutionären Bewegung einerseits und die Stärke und Macht unseres eigenen Landes andererseits groß genug sein werden, um einen ernsten Interventionsversuch unmöglich zu machen. Und umgekehrt, wir werden sie nicht errichten, wenn eine erfolgreiche Intervention uns zu Boden wirft ..."

Von einer solchen Betonung der verlängerten außenpolitischen Atempause führte ein gerader und rascher Weg zur Lehre von der – natürlich ebenfalls befristeten – friedlichen Koexistenz zwischen dem neuen sozialistischen Sowjetstaat und den Ländern der kapitalistischen Welt. Gewiß hatte bereits Lenin in seiner außenpolitischen Praxis von Anfang an auf die Mittel einer Normalisierungs- und Gleichgewichtspolitik in den internationalen Beziehungen zurückgreifen müssen. Aber die uns heute so geläufige Formel von der „friedlichen Koexistenz" zwischen Sozialismus und Kapitalismus ist von ihm kein einziges Mal verwendet worden, und in seinen Gegenwartsdiagnosen finden sich – trotz gegenteiliger Behauptungen des modernen Sowjetkommunismus – keine Ansätze zu einer *Koexistenztheorie.* Den Begriff des „friedlichen Zusammenlebens" beider Systeme hat vielmehr erst Stalin geprägt, als er im Dezember 1925 vor dem XIV. Parteitag erklärte: „Das Grundlegende und Neue in den außenpolitischen Beziehungen, das Entscheidende und alle Ereignisse dieser Periode Durchdringende besteht darin, daß zwischen unserem Lande, das den Sozialismus aufbaut, und den Ländern der kapitalistischen Welt ein gewisses zeitweiliges Gleichgewicht der Kräfte zustande gekommen ist, ein Gleichgewicht, das die gegenwärtige Phase des friedlichen Zusammenlebens des Landes der Sowjets und der Länder des Kapitalismus kennzeichnet. Das, was wir eine Zeitlang als eine kurze Atempause nach dem Krieg betrachteten, ist zu einer Atempause geworden, die sich über eine ganze Periode erstreckt. Hieraus entspringt ein gewisses Gleichgewicht der Kräfte und eine gewisse Periode des friedlichen Zusammenlebens der Welt der Bourgeoisie und der Welt des Proletariats." Als der eigentliche Geburtstag der kommunistischen Koexistenztheorie kann schließlich der 2. Dezember 1927 gelten. Damals gab wiederum Stalin, diesmal vor dem XV. Parteitag, angesichts schwerer außenpolitischer Niederlagen, die Sowjetrußland gerade erlitten hatte, der westlichen Welt die Zusicherung: „Die Grundlage unserer Beziehungen zu den kapitalistischen Ländern besteht darin, daß wir ein Nebeneinanderbestehen der beiden entgegengesetzten Systeme für möglich halten." Damit wurde die friedliche Koexistenz erstmalig zu einem Prinzip der sowjetischen Außenpolitik erhoben, dessen Funktion darin bestehen sollte, in der gefährlichen Ebbezeit sowjetkommunistischer Expansion die Sowjetunion als „Basis der Weltrevolution" abzuschirmen und gleichzeitig den Boden für eine neue Gezeitenwende vorzubereiten.

Aus alledem ist zu folgern: Aufbau des Sozialismus in einem Lande als neue innenpolitische Hauptforderung und friedliche Koexistenz als neue außenpolitische Maxime sind, was ihr Entstehen anbelangt, offenkundig auf das engste miteinander verbunden, bedingen und ergänzen einander. Sie beinhalten keine Preisgabe der ursprünglichen Zielsetzung des Marxismus-Leninismus, sondern suchen deren Verwirklichung bei pragmatischer Anpassung an die vorhandenen Gegebenheiten und Möglichkeiten nach wie vor konsequent voranzutreiben.

Aus: Karl-Heinz Ruffmann, Sowjetunion, a. a. O., S. 105 f.

6. Zum Konflikt zwischen Stalin und Trotzki

In den ersten Jahren nach 1917 war es unter den russischen Kommunisten Allgemeingut, daß der Sozialismus nur das Gemeinschaftswerk von vielen Industrienationen sein könne. Diese Meinung vertrat auch Stalin noch im Mai 1924. Im Dezember desselben Jahres sprach er dann jedoch zum ersten Male vom Sozialismus in einem Lande. Er schrieb diese Lehre Lenin zu, der 1915 in dem Artikel „Über die Losung der Vereinigten Staaten von Europa" erklärt hatte, der Sieg des Sozialismus sei in wenigen kapitalistischen Staaten oder auch in einem einzigen Lande möglich. Lenin dachte dabei jedoch ganz offensichtlich an einen hochentwickelten Industriestaat, auf keinen Fall aber an Rußland.

Die Parole *Sozialismus in einem Land* war der damaligen Situation auf das geschickteste angepaßt, 1923 war der Revolutionsversuch in Deutschland gescheitert, die Hoffnung auf eine baldige Weltrevolution hatte sich verflüchtigt. In den „Lehren des Oktober" hatte Trockij – ganz offensichtlich in dem Bestreben, seinen Parteigegnern zu schaden – die Führung der Komintern und vor allem Zinov́ev für das Scheitern der Revolution in Deutschland verantwortlich gemacht. Von den meisten kommunistischen Führern wurde diese Ansicht jedoch zurückgewiesen. Trockijs Behauptung, man habe 1923 eine ganz

außergewöhnlich günstige Situation für einen Umsturz verpaßt, war schon deshalb nicht recht glaubhaft, da er selbst noch kurz vorher von einer Periode der weltrevolutionären Windstille gesprochen hatte.
Die Theorie des Sozialismus in einem Land schmeichelte der Eigenliebe der Russen, versprach ihnen eine besondere Rolle unter den Völkern, suggerierte ihnen Zuversicht und stärkte ihr nationales Selbstbewußtsein. 1926 erklärte E. Varga gegenüber Trockij, Stalins neue Lehre sei natürlich ideologisch unhaltbar, aber sie gebe den russischen Arbeitern eine Stütze. Darauf konnte Trockij nur erwidern, es handele sich dabei also um eine Vertröstungstheorie nach Art einer Religion. Er selbst bezeichnete den Sozialismus in seinem Land als einen „Nationalsozialismus" sui generis.[1] Schon 1929 zeigte er die Gefahr eines neuen russischen Messianismus auf. Ganz ohne Frage glaubte Trockij stärker an die Weltrevolution als Stalin, aber der Gegensatz von „Sozialismus in einem Land" und „permanenter Revolution" ist maßlos aufgebauscht worden.
Stalin führte zum Beleg für seine Theorie eine Reihe von Lenin-Zitaten an, die jedoch nur formal für seine Zwecke brauchbar waren. Lenin verwandte das Wort „Sozialismus" selten völlig eindeutig. Er meinte damit beispielsweise die Festigung der Diktatur, ein anderes Mal dagegen die Beseitigung der Klassen. Mit anderen Worten, der Begriff „Sozialismus" gab bei ihm mehr eine Richtung als ein Endziel an. Er konnte das erste, das mittlere oder das letzte Stadium der revolutionären Entwicklung bedeuten. Stalin klärte dann keineswegs die Bedeutung des Begriffs „Sozialismus" in den einzelnen Artikeln Lenins. Für ihn war die Theorie des Sozialismus in einem Land letzten Endes auch keine Frage einer philologischen Textinterpretation, sie sollte vielmehr ein Nagel zum Sarg des Trotzkismus werden. Ebenso unredlich war seine Methode, Sätze von Trockij zu zitieren, in denen der Sieg des westeuropäischen Proletariats als Voraussetzung für einen entscheidenden Aufschwung der sozialistischen Wirtschaft in Rußland genannt wurde. Solche Zitate lassen sich auch bei Lenin finden. Es war bezeichnend, daß Stalin Trockij wegen solcher Zitate attackierte, die fast alle aus der Zeit vor 1923 stammten.
All das zeigt deutlich, daß dieser Meinungsstreit künstlich hochgespielt worden ist. Wenn Stalin schließlich behauptete, Trockij lege angesichts der verzögerten Weltrevolution die Hände in den Schoß und sehe für das sozialistische Rußland keine Rettung mehr, so war dies eine Diffamierung. Trockij war jeglicher Defaitismus fremd. Er war einer der ersten, die 1924 einen umfassenden Wirtschaftsplan vorschlugen, die zur Forcierung des Industrialisierungsprogramms und zu einem verstärkten Ausbau der Roten Armee aufriefen. Aus den Kontrollziffern, welche die Staatliche Planwirtschaftskommission *(Gosudarstvennaja planovaja komissija*, Gosplan) für das Jahr 1925/26 vorlegte, hörte Trockij „die herrliche geschichtliche Musik des wachsenden Sozialismus" heraus. Er zog auch die – ihn allerdings nicht wahrscheinlich anmutende – Möglichkeit in Betracht, die Sowjetunion könnte noch jahrzehntelang von einem Ring kapitalistischer Staaten umgeben sein. Auf dem XV. Parteitag (1927) erklärte Trockij, zwischen ihm und seinen Gegnern bestünde nicht der Schatten einer Meinungsverschiedenheit, wenn man sich auf die Annahme einigen könnte, daß das europäische Proletariat in den nächsten 10 bis 30 Jahren die Macht ergriffe. Aber er fürchtete, seine Gegner rechneten für die nächsten 30–50 Jahre nicht mit Hilfe aus dem Westen. Gegen eine solche Unterstellung verwahrte sich jedoch Stalin, der erklärte, man müsse die angegebenen Fristen mindestens um die Hälfte verkürzen. An diesem Beispiel

[1] (= seiner Art; eigener Art)

zeigt sich, daß die Fronten in der Auseinandersetzung um den „Sozialismus in einem Land" und „permanente Revolution" durchaus nicht immer so klar waren, wie man gemeinhin annimmt.

Aus: Heinz Brahm, Trotzkismus, in: Sowjetsystem und demokratische Gesellschaft, hrsg. von C.D. Kernig, Bd. 6, Freiburg 1972, Sp. 500f.

7. Trotzkis Sturz und das stalinistische System

Zur Erklärung seines Sturzes hat Trockij später mehrfach den Vergleich mit der Französichen Revolution gewählt. Schon Kautsky hatte nach 1917 die Möglichkeit nicht ausgeschlossen, der russischen Revolution könnte ein ähnliches Ende beschieden sein wie der Französischen, die am 9. Thermidor 1794 mit der Verhaftung Robespierres zum Abschluß kam. So hat sich dann tatsächlich auch Trockij als Opfer eines neuen Thermidors begriffen. Aus den Revolutionären von ehedem waren allmählich Verwalter der Macht geworden. Die Bürokratie siegte „nicht mit Ideen und Argumenten, sondern durch ihr eigenes soziales Schwergewicht. Das bleierne Hinterteil der Bürokratie wog schwerer als der Kopf der Revolution. Das ist des Rätsels Lösung in der Frage des Sowjetthermidors". Nach Trockijs Meinung hat sich die Dialektik der Geschichte Stalins als eines geeigneten Instruments bedient. Nicht Stalin habe den Apparat, sondern der Apparat habe Stalin geschaffen: „In der ersten Periode seines Aufstiegs zur Macht war er von seinem Erfolg selbst überrascht. Sein Schritt war unsicher, er blickte nach links und nach rechts und über seine Schultern, stets bereit, zurück und in Deckung zu gehen". Gegen Ende seines Lebens war Trockij, wie seine Stalin-Biographie zeigt, allerdings kaum noch imstande, ein sachliches Urteil über seinen siegreichen Rivalen abzugeben.

Trockijs Hauptwerk in der Auseinandersetzung mit Stalin ist die „Verratene Revolution", 1936 in Norwegen abgeschlossen. Hier ist zusammengefaßt, geordnet und ergänzt, was Trockij bis dahin über den Stalinismus gesagt hatte. Die Bürokratie, so erklärt er, sei in der Sowjetunion zunächst nicht zu umgehen gewesen; aber nachdem sie den gesamten Staat in eigene Regie übernommen habe, sei sie zu einer tödlichen Gefahr für den Sozialismus geworden. Trockij sah den Infektionsherd, von dem der Bürokratismus ausgehe, nicht mehr wie Lenin im Staatsapparat: „Die Entartung der Partei wurde Ursache und Wirkung der Bürokratisierung des Staats". Er schätzte die neue Schicht der Bürokratie auf 5 – 6 Millionen. Hierin sind außer den eigentlichen *Apparatčiki*, den Parteifunktionären in Partei und Staat, gegen die Trockij im besonderen polemisierte, auch alle Administratoren und Spezialisten der Wirtschaft inbegriffen. Notwendigerweise habe man im sowjetischen Rußland auf bürgerliche Verteilungsnormen zurückgreifen müssen. Als jedoch das Warenangebot gestiegen sei, hätte man der Bürokratie nach und nach den Boden entziehen müssen. Statt dessen habe sich das Zwangsregime verschärft. Die Bürokratie habe sich erfolgreich gegen den Verlust ihrer Privilegien gewehrt. Auf die Bürokratie, die etwa 20% der Bevölkerung ausmache, entfiel nach Schätzungen Trockijs der gleiche Anteil des Volkseinkommens wie auf die restlichen 80% der Nichtprivilegierten. Hand in Hand mit der Verfestigung der Bürokratie gehe der moralische Verfall der neuen Schicht, die mehr oder weniger offen einen Hang für alle Annehmlichkeiten des Lebens und eine frappierende Vorliebe für Frauen der vormals herrschenden Klasse an den Tag lege.

Die Produktionsmittel seien zwar in der Hand des Staates, der Staat aber gehöre der

Bürokratie. Eine Diktatur der Bürokratie habe sich installiert. Noch sei die neue Kaste keine Klasse, aber indem sie sich einen immer größeren Anteil am Volkseinkommen sichere, öffne sie der kapitalistischen Restauration Tür und Tor. Noch sei nicht zu erkennen, ob die sozialistische oder die kapitalistische Tendenz den Sieg davontragen werde.
Trockij machte zwar, wie seine Darstellung der neuen Schicht zeigt, den Versuch, sich von der Kette der marxistischen Doktrin loszureißen, schreckte aber im letzten Augenblick vor den Konsequenzen eines solchen Schrittes zurück. Er hielt unerschütterlich am marxistischen Klassenbegriff (Gemeinsamkeit der Macht- und Eigentumsverhältnisse) fest. M. Djilas ist später weit über die Kritik Trockijs hinausgegangen. Nach seiner Meinung macht das Recht, das Nationaleigentum zu verteilen und zu kontrollieren, das eigentliche Wesen einer Klasse aus.

Aus: Heinz Brahm, Trotzkismus, a. a. O., Sp. 503 f.

8. Das Programm der „rechten Opposition"

(Aus der Schrift N. Bucharins: Der Weg zum Sozialismus, 1925)

In unserem Lande ist die Landwirtschaft die Grundlage der gesamten Wirtschaft. Die Industrie ist verhältnismäßig schwach bei uns entwickelt. Auch ihre Entwicklung hängt vom Wachstum der Landwirtschaft ab . . .
Unsere Industrie arbeitet . . . vor allem und in erster Linie für den Bauernmarkt. Auch früher war sie von diesem Markt abhängig; unter der proletarischen Diktatur aber hängt sie davon in noch viel höherem Grade ab als unter dem alten Regime. Erstens fällt bei uns der Außenmarkt fort, weil wir keine Raubpolitik, keine Eroberungspolitik treiben wie der Zarismus. Zweitens fallen die Aufträge für die Flotte, für Heeres- und Marinerüstungen und alle militärischen Aufträge überhaupt weg . . . Daher müssen wir vor allem viele Fabriken umorganisieren und von der Kriegsproduktion auf die Produktion von Artikeln umstellen, die die Landwirtschaft braucht, also von landwirtschaftlichen Geräten und landwirtschaftlichem Inventar. Drittens müssen wir auch deswegen die größte Aufmerksamkeit dem Bauernmarkt schenken, weil es politisch notwendig ist, die Diktatur des Proletariats und den Einfluß der Arbeiterklasse auf die Bauernschaft zu festigen.
Die Entwicklung unserer Industrie hängt somit von der Bauernwirtschaft ab. Unsere Industrie entwickelt sich um so rascher, je zahlungsfähiger die Bauern sind. Die Akkumulation erfolgt in unserer Industrie um so schneller, je stärker die Akkumulation in unserer Bauernschaft vor sich geht, das heißt, je rascher die Bauernwirtschaft . . . in die Lage kommt, der städtischen Industrie ihre Waren abzukaufen. Andererseits ist die Entwicklung der Bauernwirtschaft ohne Entwicklung der städtischen Industrie einfach undenkbar. Um vorwärtszukommen, braucht die Landwirtschaft Produkte, die sie nicht selber erzeugt, die vielmehr auf den verschiedenen Gebieten unserer Industrie hergestellt werden . . . So braucht die Industrie für ihre Entwicklung den Fortschritt der Landwirtschaft und umgekehrt die Landwirtschaft die Entwicklung der Industrie. Diese gegenseitige Abhängigkeit ist die Basis für die richtige Politik der führenden Partei, deren Hauptpflicht darin besteht, die privaten und vorübergehenden, die nebensächlichen und sekundären Interessen den beständigen, allgemeinsten, wichtigsten und grundlegenden Interessen unterzuordnen.

Zit. nach: Der Sowjetkommunismus, a. a. O., S. 255 f.

9. Die Verteidigung des Terrors

Die Praxis des totalitären Terrors bringt ihre eigene theoretische Rechtfertigung hervor. Die Rolle des Terrors in der kommunistischen Ideologie bietet ein vorzügliches Beispiel. Die Gewalt wird als dem Klassenkampf innewohnend von vornherein akzeptiert. Als Lenin die Auflösung der Konstituierenden Versammlung verteidigte, erklärte er: „Wenn die Gewalt von den werktätigen, ausgebeuteten Massen ausgeht, gegen die Ausbeuter, ja, dann sind wir für diese Gewalt!" Diese Auffassung von der Gewalt als Mittel zum Zweck schafft die gedanklichen Voraussetzungen dafür, die Gewalt zu heiligen, wenn sie von der Partei im Namen der Arbeiterklasse und von der Parteiführung im Namen der Partei ausgeübt wird.
Die Rechtfertigung des Terrors fußt auf zwei Thesen. Die erste These besagt: Die Sicherheit der Revolution ist das oberste Gesetz. Mit den Worten Lenins: „Die Sowjetrepublik ist eine vom Weltkapital belagerte Festung . . . Daraus ergibt sich unser Recht und unsere Pflicht, die Bevölkerung restlos für den Krieg zu mobilisieren . . ." Die zweite These lautet: Die Feinde der Revolution sind unversöhnlich und müssen völlig zerschmettert werden, soll die Revolution nicht selbst untergehen. Lenin schrieb:

„Wir kennen den ‚Nährboden', der konterrevolutionäre Unternehmungen, Putsche, Verschwörungen usw. hervorbringt, wir kennen dieses Milieu sehr gut. Das ist das Milieu der Bourgeoisie, der bürgerlichen Intelligenz, der Kulaken auf dem Lande, des ‚parteilosen' Publikums überall, dann der Sozialrevolutionäre und Menschewiki. Die Überwachung dieses Milieus muß verdreifacht und verzehnfacht werden. Die Wachsamkeit muß verzehnfacht werden, denn konterrevolutionäre Anschläge von dieser Seite her sind gerade im gegenwärtigen Augenblick und in der nächsten Zukunft absolut unvermeidlich."

Als Stalin in einem Gespräch mit einer ausländischen Arbeiterdelegation am 5. November 1927 den Terror verteidigte, bediente er sich im wesentlichen der gleichen Argumente, allerdings bei weitem nicht so offen:

„Die GPU oder Tscheka ist ein Straforgan der Sowjetmacht. Dieses Organ ist dem Sicherheitsausschuß mehr oder weniger analog, der während der Großen Französischen Revolution geschaffen wurde . . . Es stellt eine Art politischen Kriegstribunals dar, das zum Schutze der Interessen der Revolution gegen Anschläge seitens konterrevolutionärer Bourgeois und ihrer Agenten geschaffen wurde . . .
Man predigt größtmögliche Milde, man gibt den Rat, die GPU abzuschaffen . . . Kann man aber dafür bürgen, daß nach der Abschaffung der GPU die Kapitalisten aller Länder aufhören werden, konterrevolutionäre Gruppen von Verschwörern, Terroristen, Diversanten, Brandstiftern, Bombenattentätern zu organisieren und zu finanzieren? . . .
Wir sind ein Land, das von kapitalistischen Staaten umringt ist. Die inneren Feinde unserer Revolution sind eine Agentur der Kapitalisten aller Länder . . . Indem wir gegen die inneren Feinde kämpfen, führen wir folglich den Kampf gegen die konterrevolutionären Elemente aller Länder . . .
Nein, Genossen, wir wollen nicht die Fehler der Pariser Kommunarden wiederholen. Die Revolution braucht die GPU, und die GPU wird bei uns weiterbestehen zum Schrecken der Feinde des Proletariats."

Die wirkliche Bedeutung von Stalins Theorie kam erst in der Großen Säuberung der dreißiger Jahre ganz an den Tag. Die Liquidierung der Alten Bolschewiki machte klar, daß in der stalinistischen Ideologie dem Terror ein so hervorragender Platz zugewiesen wurde, um das Monopol des Generalsekretärs auf die Parteiführung zu schützen. Da dies die Errichtung eines Terrorregimes innerhalb der Partei bedingte, stand Stalin vor der Aufgabe, seine Neuerung mit dem traditionellen Gedanken in Einklang zu bringen, daß Terror nur gegen den Klassenfeind angewandt werde. Er löste das Problem einfach und brutal, indem er jede Opposition gegen seine Herrschaft mit Konterrevolution und ausländischer Spionage gleichsetzte. Die Formel von der kapitalistischen Einkreisung erwies sich als genügend elastisch, neben dem äußeren Feind auch den Feind innerhalb der Partei in sich zu begreifen.

Aus: Merle Fainsod, Wie Rußland regiert wird, a.a.O., S. 470f.

II/3 Industrialisierung und stalinistisches System

Arbeitsthemen

1. *Wie definiert Stalin die Rolle der KPdSU in Staat und Gesellschaft? (Nr. 1)*
2. *Womit begründet Stalin die Notwendigkeit eines „Massenfeldzugs zur Eroberung der Wissenschaft"? (Nr. 2)*
3. *Wie erklärt Stalin die industrielle Rückständigkeit Rußlands? Welche Anstrengungen zu ihrer Überwindung empfiehlt er und warum? (Nr. 3)*
4. *Aufgrund welcher Tatbestände läßt sich 1928 als das Jahr des großen Umbruchs bezeichnen? Welche Sektoren waren davon betroffen? (Nr. 4)*
5. *Inwiefern erweist die Rede Stalins vor den Absolventen der Akademie der Roten Armee, gehalten auf dem Höhepunkt der sog. Kaderkampagne, den eindeutig instrumentalen Charakter von Bildung, Erziehung und Wissenschaft im Sowjetstaat? (Nr. 5)*
6. *In welche Phase gehört der entscheidende Durchbruch im Kampf gegen das Analphabetentum? Welche Differenzen zwischen Stadt und Land lassen sich ausmachen? (Nr. 6)*
7. *Mit welchen konkreten Notwendigkeiten wird in dem Aufruf der KPdSU der sozialistische Wettbewerb begründet? Auf welche Sektoren soll er sich erstrecken? (Nr. 7a)*
8. *Welche Funktion innerhalb des sozialistischen Wettbewerbs wird – gemäß der Resolution der KPdSU vom Juli 1930 – den Gewerkschaften auferlegt? Wie ist die Absage an die „formal-bürokratische Einstellung zur Beteiligung" zu erklären? (Nr. 7b)*
9. *Welche Konsequenzen gesellschaftlicher und wirtschaftlicher Natur waren mit der Praxis des sozialistischen Wettbewerbs verknüpft? (Nr. 7c)*
10. *Wie stützt Stalin in seiner Rede gegen die Lohngleichheit vom November 1935 seine These ab, daß „der Sozialismus nur auf der Basis einer hohen Arbeitsproduktivität siegen" könne? (Nr. 8)*
11. *Welche Wandlungen der sowjetischen Lohnpolitik lassen sich in der Phase von 1917–1931 registrieren? Von welchen ideologischen Kurskorrekturen waren sie begleitet? (Nr. 9)*
12. *Aus welchen historischen Erfahrungen leitet Stalin die Notwendigkeit der Industrialisierung ab? Wie erklärt er die Genese eines Sowjetpatriotismus? (Nr. 10)*
13. *Wie hat Stalin die Notwendigkeit der „Revolution von oben" ideologisch begründet? Inwiefern hat er dabei die Marxsche Basis-Überbau-Relation „gleichsam auf den Kopf gestellt"? (Nr. 11)*
14. *Welche Motive bestimmten Stalin zur Propagierung und Kultivierung eines Sowjetpatriotismus, zur Betonung der großrussisch-nationalen Tradition und zur immanenten Rehabilitierung der vorrevolutionären Geschichte? (Nr. 12)*
15. *Welche Schwierigkeiten ergaben sich bei dem Versuch einer generellen Kollektivierung der Landwirtschaft? Mit welchen Mitteln gelang es dem Regime, sie zu überwinden? (Nr. 13)*
16. *Wodurch ist die Rolle der technischen Intelligenz in den Anfängen der Stalin-Ära charakterisiert? (Nr. 14)*
17. *Inwiefern bestätigt sich am Beispiel des Sowjetsystems die These des Politologen Merle Fainsod: „Die ironischsten Kapitel in der Geschichte der Revolutionen sind die, die von ihren unbeabsichtigten Folgen handeln"? (Nr. 15)*

18. *Welche Rolle erfüllte die KPdSU im Zusammenhang des Industrialisierungsprozesses? Wie sieht Stalin die Verknüpfung von Industrialisierung und äußerer Bedrohung? (Nr. 16)*
19. *Wie erklärt die offizielle Parteigeschichtsschreibung die „Liquidierung des Kulakentums" bzw. den „Aufbau einer erstklassigen sozialistischen Schwerindustrie"? Welche Bedeutung mißt sie der Partei angesichts der „gigantischen Erfolge" zu? (Nr. 17)*
20. *Durch welche konkreten und ideologischen Mittel wurde Stalins totalitäre Herrschaft installiert und aufrecht erhalten? (Nr. 18)*
21. *Welche Erfolge registriert Stalin in seinem Rückblick vom November 1936? Inwieweit stimmen sie mit den ideologischen Zielsetzungen der bolschewistischen Partei überein? (Nr. 19)*
22. *Inwiefern läßt die Stalin-Verfassung des Jahres 1936 einen Verwandlungsprozeß der politischen Ideologie und eine gewisse Konsolidierung des bolschewistischen Systems erkennen? (Nr. 20)*
23. *Welche Einschränkungen treten bei juristischer Interpretation der Stalin-Verfassung hervor? Inwiefern markieren sie eine Divergenz zwischen verfassungsrechtlichen Postulaten und gesellschaftlich-politischen Realitäten? (Nr. 21)*
24. *Welche soziologischen Veränderungen innerhalb der bolschewistischen Partei – speziell der Führungsspitze – wurden durch die „Große Säuberung" der Jahre 1936 bis 1938 bewirkt? (Nr. 22)*
25. *Inwiefern sind die Gewissensbedenken, Widerrufe und Reuebekenntnisse der Opfer der Säuberungsprozesse aus der Logik des Systems zu erklären? Warum geben sie auf paradoxe Weise Stalin noch recht? (Nr. 23)*
26. *Welche aufschlußreichen Verschiebungen dokumentieren die beiden Eidesformeln der Jahre 1918 bzw. 1939? (Nr. 24)*

Materialien

1. Führungsmonopol und Pseudodemokratie

Mit dem Ende des Bürgerkriegs und der Einführung der Neuen Ökonomischen Politik im Jahre 1921 fand die bedingte Duldung von oppositionellen Gruppen ihren Abschluß. Die Auflösung der Minderheitsparteien wurde nicht formell dekretiert, aber Lenin selbst proklamierte sie im Mai 1921 mit den Worten: „Die Menschewiki und Sozialrevolutionäre, die offenen sowohl wie die als ‚Parteilose' verkappten, werden wir im Gefängnis halten." Nach der Revolte von Kronstadt wurde dieser Satz nahezu in vollem Umfang Wirklichkeit. Man ließ die Fiktion einer legalen Opposition gänzlich fallen. Kadetten, Menschewiki und Sozialrevolutionäre wurden in großer Zahl verhaftet und in den Hohen Norden, nach Sibirien und Zentralasien verbannt. Einige sagten sich in bolschewistischen Blättern öffentlich von den geächteten politischen Gruppen los; dadurch erlangten sie Absolution und entgingen vorerst der Verhaftung. 1921/22 war so gut wie jede politische Oppositionstätigkeit illegal geworden und die Konsolidierung der Einparteiendiktatur praktisch abgeschlossen. Die Kommunistische Partei beherrschte das politische Leben des Landes. Nach der Liquidierung ihrer Rivalen gab es in Rußland keine organisierte Gruppe mehr, die der Partei den Anspruch, „die wahre Vertreterin des Willens der Volksmassen" zu sein, streitig machen konnte.
Wie aber war dieser Anspruch als berechtigt nachzuweisen? Da die Massen nicht mehr frei zwischen konkurrierenden politischen Alternativen wählen konnten und die Kommunistische Partei das Machtmonopol wie auch das Legalitätsmonopol besaß, brauchte sie für den Nachweis, daß ihr Regime auf der Zustimmung der Regierten beruhe, eine Pseudotheorie der Stellvertretung.

Die maßgebende Darlegung dieser Stellvertretungs-Mystik hat Stalin geliefert. In seinen Schriften über die Rolle der Partei betonte er als erstes ihren Elitecharakter: „Die Partei muß vor allem die *Vorhut* der Arbeiterklasse sein." Anders ausgedrückt: sie fungierte als priesterliche Hüterin der höchsten Interessen der Arbeiterklasse.
„Die Partei kann keine wirkliche Partei sein, wenn sie sich darauf beschränkt, zu registrieren, was die Masse der Arbeiterklasse empfindet und denkt, . . . wenn sie sich nicht über die augenblicklichen Interessen des Proletariats zu erheben vermag, wenn sie die Massen nicht auf das Niveau der Klasseninteressen des Proletariats zu heben vermag. Die Partei muß der Arbeiterklasse voraus sein, sie muß weiter sehen als die Arbeiterklasse, sie muß das Proletariat führen und darf nicht hinter der spontanen Bewegung einhertrotten."
Gleichzeitig, hob Stalin hervor, müsse die Partei aber mit der Arbeiterklasse verbunden bleiben; sie müsse in ihrem „ganzen Dasein mit ihr fest verwurzelt" sein. Sie sei eine Schule für die Ausbildung von Führern der Arbeiterklasse, und es gelte, „alle wie immer gearteten parteilosen Organisationen der Arbeiterklasse in Hilfsorgane und Transmissionsriemen zu verwandeln, die sie mit der Klasse verbinden". In den Gewerkschaften, Genossenschaften, Sowjets und allen anderen Massenorganisationen müsse die Partei die führende Rolle spielen. „Als höchster Ausdruck der führenden Rolle der Partei", proklamierte Stalin stolz, „z. B. bei uns, in der Sowjetunion, . . . muß die Tatsache bezeichnet werden, daß keine einzige wichtige politische oder organisatorische Frage durch unsere Sowjet- und andere Massenorganisationen ohne leitende Weisungen der Partei entschieden wird. In *diesem Sinne* könnte man sagen", fuhr er fort, „daß die Diktatur des Proletariats *dem Wesen nach* die ‚Diktatur' seiner Avantgarde, die ‚Diktatur' seiner Partei als der grundlegenden führenden Kraft des Proletariats ist."
In der Stalinschen Auffassung von der Rolle der Partei sind zwei gegensätzliche Gedankenstränge enthalten. Der zentrale Begriff ist deutlich der einer herrschenden Elite. Die Partei steht über der Klasse und der Masse. Sie besitzt das Führungsmonopol. Sie leitet und lenkt die gesamte Staatsmaschinerie. Sie unterwirft ihre Politik nicht dem Urteilsspruch freier Wahlen, sondern fordert und erzwingt Zustimmung. Aber dieser elitäre Grundcharakter der stalinistischen Theorie wird gemildert durch einen – wie man es nennen könnte – pseudodemokratischen Zug.
Diesen „populistischen" Aspekt der Parteiideologie brachte Stalin mit den Worten zum Ausdruck: „Die Verbindung mit den Massen, die Festigung dieser Verbindung, die Bereitwilligkeit, auf die Stimme der Massen zu lauschen – darin liegt die Stärke und die Unbesiegbarkeit der bolschewistischen Führung." In der gleichen Rede zitierte er die Sage von Antäus, dem Helden, der unbesiegbar war, solange er seine Mutter, die Erde, berührte; und in diesem Zusammenhang bemerkte er: „Man kann es als Regel betrachten, daß die Bolschewiki unbesiegbar bleiben, solange sie die Verbindung mit den breiten Massen des Volkes bewahren. Und umgekehrt, die Bolschewiki brauchen sich nur von den Massen loszulösen, die Verbindung mit ihnen zu verlieren, sich mit bürokratischem Rost zu bedekken, um jegliche Kraft einzubüßen und sich in ein Nichts zu verwandeln."
Wenn Stalin von „Verbindung" mit den Massen sprach, meinte er nicht Kontrolle der Partei durch die Massen. Er hatte eine andere „Lösung" im Auge: Die Partei sollte fähig sein zu führen, die Wünsche der Massen zu erkennen und die Massen von der Richtigkeit ihrer Losungen zu überzeugen. Die souveräne Gewalt geht nicht von unten, sondern von oben aus. Die Massen erhalten in Abständen Gelegenheit, die Politik der Parteiführung zu

billigen; sie haben praktisch keine Möglichkeit, ihre Mißbilligung zu äußern, da ihnen keine Alternativen geboten werden. Die bolschewistische Parteitheorie sieht vielerlei Mittel vor, die zentrale Leitung zu sichern, aber so gut wie gar keines, die Rechenschaftspflicht der Parteiführung den Massen gegenüber zu gewährleisten. Daher büßt der „demokratische" Strang der bolschewistischen Ideologie viel von seiner potentiellen Bedeutung ein.

Unverantwortliches Gottesgnadentum macht in der Regel nicht empfänglich für die Regungen der Untertanen. Statt wirkliche Meinungsverschiedenheiten anzuerkennen, fühlt sich die Diktatur getrieben, künstlich Einmütigkeit zu erzeugen. Um Bestand zu haben, braucht die Diktatur – wie Stalin ganz richtig sah – eine Basis im Volk. Aber gewöhnlich bringen Diktaturen nicht das rechte Rüstzeug mit, eine solche Basis zu schaffen. Wenn die Willkürherrschaft nur selbstauferlegte Schranken kennt und der Wille des Diktators oberstes Gesetz ist, dann wird die Versuchung, kurzerhand zum Zwang zu greifen, fast unwiderstehlich. „Ihr wißt selbst", bemerkte Peter der Große einmal, „daß unser Volk ohne Zwang nichts Neues angreift, auch wenn es gut und notwendig ist." Die bolschewistische Führungspraxis bezeugt in reichem Maße die gleiche Gesinnung.

Mit der Konsolidierung der Einparteiendiktatur in der UdSSR verstärkte sich bei den kommunistischen Ideologen die Tendenz, sie als die höchste Form der Demokratie auszugeben. Für westliche Ohren klingt die Begründung seltsam.

„Was die Freiheit verschiedener politischer Parteien anbetrifft", erklärte Stalin 1936, „so vertreten wir hier einigermaßen andere Ansichten. Die Partei ist ein Teil der Klasse, ihr fortgeschrittenster Teil. Mehrere Parteien und folglich auch eine Freiheit der Parteien kann es nur in einer Gesellschaft geben, wo es antagonistische Klassen gibt, deren Interessen einander feindlich und unversöhnlich sind, wo es, sagen wir, Kapitalisten und Arbeiter, Gutsbesitzer und Bauern, Kulaken und Dorfarmut usw. gibt. In der Sowjetunion gibt es aber schon keine Klassen mehr wie Kapitalisten, Gutsbesitzer, Kulaken usw. In der Sowjetunion gibt es nur zwei Klassen, die Arbeiter und die Bauern, deren Interessen einander nicht nur nicht feindlich gegenüberstehen, sondern im Gegenteil miteinander harmonieren. Folglich gibt es in der Sowjetunion keinen Boden für die Existenz mehrerer Parteien und somit auch keinen Boden für die Freiheit dieser Parteien . . . In der Sowjetunion kann es nur eine Partei geben, die Partei der Kommunisten, die kühn und bis zum letzten die Interessen der Arbeiter und Bauern verteidigt . . .

Man spricht von Demokratie. Was aber ist Demokratie? Die Demokratie in den kapitalistischen Ländern . . . ist in letzter Instanz eine Demokratie für die Starken, eine Demokratie für die besitzende Minderheit. Die Demokratie in der Sowjetunion ist im Gegenteil eine Demokratie für die Werktätigen, d. h. eine Demokratie für alle."

Aus: Merle Fainsod, Wie Rußland regiert wird, a. a. O., S. 161 ff.

2. Jugend und Wissenschaft

Menschen mit gutem Willen, die aufbauen und den Aufbau leiten möchten, haben wir bei uns zur Genüge, sowohl auf dem Gebiet der Landwirtschaft als auch auf dem Gebiet der Industrie. Aber Menschen, die es verstehen zu bauen und den Aufbau zu leiten, haben wir bei uns unerhört wenig. Umgekehrt, die Unwissenheit auf diesem Gebiet ist bei uns über alle Maßen groß. Mehr noch, es gibt bei uns Menschen, die bereit sind, unsere Kulturlosigkeit zu preisen. Wenn einer ein Analphabet ist oder nicht richtig schreibt und sich mit seiner

Zurückgebliebenheit brüstet, so ist er ein Arbeiter „von der Werkbank", man ehrt und achtet ihn. Wenn er aber aus der Kulturlosigkeit herausgekommen ist, wenn er lesen und schreiben gelernt hat, wenn er die Wissenschaft gemeistert hat, dann ist er ein Fremder, dann hat er sich von den Massen „losgelöst", hat er aufgehört, ein Arbeiter zu sein.

Ich denke, daß wir nicht auch nur einen Schritt vorwärtskommen werden, solange wir diese Barbarei und Wildheit nicht ausgemerzt haben, diese barbarische Einstellung zur Wissenschaft und zu den Menschen mit Kultur. Die Arbeiterklasse kann nicht zum wirklichen Herrn des Landes werden, wenn sie es nicht versteht, sich aus der Kulturlosigkeit herauszureißen, wenn sie es nicht versteht, ihre eigene Intelligenz zu schaffen, wenn sie nicht die Wissenschaft meistert und wenn sie es nicht versteht, die Wirtschaft auf wissenschaftlicher Grundlage zu leiten . . .

Um aufzubauen, muß man etwas wissen, muß man die Wissenschaft meistern. Um aber etwas zu wissen, muß man lernen. Hartnäckig, geduldig lernen. Bei allen lernen – sowohl bei den Feinden als auch bei den Freunden, insbesondere bei den Feinden. Lernen, die Zähne zusammenbeißend, ohne sich davor zu fürchen, daß die Feinde über uns, über unsere Unwissenheit, über unsere Rückständigkeit lachen werden.

Vor uns steht eine Festung. Ihr, dieser Festung Name ist Wissenschaft mit ihren unzähligen Wissenszweigen. Diese Festung müssen wir um jeden Preis nehmen. Diese Festung muß die Jugend nehmen, wenn sie den Wunsch hat, der Erbauer des neuen Lebens zu sein, wenn sie den Wunsch hat, in der Tat die Ablösung der alten Garde zu sein.

Wir können uns jetzt nicht darauf beschränken, kommunistische Kader im *allgemeinen*, bolschewistische Kader im *allgemeinen* zu schulen, die über alles ein wenig zu schwätzen verstehen. Dilettantismus und Alleswisserei sind jetzt Fesseln für uns. Was wir jetzt brauchen, sind bolschewistische *Spezialisten* für die Metallindustrie, für die Brennstoffindustrie, für die Chemie, für die Landwirtschaft, für den Transport, für den Handel, für die Buchhalterei usw. usf. Wir brauchen jetzt ganze Gruppen, Hunderte und Tausende neuer Kader von Bolschewiki, die die verschiedensten Wissensgebiete beherrschen. Ohne das kann von einem schnellen Tempo des sozialistischen Aufbaus unseres Landes keine Rede sein. Ohne das kann keine Rede davon sein, daß wir es verstehen werden, die vorgeschrittenen kapitalistischen Länder einzuholen und zu überholen.

Die Wissenschaft meistern, neue Kader bolschewistischer Spezialisten auf allen Wissensgebieten schmieden, lernen, lernen, in der hartnäckigsten Weise lernen, – das ist jetzt die Aufgabe.

Einen Massenfeldzug der revolutionären Jugend zur Eroberung der Wissenschaft – das ist es, Genossen, was wir jetzt brauchen.

Zit. aus: Rede Stalins vor dem Kommunistischen Jugendverband vom 16. 5. 1928, bei Anweiler – Meyer, a. a. O., S. 160f.

3. Stalin: Forcierte Industrialisierungs- und Kollektivierungspolitik

(Aus einer Rede vom 19. November 1928)

Der Ausgangspunkt unserer Thesen ist die Feststellung, daß ein schnelles Entwicklungstempo der Industrie überhaupt, der Produktion von Produktionsmitteln im besonderen, das Grundprinzip der Industrialisierung des Landes und der Schlüssel zur Industrialisierung ist –

das Grundprinzip der Umgestaltung unserer gesamten Volkswirtschaft auf der Basis der sozialistischen Entwicklung und der Schlüssel zu dieser Umgestaltung.
Was heißt aber schnelles Entwicklungstempo der Industrie? Das heißt mehr Investitionen für Neubauten in der Industrie. Das wiederum führt dazu, daß all unsere Pläne, sowohl der Staatshaushaltsplan als auch die anderen Pläne, äußerst angespannt sind. Und in der Tat, das charakteristische Merkmal unserer Kontrollzahlen in den letzten drei Jahren, während der Periode der Rekonstruktion, besteht darin, daß ihre Festlegung und Verwirklichung bei uns im Zeichen der Anspannung aller Kräfte steht . . .
Hier erhebt sich die Frage: Brauchen wir denn überhaupt diese Angespanntheit der Pläne? Kann man nicht ohne sie auskommen? Kann man denn nicht in einem langsameren Tempo, unter „ruhigeren" Verhältnissen arbeiten? Erklärt sich das von uns eingeschlagene schnelle Entwicklungstempo der Industrie nicht vielleicht aus dem unruhigen Charakter der Mitglieder des Politbüros und des Rates der Volkskommissare?
Natürlich nicht! Im Politbüro und im Rat der Volkskommissare sitzen nüchterne und ruhige Leute. Abstrakt gesprochen, wenn wir von der äußeren und der inneren Situation absähen, könnten wir natürlich auch ein langsameres Tempo einschlagen. Aber das ist es ja gerade, daß man erstens von der äußeren und inneren Situation nicht absehen darf und daß man zweitens, wenn man von den Verhältnissen, in denen wir leben, ausgeht, anerkennen muß, daß gerade sie, diese Verhältnisse, uns ein schnelles Entwicklungstempo unserer Industrie diktieren.
Gestatten Sie mir, diese Situation, diese äußeren und inneren Bedingungen, die uns das schnelle Entwicklungstempo der Industrie diktieren, nunmehr näher zu untersuchen.
Die äußeren Bedingungen. Wir sind in einem Lande zur Macht gelangt, dessen Technik furchtbar rückständig ist . . . Schauen Sie sich die kapitalistischen Länder an, und Sie werden sehen, daß die Technik dort nicht nur fortschreitet, sondern geradezu vorwärtseilt und die alten Formen der industriellen Technik überholt. Und so ergibt sich eine Situation, daß wir in unserem Lande einerseits die fortschrittlichste Gesellschaftsordnung, die Sowjetordnung, und die fortschrittlichste Staatsmacht der Welt, die Sowjetmacht, haben, anderseits aber eine äußerst rückständige Technik der Industrie, die die Basis für den Sozialismus und die Sowjetmacht abgeben muß. Glauben Sie, daß man den endgültigen Sieg des Sozialismus in unserem Lande erringen kann, solange dieser Widerspruch besteht?
Was müssen wir tun, um diesen Widerspruch zu beseitigen? Dazu müssen wir erreichen, daß wir die fortgeschrittene Technik der entwickelten kapitalistischen Länder einholen und überholen. Wir haben die fortgeschrittenen kapitalistischen Länder hinsichtlich der Errichtung einer neuen politischen Ordnung, der Sowjetordnung, eingeholt und überholt. Das ist gut. Aber das genügt nicht. Um den endgültigen Sieg des Sozialismus in unserem Lande zu erringen, müssen wir diese Länder auch in technisch-ökonomischer Hinsicht einholen und überholen. Entweder erreichen wir das, oder wir werden zermalmt.
Das ist nicht nur vom Standpunkt der Errichtung des Sozialismus richtig. Es ist auch richtig vom Standpunkt der Behauptung der Unabhängigkeit unseres Landes unter den Verhältnissen der kapitalistischen Umkreisung. Es ist unmöglich, die Unabhängigkeit unseres Landes zu behaupten, ohne eine hinreichende industrielle Basis für die Verteidigung zu besitzen. Es ist unmöglich, eine solche industrielle Basis zu schaffen, ohne über die höchstentwickelte Technik in der Industrie zu verfügen.

Das ist es, weshalb wir ein schnelles Entwicklungstempo der Industrie brauchen und was uns dies Tempo diktiert.
Die technisch-ökonomische Rückständigkeit unseres Landes ist keine Erfindung von uns ...
Es wäre töricht, wollten wir uns damit trösten, daß wir, da die Rückständigkeit des Landes nicht von uns erfunden ist, sondern als Erbteil der ganzen Geschichte unseres Landes auf uns überkommen ist, für sie nicht verantwortlich gemacht werden können und dürfen. Das wäre falsch, Genossen. Da wir einmal zur Macht gelangt sind und die Aufgabe auf uns genommen haben, das Land auf der Grundlage des Sozialismus umzugestalten, tragen wir für alles die Verantwortung und müssen sie tragen – für das Schlechte sowohl wie für das Gute. Und gerade weil wir für alles die Verantwortung tragen, müssen wir unsere technisch-ökonomische Rückständigkeit liquidieren. Wir müssen dies unbedingt vollbringen, wenn wir die fortgeschrittenen kapitalistischen Länder wirklich einholen und überholen wollen. Und vollbringen können dies nur wir, die Bolschewiki. Und gerade um diese Aufgabe zu bewältigen, müssen wir unsere Industrie systematisch in schnellem Tempo entwickeln.

Zit. nach: Der Sowjetkommunismus, a. a. O., S. 259 ff.

4. 1928: Jahr des großen Umbruchs

Malenkow, damals Privatsekretär Stalins, bezeichnete das Jahr 1928, in dem der erste Fünfjahresplan begonnen wurde, als das Jahr des großen Umbruchs.
Die unmittelbare Folge dieses Umbruchs war zunächst eine erneute soziale Nivellierung. Der Abstand zwischen den einzelnen Schichten verringerte sich. Die sozialen Unterschiede, die sich während der NEP-Periode herausgebildet hatten, wurden weitgehend beseitigt.
Die forcierte Industrialisierung, die auf der Grundlage des „Primats der Schwerindustrie" durchgeführt wurde, war mit einer Vollsozialisierung verbunden, die sich auf dem Lande in Gestalt der Kollektivierung auswirkte. Nachdem die Kollektivierung der Landwirtschaft seit 1927 verstärkt vorangetrieben worden war, wurde Anfang Januar 1930 die Vernichtung der „Kulaken" als Klasse befohlen.
Die Ergebnisse dieser zweiten Agrarrevolution waren in ihrer soziologischen Wirkung tiefgehender und zerstörender als die Enteignung der besitzenden Schichten im Zeichen des „Kriegskommunismus". Millionen von „Kulaken", man schätzt die Zahl auf zwei bis drei Millionen Menschen, wurden in den Hohen Norden, nach Sibirien oder in den Fernen Osten verschickt, wo ein großer Teil umgekommen ist. Die Zurückgebliebenen wurden größtenteils von Haus und Hof vertrieben. Sie wanderten meist in die Städte, wo sie die Zahl der Arbeiter und kleinen Angestellten vergrößerten und durch die neuen Industriebetriebe aufgesogen wurden. Eine furchtbare Hungersnot war die Folge der überstürzten Zwangsmaßnahmen, die weitere Millionen von Menschenleben als Opfer forderte.
Stalin, der Verantwortliche für diese unmenschliche Politik, hat später Churchill gegenüber die Vernichtung der „Kulaken", d. h. des Besitzbauerntums, als die schwerste Entscheidung seines Lebens bezeichnet.
Nahezu sämtliche landwirtschaftliche Klein- und Mittelbetriebe wurden in den Kollektivwirtschaften zusammengefaßt. Der Prozentsatz der kollektivierten Betriebe stieg von 4,1 v. H. im Oktober 1929 auf 21 v. H. im Januar 1930, um bis zum März 1930 schlagartig auf 58 v. H. anzusteigen. 1937 wurde der Prozentsatz von 93 v. H. erreicht. Im Jahre 1939 machten

die Einzelbauern und nicht genossenschaftlich organisierten Heimarbeiter nur noch 2,6 v. H. der Gesamtbevölkerung aus.

In den Städten wurden durch die Vernichtung des privaten Handels und der privaten Industrie, die in der NEP-Zeit aufgelebt waren, vor allem das Kleinbürgertum, das eine gehobene Besitzbürgerschicht zu entwickeln begann, in seiner Wurzel getroffen.

1923/24 machte der private Anteil am Umsatz des Einzelhandels noch 57,7 v. H. aus, 1926/27 immerhin noch 36,9 v. H. Bis 1930 ging er auf 5,6 v. H. zurück und wurde 1931 ganz liquidiert. Der gleiche Vorgang vollzog sich in der Industrie. Von der industriellen Bruttoproduktion entfielen auf den privaten Anteil 1924/25 18,75 v. H., 1926/27 noch 14,1 v. H., 1929 bereits nur 0,6 v. H. und 1938 0,03 v. H.

Eine selbständigere Betätigungsmöglichkeit verblieb dem städtischen Kleinbürgertum, nachdem auch der genossenschaftliche Einzelhandel stark eingeschränkt worden war, nur in der genossenschaftlichen Heimindustrie. Der Anteil der industriellen Produktionsgenossenschaften (Artele) machte an der Bruttoproduktion der Industrie 1924/25 9,1 v. H. aus, fiel bis 1930 auf 8,8 v. H. und hielt sich dann um 7 v. H. Obgleich im Jahre 1930 der Anteil der Produktionsgenossenschaften nur 8,8 v. H. der gesamten industriellen Bruttoproduktion ausmachte, entfielen auf sie 43,5 v. H. der Industriebetriebe.

Die genossenschaftliche Industrie umfaßte somit noch immer den größten Teil der industriellen und gewerblichen Kleinbetriebe.

Während dem Kleinbürgertum im Rahmen der genossenschaftlichen Heimindustrie eine gewisse wirtschaftliche Betätigungsmöglichkeit verblieb, wurde es im übrigen durch die Vollsozialisierung in die soziale Stellung von Angestellten und Arbeitern gedrängt. Da es damals noch üblich war, diese beiden unterschiedlichen sozialen Gruppen unter dem Oberbegriff „Proletariat“ zusammenzufassen, erfolgte damit in sowjetischer Sicht eine Proletarisierung des Kleinbürgertums. Betrug 1927 bei einer städtischen Gesamtbevölkerung von 29,7 Mill. der prozentuale Anteil der Nichtproletarier mit ihren Angehörigen 31,5 v. H. gegenüber 68,5 v. H. der Proletarier, so war 1931 das Verhältnis bereits 12,6 v. H. gegenüber 87,4 v. H.

Vom bolschewistischen Regime wurde außer acht gelassen, daß die Handarbeiter nur einen Teil des Proletariats ausmachten und die Angestellten sich in ihrem sozialen Bewußtsein und Lebensstil vom Kleinbürgertum, soweit sie nicht aus den früher gehobenen Schichten hervorgegangen waren, nur wenig unterschieden. Nur wenn aus einem Angehörigen des Kleinbürgertums ein Handarbeiter wurde, proletarisierte er. Dieser Prozeß dauerte bei ihm aber meist länger als bei einem Bauern. Er proletarisierte jedoch nicht, wenn er gezwungen wurde, seine bisherige private Tätigkeit aufzugeben, um Angestellter oder Angehöriger des ingenieur-technischen Personals zu werden. Die Übernahme neuer Funktionen im Verwaltungsbereich oder in der Produktionsorganisation bedeutete für einen Teil des Kleinbürgertums ebenso einen sozialen Aufstieg wie für jene Arbeiter, denen als „praktische Intelligenz“ Führungsaufgaben übertragen worden waren.

Bedeutsamer für die soziale Nivellierung als diese teilweise nur formale Proletarisierung des Kleinbürgertums und der Reste der früheren gehobenen Schichten, die sich in der NEP-Periode gewerblich betätigt hatten, sollte sich die allgemeine Senkung der Lebenshaltung infolge der Zusammenballung ungeheurer Menschenmassen in den Städten und Industriezentren erweisen, bei unzureichendem Wohnraum, unzureichender Verpflegung und unzureichender Versorgung mit Konsumgütern. Die schnelle Verstädterung, die durch die forcierte Industrialisierung und Zwangskollektivierung bewirkt wurde, hat diese schwierige Lage noch weiter verschärft.

Aus: Boris Meissner, Der soziale Strukturwandel im bolschewistischen Rußland, a. a. O., S. 36ff.

5. Zu Bedeutung und Organisation des Bildungswesens

Schon Lenin hatte nie einen Hehl daraus gemacht, daß er in Kultur und Bildung in erster Linie politische und wirtschaftliche Faktoren erblickte, die die junge Sowjetmacht einsetzen sollte, um die ungeheure, vor ihr sich auftürmende „grobe Arbeit" zu bewältigen und „um das Niveau eines gewöhnlichen zivilisierten westeuropäischen Staates zu erreichen". Indem er daran anknüpfte und den instrumentalen Charakter von Bildung, Erziehung und Wissenschaft womöglich noch verstärkte, verlangte Stalin nunmehr, d. h. im Zeichen des „Aufbaus des Sozialismus in einem Lande" und insbesondere nach dem Anlaufen des ersten Fünfjahrplanes, „neue Kommandeure für die Wirtschaft und Kultur" heranzubilden, die „die Wissenschaften beherrschen". Den Höhepunkt in der sich daraus entwickelnden sogenannten Kaderkampagne bildete seine Rede vor Absolventen der Akademie der Roten Armee am 4. Mai 1935. Darin erklärte der Diktator u. a.: „Nach Überwindung der Periode des Mangels auf dem Gebiete der Technik sind wir in eine neue Periode eingetreten, in eine Periode, möchte ich sagen, des Mangels an Menschen, des Mangels auf dem Gebiete der Kader, auf dem Gebiete der Arbeitskräfte, die es verstehen, die Technik zu meistern und vorwärtszubringen ... Eine Technik ohne Menschen, die sie gemeistert haben, ist tot. Eine Technik mit Menschen an der Spitze, die die Technik gemeistert haben, kann und muß Wunder vollbringen. Hätten wir in unseren erstklassigen Werken und Fabriken, in unseren Sowchosen und Kolchosen, in unserem Verkehrswesen, in unserer Roten Armee die genügende Anzahl von Kadern, die fähig sind, die Technik zu bewältigen, so würde unser Land dreimal und viermal so große Leistungen erzielen wie heute ... Das ist der Grund, warum die alte Losung ‚Die Technik entscheidet alles' ... jetzt durch eine neue Losung ersetzt werden muß, durch die Losung ‚Die Kader entscheiden alles'. Das ist jetzt die Hauptsache ..." Und dann kommen die wohl wichtigsten und interessantesten Sätze der Rede, die freilich, losgelöst von der Kaderfrage als dem realen Bezugspunkt, vielfach im Sinne einer beabsichtigten Rückkehr zur Humanität mißverstanden und fehlinterpretiert worden sind. „Darum", so folgerte nämlich Stalin, „wenn wir den Mangel an Menschen mit Erfolg überwinden und es erreichen wollen, daß unser Land Kader in genügender Anzahl hat, die fähig sind, die Technik vorwärtszubringen und in Bewegung zu setzen, müssen wir vor allen Dingen lernen, die Menschen zu schätzen, die Kader zu schätzen, jede Arbeitskraft zu schätzen, die fähig ist, unserer gemeinsamen Sache Nutzen zu bringen. Man muß endlich begreifen, daß von allen wertvollen Kapitalien, die es in der Welt gibt, das wertvollste und entscheidendste Kapital die Menschen, die Kader sind. Man muß begreifen, daß unter unseren heutigen Verhältnissen die Kader alles entscheiden."

Um das Kaderproblem, so wie Stalin es hier in aller Schärfe umrissen hat, lösen zu können, war nicht allein die möglichst rasche Verwirklichung der allgemeinen Grundschulpflicht unbedingt erforderlich, sondern mindestens ebensosehr die Anpassung der Ausbildungs- und Bildungsvorgänge im mittleren Schulwesen an die planökonomischen Erfordernisse der forcierten Industrialisierungspolitik. Diesen Zwecken dienten folgende konkrete Maßnahmen:

1. Das allgemeinbildende Schulwesen erhielt durch Verordnung vom 16. Mai 1934 eine neue Struktur, die, wenn man von dem ideologischen Rahmen absieht, den gleichzeitigen Schulsystemen im Westen durchaus ähnlich war. Fortan, d. h. von 1934 bis zu Chruschtschows Schul- und Bildungsreform von 1957/58, gab es eine Elementarschule mit vier Klassen, eine, meist allerdings unvollständige Mittelschule mit sieben Klassen und schließlich eine Zehn-Klassen-Schule, die sogenannte Oberschule.

2. Für die gesamte mittlere Berufsausbildung mit den mittleren Fachschulen und Technika, die weiter entwickelt und ausgebaut wurden, war ein unter dem 2. Oktober 1940 veröffentlichter Erlaß des Präsidiums der Obersten Sowjets „Über die staatlichen Arbeitsreserven der UdSSR" von einschneidender Bedeutung. Abgesehen von der völligen Zentralisierung und Reglementierung auch dieses Bildungszweiges wurde darin die alljährliche „Mobilisierung" Hunderttausender von Jugendlichen für die staatlichen Arbeitsreserven auf dem Wege ihrer Zwangseinweisung in die Anstalten der mittleren Berufsausbildung nebst anschließender vierjähriger Verpflichtung an vom Staat bestimmte Arbeitsplätze befohlen. Nimmt man noch hinzu, daß gleichzeitig, d. h. ebenfalls mit staatlicher Verordnung vom 2. Oktober 1940, die Schulgeld- bzw. Studiengebührerhöhung an der Oberstufe der Mittelschulen, den mittleren Fachschulen und den Hochschulen verfügt wurde, so rundet sich das Bild immer stärker dahingehend ab, daß von dem 1917/18 verkündeten Grundsatz des freien Zuganges für alle zu allen Bildungswegen, der die Basis der gesamten sowjetischen Bildungspolitik abgeben sollte, in der harten Wirklichkeit des Daseins unter Stalin kaum noch etwas spürbar bzw. übriggeblieben war.

3. Auch das Hochschulwesen machte darin keine Ausnahme. Die hier unmittelbar nach dem Anlaufen des ersten Fünfjahrplanes zunächst recht überstürzt vorgenommenen Änderungen begannen damit, daß die bestehenden Anstalten, vor allem die Technischen Hochschulen, in eng spezialisierte Fachinstitute, die meist nur Fakultätsbreite hatten, aufgespalten wurden – mit dem Ergebnis, daß sich die Zahl der Hochschulen allein von 1928/29 bis 1930/31 nahezu vervierfachte. Aus 148 Anstalten, darunter 20 Universitäten, mit rund 169000 Studierenden waren 537 Anstalten geworden, und zwei Jahre später waren es sogar über 700, an denen 470000 Studierende eingeschrieben waren. An den Universitäten, die bald wieder in ihrer ursprünglichen Form hergestellt wurden, vergrößerte sich die Zahl der Fakultäten durch Aufgliederung vor allem der naturwissenschaftlichen Fächer.

Aus: Karl-Heinz Ruffmann, Sowjetrußland, a. a. O., S. 159ff.

6. Der Rückgang des Analphabetentums

Prozentsatz der Lese- und Schreibkundigen im Alter von 9 bis 40 Jahren

		m	w	m + w
Stadt und Land	1897	39,1	13,7	26,3
	1926	71,5	42,7	56,6
	1939	93,5	81,6	87,4
	1959	99,3	97,8	98,5
Stadt	1897	65,5	43,1	55,6
	1926	88,0	73,9	80,9
	1939	97,1	90,7	93,8
	1959	99,5	98,1	98,7
Land	1897	34,3	9,6	21,7
	1926	67,3	35,4	50,6
	1939	91,6	76,8	84,0
	1959	99,1	97,5	98,2

Aus: Oskar Anweiler, Ausbildung und Produktion, in: Sowjetunion – Das Wirtschaftssystem, hrsg. von Werner Markert, Köln 1965, S. 79

7. Der sozialistische Wettbewerb

a) Aufruf der Parteikonferenz der KPdSU an alle Arbeiter und werktätigen Bauern (1929)

Für die Überwindung der Schwierigkeiten beim sozialistischen Aufbau, für die volle Entfaltung des weiteren Kampfes gegen die kapitalistischen Elemente in Stadt und Land, für die Erfüllung des Fünfjahresplanes organisiert auf allen Gebieten des Aufbaus den Wettbewerb, organisiert den Wettkampf der Betriebe, Fabriken, Bergwerke, Eisenbahnen, Sowchosen, Kolchosen, Kommunalbehörden, Schulen und Krankenhäuser!
Organisiert den Wettbewerb für die Senkung des Selbstkostenpreises, für die Erhöhung der Arbeitsproduktivität, für die Festigung der Arbeitsdisziplin, für die Erweiterung der Saatflächen, für die Hebung der Ertragsfähigkeit, für die Gewinnung der Bauernschaft zu Kolchosen und Genossenschaften, für die Vereinfachung des Staatsapparates und seine Festigung in Verbindung mit den Massen, für die Verbesserung der Arbeit der kulturellen Einrichtungen, welche die Massen der Werktätigen bedienen!
Der sozialistische Wettbewerb, der sich in diesem Jahr auf Initiative des leninschen Komsomols und der Presse voll entfaltet hat, verwandelt sich immer mehr in eine mächtige Massenbewegung...
Der Arbeitsheroismus und die Selbstaufopferung der Werktätigen äußern sich auch in der freiwilligen Erhöhung der Arbeitsnormen, in der Abarbeit der Feiertage, in dem gigantischen Wachstum der Vorschläge für die Produktionsberatungen, in dem Boykott der Faulenzer und Bummelanten, in dem Kampf für die Hebung der Arbeitsproduktivität.

„Der Kommunismus beginnt dort, wo die selbstlose, die schwere Arbeit überwindende Sorge der einfachen Arbeiter um die Vergrößerung der Arbeitsproduktivität erscheint . . ." (Lenin).
Der Wettbewerb muß, indem er die schöpferische Energie und die Initiative der Massen weckt, zur ständigen Methode der Gewinnung der Werktätigen für den sozialistischen Aufbau werden.
Der *Wettbewerb* muß in gleicher Weise wie die *Selbstkritik* innerhalb der proletarischen Reihen zu einem *Mittel der sozialistischen Erziehung der Arbeiterklasse*, besonders der neuen Arbeiter, werden, die aus den Dörfern und aus den kleinbürgerlichen Schichten der Städte kommen.
Der Wettbewerb muß zu einem Umbau der Formen und Methoden der Arbeit unserer gesellschaftlichen und staatlichen Organisation führen, in erster Linie der Gewerkschaften und Wirtschaftsorgane, indem er die breite Heranziehung der Massen für die Leitung der Wirtschaft und des ganzen Staates fördert.

Zit. nach Hans Raupach, Geschichte der Sowjetwirtschaft, a. a. O., S. 240f.

b) Produktionsaufgaben der Gewerkschaften

Aufgabe der Gewerkschaften sind die Organisation, die weitere Entwicklung und Festigung des sozialistischen Wettbewerbs und der Stoßarbeiterbewegung sowie die Mobilisierung der Massen ausnahmslos gegen alle Bürokraten, die den sozialistischen Wettbewerb zu verflachen und abzuwürgen versuchen, gegen jene, die den sozialistischen Wettbewerb untergraben, und schließlich die Mobilisierung gegen kleinbürgerliche Stimmungen jener „Häuflein, Gruppen und Schichten von Arbeitern . . ., die hartnäckig an den Traditionen des Kapitalismus festhalten und sich zum Sowjetstaat auf die alte Art verhalten: ‚ihm' möglichst wenig und schlechte Arbeit zu liefern, von ‚ihm' aber möglichst viel Geld zu ergattern."
Während die Gewerkschaften einerseits erreichen müssen, daß die führenden Arbeiter in ihrer Produktionstätigkeit in jeder Weise gefördert und ausgezeichnet werden, müssen sie gleichzeitig aus den Reihen der besten Stoßarbeiter Kameradschaftsgerichte einrichten, um auf die Personen einzuwirken, die die Arbeitsdisziplin verletzen und den sozialistischen Wettbewerb untergraben. Die wichtigste Aufgabe der Gewerkschaften besteht darin, in den breitesten Arbeitermassen das Bewußtsein zu entwickeln, „daß die Arbeiter nicht für den Kapitalisten, sondern für ihren eigenen Staat, für ihre eigene Klasse arbeiten – dieses Bewußtsein ist eine gewaltige Triebkraft für die Entwicklung und Vervollkommnung unserer Industrie". . .
Die Gewerkschaften müssen gleichzeitig jegliche schöpferische Initiative der Arbeiter fördern und der Erfindertätigkeit der Arbeiter Hilfe und Unterstützung gewähren.
Der Parteitag hält es für notwendig, die Praxis zu erweitern, in den Großbetrieben die Vorsitzenden von Produktionsberatungen ganzer Werke zu stellvertretenden Direktoren zu ernennen. Die Arbeit der zeitweiligen Kontrollkommission muß enger mit der organischen Arbeit der Produktionsberatungen, mit dem sozialistischen Wettbewerb und der Stoßarbeiterbewegung verbunden werden. Die zeitweiligen Kontrollkommissionen sind in erster Linie aus Stoßarbeitern zu bilden.
Die ständig wachsende Bedeutung der planmäßigen Leitung in der Volkswirtschaft, die für

eine lange Periode das Wechselverhältnis zwischen den verschiedenen Elementen der Volkswirtschaft sowie das Tempo des Aufbaus und die materielle Lage der Werktätigen bestimmt, erfordert von den Gewerkschaften eine aktive und tatkräftige Teilnahme an der Aufstellung der Wirtschaftspläne. Dabei ist es notwendig, energisch Schluß zu machen mit der formalbürokratischen Einstellung zur Beteiligung der Gewerkschaften an der Aufstellung des Wirtschaftsplanes sowohl seitens der Gewerkschaften selbst als auch seitens der Wirtschafts- und Staatsorgane. Die Gewerkschaften müssen bei der Aufstellung des Wirtschaftsplanes auf der Grundlage der Berücksichtigung aller Bemerkungen und Hinweise der Arbeitermassen und der Gewerkschaftsorganisationen sowohl in bezug auf die Pläne der einzelnen Industriezweige als auch in bezug auf den gesamten Plan konkrete Vorschläge machen.

Über die Aufgaben der Gewerkschaften in der Rekonstruktionsperiode. Resolution des 16. Parteitages der KPdSU, 26. Juni bis 13. Juli 1930; zit. nach Hans Raupach, Geschichte der Sowjetwirtschaft, a.a.O., S. 241f.

c) Konsequenzen des sozialistischen Wettbewerbs

Da Zwang allein nur wenig zur Steigerung der Arbeitsproduktivität anspornte, wandte das Regime schon früh auch positivere Methoden an. In den enthusiastischen Anfangszeiten des Fünfjahrplans legte man großes Gewicht auf den sozialistischen Wettbewerb. Der *udarnik* (Stoßarbeiter), der Mann, der Produktionsrekorde brach, wurde als neuer Held der Sowjetgesellschaft gefeiert und mit Privilegien belohnt: er erhielt eine bessere Wohnung und höhere Rationen und wurde bei der Zuteilung von Gebrauchsgütern bevorzugt. Dieses Abgehen von dem Gleichheitsgrundsatz, für den die Gewerkschaften in der NEP-Periode eingetreten waren, deckte Stalin persönlich mit seiner Autorität. Auf einer Konferenz sowjetischer Wirtschaftsfachleute im Juni 1931 wandte er sich gegen die „‚linkslerische' Gleichmacherei auf dem Gebiete des Arbeitslohns" und forderte eine Neuordnung des Lohngefüges: mit Hilfe des Tarifsystems sollte die Fluktuation der Arbeitskräfte unterbunden und den Arbeitern ein Anreiz gegeben werden, sich zu qualifizieren und ihre Produktivität zu steigern.

Die Wirkung dieser Rede machte sich bald in einer durchgreifenden Revision des Lohnsystems bemerkbar. Um Arbeiter für die Schwerindustrie sowie für den Ural und die Ostgebiete zu gewinnen, wurden die Löhne in den einzelnen Industriezweigen unterschiedlich hoch festgesetzt. In großem Umfang ging man zum Akkordlohn, d. h. zur Bezahlung nach der Produktivität, über. Für die Übererfüllung der festgesetzten Normen wurden progressiv steigende Zuschläge gezahlt, und „Stachanowarbeiter", die besonders hohe Arbeitsleistungen vollbrachten, wurden mit ansehnlichen Prämien, besonderen Vergünstigungen, Publizität und Ehrentiteln bedacht. Die Arbeitsergebnisse der Stachanowarbeiter, die häufig mit heimlicher Unterstützung von Hilfskräften erzielt wurden, hatten eine allgemeine Normerhöhung zur Folge; sie bedeuteten eine verstärkte Belastung der „rückständigen" Arbeiter, die nicht die Vorteile der Stachanowarbeiter genossen. Die Lohnskala wies erhebliche Unterschiede auf; einer ausgesuchten Arbeiteraristokratie stand die große Masse schlechtbezahlter gewöhnlicher Arbeiter gegenüber, denen das Leben kaum irgendwelche Annehmlichkeiten bot. Die Industrialisierung forderte in den Städten ihren Preis ebenso wie auf dem Lande. Sie lastete schwer auf der Masse der ungelernten und angelernten Fabrikarbeiter.

Die Dritte Revolution, gekennzeichnet durch rapide Industrialisierung und Aufbau der

Militärmacht, war von tiefgehendem Einfluß auf die Entwicklung des Sowjetsystems. An die Stelle gleichmacherischer Tendenzen traten ein Lohnsystem und eine Einkommensverteilung, die zur Hochleistung und zur Produktionssteigerung anspornten; industrielle Expansion und Aufrüstung lösten als Ziel den Wohlstand der Massen ab. Das Regime hatte ein Interesse daran, das Lebensniveau der Arbeiterschaft so hoch zu halten, daß sie guter Arbeitsleistung fähig und der Sowjetmacht ergeben blieb; aber die unvermindert hohen Ausgaben für den Aufbau der Schwerindustrie und für militärische Zwecke ließen ihm dazu wenig Spielraum. Als der Druck unerträglich zu werden drohte – wie es am Ende des ersten Planjahrfünfts der Fall war –, setzte das Regime seine Anforderungen zeitweilig herab. Die Verbesserung des Lebensstandards in der Mitte der dreißiger Jahre sollte neue Hoffnung erwecken und einen Vorgeschmack des künftigen besseren Lebens bieten. Doch die gesteigerten militärischen Vorbereitungen am Vorabend des Zweiten Weltkriegs und dann das bittere Erlebnis des Krieges selbst brachten dem Sowjetvolk eine neue Periode harter Entbehrungen. In der ersten Nachkriegszeit hob sich der Lebensstandard merklich, verglichen mit dem Tiefpunkt, der während des Krieges erreicht wurde; aber die Wiederaufnahme der Industrialisierungskampagne bei Kriegsende und das mit dem kalten Krieg einsetzende Wettrüsten boten keine Aussicht auf eine weitere Besserung der Lebensverhältnisse.

Aus: Merle Fainsod, Wie Rußland regiert wird, a.a.O., S. 125ff.

8. Stalin: Gegen Lohngleichheit (November 1935)

Manche glauben, man könne den Sozialismus festigen durch eine gewisse materielle Gleichstellung der Menschen auf der Basis eines ärmlichen Lebens. Das ist nicht richtig. Das ist eine kleinbürgerliche Vorstellung vom Sozialismus. In Wirklichkeit kann der Sozialismus nur auf der Basis einer hohen Arbeitsproduktivität siegen, einer höheren als unter dem Kapitalismus, auf der Basis des Überflusses an Lebensmitteln und Bedarfsgegenständen jeder Art, auf der Basis eines wohlhabenden und kulturellen Lebens für alle Mitglieder der Gesellschaft. Damit aber der Sozialismus dieses Ziel erreichen und unsere Sowjetgesellschaft zur wohlhabendsten Gesellschaft machen könne, brauchen wir in unserem Lande eine Arbeitsproduktivität, die die Arbeitsproduktivität der fortgeschrittensten kapitalistischen Länder übertrifft. Andernfalls ist an einen Überfluß an Lebensmitteln und Bedarfsgegenständen jeder Art nicht zu denken. Die Bedeutung der Stachanowbewegung besteht darin, daß sie eine Bewegung ist, die mit den alten technischen Normen bricht, weil sie unzulänglich sind, die die Arbeitsproduktivität der fortgeschrittenen kapitalistischen Länder in einer ganzen Reihe von Fällen übertrifft und somit die praktische Möglichkeit eröffnet, den Sozialismus in unserem Lande weiter zu festigen und unser Land zum wohlhabendsten Lande zu machen ...

Manche glauben, die Aufhebung des Gegensatzes zwischen geistiger und körperlicher Arbeit könne erreicht werden durch eine gewisse kulturelle und technische Gleichstellung der Hand- und Kopfarbeiter auf der Grundlage einer Senkung des kulturellen und technischen Niveaus der Ingenieure und Techniker, der Kopfarbeiter auf das Niveau der Arbeiter mittlerer Qualifikation. Das ist völlig unrichtig. Nur kleinbürgerliche Schwätzer können so über den Kommunismus denken. In Wirklichkeit kann die Aufhebung des Gegensatzes zwischen geistiger und körperlicher Arbeit nur dadurch erreicht werden, daß das kulturelle

und technische Niveau der Arbeiterklasse auf das Niveau von Ingenieuren und Technikern gehoben wird . . .
Die Stachanowbewegung ist in diesem Zusammenhang dadurch bedeutsam, daß sie die ersten, allerdings noch schwachen Ansätze, aber immerhin Ansätze eines solchen kulturellen und technischen Aufschwungs der Arbeiterklasse unseres Landes in sich birgt.

Aus: Rede auf der 1. Unionsberatung der Stachanowleute, zit. nach Hans Raupach, Geschichte der Sowjetwirtschaft, a.a.O., S. 242f.

9. Wandlungen der Lohnpolitik

In der frühen marxistischen Literatur ist man übereinstimmend der Ansicht, daß der Sozialismus die differenzierten Geldlöhne durch eine gleiche Naturalverteilung ersetzen müsse. Noch im Jahre 1917 schrieb *Lenin*, „die ganze Gesellschaft wird ein Büro und eine Fabrik mit gleicher Arbeit und gleichem Lohn sein". Als in den Jahren des Bürgerkriegs das Warenangebot stark zurückging, der Geldwert allmählich dahinschwand und die lebensnotwendige Versorgung der Arbeiter nur durch den Übergang zur Naturalverteilung möglich war, begrüßte man diese Entwicklung als einen ersten Schritt in Richtung auf die Verwirklichung sozialistischer Ideale. Unter dem Einfluß dieser Vorstellungen beließ man es nicht bei der Rationierung, sondern verstärkte und beschleunigte den Prozeß der Entmonetisierung und Egalisierung der Arbeitslöhne über das kriegsbedingte Maß hinaus. Das Ergebnis dieser Politik war äußerst ungünstig. Die Arbeiter sahen in der gleichen Naturalverteilung keinen Vorteil. Die Regierung mußte feststellen, daß die Nivellierung der Arbeitslöhne die Tendenz auslöste, auch die Leistung zu nivellieren. Da Aufklärungskampagnen und Zwangsmaßnahmen die Arbeiter nicht überzeugten, mußte man den Forderungen der Arbeiterschaft nachgeben. Um den Arbeitern wieder einen Ansporn zu erhöhten Arbeitsleistungen zu geben, wurde die Naturalverteilung, die 1919 über 93% der Gesamtentlohnung ausmachte, allmählich abgebaut und 1922 endgültig eingestellt. Es sollte wieder differenzierte Geldlöhne geben. Man dachte jedoch nur an einen vorübergehenden Rückzug. Nach Wiederherstellung der Wirtschaft sollten die Lohndifferenzen allmählich verringert und schließlich gänzlich beseitigt werden. Praktische Maßnahmen in dieser Richtung wurden in den Jahren nach 1926 eingeleitet, als die Gewerkschaften eine Angleichung der Löhne in den verschiedenen Industriezweigen und für Arbeiter verschiedener Qualifikation anstrebten. Die Leitungen der staatlichen Betriebe zeigten jedoch gegenüber diesen gewerkschaftlichen Bestrebungen eine passive, zum Teil sogar offen ablehnende Haltung. Sie verstärkte sich vor allem im Jahre 1928, als mit Inkrafttreten des ersten Fünfjahrplans eine forcierte Entwicklung der Grundstoff- und Schwerindustrie angestrebt wurde. Zur Erfüllung des Fünfjahrplans kam es darauf an, vor allem in den vom Plan geförderten Industrien über einen möglichst festen, zuverlässigen und am Produktionserfolg interessierten Arbeiterstamm zu verfügen. Die Politik der Lohnegalisierung hingegen bedeutete faktisch eine Benachteiligung der Arbeiter gerade dieser Industrien, da hier im Vergleich zur übrigen Wirtschaft höhere Leistungsanforderungen gestellt werden. In der Tat machte sich besonders unter den qualifizierten Arbeitern der Schwerindustrie in den Jahren 1928 – 1930 eine starke Unzufriedenheit bemerkbar, weil aufgrund gewerkschaftlicher Initiative die Zahlungen von Prämien und sonstigen Leistungslohnzuschlägen gekürzt wurden.
Die gewerkschaftliche Lohnpolitik geriet damit unmittelbar in Widerspruch zu den wirt-

schaftspolitischen Zielen des Fünfjahrplans. Um der Unzufriedenheit der qualifizierten Arbeiter, dem Nachlassen der Arbeitsdisziplin und der Fluktuation der Arbeitskräfte entgegenzuwirken, forderte *Stalin* im Jahre 1931, die Politik der Lohnegalisierung endgültig aufzugeben und ein neues Tarifsystem auszuarbeiten, das den Leistungsunterschieden Rechnung trage. Lohnformen und Lohndifferenzierung sollten so gestaltet sein, daß sie die Arbeiter zur Arbeitsdisziplin und zu angespannter Arbeit anspornten sowie das persönliche Interesse am beruflichen Vorwärtskommen weckten. Im Anschluß an diese Ausführungen *Stalins* erfolgte eine umfassende Lohnreform, die das im Prinzip noch geltende Lohnsystem begründet hat.

Obwohl die Lohnreform in erster Linie zur Lösung praktischer Probleme diente, zog man aus den Erfahrungen auch die ersten theoretischen Schlußfolgerungen. In seiner Begründung für die lohnpolitische Schwenkung gab *Stalin* auch eine ideologische Interpretation. Er bezeichnete das Streben nach „Gleichmacherei" als „linkslerisch" und unmarxistisch und meinte, die Gleichheit im Sozialismus beziehe sich nicht auf die Entlohnung, sondern ausschließlich auf die soziale Stellung der Menschen im Produktionsprozeß. Materielle Gleichheit werde es erst in einer höheren Phase der gesellschaftlichen Entwicklung, im Kommunismus, geben, wenn das Arbeiten dem Menschen zum ersten Lebensbedürfnis geworden sei. Diese Interpretation stimmte zwar mit den ursprünglichen Vorstellung nicht überein, doch ist zu berücksichtigen, daß die Entstehung der Sowjetgesellschaft ebenfalls kaum dem Bild der Marxschen Gesellschaftslehre entsprach. Die Sowjetunion hatte sich die Aufgabe gestellt, die industriell entwickelten Länder in Produktion und Arbeitsproduktivität einzuholen. Bis zur Erfüllung dieser Aufgabe sollte auch die Lösung sozialpolitischer Probleme im Interesse der beschleunigten Wirtschaftsentwicklung zurückgestellt werden. Denn die rasche Steigerung der Arbeitsproduktivität, so meinte *Lenin*, sei letztlich das Ausschlaggebende für den Sieg der neuen Gesellschaftsordnung. *Stalin* führte, so gesehen, die von *Lenin* eingeleitete Lohnpolitik konsequent fort, nur mit dem Unterschied, daß man diese schon als „sozialistisch" bezeichnete.

Auf dieser Ebene liegen die *„sozialistischen Wettbewerbe"*, die eine Steigerung der Arbeitsleistung ohne Inanspruchnahme des Lohnfonds erbringen sollen.

Aus: Rudolf Becker, Lohnsystem und Lohnpolitik, in: Sowjetunion – Das Wirtschaftssystem, a. a. O., S. 411 f.

10. Stalin: Über die Aufgaben der Wirtschaftsfunktionäre (Februar 1931)

Das Tempo verlangsamen, das bedeutet zurückbleiben. Und Rückständige werden geschlagen. Wir aber wollen nicht die Geschlagenen sein. Nein, das wollen wir nicht! Die Geschichte des alten Rußland bestand unter anderem darin, daß es wegen seiner Rückständigkeit fortwährend geschlagen wurde. Es wurde geschlagen von den mongolischen Khans. Es wurde geschlagen von den türkischen Begs. Es wurde geschlagen von den schwedischen Feudalen. Es wurde geschlagen von den polnisch-litauischen Pans. Es wurde geschlagen von den englisch-französischen Kapitalisten. Es wurde geschlagen von den japanischen Baronen. Es wurde von allen geschlagen wegen seiner Rückständigkeit. Wegen seiner militärischen Rückständigkeit, seiner kulturellen Rückständigkeit, seiner staatlichen Rückständigkeit, seiner industriellen Rückständigkeit, seiner landwirtschaftlichen Rückständigkeit. Es wurde geschlagen, weil das einträglich war und ungestraft blieb . . . Das Gesetz der Ausbeu-

ter ist nun einmal so – die Rückständigen und Schwachen werden geschlagen. Das ist das Wolfsgesetz des Kapitalismus. Du bist rückständig, du bist schwach – also bist du im Unrecht, also kann man dich schlagen und unterjochen. Du bist mächtig – also hast du recht, also muß man sich vor dir hüten.
Das ist der Grund, warum wir nicht länger zurückbleiben dürfen.
In der Vergangenheit hatten wir kein Vaterland und konnten keines haben. Jetzt aber, wo wir den Kapitalismus gestürzt haben und bei uns die Arbeiter an der Macht stehen, haben wir ein Vaterland und werden seine Unabhängigkeit verteidigen. Wollt ihr, daß unser sozialistisches Vaterland geschlagen wird und seine Unabhängigkeit verliert? Wenn ihr das nicht wollt, dann müßt ihr in kürzester Frist seine Rückständigkeit beseitigen und ein wirkliches bolschewistisches Tempo im Aufbau seiner sozialistischen Wirtschaft entwikkeln. Andere Wege gibt es nicht.
Darum sagte Lenin zur Zeit des Oktober: „Entweder Tod oder die fortgeschrittenen kapitalistischen Länder einholen und überholen."
Wir sind hinter den fortgeschrittenen Ländern um 50 bis 100 Jahre zurückgeblieben. Wir müssen diese Distanz in zehn Jahren durchlaufen. Entweder bringen wir das zustande, oder wir werden zermalmt . . .

Aus: J. W. Stalin, Werke, Bd. 13, Berlin (Ost), 1955, S. 27f.

11. Stalins „Revolution von oben" (1928/29 bis 1938/39)

Das Wesen und die Eigenart der Sowjetgesellschaft ist entscheidend durch die tiefgehenden sozialstrukturellen Wandlungen der Jahre 1928/29 bis 1938/39 geprägt worden, die von ihrem Urheber selbst unter der Bezeichnung „Revolution von oben" zusammengefaßt worden sind. Der Umbruch, der von Stalin in diesen zehn schicksalhaften Jahren herbeigeführt wurde, hatte die Ausmaße und die Tiefenwirkung einer großen sozialen Revolution, obgleich er von den Herrschenden und nicht den Beherrschten ausging. Die Notwendigkeit einer solchen Revolution unter den Bedingungen des bolschewistischen Rußland hatte Stalin bereits 1926 dadurch begründet, daß er einen qualitativen Unterschied zwischen einem bürgerlichen und einem proletarischen Revolutionstyp feststellte:

„Die Hauptaufgabe der bürgerlichen Revolution besteht darin, die Macht zu ergreifen und sie mit der vorhandenen bürgerlichen Ökonomik in Einklang zu bringen, während die Hauptaufgabe der proletarischen Revolution darin besteht, nach der Machtergreifung eine neue, die sozialistische Ökonomik aufzubauen.
Die bürgerliche Revolution wird gewöhnlich mit der Machtergreifung *abgeschlossen*, während die Machtergreifung in der proletarischen Revolution erst ihr *Anfang* ist, wobei die Macht als Hebel für den Umbau der alten Ökonomik und die Organisierung der neuen benutzt wird."

Stalin hat mit diesen Worten Marx gleichsam auf den Kopf gestellt. Nach Marx konnte eine neue Staats- und Gesellschaftsordnung nur aus einem dominanten sozialen Konflikt hervorgehen. Der politisch-ideologische Überbau, dessen Kernstück der Staat bildete, hatte sich der Sozialstruktur des ökonomischen Unterbaus anzupassen. Nach Stalin war eine kleine herrschende Gruppe, nur wenn sie im Besitz der richtigen Erkenntnis war, legitimiert, die Gesellschaft mit Hilfe der Staatsmacht nach ihrem Bilde zu formen. In der Praxis bedeutete dies, daß die herrschende Gruppe ihre bisherige soziale Basis durch eine andere auswechselte. Dieser zusammenhängende revolutionäre Prozeß, der zehn Jahre umfaßte, hat sich in zwei Etappen vollzogen, wobei das Jahr 1934 eine Zäsur darstellte. Die planökonomische „Revolution von oben" steht im Mittelpunkt des ersten Abschnitts, der mit der „Großen Säuberung" verbundene Kampf um die Alleinherrschaft ist für den zweiten Abschnitt kennzeichnend.

Aus: Boris Meissner, Der soziale Strukturwandel im bolschewistischen Rußland, a. a. O., S. 35 f.

12. Zur Entfaltung des Sowjetpatriotismus

Stalin hat im Zuge seiner Politik des Aufbaus des Sozialismus in einem Lande den Prozeß der Ausformung und Entfaltung des Sowjetpatriotismus zu Beginn der dreißiger Jahre deshalb zielbewußt in Gang gesetzt, weil (erstens) durch seine „Revolution von oben", d. h. durch die unter großen Opfern vorangetriebene Industrialisierung und die Zwangskollektivierung der Landwirtschaft, die allgemeine Begeisterung für die revolutionären Ideale des Marxismus-Leninismus auf ein Minimum abgesunken war, weil sich (zweitens) im Fernen Osten die Gefahr einer militärischen Auseinandersetzung mit Japan, das 1932 die Mandschurei besetzte, verstärkt abzeichnete und weil darüber hinaus (drittens) der Siegeszug des Faschismus in Europa, aber auch das Fortbestehen der nationalen Gegensätze innerhalb der Sowjetunion selbst nachdrücklich bewiesen, daß die nationale Idee weit stärker war als der Gedanke der internationalen Solidarität.

Überblicken wir unter Zugrundelegung dieses Motivbündels konkrete Einzelvorgänge und -maßnahmen in ihrem zeitlichen Zusammenhang, so ist wiederum zunächst Stalins offenkundiges Bemühen festzuhalten, die planökonomische Revolution von oben durch Appelle an die patriotischen Gefühle der Sowjetbürger zu stützen und abzusichern. „In der Vergangenheit hatten wir kein Vaterland und konnten keines haben. Jetzt aber, da wir den Kapitalismus gestürzt haben und bei uns die Arbeiter an der Macht stehen, haben wir ein Vaterland und werden seine Unabhängigkeit verteidigen", rief er am 4. Februar 1931 sowjetischen Wirtschaftsfunktionären in einer programmatischen Rede zu, um beschwörend und aufrüttelnd fortzufahren: „Wollt ihr, daß unser sozialistisches Vaterland geschlagen wird und seine Unabhängigkeit verliert? Wenn ihr das nicht wollt, dann müßt ihr in kürzester Frist seine Rückständigkeit beseitigen und ein wirklich bolschewistisches Tempo im Aufbau seiner sozialistischen Wirtschaft entwickeln. Andere Wege gibt es nicht. Darum sagte Lenin zur Zeit des Oktobers: ‚Entweder tot oder die fortgeschrittenen kapitalistischen Länder einholen und überholen.' Wir sind hinter den fortgeschrittenen Ländern um fünfzig bis hundert Jahre zurückgeblieben. Wir müssen diese Distanz in zehn Jahren durchlaufen. Entweder wir bringen das zustande oder wir werden zermalmt." Diesem eindringlichen Appell an den revolutionären Stolz der Russen folgte wenig später in einer breitangelegten propagandistischen Kampagne die ostentative Aufwertung der Begriffe Heimat, Volk und Vaterland, wobei die Attribute sozialistisch und werktätig, die bereits relativiert und abgeschwächt waren, weitgehend entfielen. Ein Leitartikel der Moskauer „Prawda" vom 9. Juni 1934 rief einen Tag nach dem Erlaß eines neuen Gesetzes „Über den Verrat an der Heimat" alle Sowjetbürger „zum Kampf für die Heimat, für deren Ruhm, Ehre, Macht und Wohlergehen" auf, griff dabei auf das lange verpönte Wort Patriot zurück und erklärte abschließend: „Die Verteidigung der Heimat ist das höchste Gut des Lebens." Unmittelbar danach, am 19. Juni 1934, feierte Stalin auf einer bis ins einzelne vorbereiteten patriotischen Massendemonstration auf dem Roten Platz in Moskau die Heimkehrer einer sowjetischen

Polarexpedition als „Söhne unseres großen Vaterlandes". Und schließlich fand sich, ausgelöst durch die fernöstlichen Grenzkämpfe mit Japan, erneut in der „Prawda", diesmal im Dezember 1936, die pathetische Feststellung: „Sowjeterde, groß und mächtig ist sie und ohne Grenzen, fröhlich und glücklich: wahrlich, wir Werktätigen der Sowjetunion, wir lieben unsere Heimat. Wir sind Patrioten . . . , selbst die Luft der Sowjets ist uns heilig."

Aus: Karl-Heinz Ruffmann, Sowjetunion, a. a. O., S. 144

13. Die Politik der Kollektivierung

Hinter dem Entschluß, das Kollektivierungstempo zu steigern, stand die Einsicht der Parteiführung, daß die meisten Bauern gegen die Kolchose waren. Solange sich das Regime auf Zureden beschränkte und der Eintritt freiwillig war, ging es quälend langsam voran. Im Oktober 1929 hatten sich erst 4,1 Prozent aller Bauernfamilien zu Kolchosen zusammengeschlossen. Als aus dem Kreml die Parole kam, daß es schneller gehen müsse, wurde der gesamte Partei- und Staatsapparat mobilisiert und ging daran, die Bauern zum Eintritt zu zwingen.

Die Anwendung von Gewalt brachte einen schnellen statistischen Triumph. Im März 1930 gehörten bereits 58,1 Prozent aller Bauernfamilien Kollektivwirtschaften an. Als sich aber Berichte häuften, daß die Bauern lieber ihr Vieh schlachteten, als es beschlagnahmen zu lassen, daß die neuen Kollektivwirtschaften nur auf dem Papier standen und ihre Mitglieder die Mitarbeit verweigerten, ging den Führern des Regimes auf, daß sie einen Pyrrhussieg errungen hatten. Am 2. März 1930 warf Stalin das Ruder wieder herum: er veröffentlichte seinen berühmten Artikel „Vor Erfolgen von Schwindel befallen". Darin und in späteren Verlautbarungen beschuldigte er örtliche Partei- und Sowjetfunktionäre, sie hätten Fehler gemacht und das Kollektivierungstempo allzusehr gesteigert. Viele Bauern faßten Stalins Artikel als Erlaubnis auf, wieder aus den Kolchosen auszutreten. Ein Massenexodus setzte ein. Vom März bis zum Mai 1930 sank der Anteil der Bauernfamilien, die Kollektivwirtschaften angehörten, von 58,1 auf 23,6 Prozent. Im zentralen Schwarzerdegebiet waren im März 82 Prozent aller Bauern als kollektiviert gemeldet worden; im Mai waren es nur noch 18 Prozent.

Trotz dieses Rückschlags wurde die Kollektivierungskampagne im Herbst 1930 wiederaufgenommen. Diesmal wandte man neben den alten Gewaltmaßnahmen und Drohungen feinere Mittel der „Überzeugung" an. Einzelbauern mußten höhere Steuern zahlen, während den Kolchosmitgliedern Steuernachlässe gewährt wurden. Wer eintrat, kam auch in den Genuß anderer Vorteile, denn die Kollektivwirtschaften erhielten Kredite, Maschinen, Saatgetreide und wurden überhaupt bevorzugt behandelt. Das Regime ließ jetzt in seinem Drängen nicht mehr nach; es wurde immer schwieriger und gefährlicher, sich dem Beitritt zu entziehen. Mitte 1931 waren 52,7 Prozent aller Bauernhaushalte kollektiviert. Im Lauf der nächsten Jahre stieg der Anteil der Kolchosmitglieder stetig weiter; 1936 überschritt er 90 Prozent, und 1940 hatte er 96,9 Prozent erreicht.

Die Kollektivierungskrise der frühen dreißiger Jahre forderte einen schrecklichen Preis. Die Liquidierung der Kulaken entwurzelte Millionen von Bauern und beraubte das Dorf seines tüchtigsten und unternehmendsten Elements. Die Massenabschlachtung von Vieh und Zugtieren schlug der Sowjetwirtschaft eine Wunde, von der sie sich erst nach fast einem Jahrzehnt erholt hatte. Die Jahre 1931 und 1932 brachten katastrophale Mißernten, zum

Teil verursacht durch die Desorganisation der Arbeit in den neuen Kollektivwirtschaften. Trotz des enormen Rückgangs der Ernteergebnisse trieben die Behörden ihre Forderungen an die Bauern rücksichtslos ein, und in vielen ländlichen Gegenden herrschte Hungersnot. Das Regime schloß mit den Kolchosen „Verträge" über die Lieferung von Getreide und anderen Agrarprodukten, wobei es ausschließlich von der Notwendigkeit ausging, die wachsenden Industriezentren zu ernähren und Lebensmittel zu exportieren; es nahm keinerlei Rücksicht darauf, wieviel nötig war, um die Kolchosmitglieder am Leben zu erhalten. Eine unbekannte Zahl von Bauern – die Schätzungen reichen von einer Million bis zu mehreren Millionen – starb in diesen Jahren Hungers. Die „Verträge" waren praktisch eine Neuauflage der Zwangsablieferung aus der Zeit des Kriegskommunismus. Der Umstand, daß eine vergleichsweise geringe Zahl von Kollektivwirtschaften an die Stelle von Millionen Bauernhaushalten getreten war, erleichterte dem Staat die Erfassung der Produkte; aber die ihres Eigentums beraubten Kollektivbauern fühlten wenig Antrieb zu produzieren. Wieder stand das Regime vor dem Problem, Anreize zur Produktionssteigerung zu schaffen.
1933 wurde das Erfassungssystem geändert. Während die abzuliefernde Menge bisher in den sogenannnten Verträgen weitgehend willkürlich festgesetzt worden war, wurde ihr jetzt die bebaute (oder zu bebauende) Fläche zugrunde gelegt. Die dem Staat zustehende Menge war eine feste Größe; etwaige Überschüsse wurden entsprechend den geleisteten Arbeitseinheiten an die Kolchosmitglieder verteilt. Auf diese Weise lag eine Produktionssteigerung im persönlichen Interesse der Mitglieder.
Dieser Anreiz tat seine Wirkung, und da auch die Unordnung der ersten Zeit allmählich überwunden wurde, verbesserten sich die Leistungen der Kolchose erheblich . . .
In den mittleren dreißiger Jahren machten die Kolchose einen Prozeß der Konsolidierung durch. Nach den erbitterten Auseinandersetzungen der ersten Zeit gelang es dem Regime, sich durchzusetzen und einen labilen *modus vivendi* mit der Bauernschaft herzustellen. Als Gegenleistung für die Zwangsablieferung zu sehr niedrigen Preisen gewährte es den Kollektivbauern einige geringfügige Zugeständnisse. Jeder Bauernhaushalt erhielt ein kleines Stück Gartenland bei seinem Hause und durfte ein paar Kühe, Schafe und Ziegen sowie unbeschränkt viel Geflügel und Kaninchen halten. Überschüsse, die die Mitglieder aus der Kolchosernte erhielten, durften sie auf dem freien Markt verkaufen, dessen Preise über den staatlichen Ablieferungspreisen lagen. Die im Kollektivwirtschaftsstatut von 1935 festgelegten Grundsätze der Entlohnung waren darauf berechnet, Tüchtigkeit und Produktivität zu belohnen. Die Bauern erhielten damit einen individuellen Anreiz, ihre Produktion im Rahmen der kollektiven Verpflichtungen zu steigern.
Diese Konzessionen waren den meisten Bauern willkommen, versöhnten sie aber deswegen nicht mit dem Kolchosjoch. Die Forderungen des Staates waren hoch, und der Erfassungsplan mußte erfüllt werden, ob die Ernte gut war oder schlecht. In schlechten Jahren war die Not schier unerträglich, aber auch bei einer guten Ernte überstieg der Lebensstandard des durchschnittlichen Kolchosbauern kaum das Existenzminimum. Das Kollektivwirtschaftsstatut schrieb zwar eine Bezahlung nach der Arbeitsleistung vor, doch herrschten bei der Verteilung des Kolchoseinkommens häufig gleichmacherische Tendenzen, so daß der Ansporn, sich auf den Kolchosfeldern anzustrengen, gering war. Die meisten Kollektivbauern widmeten ihre Arbeitskraft vor allem der eigenen Hofwirtschaft und erfüllten ihre Pflichten im Kolchos lustlos.
Obwohl die Haltung der Bauern zu den Kolchosen im ganzen negativ blieb, war die

Kollektivierung und Mechanisierung vom Standpunkt des Regimes ein triumphaler Schritt vorwärts. Zahlreiche Landarbeiter konnten in die neuen Industriezentren abwandern, ohne daß die Agrarproduktion sank. Noch wichtiger war, daß die Ernährung der Städte nach Überwindung der Anfangsschwierigkeiten viel leichter sichergestellt werden konnte als früher. Die Kollektivwirtschaften eigneten sich zur Produktenerfassung unvergleichlich besser als die Millionen kleiner Bauernhöfe. Hatte das Regime früher Naturalsteuern von fünfundzwanzig Millionen Bauernhaushalten eintreiben müssen, deren jeder seine eigenen ausgeklügelten Hinterziehungsmethoden besaß, so brauchten sich seine Erfassungsstellen jetzt nur noch mit einer Viertelmillion Kolchose zu befassen. Vom administrativen Standpunkt war das eine ungeheure Verbesserung und Vereinfachung. Außerdem wurden Unterschleife dadurch erschwert, daß bei vielen Kolchosen Maschinen-Traktoren-Stationen an der Ernteeinbringung beteiligt waren. Die MTS fungierten auch als Erfassungsstellen, denn sie ließen sich für ihre Dienste in Naturalien entlohnen. Nebenbei kontrollierten sie die Tätigkeit der von ihnen betreuten Kollektivwirtschaften und waren damit so etwas wie ein lokaler Geheimdienst ganz eigener Art.

Aus: Merle Fainsod, Wie Rußland regiert wird, a. a. O., S. 585ff.

14. Industrialisierung und neue Elite

Je mehr die Parteiführung von der komplizierten Aufgabe in Anspruch genommen war, eine Gesellschaft zu dirigieren, die sich im Prozeß schneller Industrialisierung befand, desto abhängiger wurde sie von den fachlichen Fähigkeiten der neuen Managerklasse. Von der Mitte der dreißiger Jahre an legte die Partei steigenden Wert darauf, Mitglieder der neuen technischen Intelligenz in ihre Reihen aufzunehmen. Auf dem XVIII. Parteitag im Jahre 1939 fielen die letzten Schranken: durch eine Abänderung des Parteistatuts wurden die Eintrittsbedingungen für leitendes und technisches Personal gelockert. Die Aufnahme der technischen Intelligenz in die Partei war ein wichtiger Schritt zur Verschmelzung von Partei und Staatsverwaltung. Die proletarische Basis der Partei wurde überlagert, und die veränderte soziale Zusammensetzung der Partei war Ausdruck des wachsenden Gewichts der neuen Funktionärs- und Manager-Elite.

In dem Maße, wie sich die neue Elite herausbildete und feste Form gewann, strebte sie danach, ihre Autorität zu stärken und ihre Privilegien zu erhöhen. Um sie fest an das Regime zu binden, gewährte ihr die Parteiführung hohe materielle Vergünstigungen. Die Direktoren erhielten größere Machtbefugnisse, und die Einmannleitung wurde allgemein in der Industrie eingeführt. Die Rechte der Gewerkschaften wurden beschnitten und die Grundorganisationen der Partei angewiesen, nicht in die Einzelheiten der Betriebsführung einzugreifen, sondern sich auf allgemeine Kontrolle zu beschränken. Die Fabrikdirektoren wurden ermächtigt, über die ihnen anvertrauten Mittel weitgehend frei zu verfügen, solange sie nur ihre Planziele erfüllten.

Gleichzeitig sorgten die Führer des Regimes dafür, daß die Macht der neuen Elite nicht überhandnahm. Polizei- und Parteiorgane wachten darüber, daß die Anweisungen der Spitze ausgeführt wurden. Nichtbefolgung von Anordnungen oder das geringste Zeichen von Illoyalität hatten strenge Bestrafung zur Folge. Trotz ihrer Privilegien und ihrer neuerworbenen Autorität arbeiteten die Manager in einer Atmosphäre der Unsicherheit und des

institutionalisierten Argwohns. Als Klasse war die industrielle Elite unentbehrlich; auf das einzelne Mitglied konnte man jederzeit verzichten. Solchem Druck ausgesetzt, stabilisierte sich die Elite nicht, sondern blieb zirkulierend. Die Privilegien waren an die Funktion gebunden; sie verschwanden, wenn die Funktion nicht mehr ausgeübt wurde.
Während die schnelle Industrialisierung der technischen Intelligenz Vorrechte und Verantwortung einbrachte, bescherte sie der Arbeiterschaft in erster Linie eine straffere Disziplin. In steigendem Maße wurde Zwang angewandt. Nach der Niederlage der Rechten Opposition (1928/29) verloren die Gewerkschaften jene Rechte als Tarifpartner, die sie bis dahin noch besessen hatten. Ihre Rolle bestand fortan nur noch darin, kleinere Streitfälle zu schlichten, die Arbeiter zur Produktionssteigerung anzuhalten und Aufgaben der Sozialversicherung und Fürsorge wahrzunehmen.
Arbeitskräfte gewann man dadurch, daß man in großem Umfang überschüssige Landbewohner in die Industriezentren umsiedelte. Diese Aktionen wurden vertraglich zwischen Industriebetrieben und Kollektivwirtschaften vereinbart und waren der Form nach freiwillig, in Wirklichkeit aber obligatorisch; den Kollektivwirtschaften blieb nichts anderes übrig, als die ihnen auferlegten Quoten zu stellen. Mit der Gründung der Staatlichen Arbeitsreserven im Jahre 1940 wurde praktisch die Zwangsaushebung von Jugendlichen zur Arbeit in der Industrie eingeführt.
Mit fortschreitender Industrialisierung wurde die Arbeitsdisziplin immer strenger. Im ersten Planjahrfünft war die Fluktuation der Arbeitskräfte sehr groß; die Leute wanderten auf der Suche nach besseren Arbeitsbedingungen von Fabrik zu Fabrik. Ermahnungen, am Arbeitsplatz zu bleiben, fruchteten nichts. Im Oktober 1930 griff die Parteiführung zu Strafmaßnahmen. „Deserteuren“ und „Bummlern“ wurde angedroht, sie würden sechs Monate lang keine Beschäftigung in der Industrie erhalten. Auch dies erwies sich als unwirksam, da Arbeitskräfte knapp waren und die Betriebsleiter jeden einstellten, der sich ihnen anbot. 1932 wurden obligatorische Personalausweise eingeführt. Sodann ordnete das Regime an, daß Deserteure und Bummler keine Lebensmittelkarten und keinen Wohnraum bekommen sollten. Selbst über diese drastischen Verfügungen setzten sich Betriebe, die dringend Arbeitskräfte brauchten, häufig hinweg.
Von 1938 an wurde die Disziplin noch mehr verschärft. Im Dezember 1938 führte die Regierung für alle Lohnempfänger „Arbeitsbücher“ ein, in die sämtliche Beschäftigungsverhältnisse eingetragen werden mußten. Ein Arbeiter konnte nur gegen Vorlage seines Buchs eingestellt werden, das für die Dauer seiner Beschäftigung vom Betrieb aufbewahrt wurde. Verletzungen der Arbeitsdisziplin konnten mit Entlassung bestraft werden, was gleichzeitig Entzug des Wohnraums und niedrigere Sozialversicherungsleistungen bedeutete. Direktoren, die sich nicht an diese Vorschriften hielten, wurden selbst bestraft. Ein Dekret vom Juni 1940 setzte fest, daß Arbeiter, die ohne gültiges ärztliches Attest mehr als zwanzig Minuten zu spät kamen, mit Zwangsarbeit an ihrem bisherigen Arbeitsplatz und Lohnkürzungen bis zu 25 Prozent zu bestrafen waren. Wurden sie rückfällig, verschärften sich die Strafen. Kleine Diebstähle und Randalieren am Arbeitsplatz wurden mit einem Jahr Gefängnis geahndet. Gleichzeitig wurden die Arbeiter an ihren Betrieb gekettet. Ein Arbeitsplatzwechsel war nur noch mit ausdrücklicher Erlaubnis der Betriebsleitung möglich; für Zuwiderhandlungen wurde Gefängnis angedroht.

Aus: Merle Fainsod, Wie Rußland regiert wird, a. a. O., S. 124f.

15. Reaktion im Zeichen der Industrialisierung

Jede revolutionäre Bewegung strebt danach, ihre Autorität zu konsolidieren, nachdem sie die Macht erobert und die dynamische Schwungkraft ihres Programms aufgebraucht hat. Auch das autoritärste Regime kommt nicht darum herum, sich mit seiner Umwelt zu arrangieren. Seinen Fortbestand erkauft es mit dem Verzicht auf unerreichbare utopische Ziele, mit der Absage an bisher unantastbare Glaubenssätze und mit dem Gebrauch von Mitteln, die gegen die geheiligtesten Dogmen des ursprünglichen revolutionären Programms verstoßen. Die ironischsten Kapitel in der Geschichte der Revolutionen sind die, die von ihren unbeabsichtigten Folgen handeln.

Der Komplex von Einflüssen und Umständen, die zur Restauration der traditionellen Machtsymbole in der Sowjetunion beitrugen, ist nicht leicht in seine Einzelbestandteile aufzulösen. Wichtig als prägende Kraft war die Industrialisierung. So forderte etwa die Disziplin des Fabrikbetriebs ein Schulsystem, das das Analphabetentum beseitigte, allen Kindern Grundkenntnisse im Lesen, Schreiben und Rechnen vermittelte, sie an Ordnung, Gehorsam und Genauigkeit gewöhnte und den Schülern, die später höhere technische Lehranstalten besuchen und Techniker, Ingenieure oder Betriebsleiter werden würden, eine ausreichende mathematische und naturwissenschaftliche Vorbildung bot. Die auf das Kind orientierte Sowjetschule der zwanziger Jahre erfüllte diese Bedingungen nicht: in ihr war die Disziplin lax und die Autorität des Lehrers gering; die traditionellen Fächer wurden nicht gelehrt, es herrschte schrankenlose Experimentierfreude, und die Lehrpläne änderten sich ständig. Die Schulreformen der frühen dreißiger Jahre, die den Akzent wieder auf Disziplin, Lehrerautorität und Unterricht in den Grundfächern legten, paßten das Erziehungssystem den Erfordernissen der industriellen Ordnung an. Die gleichen Gründe waren zumindest mitbestimmend dafür, daß die Familie als autoritäre Institution gefördert und die Scheidung erschwert wurde: man nahm an, daß sich die Gewöhnung an Ordnung und Gehorsam in der Zucht der Familie auch am Fließband auswirken werde.

Eine Folge der Industrialisierung waren zum Teil auch die Rechtsreformen der dreißiger Jahre. In den zwanziger Jahren galt das Recht als überholtes Überbleibsel der bürgerlichen Gesellschaft, das bald absterben würde. Allenfalls mochte es noch als Waffe des Proletariats gegen die Klassenfeinde von Nutzen sein. Mitglieder der Arbeiterklasse, die „gesellschaftlich gefährliche" Handlungen begingen, wurden in der Regel milder behandelt als Angehörige der ehemals herrschenden Klassen. Die herrschende Rechtslehre der Zeit fußte auf einem deterministisch und mechanistisch gefaßten Marxismus. Verbrecher galten nicht als Übeltäter, die für ihre Schuld büßen mußten, sondern als umzuerziehende Opfer ihrer Umwelt. Man nahm an, mit dem Übergang der Sowjetgesellschaft zum Kommunismus werde das Verbrechen verschwinden.

Die gesellschaftlichen Auflösungserscheinungen und die Wellen von Kriminalität, die mit der Industrialisierung und Kollektivierung einhergingen, ließen solche Ansichten mehr und mehr anachronistisch erscheinen. Die Industriegesellschaft brauchte Ordnung und Disziplin, und die Sowjetführung verlangte, daß das Rechtssystem dieser Forderung nachkomme. 1930 erklärte Stalin:

„Wir sind für das Absterben des Staates. Wir sind jedoch gleichzeitig für die Verstärkung der Diktatur des Proletariats, der stärksten und mächtigsten Staatsmacht, die jemals bestanden hat. Höchste Entwicklung der Staatsmacht zur Vorbereitung *für* das Absterben der Staatsmacht – so lautet die marxistische Formel. Ist das ‚widerspruchsvoll'? Ja, es ist ‚widerspruchsvoll'. Aber dieser Widerspruch ist dem Leben eigen, und er widerspiegelt vollständig die Marxsche Dialektik."

Die Gesetzesänderungen, die dann folgten, weiteten die Unterdrückungsfunktionen des Staates beträchtlich aus und führten einen neuen, voluntaristischen Begriff des Verbrechens ein. Der einzelne wurde jetzt für seine persönlichen Mängel und seine Versäumnisse gegenüber den Forderungen des Regimes voll verantwortlich gemacht.

Aus: Merle Fainsod, Wie Rußland regiert wird, a. a. O., S. 129f.

16. Stalin: Die Ergebnisse des Fünfjahresplans (Januar 1933)

Die Partei hat das Land gleichsam angepeitscht, um seinen Vormarsch zu beschleunigen. Hat die Partei richtig gehandelt, als sie die Politik des maximal beschleunigten Tempos durchführte?

Ja, sie hat unbedingt richtig gehandelt.

Man muß ein Land, das um 100 Jahre zurückgeblieben ist und dem infolge seiner Zurückgebliebenheit eine tödliche Gefahr droht, vorwärtstreiben. Nur auf diese Weise konnte dem Lande die Möglichkeit gegeben werden, in aller Eile auf der Basis der neuen Technik umzurüsten und endlich die breite Heerstraße der Entwicklung zu betreten...

Die Partei war deshalb gezwungen, das Land anzupeitschen, um keine Zeit zu verlieren, um die Atempause bis zum letzten auszunutzen und in der Sowjetunion rechtzeitig die Grundlagen der Industrialisierung zu schaffen, die die Basis ihrer Macht bilden. Die Partei hatte keine Möglichkeit zu warten und zu manövrieren, und sie mußte die Politik des maximal beschleunigten Tempos durchführen.

Schließlich mußte die Partei in möglichst kurzer Frist der Schwäche des Landes auf dem Gebiete der Landesverteidigung ein Ende setzen. Die gegenwärtige Lage, die Zunahme der Rüstungen in den kapitalistischen Ländern, das Fiasko der Abrüstungsidee, der Haß der internationalen Bourgeoisie gegen die Sowjetunion – all das drängte die Partei dazu, die Stärkung der Wehrhaftigkeit des Landes, dieser Grundlage seiner Unabhängigkeit, zu forcieren...

Man sagt uns, all das sei recht schön, es seien viele neue Betriebe gebaut und die Grundlagen der Industrialisierung geschaffen worden. Es wäre jedoch weitaus besser gewesen, auf die Politik der Industrialisierung, auf die Politik der Erweiterung der Erzeugung von Produktionsmitteln zu verzichten oder wenigstens diese Sache in den Hintergrund zu schieben, um mehr Kattun, Schuhe, Kleider und andere Massenbedarfsartikel herzustellen. Massenbedarfsartikel seien nicht soviel erzeugt worden als nötig, und das schaffe gewisse Schwierigkeiten.

Dann muß man aber wissen und sich Rechenschaft darüber ablegen, wohin uns eine Politik, die die Industrialisierungsaufgaben in den Hintergrund schiebt, geführt hätte. Natürlich hätten wir von den eineinhalb Milliarden Rubel in Valuta, die während dieser Periode für die Ausrüstung unserer Schwerindustrie aufgewandt wurden, die Hälfte für den Import von Baumwolle, Leder, Wolle, Kautschuk usw. verwenden können. Wir hätten dann mehr Kattun, Schuhe, Kleider. Wir hätten dann aber weder eine Traktorenindustrie noch eine Automobilindustrie, hätten keine einigermaßen bedeutende Eisenhüttenindustrie, hätten kein Metall für den Maschinenbau und stünden der mit der neuen Technik ausgerüsteten kapitalistischen Umwelt wehrlos gegenüber. Wir hätten uns dann der Möglichkeit beraubt, die Landwirtschaft mit Traktoren und landwirtschaftlichen Maschinen zu versorgen, säßen also ohne Brot da. Wir hätten uns der Möglichkeit beraubt, den Sieg über die kapitalistischen Elemente im Lande zu erringen, hätten also die Chancen für eine Restauration des Kapitalismus unermeßlich erhöht. Wir hätten dann nicht alle die modernen Verteidigungsmittel, ohne die die staatliche Unabhängigkeit eines Landes unmöglich ist, ohne die sich ein Land in ein Objekt der Kiegshandlungen auswärtiger Feinde verwandelt. Unsere Lage wäre dann der Lage des heutigen China mehr oder weniger ähnlich, das keine eigene Schwerindustrie, keine Kriegsindustrie hat, und das jetzt von allen, denen es nur gefällt, gerupft wird.

Zit. nach Hans Raupach, Geschichte der Sowjetwirtschaft, a.a.O., S. 213f.

17. Die Jahre 1930–1934 in der Sicht der KPdSU

In den Jahren 1930–1934 bewältigte die Partei der Bolschewiki die nach der Machteroberung schwierigste historische Aufgabe der proletarischen Revolution, die Überleitung der Millionen Wirtschaften bäuerlicher Kleinbesitzer auf den Weg der Kollektivierung, auf den Weg des Sozialismus.

Die Liquidierung des Kulakentums als der zahlreichsten Ausbeuterklasse und die Überleitung der großen Massen der Bauernschaft auf den Weg der Kollektivwirtschaften führten zur Ausrodung der letzten Wurzeln des Kapitalismus im Lande, zur Vollendung des Sieges des Sozialismus in der Landwirtschaft, zur endgültigen Festigung der Sowjetmacht im Dorfe.

Nach Überwindung einer Reihe von Schwierigkeiten organisatorischer Natur festigten sich die Kollektivwirtschaften endgültig und beschritten den Weg eines Lebens im Wohlstand.

Als Ergebnis der Erfüllung des ersten Fünfjahresplans wurde in unserem Lande das unerschütterliche Fundament der sozialistischen Wirtschaft gelegt, nämlich eine erstklassige sozialistische Schwerindustrie und die kollektive maschinisierte Landwirtschaft aufgebaut, es wurde die Arbeitslosigkeit beseitigt, die Ausbeutung des Menschen durch den Menschen abgeschafft und die Bedingungen für eine ununterbrochene Verbesserung der materiellen Lage und der Erhöhung des Kulturniveaus der Werktätigen unserer Heimat geschaffen.

Diese gigantischen Erfolge sind von der Arbeiterklasse, den Kollektivbauern und allen Werktätigen unseres Landes dank der kühnen, revolutionären und weisen Politik der Partei und der Regierung errungen worden.

Aus: Geschichte der Kommunistischen Partei der Sowjetunion (Bolschewiki) – Gebilligt vom ZK der KPdSU 1938, Berlin 1945, S. 399

18. Stalins Totalitarismus

Die Ausrichtung von Wirtschaft und Gesellschaft auf die Steigerung der industriellen und militärischen Kraft verstärkte die totalitären Züge des Regimes. Die der Bauernschaft aufgezwungene „Revolution von oben“ und der Konsumverzicht, den die „ursprüngliche sozialistische Akkumulation“ verlangte, waren nicht ohne zunehmenden Rückgriff auf Zwangsmittel durchzusetzen. Die Festigung von Stalins absoluter Macht, die erbarmungslose Ausrottung von Abweichlern in der Partei, das immer stärkere Hervortreten bürokratisch-hierarchischer Organisationsformen, die wachsende Rolle der Geheimpolizei und der Zwangsarbeit gingen Hand in Hand mit der erzwungenen Industrialisierung und Militarisierung.

Die totalitäre Herrschaft, wie sie unter Stalins Händen Gestalt annahm, war ein komplexes Gebilde. Einer ihrer Aspekte war, daß sie durch Beseitigung aller wirklichen oder potentiellen rivalisierenden Machtzentren seiner eigenen Sicherheit diente. Das geschah auf positive und auf negative Weise: Einerseits ergoß sich in die Köpfe der Sowjetbevölkerung ein unaufhörlicher, das eigene Denken lähmender Strom von Agitation und Propaganda, welche die Überlegenheit des Sowjetsystems und die Vorzüge seiner Führer hervorhob, andererseits wurden die Menschen von der Außenwelt und voneinander abgeschnitten und dadurch jeder Alternative beraubt. Die Geheimpolizei erzeugte eine alles durchdringende Atmosphäre der Unsicherheit; jedermann hatte jederzeit Angst vor dem Spitzel und dem Arbeitslager. Die Partei und die Geheimpolizei wachten über die Loyalität der Armee und der Verwaltung, und sie überwachten sich gegenseitig. In diesem System des institutionalisierten wechselseitigen Mißtrauens wurde die Rivalität zwischen den Hierarchien der Partei, der Polizei, der Armee und der Staatsverwaltung absichtlich geschürt; keine von ihnen konnte ohne Stalin und seine vertrauten Gehilfen endgültige Entscheidungen treffen. Stalin konzentrierte alle Macht in seinen Händen, weil jeder seiner Untergebenen nur über einen Splitter der Macht verfügte.

Ein anderer Aspekt des Stalinschen Totalitarismus war, daß er den Erfordernissen der Industrialisierung Rechnung trug. Er stellte die neue Sowjetintelligenz in seinen Dienst und belohnte ihre Elite mit hohen materiellen Privilegien und einer gehobenen sozialen Stellung. Er schuf eine Arbeiteraristokratie aus gefeierten Stachanowisten, die der Arbeiterklasse als Leithammel dienen sollten. Er führte ein Leistungslohnsystem ein, das die tüchtigen Arbeiter belohnte, die zurückgebliebenen und leistungsschwachen bestrafte. Er ging das Risiko ein, sich die Masse der ungelernten und angelernten Arbeiter durch schlechte Bezahlung und unzureichende Versorgung abwendig zu machen, behielt sie aber durch strengste disziplinarische Maßnahmen unter seiner Kontrolle.

Um seine Stellung als Führer der Ordnungspartei in der Sowjetgesellschaft zu festigen, bemühte sich Stalin auch, die totalitäre Herrschaft mit den Kräften der Tradition und Achtbarkeit im russischen Leben zu identifizieren. Dieses Streben nach Stabilität und Legitimität führte ihn auf seltsame Abwege. Das Erziehungswesen wurde drastisch umgestaltet und verlor die experimentellen und progressiven Züge der Frühzeit; die Schule verwandelte sich in ein autoritäres Instrument, dazu bestimmt, die Jugend zur Ergebenheit gegenüber dem Regime zu erziehen und sie auf die ihr zugewiesene Rolle in der hierarchischen Struktur der Sowjetgesellschaft vorzubereiten. Die Autorität der Familie wurde wiederhergestellt, die Abtreibung erschwert, der Kinderreichtum gefördert und die Institution der Ehe neu gekräftigt. Mit der Kirche schloß Stalin *de facto* ein „Konkordat", freilich auf jederzeitigen Widerruf: als Gegenleistung für die politische Loyalität der Geistlichkeit und der Gläubigen duldete er in nie genau festgelegten Grenzen die Religionsausübung. In erstaunlichem Maße kam der Patriotismus als einende Kraft der Sowjetgesellschaft wieder zu Ehren; mehr und mehr bemühte sich das Regime, als legitimer Erbe der besten Traditionen der russischen Vergangenheit zu erscheinen. Recht und Gesetz erfuhren eine neue Hochschätzung als Mittel, dem Staatsbürger seine Pflichten gegenüber dem Staat einzu-

schärfen und die Beziehungen zwischen den staatlichen Betrieben und den einzelnen in geordnete Bahnen zu lenken.
Dieses Streben, die Autorität des Regimes zu stabilisieren, kam auch in einem bedeutungsvollen Wandel der sowjetischen Ideologie zum Ausdruck. Die Theorie vom Absterben des Staates verschwand nahezu in der Versenkung. Die These, daß die Basis den Überbau bestimme – einer der geheiligten Lehrsätze der marxistischen Orthodoxie –, wurde praktisch in ihr Gegenteil verkehrt. Der Einfluß der materiellen Umwelt wurde bagatellisiert, der staatliche Überbau als schöpferischer Initiator und Lenker aller Lebensvorgänge der Sowjetgesellschaft verherrlicht. Dem einzelnen Bürger fiel die Aufgabe zu, sich bewußt und diszipliniert den Zielen des Staates unterzuordnen.

Aus: Merle Fainsod, Wie Rußland regiert wird, a.a.O., S. 127ff.

19. Stalins Rückblick (November 1936)

Entsprechend den Veränderungen in der Ökonomik der Sowjetunion hat sich auch die *Klassenstruktur* unserer Gesellschaft verändert.
Die Klasse der Gutsbesitzer war bekanntlich schon mit der siegreichen Beendigung des Bürgerkriegs liquidiert worden. Was die anderen Ausbeuterklassen betrifft, so haben sie das Schicksal der Gutsbesitzer geteilt. Verschwunden ist die Kapitalistenklasse in der Industrie. Verschwunden ist die Kulakenklasse in der Landwirtschaft. Verschwunden sind die Händler und Spekulanten auf dem Gebiet des Warenumsatzes. Alle Ausbeuterklassen sind somit liquidiert.
Geblieben ist die Arbeiterklasse.
Geblieben ist die Klasse der Bauern.
Geblieben ist die Intelligenz.
Es wäre aber verfehlt zu glauben, daß diese sozialen Gruppen während dieser Zeit keine Veränderungen durchgemacht hätten, daß sie dieselben geblieben seien, die sie, sagen wir, in der Periode des Kapitalismus waren.
Nehmen wir z. B. die Arbeiterklasse der Sowjetunion. Man nennt sie oft aus alter Gewohnheit Proletariat. Aber was ist das Proletariat? Das Proletariat ist eine Klasse, die der Produktionsmittel und -instrumente beraubt ist bei einem Wirtschaftssystem, in dem die Produktionsmittel und -instrumente den Kapitalisten gehören und die Kapitalistenklasse das Proletariat ausbeutet. Das Proletariat ist eine Klasse, die von den Kapitalisten ausgebeutet wird. Bei uns aber ist die Kapitalistenklasse bekanntlich schon liquidiert, die Produktionsmittel und -instrumente sind den Kapitalisten weggenommen und dem Staat übergeben worden, dessen führende Kraft die Arbeiterklasse ist. Also gibt es keine Kapitalistenklasse mehr, von der die Arbeiterklasse ausgebeutet werden könnte. Also ist unsere Arbeiterklasse der Produktionsmittel und -instrumente nicht nur nicht beraubt, sondern im Gegenteil, sie besitzt sie gemeinsam mit dem ganzen Volke. Da sie sie aber besitzt und die Kapitalistenklasse liquidiert ist, so ist jede Möglichkeit ausgeschlossen, die Arbeiterklasse auszubeuten. Kann man danach unsere Arbeiterklasse Proletariat nennen? Es ist klar, daß man es nicht kann ... Das bedeutet, daß das Proletariat der Sowjetunion zu einer völlig neuen Klasse, zu der Arbeiterklasse der Sowjetunion geworden ist, die das kapitalistische Wirtschaftssystem abgeschafft, das sozialistische Eigentum an den Produktionsmitteln und -instrumenten verankert hat und die Sowjetgesellschaft auf den Weg zum Kommunismus leitet.

Wie ihr seht, ist die Arbeiterklasse der Sowjetunion eine völlig neue, von Ausbeutern befreite Arbeiterklasse, derengleichen die Geschichte der Menschheit noch niemals gekannt hat.

Gehen wir zur Frage der Bauernschaft über. Gewöhnlich sagt man, daß die Bauernschaft eine Klasse von Kleinproduzenten ist... Kann man sagen, daß unsere heutige Bauernschaft, die Sowjetbauernschaft, in ihrer Masse einer solchen Bauernschaft gleicht? Nein, das kann man nicht sagen. Eine solche Bauernschaft gibt es bei uns nicht mehr. Unsere Sowjetbauernschaft ist eine völlig neue Bauernschaft. Bei uns gibt es keine Gutsbesitzer und Kulaken, keine Händler und Wucherer mehr, die die Bauern ausbeuten könnten. Also ist unsere Bauernschaft eine von Ausbeutung befreite Bauernschaft. Weiter ist unsere Sowjetbauernschaft in ihrer erdrückenden Mehrheit eine Kollektivbauernschaft, d. h. sie gründet ihr Schaffen und ihr Vermögen nicht auf Einzelarbeit und auf eine rückständige Technik, sondern auf kollektive Arbeit und auf eine moderne Technik. Schließlich liegt der Wirtschaft unserer Bauernschaft nicht das Privateigentum zugrunde, sondern das kollektive Eigentum, das sich auf der Basis der kollektiven Arbeit entwickelt hat.

Wie ihr seht, ist die Sowjetbauernschaft eine völlig neue Bauernschaft, derengleichen die Geschichte der Menschheit noch niemals gekannt hat.

Gehen wir schließlich zur Frage der Intelligenz über, zur Frage der Ingenieure und Techniker, der Mitarbeiter an der Kulturfront, der Angestellten überhaupt usw. Die Intelligenz hat in der vergangenen Periode ebenfalls große Veränderungen durchgemacht. Das ist schon nicht mehr jene alte, verknöcherte Intelligenz, die sich über die Klassen zu stellen suchte, tatsächlich aber in ihrer Masse den Gutsbesitzern und Kapitalisten diente. Unsere Sowjetintelligenz ist eine völlig neue Intelligenz, die mit allen Fasern mit der Arbeiterklasse und der Bauernschaft verbunden ist. Verändert hat sich erstens die Zusammensetzung der Intelligenz ... Geändert hat sich schließlich auch der Charakter der Tätigkeit der Intelligenz. Früher mußte sie den reichen Klassen dienen, denn sie hatte keinen anderen Ausweg. Jetzt muß sie dem Volke dienen, denn es gibt keine Ausbeuterklassen mehr. Und gerade deshalb ist sie jetzt gleichberechtigtes Mitglied der Sowjetgesellschaft, wo sie gemeinsam mit den Arbeitern und Bauern, an demselben Strange ziehend, die neue, die klassenlose, sozialistische Gesellschaft aufbaut.

Wie ihr seht, ist das eine völlig neue, eine werktätige Intelligenz, derengleichen ihr in keinem Lande der Welt findet.

Das sind die Veränderungen, die in der verflossenen Zeit in der Klassenstruktur der Sowjetgesellschaft vor sich gegangen sind.

Wovon zeugen diese Veränderungen?

Sie zeugen erstens davon, daß die Grenzlinien zwischen der Arbeiterklasse und der Bauernschaft, ebenso wie diejenigen zwischen diesen Klassen und der Intelligenz sich verwischen, daß die alte Klassenabgeschlossenheit verschwindet. Das bedeutet, daß der Abstand zwischen diesen sozialen Gruppen sich immer mehr verringert.

Sie zeugen zweitens davon, daß die ökonomischen Gegensätze zwischen diesen sozialen Gruppen dahinschwinden, sich verwischen.

Sie zeugen schließlich davon, daß auch die politischen Gegensätze zwischen ihnen dahinschwinden und sich verwischen ...

Welche Widerspiegelung haben alle diese Veränderungen im Leben der Sowjetunion in dem Entwurf der neuen Verfassung gefunden? ...

Der Entwurf der neuen Verfassung stellt das Fazit des zurückgelegten Weges dar, das Fazit

bereits erzielter Errungenschaften. Er ist also die Registrierung und gesetzgeberische Verankerung dessen, was bereits in der Praxis erreicht und errungen ist . . .
Eine Besonderheit des Entwurfs der neuen Verfassung besteht darin, daß er sich nicht auf die Fixierung der formalen Rechte der Staatsbürger beschränkt, sondern den Schwerpunkt auf die Frage der Garantien dieser Rechte, auf die Frage der Mittel zur Verwirklichung dieser Rechte verlegt. Er verkündet nicht einfach die Gleichheit der Rechte der Staatsbürger, sondern sichert sie auch durch gesetzgeberische Verankerung der Tatsache, daß das Regime der Ausbeutung aufgehoben ist, daß die Staatsbürger von jeglicher Ausbeutung befreit sind. Er verkündet nicht einfach das Recht auf Arbeit, sondern sichert es auch durch gesetzgeberische Verankerung der Tatsache, daß es in der Sowjetgesellschaft keine Krisen gibt, der Tatsache, daß die Arbeitslosigkeit beseitigt ist. Er verkündet nicht einfach die demokratischen Freiheiten, sondern sichert sie auch auf gesetzgeberischem Wege durch bestimmte materielle Mittel. Es ist daher klar, daß der Demokratismus des Entwurfs der neuen Verfassung kein „gewöhnlicher" und „allgemein anerkannter" Demokratismus schlechthin, sondern ein *sozialistischer* Demokratismus ist. . .
Ich muß zugeben, daß der Entwurf der neuen Verfassung tatsächlich das Regime der Diktatur der Arbeiterklasse aufrechterhält, ebenso wie er die jetzige führende Stellung der Kommunistischen Partei der UdSSR unverändert beibehält. Wenn die verehrten Kritiker dies für einen Mangel des Verfassungsentwurfs halten, so kann man dies nur bedauern. Wir Bolschewiki aber halten dies für einen Vorzug des Verfassungsentwurfs.
Was die Freiheit verschiedener politischer Parteien anbetrifft, so vertreten wir hier einigermaßen andere Ansichten. Die Partei ist ein Teil der Klasse, ihr fortgeschrittenster Teil. Mehrere Parteien und folglich auch eine Freiheit der Parteien kann es nur in einer Gesellschaft geben, wo es antagonistische Klassen gibt, deren Interessen einander feindlich und unversöhnlich sind, wo es, sagen wir, Kapitalisten und Arbeiter, Gutsbesitzer und Bauern, Kulaken und Dorfarmut usw. gibt. In der Sowjetunion gibt es aber schon keine Klassen mehr wie Kapitalisten, Gutsbesitzer, Kulaken usw. In der Sowjetunion gibt es nur zwei Klassen, die Arbeiter und die Bauern, deren Interessen einander nicht nur nicht feindlich gegenüberstehen, sondern im Gegenteil miteinander harmonieren. Folglich gibt es in der Sowjetunion keinen Boden für die Existenz mehrerer Parteien und somit auch keinen Boden für die Freiheit dieser Parteien, in der Sowjetunion gibt es Boden nur für eine Partei, die Kommunistische Partei. In der Sowjetunion kann es nur eine Partei geben, die Partei der Kommunisten, die kühn und bis zum letzten die Interessen der Arbeiter und Bauern verteidigt. Und daß sie die Interessen dieser Klassen nicht schlecht verteidigt, daran kann wohl kaum ein Zweifel bestehen.
Man spricht von Demokratie. Was aber ist Demokratie? Die Demokratie in den kapitalistischen Ländern, wo es antagonistische Klassen gibt, ist in letzter Instanz eine Demokratie für die Starken, eine Demokratie für die besitzende Minderheit. Die Demokratie in der Sowjetunion ist im Gegenteil eine Demokratie für die Werktätigen, d. h. eine Demokratie für alle. Daraus folgt aber, daß die Grundlagen des Demokratismus nicht durch den Entwurf der neuen Verfassung der UdSSR verletzt werden, sondern durch die bürgerlichen Verfassungen. Deshalb glaube ich, daß die Verfassung der UdSSR die einzige bis zum letzten demokratische Verfassung der Welt ist.

Zit. nach: Der Sowjetkommunismus, a. a. O., S. 366ff.

20. Aus der Stalin-Verfassung von 1936

Artikel 66

Der Ministerrat der UdSSR erläßt Verordnungen und Verfügungen auf Grund und in Ausführung der geltenden Gesetze und überwacht ihre Durchführung.

Artikel 124

Zum Zwecke der Gewährleistung der Gewissensfreiheit für die Bürger sind in der UdSSR die Kirche vom Staat und die Schule von der Kirche getrennt. Die Freiheit der Ausübung religiöser Kulthandlungen und die Freiheit antireligiöser Propaganda werden allen Bürgern zuerkannt.

Artikel 126

In Übereinstimmung mit den Interessen der Werktätigen und zum Zwecke der Entwicklung der organisatorischen Selbsttätigkeit und der politischen Aktivität der Volksmassen wird den Bürgern der UdSSR das Recht gewährleistet, sich in gesellschaftlichen Organisationen zu vereinigen: in Gewerkschaften, genossenschaftlichen Vereinigungen, Jugendorganisationen, Sport- und Wehrorganisationen, Kulturvereinigungen, technischen und wissenschaftlichen Gesellschaften, während die aktivsten und zielbewußtesten Bürger aus den Reihen der Arbeiterklasse, der werktätigen Bauern und der schaffenden Intelligenz sich freiwillig in der kommunistischen Partei der Sowjetunion vereinigen, die der Vortrupp der Werktätigen in ihrem Kampf für die Errichtung der kommunistischen Gesellschaft ist und den leitenden Kern aller Organisationen der Werktätigen, der gesellschaftlichen sowohl wie der staatlichen, bildet.

Artikel 135

Die Deputierten werden in allgemeiner Wahl gewählt: alle Bürger der UdSSR, die das Alter von 18 Jahren erreicht haben, besitzen, unabhängig von ihrer Zugehörigkeit zu einer Rasse und Nationalität, von Geschlecht, Glaubensbekenntnis, Bildungsgrad, Ansässigkeit, sozialer Herkunft, Vermögenslage und früherer Tätigkeit, das Recht, an den Wahlen der Deputierten teilzunehmen, mit Ausnahme von Geisteskranken und Personen, die vom Gericht unter Aberkennung des Wahlrechts verurteilt worden sind.
Zum Deputierten des Obersten Sowjets der UdSSR kann jeder Bürger der UdSSR gewählt werden, der das Alter von 23 Jahren erreicht hat, unabhängig von seiner Zugehörigkeit zu einer Rasse und Nationalität, von Geschlecht, Glaubensbekenntnis, Bildungsgrad, Ansässigkeit, sozialer Herkunft, Vermögenslage und früherer Tätigkeit.

Artikel 141

Die Aufstellung der Kandidaten für die Wahlen erfolgt nach Wahlkreisen.
Das Recht, Kandidaten aufzustellen, wird den gesellschaftlichen Organisationen und den Vereinigungen der Werktätigen gewährleistet: den kommunistischen Parteiorganisationen, den Gewerkschaften, Genossenschaften, Jugendorganisationen, Kulturvereinigungen.

Zit. nach Georg von Rauch, Machtkämpfe und soziale Wandlungen in der Sowjetunion seit 1923, Stuttgart 1971, S. 26ff.

21. Die Stalin-Verfassung in juristischer Interpretation

Die Staatswirklichkeit zeigt, daß der Ministerrat die in Art. 66 errichteten Schranken häufig durchbricht und sich nicht mit dem Erlaß von Ausführungsverordnungen begnügt. Eine Reihe seiner Erlasse ändern geltendes Gesetz direkt oder indirekt ab und sind daher ihrem Gehalt nach als materielle Gesetze anzusehen.

Es darf nicht übersehen werden, daß den Gegnern der Kirche in Art. 124 durch das Recht auf Ausübung antireligiöser Propaganda wesentlich mehr Freiheit gewährt wird als den Kirchen und Glaubensgemeinschaften selber, deren Recht auf die Ausübung religiöser Kulthandlungen beschränkt wird unter Vorenthalt einer religiösen Propaganda (Mission).

Optisch scheinen die in Art. 126 aufgezählten Grundrechte denen liberaler Verfassungen über Vereins- und insbesondere Koalitionsfreiheit zu gleichen. Tatsächlich ergeben sich aber wesentliche Einschränkungen dieser politisch sehr wichtigen Grundrechte:

1. Das Recht auf Vereinsbildung ist nicht absolut, d. h. es wird nur unter der Voraussetzung gewährt, daß durch die Vereinsbildung dem Interesse von Partei und Staat positiv entsprochen wird. Schon bevor sich ein Verein gebildet hat und bevor ihm die Verfolgung von Zielen nachgewiesen werden kann, die „den Interessen der Werktätigen" usw. nicht positiv entsprechen, kann ihm seine Konstituierung verboten werden.
2. Das Recht auf Gründung politisch indifferenter und rein privater Vereine besteht nicht. Nur solche Zusammenschlüsse sind erlaubt, deren Existenz Staat und Partei Förderung ihrer eigenen Ziele erwarten lassen.
3. Die in Art. 126 aufgeführten Vereine sind nicht als Beispiele zu verstehen, sondern als die einzig möglichen „gesellschaftlichen Organisationen". Der Beitritt zu diesen Massenvereinigungen wird teils empfohlen, teils befohlen zum Zweck der psychologischen Beherrschung und Kontrolle des Volkes durch die Partei vermittels der einzelnen Massenorganisationen.
4. Die Kommunistische Partei wird ausdrücklich erwähnt
a) in beherrschender Stellung als einzige Partei (Koalition),
b) in moralisch qualifizierter Stellung als Vereinigung der Besten.

Art. 135 bekennt sich zum Grundsatz der Allgemeinheit des Wahlrechts, nachdem bis 1936 radikale, unter „Klassen"-Gesichtspunkten erfolgende Beschränkungen für das aktive wie passive Wahlrecht bestanden hatten. Die heutigen Einschränkungen des Wahlrechts (Geisteskrankheit, Verlust der politischen und Bürgerrechte) halten sich im Rahmen der liberalen Verfassungen. Von der Möglichkeit des Rechtsverlustes wird allerdings sehr weitgehend Gebrauch gemacht; hiervon sind nicht nur die Millionen der Strafgefangenen betroffen, sondern auch den bereits Strafentlassenen wird für eine bestimmte Zeit das Wahlrecht aberkannt.

Durch Erlaß des Präsidiums des Obersten Sowjet vom 10. 12. 1945 wurden die Altersgrenzen für das passive Wahlrecht erhöht: Auf 23 Jahre für den Oberen Unions-Sowjet und auf 21 Jahre für den Nationalitäten-Sowjet.

Das Zweikammersystem des Obersten Sowjet macht auch ein doppeltes Wahlkreissystem erforderlich:

1. Unions-Sowjet: Ohne Rücksicht auf Verwaltungs- oder Grenzen einzelner Republiken umfaßt jeder Wahlkreis 300000 Einwohner.
2. Nationalitäten-Sowjet: Ohne Rücksicht auf Einwohnerzahl wird jede Unions-Republik

in 25, jede Autonome Republik in 11 und jedes Autonome Gebiet in 5 Wahlkreise aufgeteilt; jeder nationale Bezirk stellt einen Wahlkreis dar.
Art. 141, Abs. 2. macht jede Form freier Wahlen unmöglich: Nach gründlicher Vorprüfung und Siebung durch die Partei und die ihr hörigen Organisationen werden die Kandidaten nominiert; von einer Wahl kann insofern keine Rede sein, da für jeden Wahlkreis nur ein Kandidat vorgeschlagen wird. In Art. 141 schließt sich der Ring der um das Volk geschmiedeten Diktatur der Partei.

Aus: Reinhart Maurach, Handbuch der Sowjetverfassung, München 1955, S. 221ff.

22. Die „Große Säuberung" 1936 – 1938

Die „Große Säuberung" von 1936 bis 1938 brachte eine völlige Änderung der sozialen Zusammensetzung der bolschewistischen Partei zugunsten der „Intelligenz".
Die Liquidierung der meisten intellektuellen Kampfgefährten Lenins war mit einer weitgehenden Zurückdrängung des proletarischen Elements in der gesamten Partei verbunden, deren Bestand von 3,5 Mill. auf unter 2 Mill. abnahm, um bis 1940 erneut auf 3,4 Mill. anzuwachsen. Der Anteil der „Intelligenz" an der Gesamtpartei betrug 1939 bei 2,3 Mill. Mitgliedern 20 v. H. und näherte sich nach dem Kriege der 50-v.-H.-Grenze, während der Anteil der Arbeiter, der 1930 65,3 v. H. ausmachte, in der gleichen Zeit über die Hälfte abnahm. Von den Delegierten des XVIII. Parteikongresses der KPdSU im März 1939 gehörten bereits 54 v. H. gemäß ihrem Bildungsstand der „Intelligenz" an. In dem Zentralkomitee und seinen Vollzugsorganen machte sich der sozialstrukturelle Wandel ebenfalls bemerkbar. Stalin trug dieser Entwicklung dadurch Rechnung, daß er die formale Gleichberechtigung der „Intelligenz" mit den beiden anderen Klassen unter Beseitigung aller bisherigen Aufnahmebeschränkungen in dem vom XVIII. Parteikongreß der KPdSU angenommenen Parteistatut festlegen ließ. Dies bedeutete praktisch die verfassungsrechtliche Anerkennung der sozialen Vormachtstellung der „Intelligenz", die damals noch mit der Angestelltenschaft gleichgesetzt wurde, gegenüber den Arbeitern und Kolchosbauern. Die Bezeichnung „Proletariat" wurde durch „Arbeiterklasse" ersetzt und die Partei zur führenden Kraft des „ganzen Sowjetvolkes" und nicht nur der „werktätigen Massen" erklärt. Zu dem Sowjetvolk gehörte aber außer diesen drei Klassen, was die Parteiverfassung wohlweislich verschwieg, noch eine weitere soziale Gruppe, die der sozialen Rangordnung nach an letzter Stelle stand. Es waren dies die Zwangsarbeiter, die bei dem ständigen Wechsel der Häftlinge in den im Jahre 1930 in „Besserungsarbeitslager" umbenannten Konzentrationslagern, tatsächlich im Sinne der auf die „Intelligenz" gemünzten Formulierung Stalins eine „Zwischenschicht" darstellten. Bis 1930 unterstanden der sowjetischen Staatspolizei, die damals OGPU hieß, nur die nördlichen Lager zur besonderen Verwendung. Die Gesamtzahl ihrer Insassen dürfte in dieser Zeit eine Million nicht überschritten haben. Infolge der Zwangskollektivierung und der „Großen Säuberung" nahm die Zahl der KZ-Häftlinge stark zu. Durch Verordnung vom 27. 10. 1934 (GS UdSSR 1934, Nr. 56, Art. 481) wurde das gesamte Gefängniswesen und damit sämtliche Zwangsarbeitslager und -siedlungen dem neubegründeten Volkskommissariat für Innere Angelegenheiten der UdSSR (NKWD) unterstellt. Unter der Leitung der zuständigen Hauptverwaltung – GULAG – entwickelten sich die Zwangsarbeitslager und -siedlungen zu einer für das stalinistische System charakteristischen Einrichtung. Die Gesamtstärke des Zwangsarbeiterheeres, das vor allem für die

Erschließung des Hohen Nordens und wehrwirtschaftliche Zwecke eingesetzt wurde, ist von Rußlandkennern von zwei bis fünfzehn Millionen geschätzt worden.
Aus dem Volkswirtschaftsplan für 1941 geht hervor, daß allein in den NKWD-Betrieben 2,3 Mill. Personen, fast ausnahmslos KZ-Häftlinge, gearbeitet haben. Die Gesamtzahl der Zwangsarbeiter dürfte wesentlich höher gewesen sein.
Durch die forcierte Industrialisierung und die damit verbundene Verstädterung, durch die Zwangskollektivierung und die Vollsozialisierung aller wesentlichen Lebensbereiche und nicht zuletzt durch den Verlauf der „Großen Säuberung“ wurde die Staats- und Gesellschaftsordnung in Rußland einem viel tiefergehenden sozialstrukturellen Wandel unterworfen, als dieses unmittelbar nach der Oktoberrevolution der Fall gewesen war. Eine der wichtigsten Folgen dieses revolutionären Umbruchs war eine starke Erhöhung der sozialen Mobilität verbunden mit der entgegengesetzten Tendenz einer verstärkten Bürokratisierung sowie die weitgehende Überwindung eines Grundübels, an dem alle Entwicklungsländer kranken, der agrarischen Überbevölkerung.
Durch die „Revolution von oben“ wurde die soziale Umgestaltung des industriell-städtischen Bereichs, die nach der Oktoberrevolution begonnen worden war, abgeschlossen. Im agrarisch-ländlichen Bereich ersetzten die der Eigenart dieses Strukturwandels entsprechenden Teile in Gestalt des Kolchossystems die bisherigen traditionellen Formen.
Wohl das wichtigste Ergebnis dieser Entwicklung war der soziale Aufstieg der „Intelligenz“. Die Oberschicht der neuen Intelligenz verwuchs immer stärker mit der bürokratischen Parteiführung, die sich im Verlauf der „Großen Säuberung“ als autokratische Staatsspitze verselbständigt hatte. Aus einem endogenen sozialen Wandel, der von der staatlichen und nicht gesellschaftlichen Ebene ausgelöst wurde, ging so eine neue Klassengesellschaft im Rahmen eines autokratischen Herrschaftssystems hervor, das in dieser Zeit immer mehr totalitäre Züge annahm.

Aus: Boris Meissner, Der soziale Strukturwandel im bolschewistischen Rußland, a. a. O., S. 44 f.

23. Bucharins Schlußwort im Schauprozeß (März 1938)

Die Macht des proletarischen Staates äußert sich nicht nur darin, daß er die konterrevolutionären Banden zerschlagen hat, sondern auch darin, daß er seine Feinde innerlich zersetzt, daß er den Willen seiner Feinde desorganisiert hat. Dies gibt es nirgends, und dies kann es in keinem einzigen kapitalistischen Lande geben ...
Ich werde hier von mir selbst sprechen, von den Ursachen meiner Reue ... Ich habe ungefähr drei Monate geleugnet. Dann begann ich Aussagen zu machen. Warum? Die Ursache lag darin, daß ich im Gefängnis meine ganze Vergangenheit umgewertet habe. Denn, wenn man sich fragt: Wenn du stirbst, wofür stirbst du? – dann ergibt sich plötzlich mit erschütternder Deutlichkeit eine absolut schwarze Leere. Es gibt nichts, wofür man sterben müßte, wenn man sterben wollte, ohne bereut zu haben. Und umgekehrt nimmt all das Positive, das in der Sowjetunion leuchtet, nimmt all dies im Bewußtsein des Menschen andere Ausmaße an. Dies hat mich letzten Endes endgültig entwaffnet, dazu getrieben, meine Knie vor der Partei und dem Lande zu beugen. Und wenn man sich fragt: Nun gut, du stirbst nicht, wenn du durch irgendein Wunder leben bleibst, dann wieder wofür? Isoliert von allen, ein Feind des Volkes in einer nicht menschlichen Lage, in voller Isolierung von allem, was das Wesen des Lebens ausmacht. Und sofort bekommt man auf diese Frage diese

Antwort. Und in solchen Momenten, Bürger Richter, fällt alles Persönliche, aller persönlicher Niederschlag, die Überbleibsel der Erbitterung, Eigenliebe und eine ganze Reihe anderer Sachen weg und verschwinden. Und wenn zu einem dann noch das Echo des weiten internationalen Kampfes gelangt, so tut all dies in seiner Gesamtheit seine Wirkung, und es ergibt sich ein voller innerer moralischer Sieg der UdSSR über ihre kniefälligen Gegner ...
Ich lehne die Anklage des Anschlags auf das Leben Wladimir Iljitschs ab, aber meine konterrevolutionären Komplicen und ich an ihrer Spitze versuchten das Werk Lenins, das von Stalin mit gigantischem Erfolg fortgesetzt wird, zu zerschlagen. Die Logik dieses Kampfes hat uns von Stufe zu Stufe in den schwärzesten Sumpf hinabgestoßen. Und noch einmal ist es bewiesen, daß das Abgehen von der Position des Bolschewismus den Übergang zum politischen konterrevolutionären Banditentum bedeutet ...
Ich kann a priori annehmen, daß sowohl Trotzki wie auch meine anderen Verbündeten im Verbrechen wie auch die II. Internationale ... versuchen werden, uns, namentlich und besonders mich, zu verteidigen. Ich lehne diese Verteidigung ab, denn ich beuge meine Knie vor dem Lande, vor der Partei, vor dem ganzen Volk. Die Ungeheuerlichkeit meiner Verbrechen ist grenzenlos, besonders in der neuen Etappe des Kampfes der UdSSR.

Zit. nach Wanda Kampmann, Die Geschichte der Sowjetunion, a.a.O., S. 27f.

24. Alte und neue Formel des Fahneneides für die sowjetische Wehrmacht

Die alte Formel (seit 1918)

Ich, Sohn des *werktätigen* Volkes, Bürger der Sowjetunion, trete in den Stand der Krieger der Arbeiter- und Bauernarmee.
Angesichts der *werktätigen Klassen der Sowjetunion und der ganzen Welt* verpflichte ich mich, diesem Stande Ehre zu machen, gewissenhaft das Kriegswesen zu studieren und das Volks- und Militärgut gegen Beschädigung und Entwendung zu schützen. Ich verpflichte mich, streng und unentwegt die *Revolutions*disziplin einzuhalten und alle Befehle der von der Arbeiter- und Bauernregierung eingesetzten Kommandeure vorbehaltlos auszuführen.
Ich übernehme die Verpflichtung, mich jeglicher Handlungen zu enthalten, die der Würde eines Sowjetbürgers abträglich sind, und alle meine Taten und Gedanken zu richten auf das große *Ziel der Befreiung aller Werktätigen.*
Ich verpflichte mich, dem ersten Ruf der Arbeiter- und Bauernregierung folgend, die Sowjetunion gegen jegliche Gefahren und Anschläge von seiten sämtlicher Feinde zu schützen und im Kampf für die Sowjetunion, für die Sache des Sozialismus und die *Brüderschaft der Völker* weder meine Kräfte noch mein Leben zu schonen.
Sollte ich in böswilliger Absicht diesem meinem feierlichen Versprechen zuwiderhandeln, so möge mich die allgemeine Verachtung treffen und die strenge Hand des *revolutionären* Gesetzes bestrafen.

Die neue Formel (seit 1939)

Ich, Bürger der UdSSR, leiste beim Eintritt in die Reihen der Roten Arbeiter- und Bauernarmee den *Eid* und gelobe feierlich, ein ehrlicher, tapferer, disziplinierter, *wachsamer* Kämp-

fer zu sein, die militärischen und *Staatsgeheimnisse* streng zu wahren, widerspruchslos allen militärischen Dienstordnungen und Befehlen der Kommandeure, Kommissare und Vorgesetzten nachzukommen.
Ich gelobe, gewissenhaft die Kriegskunst zu erlernen, mit allen Mitteln das Militär- und Volksgut zu wahren und bis zum letzten Atemzuge meinem *Volk*, meiner *Heimat* und der Arbeiter- und Bauernregierung ergeben zu sein. Ich bin stets bereit, auf Befehl der Arbeiter- und Bauernregierung meine Heimat, die UdSSR, zu verteidigen, und als Kämpfer der Roten Arbeiter- und Bauernarmee gelobe ich, sie tapfer, verständnisvoll, mit Würde und in Ehren zu verteidigen, ohne mein Blut und mein Leben zu schonen, um den *vollen Sieg* über die Feinde zu erringen.
Sollte ich böswillig diesen meinen feierlichen *Eid* verletzen, so möge mich die harte Strafe des Sowjetgesetzes, der allgemeine Haß und die Verachtung der Werktätigen treffen.

Zit. nach: Der Sowjetkommunismus, a. a. O., S. 362 f.

Drittes Kapitel: Das demokratische System und seine Widersacher

I. Die Weimarer Republik

I/1 Rätestaat oder parlamentarische Demokratie

Übersicht

1918	28. September: Eingeständnis der militärischen Niederlage Deutschlands durch die Oberste Heeresleitung unter Hindenburg und Ludendorff. 4. Oktober: Friedensnote des deutschen Reichskanzlers an den amerikanischen Präsidenten Wilson. 5. Oktober: Eintritt von Parteiführern aus Zentrum, Fortschrittspartei und SPD als Staatssekretäre in die Regierung unter Prinz Max von Baden. 25. Oktober: Alliierte Forderung nach dem Rücktritt des Kaisers als Vorbedingung eines raschen und erträglichen Friedens. Weigerung der Matrosen der deutschen Hochseeflotte zum Angriff in Richtung Themsemündung auszulaufen. Der Flottenvorstoß sollte – ein klarer Verfassungsbruch – ohne Wissen der Reichsregierung erfolgen. 7. November: Herausgabe eines Flugblatts der SPD-Fraktion an den Reichskanzler mit der Forderung nach Rücktritt Wilhelms II. Ausrufung der „demokratischen und sozialen Republik Bayern" durch Kurt Eisner. 9. November: 12.00 Uhr: Prinz Max von Baden gibt eigenmächtig den Rücktritt des Kaisers bekannt. 14.00 Uhr: Scheidemann proklamiert – Liebknecht bewußt zuvorkommend – vom Balkon des Reichstags die „deutsche Republik". 16.00 Uhr: Liebknecht ruft vom Balkon des Berliner Schlosses die „freie sozialistische Republik" aus. Spontane Konstituierung von Arbeiter- und Soldatenräten in nahezu allen größeren Städten des Reiches. Fehlen überregionaler Kontakte. 11. November: Unterzeichnung der Waffenstillstandsbedingungen durch die deutsche Delegation unter Führung des Staatssekretärs Matthias Erzberger. 12. November: Etablierung des „Rats der Volksbeauftragten", einer aus Mitgliedern der MSPD und USPD paritätisch gebildeten sechsköpfigen Regierung unter Ebert. Die Differenzen über den weiteren Kurs werden durch die gemeinsame Regierung nicht aufgehoben. Übereinstimmung besteht jedoch hinsichtlich der Platzhalterfunktion des nur eingeschränkt legitimierten Rates der Volksbeauftragten. 15. November: Bildung der „Zentralarbeitsgemeinschaft" (ZAG), einer Vereinigung von Vertretern der Gewerkschaften und der Arbeitgeber; Einrichtung von Betriebsräten. 22. November: Vereinbarung zwischen dem Rat der Volksbeauftragten und dem Berliner Vollzugsrat, der sich als provisorische Spitze aller deutschen Arbeiter- und Solda-

1918	tenräte versteht. Wechselseitige Versicherung, „die Errungenschaften der Revolution zu behaupten und auszubauen". 16.–20. Dezember: Tagung des Zentralkongresses der Arbeiter- und Soldatenräte im Preußischen Abgeordnetenhaus in Berlin; besucht von etwa 450 Delegierten der SPD und USPD (Verhältnis 7 : 2). Installierung eines „Zentralrats der deutschen sozialistischen Republik" zur „parlamentarischen Überwachung" der Reichsregierung unter Einschluß des Rechts, die Volksbeauftragten zu berufen und zu entlassen. Entscheid über die Alternative: Räterepublik oder parlamentarische Demokratie. Der Antrag, das Rätesystem als Grundlage der Verfassung einer sozialistischen Republik zu beschließen, wird mit 344 : 98 Stimmen abgelehnt. Das Rätesystem erscheint durch die bolschewistische Revolution weithin diskreditiert (Gleichsetzung mit Gesetzlosigkeit und Schreckensherrschaft). 24. Dezember: Austritt der USPD-Vertreter aus dem Rat der Volksbeauftragten, weil Ebert gegen meuternde Matrosen in Berlin die OHL um Hilfe gebeten hat. Der Rat der Volksbeauftragten bezeichnet sich von nun an als „Reichsregierung". 31. Dezember: Gründung der KPD aus dem linken Flügel der USPD (Spartakusbund) unter Karl Liebknecht und Rosa Luxemburg, die jedoch nahezu ohne Einfluß auf die Ereignisse bleibt.
1919	15. Januar: Ermordung von Karl Liebknecht und Rosa Luxemburg auf dem Weg in ein Untersuchungsgefängnis durch nationalistisch gesinnte Wachsoldaten. 19. Januar: Wahlen zur Nationalversammlung, die 38% der Stimmen für die MSPD und nur 8% für die USPD erbringen. 6. Februar: Zusammentritt der konstituierenden Nationalversammlung in dem – im Gegensatz zu Berlin – militärisch leicht abschirmbaren Weimar. 10. Februar: Gesetz über die vorläufige Reichsgewalt als „Notverfassung". Die wesentlichen Grundentscheidungen über die Struktur des Deutschen Reiches sind damit getroffen. Das parlamentarische System, bereits durch die Reformen vom Oktober 1918 etabliert, hat sich gegen die Idee der Räteregierung endgültig durchgesetzt. Der Zentralrat verzichtet auf seine Kontrollfunktion gegenüber der Reichsregierung. Er löst sich am 8. April 1919 selbst auf. 11. Februar: Wahl Friedrich Eberts durch die Nationalversammlung zum vorläufigen Reichspräsidenten mit 277 von 379 Stimmen. 13. Februar: Bildung eines Reichskabinetts aus Deutscher Demokratischer Partei, Zentrum und SPD (sog. Weimarer Koalition) unter dem Sozialdemokraten Scheidemann als „Reichsministerpräsident". 2.–4. März: Kämpfe in Berlin zwischen Anhängern des Rätesystems und der Reichsregierung, die sich der Hilfe von Freikorps, irregulär gebildeter Soldatenformationen, bedient. 1. Mai: Beseitigung der Münchener Räterepublik durch Freiwilligenverbände unter General von Epp und Sicherung der Autorität der Regierung. 11. August: Unterzeichnung der Weimarer Verfassung durch Reichspräsident und Reichsregierung. Der Reichstag hat sie am Ende der dritten Lesung (2.–31. Juli) mit 262 : 75 Stimmen verabschiedet. Die Gegenstimmen resultierten vor allem aus den Reihen der DNVP, DVP und USPD.

Einführung in die Arbeitsthemen

Am 4. 10. 1918 war ein deutsches Friedensangebot – unterstützt von der Obersten Heeresleitung – an die Westalliierten abgesandt worden. Am 11. 11. 1918 nahm eine Reichstagsdelegation unter Führung des Staatssekretärs Matthias Erzberger im Salonwagen des französischen Marschalls Foch in Compiègne die Kapitulationsbedingungen der Siegermächte entgegen. Am 9. 11. 1918 hatte der deutsche Kaiser abgedankt und sich in das Exil nach Holland begeben. Die meisten deutschen Dynasten, wenngleich nur wenige außer Landes gingen, folgten dem kaiserlichen Beispiel.
In dieser militärisch hoffnungslosen und politisch unklaren Situation überstürzten sich die Ereignisse: Matrosen in Wilhelmshaven, Brunsbüttel und Kiel lehnten ein Auslaufen gegen die englische Flotte ab und meuterten, Werftarbeiter in Lübeck, Hamburg, Altona und Cuxhaven schlossen sich ihnen an, die Unruhen griffen auf die größeren Städte in West-, Mittel- und Süddeutschland über, der Sozialdemokrat Philipp Scheidemann rief in Berlin die „deutsche Republik" aus, und in dem allgemeinen politischen Vakuum bildeten sich – nach russischem Vorbild – fast überall spontan und ohne zentrale Lenkung revolutionäre Arbeiter- und Soldatenräte. Würden sie in der Lage sein, der politischen Entwicklung des besiegten Deutschland den Stempel aufzudrücken? Würden die westlichen Siegermächte sie souverän gewähren lassen? Die Wahrscheinlichkeit war gering.
Denn einmal hatte der amerikanische Präsident Woodrow Wilson in seinen sog. Vierzehn-Punkten vom Januar 1918 zu erkennen gegeben, daß die Verfassungsform Nachkriegsdeutschlands nicht außerhalb des alliierten Interesses lag, und zum anderen hatten sich während der Endphase des Krieges im deutschen Reich parlamentarisch-demokratische Kräfte etabliert, mit denen nun zu rechnen war.
Im Blick auf die nahende militärische Katastrophe und angesichts der Forderungen Wilsons, den man sich geneigt zu machen trachtete, hatte der Reichstag am 28. 10. die Einführung des parlamentarischen Regierungssystems beschlossen und die Bismarcksche Verfassungskonstruktion in entscheidenden Bestimmungen modifiziert. Kanzler und Regierung bedurften nun zu ihrer Amtsführung des Vertrauens der Parlamentsmehrheit. Außenpolitik, Heer und Marine – bisher Reservate des Kaisers – unterlagen von jetzt an der Kontrolle des Reichstags.
Aus den Vertretern des Zentrums, der Fortschrittlichen Volkspartei und der Mehrheitssozialdemokratie als Staatssekretären wurde eine Regierung unter dem letzten kaiserlichen Reichskanzler, Prinz Max von Baden, gebildet, der am 9. 11. 1918 aus eigenem Antrieb den Führer der Mehrheitssozialdemokratie, Friedrich Ebert, zu seinem Nachfolger bestellte. Dieser war sich der verfassungsrechtlichen Fragwürdigkeit seiner Ernennung klar bewußt und forderte nachdrücklich eine politische Legitimation. Daß sie nur vom Volk und über das Votum des Volkes erreichbar sei, war nicht kontrovers. Doch ob „sich in der sozialistischen Gesamtbewegung die westeuropäische Idee des Parlamentarismus und der Demokratie oder die Leninsche Idee des Rätesystems als die stärkere erweisen werde" (K. D. Erdmann), diese Alternative schien offen.
Sie sollte auf dem Zentralkongreß der Arbeiter- und Soldatenräte, der – von 514 Delegierten beschickt – vom 16.–20. 12. 1918 in Berlin tagte, entschieden werden. Die Mehrheitssozialisten, die in der Versammlung ein eindeutiges zahlenmäßiges Übergewicht besaßen und jeder revolutionären Spontaneität abgeneigt waren, setzten sich überlegen durch. Wahlen auf der Grundlage eines gleichen und allgemeinen Wahlrechts zu einer Verfassunggebenden Nationalversammlung wurden für den 19. 1. 1919 ausgeschrieben. Sie sollte über die politische Verfassung und soziale Struktur des neuen Staates entscheiden.
Zwar gelang es, die Wahlen ohne wesentliche Störungen abzuwickeln, doch hatte die Regierung erhebliche Mühe, der revolutionären Kräfte Herr zu werden. Denn wenngleich mit dem „Zusammentritt dieses nach dem allgemeinen gleichen Stimmrecht aller über 20 Jahre alten Staatsbürger gewählten Parlaments die oft unter Zufallsbedingungen entstandenen und nicht die Gesamtbevölkerung repräsentierenden Räte weitgehend ihre demokratische Legitimation verloren" (G. A. Ritter), erregte der Versuch der Reichsregierung, die Räteorganisationen aufzulösen, heftigen Widerstand. Doch in ihm

artikulierte sich vor allem eine allgemeine Unzufriedenheit und Enttäuschung über „die weitgehende Ergebnislosigkeit hinsichtlich einer Umgestaltung der politischen und wirtschaftlichen Kräfteverhältnisse zugunsten der Arbeiterschaft" (Eberhard Kolb). Die wirtschaftliche Krise, verursacht durch die Blockade von außen und fehlende Arbeitsplätze im Innern, bildete einen geeigneten Nährboden für die Propaganda radikaler Extremisten. In nahezu allen Großstädten wurden Räterepubliken und Massenstreiks ausgerufen. Konnte die neue Regierung diese Herausforderungen, die an die Existenz des Staates rührten, tatenlos hinnehmen? Sie entschloß sich zur Gegenwehr.
Doch die Realisierung dieses Entschlusses zwang sie zur Zusammenarbeit mit den Freikorps, d. h. jenen militärischen Formationen der alten kaiserlichen Armee, die – sich dem Abmusterungsbefehl widersetzend – nach Kriegsende unter Waffen geblieben waren. Daß sie sich dabei auf einen moralisch anrüchigen (die Freikorps gingen mit äußerster Grausamkeit gegen wirkliche und vermeintliche Gegner vor) und politisch bedenklichen Pakt (die Freikorps waren eindeutig antidemokratisch eingestellt) eingelassen hatten, war den als „Blutsozialisten" und „Zuhältern der Gegenrevolution" beschimpften Regierungsvertretern Ebert, Scheidemann und Noske sehr wohl bewußt. „Wie anders aber hätte die Regierung eine demokratische Republik errichten und die Einheit des Reiches bewahren können" (Tormin)? „Nicht die Revolution", wie der Historiker Reinhard Rürup formuliert hat, „sondern die der Revolution abgerungene Kontinuität, war die Basis der Weimarer Republik".

Arbeitsthemen

1. *Welche politische Absicht dokumentiert sich in dem Aufruf der SPD vom 4. 11. 1918? (Nr. 1)*
2. *Auf Grund welcher Tatsache vermag die SPD-Führung ihren Einfluß auf den Gang der Entwicklung zu behaupten? (Nr. 2)*
3. *Inwiefern wird die Einschätzung der eigenen Möglichkeiten durch die SPD vom Reichskanzler Prinz Max von Baden am 9. 11. bestätigt? (Nr.3)*
4. *Wie erklärt Scheidemann die politisch-militärische Niederlage Deutschlands? Worin sieht er die entscheidenden Vorgänge des 9. November? Welche politischen Grundsätze leitet er daraus für die Zukunft ab? (Nr. 4)*
5. *Vor welchen elementaren Schwierigkeiten sieht sich die neue Reichsregierung? Welche Maßnahmen zu ihrer Überwindung gedenkt sie einzuleiten? Welche verfassungsrechtlichen Festlegungen werden bereits angekündigt? (Nr. 5)*
6. *Aus welchen Motiven entzog sich die OHL der Beteiligung an den Waffenstillstandsverhandlungen? (Nr. 6)*
7. *Welche divergenten Auffassungen werden in dem zur Bildung des Rats der Volksbeauftragten hinführenden Briefwechsel zwischen SPD und USPD über den weiteren Verlauf der Revolution formuliert? Worauf basieren diese Unterschiede? Wie kam die Einigung dennoch zustande? (Nr. 7a und b)*
8. *Inwieweit verrät die Abdankungsurkunde Wilhelms II. Realitätssinn und eine falsche Einschätzung der eigenen Situation zugleich? (Nr. 8)*
9. *Wo liegen die fundamentalen Unterschiede hinsichtlich des Selbstverständnisses und der politischen Intentionen zwischen MSPD und Spartakusbund, der späteren KPD? (Nr. 9)*
10. *Mit welchen Argumenten vertritt der Delegierte der MSPD Max Cohen die Notwendigkeit der Konstituierung einer Verfassunggebenden Nationalversammlung? (Nr. 10a)*
11. *Welche Befürchtungen veranlassen den Sprecher der USPD Ernst Däumig, die „Verankerung des Rätegedankens in der Verfassung" für ein „Danaergeschenk" zu halten? Weshalb wendet er sich gegen die Beibehaltung der „alten Staatsmaschine"? (Nr. 10b)*
12. *Welche Momente erklären den frappierend mühelosen Erfolg des Novemberumsturzes? (Nr. 11)*

13. *Welche historischen Erfahrungen lagen der Option der deutschen Sozialdemokratie für die Nationalversammlung zugrunde? (Nr. 12)*
14. *Vor dem Hintergrund welcher wirtschaftlichen Schwierigkeiten vollzog sich die Novemberrevolution in Bayern? Inwiefern wurden sie durch das Rätesystem selbst verschärft? (Nr. 13)*
15. *Welche Behauptungen werden bei der Ausrufung der bayrischen Räterepublik zu ihrer Legitimierung aufgestellt? (Nr. 14)*
16. *Mit welchen Überlegungen setzt sich Ernst Däumig für die Realisierung des Rätegedankens in Deutschland ein? Worin sieht er seine wesentlichen Vorzüge und Möglichkeiten gegenüber einem parlamentarischen System? (Nr. 15)*
17. *Welche Elemente und Regelungen machen das Rätesystem in idealtypischer Konstruktion aus? (Nr. 16)*
18. *Welche Rolle spielt das Rätemodell in der Parlamentarismuskritik der Neuen Linken? Welche Bedenken werden in der politikwissenschaftlichen Diskussion gegen eine vorschnelle optimistische Glorifizierung des Rätesystems erhoben? (Nr. 17)*
19. *Welche Vorentscheidungen staatsrechtlicher und politischer Natur waren bei der Aufnahme der Beratungen der Weimarer Verfassung bereits gefallen? (Nr. 18)*
20. *Welche Kompetenzverteilung sah die Weimarer Verfassung zwischen den Reichsorganen (Reichstag, Reichsrat, Reichspräsident und Reichsregierung) vor? Inwiefern dominiert dabei das unitarische Element? Welche Problematik liegt in dem Umstand, daß Reichspräsident und Reichstag Organe der Volkssouveränität darstellen? (Nr. 19)*

Materialien

1. Aufruf des Vorstands der SPD vom 4. 11. 1918

Arbeiter! Parteigenossen!
Durch unterschriftlose Flugblätter und durch Agitation von Mund zu Mund ist an Euch die Aufforderung ergangen, in den nächsten Tagen die Betriebe zu verlassen und auf die Straße zu gehen. Wir raten Euch dringend, dieser Aufforderung nicht zu folgen.
Wie ihr alle wißt, befindet sich die sozialdemokratische Partei im Zuge einer sehr wichtigen Aktion. Sie hat einige Genossen in die Regierung entsandt, damit diese *schleunigst Frieden* schließe und im Innern alle bürgerlichen Freiheiten herstelle, deren die Arbeiterklasse zu ihrer weiteren Entwicklung bedarf.
Seit dem Eintritt unserer Genossen in die Regierung hat diese an die Gegner ein Angebot gerichtet, das in kürzester Zeit zu Waffenstillstand und Frieden führen muß; das gleiche Wahlrecht in Preußen durchgesetzt; dem Reichstag die Stellung der eigentlichen Zentralgewalt im Reiche verschafft und das persönliche Regiment beseitigt; die Unterstellung der Militärgewalt unter die Zivilgewalt durchgeführt und damit den Militarismus des stärksten Rückhalts beraubt; die Preß- und Versammlungsfreiheit erweitert; Liebknecht und viele andere aus dem Gefängnis befreit . . .
Wie Ihr alle aus den Zeitungen wißt, hat Genosse Scheidemann im Einvernehmen mit der Partei dem Reichskanzler empfohlen, er möge *dem Kaiser raten, zurückzutreten.* Über diese Frage schweben in diesem Augenblick noch wichtige Verhandlungen . . .

Zit. nach: Die deutsche Revolution 1918–1919 – Dokumente, hrsg. von Gerhard A. Ritter und Susanne Miller, 2. Aufl. Hamburg 1975, S. 52f.

2. Ultimatum der SPD-Führung an den Reichskanzler vom 7. 11. 1918

Die Parteileitung der Sozialdemokratischen Partei hat heute noch einmal die Gesamtlage besprochen und Ebert und Scheidemann beauftragt, dem Kanzler folgendes zu erklären:
Die Sozialdemokratische Partei fordert, daß
1. die Versammlungsverbote für heute aufgehoben werden,
2. Polizei und Militär zu äußerster Zurückhaltung angehalten werden,
3. daß die preußische Regierung sofort im Sinne der Reichstagsmehrheit umgestaltet wird,
4. daß der sozialdemokratische Einfluß in der Reichsregierung verstärkt wird,
5. daß die Abdankung des Kaisers und der Thronverzicht des Kronprinzen bis morgen mittag bewirkt werden.
Werden diese Forderungen nicht erfüllt, so tritt die Sozialdemokratie aus der Regierung aus.

Zit. nach Walter Tormin, Die Weimarer Republik, Neuauflage Hannover 1970, S. 74

3. Bekanntgabe der Abdankung des Kaisers durch Prinz Max von Baden am 9. 11. 1918

Der Kaiser und König hat sich entschlossen, dem Throne zu entsagen. Der Reichskanzler bleibt noch solange im Amt, bis die mit der Abdankung des Kaisers, dem Thronverzicht des Kronprinzen des Deutschen Reiches und von Preußen und der Einsetzung der Regentschaft verbundenen Fragen geregelt sind. Er beabsichtigt, dem Regenten die Ernennung des Abgeordneten Ebert zum Reichskanzler und die Vorlage eines Gesetzentwurfs wegen der sofortigen Ausschreibung allgemeiner Wahlen für eine verfassunggebende Nationalversammlung vorzuschlagen, der es obliegen würde, die künftige Staatsform des deutschen Volkes endgültig festzustellen.

Zit. nach Walter Tormin, a.a.O., S. 77f.

4. Die Ausrufung der Republik durch Scheidemann am 9. 11. 1918

Arbeiter und Soldaten!
Furchtbar waren die vier Kriegsjahre. Grauenhaft waren die Opfer, die das Volk an Gut und Blut hat bringen müssen. Der unglückselige Krieg ist zu Ende. Das Morden ist vorbei. Die Folgen des Krieges, Not und Elend, werden noch viele Jahre auf uns lasten. Die Niederlage, die wir unter allen Umständen verhüten wollten, ist uns nicht erspart geblieben, weil unsere Verständigungsvorschläge sabotiert wurden, wir selbst wurden verhöhnt und verleumdet. Die Feinde des werktätigen Volkes, die wirklichen „inneren Feinde", die Deutschlands Zusammenbruch verschuldet haben, sind still und unsichtbar geworden. Das waren die Daheimkrieger, die ihre Eroberungsforderungen bis zum gestrigen Tage ebenso aufrechterhielten, wie sie den verbissensten Kampf gegen jede Reform der Verfassung und besonders des schändlichen preußischen Wahlsystems geführt haben. Diese Volksfeinde sind hoffentlich für immer erledigt. Der Kaiser hat abgedankt. Er und seine Freunde sind verschwunden. Über sie alle hat das Volk auf der ganzen Linie gesiegt! Der Prinz Max von Baden hat sein Reichskanzleramt dem Abgeordneten Ebert übergeben. Unser Freund wird eine Arbeiterregierung bilden, der alle sozialistischen Parteien angehören werden. Die neue Regierung darf nicht gestört werden in ihrer Arbeit für den Frieden, in der Sorge um Arbeit und Brot. Arbeiter und Soldaten! Seid Euch der geschichtlichen Bedeutung dieses Tages bewußt. Unerhörtes ist geschehen. Große und unübersehbare Arbeit steht uns bevor. Alles für das

Volk, alles durch das Volk! Nichts darf geschehen, was der Arbeiterbewegung zur Unehre gereicht! Seid einig, treu und pflichtbewußt! Das Alte und Morsche, die Monarchie ist zusammengebrochen. Es lebe das Neue! Es lebe die Deutsche Republik!

Zit. nach Philipp Scheidemann, Memoiren eines Sozialdemokraten, Bd. 2, Dresden 1928, S. 311ff.

5. Aufruf der neuen Reichsregierung vom 9. 11. 1918

Volksgenossen!
Der heutige Tag hat die Befreiung des Volkes vollendet. Der Kaiser hat abgedankt, sein ältester Sohn auf den Thron verzichtet. Die sozialdemokratische Partei hat die Regierung übernommen und der unabhängigen sozialdemokratischen Partei den Eintritt in die Regierung auf dem Boden voller Gleichberechtigung angeboten. Die neue Regierung wird sich für die Wahlen zu einer konstituierenden Nationalversammlung organisieren, an denen alle über 20 Jahre alten Bürger beider Geschlechter mit vollkommen gleichen Rechten teilnehmen werden. Sie wird sodann ihre Machtbefugnisse in die Hände der neuen Vertretung des Volkes zurücklegen. Bis dahin hat sie die Aufgabe, Waffenstillstand zu schließen und Friedensverhandlungen zu führen, die Volksernährung zu sichern, den Volksgenossen in Waffen den raschesten geordneten Weg zu ihrer Familie und zu lohnendem Erwerb zu sichern. Dazu muß die demokratische Verwaltung sofort glatt zu arbeiten beginnen. Nur durch ihr tadelloses Funktionieren kann schwerstes Unheil vermieden werden. Sei sich darum jeder seiner Verantwortung am Ganzen bewußt.
Menschenleben sind heilig. Das Eigentum ist vor willkürlichen Eingriffen zu schützen. Wer diese herrliche Bewegung durch gemeine Verbrechen entehrt, ist ein Feind des Volkes und muß als solcher behandelt werden. Wer aber in ehrlicher Hingabe an unserem Werke mitschafft, von dem alle Zukunft abhängt, der darf von sich sagen, daß er im größten Augenblick der Weltgeschichte als Schaffender zu des Volkes Heil mit dabei gewesen ist. Wir stehen vor ungeheuren Aufgaben.
Werktätige Männer und Frauen in Stadt und Land, Männer in Waffenrock und Arbeitsblusen helft alle mit!

Ebert, Scheidemann, Landsberg.

Zit. nach: Die deutsche Revolution 1918–1919, a.a.O., S. 80f.

6. Wilhelm Groener über die Oberste Heeresleitung und den Waffenstillstand, 9. und 10. 11. 1918

(Aus: Lebenserinnerungen, verfaßt zwischen Oktober 1937 und März 1939)

Am Abend des 9. November trafen die Waffenstillstandsbedingungen in Spa ein, mit 72 Stunden Frist zu beantworten, von denen fast die Hälfte schon verstrichen war ...
Die Heeresleitung stellte sich bewußt auf den Standpunkt, die Verantwortung für den Waffenstillstand und alle späteren Schritte von sich zu weisen. Sie tat dies, streng juristisch gesehen, nur mit bedingtem Recht, aber es kam mir und meinen Mitarbeitern darauf an, die Waffe blank und den Generalstab für die Zukunft unbelastet zu erhalten. Ich bin aber auch heute noch der Überzeugung, daß wir ohne Revolution im Innern an der Grenze Widerstand hätten leisten können; ob die Nerven der Heimat noch durchgehalten hätten für eine Verteidigung hinter dem Rhein, erscheint mir sehr zweifelhaft; militärisch war sie denkbar.

Zum *letzten* Kampf braucht man eine Heimat, die hinter dem Heer steht; unter dieser Voraussetzung konnten wir versuchen, bessere Bedingungen zu erzwingen.
So wie sich aber in Wirklichkeit die Dinge im November gestaltet hatten, war eine Änderung der Lage durch das Heer nicht mehr herbeizuführen. Wenn nach dem Kriege Stimmen laut wurden, die meinten, das Heer hätte sich noch Monate, sei es in der – nicht ausgebauten – Antwerpen-Maas-Stellung, sei es weiter rückwärts, halten können, so muß ich das als einen Wunschtraum bezeichnen. Es blieb uns *keine* Wahl: am 11. wurde in Compiègne unterzeichnet, mittags 11,55 Uhr trat Waffenruhe ein.
Zit. nach: W. Groener, Lebenserinnerungen – Jugend, Generalstab, Weltkrieg. Hrsg. von Friedrich Frhr. Hiller von Gaertringen, Göttingen 1957, S. 466f.

7. Zur Bildung des Rats der Volksbeauftragten

a) Schreiben des Vorstandes der SPD an den Vorstand der USPD vom 9. 11. 1918
(Abends 20.30 Uhr)[1]
Von dem aufrichtigen Wunsche geleitet, zu einer Einigung zu gelangen, müssen wir Ihnen unsere grundsätzliche Stellung zu Ihren Forderungen klarlegen. Sie fordern:
1. Deutschland soll eine soziale Republik sein.
(Antwort:) Diese Forderung ist das Ziel unserer eigenen Politik. Indessen hat darüber das Volk durch die konstituierende Versammlung zu entscheiden.
2. In dieser Republik soll die gesamte exekutive, legislative und die jurisdiktionelle Macht ausschließlich in den Händen von gewählten Vertrauensmännern der gesamten werktätigen Bevölkerung und der Soldaten sein.
(Antwort:) Ist mit diesem Verlangen die Diktatur eines Teils einer Klasse gemeint, hinter dem nicht die Volksmehrheit steht, so müssen wir diese Forderung ablehnen, weil sie unseren demokratischen Grundsätzen widerspricht.
3. Ausschluß aller bürgerlichen Mitglieder aus der Regierung.
(Antwort:) Diese Forderung müssen wir ablehnen, weil ihre Erfüllung die Volksernährung erheblich gefährden, wenn nicht unmöglich machen würde.
4. Die Beteiligung der Unabhängigen gilt nur für drei Tage als ein Provisorium, um eine für den Abschluß des Waffenstillstands fähige Regierung zu schaffen.
(Antwort:) Wir halten ein Zusammenwirken der sozialistischen Richtungen mindestens bis zum Zusammentritt der Konstituante für erforderlich.
5. Die Ressortminister gelten nur als technische Gehilfen des eigentlichen und entscheidenden Kabinetts.
(Antwort:) Dieser Forderung stimmen wir zu.
6. Gleichberechtigung der beiden Leiter des Kabinetts.
(Antwort:) Wir sind für die Gleichberechtigung aller Kabinettsmitglieder, indessen hat die Konstituierende Versammlung darüber zu entscheiden.

Der Vorstand der Sozialdemokratischen Partei Deutschlands

b) Antwort des Vorstandes der USPD an den Vorstand der SPD vom 10. 11. 1918
Auf Ihr Schreiben vom 9. November 1918 erwidern wir folgendes: Die Unabhängige Sozialdemokratische Partei ist bereit, um die revolutionären sozialistischen Errungenschaften zu befestigen, in das Kabinett unter folgenden Bedingungen einzutreten:

[1] Der Text des Schreibens, von dem mehrere Varianten im Umlauf sind, folgt der wissenschaftlich maßgeblichen Edition „Die Regierung der Volksbeauftragten 1918/19". Bearbeitet von Susanne Miller, Erster Teil, Düsseldorf 1969, S. 20f.

Das Kabinett darf nur aus Sozialdemokraten zusammengesetzt sein, die als Volkskommissare gleichberechtigt nebeneinander stehen.
Für die Fachminister gilt diese Beschränkung nicht; sie sind nur technische Gehilfen des entscheidenden Kabinetts. Jedem von ihnen werden zwei Mitglieder der beiden sozialdemokratischen Parteien mit gleichen Rechten zur Seite gestellt, aus jeder Partei einer. Eine Fristbestimmung wird an den Eintritt der Unabhängigen Sozialdemokraten in das Kabinett (in das jede Partei drei Mitglieder entsendet) nicht geknüpft.
Die politische Gewalt liegt in den Händen der Arbeiter- und Soldatenräte, die zu einer Vollversammlung aus dem ganzen Reiche alsbald zusammenzuberufen sind. Die Frage der Konstituierenden Versammlung wird erst bei einer Konsolidierung der durch die Revolution geschaffenen Zustände aktuell und soll deshalb späteren Erörterungen vorbehalten bleiben.
Für den Fall der Annahme dieser Bedingungen, die von dem Wunsche eines geschlossenen Auftretens des Proletariats diktiert sind, haben wir unsere Mitglieder Haase, Dittmann und Barth in das Kabinett delegiert.
Der Vorstand der Unabhängigen Sozialdemokratischen Partei gez. *Haase*

Zit. nach „Vorwärts", Nr. 310 und 311, vom 10. 11. und 11. 11. 1918. In: Die deutsche Revolution 1918–1919, a. a. O., S. 89f.

8. Abdankungsurkunde Kaiser Wilhelms II. vom 28. 11. 1918

Ich verzichte hierdurch für alle Zukunft auf die Rechte an der Krone Preußens und die damit verbundenen Rechte an der deutschen Kaiserkrone. Zugleich entbinde Ich alle Beamten des Deutschen Reiches und Preußens, sowie alle Offiziere, Unteroffiziere und Mannschaften der Marine, des preußischen Heeres und der Truppen der Bundeskontingente des Treueids, den sie Mir als ihrem Kaiser, König und Obersten Befehlshaber geleistet haben. Ich erwarte von ihnen, daß sie bis zur Neuordnung des Deutschen Reiches den Inhabern der tatsächlichen Gewalt in Deutschland helfen, das Deutsche Volk gegen die drohenden Gefahren der Anarchie, der Hungersnot und der Fremdherrschaft zu schützen.
Urkundlich unter Unserer Höchsteigenhändigen Unterschrift und beigedruckten Kaiserlichen Insiegel.
Gegeben Amerongen, den 28. November 1918

Zit. nach: Die deutsche Revolution 1918–1919, a. a. O., S. 393

9. Programmatischer Aufruf des Spartakusbundes vom 14. 12. 1918

Der Kampf um den Sozialismus ist der gewaltigste Bürgerkrieg, den die Weltgeschichte gesehen, und die proletarische Revolution muß sich für diesen Bürgerkrieg das nötige Rüstzeug bereiten, sie muß lernen, es zu gebrauchen zu Kämpfen und Siegen. Eine solche Ausrüstung der kompakten arbeitenden Volksmasse mit der ganzen politischen Macht für die Aufgaben der Revolution, das ist die Diktatur des Proletariats und deshalb die wahre Demokratie. Nicht wo der Lohnsklave neben dem Kapitalisten, der Landproletarier neben dem Junker in verlogener Gleichheit sitzen, um über ihre Lebensfragen parlamentarisch zu debattieren; dort, wo die millionenköpfige Proletariermasse die ganze Staatsgewalt mit ihrer schwieligen Faust ergreift, um sie wie der Gott Thor seinen Hammer den herrschenden Klassen aufs Haupt zu schmettern: dort allein ist die Demokratie, die kein Volksbetrug ist.

Um dem Proletariat die Erfüllung dieser Aufgaben zu ermöglichen, fordert der Spartakusbund:

1. Abschaffung aller Einzelstaaten; einheitliche deutsche sozialistische Republik.
2. Beseitigung aller Parlamente und Gemeinderäte und Übernahme ihrer Funktionen durch Arbeiter- und Soldatenräte.

Zit. nach Schönbrunn, a.a.O., S. 166f.

10. Rededuell zwischen Max Cohen (MSPD) und Ernst Däumig (USPD) auf dem Zentralkongreß der Arbeiter- und Soldatenräte in Berlin am 19. 12. 1918

a) Max Cohen-Reuß

Wie man auch über die Arbeiter- und Soldatenräte denken mag – ich denke ziemlich günstig über sie und werde darauf noch zurückkommen –, in jedem Falle drücken die *Arbeiter- und Soldatenräte nur einen Teilwillen,* niemals aber den Willen des ganzen deutschen Volkes aus. Diesen festzustellen, darauf kommt es an.

Die Gefahr, in der wir schweben, ist, glaube ich, sehr viel größer, als die meisten es sich vorstellen.

Wenn es so weiter geht wie bisher, dann wird unser gesamtes Wirtschaftsleben, das doch die Voraussetzung für den Wiederaufbau Deutschlands ist, lahmgelegt, ohne daß wir in der Lage sind, etwas Neues an seine Stelle zu setzen. Ich möchte hier einmal offen und ehrlich aussprechen: der Zerfall muß kommen, wenn es uns nicht gelingt, der Disziplin – und Einsichtslosigkeit Herr zu werden, die leider auch ein großer Teil der deutschen Arbeiterschaft zeigt, nämlich der Teil der deutschen Arbeiterschaft, der, um ein Wort des Genossen Emil Barth zu gebrauchen, die ganze glorreiche deutsche *Revolution zu einer bloßen Lohnbewegung* degradiert...

Kameraden und Parteigenossen! Ich glaube, wenn es uns nicht gelingt, auch die lokalen Eingriffe zu verhindern, die vielerorten noch stattfinden nicht nur durch berufene Arbeiter- und Soldatenräte, die immer im besten Glauben handeln, sondern durch viele unberufene, und wenn sich nicht alle besonnenen Elemente besonders der deutschen Arbeiterschaft – das will ich unumwunden aussprechen – dem Teil der Arbeiterschaft entgegenstellen, von dem ich vorhin gesprochen habe, dann kommen wir unvermeidbar in die *größte Katastrophe, die jemals über ein Volk der Welt hereingebrochen ist.* (Lebhafte Zustimmung).

Kameraden und Parteigenossen! Nun glaube ich, daß im Augenblick die Dinge sich so entwickelt haben, daß für die Wiederaufrichtung unseres wirtschaftlichen Lebens eine vorhergehende Neuregelung unserer politischen Verhältnisse notwendig ist. Es ist in dieser kritischen Zeit und im Augenblick umgekehrt, wie wir Sozialisten es meist angenommen haben. Für den Augenblick ist die Politik die Voraussetzung der Ökonomie geworden, und ich glaube, daß wir eine geregelte Verwaltung in Deutschland nur durch die Nationalversammlung herstellen können, die uns die demokratische Verfassung gibt und das deutsche Reich wieder aufbaut und seine auseinanderstrebenden Teile zusammenhält...

Aber, Parteigenossen, nach meiner festen Überzeugung, die, wie ich weiß, von sehr vielen geteilt wird, wird nur eine deutsche Nationalversammlung die moralische Autorität haben, diese auseinanderstrebenden Teile zusammenzuhalten. Nur die Zentralgewalt, von der ich vorhin sprach, mit der nötigen Autorität, mit der Autorität, die im Inland und Ausland respektiert werden wird, hat die Kraft, dafür zu sorgen, daß Deutschland nicht auseinanderfällt.

Parteigenossen! Es sollte eigentlich für jeden Sozialisten selbstverständlich sein, und das war es auch bisher, daß der Volkswille so schnell wie möglich zur Geltung kommt. Ich will darauf hinweisen, daß bis zur Mitte des Jahres 1917 die *freieste Feststellung des Volkswillens* auf Grund eines gleichen Wahlrechts für alle Männer und Frauen das selbstverständliche Programm aller sozialistischen Parteien der ganzen Welt war. (Sehr richtig!)

Ich mache darauf aufmerksam, daß selbst in Rußland jahrzehntelang die Besten des russischen Volkes für dieses Ideal gekämpft und ungeheure Opfer dafür ertragen haben.

Parteigenossen! In der glorreichen Revolution Rußlands vom Frühjahr 1917 wurde als erste Forderung aufgestellt: die allgemeine verfassunggebende Konstituante für das Russische Reich! Erst den Bolschewisten war es vorbehalten, hierin eine Änderung eintreten zu lassen ...

Parteigenossen, man kann eben Sozialismus durch Gewalt und Dekrete nicht einführen; das hat uns das russische Beispiel gezeigt. *Sozialisierung* ist ein organischer Entwicklungs- und Umbildungsprozeß, bei dem neue Wirtschaftsformen neben werdenden und auch alten Formen zusammen existieren werden. Wenn man aber diesen Entwicklungsprozeß nicht in sorgsamster Weise fördert, kommt die Katastrophe ...

Um nun auf das zu kommen, was mich und meine Freunde von den Genossen der U.S.P. und wahrscheinlich auch von dem Korreferenten, dem Genossen Däumig trennt, möchte ich folgendes hervorheben. Die Genossen sagen: wenn eine baldige Nationalversammlung zusammentritt, bekommen wir keine *sozialistische Mehrheit,* wir müssen deshalb die Sozialisierung vorher so schnell wie möglich beschließen. Parteigenossen, ich bin direkt der gegenteiligen Auffassung. (Sehr richtig!) Wenn wir eine sozialistische Mehrheit bekommen wollen, müssen wir die Nationalversammlung so schnell wie möglich einberufen ... Wenn die Genossen der U.S.P., die an eine solche Mehrheit nicht glauben, sich mit der alten Partei *für die Wahlen zusammentun,* was mein sehnlichster Wunsch wäre, dann wird hier eine feste Reihe entstehen, die alle bürgerlichen Parteien schlagen wird und schlagen muß. (Beifall bei der Mehrheit.) ...

Wenn es aber innerhalb der Arbeiterschaft eine Gruppe geben sollte – und leider ist das die Spartakusgruppe – die dieses gemeinsame Vorgehen nicht will –, dann mag sie sich zur Wahl stellen, dann wollen wir sehen, wer hinter ihr steht. Parteigenossen! Lassen Sie mich bei dieser Gelegenheit noch eines sagen! Es ist selbstverständlich, daß wir alle soviel Sozialismus wollen, wie durchführbar ist. Aber persönlich habe ich die Überzeugung, *es wird nicht mehr Sozialismus durchführbar sein, als die Mehrheit des Volkes will.* Denn ein Sozialismus, der vorher durchgeführt wäre, hätte sehr geringen Bestand, wenn die Mehrheit des Volkes anderer Meinung wäre ...

Parteigenossen, schätzen Sie wirklich bei ganz ruhiger, nüchterner Überlegung den *Widerstand der bürgerlichen Kreise* und der Intelligenz so gering ein, daß wir, wenn wir sie politisch entrechten, gegen ihren Willen die Wirtschaft führen können? ...

Es gibt für jeden, der die Sache bis zum Ende durchdenkt, keinen anderen Weg als den über die Mehrheit des deutschen Volkes, und wir haben auch, wie ich vorhin schon auseinandergesetzt habe, bis zum russischen Bolschewismus niemals anders darüber gedacht. Nun aber müssen wir vor allen Dingen und zuerst – und das hängt natürlich mit dem Gesamtkomplex der Fragen, die ich hier zu entwickeln mir erlaubt habe, zusammen – Frieden haben, einen Vorfrieden und dann einen schnellen endgültigen Frieden. Glaubt jemand, der die Interessen der Entente kennt, daß diese Frieden schließen wird mit einem Deutschland, das nicht zu geordneten Zuständen und nicht zur Aufnahme seiner Produktion gekommen ist? Die Entente denkt gar nicht daran ...

Nehmen wir einmal an, wir hätten ein Rätesystem in Deutschland. Dieses Rätesystem würde ... *auf der Friedenskonferenz auf die äußersten Schwierigkeiten* stoßen; denn man hat es auf der Friedenskonferenz mit Ländern zu tun, die seit Jahrhunderten die Demokratie im innersten in sich aufgenommen haben, und die nicht so leicht mit einem Rätesystem verhandeln würden und verhandeln könnten. Diese demokratische Auffassung der anderen Völker ist ein ungeheurer moralischer Faktor, und ich meine, wir sollten im Kriege gelernt haben, was moralische Imponderabilien bedeuten ...

Deshalb möchte ich aussprechen: wir Sozialdemokraten müssen uns endlich einmal auf das entschiedenste und nachhaltigste wehren, daß unsere reine, klare, gute sozialistische Gedankenwelt durch *bolschewistische Verschrobenheiten* sabotiert und diskreditiert wird. (Lebhafter Beifall.) ...

Nur noch ein paar Worte über die *Arbeiter- und Soldatenräte* an sich und ihre gegenwärtige und zukünftige Stellung. Man spricht immer davon, daß die Machtposition der Arbeiter- und Soldatenräte gestützt werden müsse. Ich will hier einmal zuerst, weil ich in der Diskussion gestern nicht zu Wort gekommen bin, das offene Bekenntnis ablegen, daß ein späterer Geschichtsschreiber über die Arbeiter- und Soldatenräte viel günstiger urteilen wird, als es die Gegenwart tut, die mitten im Streite steht. Man wird zu der Erkenntnis kommen, daß ohne die Arbeiter- und Soldatenräte in den ersten Tagen wahrscheinlich schon die Katastrophe hereingebrochen wäre. (Sehr richtig!) Nur die Arbeiter- und Soldatenräte sind es gewesen, die die Ordnung aufrecht erhalten konnten und die soviel Autorität besaßen, daß nicht alles drunter und drüber ging; und ebenso, wie man zugeben muß, daß sie manche Geldmittel verschwendet haben – aber wie wäre das in so ungeordneten Zuständen auch anders möglich! –, so haben die Arbeiter- und Soldatenräte auch Milliarden von deutschem Volksvermögen gerettet. (Sehr richtig!) Ich meine also, die Arbeiter- und Soldatenräte hatten ihre Berechtigung und werden ihre Berechtigung auch weiter haben. Nur, glaube ich, müssen sie an der Zentralstelle, die die Verfassung des deutschen Reiches schaffen wird, *der Nationalversammlung Platz machen*. Aber, daß sich Formen finden werden unter dem Gesichtswinkel der Produktionsentwicklung, wo Arbeiterräte – Soldatenräte wird es ja dann nicht geben – einen Platz einnehmen, auf dem sie ungeheuer viel Gutes stiften können, da die Bedeutung der Arbeiterklasse im zukünftigen Deutschland ja immer mehr wächst, immer stärker werden muß, darüber ist für mich gar kein Zweifel ...

Die Arbeiterräte werden, wenn sie auf diese zentrale Stellung aus der Erkenntnis heraus verzichten, daß es nicht anders geht, an anderen Plätzen eine Wirkungstätigkeit entfalten, die unserem Volk zum allergrößten Segen gereichen wird. (Bravo.) Dazu müssen sie natürlich eine gewisse Einsicht und Selbstdisziplin haben. Und wie steht es denn in Wirklichkeit mit der sogenannten Machtposition, die die Arbeiterräte ja im Augenblick doch nur auf die Gewalt, auf die Bajonette stützen können? Ja, Parteigenossen, mir scheint eine solche Position etwas sehr Unsicheres zu sein. Solange man die Bajonette in seiner Gewalt hat, –

schön; aber nachher kommt ein stärkerer Demagoge und entreißt einem die Bajonette wieder, und dann kommt der andere und bringt sie auf seine Seite. Was kann da nur die Folge sein? Da es sich – und das ist das Wesentliche dabei – um einen Kampf innerhalb der deutschen Parteigruppen handelt, muß es zum Bürgerkrieg kommen und daß der Terror dann ganz von selbst kommt, ohne daß man ihn will, ist einleuchtend. Die Dinge haben, wenn sie einmal begonnen sind, ihre eigenen Konsequenzen, und wir kämen um diesen Terror nicht herum, wenn man seine Stellung nur auf die Gewalt stützen will, die in der Tat vorläufig die einzige Basis bildet ...
Deshalb sage ich: im Interesse unseres Landes, das jetzt unser Land geworden ist, das wir alle aus tiefster Seele lieben, dem wir in seiner höchsten und größten Not nur um so fester die Treue halten wollen, im Interesse des deutschen Volkes und besonders der Arbeiterschaft und im Interesse der neu aufzubauenden Menschheitsorganisation vom Standpunkt der Demokratie und des Sozialismus aus *brauchen wir* die Nationalversammlung, die den Willen des deutschen Volkes feststellt. Deshalb bitte ich Sie, weil die Gefahr so nahe und so groß ist, in Ihrer großen Mehrheit für meinen Antrag zu stimmen und zu verlangen, daß die Wahlen für die deutsche Nationalversammlung *am 19. Januar* stattfinden. (Lebhafter Beifall.)

b) Ernst Däumig

Der Rausch der ersten Revolutionstage ist sehr schnell verflogen. Alle die Bedenklichkeit, alle die Rückständigkeit und zähe Anhänglichkeit an die alten Ideologien ist noch sehr stark vorhanden. Da gilt es, nicht allein nach nationalökonomischen Berechnungen, sondern aus Kulturgründen heraus diese Revolutionsbewegung so vorwärts zu treiben, daß aus ihr wirklich eine Volksbewegung wird, die die Tiefen des Volkes mit umfaßt. Das ist klar, aber es ist nicht so klar, daß man es überall verstanden hätte. (Sehr richtig!) Denn, meine Herren, kein einziges Revolutionsparlament der Geschichte hat einen so nüchternen, hausbackenen, ja ich sage, philiströsen Geist aufzuweisen, wie dieses erste Revolutionsparlament, das hier zusammengetreten ist. (Händeklatschen bei einer Minderheit.) ...
Aber in einem ähnelt dieses Revolutionsparlament den Revolutionsparlamenten aller Zeiten: *in der unglaublichen Vertrauensseligkeit und Selbstbespiegelung darüber,* wie herrlich weit man es doch gebracht habe, und in der Verkennung der ehernen Gesetze der Geschichte, wie gerade Revolutionen unerbittlich weiterschreiten ...
Wenn die Geschichte dieser Revolutionswochen in Deutschland geschrieben wird, dann wird man sich lächelnd fragen: waren denn die Leute so blind, daß sie nicht sahen, daß sie sich selbst den Strick um den Hals legten! Denn das muß doch jedem Klardenkenden einleuchten, daß die jubelnde Zustimmung zur Nationalversammlung gleichbedeutend ist mit einem *Todesurteil* für das System, dem Sie jetzt angehören, für das *Rätesystem.* (Sehr richtig – Unruhe.) Und wenn Sie die Leidenschaft haben, einen *politischen Selbstmörderklub* darzustellen, ich lasse Ihnen das Vergnügen, ich für meinen Teil danke dafür. (Lebhafter Beifall, Zurufe!) ...
Als aber der 9. November kam und dank unserer Vorbereitungen in den Betrieben und Kasernen die alte Welt hinweggefegt wurde, da strömten sie in Scharen herbei, um nur ja dieses Rätesystems teilhaftig zu werden. (Sehr richtig!) Ich führe das nur an dafür, daß, wenn die revolutionäre Situation reif ist, auch in der heutigen Zeit, wo nun einmal das Proletariat Träger der Revolution ist, weil keine andere Klasse revolutionär sein kann, ganz naturnot-

wendig das Rätesystem sich aufzwingt und es wäre Verblendung, wenn man sich gegen die *historische Notwendigkeit dieses Rätesystems* wehren und sperren wollte. Es ist nun einmal so. Die alte bürgerliche Demokratie mit ihrem Stimmzettel und ihrem Parlamenteln ist keine Ewigkeitserscheinung; sie hat ihre historische Bedingtheit, und wie der Sozialismus als neues Grundprinzip der Welt aufzieht, so ist selbstverständlich damit auch verbunden, daß dieser bürgerlichen Demokratie die proletarische Demokratie folgen muß: wie sie ihren organisatorischen Ausdruck in dem Rätesystem findet.

Genossen und Kameraden, Sie haben vorhin, als Genosse Cohen so warm für die Nationalversammlung plädierte und sogar für einen frühen Termin eintrat, zum Teil lebhaft applaudiert; Sie haben aber zweifellos damit *Ihr eigenes Todesurteil* gesprochen (Sehr richtig! und Widerspruch.) Denn die Konzessionen, die vom Genossen Cohen und anderen Leuten gemacht werden, daß ja, wenn die Nationalversammlung komme, das Rätesystem noch weiterbestehen könne, sind ja doch nur Schall und Rauch. (Sehr richtig!) Was soll denn dieses Rätesystem neben einem sich so breitspurig einnistenden parlamentarisch-demokratisch-bürgerlichen System, wie es die Nationalversammlung einmal im Gefolge hat! Eine leere Staffage, eine Marionette! Im Wirtschaftsleben werden mit Hilfe der Nationalversammlung und des Bürgertums die Gewerkschaften alten Stils natürlich die Arbeiterräte aus den Betrieben ganz schnell herausgedrängt haben. (Zuruf.) – Das machen sie heute schon und haben es schon gemacht. Ach nein, dieses beides läßt sich eben nicht miteinander vereinigen; man muß das eine oder das andere wollen. Aber das sage ich Ihnen: all Ihre Illusionen auf ein neues, freies, auch kulturell und geistig freies Deutschland, auf ein deutsches Volk, das diesen alten Untertanengeist von sich geworfen hat, der ja heute noch knüppeltief drinsitzt im deutschen Volk, auf ein Deutschland, in dem das Volk auch wirklich aktiven Anteil an seinen Geschicken nimmt und nicht alle zwei, drei Jahre mit einem Stimmzettel in der Hand zur Wahlurne läuft, erreichen Sie nicht mit diesem alten System . . .

Wenn Sie ein revolutionäres Parlament mit Temperament und Feuer gewesen wären, dann hätten Sie diese Versammlung als Nationalversammlung konstituiert und gesagt: Wir sind die Körperschaft, hinter uns stehen die Massen, die Kraft der Soldaten und Arbeiter, wir wollen die deutschen Geschicke weiter leiten. Und glauben Sie nicht, daß der Friede um ein Deut schlechter geworden wäre. Die *Entente* wäre nicht wesentlich erbittert gewesen; denn wir wissen tatsächlich ja gar nicht, wie die Entente über unsere Arbeiter- und Soldatenräte denkt. Es kommen die widersprechendsten Nachrichten . . .

Man spricht in bezug auf das Rätesystem von der *Diktatur,* und jeder Spießer malt sich darunter etwas Gruseliges vor; er denkt an Browningpistolen, an Maschinengewehre und andere Dinge. Ja, gehen wir doch einmal etwas zurück in der Geschichte der letzten Jahre. Wir haben unter der schmählichsten und schwersten Diktatur gestanden, (Sehr richtig!), die die Weltgeschichte jemals gekannt hat; denn die zaristische Brutalität war ja noch gemildert durch die Korruption. Wer diese vier Jahre der Militärdiktatur, der leiblichen und geistigen Diktatur vom 4. August 1914 ab durchlebt hat, der wird einen so bitteren Groll im Herzen haben, daß dieser niemals getilgt werden kann . . .

Die Diktatur ist zweifellos mit dem Rätesystem verbunden. Aber was sich in Rußland durch die historischen Gesetze aufzwang, braucht noch lange nicht in Deutschland der Fall zu sein. Ich gehöre nicht zu denen, die mechanisch und sklavisch das *russische Beispiel* nachzuahmen versuchen. Ich bin Deutscher und ich bin stolz darauf, Deutscher zu sein. Die 20 Jahre,

die ich jetzt in der Partei bin, habe ich dazu verwandt, die deutsche Kultur, die deutsche Dichtung, die deutsche Literatur den Massen da unten zugänglich zu machen, weil die bürgerliche Gesellschaft nach dieser Richtung hin Millionen jahraus, jahrein geistig beraubt hat. Aber das, was sich aus der großen Geschichte der russischen Revolution ergibt, haben wir uns nutzbar zu machen, und ich habe stets zu denen gehört, die den Verzweiflungskampf der Bolschewisten gestützt haben und ihn noch heute zu stützen suchen ...
Wie steht es denn überhaupt mit der *Diktatur in Deutschland?!* Ich habe hier das statistische Ergebnis der Gewerbezählung vom Jahre 1907, das letzte Zahlenmaterial, das darüber zur Verfügung steht. Da zeigt sich bei allen Berufen, bei Land- und Forstwirtschaft, bei Industrie, Bergbau und Baugewerbe, bei Handel und Verkehr, daß sich das arbeitende, werktätige Volk überall in der Mehrheit befindet und daß es bis jetzt unter der Diktatur einer ökonomisch überlegenen Minderheit gestanden hat. Und das soll jetzt durch die Nationalversammlung verewigt werden! Sie mögen mit dem Kopfe schütteln, soviel Sie wollen – die Nationalversammlung, die jetzt zusammenkommt, hat weder den Willen noch die Energie, den Sozialismus Wirklichkeit werden zu lassen ...
Wir müssen ja doch aufräumen mit dieser ganzen alten Verwaltungsmaschine, die wir haben in Reich und Bundesstaaten und Kommunen. Die *Selbstverwaltung* muß doch mehr und mehr die Aufgabe sein, die dem deutschen Volke erwachsen muß, anstatt des Regiertwerdens. Wie wollen Sie aber ein Volk in weitestgehendem Maße zur Selbstverwaltung erziehen, wenn Sie es politisch einfach so dahintrotten lassen und wenn sie Erwählte in irgendein Parlament schicken, die dann wieder die üblichen Redebächlein fließen lassen und den Parteihader erscheinen lassen, aber sonst an den Dingen draußen beim Volk nichts ändern!
Und dann das *Problem der Sozialisierung!* Wie will man sozialisieren über die Köpfe der Arbeiter hinweg, ohne aktive Beteiligung der Arbeiter! Ich stehe auf dem Standpunkt, daß jetzt in dieser unsäglich traurigen Situation, in der sich unser Volk und Land befindet, man nicht drauflos experimentieren kann. (Zuruf: Na also!) – Ja, solche Narren sind wir auch nicht. Das Sozialisieren muß natürlich nach einem großen, einheitlich angelegten Plane vor sich gehen ...
Ich weiß, daß das, was ich heute hier ausführe, unpopulär ist wie alles neue. Aber mich macht das nicht irre. Verschließen Sie sich dem Rätesystem – kommen wird es trotzdem und alledem. (Zustimmung bei der Minderheit.) Denn Sie mögen noch so kluge Parlamentarier in die Nationalversammlung schicken und mögen eine noch so fein ausgeklügelte Reichsverfassung vorlegen lassen – die sozialistischen Wirkungen von unten können Sie nicht aufhalten. (Sehr richtig!) Glauben Sie doch nicht, daß die *deutsche Revolution* mit den paar Tagen des Novembers 1918 abgeschlossen ist. *Sie geht ihren Gang weiter,* und es kommt vielleicht das, was in Rußland gekommen ist. Unsere russischen Freunde sagen: Die Märzrevolution war die schöne Revolution, aber die Novemberrevolution, das war die häßliche Revolution, das war die soziale Revolution. Wundern Sie sich nicht, wenn in absehbarer Zeit die Revolution mit wehenden Haaren und ehernen Sandalen wieder vor Sie hintritt und sagen wird: warum habt ihr das Pfund verschleudert, was ich euch gegeben habe in jenen Novembertagen? Ich kann nicht Zeit und Stunde bestimmen, wann das eintreten wird, aber wer einigermaßen in der Weltgeschichte Bescheid weiß, der wird auch auf dem Standpunkt stehen, daß diese Zeit kommen wird. Überstimmen Sie uns, jubeln Sie nach der Nationalversammlung, berufen Sie sie zum 19. Januar ein: das Verhängnis halten Sie doch nicht auf!
Zit. nach: Die deutsche Revolution 1918–1919, a.a.O., S. 372ff.

11. Zum Hintergrund der Novemberereignisse

Es ist ein heute nicht mehr bestrittenes Ergebnis der Forschung, daß der Novemberumsturz nicht das Werk von „Berufsrevolutionären" war, daß die Arbeiter- und Soldatenräte *nicht* von revolutionären Gruppen als Organe zum Zweck planmäßiger Vorbereitung und Durchführung des Staatsumsturzes geschaffen wurden. Sie bildeten sich vielmehr in allen größeren Städten spontan, durch Improvisation, ohne zentrale Lenkung im Anschluß an die von Kiel ausgehende Matrosenmeuterei und die Revolte des Heimatheeres. Bezeichnenderweise ging in den Tagen vom 3. bis 9. November 1918 überall der Bildung von Arbeiterräten die Auflehnung der Matrosen und Soldaten und die Bildung von Soldatenräten voraus. Die Revolte der kriegsmüden Matrosen und Soldaten auf der einen Seite, die „Willenslähmung der Ordnungsmacht im Staat" auf der anderen Seite führte innerhalb weniger Tage zum völligen Zusammenbruch des Militär- und Polizeiapparates, zur praktisch kampflosen Kapitulation der alten Gewalten.

Daß die Meuterei der Matrosen wie ein Steppenbrand um sich greifen und sich in kürzester Frist zur Revolte des gesamten Heimatheeres ausweiten konnte, hatte seine Ursache in einer maßlosen Erbitterung der Soldaten gegen die militärische und politische Führung, einer Erbitterung, die ebenso bedingt war durch eine große Zahl sozialer Heeresmißstände wie vor allem dadurch, daß die Massen jegliches Vertrauen zur Führung verloren hatten. Daß die Massen, und gerade auch die einfachen, politisch größtenteils gar nicht organisierten Soldaten, die alten Gewalten als restlos diskreditiert betrachteten und der Umsturzbewegung eine entschieden antimilitaristische Grundtendenz aufprägten, ist ein wichtiger, bei vielen allerdings schon bald nach den Novemberereignissen recht schnell in Vergessenheit geratener Sachverhalt, dem der Historiker besondere Bedeutung schenken sollte. Die völlige Diskreditierung der alten Ordnung bot den neuen Machthabern nämlich die Chance, aus der denkbar weit verbreiteten Stimmung einer Abkehr vom bisherigen Regime beim Aufbau einer neuen Ordnung Nutzen zu ziehen, indem man die Fehler, Versäumnisse und Unzulänglichkeiten des alten Regimes massiv herausstellte und auf diese Weise die staatliche Neuordnung wirkungsvoll legitimierte – indem man also so verfuhr, wie beispielsweise im Herbst 1870, mitten im Krieg, die französischen Republikaner nach dem Sturz Napoleons III. und der Errichtung einer republikanischen Regierung. Diese Chance haben die am 9. November 1918 an die Macht gelangten Politiker allerdings kaum oder nur sehr zurückhaltend genutzt, so daß jene in den letzten Oktober- und ersten Novembertagen dominierende Stimmung der Erbitterung gegen die bisherigen Machthaber schnell in den Hintergrund trat und statt dessen die Dolchstoßlegende ihren Vormarsch antreten konnte.

Der rapide Desintegrationsprozeß und Autoritätsverlust des alten Regimes in den Oktoberwochen und vor allem in den ersten Novembertagen bildete also die entscheidende Voraussetzung dafür, daß der Aufstand der Matrosen und Soldaten so schnell und allerorten erfolgreich verlief; der Novemberumsturz weist darin eine frappierende strukturelle Übereinstimmung mit nahezu allen revolutionären Erhebungen dieses und des vergangenen Jahrhunderts auf.

Aus: Eberhard Kolb, Rätewirklichkeit und Räte-Ideologie in der Revolution 1918/19, in: Vom Kaiserreich zur Weimarer Republik, hrsg. von Eberhard Kolb, Köln 1972, S. 167f.

12. Zum politischen Selbstverständnis der SPD

Der Aufstieg der alten Partei war durch ihre Erfolge bei den Reichstagswahlen markiert worden; und da sie in der Vorkriegszeit keine Chance gehabt hatte, ihr politisches Potential zu realisieren, hatte sie ihre Hauptaufgabe in der Stärkung der Organisation und in den Wahlkämpfen gesehen. Der „Kultus der Wahlen und der Wahlerfolge", den sie entwickelte, täuschte sie über ihre tatsächliche Ohnmacht hinweg. Mit der Ankündigung der Wahlen zur Nationalversammlung, die sich bereits im Programm der Volksbeauftragten vom 12. November findet, bewegte sich die Revolutionsregierung sofort wieder auf vertrautem Terrain. Nichts vermochte besser die attentistische Politik der Volksbeauftragten zu rechtfertigen als die Berufung auf die noch ausstehende Entscheidung des ganzen Volkes. Die Legitimationsskrupel des Kabinetts und der Glaube an die Macht des Stimmzettels gehören unmittelbar zusammen. Die historische Erfahrung der deutschen Sozialdemokratie hatte ungeachtet ihres verbalen Radikalismus ein legalistisches parlamentarisches Bewußtsein gezeitigt, dem es schwerfiel, in der großen, nicht durch einen formalen Wahlakt bestätigten Vertrauensbasis, auf die sich die sozialdemokratische Revolutionsregierung unzweifelhaft zunächst stützen konnte, eine hinreichende Legitimation zum Handeln zu sehen.

Für Ebert begann der neue Staat nicht mit der Revolution, sondern mit dem Zusammentritt der Nationalversammlung, des „höchsten und einzigen Souveräns in Deutschland". Denn „nur auf der breiten Heerstraße der parlamentarischen Beratung und Beschlußfassung" ließen sich, wie er bei der Eröffnung der Nationalversammlung am 6. Februar 1919 in Weimar erklärte, „die unaufschiebbaren Veränderungen auch auf wirtschaftlichem und sozialem Gebiet vorwärtsbringen, ohne das Reich und sein Wirtschaftsleben zugrunde zu richten". Die Mitglieder der provisorischen Regierung aber waren für ihn nur „die Konkursverwalter des alten Regimes" gewesen, die ihre beste Kraft eingesetzt hatten, um „die Gefahren und das Elend der Übergangszeit zu bekämpfen", die zwar, „wo Zeit und Not drängten", sich auch bemüht hatten, „die dringlichsten Forderungen der Arbeiter zu erfüllen", aber doch insgesamt mit Stolz und gutem Gewissen von sich sagen konnten: „Wir haben der Nationalversammlung nicht vorgegriffen."

Die Haltung der von Haase und Dittmann im Koalitionskabinett repräsentierten rechten USPD zur Nationalversammlung unterschied sich von der der Mehrheitssozialdemokratie nur unwesentlich. Hinter dem Drängen der USPD auf eine Hinausschiebung des Wahltermins verbarg sich auch kein grundlegend anderes politisches Konzept, sondern – abgesehen von der Rücksicht auf den linken Parteiflügel – ein wahltaktisches Kalkül, das von der Annahme ausging, durch eine längere Karenzzeit bessere Möglichkeiten für eine Aufklärung der Massen zu gewinnen und damit die Wahlchancen der USPD gegenüber der überlegenen mehrheitssozialdemokratischen Konkurrenz zu vergrößern.

Auch hier zeigt sich deutlich, wie sehr beide Parteien in traditionalistischen Vorstellungen verharrten. Geht man den Motiven des Ausscheidens der USPD aus dem Kabinett nach, das weitgehend wahltaktisch-agitatorisch bedingt war und sich als bequemes Ausweichen in den unverbindlichen formalen Radikalismus der alten Sozialdemokratie interpretieren läßt, so wird dieser Eindruck noch verstärkt.

Aus: Erich Matthias, Der Rat der Volksbeauftragten, in: Vom Kaiserreich zur Weimarer Republik, a. a. O., S. 113f.

13. Wirtschaftskrise und Novemberumsturz: Das Beispiel Bayern

Eine Untersuchung gewisser Schlüsselzweige der Wirtschaft zeigt, daß Bayern bereits über seine Verhältnisse lebte. Beispielsweise war das Verkehrswesen durch den Krieg in erhebliche Schwierigkeiten geraten. Es hatte 1918 mit einem Fehlbetrag von 90 Millionen Mark gearbeitet, und ein weiterer Verlust in Höhe von 170 Millionen war für 1919 zu erwarten. Die Waffenstillstandsbedingungen drohten die Lage noch erheblich zu verschlechtern, da sie forderten, daß Bayern fast die Hälfte seines Lokomotivenbestandes abliefere. Gegen Mitte Dezember „schuldete" Bayern den Ententemächten noch 164 schwere Lokomotiven, und man konnte nicht hoffen, daß die Nachsicht der Franzosen und Engländer ewig dauern werde. Ein weiteres Drittel von Bayerns Lokomotiven war nicht mehr betriebsfähig, eine Ziffer, die vor dem Kriege niemals mehr als 18 Prozent betragen hatte. Was an Verkehrsmitteln übrig blieb, war zeitweise beschlagnahmt oder durch die Demobilisierung blockiert. Trotz des Anreizes durch die Kriegswirtschaft war der Frachtverkehr seit 1913 nur um 30 Prozent gestiegen. Immerhin hätte, falls die Probleme der Umstellung auf Friedensverhältnisse lösbar waren, ein für die Aufrechterhaltung der bayerischen Industrie ausreichender Güterzustrom bewerkstelligt werden können – wenn nicht eine der grundlegenden Voraussetzungen gefehlt hätte: Bayern war vollständig von der Hauptquelle seiner Brennstoffzufuhr abgeschnitten.

Von der Saar hatte die Stadt München früher 95 Prozent der für die Gasherstellung benötigten Kohle erhalten. Ohne diesen Brennstoff war die gesamte Brauindustrie von der Schließung bedroht. Die Regierung hatte sich um gewaltig erhöhte Lieferungen aus Schlesien und aus Böhmen bemühen müssen, hatte dabei aber nur sehr mäßige Erfolge zu verzeichnen. Um Neujahr erhielt Bayern nach dem Bericht eines Wirtschaftsberaters der Demobilmachungskommission am Tage durchschnittlich 5000 Tonnen Kohle, während der Mindestbedarf seiner Industrie 15 000 Tonnen betrug. „Daß dieser Zustand in absehbarer Zeit zur Katastrophe führen muß, liegt auf der Hand." Professor Lujo Brentano von der Münchener Universität kam zu dem gleichen Schluß: Die Kohlenzufuhr sei „absolut unzureichend, um den Weiterbetrieb der bayerischen Industrie sicherzustellen". Ein dritter Sachverständiger bezeugte vor einem Magistratsausschuß, daß Münchens Kohlenvorräte, selbst unter Anwendung der strengsten Kontrolle, nur bis Anfang Februar reichen würden. Trotz Maßnahmen wie Rationierung, Verdunkelung und Einschränkungen des Straßenbahnverkehrs wurde die Lage zunehmend schlechter, und Brennstoff wurde, soweit er überhaupt erhältlich war, unerschwinglich.

Die Inflation betraf den privaten wie den öffentlichen Sektor der Wirtschaft gleichermaßen. Ein Buch, das während des Krieges für 1,80 Mark verkauft worden war, kostete im Januar 1919 etwa 6 Mark. Eine Flasche Deidesheimer Herrgottsacker war in der gleichen Zeit von 1,90 auf 5,10 gestiegen. Man konnte nun vielleicht auf derartige „Luxusgüter" verzichten, aber nicht auf Wohnung. Die Baukosten waren in München, wie sich bei den Angeboten für einen Schulneubau ergab, seit 1913 um fast 250 Prozent gestiegen, und Baumaterialien waren entweder nicht verfügbar oder konnten nur unter äußersten Schwierigkeiten herangebracht werden. Um den öffentlichen Wohnungsbau zu fördern, hatte die Berliner Regierung sich erboten, drei Sechstel der Kosten zu übernehmen, während die Einzelstaaten zwei Sechstel und die Städte ein Sechstel tragen sollten. Aber die Fertigstellung des einzigen bemerkenswerten Projekts dieser Art, das in München unternommen wurde, war erst für

Ende Februar zu erwarten, bei einem Kostenaufwand von insgesamt 300000 Mark. Da der öffentliche Wohnungsbau dem Ministerium für Soziale Fürsorge unterstand, lief die Politik der Regierung darauf hinaus, die Mieten niedrig zu halten. Angesichts der Kostensteigerung für Baumaterialien hatten private Bauunternehmer verständlicherweise kein Interesse an Bauprojekten für Siedlungen, die billig vermietet werden sollten. Sozialpolitik und wirtschaftliche Realität standen in Widerspruch zueinander. Das Ergebnis war: Keine Bautätigkeit, keine Beschäftigung im Baugewerbe und keine Wohnungen für die Erwerbslosen.

Verbraucher-preise	Preissteigerung Juli 1914 bis November 1918 in Prozent	Preissteigerung Juli 1914 bis November 1919 in Prozent
Mehl	75	400
Milch	90	172
Butter	65	150
Eier	136	216
Schweinefleisch	120	485
Zucker	120	340
Bier	21	71
Schuhe für Männer	284	1180
Männerkleidung	275	400

Um ihre eigenen Rechnungen bezahlen zu können und die Wirtschaft anzuregen, entschloß sich die Regierung zu einer Politik des freien Geldes – oder besser gesagt, sie steigerte die bereits in den letzten Kriegsjahren auf diesem Gebiet eingeleitete Politik. Einer der ersten Schritte der neuen Regierung am 11. November war die Erhöhung des umlaufenden „Kriegsnotgeldes" von 90 auf 110 Millionen Mark. Darüber hinaus hatte München sein eigenes „Notgeld". Gerade zu dem Zeitpunkt, da die Arbeitslosigkeit offenbar ernste Formen annahm, am 14. Januar, kündigte der Oberbürgermeister die Ausgabe von 1 Million Mark in neu gedruckten 50-Mark-Scheinen an. Und doch, während die Preise stiegen, taten die Gehälter das nicht. Der Durchschnittslohn eines ungelernten Arbeiters in München betrug Mitte Januar nur 9 bis 10 Mark, und der eines gelernten lag zwischen 12 und 16 Mark. Da eine kleine Familie von vier Personen unter der am 7. Januar von der Regierung getroffenen Regelung Arbeitslosenunterstützung in Höhe von 12 bis 14 Mark täglich zu erwarten hatte, machte es sich nur für Facharbeiter bezahlt, weiterzuarbeiten. Und selbst die Reallöhne der Facharbeiter wurden durch die sinkende Kaufkraft des Geldes stark entwertet.

Mit den Lebenshaltungskosten stiegen auch die Regierungsausgaben. „Die mißliche Lage der Staatsfinanzen erfordert peinliche Sparsamkeit", gab Finanzminister Edgar Jaffé am 28. Dezember zu. Diese Erklärung war von besonderer Wichtigkeit, weil sie mit Bezug auf das Rätesystem abgegeben wurde. Jaffé kündigte nämlich die Entscheidung des Kabinetts Eisner an, die Regierungszulage an Rätemitglieder auf 5 Mark für den Tag zu beschränken. Zahlungen sollten nur an Mitglieder der Arbeiterräte als Entschädigung für entgangenen Verdienst geleistet werden. An der Rätearbeit beteiligte Soldaten sollten weiterhin ihre regelrechte Löhnung erhalten, die aus dem Militärhaushalt zu bezahlen war. Vertreter von Bauernräten sollten keine Entschädigung bekommen, sofern sie nicht Mitglieder gemeinsamer Arbeiter- und Bauernräte waren, wie in den Bestimmungen vom 17. Dezember im einzelnen angegeben. Bis spät in den Dezember hinein war also die Finanzierung des Rätesystems kostspielig und chaotisch gewesen. Eine genaue Buchführung war nicht möglich gewesen, obgleich Erhard Auer geschätzt hatte, daß das System den bayerischen Staat jede Woche 500000 Mark koste und voraussichtlich zu guter Letzt eine Ausgabe von 40 Millionen Mark im Jahr bedeuten werde. Diese Zahlen allein genügten, um das Rätesystem nicht nur zu einer politischen Frage, sondern auch zu einem wirtschaftlichen Faktor zu machen. Die Gegner des Systems behaupteten, es sei ein unnötiger Luxus, ein leistungsunfähiges Anhängsel der Regierung, das nur die Kosten der Bürokratie verdoppele. Befürworter des Rätesystems darunter Jaffé, zogen Auers Zahlen in Zweifel und behaupteten, die Räte seien die wahren Träger der Revolution (und deshalb sozusagen auf alle Fälle jeden Preis wert).

Die Beweisführung war auf beiden Seiten unzulänglich, da niemand genau wußte, wieviel die Räte kosteten. Die Sache war die – und das wußte man auf beiden Seiten –, daß die Zahlungen an Räte, so wie sie im Januar bestanden, nur eine andere Form der Erwerbslosenunterstützung bedeuteten. Bayern zahlte enorme, wenn auch nicht genau bestimmbare Geldbeträge an Rätemitglieder für Aufgaben, die zum großen Teil überflüssig waren. Wie sich Albert Rosshaupter in einer Kabinettssitzung am 23. Januar beschwerte, begannen diese Leute, ihre Stellungen in den Räten als Beruf zu betrachten. Das aber war nur dann gerechtfertigt, wenn die Räte ein wesentlicher Teil des Staates wurden und man sie mit Aufgaben in Gesetzgebung oder Verwaltung betraute, die Ersparnisse an anderen Stellen ermöglichten. Wenn aber das Rätesystem nichts anderes war als eine verkappte Form der Erwerbslosenunterstützung, stellte es eine unerträgliche Belastung des bayerischen Staates dar. Die Schlußfolgerungen, die man aus den wirtschaftlichen Tatsachen ziehen mußte, schienen also in Wechselbeziehung zur politischen Entwicklung zu stehen: Entweder mußten sich die Räte als ein nützlicher Teil des Regierungsaufbaus bewähren, oder es würde ihnen schwerfallen, ihre Existenzberechtigung zu beweisen und ihren Bestand – außer in sehr beschränkter Form – zu wahren, nachdem der Landtag einberufen war.

Aus: Allan Mitchell, Revolution in Bayern 1918/1919, München 1967, S. 204ff.

14. Ausrufung einer bayrischen Räterepublik am 6. 4. 1919

An das Volk in Baiern!

Die Entscheidung ist gefallen. Baiern ist Räterepublik. Das werktätige Volk ist Herr seines Geschickes. Die revolutionäre Arbeiterschaft und Bauernschaft, darunter auch alle unsere Brüder, die Soldaten sind, durch keine Parteigegensätze mehr getrennt, sind sich einig, daß von nun an jegliche Ausbeutung und Unterdrückung ein Ende haben muß. Die Diktatur des Proletariats, die nun zur Tatsache geworden ist, bezweckt die Verwirklichung eines wahrhaft sozialistischen Gemeinwesens, in dem jeder arbeitende Mensch sich am öffentlichen Leben beteiligen soll, einer gerechten sozialistisch-kommunistischen Wirtschaft.

Der Landtag, das unfruchtbare Gebilde des überwundenen bürgerlich-kapitalistischen Zeitalters, ist aufgelöst, das von ihm eingesetzte Ministerium zurückgetreten. Von den Räten des arbeitenden Volkes bestellte, dem Volk verantwortliche Vertrauensmänner erhalten als Volksbeauftragte für bestimmte Arbeitsgebiete außerordentliche Vollmachten. Ihre Gehilfen werden bewährte Männer aus allen Richtungen des revolutionären Sozialismus und Kommunismus sein; die zahlreichen tüchtigen Kräfte des Beamtentums, zumal der unteren

und mittleren Beamten, werden zur tatkräftigen Mitarbeit im neuen Baiern aufgefordert. Das System der Bureaukratie aber wird unverzüglich ausgetilgt.
Die Presse wird sozialisiert.
Zum Schutz der baierischen Räterepublik gegen reaktionäre Versuche von außen und von innen wird sofort eine rote Armee gebildet. Ein Revolutionsgericht wird jeden Anschlag gegen die Räterepublik sofort rücksichtslos ahnden.
Die Baierische Räterepublik folgt dem Beispiel der russischen und ungarischen Völker. Sie nimmt sofort die brüderliche Verbindung mit diesen Völkern auf. Dagegen lehnt sie jedes Zusammenarbeiten mit der verächtlichen Regierung Ebert, Scheidemann, Noske, Erzberger ab, weil diese unter der Flagge einer sozialistischen Republik das imperialistisch-kapitalistisch-militaristische Geschäft des in Schmach zusammengebrochenen deutschen Kaiserreichs fortsetzt.
Sie ruft alle deutschen Brudervölker auf, den gleichen Weg zu gehen. Allen Proletariern, wo immer sie für Freiheit und Gerechtigkeit, wo immer sie für den revolutionären Sozialismus kämpfen, in Württemberg und im Ruhrgebiet, in der ganzen Welt, entbietet die Bairische Räterepublik ihre Grüße.
Zum Zeichen der freudigen Hoffnung auf eine glückliche Zukunft für die ganze Menschheit wird hiermit der 7. April zum Nationalfeiertag erklärt. Zum Zeichen des beginnenden Abschieds vom fluchwürdigen Zeitalter des Kapitalismus ruht am Montag, den 7. April 1919, in ganz Baiern die Arbeit, soweit sie nicht für das Leben des werktätigen Volkes notwendig ist, worüber gleichzeitig nähere Bestimmungen ergehen.
Es lebe das freie Baiern! Es lebe die Räterepublik! Es lebe die Weltrevolution!
Der revolutionäre Zentralrat Baierns.

Zit. nach Gerhard Schmolze, Revolution und Räterepublik in München 1918/19 in Augenzeugenberichten, Düsseldorf 1969, S. 271.

15. Ernst Däumig: Der Rätegedanke und seine Verwirklichung

Der Rätegedanke in seiner reinen und konsequenten Anwendung ist *praktischer Sozialismus;* er soll die Möglichkeit schaffen, die durch die sozialistischen Parteien propagierten Lehren der sozialistischen Wissenschaft durch das Proletariat in die Wirklichkeit umzusetzen. Diesen Zielen und dieser Aufgabe entsprechend müssen die Räteorganisationen auf- und ausgebaut sein, und im Rätesystem müssen sie ihre Zusammenfassung und Abrundung erhalten. Da die *Räteorganisation* das Kind revolutionärer Epochen ist, wird sie niemals fix und fertig in schön paragraphierten Satzungen in Erscheinung treten, sondern wird je nach dem Verlauf der revolutionären Entwicklung ihre äußere Form und ihre taktischen Aufgaben den Forderungen der jeweiligen revolutionären Situation *anpassen* müssen. Immerhin müssen im Rätesystem große und allgemeine Richtlinien festgelegt werden, und ebenso muß stets an dem Hauptziele: der Beseitigung der kapitalistischen und Durchführung der sozialistischen Produktion – festgehalten werden.
Die Arbeiter- und Soldatenräte, die in den ersten Tagen der Revolution aus dem revolutionären Boden emporwuchsen, waren . . . *improvisierte* Gebilde, und sie sind es fast ein ganzes Jahr lang geblieben. Ja, die Soldatenräte sind nach kaum sechsmonatlichem Bestehen an ihrer eigenen Unzulänglichkeit und an der politischen Kurzsichtigkeit und Rückgratlosigkeit ihrer Führer zugrunde gegangen. Jetzt, da diese Zeilen geschrieben werden, muß es sich

entscheiden, ob die führenden Schichten des deutschen Proletariats die *Einsicht,* den *Willen* und die *Kraft* haben, ein Rätesystem *aufzubauen,* das einer weltgeschichtlichen Aufgabe gerecht wird, oder ob der Rätegedanke in kümmerlichen Arbeitnehmerorganisationen, denen man in bewußter Täuschung der Massen das Räteetikett aufklebt, vergewaltigt werden soll. Von der Entscheidung dieser Frage hängt es ab, ob das deutsche Proletariat kühn und zielbewußt in das Land des Sozialismus hineinmarschieren, oder ob es auf Jahre, vielleicht Jahrzehnte hinaus die kapitalistische Fron weitertragen wird.
Das Wesen des Rätegedankens beruht auf folgenden Grundsätzen:
1. Träger des Rätegedankens kann nur das Proletariat sein, d. h. alle die Hand- und Kopfarbeiter, die gezwungen sind, ihre Arbeitskraft dem Kapital zu verkaufen, um leben zu können. Damit steht der Rätegedanke in einem ebenso scharfen wie natürlichen Gegensatz zu dem landläufigen demokratischen Gedanken, der die Staatsbürger als eine *einheitliche Masse* wertet, ohne Rücksicht auf den großen *Gegensatz* zwischen Kapital und Arbeit und die aus diesen hervorgehenden Klassenscheidungen zu nehmen.
2. Da das dem Rätegedanken folgende Proletariat ausgesprochen antikapitalistische Ziele verfolgt, kann es in seinen Räteorganisationen *keine kapitalistischen Vertreter* dulden.
3. Da die den formalen demokratischen Gedanken verkörpernden Parlamente solange kapitalistischen Tendenzen dienstbar gemacht werden, solange die kapitalistische Produktionsform besteht, kann der Rätegedanke nicht mit den Mitteln des Parlamentarismus verwirklicht werden, sondern muß in den *Keimzellen* der kapitalistischen Produktion, den *Betrieben,* dann aber auch in verschiedenen Einrichtungen des Obrigkeitsstaates, der auf der Grundlage der kapitalistischen Produktion errichtet ist, zur Anwendung gebracht werden.
4. Da die Verwirklichung des Rätegedankens die ständige aktive *Anteilnahme* des Proletariats an allen wirtschaftlichen und politischen Fragen erfordert, können die Organe der Räteorganisation nicht langbefristete Vollmachten erhalten, sondern müssen stets der Kontrolle ihrer Wähler unterstehen und jederzeit abberufen werden können, wenn sie das Vertrauen ihrer Wähler nicht mehr haben.
5. Da der Rätegedanke die Befreiung des gesamten Proletariats von der kapitalistischen Ausbeutung zum Ziele hat, kann die Räteorganisation nicht die Domäne einer einzelnen Partei oder einzelner Berufsgruppen sein, sondern muß das Proletariat als *Ganzes* umfassen.

Aus: Die Revolution, Unabhängiges Sozialdemokratisches Jahrbuch für Politik und proletarische Kultur, Berlin 1920, S. 85 ff.

16. Das Rätesystem

Was ist nun ein „Rätesystem"? Worin besteht der Inhalt dieses Begriffs? Diese Frage ist noch weniger leicht zu beantworten als die Frage nach dem Inhalt des Begriffs der „freiheitlichen demokratischen Grundordnung". Die Verwendung des Begriffs „Räte" ist je nach der politischen Tendenz sehr unterschiedlich, und es gibt keine authentischen Interpretationen. Trotzdem hat sich in der wissenschaftlichen Literatur der jüngsten Vergangenheit eine gewisse Übereinstimmung herausgebildet. An diese relativ einheitliche Auffassung können wir hier anknüpfen.
Das Rätesystem als Inbegriff einer politisch-sozialen Ordnung ist:

A) eine Form radikaler Demokratie.
B) In seiner praktischen Anwendung bedingt es den Übergang zu sozialistischen Eigentums- und Wirtschaftsformen.
C) In Verbindung mit der sozialistischen Zielsetzung erhält es oftmals einen betont klassenkämpferischen Charakter und wird nicht selten mit der Idee einer „Diktatur des Proletariats" verknüpft.
Zu A: Die klassische Form der *direkten Demokratie* besteht darin, daß das Volk, d. h. die Gesamtheit der erwachsenen und politisch mitwirkungsberechtigten Bürger eines Gemeinwesens keinen Herrscher über sich duldet, sondern alle gemeinsamen Angelegenheiten in der allgemeinen Volksversammlung unmittelbar selber regelt. Bei der großen Bevölkerungszahl und der weiträumigen territorialen Ausdehnung moderner Staaten sowie bei dem zunehmenden Bedürfnis nach dauerhafter und qualifizierter Regierungs- und Verwaltungstätigkeit wird das ursprüngliche Modell der direkten Demokratie unpraktizierbar. Das Volk kann sich nicht mehr unmittelbar selbst regieren; es muß die Regierungs- und Verwaltungsbefugnisse an bestimmte Personen: Regierungsmitglieder, Abgeordnete, Beamte, delegieren. Elemente der direkten Demokratie können dadurch lebendig gehalten werden, daß zumindest die allgemeinen Prinzipien der Regierung, die Gesetze, vom Volk selbst beschlossen werden, wenn auch nicht mehr in einer Volksversammlung, sondern durch Volksabstimmung (wie in der Schweiz – mit Ausnahme jener fünf kleinen Kantone, die noch die allgemeine Volksversammlung, die Landsgemeinde, kennen). Eine andere Möglichkeit, die Grundsätze der direkten Demokratie zu bewahren, besteht darin, die Rechtssprechungs-, Gesetzgebungs-, Regierungs- und Verwaltungsbefugnisse zwar zu delegieren, die Delegierten aber strengster Kontrolle durch das Volk zu unterwerfen.
Dies versucht das Rätesystem, und zwar durch folgende Praktiken und Institutionen:
1. Alle leitenden Positionen werden durch Wahl besetzt.
2. Die Urwähler treten als geschlossene Wahlkörper auf der untersten Ebene des gesellschaftlichen Lebens in Aktion und bilden ihren politischen Willen in den Versammlungen dieser Urwahlkörper.
3. Die Urwähler fällen eine möglichst große Zahl der erforderlichen Entscheidungen selbst und überlassen so wenig wie möglich ihren gewählten Vertretern.
4. Die gewählten Vertreter sind in ihren Entscheidungen nicht frei, sondern an Mandate ihrer Wähler gebunden.
5. Sie unterliegen der dauernden Kontrolle durch die Urwähler, müssen ihnen laufend Rechenschaft geben und können jederzeit durch sie abberufen werden.
6. Die gewählten Vertreter sollen möglichst ehrenamtlich tätig sein, auf keinen Fall jedoch ein erheblich höheres Einkommen beziehen als ihre Wähler.
7. Dieser Gedanke wird bis zu der Forderung nach der sozialen Homogenität von Wählern und Gewählten zugespitzt, d. h. die gewählten Vertreter sollen möglichst derselben sozialen Schicht angehören wie die Wähler.
Zu B: Da auch die Wirtschaftsleitung zu den leitenden Funktionen der Gesellschaft gehört, müssen die Grundsätze des Rätesystems ebenfalls auf sie angewendet werden, d. h. Wirtschaftspolitik und Wirtschaftsleitung werden strenger, unmittelbarer demokratischer Kontrolle durch das Volk bzw. im Betrieb durch die dort tätigen Arbeitnehmer unterworfen. Da in einem Wirtschaftssystem des Privateigentums die Wirtschaftsleitung den (privaten) Eigentümern der Produktionsmittel von Rechts wegen als Befugnis zusteht, würde das Rätesy-

stem ihre faktische Enteignung und eine bestimmte Form von *Sozialisierung* der Produktionsmittel (nämlich ihre Überführung in sog. „Arbeiterselbstverwaltung") bedeuten.

Zu C: Insofern das Rätesystem sich gegen die Innehabung von bisher nicht demokratisch gewählten und nur unzulänglich demokratisch kontrollierten gesellschaftlichen Führungspositionen richtet (Bürokratie, Wirtschaftsleitung), führen seine Vertreter, zumindest vor ihrem endgültigen Siege und vor der Verwirklichung des Rätesystems, einen *Klassenkampf* gegen mangelhaft kontrollierte Berufspolitiker, Bürokraten und Kapitalisten. Gewisse Verfechter des Rätesystems leiten nun aus der Tatsache und den Erfordernissen dieses Klassenkampfes die Notwendigkeit ab, für eine Übergangszeit Kapitalisten und sonstige Spitzenfunktionäre des alten Herrschaftssystems vom Wahlrecht zu den Räten auszuschließen und ihnen auch sonst die vollen bürgerlichen Rechte vorzuenthalten.

Aus: Peter von Oertzen, Freiheitliche demokratische Grundordnung und Rätesystem, in: Theorie und Praxis der direkten Demokratie, hrsg. von Udo Bermbach, Köln 1973, S. 176ff.

17. Zu den Schwächen des Rätesystems

Zusammenfassend läßt sich zur Funktionsfähigkeit der Räte als Organe direkter Selbstregierung sagen:

1. Das Ideal der Überparteilichkeit der Räte hat sich in der Praxis nicht verwirklichen lassen. Eine funktionierende, auf Dauer berechnete Räteorganisation, zumal wenn sie über den bloß lokalen und einzelbetrieblichen Rahmen hinauswirken will, muß fraktionell organisiert sein, es sei denn, sie beschränke sich auf subsidiäre, die Souveränität des Parlaments nicht in Frage stellende Funktionen innerhalb des Wirtschaftssystems. Räte sind so meist nach kurzer Zeit von den politischen Parteien mediatisiert worden. Wenn sich dabei eine Einzelpartei durchsetzte, wie das in Rußland der Fall war und sich in den ungarischen und Münchener Räterepubliken von 1919 andeutete, wurden die Räte zu untergeordneten Instrumenten der konkurrenzlosen Führung und Manipulation der Massen durch *eine* politische Führungsgruppe.

2. Eine auf einem unabhängigen Rätewesen basierende Wirtschaftsverfassung kann – vor allem in einem sozialistischen Staat – ohne Hilfe einer Partei- oder Staatsbürokratie das Problem der zentralen Planung und Kontrolle der Wirtschaft, vor allem das der Lenkung großer Investitionen – nicht lösen. Auch sollte man nicht übersehen, daß die Tendenz zum industriellen Großbetrieb und zur zunehmenden Komplexität wirtschaftlicher und technischer Prozesse und die steigende Bedeutung von Stäben für Entscheidungen, dem Ideal der möglichst direkten Leitung der Betriebe durch die in einem Unternehmen Beschäftigten zuwiderlaufen.

3. Die Hoffnung, daß Räte das Ende der Bürokratie sowie die Aufhebung oder zumindest weitgehende Reduzierung von Herrschaft bedeuten würden, hat sich empirisch nicht bestätigt und ist theoretisch widerlegbar. Faktisch zeigen bereits die beiden angeführten Beispiele des Petersburger Sowjets 1917 und des Berliner Vollzugsrats 1918 die Tendenz der Räte zum Aufbau großer bürokratischer Apparate. Theoretisch ist wohl kaum zu bezweifeln, daß jede Übernahme von Exekutivfunktionen unter Bedingungen der modernen Industriegesellschaft – ja selbst eine effektive Mitsprache und Kontrolle, auf die sich die Räte fast regelmäßig beschränkten – eine Konzentration der Entscheidungsbefugnis bei Einzelperso-

nen oder in kleinsten Gremien sowie notwendig den Aufbau von Bürokratie und Stäben bedingen. Jede Bildung höherer, über den lokalen oder einzelbetrieblichen Rahmen hinausgehender Räte bedeutet gleichfalls eine Einschränkung der direkten Mitwirkung des Volkes, erhöht die Gefahr der Mediatisierung der Räte durch andere politische und wirtschaftliche Organisationen und führt zudem fast notwendig zur Bildung einer neuen politischen Führungsschicht. Da die Vertreter in den höheren Organen schon nach kurzer Zeit den unteren Räten und noch mehr den einfachen Staatsbürgern an Sachkenntnis, an Informationen und am politischen „know how" überlegen sind, und auch ein Minimum von Kontinuität in den leitenden Positionen auf allen Ebenen zur Funktionsfähigkeit des Systems erforderlich ist, würden sie trotz ihrer theoretischen Abberufbarkeit eine starke Stellung besitzen und die Permanenz ihrer Position anstreben. Durch das System ihrer mehrfachen indirekten (!) Wahl würden die Vertreter in den höheren Regierungsorganen voraussichtlich noch stärker von den Staatsbürgern isoliert werden, als das schon im parlamentarischen System der Fall ist.

Die Räte sind so eine Erscheinungsform eines politischen Schwebezustandes, in dem die alte Ordnung erschüttert, aber weder schon völlig zerbrochen, noch durch eine neue ersetzt worden ist. Dieser Schwebezustand scheint notwendig in die Herrschaft einer den Räten ihren politischen Willen diktierenden Partei, in die freiwillige Abdankung der Räte zugunsten eines die Gesamtheit des Volkes repräsentierenden Parlaments oder in deren gewaltsame Unterdrückung mit Hilfe der Kräfte der alten Ordnung einzumünden.

Aus: Gerhard A. Ritter, Direkte Demokratie und Rätewesen in Geschichte und Theorie, in: Die Wiedertäufer der Wohlstandsgesellschaft, hrsg. von E. K. Scheuch, ergänzte und erweiterte 2. Aufl., Köln 1968, S. 237.

18. Politische und soziale Grundlagen der Verfassungsdiskussion

„Aufgabe des Verfassungsentwurfs ist es", so formulierte Preuß Anfang Januar 1919, „den politischen und staatsrechtlichen Niederschlag der Revolution festzulegen". Was aber war dieser „Niederschlag der Revolution?" Welche Entscheidungen waren bereits gefallen, die durch die Verfassung nicht mehr zu revidieren waren? Inwiefern waren die Verhältnisse überhaupt durch eine Verfassung formbar, und in welchem Umfang hatte sich die Verfassungswirklichkeit der neuen Republik bereits vor der Formulierung der Verfassungsnormen verfestigt? Welchen Spielraum hatten die Verfassungsschöpfer?

Eindeutig und unwiderruflich war die Entscheidung für die Republik, gegen die 22 Dynastien in Deutschland gefallen. Eindeutig war auch, trotz aller „Räte"-Diskussionen, die Entscheidung für die parlamentarische Demokratie. Ebenso war auch über das Wahlrecht – die Wahlberechtigung der Frauen und der Soldaten, die Herabsetzung des Wahlalters von 25 auf 20 Jahre und die Einführung des Verhältniswahlrechts – politisch bereits entschieden. Für eine kurze Zeit mochte die Frage offen scheinen, ob aus der Revolution ein deutscher Einheitsstaat hervorgehen werde, aber gerade der Verlauf der Revolution – die ja nicht von der Reichshauptstadt ausging, sondern aus den Staaten und Provinzen auf sie zubrandete – und die Etablierung revolutionärer Regierungen in den Einzelstaaten bedeuteten eine eindeutige Vorentscheidung gegen eine unitarische Republik. Die verfassungspolitischen Überlegungen konnten nur noch der Struktur des Bundesstaates, nicht mehr dem reinen Einheitsstaat gelten.

Aber nicht nur über die Frage der Staatsform und der Staatsgliederung waren Vorentscheidungen gefallen, sondern auch über die Wirtschafts- und Sozialverfassung, die Möglichkeiten einer demokratischen Gesamtordnung. Seit dem Oktober 1918 gab es Verhandlungen zwischen Arbeitgeberverbänden und Gewerkschaften über die Gründung einer Arbeitsgemeinschaft zur Überwindung der aktuellen, aus Krieg und Niederlage entstandenen wirtschaftlichen Schwierigkeiten. Sie führten am 15. November zur Bildung der „Zentralarbeitsgemeinschaft": alte sozialpolitische Forderungen der Gewerkschaften wurden dadurch erfüllt, für das gesamte Wirtschaftsleben wurde ihnen eine gleichberechtigte Stellung neben den Unternehmern eingeräumt. Das mochten bedeutende Erfolge sein, aber sie schlossen zugleich eine Anerkennung der bestehenden Wirtschaftsordnung ein, den Verzicht auf grundlegende Änderungen. Eine formale „Gleichberechtigung von Arbeit und Kapital" wurde so zur sozialen Basis für die neue Verfassung. Gewiß gab es noch Sozialisierungsdebatten; auf absehbare Zeit aber war durch diese Arbeitsgemeinschaft die privatkapitalistische Wirtschaftsordnung stabilisiert. An die Stelle des Klassenkampfes war eine neue „Sozialpartnerschaft" getreten, die zwar nicht von Dauer war, aber zunächst doch – durch die Regierung gestützt – jedenfalls alle Sozialisierungsbestrebungen blockierte.
Auch in anderen sozialen Bereichen waren ähnliche Vorentscheidungen gefallen: die neuen Regierungen hatten sich arrangiert mit den Vertretern des alten Systems. Schon am 10. November war es zu einer Absprache zwischen Ebert und der Obersten Heeresleitung gekommen, in der sich die Heeresleitung der Regierung zur Verfügung stellte unter der Bedingung, daß die Revolution nicht weitergetrieben, sondern eingedämmt werde. Aus der Absprache wurde ein „Bündnis", die Kontinuität des Offizierskorps blieb gegen den Widerstand der Soldatenräte gewahrt, eine demokratische Heeresreform kam nicht zustande. Auch zwischen Revolution und Bürokratie wurde ein Kompromiß geschlossen: die Beamten arbeiteten weiter, die Verwaltungen blieben intakt – die neuen Machthaber bedienten sich des alten Apparats, ohne den Versuch einer wirklichen Neuordnung zu unternehmen. Die Revolution wurde durch das Faktum einer personellen und institutionellen Kontinuität in der Verwaltung unterlaufen. Die Justiz blieb von vornherein unangetastet: die Idee der Unabhängigkeit der Justiz und der Unabsetzbarkeit der Richter bekam eine konservative Funktion. Und schließlich wurde auch trotz des sozialistischen Führungsanspruchs die während des Krieges begonnene Zusammenarbeit von Sozialdemokraten, Liberalen und Zentrum nicht ernsthaft in Frage gestellt; vor allem über die Ministerialbürokratie waren die bürgerlichen Parteien von Anfang an an Regierung und Verwaltung beteiligt.
Dieses waren also die tatsächlichen Grundlagen der Verfassung: sie konnte nicht gegen die bürgerlich-demokratischen Parteien konzipiert werden und hinsichtlich der Dritten Gewalt kaum grundlegende Änderungen vornehmen; sie hatte die Macht der Bürokratie und deren Tradition zu respektieren und Rücksicht zu nehmen auf die Empfindungen des Offizierskorps; sie hatte ihre wirtschaftlichen Bestimmungen auf den Gedanken einer Sozialpartnerschaft statt auf das Modell des Klassenkampfes zu gründen.
Die neue Verfassung sollte, wie Preuß mit Recht feststellte, die Ergebnisse der Revolution fixieren. Aber diese Revolution war eben steckengeblieben, dem Zusammenbruch der alten Verfassungsorgane war keine Revolutionierung der gesamten Sozialverfassung gefolgt. Kaum irgendwo war eine klare Trennung zur Vergangenheit vollzogen worden. Die Verfassung konnte nicht mehr in Paragraphen fassen, als in der politischen Praxis tatsächlich

erreicht worden war. Die unsichere Kompromißstruktur des neuen Staates, das Schwanken zwischen Altem und Neuem konnte auch auf die Verfassung nicht ohne Einfluß bleiben: sie mußte notgedrungen ein Kompromißprodukt werden.

Aus: Reinhard Rürup, Entwurf einer demokratischen Republik?, in: Fünfzig Jahre deutsche Republik, hrsg. von F. A. Krummacher, Ffm. 1969, S. 90ff.

19. Auszug aus der Verfassung des Deutschen Reichs von 1919

Das Deutsche Volk, einig in seinen Stämmen und von dem Willen beseelt, sein Reich in Freiheit und Gerechtigkeit zu erneuern und zu festigen, dem inneren und dem äußeren Frieden zu dienen und den gesellschaftlichen Fortschritt zu fördern, hat sich diese Verfassung gegeben.

Artikel 1 (Staatsform und Staatsgewalt)

Das Deutsche Reich ist eine Republik. Die Staatsgewalt geht vom Volke aus.

Artikel 6: (Ausschließliche Gesetzgebung)

Das Reich hat die ausschließliche Gesetzgebung über:
1. die Beziehungen zum Ausland;
2. das Kolonialwesen;
3. die Staatsangehörigkeit, die Freizügigkeit, die Ein- und Auswanderung und die Auslieferung;
4. die Wehrverfassung;
5. das Münzwesen;
6. das Zollwesen sowie die Einheit des Zoll- und Handelsgebiets und die Freizügigkeit des Warenverkehrs;
7. das Post- und Telegraphenwesen einschließlich des Fernsprechwesens.

Artikel 20: (Zusammensetzung des Reichstags)

Der Reichstag besteht aus den Abgeordneten des deutschen Volkes.

Artikel 21: (Mandat)

Die Abgeordneten sind Vertreter des ganzen Volkes. Sie sind nur ihrem Gewissen unterworfen und an Aufträge nicht gebunden.

Artikel 22: (Wahl)

Die Abgeordneten werden in allgemeiner, gleicher, unmittelbarer und geheimer Wahl von den über 20 Jahre alten Männern und Frauen nach den Grundsätzen der Verhältniswahl gewählt . . .

Artikel 25: (Auflösung und Neuwahl)

Der Reichspräsident kann den Reichstag auflösen, jedoch nur einmal aus dem gleichen Anlaß. Die Neuwahl findet spätestens am sechzigsten Tage nach der Auflösung statt.

Artikel 41: (Wahl des Reichspräsidenten)

Der Reichspräsident wird vom ganzen deutschen Volke gewählt.
Wählbar ist jeder Deutsche, der das 35. Lebensjahr vollendet hat.
Das Nähere bestimmt ein Reichsgesetz.

Artikel 43: (Amtsdauer, Schutz)
Das Amt des Reichspräsidenten dauert 7 Jahre. Wiederwahl ist zulässig ...

Artikel 46: (Beamten- und Offiziersernennung)
Der Reichspräsident ernennt und entläßt die Reichsbeamten und die Offiziere ...

Artikel 47: (Oberbefehl)
Der Reichspräsident hat den Oberbefehl über die gesamte Wehrmacht des Reichs.

Artikel 48 (vgl. Abschnitt I/4, Dokument Nr. 4)

Artikel 52: (Reichsregierung)
Die Reichsregierung besteht aus dem Reichskanzler und den Reichsministern.

Artikel 53: (Ernennung)
Der Reichskanzler und auf seinen Vorschlag die Reichsminister werden vom Reichspräsidenten ernannt und entlassen.

Artikel 54: (Vertrauen des Parlaments)
Der Reichskanzler und die Reichsminister bedürfen zu ihrer Amtsführung des Vertrauens des Reichstags. Jeder von ihnen muß zurücktreten, wenn ihm der Reichstag durch ausdrücklichen Beschluß sein Vertrauen entzieht.

Artikel 56: (Geschäftsbereich, Verantwortlichkeit)
Der Reichskanzler bestimmt die Richtlinien der Politik und trägt dafür gegenüber dem Reichstag die Verantwortung. Innerhalb dieser Richtlinien leitet jeder Reichsminister den ihm anvertrauten Geschäftszweig selbständig und unter eigener Verantwortung gegenüber dem Reichstag.

Artikel 60: (Zuständigkeit des Reichsrats)
Zur Vertretung der deutschen Länder bei der Gesetzgebung und Verwaltung des Reichs wird ein Reichsrat gebildet.

Artikel 61: (Zusammensetzung)
Im Reichsrat hat jedes Land mindestens eine Stimme. Bei den größeren Ländern entfällt auf 1 Million Einwohner[1] eine Stimme ... Kein Land darf durch mehr als zwei Fünftel aller Stimmen vertreten sein.
Deutschösterreich erhält nach seinem Anschluß an das Deutsche Reich das Recht der Teilnahme am Reichsrat mit der seiner Bevölkerung entsprechenden Stimmenzahl. Bis dahin haben die Vertreter Deutschösterreichs beratende Stimme[2] ...

Artikel 69: (Reichsrat und Gesetzesvorlagen)
Die Einbringung von Gesetzesvorlagen der Reichsregierung bedarf der Zustimmung des Reichsrats. Kommt eine Übereinstimmung zwischen der Reichsregierung und dem Reichs-

[1] Durch Reichsgesetz vom 24. 3. 1921 auf 700000 reduziert.
[2] Durch den Versailler Vertrag außer Kraft gesetzt.

rat nicht zustande, so kann die Reichsregierung die Vorlage gleichwohl einbringen, hat aber hierbei die abweichende Auffassung des Reichsrats darzulegen.
Beschließt der Reichsrat eine Gesetzesvorlage, welcher die Reichsregierung nicht zustimmt, so hat diese die Vorlage unter Darlegung ihres Standpunkts beim Reichstag einzubringen.

Artikel 70: (Verkündung)
Der Reichspräsident hat die verfassungsmäßig zustande gekommenen Gesetze auszufertigen und binnen Monatsfrist im Reichs-Gesetzblatt zu verkünden.

Artikel 73: (Volksbegehren und Volksentscheid)
Ein vom Reichstag beschlossenes Gesetz ist vor seiner Verkündung zum Volksentscheid zu bringen, wenn der Reichspräsident binnen eines Monats es bestimmt.
Ein Gesetz, dessen Verkündung auf Antrag von mindestens einem Drittel des Reichstags ausgesetzt ist, ist dem Volksentscheid zu unterbreiten, wenn ein Zwanzigstel der Stimmberechtigten es beantragt. Ein Volksentscheid ist ferner herbeizuführen, wenn ein Zehntel der Stimmberechtigten das Begehren nach Vorlegung eines Gesetzentwurfs stellt. Dem Volksbegehren muß ein ausgearbeiteter Gesetzentwurf zugrunde liegen. Er ist von der Regierung unter Darlegung ihrer Stellungnahme dem Reichstag zu unterbreiten. Der Volksentscheid findet nicht statt, wenn der begehrte Gesetzentwurf im Reichstag unverändert angenommen worden ist.
Über den Haushaltsplan, über Abgabengesetze und Besoldungsordnungen kann nur der Reichspräsident einen Volksentscheid veranlassen ...

Artikel 85: (Haushaltsplan)
Alle Einnahmen und Ausgaben des Reichs müssen für jedes Rechnungsjahr veranschlagt und in den Haushaltsplan eingestellt werden.
Der Haushaltsplan wird vor Beginn des Rechnungsjahres durch ein Gesetz festgestellt ...

Artikel 87: (Kreditaufnahme)
Im Wege des Kredits dürfen Geldmittel nur bei außerordentlichem Bedarf und in der Regel nur für Ausgaben zu werbenden Zwecken beschafft werden. Eine solche Beschaffung sowie die Übernahme einer Sicherheitsleistung zu Lasten des Reichs dürfen nur auf Grund eines Reichsgesetzes erfolgen.

Artikel 109: (Gleichheit)
Alle Deutschen sind vor dem Gesetze gleich.
Männer und Frauen haben grundsätzlich dieselben staatsbürgerlichen Rechte und Pflichten.
Öffentlich-rechtliche Vorrechte oder Nachteile der Geburt oder des Standes sind aufzuheben. Adelsbezeichnungen gelten nur als Teil des Namens und dürfen nicht mehr verliehen werden.
Titel dürfen nur verliehen werden, wenn sie ein Amt oder einen Beruf bezeichnen; akademische Grade sind hierdurch nicht betroffen.
Orden und Ehrenzeichen dürfen vom Staat nicht verliehen werden.
Kein Deutscher darf von einer ausländischen Regierung Titel oder Orden annehmen.

Zit. nach Günther Franz (Hrsg.): Staatsverfassungen, 2. Aufl. München 1964, S. 192ff.

I/2 Gesellschaftliche und wirtschaftliche Entwicklung

Übersicht

1918	15. November: Unter dem Druck der revolutionären Ereignisse und angesichts der Gefahr eines wirtschaftlichen Chaos kommt es zu einer Übereinkunft der Arbeitgeber- und Arbeitnehmerverbände (nach ihren beiden Führern Stinnes-Legien-Pakt genannt), die die Gewerkschaften als „berufene Vertreter der Arbeiterschaft“ anerkennt, ihnen unbeschränkte Koalitionsfreiheit zusichert und nur sie als Sozialpartner gelten läßt. Bis dahin galten die Gewerkschaften – von 15 Millionen Arbeitnehmern waren nur 2 Millionen gewerkschaftlich organisiert – nicht als Rechtspersonen (d. h. dem Fall des Tarifbruchs war juristisch nicht beizukommen). Vereinbarung einer Zentralarbeitsgemeinschaft. Die Gewerkschaften, entschiedene Gegner des Rätesystems, stellen damit die Forderung nach Sozialisierung eindeutig hinter die aktuellen Probleme (Abwicklung der Demobilisierung, Ankurbelung der Wirtschaft, Bekämpfung von Hunger und Arbeitslosigkeit) zurück. 23. November: Verordnung des Rates der Volksbeauftragten über die Einführung des 8-Stundentages für Arbeiter (am 18. 3. 1919 auch für Angestellte). 23. Dezember: Verordnung über kollektive Tarifverträge, Arbeiter- und Angestelltenausschüsse und die Schlichtung von Arbeitsstreitigkeiten; Festsetzung der „Unabdingbarkeit“ und „Allgemeingültigkeit“ von Tarifverträgen.
1919	23. Februar: Gründung des Reichsverbandes der Deutschen Industrie; Vorsitzender bis 1925 der Krupp-Direktor Ernst Oskar Sorge, ab 1925 der Vorsitzende des Aufsichtsrates der IG-Farben Carl Duisberg. 5. Juli: Gründung des Allgemeinen Deutschen Gewerkschaftsbundes unter Carl Legien (bis 1920). Nachfolger Theodor Leipart. 14. August: Inkrafttreten der Weimarer Reichsverfassung mit Grundrechtskatalog; darunter die Artikel 156 bis 165 (Soziale Grundrechte).
1920	4. Februar: Verabschiedung eines Betriebsrätegesetzes im Reichstag. Die ursprüngliche Regierungsvorlage, die eine wirtschaftliche Mitbestimmung der Arbeitnehmer vorsah, wurde auf Druck der Arbeitgeber soweit eingeschränkt, daß nur eine unverbindliche beratende Unterstützung der Betriebsleitung und eine fördernde Mitarbeit bei der Einführung neuer Arbeitsmethoden beschlossen werden.
1923	30. Oktober: Erlaß einer Schlichtungsordnung aufgrund des Notverordnungrechts der Reichsregierung mit der Möglichkeit zur letztinstanzlichen Zwangsschlichtung durch den Staat. 15. November: Höhepunkt der Inflation und Ablösung der Reichsmark durch die Rentenmark. Ausgabe von 24 Milliarden Rentenmark durch die neugeschaffene Rentenbank. Die monetäre Stabilisierung wird erreicht durch Kürzung der Ausgaben des Staates (u. a. Reduzierung der Beamtengehälter) und Steuererhöhungen. 21. Dezember: Erlaß einer Arbeitszeitverordnung: Ausdehnung der Arbeitszeit für 60% der Beschäftigten auf 54 Stunden und mehr in der Woche. Weithin als Aufkündigung einer „revolutionären Errungenschaft“ empfunden.

1924	Januar: Auseinanderbrechen der Zentralarbeitsgemeinschaft durch Auszug der Arbeitgebervertreter, die sich gegen den kollektiven Arbeitsvertrag und die staatliche Zwangsschlichtung wenden und für die Bildung individueller „Werksgemeinschaften" plädieren.
1927	Oktober: Gesetz über die Arbeitsvermittlung und Arbeitslosenversicherung: Unterstützungsanspruch gebunden an Arbeitsunfähigkeit, -willigkeit und unfreiwillige Arbeitslosigkeit. Der einheitliche Höchstbetrag, der gemeinsam von Arbeitgebern und Arbeitnehmern aufgebracht wird, beträgt 3% des Grundlohns. Diese Mittel fließen einer Reichsanstalt zu. Die Sozialversicherungslasten verteilen sich zu 6% auf die Krankenversicherung, 3% auf die Arbeitslosenversicherung, 1,5% auf die Unfallversicherung und 5% auf die Invalidenversicherung, d. h. ein Gesamtbeitrag von 15,5% des Grundlohns, der zu 8% von den Versicherten und zu 7,5% von den Arbeitgebern zu entrichten ist.
1928	24. Dezember: Die Arbeitslosenunterstützung wird aufgrund eines einschränkenden Gesetzes den saisonbedingt arbeitslosen Berufsgruppen nur noch für die Zeit von sechs anstelle der üblichen 26 Wochen gewährt. Da der Staat eine Darlehenspflicht für den Fall übernommen hat, daß die eigenen Mittel der Reichsanstalt nicht ausreichen, wird gerade die Frage der Arbeitslosenversicherung – vor allem in der Phase der wirtschaftlichen Depression – zu einem Streitpunkt der parlamentarischen Auseinandersetzung.

Einführung in die Arbeitsthemen

Die gesellschaftliche und wirtschaftliche Entwicklung der Weimarer Republik war – wie die Außenpolitik – deutlich beeinflußt von den Auswirkungen des Ersten Weltkrieges und des Versailler Vertrags.
Der Erste Weltkrieg hatte nicht nur mit über 2 Millionen Kriegstoten die Bevölkerungszahl des Deutschen Reiches auf den Stand von 1890 zurückgeworfen, sondern mit den für Rüstung und Kriegführung erforderlichen Aufwendungen (die sich auf 165 Milliarden GM beziffern lassen und überwiegend auf dem Anleiheweg aufgebracht worden waren) auch die Möglichkeiten der öffentlichen Hand entscheidend behindert und notwendige Sozialreformen blockiert. An seinem Ende stand ein wirtschaftlich verarmtes, verschuldetes und inflationsbedrohtes Deutschland.
Durch den Versailler Vertrag verlor Deutschland seine Kolonien, die unter Völkerbundsverwaltung gestellt wurden. Darüber hinaus bürdete der Friedensvertrag der schwer angeschlagenen deutschen Volkswirtschaft (Ausgaben für die Demobilisierung der Truppen, für die Kriegsopferversorgung und für Erwerbslosenfürsorge; Eingliederung von 6 Millionen entlassener Soldaten und 3 Millionen Rüstungsarbeiter) weitere lähmende Belastungen auf. Die Reparationsforderungen der Alliierten zwangen das Deutsche Reich, „fortan als Lieferant der Welt ohne Bezahlung auftreten zu müssen" (H. Böhme). Hinzu kam der Entzug ökonomisch so wichtiger Gebiete wie des Saarlands, beträchtlicher Teile West- und Ostpreußens sowie des östlichen Oberschlesiens (14,6% der anbaufähigen Fläche, 74,5% der Eisenerze, 68,1% der Zinkerze und 26% der Kohlenförderung).
Erschwerend wirkten schließlich politisch motivierte, jedoch wirtschaftlich fatale Aktionen wie der passive Widerstand im Ruhrgebiet als Protest gegen die französisch-belgische Besetzung, der sog. Ruhrkampf, und häufige wilde Streiks in Industriezentren wie dem Ruhrgebiet, Thüringen und Sachsen. Ruhrkampf und Streiks beschleunigten den durch Kriegsfinanzierung und Reparationszahlungen ausgelösten Währungsverfall, der in der großen Inflation des Jahres 1923 seinen spektakulären Höhepunkt fand. Zwar gelang es durch die Einführung einer neuen Währung, die Ablösung der Reichsmark durch die Rentenmark, und durch die ab 1924 in großem Stil erfolgenden Kreditspritzen des Auslands

das wirtschaftliche Tief zu überwinden, doch die gesellschaftlichen und politischen Folgen des Währungseinbruchs waren damit keineswegs zu bannen. Die Inflation hatte den Kreis der Unzufriedenen um eine für das Funktionieren der parlamentarischen Demokratie wichtige Gruppe, den Mittelstand, erweitert. Dieser profitierte von dem wirtschaftlichen Aufstieg, der „geborgten Prosperität" (H. Böhme), durch die die Jahre 1924 bis 1928 gekennzeichnet sind, infolge der anhaltenden industriellen Rationalisierungs- und Konzentrationstendenz weithin nur am Rande. Noch ausgeprägter waren Unzufriedenheit und Unbehagen gegenüber der neuen Republik im Kreis der durch den Versailler Vertrag abgehalfterten und sozial deklassierten Berufssoldaten (vor allem des Offizierskorps), von denen sich 400000 durch die verfügte Begrenzung auf ein 100000-Mann-Heer ihrer Existenzgrundlage beraubt sahen.

Diese beiden Gruppen, denen der Kaiser mehr als ein Integrationssymbol gewesen war, erwiesen sich in der Folgezeit für die politische Agitation der Radikalen – vor allem auf der Rechten – als in besonderem Maße empfänglich. Jedoch waren sie – aufs ganze gesehen – erst nach dem zweiten großen wirtschaftlichen Einbruch bereit, sich mit den Nationalsozialisten, die eine totale Alternative zum Status quo am skrupellosesten propagierten, zu identifizieren.

In der sog. Weltwirtschaftskrise trat die Auslandsabhängigkeit der deutschen Wirtschaft schlagend hervor. Aus dieser Wirtschaftskrise konnte jedoch nur aufgrund des gespannten Verhältnisses großer Teile des deutschen Volkes zur Weimarer Republik eine Staatskrise werden. Vorschnell, realitätsblind und unbelehrbar sah man in dem neuen Staat nur ein Zwangsinstrument der Siegermächte und scharte sich um die Radikalen, die eine grundstürzende Veränderung der Lage verhießen und „alles auf den niedrigsten und gemeinsten gemeinsamen Nenner brachten" (George Kennan).

Die Schuld an dieser Entwicklung den Verfassungsschöpfern anzulasten, ist abwegig und ungerecht. Die Verfassung der Weimarer Republik, die – von einer überwältigenden Mehrheit in der Nationalversammlung gebilligt – am 14. 8. 1919 in Kraft trat, war eine aus demokratischer Verantwortung gestaltete und an die demokratische Verantwortlichkeit des mündigen Bürgers appellierende Konstruktion.

Daran ändert auch nichts die Tatsache, daß sich die Väter des Bonner Grundgesetzes von 1949 entschlossen haben, Lehren aus den Erfahrungen von Weimar zu ziehen und entscheidende Regelungen zu modifizieren: Stellung des Präsidenten, Sicherung der Grundrechte, Ausschaltung plebiszitärer Möglichkeiten, Auflage des konstruktiven Mißtrauensvotums (ergänzt im Bundeswahlgesetz vom 7.5.1956 durch Verbindung von Personen- und Listenwahl, Einführung einer Sperrklausel). Denn „entscheidend für den Erfolg oder Mißerfolg der Weimarer Republik waren nicht die Mängel der geschriebenen Verfassung, sondern die Frage, wieweit es gelingen konnte, die politische Zerrissenheit so politisch zu überwinden, daß eine für alle, Regierungs- und Oppositionsparteien, gemeinsame Plattform geschaffen wurde, auf der die formale Demokratie sich mit Inhalt erfüllen und stabilisieren konnte" (W. Conze).

Arbeitsthemen

1. *Welche waren die entscheidenden wirtschaftlichen Verluste Deutschlands durch den Ersten Weltkrieg? Welche Auswirkungen hatten sie? (Nr. 1)*
2. *Welche sozialen Umschichtungen wurden durch den Ersten Weltkrieg in Deutschland ausgelöst? (Nr. 2)*
3. *In welchen Forderungen konvergieren bzw. divergieren die Zielvorstellungen der bürgerlichen Parteien zur gesellschaftlichen und wirtschaftlichen Neuordnung? Welche Rückschlüsse lassen sich daraus für den Handlungsspielraum der Weimarer Koalition ziehen? (Nr.* 3 a–d)
4. *Leitete der sog. Stinnes-Legien-Pakt – wie seine Initiatoren verkündeten – eine neue Epoche der deutschen Sozialpolitik ein oder ist den Kritikern zuzustimmen, die behaupten, daß er die Gewerkschaften auf eine Anerkennung des gesellschaftlich-wirtschaftlichen Status quo festlegte? (Nr. 4 a)*

Inwieweit fand diese Übereinkunft Eingang in die Weimarer Reichsverfassung? (Nr. 4 b)
Wie stellte sich diese Vereinbarung in der konfliktbeherrschten Realität dar? (Nr. 4 c)

5. *Mit welcher Begründung kann man die Geldentwertung des Jahres 1923 als „galoppierende Inflation" bezeichnen? Welche Ursachen lassen sich für diese Entwicklung angeben? (Nr. 5)*
6. *Mit welchen finanztechnischen Mitteln gelang die Stabilisierung der Währung aus dem Chaos der Inflation im Jahre 1923? (Nr. 6)*
7. *Wie beurteilt Stresemann die Auswirkungen der Inflation des Jahres 1923? (Nr. 7)*
8. *Inwiefern lassen sich die Folgen der Inflation in der Verschiebung des Wähleranteils der konkurrierenden Parteien bei den Reichstagswahlen erkennen? (Nr. 8)*
9. *Wie läßt sich die These des Politologen Werner Kaltefleiter „Die wirtschaftliche Verarmung bildete die Voraussetzung für die Resonanz, die die rechtsradikalen Bewegungen fanden" mit der Statistik über die Zusammensetzung des DNVP-Stimmenanteils vereinbaren? Welche Schlüsse lassen sich aus der Statistik über das Wählerreservoir der DNVP ziehen? (Nr. 9)*
10. *Welche Veränderungen innerhalb der Sozialstruktur der Weimarer Republik lassen sich – speziell im Blick auf Mittelstand und Arbeiterschaft – registrieren? (Nr. 10 a). Worauf sind sie zurückzuführen? (Nr. 10 b–10 f)*
11. *Wie beurteilt der Wirtschaftshistoriker Wilhelm Treue die Haltung der deutschen Unternehmerschaft gegenüber der Weimarer Republik? Auf welche Gründe führt er ihre staatsbejahende Einstellung zurück? (Nr. 11 a)*
    Wie nimmt sich diese Analyse im Lichte des Planes von Hugo Stinnes aus dem Jahre 1922 aus? (Nr. 11 b)
12. *Mit welchen Argumenten wurde die Errichtung sog. Werksgemeinschaften begründet? Inwieweit verbergen sich hinter diesem Konzept, den sozialen Frieden zu sichern, massive politische Ressentiments und Optionen? (Nr. 12 a)*
13. *Welche Folgerungen hat man nach 1945 aus den Erfahrungen der Weimarer Republik und der NS-Diktatur hinsichtlich der Gestaltung der Tarifpartnerschaft gezogen? (Nr. 12 b)*

Materialien

1. Wirtschaftliche Verluste durch den Ersten Weltkrieg

Der Krieg hatte in Deutschland schwere Einbußen an Menschen gefordert: über zwei Millionen Soldaten waren gefallen und eine dreiviertel Million der Zivilbevölkerung durch die Auswirkungen der Hungerblockade hingerafft worden; dazu kam noch ein Geburtenausfall von etwa drei Millionen. Nach dem Friedensvertrag von Versailles verlor Deutschland annähernd 7 Millionen seiner Bevölkerung (d. s. etwa 10 Prozent der Reichsbevölkerung von 1910) infolge der Abtretungen von rd. 71 000 qkm seines Gebietes. Obwohl das Deutsche Reich rd. 13 Prozent seines früheren Wirtschaftsraumes einbüßte, war es danach doch noch das größte Land Mitteleuropas.

Die größten Gebietsverluste lagen im Osten. Fast die ganze ehemalige Provinz Posen, ferner drei Viertel der Provinz Westpreußen sowie Teile von Ostpreußen und Schlesien mit insgesamt 4,4 Millionen Einwohnern fielen an die neuen Oststaaten. Davon erhielt Polen ein Gebiet von 46 000 qkm mit fast vier Millionen Einwohnern. Außerhalb seiner ehemaligen Reichsgrenzen verlor Deutschland durch die Wegnahme seiner Kolonien rund drei Millionen qkm Fläche. Im verkleinerten Deutschland verschlechterten sich die Ernährungsmöglichkeiten, weil die verlorenen Gebiete in Ost- und Westpreußen und Posen sowie in

Nordschleswig als landwirtschaftliche Überschußgebiete das industrielle Mittel- und Westdeutschland mitversorgt hatten.
Mit den Gebietsverlusten verband sich eine starke Einbuße an industriellen Rohstoffvorkommen. Verloren ging ein Drittel unserer Kohlenvorräte und vier Fünftel der Eisenerze in Lothringen und Oberschlesien, außerdem wertvolle Blei-, Zink- und Kupfervorkommen; fürs erste nicht zu ersetzen war auch der Verlust der dortigen schwerindustriellen Verarbeitungsbetriebe. Im Saargebiet, das bis zur Volksabstimmung 1935 dem Völkerbund unterstellt wurde, durften die Franzosen die Gruben wie ihr Eigentum ausbeuten.
Die Industrie sah sich beim Wiederaufbau und nach der Rückkehr von Kriegs- auf Friedensproduktion zu technischen Umstellungen der Betriebe, teilweise auch zu Standortverlegungen gezwungen; denn sie mußte neue Arbeitsmöglichkeiten schaffen, wenn sie die Lieferung von Ausfuhrgütern wieder aufnehmen wollte. Man brauchte dringend den Anschluß an den Welthandel, um sobald wie möglich Rohstoffe und Nahrungsmittel einführen zu können. Einfuhren ließen sich aber in den ersten Nachkriegsjahren wegen des abgesunkenen Markkurses nur mit Ausfuhrgütern bezahlen. Solange sie fehlten, verschuldete sich Deutschland immer mehr an das Ausland.
Zu Anfang bestand kaum Aussicht, die Passivität der Handelsbilanz wie vor dem Kriege durch Aktivposten der Zahlungsbilanz auszugleichen, weil deren Quellen versiegt waren. Vor allem fehlten die Einnahmen aus dem Frachtverkehr der Handelsflotte, nachdem im Kriege ein großer Teil ihrer Tonnage verlorengegangen war und von dem bei Kriegsende noch verbliebenen Rest alle größeren Schiffe abgeliefert werden mußten. Die deutsche Handelsflotte, die vor dem Kriege rd. fünf Millionen BRT umfaßt hatte, war auf 419000, meist Schlepper und Flußfahrzeuge, zusammengeschmolzen. Die Auffüllung durch Neubauten schritt nur langsam voran, da nach dem Versailler Vertrag fünf Jahre lang jährlich 200000 BRT mit Vorrang für die Entente auf Kiel gelegt werden mußten. Außer dem dadurch entstandenen Verlust im Frachtgeschäft fehlten der Zahlungsbilanz die früheren Erträge der umfangreichen deutschen Kapitalanlagen im Ausland, die während des Krieges als feindliches Vermögen beschlagnahmt worden waren.
Zu den wichtigsten Aufgaben beim Wiederaufbau der deutschen Wirtschaft gehörte es, Erwerbsmöglichkeiten zu schaffen. Sie fehlten, als die Kriegsindustrie mit einem Schlage zum Stillstand gekommen war. Die freigesetzten Arbeitskräfte suchten einen Erwerb, ebenso die von der Front und aus der Kriegsgefangenschaft zurückkehrenden Kriegsteilnehmer. Die Schwierigkeit, ihnen Arbeitsplätze zu verschaffen, wuchs noch, weil auch die starken Geburtenjahrgänge der Vorkriegszeit mittlerweile in das Alter der Erwerbsfähigkeit aufgerückt waren. Der Prozentanteil der Erwerbstätigen an der Gesamtbevölkerung – einschl. der zeitweilig Arbeitslosen – hatte trotz der Kriegsverluste zugenommen. Einwandfreie Zählungen liegen leider nur für die Jahre 1907 und 1925 vor. Danach wurden von der Gesamtbevölkerung als Erwerbstätige gezählt 1907: 25 Millionen = 45,7%; 1925: 32 Millionen = 51,3%.

Aus: Heinrich Bechtel, Wirtschafts- und Sozialgeschichte Deutschlands, München 1967, S. 415ff.

2. Soziale Umschichtungen im Gefolge des Ersten Weltkriegs

Die durch den Krieg veränderten Erwerbsverhältnisse führten zu einer sozialen Umschichtung. Die Zahl der Arbeiter hatte erheblich zugenommen, wenn auch ihr Anteil an der Gesamtzahl der Erwerbstätigen ein wenig zurückgegangen war. Den größten Anteil stellten alle in Industrie und Handwerk Erwerbstätigen. Ihre Zunahme wurde aber noch übertroffen durch die der Erwerbstätigen in Handel und Verkehr. Allerdings ist dabei zu berücksichtigen, daß das Anwachsen der im Handel Erwerbstätigen im wesentlichen nicht auf Selbständige, sondern auf Angestellte entfiel. Das entsprach auch der allgemein zu beobachtenden Umschichtung: die Zahl der Selbständigen begann nach dem Ersten Weltkrieg unaufhaltsam zurückzugehen, während neben ihnen die Gruppe der Angestellten als neuer Mittelstand wie schon vor dem Kriege weiter vorrückte. Vom Volkseinkommen entfielen auf Lohn- und Gehaltsempfänger 1913 erst 45,3%, 1925 dagegen 56,3%.

Der alte Mittelstand der selbständigen Handel- und Gewerbetreibenden hatte durch Krieg und Inflation die aufgesparten Vermögen verloren und drohte sozial abzusinken, ein Vorgang, der sich nicht auf ihn beschränkte, sondern mit einer Umwertung auch anderer Berufe Hand in Hand ging. Berufe, die in der Monarchie die Lebensformen des Alltags tonangebend bestimmt hatten, voran das höhere Beamtentum, ganz zu schweigen vom Offiziersstand, hatten in der Öffentlichkeit an Ansehen verloren. An Wertschätzung büßten auch die freien, wie überhaupt alle auf wissenschaftlicher oder sonstiger fachlicher Vorbildung beruhenden Berufe ein. Noch lange nach dem Kriege wurden die Berufe vor allem nach dem erzielbaren Einkommen bewertet. Sachbesitz, mochte er auch im Kriege auf nicht unbedenkliche Weise erworben sein, und Spekulationsgewinne hatten die wenig beliebte Schicht der Kriegsgewinnler und Neureichen entstehen lassen. Vorsichtig geschätzt hat damals etwa die Hälfte des alten Geldvermögens den Besitzer gewechselt. Aber die neuen Besitzenden fanden nicht die durch äußeres Gepränge erstrebte Anerkennung in der Gesellschaft, weit mehr kühle Ablehnung oder kritische Zurückhaltung. Sie verdarben sogar durch schlechtes Beispiel die bürgerliche Wohlanständigkeit, die schon in der Inflationszeit merklich angekränkelt war. Erst danach stellte sich langsam eine neue Rangordnung der Berufe ein.

Aus: Heinrich Bechtel, Wirtschafts- und Sozialgeschichte, a. a. O., S. 417ff.

3. Zielvorstellungen der bürgerlichen Parteien zur gesellschaftlichen und wirtschaftlichen Neuordnung

a) Aus dem Programm der Bayerischen Volkspartei (15. 11. 1918)

Die Bayerische Volkspartei steht in allen Fragen der Kultur auf dem Boden der christlichen Weltanschauung. Sie verlangt volle Freiheit aller Konfessionen und ihrer Einrichtungen, sowie gleichmäßige Berücksichtigung der Anstalten und Angehörigen aller Konfessionen, insbesondere bei Bereitstellung öffentlicher Mittel und bei Verleihung öffentlicher Ämter.

Die Bayerische Volkspartei wird mit allem Nachdruck eintreten für den Schutz der Ehe und der Familie, sowie für die religiös-sittliche Erziehung der Jugend in konfessionellen Schulen.

Die Bayerische Volkspartei steht in wirtschaftlichen Fragen auf dem Standpunkt des gerechten Ausgleichs der Interessen aller Stände. Standes- oder Klassenpolitik, Anerkennung von Vorrechten des Standes oder der Geburt lehnt die Bayerische Volkspartei grundsätzlich ab. Die Bayerische Volkspartei wird Eigentum und Erbrecht als Grundlage der heutigen Wirtschaftsordnung schützen und erhalten, unbeschadet weitgehender sozialer Einschränkungen und Schutzmaßnahmen gegen Auswüchse des Kapitalismus.

Von diesem Standpunkt aus wird die Bayerische Volkspartei die Interessen der Bauern

kraftvoll schützen, einer gesunden Agrarreform zur rechten Zeit Rechnung tragen, energisch zum Segen des Volksganzen die bäuerliche Produktion fördern . . .
Die Bayerische Volkspartei anerkennt die Arbeiter, Beamten und Angestellten in den öffentlichen und privaten Betrieben als gleichberechtigt im Staate wie in dem nationalen Wirtschafts- und Parteileben. Sie vertritt eine planmäßige Ausgestaltung und Zusammenfassung des Arbeiter-, Angestellten- und Beamtenrechtes; völlige Sicherung der Koalitions-, Vereins- und Versammlungsfreiheit; Sicherung und Ausbau der sozialen Gesetzgebung, des Arbeiterschutzes sowie des sozialen Versicherungswesens; besondere Maßnahmen zum Schutze der werktätigen Frauen, Jugendlichen und Kinder.
Sie tritt ein für eine ausreichende Bezahlung der Beamten und Lehrer, für die in Privat-, Staats- und Gemeindebetrieben beschäftigten Angestellten und Arbeiter, sowie für eine gesicherte Alters- und Familienversorgung.

Zit. nach: Deutsche Parteiprogramme, hrsg. von Wilhelm Mommsen, München 1960, S. 503

b) Aus dem Programm der Deutschen Demokratischen Partei (16. 11. 1918)

Unser Volk leidet an sozialer, politischer und religiöser Zerklüftung. Seine gefährdete Einheit sichert die alle Glieder der Nation umfassende simultane Einheitsschule . . .
Die Vergesellschaftung der Produktionsmittel im Sinne allgemeiner Verstaatlichung wäre tödliche Bürokratisierung der Wirtschaft und verhängnisvolle Minderung ihres Ertrages . . .
Wo es sich um die Verwertung natürlicher Monopole handelt, wo Vertrustung, Kartell- und Verbandsbildung tatsächlich schon die wirtschaftliche Bewegungsfreiheit beschränkt und aufgehoben haben, da hat der Staat sein Hoheitsrecht zu wahren . . .
Soziales Unrecht in der Verteilung des Besitzes und des Einkommens ist zu beseitigen. Der Staat kann nicht jedem das gleiche Einkommen zuweisen; denn jeder soll den Lohn seiner Leistung erhalten. Er muß aber die Voraussetzungen schaffen, von denen aus jeder ohne unsachliche Hindernisse dieses gerechte Einkommen sich erarbeiten kann . . . Zur Durchführung dieser umfassenden Sozialpolitik dient in erster Linie die Steuergesetzgebung. Die Steuern, vor allem die auf Besitz und Erbe, auf Einkommen und Aufwand sollen nicht bloß die ungeheuer gewachsenen Bedürfnisse des Staates decken, sondern auch die übermäßigen Unterschiede in Besitz und Einkommen und damit in allen Möglichkeiten des Lebens ausgleichen. Bei allen Maßnahmen muß jedoch auf die Neubildung von Kapital Rücksicht genommen werden, denn ohne dies ist der Gesamtertrag der Volkswirtschaft nicht so zu erhöhen, daß auch die Lebenshaltung jedes einzelnen gehoben werden kann. So soll der demokratische Staat des sozialen Rechts die Gerechtigkeit in der Wirtschaft schaffen.

Zit. nach: Deutsche Parteiprogramme, a. a. O., S. 511 ff.

c) Aus dem Programm der Deutschen Volkspartei (18. 11. 1918)

Die Deutsche Volkspartei fordert für jeden Staatsbürger das Recht der freien Entfaltung seiner Kräfte. Das Streben nach Gewinn muß aber bei dem einzelnen seine sittlichen Schranken finden in der Rücksichtnahme auf das Wohl und die Bedürfnisse der übrigen Volksgenossen.
Die Deutsche Volkspartei hält fest an dem Recht auf Privateigentum und dem gesetzlichen Erbrecht der engeren Familie. Der Besitz ist als anvertrautes Gut zu behandeln, das zu fruchtbarem Schaffen verpflichtet; dies gilt in erhöhtem Maße vom ererbten Gute.

Bei der Überführung von wirtschaftlichen Unternehmungen in die öffentliche Hand, die nur gegen Entschädigung erfolgen darf, wird die Deutsche Volkspartei unter der Voraussetzung mitwirken, daß wesentliche Vorteile für die Allgemeinheit dauernd gewährleistet sind ... Eine Sozialisierung der deutschen Wirtschaft verwirft sie; der Ausgleich zwischen den wirtschaftlichen Forderungen der einzelnen Berufsgruppen ist auf dem Wege gütlicher oder schiedsgerichtlicher Einigung herbeizuführen.

Der Glaube, daß eine Volksklasse nur für die andere arbeite, muß nicht nur wie bisher durch soziale Fürsorge, sondern vor allem durch ein enges Zusammenwirken zwischen dem Arbeitgeber und seinen Werksangehörigen widerlegt werden. Freigewählte Vertrauensleute der Arbeiter und Angestellten sollen nach Maßgabe der Gesetze und allgemeinen Vereinbarungen gemeinsam mit dem Unternehmer die den Arbeitsdienst und die Arbeiterwohlfahrt betreffenden Fragen lösen. Die geschäftliche und technische Leitung der Betriebe bleibt der Verantwortlichkeit der Unternehmer überlassen.

Dem berechtigten Verlangen der Arbeiter und Angestellten, verantwortlich an der Regelung der Wirtschafts- und Sozialpolitik mitzuwirken, ist Rechnung zu tragen. Dieses Ziel will die Deutsche Volkspartei durch eine von den Verbänden der Arbeitgeber und Arbeitnehmer getragene Arbeitsgemeinschaft erreichen.

Zit. nach: Deutsche Parteiprogramme, a. a. O., S. 525 f.

d) Aus Aufruf und Leitsätzen der Deutschen Zentrumspartei (30. 12. 1918)

Durch gewaltsamen Umsturz ist die alte Ordnung Deutschlands zerstört, sind die bisherigen Träger der Staatsgewalt teils beseitigt, teils lahmgelegt worden. Eine neue Ordnung ist auf dem Boden der gegebenen Tatsachen zu schaffen, diese Ordnung darf nach dem Sturz der Monarchie nicht die Form der sozialistischen Republik erhalten, sondern muß eine demokratische Republik werden ...

Es gilt, ein soziales Recht der Allgemeinheit aufzurichten, das jedem Staatsbürger für seine pflichtmäßige Arbeit und sein Eigentum einen gerechten und zuverlässigen Schutz gewährt.

Es gilt in dem Rahmen der christlichen Grundsätze und des gemeinen Rechts der bürgerlichen Freiheit Raum zu geben, die allein das Leben würdig zu gestalten vermag, indem sie jede Bevormundung und Willkür von seiten einer Bürokratie, Klassen- oder Parteiherrschaft ausschließt.

Wirtschafts- und Sozialpolitik

24. Geordneter Aufbau der Volkswirtschaft im Dienste der sozialen Gerechtigkeit und des Gemeinwohls auf Grundlage der produktiven Arbeit. Grundsätzliche Erhaltung der auf persönlichem Eigentum beruhenden, nach dem Solidaritätsprinzip dem Gesamtwohl der Gesellschaft untergeordneten Privatwirtschaft.

25. Sicherung der Volksernährung durch planmäßige Förderung der landwirtschaftlichen Erzeugung.

26. Gemeinnützige Bodenpolitik. Durchgreifende Wohnungs- und Siedlungsreform. Innere Kolonisation. Mehrung und Erweiterung der bäuerlichen Betriebe unter Heranziehung von Staatsdomänen und unwirtschaftlich ausgedehnten Großgrundbesitzes gegen Entschädigung.

27. Schutz und ausgleichende Förderung der einzelnen Berufsstände als notwendiger Glieder eines gesunden Wirtschaftskörpers, insbesondere Aufrichtung eines lebenskräftigen

Mittelstandes; Erhaltung eines leistungsfähigen Bauernstandes, Hebung des durch den Krieg schwer geschädigten Handwerkerstandes ...
28. Fortführung der Sozialpolitik für die städtische und ländliche Bevölkerung unter stärkster Betonung der Persönlichkeit und Menschenwürde.

Zit. nach: Deutsche Parteiprogramme, a. a. O., S. 482 ff.

4. Die Sozialpartnerschaft: Gesetz und Wirklichkeit

a) Abkommen der Arbeitgeber- und Arbeitnehmerverbände vom 15. 11. 1918

1. Die Gewerkschaften werden als berufene Vertreter der Arbeiterschaft anerkannt. 2. Eine Beschränkung der Koalitionsfreiheit der Arbeiter und Arbeiterinnen ist unzulässig. 3. Die Arbeitgeber und Arbeitgeberverbände werden die Werkvereine (die sogenannten wirtschaftsfriedlichen Vereine) fortan vollkommen sich selbst überlassen und sie weder mittelbar noch unmittelbar unterstützen. 4. Sämtliche aus dem Heeresdienst zurückkehrenden Arbeitnehmer haben Anspruch darauf, in die Arbeitsstelle sofort nach Meldung wieder einzutreten, die sie vor dem Kriege innehatten. Die beteiligten Arbeitgeber- und Arbeitnehmerverbände werden dahin wirken, daß durch Beschaffung von Rohstoffen und Arbeitsaufträgen diese Verpflichtung in vollem Umfange durchgeführt werden kann ... 6. Die Arbeitsbedingungen für alle Arbeiter und Arbeiterinnen sind entsprechend den Verhältnissen des betreffenden Gewerbes durch Kollektivvereinbarungen mit den Berufsvereinigungen der Arbeitnehmer festzusetzen. Die Verhandlungen hierüber sind ohne Verzug aufzunehmen und schleunigst zum Abschluß zu bringen. 7. Für jeden Betrieb mit einer Arbeiterschaft von mindestens 50 Beschäftigten ist ein Arbeiterausschuß einzusetzen, der diese zu vertreten und in Gemeinschaft mit dem Betriebsunternehmer darüber zu wachen hat, daß die Verhältnisse des Betriebes nach Maßgabe der Kollektivvereinbarung geregelt werden.
8. In den Kollektivvereinbarungen sind Schlichtungsausschüsse resp. Einigungsämter vorzusehen, bestehend aus der gleichen Anzahl von Arbeitnehmer- und Arbeitgebervertretern.
9. Das Höchstmaß der täglichen regelmäßigen Arbeitszeit wird für alle Betriebe auf acht Stunden festgesetzt. Verdienstschmälerungen aus Anlaß dieser Verkürzung der Arbeitszeit dürfen nicht stattfinden ...

Zit. nach Wolfgang Mickel, Quellen zur Sozial- und Wirtschaftspolitik, Ffm. 1968, S. 45

b) Die sozialen Grundrechte in der Reichsverfassung von Weimar

Artikel 151
Die Ordnung des Wirtschaftslebens muß den Grundsätzen der Gerechtigkeit mit dem Ziele der Gewährleistung eines menschenwürdigen Daseins für alle entsprechen. In diesen Grenzen ist die wirtschaftliche Freiheit des einzelnen zu sichern.
Gesetzlicher Zwang ist nur zulässig zur Verwirklichung bedrohter Rechte oder im Dienste überragender Forderungen des Gemeinwohls. Die Freiheit des Handels und Gewerbes wird nach Maßgabe der Reichsgesetze gewährleistet.

Artikel 153
Das Eigentum wird von der Verfassung gewährleistet. Sein Inhalt und seine Schranken ergeben sich aus den Gesetzen.

Eine Enteignung kann nur zum Wohle der Allgemeinheit und auf gesetzlicher Grundlage vorgenommen werden. Sie erfolgt gegen angemessene Entschädigung, soweit nicht ein Reichsgesetz etwas anderes bestimmt. Wegen der Höhe der Entschädigung ist im Streitfall der Rechtsweg bei den ordentlichen Gerichten offen zu halten, soweit Reichsgesetze nichts anderes bestimmen. Enteignung durch das Reich gegenüber Ländern, Gemeinden und gemeinnützigen Verbänden kann nur gegen Entschädigung erfolgen.
Eigentum verpflichtet. Sein Gebrauch soll zugleich Dienst sein für das gemeine Beste.

Artikel 157
Die Arbeitskraft steht unter dem besonderen Schutze des Reichs.
Das Reich schafft ein einheitliches Arbeitsrecht.

Artikel 159
Die Vereinigungsfreiheit zur Wahrung und Förderung der Arbeits- und Wirtschaftsbedingungen ist für jedermann und für alle Berufe gewährleistet. Alle Abreden und Maßnahmen, welche diese Freiheit einzuschränken oder zu behindern suchen, sind rechtswidrig.

Zit. nach Günther Franz (Hrsg.): Staatsverfassungen, a. a. O., S. 219ff.

c) Der Tarifkonflikt in der Eisenindustrie des Ruhrgebiets 1928

Die Gewerkschaften hatten den Lohntarif mit der nordwestlichen Gruppe der Eisenindustrie zum 1. November 1928 gekündigt mit der Forderung auf Erhöhung der Stundenlöhne um 15 Pfg. Die Arbeitgeber lehnten jedoch jede Lohnerhöhung ab; ihr Gegenvorschlag aber, in welchem sie im Hinblick auf die wirtschaftliche Lage der Eisenindustrie den bestehenden Tarif trotz rückläufiger Konjunktur zu verlängern anboten, wurde von den Gewerkschaften als unannehmbar zurückgewiesen. Als alle Einigungsversuche ergebnislos verliefen, kündigten die Unternehmer am 13. Oktober vorsorglich den Arbeitern auf allen Werken zum 1. November. Während der darauf beantragten Schlichtungsverhandlungen ermäßigten die Gewerkschaften ihre Forderung auf 12 Pfg.; die Arbeitgeber verharrten auf ihrer Ablehnung. Am 26. Oktober fällte der Schlichter, Oberlandesgerichtsrat Dr. Joetten, den Schiedsspruch, der für erwachsene Arbeiter eine Erhöhung von 6 Pfg. vorsah und für Akkord- und Prämienarbeit eine feste Zulage von 2 Pfg.; dieser Tarifvertrag sollte für 1 1/2 Jahre Gültigkeit haben.
Die Arbeitgeber lehnten den Schiedsspruch ab; die Metallarbeiter aber nahmen ihn – wegen der langen Laufzeit des Tarifvertrages mit einigem Zögern – an und beantragten seine Verbindlichkeitserklärung. Erst in letzter Minute vor Inkrafttreten der Kündigung, am 31. Oktober, wurde vom Reichsarbeitsminister Wissell die Verbindlichkeitserklärung ausgesprochen. Die Arbeitgeber antworteten darauf mit der Aussperrung, d. h. die Arbeitgeber erkannten die Verbindlichkeitserklärung der höchsten Arbeitsbehörde nicht an. Sie begründeten dieses ungewöhnliche Vorgehen mit formaljuristischen Argumenten.
Hinter der juristischen Argumentation verbarg sich nur notdürftig ein prinzipieller Angriff auf das Schlichtungswesen selbst. Wesentlich war nicht die juristische Auslegung der Schlichtungsparagraphen, sondern die rigorose Auflehnung der Unternehmerschaft gegen die staatliche Einmischung in die Lohnpolitik.

Aus: Helga Timm, Die deutsche Sozialpolitik und der Bruch der Großen Koalition im März 1930, Düsseldorf 1952, S. 99f.

5. Dollarnotierungen der Mark 1914 bis 1923

Juli 1914	4,2	Juli 1922	493,2
Januar 1919	8,9[1]	Januar 1923	17972,0
Juli 1919	14,0	Juli 1923	353412,0
Januar 1920	64,8	August 1923	4620455,0
Juli 1920	39,5	September 1923	98860000,0
Januar 1921	64,9	Oktober 1923	45260208000,0
Juli 1921	76,7	15. Nov. 1923	4200000000000,0
Januar 1922	191,8	Berechnet aufgrund der Schweizer Kurse	

Zit. nach Karlheinz Dederke, Reich und Republik, 2. Aufl., Stuttgart 1973, S. 278

6. Die finanztechnische Überwindung der Inflation

Unter dem Schutze des militärischen Ausnahmezustandes, d. h. unter einer zeitweiligen Militärdiktatur, konnte die Reichsregierung eine neue Währung einführen. Am 16. November begann die Ausgabe der neuen Rentenbanknoten. Bis zum November 1924 (Ablösung durch die Reichsmark) zirkulierten diese Noten neben der Papiermark. Der Kurs wurde zwangsweise auf 1 Billion Papiermark = 1 Goldmark festgelegt. Die Deckung der Rentenmark bestand in einer Grundschuld (Hypothek) von Grundbesitz, Handel, Industrie und Banken an das Reich in Höhe von 3,2 Milliarden Mark (Gold). Eine neugeschaffene Rentenbank durfte als Höchstbetrag 2,4 Milliarden Rentenmark in Noten ausgeben, zur Hälfte als Darlehen an die Reichsregierung, zur anderen Hälfte als Kredite an die Wirtschaft. Die Deckung war eigentlich eine Fiktion, da sie im Grunde doch keine Sicherheit für die Beständigkeit der Währung bot. Was geschah, war, daß der Staat neues Geld herausgab, seinen Bürgern erklärte, das neue Geld habe nun wieder Wert. Daß das neue Zahlungsmittel anerkannt wurde, hing nicht von der Deckung ab, sondern vom Verhalten der Regierung und vom Verhalten des Volkes.

Das Reich und die Länder mußten jetzt ihre uferlose Schuldenwirtschaft einstellen und ihre Haushaltspläne nach den tatsächlichen Einnahmen einrichten. Die Notenpresse war stillgelegt, die Erlaubnis zur Geldschöpfung dem Staate genommen und der Reichsbank übertragen. Ihr neuer Präsident, Hjalmar Schacht, hielt trotz großer Belastungen und Schwierigkeiten bei der folgenden Geldverknappung daran fest, das umlaufende Geld nicht weiter zu vermehren. Aber noch entscheidender war, daß die Deutschen Vertrauen zu dem neuen Geld faßten, das ihnen angeboten wurde. Der Versuch gelang. Das Volk – in der Mehrzahl aus finanzpolitischen Laien bestehend – ließ sich von der fiktiven Deckung, die in immensen Sachwerten zu bestehen schien, beeindrucken. Es war auch der Zahlenakrobatik derart müde geworden, daß die Rechnung mit kleinen Zahlen mithalf, die Überzeugung hervorzurufen, daß man nun wieder wirkliches, wertbeständiges Geld in den Händen habe.

Aus: Karlheinz Dederke, Reich und Republik, a.a.O., S. 78f.

7. Stresemann über die Auswirkungen der Inflation von 1923

(Aus seiner Rede „Der Weg des neuen Deutschland“, gehalten am 29. 6. 1927 in Oslo)

Der Geschichtsforscher sieht heute noch den Ausgang des Krieges für Deutschland vielfach nur in verlorenen Gebietsteilen, verlorener praktischer Kolonialbetätigung, verlorenem

Staats- und Volksvermögen. Er übersieht vielfach den schwersten Verlust, den Deutschland miterlitten hat. Dieser schwerste Verlust bestand meiner Auffassung nach darin, daß jene geistige und gewerbliche Mittelschicht, die traditionsgemäß Trägerin des Staatsgedankens war, ihre völlige Hingabe an den Staat im Kriege mit der völligen Aufgabe ihres Vermögens bezahlte und proletarisiert wurde. Wie weit die Staatsräson dazu befugt war, dieses Opfer von einer ganzen Generation zu fordern, dieses Opfer, das darin bestand, daß das vom Staate ausgegebene Geld wertlos und nicht wieder ersetzt wurde, darüber ist der Streit der Geister und vielleicht auch die Praxis der Gesetzgebung bis heute nicht zum Abschluß gekommen.

Zit. nach G. Stresemann, Schriften, hrsg. von A. Harttung, Berlin 1976, S. 375 f.

8. Die Wahlen zum Deutschen Reichstag

(Anteil der Parteien an den abgegebenen gültigen Stimmen)

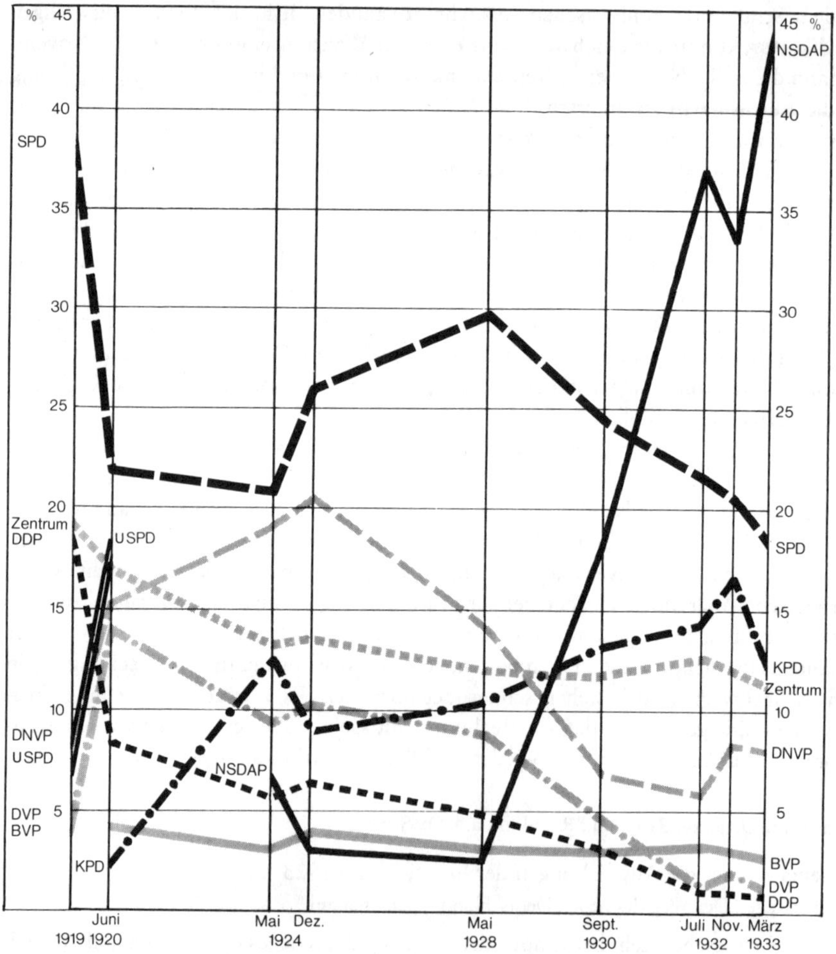

Zahlenangaben nach Werner Kaltefleiter, Wirtschaft und Politik in Deutschland, Köln 1966, S. 30

9. Aufgliederung des DNVP-Stimmenanteils bei den Reichstagswahlen vom 6. 6. 1920

Ortsgrößenklasse	0–2000	DNVP-Anteil	23,5%
	2000–5000		*11,7%*
	5000–10000		10,7%
	10000 und mehr		10,4%

Aus: Werner Kaltefleiter, Wirtschaft und Politik in Deutschland, a. a. O., S. 31

10. Zur Sozialstruktur der Weimarer Republik

a) Alter und neuer Mittelstand

Zwischen der dünnen Ober- und der starken Unterschicht stand eine breite, in sich sehr uneinheitliche Gruppe der Gesellschaft, der Menschen sehr unterschiedlicher wirtschaftlicher Lage und sehr verschiedener Interessen angehörten. Ihre Gemeinsamkeit lag nur darin, daß sie weder zu den unselbständigen Armen noch zur Oberschicht der Reichen gehörten, sondern zwischen ihnen den „Mittelstand" bildeten. Dieser Begriff war zu einer Zeit geprägt worden, als das Bürgertum sich noch als Teil einer ständisch gegliederten Ordnung betrachtete. Zum Mittelstand durfte sich rechnen, wer wirtschaftlich selbständig war und über gewissen Besitz verfügte. Bildung glich fehlende Selbständigkeit aus. Es waren also vornehmlich mittlere und kleinere Unternehmer, Handwerker, Bauern, Angehörige der freien Berufe (Ärzte, Anwälte, Apotheker) sowie Beamte, die den Mittelstand bildeten. Mit der gesellschaftlichen Entwicklung verschob sich allmählich die Bedeutung des Begriffs.
Schon vor dem Weltkriege unterschied man von dem alten Mittelstand einen neuen und meinte damit vor allem die schnell wachsende Gruppe der Angestelltenschaft, während bestimmte Gruppen des alten Mittelstandes, so die Handwerker, infolge der billigen mechanischen Massenproduktion von Konsumgütern zahlenmäßig zusammenschmolzen und eine starke Einbuße ihres Einkommens und sozialen Ansehens erlitten. Die Umgestaltung der alten Mittelschicht wurde – vielfach auf katastrophale Weise – von Krieg und Inflation beschleunigt, da in wenigen Jahren die in Generationen angesammelten Vermögenswerte des alten Mittelstandes dahinschmolzen. Zahlreiche Angehörige des Mittelstandes mußten ihre selbständige Existenz aufgeben, nicht wenige lernten die Armut kennen. Darin bestand in den zwanziger Jahren die tiefe Bewußtseinskrise des Mittelstandes, daß viele ihm, nach Besitz und Selbständigkeit, nicht mehr angehörten, durch Bildung und Lebensstil sich aber weiter dazu rechneten und diese Veränderungen als Panik erlebten.
Der neue Mittelstand aber wuchs in die Wertvorstellungen des alten hinein, zumal die Angestellten zu einem großen Teil aus den Familien ehemals Selbständiger hervorgegangen waren. Das frühere Selbstbewußtsein des Mittelstandes, der sich als produktivster Bestandteil der Gesellschaft empfunden hatte, war aber infolge der Einbuße an Bedeutung im Wirtschaftsleben, durch die zunehmende Kluft gegenüber der bürgerlichen Geld-Aristokratie der „Kapitalisten" und infolge der fortschreitenden Emanzipation der Arbeiterklasse geschwunden und damit auch das Gefühl der Sicherheit und Zuversicht. Deklassiert zu werden, stand als ständige Drohung über den einen, deklassiert zu sein, schämten sich die anderen. Die Verwirrung wuchs, weil auch die ideellen Werte in die große Inflation mit einbezogen schienen. Galten noch bürgerlicher Anstand, Ehrlichkeit, Sauberkeit? Verlangte nicht das Vorwärtskommen gerade die Verleugnung dieser Tugenden? Waren nicht Gehor-

sam und Pflichttreue veraltet, wurde nicht die anerzogene Bereitschaft zur Hingabe für „Höheres", für Glauben, Herrscher und Vaterland, verhöhnt? So wurde der Mittelstand nun besonders anfällig für Utopien und politische Bewegungen, die ihm die Wiederherstellung alter Ordnungen und Werte versprachen oder zu verheißen schienen. Unrecht und Not, das war auch das Los der Nation. Da der bürgerliche Mittelstand der Hauptträger des Nationalgedankens war, lag es ihm besonders nahe, das eigene Unglück mit dem umfassenderen nationalen Unglück zu identifizieren. Die Kränkungen und Demütigungen, denen die deutsche Nation nach dem Krieg ausgesetzt war, wurden als persönliches Schicksal empfunden und in eins gesetzt mit der geschwundenen wirtschaftlich-sozialen Sicherheit. Es grub sich die Meinung ein, daß es für den Mittelstand nicht eher besser werden könne, ehe nicht die Machtstellung Deutschlands erneuert sei.
Der Erbitterung des Mittelstandes gegen die äußeren Feinde stand die gegen die inneren um nichts nach. Dabei richtete sich der Haß weniger gegen das Großkapital als gegen den sozialistisch orientierten Teil der Arbeiterschaft, weil der Marxismus unaufhörlich der Mittelschicht das prophezeite, was sie am meisten fürchtete: die Proletarisierung. Man erwartete das Heil nicht von einer klassenlosen Gesellschaft, sondern von einer Gemeinschaft ohne gesellschaftliche Spannungen, die aber doch einen rangweisen Aufbau bewahrte. „Berufsstände" und „Volksgemeinschaft" waren die Worte, die eine solche ideale Ordnung kennzeichnen sollten.

Aus: Karlheinz Dederke, Reich und Republik, a. a. O., S. 105 f.

b) Die Vergrößerung der Betriebe von 1895–1925

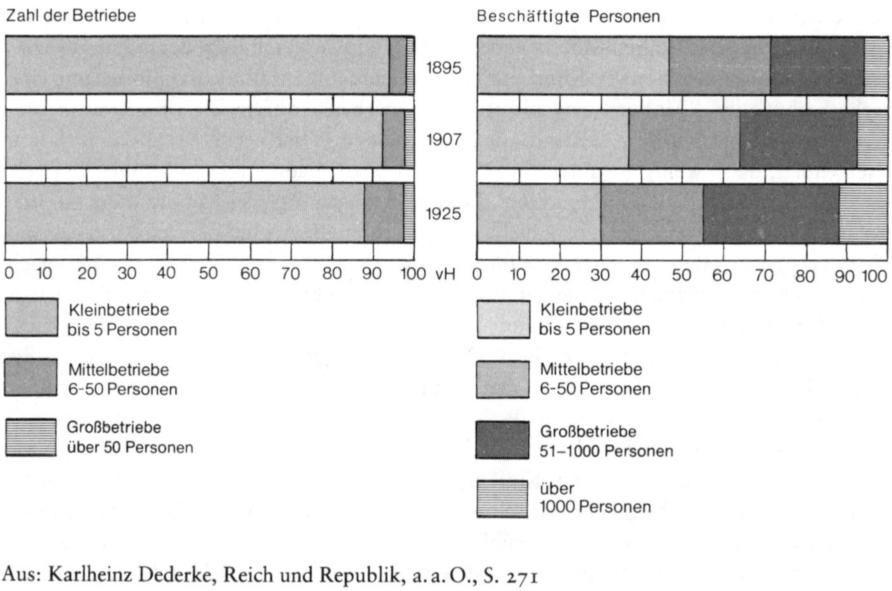

Aus: Karlheinz Dederke, Reich und Republik, a. a. O., S. 271

c) Die Verteilung der Bevölkerung auf Stadt und Land

Von der deutschen Bevölkerung wohnten:

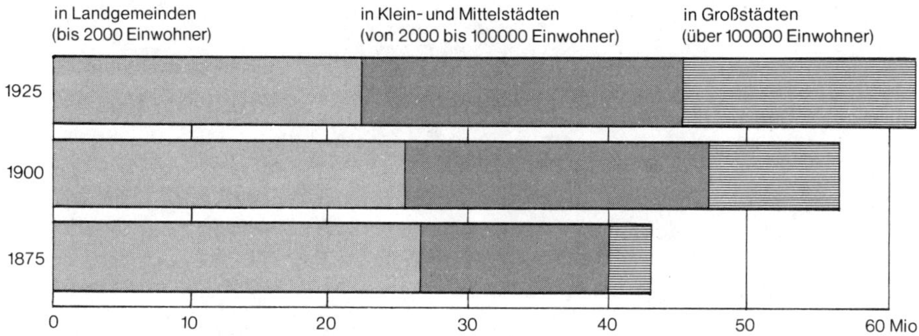

Aus: Karlheinz Dederke, Reich und Republik, a. a. O., S. 272

d) Anteil der sozialen Gruppen am Volkseinkommen

(umgerechnet in Kaufkraft von 1928)

a) Einkünfte aus [in Millionen Mark]

Jahr	Land- u. Forstw.	Handel u. Gewerbe	Lohn u. Gehalt	Kapital-vermögen	Miet- u. Pachteink.	Renten u. Pens.	Versch.	Volks-eink.
1913	8600	14000	31400	8700	1300	2100	3200	69300
1925	6161	11827	36622	1292	593	6025	3567	65087
1926	6262	11617	37403	1679	685	7646	2140	67332
1927	6104	12356	39959	2165	780	7617	3836	72717
1928	5816	12187	42621	2784	836	8433	2696	75373
1929	5695	11608	42459	3138	859	9063	2240	75062
1930	5355	10247	40783	3347	927	10313	1288	72260
1931	5247	8372	36900	3382	1005	11227	−2420*	63713
1932	4705	7340	32873	2823	1004	11565	−1998*	58312

b) in v. H. des Volkseinkommens

1913	12,5	20,1	45,3	12,5	2,0	3,0	4,6	100%
1925	9,5	18,2	56,3	2,0	0,9	9,2	3,9	100%
1926	9,3	17,3	55,5	2,5	1,0	11,4	3,0	100%
1927	8,4	17,0	54,9	3,0	1,1	10,5	5,1	100%
1928	7,7	16,2	56,5	3,7	1,1	11,2	4,6	100%
1929	7,6	15,5	56,6	4,2	1,1	12,0	3,0	100%
1930	7,4	14,2	56,4	4,6	1,3	14,3	1,8	100%
1931	8,2	13,2	57,9	5,3	1,6	17,6	−3,8*	100%
1932	8.1	12,6	56,4	4,8	1,7	19,8	−3,4*	100%

* Ausgleich von Doppelzählungen

Aus: Karlheinz Dederke, Reich und Republik, a. a. O., S. 278

e) Bergarbeiterlöhne in den Jahren 1924–1932

(Steinkohlenbergbau einschließlich Versicherungsbeiträgen; in „Verdiensten“, d. h. Leistungslohn zuzüglich aller Zuschläge)

Jahr	Oberschlesien			Oberbergamtsbezirk Dormund*)		
	Durchschnitt sämtl. Bergarbeiter		Bergarbeiter i. e. S.	Durchschnitt sämtl. Bergarbeiter		Bergarbeiter i. e. S.
	je verf. Schicht	Jahresverdienst	je verf. Schicht	je verf. Schicht	Jahresverdienst	je verf. Schicht
	RM	RM	RM	RM	RM	RM
1924	4,51	1418	5,62	5,95	1867	6,97
1925	5,16	1646	6,41	6,90	2173	7,98
1926	5,51	1780	6,58	7,54	2425	8,62
1927	5,94	1897	7,06	8,03	2525	9,19
1928	6,33	1983	7,60	8,56	2666	9,73
1929	6,74	2138	8,15	8,89	2780	10,08
1930	6,87	2122	8,12	8,98	2796	10,17
1931	6,36	1952	7,33	8,28*	2582*	9,32*
1932	5,44	1684	6,22	7,05*	2211*	7,92*

*) ab 1931: niederrheinisch-westfälischer Bezirk, d. h. OBA-Bez. Dortmund ausschließlich des niedersächs. Teilbez., einschl. des zum OBA Bonn gehörigen Steinkohlenbergbaus am linken Niederrhein.

Aus: Ludwig Preller, Sozialpolitik in der Weimarer Republik, Stuttgart 1949, S. 155

f) Durchschnittseinkommen des deutschen Arbeiters (pro Woche)

(in Reichsmark)

Jahr	Tariflohn	Netto-Zuzahlung		Gesamtbruttolohn	Lohnverlust durch				Gesamtverlust	Resteinkommen
					Arbeitslosigkeit		Kurzarbeit			
		%	RM		%	RM	%	RM	RM	RM
1924	30,55	5	1,55	32,10	11,4	3,65	3,6	1,15	4,80	27,30
1925	38,25	8	3,05	41,30	8,3	3,45	2,6	1,05	4,50	36,80
1926	41,05	6	2,45	43,55	17,9	7,80	1,1	1,90	9,70	33,80
1927	43,00	11	4,75	47,75	8,8	4,20	0,7	0,35	4,55	43,20
1928	46,30	11	5,10	51,40	9,7	5,00	1,4	0,70	5,70	45,70
1929	48,55	9	4,35	52,90	14,6	7,70	2,4	1,25	9,00	43,90
1930	49,20	4	1,95	51,15	22,7	11,60	3,4	1,75	13,35	37,80
1931	46,60	4	1,85	48,45	34,7	16,80	5,2	2,50	19,80	29,15
1932	39,95	3	1,20	41,15	44,4	18,25	6,2	2,05	20,75	20,40

Aus: Ludwig Preller, Sozialpolitik in der Weimarer Republik, a. a. O., S. 155

11. Zur Rolle des Unternehmers in der Weimarer Republik

a) Die deutsche Unternehmerschaft in der Weimarer Republik

Es erwies sich, daß die Sozialdemokratie, vom Marxismus des Kommunistischen Manifestes und gar vom Leninismus der Sowjetunion her gesehen, allen oppositonellen und obstruktionellen Gebärden zum Trotz ideen- und mutlos, eine kaum noch revisionistisch zu nennende kleinbürgerliche Partei geworden war, die schließlich vom Unternehmertum aus propagandistischen Gründen weit mehr zum Schreckgespenst des Bürgertums gemacht werden mußte, als daß sie es wirklich war.

Die 1918 eingesetzte Sozialisierungskommission löste sich bereits im Frühjahr 1919 wieder auf, da man im Zuge der Bemühungen um den Aufbau einer bürgerlichen Republik einsah, daß mit einer durch Krieg und Friedensbedingungen auf lange Zeit geschwächten Wirtschaft nicht experimentiert werden durfte. Zugleich wurden dieser Wirtschaft wachsende Soziallasten auferlegt: Arbeitszeitverkürzungen, Lohnsteigerungen usw. Wie man also zur Sicherung der Ordnung im revisionssozialistisch geführten Staat des Heeres und der Beamtenschaft alter Prägung bedurfte, so fühlte man sich gleichfalls auf die alte Unternehmerschicht angewiesen.

Da der Staat von 1919 sehr schnell seinen revolutionären Charakter aufgab, ja in vielen Bereichen einen solchen überhaupt niemals annahm, schränkten bald auch die Unternehmer ihre Ablehnung dieses Staates ein, nahmen ihn hin, paßten sich ihm an, stiegen zu einer staatstragenden, schließlich zu einer diesen Staat in ihrem Sinne reformierenden Schicht auf, sofern sie sich überhaupt stärker mit politischen Fragen beschäftigten als die Sozialdemokraten mit wirtschaftlichen.

Nach der Revolutionsstimmung, die nur 1923 noch einmal in einigen Gebieten mit starker Industriearbeiterschaft aufflammte, von der Mehrheit der Bevölkerung aber entschieden abgelehnt und von deren Presse-Organen bekämpft wurde, erlosch die Macht der Sozialisten in der Weimarer Republik und damit jede Aussicht auf eine gegen das private Unternehmertum gerichtete Wirtschaftsreform um so mehr, als die SPD fortan meist in der Opposition stand.

Diese dem Unternehmertum günstige politische Entwicklung, die den industriellen Besitz bevorzugende Währungsreform und die anschließende Konjunktur machten es dem Unternehmer leicht, sich mit den veränderten Gegebenheiten abzufinden. Robert Bosch hatte am Anfang der Republik in einem Briefwechsel mit dem Fabrikanten Ernst Lilienfein geschrieben: „Ich bin sonst ein Mann, der das Ende mit Schrecken dem Schrecken ohne Ende vorzieht. In diesem Falle bin ich aber doch auf dem Standpunkt, daß ein scharfes Vorgehen den Wirrwarr, d. h. den Bolschewismus, sicher herbeiführt, während so dem Rausch doch vielleicht der Katzenjammer noch folgt, bevor eben alles hin ist ... So bin ich z. B. nicht überzeugt davon, daß eine Republik für uns das Beste ist, ich halte es aber für den größten Fehler, wenn in der Nationalversammlung in den bürgerlichen Parteien Äußerungen gegen die Republik gemacht werden. Jetzt gegen die Republik vorgehen wollen, heißt eine Zwietracht säen, und ich meine, wir müssen doch vor allem sofort uns verständigen ... Wenn einmal das Haus brennt, löscht man auch mit Jauche, so man kein Wasser hat. Das ist aber nur bildlich gemeint. Ich stehe persönlich auf dem Standpunkt, daß wir bei der Republik bleiben sollen, nachdem wir sie einmal haben."

Einige Jahre später erklärte Silverberg am 4. September 1926 bei der Dresdener Mitgliederversammlung des RdI: „Das deutsche Unternehmertum steht heute restlos auf staatsbejahendem Standpunkt" – eine Formulierung, die allerdings in bezug auf die Staatsform gewiß nicht von jedem Teilnehmer an der Versammlung unterschrieben worden wäre, sondern ohne Frage sich politisch an die Regierung dieses Staates wandte, von dem die Unternehmer nun schon, wie die ersten Geschäftsberichte der Vereinigten Stahlwerke seit 1926/27 und die praktisch aller anderen Aktiengesellschaften immer deutlicher zeigen, die Führung im Abwehrkampf gegen gewerkschaftliche Lohnforderungen sowie Modifizierung der z. B. von Schacht als Ersatz für die verpaßte Sozialisierung bezeichneten Steuerpolitik verlangten, „denn wir leben nun einmal in einer individualistisch-kapitalistischen Wirtschaftsordnung." Auch bekannte man sich praktisch wohl überall im Rahmen des traditionellen Ordnungsdenkens zu der Auffassung, die Duisberg 1925 auf der ersten großen Tagung des RdI in die Worte faßte: „Der bestverwaltete Staat ist nun einmal der beste Staat. Dabei hängt das Staatswohl nicht davon ab, ob monarchisch oder republikanisch regiert wird, sondern davon, wie regiert wird, davon, ob die Regierung das Wohl des Ganzen als oberstes Gesetz anerkennt und sie damit über allen persönlichen Interessen steht." Das war ein Bekenntnis zum obrigkeitlichen Verwaltungsstaat, bei dem man der Vergangenheit mit Bismarck und der Monarchie sowie überhaupt „der vergangenen Zeit" ein dauerndes ehrendes Andenken bewahrte, aber auch einen Schritt zur „Ordnung" im Sinne des Hindenburg verehrenden Hitler tun konnte.

Doch natürlich lagen die eigentlichen Ursachen für diese Auffassung tiefer: die Unternehmer waren das unternehmerfreundliche, mindestens aber wirtschaftsneutrale Verhalten der agrarisch-großbürgerlich bestimmten Regierung des stärksten Industrie-Bundesstaates Preußen und auch des Reiches gewohnt gewesen. Sie selbst hatten dies ohne Gefahr für ihren eigenen Bereich mit konservativ-„unpolitischem" Verhalten honorieren können. Sie erlebten nun, daß dieses Verhältnis in der Weimarer Republik fortgesetzt werden konnte, daß es ihnen möglich war, von der Ablehnung des radikalen Sozialismus über die Reserve gegenüber der Sozialdemokratie zur Staatsbejahung und -erhaltung mit „ehrendem Andenken" für die Vergangenheit überzugehen, ohne sich für diesen Staat zu engagieren, der rechts und links noch immer radikale Gegner hatte.

Aus: Wilhelm Treue, Der deutsche Unternehmer in der Weltwirtschaftskrise 1928 bis 1933 in: Die Staats- und Wirtschaftskrise des Deutschen Reiches 1929/33 (Hrsg. von W. Conze und H. Raupach), Stuttgart 1967, S. 85 ff.

b) Stinnes-Plan vom 9. 11. 1922

Deutschland befindet sich in seiner augenblicklich unhaltbaren Lage hauptsächlich aus zwei Gründen:

(1) Es erzeugt nicht genug, teilweise weil der Betrag der geleisteten Arbeit im allgemeinen ungenügend ist, teils weil alle Mittel nationaler Produktion nicht voll verwertet werden, dank der Kontrolle der Produktion und der Güterverteilung durch die Regierung sowie der verrückten Steuergesetzgebung.

(2) Der Versailler Vertrag hat Deutschland durch seine wirtschaftlich unerfüllbaren Bedingungen und durch seine großen psychologischen Schnitzer finanziell und moralisch ruiniert und macht es überdies unmöglich, die Gründe der Mißstände aus dem Weg zu räumen, die unter (1) angeführt sind.

Wie kann Deutschland und mit ihm Europa und die Welt zu gesunden Verhältnissen zurückgeführt werden?
Die Vorbedingung für die Änderung der unter (1) angeführten Tatbestände ist die Zusage, daß Deutschland wieder ein freies Land wird.
Daher müssen dem deutschen Volke die folgenden Fragen vorgelegt werden:
Unter der Voraussetzung, daß die Entente sich zur völligen Räumung Deutschlands (einschließlich des Saargebietes) bis, sagen wir, zum 1. April 1923 verpflichtet, jede Art von Sanktionen, Vergeltungen, Liquidationen, Kommissionen, Zwangslieferungen aufgibt und von jetzt ab sich in keiner Weise in Deutschlands innere Verwaltung einmischt, wird Deutschland seine Bereitwilligkeit erklären, möglichst durch das Mittel der Volksabstimmung, die folgenden Verpflichtungen auf sich zu nehmen, ohne die eine Rückkehr zu gesunden Verhältnissen unmöglich ist:
1. Sie (die Arbeiter) werden Überstunden machen, ohne besonderen Lohnzuschlag für Überstunden; d. h., einfach als eine Verlängerung des Achtstundentags, und das so lange und in zureichendem Maße, um
a) das deutsche Handelsgleichgewicht wieder aktiv zu gestalten und zu halten, und
b) die Zahlung von Zinsen und die Amortisation für eine Goldanleihe sicherzustellen, durch welche der Wiederaufbau von Frankreich und Belgien bewirkt und die Stabilisierung der deutschen Währung vorgenommen werden soll. (Details sind von Sachverständigen auszuarbeiten. Es wird hier angenommen, daß wenigstens die Arbeit von 2 Überstunden für eine Zeitspanne von 10 bis 15 Jahren gefordert werden muß.)
2. Die Regierungskontrolle über alle Zweige innerer und ausländischer Geschäftsverbindungen wird aufgehoben, insbesondere die Demobilisationsvorschriften und alle Subventionen, in welcher Form sie auch auftreten mögen, darunter die Mietvorschriften (Zwangsmiete), staatlich festgesetzte Getreidelieferungen, Festsetzung von Höchstpreisen, Verbote oder Einschränkungen von Einfuhren und Ausfuhren, Herabsetzung der Eisenbahntarife unter den Selbstkostenpreis, besonders beim Passagierverkehr, Zwangsbesteuerung und Zwangssyndikate, Fremdensteuern und Steuern für die Vermietung von Behelfswohnungen. Andererseits wird Deutschland, sobald es wieder mit normalen Löhnen unter normalen Bedingungen arbeitet, überall in der Welt die handelspolitische Meistbegünstigung erhalten und wird Zugang zu allen Rohmaterialien und kolonialen Gebieten bekommen, ohne Rücksicht auf die Landesflagge, und unter denselben Bedingungen wie die übrige Welt. (Details sind von Sachverständigen auszuarbeiten.)
3. Die deutsche Mark ist sofort zu stabilisieren an dem Punkt, auf dem sie sich bei Gewährung der Stabilisations- und Reparationsanleihe wie unter (1, b) befindet, und nachdem die folgenden weiteren Bedingungen für die Dauerhaftigkeit der Stabilisation geschaffen sind:
a) Für die Dauer von wenigstens fünf Jahren soll jeder Streik in jedem industriellen Unternehmen, das für die nationale Wirtschaft lebensnotwenig ist, verboten und als strafbare Handlung betrachtet werden. (Sachverständige haben zu entscheiden, welche industrielle Unternehmen unter die Bestimmungen fallen, und worin die Bestrafungen bestehen sollen.)
b) Die Verwaltungen von öffentlichen (Regierungs-)Unternehmen müssen sofort neuorganisiert und auf eine wirtschaftlich gesunde Basis gestellt werden (wenn nötig durch Zusammenlegung mit ähnlichen Unternehmen in anderen Ländern, jedoch durch eigene Maßnahmen, um den nationalen Charakter zu wahren), so daß sie für die deutsche nationale

Wirtschaft Gewinne abwerfen anstatt Verluste zu erzielen, und zur gleichen Zeit in den Stand kommen, der internationalen Goldanleihe als Grundlage zu dienen. (Detaillierte Maßnahmen sind von Sachverständigen vorzuschlagen.)
c) Die deutschen Steuergesetze müssen so geändert werden, daß sie die Sparsamkeit (Neigung zum Sparen) der Bevölkerung anregen, die Ansammlung von Kapital fördern, die Achtung vor dem Privateigentum wiederherstellen, während Eigentumsverbrechen außergewöhnlich strenger Bestrafung zu unterwerfen sind. (Detaillierte Vorschläge sind von Sachverständigen zu machen.)
d) Die Verwaltungskörper aller Ministerien und Regierungsabteilungen müssen auf ein Minimum reduziert werden, und alle Gesetze, die seit Kriegsbeginn in Kraft getreten sind, müssen in der Absicht überprüft werden, um festzustellen, ob ihre Wirkung der Produktion nicht in einer oder der anderen Weise hinderlich war. (Detaillierte Vorschläge sind durch Sachverständige zu machen.)

Zit. nach George G. F. Hallgarten, Hitler, Reichswehr und Industrie, Ffm. 1955, S. 54ff.

12. Die Ideologie des Ständestaates

a) Der Gedanke der Werksgemeinschaft

Die Werksgemeinschaft war sozialpolitisch der Versuch, den einzelnen Arbeiter aus dem überbetrieblichen Gewerkschaftskollektiv und der Klassenfront zu lösen und ihn als dienendes Glied in die organische Gemeinschaft seines Betriebes zurückzubinden. Mit bestellten, vielfach „gekauften" Arbeitnehmervertretungen sollten jeweils nur innerbetrieblich Arbeitszeit- und Tarifbedingungen ausgehandelt werden, die nicht primär, wie man es den Gewerkschaften und politischen Parteien vorwarf, am Nominallohn und an der Kaufkraft der breiten Massen – mithin also am Stimmenkauf der demokratischen Wählerschaft – orientiert waren, sondern rein an der Produktivität des Betriebes, an der Absatzlage besonders im devisenbringenden Ausland und am Zwang zur Bildung von Eigenkapital nach der Inflation. Sozialleistungen sollten sogar unter Rückdrehung der Bismarckschen Sozialgesetzgebung möglichst der staatlichen Bürokratie entzogen und wieder als jederzeit kündbare Arbeitsprämie des Unternehmer-Patriarchen in ein lückenloses System der betrieblichen Wohlfahrtspflege von der Kinderkrippe bis zur Altersrente eingebaut werden – eine Utopie, der ein Robert Bosch schon lange vor 1914 bewußt die Versachlichung des Arbeitsverhältnisses, hohe Löhne und einen Verzicht auf patriarchalische Sozialfürsorge entgegengesetzt hatte. Staatspolitisch erhielt die Werksgemeinschaft ihre besondere Weihe als Pflanzstätte für ein gesinnungsreines, deutsch-nationales und antisozialistisches Arbeitertum, für die „deutsche Seele" des Arbeiters, wie es F. Thyssen im Langnam-Verein 1926 pathetisch P. Silverberg, dem führenden Mann des niederrheinischen Braunkohlenreviers, entgegenhielt, als dieser auf der berühmten Dresdener Tagung des RdI 1926 der Sozialdemokratie und der Arbeiterschaft in aufsehenerregenden, aber auf Arbeitgeber- ebenso wie auf Arbeitnehmerseite heftig umstrittenen Formulierungen die Hand zur politischen Zusammenarbeit mit den Worten entgegenstreckte: „Es kann nicht ohne die Arbeiterschaft regiert werden."
Weit über ihre sozialökonomische Bestimmung hinaus war die Werksgemeinschaft konzipiert als Keimzelle eines neuen, ständisch-organischen Staatsaufbaues. Sie stand damit in einer Tradition, die im 19. Jahrhundert, anknüpfend an ein verklärtes mittelalterliches

Ständeideal der Romantik, als Antidot[1] gegen das liberale Egalitätsprinzip, gegen demokratische Gleichmacherei und Vermassung des Menschen entwickelt worden war und die unmittelbar zum faschistischen Korporativstaat hinführte.

Aus: Bernd-Jürgen Wendt, Mitbestimmung und Sozialpartnerschaft in der Weimarer Republik, in: Aus Politik und Zeitgeschichte, Beilage zur Wochenzeitung „Das Parlament", B 26/1969, S. 43f.

b) Die sozialpolitischen Konsequenzen

Die Ständestaatsideologie ist heute praktisch tot, von der Geschichte selbst als Utopie und in ihrer politischen Gefährlichkeit als Wegbereiterin des Diktaturstaates entlarvt.
Der Nationalsozialismus beseitigte die Gewerkschaften als gleichberechtigte Träger echter Sozialpartnerschaft ebenso wie die Tarifautonomie und die Mitbestimmung, funktionierte die Werksgemeinschaften durch eine „betriebsorganische Gliederung" auf patriarchalischer Grundlage mit dem „Führer des Betriebes" und seiner „Gefolgschaft" um in „wirtschaftsfriedliche", volksgemeinschaftliche Strukturelemente eines straff reglementierten Führerstaates. Er ersetzte die paritätischen Schlichtungsausschüssse durch von oben als Lenkungs- und Kontrollorgane eingesetzte „Treuhänder der Arbeit" und die Betriebsräte durch „Vertrauensmänner" der „Gefolgschaft", die als rein beratende Organe mit dem Unternehmer zum „Vertrauensrat" zusammentraten. . . .
Unter dem Schock von 1945 sind im Rahmen einer Eigentums- und Produktionsordnung, die sich im Grunde gegenüber den zwanziger Jahren kaum geändert hat, aus den Klassenfeinden von einst die Sozialpartner von heute geworden. Sie stehen trotz aller unaufhebbaren und notwendigen Interessendivergenzen beide rückhaltlos im Gegensatz zu damals auf dem Boden der gegebenen demokratischen Staats- und Gesellschaftsordnung. Die lohnpolitischen Auseinandersetzungen, selbst das Ringen um die qualifizierte Mitbestimmung sind versachlicht; beide Seiten orientieren sich an der ökonomischen Vernunft und am realen Wirtschaftswachstum. Die damals von Unternehmerseite immer wieder geforderte Sachsouveränität hat sich nunmehr im partnerschaftlichen Verhältnis gegenseitiger Achtung durchgesetzt. Unter klugem Verzicht auf die staatliche Zwangsschlichtung als denkbar untaugliches Erziehungsinstrument zur autonomen Tarifpartnerschaft konnte nach 1945 der „Runde Tisch" etabliert werden. In einer Zeit, da oft leichtfertig und unrichtig der Untergang Weimars als Menetekel beschworen wird, stimmt es hoffnungsvoll, wenn es Karl Schiller rückblickend auf 1968 als „menschlich am erfreulichsten" bezeichnet hat, daß sich in der sogenannten „konzertierten Aktion" „der gesellschaftspolitische Dialog immer mehr rationalisiert" hat.

Aus: Bernd-Jürgen Wendt, a.a.O., S. 45f.

([1] = Gegenmittel; Gegengift)

I/3 Die Außenpolitik

Übersicht

1919	28. April: Gründung des Völkerbunds.
1921	Januar: Londoner Konferenz: Festsetzung der deutschen Reparationsverpflichtungen auf 132 Milliarden Goldmark, zu zahlen in 42 Jahresraten von 2 bis 6 Milliarden.
1922	16. April: Abschluß eines deutsch-russischen Vertrags in Rapallo (Außenminister: Rathenau und Tschitscherin): Wiederaufnahme der diplomatischen und konsularischen Beziehungen.
1923	11. Januar: Besetzung des Ruhrgebietes durch französische und belgische Truppen als Folge angeblich unzureichender deutscher Reparationsleistungen.
1924	16. August: Dawes-Plan: Fixierung der deutschen jährlichen Reparationszahlungen auf 1 Milliarde Goldmark ohne Festlegung der Gesamtsumme.
1925	16. Oktober: Abschluß des sog. Locarno-Paktes (benannt nach dem Tagungsort am Lago Maggiore), in dem Deutschland gegenüber England, Frankreich, Belgien und Italien die Anerkennung der in Versailles festgelegten Westgrenze zusichert.
1926	24. April: Abschluß eines deutsch-russischen Freundschaftsvertrages in Berlin. 10. September: Aufnahme Deutschlands in den Völkerbund unter Zuerkennung eines ständigen Ratssitzes. 17. September: Unterredung zwischen Stresemann und seinem französischen Kollegen Aristide Briand in dem französischen Jura-Dorf Thoiry (bei Genf) über eine weitere und engere deutsch-französische Zusammenarbeit. 10. Dezember: Verleihung des Friedens-Nobelpreises an Stresemann, Briand und Chamberlain.
1928	27. August: Unterzeichnung des Kellogg-Paktes durch 15 Nationen (darunter Deutschland) in Paris: Ächtung des Kriegs als Mittel zur Entscheidung zwischenstaatlicher Konflikte.
1929	7. Juni: Young-Plan: Neue Festlegung der deutschen Reparationszahlungen mit einer Jahresleistung bis zu 2,5 Milliarden Goldmark bei einer Laufzeit von 37 Jahren (also bis 1966) und einer Gesamtsumme von 37 Milliarden Goldmark. 3. Oktober: Tod Stresemanns.
1931	19. März: Versuch einer deutsch-österreichischen Zollunion scheitert an französischem Veto.
1932	8. Juli: Beschluß der Reparationskonfernz in Lausanne: Annahme der deutschen Forderung nach Einstellung der Reparationszahlungen; insgesamt hat Deutschland (die Berechnungen gehen begreiflicherweise auseinander) etwa 21 Milliarden Goldmark an Kriegsentschädigungen aufgebracht.

Einführung in die Arbeitsthemen

Die Außenpolitik der Weimarer Republik kann nur aus der besonderen Situation heraus verstanden werden, in der sich Deutschland als Folge des verlorenen Krieges befand. Das Interesse der Siegermächte konzentrierte sich auf die Aufrechterhaltung der Auflagen des Versailler Vertrags, doch mit unterschiedlicher Intensität. Der französische Ministerpräsident Clemenceau hatte behauptet, daß „die Seele des Friedensvertrags die Solidarität der Alliierten" sei und damit die Position umschrieben, der sich die deutsche Republik außenpolitisch gegenübersah. Es war die totale Isolierung und die moralische Diskriminierung, die sich vor allem aus dem Artikel 231 des Versailler Vertrags, der Deutschland die Alleinschuld am Entstehen des Ersten Weltkriegs zurechnete, herleiteten.
Wie sollte diese Isolierung überwunden werden? Wie sollte es ermöglicht werden, Deutschland aus der reinen Objektrolle herauszuführen? In diesen Fragen manifestiert sich die außenpolitische Problematik der Weimarer Republik, für deren Überwindung es nicht allzu viel bedeutete, daß sich Deutschland und Rußland, die Verlierer des Ersten Weltkriegs, relativ rasch trotz ideologischer Gegensätze verständigten. Die belastende Hypothek blieb das Ausgesperrtsein durch die westlichen Siegermächte, der allein dadurch zu begegnen war, daß man die alliierten Erwartungen in die eigenen Intentionen miteinbezog. Auf dieser Erkenntnis basierte die Außenpolitik, die Gustav Stresemann – ab 1923 bis zu seinem Tode im Oktober 1929 Minister des Auswärtigen – mit Erfolg praktizierte, wenngleich sie – von der nationalen Rechten als „Erfüllungspolitik" abqualifiziert – nicht auf ungeteilte Zustimmung im deutschen Volk stieß. Sie begriff das französische Sicherheitsbedürfnis gegenüber einer deutschen Revanche als konstante Voraussetzung der Rückkehr Deutschlands in das diplomatische Spiel der Großmächte. Dieses Mitwirken hielt Stresemann für unabdingbar, sollten sich überhaupt Möglichkeiten einer friedlichen Revision ergeben.
Die praktischen Erfolge, wie sie in dem Abschluß des Locarno-Vertrags und der Aufnahme Deutschlands in den Völkerbund ihren sichtbaren Ausdruck fanden, bestätigten das von Stresemann verfochtene Konzept, doch verzögerten sich die erhofften Zugeständnisse Frankreichs (Räumung der besetzten Rheinlandzonen); sie kamen nach Stresemanns Tod völlig zum Erliegen. Seine Außenpolitik, die sich in ihrer Endphase so aktuellen Fragen wie einer allgemeinen Abrüstung, einem verbesserten Minderheitenrecht und einem vereinten Europa zugewandt hatte, blieb tragisches Stückwerk. Stresemann blieb – ähnlich wie Bismarck – der kongeniale Nachfolger versagt.

Arbeitsthemen

1. *Wodurch sieht der erste Moskau-Botschafter Graf Brockdorff-Rantzau die außenpolitische Situation Deutschlands gekennzeichnet? (Nr. 1)*
2. *Welche Haltung nimmt Stresemann in der Diskussion um die Reparationsfrage ein? Wieweit ist seine Stellungnahme von außenpolitischen Erwägungen bestimmt? (Nr. 2)*
3. *Welche allmähliche Änderung der englischen Resonanz auf einen deutschen Sicherheitspakt-Vorschlag läßt sich aus den Tagebuch-Aufzeichnungen des Botschafters d'Abernon erkennen? Welche Gründe sind dafür bestimmend? (Nr. 3)*
4. *Lassen sich die Interpretation des Locarno-Vertrags durch Stalin („Aufrechterhaltung der bestehenden Sachlage, kraft derer Deutschland ein besiegtes Land und die Entente die Siegerin ist") und die an sie geknüpfte Behauptung, „Locarno gehe mit einem neuen Krieg in Europa schwanger", anhand des Textes belegen? (Nr. 4)*
5. *Welche Argumente führt die deutschnationale Reichstagsfraktion gegen den Locarno-Vertrag ins Feld? Was ist an dieser Argumentation symptomatisch? (Nr. 5)*
6. *Mit welcher Begründung verficht Stresemann die Notwendigkeit supranationaler Kooperation in Europa? (Nr. 6)*

7. *Welche Funktion mißt Stresemann dem Berliner Vertrag zu? (Nr. 8). Wie weit läßt sich diese Interpretation durch den Vertragstext stützen? (Nr.7)*
8. *In welchen Punkten berühren sich die Verteidiger und die Kritiker der Außenpolitik Gustav Stresemanns? Wo liegen die Divergenzen? (Nr. 9 a und 9 b)*

Materialien

1. Promemoria des Grafen Brockdorff-Rantzau zur Ostpolitik vom 15. 8. 1922

Ostorientierung und Westorientierung sind nach dem verlorenen Weltkrieg für die deutsche Politik abstrakte Begriffe geworden und keine positiven Möglichkeiten mehr, wenigstens nicht in dem Sinne der ausschließlichen Festlegung nach einer Richtung. Bismarck hat eine solche Festlegung mit gutem Grunde vermieden, als das Reich auf der Höhe seiner Macht stand. Deutschland war unter seiner Führung das „Zünglein an der Waage" der internationalen Politik. Die Epigonen Bismarcks haben sein stolzes Erbe stümperhaft vergeudet . . . Das Verhängnis ist über uns hereingebrochen; furchtbarer, als der gehässigste Feind wagen konnte zu hoffen. Deutschland liegt wehrlos am Boden . . . Weder dem Westen noch dem Osten ist unsere Ohnmacht verborgen. Das Zünglein an der Waage sind wir längst nicht mehr, aber die geringste Unvorsichtigkeit, die wir begehen, genügt, einen Weltbrand zu entzünden, der das Reich zertrümmert und dem deutschen Volke die Existenz kosten kann.
Aktiv Bündnispolitik zu treiben, wäre für einen deutschen Staatsmann daher vorderhand verfrüht; die Möglichkeit für einen späteren Zeitpunkt muß er sich aber offen halten.
Geben wir uns keiner Täuschung hin: der wichtigste Aktivposten, den wir heute für die Russen bedeuten, ist die Möglichkeit, uns bloßzustellen. Diese Tatsache schließt selbstverständlich nicht aus, anzuhören, was sie uns auch in militärischen Fragen zu sagen haben, und bei dieser Gelegenheit darauf zu dringen, zu erfahren, was sie mit den Alliierten verhandeln.
Jeder Anschein einer militärischen Bindung unsererseits im Osten würde die nachteiligsten Wirkungen auf unsere Beziehungen zum Westen ausüben; ignorieren dürfen wir diese, jedenfalls soweit England in Betracht kommt, in der Zwangslage, in der wir uns befinden, und angesichts der Unklarheit und Unsicherheit der russischen Zustände aber keinesfalls.
Kein ernsthafter Politiker wird sich der Einsicht verschließen, daß Frankreich mit Wahnsinn, aber mit Methode auf unsere Vernichtung hinarbeitet. Ob der nationale Block und die Politik Poincarés noch von langer Dauer sein werden, ist für die Politik, die wir gegenwärtig, angesichts unserer Beziehungen zu Rußland, zu verfolgen haben, belanglos. Von ausschlaggebender Bedeutung für die Entscheidungen, die heute zu treffen sind, bleibt hingegen, daß England offenbar sich durch Frankreich nicht nur politisch, sondern auch militärisch (Unterseeboote, Flugzeuge) bedroht fühlt . . .
Der schwere Nachteil des Rapallo-Vertrages liegt in den militärischen Befürchtungen, die sich an ihn knüpfen. Lloyd George hat diesen Besorgnissen unlängst in einer Rede Ausdruck gegeben, in der er wörtlich ausführte, daß der Frieden der Welt durch ein hungerndes, von einem rachedurstigen Deutschland „equipiertes"[1] Rußland ernstlich gefährdet werde. Wir

([1] = ausrüsten; ausstatten)

müssen also damit rechnen, daß England uns im Verdacht hat, eine Revanche mit Rußland vorzubereiten, und daß es in der Lage ist, falls entsprechende Vereinbarungen wirklich getroffen oder im Werden wären, uns diese nachzuweisen.
Der Einwurf, daß wir, um den Preis der Befreiung aus unserer trostlosen Lage, auch dieses Risiko in Kauf nehmen müssen, liegt nahe und wäre berechtigt, wenn eine solche Aktion tatsächlich die Gewähr für einen Erfolg böte. Das ist aber nicht der Fall. Das Unternehmen wäre vielmehr zur Aussichtslosigkeit verurteilt. Die Gründe dafür liegen sowohl auf deutscher wie auf russischer Seite . . .
Zu hoffen wäre, daß ein wirklich enges Verhältnis Deutschlands zu Rußland genügen könnte, das Verbrechen von Versailles zu sühnen, und daß eine friedliche Entwicklung wieder gut macht, was an Deutschland gesündigt worden ist . . .
Eine ausschließlich nach Osten orientierte deutsche Politik wäre im gegenwärtigen Augenblick nicht nur verfrüht und gefährlich, sondern aussichtslos und darum verfehlt. Verfrüht ist sie, weil wir wirtschaftlich ebenso wie Rußland außerstande sind, uns auf ein derartiges Experiment einzulassen. Gefährlich ist sie, weil wir uns der völlig skrupellosen Sowjetregierung durch Abmachungen, die uns militärisch verpflichten, in die Hand geben. Man wird in Moskau, wo man begreiflicherweise größeren Wert auf eine Verständigung mit der mächtigen Entente als mit dem um seine eigene Existenz ringenden Deutschland legt, keinen Augenblick zögern, unter der Drohung des Verrats der militärischen Vereinbarungen, Erpresserpolitik mit uns zu treiben. Aussichtslos ist die Politik, weil wir bei einem Angriff Rußlands auf Polen – und diese Kombination kann doch nur ernsthaft in Frage kommen – im Westen dem französischen Einmarsch nahezu wehrlos gegenüberstehen würden.

Zit. nach Otto-Ernst Schüddekopf, Das Heer und die Republik, Hannover 1955, S. 155ff.

2. Das außenpolitische Programm des Abgeordneten Stresemann

(Reichstagsrede vom 17.4.1923)

Handeln bedeutet in unserer Situation den Weg freimachen für internationale Abmachungen und die Reparationsfrage endgültig lösen, um uns dadurch die Freiheit des Ruhrgebietes und des Rheinlandes wiederzuschaffen.
Dieses Handeln kann nach außen in verschiedener Art zum Ausdruck kommen: Es kann bestehen in parlamentarischen und diplomatischen Fühlungnahmen, parlamentarischen Reden, in Noten, in Vorschlägen. Welche Form gewählt wird, das muß die Situation ergeben . . .
Vielleicht bringen uns die ganzen europäischen Verhältnisse überhaupt dazu, ganz anders als früher die Frage zu erörtern, ob die Grenzen der Länder die wirtschaftlichen Zusammenhänge des gesamten Welthandels noch länger so als Barrieren zerreißen sollen, wie es früher der Fall gewesen ist. Wir sehen gerade hier an der Frage der Trennung von Erz und Kohle, daß eine neue Grenze absolut nichts ändert an dem Gedanken der unbedingten Zusammengehörigkeit neuer großer Wirtschaftskonzerne. Der Gedanke, das in Ordnung zu bringen, ist vielleicht, in weiter Sicht gesehen, für die französische Wirtschaftsentwicklung sehr viel wichtiger als der Streit um diese oder jene Milliarde in einer ziffernmäßigen Aufrechnung, für die niemand heute etwas anderes als eine vage Vorstellung hier oder drüben haben kann.
Ich glaube, daß hier in der Frage einer weit größeren Wirtschaftsgemeinschaft, die übrigens

auch in Mitteleuropa von anderer Seite angestrebt wird, Aspekte wirtschaftlichen Näherkommens sind, die vielleicht in ganz anderer Weise Möglichkeiten eröffnen, die Wunden des Krieges zu heilen. Sie würden vielleicht durch ihr wirtschaftliches Zusammenwirken auch ein Mittel für politisches Näherkommen sein . . .
Die ganze Entscheidung liegt ja in der Frage, die Herr Dr. David am 7. März gestellt hat: Was wollt ihr? Wollt ihr Reparationen, dann können wir uns mit euch verständigen, wollt ihr das Rheinland, dann gibt es keine Verständigung.
Nein, wir müssen nach der einen und nach der anderen Seite vollkommene Klarheit über unsere Haltung geben. Ich verwahre mich ganz entschieden dagegen, wenn heute ein Blatt in Berlin, die „Deutsche Zeitung", sagt: Wir wollen gar nicht zahlen – davon ist keine Rede, daß irgendein verantwortlicher Politiker in diesem Haus einen derartigen Gedanken ausgesprochen hätte. Niemand schadet uns mehr in dem Kampf um die Freiheit der Ruhr als diejenigen, die anderen Gelegenheit geben, sich auf solche unverantwortliche Äußerungen zu beziehen . . .
Wenn man aber an Stelle der Reparationspolitik eine andere Politik treibt, die uns Rhein und Ruhr nehmen will, müssen wir mit derselben Klarheit sagen: Hier gibt es keine Verhandlungen und kein Kompromiß, hier geht es um Leben und Sterben des deutschen Volkes und um unsere Zukunft.

Zit. nach Schönbrunn, a.a.O., S. 186

3. Zur Vorgeschichte des Locarno-Vertrags

Tagebuchaufzeichnungen des britischen Botschafters in Berlin d'Abernon (Januar bis Oktober 1925)

Wir scheinen in eine sehr interessante Phase der Verhandlungen einzutreten. Gestern hat mir der Staatssekretär im Namen des Kanzlers und des Außenministers ein sehr wichtiges Memorandum überreicht. Zum erstenmal wird hier die Frage der gegenseitigen Sicherheit auf eine großzügige Weise angeschnitten.
Kurz zusammengefaßt: Die deutsche Regierung weist darauf hin, daß die Frage der Sicherheit immer eine beträchtliche Rolle in der Einstellung Frankreichs gegenüber Deutschlands gespielt hat. Deutschland ist nun bereit, diesem Standpunkt Rechnung zu tragen und ein Abkommen allgemeiner Natur zu schließen, um den Frieden zwischen Deutschland und Frankreich sicherzustellen . . .
Stresemann hat eine unmittelbare und herzliche Antwort auf seinen kühnen Schritt erwartet. Er ist enttäuscht, weil nicht nur die Herzlichkeit, sondern überhaupt jede Antwort ausblieb.
Die Ursache des Londoner Schweigens über den deutschen Vorschlag ist jetzt klar geworden. Man stellt sich dort auf den Standpunkt, daß die englische Regierung keine vertraulichen Mitteilungen von der deutschen Regierung entgegennehmen kann, wenn sie nicht die Möglichkeit besitzt, sie mit dem französischen Alliierten zu besprechen . . .
Nach allem, was ich aus London höre, hat der deutsche Vorschlag bloß eine Wirkung erzielt: er hat in offiziellen Kreisen nur Mißtrauen hervorgerufen. Man stellt sich dort auf den Standpunkt, daß eine Diskussion über den Sicherheitspakt nicht einsetzen kann, bevor die Stellung Großbritanniens zur Frage der französichen Sicherheit endgültig geregelt ist. Ich hoffe, man will damit nicht sagen, daß der bilaterale Pakt, der sowohl die Sicherheit Frankreichs wie Deutschlands gewährleisten soll, zugunsten eines englisch-französischen

antideutschen Abkommens zurückgestellt werden wird. Es wäre ein bedauernswertes Ergebnis ...
Man beginnt glücklicherweise in London die Bedeutung des deutschen Vorschlags zu erkennen ...
Es unterliegt keinem Zweifel, daß, wenn auch England eine gewisse Garantie in bezug auf die deutsch-französische Grenze übernehmen kann, eine ähnliche Verpflichtung zum Schutze des polnischen Korridors nicht in Frage kommt.
Die Vorteile des Sicherheitspaktes werden den Hauptvertragspartnern unmittelbar zugute kommen – Deutschland in der allernächsten Zeit, da es entwaffnet ist, Frankreich in ferner Zukunft, wenn es vielleicht nur vierzig Millionen Einwohner gegenüber einer Bevölkerungszahl von achtzig Millionen in Deutschland besitzen wird ...
Der unmittelbare Vorteil für England ist weniger ersichtlich, aber der mittelbare Vorteil, zum Schiedsrichter zwischen Frankreich und Deutschland zu werden, gibt uns eine Stellung von gewaltigen Möglichkeiten. Er macht uns zu einem beherrschenden Faktor der europäischen Politik ...
Der Pakt zieht Deutschland als einen mit Frankreich und England gleichberechtigten Partner zur Zusammenarbeit an der Erhaltung der westeuropäischen Zustände heran. Auf diese Weise vermindert sich beträchtlich die Gefahr, daß es in den Bannkreis des russischen Kommunismus gerät. ...
Seit Januar hat das Auswärtige Amt den Plan mit ungeheurem Geschick durch die innerpolitischen Schwierigkeiten hindurchgesteuert und die laute Kritik der Deutschnationalen wie die stumme Mißbilligung Hindenburgs besiegt. Von Frankreich kam ihm mehr Skepsis und Opposition als Unterstützung, während Rußland einen heftigen Kampf gegen den Pakt führte. Welche Verfehlungen man ihnen auch sonst vorwerfen mag, Stresemann und Schubert haben gerade bei dieser Gelegenheit rückhaltloses Lob verdient ...
Der Locarnovertrag bringt Deutschland gewaltige Vorteile: zuerst die Gleichstellung mit den anderen Großmächten, zweitens das Verschwinden der Kriegskonstellation und der Kriegspsychose und drittens den wirklichen Schutz gegen eine französische Invasion. Dieser Schutz ist von größtem Wert, da Frankreich bewaffnet und Deutschland vollkommen waffenlos ist. Der Vertrag ist eine deutliche Dokumentierung eines grundlegenden Umschwungs, und seine Vorteile sind unbestreitbar.

Zit. nach Schönbrunn, a.a.O., S. 205ff.

4. Der Locarno-Vertrag vom 16. 10. 1925

Artikel 1

Die Hohen Vertragschließenden Teile garantieren, jeder für sich und insgesamt, in der in den folgenden Artikeln bestimmten Weise die Aufrechterhaltung des sich aus den Grenzen zwischen Deutschland und Belgien und zwischen Deutschland und Frankreich ergebenden territorialen Status quo, die Unverletzlichkeit dieser Grenzen, wie sie durch den in Versailles am 28. Juni 1919 unterzeichneten Friedensvertrag oder in dessen Ausführung festgesetzt sind, sowie die Beobachtung der Bestimmungen der Artikel 42 und 43 des bezeichneten Vertrages über die demilitarisierte Zone.

Artikel 2

Deutschland und Belgien und ebenso Deutschland und Frankreich verpflichten sich gegenseitig, in keinem Falle zu einem Angriff oder zu einem Einfall oder zum Kriege gegeneinander zu schreiten . . .

Artikel 3

Im Hinblick auf die von ihnen im Artikel 2 beiderseits übernommenen Verpflichtungen verpflichten sich Deutschland und Belgien sowie Deutschland und Frankreich, auf friedlichem Wege . . . alle Fragen jeglicher Art zu regeln . . .

Artikel 4

. . .

3. Im Falle einer flagranten Verletzung des Artikels 2 des gegenwärtigen Vertrages oder eines flagranten Verstoßes gegen die Artikel 42 oder 43 des Vertrages von Versailles durch einen der Hohen Vertragschließenden Teile verpflichtet sich schon jetzt jede der anderen vertragschließenden Mächte, sobald ihr erkennbar geworden ist, daß diese Verletzung oder dieser Verstoß eine nicht provozierte Angriffshandlung darstellt und daß im Hinblick sei es auf die Überschreitung der Grenze, sei es auf die Eröffnung der Feindseligkeiten oder die Zusammenziehung von Streitkräften in der demilitarisierten Zone ein sofortiges Handeln geboten ist, demjenigen Teile, gegen den eine solche Verletzung oder ein solcher Verstoß gerichtet worden ist, sofort ihren Beistand zu gewähren . . .

Zit. nach Walter Tormin, a. a. O., S. 143

5. Stellungnahme der deutschnationalen Reichstagsfraktion zum Locarno-Vertrag vom 22. 2. 1926

Die deutschnationale Reichstagsfraktion vermag in dem Ergebnis der Verhandlungen von Locarno nicht die Erfüllung der Forderungen zu sehen, die den Lebensnotwendigkeiten des deutschen Volkes gerecht werden. Die Fraktion vermißt außerdem die Erfüllung der Voraussetzungen für einen Vertragsschluß sowie die Gegenleistungen der anderen beteiligten Mächte, die den Deutschland angesonnenen Opfern entsprächen. Angesichts dieses Ergebnisses erklärt die Fraktion schon jetzt, daß sie keinem Vertrage zustimmen wird, der den deutschen Lebensnotwendigkeiten nicht gerecht wird und insbesondere einen Verzicht auf deutsches Land und Volk nicht ausschließt.

Zit. nach Walter Tormin, a. a. O., S. 145

6. Stresemanns Rede bei der Aufnahme Deutschlands in den Völkerbund vom 10. 9. 1926

Deutschland tritt mit dem heutigen Tage in die Mitte von Staaten, mit denen es zum Teil seit langen Jahrzehnten in ungetrübter Freundschaft verbunden ist, die zum anderen Teil im letzten Weltkrieg gegen Deutschland verbündet waren. Es ist von geschichtlicher Bedeutung, daß Deutschland und diese letzteren Staaten sich jetzt im Völkerbund zu dauernder, friedlicher Zusammenarbeit zusammenfinden. Diese Tatsache zeigt deutlicher, als Worte und Programme es können, daß der Völkerbund berufen sein kann, dem politischen Entwicklungsgang der Menschheit eine neue Richtung zu geben. Gerade in der gegenwärtigen Epoche würde die Kultur der Menschheit auf das schwerste bedroht sein, wenn es nicht gelänge, den einzelnen Völkern die Gewähr zu verschaffen, in ungestörtem, friedlichem Wettbewerb die ihnen vom Schicksal zugewiesenen Aufgaben zu erfüllen. Die grundstürzenden Ereignisse eines furchtbaren Krieges haben die Menschheit zur Besinnung über die den Völkern zugewiesenen Aufgaben gebracht. Wir sehen in vielen Staaten den Niederbruch wertvollster, für den Staat unentbehrlicher geistiger und wirtschaftlicher Schichten. Wir erleben die Bildung von neuen und das Hinsinken von alten Formen der Wirtschaft. Wir sehen, wie die Wirtschaft die alten Grenzen der Länder sprengt und neue Formen internationaler Zusammenarbeit erstrebt. Die alte Weltwirtschaft hatte für ihre Zusammenarbeit keine Satzungen und Programme, aber sie beruhte auf dem ungeschriebenen Gesetz des traditionellen Güteraustausches zwischen den Erdteilen. Ihn wiederherzustellen, ist unsere Aufgabe. Wollen wir eine ungestörte weltwirtschaftliche Entwicklung, dann wird das nicht geschehen durch Abschließung der Gebiete voneinander, sondern durch Überbrückung dessen, was bisher die Wirtschaft der Völker trennte.

Wichtiger aber als alles materielle Geschehen ist das seelische Leben der Nationen. Eine starke Gärung der Gedanken kämpft unter den Völkern der Erde. Die einen vertreten das Prinzip der nationalen Geschlossenheit und verwerfen die internationale Verständigung, weil sie das national Gewordene nicht durch den allgemeinen Begriff der Menschheit ersetzen wollen. Ich bin der Meinung, daß keine Nation, die dem Völkerbund angehört, dadurch ihr nationales Eigenleben irgendwie aufgibt. Der göttliche Baumeister der Erde hat die Menschheit nicht geschaffen als ein gleichförmiges Ganzes. Er gab den Völkern verschiedene Blutströme, er gab ihnen als Heiligtum ihrer Seele ihre Muttersprache, er gab ihnen als Heimat Länder verschiedener Natur. Aber es kann nicht der Sinn einer göttlichen Weltordnung sein, daß die Menschen ihre nationalen Höchstleistungen gegeneinanderkehren und damit die allgemeine Kulturentwicklung immer wieder zurückwerfen. Der wird der Menschheit am meisten dienen, der, wurzelnd im eigenen Volke, das ihm seelisch und geistig Gegebene zur höchsten Bedeutung entwickelt und damit, über die Grenzen des eigenen Volkes hinauswachsend, der gesamten Menschheit etwas zu geben vermag, wie es die Großen aller Nationen getan haben, deren Namen in der Menschheitsgeschichte niedergeschrieben sind. So verbinden sich Nation und Menschheit auf geistigem Gebiet, so können sie sich auch verbinden im politischen Streben, wenn der Wille da ist, in diesem Sinne der Gesamtentwicklung zu dienen.

Die politische Auswirkung dieser Gedanken liegt in einer inneren Verpflichtung der Staaten zu gemeinsamem, friedlichem Zusammenwirken. Diese innere Verpflichtung zu friedlichem Zusammenwirken besteht auch für die großen moralischen Menschheitsfragen. Kein anderes Gesetz darf für sie gelten als das Gesetz der Gerechtigkeit. Das Zusammenarbeiten der Nationen im Völkerbund muß und wird dazu führen, auch auf die moralischen Fragen im Völkerleben die gleiche Antwort zu geben. Denn das sicherste Fundament für den Frieden ist eine Politik, die getragen wird von gegenseitigem Verstehen und gegenseitiger Achtung der Völker ...

Zit. nach Walter Tormin, a. a. O., S. 153 f.

7. Der Berliner Vertrag vom 24. 4. 1926

Die Deutsche Regierung und die Regierung der Union der Sozialistischen Sowjet-Republiken, von dem Wunsche geleitet, alles zu tun, was zur Aufrechterhaltung des allgemeinen Friedens beitragen kann, und in der Überzeugung, daß das Interesse des deutschen Volkes und der Völker der Union der Sozialistischen Sowjet-Republiken eine stetige vertrauensvolle Zusammenarbeit erfordert, sind übereingekommen, die zwischen ihnen bestehenden freundschaftlichen Beziehungen durch einen besonderen Vertrag zu bekräftigen ...

Artikel 1

Die Grundlage der Beziehungen zwischen Deutschland und der Union der Sozialistischen Sowjet-Republiken bleibt der Vertrag von Rapallo.

Die Deutsche Regierung und die Regierung der Union der Sozialistischen Sowjet-Republiken werden in freundschaftlicher Fühlung miteinander bleiben, um über alle ihre beiden Länder gemeinsam berührenden Fragen politischer und wirtschaftlicher Art eine Verständigung herbeizuführen.

Artikel 2

Sollte einer der vertragschließenden Teile trotz friedlichen Verhaltens von einer dritten Macht oder von mehreren dritten Mächten angegriffen werden, so wird der andere vertragschließende Teil während der ganzen Dauer des Konfliktes Neutralität beobachten.

Artikel 3

Sollte aus Anlaß eines Konfliktes der in Artikel 2 erwähnten Art oder auch zu einer Zeit, in der sich keiner der vertragschließenden Teile in kriegerischen Verwicklungen befindet, zwischen dritten Mächten eine Koalition zu dem Zwecke geschlossen werden, gegen einen der vertragschließenden Teile einen wirtschaftlichen oder finanziellen Boykott zu verhängen, so wird sich der andere vertragschließende Teil einer solchen Koalition nicht anschließen.

...

Zit. nach Schönbrunn, a. a. O., S. 213 f.

8. Stresemann über die außenpolitische Funktion des Berliner Vertrages

(Rede in Stuttgart vom 18. 4. 1926)

Wenn dieser Vertrag zustande kommt, so ist er keine Abkehr von der Locarno-Politik, sondern die naturgemäße Ergänzung der in Locarno geschlossenen Verträge. Wer anderer Meinung ist, der betrachtet die Locarno-Politik als die westliche Orientierung Deutschlands, wogegen wir uns stets gewehrt haben. Für uns war Locarno der Gedanke der Friedenssicherung in Europa. Es war keine Bündnispolitik gegen irgendeinen anderen Staat. In den Verhandlungen in Locarno ist festgelegt, daß der Völkerbund keine Institution sei für einen Kreuzzug gegen Rußland. Das haben auch Briand, Chamberlain und Vandervelde ausgesprochen. Der russische Bolschewismus neigt dazu, in der Welt Teufel oder Engel zu sehen. Deshalb sah er in dem Abschluß des Locarno-Vertrages die Vorbereitung des Kreuzzuges des Kapitalismus Europas gegen das bolschewistische Rußland. Diese Auffassung ist falsch ...

Mit unserer Politik wollen wir uns nur den Frieden sichern, den wir nötig haben für eine ruhige Entwicklung nach innen und außen. Diese Entwicklung sehe ich nicht so blind verheißungsvoll an, wie der „Simplicissimus" sie mir unterstellt, indem er mich sagen läßt: „Die linden Lüfte sind erwacht." Ich habe die Empfindung, daß wir noch sehr lange unter Herbstschauern zu leiden haben.

Zit. nach G. Stresemann, Vermächtnis, Bd. II, Berlin 1932, S. 503f.

9. Stresemann im Urteil der Geschichtsschreibung

a) Hans W. Gatzke

Die Beurteilung Stresemanns in der Geschichtsschreibung schwankt auch heute noch zwischen einem ausschließlich auf deutsche Interessen bedachten Nationalisten und einem von dem Bemühen um ein geeintes und friedliches Europa geleiteten Staatsmann. Zu seinen Lebzeiten überwog der Eindruck des „guten Europäers"; in den dreißiger Jahren aber, und besonders während des zweiten Weltkrieges, setzte sich vielerorts die entgegengesetzte Meinung durch.

Das wahre Wesen Stresemannscher Politik liegt wahrscheinlich zwischen diesen beiden Extremen, dem nationalistischen jedoch näher als seinem Gegenteil . . .

Selbst Briand fürchtete, daß am Ende der Stresemannschen Politik die völlige Revision der Versailler Bestimmungen stehen könnte. Wie wir aus dem berühmten Brief Stresemanns an den deutschen Kronprinzen wissen, hatte Briand damit nicht ganz unrecht . . .

Er (Stresemann) bezeichnete seine Politik als zweigleisig, verteidigte sich jedoch gegen den Vorwurf der Zweideutigkeit. „Deutschlands Mission in Europa ist es, der große Neutrale zu sein", d. h. eine Mittelstellung und Vermittlerrolle zwischen West und Ost einzunehmen. Stresemann gab wohl verschiedentlich der Hoffnung Ausdruck, daß sich im Laufe der Zeit das kommunistische System mäßigen und dadurch zumindest wirtschaftliche Zusammenarbeit mit den kapitalistischen Ländern ermöglichen würde. Andererseits war er sich aber auch der Gefahr bewußt, die Deutschland von einem Staate drohte, dessen Hauptziel die Weltrevolution war. Seine größten Bemühungen galten daher auch weiterhin der Ausgestaltung engerer Beziehungen zu den Westmächten, zumal Deutschland nur von ihnen eine weitere Milderung der Versailler Bedingungen erhoffen konnte.

Aus: Hans W. Gatzke, Europa und der Völkerbund, in: Propyläen-Weltgeschichte, Bd. IX, Berlin 1960, S. 330ff.

b) Annelise Thimme

Stresemann sah in der Europapolitik die große Möglichkeit, die Revision des Versailler Vertrages zu beschleunigen, um Deutschland machtpolitisch wieder das werden zu lassen, was es einstmals war. Briand im Gegensatz wollte durch den Locarno-Vertrag seine Europapolitik stabilisieren; Deutschlands Ziel war Gleichberechtigung, Frankreichs Ziel war Sicherheit. Das eine war also durch die gegebene Situation in sich dynamisch, das andere stagnierend. Hieß es nicht Feuer und Wasser zusammenbringen, um beide Ziele gleichzeitig zu befriedigen? . . .

Und es ist tatsächlich viel Widerspruch in ihm [Stresemann] . . . Auf der einen Seite haben wir . . . einen mit allen Wassern gewaschenen Politiker, einen Mann des Geschäfts, der

Wirtschaft, der Nüchternheit, ohne jeglichen Humor, der seine Politik darauf aufbaut, wie die Menschen sind und nicht, wie sie sein sollen. Auf der anderen Seite haben wir einen Gefühlspolitiker von äußerster persönlicher Empfindsamkeit . . .
Er ist ein ausgezeichneter Redner, weniger allerdings, was den wirklichen Ideenreichtum als was die Eloquenz und „Zungenfertigkeit" betrifft, aber die Reden eines Politikers gelten ja dem Augenblick und einem bestimmten Zweck und sind nicht zur Erbauung der Nachwelt und späterer Historiker gehalten.
Für diese entsteht allerdings das Problem, zu ergründen, was ist Rhetorik, was ist Kulisse, was ist Überzeugung bei ihm und seinen Reden, wo hört das eine auf und fängt das andere an?
Spricht er aus Überzeugung, wenn es darum geht, die Deutschnationalen zu gewinnen, oder dann, wenn er auf der Genfer oder überhaupt auf internationaler Bühne steht, um das Vertrauen der Welt in seine und die deutsche Politik zu gewinnen, damit sein nationales Ziel, die Befreiung von dem Versailler Vertrag, erreicht wird? Oder aber identifiziert er sich jeweils mit denen, zu denen er spricht, so daß wir weder die Reden an die einen noch an die anderen als Quelle für die Überzeugungen oder das Bekenntnis Stresemanns werten können. Aus den früheren Jahren wissen wir ohnehin, daß er unter Bekennen immer ein Bekennen hinter verschlossenen Türen verstand, das in jeder Weise unverbindlich war. Sollte er diese, ich möchte fast sagen, Grundhaltung von seinem siebenundvierzigsten Lebensjahr an, das heißt von der Locarno-Konferenz ab, plötzlich geändert in Genf so eine Art politisches Testament verkündet haben?

Aus: Annelise Thimme, Gustav Stresemann. Eine politische Biographie zur Geschichte der Weimarer Republik, Hannover 1957, S. 128f.

I/4 Die Auflösung der Weimarer Republik

Übersicht

1925	28. Februar: Tod des Reichspräsidenten Friedrich Ebert. 26. April: Wahl des ehemaligen kaiserlichen Generalfeldmarschalls Paul von Hindenburg als Kandidat der Rechtsparteien zum Reichspräsidenten.
1928	20. Mai: Reichstagswahlen bringen einen erheblichen Linksruck: SPD und KPD verzeichnen Zunahmen auf Kosten der Mitte- und Rechtsparteien. 28. Juni: Bildung einer Koalitionsregierung (SPD, Zentrum, DDP und DVP) unter dem SPD-Vorsitzenden Hermann Müller als Reichskanzler.
1929	3. Oktober: Tod Stresemanns. 25. Oktober: Börsenkrach in New York: Zusammenbruch der spekulativ hochgetriebenen Aktienkurse und Einleitung der Weltwirtschaftskrise. 22. Dezember: Volksentscheid aufgrund des Volksbegehrens (eingebracht von DNVP und NSDAP) gegen den Young-Plan scheitert. Für den Antrag wurden nur 13,8% aller Stimmen abgegeben. Politische Aufwertung Hitlers, dem jetzt Geldmittel aus der Industrie zufließen.

1930	27. März: Rücktritt der Regierung Müller aufgrund einer Kontroverse über die geplante Erhöhung des Beitrags zur Arbeitslosenversicherung von 3,5% auf 4% der Lohnsumme. 29. März: Ernennung des Zentrum-Fraktionsführers Heinrich Brüning zum Kanzler einer Minderheitsregierung. 16. Juni: Die Aufhebung der gemäß Art. 48 der Weimarer Verfassung im Zusammenwirken von Präsident und Kanzler erlassenen Notverordnung zur „Sicherung der Wirtschaft und Finanzen" auf Antrag der SPD im Reichstag beantwortet Hindenburg mit der Parlamentsauflösung. Die SPD, die bereits gegen die Vorlage gestimmt hat, begründet ihr Aufhebungsverlangen mit der Feststellung, daß Art. 48 mißbräuchlich angewendet werde, da von einer Gefährdung der öffentlichen Sicherheit und Ordnung nicht die Rede sein könne. Der Reichstag stimmt mit 236 : 221 für den Aufhebungsantrag. 30. Juni: Räumung der Rheinlandzone von französischen Besatzungstruppen (5 Jahre vor dem in Versailles festgelegten Termin). 14. September: Reichstagswahlen mit Steigerung der NSDAP-Stimmen von 2,6% auf 18,2% und einer Erhöhung der Mandate von 12 auf 107. Bereitschaft der SPD zur Tolerierung der Notverordnungspraxis Brünings.
1931	11. Oktober: Tagung der Rechtsgruppen (NSDAP, DNVP und Stahlhelm) in Bad Harzburg. Formierung der „Harzburger Front" und Radikalisierung der innenpolitischen Auseinandersetzung, die vor allem zwischen NSDAP und KPD geführt wird. 16. Dezember: Als Reaktion auf die Formierung der Rechtsradikalen in der Harzburger Front bildet die gemäßigte Linke aus SPD, Gewerkschaften, Arbeitersportverbänden und dem Reichsbanner Schwarz-Rot-Gold die sog. Eiserne Front. Die KPD bildet mit dem Roten Frontkämpferbund ebenfalls einen eigenen halbmilitärischen Verband.
1932	13. März: Reichspräsidentenwahl, bei der Hindenburg – in Umkehrung der Situation von 1925 als Kandidat der Mitte präsentiert – im ersten Wahlgang nicht die erforderliche absolute Mehrheit erreicht. Sein wichtigster Konkurrent, der NSDAP-Führer Adolf Hitler, erreicht 30,1% der Stimmen. 10. April: Zweiter Wahlgang zur Reichspräsidentenwahl, bei dem sich Hindenburg mit 19,4 Millionen Wählerstimmen (53,0%) klar gegen Hitler mit 13,4 Millionen (36,8%) durchsetzt. 13. April: Verbot der paramilitärischen nationalsozialistischen Organisationen SA und SS durch eine Notverordnungsverfügung des Reichspräsidenten. 24. April: Die Landtagswahlen in Preußen bringen erhebliche Verluste für die dort seit 1925 regierende „Weimarer Koalition" und einen beachtlichen Zuwachs für die NSDAP. 30. Mai: Entlassung Brünings durch Hindenburg. 1. Juni: Ernennung des Zentrum-Außenseiters Franz von Papen zum Nachfolger Brünings durch Hindenburg. Sein „Kabinett der nationalen Konzentration" verfügt über keinen ausreichenden parlamentarischen Rückhalt. 14. Juni: Aufhebung des Verbots von SA und SS. 20. Juli: Reichskanzler von Papen setzt unter Anwendung des Artikels 48 die preußische Regierung Braun-Severing, die seit dem 24. April die Landtagsmehrheit verloren hat, ab (sog. Preußenschlag) und übernimmt selbst das Amt des Reichskommissars für Preußen.

1932	31. Juli: Reichstagswahlen erbringen ein weiteres spektakuläres Anwachsen der NSDAP-Stimmen (37,4%). Die Partei verfügt nun – als stärkste Fraktion im Reichstag – über 230 Mandate und stellt den Reichstagspräsidenten. 13. August: Hitler lehnt den ihm von Hindenburg angebotenen Posten eines Vizekanzlers unter Papen ab. Forderung nach der ungeteilten Macht. 12. September: Reichstagsauflösung, da durch Obstruktion der Parlamentsmehrheit ein Regieren mit Notverordnungen nicht mehr möglich erscheint. Papen erleidet bei einem Stimmenverhältnis von 512:42 eine beispiellose parlamentarische Niederlage. 6. November: Bei den notwendig gewordenen Reichstagswahlen büßt die NSDAP 34 Mandate ein, bleibt jedoch stärkste Fraktion. 17. November: Rücktritt Papens als Reichskanzler, nachdem Versuche, die NSDAP an der Regierung zu beteiligen, fehlgeschlagen sind. Hitler beharrt auf seiner Forderung nach der Kanzlerschaft. 2. Dezember: Hindenburg ernennt den Reichswehrminister Kurt von Schleicher, einen Mann seiner Umgebung, zum Reichskanzler.
1933	4. Januar: Treffen von Papen–Hitler im Hause des Bankiers von Schroeder in Köln. Absprache über den Sturz Schleichers. 23. Januar: Hindenburg verweigert Schleicher die erbetene Vollmacht zur Auflösung des Reichstags und Vertagung der Neuwahlen auf unbestimmte Frist. Damit ist Schleicher gescheitert. 30. Januar: Berufung Hitlers zum Reichskanzler durch Hindenburg; von Papen wird Vizekanzler.

Einführung in die Arbeitsthemen

Die Beseitigung des parlamentarischen Systems von Weimar, eine Tatsache, über die – spätestens nach einjähriger NS-Herrschaft – kein Zweifel mehr möglich war, stellt einen allmählichen Destruktionsprozeß dar, der durch sehr unterschiedliche Faktoren ausgelöst und in Gang gehalten wurde. Ein zweifellos wichtiges Element war die Instabilität des parlamentarischen Systems, die sich aus der Vielzahl der konkurrierenden Parteien und ihren weltanschaulich-politischen Gegensätzen ergab. Hinzu kamen weithin bestehende antidemokratische Vorbehalte, wie sie in der Anfälligkeit für nationalistische Parolen sichtbar wurden, und ein Mangel an bewußt-demokratischem Engagement, wie er sich etwa in der Wahl des kaiserlichen Generalfeldmarschalls von Hindenburg zum Reichspräsidenten dokumentierte.

Eigentlich virulent wurden diese politisch-psychologischen Belastungen, als mit dem Einbruch der Weltwirtschaftskrise in den USA die amerikanischen Kredite abgerufen wurden, die permanent vorhandene Arbeitslosigkeit eine fortschreitende Steigerung erfuhr, ein rapider Rückgang der Steuereinnahmen einsetzte und die letzte parlamentarisch abgesicherte Koalitionsregierung unter dem SPD-Kanzler Hermann Müller über einer Lappalie (Antrag der Erhöhung des Beitrags zur Arbeitslosenversicherung von 3,5 auf 4% der Lohnsumme) zerbrach. Aufgrund der Weigerung des Reichspräsidenten, das Parlament aufzulösen und Neuwahlen auszuschreiben, aufgrund der gemeinsamen Weigerung von SPD und DVP, sich zu arrangieren und die Regierungsarbeit fortzusetzen, und aufgrund der Unmöglichkeit, eine parlamentarische Mehrheit der gemäßigten Parteien unter Ausschluß der SPD zustande zu bringen, entstand eine bisher nicht dagewesene Patt-Situation. Der Reichspräsident hob sie auf, indem er –

ungeachtet der fehlenden parlamentarischen Basis – den Zentrumsführer Heinrich Brüning mit dem Kanzleramt betraute und ihn seines legislativen Beistands, den Hindenburg in eigenwilliger Interpretation aus dem Notstandsartikel 48 der Weimarer Verfassung ableitete, versicherte.

Doch die immanente Beschränkung des Artikels 48, die Befristung der Notstandserlasse auf ein halbes Jahr und die jederzeit notwendige Kassierung bei Widerspruch der Parlamentsmehrheit, verliehen diesem Instrument von vornherein nur begrenzte Wirksamkeit. Der Protest des Parlaments gegen das durch Notverordnungsrecht vom Präsidenten in Kraft gesetzte Brüningsche Sonderbesteuerungsprogramm bestätigte diesen Sachverhalt nachdrücklich.

Die Reaktion Hindenburgs, der jetzt kurzentschlossen den Reichstag auflöste und Neuwahlen anberaumte, führte zu einem politisch-parlamentarischen Erdrutsch, zu einem „Triumph der Verantwortungslosen" (Bracher).

Die beiden Extremparteien, NSDAP und KPD, vermochten nach propagandistisch aufwendig geführtem Wahlkampf im September 1930 ihre Mandatskontingente entscheidend zu steigern: Die NSDAP von 12 auf 107, die KPD von 54 auf 77 Sitze. „Das Wahlergebnis ratifizierte das im Frühjahr erfolgte Ableben der Weimarer Republik" (Heiber).

Zwar waren nach dieser niederschmetternden Erfahrung die Mittelparteien einschließlich der SPD bereit, die Notverordnungspraxis zu akzeptieren und zu tolerieren, aber das Schicksal des Präsidialkabinetts Brüning hing weiterhin und ausschließlich von dem ungetrübten Einvernehmen zwischen Präsident und Kanzler ab. Dieser Umstand wurde Brüning zum Verhängnis: Hindenburg, ein im April 1932 in seinem Präsidentenamt bestätigter 85jähriger Greis, vielfältigen Einflüsterungen seiner Umgebung zugänglich und der politischen Anfeindungen von Rechts müde, entschloß sich im Mai 1932 zur Entlassung seines Kanzlers. Neben geringen sachlichen Differenzen war es vor allem die souveräne Mißachtung der Volksstimmung, die Brüning das Vertrauen Hindenburgs hatte verlieren lassen.

Nicht einmal die außenpolitischen Erfolge, die er in der vorzeitigen Räumung der Kölner Zone und der vorübergehenden Aussetzung der deutschen Reparationsleistungen (sie wurden im Juli 1932 endgültig annulliert) verzeichnete, konnte der „jeder volkstümlichen Einwirkung auf die breite Masse abholde Kanzler" (Conze) als eigenes Verdienst verdeutlichen; selbst sie stellten sich vielen Bürgern als Errungenschaft und Bestätigung der radikalen Schreier dar.

Daß diese über Brünings Demission jubelten, war nicht verwunderlich. Doch Verblüffung – und keineswegs nur im Lager der Rechtsradikalen – löste die Inthronisation Franz von Papens, eines gescheiterten Zentrumspolitikers, als neuem Kanzler Hindenburgs aus. Allerdings sollte seine durch die Aufhebung des SA-Verbots und die staatsstreichartige Absetzung der preußischen Regierung erkaufte „Gastrolle in der Staatsmannschaft" (Schwarz) nicht lange währen. Die Reichstagswahlen vom 31. 7. 1932 sahen die NSDAP in weiterem und – scheinbar – unaufhaltsamem Vormarsch: Steigerung der Reichstagsmandate von 107 auf 230 und Aufstieg zur stärksten Fraktion im Parlament. Die Weigerung der Parlamentsmehrheit, auch Papen das gegenüber Brüning praktizierte „ungeschriebene Stillhalteabkommen" (Conze) zu gewähren, beantwortete Hindenburg zwar mit einer erneuten Reichstagsauflösung. Doch an der parlamentarischen Vorrangstellung der Hitler-Partei änderten – trotz eines Verlustes von 34 Sitzen – auch die Wahlen vom 6. 11. 1932 nichts mehr. Hindenburgs Experiment mit seinem Günstling Kurt von Schleicher (Reichswehrminister seit Juni 1932), der sich mit dem unrealistischen Plan einer Spaltung der NSDAP und eines Bündnisses zwischen Reichswehr und Gewerkschaften empfohlen hatte, blieb Episode. Bereits am 29. 1. 1933 war Schleicher angesichts einer widerspenstigen Parlamentsmehrheit am Ende. Am Tag darauf ernannte Hindenburg, dem Drängen seiner Umgebung nachgebend, Hitler zum Reichskanzler. Nun mußte es sich zeigen, ob es ein kluger Rat für die deutsche Politik gewesen war, als Schleicher schon im August 1932 Hindenburg nahegelegt hatte, „die unbequemsten und lautesten Aktionäre in den Aufsichtsrat zu wählen". Die NS-Formationen jedenfalls feierten den Kanzlerwechsel als die „Machtergreifung" Hitlers.

Arbeitsthemen

1. *Inwiefern standen bei dem Streit um die Arbeitslosenversicherung, der aus der rückblickenden Perspektive wie eine Bagatellkontroverse erscheint, vitale Interessen der Beteiligten auf dem Spiel? (Nr. 1)*
2. *Wie kam es zum Bruch der Großen Koalition im März 1930? (Nr. 2)*
3. *Auf welche innerparteilich-kritische Resonanz stieß die Haltung der SPD-Fraktion in der Krise des Kabinetts Hermann Müller? (Nr. 3)*
4. *Kann man behaupten, daß sich die Praxis der Notverordnungen nicht zwingend aus Artikel 48 der Weimarer Verfassung ableiten läßt? Weshalb versagte in der Endphase der Weimarer Republik die Kontrollfunktion, die Artikel 50 nach dem Willen der Verfassungsschöpfer bewirken sollte? (Nr. 4 a und 4 b)*
5. *Welche Auswirkungen der Weltwirtschaftskrise lassen sich aus den statistischen Übersichten erkennen? (Nr. 5 a–5 f). Wie ist ihre politische Relevanz zu beurteilen? (Nr. 5 g)*
6. *Von welchen Absichten war das wirtschaftliche Sparprogramm Brünings vom Juli 1930 geleitet? Wie stand es mit den Möglichkeiten seiner agitatorischen Bekämpfung? (Nr. 6)*
7. *Welche für die parlamentarische Kooperation wichtige Feststellung formuliert der Aufruf der Reichsregierung anläßlich der Ablehnung des Brüningschen Haushaltsdeckungsprogramms vom 18. 7. 1930? (Nr. 7)*
8. *Vor welchem wirtschaftlichen Hintergrund errangen die Nationalsozialisten ihren ersten bemerkenswerten Wahlerfolg am 14. 9. 1930? (vgl. Nr. 5) Worauf führte die zeitgenössische Presse diesen Erfolg zurück? (Nr. 8 a). Wie sieht ihn die historische Forschung? (Nr. 8 b)*
9. *Inwieweit wird die These des Historikers Andreas Hillgruber „Brüning hatte sich auf einen Wettlauf zwischen der sich infolge der Deflationspolitik rasch verschärfenden innenpolitischen Lage und der Außenpolitik eingelassen, der um so gefährlicher für die Republik werden konnte, als sich das Tempo der außenpolitischen Erfolge nicht vorausberechnen ließ“ durch die programmatische Erklärung des Kanzlers vom 5. 11. 1931 bestätigt? (Nr. 9)*
10. *Läßt sich nachweisen, daß Brünings Rede vom 28. 5. 1932 ein unverhohlenes Eingeständnis politischer Handlungsunfähigkeit enthält? (Nr. 10)*
11. *Worauf konzentriert sich die NS-Agitation in ihrer Wahlpropaganda am Ende der Weimarer Republik? (Nr. 11)*
12. *Welche Motive bestimmten Hindenburg noch im August 1932, sich gegen einen Reichskanzler Hitler zu sperren? (Nr. 12)*
13. *Wie stellte sich die innenpolitische Situation der Weimarer Republik beim Amtsantritt Hitlers als Reichskanzler dar? (Nr. 13)*

Materialien

1. Der Streit um die Arbeitslosenversicherung im März 1930

Für die organisierte Arbeiterschaft war die Arbeitslosenversicherung als letzte große sozialpolitische Errungenschaft geradezu Symbol geworden für die neue, selbsterkämpfte Sozialpolitik der Nachkriegszeit. Sie brachte ihr nicht nur materielle Vorteile, sondern stellte einen Einbruch in die Autonomie der Wirtschaft dar und galt damit als Instrument zur Beseitigung des kapitalistischen Systems. Neben dieser sozialen Funktion hatte die Arbeitslosenversicherung eine hohe lohnpolitische Wirkung. Sie gewährte dem unfreiwillig erwerbslos gewordenen Arbeiter das Recht auf ein Existenzminimum aus Mitteln der Gesamtheit und bewahrte ihn dadurch vor dem Zwang, seine Arbeitskraft um jeden, auch noch so niedrigen Preis zu verkaufen. Damit hebt sie weitgehend den Lohndruck auf, den die „industrielle Reservearmee“ der Arbeitslosen in Krisenzeiten ausübt; die Löhne der noch beschäftigten Kollegen werden hochgehalten, wodurch gleichzeitig eine gewisse Höhe der Beitragsleistung zur Arbeitslosenversicherung gewährleistet wird. Ein Leistungsabbau der Arbeitslosenversicherung würde automatisch ein Sinken der Löhne nach sich ziehen.

Nach dem Programm der Gewerkschaften war die Arbeitslosenversicherung gleichsam ein Stück verwirklichter Wirtschaftsdemokratie, ein Schritt vorwärts auf dem Wege zum Sozialismus. Ein Abbau entweder durch Leistungsminderung oder durch Einschränkung des Versichertenkreises schien gleichbedeutend mit einer politischen Niederlage der Arbeiterschaft, nicht nur, weil die Arbeitslosen eine noch geringere Unterstützung erhalten würden, als sie ohnehin schon bekamen, sondern auch, weil damit ein Schritt rückwärts getan würde, den vorwärts zu tun das Ergebnis eines Generationen währenden Ringens besiegelte.

Ein Nachgeben in dieser Frage würde überdies der Opposition in den eigenen Reihen und noch mehr der KPD Gelegenheit zur schärfsten Kritik für den Vorwurf des Verrats an der Arbeiterklasse geben. Eine Abwanderung der Arbeitslosen nach links war zu befürchten. Jeder kleine Kompromiß war stets Wasser auf die Mühlen der kommunistischen Agitation.

Für SPD und Gewerkschaften war somit ihre Stellung aus sozial- und wirtschaftspolitischen, ideologischen und parteipolitischen Gründen bestimmt. Gerade aber dieses prinzipielle Gewicht der Arbeitslosenversicherung als abbauender Faktor im kapitalistischen Wirtschaftssystem mußte die Gegenkräfte auf der Seite der Unternehmerschaft hervorrufen. Nach Meinung der Arbeitgeberschaft machten die „künstlich“ hochgehaltenen Löhne gerade in Krisenzeiten mit hoher Arbeitslosigkeit eine normale, schnelle Überwindung der Krise besonders schwierig. Die Löhne als wichtigster Kostenfaktor bedingten hohe Produktionskosten, die wiederum die Betriebe unrentabel machten und ihre Konkurrenzfähigkeit untergruben. Es ist klar, daß im Rahmen der wirtschaftlichen Kostenrechnung eine Beitragserhöhung der Arbeitslosenversicherung für die Unternehmerschaft nicht in Frage kommen konnte. Im bestehenden Wirtschaftssystem waren die Unternehmer gezwungen, Löhne und Sozialleistungen in allererster Linie nach dem Grad ihrer Wirtschaftlichkeit zu bemessen. Unter der Prämisse, daß das reine, freie Wirtschaftssystem durch höchste Produktivität die beste Versorgung für alle gewährleiste, mußte die Unternehmerschaft sich gegen außerwirtschaftliche Eingriffe, wie zu hohe Steuern, Soziallasten und staatliche Lohnfestsetzung, zur Wehr setzen. Sozialpolitik – auch Arbeitslosenversicherung – war gut, ja erforderlich und „gesund“ solange sie die Arbeitskraft, Arbeitsfreude und Intensität erhielt und förderte. Sobald sie allein ausging von einem fixen Existenzminimum, von einem bestimmten Bedarf zur Erhaltung des Lebensstandards und von der Wirtschaft dessen Erfüllung forderte, hatte sie ihre Aufgaben im Rahmen des kapitalistischen Systems überschritten, war systemschädigender Faktor geworden. Ein Leistungsabbau, wie er von der Arbeitgeberseite gefordert wurde, erfüllte in diesem Sinne nicht nur den Zweck, die Finanzen der Reichsanstalt für Arbeitslosenversicherung zu verbessern, sondern gleichzeitig den Abbau des für die Wirtschaft unerträglichen sozialpolitischen Systems einzuleiten. In diesen Begründungen für die Forderungen der Unternehmerschaft spielte die moralisch schädigende Wirkung der Sozialversicherungen eine große Rolle, die, nach ihrer Meinung, Mißbräuchen Vorschub leisteten und damit Arbeitsmoral und Arbeitseifer lähmten, d. h. daß sie also gerade die wirtschaftlich wichtigen Funktionen von sozialpolitischen Maßnahmen nicht erfüllten.

Es standen sich zwei Anschauungswelten gegenüber – eine fast unlösbare Antinomie, da beide aus ihrer Sicht und innerhalb ihres Systems und Ziels recht hatten; auf der einen Seite das Recht auf höchste Ausnutzung der Wirtschaftlichkeit, auf der anderen Seite das Recht auf ein soziales Existenzminimum, das Recht auf soziale Gerechtigkeit und Persönlichkeit bis in die unterste Schicht der Gesellschaftspyramide.

Aus: Helga Timm, Die deutsche Sozialpolitik und der Bruch der großen Koalition, a.a.O., S. 128ff.

2. Der Bruch der Großen Koalition 1930

Im März 1930 hatte die Regierung Hermann Müller eine Vorlage eingebracht, die den Vorstand der Reichsanstalt für die Arbeitslosenversicherung ermächtigte, die Beiträge von 3,5% auf 4% des Lohnes zu erhöhen. Eine Änderung der gesetzlich festgelegten Leistungen sollte nur im Wege der Gesetzgebung möglich sein. Die sozialdemokratische Reichstagsfraktion stimmte dieser Vorlage zu, obwohl die Erhöhung der Beiträge auf 2% – die anderen 2% zahlten die Arbeitgeber – auch für die Arbeiter kein geringes Opfer bedeutete. Die Volkspartei (DVP) lehnte ab. Es gab also neue Verhandlungen, die in großer Erregung geführt wurden, und schließlich kam unter entscheidender Mitwirkung des Vorsitzenden der Zentrumsfraktion, Brüning, ein Kompromißvorschlag zustande. Danach sollte der Beitrag zur Arbeitslosenversicherung wie bisher nur 3,5% betragen, und das Reich sollte 150 Millionen zuschießen. Reichte dieser Zuschuß nicht, so sollte die Regierung auch darüber hinaus Darlehen gewähren, jedoch mit der Maßgabe, daß die Reichsregierung nach Prüfung weiterer Ersparnismöglichkeiten auf dem Wege der Gesetzgebung ein Gesetz vorzulegen hat, das entweder durch Beitragserhöhung die Rückzahlung der Darlehen ermöglicht, oder durch eine Reform des Gesetzes über die Arbeitsvermittlung und Arbeitslosenversicherung den Ausgleich zwischen Einnahmen und Ausgaben herstellt oder zur Dekkung der für die Darlehen aufzuwendenden Beträge dem Reich die notwendigen Mittel zuführt. Materiell bedeuteten 3,5% oder 4% Beitrag einen Unterschied von je 70 Millionen Mark für Arbeitgeber und Arbeitnehmer. Dieser Betrag sollte nun nicht von den Parteien, sondern vom Reich getragen werden. Es war jedoch auch unter gewissen Umständen ein Reformgesetz zum Ausgleich zwischen Einnahmen und Ausgaben in Aussicht genommen, und wenn die Krise weiterging, konnte dieser Ausgleich kaum anders als durch Abbau der Leistungen herbeigeführt werden. Dann waren also die Unternehmer an ihrem Ziel. ...
Im Kabinett saßen vier Sozialdemokraten: neben dem Reichskanzler Hermann Müller der Innenminister Severing, der Wirtschaftsminister Robert Schmidt und der Arbeitsminister Wissell. Die ersten drei waren der Meinung, daß das Kompromiß nicht tragisch zu nehmen sei. Der Arbeitsminister Wissell widersetzte sich auf das leidenschaftlichste. Er tat das aus sehr anerkennenswerten Motiven. Er sah als Ressortminister die große Bedeutung des Problems, er wollte dem Teufel auch nicht den kleinen Finger reichen. Wissell fand die volle Unterstützung der Gewerkschaften. Auch sie sahen in der Arbeitslosenversicherung nicht bloß eine mühsam erkämpfte wichtige Position, sondern auch den Schutzwall für das ganze Lohntarifsystem. Sie waren darum entschlossen, jeden Fußbreit Boden zu halten. Aber in der Feuerlinie standen nicht sie, sondern die Partei. Da es nicht um eine sozialpolitische Einzelfrage ging, sondern um eine politische Entscheidung von höchster Bedeutung, hätte die Partei die Führung haben müssen. Es wäre ihre Aufgabe gewesen, zwischen den nur gewerkschaftlichen und den allgemein politischen Gesichtspunkten den notwendigen Aus-

gleich zu schaffen und daraus die entsprechenden Konsequenzen für die Taktik zu ziehen. Die Partei war aber dazu nicht imstande, denn eine Minderheit bekämpfte die Koalitionspolitik Hermann Müllers heftig und wünschte ihr baldiges Ende. Die Parteiführung sah sich, zwischen dem linken Parteiflügel und den Gewerkschaften eingeklemmt, jeder Bewegungsfreiheit beraubt. Ein Eingehen auf das Kompromiß hätte den Ausbruch eines offenen Konfliktes zur Folge gehabt, in dem Wissell gegen seine drei Ministerkollegen, Gewerkschaften und Parteilinke vereint gegen die Parteirechte gestanden hätten. Ein solcher Konflikt konnte in einer Zeit schwerster wirtschaftlicher und politischer Krise um so weniger riskiert werden, als die Partei von Feinden rings umgeben war, denn die bürgerliche Mitte ging immer weiter nach rechts, im Rücken der Partei aber standen die Kommunisten. In dieser Zwangslage, die durch die intransigente Haltung der Gewerkschaften entstanden war, blieb nichts anderes übrig, als das Kompromiß ohne Rücksicht auf die sich daraus ergebenden Konsequenzen abzulehnen.
Die entscheidenden Verhandlungen in der sozialdemokratischen Fraktion verliefen in nervöser Stimmung. Die Entscheidung war eigentlich schon gefallen, als einige der Fraktion angehörende Gewerkschaftsführer den Saal betraten und aus ihrer Mitte heraus Hermann Müller-Lichtenberg das Wort verlangte. Dieser zweite Hermann Müller der Fraktion war Mitglied des Bundesvorstandes des Allgemeinen Deutschen Gewerkschaftsbundes und ein ausgezeichneter Sozialpolitiker. Der Redner der Gewerkschaften erklärte in diktatorischem Ton, daß das Kompromiß über die Arbeitslosenversicherung völlig unannehmbar sei. Sollte die Fraktion zu einer anderen Auffassung kommen, so würden die Gewerkschaften es sich nicht nehmen lassen, ihren abweichenden Standpunkt im Reichstag, in der Presse und in der Partei nachdrücklichst geltend zu machen. Man beschloß fast einstimmig, das Kompromiß abzulehnen. Gleich darauf trat das Kabinett zusammen. Der Reichskanzler vertrat den Standpunkt, daß das Kabinett nun, nachdem die Einigung der Parteien gescheitert war, mit seiner ursprünglichen Vorlage vor den Reichstag treten müsse. Der Vorschlag stieß auf Widerspruch, die Sitzung wurde unterbrochen. Dann erklärte der volksparteiliche Finanzminister Dr. Moldenhauer, daß er nicht mehr in der Lage sei, die Regierungsvorlage zu vertreten. Sollte das Kabinett beschließen, sie dennoch in dem Reichstag einzubringen, müsse das seinen Rücktritt zur Folge haben. Danach hielten auch die Zentrumsminister die Voraussetzungen für ihr Bleiben nicht mehr für gegeben, man beschloß die Gesamtdemission des Kabinetts.
Die sozialdemokratische Reichstagsfraktion und die Gewerkschaften hatten damals sicher nicht vorausgesehen, welcher Entwicklung ihr Beschluß die Bahn öffnete. Der Kampf um die Arbeitslosenversicherung und den Tariflohn war notwendig. Richtig konnte er aber nur geführt werden, wenn sich die Verteidiger, Partei und Gewerkschaften, der großen Zusammenhänge bewußt blieben.

Aus: Friedrich Stampfer, Die vierzehn Jahre der ersten deutschen Republik, 3. Aufl. 1953, Hamburg, S. 560ff.

3. Die SPD in der Krise 1930

Die politischen Ereignisse der letzten vier Wochen bedeuten einen ausgesprochenen Rückschritt für die Demokratie und eine Gefahr für die Arbeiterklasse. Daraus ist die Schlußfolgerung zu ziehen, daß die Mitwirkung in der Regierung keine Frage zum Ausknobeln ist, sondern vom Gang der Dinge bestimmt wird. Der letzte Wahlsieg legte uns die Pflicht zur Regierungsteilnahme im Interesse unserer Wähler auf. Wer regiert, haben die Wähler zu entscheiden. Hermann Müller hätte vor Räumung seines Platzes an das Volk appellieren müssen. Lernen wir aus den Vorkommnissen und fordern wir nicht jedesmal, wenn etwas scheinbar in Gefahr ist, den Austritt unserer Genossen. Die Rechnung wird uns jetzt präsentiert. Wir müssen in Zukunft viel konsequenter wissen, was die Macht im Reich und in der Republik bedeutet, und mehr Rücksicht nehmen auf die Festigkeit der Demokratie. Das Volk darf nicht nur Krisen sehen, es muß auch Vertrauen zur Regierung haben.

Rede Julius Lebers vom 16. 4. 1930, in: Julius Leber, Ein Mann geht seinen Weg, Berlin 1952, S. 64f.

4. Das Notverordnungsrecht des Reichspräsidenten

a) Das Notverordnungsrecht in der Weimarer Verfassung

Artikel 48

Wenn ein Land die ihm nach der Reichsverfassung oder den Reichsgesetzen obliegenden Pflichten nicht erfüllt, kann der Reichspräsident es dazu mit Hilfe der bewaffneten Macht anhalten.

Der Reichspräsident kann, wenn im Deutschen Reiche die öffentliche Sicherheit und Ordnung erheblich gestört oder gefährdet wird, die zur Wiederherstellung der öffentlichen Sicherheit und Ordnung nötigen Maßnahmen treffen, erforderlichenfalls mit Hilfe der bewaffneten Macht einschreiten. Zu diesem Zwecke darf er vorübergehend die in den Artikeln 114, 115, 117, 118, 123, 124 und 153 festgesetzten Grundrechte ganz oder zum Teil außer Kraft setzen.

Von allen gemäß Abs. 1 oder Abs. 2 dieses Artikels getroffenen Maßnahmen hat der Reichspräsident unverzüglich dem Reichstag Kenntnis zu geben. Die Maßnahmen sind auf Verlangen des Reichstags außer Kraft zu setzen.

Bei Gefahr im Verzuge kann die Landesregierung für ihr Gebiet einstweilige Maßnahmen der im Abs. 2 bezeichneten Art treffen. Die Maßnahmen sind auf Verlangen des Reichspräsidenten oder des Reichstags außer Kraft zu setzen.

Das Nähere bestimmt ein Reichsgesetz.

Artikel 50

Alle Anordnungen und Verfügungen des Reichspräsidenten, auch solche auf dem Gebiete der Wehrmacht, bedürfen zu ihrer Gültigkeit der Gegenzeichnung durch den Reichskanzler oder den zuständigen Reichsminister. Durch die Gegenzeichnung wird die Verantwortung übernommen.

Zit. nach Günther Franz (Hrsg.): Staatsverfassungen, a. a. O., S. 201

b) Präsidiale Diktaturgewalt und Notverordnungsrecht

Daß der Reichspräsident sich mit dieser Verknüpfung seiner beiden stärksten Befugnisse, von Diktaturgewalt und Auflösungsgewalt, auch gegen Wortlaut und Sinn der Reichsver-

fassung zu wenden bereit war, sobald parlamentarische Prinzipien auf dem Spiele standen, zeigte schon die Auflösungsverordnung vom 18. Juli 1930, mit der Hindenburg den Reichstag nach Hause schickte. Auf den Antrag der Reichstagsmehrheit, die zwei Tage zuvor verkündeten Notverordnungen wieder außer Kraft zu setzen, dem nach der Bestimmung des Artikels 48 Absatz III unbedingt stattgegeben werden mußte, erwiderte der Reichspräsident mit der bereits in der lapidaren Begründung eindeutig auf Kampf gestimmten Auflösungsanordnung: „Nachdem der Reichstag heute beschlossen hat, zu verlangen, daß meine auf Grund des Art. 48 der Reichsverfassung erlassenen Verordnungen vom 16. Juli außer Kraft gesetzt werden, löse ich auf Grund des Art. 25 der Reichsverfassung den Reichstag auf."
Mit diesem Akt und an diesem Tag begann die permanente Durchbrechung des Verfassungssystems durch die Diktaturgewalt des Reichspräsidenten, die sich mit ihrer ersten Maßnahme sogleich auch gegen die ihr von der Verfassung auferlegten Beschränkungen wandte. Die auf Verlangen des Reichstags aufgehobene Notverordnung wurde acht Tage nach seiner Auflösung in erweiterter und verschärfter Fassung erneut in Kraft gesetzt. Dieses Vorgehen des Reichspräsidenten hätte gewiß unverzüglich in jeder nur denkbaren Form beanstandet werden müssen. Es spricht für das hohe Ansehen des Generalfeldmarschalls, aber auch für die Krise, den Normenverlust im politischen Denken, daß die Gegner der Reichsregierung und der Präsidialverordnungen diesem Schritt außerhalb der Legalität und Legitimität nicht zu begegnen wagten ...
Die Welle der Unpopularität ertrug das Kabinett Brüning mit einer beinahe heroischen Attitüde. Dies drückt sich auch in dem Rechenschaftsbericht aus, den es veröffentlichte, nachdem es aus der Verantwortung ausgeschieden war. Er gipfelte in den Sätzen: „In dieser Lage haben wir in den Jahren 1930 bis 1932 die Ausgaben von Reich, Ländern, Gemeinden und Sozialversicherungen um mehr als 6 Milliarden RM gedrosselt ... Die tatsächliche Anpassung an die Armut der Nation ist weitestgehend erfolgt und in dem Haushalt jedes einzelnen fühlbar geworden. Die Regierung hat der Gesamtheit des Volkes Opfer zugemutet, um in den außenpolitischen Verhandlungen freie Hand zu bekommen im Kampfe gegen die Reparationslasten und zur Überwindung der Wirtschaftskrise ... Dabei wurde die Währung ... behauptet, dabei hat sich die schwebende Schuld nicht vermehrt."
Diese Politik wurde viele Monate hindurch von den Parteien der Mitte toleriert. Doch weder die SPD noch eine andere Partei besaß eine Garantie, daß sich um diesen hohen Preis die anfängliche Zusammensetzung der Regierung Brüning für dauernd erkaufen ließ. Die fortgesetzte Bedeutungsminderung des Reichstags und seiner Fraktionen war eine zwangsläufige Folge des permanenten Präsidialsystems, was man nur in untertreibender Absicht als einen „Verfassungswandel" bezeichnen konnte. Die Pausen zwischen den Sitzungsperioden wurden länger, die Arbeitsleistung des Parlaments, die häufig genug unter radikalen Agitationen und Demonstrationen litt, ließ nach. Die Zahl der Plenarsitzungen des Reichstags, die im Jahre 1930 noch 94 betrug, ging 1931 auf 41 und 1932 gar auf 13 zurück. Demgegenüber wurden 1930 5, 1931 jedoch schon 44 und 1932 sogar 60 Notverordnungen von zum Teil außerordentlichem Umfang und von einer im üblichen Gesetzgebungsverfahren ganz und gar ungewöhnlichen materiellen Komplexion erlassen. Aber nicht nur die Gesetzgebung entglitt dem Reichstag. Nahezu sämtliche bedeutsamen Entscheidungen fielen in dieser Periode ohne seine Einflußnahme und sogar ohne Rücksicht auf seine Existenz.
Der Sturz des Kabinetts Brüning wurde in einem kurzen Zwiegespräch zwischen dem Kanzler und dem Reichspräsidenten zur Tatsache. Brüning war dazu übergegangen, jede

Entscheidung unter den Augen des Reichspräsidenten zu fällen und sich restlos auf sein Wohlwollen einzustellen, so daß er nun offenbar gar nicht mehr auf den Gedanken verfiel, unabhängig vom Präsidenten die wirkliche Entscheidung in offener parlamentarischer Feldschlacht zu suchen, wie die Verfassung es wollte. Die parlamentarische Tolerierung seines Kabinetts beruhte letztlich nur darauf, daß sich fortgesetzt eine Koalition anbot, mit der der Reichskanzler gar nicht auf die Dauer arbeiten wollte, obgleich die Krise und die Abnutzung der überhaupt zu parlamentarischen Entscheidungen befähigten Kräfte eine bequeme Wahl längst nicht mehr zuließen. Brüning fühlte sich jedoch weder als Exponent noch als Repräsentant parlamentarischer Elemente und stellte seine Regierung allein auf den keineswegs von Schwankungen freien Willen des Reichspräsidenten ab, dem er wie einem Monarchen des frühen Konstitutionalismus in Ergebenheit seine Demission zu Füßen legte.

Gerhard Schulz, Der Artikel 48 in politisch-historischer Sicht, in: Der Staatsnotstand, hrsg. von Ernst Fraenkel, Berlin 1965, S. 60ff.

5. Auswirkungen der Weltwirtschaftskrise in Deutschland

a) Die Entwicklung der Arbeitslosigkeit in Deutschland von 1928 bis 1939

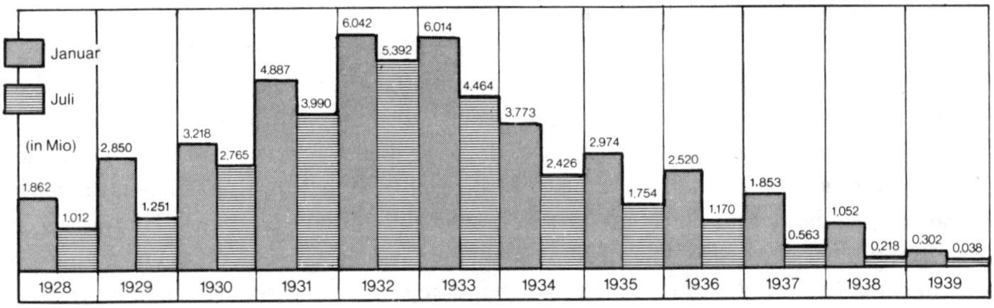

b) Auslastung der Arbeitsplatzkapazität in der Industrie

Arbeiter:		Angestellte:	
April 1930	64,0%	April 1930	84,5%
April 1932	41,7%	April 1932	62,1%

c) Konkurse in Deutschland von 1927 bis 1936 (in Tausend)

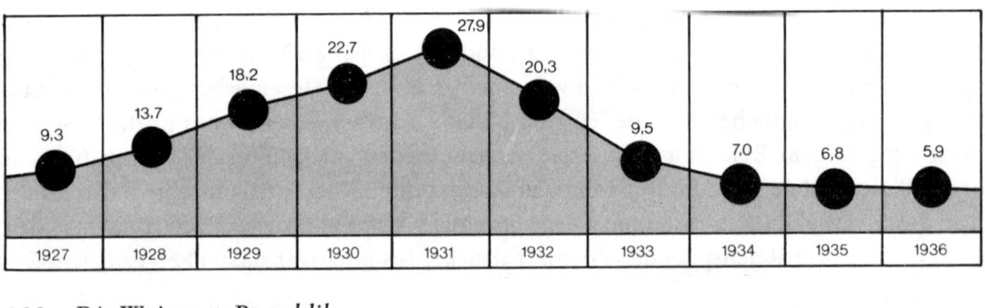

d) Der deutsche Außenhandel (in Milliarden Reichsmark)

	Einfuhr	Ausfuhr	Bilanz
1928	14,0	12,3	minus 1,7
1929	13,4	13,5	plus 0,1
1930	10,4	12,0	plus 1,6
1931	6,7	9,6	plus 2,9
1932	4,7	5,7	plus 1,9
1933	4,2	4,9	plus 0,7
1934	4,5	4,2	minus 0,3
1935	4,2	4,3	plus 0,1

Aus: Gustav Stolper, Deutsche Wirtschaft seit 1870, Tübingen 1964, S. 168

e) Daten zur wirtschaftlichen und konjunkturellen Entwicklung im Deutschen Reich 1926 bis 1935

	1926	1927	1928	1929	1930	1931	1932	1933	1934	1935
Bruttosozialprodukt in jeweiligen Preisen 1928 = 100	84	94	100	101	94	79	65	67	75	83
Indust.-Prod. 1928=100	76	96	100	100	87	70	58	66	83	96
∅ tarifl. Studenlöhne	86	92	100	106	107	102	86	84	84	84
Arbeitslosenquote (v. H.)			7,0[1]	9,6	15,7	23,9	30,8	26,3	14,9	11,6

Aus: Wolfram Fischer, Deutsche Wirtschaftspolitik 1918 bis 1945, Opladen 1968, S. 108

f) Volkseinkommen und Lebenshaltung

	Volkseinkommen in Mrd. RM	Lohn und Gehalt in Mrd. RM	Index der Bruttoverdienste d. Arbeiter real 1936 = 100
1928	75,4	44,9	102,2
1932	45,3	27,4	88,5
1933	44,0	27,7	92,5
1934	50,4	31,2	96,7
1935	56,8	34,5	97,6
1936	63,6	37,7	100,0

Aus: Gustav Stolper, a.a.O., S. 175

g) Die Weltwirtschaftskrise und die deutsche Politik

Volkswirtschaftlich wichtiger als die Zahl der Erwerbslosen war der Rückgang des Volkseinkommens und der Produktion, für das Ausmaß der Krise besonders bezeichnend der Rückgang der Investitionen. Das Volkseinkommen sank in Deutschland von 75,4 Milliarden RM 1928 auf 45,3 Milliarden RM 1932, also um rund 40%; der Bruttowert der

[1] Für die Zeit vor 1928 liegen keine genauen Angaben vor, da nur Gewerkschaftsmitglieder erfaßt wurden. Die Arbeitslosigkeit innerhalb dieser Gruppe betrug zwischen 1924 und 1928 im Durchschnitt etwa 11% (vgl. Karl Hardach: Wirtschaftsgeschichte Deutschlands im 20. Jh., Göttingen 1976, S. 46).

Industrieproduktion von 84,3 Milliarden RM 1928 auf 28,0 Milliarden RM 1932, also um mehr als die Hälfte. Besonders stark war der Rückgang bei den Investitionsgütern. Hier betrug die Produktion 1932 nur noch 37% des Standes von 1928. Am stärksten war davon der Schiffsbau betroffen, dessen angefangene Neubauten 1932 nur noch 3% des Standes von 1928 ausmachten, obwohl sie 1929 im Gegensatz zu vielen anderen Industrien noch um 23% gegenüber dem Vorjahr gesteigert werden konnten. Binnen drei Jahren waren die Aufträge praktisch vollkommen zusammengeschrumpft. Aber auch andere Industriezweige waren von der Krise hart betroffen. So erreichte die Kraftfahrzeugindustrie 1932 nur 26% der Produktion des letzten krisenfreien Jahres und auch die Bauwirtschaft produzierte nur 37,7% des Standes von 1928. Auffällig ist der Rückgang der Produktion auch bei einzelnen Gütern des gehobenen Bedarfs. Bei den Pianos betrug er fast 90%.
Um die politische Entwicklung in Deutschland richtig zu beurteilen, ist es wichtig, zweierlei festzuhalten:
1. daß die Krise die Landwirtschaft weniger scharf traf als die Industrie – absolut stieg die landwirtschaftliche Produktion sogar im Verlauf der Krise leicht an; der Wert ihrer Produktion fiel allerdings, da die Preise zurückgingen, von 13,9 Milliarden RM 1928/29 auf 8,8 Milliarden RM, also um 36,7%.
2. daß das Volkseinkommen und der Bruttoproduktionswert der Landwirtschaft, nicht hingegen der Industrie, in anderen Ländern, vor allem in den USA, noch stärker zurückgingen als in Deutschland. So verlor die landwirtschaftliche Produktion der USA von 1929 bis 1932 53,6% ihres Wertes (gegenüber 36,7% Deutschland), die Industrieproduktion sank um 46% gegenüber 55% in Deutschland und das Volkseinkommen bis 1932 um 52,3%, bis 1933 sogar um 54,7% (gegenüber knapp 40% in Deutschland).
Das noch heute manchmal zu hörende Argument, die Weltwirtschaftskrise habe infolge der Reparationslast Deutschland am härtesten getroffen und mache den Aufstieg der Nationalsozialisten erklärlich, ist also genausowenig stichhaltig, wie die einfache Reduzierung dieses Phänomens auf die wirtschaftliche Not. Denn diese war in Deutschland offenbar bei der Industriearbeiterschaft am größten; der Zuzug zur NSDAP rekrutierte sich in den Krisenjahren jedoch hauptsächlich aus der Landwirtschaft und dem Kleinbürgertum.

Aus: Wolfram Fischer, Die Wirtschaftspolitik des Nationalsozialismus, Hannover 1961, S. 12ff.

6. Das Sparprogramm des Kabinetts Brüning

Zur Deckung des Fehlbetrages im Reichshaushalt von über 700 Millionen RM legte die Regierung Brüning dem Reichstag ein umfangreiches Deckungsprogramm vor, das folgende Vorlagen enthielt:
1. Reichshilfe der Personen des öffentlichen Dienstes von $2^1/_2$% der Bezüge.
2. Zuschlag zur Einkommensteuer von 5% für alle Einkommen über 8000 RM.
3. Ledigensteuer von 10%.
4. Abstriche am Haushalt.
5. Verkürzung der Steuerfristen bei der Zigarettensteuer.
6. Erhöhung der Beiträge zur Arbeitslosenversicherung von $3^1/_2$ auf $4^1/_2$%.
7. Ersparnisse bei der Arbeitslosenversicherung.
8. Vorschlag an die Gemeinden, soweit nötig, neue Steuern einzuführen, und zwar 1. eine Getränkesteuer, 2. eine Bürgersteuer, sog. Kopfsteuer.

Bei der 1. Lesung der Deckungsvorlagen am 7. 7. (30) faßte der sozialdemokratische Abgeordnete Dr. Hertz seine Kritik am Programm der Regierung in den Satz zusammen: „Die Regierungsvorschläge sind von der Absicht geleitet, den Besitz zu schonen" (Schultheß, 71. Bd., 1930, S. 166). Er forderte Ersparnisse beim Wehretat, Pensionskürzungen, die Aufhebung der Subventionen an die Länder, die eventuelle Einführung eines Bierhandelsmonopols, eine schärfere Erfassung der Erbschaftssteuer und eine wesentliche Erhöhung des Zuschlages zur Einkommensteuer. Pläne für eine allgemeine Lohnsenkung lehnte er entschieden ab. In der Debatte am 15. 7. erklärte Brüning: Ich glaube, es ist nicht notwendig, angesichts der gesamtpolitischen Lage und der wochenlangen Verhandlungen hier noch viele Worte zu machen. Das Volk verlangt eine Entscheidung und keine weiteren Reden und Verhandlungen ...

Es ist ganz ausgeschlossen, daß wir in wirtschaftspolitischer und namentlich in kreditpolitischer Beziehung die Entscheidungen über die Deckungsvorlage der Reichsregierung irgendwie aufschieben können. Es gibt keine andere Möglichkeit, als diejenige Form der Deckung zu wählen, die die Reichsregierung vorgeschlagen hat ...

Die Reichsregierung ist der festen Überzeugung, daß sich das hohe Haus dieser seiner Verantwortung trotz aller Schwierigkeiten bewußt sein wird. Es ist eine große Stunde für den deutschen Reichstag gekommen. (Lärmende Zurufe bei den Kommunisten.) Bringt der Reichstag – worauf die Reichsregierung hofft – das notwendige Ausmaß an Verantwortlichkeitsgefühl auf, dann hat er meines Erachtens zur Sicherung des Parlamentarismus und der Demokratie mehr getan als in vielen früheren Jahren zusammen. Demokratie und Parlament werden mehr gesichert durch den Mut zur Verantwortung, auch zu unpopulären Maßnahmen (Aha-Rufe bei den Kommunisten) als durch Gesetze. Aber die Quintessenz für die Macht, den Einfluß und das Ansehen eines Parlaments ist heute wie früher, daß es diesen Mut zur Verantwortung jederzeit aufzubringen in der Lage ist. Die Reichsregierung hat die Hoffnung, daß dieses hohe Haus diese Verantwortung aufbringen wird. Sollte es nicht möglich sein, so muß ich gleich zu dieser Stunde erklären, daß die Reichsregierung dann im Interesse der Demokratie von allen verfassungsmäßigen Mitteln Gebrauch machen wird, die zur Abdeckung des Defizits im Reichshaushalt notwendig sind! (Lebhafter Beifall und Händeklatschen bei den Regierungsparteien.)

Zit. nach Schönbrunn, a.a.O., S. 243

7. Aufruf der Reichsregierung vom 18. 7. 1930

Der Reichstag hat die Mittel verweigert, deren das Reich zur Durchführung seiner Aufgaben bedarf. Die Notverordnungen sind von einer geringen Mehrheit abgelehnt worden, die in sich uneinig und zur Übernahme der Verantwortung nicht fähig ist.

An das Volk ergeht jetzt der Ruf, selbst über seine Zukunft zu entscheiden. Will das deutsche Volk der Reichsregierung versagen, was zur Ordnung der Finanzen, zur Erhaltung der deutschen Wirtschaft und zur Sicherung der sozialen Verpflichtung nötig ist? Das ist die Frage des 14. September.

Die Reichsregierung wird dafür sorgen, daß Reich, Länder und Gemeinden ihre Aufgaben erfüllen können.

Zit. nach Heinrich Bennecke, Wirtschaftliche Depression und politischer Radikalismus 1918–1938, München 1970, S. 82f.

8. Die Septemberwahlen 1930

a) Woher kommen Hitlers 6½ Millionen Stimmen?

Dem Ausland waren die Ausmaße des Hitlerischen Wahlsieges natürlich eine noch größere Überraschung als dem Inland, da es auf ein starkes, wenn auch nicht so starkes Anschwellen der nationalsozialistischen Stimmen gefaßt gewesen war. Die Welt zerbricht sich den Kopf darüber, worauf die Verneunfachung der Hitlerstimmen zurückzuführen ist. Die verschiedensten Deutungen kommen zum Vorschein.

Die Deutschland besonders wohlgesinnte Presse des Auslandes führt vielfach als Hauptgrund die riesige Arbeitslosigkeit an. „Deutschland hat drei Millionen Arbeitslose, sie haben fast sämtlich nationalsozialistisch gewählt. Ergo." So konnte man wörtlich in Paris und anderswo lesen.

Irrtum! Von den drei Millionen Erwerbslosen hat nur ein verschwindend geringer Prozentsatz Hitler seine Stimme gegeben. Diese drei Millionen stellen vielmehr das Gros der kommunistischen Wähler dar. Wenn die KPD von 55 auf 77 Mandate gestiegen ist, so ist das die automatische Rückwirkung der steigenden Arbeitslosigkeit.

Die Arbeitslosen waren also nicht die Hauptwähler Hitlers. Wohl aber ist richtig, daß die Wirtschaftskrisis, deren äußere Symptome die riesenhafte Arbeitslosigkeit ist, die Grundlage des Hitlerischen Sieges war.

Die Hitlerwähler setzen sich aus zwei Kategorien zusammen: einer kleinen Minderheit von Nationalsozialisten, die auf das Hakenkreuz eingeschworen sind, und einer riesigen Mehrheit von Mitläufern. Keine andere deutsche Partei ist so labil wie die nationalsozialistische, d. h. bei keiner anderen ist das Mißverhältnis zwischen Stammkunden und Laufkunden ebenso groß. Sozialdemokratie, Kommunisten, Zentrum, Demokraten, Volkspartei – überall gibt es Schwankungen, recht erheblich vielleicht. Aber bei keiner anderen Partei ist es denkbar, daß eine plötzliche Verneunfachung erfolgt, die vielleicht bei der nächsten Wahl von einer Drittelung abgelöst wird. Die Nationalsozialisten haben ja schon einmal den Wechsel von Hoch und Tief erlebt. Aus den 32 Abgeordneten von 1924 wurden die 12 von 1928. Wieviel werden aus den 107 von 1930 bei den Wahlen von 193? werden?

Das hängt ganz von den Umständen ab. Scheint der deutschen Wirtschaft wieder einmal die Sonne, so schmelzen die Hitlerwähler wie Schnee dahin. Die 6½ Millionen werden ja durch kein inneres Band zusammengehalten. Sie sind zu neun Zehnteln nicht Wähler für, sondern nur Wähler gegen.

Dabei soll nicht verkannt werden, daß Hitler, der ein ausgezeichneter Organisator mit Suggestivkraft ist, über eine ihm blind ergebene Kerntruppe von einigen hunderttausend Mann, meist recht jugendlichen Truppen verfügt . . .

Idealisten mit verwirrtem Kopf und Landsknechte ohne Kopf, insgesamt ein paar hunderttausend Mann, das ist Hitlers Kerntruppe.

Die Millionen der Wähler, die er diesmal mustern konnte, dank der Gunst der Umstände, d. h. dank der Ungunst der Wirtschaftslage, rekrutieren sich aus den verschiedensten Schichten.

Da sind Arbeiter, relativ genommen nicht sehr viele, aber eine Million wird es doch wohl gewesen sein. Es sind Landarbeiter, die sich immer noch vom „gnädigen Herrn" abhängig fühlen und von ostelbischen Granden für Hitler kommandiert wurden. Es sind jene labilen

Elemente, die erst bei den Kommunisten hospitiert haben und sich nun den Nationalsozialisten zuwenden, weil diese sich noch radikaler gebärden. Es sind junge Leute, Friseurgehilfen, Chauffeure usw., die sich etwas Besseres dünken als die Masse der gewerkschaftlich organisierten Fabrikarbeiter.

Da sind Massen von Angestellten, insbesondere aus den Kreisen der deutschnationalen Handlungsgehilfen, die berühmten oder berüchtigten Stehkragenproletarier. Ihr Interesse müßte sie in eine Einheitsfront mit den Arbeitern führen. Aber ihr „Standesgefühl" ist stärker als ihre soziale Einsicht.

Da ist das Gros der Studenten und sonstigen jungen Akademiker. Bei ihnen fällt die antisemitistische Hetzphrase auf besonders dankbaren Boden. Der Jude wird eben als unbequemer Konkurrent empfunden. Sie sind fanatisch nationalistisch. Den Krieg kennen sie nicht. Darum begeistern sie sich für ihn. Sie sind besessen von der Mentalität der Leute à la Scheringer und Ludin.[1]

Da sind bedauerlich viele Beamte. Ihre politische Freiheit verdanken sie ausschließlich der Republik. Aber leider hat ihnen die Republik mit der politischen Freiheit nicht auch zugleich das politische Denken geben können, das ihnen in der Kaiserzeit ausgetrieben worden war. Sie sind ein besonders dankbares Objekt für Demagogen.

Da ist vor allem der große Block des sogenannten selbständigen Mittelstandes. Diese Millionen von Handwerkern, Gewerbetreibenden und Kleinkaufleuten führen seit der nach 1871 einsetzenden großindustriellen Entwicklung einen verzweifelten Kampf um ihre Existenz. Es fehlt ihnen an wirtschaftlicher Einsicht. Darum fallen sie auf jeden Schwätzer herein, der ihnen die Wiederherstellung des „goldenen Bodens" durch Kampf gegen Juden und Warenhäuser, gegen Börse und Gewerbefreiheit verspricht. Einst liefen sie Stoecker und Ahlwardt nach. Heute ist Hitler ihr Prophet.

Die Nationalsozialisten rühmen sich, 34000 Wahlversammlungen abgehalten zu haben. In diesen Versammlungen sprachen sie also: „Wenn wir die Macht bekommen, werden sofort die Youngzahlungen eingestellt. Dadurch erspart das Deutsche Reich 1700 Millionen Reichsmark jährlich. Diese Ersparnis wird dazu verwendet, um die Steuern herabzusetzen. Die Gewerbesteuer wird aufgehoben. Rechnet euch selbst aus, was das für jeden einzelnen ausmacht! Wählt ihr nun lieber die Young-Parteien, die den Tribut weiter entrichten wollen, oder uns, die wir das deutsche Volk von seinen Unterdrückern und den Mittelstand von seinen Steuern befreien wollen?"

Das war Honig. Da jauchzten die Mittelständler. Diese armen Seelchen haben ja keine Ahnung von den Zusammenhängen der Weltwirtschaft und von den Grundlagen der Weltpolitik. Ihnen ging das nationalsozialistische Hexen-Einmaleins glatt auf. Ein Rechenexempel in der Klippschule.

Das ist das erschütternd Trostlose an dem Wahlergebnis vom 14. September, daß die Welt sehen muß, wieviel Millionen politische Analphabeten es noch in Deutschland gibt.

Die Millionen der Hitlerwähler sind nicht etwa ebenso viel Millionen zum Revanchekrieg entschlossener Teutonen. Sie denken gar nicht daran, ihr Blut riskieren zu wollen. Sie möchten nur ihr Gut wahren, und sie bilden sich ein, die nationalsozialistische Sackgasse sei der Weg in die Steuerfreiheit.

Das ist beruhigend – für das Ausland – und höchst beunruhigend für das Inland. Denn wie

[1] Offiziere der Ulmer Garnison, die – einem Erlaß des Reichswehrministeriums zuwider – innerhalb ihrer Truppe für die NSDAP geworben hatten und deshalb ab dem 23.9.1930 vor dem Reichsgericht in Leipzig angeklagt wurden.

soll irgendeine Regierung vernünftig Politik machen mit Millionen von Wählern, die noch nicht einmal das politische ABC kapiert haben? *H. v. Gerlach*

Aus: „Die Welt am Montag", 6. Oktober 1930, Nr. 30; zit. nach H. Bennecke, a. a. O., S. 345 ff.

b) Das Wahlergebnis vom 14. 9. 1930 und seine Folgen

Der Erfolg der Nationalsozialisten und Kommunisten wies nach, wie tief das Vertrauen in die bestehende Ordnung erschüttert war, wie stark die Mißstimmung um sich gegriffen hatte.

Die NSDAP konnte vornehmlich jene Teile der Mittelschicht für sich mobilisieren, die sich mit der marxistischen Opposition nicht identifizieren wollten, die wegen ihrer ungefestigten wirtschaftlichen Lage und wegen ihrer teilweise genuinen politischen Labilität besonders anfällig für den nationalen Radikalismus in Krisenzeiten waren. Auch gelang es den Nationalsozialisten, viele bäuerliche Wähler an sich zu ziehen.

Bedeutenden Zuzug erhielt die nationalsozialistische Bewegung ferner von den eigentlichen „Unpolitischen" und den jungen Wählern, die auf nichts festgelegt waren und sich deshalb am meisten von der Propaganda beeindrucken ließen. Aufgestört durch die Verschlechterung der wirtschaftlichen Lage, waren über drei Millionen mehr Menschen zu den Wahlurnen gegangen; Menschen, die sich sonst vom politischen Getriebe aus Mangel an Urteilsfähigkeit oder aus Trägheit ferngehalten hatten. Die jungen Leute, in der Mehrzahl allenfalls mit dem Buchstaben der Verfassung vertraut, ließen sich wohl vor allem vom Schwung und von der dynamischen Aktivität der Nationalsozialisten beeindrucken. Sie, die angesichts der um sich greifenden Arbeitslosigkeit wenig Gutes zu erwarten hatten, lockte die Vorstellung eines „Dritten Reiches", mit dem ein neues Zeitalter anbrechen sollte. Die Nationalsozialisten hatten sich andererseits mit allen Kräften bemüht, ihre Chancen wahrzunehmen. Ihre Propaganda, nun nicht mehr durch Verbote und Redeeinschränkungen behindert, konnte das jahrelang in kleinem Rahmen Erprobte mit Erfolg in großem Kreise anwenden. Die Vehemenz und Massierung der nationalsozialistischen Veranstaltungen, die überlegte Anwendung technischer Mittel war einzigartig. Das Flugzeug z. B. trug Hitler kreuz und quer durch Deutschland, und Tag für Tag sprach er drei- bis viermal auf Massenkundgebungen. Gegenüber den Ausbrüchen seines Temperaments wirkten die rechthaberischen Ansprachen Hugenbergs geradezu altväterisch und erschien Brünings stille und zurückhaltende Darbietung seiner Sanierungspläne hoffnungslos weltfremd und gelehrtenhaft.

Zum erstenmal verfügte die NSDAP auch über einen Wahlfonds, mit dem sie ihre Werbemaschine pausenlos in Bewegung halten konnte. Ihr Stil der Agitation war sehr kostspielig, was nicht allein durch die Beiträge ihrer Anhänger finanziert wurde. Zweifellos sind ihnen diesmal namhafte Summen zugeflossen. Von einigen Großindustriellen wie Emil Kirdorf, Fritz Thyssen und anderen ist bekannt, daß sie nicht unbedeutende Beträge beisteuerten.

Nicht ganz so sensationell wie das Heraufschnellen der für die Nationalsozialisten abgegebenen Stimmen von 810100 auf 6409600 war der Zuwachs bei den Kommunisten. Immerhin gewannen sie rund 1300000 Stimmen, und ihre Reichstagsfraktion vergrößerte sich auf 77 Abgeordnete. Viele der arbeitslosen Arbeiter ließen sich offenbar durch die Not wiederum radikalisieren. Ein guter Teil der Wähler mochte von der SPD hinübergewechselt sein, aus Protest gegen deren Zickzackkurs unter dem Kabinett Müller.

Der Wahlausgang setzte die politische Krise fort. Im Reichstag saßen jetzt zu zwei Fünfteln

Abgeordnete, die sich offen mehr oder weniger als Staatsfeinde bekannten (NSDAP, DNVP, KPD = 39,1%). Nur eine Kombination von der gemäßigten Linken bis zur gemäßigten Rechten (SPD, Staatspartei, Zentrum, BVP, DVP, Wirtschaftspartei, Splittergruppen der gemäßigten Rechten) hätte eine Basis für eine parlamentarisch gesicherte Regierung ergeben (= 56,1%). Es war aber weiterhin ganz unwahrscheinlich, daß eine Verständigung über eine solche Verbindung zustande kommen würde. Der Graben zwischen den Sozialisten und den Bürgerlichen und gar den Nationalen unter ihnen war zu breit. Die neue Regierung, gleich welcher Zusammensetzung, mußte wieder ein Minderheitskabinett sein und versuchen, mit wechselnden Mehrheiten oder mit Tolerierungen zu operieren, während das Land immer weiter in den Strudel der Weltwirtschaftskrise hineingezogen wurde.
Denn nicht zuletzt der Ausgang dieser Wahl bewirkte, daß die ausländischen Geldgeber über die plötzlich zutage getretene Labilität der inneren Verhältnisse in Deutschland erschraken und überstürzt ihre kurzfristigen Kredite zurückzogen. Die Reichsregierung sah sich plötzlich neuen unerhörten Geldanforderungen gegenüber: Vor allem Länder und Gemeinden benötigten schnelle Kapitalhilfen, um dem Bankerott zu entgehen.

Aus: Karlheinz Dederke, a.a.O., S. 228f.

9. Wirtschaftlicher Sparkurs und die Außenpolitik

(Brünings Rede vor dem Reichsausschuß des Zentrums am 5. 11. 1931)

Ich werde mich bis zum letzten dagegen wehren, irgendeine inflatorische Maßnahme irgendeiner Art zu treffen, und zwar nicht nur aus Gerechtigkeit, nicht nur zum Schutze der Schwachen, sondern weil ich der Ansicht bin, daß die ehrliche Bilanz in der deutschen Wirtschaft trotz aller Bitternisse wiederhergestellt werden muß und daß jeder Versuch und jedes Verlangen nach inflatorischen Maßnahmen letzten Endes nur den Zweck haben kann, diesen Prozeß der klaren Bilanz der gesamten deutschen Wirtschaft zuschanden zu machen und wiederum einen Schleier über die Fehler der Vergangenheit zu ziehen. Erfolge in der Außenpolitik sind um so eher zu erreichen, wenn wir die Bilanz der deutschen Finanzen und der deutschen Wirtschaft klar und ehrlich jedermann in der Welt zur Einsicht vorlegen. Das ist die stärkste und durchschlagendste Waffe, die die Reichsregierung haben konnte, und diese Waffen zu schmieden, war die Aufgabe des ersten Jahres der Tätigkeit dieser Reichsregierung. Das hat dazu geführt, daß die Frage der Reparationen durch die Öffentlichkeit in der ganzen Welt ohne Ausnahme völlig anders beurteilt wird als in früheren Jahren. So muß es auch nach innen sein. Viele soziale und berufliche Spannungen würden nicht die Schärfe angenommen haben, auch der politische Radikalismus würde nicht so hoch gekommen sein, wenn man früher gewisse Heilungsprozesse betrieben und in der Privatwirtschaft wie in der öffentlichen Wirtschaft das Messer des Chirurgen rechtzeitiger und radikaler angesetzt hätte.

Zit. nach Andreas Hillgruber, Die Auflösung der Weimarer Republik, in: Walter Tormin: Die Weimarer Republik, a.a.O., S. 206f.

10. Brünings Rede vor der Auslandspresse vom 28. 5. 1932

Obgleich der deutsche Reichskanzler mit der Bemerkung begann, daß er allein „zu innerdeutschen Problemen Stellung nehmen“ wolle, war klar, daß Brüning, der zugleich deut-

scher Außenminister war, mit seiner Rede außenpolitische Absichten verband. Neue Reparationsverhandlungen standen bevor, und Presse und Diplomaten des Auslandes sollten auf die außerordentlichen wirtschaftlichen Schwierigkeiten Deutschlands eindringlich hingewiesen werden: „Das fundamentale Problem, das uns – fast wörtlich genommen – Tag und Nacht beschäftigt, ist das Problem der Arbeitslosen." Diese „neue Plage der Menschheit" habe Deutschland mit einer „unheimlich drückenden Schwere" getroffen. Unter den 6 Millionen Arbeitslosen, „deren Geschick die gleiche Anzahl von Angehörigen" teile – also insgesamt ein Fünftel des deutschen Volkes – befänden sich zwei Millionen – also zwei Drittel der Arbeitslosen – die jünger als 25 Jahre seien. Das bedeute, daß diese jungen Menschen, „die das Leben vor sich haben", keine Arbeitsstätten finden könnten. Seine Zuhörer fragte der deutsche Reichskanzler: „Wundert Sie, meine Damen und Herren, daß in den Herzen und Sinnen dieser Jugendlichen ein Radikalismus aufquillt, der nur von Untergang und der Zerschlagung alles Bestehenden Besserung erwartet und auf ihn ihre triebmäßigen Hoffnungen setzt?"
Zudem sei die Höhe der Unterstützung der Arbeitslosen innerhalb von vier Jahren „pro Unterstützungsempfänger mit Familienzuschlägen" von annähernd 90 Mark monatlich auf fast die Hälfte, „etwa 50 Mark zurückgegangen". Dieser Satz stelle, angesichts der Notwendigkeit, „daß damit alle Ausgaben auch der Wohnung usw. bestritten werden müssen, in unserem Klima und bei den Lebensbedingungen in Deutschland einen erschreckenden Tiefstand dar." Die Schlußfolgerung aus diesen bedrückenden Umständen lautet: „Bei einem gewissen Tiefstand der Lebenshaltung verschwindet (mit) psychologischer Zwangsläufigkeit die Geneigtheit, irgendwelcher Belehrung, irgendwelcher Argumente der Staatspolitik oder der Vernunft zugänglich zu sein."

Zit. nach Heinrich Bennecke, a. a. O., S. 75 f.

11. Wahlplakat der NSDAP für die preußische Landtagswahl am 24. 4. 1932

Hältst Du den Hunger für notwendig?
Du hast Dich vielleicht schon drein gefunden?
20 Millionen Deutsche hungern ja mit – aber für die Kinder wäre es vielleicht doch besser, sie hätten mehr Milch, und man könnte ein kräftiges Essen kochen? Morgen gehst Du wieder zum Arbeitsamt und stempeln. Sonst hast Du morgen nichts zu tun. –
Du bekommst ja immer neue Genossen. Seit die Regierung Brüning im Amt ist, haben die Arbeitslosen um vier Millionen zugenommen. Glaubst Du, daß sie abnehmen werden, ohne daß man die Methoden ändert?
Draußen auf den Feldern wächst das Brot. Aber der Bauer kann das Korn nicht mehr verkaufen. Er ist arm geworden und läßt den Acker brach liegen. – Warum, wozu? – Du hättest gerne das Brot, das Fleisch, die Milch . . .
Du würdest gerne dafür arbeiten. Der Bauer auch, wenn er es verkaufen könnte. Aber zwischen Euch steht eine unsichtbare Mauer. Jede Notverordnung ist ein Stein, der sie höher baut. Morgen wird die Not größer geworden sein.
Und dabei trägt der deutsche Boden fast alles, was wir brauchen. Man könnte dafür sorgen, daß in wenigen Jahren die deutschen Ernten für das ganze Volk reichen würden und daß keine Milliarden für Lebensmittel mehr ins Ausland gehen. Warum tut man das eigentlich nicht?

In den deutschen Bergwerken liegen die Kalisalze, die der Bauer zum Düngen braucht. Die Schächte liegen still, die Bergarbeiter stempeln. Auf den Wiesen und Äckern ist zuviel Wasser. Man könnte sie dränieren.
Aber die Arbeiter gehen stempeln und die Unternehmer pleite. Warum eigentlich?
Es ist alles da, was wir brauchen: Der Boden, der das Brot trägt, die Hände, die arbeiten, die Maschinen, die in Fülle alles erzeugen könnten, was wir brauchen.
Warum setzen wir uns hin und hungern?
Die Steine liegen da für Häuser. Im Wald verfault das Holz. Wir aber wohnen in elenden Löchern und stempeln.
Glaubst Du noch, daß das alles so sein muß? Dann geh hin und wähl' diejenigen, deren Art zu regieren das Elend nicht geändert und jährlich vergrößert hat.
Hast Du noch einen Funken Hoffnung, dann wähle Nationalsozialisten! Denn sie sind der Ansicht, daß sich das alles ändern läßt.
Was sagt Adolf Hitler darüber? – Gar nichts! – Adolf Hitler würde etwas tun! Er würde nicht stillsitzen und warten, bis es dem Ausland wieder gefällt, Geld zu pumpen! „Im Anfang war nicht das Geld, sondern die Tat!" Nicht das Geld schafft die Arbeit, sondern die Arbeit schafft das Geld! Es muß endlich mit dem Standpunkt gebrochen werden, daß Nichtstun billiger sei, als Arbeiten, weil Arbeiten Geschäftsunkosten macht.
Was Adolf Hitler tun würde, ist vorbereitet und fertig. Er wartet auf den Tag, an dem auch Du Dich für ihn entscheidest, damit er helfen kann.
Mach mit am Aufbau! Leg' Hand an!
Du magst bis heute gewesen sein, was Du willst, in unseren Reihen bist Du Bruder und Volksgenosse.
Hast Du aber keine Hoffnung mehr, dann bleib mit Deinen Kindern im Elend.
Morgen wird es wieder größer geworden sein.
Die Nationalsozialisten können helfen!
Die Nationalsozialisten wollen helfen!
Aber Du mußt ihnen die Macht dazu geben!
Deshalb wählt Nationalsozialisten (Hitlerbewegung) – Liste 8.

Zit. nach H. Bennecke, a.a.O., S. 354f.

12. Hitlers Ablehnung durch Hindenburg am 13. 8. 1932

Der Herr Reichspräsident eröffnete die Besprechung damit, daß er Herrn Hitler erklärte, er sei bereit, die nationalsozialistische Partei und ihren Führer Hitler an der Reichsregierung zu beteiligen, und würde ihre Mitarbeit willkommen heißen. Er richtete nunmehr an Herrn Hitler die Frage, ob er bereit sei, sich an der gegenwärtigen Regierung von Papen zu beteiligen. Herr Hitler erklärte, aus den Gründen, die er heute vormittag bereits dem Herrn Reichskanzler ausführlich dargelegt habe, käme für ihn eine Beteiligung und Mitarbeit an der bestehenden Regierung nicht in Frage. Bei der Bedeutung der nationalsozialistischen Bewegung müsse er die Führung einer Regierung und die Staatsführung in vollem Umfange für sich und seine Partei verlangen.
Der Herr Reichspräsident erklärte hierauf mit Bestimmtheit, auf diese Forderung müsse er mit einem klaren, bestimmten „Nein" antworten. Er könne es vor Gott, seinem Gewissen und dem Vaterlande nicht verantworten, einer Partei die gesamte Regierungsgewalt zu

übertragen, noch dazu einer Partei, die einseitig gegen Andersdenkende eingestellt wäre. Es sprächen hiergegen auch eine Reihe anderer Gründe, die er nicht einzeln ausführen wolle, wie die Besorgnis vor größeren Unruhen, die Wirkung für das Ausland usw.
Herr Hitler wiederholte, daß für ihn jede andere Lösung ausgeschlossen wäre.
Der Herr Reichspräsident bemerkte hierauf: Sie werden also dann in Opposition gehen?
Hitler: Es bleibt mir jetzt nichts anderes übrig . . .

Aus der Aufzeichnung des Staatssekretärs Meißner, zit. bei K. H. Dederke, a. a. O., S. 252f.

13. Die innenpolitische Situation nach dem Sturz Schleichers
(Leitartikel in der Frankfurter Zeitung am 29. 1. 1933)

Während die Bestellung eines neuen einseitig parteipolitisch orientierten und diktaturbereiten Präsidialkabinetts (sei es mit, sei es ohne nationalsozialistische Mitwirkung) von der großen Volksmehrheit als eine unerhörte Provokation empfunden würde, deren Folgen außerordentlich ernst sein könnten, ließe sich vom Standpunkt der Demokratie prinzipiell gegen ein Mehrheitskabinett oder gegen ein durch Tolerierung mit einer parlamentarischen Mehrheit versehenes Kabinett an sich nichts einwenden: das wäre ja eine Lösung, die während des ganzen Jahres vom Reichspräsidenten auch für die Person des nationalsozialistischen Führers gutgeheißen wurde, die aber damals nicht zustande kam, weil Herr Hitler nicht wollte. Nur bleibt die Frage: Wer garantiert dabei die Einhaltung der Verfassung, wer garantiert, daß Herr Hitler wieder abgeht, wenn er gestürzt wird? Niemand hätte deshalb schon im damaligen Zeitpunkt den Reichstag oder die beteiligten Parteien um ihre Verantwortung beneidet. Unter den heutigen Umständen aber ist das Experiment zweifellos sehr viel gefährlicher. Damals wäre die NSDAP sozusagen in die Schleichersche Wolle verpackt worden, und wir wären sicher gewesen, daß Herr von Schleicher die Reichswehr, um die er besorgt war, sehr vorsichtig abseits gehalten hätte. Herr Hitler hat inzwischen alles getan, um diesen Mann, der jahrelang eine außerordentlich starke Position hatte, loszuwerden. Nun ist er ihn losgeworden. Daraus gibt sich ein außerordentlich großer Unterschied im Vergleich zur damaligen Lage.

Zit. nach A. Hillgruber, a. a. O., S. 249

II. Der europäische Faschismus: Italien und Deutschland

Übersicht[1]

1919	März: Mussolini, der seine politische Laufbahn als Chefredakteur der wichtigsten sozialistischen Tageszeitung, des „Avanti", begonnen hat und in den Anfangsmonaten des Ersten Weltkriegs in das Lager der revolutionär-nationalistischen Interventionisten überwechselte, gründet in Mailand die – zumeist aus arbeitslosen Kriegsteilnehmern bestehenden – Kampfbünde (fasci di combattimento), die ersten und entscheidenden Formationen der faschistischen Bewegung. Sie entfalten – von einem

[1] Für die Deutschland betreffenden einschlägigen Daten und Fakten wird auf die Übersichten der Abschnitte II/1–II/3 verwiesen.

	„Durst nach Handeln um jeden Preis fortgerissen" (F. L. Carsten) – einen bewaffneten Terror gegen die sozialistische und katholische Arbeiterbewegung. Auch treten sie in den Dienst der großagrarischen Grundbesitzerschaft bei deren Auseinandersetzung mit den sozialistischen Bauernmassen.
1921	Mai: Mussolini verfügt nach Beteiligung seiner „fasci" an den Parlamentswahlen über einen Block von 35 Abgeordneten. Dieser Erfolg verändert jedoch den Charakter der Bewegung, die jetzt erheblichen Zuzug aus dem kleinen und mittleren Bürgertum gewinnt. Das „geheime Einverständnis" (W. Schieder) bei Polizei, Bürokratie und Heer ermuntert die straff geführte Partei Mussolinis zu ständigen Demonstrationen und Provokationen gegenüber der staatlichen Autorität.
1922	Oktober: Im Anschluß an der „Marsch auf Rom", einer bewaffneten faschistischen Erhebung gegen den liberalen Staat, beauftragt König Vittorio Emmanuele III. Mussolini mit der Bildung einer neuen Regierung. Dabei beugt sich der Monarch der weitverbreiteten politischen Überzeugung, daß nur der Ruf in die Verantwortung die Faschisten von ihren subversiven Anschlägen abbringen könne. Mussolini scheint bereit, sich dieser Zähmungsstrategie zu unterwerfen, indem er Nationalisten, Liberale und Demokraten in sein Kabinett aufnimmt.
1924	April: Bei den Parlamentswahlen erringen die Faschisten im Bündnis mit den Liberalen die absolute Mehrheit.
1925	Januar: Mussolini, der sich der Unterstützung konservativer Kreise und der Kirche erfreut, widersetzt sich mit Erfolg den nach einer „zweiten Welle der faschistischen Revolution" verlangenden proletarischen Elementen innerhalb der Bewegung. Auch gelingt es ihm, die Koalitionsregierung durch die Alleinregierung seiner Partei abzulösen. Oktober: An die Stelle der Einzelgewerkschaften treten faschistische Syndikate als die einzig legitimen Vertretungen aller Arbeitnehmer, die ihnen zwangsweise angehören müssen. Sie lehnen Streiks und jede klassenkämpferische Aktivität ab, eine Haltung, die als „die Verwirklichung der sozialen Gerechtigkeit durch den Staat" interpretiert wird. Dezember: Das parlamentarische System wird endgültig zerschlagen: Mussolini als Regierungschef (capo del governo) ist allein dem König (capo dello stato) verantwortlich. Alle gesetzgeberischen Initiativen bedürfen, ehe sie im Parlament behandelt werden können, seiner Zustimmung.
1926	November: Das „Gesetz zur Verteidigung des Staates" verbietet alle oppositionellen Parteien und Organisationen, die bereits zuvor aller ihrer publizistischen Möglichkeiten beraubt wurden. Verstöße dagegen fallen in die Zuständigkeit eines aus Laienrichtern bestehenden Sondergerichtshofs, gegen dessen Urteile keine Revision möglich ist.
1927	April: Der Faschistische Großrat erläßt eine Arbeitsverfassung (Carta del Lavoro), die die Stellung der Unternehmer auf Kosten der Arbeitnehmer stärkt und die wirtschaftliche Privatinitiative als „im Interesse der Nation liegend" bezeichnet.
1928	Dezember: Der Faschistische Großrat, dem die Regierungsmitglieder und die höchsten Parteifunktionäre angehören, wird durch Gesetz zum „höchsten Organ" erklärt. Er soll „die Einheit von Partei und Staat" auf höchster Stufe darstellen. Mussolini vereinigt – abgesehen von mehreren Ministerämtern – die wichtigsten Funktionen im Staat in seiner Hand: Ministerpräsident, Duce der Partei und Oberbefehlshaber der faschistischen Miliz.

Einführung in die Arbeitsthemen

Geschichts- und Gesellschaftswissenschaft haben sich schwer daran getan, dem Phänomen des Faschismus von einem generellen und umfassenden Ansatz her auf die Spur zu kommen. Die Internationalität der faschistischen Bewegungen und die Besonderheiten der jeweiligen nationalen Ausprägung in Entstehung, Etablierung und Herrschaftspraxis schienen sich einer Generalisierung, einer allgemeinen Theorie, zu widersetzen. So ist auch nicht selten argumentiert worden.

Auf der anderen Seite wiederum waren die parallelen Elemente nicht zu übersehen, war es „widersinnig, die Einheit eines Phänomens zu leugnen, das so tief in den Grundzügen der Epoche angelegt ist" (Ernst Nolte). Auch erwies es sich auf Dauer als unumgänglich, sich einer geschichtlichen Erscheinung zu stellen, die historisches und individuelles Schicksal von Millionen hatte identisch werden lassen und deren Nachwirkungen das Gesicht unserer Welt bestimmen.

Bei diesen Bewältigungsversuchen traten vornehmlich drei Frageansätze in den Vordergrund:

1. Unter welchen gesellschaftlichen Bedingungen entstehen faschistische Bewegungen?
2. Welche Funktion erfüllt der Faschismus?
3. Welche Ideologie und Organisationsform besitzen faschistische Systeme?

Wenngleich im Blick auf die Fülle der unterschiedlichen, positionsbedingten und – notwendigerweise – ausschnitthaften Deutungen, die so alt sind wie das Phänomen selbst (oder wie es Ernest Mandel formuliert hat: „Für kein neues gesellschaftliches Phänomen der modernen Zeit ist die Simultaneität von Erscheinung und Versuch der Erkenntnis so frappant wie für den Faschismus"), der phänomenologische Ansatz gegenüber dem genetischen und dem funktionalen Zugriff dominiert, erscheinen sie fast durchweg kombiniert. Dabei ist das Erkenntnisinteresse vornehmlich auf die Feststellung der parallelen Elemente gerichtet, die sowohl die konstitutiven Voraussetzungen als auch die Strukturen des Herrschaftssystems betreffen.

Zu den wichtigsten Gleichläufigkeiten sind neben der zeitlichen Kongruenz und der räumlichen Erstreckung – in der Phase nach dem Ersten Weltkrieg entstanden in fast allen europäischen Staaten faschistische Bewegungen – die vorbehaltlose Ablehnung der parlamentarischen Demokratie und die Verketzerung der politischen Theorie des Marxismus zu rechnen. Kennzeichnend sind ferner ein betonter Nationalismus und ein programmatischer Antikapitalismus. Diese programmatische Festlegung hinderte jedoch nicht an einer beiderseits förderlichen Kooperation mit den jeweiligen Exponenten des kapitalistischen Systems. Diese Sachlage sollte allerdings auch davor bewahren, in den faschistischen Bewegungen willenlose Befehlsempfänger des Monopolkapitals zu erblicken.

Eine bemerkenswerte Übereinstimmung der faschistischen Bewegungen ist außerdem in der soziologisch und politisch aufschlußreichen Tatsache zu erkennen, daß sie ihre Anhängerschaft überwiegend aus den Mittelschichten rekrutierten. Auf deren Anti-Haltungen war der Faschismus geradezu programmiert.

Der Umstand, daß typisch-faschistische Regime sich in Italien und Deutschland etablieren und die Staatsgewalt usurpieren konnten, darf nicht darüber hinwegtäuschen, daß sich in allen europäischen Ländern extrem nationalistische, in ihren politischen Intentionen sich berührende Splittergruppen formierten. Ob es sich um die Bildung einer paramilitärischen Partei, um die Proklamierung des Führerprinzips und die Monopolisierung der Macht oder um die Absicht der Gleichschaltung und der imperialistischen Expansion handelt – stets werden hier Momente sichtbar, die in die Substanz des Faschismus überhaupt hineinreichen und ihn als Gegenbewegung ausweisen.

II/1 Voraussetzungen und Selbstverständnis des Faschismus

Arbeitsthemen

1. *Durch welche Momente der Krisensituation nach dem Ersten Weltkrieg ist die Entstehung des Faschismus zu erklären? (Nr. 1 a)*
2. *Inwiefern bestätigt das Programm der Fasci di combattimento Mussolinis Selbstinterpretation der faschistischen Bewegung: „Wir unterscheiden uns unwiderruflich von allen sozialistischen Sekten, da wir jeden wie immer gearteten Internationalismus ablehnen"? Welche Schichten sollen mobilisiert, welche bekämpft werden? (Nr. 1 b)*
3. *Welchen Anspruch erhebt die faschistische Partei generell gegenüber ihren Mitgliedern? Nach welchem Organisationsprinzip ist sie strukturiert? Wie verläuft bei ihr die Willensbildung? (Nr. 1 c)*
4. *Wie definiert der Faschismus den von ihm reklamierten Freiheitsbegriff? Wie sieht er das Rollenverhältnis zwischen Individuum und Staat? Worauf basiert die radikale Ablehnung des Friedens? Inwiefern versteht er sich als die große Alternative? (Nr. 2)*
5. *Mit welchen Argumenten empfiehlt Hitler in der erst 1972 aufgefundenen Broschüre für Industrielle aus dem Jahre 1927, dem Höhepunkt der Prosperität, die NS-Bewegung als rettendes Allheilmittel? (Nr. 3)*
6. *Worin sieht Hitler die entscheidenden politischen Zielsetzungen der nationalsozialistischen Bewegung? (Nr. 4)*
7. *Wodurch ist nach Goebbels das Verhältnis von nationalsozialistischem Staat und systemkonformer Kunst bestimmt? (Nr. 5)*
8. *Worin sieht Goebbels die historischen Verdienste des Faschismus? Wie erklärt er den paradoxen Anspruch des Faschismus, antipazifistisch und friedensstiftend zugleich zu sein? Wodurch ist das Verhältnis des Faschismus gegenüber der liberalen Demokratie gekennzeichnet? Inwiefern versteht sich der Faschismus als Antimarxismus? (Nr. 6)*
9. *Welche erzieherische Aufgabe schreibt Hitler dem NS-System zu? Wieweit läßt er einen religiösen Anspruch gelten? Wie deutet er den usurpierten Demokratie-Begriff um? (Nr. 7)*

Materialien

1. Zu den Voraussetzungen des Faschismus

a) Über die Entstehung des Faschismus

1. Der Faschismus war überall unmittelbar eine Folge des 1. Weltkriegs. Seine ersten Anhänger waren in der überwiegenden Mehrzahl ehemalige Frontsoldaten, die der Ausgang des Krieges in eine elementare Existenzkrise geführt hatte. Für die Massen der demobilisierten Frontkämpfer stellte sich in allen europäischen Ländern das Problem ihrer sozialen und wirtschaftlichen Rückgliederung in eine inzwischen veränderte, stärker funktionalistische Arbeitsgesellschaft. In den Ländern, in welchen (wie in Deutschland) das Industrie- und Arbeitspotential für eine rasche Integration der zurückgekehrten Soldaten zunächst nicht ausreichte oder in denen (wie in Italien) diese auf eine solche Eingliederung nicht vorbereitet waren, weil sie wirtschaftlich zurückgebliebenen, vor allem agrarischen Schichten entstammten, spitzte sich die Lage eines Teiles der Demobilisierten besonders

kritisch zu. Die daraus resultierende Unruhe verstärkte sich, wo infolge der militärischen Niederlage (wie vor allem in Deutschland, Österreich und Ungarn) oder eines als *verloren* empfundenen Sieges (wie in Italien und z. T. in Rumänien) nationale Spannungen hervortraten, sei es infolge unbefriedigter nationaler Wünsche oder infolge territorialer oder kolonialer Einbußen. Die enttäuschten Massen der heimgekehrten Soldaten reagierten in diesen Ländern mit der Fortsetzung des Kriegs auf eigene Rechnung (deutsche Freikorps in Ostpreußen und Oberschlesien; österreichische Heimwehr in der Steiermark und in Kärnten; G. D'Annunzios Handstreich in Fiume).

Die soziale Entwurzelung und nationale Enttäuschung waren der Nährboden für den Faschismus. Die frühen faschistischen Bewegungen setzten den Krieg als Bürgerkrieg fort. Äußeres Merkmal dafür ist die militärische Organisationsweise aller faschistischen Bewegungen (z. B. *Milizia Volontaria* in Italien, *Eiserne Garde* in Rumänien, *SA* in Deutschland, *Rodna zaštita* in Bulgarien).

2. Wie man die Entstehung des Faschismus auch immer beurteilen mag, auf jeden Fall muß sie mit den ökonomischen und sozialen Wandlungen in Zusammenhang gebracht werden, welche die kapitalistische Industriegesellschaft seit Anfang des Jahrhunderts durchmachte und die ihre kritischen Höhepunkte in der ersten Nachkriegszeit und in der Weltwirtschaftskrise 1929 bis 1934 erreichten. Diese Veränderungen haben vor allem jene Schicht in einen tiefgehenden materiellen und moralischen Umwälzungsprozeß verwickelt, die am wenigsten darauf vorbereitet war: den kleinbürgerlich-bürgerlichen Mittelstand. Der Faschismus muß auf dem Hintergrund der ökonomischen und psychologischen Krise gesehen werden, welche dieser Vorgang innerhalb des gesamten Mittelstandes hervorrief. Sein Erscheinen zeigte nicht die Kampfansage einer Klasse gegen eine andere an, er war vielmehr Ausdruck der Auseinandersetzung, welche die mittleren Schichten vorübergehend gleichzeitig gegen den Kapitalismus und gegen den Sozialismus zu führen suchten. Im Augenblick seines Entstehens war der Faschismus tendenziell sowohl antikapitalistisch wie antisozialistisch eingestellt.

Die doppelte Frontstellung ließ sich in der praktischen Politik allerdings nirgendwo aufrechterhalten; der Faschismus mußte sich für eine der beiden Seiten entscheiden. Das konnte aber nur nach *rechts* sein, da eine Verständigung des Faschismus mit dem Sozialismus oder Kommunismus aus prinzipiellen Gründen ausgeschlossen war. Der Faschismus verband sich unter den verschiedensten Bedingungen mit dem konservativen und liberalen Besitzbürgertum, dem Militär und den Kirchen zu einer Allianz gegen den Sozialismus, sowohl in dessen bolschewistischer wie in dessen sozialdemokratischer Form. Mussolini wie Hitler schafften den politischen Aufstieg, weil sie sich einem beunruhigten Bürgertum als Retter vor der „roten Gefahr" anboten. Die antikapitalistische Frontstellung trat demgegenüber zurück. Industrielle und agrarische Grundbesitzer konnten die faschistische Initiative nachträglich für sich ausnützen.

3. Der Faschismus entwickelte sich auf dem Boden des bürgerlich liberal-demokratischen Staates. Sein Aufstieg hängt mit der Krise des parlamentarischen Regierungssystems in Europa zusammen. Er war aber weniger Ursache als Ausdruck dieser Krise, die teils eine Wachstums-, teils eine Alterskrise war. Der Krieg hatte den elementaren politischen Demokratisierungsprozeß, der seit dem Ende des Jahrhunderts mit dem Aufkommen großer sozialistischer und katholischer Parteien eingeleitet worden war, stark beschleunigt. In Ländern, in denen nicht eine längere demokratische Tradition oder institutionelle Vorbe-

reitung den Weg in das von Massenbewegungen bestimmte Zeitalter der Industriegesellschaft ebnete, kam es dadurch zu einer verbreiteten Ablehnung des parlamentarisch-demokratischen Systems überhaupt, die stimmungsmäßig dem Faschismus außerordentlich dienlich war. Die Faschisten haben unter den Bedingungen der parlamentarischen Demokratie nirgendwo in Europa die Mehrheit der politischen Bürgerschaft eines Volkes für sich gewinnen und aus eigener Kraft an die Macht kommen können. In freien Wahlen erreichten sowohl der italienische Faschismus wie der deutsche Nationalsozialismus – noch nach ihrer Machtergreifung – nur durch eine Koalition mit nationalistischen, katholischen und rechtsliberalen Parteien zusammen mit diesen die Mehrheit der Stimmen (Wahlen vom 6. 4. 1924 in Italien und vom 5. 3. 1933 in Deutschland). Aber sie hatten überall dort Erfolg, wo sie auf die geheime oder offene Sympathie und Unterstützung konservativer und nationalistischer Grundbesitzer sowie militärischer und kirchlicher Kreise rechnen konnten, wie dies vor allem in Italien, Deutschland und Spanien der Fall war.

Aus: Wolfgang Schieder, Faschismus, in: Sowjetsystem und demokratische Gesellschaft, hrsg. von C. D. Kernig, Bd. 2, Freiburg 1968, Sp. 440ff.

b) Aus dem Programm der Fasci di combattimento (August 1919)

Italiener! Dies ist das nationale Programm einer durch und durch italienischen Bewegung. Es ist revolutionär, weil es antidogmatisch und antidemagogisch ist; es ist ein Programm der Erneuerung, weil es sich gegen alle Vorurteile wendet. Wir stellen die Vollendung der Ergebnisse des revolutionären Krieges über alles und alle. Die anderen Probleme, nämlich die Fragen der Verwaltung, der Rechtsprechung, Erziehung, der Kolonien usw. werden wir umreißen, wenn wir die neue führende Klasse geschaffen haben werden.

Daher fordern wir im Hinblick auf die politischen Probleme:
a) Allgemeines Wahlrecht auf Grund regionaler Listen und mit proportionaler Vertretung. Wahlrecht und Wählbarkeit der Frauen.
b) Herabsetzung des Mindestalters für die Wähler auf 18 Jahre, für die Abgeordneten auf 25 Jahre.
c) Abschaffung des Senats.
d) Einberufung einer Nationalversammlung auf die Dauer von drei Jahren, deren erste Aufgabe die Beschlußfassung über die Staatsform sein wird.
e) Bildung von technischen Räten der Arbeit, der Industrie, der Sozialhygiene, des Transport- und Verkehrswesens usw. auf nationaler Ebene, die von den Berufsgenossenschaften gewählt werden und gesetzgebende Gewalt sowie das Recht erhalten sollen, einen Generalkommissar mit der Machtvollkommenheit eines Ministers zu wählen.

Im Hinblick auf das soziale Problem:
a) Die sofortige Verkündung eines Staatsgesetzes, das für alle Arbeiter den Achtstundentag garantiert.
b) Mindestlöhne.
c) Teilnahme der Arbeitervertreter am technischen Vollzug der industriellen Produktion.
d) Überführung von Industrien oder öffentlichen Diensten in die Verfügungsgewalt proletarischer Organisationen.
e) Die schnelle und vollständige Übernahme der Eisenbahnen und aller Transportindustrie in den Staatsdienst.

f) Änderungen des Gesetzentwurfs über die Unfall- und Altersversicherung, Herabsetzung der Altersgrenze von 65 auf 55 Jahre.
Im Hinblick auf das militärische Problem:
a) Einrichtung einer nationalen Miliz, mit kurzen Ausbildungszeiten und zu ausschließlich defensiven Zwecken.
b) Die Verstaatlichung aller Waffen- und Munitionsfabriken.
c) Eine nationale Außenpolitik mit dem Ziel, die Stellung der italienischen Nation in der Welt durch friedlichen zivilisatorischen Wettbewerb zu heben.
Im Hinblick auf die finanziellen Probleme:
a) Eine starke außerordentliche und progressive Kapitalsteuer, die den Charakter einer partiellen Enteignung aller Reichtümer tragen muß.
b) Die Konfiszierung aller Ordensgüter und die Abschaffung der Ausstattung aller Bischofssitze, welche eine ungeheure Last für die Nation und Privileg für wenige sind.
c) Die Überprüfung aller Verträge über Lieferung von Kriegsmaterial und die Konfiszierung von 85 Prozent der Kriegsgewinne.
Italiener! Der italienische Faschismus will in seinem neuen nationalen Leben weiterhin den Geist zur Vollendung bringen, der sich in der großen Prüfung des Krieges gebildet hat, er will – in der Form einer Anti-Partei oder Über-Partei – die Italiener aller Überzeugungen und produktiven Klassen geeint halten, um sie zu jenen unvermeidlichen Schlachten zu führen, die zur Vollendung des großen revolutionären Krieges geschlagen werden müssen. Die Fasci di combattimento wollen, daß die vollbrachten Opfer den Italienern im internationalen Leben diejenige Stellung geben, die der Sieg ihnen zugewiesen hat.
Zu diesem großen Werk müssen sich alle in die italienischen Fasci di combattimento einordnen.

Zit. nach Ernst Nolte, Faschismus von Mussolini zu Hitler, München 1968, S. 32ff.

c) Aus dem Statut des Partito Nazionale Fascista (Dezember 1929)

Die Nationale Faschistische Partei ist eine bürgerliche Miliz im Dienst des Staates. Ihr Ziel ist es: die Größe des italienischen Volkes zu verwirklichen. Von ihren Ursprüngen an, die mit der Wiedergeburt des italienischen Selbstbewußtseins und mit dem Willen zum Siege in eins gehen, hat sich die Partei immer als im Kriegszustand befindlich betrachtet: zuerst, um diejenigen niederzuschlagen, die den Geist der Nation herabwürdigten; heute und in alle Zukunft, um die Macht des italienischen Volkes zu verteidigen und zu entwickeln. Der Faschismus ist nicht nur eine Vereinigung von Italienern um ein bestimmtes Programm, das verwirklicht oder noch zu verwirklichen ist, sondern er ist vor allem ein Glaube, der seine Bekenner gehabt hat und in dessen Reihen die neuen Italiener als Soldaten wirken, welche von der Anstrengung des siegreichen Krieges und dem darauf folgenden Kampf zwischen Nation und Antination hervorgebracht sind. Die Partei ist der wesentliche Bestandteil dieser Reihen ...
Artikel 1: Die Nationale Faschistische Partei wird aus den Fasci di combattimento gebildet, die auf provinzieller Ebene zusammengefaßt sind. Der Fascio ist der fundamentale Organismus und muß um sein Gagliardetto die Italiener vereinigen, die nach Treue, Ehrenhaftigkeit, Mut und Verstand die zuverlässigsten sind. Die Provinzsekretäre dürfen die Fasci, sofern dazu eine Notwendigkeit vorliegt, in Kreis- und Bezirksgruppen organisieren, wel-

che von einem Vertrauensmann und einem Ausschuß von fünf Mitgliedern geleitet werden ...

Artikel 2: Das Gagliardetto ist das Emblem des Fascio und das Symbol des Glaubens. Den Gagliardetti steht bei offiziellen Zermonien ein Ehrengeleit unter Führung eines Offiziers zu. Dem Gagliardetto des Nationaldirektoriums und der Gaue sind auch die militärischen Ehrenbezeugungen zu erweisen.

Artikel 3: Die Nationale Faschistische Partei entfaltet ihre Tätigkeit unter der obersten Leitung des Duce und gemäß den Direktiven des Großrats mittels ihrer Führerschaft auf allen Ebenen ...

Artikel 13: Die Mitgliedskarten werden den jungen Männern des Faschistischen Aufgebots am Sitz eines jeden Fascio mit feierlicher Zeremonie am 21. April überreicht. Die neuen Mitglieder leisten ihren Eid vor dem Sekretär mit folgenden Worten: „Ich schwöre, die Befehle des Duce ohne Diskussion auszuführen und mit allen meinen Kräften, wenn nötig mit meinem Blut, der Sache der faschistischen Revolution zu dienen." Am gleichen Tage werden sie Mitglieder der Miliz ...

Artikel 18: Der Faschist, der aus der Partei ausgestoßen wird, muß aus dem öffentlichen Leben verbannt werden. Seine Position kann nicht revidiert werden, außer wenn infolge neuer Tatbestände oder Beweise ein Irrtum nachweisbar ist, und nur auf Befehl des Duce.

Zit. nach Ernst Nolte, Faschismus von Mussolini zu Hitler, a.a.O., S. 1 bzw. 9f.

2. Benito Mussolini: Die Lehre des Faschismus (1932)

Wie jede festgegründete politische Auffassung ist der Faschismus zugleich Tat und Gedanke, ein Handeln, das eine Doktrin in sich birgt, und eine Doktrin, die, aus einem gegebenen System geschichtlicher Kräfte entstanden, mit diesem innig verbunden bleibt und in ihm von innen heraus wirksam ist ...

Als antiindividualistische Idee tritt der Faschismus für den Staat ein. Er ist auch für das Individuum, soweit es im Staate aufgeht, der das universale Bewußtsein und den Willen des Menschen in seiner geschichtlichen Existenz darstellt. Der Faschismus ist gegen den klassischen Liberalismus, der dem Bedürfnis, sich gegen den Absolutismus aufzulehnen, entsprungen ist und seine geschichtliche Sendung erfüllt hat, seitdem der Staat zum Bewußtsein und zum Willen des Volkes geworden ist. Der Liberalismus regiert den Staat im Interesse des einzelnen Individuums; der Faschismus bejaht den Staat als einzig wahre Realität des Individuums. Und wenn Freiheit ein Recht des realen Menschen sein soll und nicht jenes abstrakten Gebildes, an das der individualistische Liberalismus dachte, so ist der Faschismus für die Freiheit. Er ist für die einzige Freiheit, die ernst genommen werden kann, nämlich für die Freiheit des Staates und des Individuums im Staate. Denn es liegt für den Faschismus alles im Staate beschlossen. Nichts Menschliches oder Geistiges besteht an sich, noch weniger besitzt dieses irgendeinen Wert außerhalb des Staates. In diesem Sinne ist der Faschismus totalitär, und der faschistische Staat als Zusammenfassung und Vereinheitlichung aller Werte gibt dem Leben des ganzen Volkes eine Deutung, bringt es zur Entfaltung und kräftigt es.

Außerhalb des Staates darf es keine Individuen noch Gruppen (politische Parteien, Vereine, Syndikate und Klassen) geben ...

Der Faschismus ist nicht nur Gesetzgeber und Gründer von Einrichtungen, sondern Erzieher und Förderer des geistigen Lebens. Er will nicht die Formen des menschlichen Lebens, sondern seinen Inhalt, den Menschen, den Charakter, den Glauben neu schaffen. Und zu diesem Zwecke fordert er Disziplin und eine Autorität, die in die Geister eindringt und darin unumstritten herrscht. Sein Wahrzeichen ist daher das Liktorenbündel, das Symbol der Einheit, der Kraft und der Gerechtigkeit ...

Der Faschismus ist nicht aus einer am grünen Tisch im vorhinein ausgearbeiteten starren Doktrin ins Leben gerufen worden; er wurde geboren aus der Notwendigkeit zu handeln, und er wurde selbst zur Tat. Er war keine Partei, sondern in den ersten beiden Jahren eine gegen die Parteien eingestellte Bewegung ... Heute hat der Faschismus sein scharf umrissenes Gepräge nicht nur als Regime, sondern auch als Doktrin ...

Vor allem betrachtet der Faschismus die Zukunft und die Entwicklung der Menschheit im allgemeinen nur vom Standpunkt der politischen Realität aus und glaubt weder an die Möglichkeit noch an die Nützlichkeit des ewigen Friedens. Er lehnt daher den Pazifismus ab, der einen Verzicht auf den Kampf und eine Feigheit gegenüber dem Opfer in sich birgt. Der Krieg allein bringt alle menschlichen Energien zur höchsten Anspannung und verleiht den Völkern die Würde des Adels, die den Mut und die Virtù[1] haben, dem Kampf die Stirn zu bieten. Alle anderen Erprobungen sind Ersatz, weil sie den auf sich gestellten Mann nicht vor die Alternative von Leben und Tod stellen. Eine Doktrin, die von der vorgefaßten Forderung des Friedens ausgeht, ist daher dem Faschismus fremd, so wie seinem Geiste alle internationalen und gesellschaftlichen Konstruktionen fremd sind, wenn ihnen auch in bestimmten politischen Verhältnissen ein gewisses Maß von Nützlichkeit zugestanden werden muß. Sie können, wie die Geschichte lehrt, in alle Winde zerblasen werden, sobald gefühlsmäßige, ideelle oder reale Kräfte die Herzen der Völker stürmisch bewegen. Diesen antipazifistischen Geist trägt der Faschismus auch in das Leben der Individuen hinein ...

Der Faschismus glaubt heute und immer an das Heilige und Heldenhafte, d. h. an menschliche Handlungen, die nicht durch wirtschaftliche Beweggründe unmittelbar oder mittelbar bestimmt sind. Wenn man die materialistische Geschichtsauffassung verneint, für die die Menschen nur Komparsen der Geschichte sind, die an der Oberfläche auftauchen und verschwinden, während in der Tiefe die wahren gestaltenden Kräfte walten und wirken, so wird auch der unwandelbare und unversöhnliche Klassenkampf negiert, der sich aus dieser wirtschaftlichen Auffassung der Geschichte auf natürliche Weise ergibt; negiert wird vor allem, daß der Klassenkampf in den sozialen Umbildungen die vorherrschende Triebkraft darstellt ...

Der Faschismus leugnet, daß die Zahl, nur weil sie Zahl ist, die menschliche Gesellschaft zu leiten vermöchte; er leugnet, daß diese Zahl durch eine regelmäßige Befragung regieren könne, und behauptet die unabänderliche, fruchtbare und heilsame Ungleichheit der Menschen, die nicht auf dem mechanischen und äußerlichen Wege wie bei dem allgemeinen Stimmrecht auf das gleiche Niveau gebracht werden können ...

Heute hat der Faschismus den Gegensatz Monarchie-Republik überwunden, auf den sich die Demokratie stützt, wenn sie jene aller Unzulänglichkeit zieh, diese aber als ein vollkommenes Regierungssystem bis aufs äußerste verteidigte. Heute hat man erkannt, daß es ausgesprochen rückständige oder absolutistische Republiken und andererseits Monarchien gibt, die den kühnsten politischen und sozialen Versuchen zugänglich sind ...

Man darf annehmen, daß unser Jahrhundert ein Jahrhundert der Autorität, der „Rechten",

[1] (= Tapferkeit; Tüchtigkeit)

des Faschismus ist – wenn das neunzehnte Jahrhundert das des Individuums war (Liberalismus bedeutet Individualismus), so kann man sich vorstellen, daß dies das „kollektive" Jahrhundert und daher das des Staates ist . . .
Jede Doktrin bemüht sich, das menschliche Handeln auf ein bestimmtes Ziel auszurichten. Aber das Handeln des Menschen wirkt auf die Doktrin zurück, bildet sie um und paßt sie neuen Notwendigkeiten an oder überwindet sie. Die Doktrin darf nicht ein Spiel mit Worten, sondern muß ein lebendiger Vorgang sein. Darin liegt das Pragmatische des Faschismus beschlossen, sein Wille zur Macht, sein Daseinswille, seine Stellung zur „Gewalt" und ihrem Wert . . .
Für den Faschismus ist der Staat ein Absolutum, demgegenüber die Individuen und die Gruppen das Relative sind. Der liberale Staat leitet nicht das Spiel und die materielle und geistige Entwicklung der Kollektivität, sondern er beschränkt sich darauf, deren Resultat festzustellen . . . Der Staat erzieht die Bürger zur Tüchtigkeit. Er gibt ihnen das Bewußtsein ihrer Sendung und rüttelt sie zur Einigkeit auf. Er gleicht ihre Interessen gerecht aus, überliefert die Fortschritte des Geistes in Wissenschaft, Kunst, Recht und fördert das menschliche Zusammengehörigkeitsgefühl. Er treibt die Menschen aus dem rohen Stammesleben zur höheren Machtentfaltung, zum Reich (imperio) . . .
Der faschistische Staat ist einzig und eine einzigartige Schöpfung. Er ist nicht reaktionär, sondern revolutionär, da er die Lösungen bestimmter allgemeiner Grundfragen vorwegnimmt, die anderswo auch gestellt sind, wie in der Politik durch die Zersplitterung der Parteien, das Vorherrschen des Parlamentarismus, die Verantwortungslosigkeit der Versammlungen, und in der Wirtschaft durch die immer zahlreicher und mächtiger werdenden syndikalen Bewegungen der Arbeitnehmer und Arbeitgeber mit ihren Konflikten und Vereinbarungen; in moralischer Hinsicht durch die Notwendigkeit von Ordnung, Disziplin und Gehorsam gegenüber den moralischen Vorschriften des Vaterlandes. Der Faschismus will einen starken Staat, der organisch gewachsen und zugleich auf eine breite Grundlage des Volkes gestützt ist. Der faschistische Staat hat das Gebiet der Wirtschaft durch die von ihm geschaffenen Korporationen, sozialen und erzieherischen Institutionen zurückerobert. Der Sinn des Staates wird auch in den feinsten Verästelungen begriffen. Im Staat zirkulieren, eingeordnet in die betreffenden Organisationen, alle politischen, wirtschaftlichen und geistigen Kräfte der Nation . . .
Im faschistischen Staat gilt die Religion als eine der tiefsten Offenbarungen des Geistes; sie wird daher nicht nur geachtet, sondern auch verteidigt und geschützt . . .
Für den Faschismus ist das Streben zum Imperio, das heißt zur Expansion der Nation, ein Ausdruck der Vitalität. Sein Gegensatz, das Zuhausebleibenwollen, ist ein Zeichen des Verfalls. Völker, die steigen oder wiederaufsteigen, sind imperialistisch, nur niedergehende Völker können verzichten. Der Faschismus ist die angemessenste Doktrin, um die Bestrebungen und den Geist eines Volkes wie des italienischen darzustellen, das nach vielen Jahrhunderten des Niedergangs und der Fremdherrschaft sich wieder erhebt. Aber das Imperio erfordert Disziplin, Zusammenwirken der Kräfte, Pflicht und Opfer . . .
Mehr als je haben heute die Völker ein Verlangen nach Autorität, Lenkung und Ordnung. Wenn jedes Jahrhundert seine Doktrin hat, so sprechen tausend Anzeichen dafür, daß die Doktrin des gegenwärtigen Jahrhunderts der Faschismus ist.

Zit. nach Ernst Nolte, Theorien über den Faschismus, Köln 1967, S. 210ff.

3. Hitlers geheime Broschüre für Industrielle (1927)

Ich kann mich nicht dazu zwingen, selbst bei bestem unvoreingenommenen Wollen, die heutige Lage unseres Volkes als befriedigend oder Hoffnung erweckend anzusehen, oder auch nur zuzugestehen, daß sich überhaupt in den letzten zehn Jahren, ganz gleich in welchem Zeitpunkte, irgendwelche Anzeichen einer Besserung oder eines Emporstiegs, wie man heute zu sagen pflegt, bemerkbar gemacht hätten. Selbst auf dem Gebiete der *Wirtschaft* ist die sog. Konsolidierung entweder ein unbedachter Trugschluß oder eine bewußte Lüge.

Tatsächlich ist die deutsche Handelsbilanz dauernd passiv und verschlimmert sich in den letzten Jahren zusehends. Die Nation gibt mehr aus als sie verdient. Das Rezept, einen Ausgleich durch Auslands-Anleihen herbeizuführen, hilft uns nicht aus der Verlegenheit. Weder wird dadurch an unserer Bilanz grundsätzlich etwas geändert, noch wird für die Zukunft ein Weg der Rettung angebahnt. Im Gegenteil, die dadurch bedingten jährlich steigenden Zinslasten stürzen uns in eine immer größere Abhängigkeit vom Ausland. Auch sonst fällt ein bedeutender Teil der nationalen Wirtschaft, der nationalen Produktion in die unpersönlichen Hände des überstaatlichen Finanz-Kapitals, während zahllose mittlere und kleine Existenzen zugrunde gehen. Aber nicht nur die Bankverschuldung der deutschen Industrie, sondern auch die der deutschen Landwirtschaft nimmt ununterbrochen zu. Ihre Gefahren mögen dem größten Teil unseres Volkes, ja selbst den Augen der Wirtschaftskreise, heute noch verborgen bleiben, sie sind aber da. Dreißig Jahre diese Entwicklung fortgesetzt, und das deutsche Volk wird den größten Teil seiner einstigen unabhängigen Wirtschaft verloren haben . . .

Noch viel weniger Grund zu Optimismus sehe ich aber in der allgemeinen politischen Entwicklung unseres Volkes. Seit 1918 sind nun bald 9 Jahre verflossen. Und das ist mehr Zeit, als zwischen dem Oktober 1806 und der Völkerschlacht von Leipzig lag. Sieben Jahre hatten damals genügt, den preußischen Staat aus der Niederlage herauszureißen und ihn politisch und wirtschaftlich soweit zu ordnen, daß er nicht nur fähig war, die Freiheitskriege zu führen, sondern daß er sich die Freiheit im wahrsten Sinne des Wortes selbst zu verdienen vermochte.

Ich glaube an eine solche Möglichkeit heute nicht, da es im Völkerleben keine Geschenke gibt, das deutsche Volk jedoch seinem jetzigen wirtschaftlichen und politischen Verhalten nach kein inneres Anrecht besitzt, auf Freiheit zu hoffen. Ich muß mich dabei schärfstens gegen jene kehren, die im wandelbaren Spiel parlamentarischer Schlachten, oder in den wechselnden Ergebnissen von Wahlen, von Zeit zu Zeit Symptome des politischen Aufstiegs zu erblicken vermeinen. Es steht vielmehr folgende Tatsache fest: Das deutsche Volk zerfällt immer stärker in zwei sich todfeindlich gegenüberstehende Lager. Diese schließen sich in steigendem Maße gegenseitig ab und verwandeln sich in geschlossene, sich selbst genügende Körper, von denen der eine, der marxistische, als Fremdkörper innerhalb des eigenen Volkes alle Beziehungen zur Nation leugnet, um statt dessen die Verbindung zu analogen Gebilden anderer Nationen aufzunehmen. Diese jeder Vernunft widersprechende Abkastung und Entfremdung des Marxismus dem eigenen Volk gegenüber findet ein analoges Beispiel nur in der frühen Geschichte des Christentums, das sich auch als Staat innerhalb des römischen Staates außerhalb der allgemeinen Interessengemeinschaft stellte und damit zur Ursache des merkwürdigen Zusammenbruches eines Weltreiches wurde, das dem Anprall technisch und

organisatorisch weit unterlegener Germanenhaufen nicht mehr den geschlossenen Widerstand des gesamten Staates entgegensetzen konnte.
Aus ganz ähnlichen Gründen hat Deutschland den Weltkrieg verloren. Angesichts eines solchen tatsächlichen Zustandes ist aber jede Hoffnung auf politischen Wiederaufstieg reinste Utopie. Denn die Voraussetzung zu einer wirklichen Wiedererhebung der deutschen Nation ist nicht die Erfüllung und Befriedigung von so und soviel Forderungen des Tages, als vielmehr die *Wiedergewinnung der inneren Kraft der Nation,* die in einer allgemeinen solidarischen Erkenntnis über die Notwendigkeit ihres Bestandes und der daraus sich ergebenden *Verbundenheit* liegt. *Diese aber fehlt.*
Ich sehe somit die Aufgabe der deutschen Politik, die werdende Geschichte sein soll, kurz in folgendem:
Jedes Volk braucht zur Entfaltung seines eigenen Ichs den nötigen *Raum* auf dieser Welt. Die Aufgabe der Politik ist es, dafür zu sorgen, daß einer veränderlichen Zahl der starre Raum stets angepaßt und angeglichen wird. Da ein Volk nur dann als gesund bezeichnet werden darf, wenn es am allgemeinen Lebenskampf teilnimmt, dieser aber als Voraussetzung die Vermehrung eines Volkes hat, muß die Politik es als ihre höchste Aufgabe betrachten, diesem natürlichen Imperialismus die ebenso natürliche Befriedigung zu geben. Damit ist in höchstem Sinne genommen die Politik die Aufgabe, den Lebenskampf einer Nation zu ermöglichen durch die laufende *Anpassung der Ernährungsgrundlage an die Volkszahl.* Ein Volk, dessen politische Leitung von diesem Grundsatz abweicht, kann sicherlich für den Augenblick leben, ist aber dennoch in einer näheren oder ferneren Zukunft dem Tode geweiht.
Um diese Mission zu erfüllen, braucht man aber neben der Größe der Einzelperson die zu einer gemeinsamen Interessengemeinschaft eng zusammengeschlossene Nation. Und dabei sind drei große, wesentliche Grundsätze zu beachten.
Der Bestand und die Zukunft von Völkern auf dieser Erde liegen:
1. in ihrem eigenen rassischen Wert;
2. in der Einschätzung, die sie der Bedeutung der Persönlichkeit zollen;
3. in der Erkenntnis, daß alles Leben in diesem Universum Kampf heißt.
Den Niedergang der heutigen Zeit sehe ich aber gerade in der Ableugnung dieser drei großen Gesetze und keineswegs in den kleinen mißglückten Aktionen unserer augenblicklichen politischen Leitung.
Anstelle des Volks- und Rassenwertes huldigen Millionen von Menschen unseres Volkes heute dem Gedanken der Internationalität.
Anstatt der Kraft und Genialität der Persönlichkeit setzt man, nach dem Wesen einer widersinnigen Demokratie, die Majorität der Zahl, also tatsächlich Schwäche und Dummheit.
Und anstatt die Notwendigkeit des Kampfes zu erkennen und zu bejahen, predigt man die Theorie des Pazifismus, der Völkerversöhnung und des ewigen Weltfriedens.
Diese drei Frevel an der Menschheit, die wir überall in der Geschichte als die wahren Verfallszeichen an Völkern und Staaten erkennen können und deren eifrigster Propagandist der internationale Jude ist, sind die charakteristischsten Merkmale des unser Volk immer mehr beherrschenden Marxismus. Ich sage unser Volk; denn so sehr der Marxismus als Organisation umrissen und begrenzt ist, so sehr hat er heute bereits als geistige Seuche, wenn auch vielen unbewußt, fast unser gesamtes Volk ergriffen. Wenn aber ein Volk erst einmal

diesen Lastern verfällt, dann kann man von einem „Wiederaufstieg" nicht mehr sprechen. Und daher ist auch die Stabilisierung des derzeitigen Staates in Wahrheit nur die langsame Angewöhnung des Volkes an die allgemeine Korruption und Verschlampung. Die Zeichen des allgemeinen Verfalls sind demgemäß zahllose und springen auf allen Gebieten des Lebens in das Auge des aufmerksamen und aufrichtigen Beobachters. Neben der Vernichtung der unabhängigen Wirtschaft, der Zerstörung der politischen Grundlagen, ja des natürlichen Instinktes des Volkes, läuft die Vernarrung unserer Kunst, die Verzerrung unserer Sprache, die Zersetzung unserer Seele, die Vergiftung unserer allgemeinen Kultur. Die Zwergenhaftigkeit der politischen Leiter des Volkes paßt in dieses allgemeine Milieu, weil es ihm entspringt.

Und deshalb lehne ich den leichtsinnigen Optimismus des großen Haufens und seiner derzeitigen Führer ab.

Ich kann mich aber auch nicht den Reihen der hoffnungslosen Pessimisten anschließen. Grund überhaupt an unserem Volk zu verzweifeln besäße man erst dann, wenn von den drei Voraussetzungen für die Größe und Bedeutung eines Volkes auf dieser Welt die erste fehlen würde:

der rassische Wert.

Denn die Stellung zum Persönlichkeitswert und zum Persönlichkeitsgedanken, sowie die Erkenntnis der Notwendigkeit des Kampfes auf dieser Welt und des natürlichen Rechts hiezu, sind Ergebnisse der Führung und Erziehung einer Nation. Es sind dies Tugenden, die unser Volk durch falsche Bildung und schlechte Beeinflussung verloren hat, die es aber durch eine gewissenhafte Führung jederzeit wieder zu gewinnen vermag ...

Die neue Bewegung lehnt kategorisch jede Standes- und Klasseneinteilung ab und proklamiert an deren Stelle eine zusammenfassende deutsche Einstellung.

Die Bewegung geht dabei von der Erkenntnis aus, daß die Zukunft eines Volkes nicht garantiert wird durch die Wirtschaft an sich. Sie sieht in ihr nur eine notwendige Dienerin im Leben eines Volkskörpers und Volkstums. *Sie empfindet eine unabhängige nationale Wirtschaft als eine Notwendigkeit,* jedoch sie sieht in ihr nicht das Primäre, nicht die Bildnerin eines starken Staates, sondern umgekehrt. *Der starke nationalistische Staat allein kann einer solchen Wirtschaft Schutz und die Freiheit des Bestehens und der Entwicklung geben.*

Die nationalsozialistische Bewegung erkennt weiter als wesentlichste Voraussetzung zur Lösung dieser Aufgabe und für die Bildung eines einheitlichen Nationalkörpers die restlose Eingliederung des sogenannten vierten Standes in die Volksgemeinschaft. Sie sieht darin nicht ein theoretisches Problem, sondern die Lebensvoraussetzung für unser Volk ...

Sie formuliert aus den beiden bisher mißverständlich aufgefaßten und daher trennenden Begriffen „Nationalismus" und „Sozialismus" einen neuen verbundenen, indem sie feststellt, daß *höchster Nationalismus wesensgleich ist mit höchster Volkssorge* und *höchster Sozialismus gleich ist mit höchster Volks- und Vaterlandsliebe* und mithin beides die verantwortliche Erfüllung ein und derselben völkischen Pflicht darstellt ...

Die nationalsozialistische Bewegung ist keine parlamentarische Partei. Sie erwartet nicht, daß die Schicksalfragen der deutschen Nation auf dem Wege der Majoritätsbestimmung gelöst werden könnten.

Aus: Adolf Hitler, Der Weg zum Wiederaufstieg, in: Henry Ashby Turner, Faschismus und Kapitalismus in Deutschland, Göttingen 1972, S. 47ff.

4. Hitler: Manifest vom 10. 9. 1930

Zwei politische Richtungen kämpften jahrzehntelang miteinander um die Gunst der deutschen Nation: Der bürgerliche Nationalismus und der internationale Marxismus. Beide versprachen jahrzehntelang dem deutschen Volk die Rettung aus den Nöten der Zeit, aus den Nöten der Wirtschaft, aus den Nöten des sozialen Elends, und erreichten nichts!
Alle Gründe, weshalb und warum die bürgerlichen Parteien die 60 Jahre lang verfochtenen Ziele nicht erreichten, vermögen nicht zu entschuldigen.
Fest steht die Tatsache, daß das Endergebnis des bürgerlichen Parteiregiments die Vernichtung der deutschen Nation ist.
Die international-marxistische Parteiwelt appellierte an das deutsche Volk und versprach ebenfalls dereinst bestimmte Grundgedanken zu verwirklichen. Allein seit diese Richtung in Deutschland den alten Staat zerbrochen hat und selbst regiert, nahm die Entwicklung in größter Schnelligkeit den gegenteiligen Weg des Proklamierten.
Wo ist die soziale Republik?
Wo ist der gebrochene Kapitalismus?
Wo ist der überwundene Militarismus?
Wo sind die Segnungen der Freiheit und der Gleichheit, der Brüderlichkeit, der Schönheit und der Würde und wie die Phrasen alle heißen, mit denen die Revolution einem braven Millionenvolk die Vernunft benebelte und die aufrechte Gesinnung stahl?
Während die Ideen des bürgerlichen Nationalismus und internationalen Marxismus unser Volk als politischen Faktor in zwei Hälften reißen, haben sich die geistigen Väter beider Lager in Wirklichkeit längst gefunden und geeint.
Das nationale Bürgertum ruft zum Kampf für sich als einzige Rettung der Nation auf, paktiert aber durch seine Repräsentanten in den parlamentarischen Körperschaften schamlos offen mit dem vorher in der Wahl bekämpften internationalen Marxismus!
Die marxistischen Parteien verfluchen die kapitalistische Wirtschaft, reden von der proletarischen Revolution, aber schließen tatsächlich an allen Orten den engsten Pakt mit den Kräften der internationalen Hochfinanz, des überstaatlichen Weltkapitals.
Die nationalsozialistische Bewegung wird mit ihrem Siege den alten Klassen- und Kastengeist überwinden. Sie wird aus Standeswahn und Klassenirrsinn wieder ein Volk erstehen lassen.
Sie wird dieses Volk zu eiserner Entschlossenheit erziehen.
Sie wird die Demokratie überwinden und die Autorität der Persönlichkeit in ihre Rechte setzen.
Sie wird das verletzte Recht wieder dem deutschen Volke zurückgeben durch die brutale Verfechtung des Grundsatzes, daß man so lange kein Recht zum Hängen des Kleinen besitzt, solange die größten Verbrecher ungestraft und ungeschoren bleiben.
Die anderen Parteien mögen sich mit der Inflationsdieberei abgefunden haben, mögen den Revolutionsbetrug anerkennen: Der Nationalsozialismus wird die Diebe und Landesverräter zur Verantwortung ziehen. Der Nationalsozialismus kämpft für den deutschen Arbeiter, indem er ihn aus den Händen seiner Betrüger nimmt, die Schutztruppe des internationalen Bank- und Börsenkapitals aber vernichtet.
Die nationalsozialistische Bewegung wird bei ihrem Siege die deutsche Verwaltung säubern von den Parasiten, die, ohne Recht und ohne alle Kenntnisse, nur auf Grund ihres Partei-

buchs die Nation belasten. Wer von neuen Steuern redet, soll erst die Verwaltung von den in 12 Jahren hineingeströmten Revolutionsparasiten befreien. Man schützt den ehrlichen Beamten nur, indem man seiner Leistung und seiner redlichen Arbeit den Weg frei macht, den parlamentarischen Schieber aber aus der Beamten-Bahn entfernt.
Die nationalsozialistische Bewegung wird bei ihrem Siege den Schutz des deutschen Menschen auch wirtschaftlich bis zum äußersten zu garantieren suchen. Solange Börse und Warenhäuser nicht genügend besteuert sind, ist jede weitere Steuererhöhung im kleinen ein Verbrechen.
Die nationalsozialistische Bewegung wird bei ihrem Siege den Bauer schützen durch rücksichtslose Erziehung unseres Volkes zur Verwendung unserer eigenen Produkte.
Auch unsere oberen Zehntausende werden lernen müssen, schwarzes Brot zu essen, andernfalls unser Roggen verkommt und Weizen eingeführt werden muß!
Wir werden die nationale Ehre und den nationalen Stolz darein setzen, alles Fremde, wenn irgendmöglich, zu meiden und den Ergebnissen des eigenen Fleißes den Vorzug zu geben.
Wir werden dafür sorgen, daß an die Spitze aller Reformen die Reform unseres Wehrwillens gestellt wird und die Änderung unserer auswärtigen Politik.

Zit. nach: Dokumente der deutschen Politik und Geschichte von 1848 bis zur Gegenwart, hrsg. von Johannes Hohlfeld, Bd. III, Berlin o. J., S. 340ff.

5. Joseph Goebbels: Die deutsche Kultur vor neuen Aufgaben

Das System, das wir niederwarfen, fand im Liberalismus seine treffendste Charakterisierung. Wenn der Liberalismus vom Individuum ausging und den Einzelmenschen in das Zentrum aller Dinge stellte, so haben wir Individuum durch Volk und Einzelmensch durch Gemeinschaft ersetzt. Freilich mußte dabei die Freiheit des Individuums insoweit eingegrenzt werden, als sie sich mit der Freiheit der Nation stieß oder in Widerspruch befand. Das ist keine Einengung des Freiheitsbegriffes an sich. Ihn für das Individuum überspitzen, heißt die Freiheit des Volkes aufs Spiel setzen oder doch ernsthaft gefährden. Die Grenzen des individuellen Freiheitsbegriffes liegen deshalb an den Grenzen des völkischen Freiheitsbegriffes. Kein Einzelmensch, er mag hoch oder niedrig stehen, kann das Recht besitzen, von seiner Freiheit Gebrauch zu machen auf Kosten des nationalen Freiheitsbegriffes. Denn nur die Sicherheit des nationalen Freiheitsbegriffes verbürgt ihm auf die Dauer persönliche Freiheit. Je freier ein Volk ist, desto freier können sich seine Glieder bewegen. Je eingeengter aber seine nationale Daseinsgrundlage, um so illusorischer eine vermeintliche Freiheit, die seine Kinder genießen.
Das gilt auch für den schaffenden Künstler. Die Kunst ist kein absoluter Begriff; sie gewinnt erst Leben im Leben des Volkes. Das war vielleicht das schlimmste Vergehen der künstlerisch schaffenden Menschen der vergangenen Epoche, daß sie nicht mehr in organischer Beziehung zum Volke selbst standen und damit die Wurzel verloren, die ihnen täglich neue Nahrung zuführte. Der Künstler trennte sich vom Volk; er gab dabei die Quelle seiner Fruchtbarkeit auf. Von hier ab setzt die lebenbedrohende Krise des kulturschaffenden Menschen in Deutschland ein. Kultur ist höchster Ausdruck der schöpferischen Kräfte eines Volkes. Der Künstler ist ihr begnadeter Sinngeber. Es wäre vermessen, zu glauben, daß seine

göttliche Mission außerhalb des Volkes vollendet werden könnte. Sie wird für das Volk durchgeführt, und die Kraft, deren er sich dabei bedient, stammt aus dem Volk. Verliert der künstlerische Mensch einmal den festen Boden des Volkstums, auf dem er mit harten, markigen Knochen stehen muß, um den Stürmen des Lebens gewachsen zu sein, dann ist er damit den Anfeindungen der Zivilisation preisgegeben, denen er früher oder später erliegen wird.

Der Aufmarsch, den wir begonnen und vollendet haben, ist ein Aufmarsch der Gesinnung. Diese Gesinnung hat nichts gemein mit dem gleichlautenden Begriff, den wir aus der Vergangenheit nur noch in verächtlicher Erinnerung haben. Es ist eine Gesinnung der Tat, die eine Umwertung der Werte eingeleitet hat, um ihre Neuwertung vorzubereiten. Der Durchbruch dieser Gesinnung ist überall im öffentlichen wie im privaten Leben spürbar. Sie hat die Menschen umgeformt und mit neuem Lebensmut und stärkerer Daseinskraft erfüllt. Was uns an materiellem Glück vom Schicksal in dieser Zeit versagt blieb, das haben wir durch die Beglückung neuer Ideen doppelt und dreifach aufgeholt. Kein Volk der Erde hat heute mehr Grund als das deutsche, mit Vertrauen und fester Zuversicht in seine Zukunft zu schauen. An die Stelle einer zermürbenden Schlaffheit, die vor dem Ernst des Lebens kapitulierte, ihn nicht wahr haben wollte oder vor ihm flüchtete, trat jene heroische Lebensauffassung, die heute durch den Marschtritt brauner Kolonnen klingt, die den Bauern begleitet, wenn er die Pflugschar durch die Ackerschollen zieht, die dem Arbeiter Sinn und höheren Zweck seines Daseinskampfes zurückgegeben hat, die den Arbeitslosen nicht verzweifeln läßt und die das grandiose Werk des deutschen Wiederaufbaues mit einem fast soldatisch anmutenden Rhythmus erfüllt. Es ist eine Art von stählerner Romantik, die das deutsche Leben wieder lebenswert gemacht hat, eine Romantik, die sich nicht vor der Härte des Daseins versteckt oder ihr in blauen Fernen zu entrinnen trachtet, eine Romantik, die den Mut hat, den Problemen gegenüberzutreten und ihnen fest und ohne Zucken in die mitleidslosen Augen hineinzuschauen. Diese neue Gesinnung gibt Deutschland ein Tempo und eine Durchschlagskraft seiner aufbauenden Arbeit, wie sie bis dahin für unmöglich gehalten wurden. Nur ein künstlerisches und kulturelles Bestreben, das sich von ihnen willig und widerstandslos erfüllen läßt, wird von Dauer sein und die Zukunft gewinnen ...

Der neue Staat hat seine eigenen Gesetze. Ihm unterliegen alle, vom Ersten bis zum Letzten. Auch der Künstler hat die Pflicht, sie anzuerkennen und zur Richtschnur seines schöpferischen Handelns zu machen. Darüber hinaus aber ist er frei und ungebunden; seine Phantasie kann wieder in die ewigen Räume der Unendlichkeit vorstoßen. So sicher er auf dem festen Boden des Volkstums steht, so stolz und selbstbewußt kann er mit kühnem Scheitel die Sterne stoßen. Das Beste ist gerade gut genug, dem deutschen Volke in seiner Not und Bedrängnis Speise der Seele zu geben. Der Staat hat hier nur die Pflicht, zu fördern, zu pflegen und dem Neuen die Wege freizumachen ...

Wir wollen einen deutschen Künstlertyp züchten, der bewußt und offen, mit Stolz und Eigenart den Aufgaben dient, die die Zeit uns gegeben hat. Niemand fürchte, daß hier die Gesinnungsriecherei eine Heimstätte finden könnte. Wir haben den Mut, großherzig zu sein und wünschen und hoffen, daß unsere Großherzigkeit durch gleiche Großherzigkeit seitens der Künstlerwelt belohnt wird, der wir unsere ganze Sorge und fördernde Pflege angedeihen lassen wollen. Die neue nationale Kunst Deutschlands wird in der Welt nur dann Achtung genießen und über die Grenzen unseres Landes hinaus vom wachen Kulturwillen des jungen

Deutschland zeugen können, wenn sie fest und unlösbar im Mutterboden des eigenen Volkstums verwurzelt ist. Was deutsch und echt, das soll die Welt aufs Neue erfahren.

Rede zur Eröffnung der Reichskulturkammer vom 15. 11. 1933, in: J. Goebbels, Signale der neuen Zeit, München 1934, S. 328 ff.

6. Joseph Goebbels: Der Faschismus und seine praktischen Ergebnisse (1934)

Als Leitmotiv meiner Darlegungen will ich ein Wort Heinrich von Treitschkes wählen, auf das sich Mussolini gelegentlich berufen hat – daß „Männer die Geschichte machen" . . . Mussolini ist zum Bahnbrecher des modernen Italien geworden. Er hat in der Welt des Liberalismus, des Materialismus und des Parlamentarismus zum ersten Male den Versuch gemacht, in einer neuen organisatorischen Form die Menschen zusammenzuschließen, ihnen ein neues soziales und nationales Ideal zu geben. Das ist sein größtes historisches Verdienst, daß er im Ablauf dieser politischen Entwicklung zum ersten Male der Welt den Versuch demonstriert, den Marxismus an sich in die Knie zu zwingen. Das wurde bis dahin nie versucht. Vor allem deshalb nicht, weil man diese Aufgabe für unlösbar und unmöglich hielt. Schwierigkeit über Schwierigkeit türmte sich ihm entgegen. Trotzdem hat Mussolini zum ersten Male den Marxismus als politische Erscheinung aus der Welt der Tatsachen geräumt, zum ersten Male den klassischen Beweis angetreten, daß der Marxismus als Arbeiterbewegung überwunden werden kann, nicht aus reaktionären, sondern aus sozialen Motiven heraus . . .

Ich bin der festen Überzeugung, daß die politische Richtung, die wir heute in Italien mit dem Namen „Faschismus" und die wir in Deutschland mit dem Namen „Nationalsozialismus" zu belegen pflegen, nach und nach ganz Europa durchdringen wird, daß es ihr gegenüber keine Hemmung und kein Hindernis mehr geben kann und überhaupt vom Druchbruch dieses politischen Phänomens die Zukunft unseres Erdteils abhängig ist . . .

Der Faschismus ist seinem Wesen nach antiliberal, und zwar nicht nur in der Wirkung, sondern auch im geistigen Prinzip. Er hat praktisch jene liberale Welt überwunden, in der der Mensch nur als Mensch, nur als Nummer gemessen wurde, nicht aber als Persönlichkeit. Der Faschismus hat zum ersten Male den üblichen exorbitanten Massenwahn ersetzt durch das Prinzip einer neuen Persönlichkeitsführung des Staates, der Wirtschaft und der Industrie . . .

Der Faschismus ist aber nicht nur antiliberal, er ist auch antipazifistisch; und hier erleben wir sein erstes Rätsel, indem er antipazifistisch ist und trotzdem aber den Frieden bewahrt . . .

Ich bin der Überzeugung, daß Europa, wenn es national gegliedert ist, viel besser den Frieden zu hüten vermag als dies Europa liberalen Geistes. Nationalisten verstehen sich immer besser als liberale Demokraten. Nationalisten stehen auf gleichem weltanschaulichem Boden. Sie verfechten nicht nur die Ehre ihres eigenen Volkes, sie respektieren auch die Ehre eines anderen. So mußte im Antipazifismus Mussolinis an sich schon eingeschlossen liegen eine große, kühne und verwegene Friedensliebe, die ihn auch dazu trieb, Deutschlands Rechte vor der Welt zu vertreten und zu verteidigen in einer Zeit, als das noch unmodern war und unpopulär.

Das dritte Prinzip, das der Faschismus verfocht, war der Kampf gegen die Anonymität. Die liberale Demokratie gibt niemals ihren Namen her für ihre Sache. Am liebsten möchte sie unerkannt bleiben, und ihre wirklichen Regenten stehen ja auch nicht im grellen Rampen-

licht des öffentlichen Lebens, sondern pflegen sich zumeist hinter den Kulissen aufzuhalten. Sie sind heute demokratische Partei, morgen Staatspartei und übermorgen sind sie angeblich überhaupt nicht mehr vorhanden . . .
Der Faschismus ist von der Idee eines Einzelmenschen zum Glauben einer Partei geworden, und der Glaube dieser Partei wurde die selbstverständlich hingenommene Weltanschauung eines Volkes, die Zukunftshoffnung einer ganzen Nation. Es bedarf keines Beweises, daß der Mann, der dieses grandiose Werk vollbrachte, ein Mensch besonderer Artung ist . . .
Zit. nach Ernst Nolte, Theorien über den Faschismus, a.a.O., S. 314ff.

7. Rede Hitlers vor dem Führernachwuchs vom 23. 11. 1937

Heute hat die deutsche Nation endlich das bekommen, was ihr jahrhundertelang fehlte, nämlich eine Organisation der Volksführung.
Wir müssen streng unterscheiden zwischen: Volksführung und Staatsleitung. Schon dadurch, daß wir von Staats-, aber nicht von Volksgeschäften reden, machen wir einen Unterschied zwischen dem Staat als einer formellen Organisation und dem „Volk an sich" als der tragenden Substanz.
Der Staat von einst hatte keine Volksführung. Sie lag in sittlich-moralischer und letzten Endes auch in politischer Hinsicht ganz im Sinne der Bildung des deutschen Nur-Staates primär bei der Kirche. Das Christentum, die römische Kirche, hat weder erlaubt noch geduldet, daß die Volksführung ihr irgendwie entwunden wurde. Sie hat immer gesagt: „Der Staat bekommt von uns als Lehen die Erlaubnis, die Staatsgeschäfte wahrnehmen zu dürfen!" und auch dadurch zugleich primär ihren Einfluß gesichert.
Heute beanspruchen die Volksführung wir, d. h. wir allein sind befugt, das Volk als solches – den einzelnen Mann, die einzelne Frau – zu führen. Die Lebensbeziehungen der Geschlechter regeln wir. Das Kind bilden wir!
Allmählich haben die Kirchen aufgehört, in puncto Volksführung diese tragende Rolle zu spielen, da
1. ihrer zu viele geworden waren,
2. viele ihrer Ideale im Lauf von über 1000 Jahren verblaßt waren und
3. neue Ideale und Erkenntnisse aufgekommen waren.
Über einen humanen Weltbegriff erhebt sich heute die Erkenntnis von der Bedeutung des Blutes und der Rasse! Kein Unterricht kann das mehr aus der Welt schaffen. Das ist eine siegende Idee, die heute wie eine Welle über die ganze Erde hinwegströmt . . .
Eines aber sei ganz klar entschieden: Über den deutschen Menschen im Jenseits mögen die Kirchen verfügen, über den deutschen Menschen im Diesseits verfügt die deutsche Nation durch ihre Führer. Nur bei einer so klaren und sauberen Trennung ist ein erträgliches Leben in einer Zeit des Umbruchs möglich.
Wir Nationalsozialisten sind in unserem tiefsten Herzen gottesgläubig. Eine einheitliche Gottesvorstellung hat es im Laufe vieler Jahrtausende nicht gegeben. Aber es ist die allergenialste und erhabenste Ahnung des Menschen, die ihn am meisten über das Tier heraushebt, nicht nur die Erscheinung außen zu sehen, sondern immer die Frage des Weshalb, des Warum, des Wodurch usw. aufzustellen. Diese ganze Welt, die uns so klar ist in der äußeren Erscheinung, ist uns ebenso unklar in ihrer Bestimmung. Und hier hat sich die Menschheit demütig gebeugt vor der Überzeugung, einem ungeheuren Gewaltigen, einer Allmacht gegenüberzustehen, die so unerhört und tief ist, daß wir Menschen sie nicht zu fassen

vermögen. Das ist gut! Denn es kann dem Menschen Trost geben in schlechten Zeiten, vermeidet jene Oberflächlichkeit und jenen Eigendünkel, der den Menschen zu der Annahme verleitet, er – eine ganz kleine Bazille auf dieser Erde, in diesem Universum – würde die Welt beherrschen und er bestimme die Naturgesetze, die er höchstens studieren kann. Daher möchten wir, daß unser Volk demütig bleibt und wirklich an einen Gott glaubt. Also ein unermeßlich weites Feld für die Kirchen, sie sollen daher auch untereinander tolerant sein.
Unser Volk ist nicht von Gott geschaffen, um von Priestern zerrissen zu werden. Daher ist es notwendig, seine Einheit durch ein System der Führung sicherzustellen. Das ist die Aufgabe der NSDAP. Sie soll jenen Orden darstellen, der über Zeit und Menschen hinwegreichend die Stabilität der deutschen Willensbildung und damit der politischen Führung garantiert. Sie muß bewußt die lebendige Verbindung zum Volk, d. h. zu den Millionen Männern, Frauen und auch den Kindern als dem werdenden Volk besitzen. Das oberste Prinzip dieser Volksführung: das Volk in seiner Gesamtheit ist nicht fähig, seine gesamten Lebensprobleme zu überblicken. Wie soll ein Mensch, der in irgendeinem kleinen Ort steht, Lebensfragen überblicken, die über Kontinente gehen, die Sein oder Nichtsein einer Nation in 20 oder 30 Jahren betreffen. Das will das Volk auch gar nicht behaupten, daß es das kann, es ist ja auch niemand, der nicht ein Automobil fahren kann, beleidigt, daß ein anderer es fährt und nicht er. Es ist ganz klar, daß die Führung eines Volkes, d.h. seine Gesamtlebensgestaltung, eine Aufgabe ist, die mehr als ein Schneiderhandwerk bedeutet. Es ist daher eine Führung aufzubauen, die jene Elemente aus einem Volk primär herauszieht, die in dieser Richtung an sich eine bestimmte Befähigung zu besitzen glauben und aus diesen Elementen dann eine Organisation aufbaut, die sie steigend in einen festen Verband nicht nur der Form, sondern auch der geistigen Auswirkung nach bringt.
Unsere Demokratie baut sich dann auf dem Gedanken auf, daß
1. an jeder Stelle ein nicht von unten Gewählter, sondern ein von oben Auserlesener eine Verantwortung zu übernehmen hat, bis zur letzten Stelle hin;
2. daß er unbedingte Autorität nach unten und absolute Verantwortung nach oben hat, zum Unterschied von sonstigen Demokratien, die jeden von unten aussuchen, nach unten verantwortlich sein und nach oben mit Autorität ausgestattet sein lassen – eine vollkommen wahnsinnige Verkehrung jeder menschlichen Organisation.
Die NSDAP ist die größte Organisation, die die Welt je gesehen hat. Sie umfaßt alles in allem 25 Millionen Menschen und hat 300000 Funktionäre. Es ist ganz klar, daß eine Organisation, die 18 Jahre alt ist, seit ihrer Gründung nicht das sein kann, was sie nach 100 Jahren wäre. Entscheidend ist aber, daß wir ihr das Gesetz mit auf den Weg geben, nach dem sie angetreten ist und das ihr bleiben soll. Wir haben hier den Grundsatz des absoluten Gehorsams und der absoluten Autorität. Ebenso wie die Armee – die Waffe – nicht ohne dieses Gesetz der absoluten Autorität jedes einzelnen Vorgesetzten nach unten und seiner absoluten Verantwortung nach oben bestehen kann, kann es auch nicht die politische Führung dieser Waffe. Denn letzten Endes, was Waffen schaffen, wird politisch verwaltet, und was die politische Verwaltung will, muß die Waffe besorgen. Auch die Volksführung früher, die Kirche, kannte nur dieses eine Lebensgesetz: blinder Gehorsam und absolute Autorität. Dies Lebensgesetz ist richtig, denn wenn die Besseren zur Führung ausgesucht werden, werden die Untergebenen häufiger und leichter irren als die Führer und, da das ganze Leben eine fortgesetzte Fehlersammlung ist, sind alle geschichtlichen Erfolge ja nichts anderes als eine geringere Zahl von Fehlern gegenüber den anderen.

Wenn überhaupt irgendwo das Talent zu der ihm gebührenden Rolle kommen kann, dann nur in solch einem autoritären Regime, da jeder in ihm weiß, daß er – wenn er einen talentierten Mann fördert – nicht selbst durch eine Abstimmung der Mehrheit aus dem Sattel gehoben wird. Die Demokratie im üblichen Sinne dagegen ist der Todfeind aller Talente, da die Mehrheit stets untalentiert ist und daher stets Angst vor dem Talent hat. In ihr läuft der Ortsgruppenführer, der ein Talent heranholt, Gefahr, daß dies Talent die Ortsgruppe mobilisiert und eines Tages die sogenannte Generalmitgliederversammlung einberuft, die den alten Ortsgruppenführer im Wege der Abstimmung heraussetzt. Ähnlich haben wir ja die Demokratie mit der Demokratie besiegt.
Wenn Führung und Volk geschlossen sind, spielt ein Irrtum keine Rolle, da es immer nur einen Weg gibt und damit selbst der Irrtum tausendmal besser ist als zwei Erkenntnisse, nach denen jeder tun kann, was er will, also besser als die Zügellosigkeit aller.
Von der rein organisatorischen Seite der Volksführung abgesehen, kommt es vor allem darauf an, die Kunst der Weisheit oder die Weisheit der Kunst der Volksführung zu lehren. Zu erziehen in dieser Weisheit, die auf Grund tausendjähriger Erfahrungen unter Berücksichtigung aller menschlichen Schwächen, Stärken und Leidenschaften am Ende stets das zu erreichen weiß, was im Interesse der Erhaltung einer Volksgemeinschaft erreicht werden muß. Das sind ewige Erkenntnisse, die die Stabilität großer Staaten bedingen . . .
Beim politischen Führer ist der Charakter wichtiger als die sogenannte Genialität. Tapferkeit ist wichtiger als Weisheit der Einsicht. Das Entscheidende ist, daß wir eine Organisation von Männern aufbauen, die beharrlich, zäh, aber auch – wenn notwendig – rücksichtslos die Interessen der Nation wahrnehmen. Das ist das Entscheidende.
Dann kann man auch sich Zeit lassen und sagen, wir wollen noch so und so viele Jahre warten. So wird in Zukunft nicht die Politik verderben, was das Schwert erworben hat. Dann wird endlich aus dem Blut, das unser Volk vergossen hat, ein wirklicher Nutzen kommen. Denn Blut hat unser Volk genug vergossen, nur die politische Führung hat es niemals auszuwerten verstanden. Dann wird der Waffenstaat entstehen, der mir vorschwebt. Ein „Waffenstaat", nicht nur weil jeder die Waffe trägt von Jugend an bis ins hohe Alter, sondern auch in seinem Geiste gewappnet und bereit ist, wenn notwendig, die Waffe zu gebrauchen.
Noch eine besondere Aufgabe haben wir: die Beseitigung all jener Minderwertigkeitsempfindungen, die in unserem Volk waren, ihm künstlich angezüchtet wurden, da die früheren Regierungen sie notwendig benötigten und brauchten. Wir sind Todfeinde der sogenannten halben, weil falschen Bescheidenheit, die da sagt, wir wollen uns etwas zurückhalten, man braucht doch nicht immer so in den Vordergrund zu treten, wir wollen nicht immer von uns reden und alles übertrumpfen, wir wollen bieder bleiben und nicht übel auffallen, man soll uns mehr lieben, die anderen sollen uns nicht mit schiefen Augen ansehen. Im Gegenteil: wir wollen unser Volk ganz nach vorne führen! Ob sie uns lieben, das ist uns einerlei! Wenn sie uns nur respektieren! Ob sie uns hassen, ist uns einerlei, wenn sie uns nur fürchten.
Wir dürfen uns nicht auf den Standpunkt stellen: die junge Generation soll es einmal besser machen. Wir haben schon alles zu tun, was notwendig ist. Dann wird auch diese Jugend einmal ihre Pflicht erfüllen, so wie wir ihr das gezeigt haben.

Zit. nach Jacobsen-Jochmann, Ausgewählte Dokumente zur Geschichte des Nationalsozialismus, Bielefeld 1966, AF, S. 1 ff.

II/2 Zeitgenössische Deutungen des Faschismus

Arbeitsthemen

1. *Aufgrund welcher Kriterien interpretiert Zibordi den italienischen Faschismus als Konterrevolution des Bürgertums? (Nr. 1)*
2. *Zu welchen Einsichten gelangt Clara Zetkin bei ihrem Bemühen um eine genaue politische und soziologische Wesensbestimmung des Faschismus? (Nr. 2)*
3. *Aufgrund welcher Momente glaubt M. J. Bonn, den Faschismus als demokratisch und antiliberal zugleich bezeichnen zu können? (Nr. 3)*
4. *Wie gelangt August Thalheimer zu seiner These von dem Faschismus als einer besonderen Spielart des Bonapartismus? (Nr. 4)*
5. *Inwiefern bereitet Stalin mit seiner These aus dem Jahre 1924 „Der Faschismus ist eine Kampforganisation der Bourgeoisie, die sich auf die aktive Unterstützung der Sozialdemokratie stützt", die Ideologie des sog. Sozialfaschismus und die Agententheorie vor? Mit welchen Argumenten trat Trotzki dieser Interpretation, der es seines Erachtens „selbst an formaler Logik, von Dialektik nicht zu reden" fehlte, und der aus ihr abgeleiteten Strategie entgegen? (Nr. 5a, 5b und 6)*
6. *Welches sind die konstitutiven Elemente der sowjetmarxistischen Faschismus-Interpretation? Welche ideologischen Implikationen lassen sich bei diesem Erklärungsmodell herausheben? Wie steht es mit seiner Kontinuität? (Nr. 7 und 8)*
7. *Aus welchen Faktoren erklärt Trotzki Aufstieg und Durchbruch des Nationalsozialismus? Wodurch sieht er Hitlers Verhältnis zur Arbeiterbewegung bestimmt? (Nr. 9)*
8. *Welche Rolle spielen – nach Trotzki – die Mittelklassen im Rahmen faschistischer Politik? Aus welchen Umständen ergibt sich für ihn die Notwendigkeit aggressiver faschistischer Expansion? Inwieweit wurde Trotzkis hellsichtige prognostische Analyse durch die tatsächliche Entwicklung bestätigt? (Nr. 10)*
9. *Worauf gründet Hermann Rauschning seine Interpretation des Nationalsozialismus als einer von konservativen Bundesgenossen unterstützten doktrinlosen Revolution? (Nr. 11)*

Materialien

1. Giovanni Zibordi: Der Faschismus als antisozialistische Koalition (1922)

Es scheint mir, daß der Faschismus zur gleichen Zeit folgendes ist: eine Konterrevolution des eigentlichen Bürgertums gegen eine „rote" Revolution, die es als Akt des Aufstandes außer im Status der Drohung nicht gegeben hat; eine Revolution, oder besser eine Konvulsion von kleinbürgerlichen, deklassierten und unzufriedenen Schichten; eine militärische Revolution ...

Die Wahrheit besteht vielmehr darin, daß in den Faschismus die allerverschiedenartigsten und entgegengesetztesten Elemente eintreten. Es gibt dort den idealistischen Jüngling, der überzeugt ist, das Vaterland aus dem Ruin zu retten, es gibt den Briganten, der aus den sozialen Niederungen aufgetaucht ist, und es gibt den romantischen jungen Mann, der überzeugt ist, einem edlen Glauben zu dienen; aber es gibt dort vor allem in großer Anzahl die sogenannten Mittel- und Kleinbürger. Empört und herausgefordert durch das doppelte Schauspiel der Reichtümer, des Luxus der Kriegsgewinnler und des Aufwandes der Arbeiter (man muß hier hinzufügen, daß ich mich auf jene Zeit beziehe, in der die Arbeitslosigkeit und der Rückzug des Proletariats, die heute vorherrschen, noch nicht im Blick waren), geraten diese Schichten in Erregung, zwar mit der Unterstützung von hundert Ausnahmeerscheinungen, die durch den Krieg geschaffen worden sind, aber mit diesem fundamentalen Charakter der kleinbürgerlichen Rebellion und der kleinbürgerlichen Forderungen. Es lebt in diesen Schichten die Überzeugung, daß von dem großen sozialen Patrimonium, von dem wir alle gut oder schlecht leben, der größte Teil nicht so sehr von den Herren, von den Kriegsgewinnlern, von den Grundbesitzern und Großhändlern usurpiert wird, sondern von den Metallarbeitern, von den Maurern, von den Braccianti und daß die „äußerst hohen" Gehälter der Arbeiter die Hauptursache für die Verteuerung des Lebens und für das Mißbehagen jener Schichten sind, die über keine Möglichkeit verfügen, sich schadlos zu halten, und die daher die Lasten und Schäden dieses Zustandes um so stärker empfinden. Es ist sicher eine bemerkenswerte Tatsache, daß infolge einer moralischen Verirrung aus einer unleugbar revolutionären, wenn auch auf die Mittelschichten beschränkten Situation, in welcher viele an ein bescheidenes Behagen gewöhnte Leute große materielle Not kennenlernen, kein Gedanke der Sympathie und der Solidarität mit jenen Schichten entsteht, die jahrhundertelang in ähnlichen oder noch schlimmeren Verhältnissen gelebt haben, sondern daß statt dessen ein Gefühl von Groll und Neid gegenüber den Arbeitern aufkommt und ein Empfinden der Solidarität mit den Herren – mindestens der Auswirkung, wenn auch nicht der Intention nach.

Zit. nach Ernst Nolte, Theorien über den Faschismus, a. a. O., S. 79ff.

2. Clara Zetkin: Der Kampf gegen den Faschismus (1923)

Die Ruhrbesetzung hat die faschistische Gefahr gesteigert, die alle Arbeiter ohne Unterschied, ob sie in den sanften sozialdemokratischen oder den übel beleumdeten kommunistischen Organisationen stehen, bedroht. Der Faschismus bedeutet nicht nur die Gefahr, daß das Weltproletariat in einen neuen Weltkrieg hineinschlittert, der noch umfangreicher und barbarischer sein wird, als alles, was wir an Barbarei, Infamie und Verbrechen während des imperialistischen Weltkrieges erlebt haben. Die zweite Gefahr besteht darin, daß das Proletariat durch nationalistische Losungen gespalten und kampfunfähig gemacht wird, und daß dadurch die einzige Macht zerstört wird, die fähig ist, nicht nur die Gewaltigen des französischen Hüttenkomitees, sondern auch die Kohlen- und Finanzmagnaten Deutschlands und der ganzen Welt zu besiegen: das international kämpfende Proletariat ...
Der Faschismus ist der Ausdruck des wirtschaftlichen Verfalls des Kapitalismus und der Auflösung des bürgerlichen Staates. Wie konnte sich der Faschismus zur Massenbewegung entwickeln, daß er in Italien den Sieg über die Arbeiterbewegung davontrug? Es war nur möglich durch den Zerfall der bürgerlichen Gesellschaft. Breite Schichten des Kleinbürgertums und der Intellektuellen haben die Lebensbedingungen der Vorkriegszeit verloren; sie sind nicht nur proletarisiert, sie sind pauperisiert. Die bürgerliche Wirtschaft vermag diesen Schichten nicht einmal die Existenz als Proletarier zu sichern, sie schleppt sie nur mit als Lumpenproletariat. Dazu kommen die Staatsbeamten und Angestellten, denen der vom Bankrott bedrohte Staat die Existenz nicht mehr sichern kann. Die ehemals festesten Stützen des bürgerlichen Staates stehen darum der bürgerlichen Regierung zum Teil gleichgültig, zum Teil feindlich gegenüber. Aber es sammeln sich unter den Losungen des Faschismus

auch viele von denen, die früher Vertrauen zu den sozialistischen Losungen hatten, die sich ohne klare Erkenntnis instinktiv im Gegensatz zum Großkapital fühlten und die auf eine Besserung durch die Zähmung des Kapitalismus auf dem Weg der Demokratie hofften. Diese Hoffnung ist von den reformistischen Parteien schwer enttäuscht worden, weil selbst Reformen auf dem Boden der bürgerlichen Gesellschaft heute nur durch den revolutionären Klassenkampf durchgesetzt werden können. Dazu gesellen sich noch eine Zahl von Berufslosen, nämlich Offiziere, die während des Krieges in Überfülle geschaffen worden sind. Die faschistischen Organisationen gestalten sich so zu einem politischen Asyl für Obdachlose . . .
Der italienische Faschismus spinnt seine Fäden schon nach Deutschland. Er hat seine Organisation in Berlin. Die Hitler-Banden, die in Bayern herrschen, verwandeln Bayern jetzt schon in einen faschistischen Staat. Was ist die schmachvolle Behandlung der politischen Gefangenen anderes als der konsequente Terror des Faschismus? Während in Bayern das faschistische Programm sich in dem Grundsatz erschöpft: „Haut den Juden“, ist das Programm der norddeutschen Organisationen voll von scheinrevolutionären Phrasen, allerdings ohne konkrete Maßregeln zu ihrer Durchführung und alles gedeckt mit dem Stahlpanzer der nationalen Gesinnung . . .
Nach Italien hat der Faschismus seine stärkste Position in Deutschland infolge des Ausganges des Krieges und des Versagens der Revolution. In Deutschland ist die kapitalistische Wirtschaft zerrüttet, die Staatsgewalt ist schwach und andererseits ist in keinem Lande der Gegensatz zwischen der objektiven Reife für die Revolution und der subjektiven Unreife der Arbeiterklasse so groß wie gerade in Deutschland.

Zit. nach: Komintern und Faschismus, Dokumente zur Geschichte und Theorie des Faschismus, hrsg. von Theo Pirker, Stuttgart 1965, S. 115ff.

3. Moritz Julius Bonn: Das faschistische und das demokratische Prinzip (1928)

Seinem innersten Wesen nach ist der Faschismus eine selbständige, eigenartige Erscheinung nur in der Methode. Er versucht nur, das Kernproblem der Demokratie, die Behandlung der dauernden Minderheiten dadurch zu lösen, daß er sein Wesen ignoriert. Er haßt die individuelle Freiheit, nicht die Demokratie. Jede Bewegung, die in ihrem letzten und tiefsten Sinn national ist, muß eine demokratische Bewegung sein. Das Undemokratische am Faschismus kann daher nur vorübergehend sein, weil keine nationale Bewegung klassen- und gruppenmäßig gebunden sein kann. Dagegen ist er in seinem innersten Wesen ein Gegner des Parlamentarismus, einmal, weil ihm die Führerauslese durch Parlamentswahlen unrichtig erscheint. Er erstrebt entweder die direkte Demokratie, bei der sich die Demokratie in einem auf Zeit gewählten Präsidenten verkörpert – wobei er sich über die Technik dieser Demokratie völlig falsche Vorstellungen macht –, oder am liebsten die Usurpation eines von einer zugkräftigen Gruppe getragenen, später von der öffentlichen Meinung der Mehrheit anerkannten Diktators. Er bekämpft den Parlamentarismus aber vor allen Dingen deswegen, weil er keine Lösung der Probleme der kollektiven, impersonalen Willensbildung gegeben sieht und daher auf die personale Willensbildung des Individuums zurückgreift, die ihren Einzelwillen mit Gewalt zum Gesamtwillen macht. Dazu bedarf er des Handelns ohne Verantwortung, der Entscheidung ohne Erörterung. Er ist in dieser Beziehung der Nachfolger der absolutistisch-bürokratischen Regierungsmethode, die sich beim Monarchen auf die richtige Eingebung, beim Bürokraten auf Vorbildung und Erfahrung begründet. Er ist, da er ein bloßes politisches Verfahren war, ohne eigentliches Regierungsprogramm an die Arbeit gegangen. Er hat nicht die Macht erobert, um Versprechungen einzulösen, die er den Menschen gemacht hatte, er hat erst die Macht erobert und sich dann an die Arbeit begeben. Er ist darin vom Bolschewismus verschieden, so sehr er ihm in den Methoden ähnelt. Der Bolschewismus hat dem sachlichen Programm zuliebe sich für die Methode der Diktatur entschieden. Der Faschismus muß der Diktatur zuliebe ein sachliches Programm erfinden. Er hat den liberalen Staatsgedanken des freien Wettbewerbs abgelehnt; denn er haßt den Liberalismus. Er bekämpft das wirtschaftliche System des Sozialismus; denn er muß den Klassenkampf überwinden. So ist ihm nichts anderes übriggeblieben als die beiden, unter Zuhilfenahme konservativromantischer Verbrämung, positiv zu verschmelzen.

Zit. nach Ernst Nolte, Theorien über den Faschismus, a. a. O., S. 235 ff.

4. August Thalheimer: Über den Faschismus (1930)

Das Entscheidende ist die Gesamtheit der Klassenverhältnisse eines gegebenen Landes, einer gegebenen Gesellschaft. Der Bonapartismus, die Verselbständigung der Exekutivgewalt, ist die „schließliche" und zugleich verfaulteste Form der bürgerlichen Staatsmacht in dem Stadium, nachdem diese bürgerliche Gesellschaft am stärksten bedroht gewesen ist durch den Ansturm der proletarischen Revolution und nachdem die Bourgeoisie ihre Kraft erschöpft hat in der Abwehr dieses Ansturmes, wenn alle Klassen erschöpft und entkräftet am Boden liegen und die Bourgeoisie nach der stärksten Verschanzung für ihre soziale Herrschaft ausschaut. Der Bonapartismus ist also eine Form der bürgerlichen Staatsmacht im Zustand der Verteidigung, der Verschanzung, der Neubefestigung gegenüber der proletarischen Revolution. Er ist eine Form der offenen Diktatur des Kapitals. Seine andere Form, aber nahe verwandte Form, ist die faschistische Staatsform. Der gemeinsame Nenner ist die offene Diktatur des Kapitals. Ihre Erscheinungsform ist die Verselbständigung der Exekutivgewalt, der Vernichtung der politischen Herrschaft der Bourgeoisie und die politische Unterwerfung aller übrigen Gesellschaftsklassen unter die Exekutive. Ihr sozialer oder klassenmäßiger Inhalt aber ist die Herrschaft der Bourgeoisie und der Privateigentümer überhaupt über die Arbeiterklasse und alle anderen kapitalistisch ausgebeuteten Schichten ...

Kommen wir nun zur heutigen Form der offenen Diktatur der Bourgeoisie in Italien, dem faschistischen Staat. Unverkennbar sind wesentliche Züge gemeinsam mit der bonapartistischen Form der Diktatur: wieder die „Verselbständigung der Exekutivgewalt", die politische Unterwerfung aller Massen, einschließlich der Bourgeoisie selbst, unter die faschistische Staatsmacht bei sozialer Herrschaft der Großbourgeoisie und der Großgrundbesitzer. Gleichzeitig will der Faschismus, wie der Bonapartismus, der allgemeine Wohltäter aller Klassen sein: daher ständige Ausspielung einer Klasse gegen die andere, ständige Bewegung in Widersprüchen im Innern. Der Herrschaftsapparat trägt ebenfalls dieselben Züge. Die faschistische Partei ist ein Gegenstück zu der „Dezemberbande" Louis Bonapartes. Ihr sozialer Bestand: Deklassierte aller Klassen, des Adels, der Bourgeoisie, des städtischen Kleinbürgertums, der Bauernschaft, der Arbeiterschaft. Was die Arbeiterklasse anlangt, so hängen hierbei zwei entgegengesetzte Pole der Deklassierung zusammen: unten das Lumpenproletariat, „oben" Teile der Arbeiteraristokratie und Arbeiterbürokratie, der reformistischen Gewerkschaften und Parteien. Die Verwandtschaft trifft auch zu auf die bewaffnete Macht. Die faschistische Miliz ist sozial das Gegenstück zur bonapartistischen Armee ...

Ebenso findet sich Übereinstimmung in der Situation des Klassenkampfes, aus der hier die bonapartistische, dort die faschistische Form der Staatsmacht hervorging. Im Falle des italienischen Faschismus, wie in dem des Bonapartismus, ein gescheiterter Ansturm des Proletariats, darauffolgende Enttäuschung in der Arbeiterklasse, die Bourgeoisie erschöpft, zerfahren, energielos nach einem Retter ausschauend, der ihre soziale Macht befestigt. Übereinstimmung auch in der Ideologie: als Hauptmittel die „nationale" Idee, der Scheinkampf gegen parlamentarische und bürokratische Korruption, Theaterdonner gegen das Kapital usw. Verwandte Züge schließlich bei den „Helden" des Staatsstreiches ...

Durch die lokale geschichtliche Tradition bedingt ist natürlich, daß der Diktator in Frankreich auf Grund der napoleonischen Legende und der Rolle, die sie bei der Bauernschaft spielt, als „Kaiser" auftritt; in Italien muß er sich mit der Rolle des „Duce" begnügen und neben sich die Krone bestehen lassen. Statt der napoleonischen Maskerade die altrömische, sullanische und caesarianische, die aber künstlicher ist als jene. Diese Unterschiede sind aber unwesentlich ...

Ziemlich allgemein ist heute in der Bourgeoisie vollentwickelter kapitalistischer Länder das Bestreben, das parlamentarische System abzubauen, einzuengen, stärkere politische Garantien für die Bourgeoisherrschaft zu schaffen.

Zit. nach: Faschismus und Kapitalismus, hrsg. von Wolfgang Abendroth, Ffm. 1967, S. 28ff.

5. Stalins Interpretation des Faschismus

a) Aus einer Rede Stalins (1924)

Der Faschismus ist eine Kampforganisation der Bourgeoisie, die sich auf die aktive Unterstützung der Sozialdemokratie stützt. Die Sozialdemokratie ist objektiv der gemäßigte Flügel des Faschismus. Diese Organisationen schließen einander nicht aus, sondern ergänzen einander. Das sind keine Antipoden, sondern Zwillingsbrüder.

Zit. nach P. A. Kalambokis, Soziologische Aspekte der kommunistischen These vom Sozialfaschismus, Ffm. 1967, S. 79

b) Stalins These vom Sozialfaschismus

Die stalinistische Festlegung auf den Sozialfaschismus stellt eine Fehlleistung dar, von der sich die kommunistische Faschismustheorie im Grunde bis heute nicht erholt hat. Das Interesse Stalins und der Kominternführung nach dem Ausbleiben weiterer revolutionärer Erfolge, die kommunistischen Parteien nicht wieder in den Sog der alten Sozialdemokratie geraten zu lassen, macht die Wendung gegen den *Sozialfaschismus* in politischer Hinsicht zwar verständlich, die Fixierung dieser Gegnerschaft ausgerechnet unter dem Etikett des Faschismus läßt sich aber nur daraus erklären, daß die Theorie vom Sozialfaschismus für die Kommunisten auch eine Art Rechtfertigungsideologie darstellte. Unter dem Einfluß Zinovevs und Stalins waren die Ansätze zu einer Systemanalyse des Faschismus, die wenigstens teilweise auch das doppelbödige Verhältnis von Faschismus und parlamentarischer Demokratie in den Blick bekommen hatten, aufgegeben worden. Danach ließ sich die eigene Ohnmacht und Erfolglosigkeit gegenüber der – entgegen allen Voraussagen – ständig anwachsenden faschistischen Bewegung in Europa nur verschleiern und der revolutionäre Optimismus auf einen schnellen Zusammenbruch des kapitalistischen Systems nur weiter aufrechterhalten, wenn man den „verräterischen" Sozialdemokraten die Schuld in die Schuhe schob. Eine ohnehin schon undifferenzierte allgemeine Faschismustheorie wurde also dadurch aufrechterhalten, daß man sie mit Hilfe des Schlagworts vom Sozialfaschismus bis zur totalen Sinnentleerung vergröberte. Das hat auch nach Rücknahme der Sozialfaschismusinterpretation zu einer sehr weitgehenden Sterilität der orthodoxen kommunistischen Faschismustheorie geführt. Dem relativierenden Grundschema, nach dem der Faschismus lediglich als ein Epiphänomen[1] des Kapitalismus erklärt wurde, fügte die kommunistische Theorie nach der Stabilisierung der Herrschaft Hitlers lediglich ein Element neu hinzu, das des Terrors. Das XIII. Plenum des Exekutivkomitees der Komintern verkündete 1933 eine Definition des Faschismus, welche bis heute im ganzen unverändert Geltung behalten hat: „Der Faschismus ist die offene terroristische Diktatur der am meisten reaktionären, chauvinistischen und imperialistischen Elemente des Finanzkapitals". Damit wurde zwar ein wesentliches Element faschistischer Herrschaft richtig erkannt, die Herausstellung des terroristischen Charakters der faschistischen Regimes hatte aber den Sinn, das Ausbleiben des faschistischen Zusammenbruchs zu erklären und den Übergang zur antifaschistischen Volksfrontpolitik zu rechtfertigen, ohne von der Zerfallstheorie abrücken zu müssen. Stalins Zusammenarbeit mit Hitler im Jahr 1939 offenbarte freilich endgültig den inneren Widerspruch dieser Faschismusdoktrin.

Aus: Wolfgang Schieder, Faschismus, in: Sowjetsystem und demokratische Gesellschaft, a. a. O., Sp. 457f.

6. Leo Trotzki: Der sozialfaschistische Irrtum

Für viele ähnelt die Wahl zwischen Bolschewismus und Faschismus der zwischen Satan und Beelzebub. Es ist schwer, darüber etwas Trostreiches zu sagen. Das 20. Jahrhundert ist zweifellos das zerrissenste in der Geschichte der Menschheit. Diejenigen von unseren Zeitgenossen, die Frieden und Bequemlichkeit vor allem lieben, haben ihren Geburtstag schlecht gewählt.

17 Millionen verzweifelte Leute haben die Hitlerbewegung zum Siege geführt; das beweist, daß das kapitalistische Deutschland das Vertrauen zu dem in Verfall geratenen Europa verloren hat, das durch den Vertrag von Versailles in ein Zuchthaus – nur ohne die Einrichtung der gestreiften Jacken – verwandelt worden war. Aber der Sieg der Partei der Verzweiflung war nur möglich, weil der Sozialismus, die Partei der Hoffnung, sich als unfähig erwies, die Macht zu ergreifen. Das deutsche Proletariat war sowohl an Zahl wie an Kultur stark genug, sein Ziel zu erreichen, aber die Führer der Arbeiterschaft haben sich als unfähig erwiesen.

Die Sozialdemokraten hofften in ihrer eigenartigen, konservativen Beschränktheit, zusammen mit den anderen parlamentarischen Parteien den Faschismus allmählich „erziehen" zu können. Die Stellung des Drilloffiziers gaben sie Hindenburg, dem Generalfeldmarschall der Hohenzollern; sie stimmten für ihn. Die Arbeiter hatten den richtigen Instinkt, sie wollten

1 (= Begleiterscheinung)

kämpfen. Aber die Sozialdemokraten hielten sie zurück, indem sie ihnen versprachen, ihnen dann das Signal zum Kampf zu geben, wenn Hitler endlich die „legalen" Methoden verlassen sollte. So haben die Sozialdemokraten Hitler nicht nur durch die Wahl Hindenburgs an die Macht gebracht, sondern auch dadurch, daß sie ihm die Regierungsgewalt Stück für Stück auslieferten.
Die Politik der Kommunistischen Partei war zutiefst irrig. Ihre Führer gingen von dem absurden Standpunkt aus, daß Sozialdemokratie und Nationalsozialismus zwei Variationen des Faschismus darstellen, daß sie, nach Stalins unseliger Formel, „nicht Gegensätze, sondern Zwillinge" sind. Es ist ohne Zweifel wahr, daß sowohl die Sozialdemokratie wie der Faschismus die bürgerliche Herrschaft gegen die proletarische Revolution verteidigen. Aber die Methoden der beiden Parteien sind äußerst verschieden. Die Sozialdemokratie ist undenkbar ohne parlamentarische Regierung und ohne gewerkschaftliche Massenorganisation. Die Aufgabe des Faschismus ist aber, beides zu zerstören. Auf der Grundlage dieses Gegensatzes mußte ein Defensivbündnis zwischen Kommunisten und Sozialdemokraten geschlossen werden. Aber die blinden Führer haben sich geweigert, diesen Weg zu gehen. Die Arbeiter auf der Linken wurden gespalten, schutzlos, ohne Plan und Programm dem feindlichen Angriff überlassen. Diese Position demoralisierte das Proletariat und stärkte das Selbstvertrauen des Faschismus.

Aus: Hitlers Sieg (vom 10. 3. 1933), in: Schriften über Deutschland, hrsg. von Helmut Dahmer, Bd. II, Ffm. 1971, S. 476f.

7. Dimitroff-Kuusinen: Der Klassencharakter des Faschismus

Wir müssen beim Faschismus zwischen der Zusammensetzung oder Anhängerschaft und dem Klassencharakter unterscheiden.
Der Faschismus versucht, dem Monopolkapital die Massenbasis unter der Kleinbourgeoisie zu sichern, und wendet sich dabei an die aus ihrem Geleise geschleuderten Bauern, Handwerker, Angestellten und Beamten, insbesondere an die deklassierten Elemente in den großen Städten. Er ist bestrebt, auch in die Arbeiterklasse einzudringen.
Der Klassencharakter des Faschismus ergibt sich allein daraus, welche Klassenpolitik er treibt und welcher Klasse er dient. Die faschistische Politik ist die Politik der Großbourgeoisie. Der Faschismus an der Macht ist die offene, terroristische Diktatur der reaktionärsten, chauvinistischsten, am meisten imperialistischen Elemente des Finanzkapitals.
Der Grund für den Übergang von der gewöhnlichen Form der Diktatur der Bourgeoisie zur offen faschistischen ist die Furcht vor der herannahenden proletarischen Revolution.
Das Anwachsen des Faschismus bedeutet, daß die Kapitalisten nicht mehr imstande sind, ihre Diktatur mit den alten Methoden des Parlamentarismus und der bürgerlichen Demokratie zu behaupten. Mehr noch: Die Methoden des Parlamentarismus und der bürgerlichen Demokratie überhaupt werden zum Hemmschuh für die Kapitalisten in ihrer inneren Politik (Kampf gegen das Proletariat) wie in der Außenpolitik (Kampf für die imperialistische Neuaufteilung der Welt).

Aus: Thesen und Beschlüsse des XIII. Plenums des Exekutivkomitees der Kommunistischen Internationale, Dezember 1933, zit. bei Iring Fetscher, Karl Marx und der Marxismus, München 1967, S. 218f.

8. Der klassische sowjetmarxistische Faschismusbegriff (1967)

Der Faschismus ist eine konterrevolutionäre Bewegung: die offen terroristische Diktatur der reaktionärsten, am meisten chauvinistischen und am meisten imperialistischen Gruppen des Finanzkapitals in der Periode der allgemeinen Krise des Kapitalismus. Der Faschismus entwickelte sich als politische Bewegung und ideologische Strömung, die die Klasseninteressen der reaktionärsten Kräfte der Monopolbourgeoisie zum Ausdruck brachten, von diesen Kräften entscheidend gefördert wurden, ihren Masseneinfluß jedoch hauptsächlich im Kleinbürgertum hatten. Ihrem Wesen nach ist die faschistische Diktatur Ausdruck der Unfähigkeit der Monopolbourgeoisie, ihre Politik der Ausplünderung des eigenen Volkes und der imperialistischen Expansion gegen den wachsenden Widerstand der Volksmassen mit den Mitteln der bürgerlich-parlamentarischen Demokratie durchzusetzen. Der Faschismus soll einen reaktionären Ausweg aus der Krise der monopolkapitalistischen Klassenherrschaft ermöglichen, indem er vor allem die revolutionäre Arbeiterbewegung und ihre marxistisch-leninistische Partei sowie alle anderen demokratischen Kräfte des Volkes unter Anwendung brutalster Methoden unterdrückt, das bürgerlich-parlamentarische System beseitigt und durch eine unverhüllt terroristische Staatsform ersetzt. Um die Wirkung der aus der kapitalistischen Produktionsweise gesetzmäßig erwachsenen antagonistischen Widersprüche zu paralysieren und alle Ressourcen des Landes der Verfügungsgewalt der reaktionärsten und einflußreichsten Gruppen der Monopolbourgeoisie zu unterwerfen, deren Herrschaft zu stabilisieren und ihr imperialistisches Expansionsprogramm durchzuführen, bedient sich der Faschismus neben dem politischen Terror in ausgedehntem Maße der reglementierenden Mittel des staatsmonopolistischen Herrschaftssystems. Die Aufrüstung und Militarisierung der Volkswirtschaft sowie aller anderen Bereiche des gesellschaftlichen Lebens wird in ungeahntem Maße forciert und der Aggressionskrieg darüber hinaus ideologisch und diplomatisch vorbereitet. Die Ideologie des Faschismus stellt ein Konglomerat extrem chauvinistischer, rassistischer, irrationalistischer, mystizistischer und sozialdemagogischer Theorien dar; ihr Kern ist der Antikommunismus. Die reaktionärsten Gruppen der Monopolbourgeoisie konnten in verschiedenen Ländern für die Errichtung ihrer faschistischen Diktatur die Tatsache ausnutzen, daß die demokratischen Kräfte zersplittert und uneinig und insbesondere die Arbeiterbewegung infolge der antikommunistischen, die Aktionseinheit verhindernden Politik rechter sozialdemokratischer Führer gespalten war. Zuerst wurde ein faschistisches Regime in Italien errichtet (1922). Der Faschismus wurde in Deutschland am 30. 1. 1933 von den ausschlaggebenden, reaktionärsten Kräften der deutschen Monopolbourgeoisie an die Macht gebracht.

Aus: Kleines politisches Wörterbuch, Berlin-Ost 1967, S. 196ff.

9. Leo Trotzki: Porträt des Nationalsozialismus

(Prinkipo, 10. Juni 1933)

Zu Beginn seiner politischen Laufbahn zeichnete sich Hitler vielleicht nur durch größeres Temperament, eine lautere Stimme und selbstsichere geistige Beschränktheit aus. Er brachte in die Bewegung keinerlei fertiges Programm mit – wenn man den Rachedurst des gekränkten Soldaten nicht zählt. Hitler begann mit Verwünschungen und Klagen über die Versailler Bedingungen, über das teure Leben, über das Fehlen des Respektes vor dem verdienten

Unteroffizier, über das Treiben der Bankiers und Journalisten mosaischen Bekenntnisses. Heruntergekommene, Verarmte, Leute mit Schrammen und frischen blauen Flecken fanden sich genug. Jeder von ihnen wollte mit der Faust auf den Tisch hauen. Hitler verstand das besser als die anderen. Zwar wußte er nicht, wie der Not beizukommen sei. Aber seine Anklagen klangen bald wie Befehl, bald wie Gebet, gerichtet an das ungnädige Schicksal. Todgeweihte Klassen werden – ähnlich hoffnungslosen Kranken – nicht müde, ihre Klagen zu variieren und Tröstungen anzuhören. Alle Reden Hitlers sind auf diesen Ton gestimmt. Sentimentale Formlosigkeiten, Mangel an Disziplin des Denkens, Unwissenheit bei buntscheckiger Belesenheit – all diese Minus verwandelten sich in ein Plus. Sie gaben ihm die Möglichkeit, im Bettelsack „Nationalsozialismus" alle Formen der Unzufriedenheit zu vereinen und die Masse dorthin zu führen, wohin sie ihn stieß. Von den eigenen Improvisationen des Beginns blieb im Gedächtnis des Agitators nur das haften, was Billigung fand. Seine politischen Gedanken waren die Frucht der rhetorischen Akustik. So ging die Auswahl der Losungen vonstatten. So verdichtete sich das Programm. So bildete sich aus dem Rohstoff der „Führer"...

Die Nazis geben ihrem Umsturz den usurpierten Namen Revolution. In Wirklichkeit läßt der Faschismus in Deutschland wie auch in Italien die Gesellschaftsordnung unangetastet. Hitlers Umsturz hat, isoliert betrachtet, nicht einmal Recht auf den Namen Konterrevolution. Aber man darf ihn nicht abgesondert sehen, er ist die Vollendung des Kreislaufs von Erschütterungen, der in Deutschland 1918 begann. Die Novemberrevolution, die die Macht den Arbeiter- und Soldatenräten übergab, war in ihrer Grundtendenz proletarisch. Doch die an der Spitze der Arbeiterschaft stehende Partei gab die Macht dem Bürgertum zurück. In diesem Sinne eröffnete die Sozialdemokratie die Ära der Konterrevolution, ehe es der Revolution gelang, ihr Werk zu vollenden. Solange die Bourgeoisie von der Sozialdemokratie und folglich von den Arbeitern abhängig war, enthielt das Regime aber immer noch Elemente des Kompromisses. Bald ließ die internationale und die innere Lage des deutschen Kapitalismus keinen Raum mehr für Zugeständnisse. Rettete die Sozialdemokratie die Bourgeoisie vor der proletarischen Revolution, so hatte der Faschismus seinerseits die Bourgeoisie vor der Sozialdemokratie zu retten. Hitlers Umsturz ist nur das Schlußglied in der Kette der konterrevolutionären Verschiebungen.

Der Kleinbürger ist dem Entwicklungsgedanken feind, denn die Entwicklung geht beständig gegen ihn – der Fortschritt brachte ihm nichts als unbezahlbare Schulden. Der Nationalsozialismus lehnt nicht nur den Marxismus, sondern auch den Darwinismus ab. Die Nazis verfluchen den Materialismus, weil die Siege der Technik über die Natur den Sieg des großen über das kleine Kapital bedeuten. Die Führer der Bewegung liquidieren den „Intellektualismus" nicht so sehr deshalb, weil sie selbst mit einem Intellekt zweiter und dritter Sorte versehen sind, sondern vor allem, weil ihre geschichtliche Rolle es ihnen nicht gestattet, irgendeinen Gedanken zu Ende zu führen. Der Kleinbürger braucht eine höchste Instanz, die über Natur und Geschichte steht, gefeit gegen Konkurrenz, Inflation, Krise und Versteigerung. Der Evolution, dem „ökonomischen Denken", dem Rationalismus – dem zwanzigsten, neunzehnten und achtzehnten Jahrhundert – wird der nationale Idealismus als die Quelle des Heldischen entgegengestellt. Die Nation Hitlers ist ein mythologischer Schatten des Kleinbürgertums selbst, sein pathetischer Wahn vom tausendjährigen Reich auf Erden.

Um die Nation über die Geschichte zu erheben, gab man ihr als Stütze die Rasse. Den geschichtlichen Ablauf betrachtet man als Emanation der Rasse. Die Eigenschaften der Rasse werden ohne Bezug auf die veränderlichen gesellschaftlichen Bedingungen konstruiert. Das niedrige „ökonomische Denken" ablehnend, steigt der Nationalsozialismus ein Stockwerk tiefer, gegen den wirtschaftlichen Materialismus beruft er sich auf den zoologischen.

Die Rassentheorie – wie besonders geschaffen für einen anspruchsvollen Autodidakten, der nach einem Universalschlüssel für alle Geheimnisse des Lebens sucht – sieht im Licht der Ideengeschichte besonders kläglich aus. Die Religion des rein Germanischen mußte Hitler aus zweiter Hand beim französischen Diplomaten und dilettierenden Schriftsteller Gobineau entlehnen. Die politische Methodologie fand Hitler fertig bei den Italienern vor. Mussolini hat sich ausgiebig der Marxschen Theorie des Klassenkampfs bedient. Der Marxismus selbst war die Frucht einer Verbindung deutscher Philosophie, französischer Geschichtsschreibung und englischer Ökonomie. In der Genealogie der Ideen – selbst der rückschrittlichsten und stumpfsinnigsten – findet sich vom Rassismus keine Spur.

Die Armseligkeit der nationalsozialistischen Philosophie hat die Universitätsprofessoren selbstverständlich nicht gehindert, mit vollen Segeln in Hitlers Fahrwasser einzulenken – als sein Sieg außer Frage stand. Die Jahre der Weimarer Ordnung waren für die Mehrheit des Professorenpöbels eine Zeit der Verwirrung und Unruhe. Die Historiker, Ökonomen, Juristen und Philosophen ergingen sich in Vermutungen darüber, welches der einander bekämpfenden Wahrheitskriterien das echte sei, das heißt, welches Lager sich zuguterletzt als Sieger erweisen werde. Die faschistische Diktatur beseitigt die Zweifel der Fauste und das Schwanken der Hamlets auf dem Universitätskatheder. Aus der Dämmerung der parlamentarischen Relativität tritt die Wissenschaft wiederum in das Reich des Absoluten ein. Einstein mußte Deutschland verlassen.

Auf der Ebene der Politik ist der Rassismus eine aufgeblasene und prahlerische Abart des Chauvinismus, gepaart mit Schädellehre. Wie herabgekommener Adel Trost findet in der alten Abkunft seines Bluts, so besäuft sich das Kleinbürgertum am Märchen von den besonderen Vorzügen seiner Rasse. Es verdient Beachtung, daß die Führer des Nationalsozialismus nicht germanische Deutsche sind, sondern Zugewanderte: aus Österreich, wie Hitler selbst, aus den ehemaligen baltischen Provinzen des Zarenreichs, wie Rosenberg, aus den Kolonialländern, wie der augenblickliche Stellvertreter Hitlers in der Parteileitung, Heß, und der neue Minister Darré. Es bedurfte der Schule barbarischer nationaler Balgerei in den kulturellen Randgebieten, um den Führern die Gedanken einzuflößen, die später ein Echo im Herzen der barbarischsten Klassen Deutschlands fanden.

Die Persönlichkeit und die Klasse – der Liberalismus und der Marxismus – sind das Böse. Die Nation ist das Gute. Doch an der Schwelle des Eigentums verkehrt sich diese Philosophie ins Gegenteil. Nur im persönlichen Eigentum liegt das Heil. Der Gedanke des nationalen Eigentums ist eine Ausgeburt des Bolschewismus. Obwohl er die Nation vergottet, will der Kleinbürger ihr doch nichts schenken. Im Gegenteil erwartet er, daß die Nation ihm selbst Besitz beschert und diesen dann gegen Arbeiter und Gerichtsvollzieher in Schutz nimmt.

Vor dem Hintergrund des heutigen Wirtschaftslebens – international in den Verbindungen, unpersönlich in den Methoden – scheint das Rassenprinzip einem mittelalterlichen Ideenfriedhof entstiegen. Die Nazis machen im voraus Zugeständnisse: Im Reich des Geistes wird Rassereinheit durch den Paß bescheinigt, im Reich der Wirtschaft aber muß sie sich durch Geschäftstüchtigkeit ausweisen. Unter heutigen Bedingungen heißt das: durch Konkurrenz-

fähigkeit. So kehrt der Rassismus durch die Hintertür zum ökonomischen Liberalismus – ohne politische Freiheiten – zurück.
Praktisch beschränkt sich der Nationalismus in der Wirtschaft auf – trotz aller Brutalität – ohnmächtige Ausbrüche von Antisemitismus. Vom heutigen Wirtschaftsystem sondern die Nazis das raffende oder Bankkapital als den bösen Geist ab; gerade in dieser Sphäre nimmt ja die jüdische Bourgeoisie einen bedeutenden Platz ein. Während er sich vor dem kapitalistischen System verbeugt, bekriegt der Kleinbürger den bösen Geist des Profits in Gestalt des polnischen Juden im langschößigen Kaftan, der oft keinen Groschen in der Tasche hat. Der Pogrom wird zum Beweis rassischer Überlegenheit.

Aus: Schriften über Deutschland, a. a. O., S. 573 ff.

10. Leo Trotzki: Die militante Aggressivität des Faschismus (1933)

Der deutsche wie der italienische Faschismus stiegen zur Macht über den Rücken des Kleinbürgertums, das sie zu einem Rammbock gegen die Arbeiterklasse und die Einrichtungen der Demokratie zusammenpreßten. Aber der Faschismus, einmal an der Macht, ist alles andere als eine Regierung des Kleinbürgertums. Mussolini hat recht, die Mittelklassen sind nicht fähig zu selbständiger Politik. In Perioden großer Krisen sind sie berufen, die Politik einer der beiden Hauptklassen bis zur Absurdität zu treiben. Dem Faschismus gelang es, sie in den Dienst des Kapitals zu stellen. Solche Lösungen wie die Verstaatlichung der Trusts und die Abschaffung des „arbeits- und mühelosen Einkommens" waren nach Übernahme der Macht mit einem Mal über Bord geworfen. Der Partikularismus der deutschen Länder, der sich auf die Eigenarten des Kleinbürgertums stützte, hat dem politischen Zentralismus Platz gemacht, den der moderne Kapitalismus braucht. Jeder Erfolg der nationalsozialistischen Innen- und Außenpolitik wird unvermeidlich Erdrückung des kleinen Kapitals durch das große bedeuten.
Das Programm der kleinbürgerlichen Illusionen wird dabei nicht abgeschafft, es wird einfach von der Wirklichkeit abgetrennt und in Ritualhandlungen aufgelöst. Die Vereinigung aller Klassen läuft hinaus auf die Halbsymbolik der Arbeitsdienstpflicht und die Beschlagnahme des Arbeiterfeiertags „zugunsten des Volkes". Die Beibehaltung der gotischen Schrift im Gegensatz zur lateinischen ist eine symbolische Vergeltung für das Joch des Weltmarkts. Die Abhängigkeit von den internationalen – darunter auch jüdischen – Bankiers ist nicht um ein Jota gemildert, dafür ist es verboten, Tiere nach dem Talmudritual zu schlachten. Ist der Weg zur Hölle mit guten Vorsätzen gepflastert, so sind die Straßen des Dritten Reiches mit Symbolen ausgelegt.
Indem er das Programm der kleinbürgerlichen Illusionen auf elende bürokratische Maskeraden reduziert, erhebt sich der Nationalsozialismus über die Nation als reinste Verkörperung des Imperialismus. Die Hoffnung darauf, daß die Hitlerregierung heute oder morgen als Opfer ihres inneren Bankrotts fallen werde, ist völlig vergeblich. Das Programm war für die Nazis nötig, um an die Macht zu kommen, aber die Macht dient Hitler durchaus nicht dazu, das Programm zu erfüllen. Die gewaltsame Zusammenfassung aller Kräfte und Mittel des Volkes im Interesse des Imperialismus – die wahre geschichtliche Sendung der faschistischen Diktatur – bedeutet die Vorbereitung des Krieges; diese Aufgabe duldet keinerlei Widerstand von innen und führt zur weiteren mechanischen Zusammenballung der Macht. Den Faschismus kann man weder reformieren noch zum Abtreten bewegen. Ihn kann man nur

stürzen. Der politische Weg der Naziherrschaft führt zur Alternative Krieg oder Revolution. Der erste Jahrestag der Nazidiktatur steht bevor. Alle Tendenzen des Regimes haben sich inzwischen klar und deutlich entfalten können. Die „sozialistische" Revolution, die den kleinbürgerlichen Massen die unentbehrliche Ergänzung der „nationalen" schien, wurde offiziell verdammt und liquidiert. Die Klassenverbrüderung gipfelt darin, daß – an einem eigens von der Regierung bestimmten Tag – die Reichen zugunsten der Armen auf Vor- und Nachtisch verzichten. Der Kampf gegen die Arbeitslosigkeit hat dazu geführt, daß man die halbe Hungerration noch einmal teilt. Alles übrige ist Produkt der manipulierten Statistik. Die „geplante" Autarkie erweist sich als ein neues Stadium wirtschaftlichen Zerfalls.

Je weniger das Polizeiregime der Nazis ökonomisch leistet desto größere Anstrengungen muß es auf außenpolitischem Gebiet unternehmen. Dies entspricht völlig der inneren Dynamik des durch und durch aggressiven deutschen Kapitals. Das Umschwenken der Naziführer auf Friedensdeklarationen kann nur Dummköpfe irreführen. Hitler hat kein anderes Mittel, die Schuld an inneren Schwierigkeiten auf äußere Feinde abzuwälzen und die Sprengkraft des Imperialismus unter dem Druck der Diktatur zu steigern.

Dieser Teil des Programms, der noch vor der Machtergreifung der Nazis offen angekündigt wurde, realisiert sich jetzt mit eiserner Logik vor den Augen der ganzen Welt. Die Zeit, die uns bis zur nächsten europäischen Katastrophe bleibt, ist befristet durch die deutsche Aufrüstung. Das ist keine Frage von Monaten, aber auch keine von Jahrzehnten. Wird Hitler nicht rechtzeitig durch innerdeutsche Kräfte aufgehalten, so wird Europa in wenigen Jahren neuerlich in Krieg gestürzt.

Aus: Leo Trotzki, Porträt des Nationalsozialismus, in: Schriften über Deutschland, a. a. O., S. 578 ff.

11. Hermann Rauschning: Die Revolution des Nihilismus (1938)

Der Weg in die Diktatur war zugleich ein Weg in den Nihilismus. Die Abstoßung ideologischer Motive, nicht bloß im Nationalsozialismus, verwandelte die Kulisse einer deutschen nationalen Revolution in eine skrupellose Bewegung des Nihilismus. Die Aufgaben, die sich die Kombination gestellt hatte, waren: die Wiederherstellung eines starken autoritären Regimes, die Umgestaltung des Staates in der Richtung auf einen Obrigkeitsstaat, die Neuordnung der auseinanderbrechenden Wirtschaft und die Wiederherstellung einer geschlossenen nationalen, patriotischen Gesinnung als der Voraussetzung einer Wiederaufrüstung und der Erneuerung der deutschen außenpolitischen Macht. Rangordnungen, klare Gliederungen, feste allgemein gültige und aus dem allgemeinen Relativismus herausführende Werte: so war der „nationale Aufbruch" gedacht. Aber dahinter rangen zwei Tendenzen miteinander um die Entscheidung. Es waren höchst ungleiche Kräfte. Auf der einen Seite die Kräfte der Reaktion: Rückwärtsrevision der Verfassung, der Obrigkeitsstaat, die Beseitigung der sozialen Gesetzgebung oder doch ihre wesentliche Einschränkung durch Aufhebung der Unabdingbarkeit der Tarife und der Koalitionsfreiheit, ein bewußter Neopatriarchalismus, die Wiederherstellung der Macht der alten Herrenschichten und schließlich die Restauration der Monarchie. Auf der anderen Seite die doktrinlose Revolution einer Massenelite, die an die Macht wollte, um sie zu behaupten . . .

Der Nationalsozialismus ist der Nutznießer berechtigter nationaler Tendenzen zur Überwindung des Versailler Vertrages und seiner Zwangsbestimmungen. Und er ist der Nutznießer militärpolitischer Vorstellungen und alldeutscher Wünsche in führenden Kreisen des

Bürgertums und des Offizierskorps, aber er findet nicht in ihnen seine Erfüllung. Er benutzt sie um ihrer revolutionierenden Wirkung willen, aber er greift weit über sie hinaus, und sie sind ihm inhaltlich heute schon unwichtig. Der Nationalsozialismus ist keine nationale Bewegung, sondern eine Revolution, ein Zerstörungsprozeß, der unter anderem auch die nationalen Begriffe und Werte aufzehrt. Die Revolution hat den Charakter einer nationalen Bewegung, weil sie mit ihr begann und weil sie unter dem Zeichen des Nationalismus die ersten großen Entwicklungen im Innern und außenpolitisch vollzog . . .
Der Nationalsozialismus hat nicht bloß die bisherigen Positionen der Arbeiterklasse beseitigt, was das Urteil rechtfertigen könnte, daß er eine gegenrevolutionäre Bewegung sei, sondern er hat ebenso das Bürgertum, die politischen und gesellschaftlichen Positionen des Bürgertums und der alten, führenden Gesellschaftsschichten vernichtet. Er ist im Begriff, auf eine totale und unwiderrufliche Weise auch ihre wirtschaftliche Stellung zu zerstören.

Zit. nach Ernst Nolte, Theorien über den Faschismus, a. a. O., S. 341 ff.

II/3 Wissenschaftliche Analysen des Faschismus

Arbeitsthemen

1. *Aus welchen gesellschaftlichen Voraussetzungen ist der Aufstieg des Nationalsozialismus zu erklären? Wie weit ist die These Lipsets vom „Extremismus der Mitte" zutreffend? Welche Verknüpfungen zwischen industriellem Standard und faschistischer Politik lassen sich aufzeigen? Wie steht es angesichts dieser Faktoren mit der historischen Stichhaltigkeit der sowjetmarxistischen Faschismustheorie? (Nr. 1)*
2. *In welcher Weise prägte sich die vom Faschismus propagierte Militarisierung des öffentlichen und privaten Lebens aus? Welche ambivalente Rolle spielte dabei die Technik? (Nr. 2)*
3. *Auf welche Faktoren und Verhaltensmuster verweist die Sozialpsychologie bei dem Versuch, die Etablierung faschistischer Systeme von ihrem analytischen Ansatz aus zu erklären? (Nr. 3)*
4. *Welche „Charakterzüge von hervorstechender Wichtigkeit" machen nach Auffassung von Ernst Nolte die „eigentümliche Natur der politischen Bewegung des Faschismus" aus? (Nr. 4)*
5. *Durch welche Merkmale sieht Reinhard Kühnl den Faschismus als „Form bürgerlicher Herrschaft" gekennzeichnet? Wie gelangt er zu seiner These vom Faschismus als Krisenmanagement der Kapitalisten? (Nr. 5)*
6. *Worin liegen nach der Definition des Zeitgeschichtlers K. D. Bracher Problematik und Grenzen des Faschismusbegriffs? (Nr. 6)*

Materialien

1. Sozialgeschichtliche Aspekte des deutschen Faschismus

Für die Beurteilung des Nationalsozialismus ist die Erkenntnis seiner Endziele ausschlaggebend. An diesen Zielen orientierten sich seine Gegnerschaften und seine Bündnisse. Nützlich war, wer ihm zur Macht verhalf; privilegiert wurde, wer für die letzten Zielsetzungen seines Machtzentrums unentbehrlich war. Aus diesem Prinzip folgte die Umwerbung bestimmter Gruppen vor und ihre unterschiedliche Behandlung nach der Machtergreifung. Der Nationalsozialismus war mithin nicht ein Instrument in den Händen einer bestimmten gesellschaftlichen Gruppe – etwa, wie die Komintern es sah, der „am meisten reaktionären und chauvinistischen imperialistischen Elemente des Finanzkapitals" –, sondern ein weitgehend autonomer Faktor, der allerdings ohne die massive Unterstützung eindeutig identifizierbarer gesellschaftlicher Gruppen nicht an die Macht kommen und sich nicht an der Macht behaupten konnte.

Als Massenbasis kamen für die Nationalsozialisten, da sie aus der Arbeiterschaft nur verhältnismäßig wenige Anhänger gewinnen konnten, vor allem die Mittelschichten in Frage. An diese wandten sie sich mit gezielten Aktionen, seit Hitler nach 1924 auf die Linie legaler Machteroberung eingeschwenkt war und die antikapitalistische Rhetorik des linken NSDAP-Flügels zu dämpfen begonnen hatte. Die Kleinhändler beispielsweise wurden mit Kampagnen gegen jüdische Warenhäuser umworben; den Bauern versprach man, sie würden der erste Stand des Dritten Reiches werden; dem Handwerk wurde alles das zugesagt, was es in der Republik nicht hatte durchsetzen können: der „Große Befähigungsnachweis", der die Ausübung eines Handwerksberufs an den Meistertitel band, die allgemeine Zwangsinnung und vieles andere mehr. Seit sich bei Bauern und Kleingewerbetreibenden der Eindruck verfestigt hatte, daß der „Sozialismus" der NSDAP ihren Besitzstand nicht antasten würde, war diese Partei zumindest kein bedrohlicher Gegner mehr. Sie wurde wählbar, nachdem sie sich praktisch den Gesamtkatalog mittelständischer und agrarischer Schutzforderungen zu eigen gemacht hatte. Und sie wurde gewählt, als die kleinen Selbständigen in Stadt und Land außer ihr keine politische Kraft mehr sahen, die ernst machen würde mit der radikalen Beseitigung aller Widerstände gegen die Verwirklichung der eigenen Wünsche. Dieses Empfinden war entscheidend: nur der Nationalsozialismus versprach, das Übel bei der Wurzel zu packen, die organisierte Arbeiterschaft in ihre Schranken zu weisen, Parlament und Parteien und damit die Gefahr der Majorisierung der Besitzinteressen endgültig auszuschalten. Bei Angestellten und Beamten der einfachen und mittleren Ränge waren es ähnliche Statussorgen, die unter dem Eindruck der ökonomischen Krise immer schwerer drückten und die schließlich den Nationalsozialismus als Rettungsanker erscheinen ließen.

In den Führungsgruppen der deutschen Gesellschaft gingen die Meinungen über den Nationalsozialismus noch länger auseinander als in den Mittelschichten. Im Unternehmerlager stieß naturgemäß vor allem das verschwommene Wirtschaftsprogramm des Nationalsozialismus auf großes Mißtrauen. Das gilt nicht nur für die pseudosozialistischen Parolen der Partei, sondern auch und gerade für jene vagen Versprechungen einer berufsständischen Ordnung, die in den Mittelschichten eine gewisse Popularität besaßen. Außenhandel und Exportindustrie sahen in einer ständischen Neuordnung die Gefahr der wirtschaftlichen Stagnation und des staatlichen Dirigismus. Korporative Ideen schienen der Geschäftswelt nur insoweit akzeptabel, als sie geeignet waren, eine wirksame Vertretung der wirtschaftlichen Interessen gegenüber der Exekutive zu legitimieren und damit das politische Parlament zu neutralisieren. In eine ähnliche Richtung zielten die Pläne einer „Reichsreform", wie sie namentlich von Vertretern der hohen Bürokratie vorangetrieben wurden.

Positive Unterstützung fand der Nationalsozialismus vor allem bei Teilen der Schwerindustrie. Die Symbiose zwischen Ruhrindustriellen und Obrigkeitsstaat, historisch begründet im gemeinsamen Rüstungsinteresse, hatte bei den Unternehmern der Kohlen- und Eisenbranche eine Mentalität entstehen lassen, deren sinnfälligster Ausdruck nach dem Urteil des

Ökonomen M. J. Bonn das „Ideal einer kundenfreien Wirtschaft" war. Ein autoritäres Regime, das soziale Konflikte notfalls mit Gewalt unterdrückte, schien den Schwerindustriellen stets erstrebenswerter als eine liberale Demokratie. Den Standpunkt des Herrn im Hause hat außer dem Handwerk kein Segment der deutschen Gesellschaft so rigoros vertreten wie die Kohle- und Stahlindustriellen; beide Gruppen trafen sich auch in der Entschlossenheit, die sozialpolitischen Errungenschaften der Weimarer Republik bei erster sich bietender Gelegenheit wieder zu beseitigen. Man kann geradezu von einer geheimen politischen und ideologischen Wahlverwandtschaft von Kleingewerbe und Schwerindustrie sprechen: beide bewegten sich, wann immer sie sich kritischen Situationen gegenübersahen, nach rechts. Zumindest von Teilen der Schwerindustrie gilt, daß sie meist zur gleichen Zeit dieselbe Partei favorisierten wie der gewerbliche Mittelstand – nach der Deutschen Volkspartei die Deutschnationale Volkspartei und schließlich, großen Bedenken zum Trotz, die Nationalsozialisten.
Die finanzielle Hilfe, die der Nationalsozialismus durch Schwerindustrielle erfuhr, hatte gewiß nicht denselben Stellenwert wie die massenhafte Unterstützung durch die Mittelschichten. In den entscheidenden drei Monaten vor dem 30. Januar 1933 trugen jedoch Unternehmer des Montansektors wesentlich dazu bei, der Wahlniederlage der NSDAP vom 6. November 1932 – sie verlor gegenüber dem 31. Juli über 2 Millionen Stimmen – ihren politischen Sinn zu nehmen und die letzte Alternative zur Diktatur Hitlers, das Regime des Generals von Schleicher, zu liquidieren ... Noch massiver und direkter wirkte in derselben Phase ein anderer Gralshüter autoritärer Politik auf die nationalsozialistische Machtübernahme hin: der tief verschuldete ostelbische Großgrundbesitz. Die Furcht vor der Aufdeckung der Osthilfe-Skandale scheint das wesentliche Motiv jener Aktivitäten gewesen zu sein, die der Reichslandbund im Dezember 1932 und im Januar 1933 entfaltete, um eine Regierung der „nationalen Konzentration" ans Ruder zu bringen.
Es waren die konservativsten Kräfte der deutschen Gesellschaft, in den Mittelschichten wie unter den traditionellen Eliten, die den größten Anteil an der Machtergreifung Hitlers hatten. Soweit sie früher zur liberalen Mitte gehört hatten, waren sie schon lange vor dem Aufstieg des Nationalsozialismus nach rechts gerückt. Die Sehnsucht nach einem „überparteilichen" Staat, die breite Schichten der deutschen Gesellschaft – und nicht zuletzt auch das Bildungsbürgertum – mit der nationalsozialistischen „Volksgemeinschaft" sympathisieren ließ, nährte sich aus den Illusionen, die der kaiserliche Obrigkeitsstaat mit Bedacht gepflegt hatte. Mittelständischer und agrarischer Protest wurde nicht – wie in den Vereinigten Staaten oder Frankreich – durch die nachwirkende Erinnerung an eine demokratische Revolution davor bewahrt, antidemokratisch zu werden. Es gab in Deutschland keine populistische Alternative zum populären Autoritarismus. Auf der anderen Seite war der Kapitalismus nie gezwungen gewesen, seine politischen Ansprüche demokratisch zu legitimieren. Die Chance der sozialen Rückversicherung, die ihm herrschaftsgewohnte vorkapitalistische Kräfte boten, ersparten ihm die Bewährung im offenen Konflikt.
Die Vereinigten Staaten wurden von der Weltwirtschaftskrise in mancher Hinsicht noch härter getroffen als Deutschland. Daß sie die Krise politisch bewältigten, ohne ihre liberalen Errungenschaften und demokratischen Institutionen preiszugeben, paßt nicht in jene vulgärmarxistische Theorie, die im Faschismus den politischen Überbau des Monopolkapitalismus sieht. Es ist in der Tat kein Zufall, daß faschistische Bewegungen nur in solchen Gesellschaften erfolgreich waren, in denen das Bürgertum sich nur unvollkommen von den

Bindungen der ständischen Gesellschaft emanzipiert hatte. Der Feudalismus hat mit dem Faschismus mindestens ebensoviel zu tun wie der Kapitalismus.
Der Nationalsozialismus knüpfte auf gesellschaftspolitischem Gebiet an „rechte" Traditionen an, ohne nach Ziel und Methode je mit der traditionellen Rechten identisch zu werden. Am ehesten noch berührten sich seine politischen Parolen mit denen des Vulgärkonservativismus der Wilhelminischen Ära – eines Konservativismus, der sich mit plebiszitären Mitteln und in antiliberaler Absicht eine Massenbasis geschaffen hatte. Daß diese Basis nur in den Mittelschichten gefunden werden konnte, war den Wortführern der Rechten niemals fraglich gewesen.
Der Ausdruck „Extremismus der Mitte" erweckt den Eindruck, als hätte der Nationalsozialismus irgendwo in der Mitte zwischen links und rechts gestanden. In Wirklichkeit konnte er wie andere faschistische Bewegungen nur im Bunde mit der traditionellen Rechten an die Macht kommen, und er erhielt diese Unterstützung, weil sich seine Angriffe ganz überwiegend gegen die politische Linke richteten.
Als totalitäre Bewegung konnte er freilich keinerlei Opposition gegen sich dulden, und soweit sich Teile der traditionellen Eliten seinem politischen Anspruch nicht beugten, wurden auch sie ausgeschaltet. Was egalitär, ja sozialrevolutionär wirkte am Nationalsozialismus, war einmal ein Reflex seiner plebejischen Instinkte, zum anderen – und weit mehr noch – eine notwendige Folge des von ihm gesetzten Primats des Krieges: die Gesellschaftspolitik wurde immer mehr zur Fortsetzung der Außenpolitik mit anderen Mitteln. Am Ende stand die nihilistische Negation aller konkreten Interessen überhaupt. Es ist diese Wendung gegen das Soziale schlechthin, die den Nationalsozialismus zu einer extremen Erscheinungsform der politischen Rechten macht – zur extremsten, die die Geschichte kennt.

Aus: Heinrich August Winkler, Extremismus der Mitte?, in: Vierteljahrshefte für Zeitgeschichte, 20 (1972), S. 187ff.; auch in: Liberalismus und Antiliberalismus, Göttingen 1979, S. 214ff.

2. Zur irrationalen Dynamik im Faschismus

Die Faschisten haben militärische Verbands- und Führungsformen auf das Feld des innenpolitischen Kampfes um die Macht übertragen – und zwar eben nicht in bloßer Pflege von Kriegserfahrungen und Frontkämpfertraditionen, sondern unter bewußter Politisierung. Am frühesten tat dies Mussolini mit den Fasci di combattimento, die für den direkten Einsatz gegen Kommunisten, radikale Sozialisten und jeden anderen politischen Gegner verwendet wurden; in Deutschland folgten SA und SS: politische Verbände paramilitärischen Charakters für Saalschutz, Straßenkampf und persönliche Sicherung des Führers, gebildet aus dem Reservoir ehemaliger Soldaten und anderer Elemente, denen das Militärische gegenüber dem „bürgerlichen" Leben als die höhere und unkompliziertere Lebensweise galt. Diese Verbände sind nach der Machtergreifung beibehalten worden; aus ihren Reihen gingen viele der politischen Führer hervor, oder sie sind ehrenhalber mit hohen Rängen in sie hineingezogen worden.
Das militante Organisationsprinzip blieb jedoch nicht auf die eigentlichen Kampfverbände beschränkt; es griff auch, weiter formalisiert und ausgehöhlt, auf die Gesamtbewegung über. Militärischer Herkunft waren die Uniformen faschistischer Bewegungen, die Dienstränge und Abzeichen, die Formen des agitatorischen Auftretens in marschierenden Kolonnen mit Fahnen und Marschliedern. Das alles war nicht nur Äußerlichkeit. Es diente

vielmehr der Erfassung der Menschen in politischen Organisationen, die betont nicht dem Typus bürgerlicher Vereine und Parteien angehörten – die ein stärkeres Engagement, ein ausschließliches Bekenntnis verlangten und den Führern jederzeit zum Einsatz zur Verfügung standen. Etwas pointiert läßt sich sagen, daß die politische Organisation des Faschismus – nicht ohne Beeinflussung durch den Kommunismus und in naturalistischer Deutung innenpolitischer Gegensätze als Lebenskampf der Weltanschauungen – unter der Fiktion des permanenten Krieges aufgebaut wurde. Ihre Aufgabe war die Machtergreifung; wo es dazu kam, wurde sie wieder unter der Fiktion des unaufhörlichen Kampfes gegen innere und äußere Feinde und für den nationalen Aufstieg mit den Mitteln des Staates ausgebaut und verfestigt. Die Partei wurde nun, in zunehmender Verfügung über die entscheidenden Kommandostellen des öffentlichen Lebens, zum Instrument der Mobilisierung der gesamten Bevölkerung. Dabei arbeitete man gern mit Leitbildern, in denen sich militärische und technisch-industrielle Elemente zu einem irrationalen Dynamismus verknüpften. Man sprach von „Soldaten der Arbeit"; auf dem Acker, in der Werkstatt, im Büro wurde „gekämpft"; „Einsatzbereitschaft" wurde zum Dauerzustand des zivilen Lebens, das sich in „Erzeugungsschlachten", an den Fronten der Wissenschaft, des technischen Fortschritts und der Geburtenzunahme zu bewähren habe. Die Jugenderziehung in obligatorischen Staatsjugendorganisationen wurde auf das Leitbild des Kämpfers ausgerichtet; sportlich-soldatische Leistungsfähigkeit, „Härte" des körperlichen, emotionalen und moralischen „Einsatzes" standen auf der Skala der Werte, zumal bei der Führerausbildung und -auslese, obenan. Das Tragen einer Waffe wie eines sportlichen Leistungsabzeichens wurde zum Ausdruck politischen Soldatentums, wie es jeder „Führer", sozusagen als politischer Offizier, vorbildhaft demonstrieren sollte. Neben das Militärische und den Sport trat als prägendes Element oft noch die Technik. Gerade in der Führerausbildung spielte sie eine bedeutsame Rolle; sollte doch die politische Elite in der selbstverständlichen Verfügung über Motor und Nachrichtenmittel sich in ihrem Machtgefühl, ihrer Herrenmoral und ihrem Zukunftbewußtsein bestärken. Zweifellos ist Hitlers Autobesessenheit von stilbildender Wirkung gewesen, ebenso Mussolinis Auftreten als Schwimmer, Schiläufer, Motorradfahrer und Arbeiter an der Dreschmaschine. Diese Entschlossenheit, die moderne Technik in den Dienst der Politik zu stellen, stand in bemerkenswertem Kontrast zu den Rasse- und Volkslehren, der Führer- und Gefolgschaftsmystik, der ganzen Geschichtsromantik der faschistischen Ideologie. Diese Diskrepanz ist eine der hintergründigsten Erscheinungen des Faschismus: auf der einen Seite aktiver Wille, der sich aller Mittel und Instrumente der Zeit bediente, auf der anderen eine „Weltanschauung", die hinter der Realität zurückblieb, aber eben deswegen verführerisch auf diejenigen wirkte, die – aus welchen Gründen immer – diese Realität der modernen technischen Zivilisation und des pluralistischen gesellschaftlichen Lebens ablehnten.

Aus: Rudolf Vierhaus, Faschistisches Führertum, in: Historische Zeitschrift, 198 (1964), S. 622ff.

3. Faschismus und Psychoanalyse

Die bürgerliche Kleinfamilie ist gekennzeichnet durch autoritäre Strukturen, die durch die überragende Vormachtstellung des Familienvaters geprägt werden. Der harte Arbeitsprozeß im sich entwickelnden kapitalistischen System erfordert Disziplin und Unterordnung unter den Leistungsanspruch der Wirtschaft und damit Unterdrückung der sexuellen Triebe

im weitesten Sinne, also des Lustprinzips . . . Die ursprünglich vorhandene wirtschaftliche Machtbasis des Vaters, von der er seine Autorität herleitete, schwindet mit der zunehmenden Abhängigkeit der Mehrheit infolge der fortschreitenden Konzentration und Zentralisation in der Wirtschaft und auch im politischen Bereich . . . Um den Preis der Irrationalität und des bloßen sinnlosen Zwanges behauptet der Vater weiterhin seine autoritäre Stellung. Während sich der Angestellte oder Beamte im Berufsleben selbst weitgehend anderen Instanzen unterwerfen muß und ständigen Frustrationen ausgesetzt ist, hält er seine „Macht" im familiären Bereich aufrecht, wo er sie selbstverständlich beanspruchen zu können glaubt. In dem Maße, in dem er sich unterdrückt und sein soziales Prestige gefährdet sieht, steigern sich seine Aggressivität und seine Herrschsucht im Rahmen der Familie: „So ist der durchschnittliche Vater nur noch um den Preis von Realitätsblindheit und Kritiklosigkeit zum Ideal zu erheben" (Westphal) und von den übrigen Familienmitgliedern anzuerkennen.
Erich Fromm hat – von den Theorien Sigmund Freuds ausgehend – die psychischen Vorgänge, die sich in den in einer derartigen Familienstruktur Lebenden abspielen, genauer analysiert: Die strenge Erziehung läßt durch die Unterdrückung des Trieblebens – die Unterdrückung des „Es" (Freud) – im Kind Aggressionen entstehen, die sich gegen den Erzieher richten. Diese wiederum werden bestraft. Aus Erfahrung nun wissend, was es erwartet, unterdrückt das Kind die angestauten Aggressionen; gleichzeitig wird den Triebregungen nur noch unter großen Ängsten nachgegeben, da das „Ich", das die Aufgabe der Selbstbehauptung zwischen „Es" und Außenwelt erfüllt, sich in den Dienst des „Über-Ich", des „Gewissens", das die vom Vater übernommenen Verbote von innen heraus aufrechterhält, stellt und die Triebenergie des „Es" bekämpft und abwehrt . . .
Sexualtriebe und Aggressionen können „gebunden" werden in Handlungen, denen allesamt der Wille zum „Sauberbleiben" anhaftet. So können etwa übertriebenes Reinlichkeitsstreben und pedantischer Ordnungssinn nun die Charaktere prägen. Ehre, Pflicht, der Ruf nach Ruhe und Ordnung des aufrecht dienenden kleineren Beamten, des um seinen Status kämpfenden Angestellten sind nichts anderes als die ins soziale Zusammenleben übertragenen angstvollen Abwehrmaßnahmen des um sein Sexualleben betrogenen Individuums . . . Der Verzicht auf Triebbefriedigung gewinnt selbstzerstörerische Züge. In dieser Ambivalenz zwischen sadistischen und masochistischen Neigungen, zwischen dem herrischen Auftreten auf der einen und dem sich gläubig Unterwerfen unter eine höhere Instanz auf der anderen Seite steht die „autoritäre Persönlichkeit" (Adorno) – Grundsubstanz für faschistische Massenbewegungen . . .
Die Identifizierung mit dem „Über-Ich", dem Vater, die für das Kind eine reale Möglichkeit gewesen ist – unter Inkaufnahme weitgehender Verdrängung der sexuellen und aggressiven Strebungen –, um Strafen zu entgehen, wird jetzt durch die Identifizierung mit dem Ganzen „dem Staat, dem Unternehmen, der Nation" (Westphal) abgelöst, da die realen Abhängigkeitsverhältnisse, deren Ursachen und die einander widersprechenden Interessen von Herrschenden und Beherrschten nicht erkannt werden. Da das „Ich" nicht die Stärke besitzt, allein mit seinen Ängsten fertig zu werden, lehnt es sich ganz an das „Über-Ich" an, das im Faschismus – die allgemeine Entwicklung zur Anonymisierung bewußt rückgängig machend – personalisiert im „Führer" erscheint.
„Sofern er in den Massenindividuen die historisch ausschlaggebenden familiären Gefühlsbindungen zu erwecken versteht, ist er gleichzeitig eine Vatergestalt, d. h. er konzentriert auf sich alle die affektiven Einstellungen, die seinerzeit dem strengen, aber auch schützenden

und repräsentativen Vater (repräsentativ zumindest in der Vorstellung des Kindes) galten. Man hörte oft von nationalsozialistischen Parteigängern, mit denen man über die Unhaltbarkeit des so widerspruchsvollen Programms der NSDAP sprach, Hitler verstünde das alles so viel besser, er würde schon alles schaffen. Hier kommt die kindliche Schutzeinstellung zum Vater deutlich zum Ausdruck. Noch wesentlicher ist aber die Identifizierung der Massenindividuen mit dem Führer. Sie ist von entscheidender Bedeutung bei der Taktik der revolutionären Partei, die die Loslösung der Anhänger einer anderen Partei von ihren Führern zum Ziel hat. Je hilfloser das Massenindividuum auf Grund seiner Erziehung in Wirklichkeit ist, desto stärker prägt sich dann die Identifizierung mit dem Führer aus, desto mehr verkleidet sich das kindliche Anlehnungsbedürfnis in die Form des Sich-mit-dem-Führer-eins-Fühlens" (Reich) ...

Die Identifikation mit dem Führer oder mit der Nation verlangt von dem sich Identifizierenden stets neue Verzichtleistungen hinsichtlich seiner sexuellen Triebe. Der Haß, die Aggressionen, die sich gegen das „Über-Ich" richten müßten – auf Grund mangelnder Ich-Stärke jedoch durch die Identifizierung von ihrem Ziel abgelenkt werden – müssen ein Opfer finden: Sie finden es in dem „Anderen", dem, der sich nicht den eigenen Identifizierungsschemata unterwirft. Nach Adorno wird das Denken des Autoritären von einem strengen Freund-Feind-Schema geprägt: „Unumschränkte Unterwerfung unter die Wertmaxime der Eigengruppe und die Verurteilung aller Eigenheiten der Fremdgruppe" (Adorno) ist die Folge. Als solche Fremdgruppen fungieren die Minderheiten wie Ausländer, Juden, Intellektuelle, Homosexuelle, etc. Aggressives, sadistisches Verhalten, das im normalen bürgerlichen Lebensbereich unterdrückt werden muß, findet hier sein „Ventil". Schuldgefühle und Angst, die zum Beispiel beim SA-Schläger entstehen, werden verdrängt durch die Identifizierung mit dem „Führer", dessen Befehlen man sich masochistisch als willenloses Werkzeug überantwortet.

Aus: Anneliese Schuon-Wiehl, Faschismus und Gesellschaftsstruktur, Ffm. 1970, S. 75ff.

4. Ernst Nolte: Die Individualität des Faschismus

Es scheint, daß sechs Charakterzüge von hervorstechender Wichtigkeit sind und in ihrer Gesamtheit genügen, die Individualität des neuen Phänomens zu kennzeichnen.

1. Der Faschismus entstand auf dem Boden der bis dahin schwersten Krise des liberalen Systems ...
2. Der Faschismus war unmittelbar aus dem Kriege geboren und in seiner frühesten Erscheinungsform nichts anderes als eine Vereinigung von Kriegsteilnehmern zur Verteidigung des Sinnes dieses Krieges gegen eine weitverbreitete Verneinung ... Er gab sich seine Organisation nach dem militärischen Muster ...
3. Zum Bürgertum stand der Faschismus in dem merkwürdigen Verhältnis einer nichtidentischen Identität. Er machte sich zum Vorkämpfer der bürgerlichen Hauptintention: der Bekämpfung des marxistischen Revolutionsversuchs gegen die bürgerliche Gesellschaft im ganzen. Aber er unternahm diese Bekämpfung mit Methoden und mit Kräften, die den bürgerlichen Denk- und Lebenstraditionen fremd waren ...
4. Der Faschismus weist eine eigentümliche Nähe zum Gegner auf. Eine ganze Anzahl seiner hervorragendsten Führer waren vor dem Kriege revolutionäre Sozialisten und Syndikalisten gewesen ...

5. Der längst bekannte Nationalismus wird vom Faschismus übernommen und zu einem praktischen Höhepunkt geführt ...
6. Die Tendenz zur Ideologie ist auch im frühen italienischen Faschismus schon erkennbar, obgleich er sich gern mit Emphase für untheoretisch und einen Ausdruck der reinen Aktion erklärt. Da er in seinem praktischen Verhalten und gegen die ursprüngliche Intention Mussolinis die Einrichtungen des reformistischen Sozialismus in seinen Vernichtungsfeldzug einbezogen hat, ist er gezwungen, einen möglichst weit gefaßten Begriff des „Marxismus" auszubilden und den eigenen Antimarxismus gegen das liberale System als den Nährboden des Gegners zu setzen, ja ihn in die Vergangenheit zu verlängern und sich damit dem Antisemitismus und einem antichristlichen Katholizismus zu nähern ...
Alle diese Kennzeichen sind nicht etwa italienisch, sondern durchaus gemeineuropäisch ...
Daß innerhalb desselben Typus sehr beträchtliche Unterschiede möglich waren, ist leicht einsichtig: Die Krise des liberalen Systems mochte schwerer oder oberflächlicher sein, der oberste Führer konnte nicht dem Sozialismus, sondern dem Konservativismus oder Nationalismus entstammen, die Rolle der Ideologie konnte größer sein (schwerlich geringer), der Grad der Irrationalität und das Ausmaß des Zurückstiegs in die Vergangenheit mochte bedeutender, die feindliche Entsprechung zum Marxismus konsequenter sein. Aber solange sich die Unterschiede im Rahmen der angeführten sechs Kennzeichen halten, darf die Verwendung des Allgemeinbegriffs „faschistisch" als gerechtfertigt gelten.

Aus: Die Krise des liberalen Systems und die faschistischen Bewegungen, München 1968, S. 86ff.

5. Reinhard Kühnl: Entwicklung und Struktur faschistischer Bewegungen

Durch die Oktoberrevolution 1917 in Rußland wurde zum ersten Mal deutlich, daß die marxistische Weltanschauung keine Utopie war, sondern verwirklicht werden konnte. Die Revolution hatte die Kette der kapitalistischen Staaten durchbrochen, und es zeigte sich, daß die Überwindung des kapitalistischen Systems möglich ist. Nach dem Sieg der Bolschewiki wuchs in den anderen Ländern die Arbeiterbewegung, und eine große Welle von Streiks und Revolutionsversuchen folgte. Von nun an stellte die sozialistische Bewegung für das kapitalistische System eine Bedrohung dar.
Gleichzeitig entstand eine faschistische Bewegung, die sich anfangs aus sozialen Gruppen zusammensetzte, die mit dem Übergang zu den Lebensformen der Friedenszeit nicht fertig wurden. Diese Bewegung fand speziell in Deutschland großen Anklang, da sich der monarchistische Obrigkeitsstaat länger an der Macht gehalten hatte und dadurch ein Mangel an liberaler und demokratischer Tradition vorhanden war. Hinzu kam, daß die nationalistisch aufgepeitschten Massen sich den Faschisten zuwandten, da diese ihnen für die Niederlage im 1. Weltkrieg Revanche versprachen. Außerdem waren die Folgen der wirtschaftlichen Krisen härter, da Deutschland durch den Krieg, die Niederlage, die Reparationen und Gebietsverluste sehr geschwächt und ein größeres Potential an Unzufriedenheit vorhanden war. Der Mittelstand war besonders empfänglich für die faschistischen Parolen, da sich der wirtschaftliche Konkurrenzkampf verschärfte und zur Bildung von Monopolen und Konzernen führte. Die Existenz der Kleineigentümer war bedroht.
Die Faschisten nahmen eine Doppelfunktion wahr. Zum einen artikulierten sie den Groll der Massen und proklamierten den radikalen Kampf gegen den Parlamentarismus. Zum

anderen waren sie für die Herrschenden ungefährlich und sogar nützlich, da sie die Gesellschafts- und Eigentumsfrage nicht prinzipiell angriffen.
Die Ideologie des Faschismus zeichnet sich durch sechs Grundmotive aus, von denen jedes eine klar umschriebene Funktion hat, die aber erst in ihrem Zusammenspiel die Eigentümlichkeit und die Wirksamkeit der faschistischen Ideologie ausmachen. Die Gemeinschaftsideologie, die Ideologie von der Autorität, die im Führerprinzip gipfelt; die Eigentumsideologie, die in einem militanten Antikommunismus mündet; gewisse antikapitalistische Akzente, die sich gegen das große Kapital richten, durch die Verbindung mit den übrigen Elementen, besonders mit der Eigentumsideologie jedoch politisch entschärft werden; die Sündenbockphilosophie, die eine einleuchtende Erklärung für alle Übel dieser Welt liefert und zugleich den Massen Objekte bietet, an denen sie ihre Aggressionen gefahrlos entladen können; und schließlich der Militarismus, der die Massen ideologisch auf den Krieg vorbereitet ...
Die Linken, die untereinander gespalten waren und kein einheitliches Konzept im Kampf gegen den Faschismus besaßen, versagten. Die Organisation einer starken antifaschistischen Volksfront kam nicht zustande ... Die Faschisten dagegen arbeiteten strategisch erfolgreicher als die Linken. Sie gingen legal mit anderen Parteien der Rechten Bündnisse ein, um ihre Machtbasis zu erweitern, illegal organisierten sie bewaffnete Terroraktionen. Das Militär, die Kirche und das Kapital setzten große Erwartungen in die faschistische Bewegung ...
Die soziale Funktion des faschistischen Herrschaftssystems kann zusammenfassend wie folgt charakterisiert werden:
1. Das faschistische System dient dazu, die kapitalistische Gesellschaftsordnung auch dann aufrechtzuerhalten, wenn sie in eine ernste Krise geraten und mit anderen Mitteln nicht mehr zu stabilisieren ist.
2. Dabei wird nicht nur die direkte Bedrohung, die von einer revolutionären Partei ausgeht, sondern auch die indirekte, wie sie die reformistische Arbeiterbewegung darstellt, radikal beseitigt. Nach der Machtergreifung wurde der Unternehmer durch Gesetz zum Führer des Betriebes ernannt. Der Faschismus garantierte den Unternehmern die Zerschlagung der revolutionären Arbeiterbewegung und die Beseitigung der Erfolge, die die Arbeiterbewegung sich erkämpft hatte: freie Organisation der Lohnabhängigen und Tariffreiheit.
So wurden das Streikrecht, die freie Wahl des Arbeitsplatzes und der kollektive Einfluß auf die Arbeitsbedingungen beseitigt. Die Rechtfertigung dafür lieferte die Gemeinschaftsideologie: Arbeitgeber und Arbeitnehmer arbeiten gemeinsam zum Gemeinwohl von Volk und Staat.
3. Diese Methode der Vorwärtsverteidigung bedeutet zugleich, daß die sozialen Privilegien der Oberklasse nicht nur gesichert, sondern ausgedehnt, daß die Ausbeutung der Lohnabhängigen verschärft, die Profite des Kapitals vergrößert werden.
4. Das faschistische System steigert auch das wirtschaftliche Gewicht des Staates, der als Auftraggeber und Umverteiler zentrale Bedeutung erlangt und diese dazu benutzt, seine politische Macht auszubauen.
5. Das faschistische System schafft die politischen und militärischen Voraussetzungen, um selbst in einem Zeitalter, in dem die Welt verteilt und das Selbstbestimmungsrecht der Völker in der Theorie weithin anerkannt ist, noch eine imperialistische Politik großen Stils treiben und benachbarte Völker unterwerfen zu können.
Aus: Formen bürgerlicher Herrschaft, Bd. I, Reinbek 1971, S. 77ff. bzw. S. 130

6. Zu den Grenzen des Faschismusbegriffs

Die Stärke der Faschismustheorie ist zugleich ihre Schwäche. Sie liefert eine umfassende theoretische Begründung der Bedingungen und der Struktur antidemokratischer Bewegungen und Systeme. So werden über die Beschreibung hinaus der Vergleich und die Kategorisierung ähnlicher Erscheinungen in verschiedenen Ländern möglich. Und es ist gewiß nicht zu leugnen, daß sowohl in der Zwischenkriegsperiode wie in der jüngsten Nachkriegszeit vergleichbare Erscheinungsformen des Rechtsextremismus unter sehr verschiedenen politisch-staatlichen und sozialökonomischen Voraussetzungen auftreten. Gemeinsam ist ihnen die antikommunistische Stoßrichtung und die zerstörerische Manipulation der bürgerlichen Demokratie.

Aber hier liegen auch die Schwierigkeiten eines generellen Faschismusbegriffs. Sie sind dreifacher Art. Als politischer Kampfbegriff, der zumal von der kommunistischen Polemik weithin auch auf die intakten Demokratien ausgedehnt wird, ist er schwer zu begrenzen; er hat es mit einer Fülle von Übergangsformen autoritär-diktatorischer Herrschaft zu tun, die dem Modell des italienischen oder gar des deutschen „Faschismus" oft wenig entsprechen: Ungelöste Probleme stellt die Einordnung der iberischen, balkanischen, lateinamerikanischen Diktaturen, die Abgrenzung gegenüber „klassischen" Militärdiktaturen, Oligarchien oder antidemokratischen Entwicklungsdiktaturen von der Zwischenkriegszeit bis zu den griechischen, arabischen, afrikanischen Militär- und Einparteienregimen. Ein zweites Problem liegt darin, daß die sozioökonomische Begründung allzu umfassend sein muß, um die verschiedenen Entwicklungstypen rechtsgerichteter Diktaturen in eine einzige Kausalformel zu fassen. Schließlich wird drittens der spezifische Ansatz rechtsextremer Politik verfehlt, wenn unter sozialpsychologische Allgemeinbegriffe (wie autoritäres oder „faschistisches Syndrom") der Vorgang der Ideologiebildung und der politischen Konkretisierung im Zeichen von sehr verschiedenen nationalen Traditions- und Bezugssystemen subsumiert werden soll.

Ein undifferenzierter Faschismusbegriff geht auch an der Tatsache vorbei, daß es sich durchweg um radikalnationalistische Bewegungen handelt, die weder ideologisch noch politisch und gesellschaftlich eine übergreifende internationale Bindung anerkannten. Ihre jeweiligen Systemvorstellungen waren von spezifisch nationalen Bedingungen geprägt und nur schwer vergleichbar oder übertragbar. Der Versuch einer generellen inhaltlichen Bestimmung des Faschismus (Antimarxismus, Antiliberalismus, extremer Nationalismus, oligarchischer Kapitalismus und Dirigismus, formierte Gesellschaft) wirft noch mehr Probleme auf, ist in der konkreten Anwendung auf Diktaturen neuen Stils noch fragwürdiger als die betont formale Bestimmung von Merkmalen und Operationsformen diktatorischer Herrschaft, auf der die Totalitarismustheorie beruht. Diese ist umfassender, kann ideologisch und sozioökonomisch höchst verschieden begründete Bewegungen und Regime in ihren funktionalen Strukturen vergleichend erfassen; sie ist zugleich beschränkter in bezug auf die Deutung der Ziele, Inhalte und vor allem auch der Voraussetzung und Genesis moderner Diktaturen. Die Schwächen und Grenzen sowohl inhaltlich wie formal bestimmter Allgemeinbegriffe sind offensichtlich: weder die Faschismus- noch die Totalitarismustheorie, beide politisch leicht zu mißbrauchen, werden ihrem Anspruch voll gerecht, das Phänomen der Diktatur im 20. Jahrhundert auf einen Nenner zu bringen, so wie auch eine generelle Kommunismustheorie der sich wandelnden Realität der Linksdiktaturen kaum mehr zu entsprechen vermag. Nur wenn diese Grenzen ihrer Anwendbarkeit beachtet werden, bieten sie Maßstäbe zur vergleichenden Analyse: das Faschismuskonzept für den Zusammenhang von Rechtsdiktatur und bürgerlicher Demokratie in der Krise parlamentarischer und kapitalistischer Systeme, das Totalitarismuskonzept zur Erhellung der Strukturprinzipien im Herrschaftsgefüge und in der Herrschaftstechnik sowohl rechter wie linker Diktaturen im Unterschied zum politischen Prozeß in pluralistisch verfaßten Mehrparteiendemokratien.

Es ist ein Verdienst der inzwischen so weit verzweigten Diskussion, daß bei der Anwendung des Totalitarismusbegriffs auf moderne Diktaturen in den letzten Jahren kritischer verfahren wird. Dasselbe sollte auch für die alte und neue Anwendung des Faschismusbegriffs gelten. Aber eine Analyse der nationalsozialistischen Diktaturbewegung kann nach wie vor nicht darauf verzichten, die in der Selbstinterpretation und in der Herrschaftstechnik dieses Regimes liegenden totalitären Komponenten freizulegen und sie gegen andere Systemelemente abzuwägen. Auch eine differenziertere Betrachtung totalitärer Politik, die das Klischee von der monolithischen, konfliktfreien Herrschaft widerlegt, deckt noch immer wesentliche Unterschiede gegenüber den traditionellen Autokratien oder Diktaturen auf – im Dritten Reich wie im stalinistischen Regime, den beiden „klassischen" Ausprägungen totalitärer Diktatur. Entscheidende Merkmale bleiben: die absolut gesetzte, exklusive Ideologie mit revolutionärem Anspruch; die Legalisierung des unkontrolliert von oben gesteuerten Terrors im Sinne des Freund-Feind-Prinzips und die Glorifizierung der Gewalt im Dienst einer chiliastisch entworfenen Zukunftsordnung; monopolistische „Kontrolle" der Macht, zugleich totale Erfassung und Ausrichtung der Gesellschaft mit dem Ziel, den „neuen Menschen" für diese Ordnung zu schaffen; die Negierung sozialer Konfliktlagen und die Unterdrückung jeglicher Opposition zugunsten des technologisch verstandenen, ideologisch sanktionierten Funktionsprinzips; schließlich die unvermittelte, irrationale Identifizierung der Herrschaft einer unkontrollierten Führung – Diktator oder Clique – mit den Interessen des „Ganzen", der dekretierten Volksgemeinschaft oder einer absolut gesetzten Klasse. Dabei ist keine einfache Scheidung zwischen totalitären und autoritären Systemen möglich: Diktaturen werden, ob „faschistisch" oder „kommunistisch", in ihrer besonderen Ausprägung nach der Stärke totalitär-revolutionärer oder autoritär-traditionaler Elemente zu klassifizieren sein.

Aus: Karl Dietrich Bracher, Die deutsche Diktatur, Köln 1969, S. 532ff.

Viertes Kapitel: Der Nationalsozialismus und der Zweite Weltkrieg

I. Das Dritte Reich

I/1 Hitlers Aufstieg: Taktik und Ideologie

Übersicht

1913	Juni: Übersiedlung nach München, um sich dem Zugriff der österreichischen Militärbehörden zu entziehen.
1914	August: Hitlers Eintritt als Freiwilliger in das bayrische Infanterie-Regiment 16; er empfindet den Kriegsausbruch als „Erlösung".
1914–18	Einsatz an der Westfront. Auszeichnung und Verwundung. Prägung durch das Fronterlebnis: Militante Sprache, Denken in militärischen Kategorien.
1919	Ab Juni: Verwendung als Werbeobmann des Reichswehrgruppenkommandos 4 in München. September: Eintritt in die von dem Münchener Werkzeugschlosser Anton Drexler gegründete DAP (Deutsche Arbeiterpartei), eine unbedeutende lokale Gruppe innerhalb der völkischen Bewegung.
1920	Februar: Umbenennung der DAP in NSDAP (Nationalsozialistische deutsche Arbeiterpartei). Verkündung des Parteiprogramms im Hofbräuhaus in München. März: Vergeblicher Versuch einer Beteiligung am Kapp-Putsch in Berlin. Hitler scheidet aus dem Dienst der Reichswehr aus. Dezember: Gründung einer Parteizeitung, des „Völkischen Beobachters", mit Dietrich Eckart, einem einflußreichen Hitler-Förderer, als Chefredakteur.
1921	Juli: Übernahme des Vorsitzes in der NSDAP durch Hitler. August: Gründung der SA (Schutz-Abteilung): einer parteieigenen Saalschutzorganisation.
1923	8./9. November: Putsch-Versuch in München: Ausrufung der „nationalen Revolution" durch Hitler. Demonstrationszug vor der Feldherrnhalle am Odeonsplatz wird von der Landespolizei mit Waffengewalt aufgelöst. Verbot der NSDAP und des „Völkischen Beobachters". Verhaftung Hitlers. Verurteilung wegen Hochverrats zur Mindeststrafe von 5 Jahren Festungshaft unter der gerichtlichen Attestierung „edelsten selbstlosen Willens" und der ausdrücklichen Zusicherung frühzeitiger Begnadigung.
1924	April bis Dezember: Festungshaft in Landsberg am Lech; Niederschrift des ersten Bandes von „Mein Kampf", der späteren „Bibel" der NSDAP.
1925	Februar: Wiedergründung der NSDAP unter Hitlers Vorsitz und Wiedererscheinen des „Völkischen Beobachters" unter Leitung von Alfred Rosenberg.

	März: Redeverbote für Hitler in Bayern und fast allen übrigen Ländern (erst 1927/28 wieder aufgehoben).
1925	April: Ausbürgerung Hitlers durch die österreichischen Behörden. Juli: Erscheinen des ersten Bandes von „Mein Kampf". November: Gründung der Schutzstaffeln (SS), eines Eliteverbandes für Sonderaufgaben.
1926	Juli: Gründung der Hitler-Jugend (HJ). November: Joseph Goebbels wird Gauleiter von Berlin. Dezember: Erscheinen des zweiten Bandes von „Mein Kampf". Ab 1930 mit dem ersten Band zur einbändigen „Volksausgabe" vereinigt.
1928	Mai: Beteiligung der NSDAP an den Reichstagswahlen. Auf sie entfallen 2,8% der abgegebenen gültigen Stimmen.
1929	Juli: Bildung eines „Reichsausschusses für das deutsche Volksbegehren" gegen den Young-Plan unter Einschluß der NSDAP. Dezember: Landtagswahlen in Thürigen: NSDAP erreicht 11,3% der Stimmen und 6 von 53 Mandaten. Wilhelm Frick wird erster nationalsozialistischer Minister (Inneres und Volksbildung)
1930	September: Reichstagswahlen. NSDAP wird mit 18,2% der Stimmen und 107 von 577 Mandaten zweitstärkste Fraktion im Reichstag. Ablegung des „Legalitätseides" vor dem Reichsgericht in Leipzig; Hitler versichert, daß ihm die Gewalt mit der Zeit auf legalem Wege zufallen werde.
1931	Oktober: Erster Empfang Hitlers durch Hindenburg. Bildung der „Harzburger Front", eines Zusammenschlusses der rechtsradikalen Kräfte.
1932	Februar: Hitler leistet als Regierungsrat bei der Vertretung Braunschweigs in Berlin den Beamteneid auf die Verfassung und wird deutscher Staatsangehöriger. März: Kandidatur Hitlers als Präsidentschaftsbewerber; er erhält 30,2% der abgegebenen Stimmen. April: Hitler steigert sein Stimmenkontingent beim zweiten Wahlgang um die Präsidentschaft auf 36,7% (= 13,4 Millionen Stimmen). Hindenburg erringt jetzt die erforderliche absolute Mehrheit. Verbot von SA und SS auf Reichsebene (im Juni trotz Länderprotest wieder aufgehoben). Juli: Massenversammlungen Hitlers in 50 Städten während des Wahlkampfes für die Reichstagswahlen. Die NSDAP wird mit 37,4% der Stimmen und 230 von 608 Abgeordneten stärkste Fraktion und stellt den Reichstagspräsidenten (Hermann Göring). August: Aussprache Hitlers mit Hindenburg. Seine Forderung nach der Kanzlerschaft lehnt der Präsident ab. November: Erneute Reichstagswahlen. NSDAP bleibt trotz Stimmenverlust (33,1% gegenüber 37,4%) stärkste Fraktion.
1933	4. Januar: Besprechung mit dem früheren Reichskanzler von Papen im Hause des Kölner Bankiers von Schroeder. Hitler und von Papen verständigen sich über den Sturz des amtierenden Reichskanzlers von Schleicher. 30. Januar: Ernennung Hitlers zum Reichskanzler in einem Präsidialkabinett.

Einführung in die Arbeitsthemen

Die politische Laufbahn Hitlers, die ihn vom gestrandeten, sozial deklassierten Insassen Wiener und Münchener Männerheime zum Kanzler des Deutschen Reiches und Beherrscher des kontinentalen Europa emporführte, gehört zu den erstaunlichsten und beunruhigendsten Karrieren der Weltgeschichte. Der durchaus berechtigte Hinweis darauf, wie sehr Hitler, der weder Heimat noch Beruf, weder Reputation noch die geringste Existenzsicherheit besaß und den in dieser Lage geradezu grotesken Entschluß faßte, „Politiker zu werden", diesen Aufstieg einer besonderen, singulären Situation (Versailler Vertrag, Nachkriegsnot, Schwäche der Weimarer Republik, Arbeitslosigkeit, Verelendung und Proletarisierung breiter Schichten, Unterstützung durch nationalistische und kapitalistische Kreise) verdankt, darf nicht darüber hinwegtäuschen, daß die entscheidende Ursache seines Erfolgs in ihm selbst lag, in seiner überdurchschnittlichen demagogisch-rhetorischen Begabung, die ihn befähigte, die Massen zu bewegen und zu verführen, ihnen Hoffnungen und Ressentiments zu suggerieren, sie zu irrationalen Sehnsüchten und verstiegenen Wunschbildern hinzureißen.

Nachdem Hitler, mit Kriegsende nach München zurückgekehrt, als „Vertrauensmann" der Aufklärungs- und Propagandaabteilung des Bayrischen Reichswehrgruppenkommandos 4 Verwendung gefunden und sich in antisozialistischen Kursen, veranstaltet für die heimkehrenden Soldaten des Übergangsheeres, die erste rednerische Routine erworben hatte, trat er im September 1919 in die von dem Münchener Werkzeugschlosser Anton Drexler gegründete „Deutsche Arbeiterpartei" – später in „Nationalsozialistische Deutsche Arbeiterpartei" umbenannt – ein. Mit der kleinen Partei hatte er die agitatorische Plattform gefunden, die ihm die Möglichkeit bot, durch die lärmende Radikalität seiner Versammlungen und das nationalistische Pathos seiner Parolen zu einem der bekanntesten Politiker der bayrischen Hauptstadt zu werden. Auch das Fiasko des Putschversuchs vom 9. November 1923, bei dem Hitler die Macht in Bayern an sich reißen und nach dem Beispiel Mussolinis einen Marsch auf Berlin antreten wollte, hat seinem politischen Prestige nicht geschadet. Im Gegenteil: Die behagliche Muße der Landsberger Haft verschaffte ihm die Gelegenheit, den künftigen Kurs der Partei, deren unumstrittener „Führer" er längst geworden war, zu überdenken und den ersten Band seines programmatischen Bekenntnisbuches „Mein Kampf" niederzuschreiben.

Die Konsequenzen, die Hitler aus dem gescheiterten Münchener Putsch zog, wurden entscheidend für den weiteren Weg der nach ihrem Verbot im Februar 1925 neugegründeten NSDAP. Nicht mehr der usurpatorische Griff nach der Macht, sondern die politische Agitation auf dem Boden der Verfassung (vgl. Hitler-Ausspruch: „Die Verfassung schreibt uns nur den Boden des Kampfes vor, nicht aber das Ziel") sollte die Partei in die Lage versetzen, die parlamentarische Demokratie aus den Angeln zu heben und durch den autoritären Führerstaat abzulösen. Daß jedoch die propagierte Legalität bloß taktisch verstanden war, daran konnte kein Zweifel sein. Denn die in seinem Buch „Mein Kampf" formulierte militante Weltanschauung, die „tierhafte Philosophie" (Bracher), die den Kampf aller gegen alle und den Sieg des Starken über den Schwachen „als eine Art Weltgrundgesetz" (Fest) feierte, ließ die innen- wie außenpolitischen Absichten Hitlers von vornherein deutlich werden: Führerdiktatur, Antisemitismus und neuer Lebensraum.

Am 30. Januar 1933 wurde Hitler, der in „Mein Kampf" behauptet hatte: „Innerhalb langer Perioden der Menschheit kann es einmal vorkommen, daß sich der Politiker mit dem Programmatiker vermählt" (S. 231) und überzeugt war, eine solche Synthese zu verkörpern, deutscher Reichskanzler. Würde er ernsthaft den Versuch wagen, als Politiker den Programmatiker zu bestätigen? Schon am 17. Oktober 1932 hatte er in aller Öffentlichkeit erklärt: „Ich will nur die Macht. Wenn wir einmal die Macht bekommen, dann werden wir sie, so wahr uns Gott helfe, behalten. Wegnehmen lassen wir sie uns dann nicht mehr." Freilich: die totale Macht hatte der Reichskanzler Hitler nicht – noch nicht.

Arbeitsthemen

1. *Kann man behaupten, daß der Erste Weltkrieg Hitler aus einem richtungslosen Dasein erlöste? Wie ist die „mit der verräterischen Anmaßung des gescheiterten Akademikers" (J. C. Fest) von Hitler vertretene Meinung zu verstehen: „Der Krieg veranlaßt zu tiefstem Nachdenken über alles Menschliche. Vier Jahre Krieg sind mehr als dreißig Jahre Universität an Bildung über die Probleme des Lebens"? (Nr. 1)*
2. *Welche Kerngedanken enthält Hilters Brief vom 16. 9. 1919, das erste Schriftstück seiner politischen Laufbahn? (Nr. 2)*
3. *Inwieweit rechtfertigt das 25-Punkte-Programm der NSDAP vom 24. 2. 1920 die Feststellung, daß es mehr auf die Wählermobilisierung als auf die Formulierung politischer Absichten ausgerichtet ist? (Nr. 3)*
4. *Warum hat der Historiker K. D. Bracher die Begründung des Strafantrags gegen Hitler durch den Ersten Staatsanwalt Stenglein ein „symptomatisches Zeugnis" genannt? Inwiefern liefert sie die Erklärung dafür, daß Hitler den Prozeß vor dem Volksgericht für den Landgerichtsbezirk München I zu einer propagandistischen Demonstration benutzen konnte und der gescheiterte Putsch nicht das Ende seiner politischen Karriere markierte? (Nr. 4)*
5. *Worauf sind die Privilegien, die Hitler in seiner Landsberger Haft genoß, zurückzuführen? Welche Konsequenzen zog er aus dem Scheitern des Putschversuchs hinsichtlich der künftigen Taktik seiner Bewegung? (Nr. 5a und 5b)*
6. *Welches prinzipielle Verständnis von Politik entwickelt Hitler in dem sog. Zweiten Buch? Von welchen Axiomen geht er dabei aus? Welche allgemeinen Schlußfolgerungen zieht er daraus? (Nr. 6)*
7. *Inwiefern läßt sich Hitlers Antisemitismus als biologischer Determinismus begreifen? (Nr. 7)*
8. *Welche grundsätzlichen Thesen entwickelt Hitler hinsichtlich einer wirkungsvollen Massenpsychologie und der Funktion einer sie stützenden Weltanschauung? (Nr. 8)*
9. *Wodurch sind Stil, Absicht und Wirkung der Hitlerschen Rhetorik in der Kampf-Zeit charakterisiert? (Nr. 9)*
10. *Inwiefern läßt sich behaupten, daß Goebbels' publizistische Kampfpraktiken die „konsequenteste Verwirklichung eines neuen, total macchiavellistischen Propagandaprinzips" (J. C. Fest) darstellen? (Nr. 10)*
11. *Aus welchen vielfältigen Motiven sind die Wahlerfolge der Nationalsozialisten in der Endphase der Weimarer Republik zu erklären? (Nr. 11)*
12. *Inwiefern läßt sich die These vertreten: Die manipulatorische Kraft des Nationalsozialismus beruhte im wesentlichen darauf, daß „Hitler nichts anderes war als der radikalste Ausdruck der Sehnsüchte, Hoffnungen und Ängste des Volkes" (Nolte)? (Nr. 12)*
13. *Aufgrund welcher immanenter Kriterien läßt sich der Wahlaufruf der NSDAP datieren? Worin liegen die propagandistisch-demagogischen Merkmale dieses Agitationsstils? (Nr. 13)*
14. *Welche Rolle spielte die Kooperation zwischen Großindustrie und Hitler für die NS-Machtergreifung? Inwiefern hatte Hitler durch die Ausschaltung einer innerparteilichen sozialistischen Opposition den Weg zu dieser Zusammenarbeit geebnet? (Nr. 14 und 15)*
15. *Wie ist es zu erklären, daß ein Großteil des deutschen Volkes „die revolutionäre Dynamik der NSDAP" (W. Jochmann) offen tolerierte und akzeptierte? (Nr. 16)*
16. *Welche auffälligen Gleichläufigkeiten zwischen der allgemeinen politisch-wirtschaftlichen Entwicklung und der Erweiterung der NSDAP-Mitgliederschaft lassen sich konstatieren? Welche Dimension erreichte die innere Mitgliederbewegung zwischen 1930 und 1933? Auf welche Momente läßt sich diese unverhältnismäßig hohe Fluktuation zurückführen? (Nr. 17 a und 17 b)*
17. *Aus welchen sozialen und beruflichen Gruppen rekrutierte die NSDAP vornehmlich ihre Mitglieder? In welche Gruppierungen vermochte sie kaum einzudringen und warum? (Nr. 17 b)*

1. Hitler und das Kriegserlebnis

Da bedeutete der Ausbruch des Ersten Weltkriegs geradezu eine Erlösung. Ein Zufall hat die Fotografie erhalten, auf der man Hitler mit begeistert gezogenem Künstlerhut unter der Menge auf dem Odeonsplatz der Proklamation der Kriegserklärung zujubeln sieht. Der allgemeine Enthusiasmus befreite ihn aus seinem gescheiterten, nutzlosen Leben; er fügte ihn als Kriegsfreiwilligen, ohne daß es eigener Anstrengung oder Entscheidung bedurft hätte, aus dem richtungslosen Dasein des Gelegenheitsmalers und Kaffeehausbesuchers, der normaler zwischenmenschlicher Kontakte unfähig war, in eine feste Ordnung, die anders als die anrüchige Kameraderie des Wiener Männerheims auch die nationalen und sozialen Prestigebedürfnisse befriedigte. Daß es die deutsche Wehrmacht und nicht die seiner Heimat war, hat Hitler später mit Beschimpfungen des Habsburgerreiches gerechtfertigt und symbolisch verklärt, sowenig konsequent es im Hinblick auf seine nachträgliche Kritik am wilhelminischen Deutschland war. Und daß es ihn wieder in eine reine Männergemeinschaft führte, hat den weiteren Stil seines Lebens und Denkens entscheidend geprägt. Die so viel zitierte „Vorsehung“ hatte Hitler endlich auf seinen Weg gestoßen: „Mir selber kamen die damaligen Stunden wie eine Erlösung aus den ärgerlichen Empfindungen der Jugend vor . . ., so daß ich, überwältigt von stürmischer Begeisterung, in die Knie sank und dem Himmel aus übervollem Herzen dankte“. Der Krieg erschien als das Ende aller Probleme des Lebens in einer Gesellschaft, in der er sich nicht zurechtgefunden, die er in der bezeichnend egozentrischen Art seines Denkens für das eigene Scheitern verantwortlich gemacht hatte. Hier, und nicht erst in dem pathetisch gestelzten „Ich aber beschloß, Politiker zu werden“ von 1918, liegt die entscheidende Wende: der Krieg als Umwerter aller Werte, der Kampf als Vater aller Dinge beherrscht das ganze künftige Leben Hitlers. Die krampfhaft postulierte Verlängerung dieses Krieges auch über den Friedensschluß hinaus, in den Krisen und Bürgerkriegsstimmungen der Weimarer Republik, war dann auch das erste Anliegen und die Voraussetzung des Hitlerschen Wirkens . . .

So waren es denn Kriegsordnung und „Fronterlebnis“ mit der klaren und einfachen militärischen Befehls- und Werthierarchie, die nun für alle Zukunft die Wertskala Hitlers gesetzt und den labilen Möchtegern, der mit der bürgerlichen Arbeits- und Ordnungswelt nicht fertig geworden war, zum starren Fanatiker seiner global vereinfachenden Kampf- und Ordnungsideen gemacht haben. In den späteren Parteiarmeen, im Leitbild der kampfbereiten „Volksgemeinschaft“ und im Führerprinzip ist dies Modell der Kriegs-Männerordnung festgehalten und als bestimmendes Prinzip in den Raum des Politischen und Sozialen, selbst auch des Geistigen übertragen worden. Die Nachricht von der Niederlage Deutschlands, die den vorübergehend Gasvergifteten im Lazarett von Pasewalk traf, hat deshalb nicht nur den verletzten Patriotismus des Soldaten, sondern in der Tat Hitlers Existenz getroffen. Drohend stand der Rückfall in die äußere und innere Misere der Vorkriegsjahre vor ihm. Der Krieg durfte nicht zu Ende sein, und war er nach Hitlers Überzeugung durch das Versagen und den jüdisch-marxistischen „Dolchstoß“ der Heimat militärisch verloren gegangen, so galt es diese von vielen geteilte Überzeugung dadurch zu bewähren, daß man den Kampf im Inneren fortführte. Für Hitler freilich gewann dies „nationale“ Anliegen eine existentielle Bedeutung. Seit dem erlösenden Ereignis von 1914 war auch das private und „berufliche“

Dasein des nun Dreißigjährigen, der wenig gelernt hatte und keine persönlichen Bindungen besaß, mit der Verlängerung des Kriegszustandes eng verknüpft, ja identisch. Hier liegen die Wurzeln für die fanatische Energie, mit der nun Hitler den Krieg in Permanenz zu seinem Leitbild erhob, so nur verstand er die Politik als Beruf: als Mittel zu einer Machtentfaltung, die den erneuerten Krieg, nun aber nach seinem Willen bis zum endgültigen Erfolg, ermöglichen und tragen konnte.

Aus: Karl Dietrich Bracher, Die deutsche Diktatur, a. a. O., S. 69ff.

2. Hitlers erste politische Stellungnahme vom 16. 9. 1919

Wenn die Gefahr, die das Judentum für unser Volk heute bildet, seinen Ausdruck findet in einer nicht wegzuleugnenden Abneigung großer Teile unseres Volkes, so ist die Ursache dieser Abneigung meist nicht zu suchen in der klaren Erkenntnis des bewußt oder unbewußt planmäßig verderblichen Wirkens der Juden als Gesamtheit auf unsere Nation, sondern sie entsteht meist durch den persönlichen Verkehr, unter dem Eindruck, den der Jude als einzelner zurückläßt und der fast stets ein ungünstiger ist. Dadurch erhält der Antisemitismus nur zu leicht den Charakter einer bloßen Gefühlserscheinung. Und doch ist dies unrichtig. Der Antisemitismus als politische Bewegung darf nicht und kann nicht bestimmt werden durch Momente des Gefühls, sondern durch die Erkenntnis von Tatsachen. Tatsachen aber sind:

Zunächst ist das Judentum unbedingt Rasse und nicht Religionsgenossenschaft. Und der Jude selbst bezeichnet sich nie als jüdischen Deutschen, jüdischen Polen oder etwa jüdischen Amerikaner, sondern stets als deutschen, polnischen oder amerikanischen Juden. Noch nie hat der Jude von fremden Völkern, in deren Mitte er lebt, viel mehr angenommen als die Sprache. Und so wenig ein Deutscher, der in Frankreich gezwungen ist, sich der französischen Sprache zu bedienen, in Italien der italienischen und in China der chinesischen, dadurch zum Franzosen, Italiener oder gar Chinesen wird, so wenig kann man einen Juden, der nunmal unter uns lebt, und, dadurch gezwungen, sich der deutschen Sprache bedient, deshalb einen Deutschen nennen. Selbst der mosaische Glaube kann, so groß auch seine Bedeutung für die Erhaltung dieser Rasse sein mag, nicht als ausschließlich bestimmend für die Frage, ob Jude oder Nichtjude gelten. Es gibt kaum eine Rasse, deren Mitglieder ausnahmslos einer einzigen bestimmten Religion angehören.

Durch tausendjährige Inzucht, häufig vorgenommen in engstem Kreise, hat der Jude im allgemeinen seine Rasse und ihre Eigenart schärfer bewahrt, als zahlreiche der Völker, unter denen er lebt. Und damit ergibt sich die Tatsache, daß zwischen uns eine nichtdeutsche, fremde Rasse lebt, nicht gewillt und auch nicht im Stande, ihre Rasseneigenarten zu opfern, ihr eigenes Fühlen, Denken und Streben zu verleugnen, und die dennoch politisch alle Rechte besitzt wie wir selber. Bewegt sich schon das Gefühl des Juden im rein Materiellen, so noch mehr sein Denken und Streben. Der Tanz ums goldene Kalb wird zum erbarmungslosen Kampf um alle jene Güter, die nach unserm inneren Gefühl nicht die höchsten und einzig erstrebenswerten auf dieser Erde sein sollen.

Der Wert des Einzelnen wird nicht mehr bestimmt durch seinen Charakter, der Bedeutung seiner Leistungen für die Gesamtheit, sondern ausschließlich durch die Größe seines Vermögens, durch sein Geld.

Die Höhe der Nation soll nicht mehr gemessen werden nach der Summe ihrer sittlichen und geistigen Kräfte, sondern nur mehr nach dem Reichtum ihrer materiellen Güter.
Aus diesem Fühlen ergibt sich jenes Denken und Streben nach Geld, nach Macht, die dieses schützt, das den Juden skrupellos werden läßt in der Wahl der Mittel, erbarmungslos in ihrer Verwendung zu diesem Zweck. Er winselt im autokratisch regierten Staat um die Gunst der „Majestät" des Fürsten und mißbraucht sie als Blutegel an seinen Völkern.
Er buhlt in der Demokratie um die Gunst der Masse, kriecht vor der „Majestät des Volkes" und kennt doch nur die Majestät des Geldes.
Er zerstört den Charakter des Fürsten durch byzantinische Schmeichelei, den nationalen Stolz, die Kraft eines Volkes, durch Spott und schamloses Erziehen zum Laster. Sein Mittel zum Kampf ist jene öffentliche Meinung, die nie ausgedrückt wird durch die Presse, wohl aber immer durch sie geführt und gefälscht wird. Seine Macht ist die Macht des Geldes, das sich in Form des Zinses in seinen Händen mühe- und endlos vermehrt, und den Völkern jenes gefährlichste Joch aufzwingt, das sie seines anfänglichen goldigen Schimmers wegen so schwer in seinen späteren traurigen Folgen zu erkennen vermögen. Alles was Menschen zu Höherem streben läßt, sei es Religion, Sozialismus, Demokratie, es ist ihm alles nur Mittel zum Zweck, Geld und Herrschgier zu befriedigen.
Sein Wirken wird in seinen Folgen zur Rassentuberkulose der Völker.
Und daraus ergibt sich folgendes: Der Antisemitismus aus rein gefühlsmäßigen Gründen wird seinen letzten Ausdruck finden in der Form von Progromen (sic). Der Antisemitismus der Vernunft jedoch muß führen zur planmäßigen gesetzlichen Bekämpfung und Beseitigung der Vorrechte des Juden, die er nur zum Unterschied der anderen zwischen uns lebenden Fremden besitzt (Fremdengesetzgebung). Sein letztes Ziel aber muß unverrückbar die Entfernung der Juden überhaupt sein. Zu beidem ist nur fähig eine Regierung nationaler Kraft und niemals eine Regierung nationaler Ohnmacht.
Die Republik in Deutschland verdankt ihre Geburt nicht dem einheitlichen nationalen Willen unseres Volkes, sondern der schlauen Verwertung einer Reihe von Umständen, die zusammengefaßt sich in tiefer allgemeiner Unzufriedenheit äußerten. Diese Umstände jedoch waren unabhängig von der Staatsform und sind auch heute noch wirksam. Ja mehr noch als früher. So erkennt denn auch schon ein großer Teil unseres Volkes, daß nicht die geänderte Staatsform als solche unsere Lage zu ändern und zu bessern vermag, sondern nur eine Wiedergeburt der sittlichen und geistigen Kräfte der Nation.
Und diese Wiedergeburt wird nicht in die Wege geleitet durch eine Staatsführung unverantwortlicher Majoritäten unter dem Einfluß bestimmter Parteidogmen, einer unverantwortlichen Presse, durch Phrasen und Schlagwörter internationaler Prägung, sondern nur durch rücksichtslosen Einsatz national gesinnter Führerpersönlichkeiten mit innerlichem Verantwortungsgefühl.
Diese Tatsache jedoch raubt der Republik die innere Unterstützung der vor allem so nötigen geistigen Kräfte der Nation. Und so sind dic heutigen Führer des Staates gezwungen, sich Unterstützung zu suchen bei jenen, die ausschließlich Nutzen aus der Neubildung der deutschen Verhältnisse zogen und ziehen, und die aus diesem Grunde ja auch die treibenden Kräfte der Revolution waren, den Juden. Ohne Rücksicht auf die auch von den heutigen Führern sicher erkannte Gefahr des Judentums (Beweis dafür sind verschiedene Aussprüche derzeitig leitender Persönlichkeiten) sind sie gezwungen, die ihnen zum eigenen Vorteil von den Juden bereitwillig gewährte Unterstützung anzunehmen, und damit auch die geforderte

Gegenleistung zu bringen. Und dieser Gegendienst besteht nicht nur in jeder möglichen Förderung des Judentums überhaupt, sondern vor allem in der Verhinderung des Kampfes des betrogenen Volkes gegen seine Betrüger, in der Unterbindung der antisemitischen Bewegung.

Zit. nach Hitler: Sämtliche Aufzeichnungen 1905–1924, hrsg. von Eberhard Jäckel, Stuttgart 1980, S. 88ff.

3. Das Programm der Nationalsozialistischen Deutschen Arbeiterpartei vom 24. 2. 1920

Das Programm der Deutschen Arbeiterpartei ist ein Zeit-Programm. Die Führer lehnen es ab, nach Erreichung der im Programm aufgestellten Ziele neue aufzustellen, nur zu dem Zwecke, um durch künstlich gesteigerte Unzufriedenheit der Massen das Fortbestehen der Partei zu ermöglichen.

1. Wir fordern den Zusammenschluß aller Deutschen auf Grund des Selbstbestimmungsrechtes der Völker zu einem Groß-Deutschland.
2. Wir fordern die Gleichberechtigung des deutschen Volkes gegenüber den anderen Nationen, Aufhebung der Friedensverträge von Versailles und St. Germain.
3. Wir fordern Land und Boden (Kolonien) zur Ernährung unseres Volkes und Ansiedlung unseres Bevölkerungs-Überschusses.
4. Staatsbürger kann nur sein, wer Volksgenosse ist. Volksgenosse kann nur sein, wer deutschen Blutes ist, ohne Rücksichtnahme auf Konfession. Kein Jude kann daher Volksgenosse sein.
5. Wer nicht Staatsbürger ist, soll nur als Gast in Deutschland leben können und muß unter Fremdengesetzgebung stehen.
6. Das Recht, über Führung und Gesetze des Staates zu bestimmen, darf nur dem Staatsbürger zustehen. Daher fordern wir, daß jedes öffentliche Amt, gleichgültig welcher Art, gleich ob im Reich, Land oder Gemeinde, nur durch Staatsbürger bekleidet werden darf.
Wir bekämpfen die korrumpierende Parlamentswirtschaft einer Stellenbesetzung nur nach Parteigesichtspunkten ohne Rücksichten auf Charakter und Fähigkeiten.
7. Wir fordern, daß sich der Staat verpflichtet, in erster Linie für die Erwerbs- und Lebensmöglichkeit der Staatsbürger zu sorgen. Wenn es nicht möglich ist, die Gesamtbevölkerung des Staates zu ernähren, so sind die Angehörigen fremder Nationen (Nicht-Staatsbürger) aus dem Reiche auszuweisen.
8. Jede weitere Einwanderung Nicht-Deutscher ist zu verhindern. Wir fordern, daß alle Nicht-Deutschen, die seit 2. August 1914 in Deutschland eingewandert sich, sofort zum Verlassen des Reiches gezwungen werden.
9. Alle Staatsbürger müssen gleiche Rechte und Pflichten besitzen.
10. Erste Pflicht jedes Staatsbürgers muß sein, geistig oder körperlich zu schaffen. Die Tätigkeit des Einzelnen darf nicht gegen die Interessen der Allgemeinheit verstoßen, sondern muß im Rahmen des Gesamten und zum Nutzen aller erfolgen.

Daher fordern wir:

11. Abschaffung des arbeits- und mühelosen Einkommens.

Brechung der Zinsknechtschaft

12. Im Hinblick auf die ungeheuren Opfer an Gut und Blut, die jeder Krieg vom Volke fordert, muß die persönliche Bereichung durch den Krieg als Verbrechen am Volke bezeichnet werden. Wir fordern daher restlose Einziehung aller Kriegsgewinne.

13. Wir fordern die Verstaatlichung aller (bisher) bereits vergesellschafteten (Trusts) Betriebe.
14. Wir fordern Gewinnbeteiligung an Großbetrieben.
15. Wir fordern einen großzügigen Ausbau der Alters-Versorgung.
16. Wir fordern die Schaffung eines gesunden Mittelstandes und seine Erhaltung, sofortige Kommunalisierung der Groß-Warenhäuser und ihre Vermietung zu billigen Preisen an kleine Gewerbetreibende, schärfste Berücksichtigung aller kleinen Gewerbetreibenden bei Lieferung an den Staat, die Länder oder Gemeinden.
17. Wir fordern eine unseren nationalen Bedürfnissen angepaßte Bodenreform, Schaffung eines Gesetzes zur unentgeltlichen Enteignung von Boden für gemeinnützige Zwecke. Abschaffung des Bodenzinses und Verhinderung jeder Bodenspekulation.
18. Wir fordern den rücksichtslosen Kampf gegen diejenigen, die durch ihre Tätigkeit das Gemeininteresse schädigen. Gemeine Volksverbrecher, Wucherer, Schieber usw. sind mit dem Tode zu bestrafen, ohne Rücksichtnahme auf Konfession und Rasse.
19. Wir fordern Ersatz für das der materialistischen Weltordnung dienende römische Recht durch ein deutsches Gemeinrecht.
20. Um jedem fähigen und fleißigen Deutschen das Erreichen höherer Bildung und damit das Einrücken in führende Stellung zu ermöglichen, hat der Staat für einen gründlichen Ausbau unseres gesamten Volksbildungswesens Sorge zu tragen. Die Lehrpläne aller Bildungsanstalten sind den Erfordernissen des praktischen Lebens anzupassen. Das Erfassen des Staatsgedankens muß bereits mit dem Beginn des Verständnisses durch die Schule (Staatsbürgerkunde) erzielt werden. Wir fordern die Ausbildung besonders veranlagter Kinder armer Eltern ohne Rücksicht auf deren Stand oder Beruf auf Staatskosten.
21. Der Staat hat für die Hebung der Volksgesundheit zu sorgen durch den Schutz der Mutter und des Kindes, durch Verbot der Jugendarbeit, durch Herbeiführung der körperlichen Ertüchtigung mittels gesetzlicher Festlegung einer Turn- und Sportpflicht, durch größte Unterstützung aller sich mit körperlicher Jugend-Ausbildung beschäftigenden Vereine.
22. Wir fordern die Abschaffung der Söldnertruppe und die Bildung eines Volksheeres.
23. Wir fordern den gesetzlichen Kampf gegen die *bewußte* politische Lüge und ihre Verbreitung durch die Presse. Um die Schaffung einer deutschen Presse zu ermöglichen, fordern wir, daß:
a) sämtliche Schriftleiter und Mitarbeiter von Zeitungen, die in deutscher Sprache erscheinen, Volksgenossen sein müssen,
b) nichtdeutsche Zeitungen zu ihrem Erscheinen der ausdrücklichen Genehmigung des Staates bedürfen. Sie dürfen nicht in deutscher Sprache gedruckt werden,
c) jede finanzielle Beteiligung an deutschen Zeitungen oder deren Beeinflussung durch Nicht-Deutsche gesetzlich verboten wird und fordern als Strafe für Übertretungen die Schließung eines solchen Zeitungsbetriebes, sowie die sofortige Ausweisung der daran beteiligten Nicht-Deutschen aus dem Reich.
Zeitungen, die gegen das Gemeinwohl verstoßen, sind zu verbieten. Wir fordern den gesetzlichen Kampf gegen eine Kunst- und Literatur-Richtung, die einen zersetzenden Einfluß auf unser Volksleben ausübt und die Schließung von Veranstaltungen, die gegen vorstehende Forderungen verstoßen.
24. Wir fordern die Freiheit aller religiösen Bekenntnisse im Staat, soweit sie nicht dessen

Bestand gefährden oder gegen das Sittlichkeits- und Moralgefühl der germanischen Rasse verstoßen.
Die Partei als solche vertritt den Standpunkt eines positiven Christentums, ohne sich konfessionell an ein bestimmtes Bekenntnis zu binden. Sie bekämpft den jüdisch-materialistischen Geist *in* und *außer* uns und ist überzeugt, daß eine dauernde Genesung unseres Volkes nur erfolgen kann von *innen* heraus auf der Grundlage:
Gemeinnutz vor Eigennutz
25. Zur Durchführung alles dessen fordern wir: Die Schaffung einer starken Zentralgewalt des Reiches. Unbedingte Autorität des politischen Zentralparlaments über das gesamte Reich und seine Organisationen im allgemeinen.
Die Bildung von Stände- und Berufskammern zur Durchführung der vom Reich erlassenen Rahmengesetze in den einzelnen Bundesstaaten.
Die Führer der Partei versprechen, wenn nötig unter Einsatz des eigenen Lebens für die Durchführung der vorstehenden Punkte rücksichtslos einzutreten.
München, den 24. Februar 1920.[1]

Zit. nach Jacobsen-Jochmann, Ausgewählte Dokumente zur Geschichte des Nationalsozialismus, a. a. O., A, S. 1f.

4. Der Strafantrag im Hitler-Prozeß

(Aus der Begründung des Ersten Staatsanwalts Ludwig Stenglein vom 21. 3. 1924)

Hitler ist aus einfachen Verhältnissen hervorgegangen, er hat im großen Krieg als tapferer Soldat seine deutsche Gesinnung bewiesen und nachher aus kleinsten Anfängen heraus in mühsamer Arbeit eine große Partei, die „Nationalsozialistische Deutsche Arbeiterpartei", geschaffen, wobei die Bekämpfung des internationalen Marxismus und Judentums, die Abrechnung mit den Novemberverbrechern und die Ausbreitung des nationalen Gedankens in allen Volkskreisen, besonders auch in der Arbeiterschaft, die wesentlichen Programmpunkte waren. Über seine Parteipolitik habe ich kein Urteil zu fällen, sein ehrliches Streben aber, in einem unterdrückten und entwaffneten Volke den Glauben an die deutsche Sache wieder zu erwecken, bleibt unter allen Umständen ein Verdienst. Er hat hier, unterstützt durch seine einzigartige Rednergabe, Bedeutendes geleistet. Wurde er auch durch die Kampfstimmung in den Reihen seiner Anhänger zu einer einseitigen Einstellung geführt, so wäre es doch ungerecht, ihn als Demagogen zu bezeichnen; vor diesem Vorwurf schützt ihn die Echtheit seiner Überzeugung und die uneigennützige Hingabe an die von ihm selbst gewählte Lebensaufgabe. Sein Privatleben hat er stets rein erhalten, was bei den Verlockungen, die an ihn als gefeierten Parteiführer naturgemäß herantraten, besondere Anerkennung

[1] Zu diesem Programm hat Adolf Hitler am 13. April 1928 folgende Erklärung verlautbart:
Erklärung
Gegenüber den verlogenen Auslegungen des Punktes 17 des Programms der N.S.D.A.P. von seiten unseres Gegner ist folgende Feststellung notwendig.
Da die N.S.D.A.P. auf dem Boden des Privateigentums steht, ergibt sich von selbst, daß der Passus „Unentgeltliche Enteignung" nur auf die Schaffung gesetzlicher Möglichkeiten Bezug hat, Boden, der auf unrechtmäßige Weise erworben wurde oder nicht nach den Gesichtspunkten des Volkswohls verwaltet wird, wenn nötig, zu enteignen. Dies richtet sich demgemäß in erster Linie gegen die jüdischen Grundspekulationsgesellschaften.
München, den 13. April 1928. gez. *Adolf Hitler*

verdient . . . Hitler ist ein hochbegabter Mann, der aus einfachen Verhältnissen heraus sich eine angesehene Stellung im öffentlichen Leben errungen hat, und zwar in ernster und harter Arbeit. Er hat sich den Ideen, die ihn erfüllten, bis zur Selbstaufopferung hingegeben und als Soldat in höchstem Maße seine Pflicht getan. Daß er die Stellung, die er sich schuf, eigennützig ausnützte, kann ihm nicht zum Vorwurf gemacht werden. Auch bei der Tat, die jetzt abzuurteilen ist, war nicht so sehr persönlicher Ehrgeiz, wenn er auch zweifellos eine Rolle mitspielte, als höchste Begeisterung für die deutsche Sache als Beweggrund ausschlaggebend. Als Mensch können wir Hitler unsere Achtung nicht versagen . . .

Zit. nach Der Hitler-Prozeß vor dem Volksgericht in München, 2. Bd., München 1924, S. 8

5. Hitlers Landsberger Haft

a) Die Haftbedingungen

Wie der gescheiterte Putschist das Tribunal zur Bühne seiner hemmungslosen Anklagen gegen die „Judenrepublik" hatte machen können, so kam ihm auch der Strafvollzug in jeder Weise entgegen. Anstatt, wie noch einmal im Herbst 1924 geplant, den unerwünschten Ausländer abzuschieben, gewährte man Hitler im Kreis der etwa 40 mitinhaftierten Gesinnungsgenossen einen geradezu erholsamen Aufenthalt auf der Festung Landsberg, der mehr als vorzeitig schon im Dezember 1924 mit der Begnadigung endete. Im großen Aufenthaltsraum, wo Hitler beim Mittagessen den Vorsitz hatte, prangte die Hakenkreuzfahne; am 8. November 1924 hielt man eine Gedenkfeier ab. Die Haftanstalt wurde geradezu zu einem ersten „Braunen Haus", in dem Hitler, meist in Lederhosen und Tirolerjacke gekleidet, die Ehrenbezeigungen seiner Getreuen und die Briefe, Blumen und Sympathiekundgebungen der Außenwelt entgegennahm. Dazu gehörte auch ein Geburtstagsbrief des alten Houston Stewart Chamberlain aus Bayreuth, der Hitler als den „großen Vereinfacher" feierte und mit dem Satz schloß: „Gott, der ihn uns geschenkt hat, möge ihn noch viele Jahre bewahren zum Segen für das deutsche Vaterland."
Vor allem aber hatte der bislang nur redende „Schriftsteller" nun alle Muße und Hilfsmittel, ein – wie er selbst höhnte – Hochschulstudium auf Staatskosten zu genießen. Er verschlang die bereitstehende Lektüre und machte sich mit willkommenen Hilfstheorien wie mit der Geopolitik Karl Haushofers vertraut, der ihn durch Vermittlung seines Studenten Rudolf Heß wiederholt besuchte, und schon im Juni begann er sein großes Buch zu schreiben, das die Abrechnung mit Vergangenheit und Gegenwart führen und den neuen, nun „legalen" Weg zur Macht und Herrlichkeit der nationalsozialistischen Zukunft verbindlich deklarieren sollte.

Aus: Karl Dietrich Bracher, Die deutsche Diktatur, a. a. O., S. 138f.

b) Hitler zur künftigen Legalitätstaktik der NS-Bewegung

Wenn ich meine Tätigkeit wiederaufnehme, werde ich eine neue Politik befolgen müssen. Statt die Macht mit Waffengewalt zu erobern, werden wir zum Verdruß der katholischen und marxistischen Abgeordneten unsere Nasen in den Reichstag stecken. Zwar mag es länger dauern, sie zu überstimmen als sie zu erschießen, am Ende aber wird uns ihre eigene Verfassung den Erfolg zuschieben. Jeder legale Vorgang ist langsam . . ., doch werden wir früher oder später die Mehrheit haben – und damit Deutschland.

Zit. nach Joachim C. Fest, Das Gesicht des Dritten Reiches, München 1963, S. 54f.

6. Hitlers Verständnis von Politik: Voraussetzungen und Konsequenzen

Politik ist werdende Geschichte. Geschichte selbst ist die Darstellung des Verlaufs des Lebenskampfes eines Volkes. Ich setze hier mit Absicht das Wort „Lebenskampf" ein, weil in Wahrheit jegliches Ringen um das tägliche Brot, ganz gleich, ob im Frieden oder im Kriege, ein ewiger Kampf ist gegen tausend und abertausend Widerstände, so wie das Leben selbst ein ewiger Kampf gegen den Tod ist. Denn warum sie leben, wissen die Menschen so wenig als irgendeine andere Kreatur der Welt. Nur ist das Leben erfüllt von der Sehnsucht, es zu bewahren.

Wenn für jede Kreatur auf dieser Erde der Selbsterhaltungstrieb in seinen beiden Zielen der Selbsterhaltung und der Forterhaltung die elementarste Gewalt darstellt, die Möglichkeit der Befriedigung jedoch begrenzt wird, dann ist die logische Folge dessen der Kampf in all seinen Formen um die Möglichkeit der Erhaltung dieses Lebens, also der Befriedigung des Selbsterhaltungstriebes.

Ungezählt sind die Arten aller Lebewesen der Erde, unbegrenzt jeweils im einzelnen ihr Selbsterhaltungstrieb sowie die Sehnsucht der Forterhaltung, begrenzt hingegen der Raum, auf dem dieser gesamte Lebensprozeß sich abspielt. Es ist die Oberfläche einer genau bemessenen Kugel, auf der das Ringen von Milliarden und Abermilliarden von Einzelwesen um Leben und Lebensnachfolge stattfindet. In dieser Begrenzung des Lebensraumes liegt der Zwang zum Lebenskampf, im Lebenskampf dafür aber die Voraussetzung zur Entwicklung.

Wenn aber Politik werdende Geschichte ist und Geschichte selbst die Darstellung des Ringens von Menschen und Völkern um die Selbst- und Forterhaltung gibt, dann ist damit Politik in Wahrheit die Durchführung des Lebenskampfes eines Volkes. Politik aber ist damit nicht nur der Kampf eines Volkes um sein Dasein an sich, sondern für uns Menschen die Kunst der Durchführung dieses Kampfes.

Wenn die höchste Aufgabe der Politik die Erhaltung und Fortführung des Lebens eines Volkes ist, dann ist damit dieses Leben der ewige Einsatz, mit dem sie kämpft, ringt und um den und über den entschieden wird.

Es ist notwendig, sich dies klar vor Augen zu halten, weil damit die beiden Begriffe Friedens- oder Kriegspolitik sofort in ein Nichts versinken.

Das Brot aber, das ein Volk zum Leben braucht, ist bedingt durch den Lebensraum, der ihm zur Verfügung steht. Zumindest ein gesundes Volk wird stets versuchen, die Befriedigung seiner Bedürfnisse im eigenen Grund und Boden zu finden. Jeder andere Zustand ist krank und gefährlich, auch wenn er selbst jahrhundertelang die Ernährung eines Volkes möglich macht. Welthandel, Weltwirtschaft, Fremdenverkehr usw. sind alles vergängliche Mittel zur Ernährung eines Volkes. Sie sind abhängig von Faktoren, die zum Teil außerhalb des Ermessens, zum anderen außerhalb der Kraft eines Volkes liegen. Die sicherste Grundlage für die Existenz eines Volkes war zu allen Zeiten der eigene Grund und Boden. Nun aber ist folgendes zu bedenken:

Die Zahl eines Volkes ist ein veränderlicher Faktor. Sie wird bei einem gesunden Volk eine steigende sein. Ja, die Vermehrung allein vermag die Zukunft eines Volkes nach menschlichem Ermessen sicherzustellen.

Es gibt im Völkerleben nun einige Wege, das Mißverhältnis zwischen Volkszahl und Grundfläche zu korrigieren. Der natürlichste ist der einer Anpassung des Bodens von Zeit zu Zeit an die gewachsene Volkszahl. Dies erfordert Kampfentschlossenheit und Bluteinsatz.

Allein dieser Bluteinsatz ist auch der einzige, der vor einem Volke gerechtfertigt werden kann. Denn indem aus ihm für die weitere Vermehrung eines Volkes der nötige Raum gewonnen wird, findet von selbst ein vielfacher Ersatz des auf dem Schlachtfeld eingesetzten Menschentums statt. Aus der Not des Krieges erwächst dann das Brot des Friedens. Das Schwert ist der Wegbereiter des Pfluges, und wenn man überhaupt von Menschenrecht reden will, dann hat der Krieg in diesem einzigen Fall dem höchsten Recht gedient, er hat einem Volk die Erde gegeben, die es fleißig und redlich selbst bebauen will, auf daß seinen Kindern einst die tägliche Nahrung zuteil werden kann. Denn diese Erde ist niemandem zugeteilt und wird auch niemandem geschenkt, wohl aber ist sie den Menschen als Lehen der Vorsehung gegeben, die den Mut im Herzen tragen, sie in Besitz zu nehmen, die Kraft, sie zu bewahren, und den Fleiß, sie zu pflügen.

Jedes gesunde, urwüchsige Volk sieht deshalb im Bodenerwerb nichts Sündhaftes, sondern etwas Natürliches.

Wenn aber die Aufgabe der Politik die Durchführung des Lebenskampfes eines Volkes ist, der Lebenskampf eines Volkes im letzten Grunde darin besteht, der jeweiligen Volkszahl die zur Ernährung notwendige Raummenge zu sichern, dieser gesamte Vorgang jedoch eine Frage des Machteinsatzes eines Volkes ist, dann ergibt sich folgende Schlußdefinition: Politik ist die Kunst der Durchführung des Lebenskampfes eines Volkes um sein irdisches Dasein. Außenpolitik ist die Kunst, einem Volke den jeweils notwendigen Lebensraum in Größe und Güte zu sichern. Innenpolitik ist die Kunst, einem Volke den dafür notwendigen Machteinsatz in Form seines Rassewertes und seiner Zahl zu erhalten.

Die Bedeutung dieses Blutwertes wird aber erst dann restlos wirksam, wenn dieser Wert von einem Volk erkannt, gebührend geschätzt und gewürdigt wird. Denn sonst kann der Jude in jeder Form seinen Einzug halten, und dieser Meister der internationalen Giftmischerei und Rassenverderbnis wird nicht eher ruhen, als bis er ein Volk restlos verdorben hat. Das Ende ist dann der Verlust eines bestimmten einheitlichen Rassewertes und damit der endgültige Verfall.

Keine Staatsleitung wird freilich erwarten dürfen, daß ein Volk Heroismus besitzt, das sie nicht selbst zum Heroismus erzieht. So wie der Internationalismus den vorhandenen Rassewert schädigt und damit schwächt, die Demokratie die Persönlichkeitswerte zerstört, so lähmt der Pazifismus die natürlichen Kräfte der Selbsterhaltung der Völker. Es wird die Aufgabe der nationalsozialistischen Bewegung sein, für Deutschland hier einen grundsätzlichen Wandel herbeizuführen.

Aus: Hitlers Zweites Buch (1928), hrsg. von Gerhard L. Weinberg, Stuttgart 1961, S. 46ff.

7. Hitlers Sozialdarwinismus

In *Mein Kampf* bemerkt er, daß er seit frühen Jahren gelernt hatte, die Geschichte von einem bestimmten Standpunkt aus zu betrachten. Geschichte zu studieren und aus ihr zu lernen, heißt nach jenen Treibkräften zu suchen und sie zu finden, die die Ursachen der Resultate darstellen, die wir vor unseren Augen als historische Ereignisse sehen. Wie August Nitschke in seiner Analyse „Der Feind" (1964) richtig bemerkt, liegt die Emphase dieses Satzes auf dem Prinzip der Kausalität, ein Satz, den man fast als ein Credo der Naturwissenschaften bezeichnen kann. Er zeigt ganz klar, wie Hitler ideologische Probleme anging: von seinem Standpunkt aus klar, kühl, gefühlsmäßig abgetrennt, oder „eiskalt", wie er es genannt haben würde. Von diesem Blickwinkel heraus beobachtete er die Welt, so wie sie sich ihm in Wien darbot. Die gegebenen sozialen Realitäten waren unwichtig im Vergleich zu der Frage nach den Kräften und Umständen, die sie verursachten. Die Suche nach einem Kausalitätsprinzip drängte die soziale Wirklichkeit in den Hintergrund, seine „wissenschaftliche Methodik" bewahrte ihn davor, „sentimental" zu werden. Jeder Reformimpuls war zum Scheitern verurteilt, solange er nicht die Wurzeln allen Übels bloßlegte, solange nicht die Wurzeln der nationalen Gesellschaft, vom Gift des „Unkrauts" befreit wurden. Die daraus gezogene Folgerung war die Eliminierung aller Kräfte, die die Nation wie die Rasse „verunreinigten", die Ausmerzung aller, in seiner Sicht, lebenszerstörenden und lebensunfähiger Wesen. Wie Marx und Lenin einen ökonomischen Determinismus postulierten, so postulierte Hitler, wenn auch weit weniger wissenschaftlich fundiert, einen biologischen Determinismus.

Entscheidend bei der Beurteilung der Anschauungen Hitlers ist, daß er Realitäten als das Produkt bestimmter Gesetzlichkeiten betrachtet. Diese Gesetze zu finden betrachtete er als seine Aufgabe. Einmal gefunden, formten sie eine Weltanschauung, deren Gebote die zu treffenden Maßnahmen bestimmten. Der Autodidakt Hitler glaubte methodologisch wie ein Naturwissenschaftler zu verfahren . . .

Hitlers sogenannte wissenschaftliche Methode hatte ihm gezeigt, im Juden das Hauptelement zu sehen, verantwortlich für die zunehmende Fäulnis einer Gesellschaft, die selbst noch durch die Wehen der Industrialisierung ging. Das „wurzellose" Judentum war für ihn der Zerstörer der rassischen wie nationalen Individualität (daß „Rasse" und „Nation" einander ausschließen konnten, sah er zu diesem Zeitpunkt noch nicht), als den Agenten materialistischer industrieller Entpersonalisierung. In anderen Worten, wie viele seiner Zeitgenossen auf der gesamten westlichen Welt, analysierte er politische und soziale Probleme mit Hilfe medizinisch-biologischer Kategorien, und die natürliche Folgerung des Glaubens, den eigentlichen Bazillus der Dekomposition entdeckt zu haben, war, ihn auszumerzen.

Die sozialdarwinistische Komponente seines Denkens sehen wir in seinem Konzept des „Lebensraumes", oder in den brutalen Worten, „Vogel friß oder stirb!", die er vor seiner „Leibstandarte" Weihnachten 1940 sprach. Von seinem Standpunkt aus gesehen war der Krieg, der 1939 ausbrach, weder notwendig noch nützlich. Angesichts des deutsch-russischen Vertrages konnte sich Polen sowieso nicht verteidigen, „verstandesgemäß" sollte es daher die deutschen Forderungen angenommen haben, zumal weder England noch Frankreich ihrem Alliierten Hilfe leisten konnten. Daß Polen den deutschen Forderungen nicht nachgab, daß England und Frankreich den Krieg weiterführten, war von Hitlers Standpunkt aus wider allen Menschenverstand. Also bedurfte es einer Erklärung, und diese bestand darin, das Unverständliche als „Konspiration des Weltjudentums" zu deuten und aus dieser Konspirationstheorie die letzte Folgerung zu ziehen: den Massenmord an einer Rasse.

Aus: H. W. Koch, Die Rolle des Sozialdarwinismus, in: Zeitschrift für Politik 17 (1970), S. 68f.

8. Hitlers Grundsätze massenpsychologischer Agitation

Die Psyche der breiten Masse ist nicht empfänglich für alles Halbe und Schwache . . .

Die Aufnahmefähigkeit der großen Masse ist nur sehr beschränkt, das Verständnis klein, dafür jedoch die Vergeßlichkeit groß. Aus diesen Tatsachen heraus hat sich jede wirkungsvolle Propaganda auf nur sehr wenige Punkte zu beschränken und diese schlagwortartig so lange zu verwerten, bis auch bestimmt der Letzte unter einem solchen Worte das Gewollte sich vorzustellen vermag ...

Die breite Masse eines Volkes besteht weder aus Professoren noch aus Diplomaten. Das geringe abstrakte Wissen, das sie besitzt, weist ihre Empfindungen mehr in die Welt des Gefühls ... Ihre gefühlsmäßige Einstellung aber bedingt zugleich ihre außerordentliche Stabilität. Der Glaube ist schwerer zu erschüttern als das Wissen ... und die Triebkraft zu den gewaltigsten Umwälzungen auf dieser Erde lag zu allen Zeiten weniger in einer die Masse beherrschenden wissenschaftlichen Erkenntnis als in einem sie beseelenden Fanatismus und manchmal in einer sie vorwärtsjagenden Hysterie. Wer die breite Masse gewinnen will, muß den Schlüssel kennen, der das Tor zu ihrem Herzen öffnet. Er heißt nicht Objektivität, also Schwäche, sondern Wille und Kraft.

Ich habe schon im ersten Bande ausgeführt, daß alle gewaltigen, weltumwälzenden Ereignisse nicht durch Geschriebenes, sondern durch das gesprochene Wort herbeigeführt worden sind. Daran knüpfte sich in einem Teil der Presse eine längere Diskussion, in der natürlich, besonders von unseren bürgerlichen Schlauköpfen, sehr scharf gegen eine solche Behauptung Stellung genommen wurde. Allein schon der Grund, weshalb dies geschah, widerlegt die Zweifler. Denn die bürgerliche Intelligenz protestiert gegen eine solche Auffassung ja nur, weil ihr selbst die Kraft und die Fähigkeit der Massenbeeinflussung durch das gesprochene Wort ersichtlich fehlt, da man sich immer mehr auf die rein schriftstellerische Tätigkeit geworfen hatte und auf die wirklich agitatorische Rede verzichtete. Eine solche Gepflogenheit führt aber mit der Zeit zwangsläufig zu dem, was unser Bürgertum heute auszeichnet, nämlich zum Verlust des psychologischen Instinkts für Massenwirkung und Massenbeeinflussung ...

Der Redner kann meinetwegen das gleiche Thema behandeln wie das Buch, er wird doch, wenn er ein großer und genialer Volksredner ist, denselben Vorwurf und denselben Stoff kaum zweimal in gleicher Form wiederholen. Er wird sich von der breiten Masse immer so tragen lassen, daß ihm daraus gefühlsmäßig gerade die Worte flüssig werden, die er braucht, um seinen jeweiligen Zuhörern zu Herzen zu sprechen. Irrt er sich aber noch so leise, so hat er die lebendige Korrektur stets vor sich. Wie schon oben gesagt, vermag er dem Mienenspiel seiner Zuhörer abzulesen, ob sie erstens verstehen, was er spricht, ob sie zweitens dem Gesamten zu folgen vermögen, und inwieweit er sie drittens von der Richtigkeit des Vorgebrachten überzeugt hat. Sieht er – erstens –, daß sie ihn nicht verstehen, so wird er in seiner Erklärung so primitiv und deutlich werden, daß selbst der Letzte ihn begreifen muß; fühlt er – zweitens –, daß sie ihm nicht zu folgen vermögen, so wird er so vorsichtig und langsam seine Gedanken aufbauen, bis selbst der Schwächste unter allen nicht mehr zurückbleibt, und er wird – drittens –, sowie er ahnt, daß sie von der Richtigkeit des Vorgebrachten nicht überzeugt zu sein scheinen, dieses so oft und in immer wieder neuen Beispielen wiederholen, ihre Einwände, die er unausgesprochen spürt, selbst vorbringen und so lange widerlegen und zersplittern, bis endlich die letzte Gruppe einer Opposition schon durch ihre Haltung und ihr Mienenspiel ihn die Kapitulation vor seiner Beweisführung erkennen läßt.

Aus: A. Hitler, Mein Kampf (1924/25), zwei Bände in einem Band, München 1930, S. 44; 198; 371; 525; 527

9. Zur Struktur der Hitlerschen Rhetorik

Bei seinen Hörern – obschon er keine in sich schlüssige neue Deutung von Gegenwart und Zukunft zu bieten hatte – doch die Vorstellung zu erzeugen, sie fänden im Nationalsozialismus eine „Weltanschauung", die ihnen einen neuen Lebensinhalt gebe – das war für Hitler der eigentliche Zweck seiner „dogmatischen" Rhetorik. Und wenn auch seine langen „theoretischen" Auslassungen gewiß nicht immer im einzelnen „ankamen", so waren sie in ihrer Trivialität und Stereotypie insgesamt doch geeignet, den Eindruck „großer" Gesichtspunkte und „fester" Zielsetzungen zu erwecken und damit zumal in unpolitischen Gemütern das Gefühl hervorzurufen, hier werde jene grundlegende Neugestaltung angestrebt und gewährleistet, die allein noch „Rettung" und „Wiederaufstieg" versprach. Die „dogmatischen" Partien in Hitlers Reden sollen den Eindruck elementarer Kraft und „kompromißloser" Realistik und Entschlossenheit erhöhen. Doch sind sie nur ein Teil eines Redestils, der – selbst in Zeiten akuter wirtschaftlicher Not – die Tagespolitik weitestgehend ausläßt, um so mehr allgemeine Grundsätze, „Schicksalsfragen", Ziele und Gesinnungswerte proklamiert – ohne dadurch im geringsten an Effekt einzubüßen. Theodor Heuss hat die verführerische Wirkung solcher Rhetorik auf den unpolitischen Zeitgenossen so vorurteilsfrei wie treffend gewürdigt: „Die Menschen, die zu (ihm) kommen, wollen das Allgemeine . . . Man (die NSDAP) hat zugleich ein lebendiges Gefühl dafür, daß in dieser Gegenwart, voll von weltanschaulichen Fragwürdigkeiten, von Lockerungen überkommener sozialer, wirtschaftlicher Begriffe, ein starrer, unbedingter Doktrinarismus, dieses ‚So-und-nicht-anders' Stoßkraft, Anziehung, Bindung besitzt. Schwankenden Gemütern, suchenden Seelen, Enttäuschten und Hoffenden erscheint das feste Wort als Gewähr der Erfüllung. Was bedarf es mühsamer Rechenschaft über Inhalte? Sei's drum, daß dies und jenes Stück davon Unsinn ist. Hier ist doch ein Wille, der nicht handeln und bandeln, der siegen will."

Gelegenheiten, durch Diktion und Vortrag seine Willenskraft zu demonstrieren, versäumte Hitler in seinen Reden kaum. Die Lektüre entsprechender Sätze wie der folgenden vermittelt deren Wirkung auf einen Hörer allerdings sehr unvollkommen, da ihre eruptive Gewalt nur akustisch wahrnehmbar ist.

„An Zweifel aber, daß diese Arbeit der nationalen Aufrüstung durchgeführt wird, soll niemand auch nur eine Sekunde glauben, das wird durchgeführt, bis zur letzten Konsequenz, halbe Sachen mach' ich nicht."

„Geht hin und tut das, was ein Wille will!"

„Wenn einer sagt: ‚Ja, glauben Sie, das gelingt?' – Glauben? – das weiß ich!"

„Es wird nicht verstanden, es wird aber gemacht. Schluß."

Wir schalten hier den Bericht eines „bürgerlichen Entwurzelten" ein, dessen Reaktion auf Hitlers Rhetorik vielleicht einen extremen Fall bildet, doch mutatis mutandis[1] für viele seiner Zeitgenossen typisch war: Kurt Luedecke, ein früher Anhänger Hitlers, hat, noch nachdem er Häftling im Konzentrationslager Oranienburg gewesen und durch glückliche Umstände ins Ausland entkommen war, geschrieben: „Augenblicklich waren meine kritischen Fähigkeiten ausgeschaltet . . . Ich weiß nicht, wie ich die Gefühle beschreiben soll, die mich überkamen, als ich diesen Mann hörte. Seine Worte waren wie Peitschenschläge. Wenn er von der Schande Deutschlands sprach, fühlte ich mich imstande, jeden Gegner anzuspringen. Sein Appell an die deutsche Mannesehre war wie ein Ruf zu den Waffen, die

[1] (= nach notwendigen Änderungen)

Lehre, die er predigte, eine Offenbarung. Er erschien mir wie ein zweiter Luther. Ich vergaß alles über diesem Mann. Als ich mich umschaute, sah ich, daß seine Suggestivkraft die Tausende in Bann hielt wie einen Einzigen. – Natürlich", – räumt Luedecke ein – „war ich reif für dieses Erlebnis. Ich war ein Mann von 32, der Enttäuschungen und des Unbehagens müde, auf der Suche nach einem Lebensinhalt; ein Patriot, der kein Betätigungsfeld fand, der sich für das Heldische begeisterte, aber keinen Helden hatte. Die Willenskraft dieses Mannes, die Leidenschaft seiner ehrlichen Überzeugung schienen auf mich überzuströmen. Ich hatte ein Erlebnis, das sich nur mit einer religiösen Bekehrung vergleichen ließ."

In der Tat war Hitler als Redner unablässig bemüht, in den Massen Glaubensbereitschaft zu wecken und wachzuhalten, wobei ihm eine durch die Zeitsituation erheblich gesteigerte Empfänglichkeit Vorschub leistete. Er mahnt zum Glauben, glorifiziert ihn als Voraussetzung jeder Leistung und entscheidende Kraft seiner Bewegung; aber er stimuliert Gläubigkeit auch unmittelbar durch eine Sprache, die sich religiöser Assoziationen bedient oder durch ihr Pathos religiöse Empfindungen erzeugt. „Voraussetzung, die Massen zu gewinnen, ist, daß man ihnen den Glauben einimpft. Wehe, wenn der Redner selbst an der unbedingten prophetischen Sicherheit seiner Worte zweifelt. Es ist der unbedingte Glaube, den die Menschheit braucht, auch der Glaube, der allein Berge zu versetzen vermag, der notwendig ist zu jeder großen Tat auf dieser Welt, mag sein, was will, der auch eines Tages das deutsche Volk wieder emporführen kann. Den Glauben an die Möglichkeit eines Wiederaufstiegs unserm Volk zu vermitteln, ihn zu verbreiten und so zu festigen, ist jetzt meine Mission . . ."

„Das ist das Gewaltigste, das unsere Bewegung schaffen soll; für diese breiten, suchenden und irrenden Massen einen neuen Glauben, der sie in dieser Zeit der Wirrnisse nicht verläßt, auf den sie schwören und bauen, auf daß sie wenigstens irgendwo wieder eine Stelle finden, die ihrem Herzen Ruhe gibt."

Aus: Hildegard von Kotze – Helmut Krausnick (Hrsg.), Es spricht der Führer, Gütersloh 1966, S. 58 ff.

10. Goebbels' propagandistische Bekenntnisse und Attacken (April 1928)

Die Propaganda ist gut, die zum Erfolg führt, und die ist schlecht, die am gewünschten Erfolg vorbeigeht, selbst dann, wenn sie noch so geistreich ist; denn es ist nicht die Aufgabe einer Propaganda, geistreich zu sein; ihre Aufgabe ist es, zum Erfolg zu führen. Es kann also keiner sagen, eure Propaganda ist zu roh, zu gemein. Das sind keine charakteristischen Merkmale für ihre Verschiedenartigkeit. Sie soll gar nicht anständig sein, sie soll nicht sanft oder weich oder demütig sein; sie soll zu einem Erfolge führen. Wenn einer mir sagt: „Eure Propaganda hat ja kein gesittetes Niveau", dann brauche ich mich mit ihm gar nicht erst zu unterhalten. Es kommt nicht darauf an, daß eine Propaganda Niveau hat, sondern darauf, daß sie zum Ziele führt. Eiskalt dem Gegner auf den Pelz rücken, ihn abtasten, auskundschaften, wo seine verwundbare Stelle ist, überlegsam und berechnend den Speer schärfen, ihn wohlgezielt in die lecke Blöße des Feindes hineinjagen und dann vielleicht noch freundlich lächelnd zu sagen: Verzeihen Sie, Herr Nachbar, aber ich kann nicht anders! Das ist jenes Rachegericht, das kalt genossen wird.

Wir gehen in den Reichstag hinein, um uns im Waffenarsenal der Demokratie mit deren eigenen Waffen zu versorgen. Wir werden Reichstagsabgeordnete, um die Weimarer Demo-

kratie mit ihrer eigenen Unterstützung lahmzulegen. Wenn die Demokratie so dumm ist, uns für diesen Bärendienst Freifahrkarten und Diäten zu geben, so ist das ihre eigene Sache. Uns ist jedes gesetzliche Mittel recht, den Zustand von heute zu revolutionieren. Wenn es uns gelingt bei diesen Wahlen, sechzig bis siebzig Agitatoren unserer Partei in die verschiedenen Parlamente hineinzustecken, so wird der Staat selbst in Zukunft unseren Kampfapparat ausstatten und besolden. Auch Mussolini ging ins Parlament. Trotzdem marschierte er nicht lange darauf mit seinen Schwarzhemden nach Rom. Man soll nicht glauben, der Parlamentarismus sei unser Damaskus[1]. Wir kommen als Feinde! Wie der Wolf in die Schafherde einbricht, so kommen wir. Jetzt seid ihr nicht mehr unter euch!
Ich bin kein Mitglied des Reichstags. Ich bin ein IdI. Ein IdF. Ein Inhaber der Immunität, ein Inhaber der Freifahrkarte. Wir sind gegen den Reichstag gewählt worden, und wir werden unser Mandat im Sinne unserer Auftraggeber ausüben. Ein IdI hat freien Eintritt zum Reichstag, ohne Vergnügungssteuer zahlen zu müssen. Er kann, wenn Herr Stresemann von Genf erzählt, unsachgemäße Zwischenfragen stellen, zum Beispiel, ob es den Tatsachen entspricht, daß besagter Stresemann Freimaurer und mit einer Jüdin verheiratet ist. Er beschimpft das „System" und empfängt dafür den Dank der Republik in Gestalt von siebenhundertfünfzig Mark Monatsgehalt – für treue Dienste!

Zit. nach J. C. Fest, a. a. O., S. 129f.

11. Wählermotivation und Wahlerfolge der Nationalsozialisten

Der Massenerfolg der Nationalsozialisten, insbesondere beim unteren Mittelstand, dem Kleinbauerntum und den Studenten, war bei diesen Schichten gewiß nicht motiviert von dem subjektiven Wunsch nach Konservierung oder Verteidigung des bestehenden sozialen Systems. Der Wille zur Veränderung, der sich in der Hinwendung zum Nationalsozialismus ausdrückte, bezog sich auch auf die bestehende Gesellschaft, und schon die eruptive Form dieses Zulaufs läßt auf die starke ihm innewohnende soziale Dynamik schließen. Der nationalsozialistische Massenerfolg machte evident, daß die marxistische Verengung der Perspektive der sozialen Wirklichkeit auf das Ökonomische die ebenso realen Faktoren sozialer Mentalität, die sich aus Erziehung, Bildungseinfluß, aus familiärer und berufsbedingter Arbeits-und Sozialwelt und daraus resultierender Selbsteinschätzung ergeben, vernachlässigt hatte. Wenn „die Mystik der Nationalsozialisten in tiefster Not und Verelendung über den wissenschaftlichen Sozialismus" gesiegt habe, so schrieb Wilhelm Reich (1933), dann lasse das auf starke „Mängel in der marxistischen Erfassung der politischen Wirklichkeit" schließen. Der Antimarxismus des Mittelstandes war mitverursacht dadurch, daß die revolutionären Marxisten das allgemeine Ziel sozialer Emanzipation weitgehend nur als Diktatur des Proletariats, als proletarische Egalisierung oder in anderen Formen schichtspezifischer Lohnarbeitermentalität auszudrücken wußten. Von diesem Versagen profitierten die Nationalsozialisten, die sich wie die Marxisten an Bevölkerungsmassen wandten, die auf radikale Veränderung warteten, dabei aber gerade diejenigen Bedürfnisse zu befriedigen suchten, die sich in weiten Bereichen des Mittelstandes aus der Verquickung von proletarischer Lage und bürgerlicher Mentalität ergaben.
Stimmabgabe für die NSDAP bedeutete für die Millionen neuer Hitlerwähler in den Jahren 1930–1932, die aus psychologischen mehr als aus Interessengründen mit den marxistischen

[1] Anspielung auf die – im ersten Galaterbrief – geschilderte Bekehrung und Berufung des Paulus zum Apostel.

Parteien nichts zu tun haben wollten, meist nicht bewußtes Bekenntnis zu einzelnen Sätzen der NS-Weltanschauung, sondern vor allem Verneinung der bestehenden Verhältnisse, bei gleichzeitiger Ablehnung der von den sozialistischen Parteien repräsentierten Mentalität und Zielsetzung, und Bejahung der Hitler-Bewegung als der einzigen erfolgversprechenden nichtmarxistischen Kraft, die zur Veränderung der Verhältnisse entschlossen schien. Sie bedeutete nicht zuletzt auch das Verlangen nach kraftvoller politischer Vertretung seitens derjenigen Schichten und Gruppen der Bevölkerung (Bauern, neuer Mittelstand, Jugend), die sich von den bestehenden bürgerlichen Interessenparteien nicht oder nicht mehr adäquat bzw. nicht genügend erfolgreich vertreten, sondern vernachlässigt und isoliert fühlten.

Aus: Martin Broszat, Soziale Motivation und Führer-Bindung des Nationalsozialismus; in: Vierteljahrshefte für Zeitgeschichte 18 (1970), S. 394f.

12. Hitlers Führertum und die psychologische Disponiertheit der Masse

Mit dem Bild der Entschlossenheit, das er darbot, wußte Hitler zu artikulieren und zu zelebrieren, was die Zuhörer halb unbewußt wünschten und fühlten. Er sprach aus, was sie insgeheim dachten und wollten, bekräftigte ihre noch unsicheren Sehnsüchte und Vorurteile, verschaffte ihnen dadurch eine tief befriedigende Selbstbestätigung, das Gefühl, einer neuen Wahrheit teilhaftig zu werden, weckte ihre ebenso selbstlose wie selbstvergessene Gefolgschafts- und Einsatzbereitschaft. Solcherart mitreißendes Führer-Rednertum war gerade nicht von einer in sich ruhenden, reifen Individualität und Persönlichkeit zu leisten, sondern bedurfte – ähnlich wie bei den Führern anderer faschistischer oder sonstiger Erweckungsbewegungen – einer psychisch-geistigen Verfassung, die in extremer Weise selbst so tief von der Krisen- und Panikstimmung ihrer Zeit und Gesellschaftsschicht gezeichnet war, daß sie ihren Ton instinktiv traf, einer Person wie Hitler, die mit dem zunehmenden Selbstbewußtsein des erfolgreichen Massenagitators immer mehr die eigene Mission und die bisher auf absonderliche Weise vergeblich gesuchte Großartigkeit persönlicher Existenzerfüllung fand.

Hitlers plötzlicher Aufstieg aus geistiger und sozialer Mediokrität und Anonymität auf die Rampe des politischen Geschehens bestätigt, daß sein Führertum sich nur im Fluidum einer bestimmten Krisenatmosphäre und Kollektiv-Psychologie entfalten konnte. Die ungewöhnliche Leidenschaft, mit der Hitler der allgemeinen Pathologie verfiel, und die Unbedingtheit, mit der er sich darauf konzentrierte, sie zum Ausdruck zu bringen und in Aktion umzusetzen, ließen ihn zum „Führer" werden. Auf dem Hintergrund der allgemeinen Exaltation vermochte er die eigene Neurose als allgemeine Wahrheit zu erleben und die kollektive Neurose zum Resonanzboden der eigenen Besessenheit zu machen. Hitlers Führertum stand mithin von vornherein im Schnittpunkt paradoxer Deutung: einerseits nur Exponent einer breiten nationalistischen Psychose, andererseits Integrationsfigur dieser „Bewegung", die ohne solche Integration nicht zum politischen Durchbruch kommen konnte.

Von daher wird deutlich, daß die Individualität Hitlers nicht aus der Geschichte des Nationalsozialismus ausgeklammert werden kann, aber ebenso: daß Hitlers geschichtliche Wirkungsmöglichkeit weit mehr als die anderer Politiker und Staatsmänner, bis in die Psychologie hinein, von ganz bestimmten, vorgegebenen Bedingungen abhängig war.

Aus: Martin Broszat, a.a.O., S. 401f.

13. Wahlaufruf der NSDAP („Hitler oder Untergang")

... Der Führer unserer nationalsozialistischen Freiheitsbewegung, die sein Werk ist, der 12 Jahre lang mit ihr um die Seele seines Volkes für Deutschland gerungen hat, fordert heute im Namen dieses Volkes das System in die Schranken. Wir wissen, daß das Volk, für das er kämpft, in dieser Stunde zu ihm steht, um mit ihm für die deutsche Nation zu kämpfen und zu siegen.

Die nationalsozialistische Bewegung – in dieser Stunde als Sturmkolonne um ihren Führer geschart – ruft heute das ganze deutsche Volk auf, mit ihr anzutreten, um Adolf Hitler den Weg zu bahnen an die Spitze der Nation und damit zur Führung Deutschlands in die Freiheit.

Hitler, das ist die Parole aller, die an Deutschlands Wiederauferstehung glauben.

Hitler, das ist die letzte Hoffnung derer, denen man alles nahm, Haus und Hof, Ersparnisse, Existenz, Arbeitskraft, und denen nur eines blieb, der Glaube an ein gerechtes Deutschland, das seinen Volksgenossen wieder Ehre, Freiheit und Brot geben wird.

Hitler ist für Millionen das erlösende Wort, weil sie heute verzweifeln und nur in diesem Namen einen Weg sehen zu neuem Leben und neuem Schaffen.

Hitler erfüllt das Vermächtnis der zwei Millionen toten Kameraden des Weltkriegs, die nicht starben für das heutige System der langsamen Vernichtung unseres Volkes, sondern für Deutschlands Zukunft.

Hitler ist der seinen Feinden verhaßte Mann aus dem Volk, weil er das Volk versteht und für das Volk kämpft.

Hitler das ist der stürmische Wille der deutschen Jugend, die inmitten eines müden Geschlechts nach neuer Gestaltung ringt und den Glauben an eine bessere deutsche Zukunft nicht aufgeben will und kann, und darum ist Hitler das lodernde Fanal aller, die eine Zukunft Deutschlands wollen.

Sie alle werden am 13. März den Männern des Systems, die ihnen Freiheit und Würde versprachen, aber Steine und Phrasen statt Brot geben, zurufen: Euch kennen wir zur Genüge, jetzt sollt ihr uns kennenlernen.

Hitler wird siegen, weil das Volk seinen Sieg will!

Zit. nach Walther Hofer, Der Nationalsozialismus – Dokumente 1933–1945, Ffm. 1957, S. 23 f.

14. Hitler und die Großindustrie

Im übrigen schätzten die meisten Großunternehmer den Charakter des neuen Kabinetts vom 30. Januar 1933 grundsätzlich falsch ein. Sie bezogen ihre Informationen vorwiegend von Papen und seinem Kreis und glaubten deshalb, daß das kommende Kabinett ein wiederbelebtes Papen-Kabinett sein werde, mit einer durch die Aufnahme der Nationalsozialisten verbreiterten Basis. Selbst als sie erfuhren, daß Papen nur Vizekanzler unter Hitler sein würde, hielten sie Papen weiterhin für den eigentlichen starken Mann der neuen Regierung. In den Augen der Wirtschaft bedeutete der 30. Januar 1933 zunächst, daß der verhaßte Schleicher zu Fall gebracht war und daß Papen, der Mann ihres Vertrauens, wieder an die Regierung kam, nicht aber, daß nun eine nationalsozialistische Diktatur begann.

Als diese Illusion zunichte wurde, waren die Großunternehmer jedoch bereit, mit Hitler ihren Frieden zu machen. Ein Grund für diese Wende war die Fähigkeit des neuen Reichskanzlers, als legal eingesetzter Regierungschef an ihren Respekt für die verfassungsmäßige

Autorität zu appellieren. Noch wichtiger aber war, daß der als Kanzler amtierende Hitler bewies, was er immer versichert hatte: daß er tatsächlich kein Sozialist war.
Ohne Schwierigkeiten holte er deshalb, beginnend mit der Reichstagswahl im März 1933, aus der Wirtschaft große Summen heraus. Dieses Geld half ihm zweifellos sehr. Aber es unterstützte ihn bei der Festigung seiner Macht, nicht bei deren Eroberung. Diese hatte Hitler ohne die Unterstützung der meisten Großunternehmer erlangt, ja sogar trotz deren massiver Hilfe für seine Gegner und Rivalen.
Diese Feststellungen sollen die deutschen Großunternehmer keineswegs freisprechen. Ihr politisches Verhalten bis zum Beginn des Dritten Reichs verdient kaum ein Lob. Indirekt trugen die Wirtschaftsführer auf verschiedene Weise zum Aufstieg des Nationalsozialismus bei; sie unterließen es, die demokratische Republik zu unterstützen, sie bekämpften die Sozialdemokraten und die Gewerkschaften mit blinder Feindseligkeit, sie halfen den reaktionären Kräften und besonders dem Papen-Regime, schließlich verliehen sie Hitler durch den Umgang mit ihnen Respektabilität. Einige trugen auch direkter zur Machtergreifung bei, durch Zahlungen an die Partei oder an einzelne Nationalsozialisten. Dies alles darf jedoch nicht dazu führen, die zentrale Tatsache zu übersehen, daß die große Mehrheit der deutschen Großunternehmer Hitlers Triumph weder gewünscht noch materiell zu ihm beigetragen hat.
Die letzte Feststellung, das muß betont werden, gilt keinesfalls für alle deutschen Unternehmer. Von kleinen und mittleren Unternehmern erhielt Hitler wahrscheinlich beträchtliche finanzielle Unterstützung. Das ist nicht überraschend; denn die tatsächlichen und potentiellen Opfer der Weltwirtschaftskrise gehörten dieser Schicht an. Die Riesenunternehmen wußten aus Erfahrung, daß sie für die nationale Wirtschaft so unentbehrlich waren, daß keine Regierung es sich leisten konnte, sie bankrott gehen zu lassen. Die Regierungen der Republik kamen denn auch wiederholt lieber krankenden Industriekonzernen zu Hilfe, als durch deren Zusammenbruch ein steiles Ansteigen der Arbeitslosigkeit zu riskieren. Kleinere, weniger bedeutende Firmen konnten einen solchen Schutz vor den vernichtenden Mechanismen der Wirtschaftskrise nicht erwarten; für ihre Besitzer und Leiter war der wirtschaftliche Ruin eine reale Bedrohung, die sie oft verzweifeln ließ. Doch auch bei größter Phantasie kann man diese Leiter kleiner bis mittlerer Betriebe nicht den deutschen Großunternehmern oder (um die marxistische Terminologie zu gebrauchen) den „Monopolkapitalisten" zurechnen. Wenn man nicht willens ist, den unhaltbaren „cui bono"-Standpunkt zu vertreten, nach dem die künftigen wirtschaftlichen Nutznießer der Machtergreifung Hitler notwendigerweise auch vorher untersützt haben müssen, und wenn man es ebenfalls ablehnt, sich die in marxistischen Kreisen so populäre sophistische Unterscheidung zwischen subjektiven und objektiven Rollen in der Geschichte zu eigen zu machen, dann muß man zu dem Schluß kommen, daß der Nationalsozialismus während seines Aufstiegs zur Macht, sozio-ökonomisch in erster Linie nicht eine Bewegung der Gewinner im kapitalistischen Existenzkampf war, sondern eine Bewegung von Verlierern und von solchen, die fürchteten, Verlierer zu werden.
Man kann natürlich die Meinung vertreten, daß der Nationalsozialismus, selbst wenn die Großunternehmer Hitler nicht unterstützten, ein Produkt des Kapitalismus war. Sicher haben Entbehrung und Sorge als Folge der Depression nach 1929 die Empfänglichkeit vieler Deutscher für die Allheilmittel erhöht, die von den Nationalsozialisten angepriesen wurden. Das kapitalistische Wirtschaftssystem nährte und vertiefte die Klassengegensätze, die sich

die Nationalsozialisten zunutze machten und die sie zugleich zu beheben versprachen. Es hat auch die anderen langfristigen wirtschaftlichen und sozialen Probleme hervorgebracht, auf die der Nationalsozialismus zu einem großen Teil eine Antwort war, eine Antwort allerdings, die statt wirklicher Lösungen meist nur Quacksalberei und Flucht aus der Realität anbot. Der Nationalsozialismus war deshalb unleugbar ein Kind des kapitalistischen Systems. Man sollte dieser Tatsache jedoch nicht zuviel Gewicht beimessen. Nur wenige kapitalistische Gesellschaften haben ein dem Nationalsozialismus vergleichbares Phänomen hervorgebracht; überdies entstammt nicht nur der Nationalsozialismus, sondern auch jede andere vom modernen Europa ausgehende politische Bewegung, die liberale Demokratie ebenso wie der Kommunismus, dem gleichen kapitalistischen System.

Aus: Henry Ashby Turner, Faschismus und Kapitalismus in Deutschland, Göttingen 1972, S. 29ff.

15. Hitler und der Sozialismus in der NSDAP

(Erklärung des Hauptschriftleiters Dr. Albert Krebs über seinen Ausschluß aus der NSDAP)

Erklärung!

„Um ein Exempel zu statuieren" hat Herr Adolf Hitler es für richtig befunden, mich von dem Posten als Hauptschriftleiter des „Hamburger Tageblattes" zu entfernen und mir den Ausschluß aus der NSDAP anzukündigen.

Als Grund gab Herr Adolf Hitler einen Angriff auf General von Schleicher an, der vor einigen Tagen im „Hamburger Tageblatt" erschienen ist. Da derartige „taktische" Entgleisungen – vom Standpunkt der NSDAP – in der Parteipresse schon dutzendmal erschienen sind und durch eine offizielle Stellungnahme der Parteileitung mit Leichtigkeit ausgeglichen werden können, ist dieser Grund natürlich genau so vorgeschoben, wie die Behauptung der hiesigen Gauleitung, daß ich eine Brüning-freundliche Politik getrieben habe. Wer meine Leitaufsätze über die Brüningsche Außenpolitik und meine Kommentare zu seinen Reden gelesen hat, wird die Lächerlichkeit dieser Begründung ohne weiteres feststellen können. Allerdings habe ich es abgelehnt, in wüster Weise auf ihn zu schimpfen, weil ich es für eine nationale Instinktlosigkeit halte, den das Deutsche Reich nach außen vertretenden Reichskanzler persönlich zu verunglimpfen. Wenn aus dieser Tatsache aber gar der heimliche Vorwurf gezogen werden sollte, daß meine politische Haltung von Außenstehenden bestimmt worden sei, so erkläre ich schon heute den Verbreiter eines solchen Vorwurfes, mag er heißen, wie er will, für einen infamen Lügner!

Aus meiner Zugehörigkeit zum Deutschnationalen Handlungsgehilfen-Verband habe ich nie ein Hehl gemacht. Die DHV-Leitung aber hat es niemals versucht, meine politische Anschauung zu bestimmen; ich hätte einem solchen Versuch auch keinerlei Folge geleistet.

Die Gründe zu dem Vorgehen liegen demnach tiefer. Mein Ausschluß ist gerichtet gegen den deutschen Geist der Gewissensfreiheit. Die NSDAP duldet keine Menschen in ihren Reihen, die selbständig denken und den Ergebnissen dieses Denkens Ausdruck zu geben wagen. Sie ist darum trotz allen äußeren Kampfes gegen das „römische" Zentrum im Kern ihres Wesens so „römisch" wie dieses.

Ferner ist es kein Zufall, daß die Aktion gegen mich einige Tage nach dem Erscheinen meiner kleinen Schrift „Vom Marxismus zum Sozialismus" unternommen wurde. Das „Hamburger Tageblatt" war beinahe die letzte Zeitung innerhalb der nationalsozialistischen Presse, die ohne Rücksicht auf ein taktisches und finanzielles Anlehnungsbedürfnis an bestimmte Wirtschaftskreise bemüht war der sozialistischen Anschauungswelt der NSDAP Ausdruck

und Form zu geben. Das wird in Zukunft ein Ende haben. Man wird höchstens noch von sozialistischer Gerechtigkeit sprechen, aber nicht mehr sagen dürfen, was man sich darunter vorstellt.
Die NSDAP hat um des Wohlwollens der „Büro-Generale“ und „reaktionärer“ Wirtschaftskreise willen einen ihrer ältesten Mitkämpfer hinausgeworfen. Das richtet nicht mich, sondern die Partei! Ich bleibe Nationalsozialist, wie ich es im Anfang meiner politischen Arbeit gewesen bin. Nationalsozialismus ist eine Angelegenheit der Gesinnung und nicht der Organisation!

Hamburg, den 21. Mai 1932 gez. *Dr. Albert Krebs*

Zit. nach Jacobsen-Jochmann, a. a. O., B, o. S.

16. Das deutsche Volk und die revolutionäre Dynamik der Hitler-Bewegung

Aus der Rückschau auf die innerdeutschen Ereignisse vor dem Jahre 1933 wird heute immer wieder gefragt, warum sich das deutsche Volk nicht entsetzt von den radikalen Methoden des Nationalsozialismus abgewandt und warum namentlich das Bürgertum nicht einhellig die Gewalttaten der Anhänger Hitlers verurteilt habe. Zunächst läßt sich zeigen, daß bereits in den beiden letzten Jahrzehnten des Kaiserreichs und dann beschleunigt im Ersten Weltkrieg selbst humanitäre Haltungen abgebaut und zerstört worden waren. In der Revolution und in den Jahren danach hatten dann in Deutschland Kämpfe, Aufstände und Gewalttaten in großer Zahl stattgefunden. Eine weitere starke Abstumpfung in den humanen Gesinnungen war die Folge. Wie zahlreiche Zeugnisse aus dieser Zeit zeigen, gab es nicht wenige sogenannte friedliche Bürger, die ein rücksichtsloses Vorgehen gegen die Träger der Revolution von 1918 forderten. Auf diese Stimmen konnte sich Hitler berufen, als er den Terror zum politischen Kampfmittel machte. Insbesondere verwies er auf die Kampfesweise der Radikalen und besonders der Kommunisten, bezeichnete sie als Herausforderung und fand, was die eigene Praxis anging, daraufhin bereitwilliges Entgegenkommen. Hatte es nicht, so fragten sich viele Deutsche in vielen Städten und Provinzen, Terror gegeben, bevor die NSDAP dort Fuß gefaßt hatte? Waren die staatlichen Sicherheitsorgane nicht oft außerstande gewesen, Versammlungen bürgerlicher Parteien zu schützen? Soweit diese Fragen mit einem eindeutigen Ja beantwortet wurden, umschloß die Antwort nahezu immer ein Lob für Hitler, der diesen „Elementen“ rücksichtslos das Handwerk lege. Eine Versammlung prominenter Hamburger Bürger, denen der Schrecken des kommunistischen Aufstandes vom Oktober 1923 noch lebhaft vor Augen stand, spendete Hitler zweieinhalb Jahre später bemerkenswerten Beifall, als er versprach, die Kommunisten ohne alle Rücksicht niederzwingen und „ausrotten“ zu wollen. Immer wieder läßt sich feststellen, wie die Nationalsozialisten gerade in jenen Großstädten oder Stadtteilen besonderen Zulauf erhielten, in denen sie mit Fäusten und Schlagwerkzeugen die Durchführung ihrer Versammlungen erzwangen. So erlag ein beträchtlicher Teil des deutschen Volks in dem Glauben, Gewalt sei nur mit Gewalt zu brechen, eine Revolution lediglich durch eine revolutionäre Partei aufzuhalten oder zu verhindern, einem folgenschweren Irrtum. Selten nur wurde die Befürchtung laut, das Gesetz, nach dem die NSDAP zu ihrem Kampf angetreten war, könne auch dann noch fortwirken, wenn sie einmal an die Macht gelangt sei.
Der Grund für die weitgehende Hinnahme oder offene Tolerierung der revolutionären Dynamik der NSDAP ist in der überaus geschickten und beweglichen Taktik Hitlers zu suchen. Während die KPD auf Weisung Moskaus gerade in den entscheidenden Jahren 1928

bis 1933 einen ultralinken, taktisch starren Kurs einschlug und damit alle befreundeten und sympathisierenden Gruppen abstieß, tat Hitler gerade das Gegenteil. Der nationalsozialistische Führer wußte, daß er mit seinen fanatischen Kadern Widerstände rücksichtslos zu brechen vermochte. Ihm war aber auch klar, daß er auf diesem Wege – nachdem er offen auf jeden Versuch gewaltsamen Umsturzes verzichtet hatte – niemals in die Regierungsverantwortung gelangen würde. Dieses Ziel ließ sich nur mit Hilfe des Stimmzettels erreichen. Daher benötigte Hitler neben seiner straff organisierten Kaderpartei eine Millionenschar von Wählern, eine Massenbewegung, die ihn förderte und koalitionsfähig machte. Ihr Aufbau hatte sich nach anderen Grundsätzen, ihre Führung in anderen Formen zu vollziehen. Galten für die Partei Befehl, Gehorsam und straffe Disziplin, so für die angeschlossenen Verbände und die Wähler Entgegenkommen und Verbindlichkeit. Hitler verstand sich auf das eine wie das andere.

Aus: Jacobsen-Jochmann, a. a. O., Kommentar, S. 39f.

17. Die NSDAP

a) Entwicklung der Mitgliedsstärke 1925–1933

Jahr	Fortlaufend ausgegebene Mitgliedsnummern	Tatsächliche Mitgliedszahl
1925	27000	
1926	49000	32000
1927	72000	
1928	108000	85000
1929	176000	
1930 (14.9.)	293000	129000
1930 (Dez.)	389000	
1931	806000	
1932	1415000	1002000
1933 (Jan.)	1435000	855000

Aus: Wilfried Böhnke: Die NSDAP im Ruhrgebiet 1920–1933, Bonn 1974, S. 93 und 144 bzw. Wolfgang Schäfer, NSDAP-Entwicklung und Struktur der Staatspartei des Dritten Reiches, Hannover 1956, S. 11 und 17

b) Vergleich der Sozialgliederung der NSDAP und der Gesellschaft (in Prozenten)

Berufsgruppen	1930		1935	
	NSDAP	Gesellschaft	NSDAP	Gesellschaft
Arbeiter	28,1	45,9	32,1	46,3
Angestellte	25,6	12,0	20,6	12,4
Selbständige	20,7	9,0	20,2	9,6
Beamte	8,3	5,1	13,0	4,8
davon: Lehrer	1,7	0,9	3,6	0,9
Bauern	14,0	10,6	10,7	10,0
Sonstige	3,3	17,4	3,4	16,9

Aus: Wolfgang Schäfer, NSDAP – Entwicklung und Struktur der Staatspartei des Dritten Reiches, Hannover 1956, S. 17 bzw. 47

I/2 Die Etablierung des Führerstaates

Übersicht

1933 30. Januar: Hitler bildet als Reichskanzler ein sog. Präsidialkabinett mit nur zwei nationalsozialistischen Ministern: Frick (Inneres) und Göring (ohne Geschäftsbereich und Reichskommissar für Luftfahrt). Die übrigen Kabinettsmitglieder gehören – u. a. Franz von Papen als Vizekanzler – zur nationalen Rechten; zum Teil übernimmt sie Hitler aus der Regierung Schleicher.

31. Januar: Hitler versucht, von Hindenburg die Genehmigung zur Auflösung des Reichstags zu erhalten. Der Reichspräsident besteht jedoch auf der Forderung nach dem Versuch einer parlamentarischen Mehrheitsfindung für die neue Regierung. Die mit dem Zentrum angebahnten Koalitionsverhandlungen führt Hitler, der Neuwahlen um jeden Preis anstrebt, nur zum Schein. Vergeblicher Protest des Zentrums bei Hindenburg, der am 1. Februar die Auflösungsorder ausfertigt.

4. Februar: Verordnung des Reichspräsidenten zum Schutz des deutschen Volkes: Schränkt Versammlungs- und Pressefreiheit ein und gibt dem NS-Innenminister Frick weiten Spielraum in der praktischen Handhabung.

6. Februar: Verordnung des Reichspräsidenten zur „Herstellung geordneter Regierungsverhältnisse" in Preußen: Bestätigung von Papens als Reichskommissar in Preußen, wo Göring (seit dem 30. 1. preußischer Innenminister) die Polizei, durch 40000 SA- und SS-Leute ergänzt, zur Terrorisierung politischer Gegner einspannt.

27. Februar: Brand des Reichstagsgebäudes in Berlin. Wird von den Nationalsozialisten, in denen ein Teil der zeitgeschichtlichen Forschung die Brandstifter vermutet, als „Fanal eines kommunistischen Umsturzversuches" interpretiert.

28. Februar: Verordnung des Reichspräsidenten zum Schutz von Volk und Staat (sog. Brandverordnung): Aufhebung der Grundrechtsartikel der Weimarer Verfassung wie 114 (Freiheit der Person), 115 (Unverletzlichkeit der Wohnung), 117 (Briefgeheimnis), 118 (freie Meinungsäußerung), 123 (Versammlungsrecht), 124 (Recht zur Gründung von Vereinen) und 153 (Garantie des Eigentums). Verbot der KPD. Verhaftung kommunistischer und sozialdemokratischer Parteifunktionäre.
Proklamation des Ausnahmezustandes: Die Brandverordnung bleibt – entgegen der Einschränkung „bis auf weiteres" – während der 12 Jahre NS-Herrschaft in Kraft und wird zur „Verfassungsurkunde des Dritten Reiches" (Hofer). Sie wird auch keineswegs nur zur „Bekämpfung kommunistischer Umtriebe" angewandt, sondern bildet die juristische Grundlage zum Vorgehen gegen sämtliche politischen Gegner des Nationalsozialismus bis hin zu den Widerstandskämpfern des 20. Juli 1944.

5. März: Reichstagswahlen enden trotz Einsatzes massiver propagandistischer Mittel durch die NSDAP mit einem für sie enttäuschenden Ergebnis: 288 von 647 Mandaten. Nur mit Hilfe der NDVP mit 52 Sitzen verfügt die Regierung Hitler über eine parlamentarische Mehrheit.

15. März: Gründung eines Ministeriums für Propaganda und Volksaufklärung unter Joseph Goebbels, der seine Aufgabe darin sieht, „eine Gleichschaltung zwischen Regierung und deutschem Volk herzustellen dadurch, daß wir die Menschen so lange bearbeiten, bis sie uns verfallen sind". Der Kompetenz des Propagandaministers (seit 11. 3.

1933 Kabinettsmitglied) werden in rascher Folge Rundfunk, Presse und Kultur überantwortet.

21. März: Staatsakt in der Potsdamer Garnisonskirche: Feierliches symbolträchtiges Schauspiel zur Eröffnung des Reichstags. Die „Potsdamer Rührkomödie" (Meinecke) dient der Beschwörung der preußischen Tradition am Sarg Friedrichs des Großen: Potsdam sollte an die Stelle von Weimar treten.

23. März: Verabschiedung eines Ermächtigungsgesetzes – euphemistisch als „Gesetz zur Behebung der Not von Volk und Staat" bezeichnet – mit Hilfe der Stimmen von Zentrum, DDP und BVP. Lediglich die SPD, deren Fraktionsführer Otto Wels eine mutige Rede gegen die NS-Absichten hält, verweigert die Zustimmung. Die KPD-Abgeordneten sind bereits ausgeschaltet. Die im Gesetz eingebauten Einschränkungen erweisen sich sogleich als wirkungslos, zumal es bei den nun auf die Exekutive übertragenen legislativen Vollmachten nicht einmal mehr einer Mitwirkung des Reichspräsidenten – etwa in Form einer Gegenzeichnung bei Gesetzen – bedarf. Auch dieses Gesetz gilt während der gesamten NS-Ära und bildet die juristische Basis für eine Gesetzgebung, die sich ausschließlich am Führerwillen orientiert.
Einrichtung der ersten Konzentrationslager (KZ) in Dachau und Oranienburg, in die politische Gegner des Systems ohne gerichtlichen Haftbefehl eingeliefert, festgehalten und zum Teil zu Tode gequält werden.

31. März: Erstes Gesetz zur Gleichschaltung der Länder mit dem Reich: Länderregierungen erhalten – analog zum Ermächtigungsgesetz – Gesetzgebungsrecht: die Landtage werden nach dem Reichstagswahlergebnis vom 5. März (unter Kassierung der kommunistischen Mandate) um- und neugebildet.

7. April: Zweites Gesetz zur Gleichschaltung der Länder mit dem Reich: Einsetzung von Reichsstatthaltern mit dem Recht, Länderregierungen nach eigenem Ermessen zu bilden.

7. April: Gesetz zur Wiederherstellung des Berufsbeamtentums: Großangelegte „Säuberungsaktion" innerhalb der Beamtenschaft und Entlassung all derer, „die aufgrund ihrer bisherigen politischen Betätigung nicht die Gewähr dafür bieten, daß sie jederzeit rückhaltlos für den nationalen Staat eintreten". Das Gesetz enthält erstmals den sog. Arierparagraphen, d. h. es diskriminiert alle Reichsbürger „nichtarischer Abstammung" (vgl. S. 384).

1. Mai: Hitler erklärt den 1. Mai zum „Tag der nationalen Arbeit", zum bezahlten Nationalfeiertag, eine Maßnahme, die einem möglichen Widerstand der Gewerkschaften entgegenwirken soll.

2. Mai: Liquidation der Gewerkschaften. Ihre Organisationen werden ohne jede gesetzliche Sanktionierung aufgelöst, ihr Vermögen beschlagnahmt und ihre Funktionäre verhaftet.

21. Mai: Gründung der Deutschen Arbeitsfront (DAF) zur „Bildung einer wirklichen Volks- und Leistungsgemeinschaft", einer riesigen Zwangsorganisation, der Arbeitgeber und Arbeitnehmer angehören müssen, unter Robert Ley, einem hemmungslosen Bewunderer Hitlers. Die Einnahmen der DAF werden durch eine Zwangsabgabe von 1,5% auf alle Löhne und Gehälter sichergestellt: Jährlich mehrere hundert Mio. RM.

22. Juni: Verbot der SPD.

27. Juni: Selbstauflösung des Koalitionspartners DNVP und Rücktritt ihres Vorsitzenden Hugenberg als Minister für Wirtschaft, Landwirtschaft und Ernährung.

1933	5. Juli: Selbstauflösung des Zentrums. 14. Juli: Gesetz zur Neubildung von Parteien: NSDAP wird zur Staatspartei erklärt. Damit ist der Reichstag als parlamentarisches Repräsentativ- und Kontrollorgan ausgeschaltet. September: Einrichtung einer sog. Reichskulturkammer, der alle freischaffenden Künstler angehören müssen. Oktober: Erlaß eines Schriftleitergesetzes, das die Berufsausübung der Redakteure von dem Nachweis arischer Abstammung und politischer Zuverlässigkeit abhängig macht. 12. November: Erstes Scheinplebiszit („Billigst Du, deutscher Mann, und Du, deutsche Frau, diese Politik Deiner Reichsregierung, und bist Du bereit, sie als den Ausdruck Deiner eigenen Auffassung und Deines eigenen Willens zu erklären und Dich feierlich zu ihr zu bekennen? Ja – Nein“) und Präsentation der NSDAP-Liste für den neuen gleichgeschalteten Reichstag, auf der auch von Papen und Hugenberg aufgeführt werden. 1. Dezember: Gesetz zur Sicherung der Einheit von Partei und Staat: Die NSDAP wird zur Trägerin des deutschen Staatsgedankens proklamiert, die Führer von NSDAP und SA werden zu Reichsministern ernannt.
1934	20. Januar: Gesetz zur Ordnung der nationalen Arbeit: Einführung des Führerprinzips in der Wirtschaft. Die DAF wird zu einer Gliederung der NSDAP erklärt. 14. Februar: Aufhebung des Reichsrats. 30. Juni: Niederschlagung des sog. Röhm-Putsches, einer angeblich geplanten Erhebung der SA. Hitler läßt überfallartig die ahnungslose SA-Führung, in deren Forderung nach einer „zweiten Revolution“ er eine Bedrohung seines Einvernehmens mit Industrie und Reichswehr erblickt, durch SS-Einheiten in Bad Wiessee verhaften und ohne Gerichtsverfahren erschießen. Bei dieser Mordaktion werden auch frühere Gegner Hitlers wie der bayrische Staatskommissar von Kahr und sein ehemaliger Stellvertreter Gregor Strasser beseitigt. Sie wird nachträglich in einem Gesetz über Maßnahmen der Staatsnotwehr für rechtens erklärt. 1. August: Gesetz über das Staatsoberhaupt des deutschen Reiches: Vereinigung von Präsidenten- und Kanzleramt in der Person Hitlers als „Führer und Reichskanzler“. 2. August: Vereidigung der Wehrmacht auf Hitler als Obersten Befehlshaber: Gelöbnis „unbedingten Gehorsams“. Tod Hindenburgs. 19. August: Nachträgliche Sanktionierung der persönlichen unumschränkten Machtfülle Hitlers durch ein Plebiszit: 89% der Wähler stimmen zu, doch mehr als 5 Millionen dagegen, ein Umstand, der sich bei späteren Volksbefragungen allerdings nicht mehr wiederholt, weil nur noch retouschierte Ergebnisse (1–2% ablehnender Stimmen) veröffentlicht werden.

Einführung in die Arbeitsthemen

Am 30. Januar 1933 wurde Hitler zum Kanzler eines mit nur zwei weiteren Nationalsozialisten besetzten Präsidialkabinetts berufen. Am 20. August 1934 registrierte er – durchaus zutreffend – in einem Aufruf an das deutsche Volk: „Angefangen von der obersten Spitze des Reiches über die gesamte Verwaltung bis zur Führung des letzten Ortes befindet sich das Deutsche Reich heute in der Hand der Nationalsozialistischen Partei.“ Und das hieß in der persönlichen Verfügungsgewalt Hitlers.

Die einzelnen Stationen dieses Destruktionsprozesses, der nach Hitlers eigenen Worten „in der Demokratie mit der Demokratie die Demokratie besiegte“, Schlag auf Schlag das parlamentarische System beseitigte und die persönliche Diktatur Hitlers, begleitet von scheinplebiszitären Akklamationen, an ihre Stelle setzte, lassen sich leicht erkennen: Reichstagsbrandverordnung, Ermächtigungsgesetz, Aufhebung des Föderalismus, Ausschaltung der Gewerkschaften und aller politischen Parteien neben der NSDAP, Erhebung der NSDAP zur Staatspartei, Zerschlagung der SA-Spitze um Röhm und schließlich Vereinigung von Kanzler- und Präsidentenamt in der Person Hitlers „als Führer und Reichskanzler“.
Die Frage, wie es möglich war, eine Revolution, eine grundstürzende Umwälzung der politischen Verhältnisse in Deutschland durchzusetzen, bei der – wie es Goebbels formulierte – „das Jahr 1789 aus der Geschichte gestrichen“ und – wie sich Hitler brüstete – „die Macht in einem Zug erobert und noch nicht einmal eine Fensterscheibe zertrümmert wurde“, gehört zu den beunruhigendsten der zeitgeschichtlichen Forschung und der politischen Bildung.
Die folgenden zeitgenössischen Äußerungen und geschichtswissenschaftlichen Analysen sollen eine Antwort ermöglichen. Bei ihrer Auswahl war – da die Intentionen der NS-Regie für den rückschauenden Betrachter offenkundig sind – die Absicht bestimmend, das taktische Vorgehen, die Machtergreifungsstrategie der nationalsozialistischen Führung bloßzulegen, in der sich „Vorgänge revolutionär-terroristischer Überrumpelung mit Akten juristischer Sanktionierung so verkoppelten, daß eine im Einzelfall zwar immer wieder fragwürdige, insgesamt aber eben doch überzeugende Legalitätskulisse den Blick auf die Rechtswidrigkeit des Systems verstellte“, (J. C. Fest). Ferner galt es, die ohnmächtig resignierende Rolle der Parlamentarier bürgerlicher Provenienz aufzuzeigen, die der spätere Bundespräsident Theodor Heuss, selbst ein „Opfer“ des Jahres 1933, so umschrieben hat: „Illusionen über das Gewicht eines Ja oder eines Nein konnte ich nicht haben. Denn, das ist meine feste Überzeugung, das Ermächtigungsgesetz z. B. hat für den praktischen Weitergang der nationalsozialistischen Politik keinerlei Bedeutung gehabt“ (Th. Heuss: Die Machtergreifung und das Ermächtigungsgesetz, Tübingen 1967, S. 25 f.).

Arbeitsthemen

1. *Was fällt beim Vergleich der ersten offiziellen Regierungsverlautbarung Hitlers vom 31. 1. 1933 und den drei Tage später auf einer Befehlshaberbesprechung der Reichswehr geäußerten politischen Absichten auf? (Nr. 1 a und 1 b)*
2. *Weshalb zwang das Wahlergebnis vom 5. 3. 1933 das Hitlerkabinett zu Vereinbarungen mit dem Zentrum im Blick auf das angesteuerte Ermächtigungsgesetz und womit begründete der Regierungschef seine Notwendigkeit? (Nr. 2 b, 2 c und 2 d)*
   Mit welchen Argumenten hat sich die bereits durch Verhaftungen dezimierte SPD-Fraktion dieser Selbstausschaltung des Reichstags widersetzt? (Nr. 2 e)
   Inwiefern sind Brandverordnung und Ermächtigungsgesetz wichtige Stationen auf dem von Hitler am 3. 2. 1933 (vgl. Nr. 1 b) proklamierten Weg, „straffste autoritäre Staatsführung und Beseitigung des Krebsschadens der Demokratie“, gewesen? (Nr. 2 a und 2 c)
3. *Durch welche zeitlich folgenden Maßnahmen bzw. gesetzlichen Regelungen wurde das Ermächtigungsgesetz von dem NS-Regime selbst durchbrochen? (vgl. Übersicht)*
4. *Welche Rolle spielte das „ausgeklügelte System psychologischer Überwältigung“ bei der NS-Machtergreifung? (Nr. 3 a und 3 b)*
5. *Worin erblickt der Historiker Helmut Berve die geschichtliche Mission des Nationalsozialismus? Mit welchen Argumenten polemisiert er gegen die faktischen und personellen Widerstände? Welche Bedeutung mußte der Übernahme der parteioffiziellen Legende durch die professionellen Geschichtswissenschaftler zukommen? (Nr. 3 c)*

6. *Was verbarg sich konkret hinter dem euphemistischen Begriff der „Gleichschaltung" und welche Bedeutung besaß er auf dem Wege der Etablierung des NS-Staates? (Nr. 4)*
7. *Warum war es aufgrund der gegebenen Verhältnisse weder möglich noch nötig, die Armee dem Prozeß der Gleichschaltung zu unterwerfen? (Nr. 5)*
8. *Wie erklärt sich die illusionistische Passivität der deutschen Gewerkschaftsbewegung gegenüber den existenzbedrohenden totalitären Ansprüchen des NS-Regimes? (Nr. 6)*
9. *Welche Überlegungen bestimmten den politischen Kurs der SPD bis zu ihrem Verbot im Juni 1933? (Nr. 7)*
10. *Inwiefern setzte – um mit dem Historiker K. D. Bracher zu reden – der 14. 7. 1933 „den Schlußstein der politischen Gleichschaltung" und markierte die unzweideutige „Besiegelung der NS-Machtergreifung"? (Nr. 8)*
11. *Welche politischen Aufgaben stellten sich der NSDAP aufgrund ihres weltanschaulichen Selbstverständnisses nach Abschluß der NS-Machtergreifung? (Nr. 9)*
12. *Welche Motive bestimmten Hitler zu seinem brutalen Schlag gegen die SA-Führung um Röhm im Juni 1934? (Nr. 10)*
13. *Inwiefern bestätigt Goebbels' Berufung auf „die Gesetze der veredelten Demokratie" die These des Historikers K. D. Bracher: „Der Absolutismus der volonté générale Rousseaus rechtfertigt Demokratie und Diktatur gleichermaßen"? (Nr. 11)*
14. *Auf welche Weise stärkte die divide-et-impera-Taktik Hitlers seine Stellung als omnipotenter Partei- und Regierungschef? Welches waren jedoch die praktischen Konsequenzen dieser Herrschaftstechnik? (Nr. 12)*
15. *Mit welchen Argumenten rechtfertigte der renommierte Staatsrechtler Carl Schmitt das Führerprinzip? In welchem Moment erblickte er das auch von ihm für notwendig erachtete Regulativ gegen Tyrannei und Willkür? (Nr. 13)*
16. *Welche Interpretation gab der Staatsrechtler E. R. Huber dem Führerprinzip und worin sah er den politischen Sinn der fast jährlich durchgeführten Volksbefragungen? (Nr. 14)*

Materialien

1. Das politische Programm

a) Erster Aufruf des Hitler-Kabinetts vom 31. 1. 1933

Das Erbe, das wir übernehmen, ist ein furchtbares.
Die Aufgabe, die wir lösen müssen, ist die schwerste, die seit Menschengedenken deutschen Staatsmännern gestellt wurde. Das Vertrauen in uns allen aber ist unbegrenzt, denn wir glauben an unser Volk und seine unvergänglichen Werte. Bauern, Arbeiter und Bürger, sie müssen gemeinsam die Bausteine liefern zum neuen Reich.
So wird es die nationale Regierung als ihre oberste und erste Aufgabe ansehen, die geistige und willensmäßige Einheit unseres Volkes wieder herzustellen. Sie wird die Fundamente wahren und verteidigen, auf denen die Kraft unserer Nation beruht. Sie wird das Christentum als Basis unserer gesamten Moral, die Familie als Keimzelle unseres Volks- und Staatskörpers in ihren festen Schutz nehmen. Sie wird über Stände und Klassen hinweg unser Volk wieder zum Bewußtsein seiner volklichen und politischen Einheit und der daraus entspringenden Pflichten bringen. Sie will die Ehrfurcht vor unserer großen Vergangenheit, den Stolz auf unsere alten Traditionen zur Grundlage machen für die Erziehung der

deutschen Jugend. Sie wird damit der geistigen, politischen und kulturellen Nihilisierung einen unbarmherzigen Krieg ansagen. Deutschland darf und wird nicht im anarchistischen Kommunismus versinken.

Sie wird an Stelle turbulenter Instinkte wieder die nationale Disziplin zum Regenten unseres Lebens erheben. Sie wird dabei all der Einrichtungen in höchster Sorgfalt gedenken, die die wahren Bürgen der Kraft und Stärke unserer Nation sind.

Die nationale Regierung wird das große Werk der Reorganisation der Wirtschaft unseres Volkes mit zwei großen Vierjahresplänen lösen:

Rettung des deutschen Bauern zur Erhaltung der Ernährungs- und damit Lebensgrundlage der Nation.

Rettung des deutschen Arbeiters durch einen gewaltigen und umfassenden Angriff gegen die Arbeitslosigkeit.

In 14 Jahren haben die Novemberparteien den deutschen Bauernstand ruiniert.

In 14 Jahren haben sie eine Armee von Millionen Arbeitslosen geschaffen.

Die nationale Regierung wird mit eiserner Entschlossenheit und zähester Ausdauer folgenden Plan verwirklichen:

Binnen vier Jahren muß der deutsche Bauer der Verelendung entrissen sein.

Binnen vier Jahren muß die Arbeitslosigkeit endgültig überwunden sein.

Gleichlaufend damit ergeben sich die Voraussetzungen für das Aufblühen der übrigen Wirtschaft.

Mit dieser gigantischen Aufgabe der Sanierung unserer Wirtschaft wird die nationale Regierung verbinden die Aufgabe und Durchführung einer Sanierung des Reiches, der Länder und der Kommunen in verwaltungsmäßiger und steuertechnischer Hinsicht.

Damit erst wird der Gedanke der föderativen Erhaltung des Reiches blut- und lebensvolle Wirklichkeit.

Zu den Grundpfeilern dieses Programms gehört der Gedanke der Arbeitsdienstpflicht und der Siedlungspolitik.

Die Sorge für das tägliche Brot wird aber ebenso die Sorge sein für die Erfüllung der sozialen Pflichten bei Krankheit und Alter.

In der Sparsamkeit ihrer Verwaltung, der Förderung der Arbeit, der Erhaltung unseres Bauerntums sowie der Nutzbarmachung der Initiative des einzelnen liegt zugleich die beste Gewähr für das Vermeiden jedes Experimentes der Gefährdung unserer Währung.

Außenpolitisch wird die nationale Regierung ihre höchste Mission in der Wahrung der Lebensrechte und damit der Wiedererringung der Freiheit unseres Volkes sehen. Indem sie entschlossen ist, den chaotischen Zuständen in Deutschland ein Ende zu bereiten, wird sie mithelfen, in die Gemeinschaft der übrigen Nationen einen Staat gleichen Wertes und damit allerdings auch gleicher Rechte einzufügen. Sie ist dabei erfüllt von der Größe der Pflicht, mit diesem freien, gleichberechtigten Volke für die Erhaltung und Festigung des Friedens einzutreten, dessen die Welt heute mehr bedarf als je zuvor.

Möge auch das Verständnis all der anderen mithelfen, daß dieser unser aufrichtigster Wunsch zum Wohle Europas, ja, der Welt, sich erfüllt.

So groß unsere Liebe zu unserem Heere als Träger unserer Waffen und Symbol unserer großen Vergangenheit ist, so wären wir doch beglückt, wenn die Welt durch eine Beschränkung ihrer Rüstungen eine Vermehrung unserer eigenen Waffen niemals mehr erforderlich machen würde.

Soll aber Deutschland diesen politischen und wirtschaftlichen Wiederaufstieg erleben und seine Verpflichtungen den anderen Nationen gegenüber gewissenhaft erfüllen, dann setzt dies eine entscheidende Tat voraus: *die Überwindung der kommunistischen Zersetzung Deutschlands.*
Wir Männer dieser Regierung fühlen uns vor der deutschen Geschichte verantwortlich für die Wiederherstellung eines geordneten Volkskörpers und damit für die endgültige Überwindung des Klassenwahnsinns und Klassenkampfes. Nicht einen Stand sehen wir, sondern das deutsche Volk, die Millionen seiner Bauern, Bürger und Arbeiter, die entweder gemeinsam die Sorgen dieser Zeit überwinden werden oder ihnen sonst gemeinsam erliegen.
Entschlossen und getreu unserem Eide wollen wir damit angesichts der Unfähigkeit des derzeitigen Reichstages, diese Arbeit zu unterstützen, dem deutschen Volke selbst die Aufgabe stellen, die wir vertreten.
Der Reichspräsident, Generalfeldmarschall von Hindenburg, hat uns berufen mit dem Befehl, durch unsere Einmütigkeit der Nation die Möglichkeit des Wiederaufstiegs zu bringen.
Wir appellieren deshalb nunmehr an das deutsche Volk, diesen Akt der Versöhnung selbst mit zu unterzeichnen.
Die Regierung der nationalen Erhebung will arbeiten, und sie wird arbeiten.
Sie hat nicht 14 Jahre lang die deutsche Nation zugrunde gerichtet, sondern will sie wieder nach oben führen.
Sie ist entschlossen, in vier Jahren die Schuld von 14 Jahren wieder gutzumachen.
Allein sie kann nicht die Arbeit des Wiederaufbaues der Genehmigung derer unterstellen, die den Zusammenbruch verschuldeten.
Die Parteien des Marxismus und seiner Mitläufer haben vierzehn Jahre lang Zeit gehabt, ihr Können zu beweisen.
Das Ergebnis ist ein Trümmerfeld.
Nun, deutsches Volk, gib uns die Zeit von vier Jahren, und dann urteile und richte uns!
Getreu dem Befehl des Generalfeldmarschalls wollen wir beginnen. Möge der allmächtige Gott unsere Arbeit in seine Gnade nehmen, unseren Willen recht gestalten, unsere Einsicht segnen und uns mit dem Vertrauen unseres Volkes beglücken. Denn wir wollen nicht kämpfen für uns, sondern für Deutschland!

Zit. nach Jacobsen-Jochmann, a. a. O., CE, S. 2f.

b) Erste Besprechung Hitlers mit den Befehlshabern der Reichswehr am 3. 2. 1933

Ziel der Gesamtpolitik allein: *Wiedergewinnung der politischen Macht.* Hierauf muß gesamte Staatsführung eingestellt werden (alle Ressorts!).
1. *Im Innern.* Völlige Umkehrung der gegenwärtigen innenpolitischen Zustände in D[eutschland]. Keine Duldung der Betätigung irgendeiner Gesinnung, die dem Ziel entgegen steht (Pazifismus!). Wer sich nicht bekehren läßt, muß gebeugt werden. Ausrottung des Marxismus mit Stumpf und Stiel. Einstellung der Jugend u[nd] des ganzen Volkes auf den Gedanken, daß nur der Kampf uns retten kann und diesem Gedanken gegenüber alles zurückzutreten hat. (Verwirklicht in den Millionen der Nazi-Bewegung. Sie wird wachsen.) Ertüchtigung der Jugend und Stärkung des Wehrwillens mit allen Mitteln. Todesstrafe für Landes- und Volksverrat. Straffste autoritäre Staatsführung. Beseitigung des Krebsschadens der Demokratie!

2. *Nach außen.* Kampf gegen Versailles. Gleichberechtigung in Genf; aber zwecklos, wenn Volk nicht auf Wehrwillen eingestellt. Sorge für Bundesgenossen.
3. *Wirtschaft.* Der Bauer muß gerettet werden! Siedlungspolitik! Künftige Steigerung der Ausfuhr zwecklos. Aufnahmefähigkeit der Welt ist begrenzt und Produktion ist überall übersteigert. Im Siedeln liegt einzige Möglichkeit, Arbeitslosenheer z. T. wieder einzuspannen. Aber braucht Zeit und radikale Änderung nicht zu erwarten, da Lebensraum für d[eutsches] Volk zu klein.
4. *Aufbau der Wehrmacht* wichtigste Voraussetzung für Erreichung des Ziels: Wiedererringung der politischen Macht. Allgemeine Wehrpflicht muß wieder kommen. Zuvor aber muß Staatsführung dafür sorgen, daß die Wehrpflichtigen vor Eintritt nicht schon durch Pazifismus, Marxismus, Bolschewismus vergiftet werden oder nach Dienstzeit diesem Gifte verfallen.
Wie soll politische Macht, wenn sie gewonnen ist, gebraucht werden? Jetzt noch nicht zu sagen. Vielleicht Erkämpfung neuer Export-Möglichkeiten, vielleicht – und wohl besser – Eroberung neuen Lebensraums im Osten und dessen rücksichtslose Germanisierung. Sicher, daß erst mit politischer Macht und Kampf jetzige wirtschaftliche Zustände geändert werden können. Alles, was jetzt geschehen kann – Siedlung – Aushilfsmittel.
Wehrmacht wichtigste und sozialistischste Einrichtung des Staates. Sie soll unpolitisch und überparteilich bleiben. Der Kampf im Innern nicht ihre Sache, sondern der Nazi-Organisationen. Anders wie in Italien keine Verquickung von Heer und SA beabsichtigt. – Gefährlichste Zeit ist die des Aufbaus der Wehrmacht. Da wird sich zeigen, ob Fr[ankreich] *Staatsmänner* hat; wenn ja, wird es uns Zeit nicht lassen, sondern über uns herfallen (vermutlich mit Ost-Trabanten).

Zit. nach Jacobsen-Jochmann, a. a. O., CEF, o. S.

2. Der Weg zum Ermächtigungsgesetz

a) Verordnung des Reichspräsidenten zum Schutz von Volk und Staat (Brandverordnung) vom 28. Februar 1933

Auf Grund des Artikels 48, Absatz 2 der Reichsverfassung wird zur Abwehr kommunistischer staatsgefährdender Gewaltakte folgendes verordnet:
§ 1. Die Artikel 114, 115, 117, 118, 123, 124 und 153 der Verfassung des Deutschen Reiches werden bis auf weiteres außer Kraft gesetzt. Es sind daher Beschränkungen der persönlichen Freiheit, des Rechtes der freien Meinungsäußerung, einschließlich der Pressefreiheit, des Vereins- und Versammlungsrechtes, Eingriffe in das Brief-, Post-, Telegraphen- und Fernsprechgeheimnis, Anordnungen von Haussuchungen und von Beschlagnahmen, sowie Beschränkungen des Eigentums auch außerhalb der sonst hierfür bestimmten gesetzlichen Grenzen zulässig.
§ 2. Werden in einem Lande die zur Wiederherstellung der öffentlichen Sicherheit und Ordnung nötigen Maßnahmen nicht getroffen, so kann die Reichsregierung insoweit die Befugnisse der obersten Landesbehörde vorübergehend wahrnehmen.
§ 3. Die Behörden der Länder und Gemeinden (Gemeindeverbände) haben den auf Grund des § 2 erlassenen Anordnungen der Reichsregierung im Rahmen ihrer Zuständigkeit Folge zu leisten.

Zit. nach Schönbrunn, a. a. O., S. 278

b) Das Ergebnis der Reichstagswahlen vom 5. März 1933

NSDAP	43,9%	288 Sitze
DNVP	8,0%	52 Sitze
DVP	1,1%	2 Sitze
Mittelparteien	1,6%	7 Sitze
BVP	2,7%	19 Sitze
Zentrum	11,2%	73 Sitze
DDP (Deutsche Staatspartei)	0,9%	5 Sitze
SPD	18,3%	120 Sitze
KPD	12,3%	81 Sitze
		647 Sitze

Anmerkung des Herausgebers:

Die Tatsache, daß das Weimarer Reichswahlgesetz vom 27.4.1920 Wahlkreis- und Reichslisten unterschied, jedoch einer Partei nicht mehr Reichslistensitze zugestanden wurden, als sie Wahlkreislistensitze errungen hatte, konnte zur Nichtberücksichtigung abgegebener Stimmen und damit zu überraschenden Divergenzen bei der Mandatsverteilung führen.

Zit. nach K. O. von Aretin-G. Fauth: Die Machtergreifung, München 1959, S. 116

c) Gesetz zur Behebung der Not von Volk und Staat (Ermächtigungsgesetz) vom 24. März 1933

Artikel 1. Reichsgesetze können außer in dem in der Reichsverfassung vorgesehenen Verfahren auch durch die Reichsregierung beschlossen werden. Dies gilt auch für die in den Artikeln 85, Absatz 2 und 87 der Reichsverfassung bezeichneten Gesetze.
Artikel 2. Die von der Reichsregierung beschlossenen Reichsgesetze können von der Reichsverfassung abweichen, soweit sie nicht die Einrichtung des Reichstags und des Reichsrats als solche zum Gegenstand haben. Die Rechte des Reichspräsidenten bleiben unberührt.
Artikel 3. Die von der Reichsregierung beschlossenen Reichsgesetze werden vom Reichskanzler ausgefertigt und im Reichsgesetzblatt verkündet. Sie treten, soweit sie nichts anderes bestimmen, mit dem auf die Verkündung folgenden Tage in Kraft. Die Artikel 68 bis 77 der Reichsverfassung finden auf die von der Reichsregierung beschlossenen Gesetze keine Anwendung.
Artikel 4. Verträge des Reiches mit fremden Staaten, die sich auf Gegenstände der Reichsgesetzgebung beziehen, bedürfen für die Dauer der Geltung dieser Gesetze nicht der Zustimmung der an der Gesetzgebung beteiligten Körperschaften. Die Reichsregierung erläßt die zur Durchführung dieser Verträge erforderlichen Vorschriften.
Artikel 5. Dieses Gesetz tritt mit dem Tage seiner Verkündung in Kraft. Es tritt mit dem 1. April 1937 außer Kraft; es tritt ferner außer Kraft, wenn die gegenwärtige Reichsregierung durch eine andere abgelöst wird.

Zit. nach Schönbrunn, a. a. O., S. 283 f.

d) Aus der Begründung Hitlers zum Ermächtigungsgesetz am 23. März 1933

Die Regierung beabsichtigt . . ., von diesem Gesetz nur insoweit Gebrauch zu machen, als es zur Durchführung der lebensnotwendigen Maßnahmen erforderlich ist. *Weder die Existenz des Reichstags noch des Reichsrats soll dadurch bedroht sein. Die Stellung und die Rechte des Herrn Reichspräsidenten bleiben unberührt,* die innere Übereinstimmung mit seinem Willen herbeizuführen, wird stets die oberste Aufgabe der Regierung sein. Der Bestand der

Länder wird nicht beseitigt, die Rechte der Kirchen werden nicht geschmälert, ihre Stellung zum Staate nicht geändert.
Da die Regierung an sich über eine klare Mehrheit verfügt, ist die Zahl der Fälle, in denen eine innere Notwendigkeit vorliegt, zu einem solchen Gesetz die Zuflucht zu nehmen, an sich eine begrenzte. Um so mehr aber besteht die Regierung der nationalen Erhebung auf der Verabschiedung dieses Gesetzes. Sie zieht in jedem Falle eine klare Entscheidung vor. Sie bietet den Parteien des Reichstags die Möglichkeit einer ruhigen deutschen Entwicklung und einer sich daraus in der Zukunft anbahnenden Verständigung; sie ist aber ebenso entschlossen und bereit, die Bekundung der Ablehnung und damit die Ansage des Widerstandes entgegenzunehmen. Mögen Sie, meine Herren, nunmehr selbst die Entscheidung treffen über Frieden oder Krieg.

Zit. nach Schönbrunn, a. a. O., S. 282

e) Aus der Stellungnahme des Abgeordneten Wels (SPD) zum Ermächtigungsgesetz am 23. März 1933

... Nach den Verfolgungen, die die Sozialdemokratische Partei in der letzten Zeit erfahren hat, wird billigerweise niemand von ihr verlangen, daß sie für das hier eingebrachte Ermächtigungsgesetz stimmt. Die Wahlen vom 5. März haben den Regierungsparteien die Mehrheit gebracht und damit die Möglichkeit gegeben, streng nach Wortlaut und Sinn der Verfassung zu regieren. Wo diese Möglichkeit besteht, besteht auch die Pflicht. Kritik ist heilsam und notwendig. Noch niemals, seit es einen Deutschen Reichstag gibt, ist die Kontrolle der öffentlichen Angelegenheiten durch die gewählten Vertreter des Volkes in solchem Maße ausgeschaltet worden, wie es jetzt geschieht und wie es durch das neue Ermächtigungsgesetz noch mehr geschehen soll. Eine solche Allmacht der Regierung muß sich um so schwerer auswirken, als auch die Presse jeder Bewegungsfreiheit entbehrt ...
Die Herren von der Nationalsozialistischen Partei nennen die von ihnen entfesselte Bewegung eine nationale Revolution, nicht eine nationalsozialistische. Das Verhältnis ihrer Revolution zum Sozialismus beschränkt sich bisher auf den Versuch, die sozialdemokratische Bewegung zu vernichten, die seit mehr als zwei Menschenaltern die Trägerin sozialistischen Gedankengutes gewesen ist und auch bleiben wird. Wollten die Herren von der Nationalsozialistischen Partei sozialistische Taten verrichten, sie brauchten kein Ermächtigungsgesetz. Eine erdrückende Mehrheit wäre Ihnen in diesem Hause gewiß. Jeder von Ihnen im Interesse der Arbeiter, der Bauern, der Angestellten, der Beamten oder des Mittelstandes gestellte Antrag könnte auf Annahme rechnen, wenn nicht einstimmig, so doch mit gewaltiger Majorität.
Aber dennoch wollen Sie vorerst den Reichstag ausschalten, um Ihre Revolution fortzusetzen. Zerstörung von Bestehendem ist aber noch keine Revolution. Das Volk erwartet positive Leistungen ... Wir Sozialdemokraten wissen, daß man machtpolitische Tatsachen durch bloße Rechtsverwahrungen nicht beseitigen kann. Wir sehen die machtpolitische Tatsache Ihrer augenblicklichen Herrschaft. Aber auch das Rechtsbewußtsein des Volkes ist eine politische Macht, und wir werden nicht aufhören, an dieses Rechtsbewußtsein zu appellieren.
Die Verfassung von Weimar ist keine sozialistische Verfassung. Aber wir stehen zu den

Grundsätzen des Rechtsstaates, der Gleichberechtigung, des sozialen Rechts, die in ihr festgelegt sind. Wir deutschen Sozialdemokraten bekennen uns in dieser geschichtlichen Stunde feierlich zu den Grundsätzen der Menschlichkeit und der Gerechtigkeit, der Freiheit und des Sozialismus. Kein Ermächtigungsgesetz gibt Ihnen die Macht, Ideen, die ewig und unzerstörbar sind, zu vernichten. Das Sozialistengesetz hat die Sozialdemokratie nicht vernichtet. Auch aus neuen Verfolgungen kann die deutsche Sozialdemokratie neue Kraft schöpfen.
Wir grüßen die Verfolgten und Bedrängten. Wir grüßen unsere Freunde im Reich. Ihre Standhaftigkeit und Treue verdienen Bewunderung. Ihr Bekennermut, Ihre ungebrochene Zuversicht verbürgen eine hellere Zukunft.

Zit. nach Hans J. L. Adolph: Otto Wels und die Politik der deutschen Sozialdemokratie 1894–1939, Berlin 1971, S. 262ff.

3. Das psychologische Instrumentarium

a) Eine zeitgenössische Stimme zum Tag von Potsdam

(Tagebuchaufzeichnung vom 21. 3. 1933)

Der „Tag von Potsdam"! Ein Flaggenmeer in allen Straßen [in Leipzig]. Auch wir konnten uns nicht ausschließen. Ich hole also die alte schwarz-weiß-rote Fahne aus dem Weltkrieg vom Boden herunter und hisse sie. Die schwarz-rot-goldene, das gute, geschändete, verratene und niemals genug geschätzte Stück wandert dafür auf den Boden . . .
Am Vormittag Übertragung der Feiern in Potsdam über den Rundfunk. Alles geschickt, eindrucksvoll, ja hinreißend, jedenfalls für die Massen. Aber auch wir können und dürfen die Augen nicht verschließen vor dem, was hier geschieht. Heute und hier gelang die Vermählung, wenn nicht für ewig, so doch auf Zeit, zwischen den von Hitler geführten Massen und dem „Geist von Potsdam", dem Preußentum, repräsentiert durch Hindenburg. Welch großartige Inszenierung durch den Meisterregisseur Goebbels! Die Fahrt Hindenburgs, der Regierung und der Abgeordneten geht von Berlin bis Potsdam durch ein einziges geschlossenes Spalier jubelnder Millionen. Ganz Berlin scheint auf der Straße zu sein. Regierung und Abgeordnete gehen von der Nikolai- zur Garnisonkirche zu Fuß. Glockenläuten und Kanonenschießen. Hindenburg betritt mit Hitler zusammen die Garnisonkirche. Der Rundfunksprecher weint fast vor Rührung.
Dann verliest Hindenburg seine Botschaft. Einfach, stark, aus schlichtem Herzen kommend und deshalb wohl zu schlichten Herzen sprechend. Allein die Tatsache, daß ein Mann dasteht, der Generationen deutscher Geschichte vereinigt, der 66 mitkämpfte, 71 bei der Kaiserkrönung in Versailles dabei war, 14 bis 18 zum Nationalhelden emporwuchs, dem keine verlorene Schlacht und kein verlorener Weltkrieg bei unserem merkwürdigen Volk etwas an Popularität nehmen konnten, den im Gegenteil erst die Niederlage zu mythischer Verklärung erhob, der dann als Greis noch einmal und schließlich ein zweites Mal die Führung des Reiches übernahm, nicht aus Eitelkeit oder Machtsucht, sondern zweifellos aus preußischem Pflichtgefühl – er vollzieht nun, kurz vor dem Grab, die Vermählung seiner Welt mit der neu aufgestiegenen, die der österreichische Gefreite Hitler repräsentiert.
Dann spricht Hitler. Es ist nicht zu leugnen: er ist gewachsen. Aus dem Demagogen und Parteiführer, dem Fanatiker und Hetzer scheint sich – für seine Gegner überraschend genug – der wirkliche Staatsmann zu entwickeln. Also doch ein Genie, in dessen rätselhafter Seele

ungeahnte und unerhörte Möglichkeiten liegen? Die Regierungserklärung zeichnet sich durch auffallende Mäßigkeit aus. Kein Wort des Hasses auf die Gegner, kein Wort von Rassenideologie, keine Drohung nach innen oder außen. Nur was sie wollen, davon spricht Hitler. Erhaltung der großen Tradition unseres Volkes, Festigkeit der Regierung statt ewigen Schwankens, Berücksichtigung aller Erfahrungen im Einzel- und Gemeinschaftsleben, die sich in Jahrtausenden als nützlich für die Wohlfahrt der Menschen erwiesen haben.

Hindenburg legt an den Gräbern der preußischen Könige Kränze nieder. Der greise Feldmarschall reicht seinem Gefreiten aus dem Weltkrieg die Hand. Der Gefreite neigt sich tief über die Hand des Feldmarschalls. Kanonen donnern über Potsdam – über Deutschland.

Niemand kann sich der Erschütterung entziehen. Auch Vater ist tief beeindruckt. Mutter stehen die Tränen in den Augen. Ich gehe schweigend aus dem Zimmer, aus dem Haus, hinaus in den Wald. Ich muß allein sein.

Am Abend eine stille Stunde mit M. Er ist völlig unberührt von den Geschehnissen des Tages, wie wenn ihn eine dichte Schutzhaut umgäbe. Er hält alles nur für abgekartetes Theater, wird keinen Augenblick schwankend in seiner instinktiven Abneigung. „Ihr werdet's schon noch erleben!" sagt der Einundzwanzigjährige. Ich schweige beschämt und zerrissen.

Zit. nach Schönbrunn, a. a. O., S. 281 f.

b) Das System psychologischer Überwältigung

Man soll den Anteil brachialer Mittel im Verlauf des Machtergreifungsprozesses, der unmittelbar nach dem 30. Januar einsetzte, nicht überschätzen. Die bald zum rhetorischen Grundvokabular zählende Formel von der „unblutigsten Revolution der Weltgeschichte" enthält einen zutreffenden Kern. Tatsächlich war es eines der Hauptmerkmale dieser Revolution neuen Typs, daß sie die Akte der Gewaltanwendung weitgehend ins Innere verlegte. Mord und blutige Ausschreitungen waren zwar ein als unentbehrlich betrachtetes, im Grunde aber eher hilfsweise eingesetztes Demonstrationsmittel. Die entscheidenden Wirkungen gingen von einem ausgeklügelten System psychologischer Überwältigung aus, das in der Erscheinung der „Nationalen Erhebung" seine suggestiv-verführerischen, in der Erscheinung der „legalen Revolution" seine jede oppositionelle Haltung lähmenden Wirkungen entfaltete und den Einsatz terroristischer Mittel nicht nur einschränkte, sondern auch ideologisch absicherte. Die sofort rigoros in Anspruch genommene Verfügungsmacht über die publizistischen Massenmedien schuf die technischen Vorbedingungen für die Durchsetzung eines Denk- und Gefühlsschemas, nach dem die Nation nun einheitlich erfaßt und ausgerichtet wurde. In seinem Mittelpunkt stand, unendlich und bisweilen grotesk variiert, das Motiv der Führergestalt. Aus dem ständig anschwellenden Lärm einer mit allem staatlichen Nachdruck betriebenen Propaganda, die Hitler als „Volkskanzler", „nationaler Befreier", „Erneuerer des deutschen Blutes" und mit nie abreißender Erfindungsgabe vom Größten aller Deutschen bis hin zum Kinderfreund feierte, erhob er sich alsbald zu annähernd mythischer Größe, und vor den Tribünen, die er betrat, stieg süchtiger denn je der manipulierte Brunstschrei der Massen hoch. In der Tat hatte er, der „Großmagier Hitler", weit stärker als irgendein Ereignis, irgendeine Person oder Personengruppe seines Gefolges daran Anteil, daß der Jubel sich so überwältigend steigerte und alsbald die Schreie übertönte, die aus den „Heldenkellern" der SA-Stabswachen nach oben drangen. Der Vereinigung von taktischem Geschick und massensicherem Instinkt in seiner Person war es zuzuschreiben, daß die NSDAP innerhalb eines Jahres nicht nur nahezu vollständig die Macht, sondern auch die Mehrheit des deutschen Volkes eroberte und in einen Erregungszustand versetzte, der aus Selbsttäuschung, Idealismus, Furcht, Opferbereitschaft und Gläubigkeit seltsam gemischt war und als „Wunder deutscher Volkswerdung" überschwenglich gefeiert wurde.

Aus: Joachim C. Fest, Das Gesicht des Dritten Reiches, a. a. O., S. 64 f.

c) Die Erfüllung des Reiches

(Aus einer Rede des Althistorikers Helmut Berve, Anfang 1934)

Wer könnte heute leugnen, daß es allein die nationalsozialistische Bewegung Adolf Hitlers gewesen ist, die sich ein Jahrzehnt hindurch unermüdlich abgequält hat, den deutschen Menschen wachzurütteln, die verschütteten Kräfte freizulegen. Es war ein bitterhartes Werk, das nur gelingen konnte, wenn der Blick unverrückt aufs Ganze gerichtet blieb und sich durch nichts von diesem Ziel des Ganzen abbringen ließ. Es handelt sich ja nicht um die Ersetzung einer politischen Form durch eine andere und bessere, sondern um eine Erfassung und Umwendung des gesamten Lebens mit der Macht eines starken und unbedingten Glaubens. Dieser Glaube an Deutschland, den eben seine Unbedingtheit, Unerbittlichkeit und der Opfermut, den er erweckt, als einen wirklichen Glauben erweist, ist es, der uns den Umbruch des Jahres 1933 gebracht hat; er ist es auch, in dem alle Zukunft beschlossen liegt. Nicht nur weil er Berge versetzt, sondern weil er dem Leben erst wieder einen Sinn gibt, um dessentwillen es sich zu leben lohnt. Wer den Glauben hat, oder ihn, den verlorengegangenen, aufrichtig, ich betone aufrichtig, wiederfindet, hat teil an der Größe der Gegenwart und wird teil an Deutschlands Zukunft haben. Denn der Glaube, nicht geschickte Politik, noch praktische Berechnung, noch wissenschaftliche Schlüsse bauen im Innern das Reich, das kommen soll – jenes Reich, das nicht mehr bloß ein politisches Zelt über unsern Häuptern sein wird, sondern der Raum, der Geist, die Luft, in der wir atmen. Fürwahr, eine heilige Sache und ein heiliges Werk. Man soll es daher nicht leichthin Profanierung religiöser Worte schelten, wenn begeisterte Menschen in ihrem Glauben an das Deutsche Reich der Zukunft, der ihnen oft ein ehrlicherer Glaube ist als das konfessionelle Bekenntnis, in Worten reden, mit denen die Bibel vom Reiche Gottes spricht; man sollte vielmehr empfinden, daß hier aus der Tiefe deutscher Herzen religiöse Kräfte hervorbrechen, die handelnd und leidend mit ihrer Inbrunst die Wende der Zeiten heraufführen. Aber dieser starke Glaube verliert sich nicht in fernen Zonen oder jenseitigen Welten, er ist real und diesseitig, so hart, so sachlich, so unromantisch, wie das Leben im 20. Jahrhundert nun einmal ist und eben darum echt. Er läuft nicht Gefahr, von Sehnsüchten fortgetragen, die Erde unter den Füßen zu verlieren, er bleibt sehr handfest in seinem Kampf wie in seinem Ziel. Marschieren ist die sinnfällige Form seines Bekenntnisses, durch eine Propaganda von ungehörter Gewalt überträgt er sich auf die Massen, und alles, was den modernen Menschen bewegt an sportlicher Begeisterung, an technischem Sinn, an Willen zur Jugend, Naturfreude und Lebensbejahung hat in ihm Raum; es schwingt in ihm mit, hin zu einem großen Ziel. Dieses Ziel aber ist der neue Staat, dem mit eiserner Konsequenz, Schritt für Schritt, auf allen Gebieten entgegenmarschiert wird. Ist er doch die einzige Form, die in unseren Tagen überhaupt das auseinandergeborste-

ne Leben zusammenfassen, eine übergreifende Bedeutung beanspruchen kann; ein Blick auf die letzte Entwicklung Europas lehrt es. Aber nur der Staat vermag es jetzt und für die Dauer, in dem die Masse des Volkes ihre Gestalt gewinnt, nicht die dumpfe, seelenlose, mißgünstige Masse, die vier Jahre in Schützengraben und Trommelfeuer stand, das Volk der 65 Millionen, das in der nationalsozialistischen Bewegung sich selbst erlöste und jetzt zu seinen Werten und Kräften zurückzufinden beginnt.
Dieses Wiederverstehen des deutschen Volkes, das große Erlebnis des letzten Jahres, das am beglückendsten in der Abstimmung des 12. November [1933] sichtbar wurde, ist für das neue Reich noch bedeutsamer als das, was man im allgemeinen Reichsreform nennt, d. h. die nunmehr durchgeführte Beseitigung der gewiß beseitigungswerten Reste eingefleischter Kleinstaaterei. Daß wirklich jetzt Volk wird und standhält, das ist eine Reform des Reiches in viel tieferem und besserem Sinn! Denn dann wird der unselige Spalt, an dem schon die Wilhelminische Zeit krankte, endlich geschlossen, die eigenmächtig gewordenen Lebensgebiete, Klassen, Wirtschaft, Geist werden wieder eingefangen und in einen Staat gebunden, der seiner Natur nach total ist, mit anderen Worten: Gelingt es durch ständischen Aufbau, oder wie immer sonst, die arbeitenden Massen der Verproletarisierung zu entreißen, seelisch vor allem, nicht nur materiell, und sie in Volk und Staat zurückzuführen, gelingt es, die Selbstherrlichkeit und Anmaßung des wirtschaftlichen Sinnes zu brechen und seine Energien für Volk und Staat nutzbar zu machen; gelingt es endlich – und dies dürfte das Schwerste sein – den freien Geist, der trotz seiner schweren inneren Not, die ihn bescheiden machen sollte, an seiner Gottähnlichkeit noch zu wenig bange geworden ist, der unfruchtbaren Auflösung zu entreißen und ihn auszurichten nach einem Ziel, gelingt dies drei, so erfüllt sich das Reich, erfüllt sich im wahrsten Sinne des Wortes! Jener Hohlraum unter der Schale der staatlichen Form, jener Zwiespalt zwischen Staat und Leben schließt sich dann. Großes ist nach dieser Richtung bereits in kurzer Zeit geschehen, gerade in der letzten Zeit, aber der Führer hat es wieder und wieder ausgesprochen: gelingen kann sie nur, wenn alle mit ganzer Kraft und heißem Herzen dabei sind – die Erfüllung des Reiches!

Aus: Helmut Berve, Die Erfüllung des Reiches, in: Wille und Macht – Führerorgan der NS-Jugend 2 (1934), H. 5/6, S. 8f.

4. Der Prozeß der Gleichschaltung

Gestützt auf den problematischen „Artikel 48" der Weimarer Verfassung, der zehn Jahre zuvor der Rettung von Demokratie und Republik gedient hatte, erging schon am 4. Februar die Verordnung des Reichspräsidenten „zum Schutze des deutschen Volkes", die unter diesem zynischen Titel die Möglichkeit bot, Zeitungen, Zeitschriften und Versammlungen zu verbieten, also bereits tief in die verfassungsmäßig garantierte Meinungsfreiheit eingriff. Wenige Wochen später folgte der tödliche Schlag. Unter Berufung auf die einen Tag vorher vom Reichstagsbrand angeblich bewiesene Putschabsicht der Kommunisten und gestützt auf den nämlichen „Artikel 48", erließ der Reichspräsident von Hindenburg „zur Abwehr kommunistischer staatsgefährdender Gewaltakte" die „Verordnung zum Schutz von Volk und Staat". Sie hob sämtliche in der Weimarer Verfassung garantierten Grundrechte ohne jede zeitliche Befristung auf und versetzte Deutschland in einen permanenten Ausnahmezustand, „unter dem jede Rechtssicherheit suspendiert war, soweit es die Zwecke der Führung erforderten" (Hans Buchheim). Mit diesem „Grundgesetz" des Dritten Reiches, das bis zur

Kapitulation in Kraft blieb, war der entscheidende Akt der Machtbefestigung vollzogen. Der Verfassung war nun, ohne daß sie förmlich aufgehoben gewesen wäre, eine ihrer wichtigsten Funktionen, ja ihr eigentlicher Sinn genommen: nämlich der Schutz des Individuums vor staatlichen Übergriffen und die Sicherung der normalen politischen Auseinandersetzung nach demokratischen Spielregeln. Jeder Mensch und jede politische Gruppe, die der Regierung nicht genehm waren, konnten jetzt mundtot gemacht und sogar eingesperrt werden, ohne daß dagegen Einspruch möglich war. Man wird sagen dürfen, daß mit dieser Verordnung zunächst die Verfassung gleichgeschaltet wurde, wenn man den Begriff einmal etwas unorthodox anwenden will. Gleichzeitig eröffnete die Verordnung vom 28. Februar die Möglichkeit, auch die nächste Bastion rechtsstaatlicher Ordnung beziehungsweise autonomer politischer Macht gleichzuschalten: die *Länder*. „Artikel 2" bestimmte nämlich, daß die Reichsregierung die polizeilichen Befugnisse derjenigen Länder übernehmen könne, in denen die nach Ansicht der Reichsregierung notwendigen Maßnahmen zur Wiederherstellung der öffentlichen Sicherheit und Ordnung nicht getroffen wurden. Ein nationalsozialistischer Autor drückte das etwas drastischer aus: die Verordnung habe die Grundlage gegeben, „gegen die Opposition partikularistischer Länderregierungen vorzugehen" (Gerd Rühle). Mit anderen Worten, sie erlaubte Hitler, auch diejenigen Länderregierungen unter nationalsozialistischen Einfluß zu bringen, die sich noch aus Vertretern demokratischer Parteien zusammensetzten. Der zweite Schritt, der diese am 28. Februar eingeleitete Entwicklung weitertreiben sollte, war aber nicht mehr mit einer juristischen Begründung versehen und nicht mehr in gesetzliche Form gekleidet. In den Tagen nach der Wahl des 5. März nahmen die Nationalsozialisten nämlich ihre Stimmengewinne zum Anlaß, in den Ländern und Kommunen die Regierungs- und Verwaltungsgebäude gewaltsam zu besetzen und den Regierungen und Stadtverwaltungen nationalsozialistische Kommissare zu oktroyieren. Ohne Zweifel handelte es sich hier um verfassungswidrige Vorgänge, um Aktionen, die eindeutig als Staatsstreich definiert werden müssen; woraus man sieht, daß sich die Methoden der „Gleichschaltung" nicht auf gesetzesförmige Akte beschränkten, sondern durchaus revolutionären Charakter annehmen konnten. Allerdings folgte dann die nachträgliche Scheinlegalisierung auf dem Fuße. Nachdem der dezimierte, eingeschüchterte und getäuschte Reichstag am 23. März das Ermächtigungsgesetz angenommen hatte, war der Reichsregierung die Möglichkeit gegeben, am 31. März das „Vorläufige Gesetz zur Gleichschaltung der Länder" zu erlassen – hier taucht übrigens der Begriff *Gleichschaltung* erstmals im offiziellen Sprachgebrauch auf. Das Gesetz verfügte die Umbildung der Länderparlamente entsprechend den neuen Stärkeverhältnissen im Reichstag und bestimmte zugleich, daß die von den Landesregierungen beschlossenen Gesetze nicht den Verfassungen der Länder zu entsprechen brauchten. Hitler hatte am 23. März im Reichstag gesagt, er wolle zwar die Länder nicht beseitigen, jedoch hinzugefügt: „Wohl aber wird die Reichsregierung diejenigen Maßnahmen treffen, die von nun ab und für immer eine Gleichmäßigkeit der politischen Intention in Reich und Ländern gewährleisten."

Jetzt war diese „Gleichmäßigkeit der Intention" in der Tat erreicht. Die parlamentarische Mehrheit der „nationalen Regierung" aus NSDAP und Deutschnationaler Partei im Reichstag war kurzerhand auf die Länder übertragen, das Ermächtigungsgesetz durch eine Hintertür in die Landespolitik eingeschmuggelt worden. Eine Woche später, am 7. April, wurden die in den Ländern tätigen Reichskommissare durch das „zweite Gesetz zur Gleichschaltung der Länder mit dem Reich" als Reichsstatthalter institutionalisiert. Das Amt übernahmen in

fast allen Fällen Gauleiter, die nun das gesetzlich verankerte Recht besaßen, in den Ländern für „die Beachtung der vom Reichskanzler aufgestellten Richtlinien der Politik zu sorgen" und außerdem die Regierungsmitglieder zu ernennen und zu entlassen.
Im Laufe eines Vierteljahres waren die Länder zwar nicht verschwunden, aber jeder Eigenständigkeit beraubt worden. Ihre obersten Behörden fungierten nur mehr als Übermittlungszentralen des Führerwillens. Im Ergebnis ein geradezu typisches Beispiel der „Gleichschaltung". Aber auch das Verfahren darf als typisch gelten. Beginnend mit der teils gesetzlich begründeten, teils revolutionär erzwungenen Einsetzung von Kommissaren, die zunächst den Einfluß der Zentrale sicherten und den Boden für weitere Schritte vorbereiteten, führte der Weg über den legalistisch verbrämten, doch eindeutig verfassungswidrigen Oktroi einer nationalsozialistischen Mehrheit in der gesetzgebenden Körperschaft bis zur ebenso juristisch verkleideten, aber unrechtmäßigen Aufnötigung einer rein nationalsozialistischen Spitzenbehörde, die den Einfluß der Kommissare in handfeste Macht verwandelte. Ein kaum mehr bemerkter gesetzgeberischer Akt vollendete dann das Wechselspiel von terroristischem und pseudolegalem Vorgehen.

Aus: Helmut Krausnick, Stationen der Gleichschaltung. In: Der Weg in die Diktatur 1918–1933, München 1963, S. 183ff.

5. Die Reichswehr und die Gleichschaltung

Nur die *Armee* stand noch außerhalb des jetzt geschlossenen Kreises. Das Führerkorps der SA, der Stabschef Röhm an der Spitze, hatte zwar mehr und mehr auf Gleichschaltung der Reichswehr mit der nationalsozialistischen Bewegung, das heißt mit der SA, gedrungen. In manchen Stunden träumte Röhm wohl schon vom Aufgehen der Armee in der SA. Hitler selbst dachte realistischer. Er wußte, daß er den Sachverstand der Offiziere für die Aufrüstung, für seine außenpolitischen und militärischen Pläne brauchte, und er erkannte andererseits, daß das Selbstgefühl der Reichswehr, ihr im ganzen noch vorhandener Wille zur Bewahrung der Eigenständigkeit im Sinne traditioneller unpolitischer Haltung eine „Gleichschaltung" nicht geduldet hätten. Zurückhaltung fiel Hitler hier auch insofern leichter, als er darauf bauen durfte, daß ihm jene Erziehung der Reichswehr zu politischer Abstinenz erlauben würde, seine Pläne ungestört von der Armee zu verfolgen. Daß mit Blomberg ein Mann Kriegsminister geworden war, der die nationalsozialistische Bewegung ausgesprochen positiv bewertete und bald zu einem enthusiastischen Verehrer des „Führers" wurde, war ein zusätzlicher Glücksfall für Hitler. So sah die Reichswehr nicht nur „Gewehr bei Fuß" zu, wie alle übrigen Bereiche des öffentlichen Lebens gleichgeschaltet wurden, Blomberg erklärte sogar in einer Befehlshaberbesprechung, es werde ein „Glück sein, wenn die nationalsozialistische Bewegung bald zu der von ihr erstrebten Totalität" komme, was immer er darunter verstehen mochte. Als die Spannungen zwischen SA und Reichswehr einen Grad erreicht hatten, der Hitler zur Option zwang, da entschied er sich am 30. Juni 1934 in drastischer Weise gegen die ihm ohnehin längst unbequem gewordene SA. Da er ihr offenbar die „Gleichschaltung" erspart hatte, hatte er die Reichswehr jetzt vollends neutralisiert. Zwar leitete er kurz darauf, bei Hindenburgs Tod, die Gleichschaltung insofern ein, als er die Armee auf sich persönlich vereidigen ließ. Aber er machte von den damit gegebenen Möglichkeiten gewissermaßen noch keinen Gebrauch. Erst als sich zeigte, daß eine an der Spitze nicht ausreichend gleichgeschaltete Armee, wie in der Weimarer Zeit der Verfestigung des demokratischen Gedankens, so jetzt der Ausbreitung des Nationalsozialismus im Wege war, erst als Hitlers außenpolitische Pläne konkrete Gestalt annahmen und er vor allem auch ein williges Heer brauchte, machte er den nächsten Zug.

Aus: Helmut Krausnick, a. a. O., S. 191f.

6. Zur Kapitulation der deutschen Gewerkschaftsbewegung

Die organisierte Arbeiterschaft vertraute nach wie vor ihrer Führung, aber das Signal zum Kampf wurde nicht gegeben. Der „revolutionäre Block, an dem die Reaktion zerschellen sollte“, existierte nur in phrasenhaften Parolen, denen sich selbst der jeder Aktion der Massen abholde Bundesvorsitzende Leipart bediente, wenn er in einem Vortrag vor Gewerkschaftsmitgliedern am 21. 2. 1933 ausführte: „Es zwingt mich die Verantwortung vor der Zukunft zu sagen, daß dieser angedrohte Kampf, wenn er mit Gewaltmaßnahmen eingeleitet wird, nicht ohne allerschwersten Schaden vom deutschen Volk wird ertragen werden können. Es würde bei dem Freiheitswillen und der Entschlossenheit der deutschen Arbeiterschaft ein Kampf auf Tod und Leben werden, dessen furchtbare Folgen die jetzigen Machthaber im voraus abschrecken müßten.“ Aber die SPD- und Gewerkschaftsführung hatten bereits erkannt, daß sie zu dieser Zeit nicht mehr stark genug waren und daß ihre einzige Waffe, der Generalstreik, wertlos geworden war, da sich alle Machtmittel, die einem Staate zur Verfügung stehen, gegen sie richteten. Daß sie dennoch nicht die Konsequenzen zogen, sondern weiterhin die Erwartungen ihrer Mitglieder anspannten und sie mit Hoffnung und Zuversicht auf die längst brüchig gewordene Eiserne Front blicken ließen, bleibt ihre nicht wegzuleugnende Schuld. Denn als nach der Annahme des Ermächtigungsgesetzes die Gegenaktionen ausblieben und nun sogar der Masse der bisher unkritischen Mitglieder die innere Hohlheit der Kampfparolen offenbar wurde, mußte die Enttäuschung über die eigene Führung um so größer sein und die letzte Widerstandskraft lähmen. Die kampflose Hinnahme des Verbotes der Eisernen Front und des Reichsbanners am 7. März 1933 war der Anfang vom Ende, das zu vermeiden nunmehr ausgeschlossen war, dem jedoch durch eine schmerzhafte, aber ehrenvolle Selbstaufgabe noch zuvorgekommen werden konnte. Nichts dergleichen geschah ...

Am 21. März erklärte Leipart für den ADGB in einem Schreiben an Hitler: „Die Gewerkschaften beanspruchen nicht, auf die Politik des Staates unmittelbar einzuwirken. Ihre Aufgabe in dieser Hinsicht kann nur sein, die berechtigten Wünsche der Arbeiterschaft in bezug auf sozial- und wirtschaftspolitische Maßnahmen der Regierung und Gesetzgebung zuzuleiten, sowie der Regierung und dem Parlament mit ihren Kenntnissen und Erfahrungen auf diesen Gebieten dienlich zu sein.“ Um die Echtheit der gewerkschaftlichen Kapitulation vor den neuen Machthabern noch zu unterstreichen, übersandte Leipart am 29. März ein zweites Schreiben an Hitler, in dem er die restlose Lösung von der SPD, die Kompromißbereitschaft der freien Gewerkschaften und die Zusammenarbeit mit den Unternehmern zwecks Lösung sozialer Fragen als Morgengaben präsentierte. Alles war darauf angelegt, den Weiterbestand der Organisationen zu sichern. Es war der verzweifelte Versuch, „durch politischen Selbstmord den organisatorischen Tod zu verhindern“ (Kuczynski).

Aus: Hans-Gerd Schumann, Nationalsozialismus und Gewerkschaftsbewegung. Hannover 1958, S. 56f.

7. Der Legalitätskurs der SPD

Den Untergang der KPD hat auch der betonte Legalitätskurs der SPD nur um wenige Monate überdauert. Ihr Bekenntnis zur Opposition, beispielhaft demonstriert in der mutigen Reichstagsrede von Otto Wels zum Ermächtigungsgesetz, beruhte eher auf der Erinnerung an die Bewährung vor dem Sozialistengesetz (1878) als auf der Einsicht in den wahren Charakter des neuen Regimes, das mehr war als ein Diktaturintermezzo. Durchhalten, Rettung der Organisation durch Lavieren, Vertrauen auf den geschichtsnotwendigen Zusammenbruch des Faschismus – das waren die Parolen, nicht Aufruf zum offenen Kampf gegen eine vermeintlich kurzlebige Massenbewegung. Gelähmt durch den legalistischen Attentismus, geschwächt durch Verfolgung, Flucht und Zerfall der Organisation, verlor die größte demokratische Partei zunehmend die Verbindung von Führung und Anhängerschaft. Dem Ende der Gewerkschaften und Konflikten mit der Emigrationsführung wie mit sozialistischen Widerstandsgruppen folgte schließlich ein letzter Versuch der taktischen Anpassung: die Zustimmung zu Hitlers außenpolitischer Friedenserklärung in der Reichstagssitzung am 17. Mai 1933. Es war eine letzte Illusion des Legalitätskurses, mit dem eine allzusehr auf die Organisationstradition fixierte SPD-Führung die Substanz behaupten zu können glaubte, noch als auf Initiative Görings mit den Parteihäusern und Zeitungen zugleich das gesamte Vermögen der Partei und des Reichsbanners beschlagnahmt wurden (10. Mai 1933). Hitler ist es dergestalt gelungen, vor der Welt die „Legalität" seiner Herrschaft auch parlamentarisch zu demonstrieren. Auf die Hälfte dezimiert, folgte die SPD-Fraktion sowohl äußerem Druck wie der Rücksicht auf die Verhafteten, als sie der von NSDAP, DNVP, aber auch Zentrum und BVP eingebrachten Entschließung vom 17. Mai zustimmte. Gleichwohl wurde die Rest-SPD für die gesteigerte Aktivität der SPD-Emigration verantwortlich gemacht. Neuem Terror folgten am 22. Juni die letzten Schläge: Verbot der SPD als einer „volks- und staatsfeindlichen Partei", Aufhebung aller Mandate, weitere Verhaftungen, gnadenlose Verfolgung aller oppositionellen Aktivität.

Aus: Karl Dietrich Bracher, Die deutsche Diktatur, a. a. O., S. 242

8. Die Errichtung des Einparteienstaates

Der Reichstag war nicht einmal mehr die Scheininstitution, die das Ermächtigungsgesetz übriggelassen (und garantiert) hatte; er wurde (durch das Parteiengesetz vom 14. Juli) nach einem treffenden Witz zum teuersten Gesangverein des Reiches, der nur noch Festakte der Akklamation zu zelebrieren, Führerreden anzuhören und das Ermächtigungsgesetz zu verlängern hatte (1937 und 1939), solange dies Hitler nicht kurzerhand selbst tat (1943). Nationalsozialistische „Verfassungsrechtler" wie Ernst Rudolf Huber konnten in der Folge bündig feststellen, der Reichstag sei „weder Träger der Gesetzgebungsgewalt noch Kontrollorgan der Regierung ... Es wäre unmöglich, daß im Reichstag ein Gesetz eingebracht und beschlossen würde, das nicht entweder vom Führer selbst ausgeht oder von ihm nicht wenigstens vorher gebilligt worden ist." Kurz: Der Reichstag „ist eine Einrichtung, die dazu dient, die politische Übereinstimmung von Volk und Regierung zum Ausdruck zu bringen". Er soll genau wie die Volksabstimmung „die Einheit von Führer und Volk dokumentieren". Wahlen kam künftig, wie in allen modernen Diktaturen, nur noch die Bestimmung zu, präformierte Einheitslisten zu bestätigen oder zu autoritär getroffenen Entscheidungen den nachträglichen Applaus zu liefern.

Auf plebiszitäre Selbstbestätigung als Fassade hat das NS-Regime auch in der Folge nicht verzichtet, obwohl Hitler in *Mein Kampf* dem Wahlprinzip scharf das Führerprinzip entgegengesetzt hatte. Ein besonderes Gesetz über Volksabstimmung setzte, und zwar ebenfalls am 14. Juli 1933, an die Stelle parlamentarischer Beschlußfassung das zur Legitimierung von Diktaturen so beliebte und wirkungsvolle akklamatorische Plebiszit. Von 1933 bis 1938 sind fünf solcher „Volksabstimmungen" mit vorhersehbarem Ergebnis inszeniert worden. Ihre nützliche Funktion, nämlich regimekonforme Mobilisierung der Bevölkerung und Selbstbestätigung der formierten Einheit, machte auch Görings Versicherung vor den zu Geldspenden animierten Wirtschaftsführern vergessen, die Wahl vom 5. März 1933 werde „die letzte sicherlich innerhalb zehn Jahren, voraussichtlich aber in hundert Jahren" sein. Nein, es gab weiterhin reiche Gelegenheit zu Wahlspenden, wenn auch nur für die eine Partei.

Die Auswirkungen des scheingesetzlichen Einparteiendekrets vom 14. Juli 1933, dem auch Papen und seine konservativen Kollegen widerspruchslos zustimmten, waren unabsehbar. Es beruhte auf einer Durchbrechung des selbst kaum pseudolegalen Ermächtigungsgesetzes, auf das sich die Gesetzgebungsdiktatur Hitlers stützte. Auch formaljuristisch muß das Regime der zwölf Jahre daher als Unrechtsstaat gelten. Aber nun hätte Hitler unabhängig vom Ermächtigungsgesetz sein Einparteienparlament beliebig zur Zweidrittelmehrheit kommandieren können, wenn er die Überschreitung der in Verfassung und Ermächtigungsgesetz noch gezogenen Grenzen legalisieren wollte. Eine offene, legale Opposition gegen die NS-Herrschaft konnte es nun nicht mehr geben. Grenzenlos waren hingegen die Möglichkeiten, jede Willkür zu „legalisieren", sofern man dies weiterhin zur Beruhigung und Täuschung der Bürokratie und Justiz, des Bürgertums und Militärs, der Wirtschaft und des Auslands für nötig hielt. Der perfekte Legalisierungsmechanismus machte auch die Bindung an eine neue Verfassung überflüssig, die Hitler einst versprochen hatte.

Viel bequemer ließ sich mit Gesetzen, Befehlen, Verordnungen aus eigener Vollmacht operieren, wobei die Weimarer Verfassung zwar vielfach verletzt und zertrümmert, aber nie formell beseitigt wurde. So gewiß dies nur „formaljuristische Legalitätsverkleidung" (A. Brecht) tatsächlich vollzogener Machtakte war, so sehr hat es geholfen, eine eben formaljuristisch orientierte Beamtenschaft und Justiz zu täuschen und zu beruhigen. Noch heute stehen apologetische Betrachtungen und NS-Prozesse im Schatten jener Legalitätsfiktionen, mit denen das Dritte Reich „staatstreue" Juristen und Fachleute, Beamte und Militärs an die Gewaltherrschaft zu binden vermochte: von der dienstlichen Einführung des Hitler-Grußes bis zur Legalisierung der Terror- und Mordbefehle, die man befolgte oder doch respektierte.

Zu den staatsrechtlichen Folgen der Pseudogesetze vom 14. Juli 1933 gehört besonders ein weiterer, entscheidender Eingriff in die bundesstaatliche Verfassungsstruktur des Reiches. Mochte man die Schaffung des Einparteienparlaments formaljuristisch noch als bloße Umgestaltung des Reichstags bagatellisieren – ein halbes Jahr später kam es zum gleichzeitigen Bruch von Verfassung und Ermächtigungsgesetz. Zum Jahrestag der „nationalen Erhebung", am 30. Januar 1934, wurde unter dem Vorwand einer „Reichsreform" (zu der es entgegen allen Ankündigungen nie gekommen ist) die ausdrücklich garantierte Institution des Reichsrats beseitigt, indem der nun dauerhaft einstimmige Reichstag die Hoheitsrechte der Länder aufhob. Bei gleicher Gelegenheit wurde die Regierung gar ermächtigt, jederzeit neues Verfassungsrecht zu erlassen; auf dieser Basis wurde ein halbes Jahr später schließlich

das Amt des Reichspräsidenten beseitigt. Damit war eine letzte Schranke, die das Ermächtigungsgesetz gelassen hatte, gefallen.
Die Führerdiktatur Hitlers gründete sich mithin wesentlich auf das Parteiengesetz vom 14. Juli 1933. Sie beseitigte in Konsequenz des Einparteienstaates ein Jahr später, zwischen dem 30. Juni und dem 19. August 1934, auch die formal noch bestehende Doppelspitze des Staates. Während im faschistischen Italien die Monarchie neben dem Einparteienregime des Duce bestehen blieb – mit der 1943 realisierten Möglichkeit einer Entlassung Mussolinis –, wurde in Berlin das totalitäre Prinzip einer einheitlichen, omnipotenten Führungsspitze verwirklicht. Auch deshalb hat das NS-Regime trotz der oft chaotischen Struktur- und Zuständigkeitsverhältnisse, die statt vielgepriesener Ordnung zwangshafte Reglementierung und allgemeine Willkür brachten, bis zur totalen Niederlage durchgehalten.

Aus: Karl Dietrich Bracher, a. a. O., S. 247ff.

9. Hitler zum Problem der NS-Revolution

(Rede auf dem Reichsparteitag in Nürnberg am 1. 9. 1933)

Am 30. Januar 1933 wurde die nationalsozialistische Partei mit der politischen Führung des Reiches betraut. Ende März war die nationalsozialistische Revolution äußerlich abgeschlossen. Abgeschlossen, insoweit es die restlose Übernahme der politischen Macht betrifft. Allein, nur der, dem das Wesen dieses gewaltigen Ringens innerlich unverständlich blieb, kann glauben, daß damit der Kampf der Weltanschauungen seine Beendigung gefunden hat. Dies wäre dann der Fall, wenn die nationalsozialistische Bewegung nichts anderes wollte als die sonstigen landesüblichen Parteien. Diese pflegen allerdings am Tage der Übernahme der politischen Führung den Zenit ihres Wollens und damit auch ihrer Existenz erreicht zu haben. Weltanschauungen aber sehen in der Erreichung der politischen Macht nur die Voraussetzung für den Beginn der Erfüllung ihrer eigentlichen Mission. Schon im Worte „Weltanschauung" liegt die feierliche Proklamation des Entschlusses, allen Handlungen eine bestimmte Ausgangsauffassung und damit sichtbare Tendenz zugrunde zu legen. Eine solche Auffassung kann richtig oder falsch sein: Sie ist der Ausgangspunkt für die Stellungnahme zu allen Erscheinungen und Vorgängen des Lebens und damit ein bindendes und verpflichtendes Gesetz für jedes Wirken. Je mehr sich nun eine solche Auffassung mit den natürlichen Gesetzen des organischen Lebens deckt, um so nützlicher wird ihre bewußte Anwendung für das Leben eines Volkes sein.
Der Erringung der äußeren Macht muß die innere Erziehung der Menschen folgen.

Zit. nach Jacobsen-Jochmann, a. a. O., Kommentar, S. 51

10. Hitlers Schlag gegen die SA im Juni 1934

Ein wichtiges Datum in der Vorgeschichte des 30. 6. 1934, auf den die Entwicklung mit innerer Notwendigkeit zusteuerte, stellt der 28. 2. 1934 dar. An diesem Tage versammelte Hitler die Befehlshaber der Reichswehr und die höheren SA-Führer zu einer Besprechung in Berlin. Er erklärte dabei, daß das Milizsystem für die geplante Wiederaufrüstung ungeeignet sei. Die Reichswehr bleibe der einzige Waffenträger der Nation. Der SA wies er als besondere Aufgaben zu: die vormilitärische Ausbildung, die Pflege der Wehrfähigkeit der Gedienten und Ungedienten und die Unterstützung für den Grenzschutz im Osten. Röhm und Blom-

berg unterzeichneten ein diesbezügliches Abkommen. Aber der Stabschef der SA fügte sich nur scheinbar. Er zeigte sich über Hitlers Haltung ausgesprochen verärgert. Hitler, der davon hörte, beschloß, „die Sache ausreifen zu lassen". Er schwankte in der Folge zwischen der Hoffnung, die SA werde sich fügen und ihm eine Abrechnung ersparen, und der Befürchtung, eine radikale Auseinandersetzung werde sich nicht vermeiden lassen. Daß diese Abrechnung, wenn überhaupt, dann radikal sein würde, das entsprach sowohl dem Charakter Hitlers wie dem Gesetz seines Herrschaftssystems. Auch Röhm schwankte in seinen Plänen und Hoffnungen: entweder Hitler von den „reaktionären" Einflüssen befreien zu können oder die revolutionäre Entwicklung auch ohne Hitler, ja vielleicht sogar gegen Hitler weitertreiben zu müssen. Wenn Röhm mit dem Gedanken einer Aktion gespielt haben sollte, dann hat er sie sicher nicht für die nächste Zukunft geplant. Denn am 8. 6. 1934 beurlaubte er die SA für den Monat Juli. Drohend ließ er dabei verlauten, die Feinde der SA sollten nicht glauben, daß sie nicht wieder einrücken werde. Über die letzten Absichten Röhms besteht noch große Unklarheit. Wenn auch auf der einen Seite vom Weiterteiben der Revolution die Rede war, so übte er andererseits Kritik an der Kirchen- und Judenpolitik Hitlers, an seiner Behandlung der Gewerkschaften, ja sogar am „Polizeistaat" und der Unterdrückung der Meinungsfreiheit. Wie es auch immer gewesen sein mag mit dem Plan eines „SA-Staates", ein schlimmeres Schreckensregiment, als Hitler verwirklichte, konnte Röhm nicht vorhaben. Auch in der Außenpolitik scheint er vernünftigere Ansichten gehabt zu haben als Hitler, was ihm dann den wohl völlig unberechtigten Vorwurf des Hochverrates, insbesondere der Konspiration mit Frankreich, eintragen sollte.
Hitlers Entscheidung wurde nicht unwesentlich dadurch erleichtert, daß nicht nur die Führung der Reichswehr, sondern auch maßgebende Parteiführer ein immer dringenderes Interesse an der Vernichtung der Machtposition Röhms und der SA zeigten. Die Rivalität zwischen der Politischen Organisation, abgekürzt PO (welche im SA-Jargon P-Null genannt wurde), und der SA übertrug sich natürlicherweise auf deren Führer. Parteigewaltige wie Göring, Heß und Goebbels wurden so automatisch zu Gegnern Röhms und seiner Aspirationen. Im Schatten Görings arbeiteten zwei skrupellose und dunkle Gestalten auf den Sturz des SA-Stabschefs hin, weil sie ihre eigene Organisation selbständig machen wollten: Himmler und Heydrich, die Führer der als Sonderformation aus der SA hervorgegangenen SS. Die Gründe der Gegnerschaft der Reichswehr sind leicht einzusehen. Man traute Röhm die gewaltsame Verwirklichung seines Lieblingsgedankens durchaus zu. Man glaubte wohl auch in der Reichswehrführung, der Revolution den Giftzahn auszubrechen, wenn man die SA entmachtete und Röhm stürzte. Treibende Figur im Kampf gegen die SA war hier vor allem der Chef des Wehrmachtsamtes, Oberst von Reichenau, der seinen Vorgesetzten, den Reichswehrminister von Blomberg, sowohl an politischem Instinkt wie an geistigen Gaben weit überragte. Es erhebt sich auch die Frage, ob Hitler die Zustimmung der Reichswehr für die beabsichtigte Regelung nach dem Ableben Hindenburgs dadurch erkauft habe, daß er ihr versprach, die Machtposition Röhms und der SA zu vernichten.
Über Partei, SA und Reichswehr hinaus erfüllte ganz Deutschland in den Monaten Mai und Juni 1934 eine große Spannung. Der erste Rausch über die nationale Revolution war verflogen. Außenpolitische Erfolge hatte das Regime noch nicht aufzuweisen, um den Nationalismus breiter Schichten zu befriedigen. Die Kirchenpolitik Hitlers hatte vielen Gläubigen das wahre Gesicht des Nationalsozialismus enthüllt. Die Rechtsunsicherheit und der Terror sowie die Knebelung der Meinungsfreiheit erhöhten das Unbehagen. In dieser

gespannten Lage hielt der Vizekanzler von Papen am 17. 6. 1934 eine von seinem Mitarbeiter, dem Schriftsteller Edgar Jung, verfaßte Rede in der Universität Marburg. Darin wandte er sich gegen gewisse Tendenzen des neuen Regimes wie die Unterdrückung jeglicher öffentlicher Kritik, den Zug zur totalen Umformung des Lebens, den „widernatürlichen Totalitätsanspruch", die Verhärtung des Einparteisystems, die politischen Eingriffe in das religiöse Leben, die Verachtung des Geistes und den „fatalen Personenkult". Conrad Ferdinand Meyer zitierend sprach er von den „aufgeregten Narren und bösen Buben", die das geachtete Werk der deutschen Revolution übertrieben und schändeten. Mit deutlicher Anspielung auf die Pläne der SA und die Verantwortung Hitlers forderte er diesen auf, zu handeln. Der Diktator fühlte sich sofort alarmiert. Sollten etwa hinter Papens Rede weiterreichende Pläne einer Zusammenarbeit der bürgerlich-konservativen Kreise mit der Reichswehr stecken? Mit dem Naturinstinkt des Machtmenschen witterte Hitler Gefahr und beschloß, ihr zuvorzukommen. Die Gelegenheit war günstig. Die Reichswehr war überzeugt von der Gefährlichkeit der SA und damit auch von der Notwendigkeit eines radikalen und präventiven Zupackens. Konnte nicht gleichzeitig mit der Ausrottung der SA-Führung der konservativen Fronde das Haupt abgeschlagen und damit die Revolution der SA und die konservative Gegenrevolution mit einem Schlage erledigt werden?

In den letzten Junitagen verschärfte sich die Spannung weiter. SA und Reichswehr steigerten sich gegenseitig in eine wahre Alarmpsychose hinein, wobei an dieser Auseinandersetzung interessierte Stellen in geschickter Weise mit fingierten Nachrichten operierten. Der Chef der Heeresleitung, Generaloberst von Fritsch, ordnete im stillen höchste Bereitschaft für die Reichswehr an, währenddem Himmler und Heydrich ihre Unterführer über die „bevorstehende Revolte der SA unter Röhm" instruierten. Oberst von Reichenau und Himmler besprachen technische Einzelheiten eines Zusammengehens zwischen SS und Reichswehr. Diese stellte Kasernen und Waffen zur Verfügung. Inzwischen war die Bewaffnung der SA offen weiterbetrieben worden, sogar durch Waffenlieferungen aus dem Ausland. Dies verstärkte natürlich den Argwohn der Reichswehrführung. Sie verlangte immer stürmischer die Entwaffnung der SA. Hitler seinerseits legte Wert darauf, bei den Generälen auch für die Art und Weise der geplanten Abrechnung mit der SA-Führung Verständnis zu erzeugen. In den Dienststellen der SS und der Gestapo wurden „Abschußlisten" erstellt, die in ihrem namentlichen Inhalt keineswegs immer übereinstimmten.

Zur Durchführung der Aktion ordnete Hitler eine SA-Führer-Besprechung in Wiessee an. Wie wenig Röhm auf den angeblichen Putsch vorbereitet war, geht unter anderem auch daraus hervor, daß er keinen Verdacht schöpfte und keine besonderen Sicherheitsvorkehrungen traf. Am frühen Morgen des 30. 6. 1934 erschien Hitler mit der „Leibstandarte" in Wiessee und verhaftete Röhm und seine dort anwesenden Unterführer handstreichartig zum Teil aus den Betten heraus. Sie wurden in ein Gefängnis nach München eingeliefert und zum großen Teil kurz darauf erschossen. Anreisende SA-Führer wurden in München aus den Zügen heraus verhaftet. Röhm selbst wurde am 1. 7. erschossen, nachdem er sich geweigert hatte, Selbstmord zu begehen. Am selben Morgen des 30. 6. lief die Berliner Aktion unter dem Kommando Görings an. Den ganzen Tag über und auch noch am folgenden Tage fanden Erschießungen in der Kaserne Berlin-Lichterfelde statt. Die Verhaftungen und Exekutionen griffen weit über den Kreis der SA-Führung hinaus. So wurden die beiden Mitarbeiter von Papens, Edgar Jung und von Bose, erschossen. Papen selbst wurde unter Hausarrest gestellt und ist wohl nur dank Hindenburgs schützender Hand gerettet worden.

Der ehemalige Reichskanzler General von Schleicher und seine Frau wurden in ihrer Wohnung überfallartig umgebracht, ebenso der Leiter der Katholischen Aktion in Berlin, Ministerialdirektor Klausener. Gregor Strasser wurde auf besonderen Befehl Görings erschossen. Am 2. 7. befahl Hitler Einhalt, nachdem es an verschiedenen Stellen des Landes auch zu willkürlichen Ermordungen untergeordneter Instanzen gekommen war. Von vorneherein verzichtete Hitler bei dieser Mordaktion auch nur auf den Schein rechtmäßigen Vorgehens. Planmäßig hatten Hitler, Göring, Himmler und Heydrich die Morde über die Kreise der Röhm ergebenen SA-Führung ausgedehnt und zahlreiche ehemalige Gegner und Mißbeliebige innerhalb und außerhalb der Partei mit einbezogen: aus dem Papen-Kreis, aus dem Schleicher-Kreis, katholische Politiker, mißbeliebige Parteigenossen, Gegner von 1923 wie den ehemaligen, jetzt 73jährigen Staatskommissar von Kahr, Juden, ja sogar irrtümlich Erschossene befanden sich unter den Opfern. Nun hatte Hitler seine Bartholomäusnacht doch noch bekommen. Die Zahl der Opfer hat er in seiner Rechtfertigungsrede vor dem Reichstag am 13. 7. 1934 mit 77 angegeben. Sie dürfte aber ein Mehrfaches betragen haben. Die nationalsozialistische Propaganda verfehlte indessen nicht, darauf hinzuweisen, daß die Revolution immer noch viel unblutiger verlaufen sei als die großen historischen Revolutionen, mit denen sie ihre eigene verglich. Dem deutschen Volk wurde erklärt, es sei durch das rasche und rücksichtslose Zupacken des Führers vor schlimmen Dingen bewahrt worden. Da die Öffentlichkeit die wahren Hintergründe nicht kannte, andererseits aber die Auswüchse des SA-Treibens lange genug erfahren hatte, glaubte sie diese Version, teilweise zwar entsetzt über die Brutalität des Vorgehens, aber mehrheitlich doch auch beruhigt über die schützende Hand des Führers, die im Interesse des Volkes so hart zuschlagen konnte.

Nicht genug damit, daß die Staatsführung Mordaktionen durchführte, erklärte sie diese nachträglich auch noch für rechtens. In einem „Gesetz über Maßnahmen der Staatsnotwehr" vom 3. 7. 1934 hieß es in dem einzigen Artikel: „Die zur Niederschlagung hoch- und landesverräterischer Angriffe am 30. 6., 1. und 2. 7. 1934 vollzogenen Maßnahmen sind als Staatsnotwehr rechtens." Neben Hitler und Frick unterzeichnete dieses einzigartige Dokument auch der Reichsjustizminister Gürtner. Göring erklärte einige Tage später vor den General- und Oberstaatsanwälten: „Das Recht und der Wille des Führers sind eins." Einer der bekanntesten deutschen Juristen, Prof. Carl Schmitt, unternahm es, diese These in einem Aufsatz „Der Führer schützt das Recht" wissenschaftlich zu untermauern. Es unterliegt keinem Zweifel, daß damit der Rechtsstaat endgültig begraben und vom Staat der persönlichen Willkür verdrängt war.

Aus: Walther Hofer, Die Diktatur Hitlers, in: Handbuch der Deutschen Geschichte, hrsg. von Brandt-Meyer-Just, Bd. IV, Abschnitt 4, Konstanz 1959, S. 30ff.

11. Goebbels: Nationalsozialismus und Demokratie (1934)

... Wenn die Demokratie uns in Zeiten der Opposition demokratische Methoden zubilligte, so mußte dies ja in einem demokratischen System geschehen. Wir Nationalsozialisten haben aber niemals behauptet, daß wir Vertreter eines demokratischen Standpunktes seien, sondern wir haben offen erklärt, daß wir uns demokratischer Mittel nur bedienten, um die Macht zu gewinnen, und daß wir nach der Machteroberung unseren Gegnern rücksichtslos alle die Mittel versagen würden, die man uns in Zeiten der Opposition zugebilligt hatte.

Trotzdem können wir erklären, daß unsere Regierung den Gesetzen einer veredelten Demokratie entspricht.
Wir sind die souveränen Meister der Kritik gewesen und können uns heute einhellig auf den Standpunkt des Rechts zur Kritik stellen. Nur mit einem Unterschied: das Recht zur Kritik, wenn es einen Sinn haben soll und nicht einen demokratischen Unsinn darstellt, kann zum Nutzen eines Volkes, der ja über allen Dingen der Politik stehen muß – immer nur dem Klügeren über den Dümmeren zugestanden werden und niemals umgekehrt. Es bliebe also nur noch zu beweisen, daß wir Nationalsozialisten während der Opposition anscheinend die Klügeren gewesen sind . . .

Zit. nach Walther Hofer, Der Nationalsozialismus – Dokumente, a. a. O., S. 27

12. Zur Herrschaftstechnik Hitlers

In der Tat, die geschickte Handhabung der Fiktion von der „legalen" und „nationalen" Revolution hätte nicht genügt, den Übergang vom Rechtsstaat zur totalitären Diktatur so reibungslos zu gestalten. Dazu bedurfte es noch eines weiteren Mittels der Machtergreifungs- und Herrschaftstechnik, dessen sich Hitler nun bediente: des Dualismus von „Staat" und „Partei", der auch im Einparteienstaat fortdauerte. Entgegen einem weitverbreiteten Klischeedenken bedeutet totalitäre Herrschaft keineswegs geschlossene, monolithisch-eingleisige Ordnungsstruktur. Es entspricht auch nicht den Tatsachen, daß sie rationaler, mit höherer Effektivität arbeite oder kraft des Führerprinzips dem komplizierten Pluralismus der Demokratie überlegen sei. Vielmehr hat Hitler darauf verzichtet, Partei und Staat gänzlich zu verschmelzen. Auf allen Gebieten des öffentlichen Lebens blieben rivalisierende Instanzen bestehen oder wurden sogar neu geschaffen. So kam zum Beispiel statt der versprochenen Reichsreform die Verwandlung des Bundesstaates in ein unüberschaubares System von Satrapien, in denen oft sogar drei verschiedene Führungsinstanzen den Primat beanspruchten: Reichsstatthalter, Gauleiter und Ministerpräsident. Statt einer Verwaltungsvereinfachung hat die Inflation des Führerprinzips die Zuständigkeitsverhältnisse noch kompliziert. Reibereien, Leerlauf, Doppel- und Mehrgleisigkeit waren die Folge, und es zeigte sich rasch, daß dies nicht eine Kinderkrankheit des neuen Systems war, sondern zu seinem Wesen gehörte.
Tatsächlich handelte es sich hier um eine weitgehend bewußt eingesetzte Herrschaftstechnik, die besonders in der Machtergreifungsphase, aber auch danach eine wichtige Funktion besaß. Dies Verfahren erleichterte die Gewinnung der Fachleute, denen ein Fortbestehen der bisherigen Ordnung zugesichert wurde. Wie im Fall der „legalen Revolution" trübte ihnen die Genugtuung über die eigene Bedeutung auch im neuen System den Blick dafür, daß diese Zweigleisigkeit nur eine relative, jederzeit aufhebbare Freiheit konzedierte und daß in entscheidenden Fragen der Führer und seine Verfügungsgewalt über die direkten Mittel des Zwangs und Terrors stets den Ausschlag gaben: so wie neben dem fortbestehenden Rechts- und Justizwesen, dieser täuschenden Fassade, die Schutzhaft-, Gestapo- und KZ-Politik, unerreichbar für alle Gerichte, ihre Wirkungsmöglichkeiten entfaltete. Damit ist auch die zweite Funktion angedeutet, die dieser Dualismus, diese Zwei- und oft Vielgleisigkeit der Herrschaftsstruktur schon in der Machtergreifungsphase besaß. Der Führer stand als einziger über dem Wirrwarr der Zuständigkeiten und Befehlsreihen, die fast allen Beteiligten, Nationalsozialisten und Nichtnationalsozialisten, ihre Hoffnungen ließ, sie an das Regime

band; er war der oberste Schiedsrichter, dessen omnipotente Stellung durch alle Rivalitäten der Unterführer, alle Konflikte zwischen Staat und Partei, Wehrmacht und SA, Wirtschaft und Verwaltung immer neu bestätigt wurde; er konnte, indem er den einen gegen den anderen ausspielte und jedem recht zu geben schien, die eigene Macht desto unangefochtener behaupten und steigern. Hitler hat, wie schon in der Kampfzeit, dies Prinzip, das alle von ihm abhängig machte, bis zur Virtuosität benutzt. Wie weit es volle Absicht oder eher Ausdruck der sprunghaften Stimmungen des Führers und seiner Bewegung war, die dem Chaos näherstand als der Ordnung, wird umstritten bleiben. Jedenfalls hat dieses gesteuerte Chaos die grotesken Fehleinschätzungen der nationalsozialistischen Revolution durch die Zeitgenossen verhängnisvoll beeinflußt.

Aus: Karl Dietrich Bracher, Die deutsche Diktatur, a. a. O., S. 232f.

13. Der Staatsrechtler Carl Schmitt über das Führerprinzip (1933)

... Die organisatorische Durchführung des Führergedankens erfordert zunächst negativ, daß alle der liberal-demokratischen Denkart wesensgemäßen Methoden entfallen. Die Wahl von unten mit sämtlichen Residuen bisheriger Wählerei hört auf. (Die Neuwahl des Reichstags am 12. November 1933 kann nur als Bestandteil einer Volksbefragung aufgefaßt werden.) Auch die alten Abstimmungsprozeduren, mit deren Hilfe eine irgendwie zusammenkoalierte Mehrheit eine Minderheit majorisierte und aus der Abstimmung ein Machtmittel der Überstimmung und der Niederstimmung machte, dürfen sich in einem Einparteistaat nicht fortsetzen oder wiederholen. Endlich haben die typisch liberalen Trennungen und Dualismen von Legislative und Exekutive, in der Gemeindeorganisation von Beschluß- und Verwaltungs- oder Ausführungsorganen, ihren Sinn verloren. Die Gesetzgebungsbefugnis der Reichsregierung ist ein erstes, bahnbrechendes Beispiel dieser Aufhebung künstlicher Zerreißungen. Überall muß das System der Verantwortungsverteilung und -verschiebung durch die klare Verantwortlichkeit des zu seinem Befehl sich bekennenden Führers, und die Wahl durch Auswahl ersetzt werden ...

Dieser Begriff von Führung stammt ganz aus dem konkreten, substanzhaften Denken der nationalsozialistischen Bewegung. Es ist bezeichnend, daß überhaupt jedes Bild versagt und jedes treffende Bild sogleich schon mehr als ein Bild oder Vergleich, sondern eben schon Führung in der Sache selbst ist. Unser Begriff ist eines vermittelnden Bildes oder eines repräsentierenden Vergleichs weder bedürftig noch fähig. Er stammt weder aus barocken Allegorien und Repräsentationen noch aus einer cartesianischen idee generale. Er ist ein Begriff unmittelbarer Gegenwart und realer Präsenz. Aus diesem Grunde schließt er auch, als positives Erfordernis, eine unbedingte Artgleichheit zwischen Führer und Gefolgschaft in sich ein. Auf der Artgleichheit beruht sowohl der fortwährende untrügliche Kontakt zwischen Führer und Gefolgschaft wie ihre gegenseitige Treue. Nur die Artgleichheit kann es verhindern, daß die Macht des Führers Tyrannei und Willkür wird; nur sie begründet den Unterschied von jeder noch so intelligenten oder noch so vorteilhaften Herrschaft eines fremdgearteten Willens.

Artgleichheit des in sich einigen deutschen Volkes ist also für den Begriff der politischen Führung des deutschen Volkes die unumgänglichste Voraussetzung und Grundlage ...

Zit. nach Walther Hofer, Der Nationalsozialismus – Dokumente, a. a. O., S. 36f.

14. Der Führer und das befragte Volk (1934)

Das Amt des Führers ist in seinem Ursprung kein staatliches Amt. Nicht von „Staatsgewalt", sondern von „Führergewalt" müssen wir sprechen, wenn wir die politische Gewalt im völkischen Reich richtig bezeichnen wollen. Die Führergewalt ist umfassend und total. Im Willen des Führers tritt der Volkswille in die Erscheinung. Er wandelt das bloße Gefühl des Volkes in einen bewußten Willen; er schafft aus einem vielstrebigen Ganzen die einheitliche, einsatzbereite Gefolgschaft. Er bildet in sich den wahrhaften Willen des Volkes, der von den subjektiven Meinungen und Überzeugungen der jeweils lebenden Volksglieder zu unterscheiden ist. Der Reichstag ist kein Kontrollorgan – und damit kein Organ der Opposition mehr –, sondern er ist eine Einrichtung, die dazu dient, die politische Übereinstimmung von Volk und Regierung öffentlich zum Ausdruck zu bringen.

Durch Volksbefragung gibt der Führer die Entscheidung allerdings nicht an das abstimmende Volk ab. Denn der Sinn der Abstimmung ist ja gerade nicht, daß das Volk von sich aus entscheiden kann, sondern daß es sich zu den Entscheidungen des Führers vertrauend bekennt. Durch die Volksbefragung wird der Führer kein bloßer Exponent des abstimmenden Volkes. Auch wenn sich das abstimmende Volk gegen ihn wendet, ist er es, der die objektive Sendung des Volkes verkörpert. Falls das Volk der beabsichtigten Maßnahme nicht zustimmt, kann sie doch durchgeführt werden. Die Volksabstimmung beeinträchtigt den Führergedanken nicht durch Restbestände des überwundenen Mehrheitsprinzips und stellt keine Beschränkung der gesetzgebenden Gewalt des Führers dar.

Aus: Ernst Rudolf Huber, Verfassungsrecht des Großdeutschen Reiches, 2. Aufl. Hamburg 1939, zit. nach von Kotze-Krausnick, a. a. O., S. 117

I/3 Die NS-Innenpolitik 1933–1939

Übersicht

1933	1. April: Boykott gegen jüdische Geschäfte, Ärzte und Rechtsanwälte; angeblich wegen der „Greuelhetze ausländischer Juden". 7. April: Gesetz zur Wiederherstellung des Berufsbeamtentums (vgl. S. 360): Beamte „nichtarischer Abstammung", d.h. die einen jüdischen Großelternteil haben, also „Vierteljuden" sind, werden entlassen. Juristische Grundlage vor allem für die „Säuberungsaktionen" an den Universitäten. Es folgt eine Reihe von Gesetzen, durch die die Juden in Deutschland aus dem öffentlichen und kulturellen Leben ausgeschaltet werden. Hinzu kommen persönliche Schikanen, indem den Juden z.B. das Betreten von öffentlichen Anlagen und die Benutzung öffentlicher Verkehrsmittel verboten werden. Juni und September: Gesetze zur Verminderung der Arbeitslosigkeit: Der Reichsfinanzminister wird ermächtigt, Schatzanweisungen bis zu einer Milliarde RM zur Finanzierung von Arbeitsbeschaffungsvorhaben auszugeben. Gründung des Unternehmens „Reichsautobahnen": Autostraßenbau dient der Absorbierung arbeitsloser Arbeitskräfte, steht jedoch bereits deutlich auch im Zeichen strategischer Überlegungen.

1933	Die Wirtschaftsbelebung erfolgt weitgehend zu Lasten der Arbeitnehmer, die einem Lohnstop – orientiert an dem niedrigen Stand der Weltwirtschaftskrise – unterworfen werden. 22. Juli: Konkordat zwischen dem Deutschen Reich und dem Vatikan, in dem das NS-Regime der katholischen Kirche relativ weitgehende Bewegungsfreiheit zugesteht. Zwar hält sich Hitler keineswegs an die Abmachung, doch bedeutet sie – innen- wie außenpolitisch – eine erhebliche Aufwertung des Systems, zumal der Vatikan den politischen Katholizismus in Deutschland fallen läßt.
1934	20. Januar: Gesetz zur Ordnung der nationalen Arbeit: Einführung des Führerprinzips und Beseitigung der Betriebsräte. Die Regelung von Löhnen und Arbeitsbedingungen obliegt der Arbeitsfront und den „Treuhändern der Arbeit". Entsprechend der Einteilung der Partei in 13 Gaue gibt es 13 Treuhänder der Arbeit, die die oberste Entscheidung bei Streitfällen haben.
1935	16. März: Wiedereinführung der allgemeinen Wehrpflicht; einseitige Aufkündigung des Versailler Vertrags. Juni: Einführung des Reichsarbeitsdienstes als „Ehrendienst am deutschen Volk" und „Voraussetzung für den aktiven Wehrdienst". 15. September: Nürnberger Gesetze: 1. Reichsbürgergesetz: Juden können nicht Staatsbürger sein und besitzen künftig weder aktives noch passives Wahlrecht. 2. Gesetz zum Schutz des deutschen Blutes und der deutschen Ehre: Verbot von Eheschließung und außerehelichem Verkehr zwischen Juden und deutschen Staatsangehörigen.
1936	März: Erzwungenes Ausscheiden der jüdischen Ärzte aus öffentlichen Krankenanstalten. Oktober: Verordnung über den Vierjahresplan, der die Kriegsbereitschaft Deutschlands innerhalb dieser Frist herbeiführen soll. Beauftragung von Göring. Dezember: Auflösung aller nichtnationalsozialistischen deutschen Jugendverbände und obligatorische Eingliederung ihrer Mitglieder in die Staatsjugend (HJ = Hitler-Jugend).
1937	März: Enzyklika Pius' XI. „Mit brennender Sorge" wendet sich gegen die Rassendiskriminierung und den Götzenkult des Nationalsozialismus.
1938	Ab Juni: Ausschaltung der Juden aus Handel, Gewerbe, Rechtswesen und Krankenpflege. 9. November: Großangelegter Pogrom (sog. Reichskristallnacht), für den das Attentat eines jüdischen Flüchtlings auf den Legationssekretär vom Rath in Paris als willkommener Anlaß genutzt wird.

Einführung in die Arbeitsthemen

Obwohl die NS-Führung bereits in der Phase der Machtergreifung mit der Unterwerfung der Bürokratie, der Politisierung der Reichswehr, der Gängelung des geistigen Lebens und dem beginnenden antisemitischen Boykott ihren innenpolitischen Kurs erkennen ließ, gewann sie erst Ende des Jahres 1934 jenen Handlungsspielraum, der es ihr gestattete, ohne sonderliche taktische Winkelzüge an die Realisierung ihres Programms heranzugehen. Zwar hat Hitler – im Gegensatz zur eindeutigen Definition in „Mein Kampf", nach der die Innenpolitik nur als Funktion der Außenpolitik begriffen werden dürfe – gelegentlich aus taktischen Überlegungen beteuert, daß der Innenpolitik ein eigenständiger

Wert zukomme. Doch es kann keinem Zweifel unterliegen, daß er sich in seiner politischen Strategie an die einmal vollzogene ideologische Festlegung gehalten hat.

Diese Bindung der NS-Politik an ideologisch begründete und außenpolitisch motivierte Prioritätsfestlegungen, die für die gesamte Innenpolitik des Hitler-Regimes charakteristisch ist, läßt sich auf vielen Sektoren nachweisen, wenngleich die Fülle der Kompetenzüberschneidungen, die „institutionelle Anarchie" (Hans Mommsen), zuweilen den Eindruck planlos-momentaner Improvisation vermittelt.

Hitler hatte im „Zweiten Buch" programmatisch verkündet, daß es die „Kunst der Innenpolitik" sei, einem Volke den für die Sicherung des notwendigen Lebensraums „erforderlichen Machteinsatz in Form seines Rassewertes und seiner Zahl" (S. 62) zu verschaffen. Die Verbindlichkeit dieser generellen Devise ist nicht zu leugnen: Sie schloß den Kampf gegen die Kirchen, die Zerschlagung einer unabhängigen Justiz und die politische Indoktrination in Schule und Wissenschaft ebenso ein wie die dirigistische Lenkung der Presse, die Terrorisierung politisch Andersdenkender und eine die private Existenz negierende Erfassung des deutschen Volkes.

Doch soll diese Devise in ihrer praktischen Durchführung und in ihren folgenschweren Konsequenzen hier nur an zwei recht heterogenen Beispielen exemplifiziert werden: An der Sozial- und Wirtschaftspolitik des Dritten Reiches und an der Judenverfolgung.

Arbeitsthemen

1. *Welche Umdeutung gibt Hitler dem Tag der Arbeit und warum? Welche Absicht steckt hinter der hier propagierten Wertschätzung der Handarbeit? Welche propagandistische Funktion hat die Beschwörung des göttlichen Beistandes? (Nr. 1)*
2. *Mit welchen Mitteln wurde die Bereitschaft im Volk erzeugt, trotz geistig-politischer Unfreiheit dem neuen System hingebungsvoll und engagiert zu dienen? (Nr. 2)*
3. *Was verbarg sich hinter dem von den Nationalsozialisten proklamierten „deutschen Sozialismus" und welche Funktion war ihm zugedacht? (Nr. 3)*
4. *Inwiefern gab das Gesetz zur Ordnung der nationalen Arbeit – vom NS-System als „Magna Charta der deutschen Arbeit" apostrophiert – den Unternehmern fast frühkapitalistisch anmutende Vollmachten zurück? (Nr. 4a)*
5. *Mit welcher verräterischen Interpretation versah die NS-Regie selbst das Programm der KdF-Organisation? (Nr. 4b)*
6. *Welche Intentionen verbanden die Nationalsozialisten mit der Gründung der Deutschen Arbeitsfront? (Nr. 5)*
7. *Inwiefern beweist Hitlers Denkschrift zum Vierjahresplan eine für den Nationalsozialismus bezeichnende Verknüpfung politisch-psychologischer, materiell-wirtschaftlicher und expansiv-imperialistischer Momente? (Nr. 6)*
8. *Belegen die statistischen Daten die These des Politologen H. G. Schumann, daß „die Nationalsozialisten eine echte Lösung des sozialen Problems nicht zu finden vermochten"? Wie weit waren sie auf diesem Gebiet Gefangene eigener ideologischer Fixierungen? (Nr. 7a–f)*
9. *Worauf beruhten die persönlichen Sympathien Hitlers für die Großindustrie? (Nr. 8)*
10. *Worin lagen die finanztechnische Besonderheit und die geldwirtschaftliche Problematik der Mefowechsel-Finanzierung? (Nr. 9)*
11. *Inwiefern erwies sich und mußte sich Hitlers christlich-national getönte Phraseologie gegenüber den Kirchen in der Machtergreifungsphase als taktische Täuschung erweisen? (Nr. 10a–d)*
12. *Welche diskriminierenden Folgen hatten die Nürnberger Gesetze von 1935? (Nr. 11a). Welchen Fortgang der „Judenfrage" erwog Hitler? (Nr. 11b)*
13. *Inwiefern leistete das Attentat des Herschel Grynspan vom 7. 11. 1938 den Absichten der radikalen Antisemiten innerhalb der NS-Spitze Vorschub? (Nr. 12)*

1. Hitlers Rede zum 1. Mai 1933

Unseres Volkes Erwachen ist da. Das Symbol des Klassenkampfes, des ewigen Streites und Haders wandelt sich nun wieder zum Symbol der großen Einigung und Erhebung der Nation. Und deshalb haben wir diesen Tag der erwachenden Natur für alle kommenden Zeiten gewählt als Tag der Wiedergewinnung unserer eigenen Kraft und Stärke und damit auch zugleich jener schaffenden Arbeit, die keine Grenzen kennt, nicht gebunden ist an die Gewerkschaften, an Fabriken und Kontore, einer Arbeit, die wir überall dort anerkennen und fördern wollen, wo sie in gutem Sinne für Sein und Leben unseres Volkes geleistet wird.

Die Millionen Menschen, die in Berufe aufgeteilt, in künstlichen Klassen auseinandergehalten worden sind, die, vom Standesdünkel und Klassenwahnsinn befallen, einander nicht mehr verstehen können, sie müssen wieder den Weg zueinander finden! Wenn 70 Jahre lang der Wahnsinn als politische Idee vertreten und gepredigt wurde, wenn 70 Jahre lang die Zerstörung der Volksgemeinschaft politisches Gebot war, dann ist es schwer, mit einem Schlag den Sinn der Menschen wenden zu wollen.

Doch es ist kein Zufall, daß es unseren Gegnern, die diesen Tag seit 70 Jahren feiern wollen, und die 14 Jahre lang in Deutschland an der Macht gewesen sind, trotz allem nicht gelungen ist, das deutsche Volk an diesem Tag so zu erfassen, wie wir es bereits am ersten zuwege brachten.

Es bleibt unser unverrückbarer Entschluß, jeden einzelnen Deutschen, sei er, wer er sei, ob arm, Sohn von Gelehrten oder Sohn von Fabrikarbeitern, einmal in seinem Leben zur Handarbeit zu führen, damit er sie kennenlernt. Wir wollen in einer Zeit, da Millionen unter uns leben, ohne Verständnis für die Bedeutung des Handarbeitertums, das deutsche Volk durch die Arbeitsdienstpflicht zu der Erkenntnis erziehen, daß Handarbeit nicht schändet, sondern vielmehr wie jede andere Tätigkeit dem zur Ehre gereicht, der sie getreu und redlichen Sinnes erfüllt.

Wir werden in diesem Jahre zum ersten Male als weitere große Aufgabe die Befreiung der schöpferischen Initiative von den verhängnisvollen Einwirkungen majoritativer Beschlüsse durchführen. Nicht nur im Parlament, nein, auch in der Wirtschaft. Wir wissen, daß unsere Wirtschaft nicht emporkommen kann, wenn nicht eine Synthese gefunden wird zwischen der Freiheit des schöpferischen Geistes und der Verpflichtung dem Volksganzen gegenüber.

Wir wissen, daß wir noch gewaltige Schwierigkeiten zu überwinden haben. Wir wissen auch, daß alle menschliche Arbeit am Ende vergeblich sein muß, wenn über ihr nicht der Segen der Vorsehung leuchtet. Wenn die Welt gegen uns steht, müssen wir um so mehr zu einer Einheit werden, müssen wir ihr um so mehr unentwegt versichern: Ihr könnt tun, was Ihr wollt! Aber niemals werdet Ihr uns beugen, niemals uns zwingen, ein Joch anzuerkennen. Das deutsche Volk ist zu sich gekommen. Es wird Menschen, die nicht für Deutschland sind, nicht mehr unter sich dulden. Wir wollen tätig sein, arbeiten, uns brüderlich vertragen, gemeinsam ringen, auf daß einmal die Stunde kommt, da wir vor den Herrn hintreten können und ihn bitten dürfen: „Herr, Du siehst, wir haben uns geändert. Das deutsche Volk ist nicht mehr das Volk der Ehrlosigkeit, der Schande, der Selbstzerfleischung, der Kleinmütigkeit und Kleingläubigkeit. Nein, Herr, das deutsche Volk ist wieder stark in seinem Willen, stark in seiner Beharrlichkeit, stark im Ertragen aller Opfer. Herr, wir lassen nicht von Dir! Nun segne unseren Kampf, unseren Kampf um unsere Freiheit und damit unser deutsches Volk und Vaterland!"

Zit. nach Max Domarus, Hitler – Reden 1932 bis 1945, Bd. I: Der Triumph, München 1965, S. 259 ff.

2. Die neue Gesellschaftsordnung

Die soziale Schubkraft, die der NSDAP zugute kam, äußerte sich bereits in der „Kampfzeit" in der unerhörten Betriebsamkeit, Improvisationsfähigkeit, Aufopferung und Energie ihrer Mitglieder und Anhänger. Sie erklärt aber vor allem die außerordentliche Leistungs- und Einsatzbereitschaft großer Teile der Nation während des Hitler-Regimes. Schon der erste Weltkrieg hatte gezeigt, daß unter den Bedingungen eines volksgemeinschaftlichen Burgfriedens und der egalisierenden Wirkung nationalen Kampfes die bürgerliche Gesellschaft ihre höchste, ihre sozusagen totalitäre Leistungsstufe erreichte. Das Hitler-Regime machte diese Ausnahmesituation zum System. Die Durchdringung von Staat und Gesellschaft durch die Gliederungen der Partei, ihre Ausrichtung auf die von der plebiszitären Führung gesetzten großen nationalen Ziele, auf die von ihr erwarteten Einsätze und Anstrengungen, ließ die horizontale Schichtung und Klassentrennung der Gesellschaft weniger in Erscheinung treten. Die durch die Reglementierung aller Sozialschichten bewirkte psychologische Egalisierung verringerte den Abstand der Unter- zu den Oberschichten. Vor allem aber wurde durch das Millionen von Menschen umfassende vielgliedrige System der Partei, ihrer angeschlossenen Verbände und die vielfältigen neuen gesellschaftlichen Hilfs- und Selbstverwaltungsorgane des Regimes (vom Reichsnährstand bis zur DAF) neben der alten Sozialschichtung eine neue politische Gesellschaft aufgebaut, die mit ihren andersgearteten Einfluß- und Karrieremöglichkeiten sich mit der alten Gesellschaft zum Teil überschnitt, zum Teil in Konkurrenz zu ihr trat, jedenfalls neue Wege des Aufstiegs und der Elitebildung, weitgehend unabhängig von sozialer Herkunft und materieller Lage schuf. Nicht der revolutionäre Umsturz der alten Gesellschaftsordnung, aber die Verringerung ihrer Funktionsmöglichkeit im Machtsystem des Dritten Reiches und die ihr in Gestalt bestimmter Weltanschauungsziele, konkreter Amtsträger und Organe des Regimes gegenüberstehende permanente Revolutionsdrohung schwächte und zersetzte die Stützen der alten konservativen Gesellschaftsordnung, in der Familie wie in der Schule, in der Verwaltung und Wirtschaft, in der Wehrmacht wie in der Universität. Egalisierung und stärkere horizontale und vertikale Mobilität, aber auch die psychologische Emanzipation bisher unpolitischer Volksschichten waren unverkennbare soziale Wirkungen des Hitler-Regimes und ließen dieses trotz geistiger und politischer Unfreiheit für viele als eine sozial offenere Gesellschaft erscheinen als es sie vordem in Deutschland gegeben hatte.

Aus: Martin Broszat, a. a. O., S. 396 f.

3. Hitlers Verhältnis zum Sozialismus

Die sozialen Aspekte der politischen Umwälzung von 1933 wurden zunächst durch ein negatives Leitbild der Führer wie der Anhänger des Nationalsozialismus bestimmt: Ablehnung des Status quo, Auftrag und Chance, alles zu ändern. In den Augen der konservativ-nationalen Partner richtete sich diese Veränderung nur gegen das demokratisch-republikanische Establishment von Weimar. Die nationalsozialistische Stoßrichtung ging viel weiter, war revolutionär nicht nur in der Utopie der „Volksgemeinschaft", sondern auch in der Realität einer veränderten Elitenstruktur und einer pseudoegalitären Nivellierung aller Schichten unter dem Führerprinzip. Aufstieg der Jungen, Sozialbewußtsein, Leistungsgesellschaft waren die wirksamen Parolen des „Neuen" gegenüber dem alten, überlebten „System". Das Dritte Reich verstand sich als ein System sui generis, und seine Neuordnung berief sich demonstrativ vor allem auf zwei Gruppen: Bauern und Arbeiter. Dies fand sogleich Ausdruck in der Institutionalisierung entsprechender Feiertage und Massenaufmärsche am Erntedanktag (Parole: Blut und Boden) und am „Tag der nationalen Arbeit" (Parole: Schaffende der Stirn und Faust). Hier kamen sowohl die romantisch-antistädtischen wie die pseudoproletarisch-technizistischen Elemente der NS-Ideologie zur Geltung; beide trafen sich im militärischen Ideal, das in den Schlagworten von den „Soldaten der Arbeit" und der „Arbeitsschlacht" ins Zivile übertragen und dem Kampf- und Führerprinzip eingeordnet wurde. Es vollzog sich eine verbale „Sozialrevolution", in deren Zeichen sowohl der alte Antikapitalismus wie die vielschichtige neue Anhängerschaft manipuliert werden konnten. Die Bezeichnungen Bürger, Kapitalist, Intellektueller galten auch weiterhin als Schimpfwörter, als Synonyme für reaktionär; die „bürgerliche Epoche" war die geschmähte Vergangenheit.

Aber die tiefgreifende Änderung in den Beziehungen von Staat und Wirtschaft, Arbeit und Kapital lag auf einer anderen Ebene. Der vielberufene Sozialismus zielte nicht auf konkrete Sozialisierung oder Enteignung, sondern auf eine Änderung des sozialen Bewußtseins, auf bedingungslose Kooperation mit dem politischen Regime und ein stets präsentes Eingriffs- und Lenkungsrecht der Führung. Auch das Recht auf Eigentum war wie alle anderen Bürgerrechte eine Funktion des Dienstes am neuen Staat, und in diesem Sinne sollten „nationaler Sozialismus" und „guter" Kapitalismus nicht nur vereinbar, sondern geradezu identisch sein. Im Unterschied dazu wurde der westliche Kapitalismus als Plutokratismus im Stile der alte antikapitalistischen Slogans verpönt, so wie „deutscher Sozialismus" gegen Marxismus und Sowjetsozialismus stand. Die grundlegende Vorstellung, die auch die weitere Gleichschaltungs- und Mobilisierungspolitik bestimmte, war die von der klassenlosen Gleichheit aller „Volksgenossen", eingeschränkt allein durch die politisch determinierte Funktion und das Führerprinzip. Hier hat das NS-System, zumal im Zuge der Kriegspolitik, tatsächlich zum Abbau sozialer Bewußtseinsstrukturen beigetragen, auf gewisse Weise modernisierend gewirkt. Hierauf nicht weniger als auf die technischen Leistungen bezieht sich die Legende vom „Guten" im Nationalsozialismus, die noch immer so stark fortwirkt. Damals hat sie als werbende Kraft viele erfaßt.

Die bewußtseinsformende Macht einer noch so vagen Ideologie gegenüber der sozialen Realität hat das nationalsozialistische System wie kein anderes demonstriert. Sozialistisch im Sinne von „sozial" hatte nun jeder Deutsche zu sein: das Winterhilfswerk, tausenderlei Spenden- und Sammelaktionen, Reichsberufswettkämpfe und Musterbetriebe, „Kraft durch Freude" und nationales Eintopfessen, der Volkswagen für jedermann, schließlich die klassenlose Gemeinschaft in Hitlerjugend und Parteiverbänden, in DAF und Arbeitsdienst – alle diese vielfältigen Aktionsformen der „Volksgemeinschaft" verfehlten nicht ihre Wirkung, auch wenn sie noch so zweckbestimmte Mittel der Kontrolle, Gleichschaltung und Kriegsmobilisierung waren und auf mehr oder minder sanftem Zwang beruhten. Begriffe wie Arbeiter oder Fabrikant sollten nur noch die Funktion, nicht mehr eine Standes- oder

Klassengrenze bezeichnen. Nicht Status, nur noch Gesinnung sollte zählen, und Vorbild war Adolf Hitler, der Mann aus dem Volk, der einfach lebte und Ehrendoktorate ablehnte.

Aus: Karl Dietrich Bracher, Die deutsche Diktatur, a. a. O., S. 366ff.

4. Die Rolle des Arbeiters im NS-Staat

a) Gesetz zur Ordnung der nationalen Arbeit vom 20. 1. 1934

1. Im Betriebe arbeiten der Unternehmer als Führer des Betriebes, die Angestellten und Arbeiter als Gefolgschaft gemeinsam zur Förderung der Betriebszwecke und zum gemeinen Nutzen von Volk und Staat.

2. Der Führer des Betriebes entscheidet der Gefolgschaft gegenüber in allen betrieblichen Angelegenheiten, soweit sie durch dieses Gesetz geregelt werden. Er hat für das Wohl der Gefolgschaft zu sorgen. Diese hat ihm die in der Betriebsgemeinschaft begründete Treue zu halten . . .

5. Dem Führer des Betriebes mit in der Regel mindestens zwanzig Beschäftigten treten aus der Gefolgschaft Vertrauensmänner beratend zur Seite. Sie bilden mit ihm und unter seiner Leitung den Vertrauensrat des Betriebes . . .

9. Der Führer des Betriebes stellt im Einvernehmen mit dem Obmann der Nationalsozialistischen Betriebszellen-Organisation im März jeden Jahres eine Liste der Vertrauensmänner und deren Stellvertreter auf. Die Gefolgschaft hat zu der Liste alsbald durch geheime Abstimmung Stellung zu nehmen . . .

16. Gegen Entscheidungen des Führers des Betriebes über die Gestaltung der allgemeinen Arbeitsbedingungen, insbesondere der Betriebsordnung, kann die Mehrheit des Vertrauensrates des Betriebes den Treuhänder der Arbeit unverzüglich schriftlich anrufen, wenn die Entscheidungen mit den wirtschaftlichen oder sozialen Verhältnissen des Betriebes nicht vereinbar erscheinen. Die Wirksamkeit der von dem Führer des Betriebes getroffenen Entscheidung wird durch die Anrufung nicht gehemmt.

Zit. nach Eberhard Aleff, Das Dritte Reich, 4. Aufl. Hannover 1970, S. 40f.

b) Robert Ley: Über den Zweck der KdF-Unternehmungen (1940)

Wir schickten unsere Arbeiter nicht auf eigenen Schiffen auf Urlaub oder bauten ihnen gewaltige Seebäder, weil uns das Spaß machte oder zumindest dem einzelnen, der von diesen Einrichtungen Gebrauch machen kann. Wir taten das nur, um die Arbeitskraft des einzelnen zu erhalten und um ihn gestärkt und neu ausgerichtet an seinen Arbeitsplatz zurückkehren zu lassen. KdF überholt gewissermaßen jede Arbeitskraft von Zeit zu Zeit, genauso wie man den Motor eines Kraftwagens nach einer gewissen gelaufenen Kilometerzahl überholen muß. Betriebssport, Schönheit der Arbeit, Werkkonzerte sind alles keine Dinge an sich, sondern sie dienen immer wieder dem großen Gesamtziel, die Leistungen des deutschen Volkes auf allen Gebieten zu steigern.

Zit. nach Hans-Gerd Schumann, a. a. O., S. 142

5. Die DAF und die Utopie der klassenlosen Volksgemeinschaft

Die DAF war geschaffen worden, um den Sonderbestrebungen nationalsozialistischer Arbeitnehmerorganisationen (besonders NSBO) entgegenzuwirken. Sie war deshalb auch dem

Reichsorganisationsleiter der Partei, Robert Ley unterstellt worden und hatte im November 1933 überdies den Arbeitgeberverband aufgenommen. Alle Betriebe wurden zu Gemeinschaften von Führer und Gefolgschaft erklärt, Vertrauensräte sollten den Betriebsführer beraten und die neue Harmonie vertiefen, Treuhänder der Arbeit und soziale Ehrengerichte über dieser Utopie der klassenlosen, gewerkschaftslosen Betriebsgemeinschaften wachen, und zwar mit dem Recht, nicht nur Arbeiter, sondern auch Unternehmer aus dem eigenen Betrieb zu entfernen. Gewiß war der Arbeitgeber nun eher wieder Herr im Haus als zur Zeit der Gewerkschaften. Aber bald begann die DAF allein durch ihre Größe und ihre Monopolstellung ein eigenes Machtbewußtsein zu entwickeln. Sie geriet in Spannungen sowohl zu den Interessen und dem Führerstatus der Arbeitgeber wie zu der Planung und Manipulation der Aufrüstung, zu den Wirtschafts- und Arbeitsministerien, zu den Behörden des Vierjahresplans. Auch hier herrschte das gelenkte Chaos der Kompetenzen, der „institutionelle Darwinismus“ (Schoenbaum) des NS-Regimes. Es zeigte sich, daß mit der Zerschlagung der Gewerkschaften und der Selbstauflösung der Arbeitgeberverbände die Klassen- und Lohnkonflikte einer industriellen Gesellschaft nicht einfach beseitigt waren. Was die DAF als Ersatz für die Freiheit anzubieten hatte – Appelle an den Nationalstolz und das Arbeitsethos der „Soldaten der Arbeit“ (so Ley), Verschönerung des Arbeitsplatzes sowie kulturelle und sportliche Einrichtungen unter der Ägide der DAF, eine Abteilung „Schönheit der Arbeit“, Ferienreisen und Kulturbetrieb aller Art mit „Kraft durch Freude“ (seit 1934), schließlich die Idee des Volkswagens –, vermochte nicht darüber hinwegzutäuschen, daß sich auch weiterhin Arbeitgeber und Arbeitnehmer gegenüberstanden, daß die Arbeiter ihre Löhne durch Ausnutzung der seit 1936 herrschenden Vollbeschäftigung zu verbessern suchten, daß die Arbeitsleistung im Boom der Rüstungs- und Bauindustrie eher abnahm und alle anderen Industrie- und Gewerbezweige unter den Druck der Preiskonkurrenz und des Arbeitskräftemangels gerieten. Gewiß, die emphatisch verkündete „Arbeitsschlacht“ von 1933/35 wurde nicht zuletzt mit Hilfe der Aufrüstung und der allgemeinen Wehrpflicht gewonnen. Dieser Scheinerfolg kam dem Regime auch psychologisch zugute; daß das nach dem Wort Görings „Kanonen statt Butter“ bedeutete, ging im kurzfristigen Interessendenken der Sozialpartner unter. Aber Vollbeschäftigung und unrentabler Waffen-, Autobahn- und Kasernenbau konfrontierten das Regime mit den klassischen Problemen der Lohn- und Preispolitik, der Import-Export-Spannung, des Rohstoffbedarfs und der Haushaltsbalance. Die Löhne stagnierten, die Unterschiede zwischen Arbeitnehmern und Arbeitgebern wurden eher größer, der „Sozialismus“ der Volksgemeinschaft mußte mit außerökonomischen Mitteln zusammengehalten werden.

Aus: Karl Dietrich Bracher, Die deutsche Diktatur, a. a. O., S. 361 f.

6. Hitlers geheime Denkschrift über die Aufgaben des Vierjahresplans (August 1936)

Deutschland wird wie immer als Brennpunkt der abendländischen Welt gegenüber den bolschewistischen Angriffen anzusehen sein. Ich fasse dies nicht als eine erfreuliche Mission auf, sondern als eine leider durch unsere unglückliche Lage in Europa bedingte Erschwerung und Belastung unseres völkischen Lebens. Wir können uns aber diesem Schicksal nicht entziehen ... *Gegenüber der Notwendigkeit der Abwehr dieser Gefahr haben alle anderen Erwägungen als gänzlich belanglos in den Hintergrund zu treten!*

Deutschlands Abwehrfähigkeit

Die Abwehrfähigkeit Deutschlands basiert auf einigen Faktoren. An die Spitze möchte ich stellen zunächst den inneren Wert des deutschen Volkes an sich. Das deutsche Volk, politisch einwandfrei geführt, weltanschaulich gefestigt und militärisch durchorganisiert, stellt sicherlich den hochwertigsten Widerstandsfaktor dar, den die Welt heute überhaupt besitzt. Die politische Führung ist sichergestellt durch die Nationalsozialistische Partei, die weltanschauliche Geschlossenheit seit dem Sieg des Nationalsozialismus ist in einem bisher noch nicht erreichten Maße eingeleitet. Sie muß auf der Grundlage dieser Auffassung immer mehr vertieft und erhärtet werden. Dies ist das Ziel der nationalsozialistischen Erziehung unseres Volkes.

Die militärische Auswertung soll durch die neue Armee erfolgen. *Das Ausmaß und das Tempo der militärischen Auswertung unserer Kräfte können nicht groß und nicht schnell genug gewählt werden! ... Wenn es uns nicht gelingt, in kürzester Frist die deutsche Wehrmacht in der Ausbildung, in der Aufstellung der Formationen, in der Ausrüstung und vor allem auch in der geistigen Erziehung zur ersten Armee der Welt zu entwickeln, wird Deutschland verloren sein! ...*

Die wirtschaftliche Lage Deutschlands

So wie die politische Bewegung in unserem Volk nur ein Ziel kennt, die Lebensbehauptung unseres Volkes und Reiches zu ermöglichen, d.h. alle geistigen und sonstigen Voraussetzungen für die Selbstbehauptung unseres Volkes sicherzustellen, so hat auch die Wirtschaft nur diesen einen Zweck. Das Volk lebt nicht für die Wirtschaft oder für die Wirtschaftsführer, Wirtschafts- oder Finanztheorien, sondern die Finanz und die Wirtschaft, die Wirtschaftsführer und alle Theorien haben ausschließlich diesem Selbstbehauptungskampf unseres Volkes zu dienen. Die wirtschaftliche Lage Deutschlands ist aber, in kürzesten Umrissen gekennzeichnet, folgende:

1. Wir sind übervölkert und können uns auf der eigenen Grundlage nicht ernähren ...

4. Zahlreiche Produktionen können ohne weiteres erhöht werden. Das Ergebnis unserer landwirtschaftlichen Produktion kann eine wesentliche Steigerung nicht mehr erfahren. Ebenso ist es uns unmöglich, einzelne Rohstoffe, die uns in Deutschland fehlen, zur Zeit auf einem künstlichen Wege herzustellen oder sonst zu ersetzen.

5. Es ist aber gänzlich belanglos, diese Tatsachen immer wieder festzustellen, d. h. festzustellen, daß uns Lebensmittel oder Rohstoffe fehlen, sondern es ist entscheidend, jene Maßnahmen zu treffen, die für die *Zukunft eine endgültige* Lösung, für den Übergang eine *vorübergehende* Entlastung bringen können.

6. Die endgültige Lösung liegt in einer Erweiterung des Lebensraumes bzw. der Rohstoff- und Ernährungsbasis unseres Volkes. Es ist die Aufgabe der politischen Führung, diese Frage dereinst zu lösen.

7. Die vorübergehende Entlastung kann nur im Rahmen unserer heutigen Wirtschaft gefunden werden ...

Kurz zusammengefaßt: Ich halte es für notwendig, daß nunmehr mit eiserner Entschlossenheit auf all den Gebieten eine 100%ige Selbstversorgung eintritt, auf denen diese möglich ist ... Ich stelle damit folgende Aufgabe:

I. Die deutsche Armee muß in 4 Jahren einsatzfähig sein.

II. Die deutsche Wirtschaft muß in 4 Jahren kriegsfähig sein.

Zit. nach Wilhelm Treue, Hitlers Denkschrift zum Vierjahresplan 1936, in: Vierteljahrshefte für Zeitgeschichte 3 (1955), S. 204ff.

7. Statistische Daten zur Wirtschaftsentwicklung 1928–1939

a) Entwicklung der Löhne

		1929	1932	1936	1939
Tarif-Stundenlohn	Facharbeiter	101,1	81,6	78,3	79,1 Pfg.
	Hilfsarbeiter	79,4	64,4	62,2	62,8 Pfg.
	Facharbeiterin	63,4	53,1	51,6	51,5 Pfg.
	Hilfsarbeiterin	52,7	43,9	43,4	44,0 Pfg.
Brutto-Stundenlohn Industriearbeiter		0,96	0,73	0,74	0,81 RM
Brutto-Wochenlohn Industriearbeiter		28,40	20,83	24,94	28,08 RM
Brutto-Monatslohn Angestellter		207,–	182,–	199,–	231,– RM

b) Entwicklung der Renten

Durchschnittliche Monatsrenten	1931	1933	1936	1938	1939
Sozialrentner-Fürsorge RM	18,47	16,22	16,37	17,05	16,96
Invaliden-Witwenrente RM	23,40	21,10	19,30	19,–	19,20
Invalidenrente RM	37,20	33,40	30,90	31,25	32,10
Angestelltenrente RM	65,51	56,98	54,69	54,01	68,46

c) Entwicklung der Lebenshaltungskosten

Amtlicher Index 1913/14 = 100	1929	1932	1933	1935	1936	1939
Gesamt	154,0	120,6	118,0	123,0	124,5	126,2
Ernährung	155,7	115,5	113,3	120,4	122,4	122,8
Kleidung	172,0	112,2	106,7	117,8	120,3	133,3

d) Entwicklung des Pro-Kopf-Verbrauchs pro Jahr

	Fleisch (kg)	Eier (Stück)	Milch (l)	Butter (kg)
1929	44,9	144	117	8,0
1932	42,1	138	105	7,5
1936	45,0	117	114	8,5
1939	48,5	124	103	9,2

	Fette (kg)	Kartoffeln	Gemüse	Obst	Bohnenkaffee
1929	18,8	172,0	51,0	40,8	2,2
1932	20,4	191,0	47,3	38,8	2,0
1936	17,9	170,8	52,0	29,2	2,4
1939	18,0	188,7	47,0	20,3	1,5

e) Verbrauch eines durchschnittlichen Vier-Personen-Arbeiterhaushalts pro Jahr

	Fleisch (kg)	Eier (Stück)	Milch (l)	Butter (kg)	
1928	146,5	472	481	17,9	
1937	118,5	258	358	19,1	
	Fette (kg)	Kartoffeln	Gemüse	Obst	Bohnenkaffee
1928	55,4	507,8	127,3	96,2	–
1937	37,3	530,3	117,8	64,9	–

f) Entwicklung der Rüstungsausgaben

Anteil an den öffentlichen Investitionen

1933 23% (720 Mill.)	1935 56% (5,15 Mrd.)	1937 70% (10,8 Mrd.)
1934 49% (3,3 Mrd.)	1936 68% (9 Mrd.)	1938 74% (15,5 Mrd.)

Zit. nach Statistisches Handbuch von Deutschland 1928–1944, München 1949, S. 463; 472f.; 488ff. und René Erbe, Die nationalsozialistische Wirtschaftspolitik 1933–1939 im Lichte der modernen Theorie, Zürich 1958, S. 109

8. Hitler und die Großindustrie

Warum sich die mächtigsten Herren des nationalsozialistischen Deutschland von ihren Mittelstandsideologen distanzierten, ist nicht schwer zu erkennen. Das zentrale Ziel ihrer Wirtschaftspolitik ließ sich nicht mit einem ständisch geordneten, idyllisch und kleinstädtisch orientierten Kleingewerbe und Kleinhandel erreichen. Der durch Inflation und Depression verstörte Kleinbürger ohne politischen Horizont war recht gewesen, das Reservoir der Unzufriedenen zu füllen. Für die Vorbereitung und Führung eines Angriffskrieges gegen die „bolschewistische Gefahr" war er kaum geeignet. Dazu brauchte es des Einsatzes der Großindustrie und ihrer beiden Sozialpartner, der Unternehmer und der Arbeiter. Die Unternehmer, besonders die Großindustriellen, konnten sich bei Hitler im Gegensatz zu vielen anderen Berufsgruppen – den Diplomaten, Juristen oder Lehrern z.B. – stets einer gewissen Hochachtung erfreuen. Wieweit das darauf beruht, daß einzelne Großindustrielle wie Thyssen seiner Partei in kritischen Zeiten finanziell unter die Arme gegriffen hatten, kann hier dahingestellt bleiben. Wichtiger war wohl die Überzeugung, daß im Unternehmerischen, so wie er es verstand, etwas seinem Wesen Verwandtes steckte, das Wagende, kühn Projektierende, Glücksspielerische, und das Bewußtsein, daß er diesen Menschentyp bei der Durchführung seiner Pläne brauchte. Jedenfalls ließ er zur Enttäuschung seiner sozialrevolutionären Parteigenossen der Industrie sehr viel freiere Hand als den anderen Wirtschaftsgruppen. Schon die Gleichschaltung der großen Unternehmerverbände vollzog sich sehr viel weicher als beim Bauern- oder Mittelstand. Die das Regieren gewohnten Unternehmer verstanden es auch am geschicktesten, ein eigenes Gesicht zu wahren und bei der Übernahme der nationalsozialistischen Terminologie manches aus ihrer Tradition zu retten. Schon die personelle Durchdringung mit Nationalsozialisten ging hier nicht soweit; denn die großen Namen wie Krupp, Siemens, Bosch und Borsig flößten selbst Hitler Achtung ein und bildeten nach dem Zeugnis des Justitiars des Reichsverbandes der deutschen Industrie zunächst einen „Schutzring um die feste Burg der Industrie". Auch verstand der ehemalige Berufsdiplomat Krupp von Bohlen und Halbach als Präsident des Reichsverbandes sehr viel besser die Kunst des Verhandelns als die Vertreter der Interessen des Mittelstandes, der Bauern oder der Arbeiter . . . Doch auch hier kam es zur Einführung des Führerprinzips, zur Aufgabe der jüdischen Vorstandsmitglieder und zu einer Verschmelzung des Reichsverbandes der deutschen Industrie mit der Vereinigung deutscher Arbeitgeberverbände zum „Reichsstand der deutschen Industrie".

Aus: Wolfram Fischer, Die Wirtschaftspolitik des Nationalsozialismus, a. a. O., S. 38f.

9. Das System der Mefo-Wechsel

Die Technik der Rüstungsfinanzierung hat seit langem das in- und ausländische Interesse wachgerufen. Manche Spekulation hat sich um sie gerankt und vor allem auf die Person des Reichsbankpräsidenten Dr. Schacht und sein System der Mefowechsel konzentriert. In Wirklichkeit wurden die größten Teile des Aufrüstungsprogramms über den, allerdings teilweise geheimgehaltenen Reichshaushalt abgewickelt. Schachts Finanzierung war jedoch besonders während der Anlaufzeit wichtig und verdient daher besondere Beachtung. Sie bestand im wesentlichen darin, daß ein Teil der Rüstungsausgaben mit Hilfe fingierter Handelswechsel bezahlt wurde, um ihre Höhe zu verschleiern und um das Reichsbankgesetz zu umgehen, das den Kredit an das Reich auf wenige hundert Millionen beschränkt hatte. Zu diesem Zweck gründeten Reichsbank und Reichswehrministerium die Metallurgische Forschungs-GmbH. Als Gesellschafter fungierten zwar die vier Rüstungsfirmen Krupp, Siemens, Deutsche Werke und Rheinmetall mit einem Stammkapital von je 250000 RM, der Vorstand bestand jedoch aus je einem Vertreter der beiden Ministerien, und das Personal wurde von der Reichsbank gestellt, was die Geheimhaltung sehr erleichterte. Firmen, die Ansprüche auf Zahlung von Rüstungsausgaben hatten, zogen auf diese Scheinfirma Wechsel, die, mit dem Akzept der „Mefo" und einer Reichsgarantie versehen, bei den Banken als Handelswechsel diskontiert und bei der Reichsbank wie jeder Handelswechsel rediskontiert werden konnten. Nach dem Bankgesetz, das eine teilweise Deckung des Notenumlaufs durch Handelswechsel vorsah, konnten die Mefowechsel daher zur Erweiterung des Geldumlaufs beitragen. Waren sie so juristisch gesehen Handelswechsel, die auch statistisch nicht getrennt von den echten Handelswechseln ausgewiesen wurden, so waren sie in Wirklichkeit – zumal sie bis zu fünf Jahren prolongiert werden konnten – mittelfristige Finanzwechsel, deren volkswirtschaftlicher Effekt in einer Kreditschöpfung bestand. Die Technik glich also der der Arbeitsbeschaffungswechsel, lediglich mit dem Unterschied, daß deren Akzeptstellen echte öffentliche Finanzierungsinstitute waren. Durch einen ebenso einfachen wie raffinierten, mehr moralisch als juristisch anfechtbaren Akt war somit der Anfang zu einer „geräuschlosen" Finanzierung der Aufrüstung gemacht.
In ihrer genauen Höhe waren die Mefowechsel übrigens außer Schacht nur dem Reichswehrminister, nicht aber dem Finanzminister bekannt.
Mit ihren 12 Milliarden RM betrug ihr Anteil an den gesamten Rüstungsausgaben bis zum

Kriegsbeginn 20%. Am Anfang war er jedoch sehr viel höher. Im Etatjahr 1934/35 erreichte er mit 2,1 Milliarden bei insgesamt 4,1 Milliarden 51,2%. Auch in den nächsten beiden Jahren betrug der Anteil der Mefowechsel noch mehr als 40%, um dann im letzten Jahr ihrer Ausgabe auf knapp unter 25% zu sinken.
Man kann daher mit Recht sagen, daß die Mefowechsel zur Ankurbelung der Wirtschaft erheblich beigetragen haben, wenn später auch auf andere Weise noch wesentlich mehr Mittel zur Finanzierung von Rüstung und Krieg beschafft wurden. Da sie vom Reich verbürgt waren, kam nur ein Teil der Mefowechsel zum Rediskont an die Reichsbank, der Rest lief in der Wirtschaft um. Sie erzeugten so wohl eine Kredit-, aber nur zum Teil eine Geldschöpfung. Während der außenpolitischen Krise des Jahres 1938 reichte die Wirtschaft aber mehr als 2 Milliarden bei der Reichsbank neu ein, so daß deren Portefeuille auf 8 Milliarden oder zwei Drittel der ausgegebenen Mefowechsel stieg.
Schacht hatte von Anfang an eine zwar großartige, aber nicht uferlose Kreditschöpfung im Auge gehabt. Er legte daher größten Wert auf eine feste Begrenzung. Nach eigenen Aussagen hatte er von vornherein mit dem Reichsfinanzminister vereinbart, daß die Ausgabe von Mefowechseln spätestens mit dem Ende des Fiskaljahres 1937/38 aufhören und die Wechsel nach fünfjähriger Laufzeit, also ab 1939, vom Reich entweder eingelöst oder in langfristige Schulden verwandelt werden müßten. Die Begrenzung der Ausgabe konnte er durchsetzen; die Einlösung jedoch nicht.
Die Finanzierung der Aufrüstung war inzwischen infolge der wachsenden Liquidität der Wirtschaft teils auf langfristige Anleihen des Reiches bei den Kreditinstituten, besonders den Sparkassen, teils auf die sog. Lieferschatzanweisungen umgestellt worden, die die Nachfolge der Mefowechsel antraten. Sie hatten eine Laufzeit von 6 Monaten und konnten von der Reichsbank lombardiert (aber nicht diskontiert) werden. Seit dem Frühjahr 1939 traten dazu noch Steuergutscheine, mit denen öffentliche Auftraggeber 40% ihrer Zahlungen leisten konnten. Gesetzliche Hemmungen, die bisher bestanden hatten, wurden durch Änderungen des Reichsbankgesetzes beseitigt. Damit verlor die Reichsbank die beiden Sicherungen, die ihr nach den Erfahrungen der Inflation mitgegeben worden waren: die Unabhängigkeit gegenüber der Regierung und die strenge Beschränkung in der Kreditgewährung an das Reich. Der Grund zu einer zweiten Inflation war gelegt.
Das Ausmaß der Geldvermehrung zeigt sich besonders am Wachstum der Schulden des Deutschen Reiches. Sie stiegen von knapp 12 Milliarden Ende 1932 auf 42 Milliarden Ende 1938, d.h. um das 3,4fache. Allein im Jahr 1939 nahmen sie um 10 Milliarden zu. Im Durchschnitt der fünf ersten Jahre des nationalsozialistischen Regimes machte ihre Zunahme rd. 10% des Volkseinkommens aus. Der größte Teil der Erhöhung fiel dabei auf die schwebende Schuld, nämlich fast 17 Milliarden ... Das volkswirtschaftlich Gefährliche dieser Verschuldung war dabei nicht die absolute Höhe. Nachdem die Reichsschuld in der Inflation praktisch gelöscht und vor 1933 niedrig gehalten worden war, hatte sie 1938 noch nicht den Stand der französischen oder englischen erreicht. Das Gefährliche war das Tempo, in dem sie zunahm, und die Technik, mit der sie finanziert wurde. Da sie der Aufrüstung diente, mußte sie größtenteils geheimgehalten oder vertuscht werden. So wußten wohl die Eingeweihten Bescheid, aber kaum ein deutscher Sparer ahnte, daß seine Spargroschen von den Sparkassenzentralen in Reichschuldverschreibungen angelegt werden mußten, die der Aufrüstung und später der Kriegsfinanzierung dienten.

Aus: Wolfram Fischer, a. a. O., S. 25ff.

10. Die Kirchenpolitik: Taktik und Wirklichkeit

a) Aus Hitlers Reichstagsrede vom 23. 3. 1933

Indem die Regierung entschlossen ist, die politische und moralische Entgiftung unseres öffentlichen Lebens durchzuführen, schafft und sichert sie die Voraussetzung für eine wirklich tiefe, innere Religiosität ...
Die nationale Regierung sieht in den beiden christlichen Konfessionen wichtige Faktoren der Erhaltung unseres Volkstums. Sie wird die zwischen ihnen und den Ländern abgeschlossenen Verträge respektieren; ihre Rechte sollen nicht angetastet werden. Sie erwartet aber und hofft, daß die Arbeit an der nationalen und sittlichen Erhebung unseres Volkes, die sich die Regierung zur Aufgabe gestellt hat, umgekehrt die gleiche Würdigung erfährt. Sie wird allen anderen Konfessionen in objektiver Gerechtigkeit gegenübertreten. Sie kann aber niemals dulden, daß die Zugehörigkeit zu einer bestimmten Konfession oder einer bestimmten Rasse eine Entbindung von allgemeingesetzlichen Verpflichtungen sein könnte oder gar ein Freibrief für straflose Begehung oder Tolerierung von Verbrechen.
Die nationale Regierung wird in Schule und Erziehung den christlichen Konfessionen den ihnen zukommenden Einfluß einräumen und sicherstellen. Ihre Sorge gilt dem aufrichtigen Zusammenleben zwischen Kirche und Staat.

Zit. nach Schönbrunn, a.a.O., S. 324

b) Aus einer Rede des Reichsinnenministers Frick vom 7. 7. 1935

Wir Nationalsozialisten fordern die Entkonfessionalisierung des gesamten öffentlichen Lebens. Was hat es für einen Sinn, daß es noch katholische Beamtenvereine gibt? Wir wollen keine katholischen und keine protestantischen Beamten, wir wollen deutsche Beamte. Was soll eine katholische Tagespresse? Wir brauchen keine katholische und keine protestantische, sondern eine deutsche Tagespresse. Auch die katholischen berufsständischen Vereine, Gesellenvereine und die katholischen Jugendverbände passen nicht mehr in unsere heutige Zeit. Diese Organisationen betätigen sich vielfach auf Gebieten, die der nationalsozialistische Staat zur Erfüllung seiner Aufgaben für sich allein in Anspruch nehmen muß. Alle diese Dinge sind geeignet, die deutsche Volksgemeinschaft zu stören. Diese deutsche Volksgemeinschaft aber, die Adolf Hitler nach fünfzehnjährigem Kampf um die Seele des Deutschen geschaffen hat, lassen wir von niemandem mehr zerstören.

Zit. nach Walther Hofer, Der Nationalsozialismus – Dokumente, a.a.O., S. 128

c) Aus einem Bericht über die Beschlagnahme des Dominikanerklosters in Retz (Niederösterreich) vom September 1940

Donnerstag, den 12. September 1940, nachmittags, erschien unter Anführung des Herrn Kreisleiters Schuster aus Hollabrunn eine Kommission aus fünf Personen (darunter der Bürgermeister der Stadt Retz, Fenk, und der Ortsgruppenführer der NSDAP, Diwisch) und verlangte die Besichtigung der freien Räumlichkeiten des Klostergebäudes. Nach eingehender Besichtigung des ganzen Klosters verabschiedeten sich die Herren, ohne einen Grund dieser Besichtigung angegeben zu haben.
Freitag vormittag zwischen 10 und halb 11 Uhr kam Herr Gendarmerie-Inspektor Thal-

hammer ins Kloster mit dem Bescheid, es sei vom Landrat Hollabrunn der Befehl gekommen, das ganze Kloster müsse bis abends 6 Uhr des gleichen Tages geräumt sein; um diese Zeit würden die Schlüssel übernommen; die Insassen mögen schauen, wo sie unterkommen könnten; die Privatsachen könnten sie mitnehmen.

Zit. nach Johann Neuhäusler, Kreuz und Hakenkreuz. Der Kampf des Nationalsozialismus gegen die katholische Kirche und der kirchliche Widerstand, 2. Aufl. München 1946, 1. Teil, S. 155

d) Aus einem Rundschreiben des NSDAP-Reichsleiters Bormann an die Gauleitungen vom 9. 6. 1941

Nationalsozialistische und christliche Auffassungen sind unvereinbar. Die christlichen Kirchen bauen auf der Unwissenheit der Menschen auf und sind bemüht, die Unwissenheit möglichst weiter Teile der Bevölkerung zu erhalten, denn nur so können die christlichen Kirchen ihre Macht bewahren. Demgegenüber beruht der Nationalsozialismus auf wissenschaftlichen Fundamenten. Das Christentum hat unveränderliche Grundsätze, die vor fast zweitausend Jahren gesetzt und immer mehr zu wirklichkeitsfremden Dogmen erstarrt sind. Der Nationalsozialismus dagegen muß, wenn er seine Aufgabe auch weiterhin erfüllen soll, stets nach den neuesten Erkenntnissen der wissenschaftlichen Forschungen ausgerichtet werden ...

Nur die Reichsführung und in ihrem Auftrage die Partei, ihre Gliederungen und angeschlossenen Verbände haben ein Recht zur Volksführung. Ebenso wie die schädlichen Einflüsse der Astrologen, Wahrsager und sonstigen Schwindler ausgeschaltet und durch den Staat unterdrückt werden, muß auch die Einflußmöglichkeit der Kirche restlos beseitigt werden. Erst wenn dies geschehen ist, hat die Staatsführung den vollen Einfluß auf die einzelnen Volksgenossen. Erst dann sind Volk und Reich für alle Zukunft in ihrem Bestande gesichert.

Zit. nach Friedrich Zipfel, Kirchenkampf in Deutschland 1933–1945, Berlin 1965, S. 512ff.

11. Antisemitische Gesetzgebung

a) „Reichsbürgergesetz“ und „Gesetz zum Schutze des deutschen Blutes und der deutschen Ehre“ vom 15. 9. 1935 (sog. Nürnberger Gesetze)

Reichsbürgergesetz

Der Reichstag hat einstimmig das folgende Gesetz beschlossen, das hiermit verkündet wird:

§ 1: (1) Staatsangehöriger ist, wer dem Schutzverband des Deutschen Reiches angehört und ihm dafür besonders verpflichtet ist.

(2) Die Staatsangehörigkeit wird nach den Vorschriften des Reichs- und Staatsangehörigkeitsgesetzes erworben.

§ 2: (1) Reichsbürger ist nur der Staatsangehörige deutschen oder artverwandten Blutes, der durch sein Verhalten beweist, daß er gewillt und geeignet ist, in Treue dem Deutschen Volk und Reich zu dienen.

(2) Das Reichsbürgerrecht wird durch Verleihung des Reichsbürgerbriefes erworben.

(3) Der Reichsbürger ist der alleinige Träger der vollen politischen Rechte nach Maßgabe der Gesetze.

§ 3: Der Reichsminister des Innern erläßt im Einvernehmen mit dem Stellvertreter des Führers die zur Durchführung und Ergänzung des Gesetzes erforderlichen Rechts- und Verwaltungsvorschriften.

Nürnberg, den 15. September 1935,
am Reichsparteitag der Freiheit.

Der Führer und Reichskanzler
gez. *Adolf Hitler*
Der Reichsminister des Innern
gez. *Frick*

Gesetz zum Schutze des deutschen Blutes und der deutschen Ehre

Durchdrungen von der Erkenntnis, daß die Reinheit des deutschen Blutes die Voraussetzung für den Fortbestand des Deutschen Volkes ist, und beseelt von dem unbeugsamen Willen, die Deutsche Nation für alle Zukunft zu sichern, hat der Reichstag einstimmig das folgende Gesetz beschlossen, das hiermit verkündet wird:

§ 1: (1) Eheschließungen zwischen Juden und Staatsangehörigen deutschen oder artverwandten Blutes sind verboten. Trotzdem geschlossene Ehen sind nichtig, auch wenn sie zur Umgehung dieses Gesetzes im Ausland geschlossen sind.

(2) Die Nichtigkeitsklage kann nur der Staatsanwalt erheben.

§ 2: Außerehelicher Verkehr zwischen Juden und Staatsangehörigen deutschen oder artverwandten Blutes ist verboten.

§ 3: Juden dürfen weibliche Staatsangehörige deutschen oder artverwandten Blutes unter 45 Jahren in ihrem Haushalt nicht beschäftigen.

§ 4: (1) Juden ist das Hissen der Reichs- und Nationalflagge und das Zeigen der Reichsfarben verboten.

(2) Dagegen ist ihnen das Zeigen der jüdischen Farben gestattet. Die Ausübung dieser Befugnis steht unter staatlichem Schutz.

§ 5: (1) Wer dem Verbot des § 1 zuwiderhandelt, wird mit Zuchthaus bestraft.

(2) Der Mann, der dem Verbot des § 2 zuwiderhandelt, wird mit Gefängnis oder mit Zuchthaus bestraft.

(3) Wer den Bestimmungen der §§ 3 oder 4 zuwiderhandelt, wird mit Gefängnis bis zu einem Jahr und mit Geldstrafe oder mit einer dieser Strafen bestraft.

§ 6: Der Reichsminister des Innern erläßt im Einvernehmen mit dem Stellvertreter des Führers und dem Reichsminister der Justiz die zur Durchführung und Ergänzung des Gesetzes erforderlichen Rechts- und Verwaltungsvorschriften.

§ 7: Das Gesetz tritt am Tage nach der Verkündung, § 3 jedoch erst am 1. Januar 1936 in Kraft.

Nürnberg, den 15. September 1935, am Reichsparteitag der Freiheit.

Der Führer und Reichskanzler
gez. *Adolf Hitler*

Der Reichsminister des Innern
gez. *Frick*

Der Reichsminister der Justiz
gez. *Dr. Gürtner*

Der Stellvertreter des Führers
gez. *R. Heß*
Reichsminister ohne Geschäftsbereich

Zit. nach Jacobsen-Jochmann, a. a. O., D, S. 1 f.

b) Die Nürnberger Gesetze und Hitlers Antisemitismus

Bei oberflächlicher Betrachtung der Gesamtlage der deutschen Juden vor Erlaß der Nürnberger Gesetze mögen diese wie die formale Sanktionierung eines bereits bestehenden Zustandes erscheinen. Überdies schränkten ihre Ausführungsbestimmungen (nach heftigen internen Kämpfen) den betroffenen Personenkreis insofern ein, als sie im Gegensatz zu dem Gesetz zur Wiederherstellung des Berufsbeamtentums von 1933 nicht ohne weiteres auch für Viertel- und Halbjuden („Mischlinge") galten. Damit wurden freilich Dreivierteljuden und Volljuden um so wirksamer von den Gesetzen betroffen. Tatsächlich machten diese die Juden und „Geltungsjuden" endgültig zu Personen (gelinde gesagt) minderen Rechts und erhoben damit zu Norm und Regel, was sich bisher vielen Deutschen immer noch als eine Art Provisorium dargestellt haben mochte, das ihnen Verstöße gegen die von der Partei betriebene Ächtung jedes einzelnen Juden erleichterte. Aus historischer Rückschau kann kein Zweifel daran bestehen, daß die gesellschaftliche Isolierung und moralische Brandmarkung der Juden, wie sie hier eine *Gesetzgebung* – nach rein biologischen Kriterien – unternahm oder doch besiegelte, den späteren radikalen Verfolgungsmaßnahmen der Parteiführung psychologisch Vorschub geleistet hat, für welche diese Gesetze nur eine Etappe ihrer Judenpolitik bedeuteten. Gleichwohl neigten manche Zeitgenossen einschließlich der ministeriellen Sachbearbeiter zu der Meinung, mit den Nürnberger Gesetzen habe diese Politik gleichsam einen krönenden Abschluß gefunden, beziehungsweise es sei damit eine wenn auch unbefriedigende „gesetzliche" Regelung eines durch Hetze und Übergriffe „chaotisch gewordenen Zustandes" erreicht. Hatte doch bereits das Programm der NSDAP den Juden die Fähigkeit abgesprochen, deutsche Volksgenossen zu sein, und gefordert, die Juden unter „Fremdengesetzgebung" zu stellen. Längst war denn auch eine entsprechende Regelung erwogen, war jedoch wieder vertagt worden, um schließlich auf Hitlers Wunsch überstürzt ausgearbeitet und dem Reichstag präsentiert zu werden – so daß die Gesetze in etwa als Erfüllung des Parteiprogramms aufgefaßt werden konnten. Ohne gerade dies irgendwie anzuerkennen, gab doch auch Hitler selbst aus naheliegenden taktischen Gründen seinen Maßnahmen geflissentlich eine euphemistische Verbrämung. Bombastisch erklärte er vor dem Reichstag, die Reichsregierung sei bei ihrem Vorgehen „beherrscht von dem Gedanken, durch eine einmalige säkulare Lösung vielleicht doch . . . ein erträgliches Verhältnis zum jüdischen Volk herstellen zu können". Freilich – so fügte er vielsagend bereits hinzu – müßte „im Falle des abermaligen Scheiterns" das Problem „dann durch Gesetz zur endgültigen Lösung der Nationalsozialistischen Partei übertragen werden"! Wie Hitler in Wahrheit sich die weitere Entwicklung vorstellte, lassen Äußerungen ahnen, die er im engsten Kreise nach dem Parteitag tat und die in bezug auf die Juden lauteten: „Heraus aus allen Berufen, Ghetto, eingesperrt in ein Territorium, wo sie sich ergehen können, wie es ihrer Art entspricht, während das deutsche Volk zusieht, wie man wilde Tiere sich ansieht." Innerste Einstellung und infernalische Konsequenz seiner Judenpolitik aber demonstrieren vielleicht kaum jemals wieder mit solch schauerlicher Eindeutigkeit Wortlaut und Ton noch unveröffentlichter Ausführungen Hitlers vor den Kreisleitern der Partei vom 29. April 1937. Auf einen Artikel einer Provinzzeitung Bezug nehmend, in dem der Redakteur die Kennzeichnung der jüdischen Geschäfte „gefordert" hatte, bemerkte Hitler: „Von wem fordert er das? Wer kann das anordnen? Ich ganz allein. Also, der Herr Redakteur fordert im Namen seiner Leser von mir, daß ich das tue. Zunächst: Längst bevor dieser Redakteur von der

Judenfrage eine Ahnung hatte, habe ich mich doch schon sehr gründlich damit beschäftigt; zweitens, dieses Problem der Kennzeichnung wird seit zwei, drei Jahren fortgesetzt erwogen und wird eines Tages so oder so natürlich auch durchgeführt. Denn: das Endziel unserer ganzen Politik ist uns ja allen ganz klar. Es handelt sich bei mir nur immer darum, keinen Schritt zu machen, den ich vielleicht wieder zurück machen muß, und keinen Schritt zu machen, der uns schadet. Wissen Sie, ich gehe immer an die äußerste Grenze des Wagnisses, aber auch nicht darüber hinaus. Da muß man nun die Nase haben, ungefähr zu riechen: ‚Was kann ich noch machen, was kann ich nicht machen?' Auch im Kampf gegen einen Gegner. Ich will ja nicht gleich einen Gegner mit Gewalt zum Kampf fordern, ich sage nicht: ‚Kampf!', weil ich kämpfen will, sondern ich sage [und nun immer lauter schreiend]: ‚Ich will dich vernichten! Und jetzt, Klugheit, hilf mir, Dich so in die Ecke hineinzumanövrieren, daß Du zu keinem Stoß mehr kommst, und dann kriegst Du den Stoß ins Herz hinein.'"

Es entsprach solcher Einstellung wie zugleich jener hemmungslosen „Konsequenz" moralischer Diskriminierung der Juden, die längst auch gegenüber jüdischen Kindern in deutschen Schulen propagiert wurde, wenn im Herbst 1935 auch ein Erlaß erging, bei der Errichtung neuer Denkmäler für die Gefallenen des Ersten Weltkrieges die Namen jüdischer Gefallener nicht mehr aufzuführen. „Großzügig" fügte man hinzu, auf bereits vorhandenen Denkmälern brauchten ihre Namen nicht entfernt zu werden. Dies genügte manchen Funktionären, um ihrerseits ein übriges zu tun und die Namen der jüdischen Gefallenen „herauszukratzen", wie kein Geringerer als *Theodor Heuss* für seine Heimatstadt mit den Worten bezeugt hat:

„Das war mein schlimmstes Erkennen und Erschrecken, daß die Ehrfurcht vor dem Tode, dem einfachen Kriegstode untergegangen war, während man schon an neue Kriege dachte."

Aus: Helmut Krausnick, Judenverfolgung, in: Anatomie des SS-Staates, Bd. II, Freiburg 1965, S. 324 ff., und München (dtv Nr. 463)

12. Die Reichskristallnacht vom 9. November 1938

„Die Judenfrage", so forderte Göring am 14. Oktober in einer Besprechung über den Vierjahresplan im Reichsluftfahrtministerium, „müsse jetzt mit allen Mitteln angefaßt werden, denn sie müßten aus der Wirtschaft raus". Das war jetzt vor allem der glühende Wunsch der radikaleren Antisemiten der Partei. Mit legalen Mitteln im Rahmen der bisherigen Ausnahmegesetzgebung ließ sich ein entscheidender Schlag gegen die wirtschaftliche Position der Juden aber schwer führen. Doch war die von den Radikalen erstrebte Ausschaltung der Juden aus dem deutschen Leben eben solange nicht vollendet, als Juden sich noch in der Wirtschaft betätigten! Eine entsprechende Aktion lag nach „München" in der Luft, man suchte wohl nur noch einen äußeren Anlaß.

Da bot das Attentat des 17jährigen Juden Grünspan auf den Legationssekretär vom Rath in Paris am 7. November die erwünschte Handhabe. „Es ist klar", so schrieb der Völkische Beobachter bereits am Tage darauf, „daß das deutsche Volk aus dieser neuen Tat seine Folgerungen ziehen wird." Am Abend des 9. November 1938 gab der Reichspropagandaminister Dr. Goebbels das Stichwort. Durch eine Hetzrede vor den Partei- und SA-Führern, die zur alljährlichen Feier des 9. November 1923 im Münchener Alten Rathaus versammelt waren, löste er den Judenpogrom aus, der unter der heute euphemistisch erscheinenden, von ihren Berliner Erfindern jedoch bitter ironisch-kritisch gemeinten Bezeichnung „Reichskristallnacht“ seitdem den deutschen Namen belastet. Wie raffiniert Goebbels die Aktion veranlaßte, ohne sie direkt zu befehlen, zeigt der erhalten gebliebene Bericht des Obersten Parteigerichts an Göring, in dem es heißt: „Die mündlich gegebenen Anweisungen des Reichspropagandaleiters sind wohl von sämtlichen anwesenden Parteiführern so verstanden worden, daß die Partei nach außen nicht als Urheber der Demonstrationen in Erscheinung treten, sie in Wirklichkeit aber organisieren und durchführen sollte.“ Und Hitler selbst war Mitwisser, ja verantwortlicher Urheber der vorgeblich „spontanen Reaktion des deutschen Volkes“, obwohl er sich im Hintergrund zu halten verstand. Hitlers intellektuelle Urheberschaft ist nicht nur vom damaligen Reichspressechef und anderen Eingeweihten bezeugt worden, sondern hat auch in seinem Eintreten für den sogar von Partei und SS angegriffenen Goebbels Ausdruck gefunden. Sie ergibt sich deutlich genug schon aus der weiteren Feststellung im Bericht des Obersten Parteigerichts: „Der Führer habe auf seinen [Goebbels'] Vortrag entschieden, daß derartige Demonstrationen von der Partei weder vorzubereiten noch zu organisieren seien. Soweit sie spontan entstünden, sei ihnen aber auch nicht entgegenzutreten.“ Daraufhin wurden fast in ganz Deutschland die Synagogen in Brand gesteckt, über 7000 jüdische Geschäfte zerstört, dennoch den Juden die Zahlung einer Buße von zunächst 1 Milliarde, schließlich insgesamt 1¼ Milliarden Mark auferlegt, dazu die Wiedergutmachung der angerichteten Schäden bei staatlicher Beschlagnahme der ihnen von den Versicherungsgesellschaften (von Rechts wegen) auszuzahlenden Entschädigung. In einem Schnellbrief an Göring vom 11. November meldete Heydrich den Tod von 36 Juden – das Oberste Parteigericht zählte später jedoch 91 „Tötungen“, wie es dies formulierte. Die Täter gingen straffrei aus, sofern sie nicht „Rassenschande“ verübt oder gegen die „Disziplin“ verstoßen hatten, und das Parteigericht motivierte diese milde Behandlung u.a. mit einer Äußerung von Goebbels, aus welcher der Schluß gezogen werden müsse, daß der einzelne Täter damals „den zwar unklar zum Ausdruck gebrachten, aber richtig erkannten Willen der *Führung* in die Tat umgesetzt“ habe!

Aus: Helmut Krausnick, a. a. O., S. 333ff.

I. Die nationalsozialistische Außenpolitik 1933–1939

Übersicht

1933	Oktober: Austritt Deutschlands aus dem Völkerbund, womit Hitler seine Ablehnung einer Politik kollektiver Sicherheit bekundet. Für die Möglichkeit uneingeschränkter Aufrüstung nimmt Hitler die Gefahr der Isolierung in Kauf.
1934	Januar: Hitler liefert mit dem Abschluß des deutsch-polnischen Nichtangriffspakts die Probe aufs Exempel der Politik zweiseitiger Verträge. Die Verständigung mit Polen wird als Überraschung empfunden, da Polen bisher von deutscher Seite als Hauptnutznießer der territorialen Verluste durch den Versailler Vertrag betrachtet wurde.
1935	Juni: Abschluß des deutsch-englischen Flottenabkommens, mit dem England ein wechselseitiges Flottenwettrüsten wie vor dem Ersten Weltkrieg verhindern und Hitler sich die gewünschte Rückendeckung für seine geplante Ostaktivität sichern will. Festlegung der deutsch-englischen Flottenstärken auf das Verhältnis von 35 : 100.

1935	Oktober 1935 bis Mai 1936: Eroberung Abessiniens durch italienische Truppen. Die Westmächte antworten mit wirtschaftlichen Sanktionen und diplomatischen Protesten. Deutschland wahrt nicht nur wohlwollende Neutralität, sondern gewährt wirtschaftlich-militärische Unterstützung. Beginn der deutsch-italienischen Zusammenarbeit in der Außenpolitik.
1936	März: Einmarsch deutscher Truppen in die entmilitarisierte Zone des Rheinlands. Darin liegt ein eigenmächtiger Bruch der Vereinbarungen von Locarno. Den Vertragsbruch, auf den die Westmächte mit diplomatischen Protesten reagieren, schirmt Hitler durch das Angebot von Nichtangriffspakten (Frankreich, Belgien) ab. Juli: Abkommen zwischen dem Deutschen Reich und Österreich, in dem gegenseitige Nichteinmischung in die inneren Angelegenheiten und die Heranziehung österreichischer Nationalsozialisten zur politischen Verantwortung in Österreich vereinbart werden.
1936–1938	Beteiligung deutscher Truppen (Legion Condor) am Spanischen Bürgerkrieg, einer Armeerevolte unter General Franco gegen die republikanische Links-Regierung. November: Mussolini spricht bei einem Deutschlandbesuch vom Bestehen einer „Achse" Berlin-Rom. Eröffnung einer Periode fortschreitender Annäherung der beiden faschistisch-regierten Länder.
1937	November: Hitler entwickelt vor den Spitzen von Wehrmacht und Marine sein außenpolitisches, auf kriegerische Eroberung abgestelltes Langzeit-Programm (sog. Hoßbach-Niederschrift).
1938	Februar: Umorganisation in der Wehrmachtsspitze, bei der der Reichskriegsminister Blomberg und der Oberbefehlshaber des Heeres Fritsch ihre Ämter verlieren und Hitler Oberbefehlshaber der Wehrmacht wird; Ribbentrop als Nachfolger Neuraths Außenminister. Damit hat Hitler die personellen Voraussetzungen für eine expansive Außenpolitik geschaffen. März: Einmarsch deutscher Truppen in Österreich und Proklamation des Großdeutschen Reiches. Hitler begründet die Intervention, die nach propagandistischer Vorbereitung des „Anschlusses Österreichs" erfolgt, mit einem abgesprochenen Hilferuf seiner angeblich bedrohten Anhänger. Die Westmächte bleiben passiv. April: Beginn der nationalsozialistischen Unterminierung der Tschechoslowakei. Hitler bestellt den Führer der sudetendeutschen Partei Konrad Henlein nach Berlin und ermuntert ihn zu Forderungen der sudetendeutschen Minderheit, die für die Prager Regierung unerfüllbar sind (Karlsbader Programm). September: Der britische Premierminister Chamberlain, Verfechter einer Befriedungspolitik (Appeasement-Politik) gegenüber dem Hitler-Deutschland, schaltet sich ein und bietet sich in persönlichen Unterredungen dem deutschen Diktator als Vermittler in der sog. Sudetenkrise an. Als Hitler jedoch – den Friedenswillen Chamberlains ausnutzend – seine ultimativen Forderungen an die Prager Regierung so in die Höhe schraubt, daß ihre Erfüllung die Auflösung des tschechischen Staates bedeuten würde, scheint der Krieg unvermeidbar. 29.–30. September: Münchener Konferenz der Großmächte Deutschland, Frankreich, England und Italien zur Bereinigung der Sudetenkrise, anberaumt auf englische Initiative durch Vorschlag Mussolinis. Hitler, über die mangelnde Kriegsbereitschaft des

1938	deutschen Volkes tief enttäuscht, dringt mit seinen Ansprüchen im wesentlichen durch: Die sudetendeutschen Gebiete sollen in der Zeit vom 1.–10. 10. 1938 etappenweise von den Tschechen geräumt und von den Deutschen besetzt werden.
1939	März: Einmarsch deutscher Truppen in die Rest-Tschechei, nachdem Hitler zuvor den tschechischen Ministerpräsidenten Hacha unter massiver persönlicher Einschüchterung dazu gezwungen hatte, „das Schicksal des tschechischen Volkes und Landes vertrauensvoll in die Hände des Führers des Deutschen Reiches zu legen". Errichtung des „Protektorats Böhmen und Mähren". Entrüstete Reaktion der Weltöffentlichkeit über die flagrante Verletzung der Münchener Vereinbarungen durch Hitler, der die von ihm selbst proklamierten Grundsätze (territoriale Saturiertheit Deutschlands, Selbstbestimmungsrecht, völkisches Prinzip) verleugnet und seine Glaubwürdigkeit endgültig in Frage stellt. Mai 1939: Abschluß des sog. Stahlpaktes zwischen Italien und Deutschland, einer bedingungslosen Beistandszusicherung für den Fall einer kriegerischen Verwicklung: Blankovollmacht für Offensivpolitik. 23. August: Abschluß eines deutsch-russischen Nichtangriffspakts, der als außenpolitische Sensation ersten Ranges empfunden wird und Hitler die erstrebte Rückendeckung für seinen bereits geplanten Angriff auf Polen verschaffen soll. Vereinbarung wechselseitiger Neutralität und Abgrenzung von Interessensphären für „den Fall einer territorialpolitischen Umgestaltung". Hitler wird in seinem Entschluß einer militärischen Aggression auf Polen durch diesen Vertrag bestärkt. Die Sowjetunion, der die Vereinbarung ein Ausgreifen auf Ostmitteleuropa ermöglicht, übernimmt damit eine Mitverantwortung für die Entfesselung des Zweiten Weltkriegs durch Hitler (1. 9. 1939).

Einführung in die Arbeitsthemen

Es gehört zu den Erstaunlichkeiten in der Geschichte des Nationalsozialismus, daß Hitler gleich nach seiner Machtübernahme begann, die außenpolitischen Zielsetzungen anzustreben, die er Mitte der zwanziger Jahre als Parteiführer und Agitator konzipiert und verkündet hatte. Wesentliche Quelle seiner außenpolitischen Vorstellungen ist – neben seinen zahlreichen Reden aus der Phase des Aufstiegs und neben dem während der Landsberger Haft verfaßten programmatischen Bekenntnisbuch „Mein Kampf" – das vermutlich in das Jahr 1928 gehörende sog. „Zweite Buch", das zu publizieren Hitler nicht mehr für opportun hielt.

In beiden Büchern wird ein imperialistisch-expansives Konzept entwickelt, das „Recht des Stärkeren" als politische Maxime verkündet, der „Anspruch der arischen Herrenrasse" propagiert und der „Lebensraum im Osten" als zukünftiges Objekt der Außenpolitik ins Auge gefaßt. Die „Revision von Versailles" und die Abschüttelung der Deutschland auferlegten machtpolitischen Beschränkungen begreift Hitler von vornherein nur als Etappe, Zwischenspiel und Voraussetzung.

Die essentielle Kontinuität der strategischen Endziele Hitlers – abgeleitet aus einer „völlig durchkonstruierten politischen Philosophie" (H. R. Trevor-Roper) – ist nicht nur anhand seiner späteren praktischen Unternehmungen, sondern auch anhand einer ununterbrochenen Kette von Äußerungen erweisbar. Darüber können auch anderslautende, Frieden und Verständigungsbereitschaft vorspiegelnde Parolen nicht hinwegtäuschen, die der ersten Phase der Hitlerschen Außenpolitik bis etwa Ende 1936 einen so zwiegesichtigen Charakter verleihen. Im Grunde ist Hitler immer er selbst geblieben. Seine Auftritte als friedfertiger Revisionist, als den Krieg verabscheuender und jedem Arrangement zugänglicher Staatsmann waren vor allem aufs Ausland berechnete Täuschungsmanöver, zu deren Bekräftigung er selbst vor ideologisch unvereinbaren Schritten nicht zurückschreckte.

Das Jahr 1936, der gelungene Einmarsch in die entmilitarisierte Rheinlandzone, markiert einen Wendepunkt in der außenpolitischen Taktik Hitlers. Nicht nur bestärkte der wider alle Bedenken der Generäle und Diplomaten errungene Erfolg Hitler darin, allein seiner von einer unterwürfigen Propaganda maßlos verherrlichten Intuition zu vertrauen, sondern er verleitete ihn auch dazu, die Methode des „fait accompli“ für der außenpolitischen Weisheit letzten Schluß zu halten.
Wenngleich er mit dieser brutal-erpresserischen Taktik im Falle der Annexion Österreichs und der Einverleibung der sudetendeutschen Gebiete – dank der auf Beschwichtigung (appeasement) des deutschen Diktators eingestellten friedensorientierten Außenpolitik der Westmächte – „unblutige“ Erfolge davontrug, war absehbar, wann Hitler – wie es der britische Berlin-Botschafter Henderson formulierte – „den Rubikon überschreiten“ würde. Diesen Schritt tat Hitler mit der Zerschlagung der Rest-Tschechei, einer Aktion, die nicht nur einen schwerwiegenden Bruch des Münchener Abkommens darstellte, sondern auch den wahren Charakter seiner imperialistischen Eroberungspolitik enthüllte. Sie zwang zugleich die Westmächte in die Haltung kriegerischer Entschlossenheit, an der auch der Hitlers eigene politische Vergangenheit verleugnende Nichtangriffspakt mit der Sowjetunion nichts zu ändern vermochte. Der Knoten zum Zweiten Weltkrieg war geschürzt.

Arbeitsthemen

1. *Welche Ziele setzt Hitler der Außenpolitik eines völkischen Staates? Welche ideologisch-politischen Argumente führt er zu ihrer Legitimation an? Wo liegen für Hitler die entscheidenden Divergenzen zwischen der „Kolonial- und Handelspolitik der Vorkriegszeit“ und der „Bodenpolitik der Zukunft“? Wie kommt Hitler zu der These, daß das „Riesenreich im Osten reif zum Zusammenbruch“ sei? (Nr. 1a)*
2. *Was versteht Hitler unter „Grenz-“ bzw. „Raumpolitik“? Inwiefern hebt sich sein außenpolitisches Verständnis von dem des Bürgertums ab?*
   Welche möglichen außenpolitischen Zielvorstellungen Deutschlands lehnt Hitler ab und warum? Welche bejaht er und warum? Welche Konsequenzen ergeben sich daraus für eine deutsche Bündnispolitik? (Nr. 1b)
3. *Mit welchen Mitteln suchte Hitler seine Eroberungspolitik vorzubereiten und durchzusetzen? (Nr. 2a)*
4. *Wie weit wird diese Taktik durch Hitlers an die Adresse des Auslands gerichtete Reden vom 17. 5. 1933 und 21. 5. 1935 bestätigt? (Nr. 2b)*
5. *Welche Gründe bestimmten Hitler zum Abschluß des Nichtangriffspakts mit Polen? Inwiefern setzte er dabei das taktische Interesse vor die ideologische Konsequenz? (Nr. 3a)*
6. *Welche Bedeutung kommt dem deutsch-englischen Flottenabkommen vom Juni 1935 zu? Warum läßt es sich als das „erste Epochenereignis der Appeasement-Politik“ bezeichnen? (Nr. 3b)*
7. *Inwiefern läßt der Einmarsch in die entmilitarisierte Rheinlandzone typische Züge von Hitlers außenpolitischer Strategie erkennen? (Nr. 3c)*
8. *In welchem Ausmaß dokumentieren sich in der Hoßbach-Niederschrift Kontinuität und Veränderung im außenpolitischen Programm Hitlers? (Nr. 3d und 3e)*
9. *Inwieweit war Unsicherheit, in die sich auch echtes Friedensbedürfnis und das Gefühl der Rüstungsunterlegenheit mischten, gegenüber den Hitlerschen Plänen und Absichten der Nährboden der Appeasement-Politik? (Nr. 4)*
10. *Mit welchen Regieanweisungen läßt Hitler die Unterminierung des tschechoslowakischen Staates betreiben und die Annexion des Sudetenlandes vorbereiten? (Nr. 5)*
11. *Wie reagierten die Westmächte und die Prager Regierung auf die Karlsbader Forderungen Henleins vom 24. 4. 1938? (Nr. 6)*

12. *Welche Argumente werden zur Ungültigkeit des Münchener Abkommens (vgl. Nr. 7a) von Anfang an ins Feld geführt und welche dagegen? (Nr. 7b)*
13. *Weshalb sah der britische Premierminister Chamberlain in dem Vorgehen Hitlers gegen die Rest-Tschechei eine politische Brüskierung? Welche Warnung knüpfte er an diese Tatsache? (Nr. 8)*
14. *Welche Bestimmungen enthüllen den deutsch-sowjetischen Nichtangriffspakt als „Erwerbsgeschäft auf Gegenseitigkeit" (W. Hofer)? Inwiefern läßt sich aus ihm eine Mitverantwortung der Sowjetunion für die Entfesselung des Zweiten Weltkrieges durch Hitler ableiten? (Nr. 9a)*
15. *Welcher Art waren die deutschen Motive beim Abschluß des Nichtangriffspakts mit der Sowjetunion? (Nr. 9b)*
16. *Welche Motive bestimmten Stalin zum Abschluß des Nichtangriffspakts? Welche situativen und territorialen Gewinne brachte er der Sowjetunion? (Nr. 9c)*
17. *Auf welche ideologischen Bedenken stieß der Nichtangriffspakt bei dogmatischen Nationalsozialisten? (Nr. 9d)*
18. *In welchem Licht läßt Hitlers Rede vor der deutschen Presse am 10. 11. 1938 die Auftritte des „Führers" als friedensbereiter Staatsmann erscheinen? (Nr. 10a)*
19. *Welche Befürchtungen der NS-Führung formuliert Goebbels im Rückblick auf die ungestörte außenpolitische Machtentfaltung des Dritten Reiches? (Nr. 10b)*

Materialien

1. Hitlers außenpolitisches Programm

a) Aus: Mein Kampf, geschrieben 1925/1926

Die Außenpolitik des völkischen Staates hat die Existenz der durch den Staat zusammengefaßten Rasse auf diesem Planeten sicherzustellen, indem sie zwischen der Zahl und dem Wachstum des Volkes einerseits und der Größe und Güte des Grund und Bodens andererseits ein gesundes, lebensfähiges, natürliches Verhältnis schafft.
Als *gesundes* Verhältnis darf dabei immer nur jener Zustand angesehen werden, der die Ernährung eines Volkes auf eigenem Grund und Boden sichert. Jeder andere Zustand, mag er auch Jahrhunderte, ja selbst Jahrtausende andauern, ist nichtsdestoweniger ein ungesunder und wird früher oder später zu einer Schädigung, wenn nicht zur Vernichtung des betreffenden Volkes führen.
Nur ein genügend großer Raum auf dieser Erde sichert einem Volke die Freiheit des Daseins.
Dabei kann man die notwendige Größe des Siedlungsgebietes nicht ausschließlich von den Erfordernissen der Gegenwart aus beurteilen, ja, nicht einmal von der Größe des Bodenertrages, umgerechnet auf die Zahl des Volkes. Denn wie ich schon im ersten Band unter „Deutsche Bündnispolitik vor dem Kriege" ausführte, *kommt der Grundfläche eines Staates außer ihrer Bedeutung als direkter Nährquelle eines Volkes auch noch eine andere, die militärpolitische,* zu. Wenn ein Volk in der Größe seines Grund und Bodens seine Ernährung an sich gesichert hat, so ist es dennoch notwendig, auch noch die Sicherstellung des vorhandenen Bodens selbst zu bedenken. Sie liegt in der allgemeinen machtpolitischen Stärke des Staates, die wieder nicht wenig durch militärgeographische Gesichtspunkte bestimmt wird . . .

Die nationalsozialistische Bewegung muß versuchen, das Mißverhältnis zwischen unserer Volkszahl und unserer Bodenfläche – diese als Nährquelle sowohl wie auch als machtpolitischer Stützpunkt angesehen –, zwischen unserer historischen Vergangenheit und der Aussichtslosigkeit unserer Ohnmacht in der Gegenwart, zu beseitigen. Sie muß sich dabei bewußt bleiben, daß wir als Wahrer höchsten Menschentums auf dieser Erde auch an eine höchste Verpflichtung gebunden sind, und sie wird um so mehr dieser Verpflichtung zu genügen vermögen, je mehr sie dafür sorgt, daß das deutsche Volk rassisch zur Besinnung gelangt und sich außer der Zucht von Hunden, Pferden und Katzen auch des *eigenen* Blutes erbarmt ...

Selbst bei günstigem Erfolge würde ein solcher Versuch der Wiederherstellung der Grenzen von 1914 zu einer weiteren Ausblutung unseres Volkskörpers führen in einem Umfange, daß für die das Leben und die Zukunft der Nation wirklich sichernden Entschlüsse und Taten kein wertvoller Bluteinsatz mehr vorhanden wäre. Im Gegenteil, im Rausche eines solchen seichten Erfolges würde man auf jede weitere Zielsetzung um so lieber verzichten, als die „nationale Ehre" ja repariert und der kommerziellen Entwicklung, wenigstens bis auf weiteres, wieder einige Tore geöffnet wären.
Demgegenüber müssen wir Nationalsozialisten unverrückbar an unserem außenpolitischen Ziele festhalten, nämlich dem *deutschen Volk den ihm gebührenden Grund und Boden auf dieser Erde zu sichern.* Und diese Aktion ist die einzige, die vor Gott und unserer deutschen Nachwelt einen Bluteinsatz gerechtfertigt erscheinen läßt: Vor Gott, insoferne wir auf diese Welt gesetzt sind mit der Bestimmung des ewigen Kampfes um das tägliche Brot, als Wesen, denen nichts geschenkt wird, und die ihre Stellung als Herren der Erde nur der Genialität und dem Mute verdanken, mit dem sie sich diese zu erkämpfen und zu wahren wissen; vor unserer deutschen Nachwelt aber, insoferne wir keines Bürgers Blut vergossen, aus dem nicht tausend andere der Nachwelt geschenkt werden. Der Grund und Boden, auf dem dereinst deutsche Bauerngeschlechter kraftvolle Söhne zeugen können, wird die Billigung des Einsatzes der Söhne von heute zulassen, die verantwortlichen Staatsmänner aber, wenn auch von der Gegenwart verfolgt, dereinst freisprechen von Blutschuld und Volksopferung.
Ich muß mich dabei schärfstens gegen jene völkischen Schreiberseelen wenden, die in einem solchen Bodenerwerb eine „Verletzung heiliger Menschenrechte" zu erblicken vorgeben und demgemäß ihr Geschreibsel dagegen ansetzen. Man weiß ja nie, wer hinter einem solchen Burschen steckt. Sicher ist nur, daß die Verwirrung, die sie anzurichten vermögen, den Feinden unseres Volkes erwünscht und gelegen kommt. Durch eine solche Haltung helfen sie frevelhaft mit, unserem Volke von innen heraus den Willen für die einzig richtige Art der Vertretung seiner Lebensnotwendigkeiten zu schwächen und zu beseitigen. Denn kein Volk besitzt auf dieser Erde auch nur einen Quadratmeter Grund und Boden auf höheren Wunsch und laut höherem Recht. So wie Deutschlands Grenzen Grenzen des Zufalls sind und Augenblicksgrenzen im jeweiligen politischen Ringen der Zeit, so auch die Grenzen der Lebensräume der anderen Völker. Und so wie die Gestaltung unserer Erdoberfläche nur dem gedankenlosen Schwachkopf als graniten unveränderlich erscheinen mag, in Wahrheit aber nur für jede Zeit einen scheinbaren Ruhepunkt in einer laufenden Entwicklung darstellt, geschaffen in dauerndem Werden durch die gewaltigen Kräfte der Natur, um vielleicht schon morgen durch größere Kräfte Zerstörung oder Umbildung zu erfahren, so auch im Völkerleben die Grenzen der Lebensräume.

Staatsgrenzen werden durch Menschen geschaffen und durch Menschen geändert.

Die Tatsache des Gelingens eines unmäßigen Bodenerwerbs durch ein Volk ist keine höhere Verpflichtung zur ewigen Anerkennung desselben. Sie beweist höchstens die Kraft der Eroberer und die Schwäche der Dulder. Und nur in dieser Kraft allein liegt dann das Recht. Wenn das deutsche Volk heute, auf unmöglicher Grundfläche zusammengepfercht, einer jämmerlichen Zukunft entgegengeht, so ist dies ebensowenig ein Gebot des Schicksals wie ein Auflehnen dagegen eine Brüskierung desselben darstellt. Genau so wenig wie etwa eine höhere Macht einem anderen Volke mehr Grund und Boden als dem deutschen zugesprochen hat oder durch die Tatsache dieser ungerechten Bodenverteilung beleidigt wird. So wie unsere Vorfahren den Boden, auf dem wir heute leben, nicht vom Himmel geschenkt erhielten, sondern durch Lebenseinsatz erkämpfen mußten, so wird auch uns in Zukunft den Boden und damit das Leben für unser Volk keine völkische Gnade zuweisen, sondern nur die Gewalt eines siegreichen Schwertes.

So sehr wir heute auch alle die Notwendigkeit einer Auseinandersetzung mit Frankreich erkennen, so wirkungslos bliebe sie in der großen Linie, wenn sich in ihr unser außenpolitisches Ziel erschöpfen würde. Sie kann und wird nur Sinn erhalten, wenn sie die Rückendekkung bietet für eine Vergrößerung des Lebensraumes unseres Volkes in Europa. Denn nicht in einer kolonialen Erwerbung haben wir die Lösung dieser Frage zu erblicken, sondern ausschließlich im Gewinn eines Siedlungsgebietes, das die Grundfläche des Mutterlandes selbst erhöht und dadurch nicht nur die neuen Siedler in innigster Gemeinschaft mit dem Stammland erhält, sondern der gesamten Raummenge jene Vorteile sichert, die in ihrer vereinten Größe liegen.

Die völkische Bewegung hat nicht der Anwalt anderer Völker, sondern der Vorkämpfer des eigenen Volkes zu sein. Andernfalls ist sie überflüssig und hat vor allem gar kein Recht, über die Vergangenheit zu maulen. Denn dann handelt sie wie diese. So wie die alte deutsche Politik zu Unrecht von dynastischen Gesichtspunkten bestimmt wurde, so wenig darf die künftige von völkischen Allerweltsgefühlsduseleien geleitet werden. Insbesondere aber sind wir nicht der Schutzpolizist der bekannten „armen, kleinen Völker", sondern Soldaten unseres eigenen.

Wir Nationalsozialisten haben jedoch noch weiter zu gehen:

Das Recht auf Grund und Boden kann zur Pflicht werden, wenn ohne Bodenerweiterung ein großes Volk dem Untergang geweiht erscheint.

Noch ganz besonders dann, wenn es sich dabei nicht um ein x-beliebiges Negervölkchen handelt, sondern um die germanische Mutter all des Lebens, das der heutigen Welt ihr kulturelles Bild gegeben hat. *Deutschland wird entweder Weltmacht oder überhaupt nicht sein.* Zur Weltmacht aber braucht es jene Größe, die ihm in der heutigen Zeit die notwenige Bedeutung und seinen Bürgern das Leben gibt.

Damit ziehen wir Nationalsozialisten bewußt einen Strich unter die außenpolitische Richtung unserer Vorkriegszeit. Wir setzen dort an, wo man vor sechs Jahrhunderten endete. Wir stoppen den ewigen Germanenzug nach dem Süden und Westen Europas und weisen den Blick nach dem Land im Osten. Wir schließen endlich ab die Kolonial- und Handelspolitik der Vorkriegszeit und gehen über zur Bodenpolitik der Zukunft.

Wenn wir aber heute in Europa von neuem Grund und Boden reden, können wir in erster Linie nur an *Rußland* und die ihm untertanen Randstaaten denken.

Das Schicksal selbst scheint uns hier einen Fingerzeig geben zu wollen. Indem es Rußland dem Bolschewismus überantwortete, raubte es dem russischen Volke jene Intelligenz, die bisher dessen staatlichen Bestand herbeiführte und garantierte. Denn die Organisation eines russischen Staatsgebildes war nicht das Ergebnis der staatspolitischen Fähigkeiten des Slawentums in Rußland, sondern vielmehr nur ein wundervolles Beispiel für die staatenbildende Wirksamkeit des germanischen Elementes in einer minderwertigen Rasse. So sind zahlreiche mächtige Reiche der Erde geschaffen worden ... Seit Jahrhunderten zehrte Rußland von diesem germanischen Kern seiner oberen leitenden Schichten. Er kann heute als fast restlos ausgerottet und ausgelöscht angesehen werden. An seine Stelle ist der Jude getreten. So unmöglich es dem Russen an sich ist, aus eigener Kraft das Joch der Juden abzuschütteln, so unmöglich ist es dem Juden, das mächtige Reich auf die Dauer zu erhalten. Er selbst ist kein Element der Organisation, sondern ein Ferment der Dekomposition. Das Riesenreich im Osten ist reif zum Zusammenbruch. Und das Ende der Judenherrschaft in Rußland wird auch das Ende Rußlands als Staat sein. Wir sind vom Schicksal ausersehen, Zeugen einer Katastrophe zu werden, die die gewaltigste Bestätigung für die Richtigkeit der völkischen Rassentheorie sein wird.
Unsere Aufgabe, die Mission der nationalsozialistischen Bewegung, aber ist, unser eigenes Volk zu jener politischen Einsicht zu bringen, daß es sein Zukunftsziel nicht im berauschenden Eindruck eines neuen Alexanderzuges erfüllt sieht, sondern vielmehr in der emsigen Arbeit des deutschen Pfluges, dem das Schwert nur den Boden zu geben hat.

Aus: Adolf Hitler, Mein Kampf (1925/26; 2. Band), zwei Bände in einem Band, München 1930, S. 728; 732; 739ff.

b) Aus: Zweites Buch, geschrieben 1928

Ich bin deutscher Nationalist. Das heißt, ich bekenne mich zu meinem Volkstum. Mein gesamtes Denken und Handeln gehört ihm. Ich bin Sozialist. Ich sehe vor mir keine Klasse und keinen Stand, sondern jene Gemeinschaft von Menschen, die blutsmäßig verbunden, durch eine Sprache geeint, einem allgemeinen gleichen Schicksal unterworfen sind. Ich liebe das Volk und hasse nur seine jeweiligen Majoritäten, weil ich in ihnen ebensowenig eine Repräsentantin der Größe wie des Glückes meines Volkes ersehe.
Die nationalsozialistische Bewegung, die ich heute führe, sieht als ihr Ziel die Befreiung unseres Volkes innen und außen an. Sie will unserem Volke im Innern jene Formen des Lebens geben, die seinem Wesen angepaßt erscheinen und als Ausdruck dieses Wesens ihm selbst wieder zugute kommen. Sie will damit das Wesen dieses Volkes erhalten und durch planmäßige Förderung seiner besten Menschen und besten Tugenden höher züchten. Sie tritt ein für die äußere Freiheit dieses Volkes, weil nur unter ihr dieses Leben jene Gestaltung zu finden vermag, die dem eigenen Volke dienlich ist. Sie kämpft für das tägliche Brot dieses Volkes, weil sie (im Hunger) das Recht des Lebens dieses Volkes verficht. Sie kämpft für den notwendigen Raum, weil sie die Lebensrechte dieses Volkes vertritt.
Damit versteht die nationalsozialistische Bewegung unter dem Begriff „Innenpolitik" die Förderung, Stärkung und Festigung der Existenz unseres Volkes durch die Einführung von Lebensformen und Lebensgesetzen, die dem Wesen unseres Volkes entsprechen und seine grundsätzlichen Kräfte zur Auswirkung zu bringen vermögen.
Sie versteht unter Außenpolitik die Sicherung dieser Entwicklung durch Erhaltung der Freiheit und Beschaffung der notwendigsten Voraussetzungen zum Leben.

Damit unterscheidet sich außenpolitisch die nationalsozialistische Bewegung von den bisherigen bürgerlichen Parteien etwa in folgendem: Die Außenpolitik der nationalen bürgerlichen Welt ist in Wahrheit stets nur eine Grenzpolitik gewesen, die der nationalsozialistischen Bewegung wird demgegenüber immer eine Raumpolitik sein. Das deutsche Bürgertum wird in seinen kühnsten Plänen etwa bis zum Zusammenschluß der deutschen Nation gelangen, in Wirklichkeit aber meist in stümperhaftem Grenzregulieren aufgehen.

Die nationalsozialistische Bewegung wird dem gegenüber stets ihre Außenpolitik von der Notwendigkeit bestimmen lassen, dem Leben unseres Volkes den nötigen Raum zu sichern. Sie kennt kein Germanisieren oder Deutschisieren, wie dies beim nationalen Bürgertum der Fall ist, sondern nur eine Ausbreitung des eigenen Volkes. Sie wird im unterworfenen, sogenannten germanisierten Tschechen oder Polen niemals eine nationale oder gar völkische Stärkung erblicken, sondern eine rassische Schwächung unseres Volkes. Denn ihre Nationalauffassung wird nicht bestimmt von bisherigen patriotischen Staatsgedanken, als vielmehr von völkischen, rassischen Erkenntnissen. Damit ist der Ausgangspunkt ihres Denkens ein ganz anderer als der der bürgerlichen Welt. Manches, was dem nationalen Bürgertum deshalb als politischer Erfolg der Vergangenheit und Gegenwart erscheint, ist für uns entweder ein Mißerfolg oder die Ursache eines späteren Unglücks. Und vieles, was wir als selbstverständlich ansehen, erscheint dem deutschen Bürgertum als unbegreiflich oder gar grauenhaft.

Dennoch wird mich besonders ein Teil der deutschen Jugend aus bürgerlichen Kreisen zu verstehen vermögen. Und weder ich noch die nationalsozialistische Bewegung rechnen überhaupt damit, aus den Kreisen des heutigen tätigen politisch-nationalen Bürgertums eine Unterstützung zu finden, wohl aber wissen wir, daß zumindest ein Teil der Jugend den Weg in unsere Reihen finden wird ...

Man kann nicht die außenpolitischen Möglichkeiten Deutschlands überprüfen, ohne erst Klarheit zu besitzen darüber, was man in Deutschland selbst will, wie also Deutschland selbst seine Zukunft zu gestalten gedenkt. Weiter wird man dann die außenpolitischen Ziele derjenigen Mächte in Europa klarzulegen versuchen müssen, die als Angehörige der Siegerkoalition die Bedeutung von Weltmächten haben.

Ich habe bereits in diesem Buche die verschiedenen außenpolitischen Möglichkeiten Deutschlands behandelt. Dennoch will ich noch einmal in aller Kürze die möglichen außenpolitischen Ziele aufstellen, damit sich durch sie eine Basis ergibt, zur kritischen Prüfung der Verhältnisse dieser einzelnen außenpolitischen Ziele zu denen der anderen europäischen Staaten.

1. Deutschland kann auf eine außenpolitische grundsätzliche Zielsetzung überhaupt verzichten. Das heißt in Wirklichkeit, es kann sich zu allem entschließen, und es braucht sich auf gar nichts festlegen.

Es wird damit die Politik der letzten 30 Jahre nur unter anderen Verhältnissen auch in der Zukunft fortsetzen. Würde nun die Welt aus lauter Staaten mit ähnlicher politischer Ziellosigkeit bestehen, ließe sich dies für Deutschland, wenn auch noch lange nicht rechtfertigen, so doch wenigstens ertragen. Dies ist aber eben nicht so. So, wie aber im gewöhnlichen Leben ein Mensch mit einem festen Lebensziel, das er unter allen Umständen zu erreichen trachtet, ziellosen anderen stets überlegen sein wird, genauso auch im Leben der Völker. Damit ist vor allem noch lange nicht gesagt, daß ein Staat ohne politische Zielsetzung

Gefahren, die eine solche vielleicht mit sich bringen könnte, zu vermeiden wird in der Lage sein. Denn so sehr er auch infolge seiner eigenen politischen Ziellosigkeit einer aktiven Tätigkeit enthoben erscheint, so leicht kann er in seiner Passivität das Opfer der politischen Ziele anderer werden. Denn das Handeln eines Staates wird nicht nur durch seinen Willen bestimmt, sondern auch durch den der übrigen, nur mit dem Unterschied, daß er im einen Fall das Gesetz des Handelns selbst bestimmen kann, während es im anderen Fall ihm aufgezwungen wird. Aus friedlicher Gesinnung heraus einen Krieg nicht wollen, heißt noch lange nicht, ihn auch vermeiden können. Und einen Krieg um jeden Preis vermeiden zu wollen, bedeutet noch lange nicht die Rettung des Lebens vor dem Tode.

Die Lage Deutschlands in Europa ist heute eine solche, daß es bei eigener politischer Ziellosigkeit noch lange nicht hoffen darf, einem Zustand der beschaulichen Ruhe entgegengehen zu können. Eine solche Möglichkeit existiert für ein Volk, das mitten im Herzen Europas sich befindet, nicht. Entweder Deutschland versucht, selbst aktiv an der Gestaltung des Lebens mitzuwirken, oder es wird ein passives Objekt der Lebensgestaltung anderer Völker sein. Alle Klugheit, die bisher vermeinte, Völker aus geschichtlichen Gefahren durch Erklärungen eines allgemeinen Desinteressements herausziehen zu können, hat sich bisher noch stets als ebenso feiger wie dummer Irrtum herausgestellt. Wer nicht Hammer sein will, wird in der Geschichte Amboß sein. Unser deutsches Volk hat in seiner ganzen bisherigen Entwicklung immer nur zwischen diesen zwei Möglichkeiten zu wählen gehabt. Wollte es selbst Geschichte machen, so hat es sich demgemäß selbst freudig und kühn eingesetzt, dann war es immer noch Hammer gewesen. Glaubte es aber den Verpflichtungen zum Lebenskampf entsagen zu können, dann war es bisher noch stets der Amboß, auf dem entweder andere ihren Lebenskampf ausgefochten haben, oder es diente selbst den Fremden als Nahrung.

Deutschland wird also, wenn es leben will, die Verteidigung dieses Lebens auf sich nehmen müssen, und die beste Parade war auch hier stets der Hieb. Ja, Deutschland darf überhaupt nicht hoffen, für seine eigene Lebensgestaltung noch etwas tun zu können, wenn es sich nicht zu einer klaren außenpolitischen Zielsetzung aufrafft, die geeignet erscheint, den deutschen Lebenskampf in kluge Beziehung zu den Interessen anderer Völker zu bringen.

Tut man dies aber nicht, dann wird die Ziellosigkeit im großen die Planlosigkeit im einzelnen bedingen. Diese Planlosigkeit wird uns in Europa langsam zu einem zweiten Polen machen. In eben dem Maße, in dem wir unsere eigenen Kräfte dank unserem allgemeinen politischen Defaitismus schwächer werden (lassen?) und die einzige Aktivität unseres Lebens sich dann nur mehr innenpolitisch austobt, werden wir außenpolitisch zum Spielball der weltgeschichtlichen Ereignisse herabsinken, deren bewegende Kräfte dem Lebens- und Interessenkampf anderer Völker entspringen.

Im übrigen werden Völker, die über ihre eigene Zukunft keine klare Entscheidung zu treffen vermögen und demgemäß am Spiel der Weltentwicklung am liebsten nicht teilnehmen möchten, von allen Mitspielern als Spielverderber empfunden und gleichmäßig gehaßt. Ja, es kann dann sogar vorkommen, daß man die in der allgemeinen außenpolitischen Ziellosigkeit begründete Planlosigkeit der einzelnen politischen Handlungen im Gegenteil als ganz raffiniertes undurchsichtiges Spiel ansieht und demgemäß beantwortet. Es war dies mit ein Unglück, das uns in der Vorkriegszeit betroffen hat. Je undurchsichtiger, weil unverständlicher, die damaligen politischen Entschlüsse der deutschen Reichsregierung waren, um so verdächtiger schienen sie, und um so mehr witterte man hinter selbst den dümmsten Schritten Gedanken von einer dafür ganz besonderen Gefährlichkeit.

Wenn also Deutschland sich heute zu einer klaren politischen Zielsetzung nicht mehr aufrafft, dann verzichtet es damit praktisch auf alle Möglichkeiten zu einer Revision unseres heutigen Schicksals, ohne weiteren Gefahren für die Zukunft damit im geringsten entgehen zu können.

2. Deutschland wünscht wirtschaftsfriedlich wie bisher die Ernährung des deutschen Volkes durchzuführen. Es will sich demgemäß auch in der Zukunft an Weltindustrie, -export und -handel maßgebendst beteiligen. Es will damit wieder eine große Handelsflotte, will Kohlenstationen und Stützpunkte in der anderen Welt und will endlich nicht nur internationale Absatzmärkte, sondern wenn möglich auch in Form von Kolonien eigene Rohstoffquellen. In der Zukunft wird man eine solche Entwicklung zwangsläufig besonders durch maritime Machtmittel zu schützen haben.

Dieses ganze politische Zukunftsziel ist Utopie, wenn nicht vorher England niedergeworfen erscheint. Es stellt alle Gründe erneut her, die im Jahre 1914 im Weltkrieg endeten. Jeder Versuch Deutschlands, auf diesem Wege seine Vergangenheit erneut aufzubauen, muß bei der Todfeindschaft Englands enden, zu der dann als sicherster Partner von vorneherein Frankreich gerechnet werden darf.

Vom völkischen Standpunkt aus ist diese außenpolitische Zielsetzung unheilvoll, vom machtpolitischen aus gesehen, wahnsinnig.

3. Deutschland setzt als sein außenpolitisches Ziel die Wiederherstellung der Grenzen des Jahres 1914 fest.

Dieses Ziel ist ungenügend vom nationalen Standpunkt aus, unbefriedigend vom militärischen, unmöglich vom in die Zukunft blickenden völkischen und wahnsinnig von dem seiner Folgen. Deutschland hat damit die gesamte Siegerkoalition von einst auch in der Zukunft als geschlossene Front von Gegnern vor sich. Wie man aber bei unserer derzeitigen militärischen Lage, die bei einer Weiterdauer des jetzigen Zustandes von Jahr zu Jahr schlimmer werden wird, die alten Grenzen wiederherstellt, ist das undurchdringliche Geheimnis unserer national-bürgerlichen und vaterländischen Staatspolitiker.

4. Deutschland entschließt sich (sein Zukunftsziel) [!], zu einer klaren weitschauenden Raumpolitik überzugehen. Es wendet sich damit von allen weltindustriellen und welthandelspolitischen Versuchen ab und konzentriert statt dessen alle seine Kräfte, um unserem Volk durch die Zuweisung eines genügenden Lebensraumes für die nächsten 100 Jahre auch einen Lebensweg vorzuzeichnen. Da dieser Raum nur im Osten liegen kann, tritt auch die Verpflichtung zu einer Seemacht in den Hintergrund. Deutschland versucht erneut, auf dem Wege der Bildung einer ausschlaggebenden Macht zu Lande seine Interessen zu verfechten.

Dieses Ziel entspricht ebenso höchsten nationalen wie völkischen Anforderungen. Es setzt ebenfalls große militärische Machtmittel zur Durchführung voraus, bringt aber Deutschland nicht unbedingt in Konflikt mit sämtlichen europäischen Großmächten. So sicher auch hier Frankreich Deutschlands Feind bleiben wird, so wenig liegt aber in der Natur eines solchen außenpolitischen Zieles für England und besonders für Italien ein Grund zur Aufrechterhaltung der Feindschaft des Weltkrieges.

Zit. nach Hitlers „Zweites Buch“, hrsg. von Gerhard L. Weinberg, a.a.O., S. 78ff.

2. Zur Taktik der Hitlerschen Außenpolitik

a) Macht, Aufrüstung und Bündnispolitik

Wie aber soll eine solche Eroberungspolitik gigantischen Ausmaßes (um in Hitlers Jargon zu reden) ermöglicht werden? Angesichts der politischen Wirklichkeit, der Machtlosigkeit Deutschlands unter dem Versailler Vertrag eine nur allzu naheliegende Frage! Hitler hat sie sich gestellt und auf seine Weise zu beantworten versucht, auch hier wieder mit der doktrinären Arroganz und der gleichen, aus Phantasterei und unheimlich zielsicherem Machtinstinkt gemischten Konsequenz, die sein Denken kennzeichnet, und mit der gleichen pedantischen Systematik, mit der er seine Ideen vorzutragen pflegte und die ihm offensichtlich Bedürfnis war, um sie sich und anderen als Resultate einer zwingenden und unerbittlichen Logik erscheinen zu lassen. Man kann die Vorstufen künftiger Weltmachtpolitik, wie Hitler sie sah, mit den drei Schlagworten Eroberung der politischen Macht, Aufrüstung und Bündnispolitik bezeichnen.

Zunächst also die innerpolitischen Voraussetzungen: Hitler hat vom ersten Tage seiner politischen Tätigkeit an bis zur „Machtergreifung" am 30. Januar 1933 daran festgehalten, daß das, was er als „Wiedergeburt der sittlichen und geistigen Kräfte der Nation" bezeichnete, die erste Voraussetzung zur Wiedererringung der äußeren Macht sei. Schon ein Brief vom 16. September 1919 gibt zu erkennen, was er unter dieser „Wiedergeburt" versteht, enthält die später zum Überdruß wiederholten Beschimpfungen der Demokratie, die Hetze gegen die Juden, spricht von dem „rücksichtlosen Einsatz national gesinnter Führerpersönlichkeiten mit innerlichem Verantwortungsgefühl", und diese Melodie bleibt unverändert bis zur Machtergreifung; noch im Dezember 1932, unmittelbar vor den Toren der Macht, bezeichnete er dem Obersten Reichenau als erste und wichtigste Voraussetzung zur „Lösung der deutschen Krise" die „Überwindung des Marxismus und seiner Folgeerscheinungen bis zu ihrer vollständigen Ausrottung". Zwar versichert Hitler immer wieder, daß diese „Wiedergeburt" ein geistiger, ein sittlicher, ein Willensvorgang sei, aber nicht nur seine rüde Sprache läßt keinen Zweifel, daß er diesem geistigen Prozeß mit rücksichtsloser Gewalt nachzuhelfen gedachte, auch seine politischen Kampfmethoden ließen das erkennen, und er hat es zudem oft genug ausgesprochen, daß er sich diese Wiedergeburt nur als Erringung der diktatorischen und unumschränkten Macht in Deutschland vorstellen konnte, ja daß mit dem schönen Wort im Grunde genommen nichts anderes als das gemeint war ...

Zum zweiten die Aufrüstung: Hitler hat offen ausgesprochen, was angesichts seiner außenpolitischen Entwürfe ja nur eine Binsenwahrheit war und dann doch in der ersten außenpolitischen Etappe nach der Machtübernahme mit so merkwürdigem Erfolg im In- und Ausland verschleiert werden konnte, daß er die Wiederbewaffnung Deutschlands nicht zur Verteidigung, sondern zum Zweck des Angriffs erstrebe: „Armeen zur Erhaltung des Friedens gibt es nicht, sondern nur zum Durchfechten des Krieges". Als Ziel der Aufrüstung bezeichnet Hitler, in Analogie zu dem britischen Two-Power-Standard zur See, einen deutschen Zwei-Mächte-Standard zu Lande. Deutschlands Landheer soll jederzeit stärker sein als die beiden nächststärksten Landheere des Kontinents zusammengenommen. Wie das erreicht werden soll, und wie Deutschland verhindern könne, daß alsbald ein Rüstungswettlauf einsetzt, der ihm diesen Vorsprung streitig macht, wird nicht erörtert. Es wird vielmehr vorausgesetzt, daß dieser Rüstungsstand erreicht wird, und Hitlers Zukunftssorge gilt nur seiner Erhaltung. Er muß, einmal errungen, unter allen Umständen bewahrt werden, sei es auch durch einen Präventivkrieg; ja Hitler bezeichnet diesen Grundsatz geradezu als „das politische Testament der deutschen Nation für ihr Handeln nach außen" und formuliert ihn mit den gebieterischen Sätzen:

„Duldet niemals das Entstehen zweier Kontinentalmächte in Europa. Seht in jeglichem Versuch, an den deutschen Grenzen eine zweite Militärmacht zu organisieren, und sei es auch nur in Form der Bildung eines zur Militärmacht fähigen Staates, einen Angriff gegen Deutschland und erblickt darin nicht nur das Recht, sondern die Pflicht, mit allen Mitteln, bis zur Anwendung von Waffengewalt, die Entstehung eines solchen Staates zu verhindern, beziehungsweise einen solchen wenn er schon entstanden, wieder zu zerschlagen."

Die dritte Voraussetzung seiner künftigen Außenpolitik wäre nach Hitlers Meinung, die Mächtekonstellation in Europa zu schaffen, die Deutschland das Ausgreifen nach Osten, in die Weite des russischen Raumes, ermöglichen soll, also eine Bündnispolitik, die selbstverständlich wie die Aufrüstung nur offensiv gemeint sein kann: „Ein Bündnis, dessen Ziel nicht die Absicht zu einem Krieg umfaßt, ist sinn- und wertlos. Bündnisse schließt man nur zum Kampf" schreibt er schon 1925.

Aber konnte Hitler im Ernst glauben, für seine wahnwitzigen außenpolitischen Pläne Bundesgenossen zu finden? Er meinte in der Tat, daß es Mächte gebe, die Interesse daran haben würden, Deutschland dabei durch ein Bündnis zu unterstützen, mindestens aber ihm Rückenfreiheit zu garantieren. Das war freilich nur möglich, weil er seine eigenen primitiven und brutalen Ideen von „Machtpolitik" als unabdingbare, ewige Prinzipien aller Machtpolitik überhaupt betrachtete und bei den anderen Mächten die gleiche Grundeinstellung voraussetzte, wie er sie seinem Volke predigte: nämlich daß brutale Selbstsucht ohne sittliche Hemmung, rücksichtslose Vergewaltigung und Beraubung anderer Nationen, Vernichtung aller wirklichen, vermeintlichen oder auch nur möglichen Gegner, Verachtung der Rechte und Lebensinteressen anderer Völker – daß das alles die unveränderlichen Grundgesetze jeder Außenpolitik seien. In Wirklichkeit ist Hitler in der Beurteilung der anderen Nationen den groteskesten Fehlbeurteilungen verfallen. Nirgendwo hat sich seine Unwissenheit, seine arrogante Mißachtung aller Sachkenntnis – die ihm, der nie im Ausland gewesen war und keine fremde Sprache beherrschte, vollkommen abging, – so peinlich bemerkbar gemacht und so bitter gerächt wie hier.

Aus: Fritz Dickmann, Machtwille und Ideologie in Hitlers außenpolitischen Zielsetzungen vor 1933, in: Spiegel der Geschichte, Festgabe für Max Braubach, S. 924 ff. Herausgegeben von Konrad Repgen und Stephan Skalweit, Münster 1964

b) Hitlers Friedensbotschaften

(Aus der Reichtagsrede vom 17. 5. 1933)

Wenn ich in diesem Augenblicke bewußt als deutscher Nationalsozialist spreche, so möchte ich namens der nationalen Regierung und der gesamten nationalen Erhebung bekunden, daß gerade uns in diesem jungen Deutschland das tiefste Verständnis beseelt für die gleichen Gefühle und Gesinnungen sowie für die begründeten Lebensansprüche der anderen Völker. Die Generation dieses jungen Deutschlands, die in ihrem bisherigen Leben nur die Not, das Elend und den Jammer des eigenen Volkes kennenlernte, hat zu sehr unter dem Wahnsinn gelitten, als daß sie beabsichtigen könnte, das gleiche anderen zuzufügen . . .

Indem wir in grenzenloser Liebe und Treue an unserem eigenen Volkstum hängen, respektieren wir die nationalen Rechte auch der anderen Völker aus dieser selben Gesinnung heraus und möchten aus tiefinnerstem Herzen mit ihnen in Frieden und Freundschaft leben ...

Wir haben keinen sehnlicheren Wunsch, als dazu beizutragen, daß die Wunden des Krieges und des Versailler Vertrages endgültig geheilt werden. Deutschland will dabei keinen anderen Weg gehen als den, der durch die Verträge selbst als berechtigt anerkannt wird. Die deutsche Regierung wünscht, sich über alle schwierigen Fragen politischer und wirtschaftlicher Natur mit den anderen Nationen friedlich und vertraglich auseinanderzusetzen. Sie weiß, daß jeder militärische Akt in Europa auch im Falle seines vollständigen Gelingens, gemessen an seinen Opfern, in keinem Verhältnis steht zum möglichen endgültigen Gewinn.

Zit. nach Schönbrunn, a. a. O., S. 349f.

(Aus der Reichstagsrede vom 21. 5. 1935)

Das Blut, das auf dem europäischen Kontinent seit dreihundert Jahren vergossen wurde, steht außer jedem Verhältnis zu dem volklichen Resultat der Ereignisse. Frankreich ist am Ende Frankreich geblieben, Deutschland Deutschland, Polen Polen, Italien Italien usw. Was dynastischer Egoismus, politische Leidenschaft und patriotische Verblendung an scheinbaren tiefgreifenden staatspolitischen Veränderungen unter Strömen von Blut erreicht haben, hat in nationaler Beziehung stets nur die Oberfläche der Völker geritzt, ihre grundsätzliche Markierung aber wesentlich kaum mehr verschoben. Hätten diese Staaten nur einen Bruchteil ihrer Opfer für klügere Zwecke angesetzt, so wäre der Erfolg sicher größer und dauerhafter gewesen. Wenn ich als Nationalsozialist in allem Freimut diese Auffassung vertrete, dann bewegt mich dabei noch folgende Erkenntnis: Jeder Krieg verzehrt zunächst die Auslese der Besten. Da es in Europa aber einen leeren Raum nicht mehr gibt, wird jeder Sieg – ohne an der grundsätzlichen europäischen Not etwas zu ändern – höchstens eine ziffernmäßige Vermehrung der Einwohner eines Staates mit sich bringen können. Wenn aber den Völkern daran soviel liegt, dann können sie dies, statt mit Tränen, auf eine einfachere und vor allem natürlichere Weise erreichen. Eine gesunde Sozialpolitik kann bei einer Steigerung der Geburtenfreudigkeit einer Nation in wenigen Jahren mehr Kinder des eigenen Volkes schenken, als durch einen Krieg an fremden Menschen erobert und damit unterworfen werden könnten.

Nein! Das nationalsozialistische Deutschland will den Frieden aus tiefinnersten weltanschaulichen Überzeugungen. Es will ihn weiter aus der einfachen primitiven Erkenntnis, daß kein Krieg geeignet sein würde, das Wesen unserer allgemeinen europäischen Not zu beheben, wohl aber diese zu vermehren. Das heutige Deutschland lebt in einer gewaltigen Arbeit der Wiedergutmachung seiner inneren Schäden. Keines unserer Projekte sachlicher Natur wird vor zehn bis zwanzig Jahren vollendet sein. Keine der gestellten Aufgaben ideeller Art kann vor fünfzig oder vielleicht auch hundert Jahren ihre Erfüllung finden. Ich habe einst die nationalsozialistische Revolution durch die Schaffung der Bewegung begonnen und seitdem als Aktion geführt. Ich weiß, wir alle werden nur den allerersten Beginn dieser großen umwälzenden Entwicklung erleben. Was könnte ich anders wünschen als Ruhe und Frieden? Wenn man aber sagt, daß dies nur der Wunsch der Führung sei, so muß

ich darauf folgende Antwort geben: Wenn nur die Führungen und Regierenden den Frieden wollen, die Völker selbst haben sich noch nie den Krieg gewünscht!
Deutschland braucht den Frieden und es will den Frieden!

Zit. nach Walther Hofer, Der Nationalsozialismus – Dokumente, a. a. O., S. 178f.

3. Zu den Stationen der Hitlerschen Außenpolitik bis 1937

a) Der deutsch-polnische Nichtangriffspakt

Am 26. Januar 1934 wurde der deutsch-polnische Verständigungsvertrag unterzeichnet. Sein internationales Echo war groß, denn das Abkommen stand ganz im Zeichen einer friedlichen Ausgleichspolitik. Es war fraglos ein außergewöhnlicher Erfolg Hitlers. Allerdings hatte der deutsche Reichskanzler keine formelle Anerkennung der polnischen Westgrenze ausgesprochen. Im Grunde hatte er also die Auseinandersetzung zwischen beiden Staaten nur vertagt. Darüber scheint sich auch Pilsudski im klaren gewesen zu sein. Zweifellos bedeutete das Bündnis mit Polen einen ersten Schritt Deutschlands aus der außenpolitischen Isolierung, eine Entspannung der internationalen Lage, eine Auflockerung der französischen Bündniskonstellation im Osten und den Anfang eines Systems zweiseitiger Bündnisse, das Hitler für ein geeigneteres Mittel betrachtete, seine Pläne in die Tat umzusetzen, als das des Völkerbundes. Vor allem konnte der „Führer" nunmehr bei jeder sich bietenden Gelegenheit unter Hinweis auf den Vertrag mit Polen seine „friedlichen" Absichten unterstreichen. Der britische Botschafter Sir Eric Phipps berichtete nach London, Hitler habe den Beweis erbracht, daß er ein Staatsmann und fähig sei, um seiner Außenpolitik willen ein gewisses Maß an Popularität zu opfern. Überdies mag dieser nach allem, was wir über die weitere Entwicklung der deutsch-polnischen Beziehungen bis 1938 wissen, zunächst einer prinzipiellen Annäherung beider Staaten nicht ablehnend gegenübergestanden haben, so lange er mit Hilfe Polens seinem außenpolitischen Fernziel näherkam oder ganz allgemein aus dem Bündnis Vorteile der Rückenfreiheit ziehen konnte. Zum polnischen Gesandten Lipski äußerte er, daß Polen die letzte Barrikade der Zivilisation im Osten gegenüber der Gefahr des Bolschewismus sei. Die UdSSR reagierte auf den Pakt vom 26. 1. mit einem Kurswechsel. Von nun an intensivierte sie ihre Politik der Annäherung an die Westmächte und an den Völkerbund mit dem Ergebnis, daß sie am 18. September 1934 in letzteren aufgenommen wurde.

Aus: Hans-Adolf Jacobsen, Nationalsozialistische Außenpolitik 1933–1938, Ffm. 1968, S. 404f.

b) Das deutsch-englische Flottenabkommen als Auftakt der Appeasement-Politik

Den Anstoß zu der folgenschweren Wendung, die eine mögliche Anti-Hitler-Koalition verhindert und das Dritte Reich aus der drohenden Isolierung befreit hat, gab der erste große Akt der Appeasement-Politik, nämlich das britisch-deutsche Flottenabkommen vom Juni 1935. London hatte schon früher in den Abrüstungsverhandlungen seinen Willen zur Anpassung und zum Einlenken gezeigt. Anders als Paris neigte es dazu, eine gewisse Revision des Versailler Systems für notwendig zu halten. Diese Neigung hatte auch Deutschlands Bruch mit dem Völkerbund überdauert. Die französische Politik konnte solche Tendenzen um so weniger ignorieren, als England gleichzeitig versuchte, sich aus der kontinentaleuropäischen Problematik zurückzuziehen und die eigene Position abzuschirmen. London war offenbar gewillt, mit der Konsolidierung des NS-Regimes auch dessen fortschreitende Aufrüstung und die offene Verletzung der Versailler Militärbestimmungen hinzunehmen.

Am 16. März 1935 wagte Hitler eine weitere Blitzaktion. Er verkündete die allgemeine Wehrpflicht und gab das Startzeichen für den Ausbau einer Luftwaffe. Das war der erste entscheidende Schlag gegen die Grundpositionen von Versailles. Während Frankreich und Italien sich bemühten, eine entschiedene Gegenpolitik zu koordinieren und dabei auch auf sowjetische Unterstützung rechnen konnten, beantwortete London Hitlers Schlag mit Sonderverhandlungen, die in einen für England scheinbar günstigen Vertrag über Flottenstärken mündeten. Er schuf eine neue Situation. Entgegen den Beschlüssen des Völkerbundes und ohne Unterrichtung der Flottenmächte Frankreich und Italien setzte London an die Stelle von Sanktionen gegen den Vertragsbruch die Sanktionierung der vollzogenen Tatsachen; den einseitigen Akt Hitlers honorierte es mit einer Anerkennung der Vertragsfähigkeit und mit dem Glauben an die Zähmbarkeit des Revisionismus durch Konzessionen, selbst wenn diese an das Grundgefüge des Versailler Systems rührten.

Mehr noch. Dies erste Epochenereignis der Appeasement-Politik, mit dem das Versagen der europäischen Politik gegen Hitler begann, hat zugleich der Skepsis der deutschen Diplomaten gegenüber Hitlers Sonderaktionen den Boden entzogen. Es beschleunigte den Aufstieg des hitlerhörigen Ribbentrop, der sich als Botschafter in die Londoner Verhandlungen eingeschaltet hatte und sie nun als seinen Erfolg verbuchte. Vor allem aber fühlte sich Hitler selbst bestätigt in der Überzeugung, daß nun die Zeit für eine raschere Taktik gekommen sei, deren Erfolge nicht nur der Revisionspolitik, sondern der weiteren propagandistischen Mobilisierung des eigenen Regimes dienen würden. Weit zurück lag die Revisionspolitik Weimarer Prägung. Nun herrschte die Politik der Sondermeldungen und Coups, der Drohungen und Erpressungen. Ihr enger Zusammenhang mit der inneren Herrschaftspolitik der totalitären Diktatur trat immer klarer hervor.

Dem Flottenabkommen, dessen symptomische Bedeutung ungleich größer als sein sachlicher Inhalt war, kann immerhin zugute gehalten werden, daß damit von seiten Londons nicht nur das englische Sicherheitsbedürfnis befriedigt, sondern auch eine rechtzeitige Vertragsbindung des Dritten Reiches erreicht werden sollte. Man erlag dabei ähnlichen Täuschungen wie der Vatikan beim Abschluß des Reichskonkordats.

Aus: Karl Dietrich Bracher, a.a.O., S.322f.

c) Revisionismus und Expansion: Der Einmarsch in die Rheinlandzone

Ohne die Begebenheiten im einzelnen nachzeichnen und etwa die Position der französischen Seite beleuchten zu wollen, die im Besitz von Informationen über den bevorstehenden Einmarsch keinen Entschluß zur Gegenaktion fassen konnte, scheinen einige Merkmale dieser Prozedur, in der sich konservativer Revisionismus der Generäle und Diplomaten mit Hitlers Expansionsplänen trafen, typisch zu sein. Das Moment der Blitzartigkeit, des Überfalls und der Überraschung begegnet uns in diesem Wochenendcoup ebenso wie der Gedanke, im Falle eines Mißlingens des Unternehmens, d.h. bei entschlossenem Widerstand der Westmächte, sich ebenso rasch zurückzuziehen, um den Bestand der jungen Wehrmacht und des eigenen Herrschaftssystems zu retten. So soll es bezeichnenderweise von Neurath gewesen sein, der in einer entscheidenden Stunde des Rheinland-Abenteuers dem nervös den Rückzug erwägenden Hitler geraten haben soll, erst einmal abzuwarten und die Truppen in der entmilitarisierten Zone zu belassen. Der zweite, vielleicht ebenso entscheidende Zug innerhalb des Unternehmens aber war der Testcharakter dieser Aktion. Wie würde sich Großbritannien angesichts eines gewaltsamen Vorgehens der Deutschen zur Revision der ihnen in Versailles gesteckten Grenzen verhalten? Aus der Sicht Hitlers, von Ribbentrops und des Auswärtigen Amtes verhielt sich London durchaus so, wie man es unter den gegenwärtigen Bedingungen als beste Lösung wünschen konnte. Denn das Foreign Office beschränkte sich auf papierene Proteste, an ein Marschieren aber dachte man an der Themse nicht, da die „britischen Interessen" in der Europa- und Weltpolitik kaum tangiert wurden. Damit aber war Frankreichs politische und militärische Handlungsfreiheit eingeschränkt, zu dessen Prinzipien es gehörte, nicht ohne die Unterstützung des einstigen Entente-Partners offensiv zu werden.

Das Nachspiel zum gelungenen Abenteuer ist ebenso charakteristisch für Hitlers im Einklang mit Diplomatie und Militär ablaufende Politik wie die Planung und Verwirklichung des Blitzschlags selbst: Hitlers große „Friedensrede" vom 7. 3. 1936 schlug großzügig Nichtangriffspakte vor, pries multilaterale Übereinkommen und bot eine Räumung des Rheinlandes an, falls Frankreich sich von der gemeinsamen Grenze gleichfalls um eine entsprechende Distanz zurückzöge.

Aus: Klaus Hildebrand, Deutsche Außenpolitik 1933–1945, Kalkül oder Dogma? Stuttgart 1971, S. 47f.

d) Hitlers Bekenntnis zur Gewalt: Die Hoßbach-Niederschrift vom 10. 11. 1937

Niederschrift über die Besprechung in der Reichskanzlei am 5. 11. 37 von 16.15 bis 20.30 Uhr.

Anwesend: Der Führer und Reichskanzler,
der Reichkriegsminister Generalfeldmarschall *von Blomberg,*
der Oberbefehlshaber des Heeres Generaloberst Freiherr *von Fritsch,*
der Oberbefehlshaber der Kriegsmarine Generaladmiral *Dr. h. c. Raeder,*
der Oberbefehlshaber der Luftwaffe Generaloberst *Göring,*
der Reichsminister des Auswärtigen Freiherr *von Neurath,*
Oberst *Hoßbach.*

Der Führer stellte einleitend fest, daß der Gegenstand der heutigen Besprechung von derartiger Bedeutung sei, daß dessen Erörterung in anderen Staaten wohl vor das Forum des Regierungskabinetts gehörte, er – der Führer – sähe aber gerade im Hinblick auf die Bedeutung der Materie davon ab, diese in dem großen Kreise des Reichskabinetts zum Gegenstand der Besprechung zu machen. Seine nachfolgenden Ausführungen seien das Ergebnis eingehender Überlegungen und der Erfahrungen seiner 4½jährigen Regierungszeit; er wolle den anwesenden Herren seine grundlegenden Gedanken über die Entwicklungsmöglichkeiten und -notwendigkeiten unserer außenpolitischen Lage auseinandersetzen, wobei er im Interesse einer auf weite Sicht eingestellten deutschen Politik seine Ausführungen als seine testamentarische Hinterlassenschaft für den Fall seines Ablebens anzusehen bitte. Der Führer führte sodann aus:

Das Ziel der deutschen Politik sei die Sicherung und die Erhaltung der Volksmasse und deren Vermehrung. Somit handele es sich um das Problem des Raumes.

Die deutsche Volksmasse verfüge über 85 Millionen Menschen, die nach der Anzahl der Menschen und der Geschlossenheit des Siedlungsraumes in Europa einen in sich so fest geschlossenen Rassekern darstelle, wie er in keinem anderen Land wiederzutreffen sei, wie er andererseits das Anrecht auf größeren Lebensraum mehr als bei anderen Völkern in sich schlösse ... Die deutsche Zukunft sei daher ausschließlich durch die Lösung der Raumnot bedingt, eine solche Lösung könne naturgemäß nur für eine absehbare, etwa 1 bis 3 Generationen umfassende Zeit gesucht werden.
Bevor er sich der Frage der Behebung der Raumnot zuwende, sei die Überlegung anzustellen, ob im Wege der Autarkie oder einer gesteigerten Beteiligung an der Weltwirtschaft eine zukunftsreiche Lösung der deutschen Lage zu erreichen sei.
Autarkie: Durchführung nur möglich bei straffer nationalsozialistischer Staatsführung, welche die Voraussetzung sei, als Resultat der Verwirklichungsmöglichkeit sei festzustellen:
A. Auf dem Gebiet der Rohstoffe nur bedingte, nicht aber totale Autarkie ...
B. Auf dem Gebiet der Lebensmittel sei die Frage der Autarkie mit einem glatten „Nein" zu beantworten ...
Eine weitere Steigerung der Produktion unter Anspannung des Bodens, der infolge der Kunstdüngung bereits Ermüdungserscheinungen aufweise, sei kaum noch möglich und daher sicher, daß selbst bei höchster Produktionssteigerung eine Beteiligung am Weltmarkt nicht zu umgehen sei. Der schon bei guten Ernten nicht unerhebliche Ansatz von Devisen zur Sicherstellung der Ernährung durch Einfuhr steigere sich bei Mißernten zu katastrophalem Ausmaß ... Damit sei die Autarkie sowohl auf dem Ernährungsgebiet als auch in der Totalität hinfällig.
Beteiligung an der Weltwirtschaft: Ihr seien Grenzen gezogen, die wir nicht zu beheben vermöchten. Einer sicheren Fundierung der deutschen Lage ständen die Konjunkturschwankungen entgegen, die Handelsverträge böten keine Gewähr für die praktische Durchführung. Insbesondere sei grundsätzlich zu bedenken, daß seit dem Weltkriege eine Industrialisierung gerade früherer Ernährungsausfuhrländer stattgefunden habe ... Da unser Außenhandel über die durch England beherrschten Seegebiete führe, sei es mehr eine Frage der Sicherheit des Transportes als eine solche der Devisen, woraus die große Schwäche unserer Ernährungssituation im Kriege erhelle ... Wenn die Sicherheit unserer Ernährungslage im Vordergrund stände, so könne der hierfür notwendige Raum nur in Europa gesucht werden, nicht aber ausgehend von liberalistisch-kapitalistischen Auffassungen in der Ausbeutung von Kolonien. Es handele sich nicht um die Gewinnung von Menschen, sondern von landwirtschaftlich nutzbarem Raum. Auch die Rohstoffgebiete seien zweckmäßiger im unmittelbaren Anschluß an das Reich in Europa und nicht in Übersee zu suchen, wobei die Lösung sich für ein bis zwei Generationen auswirken müsse. Was darüber hinaus in späteren Zeiten notwendig werden sollte, müsse nachfolgenden Geschlechtern überlassen bleiben. Die Entwicklung großer Weltgebilde gehe nun einmal langsam vor sich, das deutsche Volk mit seinem starken Rassekern finde hierfür die günstigsten Voraussetzungen inmitten des europäischen Kontinents. Daß jede Raumerweiterung nur durch Brechen von Widerstand und unter Risiko vor sich gehen könne, habe die Geschichte aller Zeiten – Römisches Weltreich, Englisches Empire – bewiesen. Auch Rückschläge seien unvermeidbar. Weder früher noch heute habe es herrenlosen Raum gegeben, der Angreifer stoße stets auf den Besitzer. Für Deutschland laute die Frage, wo größter Gewinn unter geringstem Einsatz zu erreichen sei.

Die deutsche Politik habe mit den beiden Haßgegnern England und Frankreich zu rechnen, denen ein starker deutscher Koloß inmitten Europas ein Dorn im Auge sei, wobei beide Staaten eine weitere deutsche Erstarkung sowohl in Europa als auch in Übersee ablehnten und sich in dieser Ablehnung auf die Zustimmung aller Parteien stützen könnten ...
[Es folgen Ausführungen Hitlers über die politische Lage des englischen Empire.]
In summa sei festzustellen, daß trotz aller ideeller Festigkeit das Empire machtpolitisch auf die Dauer nicht mit 45 Millionen Engländern zu halten sei ...
Die Stellung Frankreichs sei günstiger als die Englands. Das französische Reich sei territorial besser gelagert, die Einwohner seines Kolonialbesitzes stellten einen militärischen Machtzuwachs dar. Aber Frankreich gehe innenpolitischen Schwierigkeiten entgegen ...
Zur Lösung der deutschen Frage könne es nur den Weg der Gewalt geben, dieser niemals risikolos sein. Die Kämpfe Friedrichs d. Gr. und die Kriege Bismarcks gegen Österreich und Frankreich seien von unerhörtem Risiko gewesen und die Schnelligkeit des preußischen Handelns habe 1870 Österreich vom Eintritt in den Krieg ferngehalten. Stellt man an die Spitze der nachfolgenden Ausführungen den Entschluß zur Anwendung von Gewalt unter Risiko, dann bleibt noch die Beantwortung der Fragen „wann" und „wie". Hierbei seien drei Fälle zu entscheiden:
Fall 1: Zeitpunkt 1943–1945.
Nach dieser Zeit sei nur noch eine Veränderung zu unseren Ungunsten zu erwarten. Die Aufrüstung der Armee, Kriegsmarine, Luftwaffe sowie die Bildung des Offizierkorps seien annähernd beendet. Die materielle Ausstattung und Bewaffnung seien modern, bei weiterem Zuwarten läge die Gefahr ihrer Veraltung vor ... Im Verhältnis zu der bis dahin durchgeführten Aufrüstung der Umwelt nähmen wir an relativer Stärke ab ... Sollte der Führer noch am Leben sein, so sei es sein unabänderlicher Entschluß, spätestens 1943/45 die deutsche Raumfrage zu lösen. Die Notwendigkeit zum Handeln vor 1943/45 käme im Fall 2 und 3 in Betracht.
Fall 2: Wenn die sozialen Spannungen in Frankreich sich zu einer derartigen innenpolitischen Krise auswachsen sollten, daß durch letztere die französische Armee absorbiert und für eine Kriegsverwendung gegen Deutschland ausgeschaltet würde, sei der Zeitpunkt zum Handeln gegen die Tschechei gekommen.
Fall 3: Wenn Frankreich durch einen Krieg mit einem anderen Staat so gefesselt ist, daß es gegen Deutschland nicht „vorgehen" kann.
Zur Verbesserung unserer militär-politischen Lage müsse in jedem Fall einer kriegerischen Verwicklung unser erstes Ziel sein, die Tschechei und gleichzeitig Österreich niederzuwerfen, um die Flankenbedrohung eines etwaigen Vorgehens nach Westen auszuschalten ...
An sich glaube der Führer, daß mit hoher Wahrscheinlichkeit England, voraussichtlich aber auch Frankreich die Tschechei bereits im Stillen abgeschrieben und sich damit abgefunden hätten, daß diese Frage eines Tages durch Deutschland bereinigt würde. Die Schwierigkeiten des Empire und die Aussicht, in einen lang währenden europäischen Krieg erneut verwickelt zu werden, seien bestimmend für eine Nichtbeteiligung Englands an einem Kriege gegen Deutschland. Die englische Haltung werde gewiß nicht ohne Einfluß auf die Frankreichs sein. Ein Vorgehen Frankreichs ohne die englische Unterstützung und in der Voraussicht, daß seine Offensive an unseren Westbefestigungen sich festlaufe, sei wenig wahrscheinlich ...

Von der Seite Italiens seien gegen die Beseitigung der Tschechei keine Einwendungen zu erwarten ...
Gegen ein siegreiches Deutschland wird Polen – mit Rußland im Rücken – wenig Neigung haben, in den Krieg einzutreten.
Einem militärischen Eingreifen Rußlands müsse durch die Schnelligkeit unserer Operationen begegnet werden; ob ein solches überhaupt in Betracht kommen werde, sei angesichts der Haltung Japans mehr als fraglich.
Trete der Fall 2 – Lahmlegung Frankreichs durch einen Bürgerkrieg – ein, so sei infolge Ausfall des gefährlichsten Gegners die Lage *jederzeit* zum Schlag gegen die Tschechei auszunutzen.
In gewissere Nähe sähe der Führer den Fall 3 gerückt, der sich aus den derzeitigen Spannungen im Mittelmeer entwickeln könne und den er eintretendenfalls zu jedem Zeitpunkt, auch bereits im Jahre 1938, auszunutzen entschlossen sei ...
Wenn Deutschland diesen Krieg zur Erledigung der tschechischen und österreichischen Frage ausnutze, so sei mit Wahrscheinlichkeit anzunehmen, daß England – im Kriege mit Italien liegend – sich nicht zu einem Vorgehen gegen Deutschland entschließen würde. Ohne die englische Unterstützung sei eine kriegerische Handlung Frankreichs gegen Deutschland nicht zu erwarten ...
Feldmarschall von Blomberg und Generaloberst von Fritsch wiesen bei der Beurteilung der Lage wiederholt auf die Notwendigkeit hin, daß England und Frankreich nicht als unsere Gegner auftreten dürften, und stellten fest, daß durch den Krieg gegen Italien das französische Heer nicht in dem Umfange gebunden sei, daß es nicht noch mit Überlegenheit an unserer Westgrenze auf den Plan treten könne ...
Hinsichtlich unserer Offensive nach Südosten machte Feldmarschall von Blomberg nachdrücklich auf die Stärke der tschechischen Befestigungen aufmerksam, deren Ausbau den Charakter einer Maginotlinie angenommen hätte und unseren Angriff aufs Äußerste erschwere ...
Zu den seitens des Feldmarschalls von Blomberg und des Generalobersten von Fritsch hinsichtlich des Verhaltens Englands und Frankreichs angestellten Überlegungen äußerte der Führer in Wiederholung seiner bisherigen Ausführungen, daß er von der Nichtbeteiligung Englands überzeugt sei und daher an eine kriegerische Aktion Frankreichs gegen Deutschland nicht glaube ...

Für die Richtigkeit: gez. *Hoßbach*
Oberst d. G.

Zit. nach Schönbrunn, a. a. O., S. 367ff.

e) Die Hoßbach-Niederschrift und Hitlers England-Politik

Was hatte Hitler am Ausgang des Jahres 1937 den Oberbefehlshabern der Wehrmachtteile von Fritsch, Raeder und Göring, dem Reichskriegsminister von Blomberg und seinem Reichsaußenminister von Neurath mitzuteilen? In welchen Punkten hatte sich seine am „Programm" nach wie vor orientierte Gedankenbildung verändert? Im wesentlichen scheinen es folgende Probleme gewesen zu sein, die Hitler angesichts der abweisenden Haltung der englischen Regierung einerseits und ihrer im Zeichen der deutschen militärischen Stärke nach wie vor gewahrten Neutralität andererseits neu überdacht hatte, um den für die

kommenden Jahre entscheidenden politischen und militärischen Kurs festzulegen: In erster Linie verdient, wie gesagt, die veränderte Haltung gegenüber Großbritannien besondere Aufmerksamkeit. Bekanntlich war ja gerade England jener Faktor in Hitlers Politik, von dessen Ja oder Nein zu den Absichten des „Führers" die gesamte programmatische Politik des Diktators abzuhängen schien. Am 5. 11. 1937 war nun nicht länger die Rede davon, England weiter entgegenkommen und umwerben bzw. erpressen und ins Bündnis zwingen zu wollen. Die Taktik des „Tauschgeschäfts" und der Sanktionsdrohungen trat in den Hintergrund. Hitler ging den Briten gegenüber auf einen „ambivalenten" Kurs, der einen zunehmend stärker antibritischen Akzent erhielt. Einerseits erteilte er London keine endgültige Absage, sondern blieb, wie seine Politik bis weit in den Krieg hinein zeigte, immer wieder gegenüber der ursprünglich propagierten Bündnisidee „offen". Andererseits aber erkannte der von realpolitischem Kalkül geleitete Stratege in Hitler neben diesem immer noch verfolgten „doktrinären" Lieblingsgedanken nunmehr nach den mannigfachen Erfahrungen mit Englands Staatsmännern, daß Großbritannien durchaus als Gegner angesehen werden müsse, den es allerdings nicht in erster Linie zu besiegen gelte, sondern der durch Demonstration militärischer Macht und politischer Entschlossenheit ganz gewiß in einer dem Reich genehmen Neutralität verharren werde. Dieser Zustand der europäischen Politik würde es dem Reich erlauben, gegen den Willen der Briten und diese politisch und militärisch in Schach haltend, auf dem Kontinent in programmorientierter Manier offensiv zu werden. Die Stoßrichtung der deutschen Politik aber sollte, wie seit 1925 bekannt, im Osten des Kontinents liegen. Als äußersten Zeitpunkt, bis zu dem diese Ziele in Angriff zu nehmen seien, nannte Hitler in diesem Zusammenhang die Jahre 1943/45 – keine vagen Daten, sondern, wie noch gezeigt werden wird, eine relativ genaue Zeitangabe über die Absichten der Außenpolitik des Dritten Reiches, die kontinentale Etappe innerhalb des Stufen-Plans zur Erringung einer Weltmachtstellung zu verwirklichen.
Interessant erscheint dabei, daß Hitler – anders als die jede außenpolitische Forderung des Reiches auf dem Kontinent begleitende Kolonialpropaganda – nicht davon sprach, überseeische Ziele und europäische Objekte als politische Alternative anzusehen, den Blick aber doch schon auf das britische Empire richtete und sich über dessen Stärke bzw. Hinfälligkeit bezeichnend äußerte. Es soll an dieser Stelle noch keineswegs behauptet werden, Hitler habe mit seiner Feststellung, er halte das englische Empire nicht für unerschütterlich, und Deutschland könne nur zu dem Zeitpunkt überseeische Ziele ins Auge fassen, wenn England schwach und das Reich stark sei, hier bereits eindeutig den Blick auf überseeische Fernziele gelenkt. Gewiß muß man die Situation jener Ansprache vom 5. 11. 1937 in Rechnung stellen. Denn der „Führer" hatte den zuhörenden Offizieren ebenso wie seinem Außenminister die Achtung vor dem als schier unüberwindbar angesehenen Großbritannien mit seinen weltweiten (Nachschub-)Verbindungen zu nehmen. Und dennoch ist nicht zu übersehen und für Hitlers Gedankenbildung eben typisch, daß seinen dem Machtkalkül entspringenden Überlegungen gemäß ein in schwächlicher Neutralität vor einem gerüsteten Deutschland wieder und wieder zurückweichendes, „feiges" Großbritannien irgendwann einmal damit rechnen mußte, in seinem überseeischen Besitz beerbt zu werden. Voraussetzung dafür, um diese Hitler wohl schon in den Jahren vor 1937 bewegenden Fernziele realisieren zu können, war es, bis 1943/45 die Hegemonie über den Kontinent zu erringen und damit die „Lebensraum"-Basis zu verbreitern, so daß ein mächtiges Reich den – auch durch andere außenpolitische Belastungen – geschwächten Briten gegenüberstehen würde.

Die Dynamik der Hitlerschen Expansionspolitik läßt den Blick gleichsam automatisch auf das an dieser Stelle schon als nicht unerschütterlich charakterisierte Empire fallen. Die – aus Hitlers Blickwinkel gesehen – „einzige Chance" für Großbritanniens Staatsmänner, die der „Führer" bislang scheinbar großzügig, bis 1939 dann zunehmend spärlicher, 1940/41 dann wieder bei jeder Gelegenheit anbot, lag darin, doch noch ins Bündnis einzulenken, um den drohenden Schritt der Deutschen in die überseeischen Territorien und in den ozeanischen Bereich – zumindest für einen längeren Zeitabschnitt – abzuwenden. Ende 1937 aber, in seiner neuen, als testamentarisch bezeichneten Weisung betrachtete Hitler Großbritannien in erster Linie als einen Gegner seiner geplanten Expansionspolitik, vertraute angesichts seiner Erfahrungen auf die aus politischer und militärischer Schwäche resultierende Neutralität der Briten und spekulierte unter diesem Aspekt sogar schon auf weitergehende, über Europa hinausgreifende, dem Machtkalkül seines Stufen-Plans entspringende Fernziele. Die Jahre 1943/45 aber faßte Hitler als den äußersten Termin für seine europäischen Unternehmungen ins Auge. Dem Stufen-Plan und seiner Prioritätsordnung entsprechend, mußten also danach – ungefähr in der zweiten Hälfte der vierziger Jahre – jene Ziele folgen, die – falls die Engländer nicht vorher Hitlers „Programm" akzeptierten – wohl gegen Großbritannien und mit Sicherheit gegen die USA erreicht werden sollten ... Festzuhalten aber ist, daß Hitler sich von seinem „Programm" weder durch die innen- und wirtschaftspolitische Opposition der „liberalen Imperialisten" um Schacht noch von der ja weit entscheidenderen außenpolitischen Weigerung Englands gegenüber seinem Angebot der „Komplicenschaft" abbringen ließ. So ist 1937 deutlich zu erkennen, daß der „Führer" im Zuge des ambivalenten, ja vorherrschend antibritischen Kurses immer stärker und bewußt jene Politik des Hazard bevorzugte, die Deutschlands Staatsmänner in beinahe fatalistischer Stimmung in den Jahren vor Ausbruch des Ersten Weltkrieges entscheidend mitbestimmte und zu der Formel gerann, entweder zur Weltmacht durchzubrechen oder vor dem Niedergang zu stehen. Eben diese politische Bahn hatte auch Hitler betreten, ohne sich allerdings in wilhelminischem Fatalismus dem sog. Schicksal zu ergeben. Denn immer wieder versuchte er, sein ursprüngliches Konzept, Englands Freundschaft zu gewinnen, doch noch einzuholen – zumindest aber zu erreichen, daß Großbritannien durch Drohungen eingeschüchtert, angesichts der Stärke der deutschen Wehrmacht neutral den kontinentalen Abenteuern des Reiches zuschauen werde.

Aus: Klaus Hildebrand, a.a.O., S. 55ff.

4. Zu den Motiven der Appeasement-Politik Neville Chamberlains

Die Unsicherheit über die letzten Wesenszüge eines Mannes, der sich von Jahr zu Jahr ausschließlicher als Herr des deutschen Schicksals erwies, ist mit wenigen Ausnahmen bis zu der Besetzung Prags im Jahre 1939 bestehen geblieben. Lloyd George war bereit, Hitler als Mann des Geschicks anzuerkennen, und fand keinen Widerspruch gegen seinen Anspruch, daß Deutschland den Ersten Weltkrieg gewonnen haben würde, wenn es nur 1918 durchgehalten hätte. Selbst ein Winston Churchill glaubte noch im Januar 1938, an Hitler mit der Beschwörung durch seine eigene Leistung appellieren zu sollen: „Es wäre in der Tat ein verhängnisvoller Schritt, wenn er all das, was er für das deutsche Volk getan hat, zunichte machte, indem er es in einen Krieg führte, der beinahe sicher zu einem Weltkrieg werden müßte."

So erscheint es wenigstens einigermaßen verständlich, daß Neville Chamberlain in Berchtesgaden zwar nicht bestritt, daß Hitler abnormal, unberechenbar und von üblen Ratgebern umgeben sei, aber sich damit ermutigte, sein Eindruck von diesem ehemaligen „Hausanstreicher" sei „eher unangenehm, besonders in der Ruhe und im ganzen sähe er gänzlich ohne Auszeichnung" aus. Dann meinte er aber doch, Hitler sei ein Mann, auf den man sich verlassen könne, „wenn er sein Wort gegeben habe". Es ist ein handgreifliches Fehlurteil – gerade das, was Hitler erreichen wollte –, zu dessen Verständnis man aber an den resignierten Ausbruch des immerhin kritischeren und weniger zur selbstsuggerierten Dauertäuschung neigenden Halifax denken sollte: er suche sich stets der Notwendigkeit zu erinnern, nicht in der Psychologie dieses seltsamen Mannes fehlzugreifen; aber, alles gesagt und getan, taste man die ganze Zeit wie ein Blinder, der seinen Weg über einen Sumpf zu finden versuche, während ihm alle Welt von den Ufern verschiedene Informationen zurufe, wo sich der nächste Gefahrenpunkt befinde. Daladier mochte gelegentlich warnen, daß Mystizismus Geschicklichkeit nicht ausschließe, aber das konnte einen Neville Henderson weder hindern, mit seinen deutschen Freunden in Hitler immer wieder einen Schutzwall gegen die Extremisten der Nationalsozialistischen Partei zu erhoffen, noch helfen, wenn er dann wieder verzweifelnd zugestand, daß der Kanzler niemals und auf niemands Rat höre. Deutschland sei auf Gnade und Ungnade einem pathologischen Individuum ausgeliefert. Daß er in Nürnberg auf der Höhe der Sudetenkrise feststellen mußte, die Form von Hitlers Genialität (Genius) liege an der Grenzlinie des Wahnsinnes („on the borderline of madness"), hat ihm zu einer endgültigen Klärung dieser bei ihm persönlich auch das Jahr 1939 durchziehenden Unsicherheit über die Grundkategorien im Wesen des gefürchteten deutschen Gegenspielers nicht verhelfen können. Es sollte nicht übersehen werden, daß auch ein so feinsinniger Beobachter wie der Schweizer C. J. Burckhardt noch im August 1939 das Element der „Femininität" in Hitler unterstrichen und gemeint hat, daß seine prahlerischen Rodomontaden[1] auf die Wurzel der Furcht zurückgeführt werden sollten, wenn man die Schwierigkeit der Deutung des Phänomens im ganzen Umfang ermessen will.
Diese von der Position des rückblickenden Historikers so ganz verschiedene Unsicherheit des Urteils über den Führer des Nationalsozialismus ist eine erste wesentliche Grundlage für die lange Kette von den heute greifbar widerlegten Fehlurteilen gewesen, mit denen die verschiedenen Kreise und Schichten der „Appeaser" seine verwirrende Laufbahn begleitet haben. Sie beginnen mit englischen und französischen Presseurteilen, die 1933 versicherten, Hitler wisse, daß man die Folgen eines verlorenen Krieges tragen müsse, oder annahmen, daß es nach dem Plebiszit an der Saar keine Frage mehr zwischen Deutschland und Frankreich geben werde.
Die englische öffentliche Meinung begrüßte auch 1935 Hitlers Rede über die Einführung der allgemeinen Wehrpflicht „als großen Beitrag zur Sicherung des Friedens", während die Labour Party durch Herbert Morrison die schüchterne Mahnung Baldwins zur Vorsicht mit der Erklärung beantwortete, daß der Premierminister die Gelegenheit zu einer großen und erhabenen Geste versäume. Die Reaktion dieser Öffentlichkeit auf das Wagnis der Rheinlandbesetzung 1936 ging dahin, daß der Deutsche damit ja doch nur in den Hintergarten des eigenen Hauses zurückkehre, während die Times erklärte, daß eine klare Verständigung mit Deutschland nicht nur alle Problematik der Welt lösen, sondern auch eine starke Grundlage darstellen würde, „auf der man aufbauen könne". So konnte Neville Chamberlain 1937

[1] (= Aufschneidereien)

wieder das völlig vage Ergebnis des Halifax-Besuches in Berchtesgaden – im Zeitpunkt der Hoßbach-Rede – als „großen Erfolg“ ansehen, nämlich daß Hitler ernsthaft bereit sein werde, seine Politik an die englische Vorbedingung von „reasonable agreements, reasonably reached“ zu binden. Chamberlain meinte, daß Hitlers und Görings Beteuerungen ihrer Abneigung gegen Krieg ehrlich seien: „I think we may take this as correct at any rate for the present“.

Nach der auf dem Fuße folgenden Überraschung des erzwungenen österreichischen Anschlusses war es dann zu spät für die außerdem nur vorübergehende Erkenntnis, daß Gewalt das einzige Argument sei, das dieses Deutschland verstehe. Denn diese Einsicht war nicht nur mit dem Wissen von der Ohnmacht Englands und Frankreichs verkettet, sondern auch schon wieder mit der Illusion, die Lage Europas werde sich beruhigen, wenn es gelinge, einen weiteren Gewaltstreich in der Tschechoslowakei zu vermeiden; eines Tages könnten dann die „Friedensgespräche“ mit den Deutschen wieder aufgenommen werden. Es ist das die unerschütterlich bleibende, persönliche Einstellung des Premierministers gewesen, der erst im Zeitpunkt der grausamen Zerstörung seiner Hoffnungen durch den Prager Staatsstreich im März 1939 vor der Abwendung der öffentlichen Meinung wie seiner Mitarbeiter im eigenen Lande kapitulieren und sich zu der Warnung seiner Birmingham-Rede vom 17. März bereit finden mußte, nachdem er selbst schon gegenüber den Herausforderungen Hitlers im vorhergehenden Winter geklagt hatte: es brauche zwei, um ein Übereinkommen zu erreichen. Aber auch jetzt weigerte er sich doch noch, nach wie vor, endgültig zu resignieren: „As always, I want to gain time, for I never accept the view that war is inevitable“. Chamberlain hat noch im Juni des Jahres 1939 bei aller Erschütterung durch die Zuspitzung der deutsch-polnischen Krise über Danzig, die ihn nun endlich selbst an der Möglichkeit zweifeln ließ, den Krieg zu vermeiden, in sehr bezeichnender Weise niedergeschrieben: „Wenn die Diktatoren nur ein bescheidenes Maß von Geduld besitzen würden, könne er sich vorstellen, daß ein Weg gefunden werden könne, den deutschen Ansprüchen gerecht zu werden und zugleich Polens Unabhängigkeit und wirtschaftliche Sicherheit zu retten.“ Es ist jenes selbe Traumbild, das seine Politik und die Hoffnungen der englischen Nation im Vorjahre auf den Weg von der Vermittlung der Runciman-Mission zu der praktischen Preisgabe der Tschechoslowakei als unabhängiger Staat in München und von München zu der Prager Katastrophe geführt hatte.

Aus: Hans Herzfeld, Zur Problematik der Appeasement-Politik, in: Aus Politik und Zeitgeschichte, Beilage zur Wochenzeitung „Das Parlament“, B 16/63, S. 6ff.

5. Die propagandistische Auslösung der Sudetenkrise

Hitler stand, wie wir wissen, der nächste Schritt schon klar vor Augen: er sollte sich gegen die Tschechoslowakei richten. Das war um so weniger ein Geheimnis, als der Anschluß Österreichs die Aktivität der sudetendeutschen Nationalsozialisten schlagartig verstärkt hatte. Auch in diesem Fall konnte die Hitlersche Politik die inneren Schwächen der Tschechoslowakei geschickt mit der Parole „völkische Selbstbestimmung“ verknüpfen. Der Vielvölkerstaat von 1919 hatte die politischen, sozialen und psychologischen Probleme einer Eingliederung der deutschen Minderheit nicht bewältigt. Die politische Struktur wurde von Nationalitätenparteien bestimmt, dem Regime der tschechischen Mehrheit standen die

nationalen Minderheiten gegenüber. Vielleicht hätten größere Autonomie oder eine Schweizer Lösung das Klima verbessern können, aber von vornherein strebten zumal die Deutschen aus dem Staat heraus. Diese Tendenz verstärkte sich seit dem Machtantritt Hitlers; das NS-Programm versprach eine Politik, die zur Eingliederung der Sudetendeutschen in das künftige Reich führen sollte. Ganz analog zu Österreich erfolgte denn auch 1933 die Auflösung der beiden deutschnationalistischen Parteien, darunter auch jener Deutschen Nationalsozialistischen Arbeiterpartei, die als Deutsche Arbeiterpartei noch vor dem Krieg die ersten Anfänge des Nationalsozialismus in Böhmen organisiert hatte. Als Sammlungsbewegung bildete sich nun die Sudetendeutsche Heimatfront unter dem Turner-Führer Konrad Henlein. Seit 1937 trieb Henlein eine offen nationalsozialistische Politik; seine nun als Sudetendeutsche Partei auftretende Revisionsbewegung hatte die Mehrheit der deutschsprachigen Wähler hinter sich. Die tschechischen Befürchtungen waren um so mehr gerechtfertigt, als eine Abtrennung der von Deutschen bewohnten Randgebiete, in denen Grenzbefestigungen lagen, den Staat wehrlos machen mußte.
Der österreichischen Aktion hatte Hitler in üblicher Taktik sofort beruhigende Erklärungen an Prag folgen lassen. Aber gemäß der Ankündigung vom 5. November 1937 ließ er gleichzeitig die militärischen Weisungen ausarbeiten, in denen er (30. Mai) die Verwirklichung seines „unabänderlichen Entschlusses, die Tschechoslowakei in absehbarer Zeit zu zerschlagen", für den 1. Oktober 1938 festlegte. Die sudetendeutsche Frage, die völkisch-nationale Begründung erwiesen sich als bloßer Vorwand für die Annektion. Erstmals wurde der Rahmen der Revisionspolitik gesprengt; es zeichnete sich der imperiale Expansionsanspruch der nationalsozialistischen Politik ab. Nur zwei Wochen nach dem Einmarsch in Wien bezog Hitler die sudetendeutschen Nationalsozialisten in sein Spiel ein. Wieder wie in Österreich griffen innen- und außenpolitische Erpressung, bewußt übersteigerte Maximalforderungen der Sudetendeutschen und militärische Drohung ineinander. Schon Ende März 1938 gab Hitler Henlein die Anweisung, in Prag Ansprüche zu erheben, „die für die tschechische Regierung unannehmbar sind". Der Sinn war deutlich: „Wir müssen also immer so viel fordern, daß wir nicht zufriedengestellt werden können." In Deutschland selbst ließ Hitler zum „Schutz der Sudetendeutschen und (zur) Aufrechterhaltung weiterer Unruhen und Zusammenstöße" (!) Freikorps organisieren, während Ribbentrop gleichzeitig Henlein anwies, „durch den Umfang und die schrittweise Präzisierung der zu stellenden Forderungen den Eintritt in die Regierung zu vermeiden". Das geschah noch im April 1938 im „Karlsbader Programm" der Sudetendeutschen Partei. Die bewußte Steigerung der Spannungen sollte schließlich die deutsche Intervention auslösen. Am 20. Mai mobilisierte Prag, dann Berlin. Dieses Mal stieß die Taktik freilich auf Hindernisse. Der deutsche Generalstabschef Ludwig Beck warnte und trat schließlich zurück. Durch den raschen deutschen Machtzuwachs und den Eindruck der Österreichaktion auf Südosteuropa beunruhigt, kam Italien den englischen Ausgleichsversuchen vorübergehend entgegen. Zwar setzte London den Kurs der Beschwichtigung um fast jeden Preis fort; die Entsendung eines Vermittlers (Lord Runciman) bedeutete verstärkten Druck auf Prag, die sudetendeutschen „Forderungen" anzunehmen. Frankreich schwankte, wie weit es zu seinen Allianzverpflichtungen stehen könne.
Der Ausbruch des Krieges schien unvermeidlich, als Hitler vor dem (letzten) Nürnberger Parteitag in einer entfesselten Rede den Sudetendeutschen die militärische Hilfe Deutschlands ankündigte (12. September). Henlein operierte nun offen mit der Parole „Heim ins

Reich". Aber noch waren die Geduld Chamberlains und seine Hoffnung, wenn nicht als Bändiger Hitlers so doch als Retter des Friedens zu handeln, nicht erschöpft. Er bot Hitler seinen sofortigen Besuch an und bewies damit den Ernst seiner Bemühungen, in deutscher Sicht allerdings auch seinen Respekt vor Hitlers Machtpolitik. Als der britische Premier den „Führer" ohne Rücksicht auf Prestigefragen auf dem Obersalzberg aufsuchte (15. September) und ihm seine Unterstützung bei der Eingliederung der Sudetengebiete zusagte, schloß sich auch Paris an, und nach vergeblichen Protesten gab Prag dem doppelten Druck nach. Bei dieser Steigerung der Appeasement-Politik haben sowohl der englische wie auch der französische Botschafter in Berlin (Henderson und François-Poncet), beide konservativ-antikommunistisch orientiert, eine fragwürdige Rolle gespielt. Aber nun stieß Chamberlain auf neue Forderungen Hitlers; dieser verlangte auf der folgenden Godesberger Konferenz (22.–24. September) vom britischen Premier die Zustimmung zum sofortigen Einmarsch deutscher Truppen. In einer wütenden Brandrede im Berliner Sportpalast verschärfte Hitler am 26. September die Kriegsdrohungen mit einem auf zwei Tage befristeten Ultimatum, und nun mobilisierten auch Frankreich und England. In dieser Lage war es Mussolini, der mit Rücksicht auf die unzureichenden Kriegsvorbereitungen Italiens Hitler dazu brachte, in letzter Stunde Chamberlains Vorschlag einer Viermächtekonferenz anzunehmen. Der britische Regierungschef war erneut bereit, die Reise zu Hitler zu unternehmen, dieses Mal in die „Hauptstadt der Bewegung"; Frankreichs Premierminister Daladier schloß sich an.

Aus: Karl Dietrich Bracher, a.a.O., S.338ff.

6. Die Karlsbader Forderungen vom 24. 4. 1938

Während man sich in britischen Kreisen Gedanken über die Lösung der Minderheitenfrage in der ČSR machte, begann die Führung der Sudetendeutschen Partei eine politische Offensive gegen die bisherige Haltung der Prager Regierung. Am 24. April 1938 stellte Konrad Henlein auf einem Parteitag der SdP in Karlsbad folgende Forderungen auf:

„Volle Gleichberechtigung und Unabhängigkeit der sudetendeutschen Volksgruppe;
Feststellung und Anerkennung des deutschen Siedlungsgebietes;
Aufbau einer deutschen Selbstverwaltung im deutschen Siedlungsgebiet in allen Bereichen des öffentlichen Lebens, soweit es sich um Interessen und Angelegenheiten der deutschen Volksgruppe handelt;
Schaffung gesetzlicher Schutzbestimmungen für jene Staatsangehörigen, die außerhalb des geschlossenen Siedlungsgebietes ihres Volkstums leben;
Beseitigung des dem Sudetendeutschtum seit 1918 zugefügten Unrechts und Wiedergutmachung der ihm durch dieses Unrecht entstandenen Schäden;
Anerkennung und Durchführung des Grundsatzes: Im deutschen Gebiet deutsche öffentliche Angestellte."

Henleins Programm stellte in einigen Punkten einen Rückgriff auf die Versprechungen dar, welche die tschechoslowakische Regierung in ihrer Note vom 20. Mai 1919 an die Pariser Friedenskonferenz gemacht hatte, aber dann in der Praxis zu verwirklichen vergaß, lief jedoch im großen und ganzen auf die Schaffung eines Dreimächtestaates der Tschechen, Deutschen und Slowaken hinaus. Die Prager Regierung lehnte daher diese Forderungen als unerfüllbar ab. Erst als sich durch den Rücktritt Léon Blums und durch Hitlers Kriegsvorbereitungen an der deutsch-tschechischen Grenze die Lage der ČSR wieder bedrohlich verschlechterte, ließ sie sich auf Verhandlungen über die Karlsbader Forderungen Henleins ein. Am 28. und 29. April 1938 trafen sich der neue französische Ministerpräsident Edouard Daladier und sein Außenminister Georges Bonnet mit ihren britischen Kollegen in London, um eine gemeinsame Haltung in der tschechoslowakischen Frage zu erarbeiten. Sie einigten sich darauf, gemeinsam in Prag vorstellig zu werden und die tschechoslowakische Regierung zu einer Verständigung mit den Sudetendeutschen aufzufordern. Damit hatte sich die Richtung Neville Chamberlains durchgesetzt. Für ihn galt der traditionelle Grundsatz der englischen Außenpolitik, ohne zwingenden Anlaß keinerlei bindende Verpflichtungen gegenüber den Staaten einzugehen, welche jenseits des Rheins lagen. Der britische Premier glaubte mit dieser „nocommittment-and-appeasement-policy" einen Weg gefunden zu haben, mit welchem ein kriegerischer Konflikt vermieden werden könnte.

Trotz wiederholter britischer Demarchen in Prag, auf dem Verhandlungswege eine Regelung des sudetendeutschen Problems anzustreben, blieb Staatspräsident Benesch, der praktisch die tschechische Innen- und Außenpolitik bestimmte, bei seiner ablehnenden Haltung gegenüber den Autonomieforderungen der Sudetendeutschen Partei. Er hielt eine vorbehaltlose Erfüllung der Selbstverwaltungswünsche für gefährlich, da nach seiner Meinung die völlige Unabhängigkeit der Sudetendeutschen das gesamte tschechoslowakische Staatswesen auseinandersprengen würde.

Aus: Alfred Schickel, Das Münchener Abkommen, in: Aus Politik und Zeitgeschichte, Beilage zur Wochenzeitung „Das Parlament", B 26/71, S. 12

7. Das Münchner Abkommen zwischen Deutschland, Großbritannien, Frankreich und Italien vom 29./30. 9. 1938

a) Der Vertragstext

Deutschland, das Vereinigte Königreich, Frankreich und Italien sind unter Berücksichtigung des Abkommens, das hinsichtlich der Abtretung des sudetendeutschen Gebiets bereits grundsätzlich erzielt wurde, über folgende Bedingungen und Modalitäten dieser Abtretung und über die danach zu ergreifenden Maßnahmen übereingekommen und erklären sich durch dieses Abkommen einzeln verantwortlich für die zur Sicherung seiner Erfüllung notwendigen Schritte.

1. Die Räumung beginnt am 1. Oktober.
2. Das Vereinigte Königreich, Frankreich und Italien vereinbaren, daß die Räumung des Gebiets bis zum 10. Oktober vollzogen wird, und zwar ohne Zerstörung irgendwelcher bestehender Einrichtungen, und daß die Tschechoslowakische Regierung die Verantwortung dafür trägt, daß die Räumung ohne Beschädigung der bezeichneten Einrichtungen durchgeführt wird.
3. Die Modalitäten der Räumung werden im einzelnen durch einen internationalen Ausschuß festgelegt, der sich aus Vertretern Deutschlands, des Vereinigten Königreichs, Frankreichs, Italiens und der Tschechoslowakei zusammensetzt.
4. Die etappenweise Besetzung des vorwiegend deutschen Gebiets durch deutsche Truppen beginnt am 1. Oktober. Die vier auf der anliegenden Karte bezeichneten Gebietsabschnitte werden in folgender Reihenfolge durch deutsche Truppen besetzt:

Der mit I bezeichnete Gebietsabschnitt am 1. und 2. Oktober,

der mit II bezeichnete Gebietsabschnitt am 2. und 3. Oktober,
der mit III bezeichnete Gebietsabschnitt am 3., 4. und 5. Oktober,
der mit IV bezeichnete Gebietsabschnitt am 6. und 7. Oktober.
Das restliche Gebiet vorwiegend deutschen Charakters wird unverzüglich von dem obenerwähnten internationalen Ausschuß festgestellt und bis zum 10. Oktober durch deutsche Truppen besetzt werden.
5. Der im Paragraph 3 erwähnte internationale Ausschuß wird die Gebiete bestimmen, in denen eine Volksabstimmung stattfinden soll. Diese Gebiete werden bis zum Abschluß der Volksabstimmung durch internationale Formationen besetzt werden. Der gleiche Ausschuß wird die Modalitäten festlegen, unter denen die Volksabstimmung durchgeführt werden soll, wobei die Modalitäten der Saar-Abstimmung als Grundlage zu betrachten sind. Der Ausschuß wird ebenfalls den Tag festsetzen, an dem die Volksabstimmung stattfindet; dieser Tag darf jedoch nicht später als Ende November liegen.
6. Die endgültige Festlegung der Grenzen wird durch den internationalen Ausschuß vorgenommen werden. Dieser Ausschuß ist berechtigt, den vier Mächten Deutschland, dem Vereinigten Königreich, Frankreich und Italien in bestimmten Ausnahmefällen geringfügige Abweichungen von der streng ethnographischen Bestimmung der ohne Volksabstimmung zu übertragenden Zonen zu empfehlen.
7. Es wird ein Optionsrecht für den Übertritt in die abgetretenen Gebiete und für den Austritt aus ihnen vorgesehen. Die Option muß innerhalb von 6 Monaten vom Zeitpunkt des Abschlusses dieses Abkommens an ausgeübt werden. Ein deutsch-tschechoslowakischer Ausschuß wird die Einzelheiten der Option bestimmen, Verfahren zur Erleichterung des Austausches der Bevölkerung erwägen und grundsätzliche Fragen klären, die sich aus diesem Austausch ergeben.
8. Die Tschechoslowakische Regierung wird innerhalb einer Frist von 4 Wochen vom Tage des Abschlusses dieses Abkommens an alle Sudetendeutschen aus ihren militärischen und politischen Verbänden entlassen, die diese Entlassung wünschen. Innerhalb derselben Frist wird die Tschechoslowakische Regierung sudetendeutsche Gefangene entlassen, die wegen politischer Delikte Freiheitsstrafen verbüßen.

Zit. nach Jacobsen-Jochmann, a.a.O., A, S. 1f.

b) Zur völkerrechtlichen Beurteilung des Münchener Abkommens

1) Zur Frage nach der Gültigkeit des Münchner Abkommens

Die Regierung der ČSSR begründet ihre Forderung nach Annullierung des Münchener Abkommens von Anfang an im wesentlichen mit folgenden drei Argumenten:
1. Der Vertrag über die Abtretung der Sudetengebiete an das Deutsche Reich sei niemals gültig gewesen, weil man ihn der Tschechoslowakei unter Kriegsdrohungen des Dritten Reiches aufgezwungen habe.
2. Die tschechoslowakische Verfassung von 1920 habe die Gültigkeit von Veränderungen des Staatsgebietes von der Zustimmung des Parlaments abhängig gemacht. Die Regierung in Prag habe das Münchener Abkommen zwar am 30. September 1938 unter ohnmächtigem Protest angenommen, aber die von der Verfassung vorgeschriebene Ratifizierung sei nie erfolgt.
3. Die Unterschriften unter das Münchener Abkommen seien unter Verletzung des Völker-

rechts zustande gekommen, da Großbritannien und Frankreich durch Artikel 10 des Völkerbundsstatuts verpflichtet waren, „die Unversehrtheit des Gebietes und die bestehende politische Unabhängigkeit aller Bundesmitglieder zu achten und gegen jeden äußeren Angriff zu wahren". Die Unversehrtheit und politische Unabhängigkeit des Völkerbundsmitglieds Tschechoslowakei sei jedoch mit dem Münchener Abkommen verletzt worden.
Dagegen wird ins Feld geführt, daß in der Geschichte bisher viele Verträge geschlossen wurden, die unter Druck oder gar Kriegsandrohung zustande gekommen seien, jedoch nichtsdestoweniger als gültig anerkannt würden. Als Beispiele werden die Verträge von Brest-Litowsk vom 3. März 1918 oder der Friedensvertrag von Versailles vom 28. Juni 1919 angeführt, die beide unter Kriegsdrohung unterschrieben wurden, aber nach allgemeiner Ansicht volle völkerrechtliche Gültigkeit erlangt haben. Außerdem sei zu berücksichtigen, daß die tschechoslowakische Regierung am 21. September 1938, ohne unter militärischem Druck oder gar Gewaltandrohung seitens der Westmächte gestanden zu sein, selbst der Abtretung der Sudetengebiete ans Deutsche Reich zugestimmt habe. Der Einwand, daß Großbritannien und Frankreich bei Abschluß des Münchener Abkommens unter militärischem Druck Deutschlands gehandelt hätten, folglich der Vertrag unter rechtswidrigem Zwang geschlossen worden sei, müsse ebenfalls zurückgewiesen werden, da die militärische Stärke der Westmächte seinerzeit größer gewesen sei als die Deutschlands.
Dem Hinweis auf die fehlende Ratifizierung als Nichtigkeitsgrund wird entgegengehalten, daß Staatspräsident Dr. Eduard Benesch selbst den Unterhändlern erklärt habe, er sei zum Vertragsabschluß befugt. Es sei im internationalen Völkerrecht keineswegs üblich, daß der eine Vertragspartner die verfassungsrechtlichen Probleme des anderen Partners vor einem Vertragsabschluß zu untersuchen habe. Auch sei keine Anfechtungsklage oder -erklärung seitens der Tschechoslowakei erfolgt, vielmehr seien die Bestimmungen des Vertrages von tschechischer Seite erfüllt worden. Dafür sprächen auch eindeutig die Abkommen, die sich beispielsweise mit der Grenzziehung nach dem Münchener Abkommen beschäftigten. Der am 20. November 1938 abgeschlossene deutsch-tschechische Optionsvertrag sei vom tschechischen Parlament angenommen worden, wobei nochmals ausdrücklich auch das Münchener Abkommen anerkannt worden sei.
Dem dritten angeführten Nichtigkeitsgrund – Verletzung des Artikels 10 der Völkerbundsatzung – wird gegenübergestellt, daß diese Annahme angesichts des seit 1935 wirksamen Austritts Deutschlands aus dem Völkerbund keineswegs die Nichtigkeit des Münchener Abkommens bedinge, da die in Artikel 20 der Völkerbundssatzung angeordnete Ungültigkeit der gegen das Völkerbundsstatut verstoßenden Verträge „nicht einen mit einem Nichtmitglied geschlossenen Vertrag treffen konnte". Aus diesen Einwänden sei jedoch nicht der Schluß zu ziehen, daß das Münchener Abkommen auch heute noch gültig sei. Da es bis auf die Abgabe der im Zusatzabkommen vorgesehenen Garantie erfüllt, in der Zwischenzeit aber von allen beteiligten Mächten als erledigt und ungültig erklärt worden sei, könnten aus ihm keinerlei Ansprüche an die ČSSR gefolgert werden.

2) Zur Frage nach den Folgen einer Ungültigkeit „ex tunc"

Die tschechoslowakische Forderung einer Ungültigerklärung von Anfang an „mit allen sich daraus ergebenden Folgen" entzündete eine weitere Kontroverse. Es geht dabei besonders um folgende Probleme:

1. die Staatsangehörigkeit der Sudetendeutschen, (im Inland und Ausland),

2. die Einbeziehung der Sudetendeutschen in die Dienste des Deutschen Reiches (Wehrdienst, sonstiger öffentlicher und Staatsdienst) und ihre rechtliche Würdigung,
3. die Gültigkeit der Hoheitsakte der deutschen Behörden im Sudetenland zwischen dem 1. Oktober 1938 bis zum Kriegsende (z.B. Gültigkeit von Gerichtsurteilen, Eheschließungen usw.),
4. die gegenseitigen finanziellen Forderungen,
5. die Gültigkeit privatrechtlicher Vereinbarungen zwischen dem 1. Oktober 1938 und dem 9. Mai 1945.

Während die einen darauf hinweisen, daß Staatspräsident Benesch in einem Dekret vom 2. August 1945 die Verleihung der deutschen Staatsbürgerschaft an die Sudetendeutschen durch das Gesetz vom 21. November 1938 ausdrücklich anerkannt und damit die Frage nach der Staatsangehörigkeit bereits geregelt habe, machen die anderen darauf aufmerksam, daß laut Staatsangehörigkeitsregelungsgesetz vom 22. Februar 1955 die deutsche Staatsbürgerschaft der Sudetendeutschen ausschließlich auf dem Reichsgesetz vom November 1938 beruhte. Umstritten ist auch die Frage, ob der seit 1938 geleistete Dienst der Sudetendeutschen in der deutschen Wehrmacht von den tschechoslowakischen Gerichten als Landesverrat verfolgt werden könnte, wenn das Münchener Abkommen von Anfang an ungültig gewesen wäre. In diesem Falle wären auch alle anderen Staatsbediensteten wie etwa die Post- und Eisenbahnbeamten nichts anderes als Kollaborateure der deutschen Besatzungmacht gewesen und könnten dafür zur Rechenschaft gezogen werden. Schließlich müßte noch geklärt werden, ob auch die Ungültigkeit aller zwischen dem 1. Oktober 1938 und dem Kriegsende im Sudetenland geschlossenen Ehen, straf- und privatrechtlicher Gerichtsentscheidungen und welche unabsehbaren Schadensersatzforderungen des tschechoslowakischen Staates und von einzelnen seiner Bürger gegen die Bundesrepublik und deutsche Staatsangehörige zu allen aus der Ungültigkeit des Münchener Abkommens sich ergebenden Folgen gehören würden.

So reicht das Münchener Abkommen, dessen Vorgeschichte bereits im Jahre 1918 begann, mit seiner geschichtlichen Last und juristischen Problematik bis in die Gegenwart hinein.

Es wird eine der schwierigsten, aber zugleich auch dringlichsten Aufgaben deutscher Politik sein, einen Weg zu finden, auf dem sich Tschechen und Deutsche nach Jahrzehnten der Entzweiung wieder als gute Nachbarn begegnen können. Und dazu gehört auch eine zufriedenstellende Bereinigung aller mit dem Münchener Abkommen zusammenhängenden Fragen.

Aus: Alfred Schickel, a.a.O., S. 28ff.

8. Chamberlains Rede in Birmingham vom 17. 3. 1939

Der gestern in Prag erlassenen Proklamation zufolge sind Böhmen und Mähren dem Deutschen Reich angeschlossen worden. Nichtdeutsche Einwohner, zu denen natürlich die Tschechen gehören, werden dem deutschen Protektor im Deutschen Protektorat unterstellt. Sie haben sich den politischen, militärischen und wirtschaftlichen Bedürfnissen des Reiches zu unterwerfen. Sie werden Staaten mit Selbstverwaltung genannt, aber das Reich übernimmt ihre Außenpolitik, ihre Zölle und Akzisen, ihre Bankreserven und die Ausrüstung der entwaffneten tschechischen Armee. Und vielleicht das Unheimlichste: Wir hören wieder vom Auftauchen der Gestapo, der Geheimen Staatspolizei, und von der gewohnten Geschichte der Massenverhaftungen prominenter Persönlichkeiten mit den Folgen, die uns allen vertraut sind.

Jeder Mann und jede Frau in unserem Land, die sich an das Schicksal der Juden und der politischen Gefangenen in Österreich erinnern, müssen heute mit Kummer und Sorge erfüllt sein. Wer kann hindern, daß sich sein Herz in Sympathie dem stolzen und tapferen Volk zuwendet, das so plötzlich ein Opfer dieser Invasion wurde, dessen Freiheiten beschnitten sind und dessen nationale Unabhängigkeit dahin ist? Was ist aus der Erklärung „keine territorialen Ansprüche mehr" geworden? Was ist aus der Versicherung „Wir wollen keine Tschechen im Reich" geworden? Wieviel Rücksicht hat man genommen auf den Grundsatz der Selbstbestimmung, worüber Herr Hitler in Berchtesgaden mit mir so heftig diskutierte, als er die Trennung des Sudetengebietes von der Tschechoslowakei und dessen Einverleibung in das Reich forderte? . . .

Deutschland hat der Welt unter seinem jetzigen Regime eine Serie von unangenehmen Überraschungen bereitet. Das Rheinland, der Anschluß Österreichs, die Lostrennung des Sudetengebietes – alle diese Dinge erregten und empörten die öffentliche Meinung der ganzen Welt. Jedoch, soviel wir auch einwenden mögen gegen die Methoden, die in jedem einzelnen dieser Fälle angewandt wurden, etwas ließ sich doch sagen – entweder wegen der rassenmäßigen Zugehörigkeit oder wegen allzulang mißachteter gerechter Ansprüche – etwas ließ sich doch sagen zugunsten der Notwendigkeit einer Änderung der vorhandenen Lage.

Aber die Dinge, die sich diese Woche unter völliger Mißachtung der von der deutschen Regierung selbst aufgestellten Grundsätze ereignet haben, scheinen zu einer andern Kategorie zu gehören, und sie müssen uns allen die Frage nahelegen: „Ist dies das Ende eines alten Abenteuers oder ist es der Anfang eines neuen?" „Ist dies der letzte Angriff auf einen kleinen Staat, oder sollen ihm noch weitere folgen? Ist dies sogar ein Schritt in der Richtung auf den Versuch, die Welt durch Gewalt zu beherrschen?"

Das sind schwere und ernste Fragen . . .

Ich glaube nicht, daß irgend jemand meine Aufrichtigkeit in Frage stellen wird, wenn ich sage, daß es kaum etwas gibt, was ich nicht für den Frieden zu opfern bereit wäre; aber etwas gibt es, was ich davon ausnehmen muß, und das ist die Freiheit, die wir seit hunderten von Jahren genießen und die wir niemals preisgeben werden. Daß unter allen Menschen gerade ich mich aufgerufen fühle, dies zu erklären, das mag zeigen, in welchem Maße durch diese Ereignisse das Vertrauen zerstört wurde, das eben ganz leise das Haupt zu erheben begann und das, hätte es wachsen dürfen, vielleicht dieses Jahr denkwürdig gemacht hätte durch die Rückkehr ganz Europas zur Gesundheit und zur Stabilität. Es sind erst sechs Wochen her, daß ich in dieser Stadt sprach und auf Gerüchte und Zweifel anspielte, welche, wie ich sagte, hinweggefegt werden mußten. Ich wies darauf hin, daß jeder Anspruch auf Weltherrschaft durch Gewalt den Widerstand der Demokratien finden müsse, und ich fügte hinzu, ich könne nicht glauben, daß eine solche Herausforderung geplant sei, weil keine Regierung, der die Interessen ihres Volkes am Herzen liegen, eines solchen Anspruches wegen dieses Volk den Schrecken des Weltkrieges aussetzen könne.

Und es scheint in der Tat, mit den Lehren der Geschichte vor aller Augen, unglaublich, daß es eine solche Herausforderung geben könne. Ich fühle mich verpflichtet, zu wiederholen, daß ich zwar nicht bereit bin, unser Land durch neue, nicht spezifizierte und unter nicht voraussehbaren Bedingungen funktionierende Verpflichtungen zu binden, daß aber kein größerer Fehler begangen werden könnte als der, zu glauben, unsere Nation habe, weil sie den Krieg für eine sinnlose und grausame Sache hält, so sehr ihr Mark verloren, daß sie nicht bis zur Erschöpfung ihrer Kraft einer solchen Herausforderung entgegentreten werde, sollte sie jemals erfolgen. Für diese Erklärung habe ich – davon bin ich überzeugt – nicht nur die Unterstützung, die Sympathie und das Vertrauen meiner Mitbürger und Mitbürgerinnen, sondern ich werde auch die Zustimmung des gesamten britischen Weltreiches und aller andern Nationen haben, die zwar den Frieden hoch schätzen, aber die Freiheit noch höher.

Zit. nach Schönbrunn, a. a. O., S. 422 f.

9. Der Nichtangriffsvertrag zwischen Deutschland und der Sowjetunion vom 23. 8. 1939

a) Der Vertragstext

Die Deutsche Reichsregierung und die Regierung der Union der Sozialistischen Sowjetrepubliken, geleitet von dem Wunsche, die Sache des Friedens zwischen Deutschland und der UdSSR zu festigen, und ausgehend von den grundlegenden Bestimmungen des Neutralitätsvertrages, der im April 1926 zwischen Deutschland und der UdSSR geschlossen wurde, sind zu nachstehender Vereinbarung gelangt:

Artikel 1

Die beiden vertragschließenden Teile verpflichten sich, sich jeden Gewaltakts, jeder aggressiven Handlung und jeden Angriffs gegeneinander, und zwar sowohl einzeln als auch gemeinsam mit anderen Mächten, zu enthalten.

Artikel 2

Falls einer der vertragschließenden Teile Gegenstand kriegerischer Handlungen seitens einer dritten Macht werden sollte, wird der andere vertragschließende Teil in keiner Form diese dritte Macht unterstützen.

Artikel 3

Die Regierungen der beiden vertragschließenden Teile werden künftig fortlaufend zwecks Konsultation in Fühlung miteinander bleiben, um sich gegenseitig über Fragen zu informieren, die ihre gemeinsamen Interessen berühren.

Artikel 4

Keiner der beiden vertragschließenden Teile wird sich an irgendeiner Mächtegruppierung beteiligen, die sich mittelbar oder unmittelbar gegen den anderen Teil richtet.

Artikel 5

Falls Streitigkeiten oder Konflikte zwischen den vertragschließenden Teilen über Fragen dieser oder jener Art entstehen sollten, werden beide Teile diese Streitigkeiten oder Konflikte ausschließlich auf dem Wege freundschaftlichen Meinungsaustausches oder nötigenfalls durch Einsetzung von Schlichtungskommissionen bereinigen.

Artikel 6

Der gegenwärtige Vertrag wird auf die Dauer von zehn Jahren abgeschlossen mit der Maßgabe, daß, soweit nicht einer der vertragschließenden Teile ihn ein Jahr vor Ablauf dieser Frist kündigt, die Dauer der Wirksamkeit dieses Vertrages automatisch als für weitere fünf Jahre verlängert gilt.

Artikel 7

Der gegenwärtige Vertrag soll innerhalb möglichst kurzer Frist ratifiziert werden. Die Ratifikationsurkunden sollen in Berlin ausgetauscht werden. Der Vertrag tritt sofort mit seiner Unterzeichnung in Kraft.
Ausgefertigt in doppelter Urschrift, in deutscher und russischer Sprache.
Moskau, am 23. August 1939.
Für die deutsche Reichsregierung
gez. *von Ribbentrop*

in Vollmacht der Regierung der UdSSR
gez. *W. Molotow*

Geheimes Zusatzprotokoll vom 23. 8. 1939

Aus Anlaß der Unterzeichnung des Nichtangriffspaktes zwischen dem Deutschen Reich und der Union der Sozialistischen Sowjetrepubliken haben die unterzeichneten Bevollmächtigten der beiden Teile in streng vertraulicher Aussprache die Frage der Abgrenzung der beiderseitigen Interessensphären in Osteuropa erörtert. Die Aussprache hat zu folgendem Ergebnis geführt:
1. Für den Fall einer territorial-politischen Umgestaltung in den zu den baltischen Staaten (Finnland, Estland, Lettland und Litauen) gehörenden Gebieten bildet die nördliche Grenze Litauens zugleich die Grenze der Interessensphäre Deutschlands und der UdSSR. Hierbei wird das Interesse Litauens am Wilnaer Gebiet beiderseits anerkannt.
2. Für den Fall einer territorial-politischen Umgestaltung der zum polnischen Staat gehörenden Gebiete werden die Interessensphären Deutschlands und der UdSSR ungefähr durch die Linie der Flüsse Pissa, Narew, Weichsel und San abgegrenzt. Die Frage, ob die beiderseitigen Interessen die Erhaltung eines unabhängigen polnischen Staates erwünscht erscheinen lassen und wie dieser Staat abzugrenzen wäre, kann endgültig erst im Laufe der weiteren politischen Entwicklung geklärt werden. In jedem Falle werden beide Regierungen diese Frage im Wege einer freundschaftlichen Verständigung lösen.
3. Hinsichtlich des Südostens Europas wird von sowjetischer Seite das Interesse an Bessarabien betont. Von deutscher Seite wird das völlige politische Desinteressement an diesen Gebieten erklärt.
4. Dieses Protokoll wird von beiden Seiten streng geheim behandelt werden.

Moskau, den 23. August 1939

gez. *von Ribbentrop*
gez. *W. Molotow*

Zit. nach Jacobsen – Jochmann, a. a. O., F, S. 1 f.

b) Hitlers Kriegspolitik und der deutsch-sowjetische Nichtangriffspakt

Für totalitär gelenkte Staaten, mochten sie sich ideologisch noch so unterscheiden, stellte eine solche Schwenkung kein unüberwindliches Problem dar. Auf deutscher Seite spielten neben der bismarckschen Tradition deutsch-russischer Zusammenarbeit, die zumal in der Diplomatie lebendig geblieben war, strategische Überlegungen der Militärs und Hitlers Bemühungen um Vermeidung eines Zweifrontenkriegs eine Rolle. Während sich Rußlands Nachbarstaaten beharrlich weigerten, den Durchmarsch oder die Hilfe sowjetischer Truppen hinzunehmen und damit dem doppelten Risiko eines kommunistischen Umsturzes oder eines nationalsozialistischen Angriffs ausgesetzt zu werden, hatte Stalin durch die Ablösung seines langjährigen Außenministers Litwinow (3. Mai 1939) erkennen lassen, daß er die Politik der „kollektiven Sicherheit“ mit dem Westen für gescheitert hielt. So rasch und bedenkenlos, wie es nur diktatorischen Regimen möglich ist, wandte er sich dem anderen Lager (und dem besseren Angebot) zu. So führten die geheimen Verhandlungen mit den „faschistischen Bestien“ zu einem raschen Ergebnis. Die nationalsozialistische Feindpropaganda schwenkte vom Bolschewismus auf die westlichen „Plutokratien“ über, Hitlers nahes Angriffsdatum (1. September) führte zum überstürzten Abschluß des Paktes. Kurz bevor die westlichen Unterhändler das Militärbündnis in Moskau zu vollenden hofften, machte sich Ribbentrop auf den Weg und unterzeichnete in der Nacht seiner Ankunft (23. August) in Gegenwart Stalins mit Molotow jenen deutschrussischen Nichtangriffspakt, der die Welt in höchste Überraschung und dann in den Krieg stürzte.
Der veröffentlichte Text verpflichtete beide Mächte, keinen Staat zu unterstützen, der mit einem der Vertragspartner im Krieg stehe. Die Westmächte waren damit isoliert. Den eigentlichen Kern und die interessenpolitische Grundlage des Pakts bildete jedoch ein geheimes Zusatzprotokoll, in dem die „Abgrenzung der beiderseitigen Interessensphären in Osteuropa“ definiert und „für den Fall einer territorial-politischen Umgestaltung“ Finnland und das Baltikum, die Osthälfte Polens und Bessarabien der Sowjetunion zugesprochen wurden. Daß die Frage eines polnischen Reststaates offengelassen und ausdrücklich betont wurde, das Protokoll solle „von beiden Seiten streng geheim behandelt werden“, macht den unmittelbar kriegsbezogenen Sinn dieses Beutepaktes deutlich. Hitler hatte Stalin mehr geboten als die Westmächte, die auf den Willen der betroffenen Staaten Rücksicht nahmen. Der Pakt gab ihm dafür freie Hand zum Angriff auf Polen und zur „territorialpolitischen Umgestaltung der zum polnischen Staate gehörenden Gebiete“, bis zu Narew, Weichsel und San. Die deutsche Expansion konnte beginnen, aber zugleich war auch der Sowjetunion der Weg nach Westen eröffnet worden. Nicht die so wirkungsvoll proklamierte „Abwehr des Kommunismus“, sondern fortschreitende Expansionspolitik traten als Antrieb und Inhalt des Hitler-Regimes hervor. Für zwei Jahre wurde die Bollwerkthese einfach umgedreht. Ribbentrop erklärte Stalin geradezu, der Antikominternpakt sei „im Grunde nicht gegen die Sowjetunion, sondern gegen die westlichen Demokratien gerichtet“.

Aus: Karl Dietrich Bracher, a. a. O., S. 345 f.

c) Die russischen Motive beim Hitler-Stalin-Pakt

Die Entscheidung Stalins, auf die taktische Schwenkung Hitlers einzugehen und mit ihm einen Pakt auf der Basis der Teilung Ostmitteleuropas abzuschließen, war seit „München“ vorbereitet worden. Um ein in seiner Sicht drohendes Arrangement zwischen England und

Hitler-Deutschland zu verhindern, das in sowjetkommunistischer Interpretation nur offensiv gegen die Sowjetunion gerichtet sein konnte, schien ein eigener Vertragsabschluß mit Hitler das am besten geeignete Mittel; denn Hitler mußte diesen Pakt als Ermunterung zum militärischen Angriff auf Polen auffassen (anstatt zum Einlenken auf eine „Kleine Lösung“ in Gestalt von Revisionen an der deutsch-polnischen Grenze unter Vermittlung Englands, wie es im Falle der Unterzeichnung eines britisch-französisch-sowjetischen Militärbündnisses im August 1939 von Stalins Sicht her befürchtet werden mußte). Der deutsche Angriff auf Polen aber mußte mit hoher Wahrscheinlichkeit den kriegerischen Konflikt Hitlers mit den Westmächten auslösen. Davon, daß England „trotz seiner Schwäche schlau und hartnäckig Krieg führen würde“, war Stalin überzeugt – wie er Ribbentrop gegenüber in der Nacht vom 23. zum 24. August in bemerkenswerter Offenheit erklärte. Damit war endlich die Grundvoraussetzung erreicht, die der Verwirklichung des außenpolitischen „Programms“ Stalins bisher entgegengestanden hatte. Auch dieses „Programm“ lag (wie das Hitlers) bereits seit der Mitte der zwanziger Jahre fest. Die Spannungen zwischen den „imperialistischen“ Mächten mußten sich nach sowjetkommunistischer Auffassung früher oder später in einem Kriege entladen. Dabei galt es zu verhindern, daß es zu einem gemeinsamen Krieg der „kapitalistischen“ Mächte gegen die Sowjetunion kam; sie mußten vielmehr untereinander in einen kriegerischen Konflikt gebracht werden. „Sollte ... (ein solcher) Krieg beginnen“ – so hatte Stalin am 19. Januar 1925 auf der Plenartagung des Zentralkomitees der Kommunistischen Partei Rußlands seine Grundthese dargelegt –, „so werden wir nicht untätig zusehen können – wir werden auftreten müssen, aber wir werden als letzte auftreten, um das entscheidende Gewicht in die Waagschale zu werfen, ein Gewicht, das ausschlaggebend sein dürfte“.

Stalins Entscheidung vom August 1939 versetzte damit die Sowjetunion in eine so günstige Position, wie sie sie in ihrer ganzen Geschichte seit 1917 noch niemals eingenommen hatte. An die Stelle der bisher die sowjetische Gesamtpolitik beherrschenden traumatischen Vorstellung von einer allseitigen Bedrohung durch die „kapitalistischen“ Mächte konnte nun das Bewußtsein treten, die Position einer von allen Kriegführenden respektierten, ja umworbenen Großmacht innezuhaben, deren politisches Gewicht in dem Maße wuchs, wie der Krieg in Europa fortdauerte und die Energien der beteiligten Staaten absorbierte.

Aus: Andreas Hillgruber, Deutschlands Rolle in der Vorgeschichte der beiden Weltkriege, Göttingen 1967, S. 96ff.

d) Rosenbergs ideologische Skrupel

(Tagebucheintrag vom 25. 8.1939)

Die Hoffnungen Englands auf Hinauszögerung der Verhandlungen haben sich glücklicherweise nicht bewahrheitet: Der Pakt mit Moskau wurde schnell unterschrieben. Ein weitreichender Entschluß, dessen Folgen nicht abzusehen sind. Historisch: So wie Sparta und Athen abwechselnd die Perser zu Hilfe riefen, so wenden England und Deutschland sich heute an die Sowjet-Union. Die Engländer haben als erste zweifellos den Versuch gemacht, die Sowjets gegen uns zu hetzen; was konnte der Führer angesichts der *vorhandenen* Lage tun, als dies durch eine plötzliche Wendung zu vereiteln. Wie ich soeben erfahre, ist es so gekommen, daß der Führer an Stalin einen Brief mit einem Angebot gemacht hat, worauf eine sehr liebenswürdige Antwort gekommen ist ... Ich habe jedoch das Gefühl, als ob sich

dieser Moskau-Pakt irgendwann am Nationalsozialismus rächen wird. Das war nicht ein Schritt aus freiem Entschluß, sondern die Handlung einer Zwangslage, ein Bittgesuch seitens einer Revolution gegenüber dem Haupt einer anderen, die niederzukämpfen das vorgehaltene Ideal eines 20-jährigen Kampfes gewesen ist. Wie können wir noch von der Rettung und Gestaltung Europas sprechen, wenn wir den Zerstörer Europas um Hilfe bitten müssen? Wir können heute auch nicht offen sagen, durch ein Zusammengehen würden wir nach und nach in Rußland eine Änderung herbeiführen, um dadurch wirklich an das russische *Volk* heranzukommen.
Wenn wir zudem der Sowjet-Union das Territorium der polnischen *Ukraine* überlassen müssen, so ist das nach der Karpatho-Ukraine der *zweite* Schlag unsererseits gegen die stärkste antimoskowitische Kraft. Das mag sich auch *jetzt* noch nicht auswirken, wohl aber in späteren Zeiten. Aber *da* nun einmal ein entscheidender Entschluß gefaßt worden war, so ergibt sich das, und noch manches andere, mit Konsequenz. Und wieder entsteht die Frage: *Mußte* diese Situation kommen? *Mußte* die polnische Frage jetzt gelöst werden und in dieser Form? Heute kann niemand darauf eine Antwort geben. *Ich* jedenfalls halte Ribbentrop für den Verbrecher Iswolsky, der auch aus gekränkter Eitelkeit die „Gründe" zu seiner politischen Haltung schöpfte.

Zit. nach: Das politische Tagebuch Alfred Rosenbergs 1934/35 und 1939/40, hrsg. von Hans-Günther Seraphim, München 1964, S. 92f.

10. Hitlers außenpolitische Befürchtungen

a) Hitlers Rede vor der deutschen Presse vom 10. 11. 1938

Wir haben uns dabei einige Aufgaben gestellt in diesem Jahr, die wir durch unsere Propaganda – und hier darf ich die gegenwärtige Presse mit an die Spitze der Instrumente stellen – erreichen wollen.
Erstens die langsame Vorbereitung des deutschen Volkes selbst. Die Umstände haben mich gezwungen, *jahrzehntelang* fast nur vom Frieden zu reden. Nur unter der fortgesetzten Betonung des deutschen Friedenswillens und der Friedensabsichten war es mir möglich, dem deutschen Volk Stück für Stück die Freiheit zu erringen und ihm die Rüstung zu geben, die immer wieder für den nächsten Schritt als Voraussetzung notwendig war. Es ist selbstverständlich, daß eine solche jahrzehntelang betriebene Friedenspropaganda auch ihre bedenklichen Seiten hat; denn es kann nur zu leicht dahin führen, daß sich in den Gehirnen vieler Menschen die Auffassung festsetzt, daß das heutige Regime an sich identisch sei mit dem Entschluß und dem Willen, den Frieden unter *allen* Umständen zu bewahren. Das würde aber nicht nur zu einer falschen Beurteilung der Zielsetzung dieses Systems führen, sondern es würde vor allem auch dahin führen, daß die deutsche Nation, statt den Ereignissen gegenüber gewappnet zu sein, mit einem Geist erfüllt wird, der auf die Dauer als Defaitismus gerade die Erfolge des heutigen Regimes nehmen würde und nehmen müßte. Der Zwang war die Ursache, warum ich jahrelang nur vom Frieden redete. Es war nunmehr notwendig, das deutsche Volk psychologisch allmählich umzustellen und ihm langsam klar zu machen, daß es Dinge gibt, die, wenn sie nicht mit friedlichen Mitteln durchgesetzt werden können, mit Mitteln der Gewalt durchgesetzt werden *müssen*. Dazu war es aber notwendig, nicht etwa nun die Gewalt als solche zu propagieren, sondern es war notwendig, dem deutschen

Volk bestimmte außenpolitische Vorgänge so zu beleuchten, daß die *innere Stimme* des Volkes selbst langsam nach der Gewalt zu schreien begann. Das heißt also, bestimmte Vorgänge so zu beleuchten, daß im Gehirn der breiten Masse des Volkes ganz automatisch allmählich die Überzeugung ausgelöst wurde: wenn man das eben nicht im Guten abstellen kann, dann muß man es mit Gewalt abstellen; so kann es aber auf keinen Fall weitergehen. Diese Arbeit hat Monate erfordert, sie wurde planmäßig begonnen, planmäßig fortgeführt, verstärkt. Viele haben sie nicht begriffen, meine Herren; viele waren der Meinung, das sei doch alles etwas übertrieben. Das sind jene überzüchteten Intellektuellen, die keine Ahnung haben, wie man ein Volk letzten Endes zu der Bereitschaft bringt, geradezustehen, auch wenn es zu blitzen und zu donnern beginnt ...

Es mußte also heuer unter allen Umständen die Lösung dieses Problems (Annexion der sudetendeutschen Gebiete) erfolgen. Es war nun nicht mehr möglich, hier etwas zu vertagen. Die Vorbereitungen, die hier zum ersten Mal auch auf die letzte Konsequenz hin durchgeführt und getroffen werden mußten, waren so gewaltiger Art, daß ein Tarnen nicht mehr gut denkbar schien. Vor allem aber, es war auch nicht mehr anzunehmen, daß unter den Umständen die Umwelt überhaupt noch daran geglaubt haben würde. Irgendwie glaube ich, hat sich diese Platte, die pazifistische Platte, bei uns abgespielt. Man hätte wahrscheinlich diese Melodie nicht mehr gehört oder ihrem Inhalt nicht mehr geglaubt. Ich war der Überzeugung, daß es jetzt nur noch den anderen Weg gibt, nämlich den, ganz brutal und rücksichtslos die Wahrheit zu sagen, nicht mehr und nicht weniger.

Meine Herren, es war früher mein größter Stolz, eine Partei mir aufgebaut zu haben, die auch in den Zeiten der Rückschläge stur und fanatisch hinter mir stand, gerade dann fanatisch hinter mir stand. Das war mein größter Stolz und bedeutete für mich eine ungeheure Beruhigung. Dazu müssen wir das ganze deutsche Volk bringen. Es muß lernen, so *fanatisch* an den Endsieg zu glauben, daß, selbst wenn wir einmal Niederlagen erleiden würden, die Nation sie nur, ich möchte sagen, von dem höheren Gesichtspunkt aus wertet: Das ist vorübergehend; am Ende wird uns der Sieg sein! Es ist ein preußischer Feldherr gewesen, der vielleicht am allerschärfsten diesen Charakterzug ausprägte: Blücher, der Mann vielleicht der meisten Niederlagen, aber des fanatisch festen Glaubens an den Endsieg, und das war das Entscheidende. Dazu müssen wir unser ganzes Volk erziehen. Es muß erzogen werden zu dem absoluten, sturen, selbstverständlichen, zuversichtlichen Glauben: Am Ende werden wir alles das erreichen, was notwendig ist. Das kann man nur dadurch schaffen, das kann nur gelingen durch einen fortgesetzten Appell an die Kraft der Nation, durch das Hervorkehren der positiven Werte eines Volkes und durch das möglichste Außerachtlassen der sogenannten negativen Seiten.

Dazu ist es auch notwendig, daß gerade die Presse sich ganz blind zu dem Grundsatz bekennt: Die Führung handelt richtig! Meine Herren, wir alle müssen für uns in Anspruch nehmen die Genehmigung, Fehler zu machen. Auch Zeitungsmenschen sind von dieser Gefahr nicht befreit. Aber wir alle können nur bestehen, wenn wir der Welt gegenüber nicht gegenseitig die Fehler beleuchten, sondern wenn wir das Positive beleuchten. Das heißt mit anderen Worten, es ist notwendig, daß – *ohne überhaupt* die Möglichkeit von Fehlern zu bestreiten oder auch des Diskutierens – es ist notwendig, daß grundsätzlich die Richtigkeit der Führung immer betont wird. Das ist das Entscheidende ...

Zit. nach von Kotze-Krausnick, a. a. O., S. 269ff.

b) Aus einer Goebbels-Rede vom 5. 4. 1940

In einer aufschlußreichen Rede im kleinen Kreis kurz vor der Niederwerfung Frankreichs durch die deutsche Wehrmacht im Frühjahr 1940 hat Goebbels in triumphierender Weise die Frage gestreift, die (heute aus der Rückschau) im Hinblick auf die ungestörte Machtentfaltung des „Dritten Reichs" vom Januar 1933 bis zum September 1939 immer wieder gestellt wird: Wie war es möglich, daß die europäischen Staaten Hitler so lange gewähren ließen, bis sie – und zwar zunächst auch nur ein kleiner Teil von ihnen – ihm endlich im September 1939 bei seinem Angriff auf Polen entgegentraten? Dabei wäre – so wird argumentiert – doch allein schon aus Hitlers „Kampf"-Buch die ebenso weitgespannte wie radikale Zielsetzung seiner Außenpolitik abzulesen gewesen – wenn man dieses Buch ernst genommen hätte. Goebbels konnte am 5. April 1940 – im großen gesehen mit Recht – feststellen: „Bis jetzt ist es uns gelungen, den Gegner über die eigentlichen Ziele Deutschlands im unklaren zu lassen, genauso wie unsere innenpolitischen Gegner bis 1932 gar nicht gemerkt haben, wohin wir steuerten, daß der Schwur auf die Legalität nur ein Kunstgriff war. Wir wollten legal an die Macht kommen, aber wir wollten sie doch nicht legal gebrauchen . . . Man hätte uns ja erdrücken können. Man hätte 1925 ein paar von uns in Haft nehmen können, und alles wäre aus und zu Ende gewesen. Nein, man hat uns durch die Gefahrenzone hindurchgelassen. Genauso war das in der Außenpolitik . . . 1933 hätte ein französischer Ministerpräsident sagen müssen (und wäre ich französischer Ministerpräsident gewesen, ich hätte es gesagt): Der Mann ist Reichskanzler geworden, der das Buch „Mein Kampf" geschrieben hat, in dem das und das steht. Der Mann kann nicht in unserer Nachbarschaft geduldet werden. Entweder er verschwindet, oder wir marschieren. Das wäre durchaus logisch gewesen. Man hat darauf verzichtet. Man hat uns gelassen, man hat uns durch die Risikozone ungehindert durchgehen lassen, und wir konnten alle gefährlichen Klippen umschiffen, und als wir fertig waren, gut gerüstet, besser als sie, fingen sie den Krieg an."

Zit. nach A. Hillgruber, a. a. O., S. 76f.

II. Deutschland und der Zweite Weltkrieg

Übersicht

1939	23. August: Der deutsch-russische Nichtangriffspakt, Hitlers vermeintlich „große Trumpfkarte" (Jacobsen), löst nicht die erhoffte außenpolitische Revolution aus. Im Gegenteil: Die Westmächte betonen ihre Garantie gegenüber Polen, was Hitler in seinem Entschluß bestärkt, die polnische Frage gewaltsam zu lösen. 25. August: Mit einem „großzügigen Angebot" an England, in dem Hitler sich bereit erklärt, „sich für den Bestand des britischen Imperiums persönlich zu verpflichten und die Kraft des Deutschen Reiches dafür einzusetzen", versucht er, England in seinem Garantieversprechen gegenüber Polen zu verunsichern und sich ein propagandistisches Alibi zu verschaffen. Denn gleichzeitig läßt Hitler die Vorbereitungen für den Fall „Weiß" anlaufen, d. h. den Überfall auf Polen, der am Morgen des 26. 8. in Szene gesetzt werden soll.

1939	Zwei Ereignisse veranlassen Hitler, den bereits erteilten Angriffsbefehl zu widerrufen: Der Abschluß eines unbedingten und uneingeschränkten britisch-polnischen Beistandsabkommens und die Absage Italiens, das sich „nicht kriegsbereit" erklärt. Der Frieden erhält damit noch eine Chance, doch sie kann nicht genutzt werden. 1. September: Obwohl sich die Situation des 25. August in keiner Weise geändert hat, beginnt Hitler den Krieg gegen Polen. Ohne Kriegserklärung und überfallartig werden die militärischen Aktionen veranlaßt, die Hitler vor dem applaudierenden Reichstag mit der Behauptung kaschiert, es werde nur „zurückgeschossen". 3. September: England und Frankreich erklären nacheinander Deutschland den Krieg, der damit – entgegen Hitlers zwischen Illusion und Selbstbetrug schwankenden Prognosen – europäische Ausmaße angenommen hat. Gegenüber Mussolini rechtfertigt er sich mit dem Argument, daß „man dem Kampf auf die Dauer nicht ausweichen konnte" und es demgemäß für ihn darauf ankam, „mit eisiger Überlegung den richtigen Augenblick zu wählen". 17. September: Eintritt der Sowjetunion in die – bereits entschiedenen – Kampfhandlungen. Sie besetzt – ohne daß die Westmächte eingreifen – das östliche Polen. 28. September: Kapitulation Polens. Der rasche Zusammenbruch ist nicht nur Konsequenz der deutschen militärischen Überlegenheit, sondern auch mitverschuldet durch die unterlassene Hilfeleistung der westlichen Verbündeten. Danzig, Westpreußen und das Wartheland werden dem Deutschen Reich eingegliedert und der polnische Reststaat um das Zentrum Krakau in ein deutsches „Generalgouvernement" umgewandelt.
1940	April: Die Bedeutung Norwegens für die deutsche Kriegführung (Durchgangsland für schwedisches Erz und Basis für ein See- und Luftkriegunternehmen gegen England) und die drohende Sperrung der Häfen durch England veranlassen Hitler, die wichtigsten Küstenplätze zu besetzen. In dem anschließend eroberten Land errichtet Hitler ein Satellitenregime unter dem früheren norwegischen Kriegsminister Vidkun Quisling. Sein Name wird zur geläufigen Bezeichnung für alle, die in unterworfenen Ländern dem NS-Regime politische Handlangerdienste leisten. 10. Mai: Eröffnung des deutschen Angriffs im Westen, der mit dem Hauptstoß durch Südbelgien und Luxemburg über Maas und Somme die Kanalküste erreicht. Das britische Expeditionskorps und Teile der französischen Armee entkommen über den Kanal, nachdem Hitler die motorisierten Verbände bei Dünkirchen hat anhalten lassen. 10. Juni: Eintritt Italiens in den bereits entschiedenen Krieg an der Seite Deutschlands. 14. Juni: Kampflose Besetzung von Paris, das zur offenen Stadt erklärt war und so vor der Zerstörung bewahrt wird. 17. Juni: Die neugebildete französische Regierung unter Marschall Pétain bittet um Waffenstillstand. 22. Juni: Abschluß des Waffenstillstands mit Frankreich im Wald von Compiègne an der gleichen Stelle und im gleichen Eisenbahnwagen, in dem im November 1918 die deutsche Delegation die Waffenstillstandsbedingungen entgegengenommen hat. Aufteilung des Landes in eine besetzte Zone (Nord- und Mittelfrankreich und ein breiter Streifen an der Atlantikküste bis zur spanischen Grenze) und eine unbesetzte (Südfrankreich mit Vichy als Zentrum). Demobilisierung der Streitkräfte. Abtretung von Elsaß-Lothringen. Frankreich, die unbestrittene militärische Vormacht des Kontinents, ist unerwartet schnell zusammengebrochen; Hitler wird von eilfertigen Publizisten als „der größte

1940 Feldherr aller Zeiten" gefeiert; sein ehemaliger oberster Kriegsherr, Wilhelm II., sendet dem Gefreiten des Ersten Weltkriegs aus dem Exil in Doorn ein Glückwunschtelegramm zu dem „gewaltigen Sieg".
England – seit dem 10. 5. unter dem Premier Winston Churchill, dem großen Gegner der Appeasement-Politik – ist zum äußersten Widerstand entschlossen.

September-November: Die „Luftschlacht um England" mit vornehmlicher Bombardierung der Industriezentren Coventry und Birmingham wird nach großen deutschen Verlusten abgebrochen.

1941 22. Juni: Überfallartige Eröffnung des mit russischen Aufmarschbewegungen an der deutschen Ostgrenze fadenscheinig motivierten Krieges gegen die Sowjetunion. Der verhängnisvolle Entschluß Hitlers, den sowjetrussischen Verbündeten anzugreifen, datiert vom Spätherbst 1940. Er ist wesentlich mitbestimmt durch die widerwillig akzeptierte Einsicht, daß England weder mit militärischen Mitteln (Undurchführbarkeit des geplanten Landungsunternehmens „Seelöwe") noch auf diplomatischem Wege (Zurückweisung deutscher Sondierungen nach Beendigung des Frankreichfeldzuges) zum Einlenken gebracht werden könne. Zudem wird Hitler durch die während der deutschen Bindung im Westen erfolgte russische Besetzung von Bessarabien und der Nordbukowina, die – wenigstens in Form und Umfang – gegen den deutsch-russischen Nichtangriffspakt verstieß und die für die deutsche Kriegführung als notwendig erachteten rumänischen Ölfelder der Sowjetunion auszuliefern schien, in seiner frühen Ansicht bestärkt, daß die Auseinandersetzung mit dem „Riesenreich im Osten" unvermeidlich und sie „mehr als nur ein Kampf der Waffen" sei.
In den ersten Wochen des Krieges, in dem von Anfang an Rumänien, Ungarn und Finnland die deutsche Seite unterstützen, stoßen die deutschen Truppen weit in den russischen Raum vor (Eroberung von Minsk, Smolensk, Odessa, Schlüsselburg) und machen über vier Millionen Kriegsgefangene.

12. Juli: Bündnis zwischen England und der UdSSR. Die USA liefern Kriegsgerät und Munition an England (bzw. Sowjetunion ab Sommer 1942) auf der Basis des „Pacht- und Leihgesetzes" (März 1941), d. h. ohne unmittelbare Bezahlung. Der Kongreß hat dem Präsidenten die Vollmacht erteilt, der Regierung jedes Landes, „dessen Verteidigung der Präsident für die Verteidigung der Vereinigten Staaten für lebenswichtig erachtet, Verteidigungsmittel zur Verfügung zu stellen".

14. August: Der amerikanische Präsident Roosevelt und der englische Premierminister Churchill verkünden anläßlich eines Treffens im Nordatlantik die sog. Atlantik-Charta: Bekenntnis zum Selbstbestimmungsrecht; Beseitigung der Nazi-Herrschaft; Eintreten für ein Leben frei von Mangel und Furcht.

September: Herausgabe des berüchtigten „Nacht- und Nebel-Erlasses" durch Hitler. Er sieht vor, der Widerstandstätigkeit verdächtige Personen in den besetzten Gebieten bei „Nacht und Nebel" über die Grenze nach Deutschland zu verschleppen.

Ab Oktober: Festlaufen des deutschen Angriffs vor Moskau und Leningrad. Der vorzeitig hereinbrechende Winter verursacht schwere Verluste, da die deutschen Truppen in der Hoffnung auf ein rasches Ende des Feldzugs ohne zureichende Ausrüstung gelassen wurden. Die allenthalben entstehenden Partisanengruppen sind die Antwort auf die von Hitler angeordnete brutale Unterjochungspolitik in den eroberten Gebieten. SS- und SD-Einheiten betreiben hinter der Front eine rücksichtslose Menschenjagd zur Gewinnung von Zwangsarbeitern für den Einsatz im deutschen Reichsgebiet.

1941	Dezember: Die russische Gegenoffensive kann mit äußerster Anstrengung ohne wesentliche Geländeverluste abgewehrt werden. Eine Rücknahme der deutschen Front in ausgebaute Stellungen hat Hitler abgelehnt. 7. Dezember: Japanischer Überfall auf die amerikanische Pazifikflotte in Pearl Harbor (Hawaii). Diese Aktion, wesentlich ausgelöst durch wirtschaftliche Gegensätze der beiden am ostasiatischen Markt interessierten Mächte, gehört zu den entscheidenden Wendepunkten des Zweiten Weltkriegs. Denn sie ist gekoppelt mit Hitlers verhängnisvollem Entschluß, den USA den Krieg zu erklären. Damit gewinnt der militärische Konflikt weltweite Dimensionen. Davon verspricht sich Hitler unbegreiflicherweise eine Auflösung der festgefahrenen Situation an der russischen Front. Zudem hält er den Zusammenstoß mit den USA aufgrund der ideologischen Gegnerschaft für unvermeidlich. 19. Dezember: Übernahme der Befehlsgewalt über das Ostheer durch Hitler als letzter Schritt zur Entmachtung der militärischen Führung.
1942	20. Januar: Die sog. „Wannseekonferenz", von Göring und Heydrich einberufen, beschließt die „Endlösung der Judenfrage", d.h. den Abtransport der Juden in Konzentrationslager und „die fabrikmäßige physische Liquidierung" (Broszat). Vorausgegangen sind schikanierende Maßnahmen: Einführung des gelben Sterns, Kennzeichnung der jüdischen Wohnungen, Unterstellung der Juden unter Polizeigerichtsbarkeit, Schließung jüdischer Schulen, Verbot der Benutzung öffentlicher Verkehrsmittel und Beschlagnahme von Vermögenswerten. 24. April: Auf Antrag Hitlers beschließt der Reichstag, dem Diktator unbegrenzte Rechte und Vollmachten einzuräumen. „Sein Wille wurde zum Gesetz der Nation erhoben" (Michaelis). Damit ist eine Einberufung des Reichstags künftig entbehrlich und die persönliche Willkürherrschaft Hitlers vollendet. Juni: Wende auf dem ostasiatischen Kriegsschauplatz durch den Sieg der Amerikaner in der Luft- und Seeschlacht bei den Midway-Inseln. Die materielle Überlegenheit der USA verstärkt sich zunehmend. Sommer: Großangelegte deutsche Offensive in Rußland führt zu bedeutenden Geländegewinnen (Einnahme von Sewastopol, Überschreiten des Don, Vordringen bis zum Kaukasus). Doch das weitgesteckte Ziel, die untere Wolga zu erreichen, das Ölgebiet von Batum und Baku in deutsche Hand zu bringen und die russische Widerstandskraft entscheidend zu schwächen, wird nicht verwirklicht. August: Das zur Unterstützung des auf dem nordafrikanischen Kriegsschauplatz in Schwierigkeiten geratenen italienischen Heeres entsandte deutsche Afrikakorps unter General Rommel (April 1941) hat die Engländer zur Preisgabe der Cyrenaika und zum Rückzug bis zur ägyptischen Grenze gezwungen. Doch vor El-Alamein, der letzten Verteidigungslinie in Ägypten, kommt der deutsche Vorstoß endgültig zum Stillstand. November: Errichtung der von Stalin geforderten „zweiten Front" durch Landung anglo-amerikanischer Verbände unter General Eisenhower in Marokko und Algerien. Erstes offensives Eingreifen der USA im Mittelmeerbereich.
1943	Januar: Verständigung von Roosevelt und Churchill über die Vorrangigkeit der europäischen Front und über die Forderung nach bedingungsloser Kapitulation des Deutschen Reiches (Konferenz von Casablanca). Kapitulation der 6. deutschen Armee in Stalingrad, die – von allen rückwärtigen Verbindungen abgeschnitten und von Hitler mit Befehlen zum heroischen Durchhalten

1943 am Ausbruch gehindert – ein Opfer der maßlosen Überspannung der deutschen Kräfte durch die Hitlersche Strategie wird. Darüber hinaus markiert Stalingrad, „das größte Massengrab der deutschen Geschichte" (P. E. Schramm), als „Kulminationspunkt der deutschen Leistungsfähigkeit" (Jacobsen) und als beispiellose militärische Katastrophe einen weiteren Wendepunkt des Krieges.

Ab Februar: Die Belastung der deutschen Zivilbevölkerung durch Luft- und Bombenkrieg nimmt angesichts der Ohnmacht der eigenen Gegenwehr immer unerträglichere Formen an und wird zum Dauerzustand.

18. Februar: Rede des Propagandaministers Goebbels im Berliner Sportpalast: Propagierung des „totalen Krieges".

Mai: Zusammenbruch des deutsch-italienischen Widerstandes in Nordafrika.

Juli: In einem großangelegten Landeunternehmen setzen die Amerikaner und Briten von der nordafrikanischen Basis aus zum Vorstoß auf den europäischen Kriegsschauplatz („Festung Europa") an, erobern binnen weniger Tage Sizilien und dringen über die Straße von Messina in Süditalien ein.

25. Juli: Erzwungener Rücktritt und Verhaftung Mussolinis durch die Gegner der Achsen-Politik innerhalb der faschistischen Führung. Italien tritt in das Lager der Alliierten über und schließt einen Sonderwaffenstillstand (3. 9.).

Dezember: Konferenz von Teheran, auf der Roosevelt, Churchill und Stalin sich über die alliierte Invasion in Frankreich verständigen und erstmals die Frage der Aufteilung des besiegten Deutschland erörtern.

1944 Juni: Nachdem die Rote Armee in ihrer Frühjahrsoffensive bis zu den Grenzen Rumäniens, der Tschechoslowakei und Polens durchgestoßen ist, erfolgt am 6. 6. (sog. D-Day) mit der Landung der Alliierten an der französischen Kanalküste die mit großer Systematik geplante Invasion. Alle Versuche, die deutsche Westfront zu stabilisieren, schlagen nicht zuletzt angesichts der feindlichen Luftüberlegenheit fehl. Darüber hinaus trägt Hitler – in der Defensive überhaupt ohne jedes strategische Konzept – durch seine sinnlose Taktik des Haltens-um-jeden-Preis wesentlich zum Verschleiß der letzten Reserven bei.

20. Juli: Spektakulärer Höhepunkt des deutschen Widerstandes gegen das NS-System durch das von dem schwerkriegsversehrten Oberst Claus Graf Schenk von Stauffenberg während einer Lagebesprechung mit einer Zeitzünderbombe unternommene Attentat auf Hitler, dem dieser jedoch durch die Gunst der Umstände wenig verletzt entgeht. Die Flut der darauf folgenden Scheinprozesse vor dem sog. Volksgerichtshof unter dem berüchtigten Präsidenten Roland Freisler mit 6000 Todesurteilen beweist die Breite der deutschen Opposition gegen das Hitler-Regime.

Dezember: Hitler deutet einen gewissen Stillstand an der Westfront während der Monate Oktober und November als Erschöpfung der Alliierten und sieht darin die Chance einer deutschen Offensive. Doch der am 16. 12. aus dem Raum der Ardennen („Ardennenoffensive") über den Maasbogen bei Lüttich auf Antwerpen, den wichtigsten alliierten Nachschubhafen, hinzielende Angriff, kommt nach 60 km zum Stehen und kostet die letzten intakten Verbände.

1945 Januar: Der endgültige Zusammenbruch, den Hitler mit immer wahnwitzigeren Maßnahmen (Aufbietung des „Volkssturms", Einberufung des Jahrgangs 1929) hinauszuzögern sucht, ist absehbar. Im Westen wie im Osten haben die Gegner die Reichsgrenzen

1945 erreicht. In zügigem Vorrücken besetzen die russischen Armeen Oberschlesien, Pommern und Niederschlesien, während im Westen die Amerikaner und Engländer zu gleicher Zeit den Rhein überwinden (die Brücke bei Remagen fällt unzerstört in ihre Hand)und die süddeutschen Länder, das Ruhrgebiet und Niedersachsen in Besitz nehmen. Es wäre angesichts des schwachen deutschen Widerstandes für die Alliierten durchaus möglich, Berlin und Prag vor dem russischen Verbündeten zu erreichen, aber Eisenhower hält sich in loyaler Weise an die Verabredungen mit den Russen.

4.–12. Februar: Konferenz der „Großen Drei" (Roosevelt, Stalin und Churchill) in Jalta auf der Krim. Festlegung der Behandlung von Nachkriegs-Deutschland: Aufteilung in Besatzungszonen, vollständige Entmilitarisierung, Reparationszahlungen, Abtretung der Ostgebiete an Polen, Zwangsumsiedlung der dort wohnenden Deutschen.

13.–14. Februar: Durch schwere Luftangriffe auf das mit obdachlosen Flüchtlingen überfüllte Dresden sterben etwa 100000 Menschen.

25. April: Erstmalige Begegnung russischer und amerikanischer Truppen bei Torgau an der Elbe.

Ende April: Der Ring der sowjetischen Armeen schließt sich um Berlin, wo Hitler – vergraben in dem 8 m tiefen Bunker der Reichskanzlei – mit Divisionen rechnet und operiert, die längst nicht mehr existieren. Am 30. 4. begeht er Selbstmord, nachdem er zuvor – durch seinen intriganten Sekretär Martin Bormann bestärkt – seine Paladine Göring und Himmler wegen Kontaktaufnahme mit dem Gegner ihrer Ämter enthoben hat.
In dem hinterlassenen politischen Testament, das den Großadmiral Karl Dönitz zu seinem Nachfolger im Amt des Reichspräsidenten bestimmt, versucht Hitler, nicht nur die Verantwortung zu leugnen (Krieg vom Judentum angezettelt, vom Generalstab verloren, er selbst ein Opfer von Verrat), sondern „die Führung der Nation und die Gefolgschaft zur peinlichen Einhaltung der Rassegesetze und zum unbarmherzigen Widerstand gegen den Weltvergifter aller Völker, das internationale Judentum," zu verpflichten.
Die Bemühungen des Hitler-Nachfolgers, zu einer Teilkapitulation mit dem Westen zu gelangen und den Kampf gegen die russische Front fortzusetzen, scheitern an der Unzugänglichkeit der Alliierten. Doch gelingt es wenigstens, die Gesamtkapitulation um einige Tage hinauszuschieben und so zwei bis drei Millionen Deutschen den Weg in die westlichen Teile des Reiches zu ermöglichen.

7. Mai: Kapitulation im Hauptquartier Eisenhowers in Reims; sie wird am 8. 5. in Karlshorst gegenüber den Sowjets wiederholt.
Damit ist für Deutschland der Zweite Weltkrieg militärisch beendet: eine Niederlage von katastrophalem Ausmaß und an Verlusten ohne Beispiel. Allein auf deutscher Seite zählt man 3,25 Millionen Tote und Vermißte der Wehrmacht, 500000 durch Bombenkrieg und 2,5 Millionen auf der Flucht umgekommene Zivilpersonen.

6. August: Zündung zweier Uraniumbomben durch die US-Luftwaffe über Hiroshima und Nagasaki. Japan kapituliert bedingungslos.

Einführung in die Arbeitsthemen

Der Zweite Weltkrieg war nicht das Ergebnis unausweichlicher Zwangsläufigkeiten, sondern wurde von Hitler mit Vorbedacht, „mit eisiger Überlegung", wie er seinem Partner Mussolini versicherte, entfesselt. Die Nachricht seiner Eröffnung mit dem militärischen Angriff auf Polen hat nirgendwo in Deutschland jene Kriegsbegeisterung und Kundgebungen patriotischen Überschwangs hervorgerufen, die man in den ersten Augusttagen des Jahres 1914 erlebt hatte. In eher fatalistischer Stimmung nahm man den Gang der Entwicklung bedrückt und unheilahnend hin. Selbstbewußte Zuversicht stellte sich erst später ein. Ihre Grundlage bildeten die unerwarteten Erfolge der sog. „Blitzkriege".

Doch auch sie brachten England nicht zum Einlenken, zum Arrangement zu den Bedingungen Hitlers. Allerdings wäre es verfehlt, Hitlers Entschluß zum Überfall auf die Sowjetunion, der dann ohne jede Kriegserklärung erfolgte, ausschließlich auf das Scheitern dieser Umarmungsabsicht zurückzuführen und in ihm einen reinen Versuch der indirekten Bekämpfung Englands zu erblicken. Ideologische Momente („Vernichtung des Bolschewismus", „Lebensraumgewinnung im Osten") und machtpolitische Zielsetzungen (Beherrschung Südosteuropas) spielten eine zum mindesten gleichgewichtige Rolle.

Das ideologische Motiv, wesentliche Signatur des Zweiten Weltkriegs überhaupt, muß auch hinter einem anderen, zeitlich wie sachlich unbegreiflichen Schritt Hitlers gesucht werden: der Kriegserklärung an die bis dahin in isolationistischer Reserve verharrenden USA. Sie verschaffte nicht nur Roosevelt die Möglichkeit, „das Schwergewicht der strategischen Planung und des Kräfteeinsatzes nach Europa und gegen das nationalsozialistische Reich als Hauptgegner zu legen" (Herzfeld), sondern bildete – wenn man nicht schon den Rußland-Feldzug dafür halten will – den Auftakt zur unvermeidlichen Katastrophe.

Als deren symptomatische, das innenpolitische Prestige des NS-Systems nachhaltig tangierende Etappe muß vor allem die Niederlage von Stalingrad begriffen werden. Denn sie machte nicht nur deutlich, daß – wie es der Chef des Wehrmachtsführungsstabes, Generaloberst Jodl, im Rückblick formuliert hat – „sich der Kriegsgott von Deutschland abgewandt und in das andere Lager begeben hatte", sondern ließ auch erkennen, daß Hitler zu keinem weiterführenden strategischen Entschluß mehr fähig war und sich einer politischen Lösung in egozentrischem Fanatismus entziehen würde.

Das Ausmaß der deutschen Katastrophe wurde nicht zuletzt durch jenen Umstand bestimmt, der in dem von Goebbels aufgegriffenen Schlagwort vom „totalen Krieg" seine verbale Verdichtung gefunden hat: der Integration aller Kräfte in den militärischen Konflikt und der Aufhebung der herkömmlichen Scheidung zwischen kämpfender Front und unbeteiligter Heimat. Im „totalen Krieg", der in der Taktik des Massenbombardements kulminierte, offenbart sich erneut die ideologische Fundierung des Zweiten Weltkriegs. Denn das anfänglich von Hitler praktizierte „Area-Bombing", fragwürdig selbst vom rein militärischen Zweckstandpunkt, erweist sich ebenso als Indiz eines mitleidlosen weltanschaulichen Konflikts wie die vom NS-Regime angestrebte Liquidierung des Judentums, die unter dem euphemistischen Tarnbegriff der „Endlösung" mit kalter Methodik betrieben wurde. „Neben den Namen Belcec, Treblinka und Auschwitz als grausigen Wortsymbolen für das Maß des radikal Bösen, dessen die menschliche Natur fähig ist, steht der Name Dresden", so der Historiker Karl Dietrich Erdmann.

Für die Geschichtswissenschaft ist der deutsche Widerstand gegen das Hitler-Regime wohl heute weniger eine Frage der Tatsachenforschung als ein Problem der Deutung und Wertung. Obwohl die Erhellung der faktischen Vorgänge, der chronologischen und personellen Verknüpfungen zu einem durchaus gesicherten Abschluß gelangt ist, stellt die sich im Umkreis der Widerstandsbewegung und ihrer Unternehmungen erhebende ethisch-politische Problematik noch immer ein offenes, von diskrepanten Beurteilungen und Stellungnahmen beherrschtes Feld dar. Das wird sich zwar nach dem Charakter der Problematik wohl kaum ändern, macht aber die Bemühung um eine eigene, begründete Position um so notwendiger.

Der deutsche Widerstand gegen den Nationalsozialismus ist ein sehr komplexes Phänomen: verschieden in Zusammensetzung, Art und Wirksamkeit, doch einig in Absicht und Motiven. Die Opposition gegen Hitler entzündete sich, so vielfältig die Formen der Gegnerschaft auch waren, an wesentlich den gleichen Tatbeständen: Manipulation des Rechts, Aufhebung der geistigen und politischen Freiheit, Verfolgung der politisch und religiös Andersdenkenden, Diskriminierung und Vernichtung des Judentums, Vorbereitung und Entfesselung eines imperialistischen Weltkriegs. Doch die Besonderheiten des totalitären Staates mit seiner allgewaltigen Maschinerie des Terrors und dem allgegenwärtigen Auge der Geheimpolizei lassen es verständlich erscheinen, daß sich die Hoffnungen der zivilen Widerstandsgruppen (besonders des „Kreisauer Kreises" mit v. Moltke, v. Wartenburg, Reichwein, Gerstenmaier), in denen sich Angehörige der früheren Parteien und Gewerkschaften (Leuschner, Leber, Mierendorff, Haubach, Kaiser), der Beamtenschaft (Goerdeler, v. Hassell, v. Trott zu Solz, v. Weizsäcker, Popitz, v. der Schulenburg) und der Geistlichkeit (Bonhoeffer, Wurm, Delp) zusammenfanden, je länger desto ausschließlicher auf die Wehrmacht (Halder, v. Witzleben, v. Stülpnagel, Hoepner, Oster, Rommel, v. Tresckow) richteten, die allein im Besitz realer Machtmittel war. Dieser Umstand macht es auch erklärlich, daß die lange Kette fehlgeschlagener Attentate bis hin zum 20. Juli 1944 vornehmlich in der Initiative der Militärs lag, was jedoch keineswegs rechtfertigen würde, die Betrachtung des deutschen Widerstandes gegen Hitler auf diesen Kreis zu beschränken. Freilich finden sich hier die eindrücklichsten Paradigmen für alle Fragen der Verbindlichkeit und der Grenzen ethischer Normen: ein zentrales Thema jeglichen Widerstandes im totalitären System.

Wenn sich einerseits der Eindruck aufdrängt, daß mit abnehmender Realisierbarkeit oppositioneller Möglichkeiten und dem völligen Wegfall politischer Chancen die ethische Komponente des Widerstandes zum maßgebenden Impuls wurde, so ergibt sich andererseits die Beobachtung, daß Hitler in grenzenloser Verachtung der Wirklichkeit und fanatischem Wahn Einsatzbereitschaft und Idealismus in der Heimat und an der Front gerade im letzten Stadium des Krieges mißbrauchte und mit seiner „Strategie des grandiosen Untergangs" (Fest) sinnlose Opfer heraufbeschwor. Entschlossen, dem Volk die primitivsten Grundlagen des Weiterlebens zu nehmen, und zynisch genug, der geschundenen Nation ihr Versagen vor der Geschichte vorzuwerfen, reichte es am Ende nur zu der wegwerfend-trivialen Bemerkung, „daß nun eben alles im Buddel sei".

Das Problem, mit dem sich der englische Historiker Alan Bullock in seiner Hitler-Biographie konfrontiert sieht, „die katastrophale Größe der Ereignisse und die unbegreifliche Gewöhnlichkeit des Individuums, das sie in Bewegung setzte, zusammenreimen zu sollen", besteht nur scheinbar: das eine schließt das andere nicht aus.

II/1 Hitlers Kriegsziele in West- und Osteuropa

Arbeitsthemen

1. *Mit welchen Momenten begründet Hitler die Gunst der Situation für eine deutsche militärische Initiative im August 1939? (Nr. 1)*
2. *Aus welchen Motiven und mit welchen Argumenten versucht Hitler in seiner Reichstagsrede vom 19. 7. 1940, sich ein Alibi vor der Weltgeschichte zu verschaffen? (Nr. 2)*
3. *Wie begründet Hitler die Notwendigkeit, England durch die militärische Niederwerfung der Sowjetunion zum Einlenken zu zwingen? (Nr. 3)*
4. *Welche Motive bestimmten Hitler bei seinem Entschluß, die Sowjetunion anzugreifen? (Nr. 4)*
5. *Welche Einschätzung des Ostkrieges entwickelt Hitler in seiner Ansprache an die Wehrmachtsbefehlshaber vom 30. 3. 1941? Welche Forderungen leitet er davon ab? (Nr. 5)*
6. *Welche politisch-psychologischen Schwierigkeiten erwuchsen der nationalsozialistischen Presselenkung im Zusammenhang mit dem Angriff auf die Sowjetunion? Welche Direktiven ergingen von seiten des Reichspressechefs Dietrich zu ihrer Überwindung? (Nr. 6)*

7. *Welche Anweisungen formuliert der Reichsführer-SS Himmler in seiner Denkschrift vom 25. 5. 1940 für die „Behandlung der Fremdvölkischen" im Osten? Stützen oder widerlegen sie die These vom Nationalsozialismus als der „Realisierung eines biologischen Mythos" (Fessard)? (Nr. 7)*
8. *Welche Überlegungen entwickelt Hitler, der die „Eroberung des Ostraums" wiederholt als „Daseinszweck des Nationalsozialismus" bezeichnete, zur Beherrschung der unterworfenen Völker im Osten? Wie verbindet er seine Unterdrückungsstrategie mit massiven rassistischen Vorurteilen? (Nr. 8)*
9. *Welchen Rückfall in nackte Barbarei enthüllt die im „Generalplan Ost" des SS-Reichssicherheitshauptamtes vorgesehene Verwaltungspraxis gegenüber den jenseits der deutschen Siedlungs- und Staatsgrenze in sog. Reichskommissariaten lebenden Großrussen? (Nr. 9)*
10. *Welche Belastungen ergaben sich aus den Brutalitäten und Massakern der SS- und SD-Einheiten für die kämpfende Front? (Nr. 10)*
11. *In welchen Forderungen Himmlers erscheinen die typischen Züge der SS-Mentalität, die man als „Apotheose der Härte" (H. Buchheim) bezeichnet hat? (Nr. 11)*
12. *Wie erklärt der Historiker Hans Buchheim die Bereitschaft zum und die Solidarität im Vollzug eindeutig verbrecherischer Befehle? (Nr. 12)*

Materialien

1. Hitlers Ansprache vor den Oberbefehlshabern (22. 8. 1939)

Die Gründung Großdeutschlands war politisch eine große Leistung, militärisch war sie bedenklich, da sie erreicht wurde durch einen Bluff der politischen Leitung. Es ist notwendig, das Militär zu erproben. Wenn irgend möglich, nicht in einer Generalabrechnung, sondern bei der Lösung einzelner Aufgaben.
Das Verhältnis zu Polen ist untragbar geworden. Meine bisherige polnische Politik stand im Gegensatz zu der Auffassung des Volkes. Meine Vorschläge an Polen (Danzig und Korridor) wurden durch Eingreifen Englands gestört. Polen änderte seinen Ton uns gegenüber. Spannungszustand auf die Dauer unerträglich. Gesetz des Handelns darf nicht auf andere übergehen. Jetzt ist der Zeitpunkt günstiger als in 2–3 Jahren. Attentat auf mich oder Mussolini könnte Lage zu unseren Ungunsten ändern. Man kann nicht ewig mit gespanntem Gewehr einander gegenüber liegen. Eine von uns vorgeschlagene Kompromißlösung hätte von uns verlangt Gesinnungsänderung und gute Gesten. Man sprach wieder in der Versailler Sprache zu uns. Die Gefahr des Prestige-Verlustes bestand. Jetzt ist die Wahrscheinlichkeit noch groß, daß der Westen nicht eingreift. Wir müssen mit rücksichtsloser Entschlossenheit das Wagnis auf uns nehmen. Der Politiker muß ebenso wie der Feldherr ein Wagnis auf sich nehmen. Wir stehen vor der harten Alternative zu schlagen oder früher oder später mit Sicherheit vernichtet zu werden.
Hinweis auf die früheren Wagnisse.
Man hätte mich gesteinigt, wenn ich nicht Recht behalten hätte. Gefährlichster Schritt war der Einmarsch in die neutrale Zone. Noch acht Tage vorher bekam ich eine Warnung durch Frankreich. Immer habe ich ein großes Wagnis auf mich genommen in der Überzeugung, daß es gelingen könne.
Auch jetzt ist es ein großes Risiko. Eiserne Nerven. Eiserne Entschlossenheit.
Folgende besonderen Gründe bestärken mich in meiner Auffassung: England und Frank-

reich haben sich verpflichtet, beide sind nicht in der Lage dazu. In England ist keine tatsächliche Aufrüstung, sondern nur Propaganda . . .
Wir werden den Westen halten, bis wir Polen erobert haben. Wir müssen uns unserer großen Produktionsleistung bewußt sein. Sie ist noch viel größer als 1914–18.
Der Gegner hatte noch die Hoffnung, daß Rußland als Gegner auftreten würde nach Eroberung Polens. Die Gegner haben nicht mit meiner großen Entschlußkraft gerechnet. Unsere Gegner sind kleine Würmchen. Ich sah sie in München.
Ich war überzeugt, daß Stalin nie auf das englische Angebot eingehen würde. Rußland hat kein Interesse an der Erhaltung Polens, und dann weiß Stalin, daß es mit seinem Regime zu Ende ist, einerlei, ob seine Soldaten siegreich oder geschlagen aus einem Kriege hervorgehen. Litwinows Ablösung war ausschlaggebend. Ich habe die Umstellung Rußland gegenüber allmählich durchgeführt. Im Zusammenhang mit dem Handelsvertrag sind wir in das politische Gespräch gekommen. Vorschlag eines Nichtangriffspakts. Dann kam ein universaler Vorschlag von Rußland. Vor vier Tagen habe ich einen besonderen Schritt getan, der dazu führte, daß Rußland gestern antwortete, es sei zum Abschluß bereit. Die persönliche Verbindung mit Stalin ist hergestellt. Von Ribbentrop wird übermorgen den Vertrag schließen. Nun ist Polen in der Lage, in der ich es haben wollte.
Wir brauchen keine Angst vor Blockade zu haben. Der Osten liefert uns Getreide, Vieh, Kohle, Blei, Zink. Es ist ein großes Ziel, das viel Einsatz fordert. Ich habe nur Angst, daß mir noch im letzten Moment irgendein Schweinehund einen Vermittlungsplan vorlegt. Die politische Zielsetzung geht weiter. Anfang zur Zerstörung der Vormachtstellung Rußlands ist gemacht. Weg für den Soldaten ist frei, nachdem ich die politischen Vorbereitungen getroffen habe.
Die heutige Veröffentlichung des Nichtangriffspaktes mit Rußland hat eingeschlagen wie eine Granate. Auswirkungen sind nicht zu übersehen. Auch Stalin hat gesagt, daß dieser Kurs beiden Ländern zugute kommen wird. Die Einwirkung auf Polen wird ungeheuer sein.

Zit. nach Hans-Adolf Jacobsen, Der Zweite Weltkrieg in Chronik und Dokumenten, 5. Aufl. Darmstadt 1961, S. 116ff.

2. Rede Hitlers im Reichstag vom 19. 7. 1940

Mister Churchill hat es soeben wieder erklärt, daß er den Krieg will. Er hat nun vor etwa sechs Wochen mit dem Krieg in dem Raum begonnen, in dem er anscheinend glaubt, wohl besonders stark zu sein, nämlich dem Luftkrieg gegen die Zivilbevölkerung, allerdings unter dem vorgeschobenen Motto gegen sogenannte kriegswichtige Einrichtungen. Diese Einrichtungen sind seit Freiburg offene Städte, Marktflecken und Bauerndörfer, Wohnhäuser, Lazarette, Schulen, Kindergärten und was sonst noch alles getroffen wird. Ich habe bisher darauf kaum antworten lassen. Aber das soll nun nicht bedeuten, daß dies die einzige Antwort ist oder bleiben wird.
Ich bin mir nun darüber im klaren, daß aus dieser unserer einmal kommenden Antwort namenloses Leid und Unglück über die Menschen hereinbrechen wird. Natürlich nicht über Herrn Churchill, denn er wird ja dann sicherlich in Kanada sitzen, dort wohin man ja das Vermögen und die Kinder der vornehmsten Kriegsinteressenten schon gebracht hat. Aber es wird für Millionen anderer Menschen ein großes Leid entstehen. Und Herr Churchill sollte mir dieses Mal vielleicht ausnahmsweise glauben, wenn ich als Prophet jetzt folgendes

ausspreche: Es wird dadurch ein großes Weltreich zerstört werden. Ein Weltreich, das zu vernichten oder auch nur zu schädigen niemals meine Absicht war. Allein ich bin mir darüber im klaren, daß die Fortführung dieses Kampfes nur mit der vollständigen Zertrümmerung des einen der beiden Kämpfenden enden wird. Mister Churchill mag glauben, daß dies Deutschland ist. Ich weiß, es wird England sein.
In dieser Stunde fühle ich mich verpflichtet, vor meinem Gewissen noch einmal einen Appell an die Vernunft auch in England zu richten. Ich glaube dies tun zu können, weil ich ja nicht als Besiegter um etwas bitte, sondern als Sieger nur für die Vernunft spreche. Ich sehe keinen Grund, der zur Fortführung dieses Kampfes zwingen könnte.
Ich bedaure die Opfer, die er fordern wird. Auch meinem eigenen Volk möchte ich sie ersparen. Ich weiß, daß Millionen deutscher Männer und Jünglinge bei dem Gedanken glühen, sich endlich mit dem Feind auseinandersetzen zu können, der ohne jeden Grund uns zum zweitenmal den Krieg erklärte.
Allein ich weiß auch, daß zu Hause viele Frauen und Mütter sind, die trotz höchster Bereitwilligkeit, auch das Letzte zu opfern, doch mit ihrem Herzen an diesem Letzten hängen.
Herr Churchill mag nun diese meine Erklärung wieder abtun mit dem Geschrei, daß dies nur die Ausgeburt meiner Angst sei und meines Zweifels am Endsieg. Ich habe dann eben jedenfalls mein Gewissen erleichtert gegenüber den kommenden Dingen . . .

Zit. nach H. A. Jacobsen, Der Zweite Weltkrieg, a. a. O., S. 154f.

3. Hitlers Lagebeurteilung zu Beginn des Jahres 1941
(Führerbesprechung am 9. Januar 1941)

Eine Landung in *England* sei nur dann möglich, wenn die volle Luftherrschaft errungen und in England eine gewisse Lähmung eingetreten sei. Sonst würde sie ein Verbrechen sein. Das englische Kriegsziel bestehe letzten Endes darin, Deutschland auf dem Kontinent zu schlagen. Aber die eigenen Mittel reichten dazu nicht aus. Die britische Kriegsmarine sei infolge ihres Einsatzes auf zwei weit voneinander getrennten Kriegsschauplätzen schwächer denn je, ihre Verstärkung in entscheidendem Ausmaße nicht möglich. Für die britische Luftwaffe machten sich die in der englischen Rohstoffversorgung infolge des Wegfalls der Einfuhr bestehenden Engpässe, vor allem beim Aluminium, und die Auswirkung des deutschen Luft- und Seekrieges auf die englische Industrie sehr nachteilig bemerkbar; die Flugzeugindustrie selbst sei so geschädigt, daß keine Vermehrung, sondern eine Verminderung der Fertigung eingetreten sei. Diese Schädigung durch die deutsche Luftwaffe müsse noch planmäßiger als bisher fortgesetzt werden. Was schließlich das britische Heer anbelange, so komme es als Invasionsarmee nicht in Frage. Was England aufrechthalte, sei die Hoffnung auf die Vereinigten Staaten von Amerika und auf Sowjetrußland, denn die Vernichtung des englischen Mutterlandes sei mit der Zeit unausbleiblich. England hoffe aber durchzuhalten, bis es einen großen kontinentalen Block gegen Deutschland zusammengebracht habe. Die diplomatischen Vorbereitungen hierzu seien klar zu erkennen.
Stalin, der Herr *Rußlands,* sei ein kluger Kopf; er werde nicht offen gegen Deutschland auftreten, man müsse aber damit rechnen, daß er in für Deutschland schwierigen Situationen in wachsendem Maße Schwierigkeiten machen werde. Er wolle das Erbe des verarmten Europas antreten, habe auch Erfolge nötig und sei von dem Drange nach dem Westen

beseelt. Er sei sich auch völlig darüber klar, daß nach einem vollen Siege Deutschlands die Lage der Sowjetunion sehr schwierig werden würde.
Die Möglichkeit eines russischen Eingreifens in den Krieg halte die Engländer aufrecht. Sie würden das Rennen erst aufgeben, wenn diese letzte kontinentale Hoffnung zertrümmert sei. Er glaube nicht, daß die Engländer „sinnlos toll" seien; wenn sie keine Möglichkeit mehr sähen, den Krieg zu gewinnen, dann würden sie aufhören. Denn wenn sie den Krieg verlören, würden sie nicht mehr die Kraft haben, das Empire zusammenzuhalten. Wenn sie sich aber halten und 40 bis 50 Divisionen aufstellen könnten und die USA und Rußland ihnen helfen würden, dann würde für Deutschland eine sehr ernste Lage entstehen. Das dürfe nicht geschehen.
Bisher habe er nach dem Grundsatz gehandelt, immer die wichtigsten feindlichen Positionen zu zerschlagen, um einen Schritt weiterzukommen. Daher müsse nunmehr Rußland zerschlagen werden. Entweder gäben die Engländer dann nach oder Deutschland würde den Kampf gegen Großbritannien unter günstigsten Umständen weiterführen. Die Zertrümmerung Rußlands würde es auch Japan ermöglichen, sich mit allen Kräften gegen die USA zu wenden. Das würde die letzteren vom Kriegseintritt abhalten ...

Zit. nach Walther Hofer, Der Nationalsozialismus – Dokumente, a. a. O., S. 246f.

4. Hitler und das Unternehmen „Barbarossa"

Es war Hitler mit den ihm 1940 zur Verfügung stehenden Machtmitteln nicht möglich, die im Juni vermeintlich so nahe entscheidende politische Voraussetzung für den Eroberungszug nach Osten tatsächlich zu schaffen. Im Gegenteil: der Krieg im Westen drohte durch das immer stärkere Engagement der USA im Zuge der konsequenten Politik Roosevelts seit Mai-Juni 1940 eine Ausweitung zu erfahren, die schließlich in einen Material- und Produktionskrieg wie 1914/18 führen mußte, dem Deutschland auch in seiner erweiterten kontinentaleuropäischen Bastion auf die Dauer nicht gewachsen war, den Hitler daher durch den improvisierten Plan eines „Blitzkrieges" im großen Maßstab zu verhindern suchte. In dieser Situation, die sich im Westen von Monat zu Monat weiter gegen ihn entwickelte, wurde die Eroberung des europäischen Rußland, bisher das große Ziel des „Programms" und der Gesamtstrategie Hitlers, nun zugleich zum Mittel, den Krieg im Westen zu seinen Gunsten zu wenden oder zumindest durch den Aufbau eines blockadefesten kontinentaleuropäischen „Großraums" die nach Hitlers Auffassung wichtigste machtpolitische und wehrwirtschaftliche Voraussetzung für die Behauptung Deutschlands in einem neuen „Weltkrieg" zu schaffen.
Die Zerschlagung der Sowjetunion schien Hitler nun auch notwendig, um seine wachsende wirtschaftliche und politische Abhängigkeit vom Wohlwollen Stalins abzuschütteln, da er bei der zu erwartenden Zunahme der Schwierigkeiten im Kriege gegen die (faktisch bereits miteinander verbündeten) angelsächsischen Mächte eine „Erpressertaktik" des Gegenspielers befürchtete. Zwar widersprach dessen nüchterner, vollkommen rationaler politischer Kalkül völlig seinem eigenen sprunghaft vorwärtsdrängenden, trotz Beimischung kurzsichtig rationaler Elemente im Kern irrationalen, von „mythischen" Vorstellungen geprägten politischen Denken. Jedoch erfaßte er durchaus – nicht zuletzt dank der Enthüllung der sowjetischen Fernziele durch Molotow bei seinem Besuch in Berlin im November 1940 – die politische Konzeption Stalins, der danach strebte, nach Erschöpfung der deutschen Kräfte

im Westkrieg im möglichst risikolosen Vorstoß nach Westen neue Positionen in Nord-, Ostmittel- und Südosteuropa mit Blick auf die Nachkriegssituation gegenüber den siegreichen angelsächsischen Mächten zu gewinnen.
Hitlers Unrast, seine Vorstellung, daß die Zeit gegen ihn arbeite, auf der einen und Stalins ruhiges Zuwarten, sein langfristiges Kriegsziel-„Programm" ohne terminmäßige Bindungen, auf der anderen Seite, die ein völlig eindeutiges Urteil über das unterschiedliche staatsmännische Format der beiden großen Gegenspieler erlauben, sind indessen nicht nur aus der Verschiedenartigkeit des politischen Temperaments herzuleiten, auch nicht allein aus festliegenden machtpolitischen oder ideologischen Kriegskonzeptionen zu erklären, vielmehr ergaben sich der Zwang zum Handeln auf seiten Hitlers und die Möglichkeit zu umsichtigem Abwarten auf seiten Stalins wesentlich aus der Situation Deutschlands und der Sowjetunion im europäischen Krieg, der sich ohne ein „Handeln" Hitlers auf die Dauer gesehen zu seinen Ungunsten entwickeln mußte, während gerade ein solcher Ablauf des Geschehens von Stalin im Interesse der sowjetischen Ziele einkalkuliert werden konnte, ohne daß er selbst in den Krieg einzugreifen brauchte. Hitler befand sich, seit sein Angriff auf Polen die Kriegserklärung Großbritanniens ausgelöst hatte, die sein politisch-militärisches „Programm" in einem Grundaxiom traf, in einer Zwangslage, aus der ihn – entgegen seinen Erwartungen – auch der Triumph über Frankreich nicht befreit hatte, da es ihm nicht gelungen war, den „Ausgleich" mit Großbritannien doch noch zu finden.
Hitlers festliegendes Grundurteil über die Schwäche des Sowjetsystems und speziell der Roten Armee, das ihm die leichte Durchführbarkeit eines „Blitzkrieges" gegen die Sowjetunion im Stile des Polen- oder Frankreich-Feldzuges als Ausweg aus dem politischen und strategischen Dilemma im Westkrieg und damit als Schlüssel zum Erfolg im Gesamtkrieg erscheinen ließ, sah sich durch das ähnliche Urteil der „Experten" bestätigt. Dies rührt an die wohl folgenreichste Komponente der deutschen „Kontinuität des Irrtums" in der Überschätzung der eigenen und der Unterschätzung der Stärke der Gegner. So wurde in den im Herbst 1940 entworfenen improvisierten Kriegsplan Hitlers, der von dem Zwang bestimmt war, bis 1942 die Lage in Europa und den angrenzenden Räumen Vorderasiens und Nordafrikas „endgültig" zu seinen Gunsten zu klären, um allen Eventualitäten mit Blick auf die USA gewachsen zu sein, nicht einmal die Möglichkeit einer längeren Dauer des Ostfeldzuges einbezogen, sondern alles auf eine Karte gesetzt. Es blieb nur „Sieg" oder katastrophaler Ausgang des Ostkrieges und damit zugleich des Gesamtkrieges als „Alternative" des – von Hitler seit 1938 stufenweise immer mehr gesteigerten und nun im Weltmaßstab eingeleiteten – Vabanque-Spiels übrig. Sein „Sinn" bestand darin, durch eine Serie von kleinen oder größeren „Blitzkriegen" den gefürchteten „großen" Krieg gleichsam zu „unterlaufen" und dennoch das entscheidende Ziel, die Aufrichtung und dauerhafte Beherrschung eines autarken, blockadefesten, verteidigungsfähigen und der Führungsmacht Deutschland eine reale „Unabhängigkeit" gewährenden „Großraums" zu erreichen.

Aus: Andreas Hillgruber, Hitlers Strategie – Politik und Kriegführung 1940–1941, Ffm. 1965, S. 571 ff.

5. Hitlers Ansprache an die Befehlshaber der Wehrmacht vom 30. 3. 1941

11.00 Generalversammlung beim Führer: Fast 2½stündige Ansprache: Lage nach dem 30. 6. (1940). Fehler Englands, die Möglichkeit eines Friedens auszuschlagen. Schilderung der

weiteren Ereignisse. Scharfe Kritik an italienischer Kriegführung und Politik. Vorteile für Englands Lage aus den Mißerfolgen Italiens ...
England setzt seine Hoffnung auf Amerika und Rußland. Höchstleistung erst in 4 Jahren; Transportprobleme Rußlands. Rolle und Möglichkeiten. Begründung der Notwendigkeit, die russische Lage zu bereinigen. Nur so werden wir in der Lage sein, in zwei Jahren materiell und personell unsere Aufgaben in der Luft und auf den Weltmeeren zu meistern, wenn wir die Landfragen endgültig und gründlich lösen. Unsere Aufgaben gegenüber Rußland: Wehrmacht zerschlagen, Staat auflösen ...
Kampf zweier Weltanschauungen gegeneinander. Vernichtendes Urteil über Bolschewismus; ist gleich soziales Verbrechertum. Kommunismus ungeheure Gefahr für die Zukunft. Wir müssen vom Standpunkt des soldatischen Kameradentums abrücken. Der Kommunist ist vorher kein Kamerad und nachher kein Kamerad. Es handelt sich um einen Vernichtungskampf. Wenn wir es nicht so auffassen, dann werden wir zwar den Feind schlagen, aber in 30 Jahren wird uns wieder der kommunistische Feind gegenüberstehen. Wir führen nicht Krieg, um den Feind zu konservieren.
Künftiges Staatenbild: Nordrußland gehört zu Finnland. Protektorate Ostseeländer, Ukraine, Weißrußland.
Kampf gegen Rußland: Vernichtung der bolschewistischen Kommissare und der kommunistischen Intelligenz. Die neuen Staaten müssen sozialistische Staaten sein, aber ohne eigene Intelligenz. Es muß verhindert werden, daß eine neue Intelligenz sich bildet. Hier genügt eine primitive sozialistische Intelligenz. Der Kampf muß geführt werden gegen das Gift der Zersetzung. Das ist keine Frage der Kriegsgerichte. Die Führer der Truppe müssen wissen, worum es geht. Sie müssen in dem Kampf führen. Die Truppe muß sich mit den Mitteln verteidigen, mit denen sie angegriffen wird. Kommissare und GPU-Leute sind Verbrecher und müssen als solche behandelt werden. Deshalb braucht die Truppe nicht aus der Hand der Führer zu kommen. Der Führer muß seine Anordnungen im Einklang mit dem Empfinden der Truppe treffen.
Der Kampf wird sich sehr unterscheiden vom Kampf im Westen. Im Osten ist Härte mild für die Zukunft. Die Führer müssen von sich das Opfer verlangen, ihre Bedenken zu überwinden.

Zit. aus: Generaloberst Halder, Kriegstagebuch, Bd. II, Stuttgart 1963, S. 335 ff.

6. Psychologische Vorbereitung des Volkes auf die Vernichtung des Bolschewismus

Rußland 22.6.1941
Das Wichtigste aus den Richtlinien der Pressekonferenz von 11 Uhr
Der Reichspressechef Dr. Dietrich machte es der gesamten deutschen Presse zur Pflicht, gerade in den nächsten Tagen und Wochen das Volk psychologisch umzustellen auf die Vernichtung des Bolschewismus ...
Aus einem Wust von politischen und militärischen Richtlinien zum großen Ostfeldzug gebe ich nachstehend die wichtigsten Punkte wieder, die in den nächsten Wochen beachtet werden müssen:
In der deutschen Bevölkerung ist das Echo folgendes: Wir dachten, der Krieg ist in diesem Jahr zu Ende, jetzt gibt es dagegen eine neue Front, das Kriegsende ist nicht abzusehen. Demgegenüber kann in den nächsten Tagen hervorgehoben werden, daß der volle Einsatz

der deutschen Kampfkraft im Westen unmöglich war, solange im Osten eine unbekannte Größe stand, die uns jederzeit in den Rücken fallen konnte. Die weitere öffentliche Meinung geht dahin, daß jetzt dem deutschen Volk erneut eine Schwenkung zugemutet wird. Erst war man antibolschewistisch, dann hielt man Burgfrieden mit den Sowjets und jetzt ist man wieder antibolschewistisch. Hinsichtlich dieser Meinung muß psychologisch sehr vorsichtig vorgegangen werden. Es ist natürlich noch nicht möglich, heute sofort wieder die antibolschewistische Linie der Propaganda der Reichsparteitage einzubringen. Vielmehr muß in einer Reihe von Übergangstagen ruhig darauf hingewiesen werden, daß Deutschland zwei Jahre gegenüber dem Bolschewismus geschwiegen hat aus politischer Vernunft. In den zwei Jahren ist sehr viel passiert, was nunmehr im Kampf gegen den Bolschewismus nachrichtlich nachgeholt werden soll. Außerdem, und das wäre die weitere Stufe der Propaganda, sind Plutokratie und Bolschewismus gleichen Ursprungs, nämlich jüdischen Ursprungs. Sie haben immer zum Schaden Deutschlands zusammengearbeitet. 1918 in Versailles und in der roten Revolte, im spanischen Bürgerkrieg und bei tausend anderen Anlässen bis jetzt. Die entsprechenden Propagandastellen werden den Zeitungen ein unerschöpfliches Material in dieser Hinsicht zur Verfügung stellen. Es soll gut ausgewertet werden mit populären Parolen usw. Es handelt sich nicht darum, große Broschüren zu schreiben, sondern die Dinge aktuell zu behandeln . . .

Zit. aus: Mißtrauische Nachbarn – Deutsche Ostpolitik – Dokumente und Analyse, hrsg. von H. A. Jacobsen, Düsseldorf 1970, S. 149ff.

7. Einige Gedanken über die Behandlung der Fremdvölkischen im Osten

(Aus der Denkschrift des Reichsführers SS Himmler vom 25. 5. 1940)

Bei der Behandlung der Fremdvölkischen im Osten müssen wir darauf sehen, soviel wie möglich einzelne Völkerschaften anzuerkennen und zu pflegen, also neben den Polen und Juden die Ukrainer, die Weißrussen, die Goralen, die Lemken und die Kaschuben. Wenn sonst noch irgendwo Volkssplitter zu finden sind, auch diese.

Ich will damit sagen, daß wir nicht nur das größte Interesse daran haben, die Bevölkerung des Ostens nicht zu einen, sondern im Gegenteil in möglichst viele Teile und Splitter zu zergliedern . . .

Eine grundsätzliche Frage bei der Lösung aller dieser Probleme ist die Schulfrage und damit die Frage der Sichtung und Siebung der Jugend. Für die nichtdeutsche Bevölkerung des Ostens darf es keine höhere Schule geben als die vierklassige Volksschule. Das Ziel dieser Volksschule hat lediglich zu sein:

Einfaches Rechnen bis höchstens 500, Schreiben des Namens, eine Lehre, daß es ein göttliches Gebot ist, den Deutschen gehorsam zu sein und ehrlich, fleißig und brav zu sein. Lesen halte ich nicht für erforderlich. Außer dieser Schule darf es im Osten überhaupt keine Schulen geben . . .

Die Eltern der Kinder guten Blutes werden vor die Wahl gestellt, entweder das Kind herzugeben – sie werden dann wahrscheinlich keine weiteren Kinder mehr erzeugen, so daß die Gefahr, daß dieses Untermenschenvolk des Ostens durch solche Menschen guten Blutes eine für uns gefährliche, da ebenbürtige Führerschicht erhält, erlischt – oder die Eltern verpflichten sich, nach Deutschland zu gehen und dort loyale Staatsbürger zu werden . . .

Die Bevölkerung des Generalgouvernements setzt sich dann zwangsläufig nach einer konse-

quenten Durchführung dieser Maßnahmen im Laufe der nächsten zehn Jahre aus einer verbleibenden minderwertigen Bevölkerung, die noch durch abgeschobene Bevölkerung der Ostprovinzen sowie all der Teile des deutschen Reiches, die dieselbe rassische und menschliche Art haben (Teile zum Beispiel der Sorben und Wenden), zusammen.
Diese Bevölkerung wird als führerloses Arbeitsvolk zur Verfügung stehen und Deutschland jährlich Wanderarbeiter und Arbeiter für besondere Arbeitsvorkommen (Straßen, Steinbrüche, Bauten) stellen; sie wird selbst dabei mehr zu essen und zu leben haben als unter der polnischen Herrschaft und bei eigener Kulturlosigkeit unter der strengen, konsequenten und gerechten Leitung des deutschen Volkes berufen sein, an dessen ewigen Kulturtaten und Bauwerken mitzuarbeiten und diese, was die Menge der groben Arbeit anlangt, vielleicht erst ermöglichen . . .

Zit. aus: Mißtrauische Nachbarn, a. a. O., S. 141f.

8. Hitlers Überlegungen zur Beherrschung der unterworfenen Völker im Osten (11. 4. 1942)

Für die Beherrschung der von uns im Osten des Reichs unterworfenen Völker müsse es deshalb oberster Grundsatz sein, den Wünschen nach individueller Freiheit weitgehendst zu entsprechen, jede staatliche Organisation zu vermeiden und die Angehörigen dieser Völkerschaften dadurch auf einem möglichst niedrigen Kulturniveau zu halten.
Man müsse stets davon ausgehen, daß diese Völker uns gegenüber in erster Linie die Aufgabe haben, uns wirtschaftlich zu dienen. Es müsse daher unser Bestreben sein, mit allen Mitteln wirtschaftlich aus den besetzten russischen Gebieten herauszuholen, was sich herausholen lasse. Einen Anreiz zur Ablieferung ihrer landwirtschaftlichen Erzeugnisse und zur Zurverfügungstellung ihrer Arbeitskraft im Bergbau und in der Rüstungsfabrikation könne man dadurch für sie in ausreichendem Maße schaffen, daß man ihnen Industrieprodukte und so weiter nach Wunsch in Verkaufsmagazinen zum Kauf bereithalte.
Wenn man sich darüber hinaus um das Wohl jedes einzelnen kümmern wolle, so würde man ohne eine Staatsorganisation nach dem Muster unserer staatlichen Verwaltung nicht auskommen und lediglich Haß gegen uns erzeugen. Denn je primitiver die Menschen seien, desto stärker empfänden sie jede Einschränkung ihrer persönlichen Freiheit als Zwang. Hinzu komme, daß man ihnen mit einer staatlichen Verwaltungsorganisation eine Möglichkeit an die Hand gebe, sich zu einer großen Einheit zusammenzufinden und diese Organisation eventuell sogar gegen uns zum Einsatz zu bringen. Das höchste, was man ihnen an Verwaltungsorganisation zugestehen könne, sei deshalb die Gemeindeverwaltung, und auch die nur insoweit, als es zur Erhaltung der Arbeitskraft, das heißt zur Sicherstellung der täglichen Bedürfnisse des einzelnen, erforderlich sei.
Auch die Bildung von Dorfgemeinschaften müsse man aber so gestalten, daß sich keine Gemeinsamkeiten zwischen benachbarten Dorfgemeinschaften herausbilden könnten. Auf jeden Fall sei deshalb die Schaffung einheitlicher Kirchen für größere russische Gebietsteile zu verhindern. In unserem Interesse könne es lediglich liegen, wenn jedes Dorf seine eigene Sekte habe, die ihre eigenen Gottesvorstellungen entwickle. Selbst wenn sich auf diese Weise in einzelnen Dörfern Zauberkulte, wie bei den Negern und Indianern, bilden sollten, könnten wir das nur begrüßen, weil es die Zahl der trennenden Momente im russischen Raum nur vermehre.
Wenn er vorhin gesagt habe, daß jeder Aufbau einer großen Staatsverwaltung zu unterbleiben habe und unsere Kommissare sich dort lediglich mit der Beaufsichtigung und Wirt-

schaftslenkung zu befassen hätten, so sei damit selbstverständlich auch jede andere Organisationsform für die unterworfenen Völker verneint.
Es solle daher ja kein Lehrer daherkommen und plötzlich den Schulzwang für die unterworfenen Völker verkünden wollen. Kenntnisse der Russen, Ukrainer, Kirgisen und so weiter im Lesen und Schreiben könnten uns nur schaden. Denn sie ermöglichten es helleren Köpfen, sich ein gewisses Geschichtswissen zu erarbeiten und damit zu politischen Gedankengängen zu kommen, die irgendwie immer ihre Spitze gegen uns haben müßten.
Es sei viel besser, in jedem Dorf einen Radiolautsprecher aufzustellen, um den Menschen auf diese Weise Neuigkeiten zu erzählen und Unterhaltungsstoff zu bieten, als sie zur selbständigen Erlangung politischer, wissenschaftlicher und so weiter Erkenntnisse zu befähigen. Man solle es sich daher auch ja nicht einfallen lassen, den unterworfenen Völkern im Radio Dinge über ihre Vorgeschichte zu erzählen, man müsse ihnen vielmehr durch den Rundfunk Musik und noch einmal Musik vermitteln. Denn lustige Musik fördere die Arbeitsfreude. Und wenn die Leute viel tanzen könnten, so werde auch das nach unseren Erfahrungen in der Systemzeit allgemein begrüßt werden.
Das einzige, was in den besetzten russischen Gebieten organisiert werden müsse, sei der Verkehr. Denn die verkehrsmäßige Aufschließung des Landes sei eine der wesentlichsten Vorbedingungen zu seiner Beherrschung und wirtschaftlichen Ausnutzung. Das Verkehrspunkt-System müßten deshalb auch die Unterworfenen lernen. Das sei aber auch das einzige Gebiet, auf dem man sie von uns aus „bilden“ müsse.
Was die Hygiene der unterworfenen Bevölkerung angehe, so könnten wir kein Interesse daran haben, ihnen unsere Erkenntnisse zu vermitteln und dadurch ihnen eine von ihnen absolut nicht gewünschte Basis für einen ungeheuren Bevölkerungszuwachs zu geben. Er verbiete deshalb, für diese Gebiete Sauberkeitsaktionen unserer Art durchzuführen. Auch der Impfzwang dürfe in ihnen nur für Deutsche gelten. Deutsche Ärzte seien nur für die Behandlung Deutscher in den deutschen Siedlungen einzusetzen. Auch sei es Unsinn, die unterworfenen Völkerschaften mit unserem Wissen auf dem Gebiet der Zahnheilkunde beglücken zu wollen. Man müsse dabei aber vorsichtig zu Werke gehen, damit unsere Tendenz nicht auffalle. Wenn also ein Zahnkranker absolut von einem Arzt behandelt sein wolle, gut, dann müsse man auch einmal eine Ausnahme machen.
Der größte Unsinn, den man in den besetzten Ostgebieten machen könne, sei der, den unterworfenen Völkern Waffen zu geben. Die Geschichte lehre, daß alle Herrenvölker untergegangen seien, nachdem sie den von ihnen unterworfenen Völkern Waffen bewilligt hätten.
Ja, man könne geradezu sagen, daß die Auslieferung von Waffen an die unterworfenen Völker eine conditio sine qua non für den Untergang der Herrenvölker sei. Es sei deshalb nötig, daß wir die Aufrechterhaltung der Sicherheit und Ordnung durch eigene Truppen im gesamten besetzten russischen Raum gewährleisten. Die besetzten Ostgebiete müßten deshalb von einem Netz von Militärstützpunkten durchzogen sein. Alle Deutschen, die in diesem Raum leben, müßten persönlichen Kontakt mit ihnen haben, das heißt, sich persönlich mit ihnen verbunden fühlen. Im übrigen müßten sie so straff organisiert sein, daß eine auf weite Sicht hinaus geplante deutsche Siedlungspolitik einen immer stärker werdenden deutschen Volkstumskeil in den von uns unterworfenen Raum vortreiben könne.

Aus: Hitlers Tischgespräche im Führerhauptquartier 1941/42, hrsg. von P. E. Schramm, 2. Aufl. Stuttgart 1965, S. 270ff.

9. Aus dem „Generalplan Ost" des Reichssicherheitshauptamtes (1941/42)

Wege, die zur Zerstörung der biologischen Kraft eines Volkes führen, gibt es viele ... Das Ziel einer deutschen Bevölkerungspolitik im russischen Raum wird sein müssen, die Geburtenziffern auf ein Maß zu bringen, das unter der deutschen Geburtenziffer liegt ... Um in den Ostgebieten nicht zu einer für uns unerträglichen Vermehrung der Bevölkerung zu kommen, ist es dringend notwendig, alle die Mittel im Osten zu unterlassen, die wir im Reich zur Erhöhung der Geburtenziffer angewandt haben. Wir müssen in den betreffenden Gebieten eine bewußt negative Bevölkerungspolitik treiben. Durch Propagandamaßnahmen, insbesondere durch Presse, Rundfunk, Kino, Handzettel, kurze Broschüren, Aufklärungsvorträge und dergleichen, muß der Bevölkerung immer wieder der Gedanke eingeredet werden, wie schädlich es ist, sich viele Kinder anzuschaffen. Es muß einmal auf die Kosten hingewiesen werden, die Kinder machen, dann auf das, was man sich dafür hätte anschaffen können. Es können die großen gesundheitlichen Gefahren, die der Frau bei Geburten entstehen können, angedeutet werden und dergleichen. Neben dieser Propaganda muß eine großzügige Propaganda für Verhütungsmittel ins Land gehen. Eine Industrie für derartige Mittel muß eigens geschaffen werden. Strafbar darf weder das Anpreisen und Verbreiten von Verhütungsmitteln noch die Abtreibung sein. Man sollte die Einrichtung von Abtreibungsinstituten durchaus fördern. Man kann z.B. Hebammen oder Feldscherinnen zu Abtreiberinnen ausbilden. Je sachgemäßer die Abtreibungen vorgenommen werden, desto mehr wird die Bevölkerung hierzu Vertrauen gewinnen. Auch der Arzt muß selbstverständlich zu diesen Handlungen befugt sein, ohne daß hier ein Verstoß gegen die ärztliche Standesehre in Betracht kommt. Die freiwillige Sterilisierung ist gleichfalls zu propagandieren. Die Säuglingssterblichkeit darf nicht bekämpft werden. Auch Aufklärung der Mütter über Säuglingsfürsorge und Kinderkrankheiten darf nicht erfolgen. Es muß versucht werden, die Ausbildung der russischen Ärzte auf diesen Gebieten so gering wie möglich erfolgen zu lassen. Kinderheime und dergleichen dürfen nicht gefördert werden. Neben diesen negativen Maßnahmen auf gesundheitlichem Gebiet darf nicht etwa die Ehescheidung besonders erschwert werden. Für uneheliche Kinder sollen keine besonderen Maßnahmen getroffen werden. Steuererleichterungen für Kinderreiche, Kinderzulagen wie überhaupt alle Maßnahmen, die Kinderreiche bevorzugen, müssen vermieden werden ... Daß man bei systematischer Anwendung der oben dargelegten Mittel erhebliche Erfolge in der Schwächung des russischen Volkskörpers erzielen wird können, liegt auf der Hand. Dabei sind wir durchaus in der Lage, bei einem zu radikalen Geburtenrückgang, der die Existenz des Russentums auf das Spiel stellen würde, jederzeit einzugreifen, indem wir diese oder jene Maßnahme aufheben. An einer völligen biologischen Vernichtung des Russentums können wir jedenfalls so lange kein Interesse haben, als wir nicht selbst in der Lage sind, mit unseren Menschen den Raum zu füllen. Denn sonst würden andere Völker diesen Raum einnehmen, was gleichfalls nicht in unserem Interesse liegen würde. Unser Ziel bei der Durchführung dieser Maßnahmen ist nur, das Russentum so zu schwächen, daß es uns nicht mehr durch die Masse seiner Menschen überwuchern kann ...

Zit. nach Wolfgang Marienfeld, Konferenzen über Deutschland, Teil I (1941–1944), Hannover 1962, S. 11f.

10. Generalmajor Hellmuth Stieff in einem Privatbrief aus Polen (31. 10. 1939)

Die Masse der Millionenbevölkerung der Stadt (Warschau) vegetiert irgendwo und irgendwie, man kann nicht sagen wovon. Es ist eine unsagbare Tragödie, die sich dort abspielt ... Es ist eine Stadt und eine Bevölkerung, die dem Untergang geweiht ist. Es ist so grausam, daß man keinen Augenblick seines Lebens froh ist, wenn man in dieser Stadt weilt ... Man bewegt sich dort nicht als Sieger, sondern als Schuldbewußter! Mir geht es nicht allein so, – die Herren, die dort leben müssen, empfinden dasselbe. Dazu kommt noch all das Unglaubliche, was dort am Rande passiert und wo wir mit verschränkten Armen zusehen müssen! Die blühendste Phantasie einer Greuelpropaganda ist arm gegen die Dinge, die eine organisierte Mörder-, Räuber- und Plündererbande unter angeblich höchster Duldung dort verbricht. Da kann man nicht mehr von „berechtigter Empörung über an Volksdeutschen begangenen Verbrechen" sprechen. Diese Ausrottung ganzer Geschlechter mit Frauen und Kindern ist nur von einem Untermenschentum möglich, das den Namen Deutsch nicht mehr verdient. Ich schäme mich, ein Deutscher zu sein! Diese Minderheit, die durch Morden, Plündern und Sengen den deutschen Namen besudelt, wird das Unglück des ganzen deutschen Volkes werden, wenn wir ihnen nicht bald das Handwerk legen. Denn solche Dinge, wie sie mir von kompetentester Seite an Ort und Stelle geschildert und bewiesen wurden, müssen die rächende Nemesis wachrufen. Oder dies Gesindel geht gegen uns Anständige eines Tages ebenso vor und terrorisiert mit seinen pathologischen Leidenschaften auch das eigene Volk ...

Zit. nach Wolfgang Marienfeld, Konferenzen über Deutschland, a.a.O., S. 9f.

11. Himmlers Posener Rede vor SS-Gruppenführern (4. 10. 1943)

Es ist grundfalsch, wenn wir unsere ganze harmlose Seele mit Gemüt, wenn wir unsere Gutmütigkeit, unseren Idealismus in fremde Völker hineintragen. Das gilt, angefangen von Herder, der die „Stimmen der Völker" wohl in einer besoffenen Stunde geschrieben hat und uns, den Nachkommen, damit so maßloses Leid und Elend gebracht hat. Das gilt, angefangen bei den Tschechen und Slowenen, denen wir ja ihr Nationalgefühl gebracht haben. Sie selber waren dazu gar nicht fähig, sondern wir haben das für sie erfunden.
Ein Grundsatz muß für den SS-Mann absolut gelten: ehrlich, anständig, treu und kameradschaftlich haben wir zu Angehörigen unseres eigenen Blutes zu sein und zu sonst niemandem. Wie es den Russen geht, wie es den Tschechen geht, ist mir total gleichgültig. Das, was in den Völkern an gutem Blut unserer Art vorhanden ist, werden wir uns holen, indem wir ihnen, wenn notwendig, die Kinder rauben und sie bei uns großziehen. Ob die anderen Völker im Wohlstand leben oder ob sie verrecken vor Hunger, das interessiert mich nur soweit, als wir sie als Sklaven für unsere Kultur brauchen, anders interessiert mich das nicht. Ob bei dem Bau eines Panzergrabens 10000 russische Weiber an Entkräftung umfallen oder nicht, interessiert mich nur insoweit, als der Panzergraben für Deutschland fertig wird. Wir werden niemals roh und herzlos sein, wo es nicht sein muß; das ist klar. Wir Deutsche, die wir als einzige auf der Welt eine anständige Einstellung zum Tier haben, werden ja auch zu diesen Menschentieren eine anständige Einstellung einnehmen, aber es ist ein Verbrechen gegen unser eigenes Blut, uns um sie Sorge zu machen und ihnen Ideale zu bringen, damit

unsere Söhne und Enkel es noch schwerer haben mit ihnen. Wenn mir einer kommt und sagt: „Ich kann mit den Kindern oder den Frauen den Panzergraben nicht bauen. Das ist unmenschlich, denn dann sterben die daran“, – dann muß ich sagen: „Du bist ein Mörder an Deinem eigenen Blut, denn, wenn der Panzergraben nicht gebaut wird, dann sterben deutsche Soldaten, und das sind Söhne deutscher Mütter. Das ist unser Blut.“ Das ist das, was ich dieser SS einimpfen möchte und – wie ich glaube – eingeimpft habe, als eines der heiligsten Gesetze der Zukunft: Unsere Sorge, unsere Pflicht, ist unser Volk und unser Blut; dafür haben wir zu sorgen und zu denken, zu arbeiten und zu kämpfen, und für nichts anderes. Alles andere kann uns gleichgültig sein. Ich wünsche, daß die SS mit dieser Einstellung dem Problem aller fremden, nicht germanischen Völker gegenübertritt, vor allem den Russen. Alles andere ist Seifenschaum, ist Betrug an unserem eigenen Volk und ist ein Hemmnis zu einer früheren Gewinnung des Krieges.

Zit. nach Hans Buchheim, Befehl und Gehorsam, in: Anatomie des SS-Staates, Band I, Freiburg 1965, S. 295 ff.

12. Verbrechen und Solidarität

Es bleibt die Frage offen, warum Menschen, die an sich keine verbrecherischen Neigungen besitzen, regelmäßig an der Ausführung verbrecherischer Befehle teilnahmen, ohne ernsthaft Wege zu suchen, davon dispensiert zu werden. Zur Begründung der Antwort muß man von der allgemeinen Erfahrung ausgehen, daß der Mensch von Natur aus bestrebt ist, sich in seiner sozialen Umwelt zu bewähren und deren fundamentalen Anschauungen und Verhaltensregeln zu entsprechen. Dieses Bestreben ist auch dann nicht unbedingt moralisch zu verwerfen, wenn der einzelne dabei teilweise gegen seine eigene Überzeugung handelt. Denn er wird im allgemeinen in weitgehendem Maße auf seine soziale Umwelt angewiesen sein, und es ist auch denkbar, daß er sich nur deswegen fügt, weil er meint, in der Erkenntnis des Richtigen selbst nicht weit genug fortgeschritten zu sein. So kann etwa ein überzeugter Kommunist gewisse Forderungen, die die Partei an ihn stellt, zwar für moralisch nicht vertretbar halten, er kann dabei aber aufgrund seiner Gesamtüberzeugung von der Richtigkeit des Kommunismus und im Vertrauen auf die Moralität seiner Führer zu der Ansicht kommen, daß seine subjektiven Bedenken nur darauf beruhen, daß er im Verständnis der Doktrin noch nicht genügend Fortschritte gemacht habe. Solche Gründe, entgegen persönlichen Überzeugungen den Forderungen der sozialen Umwelt doch zu entsprechen, sind natürlich nur innerhalb sehr enger Grenzen zu rechtfertigen. Jenseits dieser Grenzen, insbesondere aber, wenn offenkundig verbrecherische Handlungen gefordert werden, macht sich der Betroffene schuldig, wenn er nicht den Mut findet, entweder sich zu weigern oder, falls das nicht möglich ist, sich aus seiner Umwelt zu lösen. Schwache Charaktere neigen jedoch dazu, dem sozialen Beharrungsvermögen weit über die gebotenen Grenzen hinaus nachzugeben. *Denn auch wenn keine Strafen drohen, erfordert es erheblichen Mut, sich in seiner sozialen Umwelt „unmöglich“ zu machen und sich von ihr zu lösen.* Im normalen Leben hat es gewöhnlich keine besondere Bedeutung, wenn jemand entgegen besserer Einsicht die Kraft nicht findet, sein soziales Beharrungsvermögen zu überwinden; in einer Gemeinschaft wie der SS aber mußte diese Schwäche früher oder später zur Schuldverstrickung führen. Man braucht nicht zu bezweifeln, daß manche Angehörige der verschiedenen Sonderkommandos unter den Maßnahmen litten, die sie durchführen muß-

ten. Größer als dies Leiden jedoch war bei ihnen der Mangel an Mut, zuzugeben, daß sie den Anforderungen der selbstgewählten Gemeinschaft nicht gewachsen waren. So konnte es geschehen, daß sie gar nicht versuchten, dispensiert zu werden, obgleich sich Chancen dafür boten. Eine besonders primitive Form dieses Verhaltens liegt bei denjenigen vor, die einfach keinen Ärger haben wollten und den bequemsten Weg gingen. Obgleich sie es sonst mit dem unbedingten Gehorsam nicht so genau nahmen und sich, wo es nur ging, drückten, nahmen sie den Satz „Befehl ist Befehl" gern als billige Entschuldigung, wo es Unannehmlichkeiten bereitet hätte, sich der Mitwirkung an einem Verbrechen zu entziehen.
Nicht die – objektiv ohnehin unbegründete – Angst, daß schon ein Versuch, von der Teilnahme an verbrecherischen Maßnahmen dispensiert zu werden, das Leben kosten könne; auch nicht die irrige Meinung, daß das Befohlene rechtens sei, dürfte also die Angehörigen der Sonderkommandos veranlaßt haben, den Befehlen Folge zu leisten, sondern ein schuldhaftes soziales Beharrungsvermögen und der Mangel an Mut, sich in ihrer sozialen Umwelt „unmöglich" zu machen und aus dem Rahmen zu fallen. Leicht wäre ein ernsthafter Versuch, sich herauszulösen, ganz gewiß nicht gewesen, lebensgefährlich aber auch nicht.

Aus: Hans Buchheim, Befehl und Gehorsam, a.a.O., S. 366ff.

II/2 Totaler Krieg und „Endlösung"

Arbeitsthemen

1. *Wie stellt sich die Tragödie von Stalingrad im Urteil eines Überlebenden dar? Welche weichenstellende Bedeutung mißt er ihr zu? (Nr. 1)*
2. *In welcher politisch-militärischen Situation hält Goebbels seine Rede im Berliner Sportpalast? Welche Funktion soll sie erfüllen? Wie werden die zugrunde liegenden Tatbestände verändert? (Nr. 2)*
3. *Wie erklärt Hitler die militärischen Schwierigkeiten des Ostfeldzugs? Welche politischen Pläne knüpft er an einen siegreichen Abschluß? Welche Funktion schreibt er einer deutschen Hegemonialstellung zu? (Nr. 3)*
4. *Auf welchen Voraussetzungen beruht die in der alliierten Forderung nach bedingungsloser Kapitulation vollzogene Identifizierung von deutschem Volk und NS-System? Inwiefern bot sie dem NS-Regime eine willkommene Propagandawaffe? Was sprach dessen ungeachtet für ihre unmißverständliche Verkündung aus alliierter Sicht? (Nr. 4)*
5. *Welche Aufschlüsse hinsichtlich Hitlers „Weltherrschaft" und „neuer Ordnung" vermittelt Himmlers berüchtigte Rede vor den Gauleitern am 3. 8. 1944 in Posen? (Nr. 5)*
6. *Durch welche Tarnvokabeln wird in dem sog. Wannsee-Protokoll der Mordplan gegenüber dem europäischen Judentum, den Eichmann in Jerusalem 1962 als „Tod der Schwachen durch Arbeit und Ermordung der Widerstandsfähigen" gekennzeichnet hat, kaschiert? (Nr. 6)*
7. *Mit welchem Recht wird in der Überschrift von einer „scheinbaren" Prophezeiung gesprochen? (Nr. 7)*
8. *Welche Umstände lassen – nach der Schilderung des Auschwitz-Kommandanten Rudolf Höß – die Charakterisierung der Konzentrationslager als „Endstation zur fabrikmäßigen Liquidierung der Juden" (M. Broszat) gerechtfertigt erscheinen? (Nr. 8)*
9. *Welche partiell veränderte Funktion wurde den nationalsozialistischen Konzentrationslagern im Zusammenhang der Kriegsanstrengungen auferlegt? (Nr. 9)*

Materialien

1. Joachim Wieder: Stalingrad im Urteil eines Überlebenden

Es handelte sich nicht nur um den Verlust einer der besten und stärksten deutschen Armeen, mit der zugleich beträchtliche Teile der gesamten Heeres-Artillerie und der Heeres-Pioniere zugrunde gingen, nicht nur um den Untergang von rund 300000 Menschen, eine Tragödie freilich schon für sich allein, die etwa eine Million Familien in allen deutschen Ländern und in Österreich betraf. Die von Hitler herbeigeführte Katastrophe an der Wolga löste lawinenartig eine ganze Reihe sowjetischer Offensiven aus, in deren Verlauf auch zwei rumänische Armeen, eine italienische und eine ungarische vernichtet wurden. Binnen kurzer Zeit war damit die gesamte Masse unserer an der Ostfront eingesetzten Verbündeten vom russischen Kriegsschauplatz weggefegt. Berücksichtigt man noch die hohen Opfer, die mit der gescheiterten Entsatzoperation und den Verteidigungskämpfen an der blutig aufgerissenen Front verknüpft waren, so ergibt sich aus der Stalingrader Schlacht und den mit ihr zusammenhängenden Ereignissen die fürchterliche Bilanz eines Verlustes von vielen hunderttausend Menschen. Der riesige, 1000 km lange Frontabschnitt zwischen dem Terek und Woronesch war zusammengebrochen, und die Katastrophe hatte über 60 Divisionen und den Bestand einer ganzen Luftflotte verschlungen.

Und dies war keineswegs nur in Hinsicht auf den erheblichen Ausfall an Kampfkraft katastrophal. Die moralischen Auswirkungen der Niederlage auf die eigene Truppe und die Heimat einerseits und auf den in seinem Selbstvertrauen und Kampfwillen gestärkten Gegner andererseits, der die Initiative des Handelns an sich gerissen hatte, die Rückwirkung der Katastrophe auf die innenpolitische Lage und schließlich die außenpolitischen Folgen ließen nicht lange auf sich warten. Wenn man bedenkt, daß es um einen totalen Krieg ging, in dem gerade den seelischen Faktoren ein entscheidendes Gewicht zukommen mußte, dann wird man die Schlacht von Stalingrad doch als etwas durchaus Unerhörtes und über die bisherigen Maße des Geschehens Hinausgehendes, als den offensichtlichen Wendepunkt des letzten Krieges betrachten müssen . . .

Durfte ein so ungeheuerliches Maß unsagbarer Qualen, ein so lang hingezogener grauenvoller Todeskampf, die zunehmende Vergewaltigung der menschlichen Würde überhaupt von Menschen anderen Menschen zugemutet und befohlen werden? War das befohlene Sterben von rund 200000 Menschen nicht von vorneherein schwer vereinbar mit dem Sittengesetz? Mußte nicht ein wirklich kriegsentscheidender Nutzen mit einem so unerhörten Einsatz verbunden sein? Hätte nicht ein viel tieferes, umfassenderes Verantwortungsbewußtsein für das Todesurteil einer ganzen Armee bestimmend sein sollen? Durfte und konnte ein solches Riesenopfer dazu dienen, ein – vielleicht auf die Dauer gar illusorisches – strategisches Gleichgewicht wiederherzustellen? . . .

Was in Stalingrad geschah, erschien mir nicht mehr vergleichbar mit einem jener traurigen Opfergänge, wie sie gelegentlich durch das harte Gesetz des Krieges gefordert werden. Der Passionsweg unserer Armee stellte – gerade wegen des langsamen, hilflosen Dahinsterbens von so vielen Zehntausenden in Verhältnissen, die den herkömmlichen Voraussetzungen soldatischen Einsatzes und soldatischer Ehre Hohn sprachen – alles bisher Dagewesene weit in den Schatten. Ein Stück Lebenssubstanz des deutschen Volkes war hier zum Untergang verurteilt, und was in dieser Katastrophe gefordert und zugelassen wurde, bedeutete zuletzt eine maßlose Entartung, Erniedrigung und Schändung des menschlichen Wesens. Ich hatte am Ende der Schlacht das Empfinden, als sei ein gut Teil Menschlichkeit in den Massengräbern von Stalingrad mitversunken.

Aus: Joachim Wieder, Stalingrad und die Verantwortung des Soldaten, München 1962, S. 158f.

2. Rede von Joseph Goebbels im Berliner Sportpalast vom 18. 2. 1943

Wenn das feindliche Ausland gegen unsere antijüdische Politik scheinheilig Protest erhebt und über unsere Maßnahmen gegen das Judentum heuchlerische Krokodilstränen vergießt, so kann uns das nicht daran hindern, das Notwendige zu tun. Deutschland jedenfalls hat nicht die Absicht, sich dieser jüdischen Bedrohung zu beugen, sondern vielmehr die, ihr rechtzeitig, wenn nötig unter vollkommener und radikalster Ausrottung des Judentums entgegenzutreten . . .

Ihr also, meine Zuhörer, repräsentiert in diesem Augenblick für das Ausland die Nation. Und an euch möchte ich zehn Fragen richten, die ihr mir und dem deutschen Volk vor der ganzen Welt, insbesondere aber vor unseren Feinden, die uns auch an ihrem Rundfunk zuhören, beantworten sollt:

Erstens: Die Engländer behaupten, das deutsche Volk habe den Glauben an den Sieg verloren. Ich frage euch: Glaubt ihr mit dem Führer und mit uns an den endgültigen totalen Sieg des deutschen Volkes? Ich frage euch: Seid ihr entschlossen, dem Führer in der Erkämpfung des Sieges durch dick und dünn und unter Aufnahme auch der schwersten persönlichen Belastungen zu folgen?

Zweitens: Die Engländer behaupten, das deutsche Volk ist des Kampfes müde. Ich frage euch: Seid ihr bereit, mit dem Führer, als Phalanx der Heimat hinter der kämpfenden Front stehend, diesen Kampf mit wilder Entschlossenheit und unbeirrt durch alle Schicksalsfügungen fortzusetzen, bis der Sieg in unseren Händen ist?

Drittens: Die Engländer behaupten, das deutsche Volk hat keine Lust mehr, sich der überhandnehmenden Kriegsarbeit, die die Regierung von ihm fordert, zu unterziehen. Ich frage euch: Seid ihr und ist das deutsche Volk entschlossen, wenn der Führer es befiehlt, zehn, zwölf und wenn nötig vierzehn Stunden täglich zu arbeiten und das Letzte herzugeben für den Sieg?

Viertens: Die Engländer behaupten, das deutsche Volk wehrt sich gegen die totalen Kriegsmaßnahmen der Regierung. Es will nicht den totalen Krieg, sondern die Kapitulation. Ich frage euch: Wollt ihr den totalen Krieg? Wollt ihr ihn, wenn nötig, totaler und radikaler, als wir ihn uns heute überhaupt noch vorstellen können?

Fünftens: Die Engländer behaupten, das deutsche Volk hat sein Vertrauen zum Führer verloren. Ich frage euch: Ist euer Vertrauen zum Führer heute größer, gläubiger und unerschütterlicher denn je? Ist eure Bereitschaft, ihm auf allen seinen Wegen zu folgen und alles zu tun, um den Krieg zum siegreichen Ende zu führen, eine absolute und uneingeschränkte?

Ich frage euch als Sechstes: Seid ihr bereit, von nun an eure ganze Kraft einzusetzen und der Ostfront die Menschen und Waffen zur Verfügung zu stellen, die sie braucht, um dem Bolschewismus den tödlichen Schlag zu versetzen?

Ich frage euch als Siebentes: Gelobt ihr mit heiligem Eid der Front, daß die Heimat mit

starker Moral hinter ihr steht und ihr alles geben wird, was sie nötig hat, um den Sieg zu erkämpfen?
Ich frage euch achtens: Wollt ihr, insbesondere ihr Frauen selbst, daß die Regierung dafür sorgt, daß auch die deutsche Frau ihre ganze Kraft der Kriegführung zur Verfügung stellt und überall da, wo es nur möglich ist, einspringt, um Männer für die Front frei zu machen und damit ihren Männern an der Front zu helfen?
Ich frage euch neuntens: Billigt ihr, wenn nötig, die radikalsten Maßnahmen gegen einen kleinen Kreis von Drückebergern und Schiebern, die mitten im Krieg Frieden spielen und die Not des Volkes zu eigensüchtigen Zwecken ausnützen wollen? Seid ihr damit einverstanden, daß, wer sich am Kriege vergeht, den Kopf verliert?
Ich frage euch zehntens und zuletzt: Wollt ihr, daß, wie das nationalsozialistische Parteiprogramm es gebietet, gerade im Krieg gleiche Rechte und Pflichten vorherrschen, daß die Heimat die schwersten Belastungen des Krieges solidarisch auf ihre Schultern nimmt und daß sie für hoch und niedrig und arm und reich in gleicher Weise verteilt werden?

(Schon nach der ersten Frage scholl Goebbels aus dem Munde der Tausende ein einstimmiges Ja entgegen, das nach jeder weiteren Frage von neuem den Sportpalast erdröhnen ließ.)

Ich habe euch gefragt, und ihr habt mir eure Antwort gegeben: Ihr seid ein Stück Volk, durch euren Mund hat sich damit die Stellungnahme des deutschen Volkes vor der Welt manifestiert. Ihr habt euren Feinden das zugerufen, was sie wissen müssen, damit sie sich keinen Illusionen und falschen Vorstellungen hingeben. Somit sind wir, wie von der ersten Stunde unserer Macht an und durch all die zehn Jahre hindurch fest und brüderlich mit dem deutschen Volke vereint. Der mächtigste Bundesgenosse, den es auf dieser Welt gibt, das Volk selbst, steht hinter uns und ist entschlossen, mit dem Führer, koste was es wolle, unter Aufnahme auch der schwersten Opfer, den Sieg kämpfend zu erstreiten.

Zit. nach H. A. Jacobsen, Der Zweite Weltkrieg, a. a. O., S. 380f.

3. Hitler vor den Reichs- und Gauleitern über Kriegslage und Kriegsziele (8. 5. 1943)

Am Nachmittag findet dann die Reichs- und Gauleiterbesprechung beim Führer statt. Der Führer zeichnet die um ihn versammelte Parteiführerschaft durch eine ausführliche Darlegung der Lage aus. Er beginnt damit, daß sich in diesem Kriege bürgerliche und revolutionäre Staaten gegenüberstehen. Die Niederwerfung der bürgerlichen Staaten ist für uns ein Leichtes gewesen, denn sie waren uns rein erziehungs- und einstellungsmäßig vollkommen unterlegen. Die Weltanschauungsstaaten haben den bürgerlichen Staaten gegenüber insofern einen Vorteil, als sie auf einem klaren geistigen Boden stehen. Die daraus erwachsende Überlegenheit ist uns bis zum Ostfeldzug außerordentlich zustatten gekommen. Da allerdings trafen wir auf einen Gegner, der eben auch eine Weltanschauung, wenn auch eine falsche, vertritt. Der Führer schildert noch einmal den Fall Tuchatschewsky und gibt dabei der Meinung Ausdruck, daß wir damals ganz falsch orientiert waren, als wir glaubten, Stalin würde dadurch die Rote Armee ruinieren. Das Gegenteil ist der Fall: Stalin hat sich alle oppositionellen Kreise aus der Roten Armee vom Halse geschafft und damit erreicht, daß eine defaitistische Strömung innerhalb dieser Armee nicht mehr vorhanden ist. Auch die Einführung der Politischen Kommissare hat sich für die Kampfkraft der Roten Armee

außerordentlich günstig ausgewirkt. Wenn man sich vorstellt, daß das primitive Menschenmaterial des Ostens nur durch Härte zur Disziplin angehalten werden kann, dann weiß man ungefähr, was Stalin mit der Einführung der Politischen Kommissare bezweckte und praktisch auch erreicht hat.
Stalin hat uns gegenüber darüber hinaus auch noch den Vorteil, keine Gesellschaftsopposition zu besitzen. Auch die hat der Bolschewismus durch Liquidationen in den vergangenen 25 Jahren beseitigt. Wenn die gesellschaftliche Opposition uns auch nicht gefährlich ist, so kann sie uns doch allerhand Lästigkeiten bereiten. Sie meckert und stänkert, ohne eine tiefere Kenntnis von den Dingen zu besitzen, und raubt uns damit außerordentlich viel Kampfkraft. Der Bolschewismus hat sich diese Gefahr rechtzeitig vom Halse geschafft und kann deshalb seine ganze Kraft gegen den Feind richten. Im Innern gibt es praktisch keine Opposition mehr.
Die kirchliche Opposition, die uns auch außerordentlich viel zu schaffen macht, ist ja auch im Bolschewismus nicht mehr vorhanden. Wenn heute von einem Metropoliten von Moskau gesprochen wird, so ist das natürlich ein aufgelegter Judenschwindel. Der Führer verweist mit Recht darauf, daß unter Umständen dieser Metropolit vor einigen Monaten noch Möbelpacker gewesen ist. Insofern hat also Stalin es außerordentlich viel leichter als wir. Er hat sein Volk einheitlich ausgerichtet. Es steht unter der bolschewistischen Erziehung oder der bolschewistischen Knute; jedenfalls gibt es in der Sowjetunion keine andere Meinung als die der Kremlgewaltigen.

Nach Kritik an den Verbündeten, besonders an Ungarn mit seinen judenfreundlichen Tendenzen:

Aus alledem aber hat der Führer die Konsequenz gezogen, daß das Kleinstaatengerümpel, das heute noch in Europa vorhanden ist, so schnell wie möglich liquidiert werden muß. Es muß das Ziel unseres Kampfes bleiben, ein einheitliches Europa zu schaffen. Europa kann aber eine klare Organisation nur durch die Deutschen erfahren. Eine andere Führungsmacht ist praktisch nicht vorhanden. Der Führer betont in diesem Zusammenhang wiederum, daß wir froh darüber sein müssen, keine Japaner auf dem europäischen Kontinent zu besitzen. Wenn die Italiener uns heute auch sehr viele Sorgen und Schwierigkeiten bereiten, so müssen wir uns doch glücklich preisen, daß sie uns bei der späteren Organisierung Europas keine ernsthafte Konkurrenz stellen können. Wären die Japaner auf dem europäischen Kontinent angesiedelt, so würden die Dinge wesentlich anders liegen. Heute aber sind wir praktisch die einzige in Betracht kommende Führungsmacht auf dem europäischen Festland ...
Der Führer gibt seiner unumstößlichen Gewißheit Ausdruck, daß das Reich einmal ganz Europa beherrschen wird. Wir werden dafür noch sehr viele Kämpfe zu bestehen haben, aber sie werden zweifellos zu den herrlichsten Erfolgen führen. Von da ab ist praktisch der Weg zu einer Weltherrschaft vorgezeichnet. Wer Europa besitzt, der wird damit die Führung der Welt an sich reißen.
In diesem Zusammenhang können wir natürlich Fragen von Recht und Unrecht überhaupt nicht zur Diskussion akzeptieren. Der Verlust dieses Krieges würde für das deutsche Volk das größte Unrecht darstellen, der Sieg gibt uns das größte Recht. Überhaupt wird der Sieger auch die alleinige Möglichkeit besitzen, die moralische Berechtigung seines Kampfes vor der Weltöffentlichkeit nachzuweisen ... Wir haben soviele Chancen in der Hand, daß wir mit bestem Gewissen der weiteren Entwicklung entgegenschauen können. Der Führer verweist

mit Recht darauf, daß seine Prophetien aus den Jahren 1919, 1920 und 1921 frech und unverschämt gewesen seien. Heute seien sie nur Ausflüsse seines realen Denkens und seiner erschöpfenden Übersicht über die allgemeine Lage . Nie darf in uns ein Zweifel am Siege aufkommen. Der Führer ist fest entschlossen, diesen Kampf unter allen Umständen durchzusetzen. Er will ihn nicht vor zwölf, sondern unter allen Umständen nach zwölf Uhr aufgeben.

Aus: Goebbels' Tagebücher, hrsg. von Louis P. Lochner, Zürich 1948, S. 322ff.

4. Günter Moltmann: Die Genesis der Unconditional-Surrender-Forderung

Man kann sagen, daß Unconditional Surrender ein ausgesprochenes Kriegsziel, nicht aber ein Friedensziel war. Es enthielt keine konkreten Richtlinien für die zukünftige Politik, sondern hatte rein formalen Charakter. Es bildete nur den Rahmen für die Zukunftsgestaltung, die ebensowohl konstruktiv als auch destruktiv sein konnte, denn die Art der Friedensregelungen, zu denen das Prinzip nur die Grundvoraussetzung war, blieb völlig offen. Aber auch in seiner Eigenschaft als formale Grundlage einer späteren Politik war es von wesentlicher Bedeutung, und zwar in doppelter Hinsicht.

Zunächst betraf es den Gegner als Partner bei der Liquidierung des Kriegszustandes und bei der Festlegung einer Nachkriegsordnung. In diesem Sinne war es ausgesprochen negativ. Es implizierte die Nichtanerkennung des Gegners als Verhandlungspartner und negierte damit jegliche gemeinsame Ebene, die zwischen den kriegführenden Parteien außerhalb der kriegerischen Gegnerschaft in menschlichen und geistigen Bereichen noch bestehen konnte. Die Unconditional-Surrender-Forderung vollzog für die englisch-amerikanische Seite den totalen Bruch mit den gegnerischen Nationen. Die totale Kriegführung ergab sich daraus folgerecht. Übrigens geschah dies zu demselben Zeitpunkt, an dem die nationalsozialistische Regierung den totalen Krieg proklamierte. Das Kriegsende war von nun an unwiderruflich nur noch als Diktat des Siegers, nicht mehr auf gemeinsamer Verhandlungsgrundlage denkbar.

Das Kapitulationsprinzip zielte auf die Zerstörung der nationalsozialistischen Weltanschauung, wie Roosevelt selbst in Casablanca und auch später betonte. Die Koppelung der Niederwerfung des Nationalsozialismus mit der vollständigen Elimination der deutschen Kriegsmacht ignorierte jede andere Möglichkeit eines Sturzes der Hitler-Regierung. Sie ignorierte darüber hinaus jede andere mögliche Existenz Deutscher, die unabhängig vom herrschenden Regime bereit und in der Lage waren, in Verhandlungen über einen Rechtsfrieden einzutreten. Sie identifizierte damit trotz gegenteiliger Versicherungen den Nationalsozialismus mit der Haltung der Deutschen schlechthin. Der Casablanca-Formel haftete der fragwürdige Zug einer kollektiven Diskriminierung eines ganzen Volkes an. Damit wurde jene Deutschland-Konzeption angedeutet, die in der Folgezeit zur Formulierung der konkreten englisch-amerikanischen Kriegsziele manches beitragen sollte. Einige Monate nach der Konferenz, im Mai 1943 während eines Churchill-Besuches in Washington, beabsichtigte Roosevelt, eine erweiterte alliierte Erklärung abzugeben des Inhalts, daß „die Vereinten Nationen niemals mit der Naziregierung, dem deutschen Oberkommando oder sonst einer Organisation oder Gruppe oder Einzelperson in Deutschland über einen Waffenstillstand

verhandeln würden". Damit wird der diskriminierende Zug vollends deutlich. Churchill widersetzte sich jedoch diesem Plan, und er kam nicht zur Ausführung.
Wenn die Politik des Unconditional Surrender in ihrer ausschließlich formalen Eigenschaft weder eine „milde" noch eine „harte" Behandlung Deutschlands vorsah, so öffnete sie doch den Weg für jede der beiden Möglichkeiten. Ihre Verkündung zerriß alle Bindungen der alliierten Kriegszielpolitik, die in einer eventuell erforderlichen Zustimmungsbereitschaft der feindlichen Nationen lagen. Von nun an mußte mit einer rücksichtslosen Planung gerechnet werden. Das gab der Casablanca-Formel einen bedrohlichen Charakter neben dem diskriminierenden Zug, der ihr anhaftete.

In: Probleme des Zweiten Weltkriegs, hrsg. von Andreas Hillgruber, Köln 1967, S. 174f.

5. Himmlers Rede vor den Gauleitern der Partei (3. 8. 1944)

Über das Problem, daß wir die Hunderttausende von Quadratkilometern, die wir verloren haben, im Osten wieder holen, brauchen wir uns überhaupt gar nicht zu unterhalten. Das ist ganz selbstverständlich. Das Programm ist unverrückbar. Es ist unverrückbar, daß wir die Volkstumsgrenze um 500 km hinausschieben, daß wir hier siedeln. Es ist unverrückbar, daß wir ein germanisches Reich gründen werden. Es ist unverrückbar, daß zu den 90 Millionen die 30 Millionen übrigen Germanen dazukommen werden, so daß wir unsere Blutbasis auf 120 Millionen Germanen vermehren. Es ist unverrückbar, daß wir die Ordnungsmacht auf dem Balkan und sonst in Europa sein werden, daß wir dieses ganze Volk wirtschaftlich, politisch und militärisch ausrichten und ordnen werden. Es ist unverrückbar, daß wir diesen Siedlungsraum erfüllen, daß wir hier den Pflanzgarten germanischen Blutes im Osten errichten, und es ist unverrückbar, daß wir eine Wehrgrenze weit nach dem Osten hinausschieben. Denn unsere Enkel und Urenkel hätten den nächsten Krieg verloren, der sicher wiederkommen wird, sei es in einer oder in zwei Generationen, wenn nicht die Luftwaffe im Osten – sprechen wir es ruhig aus – am Ural stehen würde. Wer für den künftigen Luftkrieg nicht einen Spielraum von 2000, 3000 km hat, der hat den nächsten Krieg verloren. Außerdem finde ich es so wunderbar, wenn wir uns heute schon darüber klar sind: Unsere politischen, wirtschaftlichen, menschlichen, militärischen Aufgaben haben wir in dem herrlichen Osten. Wenn es den Kosaken geglückt ist, sich für den russischen Zaren bis ans Gelbe Meer durchzufressen und das ganze Gebiet allmählich zu erobern, dann werden wir und unsere Söhne es in drei Teufels Namen fertig bringen, Jahr für Jahr, Generation für Generation unsere Bauerntrecks auszurüsten und von dem Gebiet, das wir zunächst hinter der militärischen Grenze haben, immer einige hundert Kilometer zunächst mit Stützpunkten zu versehen und dann allmählich flächenmäßig zu besiedeln und die anderen hinauszudrängen. Das ist unsere Aufgabe. Der Osten drüben wird unser Truppenübungsplatz sein, wo wir jeden Winter mit soundsoviel Divisionen in Eis und Schnee und Kälte üben werden. Wie die Väter im Jahre 1941, so werden die Söhne in späteren Jahren dort üben, werden dort ihre Zelte aufschlagen, werden im Finnenzelt leben, und jede Generation wird hier im scharfen Schuß üben, wird sich bewähren können, so daß wir die Gefahr, die ein Sieg mit sich bringen könnte, daß man wohlhabend und damit weich und bequem wird, wohl für die nächsten Jahrzehnte und Jahrhunderte bannen können . . .

Zit. nach Herbert Michaelis, Der Zweite Weltkrieg, Konstanz 1965, S. 286

6. Das Wannsee-Protokoll (20. 1. 1942)

Der Chef der Sicherheitspolizei und des SD, SS-Obergruppenführer Heydrich, teilte eingangs seine Bestallung zum Beauftragten für die Vorbereitung der Endlösung der europäischen Judenfrage durch den Reichsmarschall mit und wies darauf hin, daß zu dieser Besprechung geladen wurde, um Klarheit in grundsätzlichen Fragen zu schaffen. Der Wunsch des Reichsmarschalls, ihm einen Entwurf über die organisatorischen, sachlichen und materiellen Belange im Hinblick auf die Endlösung der europäischen Judenfrage zu übersenden, erfordert die vorherige gemeinsame Behandlung aller an diesen Fragen unmittelbar beteiligten Zentralinstanzen im Hinblick auf die Parallelisierung der Linienführung.
Die Federführung bei der Bearbeitung der Endlösung der Judenfrage liege ohne Rücksicht auf geographische Grenzen zentral beim Reichsführer-SS und Chef der Deutschen Polizei (Chef der Sicherheitspolizei und des SD) . . .
An Stelle der Auswanderung ist nunmehr als weitere Lösungsmöglichkeit nach entsprechender vorheriger Genehmigung durch den Führer die Evakuierung der Juden nach dem Osten getreten.
Diese Aktionen sind jedoch lediglich als Ausweichmöglichkeiten anzusprechen, doch werden hier bereits jene praktischen Erfahrungen gesammelt, die im Hinblick auf die kommende Endlösung der Judenfrage von wichtiger Bedeutung sind . . .
Unter entsprechender Leitung sollen im Zuge der Endlösung die Juden in geeigneter Weise im Osten zum Arbeitseinsatz kommen. In großen Arbeitskolonnen, unter Trennung der Geschlechter, werden die arbeitsfähigen Juden straßenbauend in diese Gebiete geführt, wobei zweifellos ein Großteil durch natürliche Verminderung ausfallen wird.
Der allfällig endlich verbleibende Restbestand wird, da es sich bei diesen zweifellos um den widerstandsfähigsten Teil handelt, entsprechend behandelt werden müssen, da dieser, eine natürliche Auslese darstellend, bei Freilassung als Keimzelle eines neuen jüdischen Aufbaues anzusprechen ist. (Siehe die Erfahrung der Geschichte.)
Im Zuge der praktischen Durchführung der Endlösung wird Europa von Westen nach Osten durchgekämmt . . .

Zit. nach Walther Hofer, Der Nationalsozialismus – Dokumente, a. a. O., S. 304 f.

7. Hitlers scheinbare Prophezeiung vom 30. 1. 1939

Und eines möchte ich an diesem vielleicht nicht nur für uns Deutsche denkwürdigen Tage nun aussprechen: Ich bin in meinem Leben sehr oft Prophet gewesen und wurde meistens ausgelacht. In dieser Zeit meines Kampfes um die Macht war es in erster Linie das jüdische Volk, das nur mit Gelächter meine Prophezeiungen hinnahm, ich würde einmal in Deutschland die Führung des Staates und damit des ganzen Volkes übernehmen und dann unter vielen anderen auch das jüdische Problem zur Lösung bringen. Ich glaube, daß dieses damalige schallende Gelächter dem Judentum in Deutschland unterdes wohl schon in der Kehle erstickt ist. Ich will heute wieder ein Prophet sein: Wenn es dem internationalen Finanzjudentum innerhalb und außerhalb Europas gelingen sollte, die Völker noch einmal in einen Weltkrieg zu stürzen, dann wird das Ergebnis nicht die Bolschewisierung der Erde und damit der Sieg des Judentums sein, sondern die Vernichtung der jüdischen Rasse in Europa.

Zit. nach Helmut Krausnick, a. a. O., S. 340

8. Endlösung der Judenfrage: KZ Auschwitz

Im Sommer 1941, den genauen Zeitpunkt vermag ich z. Zt. nicht anzugeben, wurde ich plötzlich zum Reichsführer SS nach Berlin befohlen, und zwar direkt durch seine Adjutantur. Entgegen seiner sonstigen Gepflogenheit eröffnete er mir, ohne Beisein seines Adjutanten, dem Sinne nach folgendes: Der Führer hat die Endlösung der Judenfrage befohlen, wir – die SS – haben diesen Befehl durchzuführen. Die bestehenden Vernichtungsstellen im Osten sind nicht in der Lage, die beabsichtigten großen Aktionen durchzuführen. Ich habe daher Auschwitz dafür bestimmt, einmal wegen der günstigen verkehrstechnischen Lage und zweitens läßt sich das dort zu bestimmende Gebiet leicht absperren und tarnen. Ich hatte erst einen höheren SS-Führer für diese Aufgabe ausgesucht; um aber Kompetenzschwierigkeiten von vornherein zu begegnen, unterbleibt das, und Sie haben nun diese Aufgabe durchzuführen. Es ist eine harte und schwere Arbeit, die den Einsatz der ganzen Person erfordert, ohne Rücksicht auf etwa entstehende Schwierigkeiten. Nähere Einzelheiten erfahren Sie durch Sturmbannführer Eichmann vom RSHA, der in nächster Zeit zu Ihnen kommt. Die beteiligten Dienststellen werden von mir zu gegebener Zeit benachrichtigt. Sie haben über diesen Befehl strengstes Stillschweigen, selbst Ihren Vorgesetzten gegenüber, zu bewahren. Nach der Unterredung mit Eichmann schicken Sie mir sofort die Pläne der beabsichtigten Anlage zu. – Die Juden sind die ewigen Feinde des deutschen Volkes und müssen ausgerottet werden. Alle für uns erreichbaren Juden sind jetzt während des Krieges ohne Ausnahme zu vernichten. Gelingt es uns jetzt nicht, die biologischen Grundlagen des Judentums zu zerstören, so werden einst die Juden das deutsche Volk vernichten.

Nach Erhalt dieses schwerwiegenden Befehls fuhr ich sofort nach Auschwitz zurück, ohne mich bei meiner vorgesetzten Dienststelle in Oranienburg gemeldet zu haben. Kurze Zeit danach kam Eichmann zu mir nach Auschwitz. Er weihte mich in die Pläne der Aktionen in den einzelnen Ländern ein. Die Reihenfolge vermag ich nicht mehr genau anzugeben.

Zuerst sollte für Auschwitz Ostoberschlesien und die daran angrenzenden Teile des General-Gouvernements in Frage kommen. Gleichzeitig, und dann je nach Lage fortgesetzt, die Juden aus Deutschland und der Tschechoslowakei. Anschließend der Westen: Frankreich, Belgien, Holland. Er nannte mir auch ungefähre Zahlen der zu erwartenden Transporte, die ich aber nicht mehr nennen kann. Wir besprachen weiter die Durchführung der Vernichtung. Es käme nur Gas in Frage, denn durch Erschießen die zu erwartenden Massen zu beseitigen, wäre schlechterdings unmöglich und auch eine zu große Belastung für die SS-Männer, die dies durchführen müßten im Hinblick auf die Frauen und Kinder.

Eichmann machte mich bekannt mit der Tötung durch die Motoren-Abgase in Lastwagen, wie sie bisher im Osten durchgeführt wurde. Dies käme aber für die zu erwartenden Massen-Transporte in Auschwitz nicht in Frage. Die Tötung durch Kohlenoxyd-Gas, durch Brausen in einem Baderaum, wie die Vernichtung der Geisteskranken an einigen Stellen im Reich durchgeführt wurde, erfordere zuviel Baulichkeiten, auch wäre die Beschaffung des Gases für die großen Massen sehr problematisch. Wir kamen in dieser Frage zu keinem Entscheid. Eichmann wollte sich nach einem Gas, das leicht zu beschaffen wäre und keine besonderen Anlagen erfordere, erkundigen und mir dann berichten . . .

Noch im Sommer 1942 wurden die Leichen in die Massengräber gebracht. Erst gegen Ende des Sommers fingen wir an mit der Verbrennung; zuerst auf einem Holzstoß mit ca. 2000 Leichen, nachher in den Gruben mit den wieder freigelegten Leichen aus der früheren Zeit.

Die Leichen wurden zuerst mit Ölrückständen, später mit Methanol übergossen. In den Gruben wurde fortgesetzt verbrannt, also Tag und Nacht. Ende November 1942 waren sämtliche Massengräber geräumt . . .
Schon bei den ersten Verbrennungen im Freien zeigte es sich, daß auf die Dauer dies nicht durchzuführen sei. Bei schlechtem Wetter oder starkem Wind trieb der Verbrennungsgeruch viele Kilometer weit und führte dazu, daß die ganze umwohnende Bevölkerung von den Juden-Verbrennungen sprach, trotz der Gegenpropaganda von seiten der Partei und den Verwaltungsdienststellen. Es waren zwar alle an der Vernichtungsaktion beteiligten SS-Angehörigen besonders streng verpflichtet, über die gesamten Vorgänge zu schweigen. Spätere SS-Gerichtsverhandlungen aber zeigten, daß von seiten der Beteiligten doch nicht geschwiegen wurde. Auch erhebliche Strafen konnten die Schwatzhaftigkeit nicht verhindern.
Weiterhin erhob die Luftabwehr Einspruch gegen die weithin in der Luft sichtbaren nächtlichen Feuer. Es mußte aber auch nachts weiter verbrannt werden, um die eintreffenden Transporte nicht abstoppen zu müssen. Das Fahrplanprogramm der einzelnen Aktionen, das in einer Fahrplankonferenz durch das Reichsverkehrsministerium genau festgelegt war, mußte unbedingt eingehalten werden, um eine Verstopfung und Verwirrung der betr. Bahnlinien zu vermeiden, insbesondere aus militärischen Gründen. Obige Gründe führten nun zu der mit allen Mitteln vorwärtsgetriebenen Planung und dem schließlichen Bau der beiden großen Krematorien, und 1943 zum Bau der zwei weiteren kleineren Anlagen. Eine später noch beabsichtigte, die im Bau befindlichen bei weitem übertreffende Anlage kam nicht mehr zur Durchführung, da im Herbst 1944 der RFSS die sofortige Einstellung der Juden-Vernichtung befahl.

Aus: Rudolf Höß, Kommandant in Auschwitz. Autobiographische Aufzeichnungen (1946). Hrsg. von M. Broszat, Stuttgart 1958, S. 153 ff.

9. Konzentrationslager und Kriegswirtschaft

In Auschwitz, wo die beiden Zwecke (Vernichtung und Arbeitseinsatz der Juden) an einem Ort konkurrierten, entstand jenes Ausleseverfahren der sogenannten Selektion, dem fast jeder ankommende Judentransport unterworfen wurde: aus der Masse der deportierten jüdischen Männer, Frauen und Kinder sonderten SS-Ärzte und SS-Führer auf der sogenannten „Rampe“ von Birkenau – wohl je nach Bedarf und dem Gesundheitszustand der Transporte – eine größere oder kleinere Zahl von Arbeitsfähigen (bevorzugt Jugendliche, Männer mittleren Alters und arbeitsfähige Frauen ohne Kinder) aus, die von der Vernichtung ausgenommen, als Häftlinge registriert und in das angrenzende Lager überwiesen wurden, wo sie eine Chance des Überlebens hatten, solange sie arbeitsfähig blieben. Selektion bedeutete: Überführung in einen anderen Zuständigkeitsbereich und Funktionszusammenhang, wo nicht mehr die Vernichtung, sondern – wenigstens der Theorie nach – die Nutzung und, bis zu einem gewissen Grade, auch die Erhaltung der Arbeitskraft der Häftlinge maßgeblich war.
Schon im Jahre 1938 hatte sich insofern eine veränderte Funktion der KL ergeben, als diese nicht mehr nur zur Ausschaltung und Zwangserziehung von sogenannten Staats- und Volksfeinden dienten. Zu dem politisch-polizeilichen Motiv der Gegnerbekämpfung war das wirtschaftsunternehmerische Interesse der SS getreten, das sich mit den Lagern verband. Aber erst seit dem Winter 1941/42 wurde der Arbeitseinsatz-Gesichtspunkt zum dominie-

renden Faktor, der die weitere zahlenmäßige und innere Entwicklung der KL bestimmte. Die KL hörten zwar nicht auf, Stätten der politischen Verfolgung zu sein, sie wurden aber in weit höherem Maße eine (besonders diskriminierende und drakonische) Form der Zwangsarbeit. Himmlers Entschluß, die Konzentrationslager und immer größere Kontingente von neu eingewiesenen Häftlingen für die Kriegsindustrie des Reiches nutzbar zu machen, stand in engstem Zusammenhang mit den verstärkten Anstrengungen zur Mobilisierung neuer Arbeitskräfte und namentlich der Zwangsverpflichtung ausländischer Zivilarbeiter, die zu Beginn des Jahres 1942 einsetzten, um die Einberufungen zur Wehrmacht wettzumachen und dem verstärkten Rüstungsbedarf zu entsprechen.

Aus: Martin Broszat, Nationalsozialistische Konzentrationslager 1933–1945, in: Anatomie des SS-Staates, Band II, a. a. O., S. 131 f.

II/3 Motive und Pläne des deutschen Widerstandes

Arbeitsthemen

1. *Wie ist es zu erklären, daß gerade das Euthanasieprogramm des NS-Regimes den Widerspruch der Kirchen herausforderte? Inwiefern dokumentiert sich in diesem Punkt die grundsätzliche Gegnerschaft zwischen Nationalsozialismus und Christentum? (Nr. 1)*
2. *Worin sieht H. J. von Moltke, der Kopf des „Kreisauer Kreises", in seinem Brief an einen englischen Freund, geschrieben im Jahre 1942 aus der Türkei, das Problem der Überwindung des Nationalsozialismus? (Nr. 2)*
3. *Welche Ausgangspunkte und Motive des studentischen Widerstandes lassen sich aus dem letzten Flugblatt der sog. „Weißen Rose", das am 18. 2. 1943 an der Münchener Universität verteilt wurde, herausschälen? (Nr. 3)*
4. *Mit welchen Hinweisen und Belegen demaskiert die von Beck und Goerdeler vorbereitete Regierungserklärung für den Fall des gelungenen Staatsstreichs am 20. 7. 1944 die Gewaltherrschaft Hitlers? Auf welche Qualitäten soll die neue Regierung gegründet werden? (Nr. 4a)*
5. *Wo liegen Übereinstimmungen bzw. Divergenzen der Beck-Goerdeler-Erklärung mit dem politischen Testament des Führers der kommunistischen Widerstandsgruppe, Anton Saefkow, bzw. mit den „Grundsätzen für die Neuordnung Deutschlands" des Kreisauer Kreises? (Nr. 4b und 4c)*
6. *Worauf wird in dem von Ludwig Beck, dem 1938 demissionierten Generalstabschef, konzipierten „Aufruf an die Wehrmacht" die militärische Krisensituation des Jahres 1944 zurückgeführt? Welchen Weg zeichnet er für die Zukunft? (Nr. 5)*
7. *Welche Deutung hat der zum aktiven Widerstand gehörende Henning von Tresckow, ein enger Freund Stauffenbergs, dem gescheiterten Versuch des 20. Juli gegeben? (Nr. 6)*
8. *Welche manipulative Sicht des Attentatsversuchs dominiert in der Sprachregelung der NS-Propaganda vom 24. 7. 1944? (Nr. 7)*
9. *Worin erblickt der Historiker Bodo Scheurig die Problematik einer angemessenen Würdigung des deutschen Widerstandes heute? (Nr. 8)*

Materialien

1. Kirchlicher Protest gegen Hitlers Euthanasieprogramm

(Aus der Predigt des Bischofs von Münster, Clemens August Graf von Galen, am Sonntag, dem 3. 8. 1941, in der St. Lambertikirche in Münster)

Katholische Christen! In dem am 6. Juli d. Js. in allen katholischen Kirchen Deutschlands verlesenen gemeinsamen Hirtenbrief der deutschen Bischöfe vom 26. Juni 41 heißt es u. a.: „Gewiß gibt es nach der katholischen Sittenlehre positive Gebote, die nicht mehr verpflichten, wenn ihre Erfüllung mit allzu großen Schwierigkeiten oder Gefahren verbunden wäre. Aber es gibt auch Gewissensverpflichtungen, von denen uns niemand befreien kann und die wir erfüllen müssen, koste es uns selbst das Leben. Nie, unter keinen Umständen, darf der Mensch außerhalb des Krieges und der gerechten Notwehr einen Unschuldigen töten." Ich hatte schon am 6. Juli Veranlassung, diesen Worten des gemeinsamen Hirtenbriefes folgende Erläuterung hinzuzufügen: „Seit einigen Monaten hören wir Berichte, daß aus Heil- und Pflegeanstalten für Geisteskranke auf Anordnung von Berlin Pfleglinge, die schon länger krank sind und vielleicht unheilbar erscheinen, zwangsweise abgeführt werden. Regelmäßig erhalten dann nach kurzer Zeit die Angehörigen die Mitteilung, der Kranke sei verstorben, die Leiche sei verbrannt, die Asche könne abgeliefert werden. Allgemein herrscht der an Sicherheit grenzende Verdacht, daß diese zahlreichen, unerwarteten Todesfälle von Geisteskranken nicht von selbst eintreten, sondern absichtlich herbeigeführt werden, daß man dabei jener Lehre folgt, die behauptet, man dürfe sogenanntes „lebensunwertes Leben" vernichten, also unschuldige Menschen töten, wenn man meint, ihr Leben sei für Volk und Staat nichts mehr wert. Eine furchtbare Lehre, die die Ermordung Unschuldiger rechtfertigen will, die die gewaltsame Tötung der nicht mehr arbeitsfähigen Invaliden, Krüppel, unheilbar Kranken, Altersschwachen grundsätzlich freigibt. Demgegenüber erklären die deutschen Bischöfe: Nie, unter keinen Umständen, darf der Mensch außerhalb des Krieges und der gerechten Notwehr einen Unschuldigen töten. Wie ich zuverlässig erfahren habe, werden jetzt auch in den Heil- und Pflegeanstalten der Provinz Westfalen Listen aufgestellt von solchen Pfleglingen, die als sogenannte „unproduktive Volksgenossen" abtransportiert und in kurzer Zeit ums Leben gebracht werden sollen. Aus der Anstalt Marienthal bei Münster ist im Laufe dieser Woche der erste Transport abgegangen.

Deutsche Männer und Frauen! Noch hat Gesetzeskraft der § 211 des Reichsstrafgesetzbuches, der bestimmt: Wer vorsätzlich einen Menschen tötet, wird, wenn er die Tötung mit Überlegung ausgeführt hat, wegen Mordes mit dem Tode bestraft. Wohl um diejenigen, die jene armen, kranken Menschen, Angehörige unserer Familien, vorsätzlich töten, vor dieser gesetzlichen Bestrafung zu bewahren, werden die zur Tötung bestimmten Kranken aus der Heimat abtransportiert in eine entfernte Anstalt . . .

Ich hatte bereits am 26. Juli bei der Provinzverwaltung der Provinz Westfalen, der die Anstalten unterstehen, der die Kranken zur Pflege und zur Heilung anvertraut sind, schriftlich ernstesten Protest erhoben. Es hat nichts genutzt. Der erste Transport der schuldlos zum Tode Verurteilten ist von Marienthal abgegangen. Und aus der Provinzial-Heilanstalt Warstein sind, wie ich höre, bereits 800 Kranke abtransportiert . . .

Du sollst nicht töten! Dieses Gebot Gottes, des einzigen Herrn, der das Recht hat, über

Leben und Tod zu bestimmen, war von Anfang an in die Herzen der Menschen eingeschrieben, längst bevor Gott den Kindern Israels am Berge Sinai sein Sittengesetz mit jenen lapidaren, in Stein gehauenen kurzen Sätzen verkündet hatte, die uns in der heiligen Schrift aufgezeichnet sind und die wir als Kinder aus dem Katechismus auswendig gelernt haben. Ich bin der Herr, dein Gott! So hebt dieses unabänderliche Gesetz an. Du sollst keine fremden Götter neben mir haben. Der einzige, überweltliche, ewige, allwissende, allmächtige, unendlich heilige und gerechte Gott, hat diese Gebote unseren Herzen eingeschrieben und sie uns verkündet, denn sie entsprechen dem Bedürfnis unserer von Gott geschaffenen Natur. Sie sind die unabdingbaren Normen eines vernunftgemäßen, eines gottgefälligen, eines heilbringenden und heiligen Menschen- und Gemeinschaftslebens . . .
Es ist die höchste Zeit, daß wir es erkennen, heute noch, an diesem Tage, was uns zum Frieden dient, was allein uns retten, vor dem göttlichen Strafgericht uns bewahren kann: daß wir rückhaltlos und ohne Abstrich die von Gott gewollte Wahrheit annehmen und durch unser Leben bekennen. Daß wir die göttlichen Gebote zur Richtschnur unseres Lebens machen und ernst machen mit dem Wort: Lieber sterben als sündigen. Daß wir in Gebet und aufrichtiger Buße Gottes Verzeihung und Erbarmen auf uns herab flehen, auf unsere Stadt, auf unser Land, auf unser ganzes liebes deutsches Volk! Wer aber fortfahren will, Gottes Strafgericht herauszufordern, wer unsern Glauben lästert, wer Gottes Gebot verachtet, wer gemeine Sache macht mit jenen, die unsere Jugend dem Christentum entfremden, die unsere Ordensleute berauben und vertreiben, mit jenen, die unschuldige Menschen, unsere Brüder und Schwestern, dem Tode überliefern, mit denen wollen wir jeden vertrauten Umgang vermeiden. Dessen Einfluß wollen wir uns und die unserigen entziehen, damit wir nicht angesteckt werden von seinem gottwidrigen Denken und Handeln, damit wir nicht mitschuldig werden und somit anheimfallen dem Strafgericht, das der gerechte Gott verhängen wird und verhängen muß über alle, die nicht wollen, was Gott will!

Zit nach Jacobsen-Jochmann, Ausgewählte Dokumente zur Geschichte des Nationalsozialismus, a.a.O., J, S. 1ff.

2. Helmuth J. v. Moltke an seinen englischen Freund Lionel Curtis (1942)

Heute beginnt es einem nicht zu zahlreichen, aber aktiven Teil des deutschen Volkes zu dämmern, nicht daß sie in die Irre geführt worden sind, nicht daß schlimme Zeiten ihnen bevorstehen, nicht daß der Krieg mit einer Niederlage enden mag, sondern daß Sünde ist, was geschieht, und daß sie persönlich verantwortlich sind für jede furchtbare Tat, die begangen worden ist, – natürlich nicht im irdischen Sinne, aber als Christen.
Wir können nur erwarten, unser Volk zum Sturz dieser Regierung des Schreckens und Grauens zu bewegen, wenn wir imstande sind, ein Ziel jenseits der lähmenden und hoffnungslosen nächsten Zukunft zu zeigen. Für uns ist Europa nach dem Krieg weniger ein Problem von Grenzen und Soldaten, von wasserkopfartigen Organisationen und großartigen Planungen. Die eigentliche Frage, vor dic Europa nach dem Krieg gestellt sein wird, ist die, wie das Bild des Menschen im Herzen unserer Mitbürger wiederhergestellt werden kann. Dies aber ist eine Frage der Religion und der Erziehung, der organischen Verbundenheit mit Beruf und Familie, des rechten Verhältnisses zwischen Verantwortung und Anspruch.

Zit. nach Hans Rothfels, Die deutsche Opposition gegen Hitler, Neuausgabe Ffm. 1969, S. 124f.

3. Das letzte Flugblatt der „Weißen Rose“ (18. 2. 1943)

Kommilitonen! Kommilitoninnen!
Erschüttert steht unser Volk vor dem Untergang der Männer von Stalingrad. Dreihundertdreißigtausend deutsche Männer hat die geniale Strategie des Weltkriegsgefreiten sinn- und verantwortungslos in Tod und Verderben gehetzt. Führer, wir danken dir!
Es gärt im deutschen Volk: Wollen wir weiter einem Dilettanten das Schicksal unserer Armeen anvertrauen? Wollen wir den niederen Machtinstinkten einer Parteiclique den Rest der deutschen Jugend opfern? Nimmermehr! Der Tag der Abrechnung ist gekommen, der Abrechnung der deutschen Jugend mit der verabscheuungswürdigsten Tyrannis, die unser Volk je erduldet hat. Im Namen der deutschen Jugend fordern wir vom Staat Adolf Hitlers die persönliche Freiheit, das kostbarste Gut des Deutschen zurück, um das er uns in der erbärmlichsten Weise betrogen.
In einem Staat rücksichtsloser Knebelung jeder freien Meinungsäußerung sind wir aufgewachsen. HJ, SA, SS haben uns in den fruchtbarsten Bildungsjahren unseres Lebens zu uniformieren, zu revolutionieren, zu narkotisieren versucht. „Weltanschauliche Schulung“ hieß die verächtliche Methode, das aufkeimende Selbstdenken in einem Nebel leerer Phrasen zu ersticken. Eine Führerauslese, wie sie teuflischer und bornierter zugleich nicht gedacht werden kann, zieht ihre künftigen Parteibonzen auf Ordensburgen zu gottlosen, schamlosen und gewissenlosen Ausbeutern und Mordbuben heran, zur blinden, stupiden Führergefolgschaft. Wir „Arbeiter des Geistes“ wären gerade recht, dieser neuen Herrenschicht den Knüppel zu machen. Frontkämpfer werden von Studentenführern und Gauleiteraspiranten wie Schuljungen gemaßregelt, Gauleiter greifen mit geilen Späßen den Studentinnen an die Ehre. Deutsche Studentinnen haben an der Münchener Hochschule auf die Besudelung ihrer Ehre eine würdige Antwort gegeben, deutsche Studenten haben sich für ihre Kameradinnen eingesetzt und standgehalten ... Das ist ein Anfang zur Erkämpfung unserer freien Selbstbestimmung, ohne die geistige Werte nicht geschaffen werden können. Unser Dank gilt den tapferen Kameradinnen und Kameraden, die mit leuchtendem Beispiel vorangegangen sind!
Es gibt für uns nur eine Parole: Kampf gegen die Partei! Heraus aus den Parteigliederungen, in denen man uns weiter politisch mundtot halten will! Heraus aus den Hörsälen der SS-Unter- und -Oberführer und Parteikriecher! Es geht uns um wahre Wissenschaft und echte Geistesfreiheit! Kein Drohmittel kann uns schrecken, auch nicht die Schließung unserer Hochschulen. Es gilt den Kampf jedes einzelnen von uns um unsere Zukunft, unsere Freiheit und Ehre in einem seiner sittlichen Verantwortung bewußten Staatswesen.
Freiheit und Ehre! Zehn lange Jahre haben Hitler und seine Genossen die beiden herrlichen deutschen Worte bis zum Ekel ausgequetscht, abgedroschen, verdreht, wie es nur Dilettanten vermögen, die die höchsten Werte einer Nation vor die Säue werfen. Was ihnen Freiheit und Ehre gilt, haben sie in zehn Jahren der Zerstörung aller materiellen und geistigen Freiheit, aller sittlichen Substanzen im deutschen Volk genugsam gezeigt. Auch dem dümmsten Deutschen hat das furchtbare Blutbad die Augen geöffnet, das sie im Namen von Freiheit und Ehre der deutschen Nation in ganz Europa angerichtet haben und täglich neu anrichten. Der deutsche Name bleibt für immer geschändet, wenn nicht die deutsche Jugend endlich aufsteht, rächt und sühnt zugleich, ihre Peiniger zerschmettert und ein neues geistiges Europa aufrichtet. Studentinnen! Studenten! Auf uns sieht das deutsche Volk! Von

uns erwartet es, wie 1813 die Brechung des Napoleonischen, so 1943 die Brechung des nationalsozialistischen Terrors aus der Macht des Geistes. Beresina und Stalingrad flammen im Osten auf, die Toten von Stalingrad beschwören uns!
„Frisch auf mein Volk, die Flammenzeichen rauchen!"
Unser Volk steht im Aufbruch gegen die Verknechtung Europas durch den Nationalsozialismus, im neuen gläubigen Durchbruch von Freiheit und Ehre.

Zit. nach Walther Hofer, Der Nationalsozialismus – Dokumente, a. a. O., S. 328 ff.

4. Neuordnung im Widerstand

a) Beck-Goerdeler: Zu den Absichten einer neuen Reichsregierung (1944)

Die Grundsätze, nach denen die Regierung geführt werden wird, und die Ziele, die wir erstreben, sind bekanntgegeben. Wir erklären hierzu folgendes:
1. Erste Aufgabe ist die Wiederherstellung der vollkommenen Majestät des Rechts. Die Regierung selbst muß darauf bedacht sein, jede Willkür zu vermeiden, sie muß sich daher einer geordneten Kontrolle durch das Volk unterstellen. Während des Krieges kann diese Kontrolle nur vorläufig geordnet werden. Einstweilen werden lautere und sachkundige Männer aus allen Ständen und Gauen in einen Reichsrat berufen werden; diesem Reichsrat werden wir Rede und Antwort stehen, seinen Rat wollen wir einholen . . .
Das Recht wird jedem gegenüber, der es verletzt hat, durchgesetzt. Rechtsbrecher werden der verdienten Strafe zugeführt.
Die Sicherheit der Person und des Eigentums werden wieder gegen Willkür geschützt sein . . .
Die Konzentrationslager werden sobald wie möglich aufgelöst, die Unschuldigen entlassen, Schuldige dem ordentlichen gerichtlichen Verfahren zugeführt werden.
Aber ebenso erwarten wir, daß niemand Lynchjustiz vollzieht. Wenn wir die Majestät des Rechts wiederherstellen wollen, müssen wir alle Energie gegen persönliche Vergeltung aufwenden, die aus dem Erleiden von Unrecht und aus der Verwundung der Seele menschlich nur zu begreiflich ist. Wer irgend etwas auf dem Herzen hat, erstatte Anzeige, an welcher öffentlichen Stelle er will. Seine Anzeige wird an die richtige Stelle weitergeleitet werden. Die Schuldigen wird die unerbittliche Strafe treffen . . .
2. Wir wollen die Grundlagen der Sittlichkeit wiederherstellen, und zwar auf allen Gebieten des privaten wie öffentlichen Lebens. Die Korruption ist in unserem früher so reinen Volk von hohen und höchsten Würdenträgern des Naziregimes in einem bisher nicht dagewesenen Umfang betrieben worden . . . Alle Übeltäter werden mit der Strenge des Gesetzes zur Rechenschaft gezogen, ihr unredlich erworbenes Gut wird eingezogen und den Geschädigten wiedergegeben werden. Die Hauptschuldigen sollen aber an Leib und Gut büßen. Ihr gesamtes Vermögen und das an Angehörige verschobene wird eingezogen . . .
Zur Sicherung des Rechts und des Anstandes gehört die anständige Behandlung aller Menschen. Die Judenverfolgung, die sich in den unmenschlichsten und unbarmherzigsten, tief beschämenden und gar nicht wieder gutzumachenden Formen vollzogen hat, ist sofort eingestellt. Wer geglaubt hat, sich am jüdischen Vermögen bereichern zu können, wird erfahren, daß es eine Schande für jeden Deutschen ist, nach solchem unredlichen Besitz zu streben. Mit Marodeuren und Hyänen unter den von Gott geschaffenen Geschöpfen will das deutsche Volk in Wahrheit auch gar nichts zu tun haben.

Wir empfinden es als eine tiefe Entehrung des deutschen Namens, daß in den besetzten Gebieten hinter dem Rücken der kämpfenden Truppe und ihren Schutz mißbrauchend Verbrechen aller Art begangen worden sind. Die Ehre unserer Gefallenen ist damit besudelt. Auch hier werden wir für Sühne sorgen ...

3. Der Lüge sagen wir Kampf an. Die Sonne der Wahrheit soll ihre dichten Nebel zerstreuen. Unser Volk ist in der schamlosesten Weise über seine wirtschaftlichen, finanziellen und politischen sowie über die militärischen Ereignisse belogen worden. Die Tatsachen werden festgestellt und bekanntgegeben werden, so daß jeder einzelne sie nachprüfen kann ...

4. Die zerbrochene Freiheit des Geistes, des Gewissens, des Glaubens und der Meinung wird wiederhergestellt.

Die Kirchen erhalten wieder das Recht, frei für ihr Bekenntnis zu wirken. Sie werden in Zukunft völlig vom Staate getrennt leben, weil sie nur in Selbständigkeit und unter Fernhaltung von aller aktiven politischen Betätigung ihrer Aufgabe gerecht werden können ...

Die Presse soll wieder frei sein. Im Krieg muß sie sich den Beschränkungen unterwerfen, die in jedem Kriege für ein Land unerläßlich sind. Jeder, der eine Zeitung liest, soll erfahren, wer hinter dieser Zeitung steht. Der Presse wird es nicht wieder gestattet sein, bewußt oder fahrlässig die Unwahrheit zu sagen. Die Schriftleiter werden durch eine straffe Ehrengerichtsbarkeit dafür sorgen, daß die Gesetze des Anstandes und der Pflicht gegenüber dem Wohle des Vaterlandes auch in der Presse beachtet werden.

5. ... Der Jugend und ihrer Erziehung gilt eine unserer Hauptsorgen. Diese Erziehung soll in erster Linie den Eltern und den Schulen überantwortet werden. In allen Schulen müssen die elementaren Grundkenntnisse einfach, lauter und sicher in das Kind eingepflanzt werden. Die Bildung muß wieder eine allgemeine, Herz und Verstand erfassende sein. Sie muß im Volke wurzeln, und keine Kluft darf zwischen Gebildeten und Ungebildeten liegen ...

6. Die Verwaltung muß neu geordnet werden. Es wird nichts umgestoßen werden, was sich bewährt hat. Aber es ist notwendig, sofort klare Verantwortung und die Freiheit zu selbständigen Entschlüssen wiederherzustellen ... Mit dem Parteibuchbeamten wird Schluß gemacht. Der Beamte soll wieder allein dem Gesetz und seinem Gewissen folgen ...

7. Ordnung der Verwaltung, gerechte Verteilung und Erfüllung der Gemeinschaftsaufgaben sind nur möglich auf Grund einer Verfassung. Eine endgültige Verfassung kann erst nach Beendigung des Krieges mit Zustimmung des Volkes festgesetzt werden. Denn die Frontsoldaten haben einen Anspruch darauf, hierbei mit besonderem Gewicht mitzuwirken ...

Preußen wird aufgelöst. Die preußischen Provinzen, ebenso wie die übrigen deutschen Länder, werden neu zu Reichsgauen zusammengefaßt. Dem einzelnen Reichsgau wird im Reich wieder ein Eigenleben gegeben. Sie werden sich weitgehend selbst verwalten. Der Selbstverwaltung dieser Reichsgaue, der Kreise und der Gemeinden wird an öffentlichen Aufgaben übertragen, was irgendwie mit Reichseinheit und zielbewußter Führung des Reichs vereinbar ist ...

8. Die Wirtschaft kann im Kriege nur in Form der Zwangswirtschaft und der Überwachung der Preise fortgeführt werden ... Einstweilen können wir sie nur vereinfachen und von Unklarheiten, dem Durcheinander von Zuständigkeiten und dem Mangel von Verantwortungsbewußtsein befreien. Wir werden auch alle Maßnahmen aufheben, die zu tief in die Freiheiten des einzelnen eingegriffen haben und die ohne Überlegung und zwingende

Notwendigkeit Existenzen in Handel, Handwerk, Gewerbe, Industrie und Landwirtschaft vernichtet haben.
Auch darf die Wirtschaft nicht durch staatliche Eingriffe unnötig gestört und die Schaffensfreude und Schöpfungsmöglichkeiten erstickt werden . . .
Es ist das Ziel unserer Wirtschaftsordnung, daß jedem Arbeiter, Angestellten und Unternehmer der Anteil an unseren Wirtschaftsgütern zuteil wird. Es handelt sich nicht nur darum, die freie Initiative des Unternehmers herzustellen und ihn zum Leistungskampf im Wettbewerb zu zwingen. Nein, auch der deutsche Arbeiter muß und wird Gelegenheit erhalten, an der Verantwortung der Wirtschaft schöpferisch teilzunehmen; nur können auch wir ihn nicht von der Wirkung der die Wirtschaft beherrschenden natürlichen Gesetze freistellen.
Das Eigentum ist Grundlage jeden wirtschaftlichen und kulturellen Fortschritts; sonst sinkt der Mensch allmählich zum Tier herab. Es wird daher geschützt, nicht nur in der Hand des großen, sondern auch in der Hand des kleinsten Eigentümers, der nur Hausrat sein eigen nennt. Der Mißbrauch des Eigentums wird ebenso bekämpft werden wie die ungesunde, die Unselbständigkeit der Menschen vermehrende Zusammenballung des Kapitals . . .
9. Daraus ergibt sich der Inhalt der auf Ausgleich gerichteten Staatspolitik, der Sozialpolitik. Sie soll unverschuldet in Not Geratene und Schwache schützen und die Möglichkeit geben, sich solidarisch gegen die Widrigkeiten dieses Lebens zu sichern. Sie soll ferner da eintreten, wo das Interesse, Ersparnisse (Kapital) zu erhalten, in Widerspruch gerät mit dem Interesse, die Arbeitskraft der jetzt Lebenden zu sichern . . .
Soweit zu solchen Ausgleichungen Kraft und Verantwortung der einzelnen Berufs- und Wirtschaftszweige nicht ausreichen, müssen alle wirtschaftenden Bürger eintreten, und äußerstenfalls muß ein gerechter Ausgleich auf den Schultern des ganzen Volkes durch den Staat gesichert werden. Soweit soziale Einrichtungen den Arbeiter betreffen, erhalten sie das Recht voller Selbstverwaltung.
Aber wir müssen wissen, daß der Staat keine unerschöpflichen Mittel hat. Auch er lebt nur von dem, was seine Bürger leisten und an ihn abgeben. Mehr, als er aus dieser Leistungskraft seiner Bürger zur Verfügung hat, kann auch er nicht an einzelne Bürger vergeben. Wir lehnen daher mit aller Klarheit und Entschiedenheit ab, Versprechungen auf wirtschaftliches Wohlleben zu geben . . .
11. Aber noch ist Krieg. In ihm gebührt unser aller Arbeit, Opfer und Liebe den Männern, die das Vaterland an der Front verteidigen. Ihnen haben wir alles an seelischen und materiellen Werten zuzuführen, was wir irgend schaffen können. Mit ihnen stehen wir in Reih und Glied, aber nunmehr alle wissend, daß nur die zur Verteidigung des Vaterlandes und zum Wohle des Volkes notwendigen, nicht aber die der Eroberungssucht und dem Prestigebedürfnis eines Wahnsinnigen dienenden Opfer verlangt werden und daß wir diesen Krieg bis zum Erlangen eines gerechten Friedens fernerhin mit reinen Händen, in Anstand, mit der Ehrenhaftigkeit, die jeden braven Soldaten auszeichnet, führen werden. Den bisherigen Opfern dieses Krieges gehört unsere volle Fürsorge . . .
12. Wir haben vor diesem Kriege gewarnt, der so viel Leid über die ganze Menschheit gebracht hat, und können daher in Freimut sprechen. Verlangt die nationale Würde von uns zur Zeit den Verzicht auf bittere Anklage, so haben und werden wir auch hier die Verantwortlichen zur Rechenschaft ziehen. So notwendig dies ist, wichtiger ist, daß wir dem baldigen Frieden zustreben. Wir wissen, daß wir nicht allein Herren über Krieg und Frieden

sind; wir sind dabei auf die anderen Völker angewiesen. Wir müssen durchstehen, aber wir wollen nun endlich die Stimme des wahren Deutschland erheben.

Wir sind tief davon durchdrungen, daß die Welt vor einer der ernstesten Entscheidungen steht, vor die die Völker und ihre Führer je bewußt sich gestellt sahen. Gott selbst gibt uns die Frage auf, ob wir der von ihm gesetzten Ordnung der Gerechtigkeit entsprechen und seinen Geboten, Freiheit und Menschenwürde zu achten sowie einander zu helfen, folgen wollen oder nicht ...

In dieser Stunde müssen wir unserem Volke zurufen, daß es unsere vornehmste Aufgabe ist, tapfer und geduldig den vielfach entehrten deutschen Namen wieder reinzuwaschen. Wir Deutschen allein können und werden sie erfüllen.

Zit. nach Beck und Goerdeler – Gemeinschaftsdokumente für den Frieden 1941–1944, hrsg. von Wilhelm Ritter von Schramm, München 1965, S. 233ff.

b) Anton Saefkow: Politisches Testament (1944)

Punkt 1:

Rottet den Faschismus aus mit Stumpf und Stiel! Hierzu erübrigt sich jede Ergänzung, nur ein Hinweis: *Betriebe* nationalsozialistischer Unternehmer oder Kriegsverbrecher, insbesondere Werke der Schwer- und Schlüsselindustrie, sind sofort zu enteignen, zu nationalisieren. *Alle Produkte unter Kontrolle der Machtorgane der Arbeiterklasse.* Die Verantwortlichen für Faschismus und Krieg sind mit allem Vermögen zur Wiedergutmachung heranzuziehen!

Punkt 2:

Wählt in allen Betrieben nicht Interessenvertretungen, sondern eure Machtorgane, gebt diesen betrieblichen, bewaffneten Schutz. Ergänzung: Die selbstgewählten Vertrauensleute in den Abteilungen, die Betriebsräte und Obleute dürfen nicht nur Interessenvertretungen sein. Sie müssen Machtorgane werden, die Machtbeschlüsse fassen und Machtbefugnisse erhalten. *Ein Regieren des Volkes ist nur dann gewährleistet, wenn die Arbeiterklasse ihre Machtorgane bewußt beauftragt, mitzuregieren. Nur das ist der Weg zur Demokratisierung!* Wenn das Volk regieren will, dann muß das Volk auch bewaffnet sein! Organisiert, ob erlaubt oder verboten, organisiert eine betriebliche Miliz, schützt und bewaffnet die Vertreter eurer selbstgewählten Organe! Demokratisierung, aber keine demokratische Illusion!

Punkt 3:

Duldet nur eine Gewerkschaftsbewegung! Schafft *einheitliche Klassengewerkschaften* mit revolutionärer Gewerkschaftspolitik und Wahl aller Funktionäre durch die Mitgliederschaft. Kämpft immer *für internationale Gewerkschaftseinheit.* Ergänzung: Alle Hindernisse müssen niedergerissen werden. Beweglichkeit und Nachsicht werden hier viel helfen! Aber immer muß vor Augen stehen das verpflichtende Ziel der revolutionären Gewerkschaftspolitik: Hindringen zum Aufbau von Industrieverbänden! Prinzip: Ein Betrieb – ein Verband!

Punkt 4:

Sorgt für breiteste Demokratisierung. *Baut das neue Deutschland* auf der *Grundlage der Volksausschüsse* auf! Ergänzung: Nie wieder Weimarer Demokratie ... Machtverlagerung nach unten! Das alles trifft noch nicht des Nagels Kopf, zeigt aber doch, worauf es ankommt. Das Volk muß selbst regieren, die selbstgewählten Körperschaften (Volksaus-

schüsse) dürfen nicht nur beratende, beschließende, sondern müssen immer ausübende Funktionen haben und sind jederzeit ihrer Wählerschaft verantwortlich.
Deutschlands kommender Zusammenbruch ist nicht Deutschlands Untergang! Deutschlands Wiederaufbau kann nur das unabhängige demokratische Deutschland bringen! Doch dieses Deutschland muß *ein Deutschland der breitesten, nationalen, antifaschistischen Einheitsfront* sein! Das Deutschland der Volksausschüsse!
Punkt 5:
Dem *Proletariat* als aufsteigende *herrschende Klasse gehört die Zukunft!* Baut eure Macht Stufe um Stufe auf und gebt sie nie wieder frei. Ergänzung: Wir Kommunisten sind ohne jede Tarnung offen und ehrlich in der nationalen antifaschistischen Einheitsfront. *Wenn wir um der Einheit willen bewußt manche Forderungen zurückstellen, so weiß doch jeder, daß wir unser Fernziel nicht aufgeben!* Erst die *Herrschaft der Arbeiterklasse* wird alle Widersprüche, alle sozialen und nationalen Probleme lösen. Ihr Berliner Arbeiter sollt hieraus die Lehren ziehen: Im neuen Deutschland gilt es, Stufe um Stufe die *Machtposition der Arbeiterklasse auszubauen* und zu befestigen. Im neuen Deutschland wird und muß die Arbeiterklasse die Einheitsfront erkämpfen und damit dem Sozialismus ein Stück näher kommen. Wenn *das Proletariat als herrschende Klasse sich konstituiert* hat, ist alles nur noch eine Frage des Tempos der Entwicklung. Auf alle Fälle packt zu, ihr seid auf dem richtigen Wege.

Zit. nach Jacobsen-Jochmann, Ausgewählte Dokumente zur Geschichte des Nationalsozialismus, a.a.O., J, S. 1 f.

c) Der Kreisauer Kreis: Grundsätze für die Neuordnung (1943)

Die Regierung des Deutschen Reiches sieht im Christentum die Grundlage für die sittliche und religiöse Erneuerung unseres Volkes, für die Überwindung von Haß und Lüge, für den Neuaufbau der europäischen Völkergemeinschaft . . .

Reichsaufbau
Das Reich bleibt die oberste Führungsmacht des deutschen Volkes. Seine politische Verfassung soll von echter Autorität, Mitarbeit und Mitverantwortung des Volkes getragen sein. Sie beruht auf der natürlichen Gliederung des Volkes: Familie, Gemeinde und Land. Der Reichsaufbau folgt den Grundsätzen der Selbstverwaltung. In ihr vereinigen sich Freiheit und persönliche Verantwortung mit den Erfordernissen der Ordnung und Führung.
Dieser Aufbau soll die Einheit und die zusammenfassende Führung des Reiches sichern und seine Eingliederung in die Lebensgemeinschaft der europäischen Völker ermöglichen.
Die politische Willensbildung des Volkes vollzieht sich in einem Rahmen, der für den einzelnen überschaubar bleibt. Auf den natürlichen Gliederungen der Gemeinde und Kreise bauen sich landschaftlich, wirtschaftlich und kulturell zusammengehörige Länder auf . . .
Die Aufgabenverteilung erfolgt nach dem Grundsatz, daß jede Körperschaft für die selbständige Erledigung aller Aufgaben zuständig ist, die sie in sinnvoller Weise selbst durchführen kann . . .
I. Die Gemeinde
Gemeindevertretungen werden von allen Wahlberechtigten in geheimer, unmittelbarer Wahl gewählt.

Aktiv wahlberechtigt ist jeder, der das 21. Lebensjahr vollendet hat oder Kriegsteilnehmer ist; Familienoberhäupter erhalten für jedes nicht wahlberechtigte Kind eine zusätzliche Stimme; wählbar ist jeder, der das 27. Lebensjahr vollendet hat und auf dessen Kandidatur sich eine nach Größe der Gemeinde zu bestimmende Zahl von Wahlberechtigten einigen; nicht wählbar sind Waffenträger.

II. Der Kreis

Die Vertretungen in den Kreisen und den kreisfreien Städten werden nach der Wahl der Gemeindevertretungen entsprechenden Grundsätzen gewählt ...

III. Das Land

1. Der Landtag der Länder und die Stadtversammlung der kreisfreien Städte wird von den Vertretungen der Kreise und Städte bzw. von den Vertretungen der Untergliederungen solcher Städte gewählt. Wählbar ist jeder männliche Landes- oder Stadtbürger, der das 27. Lebensjahr vollendet hat. Nicht wählbar sind politische Beamte und Waffenträger ...

Dem Landtag obliegen folgende Aufgaben: Beschlußfassung über Haushalt, Steuern und Landesgesetze; Fragerecht gegenüber dem Landeshauptmann und Resolutionsrecht zu allen Fragen der allgemeinen Landespolitik und Landesverwaltung. Wahl des Landesverwesers auf Vorschlag des Landesrates.

2. Die Landesregierung besteht aus dem Landeshauptmann und der erforderlichen Anzahl von Staatsräten. Der Landeshauptmann wird vom Landtag auf Vorschlag des Landesverwesers gewählt. Die Staatsräte werden vom Landeshauptmann auf Vorschlag des Landesverwesers ernannt ...

3. Dem Landesrat obliegt es, dem Landtag Kandidaten für die Wahl des Landesverwesers vorzuschlagen, Empfehlungen an den Landtag zu richten und die Disziplinargewalt über die Mitglieder der Landesregierung auszuüben.

4. Der Landesverweser wird auf Vorschlag des Landesrats durch den Landtag auf 12 Jahre gewählt und vom Reichsverweser in seinem Amt bestätigt.

Dem Landesverweser obliegt die Überwachung der gesamten Landesverwaltung und die Ernennung der Beamten. Er trägt die Verantwortung für die Verwirklichung der Reichspolitik in dem Lande. Er führt den Vorsitz im Landesrat.

IV. Das Reich

1. Der Reichstag wird von den Landtagen gewählt. Wählbar ist jeder männliche Reichsbürger, der das 27. Lebensjahr vollendet hat. Nicht wählbar sind politische Beamte und Waffenträger ...

Dem Reichstag obliegen folgende Aufgaben: Beschlußfassung über den Reichshaushalt, die Reichssteuern und die Reichsgesetze. Fragerecht gegenüber dem Reichskanzler und Resolutionsrecht zu allen Fragen der Reichspolitik. Wahl des Reichsverwesers auf Vorschlag des Reichsrats.

2. Die Reichsregierung besteht aus dem Reichskanzler und den Fachministern. Der Reichskanzler wird von dem Reichsverweser mit Zustimmung des Reichstags berufen. Die Minister werden vom Reichsverweser auf Vorschlag des Reichskanzlers ernannt.

Der Reichsverweser kann den Reichskanzler abberufen; die Abberufung wird mit der Ernennung eines neuen Reichskanzlers wirksam. Der Reichstag hat das Recht, die Abberufung des Reichskanzlers mit qualifizierter Mehrheit zu verlangen, sofern er zugleich dem Reichsverweser die Berufung eines neuen Reichskanzlers vorschlägt.

3. Der Reichsrat besteht aus den Landesverwesern, dem Präsidenten des Reichstages und der

Reichswirtschaftskammer und aus vom Reichsverweser mit Zustimmung der Reichsregierung auf 8 Jahre berufenen Reichsräten. Der Reichsrat soll dem Reichstag Kandidaten für die Wahl des Reichsverwesers vorschlagen, Grundsätze für die Versetzung von Beamten aus einem Land in ein anderes Land und aus dem Dienst eines Landes in den Dienst des Reiches festsetzen, Empfehlungen an den Reichstag richten, die Disziplinargerichtsbarkeit über die Reichsregierung und die Landesverweser ausüben.

4. Der Reichsverweser wird auf Vorschlag des Reichsrats vom Reichstag auf 12 Jahre gewählt.

Der Reichsverweser hat den Oberbefehl über die Wehrmacht und den Vorsitz im Reichsrat. Mit der Gegenzeichnung des Reichskanzlers vertritt er das Reich nach außen. Er vollzieht die Reichsgesetze, ernennt und entläßt die Reichsminister und Reichsbeamten.

Kirche, Kultur, Bildungswesen

Die Reichsregierung begrüßt die entschlossene Mitarbeit der beiden großen christlichen Kirchen an der öffentlichen Lebensgestaltung. Die öffentliche Ausübung der gottesdienstlichen, seelsorgerischen und erzieherischen Wirksamkeit der beiden christlichen Kirchen wird nicht behindert und steht unter dem Schutz der Reichsregierung. Die Entfaltung religiösen Schrifttums wird wieder ermöglicht. Im gesamten Bildungswesen sowie in Film und Rundfunk erhält das christliche Gedankengut wieder den ihm gebührenden Platz ...

Den Eltern steht das Recht zu, ihre Kinder nach den Grundsätzen des christlichen Glaubens und nach den Forderungen ihres eigenen Gewissens zu erziehen ...

Familie, Kirche und Schule leisten die Erziehungsarbeit gemeinsam. Dabei soll die Schule das Recht des Kindes auf eine ihm gemäße Erziehung verwirklichen. Sie soll seine sittlichen Kräfte wecken und stärken und ihm jenes Maß von Wissen und Können vermitteln, das dem geforderten Leistungsbild seiner Altersstufe entspricht.

Die Charaktererziehung bildet einen anständigen Menschen religiöser Grundhaltung, der gute Sitte und Rechtlichkeit, Wahrheit und Aufrichtigkeit, Nächstenliebe und Treue vor seinem Gewissen zur Richtschnur seines Daseins zu machen imstande ist. Der so erzogene Mensch wird die Reife besitzen, selbstverantwortlich Entscheidungen zu treffen. Lernen dient der sittlichen Bildung der Persönlichkeit und der Vorbereitung auf das praktische Leben.

Fachschulen und höhere Schulen, die auf der Volksschule oder deren Grundstufe aufbauen, schaffen in ständiger Fortführung der Volksschularbeit bei wachsender Mitverantwortung des Schülers ein organisch gefügtes Wissen und Können.

Die Staatliche Schule ist eine christliche Schule mit Religionsunterricht als Pflichtfach für die Angehörigen der beiden Konfessionen. Der Unterricht wird im Auftrage der Kirchen nach Möglichkeit durch Geistliche erteilt.

Wirtschaft

1. Alle in der Wirtschaft tätigen Menschen haben gleiche Mindestpflichten zu erfüllen. Zu diesen Mindestpflichten gehören Ehrlichkeit und Sauberkeit in der Wirtschaftsführung, Vertrags- und Arbeitstreue im Rahmen der abgeschlossenen Verträge.

Die Existenzsicherung der Werktätigen ist um ihrer Menschenwürde willen Aufgabe der Wirtschaftsführung. Zugleich sind alle Anstrengungen zu machen, um das durch die schweren Wirtschaftsschäden des Krieges zunächst beeinträchtigte Existenzminimum möglichst bald und allgemein zu heben ...

2. Die Reichsregierung sieht die Grundlage des Wiederaufbaues der Wirtschaft in einem

geordneten Leistungswettbewerb, der sich im Rahmen staatlicher Wirtschaftsführung vollzieht und hinsichtlich seiner Methoden unter ständiger staatlicher Aufsicht steht . . .
Das Gemeinschaftsinteresse der Wirtschaft an den Großindustrien erfordert in besonderem Maße bei diesen Industriezweigen eine straffe Wirtschaftsführung des Staates. Schlüsselunternehmen des Bergbaues, der eisen- und metallschaffenden Industrie, der Grundchemie und Energiewirtschaft werden in das Eigentum der öffentlichen Hand überführt werden . . .
Die Reichsregierung fördert die Entwicklung des Betriebes zu einer Wirtschaftsgemeinschaft der in ihm schaffenden Menschen. In einer solchen „Betriebsgewerkschaft“ genannten Gemeinschaft wird die Beteiligung der Belegschaft an der Betriebsführung und an den Betriebsergebnissen, insbesondere dem Wertzuwachs des Betriebes, zwischen dem Eigentümer des Betriebes und der Vertretung der Belegschaft vereinbart. Diese Vereinbarung unterliegt der Genehmigung der wirtschaftlichen Selbstverwaltungskörperschaft des Landes.
3. Die „Deutsche Gewerkschaft“ ist ein notwendiges Mittel zur Durchführung des dargestellten wirtschaftlichen Programms und des in diesem vorausgesetzten Staatsaufbaus. Sie findet ihre Erfüllung in der Durchsetzung dieses Programms und der Überleitung der von ihr wahrgenommenen Aufgaben auf die Organe des Staates und der wirtschaftlichen Selbstverwaltung. Sollten die Aufgaben, die die „Deutsche Gewerkschaft“ wahrzunehmen hat, ihr Weiterbestehen erfordern, so ist ihr Aufbau dem Staats- und Wirtschaftsaufbau anzupassen.
4. . . . Die Gewerbekammern und die Landwirtschaftskammern werden paritätisch aus Betriebsführern und Belegschaftsvertretern zusammengestellt, die durch Wahl ermittelt werden . . .
Den Kammern obliegt die Selbstverwaltung der Wirtschaft . . . Zu den Selbstverwaltungsaufgaben gehört insbesondere die Überwachung der auf eine neunjährige Schulzeit sich aufbauenden beruflichen Lehre, die den Erfordernissen der Gesamtwirtschaft anzupassen und im allgemeinen auf zwei Jahre zu bemessen ist. Für die berufliche Fortentwicklung ist durch geeignete Einrichtungen fachlicher und materieller Art zu sorgen.
Die Reichswirtschaftskammer als Spitze der wirtschaftlichen Selbstverwaltung wird aus Delegierten der Landeswirtschaftskammern gebildet . . .

Zit. nach Ger van Roon, Neuordnung im Widerstand – Der Kreisauer Kreis innerhalb der deutschen Widerstandsbewegung, München 1967, S. 561 ff.

5. Beck: Aufruf an die Wehrmacht (20. 7. 1944)

Soldaten!
Tapfer und todesmutig habt Ihr vier Jahre hindurch gekämpft, ohne je zu verzagen, allen Gefahren trotzend, unbekümmert um alle Mühen und Leiden, nur durchdrungen von eisernem Pflichtgefühl und glühender Liebe zu Volk und Vaterland. Keine Aufgabe war Euch zu schwer, kein Opfer zu groß. Erfüllt von dem Glauben, der Krieg sei gerecht und notwendig, um das nach dem ersten Weltkrieg geschehene Unrecht wieder gutzumachen und unsere Freiheit zu sichern, seid Ihr in den Kampf gezogen. Zu Lande, in der Luft und auf der See habt Ihr Gewaltiges geleistet und den Lorbeer der Unüberwindlichkeit an Eure Fahnen geheftet. Und trotzdem ist ein Ende des Krieges nicht abzusehen. Eure Heimkehr zu

Frau und Kindern, nach Haus und Hof zu friedlicher Arbeit scheint in weite Ferne gerückt zu sein. Ihr werdet Euch selbst schon oft genug gefragt haben, wie das zu erklären ist. Antwort habt Ihr nicht gefunden. Denn eine Propaganda, die vor keiner Lüge zurückschreckt, mit eurem Heldenmut und Eurem Leben gewissenlos spielt, hat Euch den Blick getrübt. In Wirklichkeit ist die Antwort klar und einfach: Eine Staatsführung, die die Politik nicht mehr als die Kunst des Möglichen ansieht und die Erreichung ihrer Ziele nicht mit sparsamstem Kräfteeinsatz anstrebt, sondern in phantastischen Plänen grenzenloser Eroberungen schwelgt, die überhaupt keine sittlichen Bindungen weder dem eigenen noch einem anderen Volke gegenüber anerkennt, kann niemals zu einem Frieden mit den übrigen Völkern gelangen. Hieran können Eure Führer nichts ändern, sie erwirken bei solcher Staatsführung nur immer maßlosere Wünsche. Statt einer weisen Beschränkung auf die wahren Lebensnotwendigkeiten unseres Volkes wurde unter dem Deckmantel einer Neuordnung Europas die Unterwerfung fast des ganzen Erdteiles betrieben. Die besiegten Völker wurden unterjocht und ausgebeutet, statt sie durch weise Rücksicht auf ihren nationalen Stolz, auf ihren Freiheitswillen und auf ihre Lebensinteressen zu gewinnen und Brücken zu einer dauerhaften Verständigung zu schlagen. So hàt die Staatsführung die klaren Lehren der Geschichte, die solches Vorgehen zur Erfolglosigkeit verurteilen, mißachtet und überall statt Vertrauen Haß gesät. Sie hat damit den Weg zu einem baldigen dauerhaften Frieden sich hemmungslos verbaut.
Wir wünschen keine Versklavung anderer Völker. Die Freiheit, die unsere Väter im vorigen Jahrhundert für Deutschland als köstlichstes Gut völkischen Lebens errungen und die wir in gleicher Begeisterung zu hüten haben, muß auch allen anderen Völkern zugestanden werden. Denn nur auf dieser Grundlage kann die Kluft überbrückt werden, die eine hemmungslose, machtberauschte Politik aufgerissen hat. Ein Weiteres noch droht Euch um den Erfolg Eurer Siege zu bringen, die Ihr unter Führung geschulter und erfahrener Männer erfochten habt: das „Feldherrngenie" Hitlers, das er in wahnwitziger Verblendung sich selbst angemaßt hat und das ihm von Speichelleckern aufs Widerlichste angehimmelt worden ist. Wer einen Stiefel besohlen will, muß es gelernt haben. Wer ein Millionenheer führen will, muß die Fähigkeit dazu auf den verschiedenen Stufenleitern harten militärischen Dienstes erlernt und bewiesen haben . . .
Vielleicht haben wir schon zu lange gezögert, aber wir dürfen nicht mehr weiter warten. Denn nun bereitet man den gewissenlosesten Schlag vor, die Führer der Wehrmacht für das ganze Unglück verantwortlich zu machen. Wir müssen handeln, weil – und das wirkt am schwersten – in Eurem Rücken Verbrechen begangen wurden, die den Ehrenschild des deutschen Volkes beflecken und seinen in der Welt erworbenen guten Ruf besudeln. Selbstsüchtige Kreaturen in hohen und höchsten Stellen haben sie zugelassen oder gar selbst begangen. Sie haben den Krieg dazu benutzt, sich schamlos auf Kosten des eigenen und fremder Völker zu bereichern und aus der Not der Armen und dem Elend der Unglücklichen Nutzen zu ziehen. Diese Männer haben sich nicht gescheut, sich mit dem Ruhm Eurer Heldentat zu brüsten, ohne daß sie selbst den Krieg je im Leben gespürt haben. Ihr werdet die Einzelheiten erfahren. Wir werden mit unerbittlicher Strenge in öffentlichen Verfahren durchgreifen. Das Schlimmste ist, daß dies schamlose Treiben von Adolf Hitler befohlen oder gebilligt wurde. Eine solche Führung, ob wahnwitzig oder voll verantwortlich, hat den Anspruch auf Gehorsam vor Gott und den Menschen verwirkt, denn sie hat den Eid gebrochen, den sie selbst einst dem Vaterlande geschworen hat, dem sie wie jeder Bürger

unterworfen ist, und damit die Treue, die sie dem Eidleistenden schuldig ist, mit Füßen getreten. Sie könnte Volk und Vaterland nur noch einer schimpflichen, furchtbaren Katastrophe entgegenführen. Dies zu verhindern, sind wir fest entschlossen ...
Soldaten! Noch ist die Stunde nicht gekommen, sich dem Gedanken des Friedens hinzugeben. Noch müssen wir kämpfen, um zu verteidigen und zu retten, was uns teuer ist, bis ein ehrenvoller Ausgang des Krieges gesichert ist. Viererlei verspreche ich Euch aber schon jetzt:
Erstens: Nur solche Opfer werden von Euch verlangt werden, die nach gewissenhafter Prüfung unbedingt notwendig sind, um uns zu verteidigen und den Krieg zu gutem Ende zu führen.
Zweitens: Vertrauenswürdige, sachkundige deutsche Männer werden alles daransetzen, um zu einem dauerhaften, unsere Zukunft sichernden Ausgleich mit allen Völkern zu kommen.
Drittens: Hinter Eurem Rücken und unter Eurem Schutz werden wieder Recht und Gerechtigkeit, Anstand und Sauberkeit, Sachkunde und selbstlose Pflichterfüllung herrschen.
Viertens: Nach dem Kriege wird alle Kraft des Volkes eingesetzt werden, um Wohnungen, Hausrat und Nahrung und wahrhaft soziales Zusammenleben zu schaffen. Ein klares Lebensziel ruhiger friedlicher Arbeit soll vor uns stehen. Wir alle werden hart arbeiten und einfach leben müssen, aber wir werden dafür wieder Kraft und Reichtum der Seele finden.
Ich vertraue, daß Front und Heimat, alle vereint in gesammelter Kraft, weiter ihre Pflicht bis zum Äußersten tun in Demut vor Gott, für Ehre und Freiheit, für Volk und Vaterland.

Zit. nach Gerhard Ritter, Carl Goerdeler und die deutsche Widerstandsbewegung, Stuttgart 1956, S. 622ff.

6. Generalmajor Henning von Tresckow nach dem Scheitern des Attentats (21. 7. 1944)

Jetzt wird die ganze Welt über uns herfallen und uns beschimpfen. Aber ich bin nach wie vor der felsenfesten Überzeugung, daß wir recht gehandelt haben. Ich halte Hitler nicht nur für den Erzfeind Deutschlands, sondern auch für den Erzfeind der Welt. Wenn ich in wenigen Stunden vor den Richterstuhl Gottes treten werde, um Rechenschaft abzulegen über mein Tun und Unterlassen, so glaube ich mit gutem Gewissen das vertreten zu können, was ich im Kampf gegen Hitler getan habe. Wenn einst Gott Abraham verheißen hat, er werde Sodom nicht verderben, wenn auch nur zehn Gerechte darin seien, so hoffe ich, daß Gott auch Deutschland um unseretwillen nicht vernichten wird. Niemand von uns kann über seinen Tod Klage führen. Wer in unseren Kreis getreten ist, hat damit das Nessushemd angezogen. Der sittliche Wert eines Menschen beginnt erst dort, wo er bereit ist, für seine Überzeugungen das Leben hinzugeben.

Zit. nach Schönbrunn, a.a.O., S. 540

7. NS-Sprachregelung zu den Vorgängen des 20. Juli 1944

Der Begriff des Offiziers ist auf diese Verschwörer nicht anzuwenden; vielmehr ist Wert darauf zu legen, daß erklärt wird, diese Männer seien überspitzt ehrgeizig, verräterisch, politisch dumm und im höchsten Maße treulos.
Die Verbrecher waren in sozialer und politischer Hinsicht reaktionär.

Die Ereignisse des 20. Juli stellen das größte Verbrechen der deutschen Militärgeschichte dar, das dadurch in seiner Erbärmlichkeit und Schändlichkeit noch mehr hervortritt, weil es sich in schwerster Stunde des Krieges zutrug. Das deutsche Volk hat überall mit Leidenschaft rücksichtslose Ausrottung auch des letzten Verschwörers dieses Komplotts gefordert. Diese Forderung entsprang eindeutig dem gesunden Instinkt unseres Volkes.
Der wirkliche Soldat hat mit dem Verbrechergesindel nichts gemeinsam. Die gesamte Wehrmacht ging makellos aus diesem Putschversuch hervor.
Das Ziel der Verräter war, den Volksstaat Adolf Hitlers mit seinen politischen und sozialen Errungenschaften zu beseitigen und das Volk in Abhängigkeit einer kleinen Clique reaktionärer, verkalkter Volksfeinde zu bringen.
Diese Kamarilla von verräterischen Elementen ist es gewesen, die seit jeher aus Haß gegen die Bewegung und aus dünkelhaftem Kastengeist die Durchführung der nationalsozialistischen Idee in der Wehrmacht zu verhindern suchte. Diese Clique war es, die sich auch immer wieder dagegen gesträubt hat, daß frontbewährte, nationalsozialistisch überzeugte Offiziere in der Wehrmacht mit Führungsstellen beauftragt wurden.

Zit. nach Jacobsen-Jochmann, a. a. O., J, S. 4

8. Der deutsche Widerstand heute

Die Opposition gegen Hitler war in Deutschland und im Ausland seit je umstritten. Einige priesen sie, die Mehrheit jedoch registriert nur ihre Fehler oder verdammt sie als Landesverrat. Auch Ost und West können sich auf keinen Nenner einigen. Nach östlicher Version hat einzig die Arbeiterklasse Widerstand geleistet; im Westen wird zugunsten der Militärs und der bürgerlichen Frondeure um die Linke ein Bogen gemacht.
Einzig Stauffenberg, scheint es, wird von beiden Seiten beansprucht und gefeiert. Sowjetische und DDR-Historiker loben ihn als einen Patrioten, der „unser ist"; in der Bundesrepublik versichern nicht nur Tagesbefehle, daß „wir zu Stauffenberg stehen".
In alledem steckt Selbstbetrug und Schizophrenie. Weder Ost noch West haben ein Recht, sich auf den Widerstand gegen Hitler zu berufen. Was dieser Widerstand wollte, ist nirgendwo Wirklichkeit geworden. Das gilt – je nach Standort – im Positiven wie im Negativen. Der Widerstand ging 1944 zugrunde. Seitdem ist eine andere Epoche angebrochen, die neue Wirklichkeiten geschaffen hat. Niemand kann für sie ungeprüft beanspruchen, was vor ihrem Beginn gedacht worden ist. Gleichwohl glauben wir den Widerstand für alles anrufen zu können. Die Folge können nur Unbehagen und Widerstreben sein . . .
Nehmen wir die Generale, bei denen man sich beinahe an jeden halten könnte: sie hatten in der Weimarer Republik, die auf die Reichswehr ohne Vertrauen herabsah, keine Heimstatt finden können. Sie hatte die Ohnmacht jenes 100000-Mann-Heeres erbittert, das nicht einmal den Armeen Polens und der Tschechoslowakei gewachsen gewesen wäre. Hitler versprach ihnen nicht nur eine Wiederaufrüstung, welche die Wehrmacht befähigen sollte, das Reich zu verteidigen; er wollte auch für ein besseres Ansehen des Soldaten bürgen. All das entschied nicht zuletzt über die Haltung der jungen Offiziere. Man lese die Briefe Stieffs,

und man wird einen Geist gewahren, der geradezu prädestiniert war, Hitler und seinen Zielen anheimzufallen. Dies galt auch für den Stauffenberg des Jahres 1933.

Wir mögen diese Tatsachen beklagen. Wir mögen jene, die Hitler nicht durchschauten, heute kurzsichtig nennen. Wahrheit bleibt, daß er sich zunächst auf die Männer stützen konnte, die ihn am 20. Juli 1944 auf Leben oder Tod bekämpfen sollten. Selbst die Kirchen haben dem Nationalsozialismus anfangs Kredite nicht versagt. Wohl suchte der Papst die Rechte seiner Kirche durch ein Konkordat zu sichern, nach dessen Abschluß Hitler gleichsam hoffähig geworden war. Doch in dem Willen, eine nationale Gesinnung – auch im Geiste der nationalsozialistischen „Bewegung" – zu bezeugen, wollte keine der Konfessionen zurückstehen.

Nicht einmal die politische Linke leistete nachdrücklichen Widerstand. Gewiß: Leber und Mierendorff litten seit 1933 in Gefängnissen und Konzentrationslagern, ohne ihre feste Gesinnung und Haltung preiszugeben. Aber selbst wer Wels' tapfere Absage an das Ermächtigungsgesetz anerkennt, muß einräumen, daß die bereits angeschlagene oder unterdrückte Linke zum Rückzug entschlossen war.

Vollends verfielen viele Konservative Hitler und seiner Macht. Versprach er doch lautstark und beredt, nicht wenige ihrer Wünsche zu erfüllen. Somit mußte der Nationalsozialismus zunächst jene lähmen, die eine nationale Wiedergeburt ihres Vaterlandes ersehnten. Es bleibt ein Verdienst der jüngsten Forschung, eindeutig herausgearbeitet zu haben, daß die konservativnationalen Honoratioren manchen von Hitlers Zielen und Erfolgen zustimmen *mußten.* Wie er, so wünschten sie die Folgen des Ersten Weltkrieges zu überwinden. Wie er, so zielten sie auf ein machtvolles Reich. Wohl erstrebten sie machtpolitische Revisionen ohne Krieg: als Hitler Miene machte, die Tschechoslowakei anzugreifen und damit einen zweiten Weltbrand zu entfachen, entschlossen sie sich zur Gegenwehr. Doch auch später bedurfte es erst des Einflusses der Kreisauer, um sie übernationale Pläne erwägen zu lassen . . .

Gewiß kann man darüber streiten, ob die Grenzen, an denen Goerdeler festzuhalten suchte, je zu erhalten waren. Ihm schwebte in Ostmitteleuropa eine Ordnung vor, welche die Sowjetunion auf die Vorkriegsgrenzen, wenn nicht darüber hinaus zurückgedrängt hätte. Langsam nur paßte er seine Konzeptionen dem Fortgang des Krieges an, der Deutschland zunehmend all seiner Chancen beraubte. Doch auch Goerdelers Deutschland hatte nichts mit dem nationalsozialistischen Imperialismus gemein, an dem das Reich zugrunde zu gehen drohte. Dieses Reich, das er zu retten suchte, wäre eine Vormacht Europas geblieben; aber es hätte Europa weder erdrückt noch geknebelt. Derartige Grundhaltungen trennten die angeblich „reaktionäre" Fronde von dem Mann, den sie schließlich, in Erkenntnis seiner Verderblichkeit, zu stürzen suchte . . .

Gewiß kann man Beck und Goerdeler – und sie stehen auch hier wiederum im Mittelpunkt abwertender Kritik – autoritäres Staatsdenken und damit Mangel an demokratischer Gesinnung vorhalten. Aber wie man sich fragen müßte, ob damals die Demokratie geplant werden konnte, von der her man heute urteilt, so bleibt auch das Stichwort Reaktion abwegig. Selbst Beck und Goerdeler strebten nicht nach Weimar zurück. Beide waren bemüht, aus ihren Erfahrungen zu lernen. Zwar erwogen beide bis Kriegsbeginn die Restauration der Monarchie. Doch ihre Denkschriften „Der Weg" und „Das Ziel" bewiesen, daß nicht zuletzt sie eine in die Zukunft weisende Ordnung anstrebten . . .

Am ehesten scheint noch das Verdikt des reinen Konservativismus in der Fronde zuzutreffen. Doch auch er repräsentierte eine Tradition, auf die sich Hitler niemals berufen konnte. Man kann diesem Konservativismus vorhalten, daß er sich an überholte Sozialstrukturen geklammert und einen aussichtslosen Kampf gegen die Modernität gekämpft hat. Wo er indes als Weltanschauung gelebt wurde – und hier wäre nochmals an Ewald von Kleist zu erinnern, der Hitlers Machtantritt und Englands Kapitulation in München zu verhindern suchte –, da wußte er sich nicht beliebiger Menschensatzung, sondern göttlichen Geboten verpflichtet. Von hier führte keine Brücke zum Nationalsozialismus und seinem Staat. Denn dieser Fixpunkt schloß jene bindungslose Selbstherrlichkeit aus, auf die Hitler eingeschworen war und mit der die größten Katastrophen heranzureifen pflegen . . .

Aus: Bodo Scheurig, Helden oder Versager?, in: „Die Zeit" vom 21. 7. 1967, S. 26

II/4 Die bedingungslose Kapitulation

Arbeitsthemen

1. *Auf welche Behandlung des militärisch besiegten Deutschland einigten sich die „Großen Drei" auf der Jalta-Konferenz? Läßt sich anhand des Vereinbarungstextes die häufig vertretene Meinung begründen, daß entscheidende Regelungen offengelassen bzw. ausgeklammert wurden? (Nr. 1 a–1 c)*
2. *Welche Auswirkungen des Krieges auf die wirtschaftlichen und sozialen Verhältnisse in Deutschland lassen sich den statistischen Übersichten entnehmen? Welche Rückschlüsse auf die verfügbaren militärischen Möglichkeiten bieten sich an? (Nr. 2 a–2 d)*
3. *In welchen Bestimmungen dokumentiert sich die „Bedingungslosigkeit" der deutschen Kapitulation? (Nr. 3)*
4. *Welche Elemente, Etappen und Ergebnisse des Zweiten Weltkriegs hebt der Kriegshistoriker H. A. Jacobsen in seinem Versuch einer Bilanz hervor? (Nr. 4)*

Materialien

1. Jalta-Konferenz: Die künftige Friedensordnung in Europa

(Erklärung von Jalta vom 11. 2. 1945)

Die folgende Erklärung wird durch den Premierminister von Großbritannien, den Präsidenten der Vereinigten Staaten von Amerika und den Vorsitzenden des Rates der Volkskommissare der Union der Sozialistischen Sowjetrepubliken als Ergebnis der Krimkonferenz abgegeben:

I. Die Niederwerfung Deutschlands . . .

II. Die Besetzung und Kontrolle Deutschlands
Wir haben uns über eine gemeinsame Politik und Pläne für die Durchführung der Regeln einer bedingungslosen Übergabe, welche wir zusammen Nazi-Deutschland aufzwingen werden, nachdem der deutsche bewaffnete Widerstand restlos gebrochen sein wird, geeinigt. Diese Regeln werden erst bekanntgegeben werden, bis die endgültige Niederlage Deutschlands erreicht ist. Der angenommene Plan sieht vor, daß die Streitkräfte der drei

Mächte je eine separate Zone in Deutschland besetzen werden. Eine koordinierte Administration und Kontrolle ist im Plan durch eine zentrale Kontrollkommission vorgesehen, welche aus den Oberkommandierenden der drei Mächte mit dem Hauptsitz in Berlin bestehen wird. Es wurde beschlossen, daß Frankreich durch die drei Mächte eingeladen werden soll, falls es dies wünscht, eine Besatzungszone zu übernehmen und als viertes Mitglied der Kontrollkommission teilzunehmen. Die Grenzen der französischen Zone werden von den vier betreffenden Regierungen durch ihre Vertreter bei der Beratenden Europäischen Kommission bestimmt werden.
Es ist unsere unbeugsame Absicht, den deutschen Militarismus und Nazismus zu vernichten und sicherzustellen, daß Deutschland niemals wieder imstande sein wird, den Frieden der Welt zu zerstören. Wir sind fest entschlossen, alle deutschen Streitkräfte zu entwaffnen und aufzulösen; für ewige Zeiten den deutschen Generalstab auseinanderzubrechen, welcher des öfteren die Wiederauferstehung des deutschen Militarismus betrieben hat; alle deutschen militärischen Einrichtungen fortzuschaffen oder zu zerstören; die gesamte deutsche Industrie, welche für militärische Produktion genützt werden könnte, zu entfernen oder zu kontrollieren; alle Kriegsverbrecher einer gerechten und raschen Bestrafung zuzuführen und eine Wiedergutmachung in Waren für die Zerstörungen, welche durch die Deutschen verübt wurden, zu fordern; die Nazi-Partei, Nazigesetze, Organisationen und Einrichtungen auszumerzen; alle nazistischen und militaristischen Einflüsse aus den öffentlichen Ämtern und dem kulturellen und wirtschaftlichen Leben des deutschen Volkes zu entfernen und gemeinsam die Maßnahmen in Deutschland zu treffen, welche für den künftigen Frieden und die Sicherheit der Welt notwendig sein könnten. Es ist nicht unsere Absicht, das deutsche Volk zu vernichten. Aber nur wenn der Nazismus und Militarismus ausgemerzt sein werden, wird es Hoffnung für ein anständiges Leben für die Deutschen und einen Platz für sie in der Gemeinschaft der Völker geben.

III. Wiedergutmachung durch Deutschland

Wir haben die Frage des Schadens, welchen Deutschland den alliierten Nationen in diesem Kriege zugefügt hat, überlegt und es als recht befunden, daß Deutschland verpflichtet sei, für diesen Schaden in weitestmöglichem Maße Kompensation in Waren zu leisten. Eine Kommission für die Schadenskompensation wird errichtet werden. Die Kommission wird beauftragt werden, die Frage des Ausmaßes und der Methoden für die Kompensation des Schadens, welcher von Deutschland den alliierten Ländern zugefügt wurde, zu beraten. Die Kommission wird in Moskau arbeiten.

IV. Erklärung über das befreite Europa

... Die Herstellung der Ordnung in Europa und der Wiederaufbau des nationalen Wirtschaftslebens müssen durch solche Verfahren erreicht werden, die die befreiten Völker in die Lage versetzen, die letzten Spuren des Nationalsozialismus und des Faschismus zu beseitigen und demokratische Einrichtungen nach ihrer eigenen Wahl zu schaffen. In Übereinstimmung mit dem Grundsatz der Atlantikcharta über das Recht aller Völker, diejenige Regierungsform zu wählen, unter der sie leben möchten, muß die Wiederherstellung der souveränen Rechte und der Selbstregierung für jene Völker gewährleistet werden, die ihrer gewaltsam durch die Aggressor-Staaten beraubt wurden.
Um die Verhältnisse zu verbessern, unter welchen die befreiten Völker diese Rechte ausüben können, werden die drei Regierungen gemeinsam alle Völker irgendeines befreiten Landes

oder eines ehemaligen Satellitenstaates der Achse in Europa unterstützen, wo immer nach ihrer Beurteilung die Verhältnisse es erfordern:
a) um die Grundlage für einen inneren Frieden zu schaffen;
b) um Notstandsmaßnahmen zu Hilfe bedrängter Menschen durchzuführen;
c) um einstweilige Regierungsbehörden zu bilden, in denen alle demokratischen Elemente der Bevölkerung weitgehend vertreten sind und die zur baldestmöglichen Einsetzung von frei gewählten und dem Willen des Volkes entsprechenden Regierungen verpflichtet sind, und
d) um dort, wo es notwendig ist, die Abhaltung solcher Wahlen zu erleichtern.
Durch diese Erklärung bekräftigen wir erneut unser Vertrauen auf die Grundsätze der Atlantikcharta und unseren Entschluß, in Zusammenarbeit mit anderen friedliebenden Nationen eine Weltordnung des Rechts aufzubauen, die dem Frieden, der Sicherheit, der Freiheit und dem allgemeinen Wohlergehen der gesamten Menschheit gewidmet ist.

VI. Über Polen

Eine neue Lage wurde in Polen infolge seiner völligen Befreiung durch die Rote Armee geschaffen. Dies verlangt die Einsetzung einer Provisorischen Polnischen Regierung, die auf eine breitere Grundlage gestellt werden kann, als es vor der kürzlichen Befreiung des westlichen Teils Polens möglich war. Die Provisorische Regierung, die jetzt in Polen amtiert, soll daher auf breiterer demokratischer Basis unter Einschluß von demokratischen Führungskräften aus Polen selbst und von im Ausland lebenden Polen umgebildet werden. Diese neue Regierung soll dann den Namen Provisorische Polnische Regierung der Nationalen Einheit tragen ...
Diese Provisorische Polnische Regierung der Nationalen Einheit soll zur baldestmöglichen Abhaltung freier und uneingeschränkter Wahlen auf der Grundlage des allgemeinen Wahlrechts und geheimer Abstimmung verpflichtet werden. Alle demokratischen und antinazistischen Parteien sollen das Recht haben, an diesen Wahlen teilzunehmen und Kandidaten aufzustellen.
Wenn eine Provisorische Polnische Regierung der Nationalen Einheit ordnungsgemäß und in Übereinstimmung mit dem Obengesagten gebildet worden ist, werden die Regierung der UdSSR, die jetzt diplomatische Beziehungen mit der gegenwärtigen Provisorischen Regierung Polens unterhält, die Regierung des Vereinigten Königsreiches und die Regierung der USA diplomatische Beziehungen mit der neuen Provisorischen Polnischen Regierung der Nationalen Einheit herstellen und Botschafter austauschen ...
Die drei Regierungschefs sind der Auffassung, daß die östliche Grenze Polens, mit Abweichungen in einigen Gebieten um fünf bis acht Kilometer zugunsten Polens, der Curzon-Linie folgen soll. Sie erkennen an, daß Polen im Norden und im Westen einen beachtlichen territorialen Zuwachs erhalten soll. Sie sind der Auffassung, daß die Meinung der neuen Provisorischen Polnischen Regierung der nationalen Einheit über das Ausmaß dieses Gebietszuwachses zu gegebener Zeit in Erfahrung gebracht werden und die endgültige Festlegung der Westgrenze Polens bis zur Friedenskonferenz aufgeschoben werden soll.

Zit. nach D. S. Clemens, Jalta, Stuttgart 1972, S. 318ff.

2. Statistische Daten zu Begleiterscheinungen, Folgen und Auswirkungen des Krieges

a) Arbeitskräftebilanz in Millionen

	1939	1940	1941	1942	1943	1944
Deutsche Beschäftigte	39,1	34,8	33,1	31,3	30,3	28,4
davon Frauen	14,6	14,4	14,1	14,4	14,8	14,9
Fremdarbeiter, Kriegsgefangene	0,3	1,2	3,0	4,1	6,3	7,1
Summe der Einberufenen	1,4	5,7	7,4	9,4	11,2	13,0
Summe der Verluste	–	0,1	0,2	0,8	1,7	3,9
Wochenstunden in der Industrie	48,7	49,2	49,1	48,7	49,1	48,3
Pf. Bruttostundenlohn Industrie	80,8	84,8	90,3	89,3	90,1	90,1

Aus: Eberhard Aleff, Das Dritte Reich, 4. Aufl. Hannover 1970, S. 211

b) Tagesverbrauch an Lebensmitteln pro Kopf

	1939	1940	1941	1942	1943	1944	1945
Fleisch und Fisch, g	163	137	131	111	105	96	96
Butter, g	23	25	27	25	24	25	21
Fett, g	43	29	24	20	16	16	15
Kartoffeln, g	486	458	542	577	697	595	573

Aus: Eberhard Aleff, a.a.O., S. 210

c) Rüstungsproduktion der Großmächte in Mrd. $; Preise von 1944

Land	1935 –1939	1939	–1941	Steigerung 1940 –1941 in %	1943	Steigerung 1941 –1943 in %
USA	1,5	0,6	4,5	200	37,5	733
Großbritannien	2,5	1,0	6,5	86	11,1	71
Sowjetunion	8,0	3,3	8,5	70	13,9	64
Zusammen:	12,0	4,9	19,5	95	62,5	221
Deutschland	12,0	3,4	6,0	0	13,8	130
Japan			2,0	100	4,5	125
Zusammen:			8,0		18,3	129
Verhältnis:			1:2,4		1:3,4	

Aus: H. A. Jacobsen, Der Zweite Weltkrieg, a.a.O., S. 565

d) Die Entwicklung der Reichsschuld 1926 bis 1945 (Stand am Ende des Fiskaljahres, Werte in Mrd. RM)

31. März	Lang- und mittelfristige Verschuldung davon					Kurzfristige Verschuldung davon				
	Insgesamt (Sp. 2–5)	Altschulden (vor dem 1. 4. 1924)	Auslandsschulden (inkl. kurzfristige)	Steuergutscheine (Umlauf)	Restliche Inlandsverschuldung	Insgesamt (Sp. 7–9)	Mefowechsel	Arbeitsbeschaffungsschuld	Restliche kurzfristige Verschuldung	Verschuldung insgesamt (Sp. 1 u. 6)
	1	2	3	4	5	6	7	8	9	10
1926	8,4	7,4	0,9	–	–	0,1	–	–	0,1	8,5
1927	8,6	7,3	0,9	–	0,4	0,2	–	–	0,2	8,8
1928	8,4	7,0	0,9	–	0,5	0,2	–	–	0,2	8,6
1929	8,8	6,6	0,9	–	1,2	0,9	–	–	0,9	9,7
1930	8,8	5,7	1,1	–	2,0	1,7	–	–	1,7	10,5
1931	11,0	5,5	3,3	–	2,2	1,2	–	–	1,2	12,2
1932	11,0	5,3	3,2	–	2,5	1,2	–	–	1,2	12,2
1933	11,4	5,1	3,0	0,5	2,8	1,5	–	0,0	1,5	12,9
1934	11,1	4,9	2,0	1,4	2,8	3,3	–	1,4	1,9	12,4
1935	10,4	4,0	1,8	1,2	3,4	6,0	2,1	1,5	2,4	16,4
1936	11,7	3,8	1,7	0,9	5,3	8,9	4,9	1,1	2,9	20,6
1937	13,8	3,7	1,4	0,6	8,1	12,5	9,3	0,8	2,4	26,3
1938	16,8	3,5	1,3	0,3	11,7	14,7	12,0	0,4	2,3	31,5
1939	24,3	3,4	1,3	0,0	19,6	18,4	11,9	–	6,5	42,7
1940	29,9	3,2	1,2	–	25,5	33,6	11,4	–	22,2	63,5
1941	47,8	2,9	1,2	–	43,7	52,7	10,8	–	41,9	100,5
1942	70,8	2,7	1,2	–	66,9	81,4	10,1	–	71,3	152,2
1943	92,2	2,6	1,2	–	88,4	115,1	9,5	–	105,6	207,3
1944	119,2	2,4	1,2	–	115,6	164,9	8,8	–	156,1	284,1
1945	138,8	2,1	1,3	–	135,4	251,1	8,1	–	243,0	389,9

Aus: Wolfram Fischer, Deutsche Wirtschaftspolitik 1918–1945, a.a.O., S. 101

3. Die bedingungslose Kapitulation der deutschen Wehrmacht (7./8. 5. 1945)

1. Wir, die hier Unterzeichneten, die wir im Auftrage des Oberkommandos der deutschen Wehrmacht handeln, übergeben hiermit bedingungslos dem Obersten Befehlshaber der Alliierten Expeditionsstreitkräfte und gleichzeitig dem Oberkommando der Roten Armee alle gegenwärtig unter deutschem Befehl stehenden Streitkräfte zu Lande, zu Wasser und in der Luft.

2. Das Oberkommando der deutschen Wehrmacht wird unverzüglich allen deutschen Land-, See- und Luftstreitkräften und allen unter deutschem Befehl stehenden Streitkräften den Befehl geben, die Kampfhandlungen um 23.01 Uhr mitteleuropäischer Zeit am 8. Mai 1945 einzustellen, in den Stellungen zu verbleiben, die sie in diesem Zeitpunkt innehaben,

und sich vollständig zu entwaffnen, indem sie ihre Waffen und Ausrüstung den örtlichen alliierten Befehlshabern oder den von den Vertretern der obersten alliierten Militärführungen bestimmten Offizieren übergeben. Kein Schiff, Seefahrzeug oder Flugzeug irgendeiner Art darf zerstört werden, noch dürfen Schiffsrümpfe, maschinelle Einrichtungen oder Geräte, Maschinen irgendwelcher Art, Waffen, Apparaturen und alle technischen Mittel zur Fortsetzung des Krieges im allgemeinen beschädigt werden.

3. Das Oberkommando der deutschen Wehrmacht wird unverzüglich den zuständigen Befehlshabern alle von dem Obersten Befehlshaber der Alliierten Expeditionsstreitkräfte und dem Oberkommando der Roten Armee erlassenen zusätzlichen Befehle weitergeben und deren Durchführung sicherstellen.

4. Diese Kapitulationserklärung stellt kein Präjudiz für an ihre Stelle tretende allgemeine Kapitulationsbestimmungen dar, die durch die Vereinten Nationen oder in deren Namen festgesetzt werden und Deutschland und die deutsche Wehrmacht als Ganzes betreffen werden.

5. Im Falle, daß das Oberkommando der deutschen Wehrmacht oder irgendwelche unter seinem Befehl stehenden Streitkräfte es versäumen sollten, sich gemäß den Bestimmungen dieser Kapitulationserklärung zu verhalten, werden der Oberste Befehlshaber der Alliierten Expeditionsstreitkräfte und das Oberkommando der Roten Armee alle diejenigen Straf- und anderen Maßnahmen ergreifen, die sie als zweckmäßig erachten.

6. Diese Erklärung ist in englischer, russischer und deutscher Sprache aufgesetzt. Allein maßgebend sind die englische und die russische Fassung.

Unterzeichnet zu Berlin, am 8. Mai 1945.

gez. *v. Friedeburg* gez. *Keitel* gez. *Stumpff*

Zit. nach H. A. Jacobsen, Der Zweite Weltkrieg, a. a. O., S. 538f.

4. Versuch einer Bilanz

Der Zweite Weltkrieg hat die Verlagerung des Schwergewichts auf die wehrwirtschaftliche Seite, d. h. die starke Abhängigkeit der Kriegführung von einer intakten Wehrwirtschaft, einer ungestörten technischen Forschung und Entwicklung, besonders nachhaltig demonstriert.

Waren im 19. Jahrhundert die Kriegsmaßnahmen auf wirtschaftlichem Gebiet darauf abgestellt, den ganzen Bedarf an Ausrüstung und Unterhalt der im Mobilmachungsfall aufzustellenden und in den ersten Operationen einzusetzenden Verbände zu decken, so forderten um die Jahrhundertwende einige Fachleute, die „gesamte Volksernährung sozusagen als erweitertes Problem der Heeresverpflegung" für den Kriegsfall zu sichern. Als 1914 der Krieg ausbrach, war Deutschland wirtschaftlich nicht vorbereitet, erst im Laufe der folgenden Jahre baute es eine leistungsfähige Kriegswirtschaft auf. 1939 war die Situation nicht viel anders; die vorhandenen Kapazitäten und gehorteten Vorräte reichten gerade für die Führung einiger „Blitzfeldzüge". Trotz des höchsten Produktionsausstoßes an Waffen aller Art im Jahre 1943/44 büßte die deutsche Wehrmacht ihre operative Beweglichkeit ein, da die strategische Luftkriegführung der Alliierten innerhalb von wenigen Monaten 80 bis 90 Prozent aller Treibstoffvorräte lahmlegte. England gewann z. B. erst Zeit für den notwendigen beschleunigten Aufbau seiner Wehrwirtschaft, als Hitler das Unternehmen „Seelöwe", die geplante Landung auf der Insel, 1940 aufschob und sich mit

seiner Kriegführung Rußland zuwandte. Der ungeheure Verbrauch an Kriegsmaterialien aller Art zwang die Kriegführenden, ihre wirtschaftliche Kapazität voll und ganz auszuschöpfen; indessen zögerten sie zum Teil ebenso wenig, diejenige der von ihnen unterworfenen Völker rücksichtslos auszubeuten. Unterdessen geriet die Kriegswirtschaft der Vereinigten Staaten auf Hochtouren. War das Verhältnis der Rüstungsproduktion (in Milliarden Dollar) zwischen der „Achse" (einschließlich Japan) und ihren drei großen Gegnern (USA, Großbritannien und UdSSR) 1941 noch 1 : 2,4, so verschob es sich 1943 bereits zu 1 : 3,4. Mitte 1944 verfügte Deutschland über 100 „Einheiten" des kriegswichtigen Treibstoffes, während die Westmächte zur gleichen Zeit 2920 Einheiten produzierten. Oder bedenkt man die gewaltigen Materiallieferungen der USA im Rahmen des Pacht- und Leihabkommens an alle Verbündeten, darunter allein für die UdSSR über 13000 Kampffahrzeuge, 2300 Geschütze, 500000 LKW, 15000 Flugzeuge, alles zusammen mehr als 17500933 englische Tonnen, dann kann man die Bedeutung des Faktors Wirtschaft im Kriege ermessen.
Im übrigen wurde jetzt Wirklichkeit, was der amerikanische Sezessionskrieg und der japanisch-russische Krieg im 19./20. Jahrhundert als Vorboten einer umwälzenden Kriegführung schon in den Anfängen offenkundig gemacht hatten: Die Kriegführenden strebten nicht mehr allein die Vernichtung der feindlichen Streitkräfte an, sondern auch die des wehrwirtschaftlichen Potentials, der Verkehrs- und Nachrichtenverbindungen. Mit allen Mitteln der Blockade, der modernen Massenmedien und des Luftkrieges versuchten sie, den Widerstandswillen des Gegners zu erschüttern oder diesen „auszuhungern". Hinterland und Heimatgebiet verschmolzen mit der kämpfenden Front zur Einheit. Der Wettlauf auf dem Gebiet der Waffentechnik gipfelte in der Erfindung und im Abwurf der ersten Atombomben, die ein Zeitalter völlig neuartiger strategischer Waffen und der möglichen totalen Zerstörung ganzer Regionen ankündigten. Der ideologische Kampf und die revolutionäre Kriegführung aber steigerten nicht nur die Leidenschaften auf beiden Seiten ins Unkontrollierbare (Terror – Gegenterror), sondern rissen auch die Grenzen nationalstaatlicher Vorstellungen nieder und schufen neue Wertbezüge.
Hinzu kommt die sogenannte „demographische Explosion". Das ungeheure Wachstum der Weltbevölkerung gab beiden Weltkriegen Ausmaße, die bis dahin unvorstellbar waren. Im ersten „totalen Krieg", 1914–1918, hatten die Völker der Erde 60 Millionen Soldaten mobilisiert und an den verschiedenen Frontabschnitten eingesetzt. Über 9,2 Millionen Tote deckten die Schlachtfelder des mit allen Mitteln der modernen Waffentechnik geführten Krieges. Mehr als 500000 Zivilisten fanden den Tod. Rußland und Deutschland brachten die höchsten Opfer, nämlich je 2 Millionen Tote. Von 1939 bis 1945 standen 110 Millionen Soldaten unter Waffen. Von ihnen fielen 27 Millionen im Kampf, während die Zivilbevölkerung in der Welt 25 Millionen Tote beklagte (darunter über 5 Millionen Opfer nationalsozialistischer Rassenpolitik). Einschließlich der Vermißten betrug die erschreckende Verlustbilanz (der gegenüber der große Bevölkerungszuwachs auf der Erde nur einen schwachen Trost bedeutete) 55 Millionen Menschen. Wieder waren Rußland und Deutschland am schwersten betroffen: Rußland verlor 13,6 Millionen und Deutschland 4,7 Millionen Soldaten; die Vereinigten Staaten zählten 259000 Gefallene. Der indische Freiheitskampf kostete über 10000 Opfer. Vernichtete der Bombenkrieg in Deutschland rund 1,63 Millionen Gebäude, über 500 Baudenkmäler von hohem Rang, und machte er 7,5 Millionen Menschen obdachlos, so zerstörten die Kampfhandlungen in der Sowjetunion 1710 Städte und Siedlungen, 70000 Dörfer und Ortschaften und über 6 Millionen Gebäude aller Art.

Wer Verlauf und Ausgang des Zweiten Weltkrieges überblickt, wird die ungeheure Umwälzung erkennen, die sich durch ihn vollzogen hat oder durch ihn ausgelöst wurde.
Deutschland erlitt, begleitet von einer zweiten Völkerwanderung, die schwerste politisch-militärische Niederlage in seiner Geschichte; Italien und Japan, obwohl ebenfalls besiegt, blieb wenigstens die staatliche Einheit erhalten. Deutschland und Japan schieden als Weltmächte aus und wurden zu Mächten zweiter Ordnung. Als der Nationalsozialismus, der Faschismus und die Kräfte Nippons gleichzeitig die großen Demokratien und den Sowjetkommunismus in die Schranken forderten, hatten sie damit nicht nur ihr eigenes Schicksal besiegelt, sondern zugleich auch die letzten Dämme gegen den Bolschewismus in Europa und Asien niedergerissen. Denn die Demokratien waren in diesem weltweiten, erbarmungslosen Krieg gezwungen – wollten sie selbst überleben –, den Kommunismus an allen Fronten und in ihren Untergrundarmeen zu unterstützen. Dieses Zweckbündnis, von dem sich viele in den Jahren 1941–1944 eine dauerhafte Allianz versprachen, hielt allen Belastungen stand, bis die gemeinsamen Gegner niedergerungen waren. Es zerbrach in dem Augenblick, in dem der militärische Sieg errungen war und das Trennende zwischen den Bündnispartnern sichtbar wurde: Großbritannien und die USA hatten für das universalistische Prinzip der Demokratie gefochten, ein Prinzip, das jedem Staat ermöglichen sollte, die „Regierungsform zu wählen, unter der seine Angehörigen leben wollen"; die Sowjetunion aber, begünstigt durch ihren endgültigen Aufstieg zur zweiten führenden Weltmacht, den sie ihren und den alliierten Anstrengungen von 1941 bis 1945 zu verdanken hatte, nützte die historischen Stunden 1944/45, um ihr universalistisch-totalitäres Ordnungssystem des Marxismus-Leninismus mittels revolutionärer Kriegführung weiter auszubreiten. Diese Entwicklung wurde noch dadurch verschärft, daß sich seit dem Treffen an der Elbe (1945) amerikanisch-britische und sowjetische Truppen in Mitteldeutschland unmittelbar gegenüberstehen.
Der Zweite Weltkrieg hat das Kräfteverhältnis im europäischen und im Weltstaatensystem grundlegend verschoben und seine Schwerpunkte – unabhängig von der Gründung der Vereinten Nationen – nach Washington und Moskau verlagert. Anstelle des europäischen Gleichgewichts, das bereits durch den Ausgang des Ersten Weltkrieges erschüttert worden war, trat, ebenso als Folge der waffentechnischen Revolution, das bipolare Gleichgewicht der Supermächte, das sich erst heute wieder zu einem multilateralen System von Mächtegruppen und Staaten aufzulockern scheint.

Aus: Hans-Adolf Jacobsen, Zur Konzeption einer Geschichte des Zweiten Weltkrieges 1939–1945, Ffm 1964, S. 46ff.

Kommentierendes Register

Das folgende Register soll die Arbeit mit dem Buch durch ergänzende Hinweise unterstützen. Es verzichtet folglich auf Angaben, die bereits aus den Übersichten, Einführungen und Materialien hervorgehen.

Adorno, Theodor W. (329f.)
(1903–1969) Seit 1950 bis zu seinem Tode Professor für Philosophie und Soziologie in Frankfurt/Main. In seinem Denken von Hegel, Marx und Freud ausgehend, wandte er sich vor allem gegen den Neopositivismus und freiheitsfeindliche Erstarrungen in der modernen Industriegesellschaft (Kritische Theorie). Übte neben Horkheimer, Marcuse und Habermas zeitweise bestimmenden Einfluß auf die junge Intellektuellengeneration aus, die die Studentenbewegung der Jahre 1967–1972 an den westdeutschen und westeuropäischen Universitäten trug

Ahlwardt, Hermann (287)
(1846–1914) Gymnasiallehrer. 1892–1903 ultrakonservativer Reichstagsabgeordneter, der durch antisemitische Hetzreden hervortrat

Akzise (431)
Seit dem Mittelalter erhobene indirekte Steuer auf Waren und Verbrauchsgüter

Alexander II. (87)
(1818–1881) Seit 1855 russischer Zar. Vor allem bedeutend durch die innenpolitischen Reformen der Jahre 1861–1868

Alldeutscher Verband (62; 73)
Eine 1891 als Reaktion gegen den angeblich für Deutschland nachteiligen Helgoland-Sansibar-Vertrag unter Mitwirkung von Alfred Hugenberg und Carl Peters gegründete politische Organisation. Dem Anspruch nach überparteilich, doch in Wirklichkeit eindeutig unter dem Einfluß rechtsradikaler Kräfte stehend, propagierte der Verband eine expansive Außen-, Flotten- und Kolonialpolitik und vertrat die Forderung nach einem großgermanischen Mitteleuropa. In seiner Propagandasprache prägte der Alldeutsche Verband in wesentlichen Elementen die chauvinistische und völkisch-antisemitische Terminologie des Nationalsozialismus vor („Herrenvolk", „Lebensraum", „Volksfremde", „Sicherungshaft" u. a.)

Antikominternpakt (435)
Der am 25. 11. 1936 – unter Umgehung des Auswärtigen Amtes – von Hitlers außenpolitischem Berater Ribbentrop ausgehandelte Vertrag zwischen dem Deutschen Reich und Japan betraf „die gemeinsame Abwehr gegen die Kommunistische Internationale" (Komintern) und sah in einem geheimen Zusatzprotokoll wechselseitige Neutralität im Falle eines „provozierten Angriffs oder einer nichtprovozierten Angriffsdrohung" vor. Der Antikominternpakt, der die Partner verpflichtete, nur „mit dem Geist dieses Abkommens" vereinbare Verträge zu schließen, und dem im November 1937 Italien beitrat, wurde in der Folge vom Deutschen Reich (Abschluß des deutsch-sowjetischen Nichtangriffspakts, August 1939) und Japan (Rußlandfreundliche Politik seit dem chinesisch-japanischen Krieg, Juli 1937) verletzt. Dennoch wurde das auf 5 Jahre befristete Abkommen im November 1941 verlängert

Apparatschiks (135; 138; 174)
Bezeichnung der Staats- und Parteifunktionäre in totalitären Systemen, vor allem in der Sowjetunion

Appeasement (403; 416; 423; 427)
(to appease = beschwichtigen, befrieden) Bezeichnung für die von der britischen Regierung in der Phase 1933–1939 verfolgte außenpolitische Grundtendenz der Beschwichtigung und des Ausgleichs gegenüber Hitler-Deutschland

Aprilthesen (86; 89; 111; 116ff.)
Bezeichnung für das von Lenin im schweizerischen Exil konzipierte und sofort nach seiner Rückkehr nach Petersburg am 17. April 1917 in seiner Rede über „Die Aufgabe des Proletariats in der gegenwärtigen Revolution" verkündete Aktionsprogramm

Ardennenoffensive (443)
Die letzte große Angriffsoperation im Zweiten Weltkrieg auf deutscher Seite (Dezember 1944). Scheiterte nach anfänglichem Erfolg angesichts der Luftüberlegenheit der Alliierten

Aera-Bombing (445)
Das im Zweiten Weltkrieg – vor allem von alliierter Seite – praktizierte Flächenbombardement der zivilen Bereiche aus der Luft

Arschin (96)
Längenmaß, das in der Sowjetunion ursprünglich für 0,711 m galt, neuerdings mit 1 m gleichgesetzt wird

Artel (184)
Im früheren Rußland verbreitete genossenschaftliche Vereinigung von Personen gleichen Berufs

Atlantik-Charta (441)
Gemeinsame Erklärung des amerikanischen Präsidenten Roosevelt und des britischen Premierministers Churchill vom 14. 8. 1941 über die Grundsätze und die Ziele der Nachkriegspolitik ihrer Länder

Auer, Erhard (231)
(1874–1945) 1908–1924 Geschäftsführer der bayrischen SPD und leitender Redakteur der „Münchner Post". 1918/19 bayrischer Innenminister unter Ministerpräsident Kurt Eisner

Auschwitz (467f.)
Stadt in der polnischen Woiwodschaft Krakau, am Zusammenfluß von Sola und Weichsel. Dort befand sich (seit Juli 1940) das größte deutsche Vernichtungslager, dessen Ausdehnung 40 qkm betrug. War zeitweilig mit mehr als 100000 Häftlingen belegt. Nach den späteren Schätzungen des Lagerkommandanten Höß wurden in Auschwitz 1,135 Millionen Menschen vergast

Avanti (292)
(Italienisch: vorwärts). Offizielle Tageszeitung der sozialistischen Partei. 1897 gegründet, 1912–1914 von Benito Mussolini geleitet, der sie 1926 verbot

Bagehot, Walter (6)
(1826–1877) Britischer Nationalökonom und politischer Schriftsteller. Seine „English Constitution" (1867) gilt als die klassische Darstellung der politischen Verfassung Englands aus liberaler Sicht

Baldwin, Stanley (424)
(1867–1947) Seit 1931 Führer der Konservativen. Von 1935–1937 britischer Premierminister; Anhänger der Appeasement-Politik

Ballin, Albert (51)
(1857–1918) Seit 1899 Generaldirektor der Hamburg-Amerika-Linie (HAPAG), deren Ausbau er maßgeblich gestaltete. Gegner der Tirpitzschen Flottenpolitik. Im Ersten Weltkrieg Befürworter eines Verständigungsfriedens

Barth, Emil (220)
(1879–1941) Mitglied der USPD und des Rates der Volksbeauftragten

Prawda. Propagierte ab 1921 einen rechten Kurs (Verlangsamter Aufbau des Sozialismus, Förderung der bäuerlichen Privatwirtschaft) und unterstützte Stalin gegen Trotzki. Nach Stalins Linksschwenkung 1928 (Kollektivierung der Landwirtschaft, forcierte Industrialisierung) Führer der rechten Opposition. Anfang 1937 verhaftet, wurde Bucharin 1938 nach dem 3. Moskauer Schauprozeß hingerichtet

Bülow, Bernhard von (67)
(1849–1929) Ab 1874 im diplomatischen Dienst. 1897–1900 Staatssekretär des Auswärtigen. 1900–1909 Reichskanzler und preußischer Ministerpräsident. Vermied eine Festlegung bei den deutsch-englischen Bündnisverhandlungen und unterstützte die Tirpitzsche Flottenpolitik, womit er die französisch-englische Annäherung förderte. Die von ihm verfochtene Bindung an Österreich-Ungarn verstärkte den Gegensatz zu Rußland und beschleunigte die außenpolitische Isolierung des Reiches. Nach Jahren der politischen Kaltstellung als Sonderbotschafter in Rom vom Dezember 1914–Mai 1915 erfolglos mit der Aufgabe betraut, den Kriegseintritt Italiens an der Seite der Ententemächte zu verhindern

Burckhardt, Carl Jacob (424)
(1891–1974) Schweizer Diplomat und Historiker. 1937–1939 Hoher Kommissar des Völkerbundes in Danzig, wo er sich bemühte, den Ausbruch eines militärischen Konflikts zwischen Deutschland und Polen zu verhindern. 1944–1948 Präsident des Internationalen Roten Kreuzes. 1945–1949 Gesandter in Paris. Profilierter Vertreter des Gedankens einer europäischen Einigung. Verfasser einer berühmten Richelieu-Biographie

Burgfriede (62; 69)
Bezeichnung für die Einstellung parteipolitischer Auseinandersetzungen in Notzeiten. Zu den bekanntesten Beispielen rechnet der Burgfriede der Fraktionen des Deutschen Reichstags in den Jahren 1914–1917. Er fand seinen Ausdruck in der Genehmigung der Kriegskredite

Busch, Wilhelm (22)
(1832–1908) Deutscher Maler, Zeichner und Dichter. Bekannt geworden vor allem durch seine Bilderbogen und Bildgeschichten

Cambon, Jules Martin (30f.)
(1845–1935) Seit 1891 Generalgouverneur in Algerien, 1897 Botschafter in Washington, wo er 1898 die Vorfriedensverhandlungen zwischen den USA und Spanien vermittelte. 1907–1914 Botschafter in Berlin, 1920–1922 Vorsitzender der Botschafterkonferenz. Seit 1918 Mitglied der Académie Française

Cambon, Pierre Paul (24)
(1843–1924) 1898–1920 französischer Botschafter in London. Gehört zu den Schöpfern der Entente cordiale (1904). Maßgeblicher Wortführer des Zusammengehens von Großbritannien und Frankreich im Ersten Weltkrieg

Carol II. (35)
(1893–1953). König von Rumänien (1930–1940). Versuchte eine strikte Neutralitätspolitik zu Beginn des Zweiten Weltkriegs zu steuern, wurde jedoch von Ion Antonescu, dem Führer der faschistischen Bewegung („Eiserne Garde"), zum Rücktritt gezwungen (September 1940)

Casablanca (442; 464f.)
Stadt in Marokko. Ort eines amerikanisch-britischen Treffens im Zweiten Weltkrieg (14.–25. 1. 1943), auf dem Roosevelt und Churchill die Landung in Sizilien für den Sommer und die in Frankreich für August/September vereinbarten. Außerdem verständigte man sich auf die Formel der bedingungslosen Kapitulation Deutschlands

Casus foederis (19; 23; 29)
(lat.) = Bündnisfall. Bezeichnung für das Eintreten von Ereignissen, die in einem Bündnis als Voraussetzung für eine vereinbarte Unterstützung festgelegt worden sind

Cereteli, Irakli (116f.; 119)
(1881–1959) 1957 als Vertreter der Sozialdemokratie (Menschewiki) Abgeordneter der Duma. Ab Mai 1917 einflußreicher Minister im Koalitionskabinett Lwow, aus dem er im Herbst krankheitshalber ausschied. Später Emigration in die USA

Chamberlain, Arthur Neville (403; 406; 423f.; 427f.; 431f.)
(1869–1940) Seit 1918 konservativer Abgeordneter, 1923–1931 Gesundheits- bzw. Wohlfahrtsminister, 1930–1940 Parteiführer der Konservativen. 1931–1937 Finanzminister (Schatzkanzler). Als Premierminister (1937–1940) beschäftigte er sich vornehmlich mit der ihm bis dahin relativ unvertrauten Außenpolitik und wurde zum anerkannten Repräsentanten der Appeasement-Strategie, von der er sich erst lossagte, als Hitlers Bruch des Münchener Abkommens ihm die Ergebnislosigkeit seiner Bemühungen offenbarte. Die Garantieerklärung an Polen und die englische Kriegserklärung an Deutschland markieren Chamberlains entschlossenen Kurswechsel

Chamberlain, Austen (262; 270)
(1863–1937) Seit 1892 konservativer Abgeordneter; 1895–1902 britischer Marineminister, 1903–1906 Finanzminister und Förderer der Schutzzollpolitik. 1915–1917 Indienminister. Als Außenminister (1924–1929) maßgeblich beteiligt am Abschluß des Locarno-Vertrages. 1926 zusammen mit Briand, Dawes und Stresemann mit dem Friedensnobelpreis ausgezeichnet

Chamberlain, Houston Stewart (345)
(1855–1927) Deutsch-englischer Schriftsteller und Kulturphilosoph. Seit 1908 vermählt mit Richard Wagners Tochter Eva. Sein stark umstrittenes Hauptwerk „Die Grundlagen des 19. Jhs." (1899) gipfelt in einer Verherrlichung des Germanentums und wirkte bestimmend auf Hitlers Rassenlehre. Während des Ersten Weltkriegs vertrat Chamberlain, der sich als Wahldeutscher fühlte und vom „arischen" Geist die Heilung der Welt erwartete, alldeutsche Forderungen

Chruschtschow, Nikita (186)
(1894–1971) (1931–1937 Parteisekretär in Moskau, 1935–1966 Mitglied des Zentralkomitees der KPdSU. Im Zweiten Weltkrieg Organisator der Partisanenbewegung in der Ukraine. 1949–1953 Sekretär des ZK der KPdSU. 1959–1964 Erster Sekretär des ZK der KPdSU und 1958–1964 gleichzeitig Vorsitzender des Ministerrates der UdSSR (Ministerpräsident). Initiator der Entstalinisierung (XX. Parteitag der KPdSU vom Februar 1956). Im Oktober 1964 aller Ämter enthoben

Churchill, Winston (423; 441ff.; 448f.; 464f.)
(1874–1965) 1900 Abgeordneter der Konservativen im britischen Unterhaus. 1905 Überwechseln zu den Liberalen, die er 1925 wieder verließ. Von 1906–1929 mit nur kurzen Unterbrechungen Mitglied der Regierung. 1929–1939 ohne politisches Amt. Von Mai 1940 bis Juli 1945 als Konservativer Premierminister; Symbol des nationalen Widerstands. Nach dem Wahlsieg der Konservativen im Oktober 1951 erneut Premierminister. April 1955 Rücktritt aus Altersgründen. 1953 Literaturnobelpreis für seine Geschichte des Zweiten Weltkriegs

Ciano, Galeazzo (403)
(1903–1944) Teilnehmer des

Marsches auf Rom (Oktober 1922). Seit 1930 mit Mussolinis Tochter Edda verheiratet. Seit 1935 Minister für Presse und Propaganda und Mitglied des Faschistischen Großrats. Von 1936–1943 Außenminister. Als Gegner der deutschen Kriegspolitik entfremdete Ciano sich zunehmend von Mussolini, für dessen Absetzung er am 25. 7. 1943 in der Großratssitzung stimmte. Vom deutschen Oberkommando der Wehrmacht an die „Soziale Republik" Mussolinis ausgeliefert, wurde Ciano von einem Sondergericht in Verona zum Tode verurteilt (Januar 1944) und erschossen

Clemenceau, Georges (263)
(1841–1929) Seit 1871 Mitglied der Nationalversammlung. Gegner des Friedensvertrags mit Deutschland. 1875 Präsident des Pariser Stadtrats. 1906–1909 Ministerpräsident. 1917 erneut Ministerpräsident. Sein Ziel auf der Pariser Friedenskonferenz war die militärische Schwächung Deutschlands und die Durchsetzung der Rheingrenze. 1920 Rückzug aus der Politik nach Niederlage bei der Präsidentschaftswahl

Cohen (-Reuß), Max (215; 221 ff.; 225)
(1876–1963) Seit 1903 Mitglied der SPD. 1912–1918 Reichstagsabgeordneter. 1918–1919 Vorsitzender des Zentralrats der Arbeiter- und Soldatenräte. 1920 Mitglied des Reichswirtschaftsrates

Compiègne (214; 219 440)
Stadt im französischen Département Oise. Der angrenzende Wald war am 11. 11. 1918 Ort der Unterzeichnung des den Ersten Weltkrieg beendenden Waffenstillstands zwischen den Alliierten und Deutschland. An der gleichen Stelle und wiederum im Eisenbahnwagen des Marschalls Foch ließ Hitler am 22. 6. 1940 den Waffenstillstand mit Frankreich unterzeichnen

Conrad von Hötzendorf, Franz (25; 34; 40)
(1852–1925) Seit 1906 Chef des österreichisch-ungarischen Generalstabs. Drängte bereits ab 1907 auf einen Präventivkrieg gegen Serbien und hielt den Konflikt 1914 für unvermeidlich. Wegen grundsätzlicher Meinungsverschiedenheiten mit Kaiser Karl I. März 1917 seiner Stellung enthoben

Crowe, Eyre Archer (28)
(1864–1925) Seit 1912 stellvertretender Unterstaatssekretär im Foreign Office. Trug mit seiner kritischen Einschätzung der Traditionen und Ziele der deutschen Politik wesentlich zur englischen Haltung beim Ausbruch des Ersten Weltkriegs bei

Curzon-Linie (487)
Die von dem englischen Außenminister Lord Curzon of Kedleston (1859–1925) vorgeschlagene Demarkationslinie zwischen Polen und Sowjetrußland, die im Dezember 1919 vom Obersten Rat der Alliierten offiziell als Ostgrenze Polens empfohlen, jedoch von der polnischen Regierung nicht anerkannt wurde, verlief von Dünaburg über Wilna und Grodno nach Brest, dann den Bug entlang bis an die Grenze Galiziens. Sie wurde im deutsch-sowjetischen Vertrag über die militärische Besetzung Polens vom 17. 9. 1939 ebenso als Abgrenzungslinie zugrunde gelegt wie beim Grenzvertrag zwischen der Sowjetunion und Polen am 16. 8. 1945, nachdem sie bereits auf der Konferenz von Yalta am 11. 8 1945 in Vorschlag gebracht worden war

Czernin, Ottokar (51)
(1872–1932) Wurde 1913 österreichisch-ungarischer Gesandter in Bukarest, wo er sich vergeblich um die rumänische Neutralität bemühte. Als Außenminister 1916 bis 1918 suchte er wiederholt eine Beendigung des Kriegs herbeizuführen, doch mußte er sich in entscheidenden Fragen – etwa beim unbeschränkten U-Boot-Krieg – dem Druck der deutschen OHL beugen

D'Abernon, Edgar Vincent (263; 266 f.)
(1857–1941) 1899–1906 konservativer Abgeordneter im britischen Unterhaus. 1920–1926 Botschafter in Berlin, wo er großen Einfluß auf die Verständigungspolitik Stresemanns gewann

Däumig, Ernst (215 f.; 222; 224 ff.; 232 f.)
(1866–1922) Zunächst Mitglied der SPD, 1911–1916 Redakteur des Parteiorgans „Vorwärts", 1918 Übertritt zur USPD. Verfechter des Rätegedankens. Mitglied des Vollzugsrats des Groß-Berliner Arbeiter- und Soldatenrats. Ende 1920 Überwechseln zur KPD

Daladier, Edouard (424; 427 f.)
(1884–1970) Seit 1919 radikalsozialistischer Abgeordneter. Von 1924–1937 in wechselnden Funktionen Mitglied mehrerer Kabinette. 1938–1940 französischer Ministerpräsident und Mitunterzeichner des Münchener Abkommens. 1940 Verhaftung durch die Vichy-Regierung. 1943–1945 in Deutschland interniert. 1946–1958 erneut Parlamentsabgeordneter

D'Annunzio, Gabriele (296)
(1863–1938) Um die Jahrhundertwende eine der profiliertesten literarischen Erscheinungen Italiens. 1897–1900 Abgeordneter der konservativen Rechten. Plädierte als leidenschaftlicher Befürworter einer nationalistischen und imperialistischen Politik für den Kriegseintritt Italiens. 1915–1918 Fliegeroffizier. 1919–1920 organisierte D'Annunzio als Freischarführer die Besetzung von Fiume, um die vorgesehene Internationalisierung des Hafens zu verhindern. Nach anfänglichen Differenzen mit Mussolini von 1925 an als offizieller Dichter des Faschismus anerkannt

Darré, Walter (321)
(1895–1953) 1931 Leiter des Rassen- und Siedlungsamtes der SS. 1933 Reichsleiter der NSDAP und Reichsminister für Ernährung und Landwirtschaft. Ab 1934 Reichsbauernführer. Propagandist des besonderen rassistischen Wertes des Bauernstandes, wandte sich Darré gegen jede Form der Verstädterung und prägte das Schlagwort vom „Blut und Boden". Aus Opposition gegen Hitlers Kriegspolitik 1942 aus seinem Ministeramt entlassen

David, Eduard (266)
(1863–1930) Plädierte als führender Agrarpolitiker in der SPD für die Existenzfähigkeit bäuerlicher Kleinbetriebe. Oktober 1918 Unterstaatssekretär im Auswärtigen Amt. Erster Präsident der Weimarer Nationalversammlung, 1919–1920 mehrfach Reichsminister

Dawes-Plan (262)
Internationaler Vertrag über die deutschen Reparationsleistungen (16. 8. 1924), der sich an einem von dem amerikanischen Finanzexperten und Vorsitzenden der internationalen Sachverständigenkommission Charles Dawes ausgearbeiteten Gutachten orientierte und nach einer Übergangszeit Jahreszahlungen von 2,5 Milliarden Goldmark vorsah

D-Day (443)
(Eigentlich: Day-Day). Im englischen Sprachbereich Bezeichnung für den Tag, an dem ein größeres militärisches Unternehmen beginnt. Die Tage vor bzw. nach diesem Termin werden mit + bzw. – bezeichnet. Die Bezeichnung – auch in den Nato-Sprachgebrauch übernommen – wird vor allem für den Tag der alliierten Invasion in Frankreich (6. Juni 1944) verwendet

Delbrück, Clemens von (57f.; 63)
(1856–1921) 1909 Staatssekretär des Reichsamts des Innern und stellvertretender Reichskanzler (bis Mai 1916). Maßgebender Mitorganisator der deutschen Kriegswirtschaft. Mitbegründer der DNVP im November 1918 und Abgeordneter in der Weimarer Nationalversammlung

Delbrück, Hans (67)
(1848–1929) Von 1896–1921 als Nachfolger Treitschkes Professor an der Universität Berlin. Im Ersten Weltkrieg trat er für maßvolle Kriegsziele, gegen den unbeschränkten U-Boot-Krieg, für die Abschaffung des preußischen Dreiklassenwahlrechts und für eine demokratische konstitutionelle Monarchie ein. Nach dem Krieg übte Delbrück scharfe Kritik an der Tirpitzschen Flottenpolitik, der Haltung der OHL, der „Dolchstoßlegende" und der Kriegsschuldthese der Alliierten

Delp, Alfred (446)
(1907–1945) Katholischer Theologe. 1937–1941 Dozent und Redakteur der Zeitschrift „Stimmen der Zeit". 1941–1944 Seelsorger in München-Bogenhausen. Mitglied des Kreisauer Kreises. Befaßte sich mit der Ausarbeitung einer christlichen Sozialordnung. 1944 verhaftet, vom Volksgerichtshof zum Tode verurteilt und hingerichtet

Desjatine (118; 153)
Früheres russisches Feldmaß. 1 Desjatine = 109,25 Ar

Deutsche Arbeitsfront (386; 388f. 391)
(Abkürzung: DAF) Bezeichnung für die am 10. 5. 1933 nach Zerschlagung der früheren Gewerkschaften gegründete Wirtschaftsorganisation, die Arbeitgeber wie Arbeitnehmer umschloß („Alle schaffenden Deutschen der Stirn und der Faust") (1934: 14 Millionen; 1942: 25 Millionen Mitglieder; 40000 hauptamtliche Funktionäre)

Deutsche Demokratische Partei (DDP) (247; 252; 272)
Linksliberale Partei, entstanden am 20. 11. 1918 durch Spaltung der Fortschrittlichen Volkspartei und der Nationalliberalen Partei. Zu den profiliertesten Politikern der DDP, deren Niedergang auch durch eine Erweiterung zur Deutschen Staatspartei (DSP; Juli 1930) nicht aufgehalten werden konnte, rechneten Friedrich Naumann, Max Weber, Rathenau, Preuß und Theodor Heuss

Deutsche Volkspartei (DVP) (213; 247; 272; 274; 278; 289; 367)
Rechtsliberale Partei, nach der DDP entstanden im Dezember 1918. Großbürgerliches Gepräge und stärkster Rückhalt in der Industrie- und Finanzwelt, der Akademikerschaft und den städtischen Mittelschichten. Zu Zeiten der Kanzler- und Ministertätigkeit ihres profilierten Vorsitzenden Gustav Stresemann bei den Reichstagswahlen auf einen Stimmenanteil von etwa 10% fixiert

Deutschnationale Volkspartei (213; 244; 252; 263; 267f.; 289; 359f.; 367; 373; 376)
Ende November 1918 gegründet von Vertretern der bisherigen Deutschkonservativen, Freikonservativen, Deutschvölkischen und Christlichsozialen. Bei grundsätzlicher Ablehnung des parlamentarischen Systems bekämpfte die DNVP den Versailler Vertrag, die „Erfüllungspolitik" und das „Gesetz zum Schutz der Republik". Im Dezember 1924 mit 111 Abgeordneten zur stärksten Partei im Reichstag avanciert, maßgeblich an der Wahl Hindenburgs zum Reichspräsidenten (April 1925) beteiligt. Unter der Führung Alfred Hugenbergs verbündete sich die DNVP gegen die Regierung Brüning mit den Nationalsozialisten in der „Harzburger Front", unterstützte die Kabinette Papen und Schleicher und war Hitlers Koalitionspartner am 30. Januar 1933

Dietrich, Otto (452)
(1897–1952) 1931 Reichspressechef der NSDAP. Nach 1933 maßgeblich beteiligt bei der Gleichschaltung der deutschen Presse. Ab 1938 Pressechef der Reichsregierung und Staatssekretär im Reichspropagandaministerium

Dimitroff, Georgi (318)
(1882–1949) Bulgarischer kommunistischer Politiker. Nach dem Ersten Weltkrieg an zahlreichen bewaffneten Aufständen beteiligt. Lebte von 1924 in der Emigration (Moskau, Wien und Berlin). In Berlin in den Reichstagsbrandprozeß verwickelt, jedoch von der Anklage der Brandstiftung freigesprochen. Ab 1935 Generalsekretär der Kommunistischen Internationale (Komintern) in Moskau, 1937–1945 Abgeordneter des Obersten Sowjets. Von 1946–1949 Ministerpräsident in Bulgarien

Dittmann, Wilhelm (220; 228)
(1874–1954) Seit 1912 Mitglied der sozialdemokratischen Reichstagsfraktion. 1917 Mitbegründer der USPD. Mitglied des Rates der Volksbeauftragten (10. 11.–29. 12. 1918). Gegner des Zusammenschlusses mit der KPD, betrieb Dittmann 1922 die Wiederangliederung der Rest-USPD an die SPD. 1922–1933 Vorstandsmitglied der SPD

Djilas, Milovan (175)
(Geb. 1911) Jugoslawischer Politiker und Schriftsteller. 1932 Eintritt in die Kommunistische Partei. Ab 1937 vertrauter Mitarbeiter Titos, Mitglied des Zentralkomitees und des Politbüros. Im Zweiten Weltkrieg Verbindungsmann Titos zu Moskau. Nach 1945 Sekretär des Politbüros und einer der führenden Theoretiker des Titoismus. 1954 nach der Veröffentlichung der Artikelserie „Anatomie einer Moral", in der Djilas eine konsequente demokratische Erneuerung der Kommunistischen Partei forderte, aus dem Politbüro ausgeschlossen und inhaftiert. Mehrfache Verhaftung in den folgenden Jahren. In der Haft entstand auch das Buch „Die neue Klasse" (deutsch, 1958)

Dönitz, Karl (444)
(1891–1980) Ab 1936 Befehlshaber der U-Boot-Flotte. Im Januar 1943 Oberbefehlshaber der Kriegsmarine. Von Hitler testamentarisch zu seinem Nachfolger als Staatsoberhaupt ernannt, bildete Dönitz in den ersten Maitagen 1945 die letzte „Geschäftsführende Reichsregierung" mit Sitz in Flensburg – Mürwik. Am 23. 5. 1945 vom Alliierten Oberkommando abgesetzt und verhaftet. Verurteilung im „Nürnberger Prozeß"

Dolchstoßlegende (227; 339)
Bezeichnung für die in Deutschland nach dem Ersten Weltkrieg weit verbreitete Auffassung, daß die militärische Niederlage auf die komplottartige Sabotage von Heimat und Etappe zurückzuführen sei. Formel: „Dolchstoß in den Rücken der siegreichen Armee". Von Ludendorff und Wilhelm II. in Umlauf gesetzt und von Hindenburg durch seine gleichlautende Erklärung vor dem Untersuchungsausschuß der Nationalversammlung bestätigt, wurde die Dolchstoßlegende zur stereotypen Kampfparole der extremen Rechten gegen „Novemberverbrecher" und „Erfüllungspolitik"

Doorn (441)
Vornehme Wohngemeinde in der niederländischen Provinz Utrecht. Aufenthaltsort des 1918 geflohenen letzten deutschen Kaisers, Wilhelms II., bis zu seinem Tode im Juni 1941

Oktober 1918 Staatssekretär ohne Geschäftsbereich. Unterzeichnete als Führer der deutschen Delegation den Waffenstillstand von Compiègne (11. 11. 1918). Von 1919 bis 1920 Reichsfinanzminister. Schöpfer einer einheitlichen Reichsfinanzverwaltung. Zielscheibe rechtsradikaler Agitation. Opfer eines Attentats

Euthanasie (469)
Das am 1. 9. 1939 aufgrund eines Geheimbefehls Hitlers eingeleitete Euthanasie-Programm sah zur „Verhütung erbkranken Nachwuchses" die Tötung allen „lebensunwerten Lebens" vor. Bis August 1941, als man angesichts der kirchlichen Proteste und militärischen Notwendigkeiten die Vernichtungsaktionen einstellte, waren diesem Rassenreinhaltungsprogramm etwa 100000 mißgebildete Kinder und geisteskranke Erwachsene zum Opfer gefallen

Falkenhayn, Erich (29; 40; 50)
(1861–1922) 1913 preußischer Kriegsminister. Nach der Marneschlacht (September 1914) Chef des Generalstabs des Feldheeres. Befürworter einer Ermattungsstrategie, die im Westen (Verdun) zu einem vierjährigen Stellungskrieg führte

Fascio (298f.; 327)
Das italienische Wort „fascio" – bereits seit 1870 als Bezeichnung für Arbeitergruppen (fascio operario) in Gebrauch – leitet sich vom lateinischen „fascis", dem Rutenbündel, das die Amtsgewalt der römischen Magistrate symbolisierte, ab. Es wurde zum Symbol der politischen Bewegung, die Benito Mussolini 1919 gründete. Die Kerngruppen dieser Bewegung nannten sich „fasci di combattimento" (Kampfbünde), woraus dann der diese Bewegung kennzeichnende Name „fascismo" (Faschismus) entstand

Foch, Ferdinand (214)
(1851–1929) 1918 Chef der alliierten Armeen in Frankreich. Fochs Offensive im Juli 1918 brachte die entscheidende Wende im Westen. August 1918 Ernennung zum Marschall. Führer der französischen Waffenstillstandsdelegation am 11. 11. 1918

Franco, Francisco (403)
(1892–1975) 1922 Kommandeur der spanischen Fremdenlegion. 1934 Generalstabschef. Führer einer Militärrevolte in Spanisch-Marokko (Juli 1936), die den Bürgerkrieg in Spanien auslöste. Sieg im Bürgerkrieg 1939 mit deutscher und italienischer Unterstützung. Errichtung eines autoritären, klerikalfaschistischen Regierungssystems mit Franco als Staatschef („Caudillo"). Die Versuche Hitlers, Franco als militärischen Bundesgenossen im Zweiten Weltkrieg zu gewinnen, scheiterten

François-Poncet, André (427)
(1887–1978) 1887) 1931–1938 französischer Botschafter in Berlin, 1938–1940 Botschafter in Rom, 1943–1945 in Deutschland interniert. 1949–1953 Hochkommissar in der Bundesrepublik Deutschland

Franz Ferdinand (1; 17; 19)
(1863–1914) Erzherzog von Österreich. Als Neffe von Kaiser Franz Joseph I. als österreichischer Thronfolger vorgesehen. Seit 1913 Generalinspekteur der gesamten Streitkräfte. Am 28. 6. 1914 in Sarajewo von dem serbischen Nationalisten G. Princip ermordet

Franz Joseph I. (17ff.; 21; 30; 34)
(1830–1916) Kaiser von Österreich (1848) und König von Ungarn (1867). Die anfänglich absolutistisch-zentralistische Regierungsweise gab Franz Joseph Schritt für Schritt zugunsten konstitutioneller Formen auf. Außenpolitisch enge Anlehnung an Deutschland (Zweibund 1879) und Italien (Dreibund 1882)

Freikorps (213; 215; 296)
Militärische Freiwilligenverbände, die ab November/Dezember 1918 entstanden. Nach der Etablierung der Reichswehr verloren die Freikorps zunehmend an Bedeutung. Doch rekrutierten sich aus ihren Reihen nicht wenige der unversöhnlichsten Feinde der Republik

Freisler, Roland (443)
(1893–1945) Teilnahme am Ersten Weltkrieg, russische Gefangenschaft, 1917–1920 bolschewistischer Kommissar in der Ukraine. Seit 1925 Mitglied der NSDAP. Als Präsident des Volksgerichtshofes (seit 1942) einer der radikalsten Verfechter nationalsozialistischen Strafrechts, stellte er die Justiz – besonders in den Prozessen gegen die Angehörigen der Widerstandsbewegung vom 20. 7. 1944 – in den Dienst des politischen Terrors

Freud, Sigmund (329)
(1856–1939) Begründer der Psychoanalyse. Seit 1902 Professor in Wien. 1938 wegen seiner jüdischen Abstammung Emigration nach London. Wies nach, welche Antriebsmomente der seelischen Schicht des Unbewußten entstammen, ferner, wie das Ich die Forderungen und Tabus der Gesellschaft in sich aufnehme und als eigene Normen – in Gestalt des Gewissens – reproduziere. Seine analytische Methode und Theorie gewann weltweite wissenschaftliche Bedeutung

Frick, Wilhelm (336; 359; 381; 397ff.)
(1877–1946) 1918–1923 Beamter im Münchener Polizeipräsidium. 1923 Beteiligung am Hitler-Putsch, Verurteilung im anschließenden Prozeß. Ab 1924 Reichstagsabgeordneter, Führer der NSDAP-Fraktion. 1930–1931 Innenminister in Thüringen. 1933–1943 Reichsinnenminister. 1943–1945 Reichsprotektor in Böhmen und Mähren. Im Nürnberger Prozeß zum Tode verurteilt und hingerichtet

Friedrich der Große (360)
(1712–1786) König von Preußen (1740–1786). Bedeutsamster Vertreter des sog. Aufgeklärten Absolutismus. Neben der auf Organisation und Vermehrung des allgemeinen Wohlstandes gerichteten Innenpolitik standen die durch die vertragsbrüchige Annexion Schlesiens ausgelösten militärischen Aktionen (zwei Schlesische Kriege 1740–1742 und 1744–1745 und der Siebenjährige Krieg 1757–1763). Von den Nationalsozialisten als geistiger Ahnherr in Anspruch genommen

Fritsch, Werner von (380; 403; 418; 421)
(1880–1939) 1935–1938 Oberbefehlshaber des Heeres. Leitete den Aufbau der Armee im Rahmen der von Hitler eingeführten allgemeinen Wehrpflicht, doch stand er der angekündigten Risiko- und Expansionspolitik skeptisch gegenüber. Im Februar 1938 nach einer von Hitler gebilligten Intrige (Vorwurf der Homosexualität) entlassen. Suchte den Tod im Feldzug gegen Polen (Sept. 1939)

Fröbel, Friedrich (150)
(1782–1852) Bahnbrechend in der Kleinkinderpädagogik. Begründer des Allgemeinen deutschen Kindergartens (1840)

Gagliardetto (298; 299)
Kleine dreieckige Flagge, verwendet als Ornament, Signal oder Zeichen auf der Mastspitze von Schiffen. Nachweisbar im genuesischen und venezianischen Schiffswesen seit dem 15. Jh. Im Ersten Weltkrieg von italienischen Freiwilligenkorps und in der Folge (seit März 1923) von faschistischen Einheiten als kleine Standarte gebraucht. Der vielfach behauptete altrömische Ursprung, gegen den auch die Endung „-ardo" („gagliardetto": Verkleinerungsform

von „gagliardo") spricht, erscheint überaus zweifelhaft

Galen, Clemens August von (469)
(1878–1946) Seit 1938 Bischof von Münster. 1946 Kardinal. Bekämpfte in weitverbreiteten Denkschriften und Predigten die nationalsozialistische Kirchen- und Rassenpolitik

Generalgouvernement (440; 453; 467)
Das „Generalgouvernement für die besetzten polnischen Gebiete" umfaßte die Distrikte Warschau, Krakau, Rodom und Lublin und diente der deutschen Besatzungsmacht vor allem als Reservoir von Zwangsarbeitern für die deutsche Wirtschaft und als Objekt landwirtschaftlicher Ausbeutung. Die polnische Intelligenz wurde liquidiert, die übrige Bevölkerung sollte im Status von Arbeitssklaven gehalten werden

Gerstenmaier, Eugen (446)
(Geb. 1906) Nach Studium der Theologie seit 1936 im Außenamt der Evangelischen Kirche. Mitglied der „Bekennenden Kirche". 1937 aus dem Hochschuldienst entfernt. Im Zweiten Weltkrieg zur Widerstandsgruppe des Kreisauer Kreises gehörend, wurde Gerstenmaier nach dem 20. 7. 1944 zu 7 Jahren Zuchthaus verurteilt. 1954–1969 Präsident des Deutschen Bundestages

Gobineau, Joseph Arthur Graf von (321)
(1816–1882) Schriftsteller und Diplomat. Stellte die Theorie auf, daß die verschiedenen Rassen bestimmte unveränderliche Eigenschaften und Fähigkeiten bewahren („Versuch über die Ungleichheit der Menschenrassen", 4 Bde. 1853–55; dt. 1898–1901). Die in Nordwest-Europa lebenden langköpfigen germanischen „Arier" bezeichnete Gobineau als die Eliterasse, der die Beherrschung aller anderen zukomme. Obwohl er in den Deutschen keltisch-slawische Mischlinge sah, fand seine Lehre gerade in Deutschland starken Widerhall (Richard Wagner, Nietzsche und die imperialistische Bewegung) und lieferte Argumente für den Rassenfanatismus der Nationalsozialisten

Goebbels, Joseph (295; 306ff.; 336; 338; 351f.; 359; 362; 369; 379; 381; 401f.; 439; 443; 445; 459; 461f.; 464; 469; 481)
(1897–1945) 1926 Gauleiter der NSDAP von Berlin-Brandenburg. 1929 Reichspropagandaleiter. Ab März 1933 Reichsminister für Volksaufklärung und Propaganda und Präsident der Reichskulturkammer. Ab 1944 „Generalbevollmächtigter für den totalen Kriegseinsatz". Von Hitler testamentarisch zu seinem Nachfolger als Reichskanzler bestimmt. Endete durch Selbstmord

Goerdeler, Carl Friedrich (446; 469; 471ff.; 482f.)
(1884–1945) Seit 1930 Oberbürgermeister von Leipzig; 1931–1932 und 1934–1935 zugleich Reichskommissar für Preisüberwachung. Rücktritt als Oberbürgermeister 1937. Verbindung zur Widerstandsbewegung, in der er neben Beck zum führenden Kopf wurde. Für den Fall des Regimewechsels als Reichskanzler vorgesehen. Nach dem 20. 7. 1944 zum Tode verurteilt und hingerichtet

Göring, Hermann (336; 359; 376ff.; 379ff.; 397; 401f.; 418; 425; 442; 444; 466)
(1893–1946) Juli 1918 Kommandeur des Jagdgeschwaders Richthofen, Träger des Ordens „Pour le mérite". Seit 1922 Mitglied der NSDAP und Oberster Führer der SA. Beim Hitler-Putsch schwer verwundet. 1932 Reichstagspräsident. Seit 30. 1. 1933 Reichsminister ohne Geschäftsbereich und preußischer Innenminister. Von April 1933 bis Kriegsende preußischer Ministerpräsident, seit Mai 1933 Reichsminister für Luftfahrt, dazu ab 1935 Oberbefehlshaber der Luftwaffe (1938 Generalfeldmarschall, 1940 Reichsmarschall). Seit 1936 Beauftragter für den Vierjahresplan. Vom Internationalen Militärtribunal in Nürnberg zum Tode verurteilt; entzog sich der Hinrichtung durch Selbstmord

Gorki, Maxim (112; 125)
(1868–1936) Russischer Schriftsteller. Trat 1905 in persönlichen Kontakt zu Lenin. Verhaftung bis 1906. Anschließend Emigration in die USA, Rückkehr 1913. Anschluß an die bolschewistische Partei. Erneute Auswanderung 1921–1928. Nach der Rückkehr setzte sich Gorki für eine Literatur des „Sozialistischen Realismus" ein

Goschen, William Edward (28; 31; 49)
(1847–1924) 1908–1914 Britischer Botschafter in Berlin

Gosplan (163; 173)
(Abkürzung für russisch: Gosudarstvennoje planovyj komitet, deutsch: Staatliches Planungskomitee). Administrative Spitze der Planwirtschaft in der UdSSR mit Sitz in Moskau

GPU (131; 135; 176; 208; 452)
(Abkürzung für russisch: Gosudarstvennoje politiceskoje upravlenic; deutsch: Staatliche politische Verwaltung). Die durch Umbildung der Tscheka entstandene politische Polizei der Sowjetunion

Grey, Edward (9; 23ff.; 28ff.; 36f.; 40; 49)
(1862–1933) 1905–1916 britischer Außenminister. Trat 1916 aus Protest gegen die Politik Lloyd Georges zurück

Groener, Wilhelm (218; 247)
(1867–1939) Am 26. 10. 1918 Nachfolger Ludendorffs als Erster Generalquartiermeister. Leitete nach dem 9. 11. 1918 den Rückmarsch und die Demobilmachung des Heeres. Verbündete sich im Auftrag Hindenburgs mit Ebert, um die Etablierung des Rätesystems abzuwenden. Trat im September 1919 zurück. 1928–1932 Reichswehrminister, 1931–1932 auch Reichsinnenminister im zweiten Kabinett Brüning. Setzte im April 1932 ein Verbot von SA und SS durch

Große Säuberung (178; 194; 208f.)
Bezeichnung für die von Stalin in den Jahren 1936 bis 1938 vollzogene Liquidierung eines erheblichen Teils der politischen, wirtschaftlichen, militärischen und geistigen Elite des Landes und der Mehrzahl der nach Moskau emigrierten ausländischen Kommunisten

Gürtner, Franz (381; 399)
(1881–1941) 1922–1932 bayrischer Justizminister. Ab Juni 1932 Reichsjustizminister; ab Juni 1934 zugleich preußischer Justizminister

Gutschkow, Alexander (105; 110)
(1862–1936) 1909–1911 Präsident der Duma. Nach der Februarrevolution bis Mai 1917 Kriegs- und Marineminister

Haager Schiedsgericht (72)
Auf den beiden Friedenskonferenzen in Den Haag 1899 und 1907 verständigten sich die beteiligten Nationen hinsichtlich der Errichtung eines Ständigen Schiedshofs und der Abkommen zur friedlichen Erledigung internationaler Streitfälle

Haase, Hugo (78; 220; 228)
(1863–1918) Seit dem Jahr 1897 Reichstagsabgeordneter der SPD, ab 1911 neben Bebel (bis 1913) bzw. Ebert einer der beiden Parteivorsitzenden, von 1912–1915 zugleich einer der Vorsitzenden der SPD-Fraktion im Reichstag. Im August 1914 forderte er seine Fraktion vergeblich zur Verweigerung der Kriegskredite auf, deren Bewilligung er dann gegen seine Überzeugung als Sprecher begrün-

ling im alliierten Kriegsverbrechergefängnis in Spandau

Heuss, Theodor (350; 362; 401)
(1884–1963) Nach journalistischer Tätigkeit 1924–1933 Reichstagsabgeordneter der DDP, zugleich Dozent an der Hochschule für Politik in Berlin. 1946 Mitbegründer der FDP und Kultusminister von Württemberg-Baden. Als Mitglied des Parlamentarischen Rates maßgeblich an der Ausarbeitung des Bonner Grundgesetzes beteiligt. Von 1949–1959 Bundespräsident der Bundesrepublik Deutschland

Heydebrand, Ernst von (19)
(1851–1924) Seit 1888 als Vertreter der Deutschkonservativen im preußischen Abgeordnetenhaus, seit 1903 im Reichstag. Als erbitterter Gegner Englands bekämpfte er die Außenpolitik Bethmann Hollwegs und dessen Bemühungen um eine Wahlreform in Preußen. Nach dem November-Umsturz 1918 zog sich der Großgrundbesitzer Heydebrand auf seine Güter zurück

Heydrich, Reinhard (379ff.; 402; 442; 466)
(1904–1942) 1932 SS-Standartenführer. Baute den „Sicherheitsdienst des Reichsführers SS" (SD) als umfassenden politischen Nachrichtendienst auf. April 1934 Leiter des Geheimen Staatspolizeiamtes in Berlin und im Juni 1936 „Chef der Sicherheitspolizei" und des SD. Ab September 1939 eigene Behörde in Gestalt des Reichssicherheitshauptamtes (RSHA). 1941 SS-Obergruppenführer und Stellvertretender Reichsprotektor in Böhmen und Mähren. Treibende Kraft bei der Verfolgung und Liquidation der europäischen Juden (Endlösung). Erlag den Folgen eines am 27. 5. 1942 von Exiltschechen organisierten Attentats. Als Vergeltungsmaßnahme wurde das Dorf Lidice vernichtet

Hic Rhodus, hic salta (22)
(lat.) Hier ist Rhodos, hier springe! Aus einer Fabel Äsops stammende Aufforderung an einen Prahler, seine Kunst oder Fähigkeit gleich zu zeigen und sich nicht auf anderswo vollbrachte Leistungen zu berufen

Himmler, Heinrich (379ff.; 444; 446; 453f.; 457ff.; 465; 467; 469)
(1900–1945) 1923 Teilnahme am Hitler Putsch. 1929 „Reichsführer SS". 1933 Polizeipräsident von München. Seit Juni 1936 als Staatssekretär im Reichsinnenministerium Chef der gesamten deutschen Polizei. Als Reichskommissar für die Festigung des deutschen Volkstums (seit Oktober 1939) zuständig für die Umsiedlungs- und Zwangsgermanisierungspolitik im Osten und Südosten Europas. Organisator der Endlösung der Judenfrage. August 1943 Reichsinnenminister, Juli 1944 Oberbefehlshaber des Ersatzheeres. Anfang 1945 Organisator des Volkssturms. Nach Anbahnung von Kapitulationsverhandlungen mit dem Westen im April 1945 von Hitler aller Ämter enthoben und aus der Partei ausgestoßen. Selbstmord in englischer Gefangenschaft

Hindenburg, Paul von Beneckendorff und von Hindenburg (69; 212; 247; 258; 267; 272ff.; 281; 291; 317; 336; 359; 361; 365; 369f.; 372; 374; 380)
(1847–1934) Nach den Siegen bei Tannenberg und den Masurischen Seen (Herbst 1914) Generalfeldmarschall und Oberbefehlshaber Ost. Im August 1916 Chef des Generalstabs des Feldheeres. Übernahm zusammen mit Ludendorff (Erster Generalquartiermeister) die Oberste Heeresleitung (OHL). Als sich die militärische Niederlage abzeichnete, setzte Hindenburg ein Waffenstillstandsgesuch durch und befürwortete die Flucht des Kaisers nach Holland (9. 11.). Zusammen mit Groener organisierte Hindenburg die Demobilmachung im Westen und stellte sich dem Rat der Volksbeauftragten zur Verfügung. 1925 von den vereinigten Rechtsparteien zum Reichspräsidenten gewählt. Im April 1932 von den republikanischen Parteien wiedergewählt. Trotz persönlicher Bedenken ernannte Hindenburg am 30. 1. 1933 Hitler zum Reichskanzler

Hiroshima (444)
Hauptstadt der gleichnamigen japanischen Provinz. Vollständige Zerstörung der Stadt durch den Abwurf der ersten Atombombe (Uran 235) am 6. 8. 1945

Hitler, Adolf (4; 46; 258; 272ff.; 286f.; 288; 291f.; 295; 302ff.; 309ff.; 312; 314; 318ff.; 325f.; 328; 330; 335ff.; 344ff.; 348ff.; 365; 367; 369ff.; 373ff.; 385ff.; 390f.; 394f.; 397ff.; 402ff.; 413ff.; 417f.; 421ff.; 432; 435ff.; 439ff.; 454f.; 459f.; 462f.; 466; 469ff.; 479ff.)
(1889–1945) Führer der NSDAP. 1933–1945 deutscher Reichskanzler

Hitler-Jugend (336; 385; 389)
(Abkürzung: HJ) Staatsjugend des Dritten Reiches. 1926 als Jugendorganisation der NSDAP gegründet, unterstand sie seit Oktober 1931 einem Reichsjugendführer (B. von Schirach, seit 1940 A. Axmann)

Hoepner, Erich (446)
(1886–1944) 1940 Generaloberst. Im Januar 1942 wegen angeblich pflichtwidriger Zurücknahme seiner Truppe an der Ostfront von Hitler abgesetzt. Wegen seiner Teilnahme am 20. 4. 1944 zum Tode verurteilt und hingerichtet

Hoßbach, Friedrich (403; 405; 418ff.; 425)
(Geb. 1894) 1934–1938 Adjutant der Wehrmacht bei Hitler. Fertigte am 10. 11. 1937 aus dem Gedächtnis eine Niederschrift – zumeist fälschlich als „Protokoll" bezeichnet – über die Besprechung Hitlers vom 5. 11. 1937

Hoyos, Alexander (34)
(1876–1937) 1912–1917 Legationsrat und Kabinettschef im österreichisch-ungarischen Außenministerium

Huber, Ernst Rudolf (363; 384)
(Geb. 1903) Jurist. Professor in Kiel (1933–1936), in Leipzig (1937–1940), in Straßburg (1943–1945), in Freiburg (1952–1961) und in Göttingen (ab 1962). Huber war neben Carl Schmitt der führende nationalsozialistische Staatsrechtler (Hauptwerk: „Verfassungsrecht des Großdeutschen Reiches", 1939), der „die Freiheitsrechte des Individuums ... mit dem Prinzip des völkischen Reichs für nicht vereinbar" erklärte

Hugenberg, Alfred (288; 360)
(1865–1951) 1891 Mitbegründer des Alldeutschen Verbandes. 1909–1918 Vorsitzender des Direktoriums der Firma Krupp. Von 1916 an Aufbau des Hugenberg-Konzerns, eine Zusammenfassung von großen Tageszeitungen, Nachrichtenbüros, Anzeigenunternehmen und Filmgesellschaften, mit großem Einfluß auf die öffentliche Meinung während der Jahre 1918–1933 in nationalkonservativem und antirepublikanischem Sinne. Seit 1919 Abgeordneter der DNVP und seit 1928 Parteivorsitzender. Bekämpfung der Regierung Brüning mit Hitler (Harzburger Front, Oktober 1931). In der Regierung Hitler Wirtschafts- und Ernährungsminister. Juni 1933 Rücktritt Hugenbergs und erzwungene Selbstauflösung der DNVP

Intelligentsia (93f.; 197f.; 208)
Seit der Mitte des 19. Jhs. in Rußland gebräuchliche Bezeichnung für die soziale Gruppe der nicht zur Geistlichkeit gehörenden Gebildeten; später nur auf die enga-

gierten, zumeist staatsfeindlichen Intellektuellen bezogen. Seit 1917 meint das Etikett nicht nur die Fach- und Hochschulabsolventen, sondern alle irgendwie geistig Arbeitenden als dritte gesellschaftliche Formation neben Proletariat und Bauernschaft. Die Intelligentsia – unter politischem Aspekt in nichtkommunistische „alte" und „neue" differenzierbar – wird heute in den Ostblockländern oft erheblich privilegiert.

Istwestija (157f.)
(Russisch: Nachrichten) Sowjetische Abendzeitung, gegründet 1917 in Petersburg als „Nachrichten des Petrograder Rates der Arbeiterdeputierten", 1918 nach Moskau verlegt

Iswolsky, Alexander (437)
(1856–1918) 1906–1910 Russischer Außenminister, 1910–1917 Botschafter in Paris, wo er durch eine pointiert antideutsche Politik ohne Rücksicht auf sachliche Notwendigkeiten wesentlich zur Zuspitzung der Konfrontationen im Jahre 1914 beitrug

Jaffé, Edgar (231)
(1866–1921) Professor für Nationalökonomie an der Universität München 1910–1918. Seine Hinwendung zum Sozialismus und entschiedene republikanische Parteinahme veranlaßten Eisner, ihm am 9. 11. 1918 das bayrische Finanzministerium zu übertragen. Legte am 21. 2. 1919 – enttäuscht über seine geringen Einflußmöglichkeiten – sein Ministeramt nieder

Jagow, Gottlieb von (13ff.; 22ff.; 27; 41; 45)
(1863–1935) 1913–1916 Staatssekretär im Auswärtigen Amt

Jalta-Konferenz (444; 483)
Gipfeltreffen der drei führenden Vertreter („Große Drei") der Anti-Hitler-Koalition, Churchill, Stalin und Roosevelt, vom 4.–11. 2. 1945 in Jalta auf der Krim

Jodl, Alfred (445)
(1890–1946) 1939–1945 Chef des Wehrmachtsführungsstabes und erster Berater Hitlers in strategischen und operativen Fragen. Vom Internationalen Militärtribunal in Nürnberg zum Tode verurteilt und hingerichtet

Jung, Edgar (380)
(1894–1934) Politischer Schriftsteller. 1932–1934 enger Berater Papens. Die von Jung verfaßte Marburger Rede Papens (17. 6. 1934), deren Veröffentlichung verboten wurde, setzte sich kritisch mit der politischen Praxis des NS-Regimes auseinander. Erschießung im Zusammenhang mit dem sog. Röhm-Putsch (1. 7. 1934)

Kahr, Gustav von (361; 381)
(1862–1934) 1917–1924 Regierungspräsident von Oberbayern. Im September 1923 von der bayrischen Regierung Knilling als „Generalstaatskommissar" mit der Vollzugsgewalt beauftragt, geriet Kahr in Konflikt mit der Berliner Zentrale bei seinem Versuch, die bayrischen Reichswehrtruppen für partikularistische Ziele einzuspannen. Den Hitler-Putsch am 9. 11. 1923 ließ Kahr von Reichswehr und Polizei niederschlagen, nachdem Hitler ihn am Vorabend gezwungen hatte, in einen Staatsstreich gegen Berlin einzuwilligen. 1924–1927 Präsident des Bayrischen Obersten Verwaltungsgerichts. Im Verlauf des sog. Röhm-Putsches von den Nationalsozialisten erschossen (30. 6. 1934)

Kaiser, Jakob (446)
(1888–1961) Landesgeschäftsführer der christlichen Gewerkschaften Westdeutschlands 1924–1933. Reichstagsabgeordneter des Zentrums 1932–1933. Stemmte sich gegen die Gleichschaltung der Gewerkschaften. Gehörte neben Leuschner zu den profilierten Arbeitervertretern in der Widerstandsgruppe des 20. Juli. Nach dem Zweiten Weltkrieg maßgeblicher Politiker der CDU

Kamenew, Leo (170)
(1883–1936) 1901 Beitritt zur Sozialdemokratischen Partei. 1902 Emigration nach Paris, Kontakt zu Lenin und Anschluß an die bolschewistische Richtung. Nach Lenins Tod bildete Kamenew mit Stalin und Sinowjew ein Triumwirat, das Trotzki ausbootete. Konflikt mit Stalin. Bündnis mit Trotzki und Sinowjew in der „Vereinigten Opposition". Mit den beiden Partnern entmachtet, nach einer Reueerklärung rehabilitiert und in verschiedenen wichtigen Funktionen verwendet (1928). 1935 verhaftet und im ersten der großen Moskauer Schauprozesse zum Tode verurteilt und hingerichtet

Kapp, Wolfgang (335)
(1858–1922) 1906–1916 Generaldirektor der Landwirtschaftskreditbank „Ostpreußische Landschaft". 1917 Gründung der Deutschen Vaterlandspartei, einer „Einigungspartei zur Stärkung des Siegeswillens", zusammen mit Großadmiral Tirpitz. Der Putschversuch in Berlin (März 1920), bei dem die Reichswehrführung der Reichsregierung ihren Schutz versagte und sie zum Ausweichen nach Stuttgart zwang, brach nach wenigen Tagen zusammen, da die Gewerkschaften zu einem Generalstreik, dem auch die Beamtenschaft sich anschloß, aufriefen

Katharina II. (91; 122)
(1729–1796) Russische Zarin (1762–1796)

Kautsky, Karl (118; 174)
(1854–1938) Verfasser des theoretischen Teils des „Erfurter Programms" (1891), Hauptopponent Bernsteins im Revisionismusstreit und Gegner des Radikalismus von Rosa Luxemburg. Beitritt zur USPD (1917). 1918–1919 Unterstaatssekretär im Auswärtigen Amt und Mitglied der Sozialisierungskommission. 1922 Rückkehr zur SPD

Keitel, Wilhelm (489)
(1882–1946) Ab Februar 1938 Chef des neu errichteten Oberkommandos der Wehrmacht (OKW). Unterzeichnete die Kapitulation der deutschen Wehrmacht im sowjetischen Hauptquartier Karlshorst. Im Nürnberger Prozeß gegen die Hauptkriegsverbrecher zum Tode verurteilt

Kellogg-Pakt (262)
Ein nach dem amerikanischen Außenminister F. B. Kellogg benannter, von dem Deutschen Reich, den USA, Belgien, Frankreich, Großbritannien, Italien, Japan, Polen und der CSR am 27. 8. 1928 abgeschlossener Kriegsächtungspakt

Kerenski, Alexander (86ff.; 106; 119)
(1881–1970) Nach der russischen Februarrevolution 1917 Justizminister in der Provisorischen Regierung und ab Mai Kriegsminister. Nach dem Ausscheiden der Liberalen im Juli 1917 Ministerpräsident und – im September – militärischer Oberbefehlshaber. Flucht im Verlauf der Oktoberrevolution und Leben in der Emigration (seit 1940 in den USA)

Khan (192)
Türkisch-tatarischer Herrschertitel, der dem Namen angefügt wurde

Kiderlen-Wächter, Alfred von (10; 36)
(1852–1912) Ab 1910 Staatssekretär des Auswärtigen Amtes arbeitete Kiderlen-Wächter, Gegner der Flottenpolitik, auf eine Annäherung an die Westmächte hin, die er jedoch durch eine politisch törichte Demonstration deutscher Macht (Entsendung des Kanonenbootes „Panther" nach Agadir) selbst zunichte machte

Kirdorf, Emil (288)
(1847–1938) 1873 Gründer der Gelsenkirchener Bergwerks-AG. Maßgebliche Beteiligung bei der Gründung des Rheinisch-Westfäli-

schen Kohlen-Syndikats und der Vereinigten Stahlwerke AG. Förderer Hitlers und der NSDAP schon vor der Weltwirtschaftskrise

Klausener, Erich (381)
(1885–1934) Vorsitzender der Katholischen Aktion in Berlin. Trat offen als Gegner der nationalsozialistischen Kirchen- und Rassenpolitik hervor und wurde anläßlich des sog. Röhm-Putsches ermordet

Kleist, Ewald von (483)
(1890–1945) Pommerscher Großgrundbesitzer. Warnte seine konservativen Standesgenossen 1933 vor einem Reichskanzler Hitler. Reiste im August 1938 nach London, um die britische Regierung zu einer festen Haltung gegenüber dem NS-Regime zu bewegen (Kontakte zu Winston Churchill). Nach dem 20. Juli 1944 zum Tode verurteilt und hingerichtet

Kolchos (134; 153; 185; 187; 195 ff.; 209)
(Russische Abkürzung für: Kollektiwnoje chosjajstwo = Kollektivwirtschaft). Der nach 1917 in der Sowjetunion auf der Grundlage der Freiwilligkeit, seit 1928 durch zwangsweisen Zusammenschluß bäuerlicher Einzelbetriebe entstandene landwirtschaftliche Großbetrieb. Dabei tritt die Genossenschaft der Kollektivbauern – im Gegensatz zur Sowjetwirtschaft (Sowchos) – als Unternehmer auf

Komintern (325)
(Abkürzung für: Kommunistische Internationale): Vereinigung aller kommunistischen Parteien, gegründet im März 1919 auf Anregung Lenins in Moskau und in scharfem Gegensatz zur Sozialistischen (II.) Internationale stehend. Sie lenkte, hauptsächlich durch ihr ständiges Organ, das Exekutivkomitee (EKKI), die Politik der Gliedparteien und koordinierte sie – auch organisatorisch – nach einheitlichen Grundsätzen (demokratischer Zentralismus) im Blick auf die Weltrevolution als Endziel. Der dominierende Einfluß der Sowjetunion – vor allem in der Ära Stalins – verwandelte die Komintern in ein Instrument der Moskauer Außenpolitik, mit dem sie jedoch nur bescheidene Erfolge erzielte. Deshalb fiel der Sowjetunion die Auflösung im Mai 1943 nicht allzu schwer, zumal sie dadurch das Mißtrauen der westlichen Kriegsalliierten weitgehend abbauen konnte

Komsomol (129)
(Abkürzung für russisch: Kommunistitscheskij sojus molodezi: Kommunistischer Jugendverband) Die einzige in der UdSSR zugelassene Jugendorganisation

Kontinentalsperre (63)
Bezeichnung für eine Serie von Maßnahmen Napoleons I. zur wirtschaftlichen Abschließung des europäischen Festlands gegen Großbritannien in den Jahren 1806–1810

Konzentrationslager (360; 459; 467 ff.; 482)
(Abkürzung: KZ oder KL) Politische Internierungslager der Nationalsozialisten, in die – gestützt auf die „Verordnung zum Schutze von Volk und Staat" – „Schutzhäftlinge", bei denen man „vorbeugende Maßnahmen" zu ergreifen vorgab, eingeliefert wurden. Zunächst kommunistische und sozialdemokratische Funktionäre und andere Gegner des Nationalsozialismus, für die im Sommer 1933 die ersten größeren Lager in Oranienburg (bei Berlin) und Dachau (bei München) errichtet wurden. Nach der Ausschaltung der SA („Röhm-Putsch") übernahm die SS unter Himmler die Organisation und Bewachung der Konzentrationslager, in die nun auch sog. „volksschädigende Elemente" (Homosexuelle, „Asoziale", Bibelforscher, kriminelle Straftäter, Juden) eingeliefert wurden. Im Zweiten Weltkrieg Ausdehnung der Konzentrationslager auf die besetzten Gebiete (Januar 1945: 720.000 Häftlinge). Die Zahl der 1933–1945 umgekommenen und umgebrachten Häftlinge wird auf mindestens 500.000 geschätzt. Ab 1941 im Rahmen der „Endlösung der Judenfrage" auf polnischem Gebiet sog. Vernichtungslager (Auschwitz, Lublin-Maidanek)

Kopeke (95 f.)
Bezeichnung für die kleinste russische Währungseinheit im Wert von 0,01 Rubel

Kosaken (99; 156)
Slawische Gemeinschaften freier Reiterverbände, die sich besonders aus Bauern rekrutierten und sich dem wirtschaftlichen Druck der Adelsgüter durch Flucht in die freie Steppe entzogen hatten. Kämpften im Bürgerkrieg 1918–1920 gegen die Bolschewisten. Nach deren Sieg aufgelöst. Kosakenverbände beteiligten sich nach 1941 als Freiwillige auf deutscher Seite am Krieg

Kreisauer Kreis (446; 469; 475 ff.)
Eine nach dem Ort ihrer Zusammenkünfte, dem Gut Kreisau des Grafen H. von Moltke in Niederschlesien, benannte Gruppe der Widerstandsbewegung

Krimkrieg (87; 97)
Militärische Auseinandersetzung zwischen Frankreich, Großbritannien und der Türkei auf der einen und Rußland auf der anderen Seite (1853–1856)

Kronprinzenbrief (271)
Brief Stresemanns an den ehemaligen deutschen Kronprinzen Wilhelm vom 7. September 1925, in dem er für die Außenpolitik der Weimarer Republik – einen Ausdruck Metternichs gebrauchend – die Möglichkeit des „Finassierens" (= kleine Tricks anwenden) in Anspruch nahm und empfahl, das Reich dürfe weder Englands Kontinentaldegen werden noch mit dem Bolschewismus kokettieren. Der Brief sollte um Verständnis bei der nationalen Rechten für die Politik des Außenministers werben

Kronstädter Aufstand 135; 138.; 155 ff.; 160 f.; 178)
Erhebung der Matrosen in der Seefestung Kronstadt (30 km westlich von Leningrad), deren Garnison 1917 zu den Hauptstützen der Bolschewiki gezählt hatte, mit dem Ziel einer „Dritten Revolution". Nach militärischer Erstürmung der Stadt (17. 3. 1921) niedergeschlagen

Krupp von Bohlen und Halbach, Gustav (18; 395)
(1870–1950) Bis 1906 diplomatischer Dienst bei verschiedenen Auslandsvertretungen, dann Heirat mit der Tochter und Erbin von Friedrich Alfred Krupp und Übernahme der Leitung der Krupp-Werke. Seit 1909 Mitglied des preußischen Herrenhauses. Enger Vertrauter Kaiser Wilhelms II.

Kulaken (85; 134 f.; 152 f.; 167; 169; 176; 178; 180; 183; 201; 204 f.)
In der Sowjetunion Bezeichnung für Bauern, die familienfremde Arbeitskräfte beschäftigen. Auf dem XV. Parteitag der KPdSU 1927 wurden die als Kulaken bezeichneten größeren Bauern zu Ausbeutern und Volksfeinden erklärt; dann von ihren Höfen vertrieben und in erheblichem Ausmaß liquidiert

Kursanty (155)
Nominativ Plural von „Kursant": wörtlich „Kursusteilnehmer". Zumeist als spezielle Bezeichnung für die Zöglinge einer Militärschule gebraucht. Die noch nicht in die Armeeinheiten eingegliederten Offiziersschüler wurden z. B. Ende Februar 1921 in Petersburg als Sonderabteilungen gegen Streikende eingesetzt

Kuusinen, Otto (318)
(1881–1964) 1918 Gründer der

finnischen Kommunistischen Partei. 1922 Flucht nach Rußland. 1924–1939 Sekretär im Exekutivkomitee der Komintern. 1941–1964 Mitglied (ab 1957 auch des Präsidiums) des Zentralkomitees der KPdSU

Landsberg, Otto (218)
(1869–1957) Ab 10. 11. 1918 neben Ebert und Scheidemann Vertreter der SPD im Rat der Volksbeauftragten. 1919 Justizminister. Rücktritt aus Protest gegen den Versailler Vertrag

Leber, Julius (446; 482)
(1891–1945) 1924–1933 Reichstagsabgeordneter der SPD. 1933–1937 KZ-Haft. Danach Beteiligung an der Widerstandsbewegung, speziell an den Vorbereitungen des 20. 7. 1944. Am 5. 7. 1944 verhaftet. Vom Volksgerichtshof zum Tode verurteilt und hingerichtet

Legien, Carl (241; 244)
(1861–1920) 1890 Mitbegründer und bis 1919 Vorsitzender der Generalkommission der Gewerkschaften, der Spitzenorganisation der deutschen Gewerkschaften. 1893–1898 und 1903–1918 SPD-Reichstagsabgeordneter. Nach 1918 Befürworter der Zusammenarbeit mit den Unternehmern (Zentralarbeitsgemeinschaft). 1919 Mitbegründer und Vorsitzender des Allgemeinen Deutschen Gewerkschaftsbundes (ADGB). Initiator des erfolgreichen Generalstreiks gegen den Kapp-Putsch (März 1920)

Leipart, Theodor (241; 375)
(1867–1947) 1919–1920 württembergischer Arbeitsminister. Nach Tod Legiens Vorsitzender des ADGB (1921–1933). Anfang 1933 Verhandlungen mit den Nationalsozialisten wegen Zusammenarbeit. Nach Zerschlagung der Gewerkschaften vorübergehend inhaftiert. 1946 Eintreten für Verschmelzung der Arbeiterparteien in der SED

Lenin (seit 1904 politischer Deckname für Uljanow), **Wladimir Iljitsch** (83ff.; 111ff.; 125ff.; 130; 133f.; 137ff.; 141; 143f.; 146ff.; 152ff.; 158ff.; 165f.; 168; 171ff.; 176; 178; 185; 188; 191; 208; 210; 214; 348)
(1870–1924) Ab 1887 (nach Abschluß seiner juristischen Studien und Hinrichtung seines älteren Bruders wegen Vorbereitung eines Attentats auf Zar Alexander III.) in Verbindung mit der revolutionären Bewegung in Rußland. 1895 Gründung des „Kampfbundes zur Befreiung der Arbeiterklasse“. Verhaftung wegen revolutionärer Propaganda und Verbannung nach Sibirien. 1900 Emigration (München, London, Genf). Gründung der Zeitung „Iskra“. Auf dem II. Parteitag der Sozialdemokratischen Arbeiterpartei Rußlands (1903) entstand die bolschewistische Partei, deren anerkannter Führer Lenin bis zu seinem Tode blieb. Teilnahme an dem ersten russischen Revolutionsversuch 1905 in Petersburg. Erneute Emigration (zuletzt in Zürich). Ab 1912 Herausgabe der „Prawda“. Ende März 1917 Rückkehr nach Rußland. Nach der Oktoberrevolution Vorsitzender des Rates der Volkskommissare und Befürworter des Friedens von Brest-Litowsk. Regisseur der Etablierung des Sowjetsystems gegen innere und äußere Widerstände. Ab Mai 1922 nach Schlaganfall in seiner politischen Arbeit behindert

Lerchenfeld, Hugo Max von und zu (32; 41; 71)
(1871–1944) 1921–1922 Ministerpräsident von Bayern. 1924–1928 Mitglied des Reichstags als Vertreter der Bayrischen Volkspartei. 1926–1931 Außerordentlicher Gesandter in Wien, 1931–1933 Gesandter in Brüssel

Leuschner, Wilhelm (446)
(1890–1944) Seit 1924 Landtagsabgeordneter der SPD in Hessen. 1926–1928 Bezirkssekretär des ADGB in Hessen. 1928–1932 hessischer Innenminister. 1932–1933 Mitglied des Bundesvorstandes des ADGB. 1933–1934 KZ-Haft. Verbindung zum Kreisauer Kreis. Im September 1944 vom Volksgerichtshof zum Tode verurteilt und hingerichtet. Ab 1964 Leuschner-Medaille des Landes Hessen

Ley, Robert (360; 391)
(1890–1945) 1924 Eintritt in die NSDAP. Seit 1925 Gauleiter im Rheinland, 1928 Landtagsabgeordneter in Preußen, 1930 Mitglied des Reichstags. Ley übernahm am 2. 5. 1933 die „gleichgeschalteten“ Gewerkschaften und überführte sie in die von ihm geleitete Deutsche Arbeitsfront (DAF). Selbstmord vor Beginn des Hauptkriegsverbrecherprozesses im Nürnberger Gefängnis

Lichnowsky, Karl Max von (9ff.; 19; 22ff.; 30; 32; 37f.; 42; 49f.)
(1860–1928) 1912–1914 deutscher Botschafter in London. Engagiert bemüht um die deutsch-englische Verständigung, ohne bei der Reichsregierung die erforderliche Resonanz zu finden. Seine gegen die Politik des Auswärtigen Amtes gerichtete, 1918 erschienene Denkschrift „Meine Londoner Mission 1912–1914“ führte zu Lichnowskys Ausschluß aus dem preußischen Herrenhaus

Liebknecht, Karl (144; 213; 216)
(1871–1919) Seit 1908 Mitglied des preußischen Abgeordnetenhauses (SPD), 1912 des Reichstags. Bekämpfte die Burgfriedenspolitik der SPD und stimmte im Dezember 1914 und im August 1915 gegen die Kriegskredite. 1916 Ausschluß aus der SPD-Fraktion. Nach einer pazifistischen Kundgebung am 1. 5. 1916 in Berlin wegen Hochverrats zu vier Jahren Zuchthaus verurteilt, proklamierte Liebknecht – im Oktober 1918 begnadigt – am 9. 11. 1918 vom Berliner Schloß aus die „freie sozialistische Republik“ und gründete am 30. 12. 1918 zusammen mit Rosa Luxemburg die KPD. Beteiligung an dem gegen die mehrheitssozialdemokratischen Volksbeauftragten gerichteten Januaraufstand in Berlin. Am 15. 1. 1919 – zusammen mit Rosa Luxemburg – von Freikorpsoffizieren festgenommen und ermordet

Liman von Sanders, Otto (33)
(1855–1929) Ende 1913 wurde Liman von Sanders als Chef der deutschen Militärmission mit der Reorganisation der türkischen Armee beauftragt und im Januar 1914 zum türkischen Marschall befördert. Seine Mission führte zur ernsthaften Verstimmung Rußlands. Bei Beginn des Ersten Weltkriegs Generalinspekteur des türkischen Heeres und Befehlshaber der mit der Verteidigung der Dardanellen betrauten Armee. August 1919 Rückkehr nach Deutschland

Litwinow, Maxim (435)
(1876–1951) 1921–1930 als Nachfolger Tschitscherins Volkskommissar für Auswärtige Angelegenheiten. Vertreter der UdSSR beim Völkerbund in Genf. Konsequenter Verfechter einer Politik der kollektiven Sicherheit gegenüber den faschistischen Mächten Deutschland und Italien. Im Mai 1939 abgelöst von W. M. Molotow

Lloyd George, David (264; 423)
(1863–1954) Ab 1890 Unterhaus-Abgeordneter (Radikal-Liberaler). 1908–1915 britischer Schatzkanzler. 1915 Munitionsminister, 1916 Kriegsminister. Ab Ende 1916 Premierminister in einer Koalitionsregierung mit den Konservativen. Mit Wilson und Clemenceau Unterzeichner des Versailler Friedensvertrags. Danach Ver-

nanzminister. Seit Beginn des Zweiten Weltkriegs Kontakt zur Widerstandsbewegung um Beck und Goerdeler. Verhaftung nach dem 20. 7. 1944. Hinrichtung in Berlin-Plötzensee (Februar 1945)

Pourtalès, Friedrich von (29; 38; 40)
(1853–1928) Deutscher Botschafter in Petersburg 1907–1914

Prawda (russ.: Wahrheit) (85 f.; 163; 194 f.)
Sowjetische Tageszeitung, das maßgebende Organ des Zentralkomitees der KPdSU. Im Mai 1912 auf Anregung Lenins als Sprachrohr der Bolschewiki gegründet, 1914 verboten und im Untergrund publiziert. März 1917 Wiedergründung. Erscheint heute in 30 Ausgaben, die an 18 Druckorten hergestellt werden

Preuß, Hugo (236 f.)
(1860–1925) Ab 1906 Professor für Staatsrecht in Berlin. Ab 15. 11. 1918 Staatssekretär des Innern, Februar bis Juni 1919 Reichsinnenminister. Legte den Entwurf der Weimarer Verfassung vor

Prinz Max von Baden (60; 212; 214 ff.)
(1867–1929) Badischer Thronfolger aufgrund der Kinderlosigkeit des Großherzogs Friedrich II. Trat während des Ersten Weltkriegs für einen Verständigungsfrieden ein. Am 3. 10. 1918 Reichskanzler des ersten Koalitionskabinetts im Kaiserreich. Leitete die diplomatischen Verhandlungen mit dem amerikanischen Präsidenten auf der Basis der „Vierzehn Punkte". Verkündete am 9. 11. 1918 eigenmächtig die Abdankung Wilhelms II.

Pud (96)
Früheres russisches Handelsgewicht. 1 Pud = 16,381 kg

Quisling, Vidkun (440)
(1887–1945) 1931–1932 Kriegsminister. 1933 Gründung einer faschistischen Partei in Norwegen, der „Nasjonal Samling". Warnte im Dezember 1939 Hitler vor der bevorstehenden britischen Besetzung der norwegischen Häfen und ermunterte ihn zu einer deutschen Präventivaktion. Nach der deutschen Okkupation Regierungschef. Bildete im Februar 1942 eine „nationale Regierung", die alle oppositionellen Regungen scharf bekämpfte. Verhaftung Mai 1945 und Hinrichtung wegen Hochverrats

Raeder, Erich (418)
(1876–1960) 1928–1935 Chef der Marineleitung. 1935–1943 Oberbefehlshaber der Kriegsmarine. Schied 1943 nach einer Kontroverse mit Hitler aus seinem Amt. 1946 im Nürnberger Prozeß gegen die Hauptkriegsverbrecher zu lebenslänglichem Gefängnis verurteilt, doch 1955 entlassen

Rapallo-Vertrag (133; 262; 264; 270)
Ein Normalisierungs- und Liquidationsvertrag, abgeschlossen zwischen Sowjetrußland und dem Deutschen Reich am 16. 4. 1922 in Rapallo

Rat der Volkskommissare (87)
(Russisch: Sowjet Narodnych Komissarow, abgekürzt: Sownarkom) Höchstes vollziehendes Regierungsorgan in Sowjetrußland seit der Oktoberrevolution 1917. 1946 in Ministerrat umbenannt

Rathenau, Walther (46; 262)
(1867–1922) Seit 1899 Vorstandsmitglied der von seinem Vater gegründeten Allgemeinen Elektrizitäts-Gesellschaft (AEG). 1914–1915 Leiter der Kriegsrohstoff-Abteilung im Kriegsministerium. Nach 1918 wirtschaftlicher Berater der Reichsregierung und (ab 1920) Mitglied der Sozialisierungskommission. Mai bis November 1921 Minister für Wiederaufbau. Ab Februar 1922 Reichsaußenminister. Teilnahme an der Reparationskonferenz von Genua und Abschluß des Rapallo-Vertrags (April 1922). Von nationalistischen und antisemitischen Kreisen als „Erfüllungspolitiker" diffamiert. Am 22. 6. 1922 von Angehörigen einer rechtsradikalen Geheimorganisation ermordet

Rauschning, Hermann (312; 323 f.)
(Geb. 1887) 1926 Eintritt in die Danziger NSDAP. 1933–1934 Senatspräsident der Freien Stadt Danzig. Nach dem Bruch mit Hitler Emigration in die Schweiz (1936), später die USA (1948). Veröffentliche „Gespräche mit Hitler" (1939)

Reich, Wilhelm (330; 352)
(1897–1957) Seit 1922 Leiter des Wiener Seminars für psychoanalytische Therapie. 1939 Emigration in die USA. Strebte eine Kombination von psychoanalytischen Beobachtungen und marxistischen Vorstellungen an, hob in seiner Charaktertheorie die repressive Funktion der Gesellschaft hervor und erklärte deren autoritäre Ordnung primär aus der praktizierten sexuellen Unterdrückung (Monogamie, Inzestverbot)

Reichenau, Walter von (379 f.; 413)
(1884–1942) 1933–1934 Chef des Ministeramtes, ab September 1935 Chef des Wehrmachtsamtes im Reichswehrministerium. Förderte die Integration der Reichswehr in den NS-Staat. 1939–1941 Oberbefehlshaber der 6. Armee bzw. (ab Dezember 1941) der Heeresgruppe Süd im Osten

Reichsbanner Schwarz-Rot-Gold (273; 375 f.)
Der größte politische Kampfverband der Weimarer Republik; 1924 entstanden als Selbstschutzorganisation der Linken. Offiziell überparteilich, doch wesentlich aus Mitgliedern der SPD, des Zentrums und der DDP sich rekrutierend (3,5 Millionen Mitglieder im Juli 1932). Verbot im März 1933

Reichslandbund (RLB) (326)
Größter wirtschaftspolitischer Verband der deutschen Landwirtschaft, der 1921 durch eine Fusion des Bundes der Landwirte (gegründet 1893) und des Deutschen Landbundes (gegründet 1919) entstand. 1928 etwa 5 Millionen Mitglieder. Vertrat vorwiegend großagrarische Interessen. Ab 1929 in enger personeller und politischer Verbindung mit der DNVP unter Hugenberg. Beteiligte sich an der Harzburger Front, bekämpfte die Regierung Brüning und unterstützte Hitler bei der Reichspräsidentenwahl 1932

Reichssicherheitshauptamt (RSHA) (456; 467)
Durch Erlaß des Reichsführers SS und Chefs der deutschen Polizei Himmler im September 1939 errichtete Behörde der Sicherheitspolizei und des Sicherheitsdienstes (SD) unter Heydrich bzw. Kaltenbrunner (ab 1943). Von den sieben Untergliederungen, den sog. Ämtern des RSHA, erlangten vor allem das Amt IV, die Zentrale für die Bekämpfung von Systemgegnern – darunter auch das Referat IV B 4 unter Eichmann zur „Endlösung der Judenfrage" – und das Amt VII, die Schaltstelle für „Weltanschauliche Forschung" unrühmliche Bedeutung

Reichsstatthalter (373; 382)
Bezeichnung für die im nationalsozialistischen Deutschland fungierenden ständigen Vertreter der Reichsregierung in den deutschen Ländern. Sie unterstanden zunächst der Dienstaufsicht des Reichskanzlers Hitler (ab April 1933), dann (ab Januar 1935) der des Reichsinnenministers. Die Reichsstatthalter, Organ zur „Gleichschaltung" der Länder und Instrument im Rahmen des zentralistischen Einheitsstaats, waren durchweg die zuständigen Gauleiter der NSDAP. Sie besaßen ein ausgedehntes Weisungsrecht gegenüber den Landesregierungen, soweit sie nicht selbst deren Leiter waren

Saefkow, Anton (469; 474f.)
(1903–1944) Kraftfahrer in Hamburg. Kommunistischer Funktionär. Mit dem Aufbau und Ausbau einer über die von ihm gelenkte kommunistische Widerstandsgruppe hinausgehenden Einheitsfront aller Gegner des Nationalsozialismus befaßt. Anfang Juli 1944 Kontakte zu bürgerlichen und sozialdemokratischen Angehörigen der Widerstandskreise. Bei einem Treffen zusammen mit Leber und Reichwein verhaftet. Vom Volksgerichtshof zum Tode verurteilt und am 18. 9. 1944 hingerichtet

Sarajewo (17f.; 33; 39; 43)
Hauptstadt Bosniens. 1878 bei der Okkupation Bosniens und der Herzegowina von den Österreichern erobert. Ort des Attentats auf den österreichischen Thronfolger, Erzherzog Franz Ferdinand, am 28. 6. 1914

Sasonow, Sergej (9; 22; 29)
(1860–1927) Ab 1910 russischer Außenminister. Suchte in der Julikrise 1914 eine Lokalisierung des Konflikts zwischen Österreich-Ungarn und Serbien zu verhindern und nahm das Kriegsrisiko bewußt in Kauf. Am 30. 7. 1914 gewann er Nikolaus II. für den Entschluß, endgültig die russische Gesamtmobilmachung zu verfügen. Rücktritt im Juli 1916

Schacht, Hjalmar (251; 258; 395; 423)
(1877–1970) Ab 1916 Direktor der Nationalbank, die er 1922 mit der Darmstädter Bank vereinigte. 1918 Eintritt in die DDP. 1923 Reichswährungskommissar: Einführung der Rentenmark. 1924–1930 und 1933–1939 Reichsbankpräsident; 1934–1937 zugleich Reichswirtschaftsminister. Seit 1930 Verbindung zu Hitler, dessen Aufstieg (Harzburger Front) er förderte. Seine Finanzpolitik (Mefowechsel) bildete die Basis für das nationalsozialistische Programm der Arbeitsbeschaffung und der Aufrüstung. Nach Zerwürfnis mit Hitler (1937) entlassen (Protest gegen die Nicht-Einlösung der Mefowechsel). Gegen Kriegsende in Kontakt zur Widerstandsbewegung. 1944–1945 in KZ-Haft. Im Nürnberger Prozeß gegen die Hauptkriegsverbrecher 1946 freigesprochen

Scheidemann, Philipp (214ff.; 232)
(1865–1939) 1903–1918 Reichstagsabgeordneter der SPD. Ab 1911 Mitglied des Parteivorstandes. Ab 1913 Führer der Reichstagsfraktion. Befürworter eines Verständigungsfriedens. Am 9. 11. 1918 Ausrufung der Republik vom Balkon des Reichstagsgebäudes in Berlin. Mitglied des Rats der Volksbeauftragten (1918–1919) und der Weimarer Nationalversammlung (1919–1920). Februar 1919 Reichsministerpräsident einer Regierung der „Weimarer Koalition" (SPD, Deutsche Demokraten, Zentrum), Rücktritt im Juni 1919 aus Protest gegen den Versailler Vertrag. 1920–1933 erneut Reichstagsabgeordneter. 1933 Emigration nach Prag, später nach Kopenhagen

Schenck von Stauffenberg, Claus (443; 469; 481)
(1907–1944) Seit Januar 1943 Stabschef einer Panzer-Division in Afrika, dort im April schwer verwundet. Ab Juli 1944 Stabschef des Befehlshabers des Ersatzheeres. Im Sommer 1943 Anschluß an die Widerstandsgruppe um Goerdeler, Beck und Witzleben. Zur Beseitigung Hitlers arbeitete Stauffenberg einen Attentats- und Putschplan generalstabsmäßig aus, in dem er die Doppelaufgabe übernahm, den Anschlag durchzuführen und die Aufstandsoperation in Berlin zu leiten. Scheitern des Attentats am 20. 7. 1944. Stauffenberg verhaftet, standgerichtlich verurteilt und sofort erschossen

Schleicher, Kurt von (274f.; 292; 336; 354; 356; 359; 381)
(1882–1934) 1918–1919 politischer Referent im Stabe Groeners, dann im Truppenamt des Generals von Seeckt; 1926 Leiter der neugebildeten „Wehrmachtsabteilung" im Reichswehrministerium, 1929 Chef des Ministeramtes unter Groener als Reichswehrminister (seit 1928). Entscheidender Einfluß bei der Entlassung Brünings. Im Juni 1932 Reichswehrminister im Kabinett Papen, den er Anfang Dezember als Reichskanzler ablöste. Sein Versuch, die NSDAP durch Übernahme Gregor Strassers in die Regierung zu spalten, scheiterte ebenso wie die Absicht, die Gewerkschaften und die gemäßigten Parteien zur Tolerierung seines Kabinetts zu bewegen. Ende Januar 1933 Entlassung durch Hindenburg. Opfer des „Röhm-Putsches" am 30. 6. 1934

Schlieffen, Alfred von (1; 4ff.; 14; 41f.; 50; 59; 61)
(1833–1913) 1891–1905 Chef des Generalstabs der Armee. Sein Operationsplan – trotz des angesichts der Verletzung der belgischen Neutralität zu erwartenden Kriegseintritts Englands als unfehlbares Siegesrezept beurteilt – wurde im Auftakt des Ersten Weltkriegs nicht konsequent realisiert

Schmidt, Robert (278)
(1864–1943) 1903–1918 und 1920–1930 Reichstagsabgeordneter der SPD. In verschiedenen Kabinetten der Weimarer Republik wechselnde Ministerämter: 1919 Ernährung; 1919–1920, 1921–1922 und 1929–1930 Wirtschaft, 1923 Wiederaufbau. Führender Vertreter der Freien Gewerkschaften

Schmitt, Carl (363; 381; 383f.)
(Geb. 1888) Staatsrechtslehrer. Ab 1921 Professor in Greifswald, 1922–1926 in Bonn, 1926–1933 in Berlin und Köln, 1933–1945 in Berlin. Erregte vor allem Aufsehen durch seine Definition des Politischen als „Freund – Feind-Verhältnis" und seine juristische Verteidigung des Führerprinzips

Schulenburg, Friedrich Werner von der (446)
(1875–1944) 1934–1941 deutscher Botschafter in Moskau. Mitglied der Widerstandsbewegung. Als Außenminister in der Regierung Goerdeler vorgesehen. Nach dem 20. 7. 1944 zum Tode verurteilt und in Berlin-Plötzensee hingerichtet

Schutzstaffel (Abkürzung: SS) (273; 327; 336; 359; 361; 379f.; 441ff.; 457f.; 466ff.)
Elitekader der NSDAP. 1925 zum Schutz des Parteiführers Hitler und zur Störung gegnerischer Parteiversammlungen gegründet. 1929 Heinrich Himmler Reichsführer der 280 Mann starken SS, die er zu einer weltanschaulich fixierten Partei-Polizei weiterentwickelte, in ihr das rassische Ausleseprinzip als Aufnahmekriterium einführte und ihr Ordenscharakter (schwarze Uniform, eigene Symbolik) zu verleihen suchte. Befehlsmäßig noch dem Stabschef der SA unterstellt, wurde die SS am 30. 6. 1934 mit der Liquidierung des sog. Röhm-Putsches betraut und anschließend von Hitler zur selbständigen Organisation in der NSDAP erhoben: „Stoßtrupp des Blutgedankens" (Himmler). Domänen der SS wurden ab 1941 die Versklavung und Ausrottung fremdvölkischer Gruppen und die Vernichtung der europäischen Juden

Schwarzhemden (352)
Bezeichnung der italienischen Faschisten nach dem schwarzen Hemd ihrer Uniform; analog Hitlers „Braunhemden"

Severing, Carl (273; 278)
(1875–1952) 1907–1911, 1920–1933 Reichstagsabgeordneter der

SPD. 1919–1920 Mitglied der Nationalversammlung. 1920–1926 und 1930–1932 preußischer Innenminister; 1928–1930 Reichsinnenminister. 1933 vorübergehend inhaftiert. Nach dem Zweiten Weltkrieg Landtagsabgeordneter in Nord-Rhein-Westfalen

Silverberg, Paul (258; 260)
(1876–1959) Industrieller. Gründer des auf Braunkohlebasis arbeitenden „Rheinischen Elektrizitätswerkes" (REW). Nach dem Ersten Weltkrieg erwies sich Silverberg, der der Deutschen Volkspartei angehörte und eine Vorstandsposition im Reichsverband der deutschen Industrie (seit 1919) bekleidete, als maßgeblicher Verfechter des freien Unternehmertums. 1933 Emigration in die Schweiz.

Sinowjew (ursprünglich: Radomylski), Grigori (170; 172)
(1883–1936) 1901 Beitritt zur Sozialdemokratischen Arbeiterpartei Rußlands. 1903 Anschluß an den bolschewistischen Flügel. 1907–1927 Mitglied des Zentralkomitees der Partei. 1919–1926 Vorsitzender des Petrograder Sowjet und Mitglied des Politbüros. 1923–1924 Bildung eines Triumvirats mit Kamenew und Stalin, um Trotzki auszuschalten. 1925 Opposition zu Stalin. Schrittweise Entmachtung. 1926–1927 „Vereinigte Opposition" mit Kamenew und Trotzki. 1927 Ausschluß aus der Partei, 1928 Wiederaufnahme nach Reueerklärung. 1932 erneuter Ausschluß. 1933–1935 wieder in der Partei. 1935 Verhaftung und zehnjährige Gefängnisstrafe wegen angeblich ideologischer Mittäterschaft bei der Ermordung des ZK-Sekretärs Sergej Kirow am 1. 12. 1934. 1936 Todesurteil gegen Sinowjew im ersten Moskauer Schauprozeß

Solf, Wilhelm Heinrich (56; 65)
(1862–1936) Seit 1898 als Kolonialbeamter in Afrika tätig. Ab 1911 Staatssekretär des Reichskolonialamtes. Befürwortete während des Ersten Weltkriegs einen Verständigungsfrieden in Verbindung mit einem kolonialen „Ausgleich". Gegen Ende des Krieges forderte er nachdrücklich die Entlassung Ludendorffs. Ab Oktober 1918 Staatssekretär im Auswärtigen Amt. 1920–1928 Botschafter in Tokio. Nach 1933 Mittelpunkt einer Widerstandsgruppe (sog. Solf-Kreis)

Sowchos (134; 153; 185; 187)
(Russische Abkürzung für: Sowjetskoje chosjajistwo) Staatlicher Landwirtschaftsbetrieb auf Lohnarbeitsbasis in der Sowjetunion. Die Sowchosen entstanden nach der Oktoberrevolution 1917 aus privaten und staatlichen Großbetrieben als vollmechanisierte und spezialisierte Großbetriebe (Sowchosen für Getreideanbau, Viehzucht und technische Kulturen: Baumwolle, Tabak, Zichorie und Machorka), nach 1928 vor allem in den wenig erschlossenen Steppen und Waldsteppen im Süden, Südosten und Osten. Die Betriebsgrößen betrugen nicht selten über 100000 ha. Nach 1933 wurden die Betriebe verkleinert (Maximalgröße: 25000 ha) und die differenzierte Spezialisierung der Anfangszeit eingeschränkt

Sozialdarwinismus (4; 6ff.; 347)
Sammelbegriff für alle sozialwissenschaftlichen Evolutionstheorien, die das gesellschaftliche Leben in Analogie zu den von dem englischen Naturforscher Charles Darwin (1809–1882) aufgestellten Entwicklungsgesetzlichkeiten des tierischen und pflanzlichen Lebens interpretieren, d. h. wirtschaftliche und gesellschaftliche Strukturwandlungen als vom Kampf der Individuen und der Gruppen ums Dasein bestimmt oder durch Anpassungen an natürliche Umweltbedingungen ausgelöst auffassen

Sozialfaschismus (135; 312; 316f.)
Die 1928/29 zur offiziellen kommunistischen Ideologie erhobene Formel vom „Sozialfaschismus" führte zu einer massiven Unterschätzung des „Hitlerfaschismus". Die Klassifizierung der Sozialdemokratie als „besonders gefährliche Form der faschistischen Entwicklung" (Thälmann) hat die Komintern erst 1934/35 beim allmählichen Übergang zu einer Volksfrontpolitik aufgegeben

Spartakusbund (213; 215; 220)
Linksradikale, revolutionäre Vereinigung, entstanden 1916 unter der Führung von K. Liebknecht und R. Luxemburg. Aus dem Spartakusbund ging die Kommunistische Partei Deutschlands hervor

Stachanow-System (135; 189ff.; 202)
Eine nach dem Grubenarbeiter A. Stachanow benannte sowjetische Sonderform des „sozialistischen Wettbewerbs" zur Steigerung der Arbeitsnormen und Senkung der Selbstkosten

Stalin, Jossif Wissarionowitsch (ursprünglich: Dschugaschwili) (85; 120; 127; 129; 133ff.; 160; 164f.; 168ff.; 177ff.; 181; 183; 185f.; 190; 192ff.; 199ff.; 208; 263; 312; 316; 406; 435f.; 443f.; 448ff.; 463)
(1879–1953) Seot 1894 Besuch eines orthodoxen Priesterseminars in Tiflis. 1899 wegen Propagierung marxistischer Gedanken relegiert. Anschluß an die russische Sozialdemokratie, bei deren Spaltung an den bolschewistischen Flügel. Seit 1905 in Kontakt zu Lenin und zwischen 1907 und 1917 mehrfach verbannt. 1912 in das Zentralkomitee der Partei und in die Redaktion der „Prawda" aufgenommen. Im März 1917 aus Sibirien nach Petrograd zurückgekehrt. Politischer Kommissar im Bürgerkrieg und Volkskommissar für das Nationalitätenwesen (1917–1923). 1919 Mitglied des Polit- und Organisationsbüros. Zunehmender Einfluß auf den Parteiapparat. 1922 Generalsekretär der Partei. In den Jahren 1924 bis 1929 Ausschaltung der innerparteilichen Rivalen. Ab 1928 Intensivierung der Industrialisierung und rücksichtslose Kollektivierung der Landwirtschaft. Mehrere blutige „Säuberungen" ab 1935. Liquidierung aller vermeintlichen und tatsächlichen Gegner in Partei, Armee und Staat. In der Außenpolitik Übergang zu einem eindeutig expansionistischen Kurs (Abschluß des Nichtangriffspaktes mit Deutschland vom 23. 8. 1939). Nach dem deutschen Angriff auf die Sowjetunion Leitung des Staatskomitees für Verteidigung. Zielstrebige Verhandlungsstrategie auf den Kriegskonferenzen mit den Westmächten (Teheran, Jalta, Potsdam). Schaffung der Voraussetzungen für die Ausdehnung der russischen Macht- und Einflußsphäre nach 1945 und letzte Steigerung des bürokratisch-terroristischen Herrschaftssystems, des Stalinismus

Stalingrad (443; 459ff.; 470f.)
Der für die Jahre 1925–1961 geltende Name der Stadt Wolgagrad. August 1942 bis Januar 1943 Schauplatz der um die Stadt ausgetragenen Schlacht, die mit der Kapitulation der 6. deutschen Armee endete

Stampfer, Friedrich (74)
(1874–1957) 1914 Redakteur der sozialdemokratischen „Leipziger Volkszeitung", Leiter des SPD-Parteiorgans „Vorwärts" in Berlin 1916–1933, von 1933–1938 des Exilblatts „Neuer Vorwärts" in Karlsbad. 1920–1933 Reichstagsabgeordneter der SPD. 1948 Rückkehr aus dem Exil in den USA

Stieff, Hellmuth (457; 483)
(1901–1944) 1938–1944 Tätigkeit in verschiedenen Stellungen

fere Organisation und zeitliche Ordnung der Betriebsabläufe, Differenzierung der Entlohnung und klare Trennung der planenden und ausführenden Aufgaben

Teheran (443)
Persische Hauptstadt. Ort der ersten Zusammenkunft der beiden westlichen Regierungschefs mit Stalin (28. 11.–1. 12. 1943), auf der eine gemeinsame Kriegführung (Errichtung einer zweiten Front in Europa bei gleichzeitiger sowjetrussischer Offensive) und eine gemeinsame Politik nach dem Sieg über die Achsenmächte (u. a. Ostpolen an die UdSSR, Aufteilung Deutschlands) festgelegt wurden. Außerdem Zusage Stalins zur späteren Beteiligung im Kampf gegen Japan und des Beitritts zu den Vereinten Nationen

Thalheimer, August (312; 315f.)
(1884–1948) Ab 1904 Mitgliedschaft in der SPD und publizistische Tätigkeit. Im Ersten Weltkrieg Anschluß an Rosa Luxemburg und Karl Liebknecht. Seit den frühen 20er Jahren zu den führenden Köpfen der KPD und der Internationale gehörend, trat Thalheimer seit 1928 in „rechte" Opposition zu dem offiziellen Kurs der Partei (KPO). In seiner 1930 – kurz nach seiner Ausstoßung aus der KPD und der Internationale – publizierten Faschismus-Interpretation löste er sich vom vorgegebenen orthodoxen Schema, insbesondere des „Sozialfaschismus", und interpretierte – anknüpfend an Marx' Analyse des Bonapartismus – den Faschismus als Resultat eines Kräftegleichgewichts zwischen Bourgeoisie und Proletariat. Empirisch kaum zu belegen. 1933 Emigration nach Frankreich, dann (1941) nach Kuba

Thoiry (262)
Kleines französisches Juradorf nahe der Schweizer Grenze. Hier fand am 17. 9. 1926 ein Gespräch zwischen Briand und Stresemann statt, in dem der Versuch einer deutsch-französischen Generalbereinigung unternommen wurde. Die Realisierung scheiterte an den beiderseitigen innenpolitischen Widerständen

Thyssen, Fritz (260; 288; 394)
(1873–1951) Unterstützte als einer der ersten deutschen Großunternehmer finanziell die Hitler-Bewegung (NSDAP-Beitritt 1923), geriet jedoch angesichts der zunehmenden Judenverfolgungen ab 1935 in Opposition zum NS-Regime und mußte 1939 in die Schweiz emigrieren. Als „Feind des Volkes" seiner Fabriken verlustig erklärt und ausgebürgert, 1940 in Frankreich verhaftet und bis 1945 mit seiner Frau in verschiedenen Konzentrationslagern festgehalten

Tirpitz, Alfred von (9; 11f.; 40; 50; 53)
(1849–1930) 1897–1916 Staatssekretär des Reichsmarineamtes. Ab 1911 Großadmiral. Initiator eines systematischen Flottenbauprogramms (Flottengesetze von 1898, 1900 und 1912), das er mit Hilfe des von ihm 1898 mitbegründeten Deutschen Flottenvereins propagierte. März 1916 Rücktritt, zumal er mit seiner Forderung nach dem unbeschränkten U-Boot-Krieg – angesichts der Opposition Bethmann Hollwegs – nicht durchdrang. 1924–1928 Reichstagsabgeordneter der DNVP

Tisza, Istvan (21; 30; 34; 51)
(1861–1918) 1903–1905 und 1913 ungarischer Ministerpräsident. Trat im Ersten Weltkrieg für extensive Kriegsanstrengungen seines Landes ein. Ende Oktober 1918 von meuternden Soldaten ermordet

Tocqueville, Alexis de (128f.)
(1805–1859) Französischer Historiker und Politiker. Legte seine amerikanischen Reisebeobachtungen in dem berühmt gewordenen Werk „De la démocratie en Amérique" (1835–1840) nieder. Untersuchte in seiner – der Aufhellung der bewegenden Gesetze des Geschichtsablaufs gewidmeten – Studie die Entstehung der Französischen Revolution („L'Ancien Régime et la Révolution", 1856). Seine hellsichtigen historischen Prognosen (z. B. die Entwicklung der Demokratien zu totalitären Versorgungsstaaten oder der Machtdualismus USA-Rußland) erregten immer wieder Bewunderung

Treitschke, Heinrich von (308)
(1834–1896) Geschichtsforscher und Publizist. Forderte die deutsche Einigung unter preußischer Führung („Herold der Reichsgründung"). Ab 1874 Professor in Berlin. Öffentlich wirksamer Historiograph, dessen Glorifizierung des nationalen Anspruchs seine Verketzerung des Marxismus und des Judentums gegenüberstand

Trepov, Dimitri Fedorowitsch (158)
(1855–1906) Von 1896–1905 Oberpolizeimeister von Moskau. Nach dem blutigen Sonntag (9./22. 1. 1905) zum Generalgouverneur (= Stadtkommandant) von Petersburg berufen und mit diktatorischen Vollmachten ausgestattet, „einer der verhaßtesten Diener des Zarismus in ganz Rußland" (Lenin). Hauptverantwortlicher der blutigen Niederschlagung der revolutionären Erhebung im Oktober 1905, in deren Zusammenhang auch die Order: „Blinde Salven (d. h. Schreckschüsse mit Platzpatronen oder Warnschüsse in die Luft) werden nicht gegeben, Patronen sind nicht zu sparen", gehört. Das Vorgehen Trotzkis gegen die Kronstädter Aufständischen führte zur anklagenden Gleichsetzung des Chefs der Roten Armee mit dem zaristischen Unterdrücker

Tresckow, Henning von (446; 469; 480f.)
(1901–1944) Seit 1936 im Generalstab tätig, seit 1938/39 in Opposition zum NS-Regime. Ab 1941 im Generalstab der Heeresgruppe Mitte und 1944 Chef des Stabes der 2. Armee an der Ostfront, wo er einen Kreis gleichgesinnter Offiziere um sich sammelte. Von ihm mitunternommene Attentatsversuche auf Hitler – vor allem im Jahre 1943 – schlugen fehl. Nach dem 20. Juli 1944 nahm er sich das Leben

Treuhänder der Arbeit (385; 391)
Im nationalsozialistischen Deutschland regionale Reichsbehörden, die nach der Beseitigung der Gewerkschaften und der Auflösung der Arbeitgeberverbände eingesetzt wurden und vor allem für das Erlassen von Tarifordnungen zuständig waren

Triple-Entente (16; 44)
(frz.: Dreiverband) Bezeichnung für die lose politische Verbindung zwischen Großbritannien, Frankreich und Rußland vor dem Ersten Weltkrieg, die auf dem russisch-französischen Militärbündnis (1892), der britisch-französischen Entente cordiale (1904) und dem britisch-russischen Ausgleich für Persien, Afghanistan und Tibet (1907) beruhte. In Deutschland als „Einkreisungspolitik" interpretiert

Trott zu Solz, Adam von (446)
(1909–1944) Seit 1939 im Auswärtigen Amt tätig. Suchte als Mitglied des Kreisauer Kreises vor allem in Großbritannien und den USA Unterstützung für die deutsche Widerstandsbewegung zu finden, jedoch ohne greifbaren Erfolg. Nach dem 20. Juli 1944 zum Tode verurteilt und in Berlin-Plötzensee hingerichtet

Trotzki, Leo Dawidowitsch (Deckname für L. D. Bronstein) (83; 86; 88; 102; 121; 125; 128ff.; 134; 137f.; 140; 148; 152; 160f.; 165f.; 168ff.; 174f.; 210; 312; 317ff.; 322f.)

tution Rumäniens, Serbiens (mit Zugang zum Meer) und Montenegros, 12) autonome Entwicklung der Völker des Osmanischen Reichs und Öffnung der Dardanellen, 13) Errichtung eines unabhängigen polnischen Staates unter Einschluß aller Gebiete mit unzweifelhaft polnischer Bevölkerung und mit freiem Zugang zur See, 14) allgemeiner Zusammenschluß der Nationen zur gegenseitigen Garantie von politischer Unabhängigkeit und territorialer Unverletzlichkeit (Völkerbund)

Viktor Emanuel III. (293)
(italienisch: Vittorio Emmanuele) (1869–1947) König von Italien (1900–1946). 1936 „Kaiser von Äthiopien", 1939 König von Albanien. Juli 1943 Entlassung und Verhaftung Mussolinis; Übernahme des Oberbefehls über die Streitkräfte. September 1943 Billigung des Waffenstillstandes mit den Alliierten. Juni 1944 Ernennung von Kronprinz Umberto zum Generalstatthalter. Abdankung im Mai 1946

Viviani, René (30)
(1863–1925) 1893–1925 Abgeordneter der sozialistischen Republikaner. 1906–1910 Arbeitsminister, 1913 Unterrichtsminister, 1914–1915 französischer Ministerpräsident, 1915–1917 Justizminister, 1920–1921 Vertreter beim Völkerbund

Völkerbund (262f.; 268f.)
Auf die Initiative des amerikanischen Präsidenten Wilson zurückgehende „League of Nations" (frz. Societé des Nations), die zur Sicherung des Weltfriedens und der territorialen Integrität ihrer Mitglieder von 1920 bis 1946 mit Sitz in Genf bestand. Die Satzung des Völkerbundes war auf der Pariser Friedenskonferenz (1919) ausgearbeitet und in den Versailler Vertrag aufgenommen worden

Völkerschlacht (302)
In der Nähe Leipzigs geschlagene entscheidende Schlacht (16. 10.–19. 10. 1813) der sog. Freiheitskriege

Völkischer Beobachter (335)
Die bereits seit 1918 unter diesem Namen erscheinende Münchener Wochenzeitung wurde Ende 1920 von der NSDAP als Zentralorgan erworben und seit Februar 1923 als Tageszeitung herausgebracht. Die letzte Nummer des in Millionenauflage und fünf Ausgaben vertriebenen partei- und staatsoffiziellen Organs erschien am 29. 4. 1945

Volksgerichtshof (443)
Bezeichnung für das durch Gesetz vom 24. 4. 1934 errichtete nationalsozialistische Sondergericht zur erstinstanzlichen Aburteilung von Hoch- und Landesverrat, nachdem das bis dahin zuständige Reichsgericht in Berlin im Reichstagsbrandprozeß nicht im Sinne des Regimes verfahren war. Ab April 1936 ordentliches Gericht erster und letzter Instanz, dessen erheblich erweiterte Zuständigkeit sich nun auch auf Führerbeleidigung, Wehrmittelbeschädigung, Vermögensverschiebung ins Ausland, Spionage und öffentliche Zersetzung der Wehrkraft erstreckte

Volkssturm (443)
Bezeichnung für das letzte militärische Aufgebot des nationalsozialistischen Deutschland zur Unterstützung der regulären Streitkräfte bei der Verteidigung des Reichsgebietes. Der Volkssturm, gemäß Befehl Hitlers vom 18. 10. 1944 aufgestellt, umfaßte alle männlichen Deutschen vom 16. bis 60. Lebensjahr, soweit sie nicht bereits zum Heeresdienst eingezogen waren

Wannseekonferenz (442; 459; 466)
Tagung von Vertretern der obersten Reichs- und Parteibehörden am 20. 1. 1942 unter Vorsitz Heydrichs in Berlin „Am Großen Wannsee 56–58"

Weber, Max (59; 67; 88; 96; 98)
(1864–1920) Professor in Berlin (1893), Freiburg (1894), Heidelberg (1897) und München (1919). Zählt zu den bedeutendsten Soziologen des 20. Jhs. Vertrat den Standpunkt strenger Wertfreiheit der empirischen Kulturwissenschaften und sah in der Begriffsform des „Idealtypus" das entscheidende Vehikel der verstehenden Soziologie. Außenpolitisch zunächst der deutschen Weltmachtpolitik zustimmend, forderte er im Ersten Weltkrieg eine Mäßigung der Kriegsziele und die Parlamentarisierung. Nach 1918 plädierte er für ein starkes Präsidialsystem und lehnte jede Sozialisierung entschieden ab, weil sie für ihn mit der Gefahr der Bürokratisierung verbunden war. Mitbegründer der Deutschen Demokratischen Partei

Wedro (96)
Früheres russisches Flüssigkeitsmaß = 12,3 Liter

Weimarer Koalition (213; 273; 276; 278f.)
Das 1919–1922 existierende Regierungsbündnis zwischen SPD, Zentrum und Deutschen Demokraten

Weiße Rose (469ff.)
Eine in den Jahren 1942–1943 an der Münchener Universität bestehende studentische Widerstandsgruppe, die in dem Philosophen Kurt Huber ihren geistigen Kopf und den Geschwistern Scholl, Chr. Probst, A. Schmorell und W. Graf ihre führenden Mitglieder besaß (Flugblattaktionen von Mai 1942 bis Februar 1943). Nach ihrer Entdeckung wurden sie vor den Volksgerichtshof gestellt und zum Tode verurteilt

Weizsäcker, Carl von (6)
(1853–1926) Wurde 1901 württembergischer Justizminister und war 1906–1918 württembergischer Ministerpräsident und Außenminister

Weizsäcker, Ernst von (446)
(1882–1951) 1938–1943 Staatssekretär des Auswärtigen Amts. Vor Kriegsbeginn setzte er die britische Regierung über die aggressiven Absichten Hitlers in Kenntnis und hielt in den folgenden Jahren Kontakt zur Widerstandsbewegung. 1943–1945 Botschafter beim Vatikan

Wels, Otto (360; 368f.; 376; 482)
(1873–1939) 1891 Beitritt zur SPD. 1912–1918 Reichstagsabgeordneter. Ab 1913 Mitglied des Parteivorstandes. Scharfer Kritiker der Parteilinken. November/Dezember 1918 Berliner Stadtkommandant. 1919–1920 Mitglied der Nationalversammlung. 1920–1933 Reichstagsabgeordneter und einer der beiden Parteivorsitzenden. Am 23. 3. 1933 lehnte Wels im Namen der SPD-Reichstagsfraktion das Ermächtigungsgesetz ab. Mai 1933 Emigration. Etablierung des Exilvorstandes zunächst in Prag (bis 1938), dann in Paris

Wilhelm II. (1f.; 4; 8ff.; 12; 15; 17ff.; 21ff.; 25; 34ff.; 40ff.; 49ff.; 58; 70f.; 73; 75ff.; 80; 82; 98; 212; 215f.; . 220; 441)
(1859–1941) Deutscher Kaiser und König von Preußen (1888–1918). Bereits vor dem Ersten Weltkrieg hatten die persönlichen Einwirkungsmöglichkeiten des oft sprunghaft und emotional reagierenden Monarchen erhebliche Einschränkungen erfahren, eine Tendenz, die sich nach 1914 verschärft fortsetzte. 10. 11. 1918 Flucht nach Holland; 29. 11. 1918 endgültiger Thronverzicht. Der Auslieferung als Kriegsverbrecher nach Artikel 232 des Versailler Vertrags widersetzte sich die niederländische Regierung

Wilson, Thomas Woodrow (212; 214)

(1865–1924) 1890–1910 Professor für Geschichte und Nationalökonomie in Princeton. 1910–1913 Gouverneur von New Jersey. 1913–1921 Präsident der USA (Demokrat). Außenpolitisch in der Anfangsphase des Ersten Weltkriegs für eine strikte Neutralität, duldete er jedoch zugleich Rüstungslieferungen an die Entente. Nach Verkündung des uneingeschränkten U-Boot-Krieges durch Deutschland und Versenkung amerikanischer Schiffe Abbruch der diplomatischen Beziehungen und Kriegserklärung an das Deutsche Reich (6. 4. 1917). Trotz des Scheiterns seines Friedenskonzepts vom Januar 1918 (Vierzehn Punkte) auf der Versailler Konferenz und persönlicher Vorbehalte gegenüber dem Vertragswerk unterzeichnete Wilson, konnte jedoch die Kongreßmehrheit nicht für eine Ratifikation gewinnen. 1919 Friedensnobelpreis

Wissell, Rudolf (278f.; 326)
(1869–1962) 1888 Beitritt zur SPD. Aufstieg in der Gewerkschaftsbewegung. Dezember 1918 Mitglied des Rats der Volksbeauftragten. Februar bis Juli 1919 Reichswirtschaftsminister. 1919–1920 Abgeordneter in der Weimarer Nationalversammlung, 1920–1933 Reichstagsmitglied. 1928–1930 Reichsarbeitsminister. Nach 1945 am Aufbau der Gewerkschaften beteiligt

Witzleben, Erwin von (446)
(1881–1944) Als Befehlshaber des Berliner Wehrkreises bereits im September 1938 während der Sudetenkrise an einem Versuch zum Sturz Hitlers beteiligt. Im Februar 1942 als Oberbefehlshaber-West in Frankreich verabschiedet. Maßgebliches Mitglied der Widerstandsbewegung. War nach Beseitigung Hitlers als Oberbefehlshaber der Wehrmacht vorgesehen. Nach dem Fehlschlag des Attentats vom 20. 7. 1944 zum Tode verurteilt und hingerichtet

Wurm, Theophil (446)
(1868–1953) Ab 1933 Landesbischof der evangelischen Landeskirche in Württemberg. Wortführer der evangelischen Kirche im Kampf gegen den Nationalsozialismus (Bekennende Kirche). 1945–1949 Vorsitzender des Rats der EKD

Yorck von Wartenburg (446)
(1904–1944) Seit 1927 als Jurist im Staatsdienst. Angehöriger einer berühmten preußischen Adelsfamilie und Vetter Stauffenbergs. Mitbegründer des Kreisauer Kreises. Nach dem 20. 7. 1944 vom Volksgerichtshof zum Tode verurteilt und hingerichtet

Young-Parteien (287)
Eine polemische Bezeichnung aus dem rechtsradikalen Lager. Am 9. 7. 1929 hatten sich die radikalen Rechten („Nationale Opposition" aus DNVP, NSDAP und Stahlhelm) zu einem „Reichsausschuß" gegen den Young-Plan vereinigt und eine Hetzkampagne, an der sich auch die KPD beteiligte, inszeniert. Initiierung eines erfolgreichen Volksbegehrens (Entwurf zu einem „Gesetz gegen die Versklavung des deutschen Volkes"). Die Reichstagsmehrheit lehnte jedoch die Vorlage ab (30. 11. 1929); ebenso scheiterte der anschließende Volksentscheid (22. 12. 1929). Die Ratifizierung des Young-Plans am 12. 3. 1930 mit den Stimmen des Zentrums, der SPD, DDP und DVP gegen alle übrigen Parteien (265:192 Stimmen bei 3 Enthaltungen) lieferte der nationalsozialistischen Agitation – sekundiert von DNVP und KPD und begünstigt durch die sich verschärfende Wirtschaftskrise – das Stichwort zu einem diffamierenden Trommelfeuer gegen das „System" und die „Young-Parteien", die bei den Reichstagswahlen vom 14. 9. 1930 empfindliche Verluste erlitten

Young-Plan (262; 272; 287; 336)
Der nach dem amerikanischen Finanzfachmann Owen D. Young, dem Vorsitzenden der Pariser Sachverständigenkonferenz für die Regelung der Reparationsfrage, benannte und im Juni 1929 vorgelegte „Neue Plan", demgemäß die deutschen Reparationszahlungen endgültig festgelegt und die politischen Kontrollen über Reichsbahn und Reichsbank aufgehoben wurden. Die Annuitäten sollten in 37 Raten von durchschnittlich 2,05 Milliarden RM und danach in 22 Raten von 900 Millionen RM bestehen. Der Young-Plan, gegen dessen Annahme im Reichstag rechtsnationale Kräfte einen erfolglosen Volksentscheid mobilisierten, wurde bereits im Juni 1932 aufgegeben

Zentralkomitee (ZK) (86; 130; 132f.; 135; 144; 169; 201)
In kommunistischen Parteien das nominell oberste Führungsorgan zwischen den Parteitagen, das organisatorisch dem Parteivorstand in anderen Parteien entspricht. Das Zentralkomitee wird von den Delegierten des Parteitags gewählt. Die Mitgleider des ZK wählen aus den eigenen Reihen das Politbüro und das Sekretariat des ZK als Exekutivorgane. Während dem Politbüro die Richtlinienkompetenz zufällt, ist das Sekretariat des ZK das eigentliche Vollzugsgremium. Das ZK, vornehmlich von hauptamtlichen Funktionären besetzt, befaßt sich primär mit Vorlagen und Beschlüssen von Politbüro bzw. Sekretariat, die ihm zur Bestätigung vorgelegt werden

Zetkin, Clara (312ff.)
(1857–1933) 1878 Beitritt zur SPD. 1882–1890 im schweizerischen bzw. französischen Exil. Dort Aufbau der internationalen sozialistischen Frauenbewegung. Im Ersten Weltkrieg Mitbegründerin der Spartakusgruppe. 1917 Beitritt zur USPD, März 1919 zur KPD. 1920–1933 Reichstagsabgeordnete und Mitglied des Exekutivkomitees der Komintern. 1932 Alterspräsidentin des Reichstags

Zibordi, Giovanni (312f.)
(1870–1943) Vertreter des reformistischen Sozialismus. Analysierte noch vor dem „Marsch auf Rom" (Oktober 1922) den Faschismus als neuartiges spontanes politisches Phänomen, das er auf eine antisozialistische Koalition in einem wirtschaftlich rückständigen Land zurückführte

Zimmermann, Arthur (30; 34ff.)
(1864–1958) 1905–1910 Dirigent der Politischen Abteilung des Auswärtigen Amtes. 1911–1916 Unterstaatssekretär und 1916–1917 Staatssekretär des Auswärtigen

76/98765